Wolfram Langer

Access 2019

Das umfassende Handbuch

Rheinwerk
Computing

Liebe Leserin, lieber Leser,

Access ist ein wahrer Segen, wenn man es beherrscht! Doch der Einsatz ist anfangs sicherlich alles andere als leicht und intuitiv. Vielmehr erfordert die Erstellung einer Datenbank von Beginn an eine genaue Konzeption und einen klugen Aufbau. Mit dem Kauf dieses Handbuchs haben Sie sich für die umfassende Lösung entschieden, denn Sie erfahren hier nicht nur, was Sie für ein gutes Datenbankdesign zu beachten haben, sondern lernen auch alle wichtigen Techniken kennen, um Vorgänge in Access nach Ihren individuellen Anforderungen zu automatisieren. Egal ob Abfragen, Benutzereingaben, Formulare und ansprechende Auswertungen, hier finden Sie das von Ihnen benötigte Wissen. Sie lernen Access in seiner Gesamtheit kennen und erfahren selbst, wie Sie Makros, SQL und VBA für Ihre Datenbankprojekte mit Access gezielt einsetzen.

Wolfram Langer hat sein Standardwerk für die neue Access-Version grundlegend und akribisch aktualisiert. Neben seiner fachlichen Kompetenz zeigt er in den vielen Schrittanleitungen und Workshops sein enormes Praxiswissen. Er erklärt Ihnen die vielfaltigen Möglichkeiten von Access wirklich gründlich und umfassend, und ich bin sicher, Sie werden dies zu schätzen wissen.

Noch ein Hinweis zu den im Buch behandelten Listings und Beispieldatenbanken: Damit Sie die beschriebenen Projekte besser nachvollziehen können, stehen Ihnen in der Rubrik »Materialien zum Buch« unter *www.rheinwerk-verlag.de/4664* alle Dateien zum Download zur Verfügung.

Dieses Buch wurde mit großer Sorgfalt lektoriert und produziert. Sollten Sie dennoch Fehler finden oder inhaltliche Anregungen haben, scheuen Sie sich nicht, mit mir Kontakt aufzunehmen. Ihre Fragen und Änderungsvorschläge sind jederzeit willkommen.

Ihr Erik Lipperts
Lektorat Rheinwerk Computing

erik.lipperts@rheinwerk-verlag.de
www.rheinwerk-verlag.de
Rheinwerk Verlag · Rheinwerkallee 4 · 53227 Bonn

Auf einen Blick

Wir hoffen, dass Sie Freude an diesem Buch haben und sich Ihre Erwartungen erfüllen. Ihre Anregungen und Kommentare sind uns jederzeit willkommen. Bitte bewerten Sie doch das Buch auf unserer Website unter **www.rheinwerk-verlag.de/feedback**.

An diesem Buch haben viele mitgewirkt, insbesondere:

Lektorat Erik Lipperts, Simone Bechtold
Korrektorat Petra Biedermann, Reken
Gutachter Bernd Held, Vaihingen
Herstellung Nadine Preyl
Typografie und Layout Vera Brauner
Einbandgestaltung Silke Braun
Coverbild Fotolia: 80143337 © contrastwerkstatt; iStock:42028346 © FotoMaximum
Satz SatzPro, Krefeld
Druck C.H.Beck, Nördlingen

Dieses Buch wurde gesetzt aus der TheAntiquaB (9,35/13,7 pt) in FrameMaker.
Gedruckt wurde es auf chlorfrei gebleichtem Offsetpapier ($90\ g/m^2$).
Hergestellt in Deutschland.

Bibliografische Information der Deutschen Nationalbibliothek:
Die Deutsche Nationalbibliothek verzeichnet diese Publikation in der Deutschen Nationalbibliografie; detaillierte bibliografische Daten sind im Internet über *http://dnb.d-nb.de* abrufbar.

ISBN 978-3-8362-6365-8

2., aktualisierte und erweiterte Auflage 2019

Informationen zu unserem Verlag und Kontaktmöglichkeiten finden Sie auf unserer Verlagswebsite **www.rheinwerk-verlag.de**. Dort können Sie sich auch umfassend über unser aktuelles Programm informieren und unsere Bücher und E-Books bestellen.

Inhalt

6 Formulare 559

Vorwort

Erstmalig kam ich mit Microsoft Access in der Version 2.0 in Berührung, und ich erinnere mich noch gut daran, wie ich ins kalte Wasser geworfen wurde und mich mit viel Energieaufwand an die Thematik herantasten musste. Inzwischen habe ich Access aus zahlreichen Blickwinkeln und in ganz unterschiedlichen Anwendungsbereichen kennengelernt.

Das werden Sie in diesem Buch finden: Wissen und Erfahrungen aus der Praxis

Meine ersten, teils sehr frustrierenden Erfahrungen bei der Arbeit mit Access möchte ich Ihnen gerne ersparen. Daher werde ich als Einstieg in die schwierigeren Themen zunächst das grundlegende Konzept, untermauert mit Grafiken, vermitteln. In den daran anschließenden Abschnitten können Sie sich das Wissen, wie Sie Access bedienen, aneignen. Wie etwas funktioniert, werde ich stets an Beispielen mit Schritt-für-Schritt-Anleitungen zeigen.

Wissen ist leider noch nicht alles, denn neben der Theorie gibt es bekanntlich die Praxis, in der vieles ganz anders läuft. Für dieses Buch habe ich mir den Anspruch gesetzt, Erfahrungen aus der Praxis weiterzugeben. Ich hatte das Glück, in verschiedenen Teams mit sehr kompetenten Kollegen gemeinsam an Access-Datenbanken zu programmieren. Immer wiederkehrende Probleme und Lösungen, die sich bewährt haben, werden Sie in diesem Buch an vielen Stellen nachlesen können.

Für wen ist dieses Buch gedacht?

Dieses Buch ist ein umfassendes Handbuch und somit für Access-Anwender gedacht, die ohne oder mit wenigen Vorkenntnissen beginnen und eine Datenbank aufbauen möchten. Alle dafür notwendigen Werkzeuge, die Bestandteil von Access sind, werde ich Ihnen vorstellen. Am besten fangen Sie bei den Konzepten am Anfang der Kapitel an. Es ist nicht notwendig, dass Sie ein Kapitel von vorn bis hinten durchlesen und verstehen. Das Buch ist gespickt mit Details und Hintergrundinformationen, die Sie für den ersten Start nicht unbedingt benötigen. In jedem Fall dürften die Beispieldatenbanken mit den fertigen Lösungen für Sie sehr interessant sein.

Vielleicht nutzen Sie bereits eine Access-Datenbank, die eine andere Person entwickelt hat? In diesem Buch erfahren Sie, wie Sie mit der bestehenden Datenbank arbeiten und sie verbessern oder erweitern können. Wichtige Punkte erwähne ich mitunter an mehreren Stellen in diesem Buch oder verweise auf den entsprechenden Abschnitt. So können Sie bei einem Thema, das Sie gerade beschäftigt, quer einsteigen.

Der Aufbau dieses Buches

Hier ein Überblick über die einzelnen Kapitel dieses Buches, damit Sie grob einordnen können, welche Themen an welcher Stelle behandelt werden:

- **Kapitel 1: Einleitung**
  Ich beginne mit einer Einführung in die sechs Komponenten, die Access ausmachen: Tabellen, Abfragen, Formulare, Berichte, Programmierung und Apps. Außerdem werde ich Ihnen drei fertige Datenbanklösungen vorstellen. Daran können Sie abschätzen, was in Access alles möglich ist und welche Access-Werkzeuge zur Umsetzung notwendig sind.
- **Kapitel 2: Access als Datenbank: Tabellen**
  Was ist eigentlich eine relationale Datenbank, und was macht ein gutes Datenbankdesign aus? Im zweiten Kapitel werde ich alles Relevante zum Umgang mit Tabellen, Datensätzen und Beziehungen zwischen den Tabellen erläutern. Ebenfalls Bestandteil dieses Kapitels sind die Normalformen, die zur Verbesserung des Datenbankdesigns beitragen.
- **Kapitel 3: Daten filtern, sortieren und zusammenfassen: Abfragen**
  Mit Hilfe von Abfragen lassen sich Daten aus einer oder mehreren Tabellen abrufen, auf verschiedene Weise auswerten und wenn gewünscht zusammenfassen. Die Workshops dieses Kapitels beschäftigen sich mit der Normalisierung von Daten.
- **Kapitel 4: Access und die Verbindungen zur Außenwelt**
  Access kann als Insel-Lösung oder im Verbund mit anderen Systemen betrieben werden. Alles zum Import und Export von Daten sowie zur Anbindung von Datenquellen ist hier beschrieben. In den Workshops werde ich Ihnen zeigen, wie Sie Daten für Access aufbereiten und importieren.
- **Kapitel 5: SQL – die Programmiersprache für Datenbanken**
  Für welche Zwecke die Programmiersprache SQL zum Einsatz kommt, werde ich in diesem Kapitel darstellen. Aufbauend auf Kapitel 3 erläutere ich hier den gesamten Sprachumfang von SQL in Access.
- **Kapitel 6: Formulare**
  Für die ansprechende Darstellung von Daten auf dem Bildschirm sind in Access die Formulare zuständig. Zu einem guten Formular gehört auch eine intuitive Benutzerführung, auf die ich nicht zuletzt in den zugehörigen Workshops eingehen werde.
- **Kapitel 7: Berichte**
  Umfangreiche Datenmengen lassen sich am besten mit einem Bericht auswerten und übersichtlich darstellen. Es spielt dabei keine Rolle, ob Sie einen Bericht wirklich auf Papier ausdrucken oder nur am Bildschirm ansehen möchten.

- **Kapitel 8: Einfache Programmierung mit Makros**
  Makros eignen sich dazu, einfache Aufgaben in Access zu automatisieren. Relativ neu sind die Datenmakros (Trigger), die neben anderen Neuerungen in den letzten Access-Versionen zu einer Renaissance und Aufwertung der Makroprogrammierung geführt haben.
- **Kapitel 9: Visual Basic for Applications (VBA), die Programmiersprache für Microsoft-Office-Anwendungen**
  Sehr viel mächtiger als Makros ist die Programmierung mit VBA. Damit lässt sich so gut wie jede Aufgabe in Access automatisieren. Dieses Kapitel ist eine komplette Einführung in die VBA-Programmierung; fast alle Befehle und Sprachmerkmale werden hier vorgestellt. Ohne Vorkenntnisse können Sie in diesem Kapitel die Programmiersprache VBA erlernen.
- **Kapitel 10: Data-Access-Objects-(DAO-)Klassenbibliothek**
  Über Klassenbibliotheken ist es möglich, den Funktionsumfang von VBA zu erweitern. DAO eignet sich beispielsweise dazu, in VBA direkt auf beliebige Tabellen und Abfragen zuzugreifen. Neben den Funktionen von DAO werde ich Ihnen zeigen, wie Sie von Access aus Word und Excel öffnen und quasi fernsteuern. Im letzten Teil des Kapitels geht es um den Zugriff auf Funktionen des Windows-Betriebssystems.
- **Kapitel 11: Anwendungsprogramme mit Access erstellen**
  Mit Formularen und guter Benutzerführung lässt sich mit einer Access-Datenbank ein Anwendungsprogramm bzw. eine App realisieren. Auf diese Weise wird eine Datenbank auch für Anwender, die nicht über tiefgreifende Kenntnisse in Access verfügen, intuitiv bedienbar. Obwohl dieses Kapitel am Ende des Buches steht, heißt das nicht, dass Sie zur Entwicklung von Anwendungsprogrammen alle Werkzeuge von Access oder gar Programmierung beherrschen müssen.
- **Anhang**
  Im Anhang finden Sie eine Anleitung, wie der Microsoft SQL Server 2017 Express Edition installiert wird. Außerdem biete ich hier einen Rückblick auf die Access Web Apps für SharePoint, die es mittlerweile nicht mehr gibt.

Materialien zum Buch

Alle im Buch verwendeten Codebeispiele und Beispieldatenbanken können Sie sich unter *www.rheinwerk-verlag.de/4664* in der Rubrik MATERIALIEN ZUM BUCH herunterladen. Mit diesen Dateien können Sie alle Buchinhalte einfach nachvollziehen – ganz ohne Abtippen.

Die Rolle der Workshops

In den einzelnen Workshops werde ich gängige Probleme aus der Praxis aufgreifen und einen Lösungsvorschlag in Access aufzeigen. Dabei werde ich tief einsteigen, Themen aus anderen Kapiteln aufgreifen und an manchen Stellen auch vorgreifen. Denn es geht mir bei den Workshops vor allem um Tiefgang: Wie nutzen Sie das gesamte Repertoire von Access, um eine konkrete Aufgabe zu lösen?

Vieles lässt sich in Access vollständig ohne Programmierung erledigen, und ich kenne genügend Datenbanken, die ohne jede Zeile Programmcode auskommen. Für eine automatisierte Datenverarbeitung oder zur Lösung komplexer Anforderungen ist die Programmiersprache VBA aber so gut wie unerlässlich. Kapitel 9 ist zum Erlernen von VBA gedacht, weshalb ich die Beispiele einfach gehalten habe. Leider lässt sich das wahre Potential von VBA anhand solch kurzer Beispiele schlecht abschätzen. Genau dafür eignen sich hingegen die Workshops, und ich habe mich bewusst dafür entschieden, in einigen der Workshops auf VBA-Themen der Kapitel 9 und 10 vorzugreifen. Somit sind die Workshops als Abrundung eines Themas und als Einblick in die fortgeschrittenen Arbeiten mit Access gedacht.

Feedback

So, wie dieses Buch mit der Inspiration und Kreativität vieler Personen entstanden ist, möchte ich es gerne weiterentwickeln. Dazu bin ich auf Ihre Hilfe angewiesen und wäre für jede konstruktive Kritik dankbar. Falls Ihnen ein Fehler auffällt oder Sie Verbesserungen vorschlagen möchten, würde ich mich über eine E-Mail an *access@llits.de* sehr freuen. Vor allem aber wünsche ich Ihnen nun viel Erfolg und Freude bei der Lektüre und bei der Arbeit mit Access!

Danksagungen

Für die Mitwirkung und Unterstützung an diesem Buch bedanke ich mich beim Rheinwerk Verlag, den Lektoren Erik Lipperts und Simone Bechtold, die dieses Buch möglich gemacht haben, dem Gutachter Bernd Held für wertvolle Anregungen und der Korrektorin Petra Biedermann für die sprachliche, vor allem aber für die ausgezeichnete fachliche Überarbeitung des Manuskripts. Mein besonderer Dank gilt Sebastian Kestel, der mich zu diesem Buch inspiriert hat – insbesondere aber für die enge Freundschaft über all die Jahre, meinen ehemaligen Kollegen, meinem Geschäftspartner Thorsten Launhardt, unseren treuen Kunden, meinen Freunden, meiner Anja und unseren beiden Töchtern Marcella und Francesca.

Wolfram Langer

Kapitel 1
Einleitung

Um zu verdeutlichen, für welche Aufgaben Access die richtige Lösung ist, werde ich Ihnen zunächst zwei fertige Datenbanken vorstellen.

Wenn Sie fragen, was sich hinter dem Programm Microsoft Access verbirgt, werden Sie als kurze Antwort in vielen Fällen den Begriff *Desktop-Datenbank* hören. Genauer gesagt handelt es sich um eine *relationale Datenbank*. Ich werde Ihnen in diesem Buch zeigen, was eine relationale Datenbank ist, wie Sie eine Datenbank mit Access verwirklichen können und wie Sie darin Ihre Daten strukturiert ablegen können. Darüber hinaus bietet Access mächtige Werkzeuge, mit denen sich die Datenbank beispielsweise um eine grafische Benutzeroberfläche erweitern lässt. Anhand zweier fertiger Beispiele können Sie einen ersten Eindruck der Welt von Access und der Welt der Datenbanken gewinnen.

1.1 Was ist Access?

Ich erinnere mich noch gut an den Tag, an dem ich das erste Mal eine Access-Datenbank öffnete und gleich erschlagen war. Zurückblickend war ich in der glücklichen Lage, dass mein Vorgänger die Datenbank erstellt hatte. Meine erste Datenbank war also schon randvoll mit Datenbankobjekten und Daten; genau das überforderte mich im ersten Moment etwas. Aber ich konnte mich erst einmal umschauen und so schrittweise an die Möglichkeiten, einzelnen Funktionen und Features von Access herantasten.

Das Überfordern und Erschlagen möchte ich Ihnen gern ersparen. Aus diesem Grund habe ich alle Beispiele in diesem Buch recht einfach gehalten. Zumindest einfacher als so manche Datenbank, der ich in der Praxis schon begegnet bin. In den Materialien zum Buch finden Sie zwei Datenbanken, die Sie mit einem Doppelklick starten können. Werfen Sie einmal einen Blick in die Welt von Access!

- *01_Einleitung\1.2.1_Verein.accdb*
- *01_Einleitung\1.2.2_Fluege.accdb*

Ist der Einstieg in Access schwierig? Nein, schwierig ist er, wie ich meine, nicht. Aber etwas anspruchsvoller als bei den anderen Office-Programmen. Warum ist das so?

In Word kann ich gleich starten und lostippen. Damit hatte auch meine Tochter keine Probleme, als sie in der ersten Klasse war und gerade die Buchstaben lernte; diese fand sie auch auf der Tastatur meines Computers wieder und sah in Word sofort das Ergebnis. Der Einstieg in Excel ist sicherlich schwieriger, dürfte aber im Zusammenhang mit der Algebra für Schüler zugänglich werden. Alles, was wir in der Schule gelernt haben, reicht also aus, um mit Word, Excel und auch PowerPoint zu beginnen. Damit meine ich nicht, dass diese drei Office-Programme kinderleicht sind. Auch hier gibt es High-End-Themen, die eine tiefere Einarbeitung erfordern. Jedoch ist der Start intuitiv.

Und genau in diesem Punkt ist Access – wie jede Datenbank – ganz anders: Hinter Datenbanken steht ein Konzept. Nur, wenn ich das Konzept verstanden habe, kann ich die einzelnen Bausteine richtig einordnen. Und nur dann wird es mir gelingen, wirklich einen Mehrwert aus Access herauszuholen. Ohne das Konzept lohnt sich Access nicht – dann nutzen Sie lieber eine Tabelle in Excel. Das ist übrigens der intuitive Weg, nämlich eine Datenbank mit einer Excel-Tabelle nachzuempfinden. Klingt das verrückt? Vielleicht für jemanden, der schon einmal in die Welt der Datenbanken hineingeschnuppert hat. Ansonsten aber ist es der allzu verständliche und intuitive Weg, der tausendfach genommen wird. In der Praxis sind es die gemeinsam genutzten Excel-Arbeitsmappen, die beispielsweise *Bestell-Liste.xlsx* oder *Bestands-Liste.xlsx* heißen.

In den nächsten Abschnitten werde ich Ihnen das Konzept einer Datenbank – im Speziellen: einer Access-Datenbank – näherbringen. Access umfasst sechs Bausteine, die zusammen das Konzept formen:

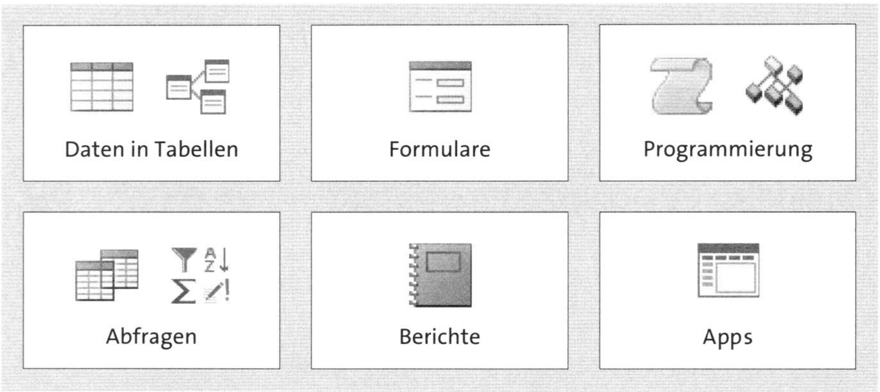

Abbildung 1.1 Diese sechs Bausteine bilden das Konzept einer Access-Datenbank. Tabellen und Abfragen sind elementar wichtig. Die anderen Bausteine können Sie optional nutzen.

Auf dem Markt gibt es mehrere Datenbanksysteme, die alle ihre Stärken und Schwächen haben. Access ist eines davon. Allen relationalen Datenbanken gemeinsam ist der erste und damit wichtigste Baustein: *Daten in Tabellen*. Eng damit verbunden sind die *Abfragen* als zweiter Baustein. Diese beiden Features sind schon sehr mächtig. So nutze ich in einer ganzen Reihe von Datenbanken lediglich Tabellen und Abfragen.

Speziell in Access gibt es *Formulare* und *Berichte*, mit denen Sie Ihre Datenbank schöner und damit benutzerfreundlicher gestalten können. Gerade in Sachen Berichte ist Access wirklich spitze (ein Alleinstellungsmerkmal von Access verglichen mit anderen Datenbanklösungen).

Der fünfte Baustein ist die Programmierung mittels *Makros* oder in der Programmiersprache *Visual Basic for Applications* (VBA). Vielleicht denken Sie jetzt: Muss ich nun auch noch eine Programmiersprache erlernen, um mit Access zu arbeiten? Hier kann ich Sie beruhigen: Programmierung gibt es auch in den anderen Office-Programmen. Und genauso wie Word, Excel und PowerPoint können Sie Access vollständig ohne Programmierung benutzen. Mit Programmierung gelangen Sie zur Kür, der *automatischen Datenverarbeitung*. Solange Ihnen *manuelle Datenverarbeitung* reicht (Daten per Eintippen erfassen, ändern und auswerten), kommen Sie vollständig ohne Programmierung aus.

Bleibt noch der letzte Baustein: *Anwendungsprogramme* oder kurz *Apps* genannt. Sie können Formulare und Berichte so miteinander verbinden, dass Ihre Access-Datenbank wie ein eigenständiges Programm erscheint. Übrigens sieht man es vielen Anwendungsprogrammen gar nicht an, dass sie in Wirklichkeit eine Access-Datenbank sind. Ich werde Ihnen zeigen, wie einfach es ist, Apps zu erstellen. Und das geht alles ohne Programmierung!

1.1.1 Relationale Datenbank

In einer relationalen Datenbank werden Daten in Tabellen erfasst. Auch in einer Excel-Arbeitsmappe kann ich Daten in Tabellen (= Arbeitsblättern) eintragen. Bei Tabellen in Excel habe ich maximale Freiheit, und in der Regel existieren die Arbeitsblätter losgelöst nebeneinander.

Das ist bei Datenbanken ganz anders; hier führe ich bewusst Regeln ein. Dahinter steckt folgende Idee: Eine Datenbank soll nicht nur ein Haufen von allen möglichen Daten sein, sondern sie soll eine strukturierte Sammlung sein. Nehmen wir als Beispiel eine Liste von Flügen. Es geht nicht nur darum, möglichst viele Flüge in die Liste einzutragen. Vielmehr soll jeder Flug (jeder *Datensatz*) fehlerfrei erfasst werden: Datum, Uhrzeiten sowie Flughäfen für Abflug und Landung sind wichtig, ebenso die Flugnummer. Unvollständige oder fehlerhafte Datensätze möchte ich in jedem Fall vermeiden. Und in der Liste der Flüge sollen wirklich nur Flüge, nicht jedoch Bahn- oder Schiffsverbindungen auftauchen. Fehlerhafte oder falsch platzierte Datensätze bezeichnet man als *Inkonsistenzen*. Diese möchte man in einer relationalen Datenbank *tunlichst vermeiden*. Und genau in dieser Hinsicht unterscheidet sich eine Access-Tabelle von einer Excel-Tabelle:

- Die Spalten (*Felder*) in einer Access-Tabelle werden fest eingestellt. Im Gegensatz zu Excel habe ich am rechten Rand des Datenblatts keine leeren Spalten.

- Für Tabellen und Felder gibt es *Einschränkungen* (Felddatentyp, Eingabe erforderlich, Gültigkeitsregeln, eindeutige Datensätze).
- Zwischen den einzelnen Tabellen gibt es *Beziehungen*.

Zum letzten Punkt zählt beispielsweise die *1:n-Beziehung*, von der Sie vielleicht schon einmal gehört haben.

Access ist das richtige Werkzeug für eine strukturierte Sammlung von Daten

Klar, ich kann eine Tabelle in Access auch ohne Regeln erstellen. Nur gewinne ich damit nichts (vielleicht abgesehen davon, dass Access mehrbenutzerfähig ist und die Anzahl der Datensätze nicht beschränkt ist). Die Datenbank wäre eine unstrukturierte Sammlung von Daten. Dafür nehme ich lieber Excel, wo ich in der Regel sämtliche Freiheiten habe.

Hingegen ist für eine strukturierte Sammlung von Daten eine relationale Datenbank wie Access genau das richtige Werkzeug.

In Kapitel 2, »Access als Datenbank: Tabellen«, werde ich Ihnen zeigen, wie Sie Tabellen erstellen, Regeln festlegen und Daten erfassen und bearbeiten. Dabei stellt sich die Frage, wie Sie Ihre Daten auf unterschiedliche Tabellen aufteilen können. In diesem Zusammenhang helfen Ihnen die *Normalformen*, mit denen Sie zu einem optimalen *Datenbankdesign* gelangen können. Auf den ersten Blick mag das theoretisch erscheinen; sie haben bei mir aber schon häufig zu einem Aha-Erlebnis geführt: So macht man es, das ist der korrekte Weg, das erspart mir später einmal viel Arbeit.

Wenn ich erst einmal ein paar Daten in der Datenbank habe, möchte ich damit auch arbeiten: Bestimmte Datensätze suchen, filtern, sortieren, zusammenfassen – für alle diese Aufgaben können Sie in Access das Werkzeug der *Abfragen* nutzen. In Kapitel 3, »Daten filtern, sortieren und zusammenfassen: Abfragen«, werde ich Ihnen zeigen, wie Sie Abfragen ganz intuitiv mit dem *grafischen Abfrage-Editor* von Access erstellen können. Letztendlich verbirgt sich hinter jeder Abfrage ein Befehl in der Programmiersprache SQL. Für alle, die lieber Kommandos eintippen, ist als Erweiterung Kapitel 5, »SQL – die Programmiersprache für Datenbanken«, gedacht.

1.1.2 Formulare zum Bearbeiten von Daten

Formulare sind das schöne Gesicht einer Access-Datenbank. Warum immer nur mit Daten in Tabellen arbeiten? In einem Formular können Sie neben Textfeldern andere Steuerelemente (beispielsweise Listenfelder, Kombinationsfelder, Kontrollkästchen, Optionsschaltflächen) und Grafiken platzieren. Mit einem geschickt gestalteten Formular wird das Erfassen und Bearbeiten von Daten ganz einfach und übersichtlich.

An dieser Stelle möchte ich noch einmal aufgreifen, was ich in Abschnitt 1.1, »Was ist Access?«, gesagt habe: Während die Einarbeitung in die anderen Office-Programme Word, Excel und

PowerPoint intuitiv ist, benötigen Sie für Access ein Konzept. Mit einem Formular erreiche ich andererseits, dass der Start mit der Access-Datenbank für andere Personen trotz aller Hürden intuitiv wird. In vielen Fällen entsteht eine Access-Datenbank nach folgendem Ablauf:

1. Zu einem Thema sollen Daten erfasst und verarbeitet werden (Problem formulieren).
2. Das passende Datenbankdesign wird erstellt (leere Tabellen).
3. Es entstehen ein oder mehrere Formulare, über die später die Daten eingegeben werden.
4. Die Datenbank wird gemeinsam von mehreren Personen produktiv genutzt.

Im Idealfall nutzen die Personen im letzten Schritt nur noch Formulare (und Berichte), um Daten zu erfassen und auszuwerten.

Sicherlich gibt es auch Access-Datenbanken mit Formularen, die nur von mir selbst genutzt werden. Aber der beschriebene Prozess ist der allgemeine Fall und zeigt uns, dass es zwei Gruppen von Personen gibt:

1. **Access-Entwickler**
   Auf der einen Seite mindestens eine Person, die sich sehr gut mit Access auskennt und die Schritte 1–3 erledigt. Im Jargon wird diese Gruppe als *Entwickler* oder *Programmierer* bezeichnet. Diese Bezeichnung ist vielleicht etwas missverständlich, denn selbst sehr umfangreiche Access-Datenbanken können vollständig ohne Makro- oder VBA-Programmierung auskommen. Gemeint ist hier vielmehr der Prozess, das Datenbankdesign zu entwickeln und alle weiteren Datenbankobjekte – darunter fallen die Formulare – zu erstellen. Access ist die Entwicklungsumgebung für einen Access-Entwickler, und an angehende Access-Entwickler richtet sich dieses Buch. Alles zum Erstellen von Formularen finden Sie in Kapitel 6, »Formulare«.
2. **Endanwender**
   Auf der anderen Seite gibt es die Gruppe der Endanwender, die eine fertige Access-Datenbank zum Erfassen, Eingeben und Auswerten von Daten nutzen möchten. Mit einer gut durchdachten Benutzerführung können Sie einen Endanwender in die Lage versetzen, die Formulare intuitiv zu bedienen.

   Ganz klar war ich am Anfang meiner Access-Karriere ein Endanwender. Aber ich musste und wollte noch mehr aus der bestehenden Access-Datenbank herausholen. Insofern richtet sich dieses Buch auch an die versierten Endanwender, die mehr wissen wollen und sich an einzelne Themen herantasten möchten.

1.1.3 Berichte zur Auswertung und zum übersichtlichen Ausdrucken von Daten

Während Formulare in erster Linie zum Anzeigen und Bearbeiten der Daten am Bildschirm gedacht sind, stehen bei Berichten die Auswertung von Daten und das Drucken auf Papier im Vordergrund. Mit einem schön gestalteten Bericht kann ich die Daten aufbereiten und verständlich machen. Wie das geht, werde ich Ihnen in Kapitel 7, »Berichte«, zeigen. Sie können sich einen Access-Bericht am Bildschirm in der Seitenansicht ansehen. Ob Sie ihn anschließend wirklich auf Papier ausdrucken, ist dabei völlig zweitrangig.

Im Gegensatz zu einem Formular ist ein Bericht so etwas wie ein Schnappschuss des aktuellen Datenbestandes. Mit einem Bericht lassen sich keine neuen Datensätze erfassen oder bestehende verändern. Klingt vielleicht etwas langweilig, ist aber in der Praxis sehr wichtig. Denn wer möchte schon auf eine Mitarbeiterliste oder Kostenauswertung verzichten?

1.1.4 Programmierung: Optional, zum Beispiel zum Lösen komplexerer Probleme

Bei Bedarf können Sie Ihre Access-Datenbank um Programme bereichern, mit denen sich bestimmte Aufgaben automatisch erledigen lassen. In Access gibt es dafür zwei Werkzeuge:

1. *Makros*
2. die Programmiersprache *Visual Basic for Applications* (VBA)

Makros (Kapitel 8, »Einfache Programmierung mit Makros«) sind die einfachere Variante der Programmierung, VBA (Kapitel 9, »Visual Basic for Applications (VBA), die Programmiersprache für Microsoft-Office-Anwendungen«) ist komplexer und mächtiger. Bis vor wenigen Access-Versionen hätte ich noch gesagt, dass VBA alles und mehr kann als Makros. Spätestens mit *Datenmakros* hat sich das geändert; gewissermaßen haben Makros eine Art Renaissance erfahren.

Wenn Sie die Programmierung erlernen möchten, fangen Sie am besten mit kleinen Automatismen an: beispielsweise eine Mitgliedsnummer, Personalnummer oder Rechnungsnummer automatisch zu generieren. Mit größeren Programmen können Sie wirklich komplexe Probleme automatisch verarbeiten, beispielsweise eine Liste offener Mitgliedsbeiträge generieren oder einen Rechnungslauf erzeugen. Ein paar Anregungen gebe ich Ihnen in den Workshops, die Sie am Ende einiger Kapitel finden.

1.1.5 Schnelle Entwicklung kompletter Anwendungsprogramme (»rapid development«)

Bei den Formularen hatte ich schon angedeutet, dass Sie die Bedienbarkeit Ihrer Access-Datenbank intuitiver gestalten können. Mehrere Formulare und Berichte lassen sich so verbinden, dass der Anwender vom Navigationsbereich gar nichts mehr sieht. Tabellen und Abfragen bilden so die Interna Ihrer Datenbank und können wenn gewünscht versteckt werden. Mit diesem Ansatz eignet sich Access hervorragend dazu, komplette *Anwendungsprogramme* (*Apps*) zu entwickeln.

Kosten sparen mit der Access Runtime

Mit einer fertigen App benötigen Ihre Anwender nicht einmal mehr eine Access-Installation. Entsprechend lassen sich Kosten für Lizenzen einsparen. Stattdessen wird auf dem PC die Access Runtime installiert, die Sie kostenlos bei Microsoft downloaden können.

In der Access Runtime fehlen alle Werkzeuge zum Erstellen einer Datenbank, allen voran der Navigationsbereich und das standardmäßige Menüband. Wie das aussieht, sehen Sie in Abbildung 1.9 und Abbildung 1.15. Alle Details zur Access Runtime können Sie in Abschnitt 11.3, »Ohne Access mit Datenbank-Dateien arbeiten: Die Access Runtime« nachlesen.

Das Praktische an Apps mit Access ist, dass Sie mit wenig Aufwand zu einem brauchbaren Ergebnis gelangen (*rapid development*). Und falls einmal etwas Neues hinzukommt oder etwas geändert werden muss, ist das genauso einfach. Ich brauche dafür keinen teuren Entwickler oder Berater, sondern kann mit Access alles oder zumindest den Großteil selbst machen. Genau hierin liegt eine besondere Stärke von Access: Eine Person mit speziellen Fachkenntnissen kann mühelos eine App erstellen und sich dabei auf die Inhalte konzentrieren.

1.2 Wie kann eine Datenbank meine Arbeitsprozesse unterstützen?

Bevor ich Ihnen zeigen werde, wie Sie die einzelnen Bausteine von Access nutzen können, möchte ich Ihnen einen Eindruck vom Ergebnis vermitteln. Dazu habe ich zwei Datenbanken vorbereitet:

1. Mitgliederverwaltung eines Vereins:

   01_Einleitung\1.2.1_Verein.accdb

   Eine kleine Desktop-Datenbank – ideal für Anfänger zum Ausprobieren und Erweitern.

2. Erfassung von Mitarbeitern, Flügen und Flugbuchungen

   01_Einleitung\1.2.2_Fluege.accdb:

   Eine typische Datenbank, wie man sie in Unternehmen findet. Als Beispiel habe ich das Thema »Geschäftsreisen mit dem Flugzeug« ausgesucht. Dies ist die Beispieldatenbank, die ich in diesem Buch immer wieder aufgreifen werde.

Beispieldatenbanken

Die beiden Beispieldatenbanken zeigen Ihnen das grundlegende Prinzip: Wie kann ich ein Problem mit Access lösen? Ich werde Ihnen in diesem Buch Lösungen aufzeigen, die Sie auf Ihre eigene Datenbank übertragen können. Im Einzelfall müssen Sie selbstverständlich noch Ergänzungen (zusätzliche Felder und dergleichen) vornehmen.

Personenbezogene Daten

In den Beispieldatenbanken befinden sich Namen, Geburtsdaten und andere Informationen. Alle diese Daten sind zufällig generiert und beziehen sich nicht auf natürliche Personen.

1.2.1 Beispiel einer einfachen Desktop-Datenbank: Mitgliederverwaltung eines Vereins

Der Verein Eichhörnchenfreunde e. V. möchte das Verzeichnis der Mitglieder mit einer Access-Datenbank verwalten. Die passende Desktop-Datenbank finden Sie in den Materialien zum Buch unter *01_Einleitung\1.2.1_Verein.accdb*.

Mitgliederdaten in einer Tabelle

Zunächst habe ich die Tabelle *tblMitglied* erstellt, in der die Daten aller Mitglieder gespeichert werden:

- Name
- Geschlecht
- Geburtsdatum
- Mitgliedsnummer
- Foto
- Anschrift

Per Doppelklick lässt sich die Tabelle öffnen, und alle Daten können dort direkt eingetragen werden. Das Ganze sieht so ähnlich wie eine Excel-Tabelle aus:

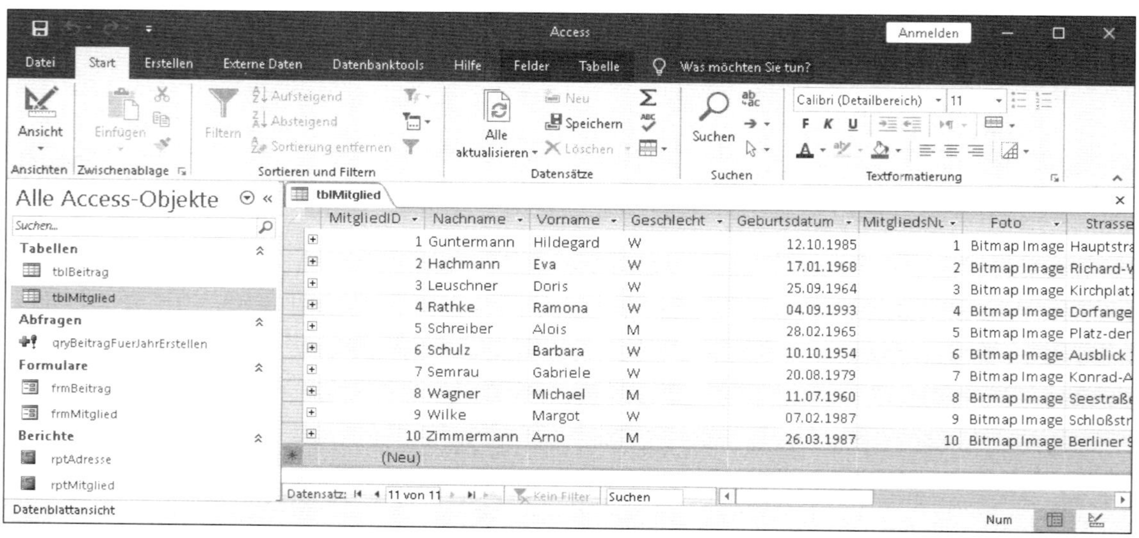

Abbildung 1.2 In der Datenblattansicht einer Tabelle können Sie Datensätze hinzufügen, bearbeiten und löschen.

Schöner sieht ein Formular aus

Schöner als eine Liste ist ein ansprechendes Formular wie beispielsweise *frmMitglied*. Darin sehen Sie die gleichen Daten, nur schöner aufbereitet.

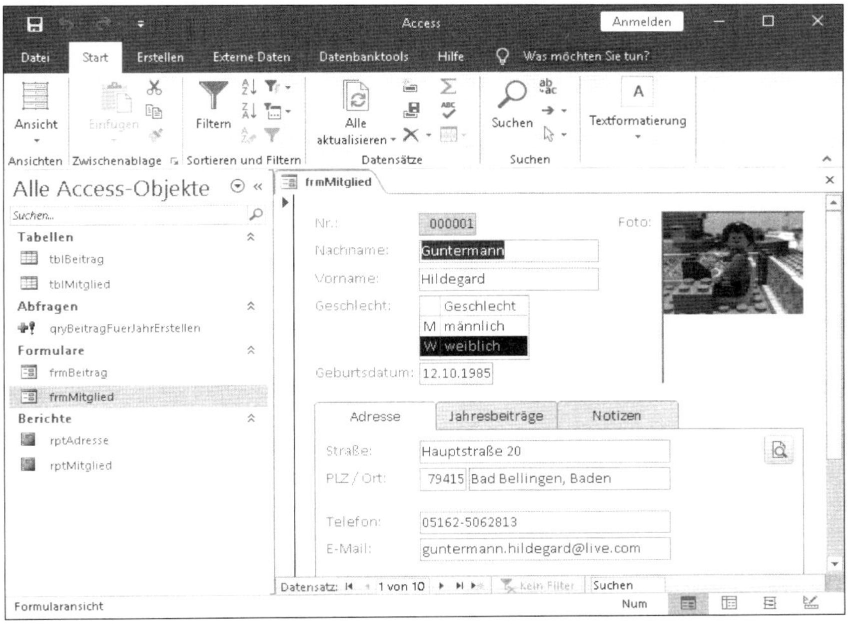

Abbildung 1.3 Dies ist ein gebundenes Standardformular mit verschiedenen Steuerelementen, das an die Tabelle »tblMitglied« gebunden ist.

Die Mitgliederliste als Bericht ausdrucken

Kürzlich hat der Vorstand des Vereins beschlossen, dass am schwarzen Brett immer die aktuelle Mitgliederliste hängen soll (damit Geburtstage nicht vergessen werden). Passend dafür habe ich den Bericht *rptMitglied* erstellt, den ich nach Änderungen immer wieder ausdrucken kann.

> **Namenskonventionen**
>
> Bei der Benennung von Datenbankobjekten hat sich eine Namenskonvention durchgesetzt (Leszynski Naming Convention, LNC; vergleiche Abschnitt 2.2.2, »Namenskonventionen«). Daher kommt das Präfix *frm* für ein Formular und *rpt* für einen Bericht.

Adressetiketten für den Versand der Vereinszeitung drucken

Herr Schreiber ist Schriftführer des Vereins und will regelmäßig Post versenden. Bisher hat er die Adressen immer per Hand auf die Umschläge geschrieben. Mit dem mehrspaltigen Bericht *rptAdresse* kann er die Adressen jetzt auf passende Etiketten ausdrucken.

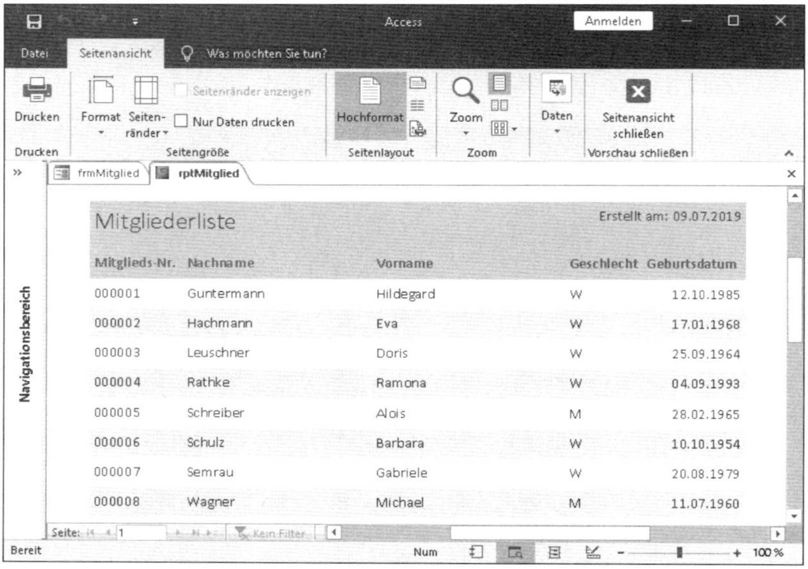

Abbildung 1.4 Ein einfacher Bericht in der Seitenansicht

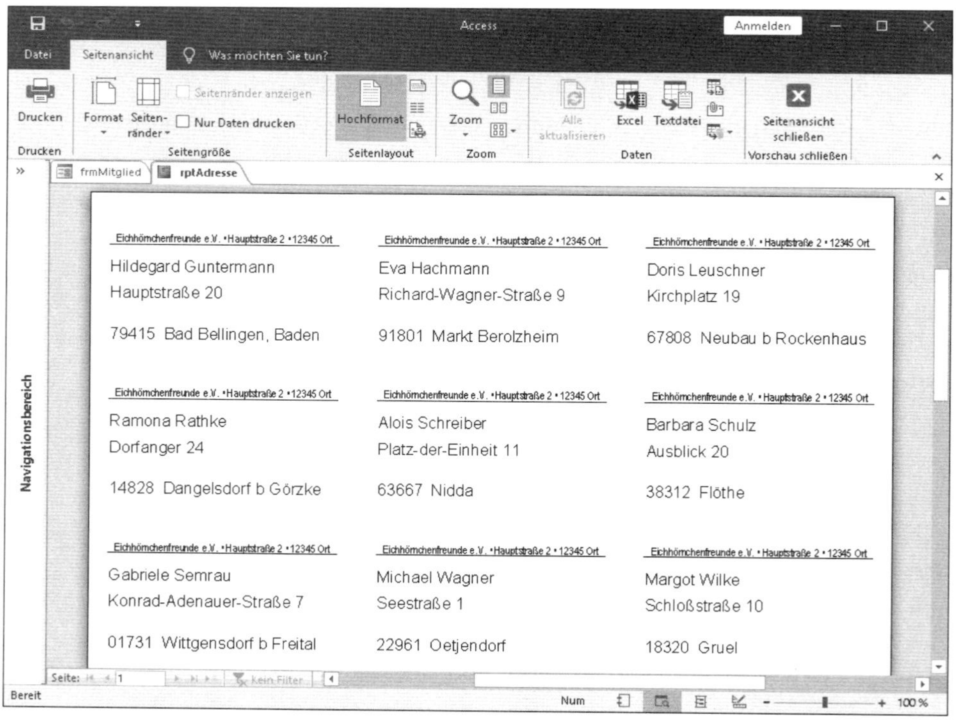

Abbildung 1.5 Für diesen mehrspaltigen Bericht sind die Abstände exakt so gesetzt, dass die Adressen auf handelsübliche Etiketten gedruckt werden können.

Damit Herr Schreiber den Bericht für die Etiketten schnell findet, habe ich für ihn im unteren Bereich des Formulars *frmMitglied* neben der Adresse eine Schaltfläche eingefügt. Per Mausklick öffnet ein kleines VBA-Programm nun den Bericht.

Zusätzliche Daten zu den Mitgliedern erfassen: Die jährlichen Mitgliedsbeiträge

Am Anfang eines jeden Jahres werden die Mitgliedsbeiträge fällig. Die Kassiererin Frau Wilke möchte gern abhaken, wer seinen Beitrag schon gezahlt hat. Dafür gibt es die neue Tabelle *tblBeitrag* und ein passendes Registerblatt.

Frau Wilke findet es lästig, dass sie am Anfang des Jahres jedes Mitglied aufrufen und den fälligen Beitrag manuell eintragen muss. Einfacher geht es mit der Anfügeabfrage *qryBeitragFuerJahrErstellen*: Damit lassen sich alle fälligen Beiträge für ein Jahr automatisch generieren. Auch hier habe ich eine Schaltfläche mit einem kleinen VBA-Programm erstellt, damit Frau Wilke die Funktion schnell wiederfindet (Abbildung 1.6, Schaltfläche mit dem grünen Plussymbol).

Abbildung 1.6 Die Daten aus der Tabelle »tblBeitrag« erscheinen in einem Unterformular, das gleichzeitig ein Endlosformular ist.

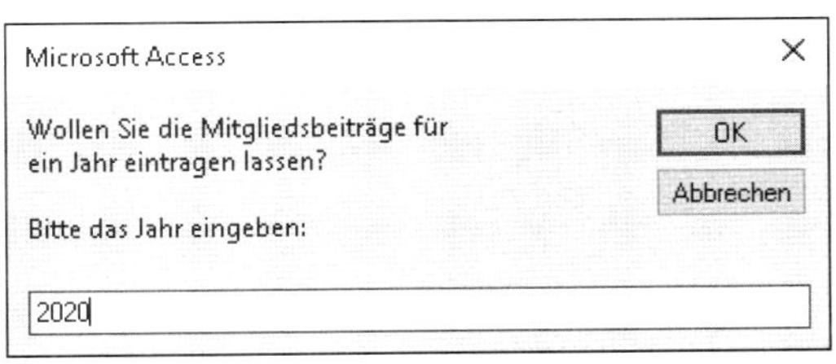

Abbildung 1.7 Beim Klicken auf die Schaltfläche fragt das VBA-Programm zunächst das Jahr ab (»InputBox«).

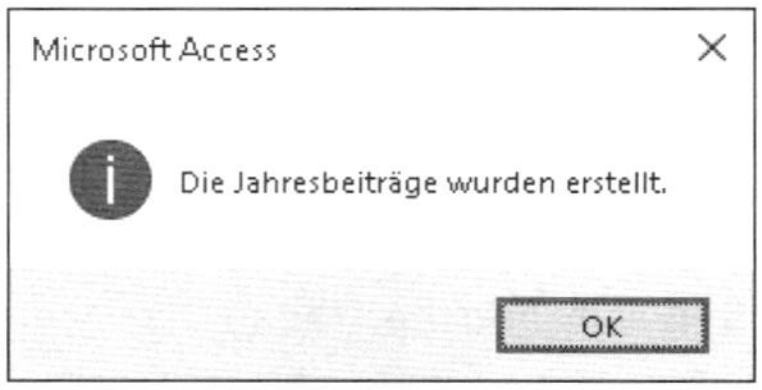

Abbildung 1.8 Nachdem alle Beiträge generiert wurden, erscheint diese Meldung (»MsgBox«).

Vereinsverwaltung ohne Access-Installation starten

Mit den fertigen Formularen, Berichten und VBA-Programmen lässt sich die Datenbank intuitiv bedienen. Herr Schreiber, Frau Wilke und die anderen Mitglieder des Vorstands benötigen dazu nicht einmal Access auf ihren Rechnern. Die kostenlose Access Runtime reicht völlig aus.

Abbildung 1.9 So sieht die Mitgliederverwaltung aus, wenn anstelle von Access die Access Runtime installiert ist.

1.2.2 Beispiel einer komplexen Access-Desktop-Datenbank: Erfassung von Mitarbeitern, Flügen und Flugbuchungen

In den Materialien zum Buch unter *01_Einleitung\1.2.2_Fluege.accdb* finden Sie eine Desktop-Datenbank, die etwas komplexer als die Mitgliederverwaltung ist. In dieser Datenbank werden Daten zu folgenden Themen erfasst:

- Abteilungen
- Mitarbeiter
- Flughäfen
- Fluggesellschaften
- Flüge
- Buchungen von Geschäftsreisen mit dem Flugzeug

Ich habe das Formular *frmMain* erstellt, das beim Öffnen der Datenbank automatisch gestartet wird. Es stellt das Hauptmenü dar und blendet per Navigationssteuerelement das passende Formular oder den passenden Bericht ein.

Abteilungen in einem Endlosformular erfassen

Zunächst einmal gibt es ein Endlosformular, mit dem die einzelnen Abteilungen erfasst werden (Abbildung 1.10).

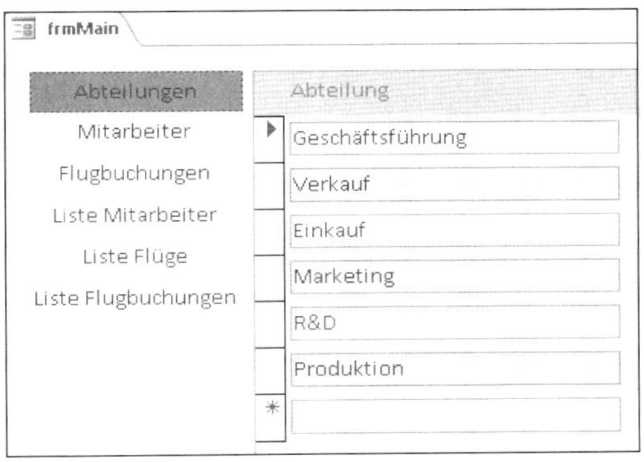

Abbildung 1.10 Das Endlosformular »frmAbteilung« zeigt die Daten aus der Tabelle »tblAbteilung« an.

Das Mitarbeiterformular mit Zuordnung zur Abteilung

Daten zu den Mitarbeitern lassen sich im Mitarbeiterformular, einem Standardformular, einsehen und ändern (Abbildung 1.11).

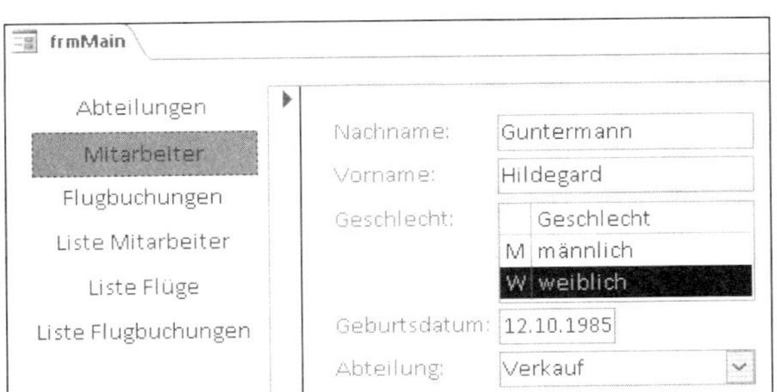

Abbildung 1.11 Das Standardformular »frmMitarbeiter« zeigt in erster Linie Daten aus der Tabelle »tblMitarbeiter« an. Zusätzlich greift das Kombinationsfeld für die Abteilung auf die Tabelle »tblAbteilung« zu.

An zwei Stellen habe ich die Auswahl aus einer Liste umgesetzt:

- ein Listenfeld für die Auswahl MÄNNLICH oder WEIBLICH
- ein Kombinationsfeld, mit dem der Mitarbeiter einer Abteilung zugeordnet wird

Solche Querverweise sind ganz wesentlich für eine relationale Datenbank (Beziehungen zwischen Tabellen).

In der Datenbank sind bereits 50 Flüge gespeichert

Für die Tabelle der Flüge habe ich an dieser Stelle auf ein Formular verzichtet. Stattdessen können Sie sich über den Bericht »Liste Flüge« ansehen, welche Flüge eingetragen sind.

Abbildung 1.12 Dieser Bericht sammelt Daten aus mehreren Tabellen und stellt sie übersichtlich in einer Liste dar.

Ein passendes Beispiel, wie ein Formular für die Flüge aussehen könnte, finden Sie übrigens in Abschnitt 6.6.2, »Unterformulare«.

Eine Flugbuchung für einen Mitarbeiter eintragen

Nun möchte ich Flugreisen für die Mitarbeiter buchen. Ausgangspunkt ist das Formular unter dem Menüpunkt FLUGBUCHUNGEN. Hier wähle ich zunächst den Mitarbeiter aus. Anschließend werden alle Flugbuchungen für den Mitarbeiter angezeigt (Abbildung 1.13).

Technisch gesehen handelt es sich um ein ungebundenes Standardformular mit einem synchronisierten Unterformular. Im Unterformular können bestehende Flugbuchungen bearbeitet und neue hinzugefügt werden.

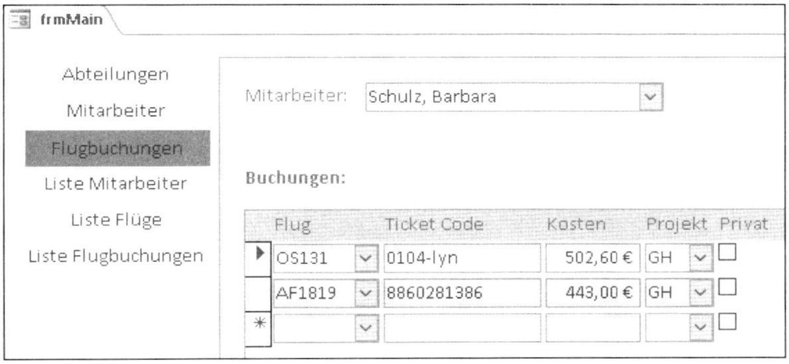

Abbildung 1.13 Wenn Sie das Kombinationsfeld für den Flug aufklappen, sehen Sie weitere Informationen zum Flug.

Die Ticket-Nummer automatisch zuweisen

Mit einem kleinen VBA-Programm habe ich das Unterformular dahingehend erweitert, dass der Ticket-Code automatisch erstellt wird. Ich habe es ganz einfach gehalten und eine 6-stellige Zufallszahl erzeugt. In der Praxis wird das Programm etwas komplizierter sein, da Buchungscodes häufig nach einer bestimmten Logik erzeugt werden.

Liste der Flugbuchungen und Auswertung der Kosten

Letztendlich können Sie im Bericht »Liste Flugbuchungen« sämtliche Flugbuchungen einsehen. Hier sehen Sie einen Bericht mit zwei Ebenen zur Gruppierung (Mitarbeiter, Abteilung) und Summierung der Kosten.

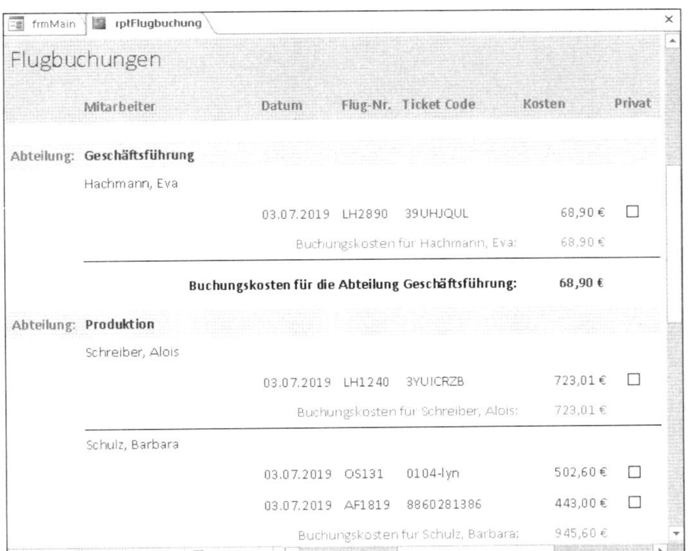

Abbildung 1.14 Übersicht der Buchungskosten pro Mitarbeiter und pro Abteilung

Die fertige Datenbank ist auch ohne Access lauffähig

Genauso wie bei der Mitgliederverwaltung habe ich das wichtige Formular *frmMain* als Autostart-Formular festgelegt. Damit lässt sich die Datenbank mit der kostenlosen Access Runtime bedienen (Abbildung 1.15).

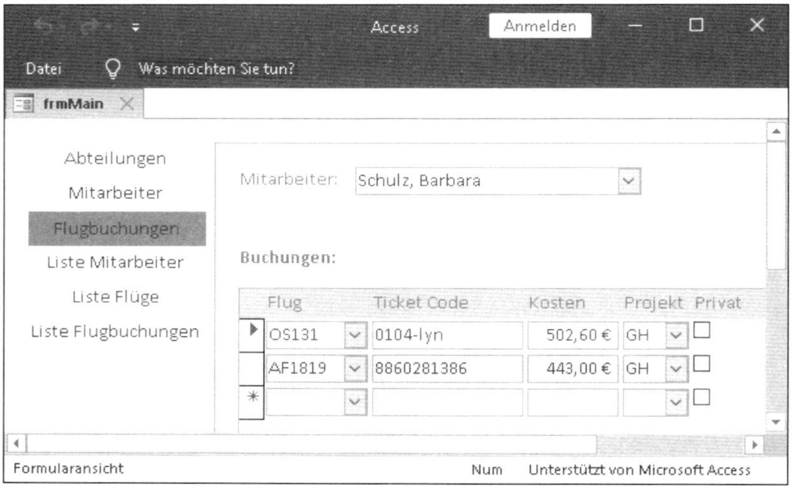

Abbildung 1.15 So sieht die Datenbank für die Flugbuchungen aus, wenn anstelle von Access die Access Runtime installiert ist.

Preview auf die Access Runtime: ».accdr«-Datei

Auf Ihrem Rechner ist die Vollversion installiert und Sie möchten trotzdem sehen, wie Ihre Datenbank unter der Access Runtime aussähe? Kein Problem, ändern Sie einfach die Dateiendung in »accdr«.

1.2.3 Access Web Apps in SharePoint gibt es nicht mehr

In den Access-Versionen 2010 bis 2016 gab es einen weiteren Datenbanktyp, der *Webdatenbank*, *Access Web Datenbank* oder *Access Web App* genannt wurde. Für eine solche Datenbank benötigte man Microsoft SharePoint. Ende März 2017 kündigte Microsoft diesen Datenbanktyp in einem Blog-Eintrag ab, was zu starkem Unmut in der Access-Community führte. Und mit den letzten Updates ist dieses Feature sogar aus Access 2016 verschwunden.

Es gibt keine Möglichkeit mehr, jetzt noch eine Access Web App in SharePoint Online zu nutzen. Im Anhang unter Abschnitt A.2, »Access Web Apps in Office 365 oder SharePoint speichern«, erhalten Sie einen Eindruck davon, was mit Access Web Apps möglich war.

Kapitel 2
Access als Datenbank: Tabellen

In einer relationalen Datenbank sind die Daten in Tabellen gespeichert. Zwischen den Tabellen bestehen Beziehungen.

Wie der Name schon sagt, dreht sich bei einer Datenbank alles um Daten. Access ist ein Datenbanksystem für relationale Datenbanken. Das bedeutet: Die Daten stehen in Tabellen, die miteinander in Beziehung stehen. In diesem Kapitel dreht sich alles um das Thema »Tabellen«:

- Tabellen erstellen und ändern
- Daten eingeben, ändern und löschen

Das ist quasi die Grundausstattung zum Arbeiten mit Access. Darüber hinaus werde ich in diesem Kapitel ausführlich auf das *Datenbankdesign* und auf die *Normalformen* eingehen. Beide Themen beschreiben, wie Sie Daten möglichst optimal in Tabellen ablegen. Dazu kann man sehr abstrakt und theoretisch vorgehen. Ich habe mich bemüht, möglichst nahe an der Praxis zu bleiben. Der eine oder andere Profi in Sachen Datenbanktheorie möge es mir bitte verzeihen, wenn meine Ausführungen an einigen Stellen nicht präzise genug sind. Mir ist das Praktische wichtiger: Wie gelangen Sie mit einem guten Datenbankdesign und den Normalformen zu einer strukturierten Sammlung von Daten?

Ich habe diesbezüglich schon sehr viele Diskussionen zwischen Entwicklern erlebt und viele Datenbanken mit gravierenden Fehlern im Datenbankdesign gesehen. Beides zeigt, dass Datenbankdesign und Normalformen keine einfache Sache sind. Aber keine Angst, ich habe das Kapitel mit vielen Beispielen, einigen Geschichten aus der Praxis und schließlich mit den Wahrheiten, die sich innerhalb der Datenbank-Community bewährt haben (Best Practice), gespickt. Damit werden Sie einen guten Eindruck davon gewinnen, in welche Richtung der Weg zu einer Datenbank frei von Sorgen führt.

2.1 Ein Schnelleinstieg in relationale Datenbanken

Als ersten Einstieg werde ich Ihnen zeigen, wie Sie in einer Desktop-Datenbank eine leere Tabelle erstellen und mit Daten befüllen können. Das Ergebnis ähnelt einer Excel-Tabelle: Eine *unstrukturierte Sammlung von Daten*.

Eine einfache Tabelle (egal, ob in Excel oder Access) – das ist die intuitive Herangehensweise an eine Datenbank. Sie kennen das bestimmt aus der Praxis: die Bestell-Liste, die Liste mit den Lagerbeständen usw.

Vorteil gegenüber einer Excel-Tabelle

Selbst mit einer einfachen Access-Tabelle erreichen Sie schon einen Mehrwert gegenüber Excel. Eine Access-Datenbank kann gleichzeitig von mehreren Benutzern zum Lesen und Schreiben geöffnet sein (*Mehrbenutzerfähigkeit*). Damit entfallen viele der lästigen Telefonate wie »Kannst Du bitte mal aus der Excel-Tabelle gehen?«.

In den Abschnitten zum Datenbankdesign und den Normalformen werde ich Ihnen zeigen, wie Sie systematisch zu einer strukturierten Sammlung von Daten gelangen und welcher Mehrwert damit verbunden ist.

2.1.1 Eine neue Desktop-Datenbank mit Access erstellen

Um zu starten, müssen wir zunächst einmal eine leere Desktop-Datenbank erstellen:

1. Starten Sie Microsoft Access.
2. Klicken Sie auf die Schaltfläche LEERE DATENBANK.

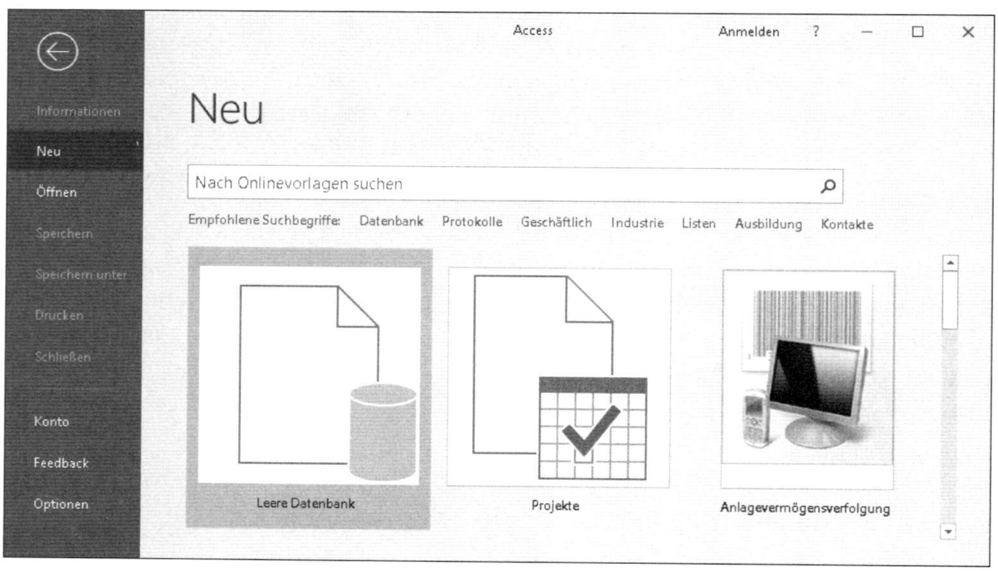

Abbildung 2.1 Gleich nach dem Starten fragt Access, ob Sie mit einer leeren Desktop-Datenbank oder einem der vorgefertigten Beispiele beginnen möchten.

3. Wählen Sie den Speicherort aus, geben Sie einen Namen für die Datenbankdatei an, und klicken Sie auf ERSTELLEN.

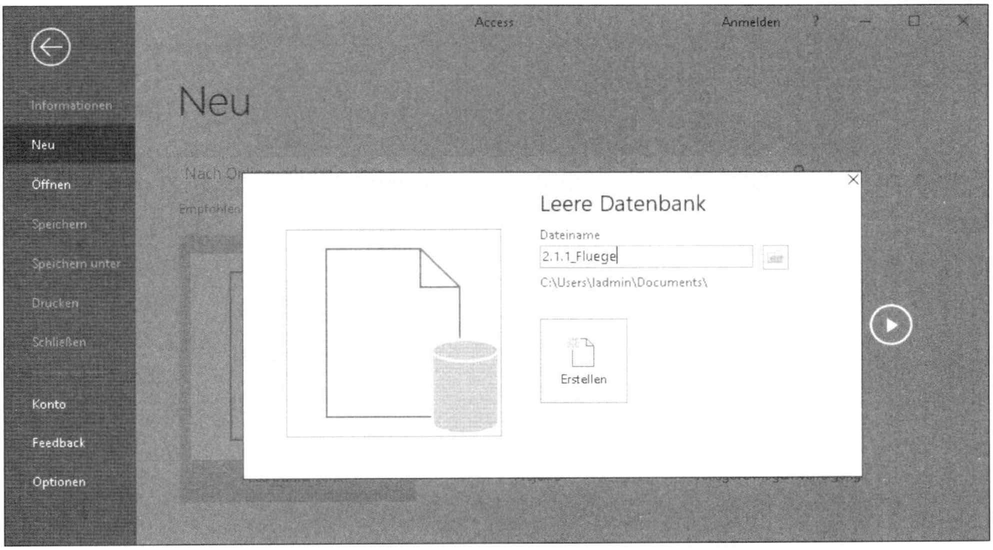

Abbildung 2.2 Geben Sie den Namen und den Speicherort für die ».accdb«-Datei an.

Eine Desktop-Datenbank benötigt immer eine Datei auf der Festplatte

Sie müssen an dieser Stelle einen Dateinamen angeben. Eine Datenbank, die es nur im Arbeitsspeicher gibt (ähnlich einer noch nicht gespeicherten Word- oder Excel-Datei), gibt es in Access nicht. Neben den *.accdb*-Dateien werden übrigens auch noch die älteren *.mdb*-Dateien unterstützt.

Sie gelangen zum Hauptbildschirm von Access (Abbildung 2.3). Auf der linken Seite sehen Sie im *Navigationsbereich* ❶, welche *Datenbankobjekte* in Ihrer Datenbank enthalten sind. Abgesehen von der einen Tabelle ❷ ist die Datenbank erst einmal leer. Später werden Sie im Navigationsbereich die verschiedenen Arten von Datenbankobjekten wiederfinden:

- Tabellen
- Abfragen
- Formulare
- Berichte
- Makros
- VBA-Module

Wir befassen uns in diesem Kapitel nur mit Tabellen.

Abbildung 2.3 Access hat in der neuen Datenbank gleich eine leere Tabelle erstellt.

2.1.2 Eine Tabelle in Access erstellen

In der Excel-Tabelle *02_Access_als_Datenbank_Tabellen\2.1.1_Fluege.xlsx* habe ich einige Datensätze mit Flugbuchungen vorbereitet.

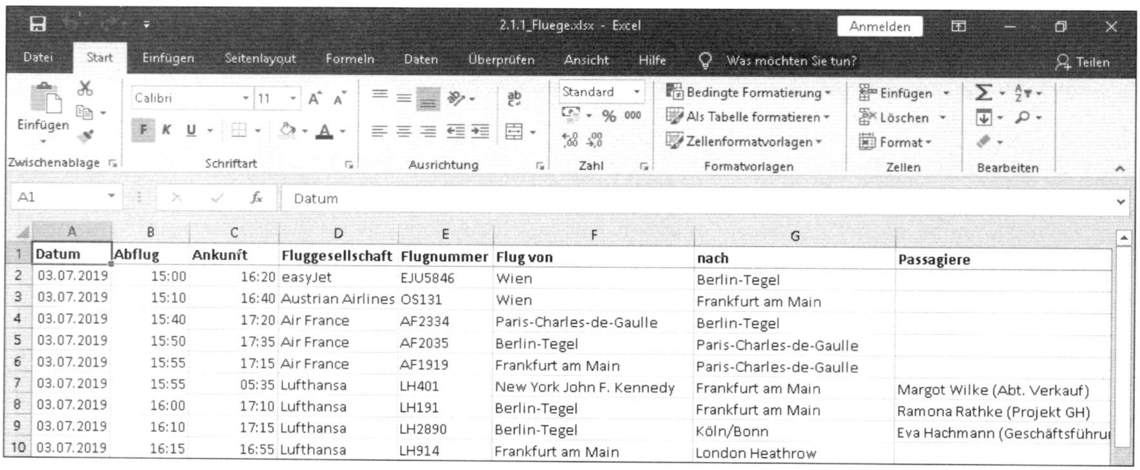

Abbildung 2.4 Eine Liste von 50 Flügen mit mehreren Buchungen – das ist eine kleine »Datenbank«, die mit Excel nachempfunden ist.

In ähnlicher Weise können Sie eine Tabelle in Access erstellen:

1. Falls Sie die von Access vorbereitete Tabelle versehentlich geschlossen haben: Klicken Sie auf ERSTELLEN • TABELLEN • TABELLE.
2. Klicken Sie auf ZUM HINZUFÜGEN KLICKEN, um ein neues *Feld* (Spalte) einzufügen.
3. Im Kontextmenü zeigt Access den *Felddatentyp* an (Abbildung 2.5). Wählen Sie der Einfachheit halber den Eintrag KURZER TEXT aus.

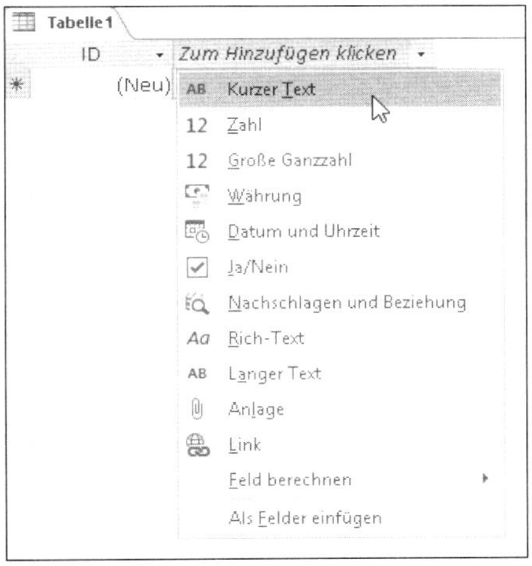

Abbildung 2.5 Jedes Feld hat einen Felddatentyp. Details dazu kommen später; wählen Sie erst einmal »Kurzer Text« aus.

4. Geben Sie den Namen des Feldes an, und wiederholen Sie die Schritte 2–4, um diese Felder zu erstellen:
   - »AbflugDatum«
   - »AbflugZeit«
   - »AnkunftZeit«
   - »Fluggesellschaft«
   - »Flugnummer«
   - »AbflugFlughafen«
   - »AnkunftFlughafen«
   - »Passagiere«

   Übrigens würde ich bei der Benennung von Feldnamen immer auf Leer- und Sonderzeichen verzichten, weil dies später Probleme bereiten könnte. Also verwenden Sie lieber »Flugnummer«, nicht jedoch »Flug-Nr.«.

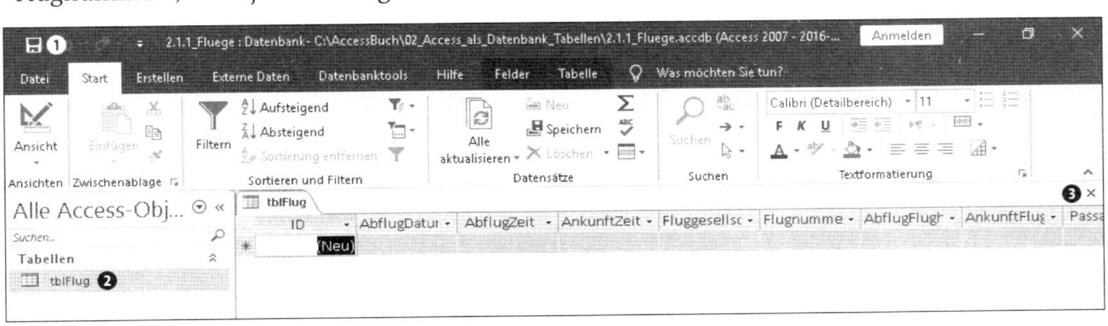

Abbildung 2.6 So sieht die leere Access-Tabelle mit neun Feldern aus.

5. Speichern Sie die Tabelle unter dem Namen *tblFlug* ab, indem Sie in der Symbolleiste für den Schnellzugriff auf SPEICHERN ❶ klicken (oder Strg + S).

Im Navigationsbereich links erscheint die neu erstellte Tabelle *tblFlug* ❷. Sie können das Datenblatt schließen ❸ und das Datenbankobjekt per Doppelklick jederzeit wieder öffnen.

2.1.3 Die Tabelle mit Inhalt füllen

Noch ist die Tabelle leer – das soll sich jetzt ändern. Tippen Sie einfach einmal eine Flugbuchung in die erste Zeile.

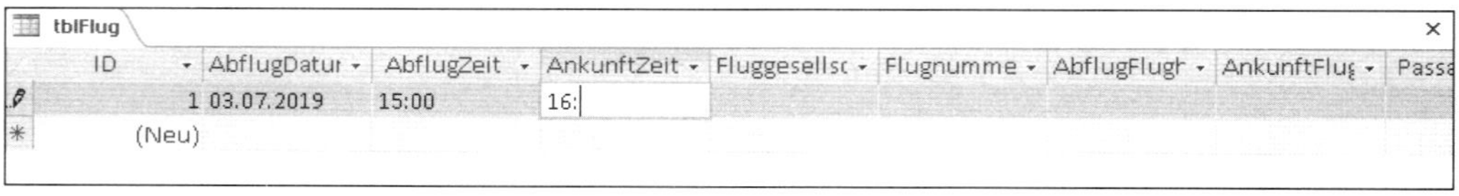

Abbildung 2.7 Jede Zeile der Tabelle ist ein Datensatz. Sobald Sie mit dem Tippen beginnen, erstellt Access den neuen Datensatz.

Am linken Rand der Zeile erscheint ein kleiner Stift. Access zeigt damit an, dass der Datensatz im *Editiermodus* (*Bearbeitungsmodus*) ist. Sobald Sie in die nächste Zeile gehen, verschwindet der Stift. Erst jetzt wird der Datensatz wirklich in der *.accdb*-Datei gespeichert.

Gemeinsam mit einer Access-Datenbank arbeiten

Sobald der Stift verschwunden ist, ist der Datensatz gespeichert. Die Datenbank selbst muss nicht noch einmal gespeichert werden. Falls andere Personen die Datenbank gleichzeitig geöffnet haben, werden die Änderungen frühestens jetzt für andere sichtbar. Access aktualisiert die Anzeige nach einiger Zeit automatisch (oder aktualisieren Sie sie mit ⇧ + F9 manuell).

Leider werden neue Datensätze nicht immer automatisch angezeigt. Aber immerhin funktioniert Folgendes zuverlässig:

- Änderungen an Datensätzen werden sichtbar.
- Löschungen von Datensätzen werden sichtbar.
- Access warnt, bevor Änderungen einer anderen Person überschrieben werden.

Damit lässt sich sehr gut gemeinsam an einer Datenbank arbeiten.

Um Tipparbeit zu sparen, können Sie die Excel-Daten bequem über die Zwischenablage in eine Access-Tabelle importieren.

1. Öffnen Sie die Excel-Tabelle *02_Access_als_Datenbank_Tabellen\2.1.1_Fluege.xlsx*.
2. Markieren Sie den Bereich mit den Daten, jedoch ohne die Überschriften (Bereich A2:H51).
3. Drücken Sie Strg + C.

4. Wechseln Sie zu Access, und öffnen Sie die Tabelle *tblFlug*, falls nicht schon geschehen.
5. Markieren Sie in der Kopfzeile die Spalten »AbflugDatum« bis »Passagiere«, und fügen Sie die Datensätze mit `Strg` + `V` ein.
6. Access teilt Ihnen mit, dass 50 Datensätze eingefügt werden. Bestätigen Sie den Import, indem Sie auf JA klicken.

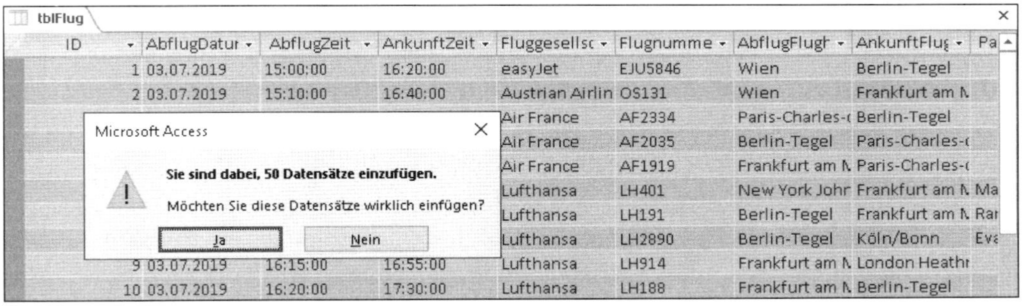

Abbildung 2.8 Über die Zwischenablage können Sie bequem mehrere Datensätze gleichzeitig aus der Excel-Tabelle importieren.

Noch ein paar Worte zur ersten Spalte, »ID«: Sie ist ein *AutoWert-Feld* und gleichzeitig *Primärschlüssel* der Tabelle *tblFlug*. Access vergibt eine Identifikationsnummer automatisch, die Sie auch nicht selbst festlegen oder ändern können. Wie ich Ihnen noch zeigen werde, ist der Primärschlüssel in einer relationalen Datenbank elementar wichtig.

2.2 Datenbankdesign

Erfahrungsgemäß entstehen neue Datenbankprojekte häufig wie in Abschnitt 2.1, »Ein Schnelleinstieg in relationale Datenbanken«, beschrieben. Und vielleicht kennen Sie das aus dem Arbeitsalltag: Zunächst beginnt alles mit einer Excel-Tabelle, diese wird im Laufe der Zeit immer größer, und irgendwann wird das Ganze recht unübersichtlich. Spätestens wenn mehrere Benutzer mit derselben Excel-Tabelle arbeiten, klingelt permanent das Telefon: »Könntest Du bitte gerade mal die Excel-Tabelle schließen, damit ich die neuen Daten eintragen kann?«, oder: »Kannst Du die Datei für alle zur Bearbeitung freischalten?«. Der Grund für die Anrufe: die gegenseitige Sperrung der Datei. Spätestens zu diesem Zeitpunkt stellt sich heraus, dass die Datenbankmöglichkeiten von Excel ausgereizt sind.

Unabhängig davon, ob bereits die eine oder andere Excel-Tabelle als Datenbankkrücke vorhanden ist, am Anfang eines erfolgreichen Datenbankprojekts steht immer intensive Kopfarbeit. Dies ist die in meinen Augen ehrlich gesagt schwierige und anstrengende Arbeit des sogenannten *Datenbankdesigns*. Beim Prozess des Datenbankdesigns müssen Sie die folgenden Fragen klären:

- Welche Tabellen sind notwendig?
- Welche Daten gehören in genau welche Tabelle (Normalisierung der Datenbank)?
- Können Einschränkungen und Regeln definiert werden, um Ordnung in die Daten zu bringen?
- In welchen Beziehungen stehen die Tabellen untereinander?

Die Antworten zu diesen Fragen leiten sich aus Ihrem *Geschäftsmodell* ab. Dieser Begriff klingt vielleicht etwas hochtrabend, gerade wenn Sie eine Datenbank für Ihre private Musiksammlung erstellen möchten. Gemeint ist damit die Beschreibung der logischen Funktionsweise in Ihrem Projekt, d. h. wer oder was auf welche Weise miteinander agiert. Einfach gesagt: Worum geht's? Und genau da helfen Ihnen die oben aufgeführten Fragen weiter.

In einem Datenbankprojekt wird die Arbeit des Datenbankdesigns nie vollständig abgeschlossen sein. Für diese wichtige Arbeit nehme ich mir aber gerade beim Start eines neuen Projekts ausreichend Zeit – und genau das empfehle ich Ihnen ebenfalls. Denn Sie werden sehen: Der Aufwand für ein gutes Datenbankdesign zahlt sich im weiteren Projektverlauf für Sie fortwährend aus.

Grundsätzliches zum Datenbankdesign

Diese beiden Punkte sind so wichtig, dass sie einen eigenen Hinweiskasten verdient haben:

- Stellen Sie sich vor jedem Datenbankprojekt die Fragen aus dem Abschnitt vor dem Kasten, und beantworten Sie sie auch gewissenhaft für sich.
- Nehmen Sie sich dazu bitte Zeit. Je sorgfältiger Sie planen, desto mehr Zeit und Nerven sparen Sie im Verlauf des Projekts.

Vertrauen Sie wenigstens in diesen beiden Punkten meinem (aus eigener Erfahrung abgeleiteten) Rat. Nicht jede Erfahrung müssen Sie zwangsläufig selbst machen, es sei denn, auch Sie wollen der Kaffeerösterei Ihres Vertrauens durch häufige Nachtschichten zu deutlichen Umsatzsteigerungen verhelfen.

In diesem Abschnitt lassen wir die Excel-Welt hinter uns. Ich zeige Ihnen, wie Sie eine Datenbank mit mehreren Tabellen erstellen, dabei die Übersicht behalten und durch richtiges Datenbankdesign Ordnung in Ihre Datenbank bringen. Sobald Sie den Dreh raushaben, werden Sie feststellen, dass Datenbankdesign richtig Spaß macht und Sie gar nicht mehr aufhören wollen!

2.2.1 Die Welt in Tabellen abbilden

In unserem Beispiel geht es darum, Flugbuchungen in Tabellen festzuhalten. Während der ersten Besprechungen eines neuen Datenbankprojekts frage ich gerne: »Was genau soll denn gespeichert werden?«, »Was ist wichtig?« und »Was ist unwichtig oder soll erst einmal nicht abgebildet werden?«.

Eine immer wieder gehörte Antwort lautet: »Alles ist wichtig« – aber wenn Sie sich diese Antwort zu eigen machen, dann besteht die Gefahr, dass Sie sich verzetteln.

In unserer Beispieldatenbank sollen nur die folgenden Daten gespeichert werden:

1. Flüge mit Flugnummer, Datum sowie dem Zeitpunkt von Abflug und Ankunft
2. Flughäfen
3. Mitarbeiter, die auf einen oder mehrere Flüge gebucht sind
4. Abteilungen, in denen die Mitarbeiter beschäftigt sind
5. Projekte, an denen die Mitarbeiter beteiligt sind

Dies ist schon eine ganze Menge unterschiedlicher Daten. Grundsätzlich empfehle ich Ihnen, lieber erst einmal mit einem überschaubaren Rahmen von Daten zu starten und Ihre Datenbank danach schrittweise zu erweitern.

In einer relationalen Datenbank versuchen wir, die reale Welt in Tabellen abzubilden. Für jede Art von Gegenstand der realen Welt wird es eine eigene Tabelle geben. In unserem Beispiel werden wir also mindestens fünf Tabellen erstellen:

1. Tabelle *tblFlug*
2. Tabelle *tblFlughafen*
3. Tabelle *tblMitarbeiter*
4. Tabelle *tblAbteilung*
5. Tabelle *tblProjekt*

Anders gesagt: Packen Sie nicht alles in eine Tabelle. Das ist nämlich so ähnlich, als ob Sie in Ihrem Schreibtisch nur eine einzige Schublade nutzen und dort alle möglichen Sachen hineinwerfen. Gut, ich muss zugeben, dass in meinem Regal auch eine »allgemeine Ablage« (eine schöne Umschreibung für »Chaos-Box«) steht. Also eine Zauberkiste, in die ich alle möglichen Schreiben und Notizen werfe und manchmal auch wiederfinde (herauszaubere). Aber ganz ehrlich: Mir persönlich reicht eine dieser Zauberkisten!

Datenbanken sollten das genaue Gegenteil sein: Unterschiedliche Dinge gehören in unterschiedliche Tabellen, das schafft von vornherein Ordnung. Damit Sie und Ihre Kollegen in Bezug auf die Elemente der Datenbank die gleiche Sprache sprechen, kann es an dieser Stelle hilfreich sein, ein Glossar wie in Tabelle 2.1 zu erstellen. Dazu reicht eine einfache Word-Datei, in der jeder Begriff kurz definiert wird. Übrigens finde ich, dass ein Glossar auch dann sehr hilfreich sein kann, wenn man eine Datenbank allein, ohne Projektteam erstellt. Ich habe mich schon häufig dabei ertappt, dass ich Unterschiedliches in eine Tabelle packen wollte. Beim Aktualisieren des Glossars habe ich dann gemerkt, dass ich in Wirklichkeit eine neue Tabelle benötigte.

Begriff	Definition
Flug	Transport von Personen per Flugzeug von einem *Flughafen* zu einem anderen. Jeder Flug hat eine *Flugnummer*, die zusammen mit dem *Datum* eindeutig ist.
Flughafen	Örtlicher Start- und Endpunkt eines *Fluges*. In einer Stadt kann es auch mehrere Flughäfen geben. Jeder Flughafen hat einen eindeutigen Namen und einen eindeutigen *IATA-Code*. Die Liste der Flughäfen wird durch die IATA gepflegt (*http://en.wikipedia.org/wiki/List_of_airports*).
Flugnummer	Umgangssprachliche Bezeichnung für *flight code* gemäß der IATA-Definition. Besteht aus dem IATA-Code für die Fluggesellschaft (*http://en.wikipedia.org/wiki/List_of_airlines*) und einer Zahl (*flight number*). Beispiel: LH401
IATA	*International Air Transport Association*, der internationale Dachverband der Fluggesellschaften
...	...

Tabelle 2.1 Wichtige Begriffe sollten Sie in einem Glossar definieren, damit alle im Projektteam die gleiche Sprache sprechen.

In Abschnitt 2.8, »Durch die Normalformen das Datenbankdesign verbessern«, werde ich Ihnen zeigen, wie Sie Daten systematisch in unterschiedliche Tabellen trennen und welche Vorteile Sie dadurch erzielen. In Abschnitt 2.8.8, »Zweckmäßiges Datenbankdesign«, zeige ich Ihnen, wie Sie dabei möglichst nahe an der Realität bleiben und sich dadurch gleichzeitig Dokumentationsarbeit ersparen können.

Best Practice beim Abbilden der Welt in Tabellen

- Definieren Sie wichtige Begriffe (Glossar).
- Aktualisieren Sie das Glossar im Projektverlauf.
- Unterschiedliche Sachen gehören auch in unterschiedliche Tabellen.
- Bleiben Sie möglichst nahe an der Realität.

2.2.2 Namenskonventionen

Bevor wir die Tabellen erstellen, eine scheinbar ganz banale Frage: Wie sollen die Tabellen überhaupt heißen? Sobald Sie mehr als eine Tabelle haben, ist diese Frage überhaupt nicht mehr trivial. Ich mache mir im Gegenteil jedes Mal sehr viele Gedanken darüber, wie ich eine Tabelle oder ein Feld treffend bezeichne und ob die Benennung den Inhalt der Tabelle auf den Punkt bringt.

Das lässt Access bei der Benennung technisch zu

In Access gibt es von technischer Seite nur sehr wenige Einschränkungen bei der Benennung von Tabellen und Feldern:

- maximal 64 Zeichen
- alle Zeichen mit Ausnahme von eckigen Klammern (»[« und »]«), Punkt (».«) und Ausrufezeichen (»!«)
- Leerzeichen nicht am Anfang oder am Ende

Rein technisch gesehen haben Sie also recht freie Wahl. Sie dürfen auch Wörter verwenden, die bei der Programmierung als reservierte Schlüsselwörter gelten (beispielsweise in der Abfragesprache SQL oder der Programmiersprache Visual Basic for Applications).

Mit diesen Regeln der Benennung behalten Sie den Überblick

Trotz aller Freiheiten möchte ich Ihnen gerne einige freiwillige Einschränkungen bei der Benennung ans Herz legen, die sich in der Praxis bewährt haben.

1. Verwenden Sie im Namen von Tabellen (und anderen Datenbankobjekten) oder Feldern *keine Umlaute, Sonderzeichen oder Leerzeichen*.

   Access erscheint mir recht fehlerfrei beim Umgang mit exotischen Zeichen zu sein. Das gilt aber nicht unbedingt für Erweiterungen, Programmbibliotheken, Werkzeuge etc. Solche Software ist mitunter nur mit einem englischen Windows und Access entwickelt oder getestet worden, so dass es mit deutschen Umlauten und Sonderzeichen Probleme geben kann. Zu dieser Art von Fehlern werden Sie im Internet auch nur begrenzt Informationen finden, denn die große Anzahl der englischsprachigen Access-Anwender wird nie auf diese Fehler stoßen.

   Diese ärgerliche und, wie ich selbst erleben musste, auch ziemlich frustrierende Fehlersuche möchte ich Ihnen gerne ersparen. Verwenden Sie daher ausschließlich die Groß- und Kleinbuchstaben von A bis Z, Zahlen und wenn notwendig den Unterstrich (»_«).

2. Sie erleichtern sich die Arbeit bei der Benennung, indem Sie *stets die Einzahl verwenden*. Also »Flug« als Tabellenname, nicht »Flüge«. Zum einen vermeiden Sie von vornherein die Gefahr, einen Umlaut einzutippen, denn viele Pluralwörter haben in der deutschen Sprache mindestens einen Umlaut! Zweitens steht in einer Datenbanktabelle in den seltensten Fällen wirklich nur ein einziger Datensatz. Daher ist es nicht sinnvoll, im Tabellennamen nach der Einzahl oder der Mehrzahl zu unterscheiden. Verwenden Sie stattdessen die kürzere Singularform.

3. Manchmal reicht ein einziges Wort nicht aus, um den Inhalt einer Tabelle oder eines Feldes treffend zu beschreiben. Denken Sie einmal an eine Tabelle, in der eingetragen wird, welcher Mitarbeiter von wann bis wann in einer bestimmten Abteilung des Unternehmens tätig war. Bitte verwenden Sie *bei zusammengesetzten Wörtern* keine Leerzeichen, auch wenn das technisch möglich wäre. Besser ist es, wenn Sie entweder *den Unterstrich* (»Mitarbeit_taetig_in_Abteilung«) oder die sogenannte *CamelCase-Schreibweise* verwenden, also immer den ersten Buchstaben eines Wortes großschreiben (»MitarbeiterTaetigInAbteilung«). Da ich ein Befürworter von wenig Schreibarbeit und damit von wenigen Zeichen bin, verwende ich den CamelCase-Stil.
4. In der Access-Welt hat sich die Benennung nach der sogenannten *Leszynski Naming Convention* (LNC) – einer Variante der sogenannten *ungarischen Notation* – eingebürgert. Nach dieser Konvention bekommt jeder Name ein *Präfix*, das sich aus dem Typ ableitet. Eine Tabelle wird nach der LNC beispielsweise *tblFlug* genannt. Der Vorteil liegt auf der Hand: Sie erkennen anhand des Präfixes sofort, ob Sie eine Tabelle (*tbl*), eine Abfrage (*qry*) oder etwas ganz anderes vor sich haben. Das erhöht die Verständlichkeit Ihrer Datenbank ungemein! Tabelle 2.2 gibt Ihnen einen Überblick über die Präfixe für die gängigsten Datenbankobjekte.

Datenbankobjekt	englische Bezeichnung	LNC-Präfix
Tabelle	*table*	*tbl*
Abfrage	*query*	*qry*
Formular	*form*	*frm*
Bericht	*report*	*rpt*
Makro	*macro*	*mcr*
Modul	*module*	*bas* (angelehnt an »basic module«)
Klassenmodul	*class module*	*cls*

Tabelle 2.2 Präfixe für Datenbankobjekte nach der Leszynski Naming Convention (LNC)

Neben diesen sieben Präfixen gibt es weitere, unter anderem für verschiedene Arten von Tabellen oder Abfragen. Ob eine solche feinere Unterteilung nützlich ist, mag Geschmackssache sein. Ich begnüge mich mit *tbl* für Tabellen und *qry* für Abfragen.

Auch für die Bezeichnung von Feldern nach Felddatentyp wurden Präfixe in der LNC festgelegt. Mit Felddatentypen werden wir uns ausführlich in Abschnitt 2.3, »Erstellen von Tabellen«, beschäftigen. In Bezug auf eine Namenskonvention gibt es das Problem, dass sich Felddatentypen zwischen Access, SQL und anderen Datenbanksystemen allein vom Namen her schon unterscheiden und es daher leicht zu Verwirrungen kommt. Von LNC-Präfixen für Feldnamen rate ich Ihnen daher ab.

Felddatentyp	englische Bezeichnung	Jet-SQL-Datentyp	LNC-Präfix
AutoWert Zufall	*AutoNumber Random*	–	*idn*
AutoWert Replikations-ID	*AutoNumber Replication ID*	–	*idr*
AutoWert Inkrement	*AutoNumber Increment*	COUNTER	*ids*
Binär	*Binary*	BINARY	*bin*
Byte	*Byte*	TINYINT	*byt*
Währung	*Currency*	MONEY	*cur*
Datum/Uhrzeit	*Date/Time*	DATETIME	*dtm*
Double	*Double*	FLOAT	*dbl*
Link	*Hyperlink*	–	*hlk*
Integer	*Integer*	SMALLINT	*int*
Long Integer	*Long*	INTEGER	*lng*
Langer Text	*Long Text*	TEXT	*mem* (angelehnt an »memo«)
OLE-Objekt	*OLE Object*	IMAGE	*ole*
Single	*Single*	REAL	*sng*
Kurzer Text	*Short Text*	CHAR VARCHAR	*chr* (angelehnt an »character«)
Ja/Nein	*Yes/No (Boolean)*	BIT	*ysn*

Tabelle 2.3 Falls Sie wirklich LNC-Präfixe für Feldnamen verwenden wollen, beachten Sie bitte, dass z. B. das Präfix »int« nicht dem SQL-Datentyp »INTEGER« entspricht!

Eine andere Herangehensweise ist, die Felder mit einem thematischen Präfix zu versehen. Gemeint ist eine *eindeutige* Abkürzung wie beispielsweise »flg« für die Tabelle *tblFlug*. Die Felder heißen dann »flgID«, »flgAbflugDatum«, »flgAbflugZeit« ... Ein wesentlicher Vorteil liegt auf der Hand: Jeder Feldname ist nun eindeutig in der gesamten Datenbank, Sie können schon anhand des Präfixes die Tabelle erkennen oder erraten. Ich könnte mir vorstellen, dass diese Konvention für kleinere Datenbanken praktikabel ist. Am besten fügen Sie eine zusätzliche Spalte in Ihrer Word-Datei des Glossars ein, dann haben Sie das Präfix immer im Blick. Achten Sie in jedem Fall darauf, dass jedes Präfix eindeutig für eine Tabelle ist, denn sonst ist das Konzept der thematischen Präfixe für Feldnamen sinnlos. Sobald Ihre Datenbank mehrere Tabellen enthält, kann es durchaus schwierig werden, geeignete und gleichzeitig eindeutige Präfixe zu finden. Ich verwende thematische Präfixe aus genau diesem Grund nicht.

Sie haben sicherlich gemerkt, dass es bei den Namenskonventionen unterschiedliche Meinungen und Herangehensweisen gibt. Ich empfinde Präfixe bei der Bezeichnung von Feldern als wenig sinnvoll, jedoch *tbl* für Tabellen und *qry* für Abfragen als sehr hilfreich. Wie Sie sich auch immer entscheiden: Legen Sie sich zu Projektbeginn auf eine einheitliche Richtlinie zur Benennung von Tabellen und Feldern fest. Das ist umso wichtiger, wenn Sie in einem Team arbeiten.

Best Practice bei der Benennung von Tabellen und Feldern

- *tbl* als Präfix für den Tabellennamen
- keine Umlaute
- keine Sonderzeichen
- keine Leerzeichen
- maximal 64 Zeichen
- einheitlich CamelCase oder den Unterstrich verwenden
- stets die Einzahl verwenden

Unter Berücksichtigung dieser Namenskonventionen sieht die Tabelle *tblFlug* nun so aus:

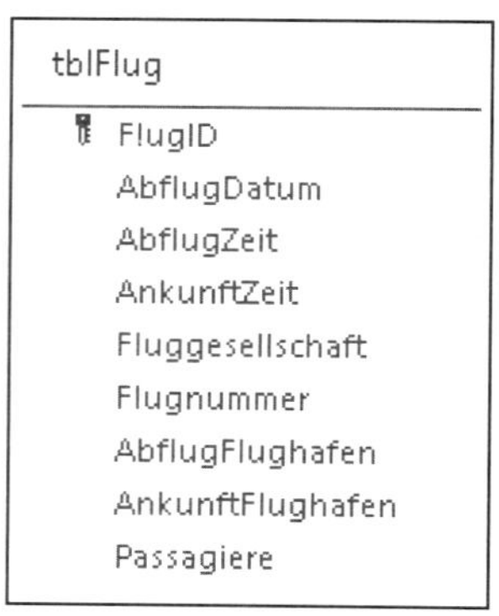

Abbildung 2.9 Die Tabelle »tblFlug« unter Einhaltung der Namenskonventionen

Ihnen ist vielleicht aufgefallen, dass ich das erste Feld in »FlugID« umbenannt habe. Dieses Feld ist der sogenannte *Primärschlüssel*, ein äußerst wichtiges Element, das ich Ihnen im folgenden Abschnitt vorstellen möchte.

2.2.3 Der Primärschlüssel

Jede Tabelle sollte einen *Primärschlüssel* (englisch *primary key*) haben. Er ist eindeutig für einen Datensatz, das heißt, wenn Sie den Primärschlüssel kennen, finden Sie auch den Datensatz wieder. Hinzu kommt, dass die Reihenfolge der Datensätze in einer Datenbanktabelle nicht festgelegt ist! Der Primärschlüssel ist entweder genau ein Feld der Tabelle oder die Kombination mehrerer Felder. Wichtig ist nur:

- Der Primärschlüssel ist *eindeutig*.
- Der Primärschlüssel *ändert sich nie*.

AutoWert-Feld als Primärschlüssel

Das Feld »FlugID« in Abbildung 2.9 ist der Primärschlüssel von *tblFlug*. Hierbei handelt es sich um ein *AutoWert-Feld*, das heißt um einen Zähler, mit dem Access automatisch alle Datensätze nummeriert. »FlugID« ist also eine künstlich vergebene Identifikationsnummer (ID), die keinen Bezug zur Realität hat.

Felder mit realen Inhalten als Primärschlüssel

Aber auch Felder mit realen Inhalten können Primärschlüssel sein. In den meisten Tabellen werden Sie ein oder mehrere Felder finden, die eindeutige Werte haben und sich daher prinzipiell als Primärschlüssel eignen. Man nennt sie *Schlüsselkandidaten*. Beispielsweise ist in unserer Tabelle *tblFlug* die Kombination der Felder »AbflugDatum« und »Flugnummer« eindeutig und daher ein Schlüsselkandidat. Es ist nicht ungewöhnlich, wenn Sie in einer Tabelle mehrere Schlüsselkandidaten finden. Ich empfehle Ihnen, möglichst jeden Schlüsselkandidaten wie in Abschnitt 2.9.2, »Eindeutiger Schlüssel (Alternativschlüssel)«, erläutert als *Alternativschlüssel* zu definieren.

Feld oder Kombination von Feldern	Schlüsselkandidat	Primärschlüssel	Alternativschlüssel	stellvertretender Schlüssel (»surrogate key«)	natürlicher Schlüssel (»natural key«)
»FlugID«	•	•		•	
»AbflugDatum« »Flugnummer«	•		•		•
»AbflugDatum« »AbflugZeit« »Fluggesellschaft« »AbflugFlughafen« »AnkunftFlughafen«	•		•		•

Tabelle 2.4 Schlüsselkandidaten in der Tabelle »tblFlug«

Feld oder Kombination von Feldern	Schlüsselkandidat	Primärschlüssel	Alternativschlüssel	stellvertretender Schlüssel (»surrogate key«)	natürlicher Schlüssel (»natural key«)
»AbflugDatum« »AnkunftZeit« »Fluggesellschaft« »AbflugFlughafen« »AnkunftFlughafen«	•		•		•
»AbflugDatum« »AbflugZeit«	*kein* Schlüsselkandidat, denn zwei Flüge können zeitgleich an unterschiedlichen Flughäfen starten				
»AbflugDatum« »AbflugFlughafen« »AbflugZeit«	ebenfalls *kein* Schlüsselkandidat, denn ein Flughafen kann zwei Startbahnen haben, auf denen zeitgleich Flugzeuge starten				

Tabelle 2.4 Schlüsselkandidaten in der Tabelle »tblFlug« (Forts.)

Eignet sich nun jeder Schlüsselkandidat als Primärschlüssel? Nein, denn es gibt noch eine weitere Eigenschaft des Primärschlüssels, die gerne vergessen wird: Der Primärschlüssel eines Datensatzes darf sich *nie* ändern. An dieser Einschränkung scheitern leider die meisten Schlüsselkandidaten. Irgendwann meldet sich beispielsweise eine Sachbearbeiterin bei Ihnen und sagt, sie habe sich bei der Flugnummer vertippt. Und schon haben Sie das Dilemma.

Künstlich vergebene IDs als Primärschlüssel helfen, Probleme zu vermeiden!

Mit künstlich vergebenen IDs als Primärschlüssel können Sie das Problem von vornherein umgehen. Diese Art von Primärschlüsseln hat sich in der Praxis derart bewährt, dass sie sogar einen eigenen Namen bekommen haben: *stellvertretende Schlüssel* (englisch *surrogate key*). In Abgrenzung zu den künstlichen vergebenen IDs bezeichnet man die anderen Schlüsselkandidaten übrigens als *natürliche Schlüssel* (englisch *natural key*).

Best Practice zum Primärschlüssel

- *Jede* Tabelle bekommt einen Primärschlüssel.
- Legen Sie ein AUTOWERT-Feld mit künstlich vergebenen IDs als Primärschlüssel fest.
- Lehnen Sie die Benennung an den Tabellennamen an (»tbl**Flug**« und Primärschlüssel »**Flug**ID«)

2.2.4 Die Tabellenstruktur festlegen

In Abschnitt 2.2.1, »Die Welt in Tabellen abbilden«, haben wir uns ausführlich angesehen, welche Tabellen für unser Beispiel, die Flug-Datenbank, notwendig sind und wie wir sie benennen werden. In diesem Abschnitt werden wir die *Tabellenstruktur* festlegen. Tabellen in einer relationalen Datenbank (zu denen auch Access-Datenbanken gehören) unterscheiden sich in ein paar Merkmalen wesentlich von Excel-Tabellen:

Merkmal	**Excel (ab Version 2007)**	**relationale Datenbank (Access)**
Anzahl der Spalten	maximal 16.384	maximal 255
Bezeichnung der Felder (Spalten)	A, B, C ... (Spaltennamen werden üblicherweise in Zeile 1 eingetragen.)	Muss festgelegt werden.
Felddatentyp	variabel (kann individuell für jede Zelle festgelegt werden)	Muss für jede Spalte festgelegt werden.
Anzahl der Datensätze (Zeilen)	maximal 1.048.576	Unbegrenzt! (für eine Access-Datenbank limitiert durch maximal 2 GB für die Größe einer Datenbankdatei)
Sortierung der Datensätze (Zeilen)	Die Sortierung der Zeilen bleibt unverändert. Über SORTIEREN können Sie neu sortieren.	Die Sortierung der Zeilen kann sich ändern! Sortierte Datensätze können Sie aber jederzeit durch eine Abfrage erhalten.
Regeln zur Einschränkung	Datenüberprüfung (Gültigkeitskriterien können individuell für jede Zelle festgelegt werden.)	▸ Feldeinschränkungen ▸ Tabelleneinschränkungen
Mehrere Anwender können gleichzeitig mit einer Tabelle arbeiten.	nein	ja

Tabelle 2.5 Wenn Sie Flexibilität benötigen, ist Excel Ihr Werkzeug der Wahl. Mit relationalen Datenbanken schaffen Sie Ordnung – selbst bei extrem großen Datenmengen.

Vor dem Füllen mit Daten müssen Sie die Tabellenstruktur festlegen. Erst strukturieren, dann mit Daten füllen – das klingt zunächst unnötig kompliziert. Schließlich geht es doch auch anders, wie Sie es vielleicht von Excel gewohnt sind. An dieser Stelle möchte ich Sie noch einmal an Abschnitt 2.2.1, »Die Welt in Tabellen abbilden«, erinnern: Es ist *die* grundlegende Idee von Datenbanken, von vornherein für Ordnung zu sorgen. Das heißt, Daten zu trennen und klare Regeln für die Daten (was kommt wohin?) aufzustellen.

Mit diesen Schritten legen Sie die Tabellenstruktur fest

Nachdem Sie festgelegt haben, in welchen Tabellen Ihre Daten gespeichert werden sollen, müssen Sie für jede einzelne Tabelle die Tabellenstruktur festlegen. Dies umfasst jeweils die folgenden drei Schritte:

1. die Felder anlegen
2. für jedes Feld den Felddatentyp festlegen
3. Regeln zur Einschränkung festlegen

Auch diese Schritte sind sehr wichtig und gehören zum Prozess des Datenbankdesigns.

2.3 Erstellen von Tabellen

Beim Datenbankdesign habe ich Ihnen gezeigt, vor welchen Aufgaben wir beim Erstellen einer relationalen Datenbank stehen:

- Tabellen festlegen
- Tabellenstruktur festlegen (Felder mit Felddatentyp und Einschränkungen anlegen)
- Tabellen und Felder benennen

All das lässt sich auf dem Papier erledigen. Und vielleicht werden Sie staunen: Bei komplizierten Datenbankprojekten setze ich mich wirklich erst einmal mit Papier, Bleistift und Radiergummi (sehr wichtig!) hin.

In den nächsten Abschnitten werde ich Ihnen zeigen, wie Sie das Ergebnis, das Datenbankdesign, in Access übertragen. Und selbstverständlich dürfen Sie auch direkt in Access beginnen und das Datenbankdesign am Bildschirm aufbauen!

2.3.1 Die Entwurfsansicht

In Access können Sie eine Tabelle in zwei Ansichten öffnen:

1. in der *Datenblattansicht*
2. in der *Entwurfsansicht*

Durch Doppelklick auf eine bestehende Tabelle wird immer die Datenblattansicht geöffnet. Mit der Datenblattansicht werden wir uns ausführlich in Abschnitt 2.5, »Daten in Tabellen«, beschäftigen. Wenn Sie die Tabellenstruktur ändern möchten, müssen Sie die Tabelle in der Entwurfsansicht öffnen.

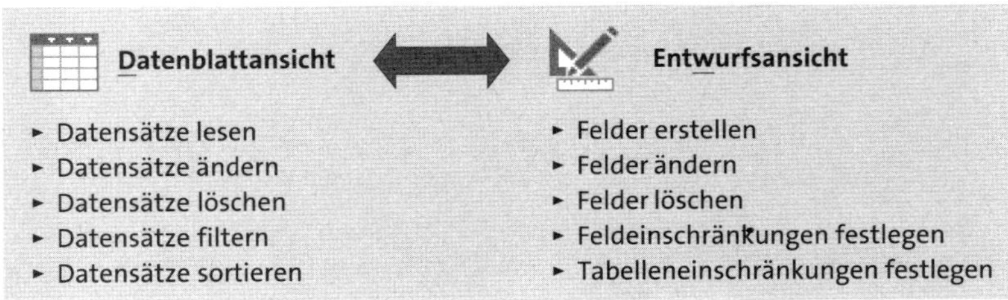

Abbildung 2.10 Verwenden Sie die Datenblattansicht, um die Daten in einer Tabelle zu ändern. Wechseln Sie in die Entwurfsansicht, um die Tabellenstruktur zu verändern.

So erstellen Sie eine neue Tabelle in der Entwurfsansicht

Eine neue Tabelle ohne Felder erstellen Sie wie folgt (Abbildung 2.11):

1. Gehen Sie zu ERSTELLEN ❶ • TABELLEN.
2. Klicken Sie auf TABELLENENTWURF ❷.

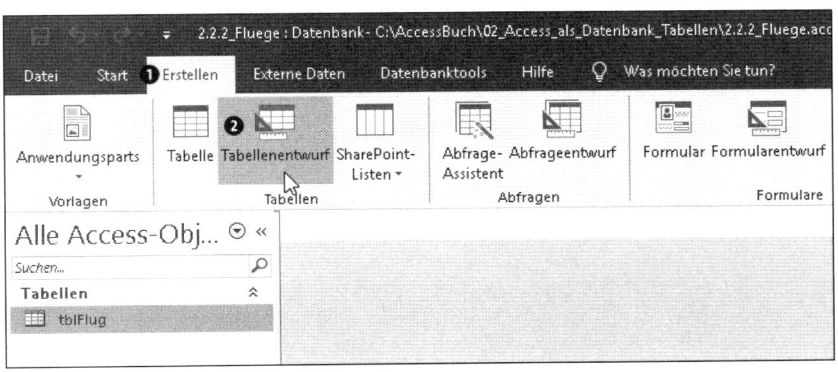

Abbildung 2.11 Eine neue Tabelle in der Entwurfsansicht erstellen

Access öffnet die leere Tabelle in der Entwurfsansicht.

So öffnen Sie eine bestehende Tabelle in der Entwurfsansicht

Wenn Sie die Struktur einer bestehenden Tabelle verändern möchten, öffnen Sie die Tabelle in der Entwurfsansicht (Abbildung 2.12):

1. Gehen Sie im *Navigationsbereich* ❶ auf die Tabelle ❷.
2. Klicken Sie mit der rechten Maustaste.
3. Klicken Sie im Kontextmenü auf ENTWURFSANSICHT ❸ (oder [Strg] + [↵]).

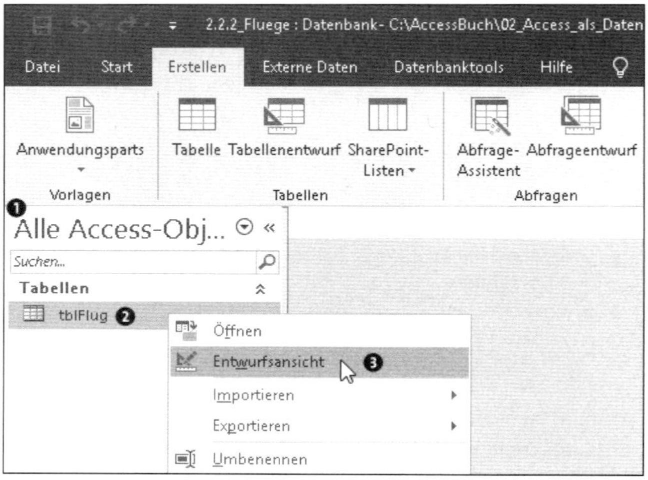

Abbildung 2.12 Eine bestehende Tabelle in der Entwurfsansicht öffnen

Sie können das einmal an der fertigen Beispieldatenbank ausprobieren, die Sie in den Materialien zum Buch unter *02_Access_als_Datenbank_Tabellen\2.7.5_Fluege_umfassend.accdb* finden.

So schalten Sie eine geöffnete Tabelle von der Datenblattansicht in die Entwurfsansicht um

Ebenso können Sie von der Datenblattansicht ausgehend in die Entwurfsansicht umschalten:

1. Gehen Sie zu START ❶ • ANSICHTEN • ANSICHT ❷.
2. Klicken Sie auf ENTWURFSANSICHT ❸ (oder Strg + ,).

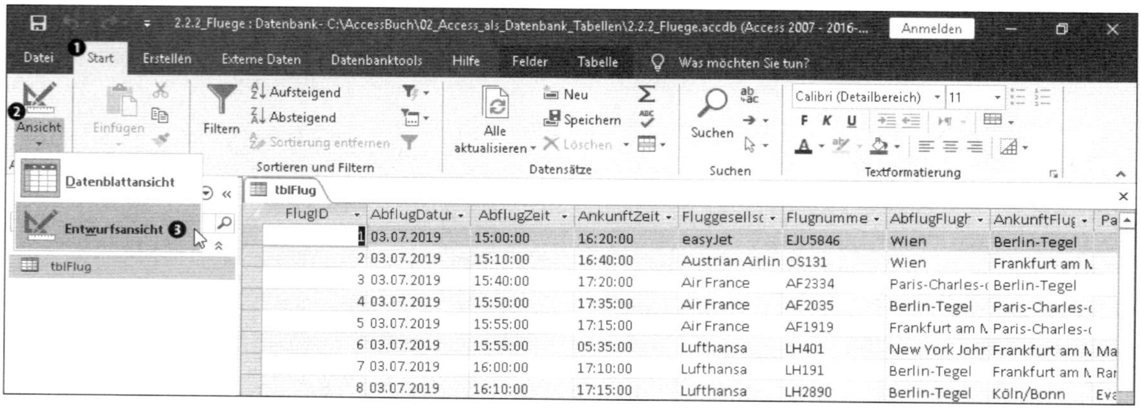

Abbildung 2.13 Aus der Datenblattansicht in die Entwurfsansicht umschalten

So speichern Sie Änderungen an der Tabellenstruktur ab

In der Entwurfsansicht können Sie Änderungen an der Tabellenstruktur durchführen. Die Entwurfsansicht ist der einzige Ort in Access, bei dem Änderungen nicht direkt in der *.accdb*-Datei gespeichert werden. Erst wenn Sie in der Symbolleiste für den Schnellzugriff auf SPEICHERN (oder [Strg] + [S]) klicken, wird die neue Tabellenstruktur wirklich gespeichert.

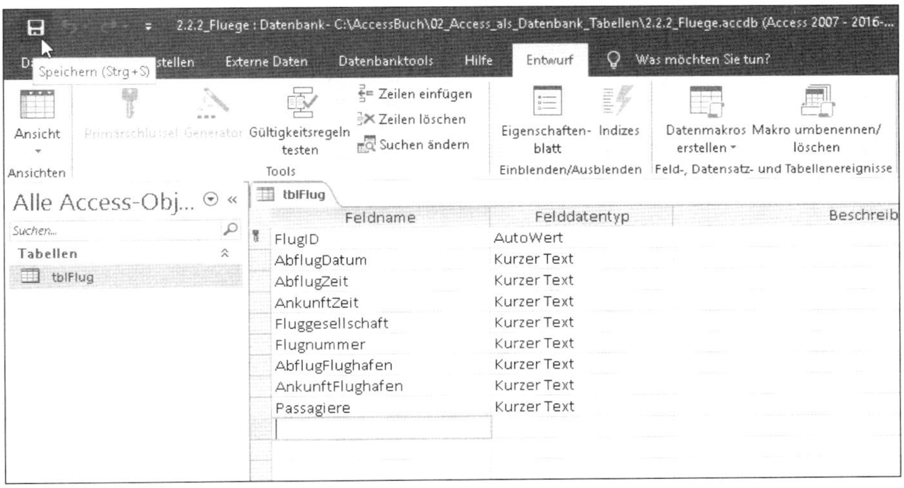

Abbildung 2.14 Speichern Sie Änderungen an der Tabellenstruktur ab, indem Sie auf das Diskettensymbol klicken.

> **Änderung einer Tabelle mit Datensätzen: Automatische Datenüberprüfung und -anpassung**
>
> Sollte Ihre Tabelle Datensätze enthalten, wird Access diese vor dem Speichern überprüfen. Auf dieses Thema – die automatische Überprüfung und Anpassung von Daten – werde ich in Abschnitt 2.4, »Ändern von Tabellen«, genauer eingehen. Sie wissen jetzt aber bereits, dass es so etwas wie eine automatische Datenüberprüfung und -anpassung in Access überhaupt gibt.
>
> Am besten fangen Sie erst einmal ohne Datensätze an. Dann lässt sich die Tabellenstruktur ohne Rücksicht auf Inhalte jederzeit verändern.

Ein Feld in der Entwurfsansicht erstellen

In der Entwurfsansicht sind die Felder einer Tabelle untereinander dargestellt, und so tragen Sie ein neues Feld ein (Abbildung 2.15):

1. Tippen Sie zunächst den Namen des Feldes unter FELDNAME ❶ ein.
2. Anschließend wählen Sie rechts daneben unter FELDDATENTYP ❷ den passenden Felddatentyp aus.

3. Weitere Eigenschaften zum Felddatentyp, das FORMAT, das EINGABEFORMAT und einige weitere Feldeinschränkungen und -eigenschaften können Sie im Registerblatt ALLGEMEIN ❸ einstellen.

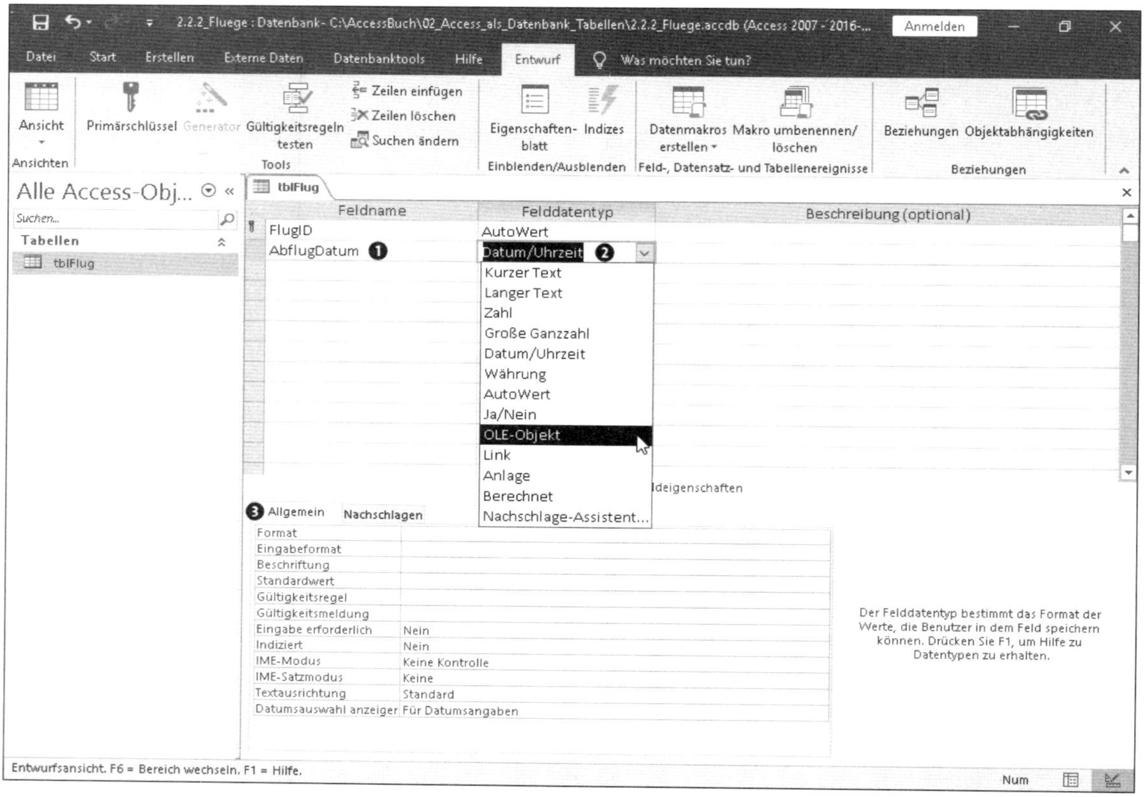

Abbildung 2.15 In der Entwurfsansicht legen Sie die Felder einer Tabelle mit ihren Felddatentypen fest.

Warum ist es wichtig, den passenden Felddatentyp zu wählen?

Mit dem Felddatentyp legen Sie fest, welche Art von Werten Access für ein Feld in der Tabelle überhaupt zulässt. Sie haben mittlerweile bestimmt gemerkt, dass ich Ordnung sehr liebe ... Genau die erreichen Sie mit Felddatentypen: Wenn Sie als Felddatentyp beispielsweise DATUM/UHRZEIT wählen, sorgt Access dafür, dass im Feld »AbflugDatum« wirklich nur ein Datum steht. Im Fachjargon sagt man, dass Access die *Datenkonsistenz* sicherstellt.

Es gibt aber weitere Gründe, warum es lohnt, nach dem passenden Felddatentyp zu suchen:

- Mit Felddatentypen können Sie Speicherplatz sparen.
- Sie können Inhalte richtig filtern und sortieren.
- Sie können Inhalte unterschiedlich formatieren.

Speicherplatz ist bei den heutigen Festplattenkapazitäten und -preisen eher selten ein Problem. Bei Datenbanken dürfen Sie aber nicht vergessen: Die Masse (= die große Anzahl der Datensätze) macht's!

Filtern und Sortieren funktioniert überhaupt nur richtig, wenn Sie die passenden Felddatentypen verwenden. Sie kennen das: Es ist ein großer Unterschied, ob Sie Werte als Text, als Zahl oder als Datum sortieren.

Unterschiedliche *Formatierungen* sind besonders bei Datum und Uhrzeit interessant.

Alle drei Punkte sind also sehr wichtig. Daher empfehle ich Ihnen:

- Machen Sie sich mit den einzelnen Felddatentypen vertraut.
- Nehmen Sie sich Zeit für die Suche nach dem passenden Felddatentyp.
- Verwenden Sie denjenigen Felddatentyp, der die Realität bestmöglich abbildet.

In den nächsten Abschnitten werde ich Ihnen die einzelnen Felddatentypen ausführlich vorstellen. Auch die anderen Einstellungen im Registerblatt ALLGEMEIN werde ich Ihnen im Detail erläutern.

Wenn Sie nach dem Abspeichern der Tabellenstruktur in die Datenblattansicht umschalten, werden alle Felder als Spalten dargestellt. Access dreht also die Anordnung der Felder zwischen beiden Ansichten um 90°. Um Verwirrung zu vermeiden, werde ich mich bemühen, nicht von Zeilen oder Spalten, sondern nur von *Datensätzen* und *Feldern* zu sprechen.

Änderungen der Tabellenstruktur in der Datenblattansicht

Seit der Version Access 2003 können Sie die Tabellenstruktur auch in der Datenblattansicht ändern. Diese Möglichkeit hatte ich Ihnen bereits eingangs in Abschnitt 2.1.2, »Eine Tabelle in Access erstellen«, gezeigt (Abbildung 2.16).

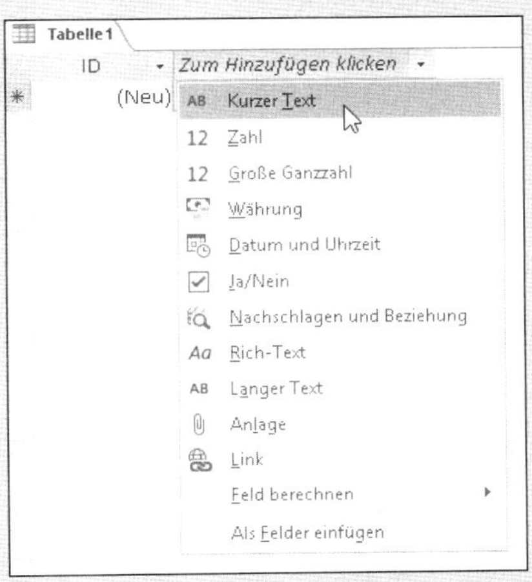

Abbildung 2.16 »Zum Hinzufügen klicken« – über dieses Menü erweitern Sie die Tabellenstruktur in der Datenblattansicht.

Allerdings offenbart das Kontextmenü nicht die ganze Wahrheit. Den vollen Zugriff auf alle Optionen finden Sie nur in der Entwurfsansicht. Genau deshalb empfehle ich Ihnen, die Tabellenstruktur *ausschließlich* in der Entwurfsansicht zu ändern.

Für die aktuelle Datenbank können Sie die Funktion zum Verändern der Tabellenstruktur in der Datenblattansicht deaktivieren. Gehen Sie dazu auf DATEI • OPTIONEN, und entfernen Sie dann im Fenster ACCESS-OPTIONEN den Haken unter AKTUELLE DATENBANK • ANWENDUNGSOPTIONEN • ENTWURFSÄNDERUNGEN FÜR TABELLEN IN DER DATENBLATTANSICHT AKTIVIEREN. Diese Änderung wirkt sich allerdings erst aus, nachdem Sie Ihre Datenbank geschlossen und wieder geöffnet haben.

Es ist jetzt an der Zeit, dass wir uns die einzelnen Felddatentypen ansehen. Anschließend zeige ich Ihnen weitere Regeln und Einschränkungen, die Sie ebenfalls in der Entwurfsansicht festlegen können.

2.3.2 Felddatentyp »Kurzer Text«

Verwenden Sie den Felddatentyp KURZER TEXT, um jegliche Art von *Zeichenfolgen* (englisch *strings*) zu speichern. Im Registerblatt ALLGEMEIN unter FELDGRÖSSE können (und sollten!) Sie die maximal zulässige Anzahl von Zeichen für ein Feld festlegen. Wenn Sie eine große Anzahl von Zeichen zulassen möchten, denken Sie bitte daran, dass die Textfelder in Formularen und Berichten auch breit genug sein müssen. Ein Feld mit dem Feldtdatentyp KURZER TEXT darf maximal 255 Zeichen enthalten.

Felddatentyp	englische Bezeichnung	Jet-SQL-Datentyp	Wertebereich	Speicherbedarf
KURZER TEXT	*Short Text*	CHAR VARCHAR	maximal 255 Zeichen	► 2 Bytes je Zeichen ► mit aktivierter Unicode-Kompression auch weniger

Tabelle 2.6 Der Felddatentyp »Kurzer Text« eignet sich für Zeichenfolgen bis zu 255 Zeichen.

Unicode-Zeichen

Alle Zeichenfolgen speichert Access in *Unicode* ab. Sie können daher mehr als nur die 127 ASCII-Zeichen verwenden. Wichtig wird Unicode, wenn Sie eine andere Schrift statt der lateinischen, wie beispielsweise Kyrillisch, Hebräisch oder Schriften aus Fernost, verwenden möchten oder für spezielle Sonderzeichen. All dies unterstützt Access; Sie können also auch exotische Zeichen und Wörter in einer Access-Datenbank speichern.

Ein anderes Thema ist, ob alle Zeichen am Bildschirm richtig angezeigt werden. Nur die wenigsten Schriftarten unterstützen sämtliche Unicode-Zeichen. Im Office-Paket enthalten ist die Schriftart »Arial Unicode MS« mit knapp 40.000 Zeichen (und einer Größe von fast

22 MB); reicht Ihnen dieser Umfang fürs Erste? Die Anzeigeschriftart können Sie ändern, indem Sie die Tabelle in der Datenblattansicht öffnen und dann unter START • TEXTFORMATIERUNG die gewünschte Schriftart auswählen.

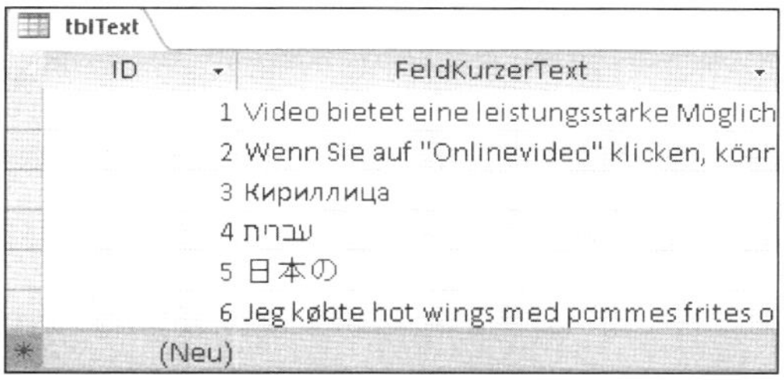

Abbildung 2.17 Exotische Zeichen aus dem Unicode-Bereich sind für Access kein Problem.

2.3.3 Felddatentyp »Langer Text«

Wenn Ihnen 255 Zeichen zu wenig sind, können Sie auf den Felddatentyp LANGER TEXT ausweichen. Ich sage »ausweichen« deshalb, weil Access nicht alle Funktionen für den Felddatentyp LANGER TEXT unterstützt. An diese Einschränkungen sollten Sie sich immer erinnern, wenn Sie den Felddatentyp LANGER TEXT verwenden:

- Die maximal zulässige Anzahl von Zeichen können Sie nicht festlegen.
- Sortieren in der Datenblattansicht ist gar nicht möglich.
- Beim Sortieren per Abfrage werden nur die ersten 255 Zeichen berücksichtigt.
- Beim Filtern werden nur die ersten 255 Zeichen berücksichtigt.

Diese Einschränkungen können zu bösen Überraschungen führen. Dafür können Sie aber wirklich jede Menge Zeichen speichern: bis zu 65.535 Zeichen über die Benutzeroberfläche von Access, per Programmierung sogar bis zu 2 GB!

Felddatentyp	englische Bezeichnung	Jet-SQL-Datentyp	Wertebereich	Speicherbedarf
LANGER TEXT	*Long Text*	TEXT	maximal 2 GB (über die Benutzeroberfläche von Access: maximal 65.535 Zeichen)	▶ 2 Bytes je Zeichen ▶ mit aktivierter Unicode-Kompression auch weniger ▶ Unicode-Kompression greift nur, wenn der Inhalt größer als 4 kB ist.

Tabelle 2.7 Platz für Zeichen ohne Ende: der Felddatentyp »Langer Text«

»Langer Text« und »Memo«

Vor der Access Version 2013 hieß dieser Felddatentyp *Memo*, während *Kurzer Text* einfach nur als *Text* bezeichnet wurde. Ich finde es nur zu ärgerlich (und für den Neueinsteiger leider unnötig schwierig), dass die Bezeichnungen in der Sprache SQL wieder anders sind, nämlich CHAR für kurzen Text sowie TEXT für langen Text.

Der Felddatentyp Langer Text bietet noch zwei Extras, die Sie im Registerblatt Allgemein aktivieren können:

1. **Formatierter Text**: Felder mit dem Felddatentyp Kurzer Text werden immer ohne Formatierungen abgespeichert. Üblicherweise ist das auch für Felder mit dem Felddatentyp Langer Text so.

   Wenn Sie das Textformat auf Rich-Text umstellen, können Sie Formatierungen einsetzen. Access speichert die Formatierungen automatisch als HTML-Code ab – nicht jedoch im Rich Text Format (RTF), wie der Name vermuten lässt.

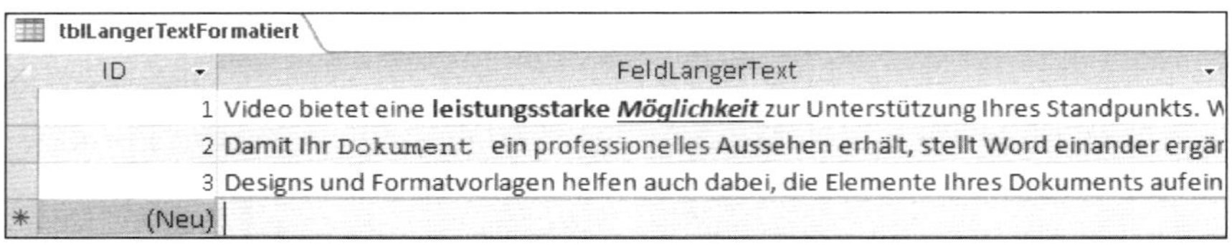

Abbildung 2.18 In einem Feld mit dem Felddatentyp »Langer Text« können Sie Formatierungen aktivieren.

2. **Protokollierung**: Wenn Sie die Option Nur anfügen auf Ja setzen, protokolliert Access alle Änderungen an einem Feld mit dem Felddatentyp Langer Text. Sie können sich die alten Versionen anzeigen lassen, indem Sie in der Datenblattansicht mit der rechten Maustaste auf das Feld klicken und anschließend im Kontextmenü Spaltenverlauf anzeigen ... auswählen.

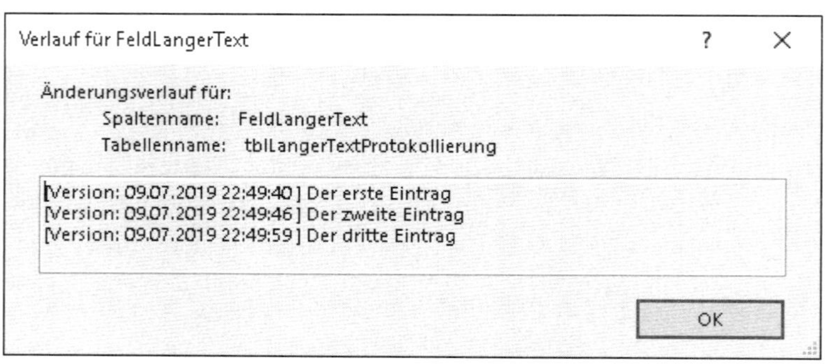

Abbildung 2.19 Nach aktivierter Protokollierung können Sie die alten Versionen des Feldinhalts aufrufen.

Protokolliert werden allerdings nur die Änderungen an dem einen Feld, nicht jedoch die unterschiedlichen Versionen des gesamten Datensatzes (für diesen Zweck können Sie die *Änderungentabelle* verwenden, die ich Ihnen in Abschnitt 2.7.6, »Typische Muster von Tabellenbeziehungen«, vorstellen werde).

2.3.4 Felddatentyp »Zahl«

Zum Speichern von Zahlen bietet Access eine ganze Reihe von Felddatentypen an, die alle unter dem Felddatentyp ZAHL zusammengefasst sind. Den eigentlichen Felddatentyp können Sie im Registerblatt ALLGEMEIN unter FELDGRÖSSE wählen. Zahlen werden grundsätzlich binär abgespeichert.

> **Binäre Speicherung von Zahlen**
>
> Normalerweise brauchen Sie sich keine Gedanken darüber zu machen, wie Access die Zahlen binär ablegt. Für die Ganzzahlen habe ich Ihnen trotzdem einmal grafisch dargestellt, wie eine Zahl intern in binärer Form gespeichert wird. Diese Informationen benötigen Sie, wenn Sie mit VBA-Programmierung auf die einzelnen Bits zugreifen möchten. Ein Beispielprogramm finden Sie in den Materialien zum Buch unter *02_Access_als_Datenbank_Tabellen\2.3.4_BinaerManipulation.accdb.*

1. Zu der Gruppe der *Ganzzahlen* (englisch *integer number*) gehören die Felddatentypen BYTE, INTEGER und LONG INTEGER. Der Felddatentyp BYTE kann nur positive Ganzzahlen aufnehmen und umfasst – wie der Name schon sagt – den Speicherbereich von genau einem Byte.

Bit:

7	6	5	4	3	2	1	0

Beispiele:

1	0	0	1	0	0	0	1

$$=1 * 2^7 + 0 * 2^6 + 0 * 2^5 + 1 * 2^4 + 0 * 2^3 + 0 * 2^2 + 0 * 2^1 + 1 * 2^0$$
$$= 145$$

0	0	1	1	1	0	0	0

$$=0 * 2^7 + 0 * 2^6 + 1 * 2^5 + 1 * 2^4 + 1 * 2^3 + 0 * 2^2 + 0 * 2^1 + 0 * 2^0$$
$$= 56$$

Abbildung 2.20 Ganzzahlen des Felddatentyps »Byte« werden in einem Byte (mit 8 Bits) ohne Vorzeichen gespeichert.

INTEGER und LONG INTEGER umfassen zwei bzw. vier Byte. Beide dieser Felddatentypen nehmen Zahlen mit Vorzeichen auf. Das Vorzeichen wird immer im höchsten Bit gespeichert.

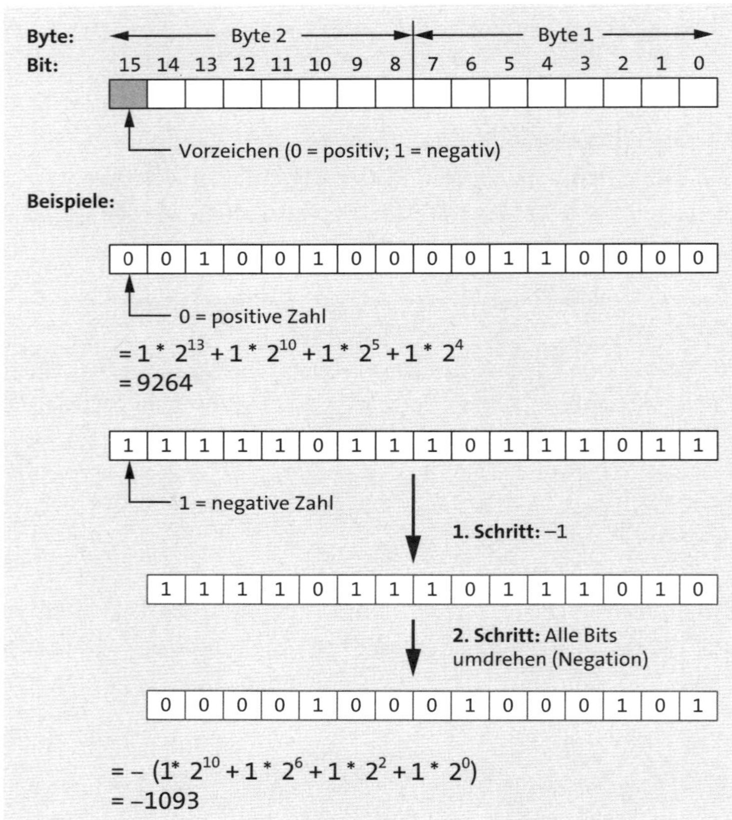

Abbildung 2.21 Ganzzahlen des Felddatentyps »Integer« werden in zwei Bytes mit Vorzeichen gespeichert. Um eine negative Zahl von der Binärdarstellung in die Dezimaldarstellung umzurechnen, sind zwei Schritte notwendig (negative Zahlen werden in der sogenannten Two's-Complement-Repräsentation gespeichert). Ganzzahlen des Felddatentyps »Long Integer« werden in vier Bytes gespeichert, alles andere ist identisch mit dem Felddatentyp »Integer«.

Mit dem Felddatentyp REPLIKATIONS-ID können Sie *GUIDs* speichern. Eine GUID ist eine 16 Byte große Ganzzahl, die in einem besonderen Format angezeigt wird.

Globally Unique Identifier (GUID)

GUIDs sind zunächst nichts anderes als positive Ganzzahlen, die sehr groß werden dürfen (Wertebereich: 0 ... 340.282.366.920.938.463.463.374.607.431.768.211.455). Praktischerweise werden GUIDs als Hexadezimalzahlen (siehe nächster Kasten) dargestellt.

Beispiele:

```
{9D5759B3-0EBF-4957-837D-09B1E330E998}
{C57DC5D5-B647-4966-87A6-C585264AC85C}
{C5C64BD8-A75C-48DA-98D2-FAA00F13A962}
```

Durch den großen Wertebereich ist es möglich, dass (nach festgelegten Algorithmen) generierte GUIDs praktisch weltweit eindeutig sind. Auch in Access können Sie GUIDs automatisch generieren lassen (mehr dazu in Abschnitt 2.3.5, »Felddatentyp ›AutoWert‹«). In einer Datenbank sind GUIDs als Primärschlüssel interessant, wenn Datensätze an getrennten Standorten ohne Netzwerkverbindung erfasst und später zusammengetragen werden sollen. Solche *Replikationsszenarien* gehören zu den anspruchsvollsten Aufgaben der Datenbankprogrammierung.

Hexadezimalsystem

Das Hexadezimalsystem ist das Zahlensystem mit der Basis 16 und den 16 Ziffern 0, 1, 2, 3, 4, 5, 6, 7, 8, 9, A, B, C, D, E, F. Zur Unterscheidung von Zahlen im Dezimalsystem wird als Präfix `&H` vorangestellt (gelegentlich werden auch andere Präfixe verwendet, z. B. `0x`).

Beispiele:

```
&HC94B = 12 * 16^3 + 9 * 16^2 + 4 * 16^1 + 11 * 16^0 = 51531
&H16 = 1 * 16^1 + 6 * 16^0 = 22
&H0 = 0 * 16^0 = 0
```

Die Hexadezimaldarstellung ist in der Informatik besonders verbreitet, da zwei Stellen genau einem Byte (8 Bit) entsprechen.

2. *Gleitkommazahlen* (englisch *floating-point numbers*) sind Zahlen mit Nachkommastellen und Exponent. In Access können Sie sich entweder für den Felddatentyp SINGLE oder für DOUBLE entscheiden. Beide Felddatentypen unterscheiden sich in ihrer Genauigkeit, d. h. der Anzahl der Ziffern, die gespeichert werden.

   Es gibt bei Gleitkommazahlen aber einen großen Haken: Nicht jede Zahl kann im Binärsystem exakt dargestellt werden. Selbst eine Zahl wie z. B. 0,1 (im Dezimalsystem exakt darstellbar) entspricht im Binärsystem dem Wert 0,0001100110011... Diese Zahl ist mit begrenzt vielen Ziffern nicht exakt zu speichern, denn sie hat eine nicht abbrechende Periode hinter dem Komma. Beim Umgang mit Gleitkommazahlen kann es also zu *Artefakten* und dadurch zu Überraschungen kommen!

Artefakte beim Umgang mit der Gleitkommaarithmetik

Gleitkommazahlen und Gleitkommaarithmetik sind ein eigenes Thema für sich, das über den Umfang dieses Buches hinausgeht. Die folgenden Artefakte können Ihnen beispielsweise beim Umgang mit Gleitkommazahlen begegnen:

- 0,1 – 1/10 = 5.5E–18 (statt 0)
- 0,0001234567890123 + 1 = 1,0001234567890100 (statt 1,0001234567890123)
- 1E20 + 1 = 1E20 (statt 100000000000000000001)

Der erste Fall kommt dadurch zustande, dass unterschiedliche Genauigkeiten (SINGLE und DOUBLE) gemischt werden. Wenn in einer Rechnung gleichzeitig sehr große und sehr kleine Zahlen auftreten, kommt es zu den letzten beiden Artefakten. Diese Artefakte treten übrigens auch in Excel auf.

Am besten eignen sich Gleitkommazahlen für Messwerte oder wissenschaftliche Zahlen, die mit einem Messfehler behaftet sind. Sie können Gleitkommazahlen auch für andere Zwecke nutzen, beispielsweise um einen Prozentwert (30 % = 0,30) in einer Tabelle abzuspeichern. Nur dürfen Sie nie vergessen, dass es bei nachfolgenden Berechnungen zu Artefakten kommen kann. Achten Sie besonders darauf, Rechenergebnisse nicht auf exakte Gleichheit zu überprüfen. Noch einmal im Klartext: Verwenden Sie nicht das Gleichheitszeichen (=)!

In manchen Fällen sind Artefakte wirklich unverzeihlich, insbesondere dann, wenn es um das liebe Geld geht. Verwenden Sie für Geldbeträge *niemals* den Felddatentyp SINGLE oder DOUBLE! Für Geldbeträge gibt es in Access den Datentyp WÄHRUNG, den ich Ihnen in Kürze vorstellen werde; und nur dort gehören Geldbeträge hinein.

3. Neben den Gleitkommazahlen gibt es in Access einen Datentyp für *exakte Dezimalzahlen* (*Festkommazahlen*, englisch *fixed-point numbers*), den Felddatentyp DEZIMAL. Im Registerblatt ALLGEMEIN können Sie unter GENAUIGKEIT die Anzahl der Stellen angeben (maximal 28). Unter DEZIMALSTELLEN legen Sie fest, wie viele der Stellen hinter dem Komma stehen (maximal der Wert von GENAUIGKEIT). Im Gegensatz zu Gleitkommazahlen bleiben die Stellen hinter dem Komma exakt so, wie Sie es festgelegt haben, auch bei Berechnungen. Sie können unter DEZIMALSTELLEN auch den Wert 0 eintragen und auf diese Weise sehr große Ganzzahlen speichern (größere als mit dem Felddatentyp LONG INTEGER).

   Der Felddatentyp DEZIMAL wird vor allem in Server-Datenbanken verwendet (beispielsweise Microsoft SQL Server oder Oracle Database; dort aber unter einem anderen Namen als in Access, nämlich »Decimal« bzw. »Number«). Der DEZIMAL-Felddatentyp der Server-Datenbanken kann noch einiges mehr, u. a. können Sie bis zu 38 Stellen speichern.

   In Access wurde dieser Felddatentyp erst relativ spät mit der Version Access 2000 eingeführt. Am Anfang gab es in Access eine Reihe von Fehlern und anderen Unzulänglichkeiten. Dazu gehört, dass es bis heute keinen entsprechenden DEZIMAL-Datentyp in Visual Basic for Applications (VBA) gibt. Wegen dieser schlechten Erfahrungen wird der Felddatentyp DEZIMAL in Access immer noch selten eingesetzt. Vielleicht liegt das auch daran, dass der Wertebereich (nicht jedoch die Genauigkeit!) der Gleitkommazahlen so verlockend aussieht. Mein Eindruck ist, dass die meisten Kinderkrankheiten des Felddatentyps

DEZIMAL mittlerweile behoben sind. Für exakte Dezimalzahlen bevorzuge ich daher den Felddatentyp DEZIMAL gegenüber SINGLE oder DOUBLE.

Als Zusammenfassung hier noch einmal alle Felddatentypen, die Sie für Zahlen einsetzen können:

Felddatentyp	englische Bezeichnung	Jet-SQL-Datentyp	Wertebereich	Speicherbedarf
BYTE	*Byte*	TINYINT	0 ... 255 &H0 ... &HFF	1 Byte
INTEGER	*Integer*	SMALLINT	–32.768 ... +32.767 –&H8000 ... +&H7FFF	2 Byte
LONG INTEGER	*Long Integer*	INTEGER	–2.147.483.648 ... + 2.147.483.647 –&H80000000 ... +&H7FFFFFFF	4 Byte
REPLIKATIONS-ID	*Replication ID*	UNIQUE-IDENTIFIER	&H0 ... &HFFFFFFFFFFFFFFFF FFFFFFFFFFFFFFFF	16 Byte
SINGLE	*Single*	REAL	–3,402823E38 ... –1,401298E–45 0 +1,401298E–45 ... +3,402823E38	4 Byte
DOUBLE	*Double*	FLOAT	–1,79769313486232E308 ... –4,94065645841247E–324 0 +4,94065645841247E–324 ... +1,79769313486232E308	8 Byte
DEZIMAL	*Decimal*	DECIMAL	–1E-28 ... +1E+28	17 Byte

Tabelle 2.8 Bei den Felddatentypen für Zahlen sind Ganzzahlen (»Byte«, »Integer«, »Long Integer«, »Replikations-ID«), Gleitkommazahlen (»Single«, »Double«) und Festkommazahlen (»Dezimal«) zu unterscheiden. Bei den Ganzzahlen habe ich den Wertebereich auch in Hexadezimalzahlen angegeben. Sehr wichtig für die Gleitkommazahlen (»Single« und »Double«) ist die unterschiedliche Genauigkeit (7 Stellen bzw. 15 Stellen). Trotzdem kann mit Gleitkommazahlen nicht jede rationale Zahl exakt abgebildet werden. Mathematisch ausgedrückt: Es gibt Lücken im Wertebereich.

2.3.5 Felddatentyp »AutoWert«

Beim Felddatentyp AutoWert vergibt Access die Werte – wie der Name schon sagt – automatisch. Ein AutoWert eignet sich daher hervorragend für den Primärschlüssel. Unter Allgemein • Feldgrösse können Sie zwischen Long Integer und Replikations-ID wählen. Sie kennen diese beiden Felddatentypen bereits aus dem vorhergehenden Abschnitt, denn eigentlich ist der AutoWert nur eine besondere Form des Felddatentyps Zahl. Der einzige Unterschied zum Felddatentyp Zahl ist, dass Access die Werte automatisch vergibt. In ein Feld mit dem Felddatentyp AutoWert können Sie also weder einen Wert selbst eintragen noch können Sie einen von Access vergebenen Wert ändern.

1. Für Long Integer können Sie unter Allgemein • Neue Werte auswählen, ob Access aufsteigende Werte beginnend mit der Zahl Eins (Inkrement) oder zufällige Zahlen erzeugt (Zufall).

Den Zähler für »AutoWert«-Felder zurücksetzen

Übrigens setzt Access den Zähler für Inkrement nicht zurück, wenn Sie Datensätze löschen. Wenn Sie alle Datensätze einer Tabelle löschen und dann wieder mit dem Wert 1 beginnen möchten, klicken Sie auf Datenbanktools • Datenbank komprimieren und reparieren. Dadurch werden die Zähler aller Tabellen zurückgesetzt.

2. Im Fall der Replikations-ID erzeugt Access GUIDs (siehe den Kasten »Globally Unique Identifier«), die mit an Sicherheit grenzender Wahrscheinlichkeit weltweit eindeutig sind.

In Abschnitt 2.7, »Beziehungen zwischen Tabellen«, werde ich Ihnen *Fremdschlüssel* vorstellen, mit denen Sie zwei Tabellen verbinden können. Ohne viel vorgreifen zu wollen, möchte ich Sie jetzt schon darauf hinweisen, dass die Feldgröße von Primär- und Fremdschlüssel identisch sein muss. Am besten entscheiden Sie sich bei allen ID-Feldern einer Datenbank entweder für Long Integer oder für Replikations-ID. Ich empfehle Ihnen Long Integer, denn spätestens bei der Programmierung ist dies viel angenehmer als der Umgang mit den großen GUIDs (Felddatentyp Replikations-ID).

Felddatentyp	englische Bezeichnung	Jet-SQL-Datentyp	Wertebereich	Speicherbedarf
AutoWert Long Integer	*AutoNumber* *Long Integer*	COUNTER	–2.147.483.648 ... + 2.147.483.647 –&H80000000 ... +&H7FFFFFFF	4 Byte

Tabelle 2.9 Die beiden Felddatentypen der Gruppe »AutoWert« sind identisch mit den beiden Felddatentypen »Long Integer« und »Replikations-ID«. Einziger Unterschied: Access vergibt die Werte automatisch.

Felddatentyp	englische Bezeichnung	Jet-SQL-Datentyp	Wertebereich	Speicherbedarf
AutoWert Replikations-ID	*AutoNumber Replication ID*	–	&H0 ... &HFFFFFFFFFFFFFFF FFFFFFFFFFFFFFFF	16 Byte

Tabelle 2.9 Die beiden Felddatentypen der Gruppe »AutoWert« sind identisch mit den beiden Felddatentypen »Long Integer« und »Replikations-ID«. Einziger Unterschied: Access vergibt die Werte automatisch. (Forts.)

Ein AutoWert-Feld ist *nicht* automatisch der Primärschlüssel. Dazu sind noch zwei weitere Handgriffe notwendig:

1. Wählen Sie das AutoWert-Feld in der Entwurfsansicht aus.
2. Klicken Sie auf Tabellentools • Entwurf • Tools • Primärschlüssel.

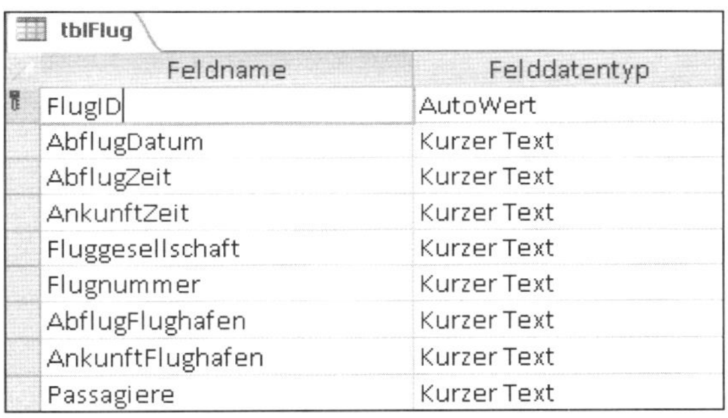

Abbildung 2.22 Der Primärschlüssel wird durch einen kleinen Schlüssel vor dem Feldnamen gekennzeichnet.

2.3.6 Felddatentyp »Datum/Uhrzeit«

Für alles, was irgendwie mit Zeitangaben zu tun hat, ist der Felddatentyp Datum/Uhrzeit vorgesehen. Intern speichert Access einen Zeitpunkt als Zahl ab, nämlich als Anzahl der Tage, die seit dem 30.12.1899 um 0:00 Uhr vergangen sind. Wie geht dann aus der Zahl die Uhrzeit hervor? Genauer gesagt speichert Access ein Datum als Gleitkommazahl vom Felddatentyp Double ab. Die Stellen vor dem Komma ergeben den Tag, während mit den Nachkommastellen die Zeit berechnet werden kann. Dazu ein paar Beispiele in Tabelle 2.10.

In der Praxis werden Sie nicht den internen Double-Wert, sondern nur die Anzeige als Datum und Uhrzeit zu Gesicht bekommen. In Abschnitt 2.6, »Formatierungen in Tabellen«, werde ich Ihnen ausführlich zeigen, wie Sie das Anzeigeformat anpassen können.

»Double«-Wert	Tage seit dem 30.12.1899	Datum	Zeitangabe	Uhrzeit
1,0	1	31.12.1899	,0	00:00:00
22194,5	22194	05.10.1960	,5	12:00:00
41180,6875	41180	28.09.2012	,6875	16:30:00
–54655,2988425926	–54655	10.05.1750	,2988425926	07:10:20

Tabelle 2.10 Intern speichert Access Zeitangaben als Zahlen des Felddatentyps »Double« ab. Die Festlegung auf das Bezugsdatum 30.12.1899 stammt noch aus den Urzeiten von Microsoft Excel und Lotus 1-2-3.

Da Sie jetzt wissen, dass Access ein Datum mit Uhrzeit intern als Zahlenwert speichert, können Sie dies ausnutzen:

1. Sortieren nach Datum
2. Vergleichen von Zeitangaben
3. Filtern von Zeitangaben

Epoche, Wertebereich und Genauigkeit von Zeitangaben

Es ist in der Informatik weitverbreitet, Zeitangaben als Zahlenwerte zu speichern. Die Form ist jedoch nicht einheitlich und unterscheidet sich von Programm zur Programm. Mit Form meine ich hier zum einen den Zeitpunkt 0, den man *Epoche* nennt. Zum anderen sind das der Wertebereich und die Auflösung. Für Access gilt Folgendes für die Form:

- Epoche ist der 30.12.1899 um 0:00 Uhr.
- Das kleinste zulässige Datum ist der 01.01.0100 (das Jahr 100 n. Chr.).
- Das größte zulässige Datum ist der 31.12.9999 (das Jahr 9999 n. Chr.).
- Die Auflösung beträgt 1 s, das heißt, Zeitangaben werden auf die Sekunde genau gespeichert.

Die Auflösung könnte sogar noch höher sein, denn der DOUBLE-Wert unterstützt 15 Stellen. Mit den üblichen Bordmitteln von Access können Sie Millisekunden oder noch kleinere Sekundenbruchteile jedoch nicht erfassen oder bearbeiten. In sehr vielen Fällen reicht die Genauigkeit von einer Sekunde aber aus.

Vergessen Sie bitte nicht, dass Epoche, Wertebereich und Genauigkeit in anderen Programmen unterschiedlich sein können. Beispielsweise speichert der Microsoft SQL Server Zeitangaben auf die Millisekunde genau, mit einem anderen Wertebereich und mit einer anderen Epoche!

Der Felddatentyp Datum/Uhrzeit geht korrekt mit Schaltjahren um. Wenn Sie versuchen, den 29.02.2019 einzugeben, erhalten Sie eine Fehlermeldung.

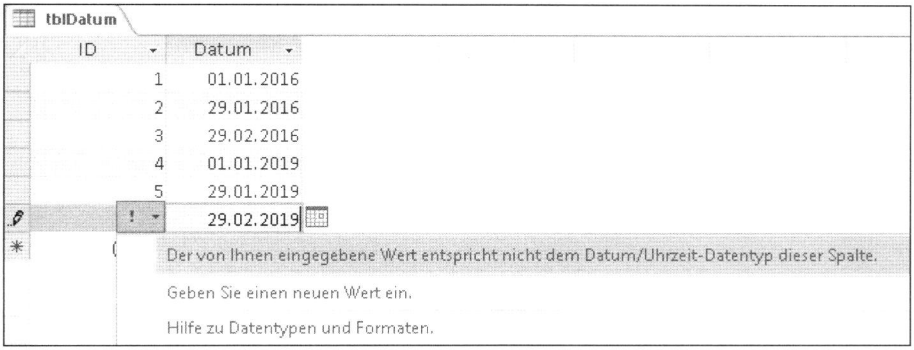

Abbildung 2.23 Die Fehlermeldung ist vielleicht etwas unverständlich, aber richtig: Der 29.02.2019 ist ein ungültiges Datum, denn das Jahr 2019 ist kein Schaltjahr.

Bei der Zeitrechnung gibt es aber noch ein paar fiese Gemeinheiten, die Access nicht beherrscht. Für den Felddatentyp Datum/Uhrzeit unbekannt sind:

1. **Schaltsekunden**
   Bisher gab es 37 Schaltsekunden, um Unregelmäßigkeiten und die Verlangsamung der Erdrotation auszugleichen.
2. Andere **Kalendertypen**
   Verschiedene Kalendertypen sind insofern relevant, als der heute weltweit verwendete Kalender (der *Gregorianische Kalender*) erst im Jahr 1582 eingeführt wurde. Davor wurde im Mittelalter der *Julianische Kalender* verwendet, der ein paar Probleme mit den Schaltjahren hatte. Bis 1582 war der Julianische Kalender schon etwas aus dem Ruder gelaufen, so dass bei der Umstellung einfach 10 Tage übersprungen wurden. Die Tage vom 05.10.1582 bis einschließlich 14.10.1582 gab es also nie ...

   Diese Feinheiten sind Access jedoch unbekannt. Es ist daher wenig sinnvoll, Kalenderangaben vor dem 15.10.1582 exakt anzugeben. In anderen Ländern fand die Umstellung auf den Gregorianischen Kalender noch später statt (z. B. im Britischen Weltreich einschließlich der amerikanischen Kolonien erst im Jahr 1752). Die exakten Zeitangaben in der frühen Neuzeit sind also durchaus problematisch.
3. **Zeitzonen**
   Angaben zur Zeitzone sollten Sie in einem zusätzlichen Feld abspeichern, wenn dies notwendig ist. In diesem Fall empfehle ich Ihnen, Zeitangaben grundsätzlich in der *Universalzeit* (UTC) abzuspeichern (mehr dazu im Kasten »Coordinated Universal Time (UTC) – die Universalzeit«).

4. **Winterzeit und Sommerzeit**
   Üblicherweise wird bei der Angabe der Zeitzone vermerkt, ob die Winterzeit (z. B. *mitteleuropäische Zeit, MEZ*; englisch *Central European Time, CET*) oder die Sommerzeit (z. B. *mitteleuropäische Sommerzeit, MESZ*; englisch *Central European Summer Time, CEST*) gilt. Sollte es also relevant sein, so empfehle ich Ihnen auch hier wärmstens die Universalzeit UTC.

Für diese Sonderfälle in der Zeitrechnung müssen sie leider selbst Sorge tragen, beispielsweise durch ein zusätzliches Feld »Zeitzone«.

Coordinated Universal Time (UTC) – die Universalzeit

Ich erinnere mich noch gut an eine Projektarbeit während meines Studiums, an der vier Studenten beteiligt waren. Jede Woche mussten wir bis freitags um 14:00 Uhr Ergebnisse bei unserem Dozenten per E-Mail einreichen. Etwas hinderlich war, dass wir in diesem Semester zu Praktika an verschiedenen Orten tätig waren: Der Erste hatte sicherlich das abenteuerlichste Praktikum von uns allen, denn er befand sich mitten in Sibirien in Irkutsk. Ein anderer Kommilitone war in Philadelphia, ich selbst in Boston, und der vierte aus dem Team war in Hannover geblieben. Die verschiedenen Zeitzonen führen da schnell zu Missverständnissen: »Meinst Du jetzt 10 Uhr deine oder meine Zeit?«

Immer dann, wenn verschiedene Zeitzonen oder die Sommerzeit stört, hilft die universelle Zeit UTC. Die universelle Zeit läuft nämlich immer normal weiter, sie kennt keine Sprünge wie z. B. unterschiedliche Zeitzonen. Wenn es in Deutschland 10 Uhr UTC ist, dann ist das an jedem anderen Ort in der Welt ebenso. Bezogen auf meine Studienarbeit: Mit UTC hätten wir es einfach gehabt, denn ein Treffen um 10 Uhr UTC lässt sich einfacher planen.

UTC entspricht der Ortszeit von Großbritannien und anderen Ländern der Zeitzone 0 – allerdings nur in der Winterzeit. Für Deutschland gilt eine Stunde mehr, daher während der Winterzeit UTC + 1 h bzw. während der Sommerzeit UTC + 2 h. Für andere Zeitzonen gibt es entsprechende Angaben (z. B. UTC–5 für die Ostküste der USA, Winterzeit).

Wenn Sie Zeitpunkte in verschiedenen Zeitzonen erfassen möchten, sollten Sie alle Zeitangaben als UTC ablegen. In einem zusätzlichen Feld können Sie die Zeitzone (*UTC-Offset*) angeben. Nur so können Sie die Zeitpunkte richtig miteinander vergleichen. Hier ein paar Beispiele:

- Termine, die über verschiedene Zeitzonen hinweg koordiniert werden sollen
- Flüge über verschiedene Zeitzonen hinweg
- Laufzeiten und Messwerte einer Windturbine, die auch während der Umstellung von Winterzeit auf Sommerzeit bzw. umgekehrt in Betrieb ist

Übrigens läuft die interne Uhr Ihres Computers auch mit UTC. Die universelle Zeit UTC ist also nichts Exotisches, sondern etwas sehr Praktisches.

Felddatentyp	englische Bezeichnung	Jet-SQL-Datentyp	Wertebereich	Speicherbedarf
DATUM/UHRZEIT	*Date/Time*	DATETIME	01.01.0100 ... 31.12.9999	8 Byte

Tabelle 2.11 Zeitangaben speichert Access auf die Sekunde genau ab.

2.3.7 Felddatentyp »Währung«

Eine der wichtigsten Sachen der Welt ist bekanntlich das liebe Geld. Dafür gibt es in Access einen eigenen Felddatentyp, nämlich WÄHRUNG. Dies ist eine Festkommazahl mit 15 Stellen vor dem Komma und vier Nachkommastellen. Im Gegensatz zu Gleitkommazahlen können Sie hiermit exakte Berechnungen durchführen, was bei Geldbeträgen besonders wichtig ist.

Auch wenn ich es schon mehrfach erwähnt habe, möchte ich an dieser Stelle noch einmal daran erinnern: Verwenden Sie *niemals* Gleitkommazahlen (Felddatentyp SINGLE oder DOUBLE), um Geldbeträge zu speichern! Die Artefakte der Gleitkommaarithmetik sind für ein so sensibles Thema wie Geld einfach nicht akzeptabel. Denken Sie auch daran, dass Ihre Kollegen einer Datenbank, die Sie erstellt haben, vertrauen und diese als Werkzeug akzeptieren sollen. Ein Killerargument wie »Ihre Datenbank kann ja nicht einmal richtig rechnen!« wäre doch eine wahre Katastrophe, oder?

Mit dem Felddatentyp WÄHRUNG speichert Access nicht das Währungssymbol. Wenn Sie nur mit einer Währung arbeiten, ist dies nicht weiter schlimm. Angezeigt wird das standardmäßige Währungssymbol Ihrer Windows-Einstellungen. Wenn gewünscht, können Sie über Formatierung ein anderes Währungssymbol festlegen (siehe Abschnitt 2.6, »Formatierungen in Tabellen«).

Wenn Sie in einer Tabelle Geldbeträge in unterschiedlichen Währungen ablegen wollen, gibt es nur einen sauberen Weg: ein separates Feld, in dem die Währung gespeichert wird. Dafür eignet sich beispielsweise der Währungscode nach dem ISO-Standard 4217, der immer aus drei Buchstaben besteht:

Währungscode	Währung
EUR	Euro
GBP	Britische Pfund Sterling
USD	US-Dollar
JPY	Japanische Yen

Tabelle 2.12 Einige Währungscodes nach dem ISO-Standard 4217

Felddatentyp	englische Bezeichnung	Jet-SQL-Datentyp	Wertebereich	Speicherbedarf
WÄHRUNG	*Currency*	MONEY	–922.337.203.685.477,5808 ... 922.337.203.685.477,5807	8 Byte

Tabelle 2.13 Der Felddatentyp »Währung« wird intern als Festkommazahl mit vier Nachkommastellen gespeichert.

Der Felddatentyp »Währung« wird manchmal auch zweckentfremdet

Bevor in Access 2000 der Felddatentyp DEZIMAL eingeführt wurde, war WÄHRUNG der einzige Felddatentyp für Festkommazahlen. Deshalb wurde und wird er gerne zweckentfremdet, nämlich für exakte Dezimalzahlen mit bis zu vier Nachkommastellen. Mit einer geeigneten Formatierung (siehe Abschnitt 2.6, »Formatierungen in Tabellen«) können Sie in solchen Fällen das Währungssymbol unterdrücken.

Ich bin eigentlich immer Befürworter davon, so nahe wie möglich an der Realität zu bleiben. Konkret würde das bedeuten, dass dort, wo Währung draufsteht, wirklich nur Geld drinsteckt. Ich finde den Felddatentyp WÄHRUNG aber derart praktisch (vor allem, was die Programmierung angeht), dass ich hier meinen Prinzipien untreu werde.

Wie auch immer Sie sich entscheiden, Sie sollten hierzu eine einheitliche Regelung zu Projektbeginn treffen. Das gilt umso mehr, wenn Sie in einem Team arbeiten. Achten Sie bitte auf aussagekräftige Feldnamen (z. B. »MehrwertsteuerProzent«), damit jeder sofort erkennt, welche Werte tatsächlich abgespeichert werden (in diesem Beispiel: Prozentsatz statt Währung).

2.3.8 Felddatentyp »Ja/Nein«

Für die einfachste Art von Information gibt es den Felddatentyp JA/NEIN. Eine andere Bezeichnung ist *boolesche Variable* (englisch *boolean*) oder *Flag*. Praktischerweise zeigt Access in der Datenblattansicht ein Ja/Nein-Feld als *Kontrollkästchen* (englisch *check box*) an, in der Sie einen Häkchen setzen und wieder entfernen können.

Felddatentyp	englische Bezeichnung	Jet-SQL-Datentyp	Wertebereich	Speicherbedarf
JA/NEIN	*Yes/No (Boolean)*	BIT	»Ja« oder »Nein«	1 Byte

Tabelle 2.14 In einem »Ja/Nein«-Feld sind nur die Werte »Ja« (»wahr«, englisch »true«) oder »Nein« (»falsch«, englisch »false«) zulässig.

2.3.9 Felddatentyp »OLE-Objekt«

Für große Binärdaten ist der Felddatentyp OLE-OBJEKT geeignet. Dieser Felddatentyp ist verwandt mit dem Felddatentyp LANGER TEXT, den ich in Abschnitt 2.3.3, »Felddatentyp ›Langer Text‹«, besprochen habe. Auch für OLE-Objekte gelten nämlich ein paar Besonderheiten:

- Maximal 2 GB Binärdaten können pro Feld gespeichert werden.
- Die maximal zulässige Anzahl von Bytes können Sie nicht festlegen.
- Sortieren und Filtern von Binärdaten ist nicht möglich (und auch nicht sinnvoll).

Access nutzt für Binärdaten den Mechanismus der *Objektverknüpfung und -einbettung* (englisch *Object Linking and Embedding, OLE*), woraus sich auch der Name dieses Felddatentyps ableitet. Sie können eine beliebige Datei in das Feld speichern (oder verknüpfen). Access speichert zusätzlich zum Dateiinhalt weitere Informationen darüber ab, mit welchem Programm die Datei später einmal wieder geöffnet werden kann.

Diesen OLE-basierten Ansatz können Sie auch verwenden, um Bilder in Ihrer Datenbank abzuspeichern. In Formularen und Berichten können die Bilder später auch dargestellt werden. Dies ist sicherlich der häufigste Einsatz des Felddatentyps OLE-OBJEKT.

Felddatentyp	englische Bezeichnung	Jet-SQL-Datentyp	Wertebereich	Speicherbedarf
OLE-OBJEKT	*OLE Object*	`IMAGE`	maximal 2 GB Daten	Größe der Binärdaten + zusätzliche OLE-Informationen

Tabelle 2.15 Platz für Binärdaten ohne Ende: der Felddatentyp »OLE-Objekt«

2.3.10 Andere Felddatentypen

In den letzten Abschnitten haben Sie alle wichtigen Felddatentypen kennengelernt. Es gibt noch ein paar Sonderlinge:

1. Der **Felddatentyp »Binär«**
   Neben dem OLE-OBJEKT gibt es den Felddatentyp BINÄR zum Speichern von Binärdaten. Mit diesem Felddatentyp können Sie maximal 255 Byte speichern, was verschwindend wenig ist im Vergleich zu 2 GB für ein OLE-OBJEKT. Daher wird der Felddatentyp BINÄR heute so gut wie überhaupt nicht mehr verwendet. Sie können ihn nicht einmal in der Entwurfsansicht einer Tabelle auswählen! Wenn Sie diesen exotischen Felddatentyp unbedingt einsetzen wollen, hilft nur die Programmierung – aber es gibt ihn noch.
2. Der **Felddatentyp »Anlage«**
   Mit dem Felddatentyp ANLAGE bietet Access Ihnen eine weitere Möglichkeit, Binärdaten in Ihrer Datenbank zu speichern. Im Unterschied zum OLE-OBJEKT kann ANLAGE mehr als

nur eine Datei pro Feld speichern. ANLAGE ist der modernere Weg, Bilder oder Binärdateien innerhalb einer Datenbank zu speichern.

Welcher Felddatentyp ist besser: »Anlage« oder »OLE-Objekt«?

Ich empfehle Ihnen, üblicherweise den Felddatentyp ANLAGE einzusetzen. Das ist der modernere Weg und erspart Ihnen ein paar Altlasten von OLE (Mechanismus der Objektverknüpfung und -einbettung).

Wenn Sie jedoch sicherstellen möchten, dass in einem Feld wirklich nur eine einzige Datei abgespeichert werden kann, dann müssen Sie nach wie vor den Felddatentyp OLE-OBJEKT verwenden. In meinen Augen ist dies eine wichtige Überlegung in Bezug auf das Datenbankdesign. Daneben fallen mir drei technische Einschränkungen ein, die den Felddatentyp OLE-OBJEKT unverzichtbar machen:

- Das Verlinken zu einer Datei im Dateisystem geht nur über OLE-OBJEKT.
- Server-Datenbanken (beispielsweise der Microsoft SQL Server) kennen den Felddatentyp ANLAGE nicht.
- Der Felddatentyp ANLAGE blockiert bestimmte Dateitypen (unter anderem *.exe*-Dateien).

3. Der **Felddatentyp »Link«**
   Schließlich gibt es noch den Felddatentyp LINK für Hyperlinks. Das Schöne an diesem Felddatentyp ist, dass Sie einen Hyperlink direkt im Feld anklicken können und dadurch die entsprechende Webseite in Ihrem Standardbrowser geöffnet wird.

Felddatentyp	englische Bezeichnung	Jet-SQL-Datentyp	Wertebereich	Speicherbedarf
BINÄR	*Binary*	`BINARY`	maximal 255 Byte Daten	Anzahl der Byte
ANLAGE	*Attachment*	–	maximal 256 MB pro Datei	Größe der Binärdaten
LINK	*Hyperlink*	–	maximal 2.048 Zeichen	2 Bytes je Zeichen

Tabelle 2.16 Mit dem Felddatentyp »Anlage« können Sie auch mehrere Dateien in einem Feld abspeichern.

2.3.11 Berechnete Felder

Eigentlich sind Tabellen nur zum Erfassen, Ändern und Löschen von Daten da. Die Auswertung von Daten – und dazu zählen auch Berechnungen – hat hier üblicherweise nichts verloren, sondern gehört zum Thema *Abfragen*. In Abschnitt 3.2, »Auswerten von Daten eines Datensatzes: Berechnete Felder«, werde ich Ihnen zeigen, wie Sie Berechnungen mit Hilfe von Abfragen durchführen können.

Sehr zu meinem Leidwesen gibt es in Access inzwischen den Felddatentyp BERECHNET. Ich mag diesen Felddatentyp deswegen nicht, weil er den Prozess des Datenbankdesigns nur unnötig verkompliziert. Sie werden sich die Arbeit deutlich einfacher machen, wenn Sie Berechnungen dort lassen, wo Sie hingehören: und zwar bei den Abfragen.

Der Vollständigkeit halber zeige ich Ihnen trotzdem, wie Sie innerhalb einer Tabelle berechnete Felder verwenden können. Wenn Sie den Felddatentyp BERECHNET auswählen, zeigt Ihnen Access automatisch das Fenster AUSDRUCKS-GENERATOR an:

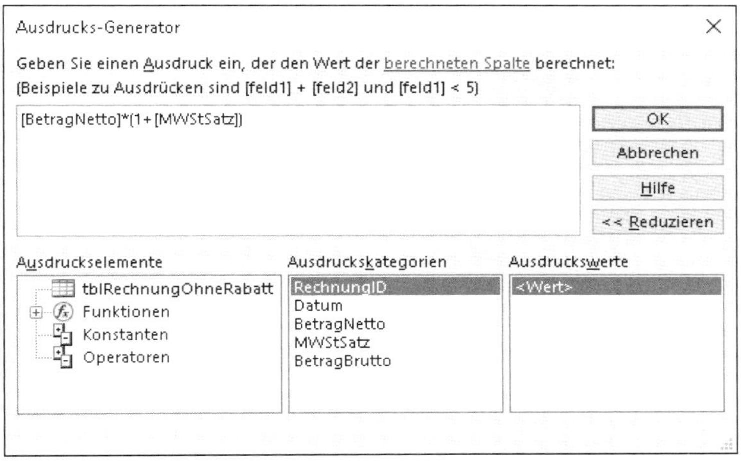

Abbildung 2.24 Mit dem Ausdrucks-Generator können Sie eine Formel zur Berechnung eines berechneten Feldes erstellen.

Tragen Sie hier die *Formel* zur Berechnung ein. Sinnvollerweise greift eine Berechnung Werte aus anderen Feldern auf. Schreiben Sie dazu die Feldnamen in eckigen Klammern ([und]). Hier ein paar Beispiele:

1. Berechnung des Gesamtbetrags mit Mehrwertsteuer:
   ```
   [BetragNetto] * (1 + MWStSatz)
   ```
2. Auf einen Betrag einen bestimmten Rabatt gewähren:
   ```
   [BetragNetto] * (1 - [Rabatt])
   ```
3. Erst einen bestimmten Rabatt gewähren, dann die Mehrwertsteuer berechnen
   ```
   [BetragNetto] * (1 - [Rabatt]) * (1 + MWStSatz)
   ```

Nachdem Sie auf OK geklickt und den Ausrucks-Generator dadurch geschlossen haben, finden Sie Ihre Formel zur Berechnung im Registerblatt ALLGEMEIN unter AUSDRUCK. Unter ERGEBNISTYP können Sie abschließend den gewünschten Felddatentyp für das Ergebnis der Berechnung auswählen. Ich habe diese Beispiele und ein paar weitere Berechnungen in die

Datenbank *02_Access_als_Datenbank_Tabellen\2.3.11_Berechnete_Felder.accdb* aus den Materialien zum Buch gepackt.

> **Kompatibilität mit SharePoint**
> Mein Eindruck ist, dass Microsoft innerhalb der letzten Jahre Access mit viel Aufwand in Richtung SharePoint ausgerichtet hat. Und genau hierfür, nämlich für die Kompatibilität mit Microsoft SharePoint, ist der Felddatentyp BERECHNET notwendig.

2.3.12 Feldeinschränkungen

Sie kennen jetzt alle Felddatentypen von Access. Wenn Sie für ein Feld den passenden Felddatentyp auswählen, kann Access damit für konsistente Daten sorgen (und beispielsweise verhindern, dass in einem Zahlenfeld Text abgespeichert wird).

Neben den Felddatentypen können und sollten Sie für ein Feld weitere Einschränkungen festlegen. Access wird auch diese *Feldeinschränkungen* überprüfen, bevor ein neuer Wert abgespeichert wird. Wir werden uns in diesem Abschnitt mit den folgenden Feldeinschränkungen beschäftigen:

1. EINGABE ERFORDERLICH
2. Feld-Gültigkeitsregel
3. STANDARDWERT

Bevor wir uns die einzelnen Feldeinschränkungen ansehen, möchte ich an Sie appellieren, hiervon auch rigoros Gebrauch zu machen. Nur so kann Access überhaupt erst Dateneingaben vor dem Abspeichern prüfen und auf diesem Weg die Datenkonsistenz gewährleisten.

Eingabe erforderlich

Eine sehr wichtige Feldeinschränkung ist EINGABE ERFORDERLICH. Beispielsweise ist es wenig sinnvoll, einen Flug ohne Datum, Abflugszeit, Zeit der Landung, Angaben zu den Flughäfen und ohne Flugnummer anzugeben. Alle diese Felder sollten gefüllt sein.

1. Öffnen Sie die Datenbank *02_Access_als_Datenbank_Tabellen\2.3.12_Fluege.accdb* aus den Materialien zum Buch.
2. Öffnen Sie die Tabelle *tblFlug* in der Entwurfsansicht.
3. Wählen Sie das Feld »AbflugDatum« aus.
4. Wählen Sie im Registerblatt ALLGEMEIN unter EINGABE ERFORDERLICH den Wert JA aus.
5. Setzen Sie auch für alle anderen Felder mit Ausnahme von »FlugID« und »Passagiere« EINGABE ERFORDERLICH auf JA.

Das Ergebnis finden Sie in den Materialien zum Buch unter *02_Access_als_Datenbank_Tabellen\2.3.12_Fluege_Eingabe_erforderlich.accdb*.

Ein AutoWert-Feld wird von Access automatisch eingetragen, daher können Sie für »Flug-ID« die Feldeinschränkung Eingabe erforderlich nicht verändern. Jetzt ist nur noch das Feld »Passagiere« optional und darf leer bleiben. Für alle anderen Felder wird Access *vor* dem Abspeichern des Datensatzes überprüfen, ob wirklich ein Wert eingetragen ist.

Abbildung 2.25 Eine solche Fehlermeldung erscheint, wenn Sie vergessen haben, ein Feld zu füllen, für das die Eingabe erforderlich ist.

Den Fall »ein Feld bleibt leer« sollten wir uns noch genauer ansehen. In der Welt der Datenbanken hat ein leeres Feld den Inhalt NULL. Am besten passt »nicht definiert« als Bedeutung für NULL. Wenn Sie einen neuen Datensatz erstellen, sind zunächst alle Felder NULL (also nicht definiert; NULL ist nämlich streng genommen kein Wert). Die Feldeinschränkung Eingabe erforderlich bezeichnet man auch als *NOT NULL* (Abkürzung: NN). Mit anderen Worten: Beim Abspeichern auf keinen Fall NULL akzeptieren.

NULL und die Zahl Null (numerisch 0)

Auch wenn es so ähnlich klingt, hat NULL überhaupt nichts mit der Zahl 0 gemeinsam. Wenn ich 0 Euro auf meinem Konto habe, sind meine Ersparnisse aufgebraucht. NULL bedeutet hingegen, dass ich meinen Kontostand gerade nicht kenne.

Access und VBA verwenden die Schreibweise `Null`, was ich für Formeln und Listings übernommen habe. Um Missverständnisse zu vermeiden, verwende ich im Text die Schreibweise NULL in Großbuchstaben.

Felder, für die Eingabe erforderlich auf Ja gesetzt ist, werden im Fachjargon als *NOT-NULL-Felder* bezeichnet. Alle anderen Felder werden *optionale Felder, NULL-Felder* oder *Nullable-Felder* genannt.

NOT-NULL-Textfelder

Bei Textfeldern (Felddatentyp Kurzer Text oder Langer Text) gibt es übrigens einen Unterschied zwischen NULL und *leerer Zeichenfolge* (""). Leider werden in Access beide Inhalte in der Tabellenansicht identisch als leerer Kasten angezeigt.

In den meisten Fällen wird eine leere Zeichenfolge nicht aussagekräftig sein. Daher empfehle ich Ihnen, leere Zeichenfolgen für Textfelder zu verbieten. Öffnen Sie dazu die Tabelle in der Entwurfsansicht, und wählen Sie im Registerblatt ALLGEMEIN unter LEERE ZEICHENFOLGE den Wert NEIN aus. Anschließend können Sie über EINGABE ERFORDERLICH festlegen, ob das Textfeld ein NOT-NULL-Feld oder ein optionales Feld ist. Ein Beispiel finden Sie in den Materialien zum Buch unter *02_Access_als_Datenbank_Tabellen\2.3.12_Fluege_leere_Zeichenfolge.accdb*.

tblFlug

FlugID	AbflugDatum	AbflugZeit	AnkunftZeit	Fluggesellschaft	Flugnummer
1	03.07.2019	15:00:00	16:20:00	easyJet	EJU5846
2	03.07.2019	15:10:00	16:40:00	Austrian Airlines Group	OS131
3	03.07.2019	15:40:00	17:20:00		AF2334
4	03.07.2019	15:50:00	17:35:00	Air France	AF2035
5	03.07.2019	15:55:00	17:15:00	Air France	AF1919

Abbildung 2.26 In diesem Beispiel ist »Fluggesellschaft« ein NOT-NULL-Feld. Im dritten Datensatz enthält das Feld eine leere Zeichenfolge, was keinen Deut besser ist als NULL. Mit der Feldeinschränkung »Leere Zeichenfolge« können Sie das verhindern.

Ich empfehle Ihnen, NOT-NULL-Felder intensiv zu nutzen. Viele Felder werden natürlich optional bleiben müssen. Aber schauen Sie bitte genau hin, ob Ihr Geschäftsmodell das benötigt. Warum liebe ich NOT-NULL-Felder so sehr? Weil optionale Felder Mehraufwand erzeugen. In Abfragen und spätestens bei der Programmierung müssen Sie für jedes optionale Feld den separaten Fall unterscheiden, dass das Feld leer ist. Dieser Mehraufwand tritt bei jeder Art von Fallunterscheidung auf. NOT-NULL-Felder sind hingegen einfacher: Sie können ganz sicher sein, dass überhaupt ein Wert eingetragen ist. Den NULL-Wert (nicht definiert) brauchen Sie für NOT-NULL-Felder nicht zu berücksichtigen.

Ternäre Logik

Mit NULL-Werten kommen Sie bei Fallunterscheidungen mit der *ternären Logik* in Berührung. In der *klassischen Logik*, der *zweiwertigen Logik*, gibt es nur die Werte »wahr« und »falsch«. In der ternären Logik gibt es die Werte »wahr«, »falsch« und »nicht definiert« (NULL). Der Umgang mit der ternären Logik ist aufwendiger. Wenn alle Felder einer Fallunterscheidung NOT-NULL-Felder sind, vereinfacht sich die Logik zur zweiwertigen Logik.

Feld-Gültigkeitsregel

Mit Feld-Gültigkeitsregeln bietet Access eine elegante Möglichkeit, den Inhalt eines Feldes noch weiter einzuschränken. Als Gültigkeitsregel wird eine Formel eingetragen, die Sie entweder direkt eintippen oder mit Hilfe des Ausdrucks-Generators erstellen können. Formeln haben Sie bereits in Abschnitt 2.3.11, »Berechnete Felder«, kurz kennengelernt. An dieser Stelle beschäftigen wir uns mit Formeln für den Vergleich.

Hier ein paar Beispiele für Textfelder:

- Das Feld soll immer den Wert »München« haben:
  ```
  ='München'
  ```
- Alle Werte mit Ausnahme von »München« sind erlaubt:
  ```
  <>'München'
  ```
- Als Wert ist entweder »München« oder »Berlin« erlaubt:
  ```
  'München' Oder 'Berlin'
  ```
- Alle gültigen Werte sind in einer Liste aufgeführt:
  ```
  In ('Berlin';'Hamburg';'München')
  ```
- Alle Werte sind erlaubt mit Ausnahme derer aus der Liste:
  ```
  Nicht In ('Berlin';'Hamburg';'München')
  ```
- Alle Werte, die mit »M« beginnen, sind erlaubt:
  ```
  Wie 'M*'
  ```
- Nur Werte, die nicht auf »burg« enden, sind erlaubt.
  ```
  Nicht Wie '*burg'
  ```

Übrigens spielt es keine Rolle, ob Sie Zeichenfolgen mit einfachen Anführungszeichen (') oder doppelten Anführungszeichen (") einrahmen.

Textmustervergleich mit den Operatoren »Wie« und »ALike«

Der Operator `Wie` (englisch *like*) ist ein sehr mächtiges Werkzeug, das einen Text mit einem Muster vergleicht (*Mustervergleich*, englisch *pattern matching*). In Tabelle 2.17 sind alle *Platzhalter* (englisch *wildcard*) mit Beispielen aufgeführt.

`ALike` ist der zweite Operator zum Textmustervergleich. Die Platzhalter sind jedoch unterschiedlich (siehe Tabelle 2.18). Der Name `ALike` bedeutet »ANSI Like« und lässt vermuten, dass dieser Operator den Vorgaben des ANSI/ISO-SQL-92-Standards entspricht. Wer den Originaltext dieses Standards sorgfältig liest, wird feststellen, dass das nicht der Fall ist! Zutreffender ist eher, dass `ALike` sehr nahe an den `Like`-Operator des Microsoft SQL Servers angelehnt ist.

Ob Sie sich nun für `Like` oder `ALike` entscheiden, ist letztendlich Geschmackssache. Einziger Unterschied sind wie gesagt die Platzhalter. Wenn Sie eine Server-Datenbank verwenden, könnte Ihnen `ALike` besser gefallen.

Platzhalter	Bedeutung	Muster (Beispiel)	passende Zeichenfolgen	nicht passende Zeichenfolgen
*	kein, ein oder mehrere beliebige Zeichen	`M*`	Mainz, München, M	Hamburg, Berlin, H
?	ein beliebiges Zeichen	`H?mburg`	Hamburg, Homburg	Mainz, Hmburg, Haamburg
#	eine beliebige Ziffer	`LH####`	LH2890	LH191, LHxxxx, LH12345
[...]	ein Zeichen aus einer Liste	`H[ao]mburg`	Hamburg, Homburg	Hemburg, Hmburg, Haamburg
[*] [?] [#] [[] []]	die Sonderzeichen selbst	`H[*]mburg`	H*mburg	Hamburg, Homburg, Hmburg
[!...]	ein Zeichen, aber nicht aus der Liste	`H[!ao]mburg`	Hemburg	Hamburg, Homburg, Hmburg, Haamburg
[...!]	ein Zeichen aus einer Liste inklusive Ausrufezeichen	`H[ao!]mburg`	Hamburg, Homburg, H!mburg	Hemburg, Hmburg
[...-...]	ein Zeichen aus einem Bereich	`[a-z]`	a, b, c, A, B, ö, ß	aa, 1, 4, %
[!...-...]	ein Zeichen, aber nicht aus einem Bereich	`[!0-9]`	a, b, c, A, B, %, ö, ß	1, 4, aa

Tabelle 2.17 Platzhalter für den Operator »Wie«

Platzhalter	Bedeutung	Muster (Beispiel)	passende Zeichenfolgen	Nicht passende Zeichenfolgen
%	kein, ein oder mehrere beliebige Zeichen	`M%`	Mainz, München, M	Hamburg, Berlin, H

Tabelle 2.18 Platzhalter für den Operator »ALike«

Platzhalter	Bedeutung	Muster (Beispiel)	passende Zeichenfolgen	Nicht passende Zeichenfolgen
_	ein beliebiges Zeichen	`H_mburg`	Hamburg, Homburg	Mainz, Hmburg, Haamburg
[...]	ein Zeichen aus einer Liste	`H[ao]mburg`	Hamburg, Homburg	Hemburg, Hmburg, Haamburg
[%] [_] [[] []]	die Sonderzeichen selbst	`H[%]mburg`	H%mburg	Hamburg, Homburg, Hmburg
[!...]	ein Zeichen, aber nicht aus der Liste	`H[!ao]mburg`	Hemburg	Hamburg, Homburg, Haamburg
[...!]	ein Zeichen aus einer Liste inkl. Ausrufezeichen	`H[ao!]mburg`	Hamburg, Homburg, H!mburg	Hemburg, Hmburg
[...-...]	ein Zeichen aus einem Bereich	`[a-z]`	a, b, c, A, B, ö, ß	aa, 1, 4, %
[!...-...]	ein Zeichen, aber nicht aus einem Bereich	`[!0-9]`	a, b, c, A, B, %, ö, ß	1, 4, aa

Tabelle 2.18 Platzhalter für den Operator »ALike« (Forts.)

Ebenso sind Feld-Gültigkeitsregeln für Zahlenfelder möglich:

- Nur positive Zahlen:

  `>0`

- Alle Werte von 1 bis 10 sind erlaubt:

  `Zwischen 1 Und 10`

- Alle Werte zwischen 1 und 10 (aber 1 und 10 selbst sind nicht dabei):

  `>1 Und <10`

- Alle Zahlen außer 0:

  `<>0`

- Eine Liste von Werten zulassen:

  `In (2;4;8;16)`

Aus Abschnitt 2.3.6, »Felddatentyp ›Datum/Uhrzeit‹«, wissen Sie, dass eine Datumsangabe in Access als Zahl abgespeichert wird. Die Vergleiche für Felder mit dem Felddatentyp DATUM/UHRZEIT sehen daher genauso wie die der Zahlenfelder aus:

- Ein Datum ab dem 1. Februar 2019:

  `>=#01.02.2019#`

- Ein Zeitpunkt im Mai 2019:

  `>=#01.05.2019# Und <#01.06.2019#`

- Ein Datum in der Vergangenheit:

  `<Jetzt()`

Auf eine kleine Falle möchte ich Sie hinweisen: Wenn Sie Zeitpunkte z. B. bis zum 31.05.2019 zulassen möchten, vergleichen Sie bitte wie im Beispiel oben mit einem Tag später (dem ersten Juni). Wichtig ist das, wenn Sie in Ihrem Feld Datum und Uhrzeit gleichzeitig erfassen wollen. Würden Sie nämlich `<=#31.05.2019#` festlegen, dann ist für den 31.05.2019 gerade noch Mitternacht erlaubt. Eine Sekunde später liegt aber schon außerhalb des Gültigkeitsbereichs! Mit dem Vergleich `<#01.06.2019#` (nicht `<=`) sind Sie auf der sicheren Seite, und alle Zeitpunkte am letzten Tag bis 23:59:59 Uhr sind gültig.

Angaben von Datum und Uhrzeit in Formeln

Konkrete Zeitpunkte werden in Formeln in einem besonderen Format – eingerahmt durch zwei Hash-Zeichen (#) – eingetragen:

`#TT.MM.JJJJ hh:mm:ss#`

Möglich sind Angaben zum Datum, zur Uhrzeit oder beides gleichzeitig.

Beispiele:

- der erste Mai 2019: `#01.05.2019#`
- Zeit für ein Knoppers: `#09:30:00#`
- Zeit für ein Knoppers am ersten Mai 2019: `#01.05.2019 09:30:00#`

Sie haben in den Beispielen oben schon gesehen, dass zwei oder mehrere Bedingungen durch die Operatoren `Und` (englisch `And`) und `Oder` (englisch `Or`) kombiniert werden können. Der Operator `Nicht` (englisch `Not`) kehrt die Bedeutung um (*Negation*). Der Vollständigkeit halber erwähne ich noch den Operator `ExOder` für ***exklusives Oder*** (englisch *exclusive or*, `Xor`), das heißt, entweder darf die erste Bedingung wahr sein oder die zweite, aber nicht beide gleichzeitig. Mit diesen Operatoren können Sie umfangreiche Gültigkeitsregeln generieren, beispielsweise:

```
Nicht -5 Und <0 Oder Nicht 5 Und Zwischen 2 Und 8
```

Reihenfolge der Operatoren und Klammern

Bei umfangreicheren Formeln wie im letzten Beispiel verliert man manchmal den Überblick, welche Teile der Formel mit welchem `Nicht`, `Und`, `Oder` und `ExOder` verknüpft sind. Für die Operatoren gilt diese Reihenfolge:

1. `Zwischen`, `In`, `Wie`
2. `Nicht`
3. `Und`
4. `Oder`
5. `ExOder`
6. `=`, `>`, `<`, `>=`, `<=`, `<>`

Ähnlich wie »Punkt- vor Strichrechnung« gilt also »`Nicht` vor `Und`« sowie »`Und` vor `Oder`«. Mit runden Klammern können Sie eine abweichende Reihenfolge festlegen. Ich verwende runde Klammern selbst dann, wenn es nicht unbedingt notwendig ist, weil eine Formel nach meinem Empfinden dadurch besser lesbar wird.

Beispiel:

```
((Nicht -5) Und <0) Oder ((Nicht 5) Und (Zwischen 2 Und 8))
```

In den Materialien zum Buch finden Sie diese Beispiele in der Datenbank *02_Access_als_Datenbank_Tabellen\2.3.12_Feldgueltigkeitsregel.accdb*.

Wenn eine Feld-Gültigkeitsregel eingetragen ist, wird Access vor dem Abspeichern den neuen Wert mit Hilfe der Formel prüfen. Wenn die Bedingung wahr ist, wird der Wert abgespeichert. Wenn nicht, erscheint eine Fehlermeldung:

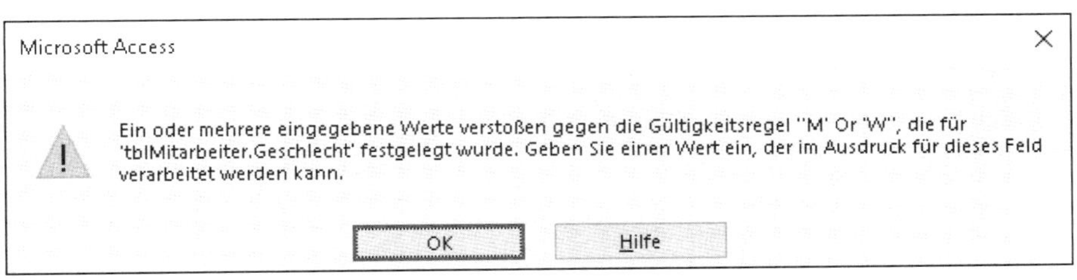

Abbildung 2.27 Ohne eigene Gültigkeitsmeldung erzeugt Access eine Fehlermeldung, in der die Feld-Gültigkeitsregel angezeigt wird. Meiner Erfahrung nach hilft das den wenigsten Anwendern weiter.

Im Registerblatt ALLGEMEIN unter GÜLTIGKEITSMELDUNG können Sie auch eine eigene Fehlermeldung eintragen, die aussagekräftiger ist:

Abbildung 2.28 Hilfreicher und schöner sind eigene Gültigkeitsmeldungen.

Diese Gültigkeitsmeldung finden Sie in den Materialien zum Buch unter *02_Access_als_Datenbank_Tabellen\2.7.5_Fluege_umfassend.accdb*, dort in der Tabelle *tblMitarbeiter*, Feld »Geschlecht«. Damit Ihre Datenbank richtig schön aussieht, hier die Schritte, mit denen Sie mehrere Zeilen und die Aufzählungspunkte erzeugen:

1. Öffnen Sie die Tabelle *tblMitarbeiter* in der Entwurfsansicht.
2. Wählen Sie das Feld »Geschlecht« aus.
3. Klicken Sie im Registerblatt ALLGEMEIN auf GÜLTIGKEITSMELDUNG.
4. Mit [⇧] + [F2] öffnen Sie das ZOOM-Fenster.
5. Tragen Sie hier den Text ein.
6. Zeilenumbrüche fügen Sie mit [Strg] + [↵] ein.
7. Aufzählungspunkte erzeugen Sie mit [Alt] + [0] [1] [4] [9] (Eingabe der Ziffern über den Zahlenblock der Tastatur!)

Standardwert

Wenn Ihre Tabelle viele Felder hat, kann es schon sehr aufwendig werden, einen neuen Datensatz einzutragen. Häufig ist es so, dass einige Feldinhalte immer gleich bleiben. An dieser Stelle können Ihnen *Standardwerte* (englisch *default values*) viel Tipparbeit ersparen. Standardwerte spielen überhaupt nur eine Rolle, wenn ein Datensatz neu erstellt wird.

Als Beispiel möchte ich, dass Access in der Tabelle *tblFlug* in »AbflugFlughafen« standardmäßig immer »Frankfurt am Main« einträgt.

1. Öffnen Sie die Datenbank *02_Access_als_Datenbank_Tabellen\2.3.12_Fluege.accdb* aus den Materialien zum Buch.
2. Öffnen Sie die Tabelle *tblFlug* in der Entwurfsansicht.
3. Wählen Sie das Feld »AbflugFlughafen« aus.
4. Tragen Sie im Registerblatt ALLGEMEIN unter STANDARDWERT

   ```
   ="Frankfurt am Main"
   ```

   ein.
5. Klicken Sie in der Symbolleiste für den Schnellzugriff auf SPEICHERN (oder [Strg] + [S]).

Das Ergebnis finden Sie in den Materialien zum Buch unter *02_Access_als_Datenbank_Tabellen\2.3.12_Fluege_Standardwert.accdb*.

Wenn Sie für ein Feld einen Standardwert festgelegt haben, zeigt Ihnen Access in der Datenblattansicht den Standardwert schon an, bevor Sie den neuen Datensatz begonnen haben.

tblFlug

FlugID	AbflugDatum	AbflugZeit	AnkunftZeit	Fluggesellschaft	Flugnummer	AbflugFlughafen
46	03.07.2019	19:50:00	21:15:00	Air France	AF1819	Frankfurt am Main
47	03.07.2019	20:10:00	21:40:00	Austrian Airlines Group	OS127	Wien
48	03.07.2019	20:15:00	22:30:00	Eurowings	EW357	London Stansted
49	03.07.2019	21:55:00	22:40:00	Ryanair	FR8547	Berlin-Schönefeld
50	04.07.2019	06:05:00	09:40:00	Condor	DE1478	Frankfurt am Main
(Neu)						Frankfurt am Main

Abbildung 2.29 Für den neuen Datensatz (in der letzten Zeile) wird für »AbflugFlughafen« der Standardwert »Frankfurt am Main« angezeigt.

Sie können den Standardwert jederzeit mit Ihrem Wunschwert überschreiben. Insofern sind Standardwerte in Wirklichkeit gar keine Einschränkungen. Sie gehören trotzdem zu den Feldeinschränkungen; zumindest wird das bei der Programmierung per SQL deutlich (mehr dazu in Abschnitt 5.6, »Datenbankobjekte verändern: Data Definition Language (DDL)«).

Ich finde es sehr nützlich, dass auch komplexe Formeln mit Funktionen als Standardwert erlaubt sind. Hier zwei Beispiele für Felder mit dem Felddatentyp DATUM/UHRZEIT:

- das aktuelle Datum (ohne Uhrzeit):

  ```
  =Datum()
  ```

- das aktuelle Datum (mit Uhrzeit):

  ```
  =Jetzt()
  ```

An diesen Stellen können Sie Standardwerte in Access festlegen

In Access können Sie Standardwerte an zwei Stellen eintragen:

- auf Tabellenebene
- in einem Steuerelement eines Formulars

Um das Thema »Formulare« dreht sich das gesamte Kapitel 6. Das Schöne an Formularen ist, dass Sie für eine Tabelle mehrere verschiedene Formulare erstellen können. Wenn Sie also einen Standardwert für die eine Form der Eingabe benötigen, nicht jedoch in anderen Fällen, dann tragen Sie den Standardwert für das Steuerelement eines Formulars ein.

Noch ein Hinweis: Wenn Sie sowohl auf Tabellenebene als auch im Steuerelement eines Formulars einen Standardwert gesetzt haben, dann hat der Standardwert des Steuerelements im Formular beim Arbeiten im Formular Vorrang.

Zusammenfassung

In diesem Abschnitt haben Sie die Feldeinschränkungen EINGABE ERFORDERLICH, Feld-Gültigkeitsregel und Standardwert kennengelernt. Wenn eine Feldeinschränkung verletzt wird, zeigt Access eine Fehlermeldung an und verhindert, dass der Datensatz gespeichert wird. Mit einer Gültigkeitsmeldung können Sie die Fehlermeldung anpassen. Leider können Sie keine benutzerdefinierte Fehlermeldung für die Verletzung von EINGABE ERFORDERLICH hinterlegen – eigentlich schade. Bei Standardwerten wird keine Regel verletzt, insofern gibt es dafür auch keine Fehlermeldung.

Best Practice für Feldeinschränkungen

- Setzen Sie EINGABE ERFORDERLICH standardmäßig auf JA.
- Setzen Sie nur für Felder, die wirklich optional sind, EINGABE ERFORDERLICH auf NEIN.
- Für Textfelder, für die die Eingabe erforderlich ist, sollten Sie leere Zeichenfolgen nicht zulassen.
- Formulieren Sie eine Feld-Gültigkeitsregel, wann immer dies möglich ist.
- Tragen Sie einen Standardwert auf Tabellenebene ein, wenn der Standardwert für alle Formen der Eingabe sinnvoll ist.
- Tragen Sie einen Standardwert für ein Steuerelement eines Formulars sein, wenn der Standardwert nur für eine bestimmte Form der Eingabe (d. h. ein bestimmtes Formular) sinnvoll ist.

2.3.13 Tabelleneinschränkungen

Im letzten Abschnitt haben wir immer nur den Wert eines einzigen Feldes geprüft. Eine *Tabelleneinschränkung* hingegen kann mehrere Felder gleichzeitig prüfen. Es gibt zwei Arten von Tabelleneinschränkungen. Wir beschäftigen uns zunächst nur mit dem ersten Typ, der *Tabellen-Gültigkeitsregel*.

Mehrere Felder in Kombination prüfen

Verwenden Sie eine Tabellen-Gültigkeitsregel immer dann, wenn mehrere Felder in ihrer Kombination wichtig sind.

Ein Beispiel: Die Tabelle *tblMitarbeiter* speichert für jeden Mitarbeiter die beiden Felder »Geburtsdatum« und »Eintrittsdatum«. Es ist offensichtlich, dass ein Mitarbeiter erst nach seiner Geburt in das Unternehmen eintreten kann. »Eintrittsdatum« muss also später als »Geburtsdatum« liegen.

Diese Art von Regeln können Sie als Tabellen-Gültigkeitsregel definieren. Eine Tabellen-Gültigkeitsregel hängt nie an einem einzelnen Feld, sondern gilt übergreifend für den gesamten Datensatz. Und so erstellen Sie eine Tabellen-Gültigkeitsregel:

1. Öffnen Sie die Datenbank *02_Access_als_Datenbank_Tabellen\2.3.13_Mitarbeiter.accdb* aus den Materialien zum Buch.
2. Öffnen Sie die Tabelle *tblMitarbeiter* in der Entwurfsansicht (Abbildung 2.30).

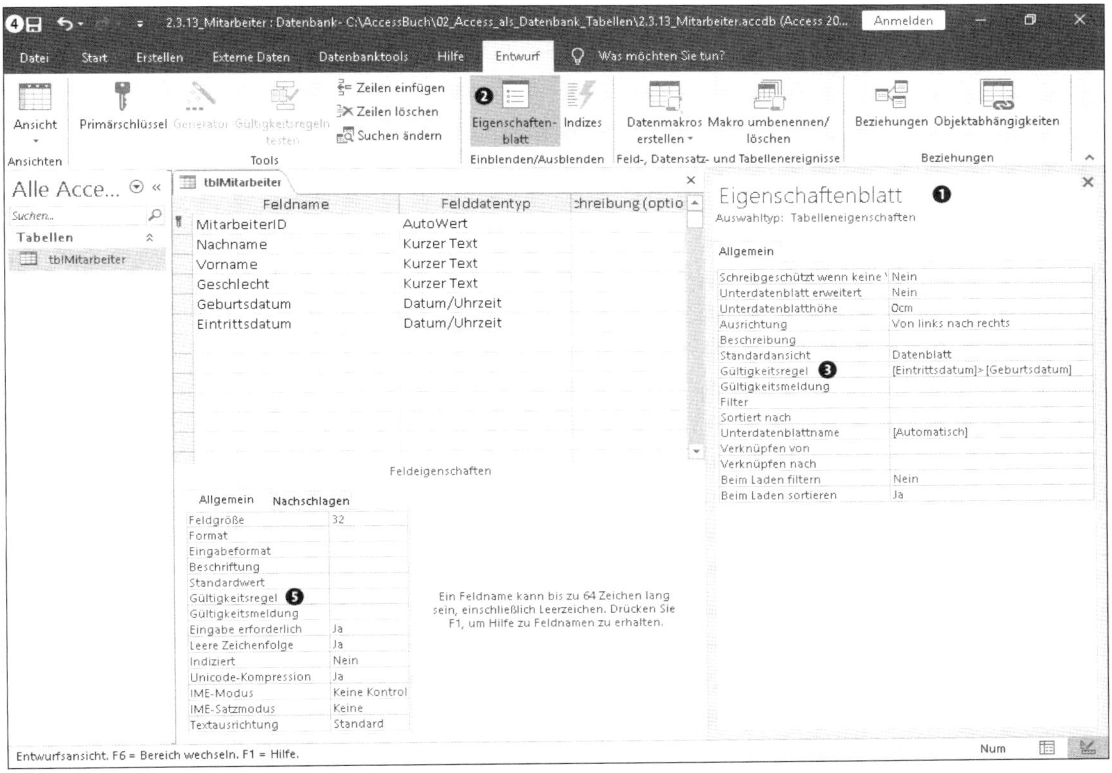

Abbildung 2.30 Eine Tabellen-Gültigkeitsregel können Sie in den Tabelleneigenschaften ❶ unter »Gültigkeitsregel« ❸ festlegen.

3. Falls die Tabelleneigenschaften ❶ noch nicht sichtbar sind: Klicken Sie auf ENTWURF • EIGENSCHAFTENBLATT ❷.
4. Tragen Sie im EIGENSCHAFTENBLATT (Tabelleneigenschaften) ❶ unter GÜLTIGKEITSREGEL ❸

   `[Eintrittsdatum] > [Geburtsdatum]`

   ein.
5. Klicken Sie in der Symbolleiste für den Schnellzugriff auf SPEICHERN ❹ (oder Strg + S).

Wichtig ist, dass Sie diese Gültigkeitsregel an der richtigen Stelle eintragen, nämlich unter GÜLTIGKEITSREGEL in den Tabelleneigenschaften ❶, Nicht jedoch unter ALLGEMEIN • GÜLTIGKEITSREGEL für eines der Datenfelder ❺!

Im Gegensatz zur Feld-Gültigkeitsregel müssen Sie bei der Tabellen-Gültigkeitsregel immer den Feldnamen angeben. Der Feldname wird dazu in eckige Klammern gesetzt ([und]). Mit den Operatoren Und, Oder, ExOder und Nicht können Sie beliebig komplexe Gültigkeitsregeln erzeugen. Hier ein paar Beispiele:

1. Genau eines von drei JA/NEIN-Feldern soll gesetzt sein:

   ```
   [GebundeneAusgabe] ExOder [Broschiert] ExOder [Taschenbuch]
   ```

2. Nur wenn das JA/NEIN-Feld »IstGestrichen« gesetzt ist, darf und muss in zwei anderen Feldern etwas eingetragen werden:

   ```
   (
      ([IstGestrichen] = Falsch)
      Und ([IstGestrichenWordenDurch] Ist Null)
      Und ([IstGestrichenWordenAm] Ist Null)
   )
   Oder
   (
      ([IstGestrichen] = Wahr)
      Und ([IstGestrichenWordenDurch] Ist Nicht Null)
      Und ([IstGestrichenWordenAm] Ist Nicht Null)
   )
   ```

   So weiß jeder, wann und durch welchen Mitarbeiter ein Flug annulliert wurde.

3. Wenn ein Flug verspätet ist, dann muss der tatsächliche Zeitpunkt von Abflug oder Ankunft später als geplant liegen:

   ```
   ([IstVerspaetet]=Falsch)
   Oder
   (
      ([IstVerspaetet]=Wahr)
      Und ([AbflugDatumTatsaechlich] Ist Nicht Null)
      Und ([AbflugZeitTatsaechlich] Ist Nicht Null)
      Und ([AnkunftZeitTatsaechlich] Ist Nicht Null)
      Und
      (
         ([AbflugDatumTatsaechlich]>[AbflugDatumGeplant])
         Oder ([AbflugZeitTatsaechlich]>[AbflugZeitGeplant])
         Oder ([AnkunftZeitTatsaechlich]>[AnkunftZeitGeplant])
      )
   )
   ```

Alle diese Beispiele von Tabellen-Gültigkeitsregeln finden Sie in den Materialien zum Buch in der Datenbank *02_Access_als_Datenbank_Tabellen\2.3.13_Tabellengueltigkeitsregel.accdb*.

Sie merken schon, dass Tabellen-Gültigkeitsregeln sehr umfangreich werden können. Um überhaupt einen Überblick zu erhalten, welches `Und` und `Oder` zu welcher Klammer gehört, habe ich die Tabellen-Gültigkeitsregeln in mehreren Zeilen und mit Einrückungen formatiert. Meistens erledige ich das in einem Texteditor, denn nach dem Abspeichern verwirft Access die Formatierungen und packt alles wieder in eine einzige Zeile.

Mehr als eine Tabellen-Gültigkeitsregel pro Tabelle

Sie können auch mehr als eine Tabellen-Gültigkeitsregel eintragen. Dazu trennen Sie die einzelnen Gültigkeitsregeln mit dem Operator `Und`:

```
(<Tabellen-Gültigkeitsregel 1>)
Und
(<Tabellen-Gültigkeitsregel 2>)
Und
...
```

Dieses konkrete Beispiel finden Sie in den Materialien zum Buch unter *02_Access_als_Datenbank_Tabellen\2.3.13_Tabellengueltigkeitsregel.accdb* in der Tabelle *tblFlugMehrereTabellenGueltigkeitsregeln*:

```
(
   ([IstVerspaetet]=Falsch)
   Oder
   (
      ([IstVerspaetet]=Wahr)
      Und ([AbflugDatumTatsaechlich] Ist Nicht Null)
      Und ([AbflugZeitTatsaechlich] Ist Nicht Null)
      Und ([AnkunftZeitTatsaechlich] Ist Nicht Null)
      Und
      (
         ([AbflugDatumTatsaechlich]>[AbflugDatumGeplant])
         Oder ([AbflugZeitTatsaechlich]>[AbflugZeitGeplant])
         Oder ([AnkunftZeitTatsaechlich]>[AnkunftZeitGeplant])
      )
   )
)
Und
(
   (
      ([IstGestrichen] = Falsch)
      Und ([IstGestrichenWordenDurch] Ist Null)
      Und ([IstGestrichenWordenAm] Ist Null)
   )
```

```
    Oder
    (
       ([IstGestrichen] = Wahr)
       Und ([IstGestrichenWordenDurch] Ist Nicht Null)
       Und ([IstGestrichenWordenAm] Ist Nicht Null)
    )
)
```

Eine Tabellen-Gültigkeitsregel prüfen

Bei umfangreichen Tabellengültigkeitsregeln passieren schnell kleinere Fehler, die nur schwer zu finden sind. Ich empfehle Ihnen, die Tabellen-Gültigkeitsregel entweder ganz oder in Teilen mit Beispieldaten zu testen. Hier ein Tipp für Profis, die schon Erfahrung im Umgang mit Abfragen haben:

1. Erstellen Sie die Tabelle ohne Tabellen-Gültigkeitsregel.
2. Tragen Sie Testdaten in die Tabelle ein (sowohl konsistente als auch inkonsistente Datensätze!).
3. Erstellen Sie eine neue Abfrage in der SQL-Ansicht.
4. So finden Sie alle konsistenten Datensätze:

   ```
   SELECT *
   FROM <Tabellenname>
   WHERE (<Tabellen-Gültigkeitsregel>);
   ```

5. Und so finden Sie alle inkonsistenten Datensätze:

   ```
   SELECT *
   FROM <Tabellenname>
   WHERE NOT (<Tabellen-Gültigkeitsregel>);
   ```

Auf diese Weise können Sie die Tabellen-Gültigkeitsregel schrittweise erstellen und überprüfen. Wenn alles richtig ist, löschen Sie die inkonsistenten Datensätze aus der Tabelle und tragen die fertige Formel als Tabellen-Gültigkeitsregel in der Entwurfsansicht der Tabelle ein.

Eine Tabellen-Gültigkeitsregel bezieht sich immer nur auf einen Datensatz

Mit einer Tabellen-Gültigkeitsregel können Sie immer nur jeden einzelnen Datensatz für sich überprüfen. Oder anders gesagt, Sie können in der Formel für die Tabellen-Gültigkeitsregel nicht auf die Werte in anderen Datensätzen zugreifen.

Ein Beispiel, beim dem eine Tabellen-Gültigkeitsregel *nicht* weiterhilft: Jeder Mitarbeiter in der Tabelle *tblMitarbeiter* bekommt eine Personalnummer, die eindeutig pro Mitarbeiter sein soll. In sämtlichen Datensätzen von *tblMitarbeiter* darf jede Personalnummer höchstens einmal auftreten.

Mit einer Tabellen-Gültigkeitsregel kommen Sie hier nicht weit! Denn schließlich müssten Sie alle bisher vergebenen Personalnummern, also alle anderen Datensätze in *tblMitarbeiter*, überprüfen. Ich hatte eingangs erwähnt, dass es zwei Arten von Tabelleneinschränkungen gibt. Für diesen Fall könnten Sie den zweiten Typ, nämlich den *eindeutigen Schlüssel*, einsetzen, den ich Ihnen in Abschnitt 2.9.2, »Eindeutiger Schlüssel (Alternativschlüssel)«, vorstellen werde.

Zusammenfassung

Je nach Art der Einschränkung können Sie also nur auf bestimmte Felder einer Tabelle zugreifen:

Einschränkung	Bezieht sich auf ein einziges Feld	Kann auf alle Felder in einem Datensatz zugreifen	Kann alle Werte der gesamten Tabelle überprüfen
Felddatentyp	•		
EINGABE ERFORDERLICH	•		
Feld-Gültigkeitsregel	•		
Standardwert	•		
Tabellen-Gültigkeitsregel		•	
eindeutiger Schlüssel			•

Tabelle 2.19 Eine Übersicht der verschiedenen Einschränkungen mit Zugriffsbereich

Sie können jede Feld-Gültigkeitsregel als Tabellen-Gültigkeitsregel darstellen. Die Tabellen-Gültigkeitsregel ist somit die allgemeinere Einschränkung verglichen mit einer Feld-Gültigkeitsregel. Beispielsweise wäre für das Feld »Geschlecht« in der Tabelle *tblMitarbeiter* die Feld-Gültigkeitsregel

```
'M' Oder 'W'
```

singgemäß identisch mit der Tabellen-Gültigkeitsregel

```
[Geschlecht]='M' Oder [Geschlecht]='W'
```

Gleichwohl rate ich Ihnen davon ab, denn die Feld-Gültigkeitsregel ist schneller eingetippt. Vor allem aber hängt sie an dem Feld, auf das sie sich bezieht, was für meinen Geschmack die Lesbarkeit und Verständlichkeit ungemein erhöht.

Best Practice für Tabellen-Gültigkeitsregeln

- Tragen Sie eine Gültigkeitsregel, die sich nur auf ein Feld bezieht, als Feld-Gültigkeitsregel ein.
- Definieren Sie eine Gültigkeitsregel, die sich auf mehrere Felder bezieht, als Tabellen-Gültigkeitsregel.
- Tabellen-Gültigkeitsregeln werden recht schnell umfangreich und komplex. Hier gilt es abzuwägen, was unbedingt notwendig ist und welche Regeln nicht so wichtig sind.
- Bauen Sie umfangreiche Tabellen-Gültigkeitsregeln schrittweise auf.
- Prüfen Sie Tabellen-Gültigkeitsregeln mit Beispieldaten.
- Wenn Sie sehr viele Regeln prüfen müssen, kann Programmcode in einem Formular übersichtlicher sein.

2.3.14 Der Nachschlage-Assistent

Neben den besprochenen Felddatentypen führt Access im Dropdown-Menü FELDDATENTYP zusätzlich die Option NACHSCHLAGE-ASSISTENT ... auf. Dies ist *kein* eigener Felddatentyp, sondern erzeugt ein Textfeld mit Hilfe eines Assistenten. Der Assistent befüllt letztendlich die Angaben im Registerblatt NACHSCHLAGEN, auf das ich in Abschnitt 2.6.4, »Nachschlagen«, eingehen werde. Da der Assistent weitgehend selbsterklärend ist, werde ich ihn – wie üblich in diesem Buch – nicht näher erläutern.

2.4 Ändern von Tabellen

In vorherigen Abschnitt habe ich Ihnen gezeigt, wie Sie eine Tabelle in der Entwurfsansicht öffnen und dort die Felder festlegen. Damit kennen Sie bereits das Werkzeug, mit dem Sie eine Tabelle ändern, recht gut: die *Entwurfsansicht*. In diesem Abschnitt werde ich Ihnen zeigen, wie Sie die Felder einer Tabelle (die *Tabellenstruktur*) ändern können, wenn bereits Datensätze in der Tabelle vorhanden sind.

2.4.1 Hinzufügen von Feldern

Ein neues Feld zu einer bestehenden Tabelle hinzuzufügen ist eigentlich eine langweilige Sache:

1. Öffnen Sie die Tabelle in der Entwurfsansicht.
2. Gehen Sie in die leere Zeile nach dem letzten Feld.

3. Legen Sie den Namen des Feldes unter FELDNAME fest.
4. Anschließend wählen Sie unter FELDDATENTYP den passenden Felddatentyp aus.
5. Optional stellen Sie weitere Eigenschaften zum Felddatentyp, zu Feldeinschränkungen und zu Formatierungen im Registerblatt ALLGEMEIN ein.
6. Klicken Sie in der Symbolleiste für den Schnellzugriff auf SPEICHERN (oder [Strg] + [S]).

Wenn in Ihrer Tabelle Datensätze vorhanden sind, dann hat es der letzte Schritt aber in sich! In der Datenbankdatei (*.accdb*- oder *.mdb*-Datei) werden die Datensätze hintereinander weggespeichert, so wie sie einmal eingegeben wurden. Ein neues Feld bedeutet, dass Access Platz schaffen muss. Und das betrifft alle schon vorhandenen Datensätze. Gerade bei umfangreichen Tabellen kann das Umkopieren der Daten sehr lange dauern.

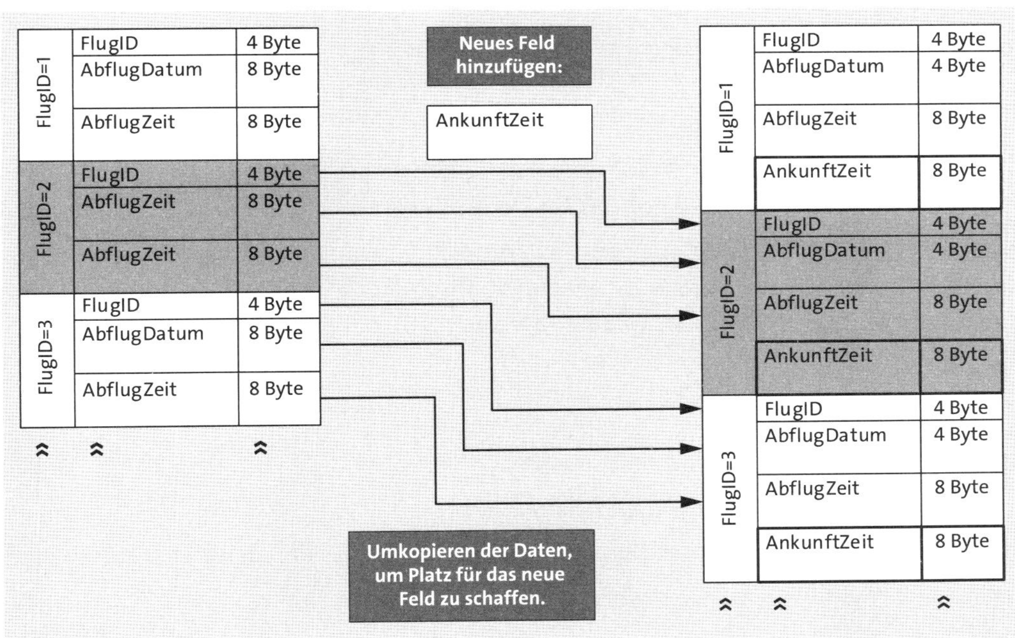

Abbildung 2.31 Wenn Sie ein neues Feld in die Tabelle »tblFlug« einfügen, müssen die bestehenden Datensätze umkopiert werden, um Platz für das neue Feld zu schaffen.

Für bestehende Datensätze bekommt das neue Feld den Wert NULL. Meiner Erfahrung nach erledigt Access das Umkopieren der Daten recht zuverlässig. Ich empfehle Ihnen außerdem, in regelmäßigen Abständen die Datenbank zu komprimieren (DATENBANKTOOLS • DATENBANK KOMPRIMIEREN UND REPARIEREN). Diese Funktion bewirkt, dass alle Tabellen (und andere Datenbankobjekte) umkopiert werden. Dabei werden die Datensätze optimal angeordnet.

2.4.2 Verschieben von Feldern

In der Entwurfsansicht einer Tabelle können Sie die Reihenfolge der Felder verändern.

tblFlug

	Feldname	Felddatentyp
	FlugID	AutoWert
	AbflugDatum	Datum/Uhrzeit
	AbflugZeit	Datum/Uhrzeit
	AnkunftZeit	Datum/Uhrzeit
	Fluggesellschaft	Kurzer Text
	Flugnummer	Kurzer Text
❶	AbflugFlughafen	Kurzer Text
	AnkunftFlughafen	Kurzer Text
	Passagiere	Kurzer Text

Abbildung 2.32 Felder können Sie markieren, indem Sie auf das leere Feld ❶ vor dem Feldnamen klicken.

1. Klicken Sie auf das leere Feld vor dem Feldnamen ❶. Das Feld wird dadurch ausgewählt.
2. Ziehen Sie das Feld per Drag & Drop an die gewünschte Position.
3. Klicken Sie in der Symbolleiste für den Schnellzugriff auf SPEICHERN (oder [Strg] + [S]).

Auch hier gilt wieder: Sobald Datensätze in der Tabelle vorhanden sind, beginnt Access beim Speichern mit dem Umkopieren der Datensätze. Bei umfangreichen Tabellen kann also eine kleine Drag-and-Drop-Operation eine ganze Menge Kopierarbeit erzeugen.

2.4.3 Löschen von Feldern

So entfernen Sie ein Feld, das Sie nicht mehr benötigen:

1. Öffnen Sie die Tabelle in der Entwurfsansicht.
2. Wählen Sie das Feld aus, das entfernt werden soll (klicken Sie dazu das leere Feld vor dem Feldnamen an).
3. Drücken Sie [Entf].
4. Klicken Sie in der Symbolleiste für den Schnellzugriff auf SPEICHERN (oder [Strg] + [S]).

Wenn Datensätze vorhanden sind, gehen die gelöschten Felder unwiederbringlich verloren. Darauf weist Sie die Meldung aus Abbildung 2.33 hin:

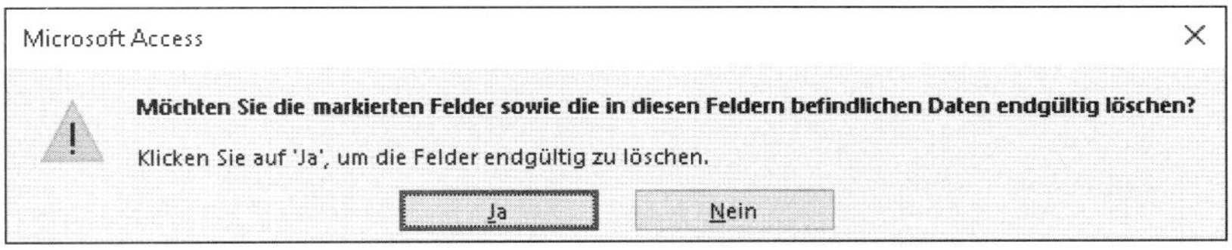

Abbildung 2.33 Beim Drücken auf »Entf« warnt Access, dass die Daten in den gelöschten Feldern verlorengehen werden. Wirklich gelöscht wird das Feld jedoch erst, wenn Sie die Änderungen abspeichern.

Beginnt Access beim Löschen von Feldern auch mit dem Umkopieren bestehender Datensätze, ähnlich wie beim Hinzufügen oder Verschieben von Feldern? Interessanterweise kopiert Access in diesem Fall *nicht* um! Ich habe einmal eine Miniversion unserer Tabelle *tblFlug* mit diesen Feldern eingerichtet:

- »FlugID«
- »Flugnummer«
- »AbflugFlughafen«
- »AnkunftFlughafen«

Anschließend habe ich drei Datensätze eingetragen und dann das letzte Feld »AnkunftFlughafen« gelöscht. In der Datenblattansicht sieht *tblFlug* jetzt so aus:

tblFlug

FlugID	Flugnummer	AbflugFlughafen
1	LH401	New York
2	AF1919	Frankfurt
3	LH191	Berlin Tegel
(Neu)		

Abbildung 2.34 Die Tabelle »tblFlug« mit drei Datensätzen, nachdem ich das letzte Feld »AnkunftFlughafen« gelöscht habe

Lassen Sie uns einen Blick in die Datenbankdatei werfen. Dies ist ein Ausschnitt aus der Datenbankdatei in hexadezimaler Darstellung und als Text:

```
00053f70 00 00 00 00 00 00 00 00 00 04 00 03 00 00 00 ff ...............ÿ
00053f80 fe 4c 48 31 39 31 ff fe 42 65 72 6c 69 6e 20 54 þLH191ÿþBerlin T
00053f90 65 67 65 6c ff fe 4d fc 6e 63 68 65 6e 24 00 1b egelÿþMünchen$..
00053fa0 00 0d 00 06 00 03 00 0f 04 00 02 00 00 00 ff fe ..............ÿþ
00053fb0 41 46 31 39 31 39 ff fe 46 72 61 6e 6b 66 75 72 AF1919ÿþFrankfur
00053fc0 74 ff fe 50 61 72 69 73 20 00 19 00 0e 00 06 00 tÿþParis .......
00053fd0 03 00 0f 04 00 01 00 00 00 ff fe 4c 48 34 30 31 .........ÿþLH401
00053fe0 ff fe 4e 65 77 20 59 6f 72 6b ff fe 46 72 61 6e ÿþNew YorkÿþFran
00053ff0 6b 66 75 72 74 22 00 17 00 0d 00 06 00 03 00 0f kfurt"..........
00054000 04 01 05 0e 51 00 00 00 00 00 00 00 00 00 00 00 ....Q...........
```

Abbildung 2.35 So ist die Tabelle »tblFlug« in der Datenbankdatei gespeichert: Die Inhalte des vierten, mittlerweile gelöschten Feldes »AnkunftFlughafen« sind immer noch vorhanden!

Die etwas kryptischen Zeichen verwendet Access für interne Zwecke, beispielsweise um die Felder zu trennen. Aber Sie sehen sofort: Alle drei Ankunftflughäfen stehen immer noch in der Datei! Leider gibt es in Access die Funktion »Feld löschen rückgängig machen« nicht; diese Felddaten sind also unbrauchbar.

Beim Löschen eines Feldes geht Access sparsam vor: Es wird kein neuer Platz gebraucht, also wird auch nicht umkopiert. Verlassen würde ich mich darauf aber ehrlich gesagt nicht. Auch an dieser Stelle rate ich Ihnen: Komprimieren Sie Ihre Datenbank immer mal wieder (DATENBANKTOOLS • DATENBANK KOMPRIMIEREN UND REPARIEREN). Diese Funktion entfernt dann auch wirklich die Altlasten aus gelöschten Feldern.

2.4.4 Ändern des Felddatentyps

Sie können den Felddatentyp eines bestehenden Feldes nachträglich ändern:

1. Öffnen Sie die Tabelle in der Entwurfsansicht.
2. Gehen Sie in das Feld, das geändert werden soll.
3. Wählen Sie unter FELDDATENTYP den neuen Felddatentyp aus.
4. Klicken Sie in der Symbolleiste für den Schnellzugriff auf SPEICHERN (oder Strg + S).

Wie Sie sicherlich schon ahnen, wird Access auch hier ein Umkopieren bestehender Datensätze starten, nachdem Sie die Änderungen gespeichert haben. Zusätzlich wird Access versuchen, die bestehenden Daten in den neuen Felddatentyp umzuwandeln. Das wird aber nicht immer gelingen! Eine Konvertierung von DATUM/UHRZEIT in Text wird fehlerfrei ablaufen, wenn das Textfeld entsprechend lang ist. Aber umgekehrt sieht es ganz anders aus. Wenn in einem Textfeld kein gültiges Datum steht, schlägt die Konvertierung fehl, und NULL wird als neuer Wert eingetragen. Ähnliches kann Ihnen beim Konvertieren von Text in ZAHL oder WÄHRUNG passieren.

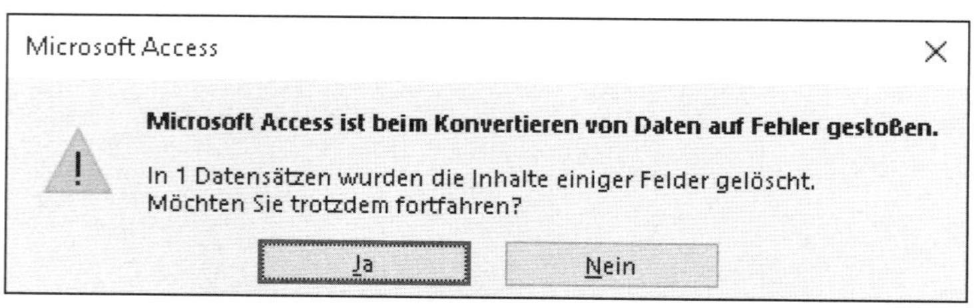

Abbildung 2.36 Beim Ändern des Felddatentyps versucht Access, die Inhalte zu konvertieren. Wenn dies nicht gelingt, wird NULL eingetragen.

2.4.5 Ändern von Feld- und Tabelleneinschränkungen

Auch Feld- und Tabelleneinschränkungen können Sie nachträglich ändern:

1. Öffnen Sie die Tabelle in der Entwurfsansicht.
2. Tragen Sie die neue Tabelleneinschränkung im EIGENSCHAFTENBLATT (Tabelleneigenschaften) unter GÜLTIGKEITSREGEL ein.
3. Gehen Sie in das Feld, das geändert werden soll.
4. Tragen Sie die neue Feldeinschränkung im Registerblatt ALLGEMEIN unter GÜLTIGKEITSREGEL ein.
5. Optional können Sie im Registerblatt ALLGEMEIN weitere Anpassungen vornehmen, beispielsweise EINGABE ERFORDERLICH ändern oder den STANDARDWERT anpassen.
6. Klicken Sie in der Symbolleiste für den Schnellzugriff auf SPEICHERN (oder `Strg` + `S`).

Wenn die Tabelle bereits Daten enthält, können Sie entscheiden, ob Access die Konsistenz der Daten überprüfen soll:

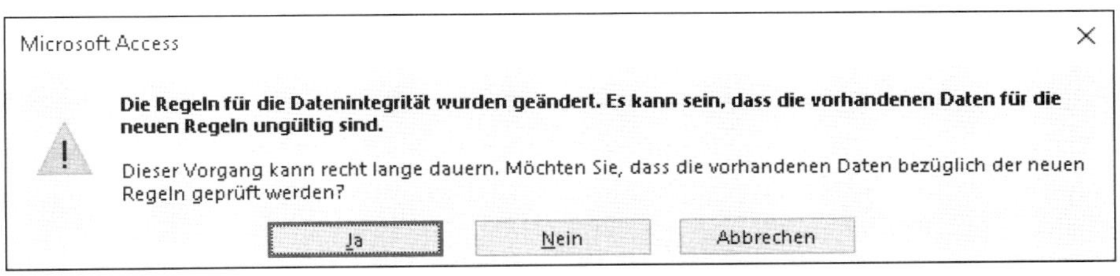

Abbildung 2.37 Nach Ändern einer Feld- oder Tabelleneinschränkung sollten Sie überprüfen lassen, ob die bestehenden Daten immer noch konsistent sind.

Ich empfehle Ihnen, diese Überprüfung durchzuführen. Nur so erfahren Sie, ob in der Tabelle inkonsistente Daten vorhanden sind.

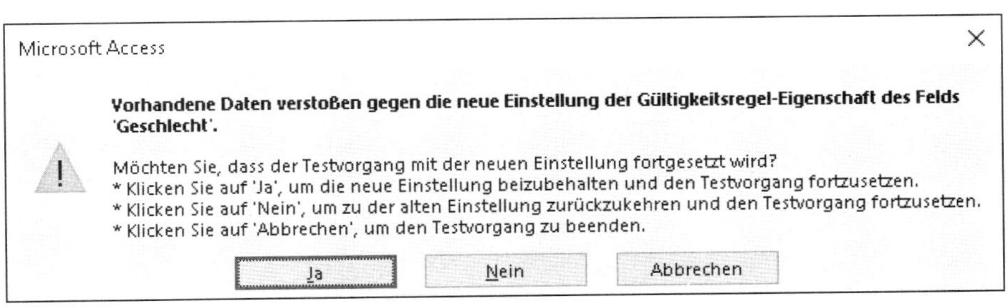

Abbildung 2.38 Access hat einige Datensätze gefunden, die gegen die neue Gültigkeitsregel verstoßen.

Inkonsistente Datensätze werden bei dieser Prüfung von Access weder gelöscht noch verändert. Wenn Sie die Fehlermeldung aus Abbildung 2.38 sehen, müssen Sie also selbst Hand anlegen und die fehlerhaften Datensätze anpassen!

Best Practice beim Ändern von Feld- und Tabelleneinschränkungen

Ich empfehle Ihnen die folgende Vorgehensweise, um inkonsistente Datensätze zu vermeiden:

1. Erstellen Sie eine neue Gültigkeitsregel (z. B. in einem Texteditor).
2. Tragen Sie die neue Gültigkeitsregel in die Entwurfsansicht der Tabelle ein.
3. Prüfen Sie die Datenintegrität.
4. Falls eine Inkonsistenz gemeldet wurde, klicken Sie auf NEIN und verwerfen die neue Gültigkeitsregel zunächst einmal.
5. Suchen Sie jetzt die inkonsistenten Datensätze (entweder manuell oder über eine Abfrage).
6. Passen Sie die inkonsistenten Datensätze so an, dass sie der neuen Gültigkeitsregel entsprechen.
7. Gehen Sie zurück zu Schritt 2.

2.5 Daten in Tabellen

In diesem Abschnitt zeige ich Ihnen, wie Sie Daten in Tabellen eingeben und ändern. In den letzten Abschnitten haben Sie das Werkzeug der Entwurfsansicht kennengelernt, mit dem Sie die Tabellenstruktur festlegen können (Felder, Feldeinschränkungen, Tabelleneinschränkungen). In diesem Abschnitt stelle ich Ihnen das zweite wichtige Tabellen-Werkzeug vor: die *Datenblattansicht*. Für diese Arbeiten können Sie die Datenblattansicht verwenden:

- Datensätze lesen
- Datensätze ändern
- Datensätze löschen
- Datensätze filtern
- Datensätze sortieren

Auch für Abfragen gibt es die Datenblattansicht, die dort exakt genauso funktioniert, wie ich Ihnen in den nächsten Abschnitten zeigen werde. Mit Abfragen werden wir uns ausführlich in Kapitel 3, »Daten filtern, sortieren und zusammenfassen: Abfragen«, beschäftigen.

2.5.1 Daten eingeben, ändern und löschen

In der Datenblattansicht sehen Sie die Felder als Spalten. Zur Erinnerung: In der Entwurfsansicht wurden die Felder in Zeilen dargestellt. Beim Umschalten in die Datenblattansicht hat Access die Anordnung der Felder um 90° gedreht. Jede Zeile der Datenblattansicht wird als *Datensatz* bezeichnet. Das leere, graue Feld in der ersten Spalte ist der *Datensatzmarkierer*, der uns – wie Sie gleich sehen werden – nützliche Informationen anzeigt.

Einen neuen Datensatz anlegen

Die letzte Zeile der Tabelle steht für den neuen Datensatz. Sie erkennen dies am Sternchen im Datensatzmarkierer. Bei längeren Tabellen gelangen Sie zum neuen Datensatz, indem Sie auf START • GEHE ZU • NEU klicken (oder [Strg] + [+]).

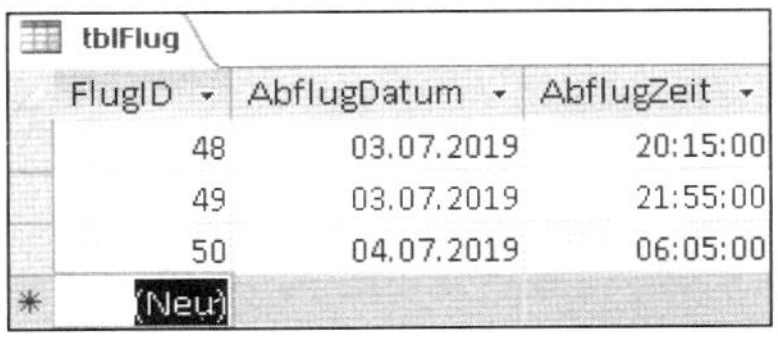

tblFlug

	FlugID	AbflugDatum	AbflugZeit
	48	03.07.2019	20:15:00
	49	03.07.2019	21:55:00
	50	04.07.2019	06:05:00
*	(Neu)		

Abbildung 2.39 In der letzten Zeile markiert das Sternchen den neuen Datensatz.

Der neue Datensatz existiert noch nicht, sondern wird Ihnen nur als Zeile zur Eingabe angezeigt. In Feldern, für die ein Standardwert gesetzt ist, wird der neue Wert bereits angezeigt. Im AUTOWERT-Feld wird immer (NEU) angezeigt. In dem Moment, wo Sie mit der Eingabe von Daten beginnen, wird der Datensatz erzeugt (aber noch nicht abgespeichert).

Der neue Datensatz wird nur angezeigt, wenn Sie über ausreichende Berechtigungen verfügen

Beim Anzeigen einer Tabelle in der Datenblattansicht überprüft Access, ob Sie überhaupt einen neuen Datensatz erstellen dürfen. In den folgenden Fällen ist das nicht möglich:

- Die Datenbankdatei ist schreibgeschützt.
- Ihnen fehlen Dateiberechtigungen zum Ändern der Datenbankdatei.
- Bei einer Server-Datenbank fehlen Zugriffsberechtigungen zum Erstellen eines neuen Datensatzes.

In diesen Fällen zeigt Access den neuen Datensatz *nicht* an.

Daten in Felder eingeben

Zum Eingeben von Daten wählen Sie das gewünschte Feld aus und beginnen mit dem Tippen. Mit [↹] oder [↵] gelangen Sie in das nächste Feld, per [⇧] + [↹] in das vorherige.

Tastenkombination	Funktion
[Strg] + [+]	zum neuen Datensatz springen
[↹], [↵] oder [→]	in das nächste Feld springen
[⇧] + [↹] oder [←]	in das vorherige Feld springen

Tabelle 2.20 Tastenkombinationen in der Datenblattansicht

Tastenkombination	Funktion
Pos1	zum ersten Feld springen
Ende	zum letzten Feld springen
Strg + ↵	Zeilenumbruch einfügen
Strg + #	Wert aus dem vorherigen Datensatz übernehmen
Strg + ;	das aktuelle Datum einfügen
Strg + :	die aktuelle Uhrzeit einfügen
⇧ + F2	ZOOM-Fenster aufrufen
↑	zum aktuellen Feld im vorherigen Datensatz wechseln
Strg + ↑	zum aktuellen Feld im ersten Datensatz wechseln
Strg + Pos1	zum ersten Feld im ersten Datensatz wechseln
↓	zum aktuellen Feld im nächsten Datensatz wechseln
Strg + ↓	zum aktuellen Feld im letzten Datensatz wechseln
Strg + Ende	zum letzten Feld im letzten Datensatz wechseln
⇧ + ↵	Datensatz speichern
Entf oder Strg + -	Datensatz löschen
Esc	Änderungen abbrechen
Strg + Z	Änderungen rückgängig machen

Tabelle 2.20 Tastenkombinationen in der Datenblattansicht (Forts.)

Das Verhalten der Tasten »Tab« und »Eingabe« anpassen

Rufen Sie dazu über DATEI • OPTIONEN das Fenster ACCESS-OPTIONEN auf. Unter CLIENTEINSTELLUNGEN • BEARBEITEN können Sie die Dateneingabe konfigurieren.

Sehr hilfreich empfinde ich das ZOOM-Fenster, das Sie mit ⇧ + F2 aufrufen können. Hier lässt sich längerer Text in einem Textfeld besser anzeigen und eintragen. Zeilenumbrüche fügen Sie mit Strg + ↵ ein.

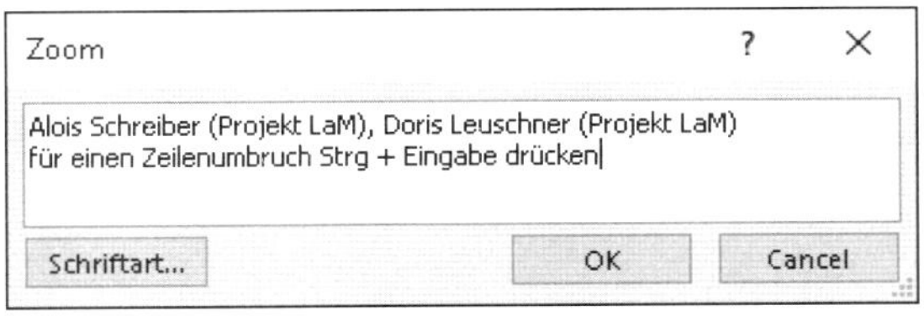

Abbildung 2.40 Von jedem Feld aus können Sie das »Zoom«-Fenster per ⇧ + F2 aufrufen.

Einen Datensatz speichern

Sobald Sie eine Eingabe tätigen, wird der Datensatz in den *Editiermodus* (auch genannt: *Bearbeitungsmodus*) geschaltet. Sie erkennen dies am Stift im Datensatzmarkierer.

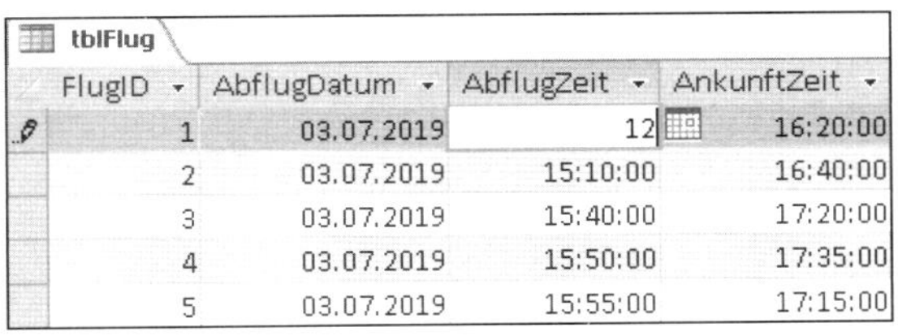

FlugID	AbflugDatum	AbflugZeit	AnkunftZeit
1	03.07.2019	12	16:20:00
2	03.07.2019	15:10:00	16:40:00
3	03.07.2019	15:40:00	17:20:00
4	03.07.2019	15:50:00	17:35:00
5	03.07.2019	15:55:00	17:15:00

Abbildung 2.41 Der Stift im Datensatzmarkierer kennzeichnet den Editiermodus: Der Datensatz wird gerade verändert, ist aber noch nicht gespeichert.

Zum Abspeichern des Datensatzes haben Sie mehrere Möglichkeiten:

- Klicken Sie auf den Stift im Datensatzmarkierer.
- Klicken Sie auf START • DATENSÄTZE • SPEICHERN (oder ⇧ + ↵).
- Gehen Sie zu einem anderen Datensatz, beispielsweise per Mausklick in eine andere Zeile.

Vor dem Abspeichern eines Datensatzes überprüft Access, ob alle Feld- und Tabelleneinschränkungen eingehalten werden. Wenn eine Einschränkung verletzt wird, zeigt Access eine Fehlermeldung an. In diesem Fall wird der Datensatz *nicht abgespeichert*, und er bleibt weiterhin im Editiermodus.

Aus den anderen Office-Programmen kennen Sie das Diskettensymbol, mit dem Sie Änderungen abspeichern können. In Access hat diese Schaltfläche eine andere Bedeutung! Änderungen an einem Datensatz können Sie wie oben beschrieben speichern. Verwenden Sie hingegen die Schaltfläche mit der Diskette (oder Strg + S), wenn Sie Änderungen an der *Tabellenstruktur* oder am *Layout der Tabelle* (z. B. Breite der Spalten) abspeichern möchten.

Änderungen an einem Datensatz abbrechen

Schließlich gibt es noch die Funktion, den Editiermodus abzubrechen. Wenn Sie gerade etwas in ein Feld eintragen, können Sie die Änderungen mit Esc rückgängig machen. Wenn Sie noch einmal Esc drücken, brechen Sie das Editieren des Datensatzes ab.

Ebenso gibt es die Schaltfläche RÜCKGÄNGIG (englisch *undo*), mit der Sie die letzten Änderungen an einem Datensatz rückgängig machen. Im Gegensatz zu den anderen Office-Programmen können aber nur sehr wenige Schritte rückgängig gemacht werden.

In Datenbanken kein Undo!

Schon mit einer einzelnen Operation können Sie in einer Datenbank große Datenmengen verändern. Denken Sie einmal an Operationen wie »alle Datensätze löschen«. In Abschnitt 3.5, »Aktionsabfragen«, werde ich ein weiteres Verfahren besprechen, mit dem Sie Daten im großen Stil verändern können.

Eine Datenbank kann gleichzeitig durch mehrere Benutzer geöffnet sein (*Multi-User-Funktionalität*). Jeder der Benutzer kann gleichzeitig Daten eingeben, ändern und löschen – sogar an ein und derselben Tabelle!

Diese beiden Fakten bewirken, dass Datenbanken schon an sich recht komplex sind. Eine umfangreiche Rückgängig-Funktion mit mehreren Stufen ist hier nur schwer zu realisieren. Vor allem aber könnte sie zu Verwirrungen führen. Denn immer dann, wenn Sie eine Änderung an einem Datensatz abgespeichert haben, sehen alle anderen Benutzer die neuen Daten *sofort* und arbeiten damit unter Umständen schon weiter.

An einem Beispiel wird das deutlicher: Wenn Sie einen Mitarbeiter auf einen Flug buchen, dann ist der Platz im Flieger belegt, und Kosten für das Ticket sind entstanden. Diese Buchung zu stornieren, will jetzt gut überlegt sein: Hat inzwischen einer Ihrer Kollegen mit den Buchungsdaten bereits weitergearbeitet? Verwenden Sie also die Schaltfläche RÜCKGÄNGIG mit Bedacht!

Gerade in Datenbanken, die von mehreren Benutzern gleichzeitig verwendet werden, empfehle ich Ihnen, sich diesen Merksatz einzuprägen: »In Datenbanken kein Undo!« Sie können eine Flugbuchung stornieren, aber das wäre ein eigener Vorgang. Und zwar ein Vorgang, der mit Ihren Kollegen abgestimmt sein muss.

Einen Datensatz löschen

Um einen Datensatz zu löschen, müssen Sie ihn zuerst markieren. Klicken Sie dazu auf den Datensatzmarkierer. Sie können auch mehrere Datensätze markieren, indem Sie die ⇧- oder Strg-Taste gedrückt halten. Zum Löschen drücken Sie anschließend auf Entf oder Strg + -.

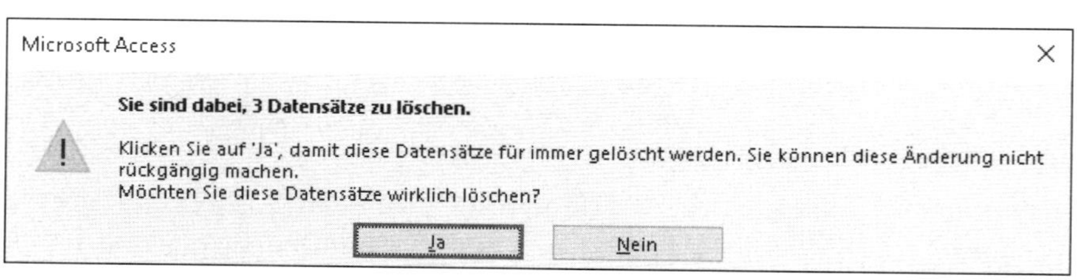

Abbildung 2.42 Vor dem Löschen von Datensätzen zeigt Access diese Warnmeldung an.

Wenn Sie die Warnmeldung mit JA bestätigen, sind die Daten wirklich weg. Beim Löschen von Datensätzen ist die Funktion RÜCKGÄNGIG nicht verfügbar (in Datenbanken kein Undo!).

2.5.2 Navigationsschaltflächen

Am unteren Rand der Datenblattansicht finden Sie die *Navigationsschaltflächen*.

Abbildung 2.43 Die Navigationsschaltflächen am unteren Rand der Datenblattansicht sind besonders hilfreich beim Navigieren in umfangreichen Tabellen.

Mit diesem Werkzeug können Sie zum ersten ❶, vorherigen ❷, nächsten ❹, letzten ❺ oder einem neuen Datensatz ❻ wechseln. Im Textfeld ❸ können Sie auch direkt die Nummer des Datensatzes, zu dem Sie springen möchten, eintippen. Gemeint ist hier wirklich die Zeilennummer, nicht die ID des Primärschlüssels. Diese Schaltflächen zur Navigation in den Datensätzen sind vor allem bei umfangreichen Tabellen sehr hilfreich.

2.5.3 Die Spaltenbreite eines Feldes anpassen

Wie üblich in Office-Programmen können Sie die Spaltenbreite verändern, indem Sie zwischen zwei Spalten klicken und die Spaltenbreite durch Ziehen mit der Maus anpassen.

1. Bewegen Sie dazu den Mauszeiger auf dem Spaltentitel genau auf die vertikale Trennlinie zwischen zwei Spalten. Der Mauszeiger ändert sich wie in Abbildung 2.44 dargestellt:

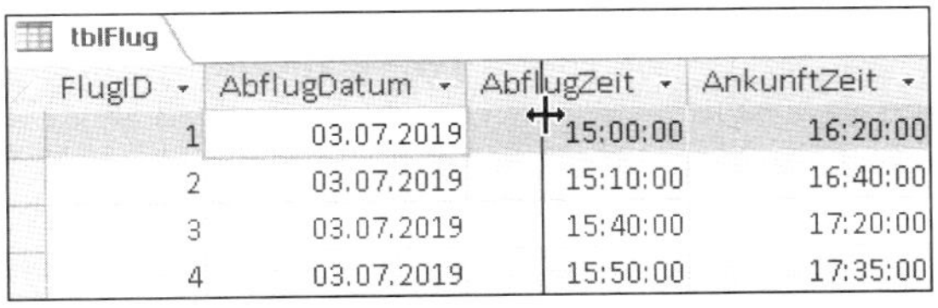

FlugID	AbflugDatum	AbflugZeit	AnkunftZeit
1	03.07.2019	15:00:00	16:20:00
2	03.07.2019	15:10:00	16:40:00
3	03.07.2019	15:40:00	17:20:00
4	03.07.2019	15:50:00	17:35:00

Abbildung 2.44 Verändern Sie die Spaltenbreite, indem Sie genau zwischen zwei Spaltentitel klicken und bei gedrückter Maustaste ziehen.

2. Drücken Sie die linke Maustaste, und halten Sie sie gedrückt.
3. Bewegen Sie die Maus, um die neue Spaltenbreite festzulegen.
4. Lassen Sie die linke Maustaste los, wenn Sie die gewünschte Spaltenbreite erreicht haben.

Alternativ können Sie mit der rechten Maustaste auf den Feldnamen klicken und im Kontextmenü FELDBREITE auswählen. Tippen Sie anschließend die Feldbreite (ungefähre Anzahl der Zeichen; wie in Excel) ein. Per Doppelklick zwischen zwei Spaltentitel können Sie auf die Standardbreite zurücksetzen.

2.5.4 Felder sortieren

Die Reihenfolge der Felder – also die Anordnung der Spalten, nicht die Sortierung der Datensätze – können Sie auf zwei Wegen verändern:

1. in der Entwurfsansicht (empfohlen; siehe Abschnitt 2.4.2, »Verschieben von Feldern«)
2. in der Datenblattansicht per Drag & Drop auf den Feldnamen (Titel der Spalte)

Über den zweiten Weg wird die physikalische Anordnung der Felder in der Tabelle *nicht* verändert. Sie erkennen dies daran, dass die Anordnung der Felder in der Entwurfsansicht oder im Datenbankdiagramm unverändert bleibt.

2.5.5 Felder ein- und ausblenden

Sie können Felder in der Datenblattansicht nicht nur neu sortieren, sondern auch ausblenden. Ausgeblendete Felder werden *nicht* gelöscht, und genauso wie beim Sortieren der Felder wird die physikalische Anordnung der Felder in der Tabelle *nicht* verändert.

So blenden Sie ein Feld aus:

1. Markieren Sie das Feld, indem Sie auf den Feldnamen (Titel der Spalte) klicken.
2. Optional können Sie mit gedrückter [⇧]-Taste mehrere Felder auswählen.
3. Klicken Sie mit der *rechten* Maustaste auf den markierten Spaltentitel.
4. Wählen Sie im Kontextmenü FELDER AUSBLENDEN.

Und so blenden Sie ausgeblendete Felder wieder ein:

1. Klicken Sie auf einem beliebigen Spaltentitel die *rechte* Maustaste.
2. Wählen Sie im Kontextmenü FELDER WIEDER EINBLENDEN aus.
3. Das Dialogfeld SPALTEN EINBLENDEN wird angezeigt:

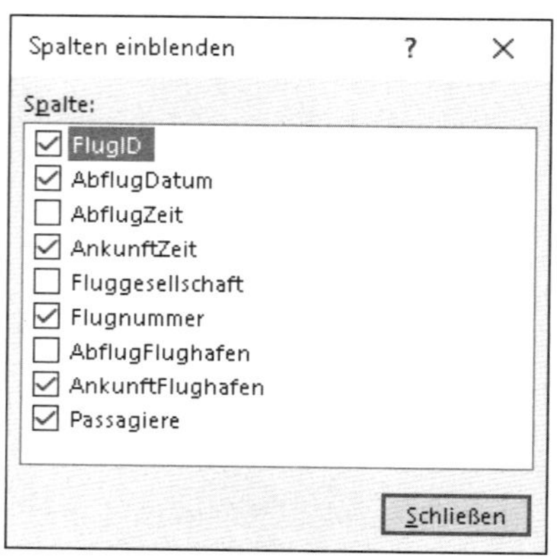

Abbildung 2.45 Im Dialogfeld »Spalten einblenden« können Sie per Haken die Felder ein- oder ausblenden.

4. Setzen Sie einen Haken vor alle Felder, die wieder eingeblendet werden sollen.
5. Klicken Sie auf SCHLIESSEN.

Ausgeblendete Felder werden leicht übersehen

Wenn Sie nur an bestimmten Feldern einer Tabelle interessiert sind, ist eine Abfrage der beste Weg (mehr dazu in Abschnitt 3.1.1, »Vertikales Filtern – Felder auswählen«). Mit ausgeblendeten Feldern erreichen Sie das gleiche Ziel.

Mir passiert es immer wieder, dass ich ausgeblendete Felder übersehe. Letztendlich bringt ein Blick in die Entwurfsansicht der Tabelle Klarheit, denn hier kann man nichts ausblenden oder verstecken!

In Bezug auf Tabellen bin ich ziemlicher Purist: Ich nutze die Datenblattansicht nur zur Datenerfassung. Die Anordnung von Feldern, vertikales und horizontales Filtern sowie das Sortieren von Datensätzen erledige ich gerne mit Hilfe von Abfragen.

2.5.6 Felder fixieren

Eine Tabelle mit besonders vielen Feldern kann unter Umständen nicht vollständig am Bildschirm angezeigt werden; ich habe aber auch schon von Enthusiasten gehört, die eine ganze Batterie von Monitoren nebeneinander aufbauen, um *alle* Spalten im Blick zu haben.

Gehören auch Sie zu den Leuten, die lieber auf Nackenschmerzen verzichten möchten? Dann können Sie die horizontale Bildlaufleiste am unteren Rand der Datenblattansicht verwenden, um die Anzeige der Felder zu verschieben.

Besonders wichtige Felder wie beispielsweise den Primär- und den Alternativschlüssel können Sie im linken Bereich der Datenblattansicht fixieren.

1. Markieren Sie das Feld, indem Sie auf den Feldnamen (Titel der Spalte) klicken.
2. Optional können Sie mit gedrückter ⇧-Taste mehrere Felder auswählen.
3. Klicken Sie mit der *rechten* Maustaste auf den markierten Spaltentitel.
4. Wählen Sie im Kontextmenü FELDER FIXIEREN aus.

Fixierte Felder werden immer links angezeigt

In der Datenblattansicht werden die fixierten Felder immer im linken Bereich dargestellt. Getrennt davon durch eine schmale, vertikale Trennlinie befinden sich die nicht fixierten Felder immer auf der rechten Seite. Die horizontale Bildlaufleiste wirkt sich immer nur auf den rechten Bereich mit den nicht fixierten Feldern aus.

Und so heben Sie die Fixierung von Feldern wieder auf:

1. Klicken Sie auf einem beliebigen Spaltentitel die *rechte* Maustaste.
2. Wählen Sie im Kontextmenü FIXIERUNG ALLER FELDER AUFHEBEN aus.

Es ist leider nicht möglich, nur ein einzelnes Feld aus der Fixierung herauszunehmen. Nachdem Sie die Fixierung aufgehoben haben, sind die Felder unter Umständen anders angeordnet als vorher. Wie in Abschnitt 2.5.4, »Felder sortieren«, gezeigt, können Sie die ursprüngliche Anordnung der Felder wiederherstellen.

2.5.7 Datensätze sortieren

Nachdem wir uns in den letzten Abschnitten mit der Anordnung von Feldern beschäftigt haben, schauen wir uns jetzt an, wie Sie Datensätze sortieren. Eigentlich ist Sortierung ein Thema für Abfragen. In Access können Sie aber auch auf Tabellenebene sortieren. Zunächst möchte ich Ihnen einen Merksatz mitgeben, der Ihnen das Verständnis von Sortierung in Datenbanken einfacher machen kann:

Die Reihenfolge der Datensätze in einer Tabelle kann sich jederzeit ändern!

Verlassen Sie sich *niemals* darauf, dass die Anordnung von Datensätzen in einer Tabelle unverändert bleibt. Sie sind es vielleicht von Excel gewohnt, dass die Reihenfolge der Datensätze in einer Tabelle unverändert bleibt, solange Sie nicht neu sortieren. Für Datenbanken gilt das jedoch nicht!

Wer es genau wissen will: Die standardmäßige Sortierung in Datenbanken

Der eine oder andere Access-Benutzer wird mir entgegnen, dass meine Aussage so nicht stimmt. Zugegeben, in den meisten Fällen bleibt die Reihenfolge der Datensätze so, wie sie eingeben wurden (um genau zu sein: sortiert nach dem Primärschlüssel). Zumindest gilt das für Access und solange Sie nur eine Tabelle betrachten.

Anders sieht es jedoch mit Abfragen und Server-Datenbanken aus. Mit dem Merksatz »Die Reihenfolge der Datensätze kann sich jederzeit ändern!« sind Sie immer auf der sicheren Seite und können sich dadurch eine ganze Reihe unschöner Überraschungen ersparen.

Wenn die Sortierung standardmäßig nicht festgelegt ist, dann heißt das genau eines: Sie müssen die Sortierung der Datensätze selbst festlegen, wenn Sie dies wünschen. Andernfalls rechnen Sie bitte damit, dass die Datensätze wild durcheinandergewürfelt angezeigt werden.

Datensätze in der Datenblattansicht sortieren

In Access können Sie die Sortierung auf Tabellenebene sowohl in der Datenblattansicht als auch in der Entwurfsansicht einstellen. So sortieren Sie in der Datenblattansicht die Tabelle *tblFlug* nach »AbflugDatum«, »AnkunftZeit« und »Flugnummer:«

1. Öffnen Sie die Datenbank *02_Access_als_Datenbank_Tabellen\2.3.12_Fluege.accdb* aus den Materialien zum Buch.
2. Öffnen Sie die Tabelle *tblFlug* in der Datenblattansicht.

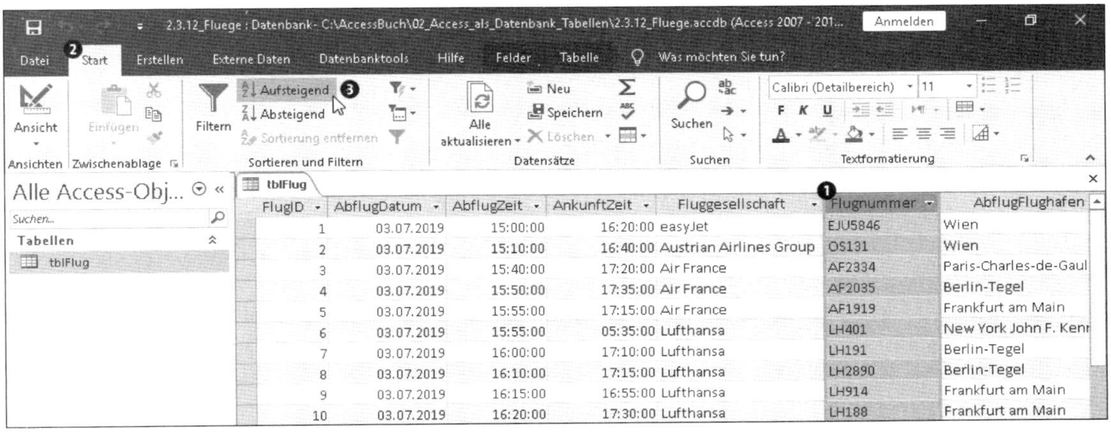

Abbildung 2.46 In der Datenblattansicht können Sie Datensätze auf- oder absteigend sortieren.

3. Markieren Sie das Feld »Flugnummer«, indem Sie auf den Feldnamen (Titel der Spalte) klicken ❶.
4. Gehen Sie zu START ❷ • SORTIEREN UND FILTERN.
5. Klicken Sie auf AUFSTEIGEND ❸.

   Die Tabelle wird dadurch nach »Flugnummer« aufsteigend sortiert. Sie erkennen dies an einem kleinen Pfeil neben dem Feldnamen.
6. Wiederholen Sie die Schritte 3 bis 5 für das Feld »AnkunftZeit«.

   Die Sortierung nach »Flugnummer« geht dadurch nicht verloren – wenn Sie genau hinsehen, erkennen Sie neben den Feldnamen sowohl für das Feld »AnkunftZeit« als auch für »Flugnummer« einen kleinen Pfeil.
7. Wiederholen Sie die Schritte 3 bis 5 für das Feld »AbflugDatum«.

Nach meinem Empfinden etwas gewöhnungsbedürftig ist, dass die Sortierung umgekehrt eingetragen werden muss. Obwohl erstens nach »AbflugDatum«, zweitens nach »AnkunftZeit« und drittens nach »Flugnummer« sortiert wird, müssen Sie eine Eingabe genau umgekehrt vornehmen, also erst »Flugnummer« auswählen und sortieren, dann »AnkunftZeit« und schließlich »AbflugDatum«.

Das Ergebnis finden Sie in den Materialien zum Buch in der Datenbank *02_Access_als_Datenbank_Tabellen\2.5.7_Fluege_Sortierung.accdb*.

Die Sortierung von Datensätzen wieder entfernen

So entfernen Sie die Sortierung von Datensätzen wieder:

1. Öffnen Sie die Datenbank *02_Access_als_Datenbank_Tabellen\2.5.7_Fluege_Sortierung.accdb* aus den Materialien zum Buch.
2. Öffnen Sie die Tabelle *tblFlug* in der Datenblattansicht.
3. Gehen Sie zu START • SORTIEREN UND FILTERN.
4. Klicken Sie auf SORTIERUNG ENTFERNEN.

Üblicherweise wird Access die Datensätze jetzt wieder nach dem Primärschlüssel, also nach »FlugID«, aufsteigend sortieren. Aber wie gesagt, meine Hand lege ich dafür nicht ins Feuer.

Datensätze in der Entwurfsansicht sortieren

Etwas logischer als in der Datenblattansicht empfinde ich die Sortierung von Datensätzen über die Entwurfsansicht (Abbildung 2.47).

1. Öffnen Sie die Datenbank *02_Access_als_Datenbank_Tabellen\2.3.12_Fluege.accdb* in den Materialien zum Buch.
2. Öffnen Sie die Tabelle *tblFlug* in der Entwurfsansicht.

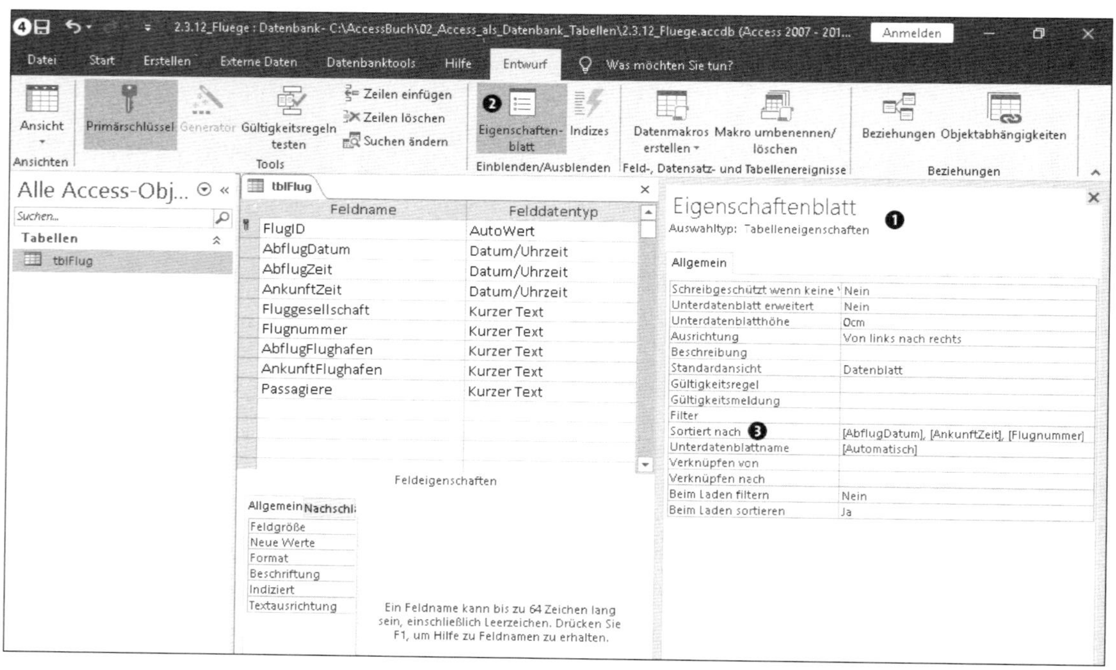

Abbildung 2.47 In der Entwurfsansicht können Sie die Sortierung in den Tabelleneigenschaften festlegen.

3. Falls die Tabelleneigenschaften ❶ noch nicht sichtbar sind: Klicken Sie auf ENTWURF • EINBLENDEN/AUSBLENDEN • EIGENSCHAFTENBLATT ❷.
4. Tragen Sie im EIGENSCHAFTENBLATT (Tabelleneigenschaften) ❶ unter SORTIERT NACH ❸

   `[AbflugDatum], [AnkunftZeit], [Flugnummer]`

   ein.
5. Klicken Sie in der Symbolleiste für den Schnellzugriff auf SPEICHERN ❹ (oder Strg + S).

Tragen Sie die Feldnamen in eckigen Klammern ([und]) und getrennt durch Kommata ein, und zwar genau in der Reihenfolge der Sortierebenen: erst »AbflugDatum«, dann »AnkunftZeit« und schließlich »Flugnummer«.

Wenn Sie die Sortierung in der Datenblattansicht vornehmen, erstellt Access den Eintrag unter SORTIERT NACH automatisch. Lassen Sie sich bitte nicht dadurch verwirren, dass Access vor jedem Feldnamen noch den Tabellennamen vermerkt hat:

```
[tblFlug].[AbflugDatum], [tblFlug].[AnkunftZeit], [tblFlug].[Flugnummer]
```

Diese *voll qualifizierte Angabe* der Felder ist eigentlich nicht notwendig, da nur Daten aus einer einzigen Tabelle sortiert werden. Es schadet aber auch nicht.

Die Sortierung anwenden

Wenn Sie in den Tabelleneigenschaften unter BEIM LADEN SORTIEREN die Option JA auswählen, werden die Datensätze sortiert, sobald Sie die Tabelle öffnen. Wenn Sie hier NEIN eintragen, wird die Form der Einstellung zur Sortierung zwar gespeichert, aber noch nicht angewendet. Klicken Sie in diesem Fall auf START • SORTIEREN UND FILTERN • ERWEITERTE FILTEROPTIONEN • FILTER/SORTIERUNG ANWENDEN, um die Datensätze tatsächlich sortieren zu lassen.

Zusammenfassung

Letztendlich führen beide Wege (Sortierung in der Datenblattansicht oder in der Entwurfsansicht) zum gleichen Ergebnis, nämlich zu einer Formel in der Tabelleneigenschaft SORTIERT NACH. Bitte vergessen Sie nicht, dass die Sortiereinstellung (die Formel) dauerhaft abgespeichert wird, wenn Sie auf SPEICHERN klicken (oder Strg + S drücken).

2.5.8 Suchfunktionen

Genauso wichtig wie das Sortieren ist das Suchen von Datensätzen in einer Datenbank. Wenn Sie beispielsweise die Flugnummer LH401 in unserer Tabelle *tblFlug* suchen möchten, können Sie den Suchtext unten in das Suchfeld neben den Navigationsschaltflächen eingeben. Access springt automatisch zum ersten passenden Datensatz. Mit der [↵]-Taste springen Sie zum nächsten passenden Datensatz.

Neben dem Suchfeld gibt es in Access den Dialog Suchen und Ersetzen, den Sie über Start • Suchen • Suchen (oder [Strg] + [F]) aufrufen:

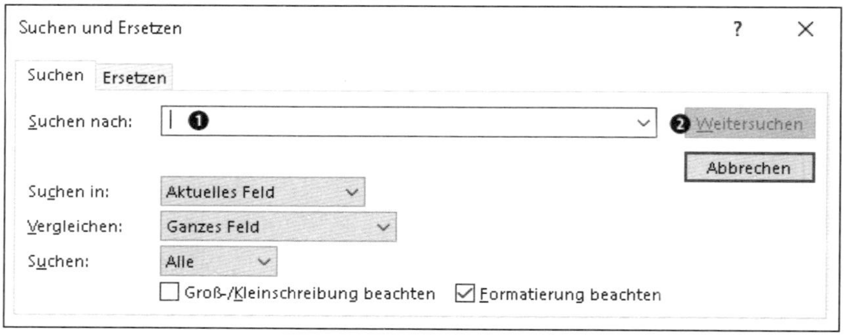

Abbildung 2.48 Der Dialog »Suchen und Ersetzen« funktioniert ähnlich wie in den anderen Office-Programmen.

Die Suche mit dem Dialog funktioniert genauso, wie Sie das vielleicht schon von den anderen Office-Programmen her kennen (Abbildung 2.48):

1. Tragen Sie den Suchtext ein ❶.
2. Klicken Sie auf Weitersuchen ❷.

Access zeigt daraufhin den ersten passenden Datensatz an. Wenn Sie noch einmal auf Weitersuchen klicken, gelangen Sie zum nächsten passenden Datensatz. Es gibt ein paar Optionen, mit denen Sie die Suche verfeinern können:

1. Suchen in
   Wählen Sie Aktuelles Feld, wenn Sie nur in einem bestimmten Feld suchen möchten. Die Option Aktuelles Dokument führt dazu, dass in den Inhalten aller Felder gesucht wird.
2. Vergleichen
   Hier können Sie festlegen, ob der Suchtext mit dem vollständigen Feldinhalt übereinstimmen soll (Option: Ganzes Feld). Zum Beispiel exakt der Flug LH401, nicht aber LH4011.

   Verwenden Sie die Option Anfang des Feldinhaltes, wenn Sie Feldinhalte finden möchten, die mit einer bestimmten Zeichenfolge beginnen, beispielsweise den Suchtext »LH« für alle Lufthansa-Flüge.

   Teil des Feldinhaltes findet diejenigen Datensätze, in denen der Suchtext irgendwo im Feldinhalt auftaucht. Die Suche nach »401« findet dann sowohl LH401 und 401abc als auch LH4011.

3. SUCHEN: ALLE, AUFWÄRTS oder ABWÄRTS
   Hier legen Sie fest, in welche Richtung gesucht werden soll (vom aktuellen Datensatz aus gesehen).
4. GROSS-/KLEINSCHREIBUNG BEACHTEN
   Wenn Sie hier ein Häkchen setzen, wird die Groß-/Kleinschreibung bei der Suche berücksichtigt. »LH401« ist dann etwas anderes als »Lh401«.
5. FORMATIERUNG BEACHTEN
   In Abschnitt 2.6, »Formatierungen in Tabellen«, werde ich Ihnen zeigen, dass Feldinhalte bei aktivierter Formatierung anders angezeigt werden, als sie abgespeichert sind. Mit dem Häkchen bei FORMATIERUNG BEACHTEN durchsucht Access die Feldinhalte so, wie sie am Bildschirm zu sehen sind. Ohne das Häkchen werden nur die abgespeicherten Feldinhalte ohne Formatierung durchsucht. Solange Sie keine Formatierung verwenden, spielt diese Option keine Rolle.

Über das Registerblatt ERSETZEN (oder [Strg] + [h]) können Sie einen bestimmten Suchtext durch einen anderen Text ersetzen, und zwar in einer ähnlichen Form, wie Sie es von Word oder Excel her gewohnt sind (Abbildung 2.49):

1. Tragen Sie den Suchtext ein ❶.
2. Geben Sie den neuen Text in das Feld ERSETZEN DURCH ❷ ein.
3. Klicken Sie auf WEITERSUCHEN ❸, um den ersten Treffer zu finden.
4. Klicken Sie Auf ERSETZEN ❹, um den gefundenen Text zu ersetzen und zum nächsten Treffer zu springen.
5. Klicken Sie entweder auf WEITERSUCHEN ❸ oder auf ERSETZEN ❹, um einen Treffer zu überspringen bzw. zu ersetzen. Wenn Sie alle Treffer auf einmal ersetzen möchten, geht es mit einem Klick auf ALLE ERSETZEN ❺ schneller.

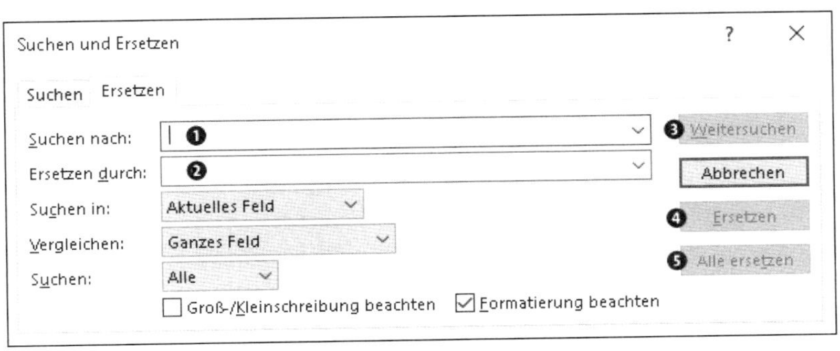

Abbildung 2.49 Die Funktion »Ersetzen« eignet sich eher für überschaubare Datenänderungen. Für Datenanpassungen im großen Stil sind Aktualisierungsabfragen das Mittel der Wahl.

Beim Ersetzen kein Undo!

Leider gibt es die Funktion RÜCKGÄNGIG für ALLE ERSETZEN nicht. Sie müssen daher das Ersetzen aller Treffer ausdrücklich bestätigen.

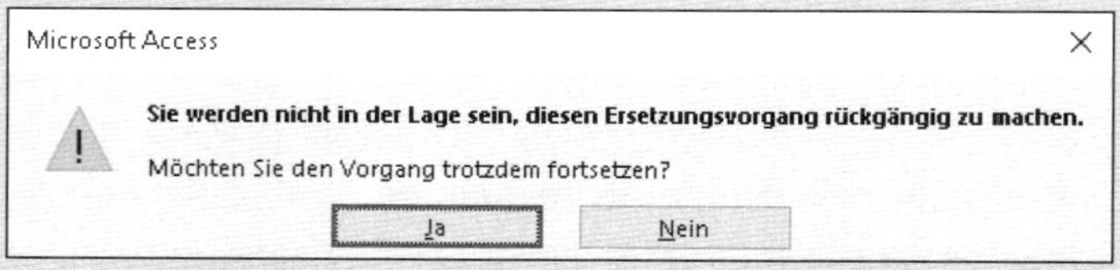

Abbildung 2.50 Der Vorgang »Alle ersetzen« lässt sich leider nicht rückgängig machen – Sie müssen das Ersetzen daher ausdrücklich bestätigen.

Die Funktion SUCHEN UND ERSETZEN ist ein sehr mächtiges Werkzeug, mit dem Sie mehrere Datensätze gleichzeitig bearbeiten können. Gleichwohl sind Abfragen noch besser für diese Aufgabe geeignet. Mit Abfragen können Sie komplexere Suchanfragen durchführen und das Ersetzen noch genauer steuern. In Access kommen dafür zwei Typen von Abfragen in Frage:

1. *Auswahlabfragen* zum Suchen von Daten (Abschnitt 3.1.2, »Horizontales Filtern – Datensätze auswählen«)
2. *Aktualisierungsabfragen* zum Ändern einer großen Zahl von Datensätzen (Abschnitt 3.5.3, »Aktualisierungsabfragen«).

Diese beiden Abfragetypen stellen die optimalen Werkzeuge für Datenbanken dar und haben auch mit großen Datenmengen keine Probleme. Der Dialog SUCHEN UND ERSETZEN in der Datenblattansicht ist eher der kleine Bruder für die schnelle Suche mal eben zwischendurch.

2.5.9 Datensätze filtern

In Access gibt es zwei Konzepte, mit denen Sie Daten in einer Tabelle wiederfinden: entweder *Suchen* oder *Filtern*.

Suchen	Filtern
nur in der Datenblattansicht verfügbar	entweder über Abfragen oder in der Datenblattansicht
von einem Treffer zum nächsten springen	Nur die Treffer werden angezeigt.
Suchen und Ersetzen ist möglich.	Das Ersetzen von Feldinhalten ist mit dem Filter direkt nicht möglich (für diese Aufgabe gibt es Aktualisierungsabfragen).

Tabelle 2.21 In Access gibt es zwei Konzepte, wie Sie Daten in einer Tabelle wiederfinden

Während es im letzten Abschnitt um das Konzept *Suchen* ging, stelle ich Ihnen in diesem Abschnitt das Konzept *Filtern in der Datenblattansicht* vor. Der wesentliche Unterschied ist, dass beim Filtern nur die Treffer angezeigt werden; alle anderen Datensätze werden ausgeblendet.

Mit dem Konzept des Filterns behalten Sie auch bei großen Datenmengen den Überblick

Der Vorteil des Filtern ist es, dass Sie nur das sehen, was Sie wirklich interessiert: die Treffer. Dies ist bei einer großen Anzahl von Datensätzen der einzig praktikable Weg, den Überblick über alle Treffer zu behalten, speziell dann, wenn Sie mehrere Filter hintereinanderschalten möchten. Hier ist ein Beispiel von drei Filtern, die hintereinandergeschaltet sind: »Alle Lufthansa-Flüge, die vor 18:00 Uhr in Berlin-Tegel starten.« Solche komplexen Suchanfragen sind typisch für Datenbanken und lassen sich in Access nur über das Konzept des Filterns realisieren. Im Übrigen basieren Auswahlabfragen auch auf diesem Konzept.

Access bietet eine ganze Reihe von Filtern in der Datenblattansicht an, die ich Ihnen nun vorstellen werde. Sie werden sehen, dass letztendlich jeder Filter nichts anderes als eine Formel ist.

Feldinhalte auswählen

Im Spaltenkopf können Sie über den kleinen Dropdown-Pfeil das Spaltenmenü aufrufen. Hier wählen Sie diejenigen Einträge aus, die Sie filtern möchten.

1. Öffnen Sie die Datenbank *02_Access_als_Datenbank_Tabellen\2.3.12_Fluege.accdb* aus den Materialien zum Buch.
2. Öffnen Sie die Tabelle *tblFlug* in der Datenblattansicht (Abbildung 2.51).

Abbildung 2.51 Im Spaltenmenü wählen Sie die Feldinhalte aus, die Sie filtern möchten.

3. Klicken Sie im Spaltentitel von »Fluggesellschaft« auf den Dropdown-Pfeil ❶.
4. Entfernen Sie das Häkchen bei (ALLE AUSWÄHLEN) ❷. Damit entfernen Sie die Häkchen von allen Einträgen.
5. Setzen Sie das Häkchen bei AIR FRANCE ❸ und bei BRITISH AIRWAYS ❹.
6. Klicken Sie auf OK ❺.

Auf diese Weise filtern Sie alle Flüge von Air France oder British Airways aus der Gesamtmenge aller Flüge.

NULL-Werte filtern

Um Datensätze zu filtern, in denen der Wert NULL steht, wählen Sie (LEER) aus.

Nun können Sie ebenso andere Felder filtern und somit einen Filter mit mehreren Stufen erzeugen, beispielsweise ein weiterer Filter im Feld »AbflugFlughafen« auf »Berlin-Tegel«, um alle Flüge von Air France und British Airways mit Abflug in Berlin-Tegel zu filtern.

Einen Auswahlfilter einrichten

Ein Auswahlfilter basiert immer auf dem aktuell gewählten Feldinhalt. Wenn Ihr aktueller Datensatz beispielsweise ein Air-France-Flug ist, können Sie sehr schnell einen Auswahlfilter einrichten, um alle Air-France-Flüge zu filtern.

1. Öffnen Sie die Datenbank *02_Access_als_Datenbank_Tabellen\2.3.12_Fluege.accdb* aus den Materialien zum Buch.
2. Öffnen Sie die Tabelle *tblFlug* in der Datenblattansicht.
3. Gehen Sie zum zweiten Datensatz (»FlugID« = 2) und dort in das Feld »Fluggesellschaft« ❶.

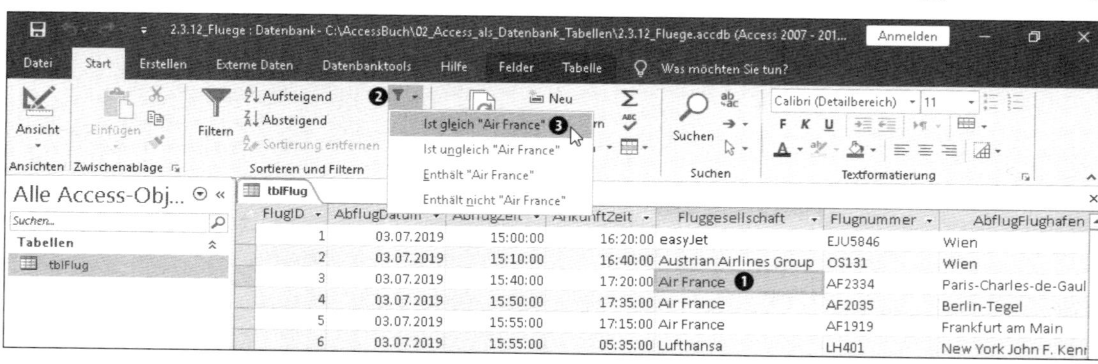

Abbildung 2.52 Auf dem aktuellen Feldinhalt basierend können Sie einen Auswahlfilter erstellen, um ähnliche Datensätze zu finden.

4. Gehen Sie zu START • SORTIEREN UND FILTERN • AUSWAHL ❷.
5. Wählen Sie IST GLEICH »AIR FRANCE« ❸ aus.

Ebenso können Sie den Auswahlfilter im Feld über das Kontextmenü (rechte Maustaste) einstellen. Neben IST GLEICH gibt es andere Filteroperatoren, die sich je nach Felddatentyp unterscheiden.

Textfilter, Zahlenfilter und Datumsfilter

Wenn Ihnen die Filteroperatoren der Auswahlfilter nicht ausreichen, können Sie aus einer Liste weiterer Operatoren wählen. Die verfügbaren Filter unterscheiden sich je nach Felddatentyp des gewählten Feldes:

Filter	Operatoren
TEXTFILTER	GLEICH
	NICHT GLEICH
	BEGINNT MIT
	BEGINNT NICHT MIT
	ENTHÄLT
	ENTHÄLT NICHT
	ENDET MIT
	ENDET NICHT MIT
ZAHLENFILTER	GLEICH
	NICHT GLEICH
	KLEINER ALS
	GRÖSSER ALS
	ZWISCHEN
DATUMSFILTER	GLEICH
	NICHT GLEICH
	VOR
	NACH
	ZWISCHEN
	MORGEN

Tabelle 2.22 Je nach Felddatentyp angepasste Filter bieten Ihnen einen ganze Fülle von Filteroperatoren.

Filter	Operatoren
DATUMSFILTER (Forts.)	HEUTE
	GESTERN
	NÄCHSTE WOCHE
	DIESE WOCHE
	LETZTE WOCHE
	NÄCHSTER MONAT
	DIESER MONAT
	LETZTER MONAT
	NÄCHSTES QUARTAL
	DIESES QUARTAL
	LETZTES QUARTAL
	NÄCHSTES JAHR
	DIESES JAHR
	BIS ZUM AKTUELLEN DATUM
	LETZTES JAHR
	VERGANGENHEIT
	ZUKUNFT
	ALLE DATEN IN DIESEM ZEITRAUM • QUARTAL 1
	...
	ALLE DATEN IN DIESEM ZEITRAUM • QUARTAL 4
	ALLE DATEN IN DIESEM ZEITRAUM • JANUAR
	...
	ALLE DATEN IN DIESEM ZEITRAUM • DEZEMBER

Tabelle 2.22 Je nach Felddatentyp angepasste Filter bieten Ihnen einen ganze Fülle von Filteroperatoren. (Forts.)

Und so gehen Sie vor, um einen Text-, Zahlen- oder Datumsfilter einzurichten:

1. Wählen Sie das Feld aus, auf das sich der Filter beziehen soll.
2. Klicken Sie im Spaltentitel auf den Dropdown-Pfeil. Je nach Felddatentyp wird im Spaltenmenü entweder TEXTFILTER, ZAHLENFILTER oder DATUMSFILTER angezeigt.
3. Wählen Sie im Untermenü den passenden Filteroperator aus.
4. Bei einigen Filteroperatoren müssen Sie anschließend noch einen Wert eingeben.

Ich muss ganz ehrlich sagen: Diese Fülle an Filteroperatoren reicht aus, um die allermeisten Suchvorgänge zu erledigen. Und richtig angenehm empfinde ich die schnelle Bedienung!

Erweiterte Filteroptionen

Unter START • SORTIEREN UND FILTERN • ERWEITERT finden Sie den *formularbasierten Filter*. Im Prinzip ist dieser Filter eine besondere Form, nach Feldinhalten zu filtern. Beim Aktivieren des formularbasierten Filters schaltet Access von der Datenblattansicht in ein primitives Formular um.

In diesem Formular können Sie über Dropdown-Felder die gewünschten Feldinhalte auswählen. Nachdem Sie auf START • SORTIEREN UND FILTERN • FILTER EIN/AUS geklickt haben, gelangen Sie zurück zur gefilterten Datenblattansicht der Tabelle.

Abbildung 2.53 Über Dropdown-Felder können Sie in einem formularbasierten Filter die gewünschten Werte auswählen.

Schließlich gibt es noch die Option SPEZIALFILTER/-SORTIERUNG mit weiteren Funktionen (AUS ABFRAGE LADEN ... sowie ALS ABFRAGE SPEICHERN ...). Wenn Sie diesen Filter wählen, gelangen Sie zu einer Ansicht, die fast identisch mit der Entwurfsansicht einer Abfrage ist. In Kapitel 3, »Daten filtern, sortieren und zusammenfassen: Abfragen«, werde ich Ihnen Abfragen und die Entwurfsansicht von Abfragen ausführlich vorstellen. An dieser Stelle möchte ich daher nicht weiter vorgreifen. Nur so viel: Wenn Sie einen Spezialfilter oder eine Spezialsortierung erstellen wollen, dann können Sie stattdessen auch gleich eine *Auswahlabfrage* erstellen.

Das Filtern von Datensätzen ein- und ausschalten

Das Konzept des Filterns hat natürlich auch eine Tücke: Auf den ersten Blick übersieht man leicht, dass nicht alle Datensätze einer Tabelle angezeigt werden, sondern nur die Treffer. Daher ist es sehr wichtig, dass Sie sich immer darüber im Klaren sind, ob Sie gerade alle Datensätze sehen oder ob ein Filter aktiv ist. An mehreren Stellen können Sie in Access erkennen, ob ein Filter aktiv ist (Abbildung 2.54):

- Die Schaltfläche START • SORTIEREN UND FILTERN • FILTER EIN/AUS ❶ ist dunkel hinterlegt.
- Im Spaltentitel von »Fluggesellschaft« erscheint ein kleines Filtersymbol ❷.
- Unten erscheint rechts neben den Navigationsschaltflächen die Schaltfläche GEFILTERT ❸. Diese Schaltfläche ist zudem orange hinterlegt.
- In der Statusleiste erscheint FILTERED ❹.

Ebenso gibt es in Access mehrere Möglichkeiten, einen Filter einzuschalten und wieder auszuschalten. Am einfachsten sind nach meinem Empfinden die beiden Schaltflächen, die bei aktiviertem Filter farblich markiert werden (START • SORTIEREN UND FILTERN • FILTER EIN/AUS ❶ sowie die Schaltfläche GEFILTERT ❸ unten rechts neben den Navigationsschaltflächen). Über diese Schaltflächen können Sie den Filter ein- und ausschalten.

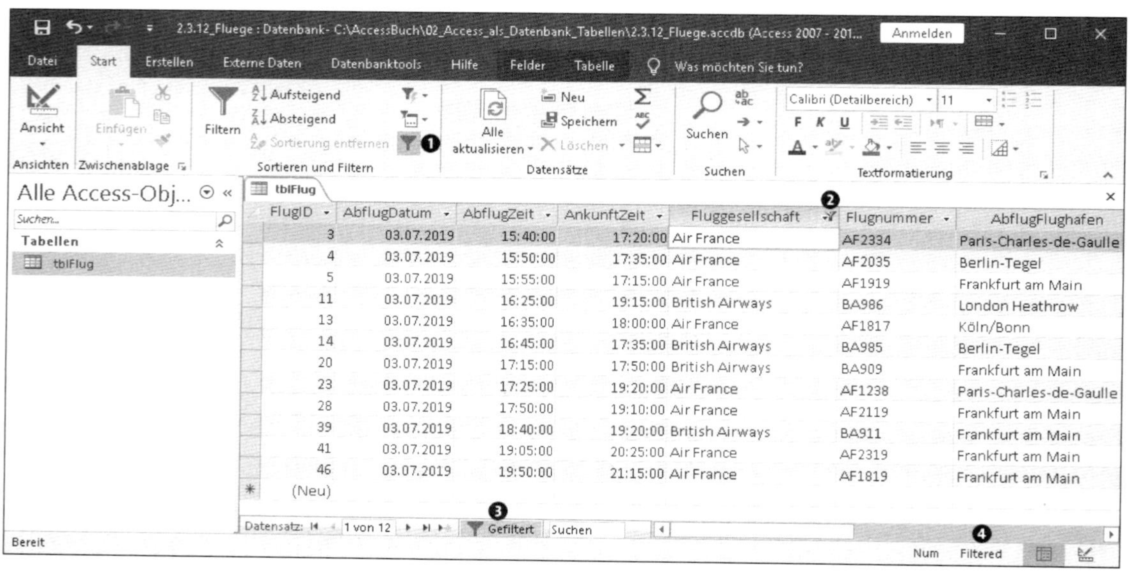

Abbildung 2.54 Wichtig ist, dass Sie sich immer darüber im Klaren sind, ob alle Datensätze einer Tabelle angezeigt werden oder ob ein Filter aktiv ist.

Den Filter wieder entfernen

Wenn Sie einen Filter **ausschalten**, werden wieder alle Datensätze der Tabelle angezeigt. Die Einstellungen des Filters bleiben jedoch erhalten! Über SPEICHERN (oder Strg + S) werden die Filtereinstellungen sogar dauerhaft abgespeichert. Wenn Sie später einen Filter wieder einschalten, dann werden die vorhandenen Einstellungen des Filters erneut angewendet, und Sie erhalten nur die Datensätze der Treffer.

Etwas anderes ist es, einen Filter zu **löschen**. Beim Löschen eines Filters werden die Filtereinstellungen wirklich gelöscht. Wenn Sie dann auf SPEICHERN klicken (oder [Strg] + [S] drücken), werden die Filtereinstellungen auch dauerhaft entfernt.

- Filter für ein Feld löschen:

  Klicken Sie im Spaltenmenü auf FILTER LÖSCHEN AUS <SPALTENNAME>. Damit wird nur der Filter für dieses eine Feld gelöscht.

- Den gesamten Filter löschen:

  Klicken Sie auf START • SORTIEREN UND FILTERN • ERWEITERT • ALLE FILTER LÖSCHEN, um die Filter aller Felder zu löschen.

Datensätze in der Entwurfsansicht filtern

Wir sollten uns einmal die Filtereinstellungen genauer ansehen. Immer dann, wenn Sie auf einem der oben beschriebenen Wege einen Filter einrichten, ändert Access für Sie genau eine Einstellung: die Tabelleneigenschaft FILTER. Sie finden diese Einstellung in der Entwurfsansicht:

1. Öffnen Sie die Datenbank *02_Access_als_Datenbank_Tabellen\2.3.12_Fluege.accdb* aus den Materialien zum Buch.
2. Öffnen Sie die Tabelle *tblFlug* in der Datenblattansicht.
3. Legen Sie einen beliebigen Filter wie oben beschrieben fest (z. B. nur die Flüge von Air France).
4. Schalten Sie in die Entwurfsansicht um (Abbildung 2.55).
5. Falls die Tabelleneigenschaften ❶ noch nicht sichtbar sind: Klicken Sie auf ENTWURF • EINBLENDEN/AUSBLENDEN • EIGENSCHAFTENBLATT ❷.
6. Unter FILTER ❸ hat Access die Filtereinstellung eingetragen:

   ```
   ([tblFlug].[Fluggesellschaft]="Air France")
   ```

Jede Filtereinstellung ist also nichts anderes als eine Formel. Die Syntax ist identisch mit der einer Tabellengültigkeitsregel (vergleiche Abschnitt 2.3.13, »Tabelleneinschränkungen«). In unserem Fall hat Access eine Formel mit voll qualifizierter Angabe des Feldnamens (d. h. mit Angabe des Tabellennamens) erzeugt, obwohl das bei einem Filter auf einer einzigen Tabelle eigentlich nicht notwendig ist. Ebenso können Sie sich die runden Klammern sparen:

```
[Fluggesellschaft]="Air France"
```

In der Entwurfsansicht unter TABELLENEIGENSCHAFTEN • FILTER können Sie die Formel für die Filtereinstellungen auch direkt eintragen.

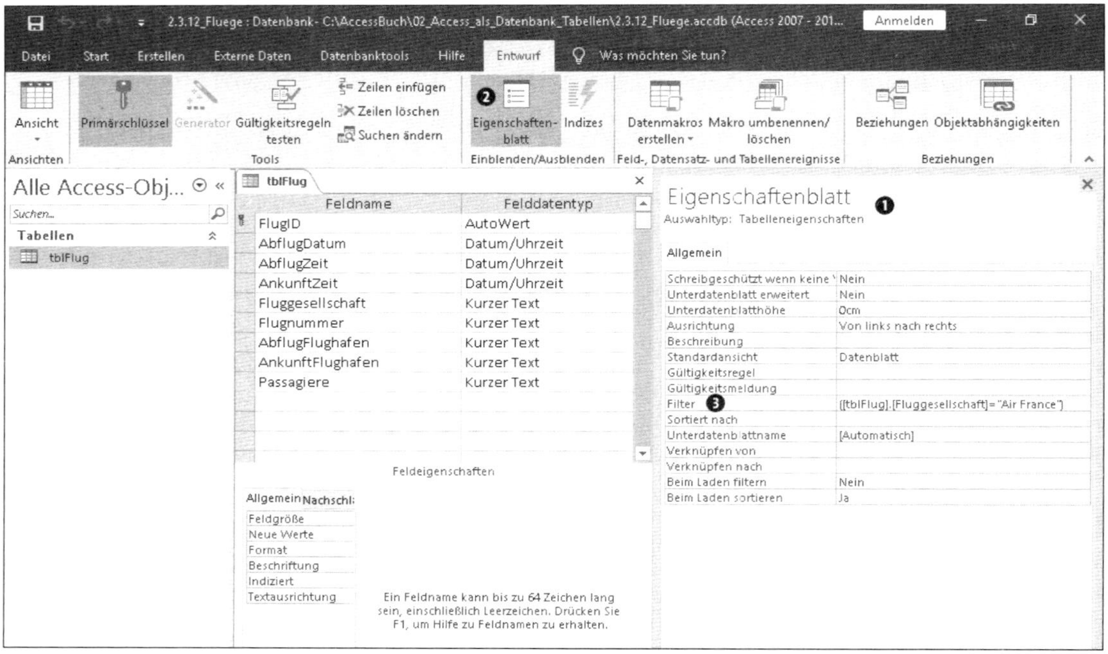

Abbildung 2.55 In der Tabelleneigenschaft »Filter« wird die Filtereinstellung als Formel eingetragen.

Mit Hilfe der Filtereinstellungen können Sie interessante Formeln erlernen

Jeder Filter ist letztendlich eine Formel, egal, ob Sie die Formel direkt eingetragen haben oder ob sie von Access generiert wurde. Das Schöne ist, dass Sie an dieser Stelle sehr viel über Formeln lernen können: Probieren Sie einmal die unterschiedlichen Filter aus, und sehen Sie sich anschließend die Formeln genauer an.

Auf diese Weise gelangen Sie leicht zu komplexeren Filtern wie diesem hier: alle Flüge im dritten oder vierten Quartal des Jahres 2019 mit Abflug nach 18:00 Uhr.

```
(
   (DatePart("q", [AbflugDatum]) = 3)
   Or
   (DatePart("q", [AbflugDatum]) = 4)
)
And
(Year([AbflugDatum]) = 2019)
And
([AbflugZeit] > #18:00#)
```

In den Materialien zum Buch finden Sie dieses Beispiel in der Tabelle *tblFlug* in der Datenbank *02_Access_als_Datenbank_Tabellen\2.5.9_Fluege_Filter.accdb*.

Bitte fragen Sie mich nicht, warum Access im Filter ausschließlich englische Operatoren (`And`, `Or`) und Funktionsnamen (`Year`, `DatePart`) akzeptiert. An anderen Stellen (u. a. in Gültigkeitsregeln) können Sie sowohl die deutsche als auch die englische Bezeichnung verwenden, wobei die deutsche Version von Access die Formel beim Abspeichern ins Deutsche übersetzt. Im Falle des Filters ist das jedoch nicht so, und Sie dürfen nur die englische Schreibweise verwenden.

Zusammenfassung

In diesem Abschnitt habe ich Ihnen das Konzept des Filterns vorgestellt. Es ist die übliche Vorgehensweise, Daten in Access zu suchen und weiterzuverarbeiten. Wir haben uns bisher nur mit dem Filtern in der Datenblattansicht einer Tabelle beschäftigt. Access bietet hier eine ganze Reihe unterschiedlicher Filter an. Diese Filter können Ihnen die tägliche Arbeit mit Access einfacher machen. Technisch gesehen laufen alle Filter auf das Gleiche hinaus: Eine gültige Formel, die in der Tabelleneigenschaft FILTER eingetragen wird. Beim Speichern der Tabelle werden die Filtereinstellungen (die Formel) abgespeichert. Sie können einen Filter einschalten und wieder ausschalten. Wichtig ist nur, dass Sie sich immer darüber im Klaren sind, ob gerade alle Datensätze einer Tabelle angezeigt werden oder ob ein Filter aktiv ist.

Viele Anwender empfinden Filter auf Tabellenebene als störend

Wer einmal einen aktiven Filter übersehen hat und verzweifelt nach den gefilterten Datensätzen gesucht hat, wird das Filtern auf Tabellenebene verfluchen. Puristen in Sachen Datenbankdesign verzichten komplett auf das Sortieren und Filtern in Tabellen. Schließlich eignen sich für diese Aufgaben hervorragend die Auswahlabfragen.

Obwohl ich mich auch eher zu den Puristen zähle, schätze ich die Filter- und Sortierfunktion auf Tabellenebene doch sehr. Meiner Erfahrung nach ist die Umsetzung in Access sogar führend verglichen mit anderen Datenbankwerkzeugen. Mit anderen Worten: In Access können Sie richtig schnell verschiedene Filter erstellen und anpassen.

Wenn möglich, vermeide ich es aber, einen Filter oder eine Sortierung für eine Tabelle abzuspeichern. Ich empfehle Ihnen dies ebenfalls, damit Sie die Gefahr vermeiden, einen aktiven Filter zu übersehen. Für alle Filter oder Sortierungen, die Sie dauerhaft speichern möchten, erstellen Sie besser eine Auswahlabfrage. Aber für das temporäre Filtern und Sortieren ist die Datenblattansicht einer Tabelle wirklich bestens geeignet.

2.6 Formatierungen in Tabellen

Daten in Tabellen lassen sich unterschiedlich darstellen; beispielsweise gibt es unterschiedliche Formate eines Datums. In Access sind in diesem Zusammenhang zwei Eigenschaften relevant:

- *Format*: Wie sehen bereits gespeicherte Daten am Bildschirm aus?
- *Eingabeformat*: Wie werden neu eingegebene Daten gespeichert?

Diese beiden Eigenschaften können Sie für das Feld einer Tabelle, das Feld einer Abfrage und für ein Steuerelement (in einem Formular oder Bericht) konfigurieren.

2.6.1 Format

Das Thema »Formatierung von Feldinhalten« wird immer dann interessant, wenn es um Zahlen, Geldbeträge und allen voran um Datums- und Uhrzeitangaben geht. Ich habe Ihnen bereits gezeigt, dass Access für diese Art von Daten besondere Felddatentypen kennt. Intern werden die Werte in binärer Form abgespeichert.

Damit Sie mit einer Zahl oder einem Datum überhaupt etwas anfangen können, formatiert Access den binären Inhalt für die Darstellung am Bildschirm um. Genau darum geht es in diesem Abschnitt: Wie Sie per Formatierung die Darstellung von Daten anpassen können.

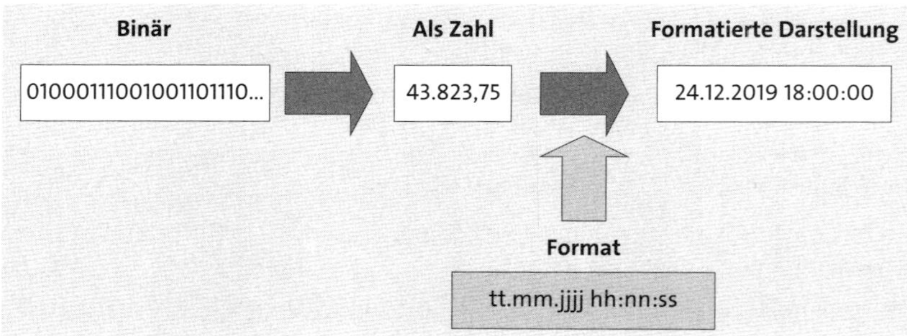

Abbildung 2.56 Die Inhalte von Feldern mit dem Felddatentyp »Zahl«, »Währung« oder »Datum/Uhrzeit« werden zur Darstellung am Bildschirm formatiert. Wenn Sie kein Format vorgeben, verwendet Access das entsprechende Standardformat.

Das Standardformat

Wenn Sie für ein Feld kein eigenes Format festlegen, verwendet Access das Standardformat, das für den entsprechenden Felddatentyp passt.

Woher kennt Access das Standardformat? Die Standardformate für die einzelnen Felddatentypen leitet Access aus der Systemsteuerung von Windows ab. In den Tiefen der Windows-Einstellungen gibt es den Dialog FORMAT ANPASSEN, den Sie in Abbildung 2.57 sehen ([Win] + [R], `control.exe` eintippen, auf OK klicken, in der Systemsteuerung unter ZEIT, SPRACHE UND REGION • DATUMS-, UHRZEIT- ODER ZAHLENFORMAT ÄNDERN auswählen und dann im Registerblatt FORMATE auf WEITERE EINSTELLUNGEN ... klicken).

Genau diese Einstellungen legen das Standardformat fest. Daran sollten Sie auch immer denken: Je nach Kulturkreis und Land nutzen die Anwender *abweichende Standardformate* für Zahlen, Währungen und Zeitangaben.

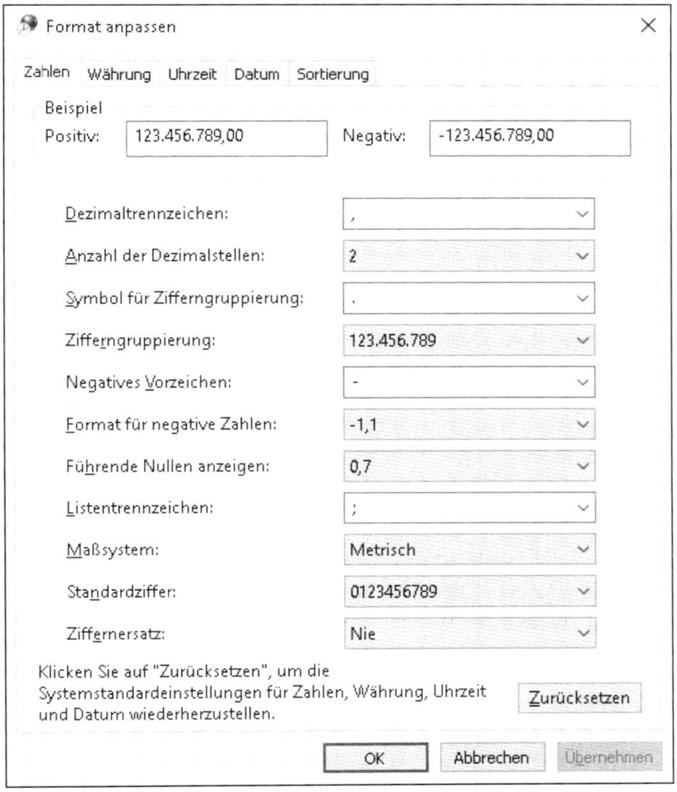

Abbildung 2.57 Über das Dialogfeld »Format anpassen« in der Windows-Systemsteuerung verwalten Sie die Standardformate für Zahlen, Währungen und Zeitangaben.

Vierstellige Jahreszahlen

Zusätzlich gibt es für die vierstellige Formatierung der Jahreszahl eine Access-Option. Diese stellen Sie über DATEI • OPTIONEN und dann unter CLIENTEINSTELLUNGEN • ALLGEMEIN • VIERSTELLIGE JAHRESZAHLENFORMATIERUNG ein.

Ein benutzerdefiniertes Format festlegen

Nun gibt es Fälle, in denen ein *benutzerdefiniertes Format* fest eingestellt werden soll. Dafür fallen mir spontan ein paar Szenarien ein:

- ein Datum im Format gemäß ISO 8601 darstellen (d. h. den 01. Oktober 2019 als »20191001«)
- nur die Zeit eines Feldes mit dem Felddatentyp DATUM/UHRZEIT anzeigen
- Zahlen mit führenden Nullen formatieren (z. B. die Zahl 27 als »000027«)

- Dezimalzahlen mit einer festen Anzahl von Nachkommastellen anzeigen
- negative Zahlen besonders darstellen
- Prozentsätze korrekt darstellen
- Geldbeträge als Dezimalzahl ohne Währungssymbol anzeigen

Und genau für solche Szenarien können Sie das Format selbst festlegen. So wird das beispielsweise für ein Datumsfeld gemacht:

1. Öffnen Sie die Datenbank *02_Access_als_Datenbank_Tabellen\2.3.12_Fluege.accdb* aus den Materialien zum Buch.
2. Öffnen Sie die Tabelle *tblFlug* in der Entwurfsansicht.
3. Wählen Sie das Feld »AbflugDatum« aus.
4. Tragen Sie im Registerblatt ALLGEMEIN unter FORMAT

   `jjjj-mm-tt`

   ein.
5. Klicken Sie in der Symbolleiste für den Schnellzugriff auf SPEICHERN (oder `Strg` + `S`).

Das Ergebnis finden Sie in den Materialien zum Buch unter *02_Access_als_Datenbank_Tabellen\2.6.1_Fluege_Format.accdb.*

An diesen Stellen können Sie das Format in Access festlegen

In Access können Sie das Format an vier Stellen eintragen:

- auf Tabellenebene
- in Abfragen
- in einem Steuerelement eines Formulars
- in einem Steuerelement eines Berichts

Das Format auf Tabellenebene bezieht sich nur auf die Anzeige in der Datenblattansicht. Wenn Sie hier ein neues Format eintragen, werden die Formate zugehöriger Steuerelemente *nicht* verändert.

Dies ist ein Unterschied zum Standardwert (vergleiche Abschnitt 2.3.12, »Feldeinschränkungen«), den Sie ebenfalls auf Tabellenebene und auf Formularebene festlegen können. Der Standardwert schleift sich quasi von Tabellenebene auf Formularebene durch. Beim Format ist das aber nicht so! Das Format auf Tabellenebene hat keine Auswirkung auf bestehende Formulare und Berichte.

Formatangaben, die für alle Felddatentypen gelten

Je nach Felddatentyp sieht die Formatangabe unterschiedlich aus. Zunächst ein paar allgemeine Einstellungen, die für die Formate aller Felddatentypen gelten:

Zeichen	Beschreibung
"Text"	Das Wort »Text« wird angezeigt.
\	Das auf den Backslash folgende Zeichen wird angezeigt (alternativ können Sie das Zeichen auch in Anführungszeichen setzen).
Leerzeichen, +, -, /, €, $, ¢, (Centzeichen), £, ¤ (allgemeines Währungssymbol), ¥, Klammern (runde und geschweifte), sowie eine ganze Reihe weiterer Sonderzeichen	Das Leerzeichen, die mathematischen Zeichen und die Währungszeichen zeigt Access immer direkt an – sie müssen nicht in Anführungszeichen gesetzt werden.
[Farbe]	Der Feldinhalt wird in der angegebenen Farbe angezeigt. Nur eine Farbe ist möglich, wobei folgende Werte zulässig sind: ▶ Blau ▶ Gelb ▶ Grün ▶ Magenta ▶ Rot ▶ Schwarz ▶ Weiß ▶ Zyan

Tabelle 2.23 Formatangaben, die für alle Felddatentypen gelten

Hierzu ein einfaches, aber zugegebenermaßen sinnloses Beispiel:

```
[Blau]"ABC"
```

Wenn Sie diese Formatangabe für ein Feld mit dem Felddatentyp DATUM/UHRZEIT, ZAHL oder WÄHRUNG eingeben, wird statt des gespeicherten Werts nur »ABC« in blauer Schrift ausgegeben. Sinnlos ist dieses Beispiel deshalb, weil der gespeicherte Feldinhalt überhaupt nicht sichtbar wird. Daher müssen wir uns nun mit den Formaten für die einzelnen Felddatentypen beschäftigen.

Benutzerdefinierte Formate für Zahlen und Geldbeträge

Wenn Sie Inhalte mit dem Felddatentyp ZAHL, WÄHRUNG oder DATUM/UHRZEIT als Zahl darstellen möchten, können Sie folgende Zeichen in der Formatangabe verwenden:

Zeichen	Beschreibung
#	Eine Ziffer anzeigen. Wenn an der Position keine Ziffer ist, wird ein Leerzeichen dargestellt. Beispiele (der Feldinhalt sei 27): ▸ # → 27 ▸ #### → 27
0	Eine Ziffer anzeigen. Wenn an der Position keine Ziffer ist, wird 0 dargestellt. Beispiele (der Feldinhalt sei 27): ▸ 0 → 27 ▸ 0000 → 0027
Dezimaltrennzeichen (Welches Zeichen das ist, können Sie in den Windows-Einstellungen festlegen; vergleiche Abbildung 2.57, DEZIMALTRENNZEICHEN. Für die Region Deutschland ist das standardmäßig das Komma.)	Angabe, an welcher Stelle das Dezimaltrennzeichen erscheinen soll. Beispiele (der Feldinhalt sei 2043,25): ▸ # → 2043 ▸ #,# → 2043,3 ▸ #,## → 2043,25 ▸ #,000 → 2043,250
Tausendertrennzeichen (Welches Zeichen das ist, können Sie in den Windows-Einstellungen festlegen; vergleiche Abbildung 2.57, SYMBOL FÜR ZIFFERNGRUPPIERUNG. Für die Region Deutschland ist das standardmäßig der Punkt.)	Angabe, ob ein Tausendertrennzeichen erscheinen soll. Beispiele (der Feldinhalt sei 2043,25): ▸ #,## → 2043,25 ▸ #.###,## → 2.043,25 ▸ #.##0,000 → 2.043,250
%	Zeigt den Zahlenwert als Prozentsätze an (d. h. mit 100 multipliziert und mit einem Prozentzeichen versehen). Beispiele (der Feldinhalt sei 0,255): ▸ 0 % → 26 % ▸ 000 % → 026 % ▸ 0,0 % → 25,5 %

Tabelle 2.24 Formatangaben für Zahlen und Währungen

Zeichen	Beschreibung
`E+`, `E-` `e+`, `e-`	Wissenschaftliche Darstellung mit Exponent. Das Zeichen + führt dazu, dass im Exponent stets das Vorzeichen angezeigt wird. Beim Zeichen - wird das Vorzeichen nur für negative Exponenten dargestellt. Beispiele (der Feldinhalt sei 2043,25): ▶ `0,0#####E+00` → 2,04325E+03 ▶ `0,0E-00` → 2,0E03 ▶ `0,00e+00` → 2,04e+03 Falls Ihnen die wissenschaftliche Angabe mit Exponent nicht geläufig ist: Das Zeichen `E` ist als »mal 10 hoch« zu lesen (2,3E+3 = 2,3 * 10^3 = 2300).
`!`	Wandelt die Zahl in Text um und stellt sie wie für ein Textfeld üblich linksbündig dar. In diesem Fall können Sie die anderen Formatierungen für Zahlen (z. B. `0` und `#`) nicht verwenden!

Tabelle 2.24 Formatangaben für Zahlen und Währungen (Forts.)

Mit etwas Übung können Sie mit diesen Zeichen *benutzerdefinierte Formate* für Zahlen zusammenstellen. Wenn es sich um Geldbeträge handelt, können Sie das Währungssymbol direkt in das Format eintragen.

Benannte Formate für Zahlen und Geldbeträge

Die wichtigsten Zahlenformate stellt Access über das Dropdown-Menü im Feld FORMAT bereit. Dies sind die *benannten Formate*, die letztendlich aber nichts anderes als vordefinierte Formatangaben sind.

benanntes Format	entsprechende Formatangabe	Anmerkung
ALLGEMEINE ZAHL	–	Die Zahl wird unformatiert so angezeigt, wie sie abgespeichert ist.

Tabelle 2.25 Die benannten Zahlenformate mit den entsprechenden Formatangaben

benanntes Format	entsprechende Formatangabe	Anmerkung
WÄHRUNG	#.##0,00 €;-#.##0,00 €	Das Währungssymbol wird aus den Windows-Einstellungen übernommen (vergleiche Abbildung 2.57, unter WÄHRUNG • WÄHRUNGSSYMBOL). Doch Vorsicht: Das Währungssymbol wird in dem Moment übernommen, in dem Sie das Format einstellen. Danach ist es fest. Auch wenn Sie in den Windows-Einstellungen etwas ändern oder Ihre Datenbank auf einem Rechner mit anderen Regionaleinstellungen öffnen, ändert sich das Währungssymbol nicht (in der Access-Hilfe wird irrtümlich etwas anderes behauptet).
EURO	#.##0,00 €;-#.##0,00 €	Ebenso wie WÄHRUNG, aber immer mit dem Euro-Symbol unabhängig von den Windows-Einstellungen. Dieses Format ist ein Relikt aus der Zeit der Euro-Umstellung.
FESTKOMMAZAHL	0,00	Dezimalzahl ohne Tausender-Trennzeichen
STANDARDZAHL	#.##0,00	Dezimalzahl mit Tausender-Trennzeichen
PROZENTZAHL	0,00%	In Deutschland wird vor das Prozentzeichen immer ein Leerzeichen gesetzt (DIN 5008). Verwenden Sie daher besser die Formatangabe 0,00 %.
EXPONENTIALZAHL	0,00E+00	Eine übliche Form der Exponentialdarstellung.

Tabelle 2.25 Die benannten Zahlenformate mit den entsprechenden Formatangaben (Forts.)

Eine paar Beispiele zu Zahlenformaten und Formaten für Geldbeträge finden Sie in den Materialien zum Buch unter *02_Access_als_Datenbank_Tabellen\2.6.1_Zahlenformate.accdb*.

Best Practice bei Zahlenformaten

Diese Zahlendarstellungen sind im deutschsprachigen Raum verbreitet:

- STANDARDZAHL:
  Passen Sie, falls erforderlich, die Anzahl der Dezimalstellen unter ALLGEMEIN • DEZIMALSTELLENANZEIGE an.

- `0 %` oder `0,00 %`:
  Das benannte Format PROZENTZAHL eignet sich leider nicht, denn dort fehlt ein Leerzeichen vor dem Prozentzeichen.
- WÄHRUNG

Ich empfehle Ihnen, zu Projektbeginn die für Ihre Datenbank erforderlichen Zahlenformate festzulegen. Entweder verwenden Sie die hier aufgeführten Favoriten oder Ihre eigenen Formate. Am besten halten Sie Ihre Entscheidung in einem Word-Dokument fest (z. B. *Formatangaben.docx*) – das ist besonders wichtig, wenn Sie im Team mit mehreren Entwicklern arbeiten. Ihre Datenbank wird einheitlich und professionell aussehen, wenn Sie die von Ihnen (oder Ihrem Team) festgelegten Formate *konsequent* einsetzen.

Benutzerdefinierte Formate für Datums- und Uhrzeitangaben

In Sachen Datum und Uhrzeit können Sie sich mit Formaten so richtig austoben! Es gibt eine ganze Fülle von Zeichen, die eine besondere Bedeutung in den Formatangaben haben:

Zeichen	Beschreibung
Datumstrennzeichen (Welches Zeichen das ist, können Sie in den Windows-Einstellungen festlegen; vergleiche Abbildung 2.57, unter DATUM • DATUMSFORMATE. Für die Region Deutschland ist das standardmäßig der Punkt.)	Fügt das Datumstrennzeichen ein. Es wird immer das gerade gültige Datumstrennzeichen aus den Windows-Einstellungen geholt. Wenn Sie unabhängig von den Windows-Einstellungen sein möchten, müssen Sie den Punkt in Anführungszeichen setzen.
Zeittrennzeichen (Welches Zeichen das ist, können Sie in den Windows-Einstellungen festlegen; vergleiche Abbildung 2.57, unter UHRZEIT • ZEITFORMATE. Für die Region Deutschland ist das standardmäßig der Doppelpunkt.)	Fügt das Zeittrennzeichen ein. Es wird immer das gerade gültige Zeittrennzeichen aus den Windows-Einstellungen geholt. Wenn Sie unabhängig von den Windows-Einstellungen sein möchten, müssen Sie den Doppelpunkt in Anführungszeichen setzen.
`t`	der Tag, ein- oder zweistellig (1 ... 31)
`tt`	der Tag, immer zweistellig (01 ... 31)
`ttt`	der Wochentag, abgekürzt (Mo ... So)
`tttt`	der Wochentag, ausgeschrieben (Montag ... Sonntag)

Tabelle 2.26 Formatangaben für Datum und Uhrzeit

Zeichen	Beschreibung
`w`	der Tag in der Woche (1 ... 7) Vorsicht: Der erste Tag der Woche ist immer der Sonntag! Es spielt keine Rolle, welchen ersten Wochentag Sie in den Windows-Einstellungen festlegen.
`ww`	die Kalenderwoche (1 ... 53) Vorsicht: Auch hier ist der Sonntag der erste Tag der Woche. Anders als in Deutschland üblich wird der letzte Sonntag daher zur laufenden Kalenderwoche gezählt, der kommende Sonntag jedoch nicht mehr.
`m`	der Monat, ein- oder zweistellig (1 ... 12)
`mm`	der Monat, immer zweistellig (01 ... 12)
`mmm`	der Monat, abgekürzt (Jan ... Dez)
`mmmm`	der Monat, ausgeschrieben (Januar ... Dezember)
`q`	die Nummer des Quartals (1 ... 4)
`jj`	die Jahreszahl, zweistellig (00 ... 99) Wenn Sie die Access-Option VIERSTELLIGE JAHRESZAHLENFORMATIERUNG aktiviert haben, dann erscheinen die Jahreszahlen auch über die Option `jj` vierstellig (siehe den Kasten »Vierstellige Jahreszahlen«).
`jjjj`	die Jahreszahl, vierstellig (0100 ... 9999)
`h`	die Stunde, ein- oder zweistellig (0 ... 23)
`hh`	die Stunde, immer zweistellig (00 ... 23)
`n`	die Minute, ein- oder zweistellig (0 ... 59)
`nn`	die Minute, immer zweistellig (00 ... 59)
`s`	die Sekunde, ein- oder zweistellig (0 ... 59)
`ss`	die Sekunde, immer zweistellig (00 ... 59)
`AM/PM`	Schaltet auf die 12-Stunden- Anzeige um und zeigt »AM« oder »PM« an. Beispiel: 8:15 AM

Tabelle 2.26 Formatangaben für Datum und Uhrzeit (Forts.)

Zeichen	Beschreibung
`am/pm`	Schaltet auf die 12-Stunden- Anzeige um und zeigt »am« oder »pm« an. Beispiel: 8:15 am
`A/P`	Schaltet auf die 12-Stunden- Anzeige um und zeigt »A« oder »P« an. Beispiel: 8:15 A
`a/p`	Schaltet auf die 12-Stunden-Anzeige um und zeigt »a« oder »p« an. Beispiel: 8:15 a
`AMPM`	Schaltet auf die 12-Stunden-Anzeige um. Das Symbol für Vormittag bzw. Nachmittag wird aus den Windows-Einstellungen übernommen (vergleiche Abbildung 2.57, unter UHRZEIT • ZEITFORMATE).

Tabelle 2.26 Formatangaben für Datum und Uhrzeit (Forts.)

Ein Beispiel für ein benutzerdefiniertes Datumsformat haben wir bereits eingangs für die Darstellung nach ISO 8601 verwendet:

```
jjjjmmtt
```

Über dieses Format wird der 01. Oktober 2019 als »20191001« dargestellt. Wir könnten dieses Format noch um die sekundengenaue Darstellung der Uhrzeit erweitern:

```
jjjjmmtthhnnss
```

Das Schöne an der Darstellung nach ISO 8601 ist, dass auch die Sortierung als Text zur richtigen Reihenfolge führt. Probieren Sie das einmal aus, indem Sie Ihre Fotos auf der Festplatte so benennen!

In Access gibt es keinen exklusiven Felddatentyp nur für Datum bzw. nur für Uhrzeit

Zum Speichern von Datums- und Uhrzeitangaben habe ich Ihnen den Felddatentyp DATUM/UHRZEIT vorgestellt. In unseren Beispielen habe ich Felder mit diesem Datentyp auch dazu verwendet, entweder nur ein Datum (z. B. »Abflugdatum«) oder nur eine Uhrzeit (z. B. »Abflugzeit« oder »Ankunftzeit«) zu speichern. Das ist eine sehr weit verbreitete Vorgehensweise.

Nur vergessen Sie bitte nicht: Es gibt in Access (und vielen anderen Datenbanken) weder einen Felddatentyp »Datum« noch einen Felddatentyp »Uhrzeit«. Der Felddatentyp »Datum/Uhrzeit« enthält *immer beides*, Datum und Uhrzeit!

Wenn Sie beispielsweise in »Abflugdatum« nur ein Datum eintragen, dann wird die Uhrzeit auf 00:00:00 Uhr (Mitternacht) gesetzt. In der standardmäßigen Formatierung blendet Access in diesen Fällen die Uhrzeit aus, so dass nur das Datum sichtbar wird. Es sieht jetzt so aus, als ob das Feld nur ein Datum enthielte – die Uhrzeit ist aber immer noch vorhanden. Sobald Sie ein benutzerdefiniertes Format mit Uhrzeit (z. B. `jjjjmmtthhnnss`) wählen, wird die Uhrzeit wieder sichtbar.

Entsprechend verhält es sich, wenn Sie in das Feld »Abflugzeit« nur eine Uhrzeit eintragen. In diesem Fall wird das Datum auf den 30.12.1899 gesetzt. In der standardmäßigen Formatierung blendet Access genau dieses Datum aus – in Wirklichkeit ist es aber immer noch gespeichert. Probieren Sie einmal aus, ein benutzerdefiniertes Format mit Datum und Uhrzeit für das Feld »Abflugzeit« zu setzen. Sie werden in allen Feldern den 30.12.1899 mit der entsprechenden Uhrzeit sehen!

Ich möchte an dieser Stelle noch einmal daran erinnern, dass der Felddatentyp DATUM/UHRZEIT intern durch eine Gleitkommazahl dargestellt wird. Der Wert ist die Anzahl der Tage, die seit dem 30.12.1899 um 0:00 Uhr vergangen sind. Mit solchen Zahlen kann natürlich kein Mensch etwas anfangen. Formatierungen spielen also bei Datums- und Uhrzeitangaben eine sehr wichtige Rolle. Die standardmäßige Formatierung von Access ist glücklicherweise so weit ausgereift, dass Sie sich über die in diesem Kasten beschriebenen Details in vielen Fällen überhaupt keine Gedanken machen müssen.

Benannte Formate für Datums- und Uhrzeitangaben

Die wichtigsten Formate für Datum und Uhrzeit gibt es auch als benannte Formate. Die genaue Formatierung wird durch die Windows-Einstellungen bestimmt (vergleiche Abbildung 2.57, die Registerblätter UHRZEIT und DATUM). Zur Orientierung habe ich in Tabelle 2.27 die Formatangaben eingetragen, die in den Windows-Einstellungen standardmäßig für Deutschland gelten.

Benanntes Format	entsprechende Formatangabe	Anmerkung
STANDARDDATUM	`tt.mm.jjjj hh:nn:ss`	
DATUM, LANG	`tttt", "t. mmmm jjjj`	
DATUM, MITTEL	`tt. mmm. jj`	Wenn Sie die Access-Option VIERSTELLIGE JAHRESZAHLENFORMATIERUNG aktiviert haben, dann erscheinen die Jahreszahlen hier vierstellig (siehe den Kasten »Vierstellige Jahreszahlen«).

Tabelle 2.27 Die benannten Datums- und Uhrzeitformate mit den entsprechenden Formatangaben

Benanntes Format	entsprechende Formatangabe	Anmerkung
Datum, kurz	`tt.mm.jjjj`	
Zeit, lang	`hh:nn:ss`	
Zeit, 12Std	`hh:nn AMPM`	
Zeit, 24Std	`hh:nn`	

Tabelle 2.27 Die benannten Datums- und Uhrzeitformate mit den entsprechenden Formatangaben (Forts.)

Eine paar Beispiele zu Datums- und Uhrzeitformaten finden Sie in den Materialien zum Buch unter *02_Access_als_Datenbank_Tabellen\2.6.1_Datumsformate.accdb.*

Best Practice bei Datums- und Uhrzeitformaten

Die standardmäßigen Windows-Einstellungen für Deutschland verwenden die in Deutschland gebräuchlichen Formatierungen für Datum und Uhrzeit. Erfahrungsgemäß ist bei großen Datenmengen der Platz am Bildschirm immer knapp. Daher sind die kurzen Formatierungen empfehlenswert:

- Datum, kurz
- Zeit, lang
  wenn die Sekunden wichtig sind
- Zeit, 24Std
  wenn die Sekunden uninteressant sind
- `dd.mm.jjjj hh:nn:ss`
  Datum und Uhrzeit, sekundengenau

Wenn Ihre Datenbank in unterschiedlichen Ländern zum Einsatz kommt, berücksichtigen Sie bitte etwas mehr Breite bei den entsprechenden Textfeldern in Formularen und Berichten. Im englischsprachigen Raum kann bei Uhrzeitangaben nämlich noch ein »AM« oder »PM« hinzukommen.

Benutzerdefinierte Formate für Text

Zahlen werden intern binär abgespeichert. Ohne Formatierung würden wir nur Bahnhof verstehen. Bei Text ist das jedoch anders: Jedes Zeichen wird hintereinander abgespeichert und kann in dieser Form mehr oder weniger unverändert auch am Bildschirm angezeigt werden. Gibt es also auch eine Formatierung für Textfelder?

Ja, benutzerdefinierte Textformate können Sie für die folgenden Aufgaben einsetzen:

- alle Zeichen als Großbuchstaben bzw. als Kleinbuchstaben darstellen
- den Text mit zusätzlichen Zeichen anzeigen (z. B. »Abc-Def-Ghi«)
- eine Mindestanzahl von Zeichen (gegebenenfalls Leerzeichen) anzeigen

Diese Zeichen können Sie in der Formatangabe für Textfelder verwenden:

Zeichen	Beschreibung
@	Einen Buchstaben anzeigen. Wenn an der Position kein Buchstabe ist, wird ein Leerzeichen dargestellt. Beispiele (der Feldinhalt sei »AbcDefGhi«): ▸ `@@@@@@@@@` → »AbcDefGhi« ▸ `@@@-@@@-@@@` → »Abc-Def-Ghi«
&	Einen Buchstaben anzeigen. Wenn an der Position kein Buchstabe ist, wird nichts dargestellt.
>	Alle Zeichen als Großbuchstaben anzeigen. Beispiel (der Feldinhalt sei »AbcDefGhi«): > → »ABCDEFGHI«
<	Alle Zeichen als Kleinbuchstaben anzeigen. Beispiel (der Feldinhalt sei »AbcDefGhi«): < → »abcdefghi«

Tabelle 2.28 Formatangaben für Text

Ein paar Beispiele finden Sie in den Materialien zum Buch unter *02_Access_als_Datenbank_Tabellen\2.6.1_Textformate.accdb*.

Best Practice bei Textformaten

Erfahrungsgemäß kommen Formate für Textfelder nur sehr selten in Betracht. Textformate sind in der Handhabung schwierig, wenn die Zeichenlänge in einem Feld unterschiedlich sein kann. Ich tendiere dazu, Textformate nicht zu verwenden und Textinhalte so anzeigen zu lassen, wie sie abgespeichert sind.

Wenn Sie ein besonderes Format für Textfelder erzwingen möchten, können Sie beispielsweise Trennzeichen über ein *Eingabeformat* festlegen (mehr dazu in Abschnitt 2.6.2, »Eingabeformat«). Hierbei ergibt sich der Vorteil, dass Sie den Feldinhalt zusammen mit den Trennzeichen (d. h. formatiert) abspeichern lassen können. Diese Herangehensweise erscheint mir für Textfelder besser geeignet.

Negative Beträge und NULL-Werte besonders formatieren

Wir haben bisher immer nur ein einziges Format in die Feldeigenschaft FORMAT eingetragen. In Wahrheit kann das Formatfeld aber noch mehr: Sie können bis zu vier Formate eintragen, jeweils getrennt durch ein Semikolon. Wozu benötigt man mehrere Formate für ein Feld? Sie können auf diese Weise positive Zahlen, negative Zahlen, numerisch Null und NULL-Werte unterschiedlich formatieren.

Formattyp	Formatangabe	Anmerkung
Zahlenformat	`<Format für positive Werte>;<Format für negative Werte>;<Format für numerisch Null>;<Format für NULL>`	Solange Sie nur das Format für positive Werte angeben, ergänzt Access automatisch ein Minuszeichen bei negativen Werten.
Datums- und Uhrzeitformat	`<Format für positive Werte>;<Format für negative Werte>;<Format für numerisch Null>;<Format für NULL>`	Positive Werte sind alle Zeitangaben nach dem 30.12.1899, negative Werte alle davor. Numerisch Null ist genau der 30.12.1899 um 0:00 Uhr.
Textformat	`<Format für Text>;<Format für leere Zeichenfolge und NULL>`	Leider gibt es nur zwei Bereiche in der Formatangabe. Sie können also keine unterschiedlichen Formate für leere Zeichenfolgen und NULL festlegen. Eigentlich schade!

Tabelle 2.29 In der Feldeigenschaft »Format« können Sie mehrere Formate festlegen, um positive, negative und NULL-Werte unterschiedlich zu formatieren.

Hier ein Beispiel aus der Tabelle *tblBankkonto*, die Sie in den Materialien zum Buch in der Datenbank *02_Access_als_Datenbank_Tabellen\2.6.1_Zahlenformate.accdb* finden:

```
"EUR "#.##0,00[Blau];"EUR -"#.##0,00[Rot]; "EUR "#.##0,00[Schwarz];"NULL"[Magenta]
```

Mit der ersten Angabe werden positive Beträge in Blau formatiert. Der zweite Bereich ist die Formatierung für negative Beträge in Rot mit Minuszeichen. Numerisch Null wird in Schwarz angezeigt und NULL-Werte mit einem auffälligen Wort »NULL« in Pink.

NULL-Werte auffälliger darstellen

Haben Sie sich auch schon darüber geärgert, dass NULL-Werte als ein leeres Feld so unauffällig dargestellt werden (vor allem dann, wenn das Feld erforderlich ist)? Mit einer Formatierung können Sie das ändern!

Für Zahlenfelder:

```
#.##0,00;;;"NULL"[Rot]
```

Für Zeitangaben:

`tt.mm.jjjj hh:nn:ss;;;"NULL"[Rot]`

Für Textfelder:

`&;"NULL"[Rot]`

Die Sache ist leider etwas umständlich, weil Sie das Format für wirklich jedes Feld eintragen müssten.

Zusammenfassung

In diesem Abschnitt habe ich Ihnen gezeigt, dass Access mit Hilfe von Formaten die Feldinhalte anders anzeigen kann, als sie abgespeichert sind. Wichtig ist jedoch: Auf die abgespeicherten Werte hat das Format keinen Einfluss.

Die VBA-Funktion »format()«

In der Programmierung (VBA) gibt es die Funktion `format()`, auf die ich Sie an dieser Stelle kurz hinweisen möchte. Mit dieser Funktion können Sie alle Formatierungsaufgaben durchführen, die ich Ihnen in diesem Abschnitt gezeigt habe. Die Formatangaben sind mitunter etwas unterschiedlich und orientieren sich bei `format()` an der englischsprachigen Access-Version.

2.6.2 Eingabeformat

Das Format steuert nur die Darstellung gespeicherter Feldinhalte. Bei der Eingabe – die beginnt genau dann, wenn Sie anfangen, ein Feld zu editieren – spielt dagegen das *Eingabeformat* eine Rolle.

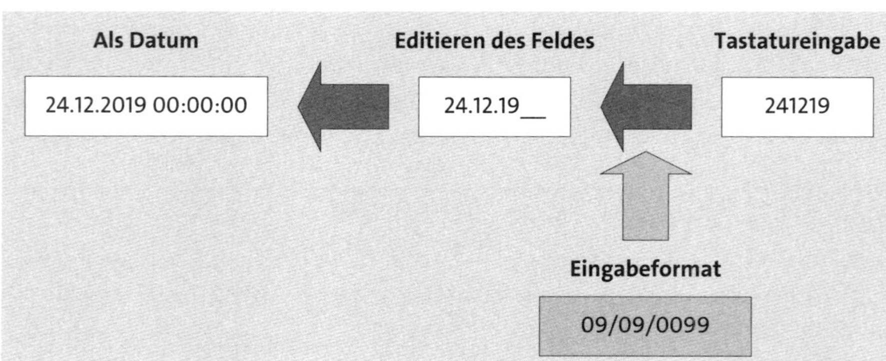

Abbildung 2.58 Das Eingabeformat legt fest, wie beim Editieren eines Feldes die Tastatureingabe verarbeitet und mit Trennzeichen versehen wird. Wenn der Benutzer die Eingabe bestätigt (und damit das Editieren beendet), wird der Wert in den Felddatentyp konvertiert.

Mit einem geeigneten Eingabeformat können Sie erreichen, dass Daten schneller in ein Feld eingetragen werden können. Dies betrifft vor allem Datums- und Uhrzeitangaben. Statt des kompletten Datums mit den Trennzeichen reicht es mit einem entsprechenden Eingabeformat aus, nur die Ziffern einzutippen (z. B. »241219« statt »24.12.2019«).

Ein benutzerdefiniertes Eingabeformat festlegen

So legen Sie die Eingabeformate in der Tabelle *tblFlug* fest:

1. Öffnen Sie die Datenbank *02_Access_als_Datenbank_Tabellen\2.3.12_Fluege.accdb* aus den Materialien zum Buch.
2. Öffnen Sie die Tabelle *tblFlug* in der Entwurfsansicht.
3. Wählen Sie das Feld »AbflugDatum« aus.
4. Tragen Sie im Registerblatt ALLGEMEIN unter EINGABEFORMAT

   `09/09/0099`

   ein. Nach der Eingabe springt das Eingabeformat auf `09.09.0099` um; mehr dazu im Kasten »Access-Bug Eingabeformat für Datumswerte« weiter unten.
5. Wählen Sie das Feld »AbflugZeit« aus.
6. Tragen Sie im Registerblatt ALLGEMEIN unter EINGABEFORMAT

   `09:09`

   ein.
7. Legen Sie das gleiche Eingabeformat für das Feld »AnkunftZeit« fest.
8. Klicken Sie in der Symbolleiste für den Schnellzugriff auf SPEICHERN (oder Strg + S).

Das Ergebnis finden Sie zusammen mit anderen Beispielen für Eingabeformate in den Materialien zum Buch unter *02_Access_als_Datenbank_Tabellen\2.6.2_Eingabeformate.accdb*.

An diesen Stellen können Sie das Eingabeformat in Access festlegen

In Access können Sie das Eingabeformat an vier Stellen eintragen:

- auf Tabellenebene
- in Abfragen
- in einem Steuerelement eines Formulars
- in einem Steuerelement eines Berichts

Das Eingabeformat auf Tabellenebene bezieht sich nur auf die Eingabe in der Datenblattansicht. Wenn Sie hier ein neues Eingabeformat eintragen, werden die Eingabeformate zugehöriger Steuerelemente *nicht* verändert – also das Verhalten, das Sie auch schon vom Format her kennen. Weder das Format noch das Eingabeformat auf Tabellenebene haben Auswirkung auf bestehende Formulare und Berichte.

Angaben im Eingabeformat

Für Felder mit dem Felddatentyp TEXT oder DATUM/UHRZEIT steht ein Assistent zur Verfügung, mit dem Sie das Eingabeformat festlegen können. Wie üblich in diesem Buch werde ich nicht näher auf den Assistenten eingehen, denn erstens ist er selbsterklärend, zweitens ist mir nicht klar, welchen Mehrwert er bringen soll. Wichtig ist vielmehr, dass Sie die Bedeutung der Zeichen im Eingabeformat kennen:

Zeichen	Eingabe erforderlich	Beschreibung
`"Text"`		Das Wort »Text« wird bei der Eingabe angezeigt.
`\`		Das auf den Backslash folgende Zeichen wird bei der Eingabe angezeigt (alternativ können Sie das Zeichen auch in Anführungszeichen setzen).
`0`	•	eine Ziffer (0 ... 9)
`9`		eine Ziffer (0 ... 9)
`#`		eine Ziffer (0 ... 9), ein Leerzeichen, das Pluszeichen oder das Minuszeichen. Wenn keine Eingabe getätigt wird, trägt Access ein Leerzeichen ein.
`L`	•	ein Buchstabe
`?`		ein Buchstabe
`A`	•	eine Ziffer oder ein Buchstabe
`a`		eine Ziffer oder ein Buchstabe
`&`	•	eine Ziffer, ein Buchstabe oder ein Sonderzeichen
`/`	•	Das Datumstrennzeichen ist immer der Schrägstrich, und zwar *unabhängig* von den Windows-Einstellungen (vergleiche den Kasten »Access-Bug Eingabeformat für Datumswerte«).
`C`		eine Ziffer, ein Buchstabe oder ein Sonderzeichen

Tabelle 2.30 Zeichen mit besonderer Bedeutung im Eingabeformat

Zeichen	Eingabe erforderlich	Beschreibung
Dezimaltrennzeichen (Welches Zeichen das ist, können Sie in den Windows-Einstellungen festlegen; vergleiche Abbildung 2.57, Dezimaltrennzeichen. Für die Region Deutschland ist das standardmäßig das Komma.)	•	das Dezimaltrennzeichen
Tausendertrennzeichen (Welches Zeichen das ist, können Sie in den Windows-Einstellungen festlegen; vergleiche Abbildung 2.57, Symbol für Zifferngruppierung. Für die Region Deutschland ist das standardmäßig der Punkt.)	•	das Tausendertrennzeichen
Zeittrennzeichen (Welches Zeichen das ist, können Sie in den Windows-Einstellungen festlegen; vergleiche Abbildung 2.57, unter Uhrzeit • Zeitformate. Für die Region Deutschland ist das standardmäßig der Doppelpunkt.)	•	Das Zeittrennzeichen. Es wird immer das gerade gültige Zeittrennzeichen erwartet, das in den Windows-Einstellungen gesetzt ist. Wenn Sie unabhängig von den Windows-Einstellungen sein möchten, müssen Sie den Doppelpunkt in Anführungszeichen setzen.
>		Alle folgenden Buchstaben werden in Großbuchstaben konvertiert.
<		Alle folgenden Buchstaben werden in Kleinbuchstaben konvertiert.
!		Nur für Textfelder relevant: Leerzeichen werden in der Anzeige links ergänzt (standardmäßig werden sie rechts ergänzt; abgespeichert werden Leerzeichen vorn oder hinten ohnehin nie.)

Tabelle 2.30 Zeichen mit besonderer Bedeutung im Eingabeformat (Forts.)

Zeichen	Eingabe erforderlich	Beschreibung
`Kennwort`		Jeder Buchstabe wird durch ein Sternchen ersetzt. Dieses Eingabeformat ändert auch die Darstellung bereits gespeicherter Datensätze.

Tabelle 2.30 Zeichen mit besonderer Bedeutung im Eingabeformat (Forts.)

An dieser Stelle sind wir genau bei den Problemen mit dem Eingabeformat angelangt. Als wären die Zeichen im Format (vergleiche Abschnitt 2.6.1, »Format«) und ihre besonderen Bedeutungen nicht schon umfangreich genug, gibt es jetzt auch noch das komplett unterschiedliche Eingabeformat. Und zu allem Überfluss haben einige Zeichen im Format und im Eingabeformat eine *unterschiedliche Bedeutung*!

Verwechseln Sie das Eingabeformat nicht mit dem Format!

Im Eingabeformat wird nur überprüft, ob ein Zeichen zu einer bestimmten Gruppe gehört (Zahl, Buchstabe, besonderes Trennzeichen etc.). Mir passiert es selbst immer wieder, dass ich für ein Datum so etwas wie `tt.mm.jjjj` als Eingabeformat eintippe. So etwas kann nicht funktionieren! Die Buchstaben `t`, `m` und `j` haben eine besondere Bedeutung bei der Formatierung von Datumsangaben. Beim Eingabeformat hingegen wird nicht der Inhalt des Feldes (das Datum), sondern wirklich nur das getippte Zeichen überprüft. Richtig ist also `09/09/0099`, in diesem Fall mit der `0` und der `9` als Platzhalter für jeweils eine Ziffer (Eingabe notwendig bzw. optional).

Häufig benutzte Eingabeformate

Um Ihnen dieses undurchsichtige Thema etwas besser verdaulich zu machen, habe ich ein paar Beispiele von Eingabeformaten zusammen mit Erläuterungen zusammengestellt.

1. PLZ: `00000`
   Die Postleitzahl in Deutschland ist immer fünfstellig. Damit niemand aus Versehen eine alte, vierstellige Postleitzahl eintippt, sind wirklich fünf Ziffern erforderlich.
2. Eine Zahl mit maximal sechs Stellen: `999990`
   Mindestens eine Ziffer muss in jedem Fall eingegeben werden. Die anderen fünf Ziffern sind optional. Ich rate Ihnen davon ab, das Tausendertrennzeichen im Eingabeformat zu verwenden.
3. Dezimalzahl, bis zu sechs Stellen vor dem Komma, maximal 2 Dezimalstellen: `999999,99`
   Wenn Sie möchten, können Sie eine Stelle vor dem Komma auf erforderlich setzen.

4. Datum: 09/09/0099
   Der Tag und der Monat können sowohl ein- als auch zweistellig eingetragen werden. Für das Jahr ist eine zwei- oder vierstellige Angabe notwendig. Wenn Sie ausschließlich vierstellige Jahreszahlen erzwingen möchten, sollten Sie 09/09/0000 verwenden.
5. Uhrzeit ohne Sekunden: 09:09
   Sowohl von der Stunde als auch von der Minute muss mindestens eine Ziffer eingetragen werden.
6. Uhrzeit mit Sekunden: 09:09:09
   Ein Eingabeformat für die Uhrzeit mit *optionaler* Eingabe der Sekunden gibt es leider nicht. Eine Behelfslösung wäre 09:09C99; aber in diesem Fall muss der zweite Doppelpunkt zwingend eingetippt werden.
7. Text (z. B. Name): >L<???????????????
   Mindestens ein Buchstabe ist erforderlich, maximal 16 Zeichen. Der erste Buchstabe ist groß, alle anderen sind Kleinbuchstaben.

   Dieses Eingabeformat ist nur ein Beispiel. Ich empfehle Ihnen, dieses Eingabeformat in der Praxis *nicht* für Namen etc. einzusetzen. Alle zusammengesetzten Namen wie z. B. »Lea-Marie«, »Hans-Jürgen« oder »Schreiber-Leuschner« wären dann nämlich nicht zugelassen.

Access-Bug Eingabeformat für Datumswerte

Ebenso wie beim Format holt sich Access auch beim Eingabeformat die gerade gültigen Dezimal-, Tausender- und Uhrzeit-Trennzeichen aus den Windows-Einstellungen. Beim *Datumstrennzeichen* ist aber der Wurm drin! Sie müssen unbedingt den Schrägstrich / verwenden (das amerikanische Datumstrennzeichen). Wenn Sie das Feld EINGABEFORMAT verlassen, ändert Access das Datumstrennzeichen in das deutsche Trennzeichen (den Punkt) um. Das heißt aber leider noch lange nicht, dass auch Sie den Punkt als Datumstrennzeichen verwenden können.

Noch unangenehmer wird es, wenn Sie ein bestehendes Eingabeformat verändern möchten. Bei einem Datumsfeld müssen Sie dazu *jedes Mal alle Punkte durch Schrägstriche ersetzen*! Es spielt keine Rolle, dass Access im nächsten Moment beim Verlassen des Feldes das Eingabeformat wieder in die deutsche Anzeigeform ändert.

Wenn Sie dies nicht beachten und trotzdem den Punkt verwenden, wird Access die Eingabe nicht in ein Datum konvertieren und eine Fehlermeldungen anzeigen. Allem Anschein nach ist dies ein Fehler in der deutschen Version von Access, der jede Menge Nerven kosten kann.

Fehlermeldungen bei der Eingabe

Grundsätzlich ist es so, dass Access auf das Eingabeformat zurückgreift, sobald Sie das Feld editieren. Beim Abspeichern prüft Access zunächst, ob alle erforderlichen Zeichen vom Benutzer eingetragen wurden. Falls hier ein Fehler auftritt, erscheint eine Fehlermeldung.

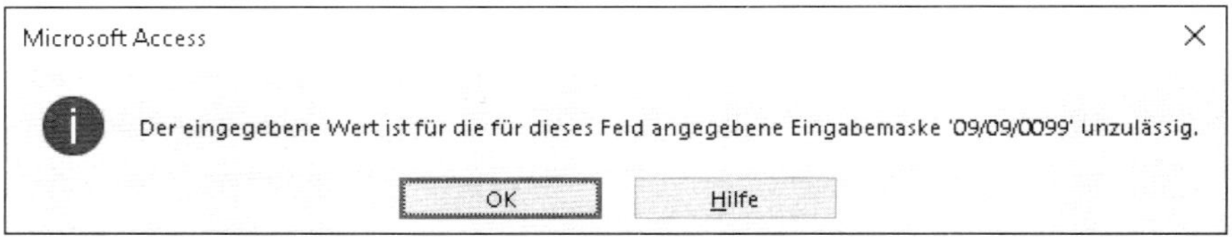

Abbildung 2.59 Ich habe das Datum ohne Jahr eingegeben. Diese Eingabe stimmt nicht mit dem Eingabeformat überein (Fehler auf Stufe 1 der Eingabeprüfung).

Anschließend konvertiert Access die Eingabe in den Felddatentyp. Auch auf dieser zweiten Stufe kann etwas schiefgehen. Wenn eine Eingabe beispielsweise nicht in ein Datum konvertiert werden kann, erscheint die Fehlermeldung aus Abbildung 2.60:

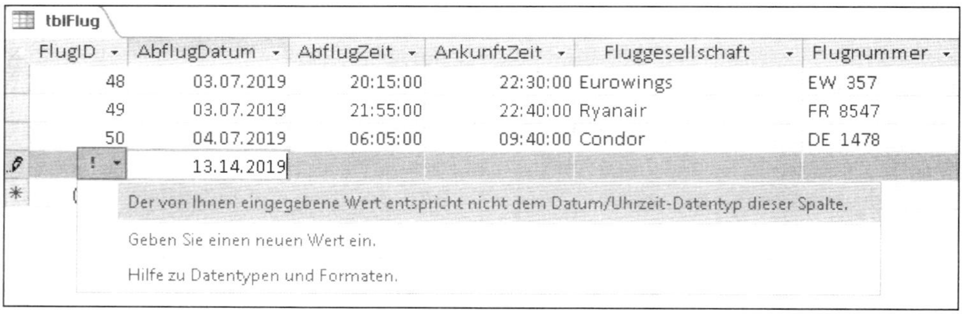

Abbildung 2.60 Das Datum »13.14.2019« gibt es nicht. Meine Eingabe konnte nicht in den Felddatentyp konvertiert werden (Fehler auf Stufe 2 der Eingabeprüfung).

Auf dieser zweiten Stufe der Eingabeprüfung treten diejenigen Fehler zutage, die durch eine ungültige Eingabe verursacht werden (so wie beispielsweise in Abbildung 2.60), weil die Datumstrennzeichen komplett fehlen, oder weil das falsche Datumstrennzeichen eingetragen wurde (siehe Kasten »Access-Bug Eingabeformat für Datumswerte«).

Weitere Einstellungen im Eingabeformat

Im Eingabeformat können Sie zwei weitere Einstellungen hinterlegen:

```
<Eingabeformat>;<Text im Eingabeformat in das Feld abspeichern>;<Platzhalter>
```

Die drei Bereiche werden jeweils durch ein Semikolon getrennt. Der erste Bereich ist das Eingabeformat, so wie ich es schon besprochen habe. Die beiden anderen Bereiche können Sie optional festlegen. Diese haben die folgende Bedeutung:

1. **Text im Eingabeformat in das Feld abspeichern**
   Hier steht entweder `0` oder `1`. Diese Option hat nur Auswirkungen auf Textfelder und spielt nur dann eine Rolle, wenn Text im Eingabeformat vorhanden ist (d. h. entweder Text in Anführungszeichen oder ein Buchstaben hinter einem Backslash \).

- Der Wert 0 bedeutet, dass der Text im Eingabeformat zusammen mit der Eingabe als Feldinhalt abgespeichert werden soll.
- Der Wert 1 führt dazu, dass der Text im Eingabeformat zwar angezeigt, aber nicht abgespeichert wird. Inhalt des Feldes wird ausschließlich das, was der Benutzer eingegeben hat. Dies ist das die Standardeinstellung, wenn Sie den zweiten Bereich nicht festlegen.

Bitte beachten Sie auch den Kasten »Ganz schön kompliziert: Verflechtung von Eingabeformat und Format«!

2. **Platzhalter**
   Access zeigt dieses Zeichen als Platzhalter für Eingaben an. Wenn Sie diesen Bereich nicht festlegen, verwendet Access standardmäßig den Unterstrich _.

Als Beispiel sehen wir uns das Feld »Flugnummer« in der Tabelle *tblFlug* an (in den Materialien zum Buch unter *02_Access_als_Datenbank_Tabellen\2.6.2_Eingabeformate.accdb*). Die Flugnummer besteht immer aus zwei oder drei Großbuchstaben (einer davon kann auch eine Zahl sein, z. B. »4U«) und drei oder vier Ziffern. Damit ergibt sich als Eingabeformat

```
>AA?\ 0009
```

Hinter dem Backslash steht ein Leerzeichen, so dass die ersten beiden (oder drei) Buchstaben als visuell separater Block von den Zahlen erfasst werden können. In dieser Form ist das Eingabeformat äquivalent zu

```
>AA?\ 0009;1;_
```

Das Leerzeichen zwischen den beiden Buchstaben und den Zahlen wird *nicht* im Feldinhalt abgespeichert.

Ganz schön kompliziert: Verflechtung von Eingabeformat und Format

Schauen Sie sich bitte die Inhalte der Tabelle *tblFlug* einmal genauer an. In allen bestehenden Datensätzen ist nach den ersten beiden Buchstaben doch ein Leerzeichen zu sehen, oder? Ich behaupte trotzdem, dass dieses Leerzeichen *nicht* abgespeichert wird! Wenn Sie das Eingabeformat wieder entfernen, sehen Sie die tatsächlichen Feldinhalte. Sie erkennen jetzt, dass das Leerzeichen nicht abgespeichert wurde.

Was ist hier passierst? Offensichtlich verwendet Access das Eingabeformat nicht ausschließlich bei der Eingabe. Wenn im Eingabeformat Text vorhanden ist (entweder Text in Anführungszeichen oder ein Buchstaben hinter einem Backslash \) nutzt Access das Eingabeformat auch zur Formatierung der bestehenden Datensätze. Und zwar unabhängig davon, ob Sie 0 oder 1 als zweiten Parameter festgelegt haben.

Ich finde diese *Verflechtung von Eingabeformat und Format* ehrlich gesagt als die Krönung des gesamten Chaos um das Eingabeformat! Ich versuche einmal, die ganze Angelegenheit in wenigen Sätzen auf den Punkt zu bringen:

- Das *Format* beeinflusst nur die *Darstellung* der Feldinhalte.
- Das *Eingabeformat* regelt, wie *Eingaben* aussehen müssen.
- Bei *Text im Eingabeformat* hat das Eingabeformat auch Einfluss auf die *Darstellung* der Feldinhalte.

Zurück zu unserem Beispiel mit der Flugnummer. Wenn Sie als zweiten Parameter die `0` eintragen, wird das Leerzeichen bei allen zukünftigen Texteingaben mit abgespeichert:

```
>AA?\ 0009;0;_
```

Tragen Sie dieses Eingabeformat einmal ein, fügen Sie ein paar Datensätze hinzu, und entfernen Sie schließlich das Eingabeformat wieder. Jetzt sehen Sie die Feldinhalte in ihrer ganzen Reinheit und erkennen, dass in den neuen Datensätzen das Leerzeichen tatsächlich mit abgespeichert wurde.

Ob Text im Eingabeformat (in unserem Beispiel das Leerzeichen in der Flugnummer) abgespeichert werden soll oder nicht, hängt letztendlich von Ihrem Geschäftsmodell ab. Wichtig ist nur, dass Sie sich vor Augen halten, was der tatsächliche Feldinhalt ist. Das Format und das Eingabeformat sind nur Kosmetik, die den wahren Inhalt manchmal verschleiert. Zur Sicherheit sollten Sie daher immer abschminken (d. h. alle Angaben unter FORMAT und EINGABEFORMAT entfernen), damit Sie die wahren Werte erkennen können.

Vergleich Feld-Gültigkeitsregel vs. Eingabeformat

Ich erinnere mich noch gut an meine Anfangszeit unter Access. Die Eingabeformate erschienen mir sehr verlockend, und ich investierte sehr viel Zeit in dieses Thema. Häufig versuchte ich, mit dem Eingabeformat bestimmte Regeln der Formatierung umzusetzen. Das ist aber nicht unbedingt die beste Herangehensweise. Sowohl Format als auch Eingabeformat sind reine Kosmetik.

Viel wichtiger sind Feld-Gültigkeitsregeln! Nur mit ihnen schaffen Sie Regeln, die für die gesamte Datenbank gelten. Ein Eingabeformat hängt immer nur an *einer* Stelle (Tabelle, Abfrage, Steuerelement). Mit einem neuen Steuerelement auf das entsprechende Feld können Sie das Eingabeformat ändern oder umgehen. Nicht so bei *Feldeinschränkungen*: Diese *gelten immer* – und zwar unabhängig davon, auf welchem verschlungenen Weg Sie versuchen, die Daten in die Tabelle zu bekommen.

Sorgen Sie mit Feldeinschränkungen dafür, dass die Daten in Ihren Tabellen konsistent sind. Formate und Eingabeformate legen Sie hingegen am besten für Steuerelemente in Formularen oder Berichten fest. Das Ziel hierbei sollte die Kosmetik sein, also eine schönere Anzeige von Inhalten oder eine Vereinfachung bei der Dateneingabe.

2.6.3 Beschreibung und Beschriftung

In der Entwurfsansicht einer Tabelle können Sie für ein Feld zwei weitere Angaben festlegen, die im Deutschen zum Verwechseln ähnlich klingen:

1. **Beschreibung** (in der Feldliste rechts neben dem Felddatentyp): Die Beschreibung des aktuellen Feldes wird in der Datenblattansicht am unteren Rand in der Statusleiste eingeblendet.
2. **Beschriftung** (im Registerblatt ALLGEMEIN): Wenn die Beschriftung gesetzt ist, wird sie in der Datenblattansicht *anstelle* des Feldnamens angezeigt. Bei der Beschriftung können Sie alle Zeichen und Sonderzeichen verwenden.

In den meisten Fällen sollten die Feldnamen aussagekräftig genug sein. Erfahrungsgemäß ist weder die Beschreibung noch die Beschriftung in der Praxis wirklich notwendig. Wenn Sie sehr viel Zeit haben, können Sie sich an diesen beiden Stellen alles von der Seele schreiben, was Ihnen gerade zum Feld in den Sinn kommt.

Die Beschriftung sinnvoll für den Felddatentyp »Anlage« einsetzen

Beim Felddatentyp ANLAGE wird der Feldname nicht als Spaltentitel angezeigt, sondern nur eine Klammer. Sie können den Feldnamen zusätzlich als Beschriftung eintragen, wenn Sie trotzdem den Feldnamen sehen möchten.

Neben diesem sinnvollen Einsatz der Beschriftung für Anlagen fällt mir nur Blödsinn ein, den ich damit anstellen könnte, beispielsweise alle Felder gleich beschriften oder die Beschriftung zweier Felder austauschen. Wie Sie in den Materialien zum Buch in der Datei unter *02_Access_als_Datenbank_Tabellen\2.6.3_Bloedsinn_mit_Beschriftungen_anstellen.accdb* sehen, kann man mit Beschriftungen also eine ganze Menge Chaos anrichten!

2.6.4 Nachschlagen

Wenn Sie nichts anderes einstellen, wird jedes Feld in der Datenblattansicht als *Textfeld* (gemeint ist hier nicht der Felddatentyp, sondern die Art der Bedienung, das *Steuerelement*) angezeigt. Stattdessen können Sie aber auch ein *Listenfeld* oder ein *Kombinationsfeld* anzeigen lassen. Für die folgenden Szenarien ist das interessant:

- Es gibt eine vorgegebene Liste von Werten, aus denen der Benutzer wählen kann.
- In einer anderen Tabelle sind alle Werte gespeichert, aus denen der Benutzer wählen kann.

Die Art des Steuerelements (Textfeld, Listenfeld, Kombinationsfeld) können Sie für jedes Feld im Registerblatt NACHSCHLAGEN unter STEUERELEMENT ANZEIGEN auswählen. Das Listenfeld sieht so ähnlich aus wie ein Kombinationsfeld. Letzteres hat aber mehr Möglichkeiten; u. a. können Sie die Breite der Dropdown-Liste unabhängig von der Feldbreite festlegen.

Ich rate Ihnen daher zum Kombinationsfeld, falls Sie die Nachschlagefunktion einsetzen möchten.

Textfelder mit der Funktion »Nachschlagen« dürfen maximal 64 Zeichen groß sein

Für Textfelder (Felddatentyp KURZER TEXT) gibt es eine Einschränkung, sobald die Funktion NACHSCHLAGEN aktiviert ist: Die Feldgröße darf maximal 64 Zeichen sein. Wenn Sie vorher eine längere Feldgröße gewählt hatten, passt Access das Feld automatisch an.

Sobald Sie im Registerblatt NACHSCHLAGEN ❶ unter STEUERELEMENT ANZEIGEN den Eintrag KOMBINATIONSFELD ❷ gewählt haben, blendet Access eine ganze Reihe zusätzlicher Einstellungen ein (Abbildung 2.61). Diese Konfigurationsmöglichkeiten werden Ihnen vertraut vorkommen, wenn Sie das Steuerelement Kombinationsfeld bereits kennen sollten. Sehr wichtig ist die Einstellung HERKUNFTSTYP ❸, die Sie je nach Szenario anpassen sollten:

1. WERTLISTE für den Fall *fest vorgegebener* Werte:

   Tragen Sie unter DATENSATZHERKUNFT alle zulässigen Werte getrennt durch ein Semikolon ein, z. B. `Frankfurt;Hamburg;München`.

2. TABELLE/ABFRAGE, wenn die *erlaubten Werte in einer anderen Tabelle* stehen:

   Die Tabelle mit den möglichen Werten müssen Sie vorher erstellt haben. Wählen Sie unter DATENSATZHERKUNFT den Tabellennamen aus.

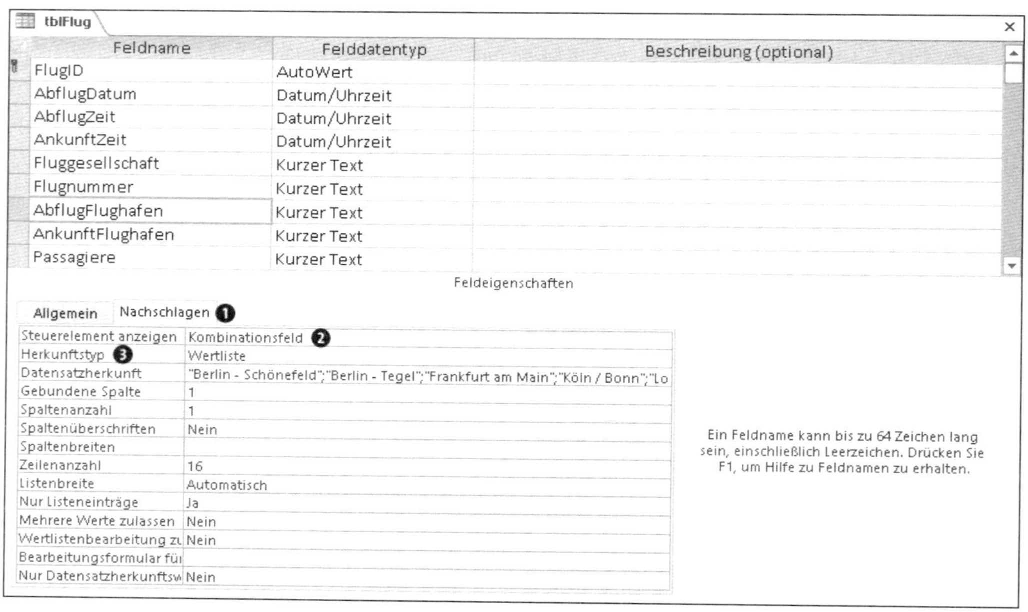

Abbildung 2.61 Über die Funktion »Nachschlagen« können Sie für ein Feld Werte aus einer Wertliste oder aus einer anderen Tabelle übernehmen.

Beispiele für beide Szenarien finden Sie in den Materialien zum Buch unter *02_Access_als_Datenbank_Tabellen\2.6.4_Fluege_Nachschlagen.accdb*. Es gibt noch eine ganze Reihe weiterer Einstellungen bei Kombinationsfeldern, darunter auch die Möglichkeit, mehrere Spalten in der Dropdown-Liste anzeigen zu lassen. Ausführliche Details zu Kombinationsfeldern werde ich Ihnen in Abschnitt 6.3.5, »Auswahl aus einer Liste«, vorstellen.

Häufiges Szenario: ID speichern, aber anderen Text anzeigen

Im nächsten Abschnitt werde ich Ihnen den *Fremdschlüssel* vorstellen. Solche Felder sind für die Funktion NACHSCHLAGEN geradezu prädestiniert. Wenn Sie mit dem Thema »Fremdschlüssel« bereits vertraut sind, werden Sie wissen, dass im Fremdschlüssel-Feld der Detailtabelle die ID abgespeichert wird (Felddatentyp ZAHL). Angenehmer für die Dateneingabe wäre es, wenn eine aussagekräftige Bezeichnung aus der Haupttabelle angezeigt würde, beispielsweise der Name der Fluggesellschaft aus der Haupttabelle *tblFluggesellschaft*. Mit der Funktion NACHSCHLAGEN in Kombination mit mehreren Spalten in der Dropdown-Liste erreichen Sie genau das! Access kümmert sich sogar automatisch um alles, was mit den eher technischen IDs zu tun hat. Hier eine Schnellanleitung für Fremdschlüssel:

- Setzen Sie den HERKUNFTSTYP auf TABELLE/ABFRAGE.
- Wählen Sie unter DATENSATZHERKUNFT die Haupttabelle aus.
- In GEBUNDENE SPALTE muss 1 stehen.
- Setzen Sie die SPALTENZAHL auf 2 (nicht vergessen!).
- Tragen Sie unter SPALTENBREITEN `0cm` ein.

Die *letzten beiden Schritte* sind der entscheidende Kniff: Dadurch wird die Breite der ersten Spalte der Dropdown-Liste – nämlich die Breite der ID-Spalte – auf 0 cm gesetzt. Die Spalte verschwindet damit aus der Anzeige, und der Inhalt der zweiten Spalte (z. B. »FluggesellschaftName«) wird angezeigt. Et voilà!

Ein Beispiel dazu finden Sie in den Materialien zum Buch unter *02_Access_als_Datenbank_Tabellen\2.6.4_Fluege_Nachschlagen_Fremdschluessel.accdb*. Bitte verstehen Sie diesen Kasten nur als Schnellanleitung – ich hoffe, er wird Ihnen die Arbeit mit Fremdschlüsseln erheblich schmackhafter machen!

Mehrwertige Felder

Im Registerblatt NACHSCHLAGEN gibt es die Eigenschaft MEHRERE WERTE ZULASSEN. Wenn Sie diese Eigenschaft auf JA setzen, gelangen Sie zu einem *mehrwertigen Feld* (englisch *Multi-Value Field, MVF*). Für eine relationale Datenbank ist das völliger Unfug, wie ich Ihnen in Abschnitt 2.7.3, »m:n-Beziehung«, zeigen werde. Mehrwertige Felder gibt es auch in SharePoint – somit haben wir hier wieder einen Fall der Kompatibilität mit Microsoft SharePoint.

Das beschriebene Szenario, dass der Benutzer Werte aus einer anderen Tabelle auswählen kann, tritt in Datenbanken sehr häufig auf. Das führt uns direkt zum nächsten Abschnitt: In einer relationalen Datenbank bestehen nämlich zwischen den Tabellen *Beziehungen*.

2.7 Beziehungen zwischen Tabellen

Eine Datenbank mit Tabellen, die überhaupt nichts miteinander zu tun haben, ist wenig sinnvoll. Komplett unterschiedliche Themen sind besser in separaten Datenbanken aufgehoben. Interessant wird es, wenn Ihre Datenbank mehrere Tabellen enthält, zwischen denen Abhängigkeiten bestehen. Erst damit kann eine relationale Datenbank ihre Fähigkeiten richtig ausspielen!

2.7.1 1:n-Beziehung

Wenn ich von einer *Beziehung* (englisch *relation*) zwischen zwei Tabellen spreche, dann meine ich damit, dass ein Datensatz der einen Tabelle auf einen oder mehrere Datensätze der anderen Tabelle verweist. Am häufigsten wird Ihnen die *1:n-Beziehung* (englisch *one-to-many relation*) begegnen.

So erstellen Sie eine 1:n-Beziehung

In unserer Flugdatenbank gab es bereits die Tabelle *tblFlug* mit allen Flügen. Neu hinzu kommt jetzt die Tabelle *tblFlugbuchung*, in der alle Buchungen auf die verschiedenen Flüge aufgelistet sind. Schauen wir uns als konkretes Beispiel zunächst in Abbildung 2.62 einige Datensätze an:

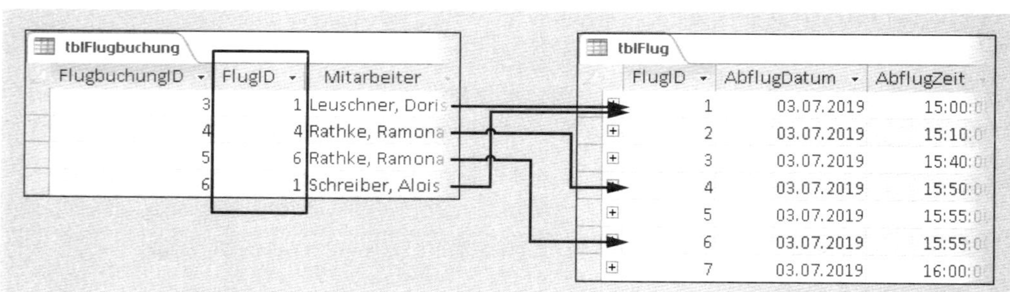

Abbildung 2.62 Alle Flugbuchungen verweisen über die »FlugID« auf den jeweiligen Flug.

Das Feld »FlugID« in der Tabelle *tblFlugbuchung* ist sehr wichtig, denn es erzeugt die 1:n-Beziehung. Über dieses Feld finden Sie den passenden Flug für jede Buchung.

Und so richten Sie Ihre erste 1:n-Beziehung unter Access ein: Erstellen Sie zunächst über ERSTELLEN • TABELLENENTWURF die Tabelle *tblFlug*. Das erste Feld »FlugID« ist vom Felddatentyp AUTOWERT mit der Feldgröße LONG INTEGER. Kennzeichnen Sie dieses Feld als Primärschlüssel. Fügen Sie nun die anderen Felder hinzu:

- »AbflugDatum« (DATUM/UHRZEIT)
- »AbflugZeit« (DATUM/UHRZEIT)
- »AnkunftZeit« (DATUM/UHRZEIT)
- »Flugnummer« (KURZER TEXT, Feldgröße 7)
- »AbflugFlughafen« (KURZER TEXT, Feldgröße 64)
- »AnkunftFlughafen« (KURZER TEXT, Feldgröße 64)

Für alle Felder setzen Sie EINGABE ERFORDERLICH auf JA. Speichern Sie die neue Tabelle unter dem Namen *tblFlug* ab.

Als Nächstes erstellen Sie die zweite Tabelle *tblFlugbuchung* mit diesen Feldern:

- »FlugbuchungID« (AUTOWERT, Primärschlüssel)
- »FlugID« (ZAHL, Feldgröße LONG INTEGER, EINGABE ERFORDERLICH: JA)
- »Mitarbeiter« (KURZER TEXT, Feldgröße 128, EINGABE ERFORDERLICH: JA)
- »TicketBuchungsCode« (KURZER TEXT, Feldgröße 32)
- »Kosten« (WÄHRUNG)
- »PrivaterFlug« (JA/NEIN)

Sie finden dieses Beispiel gefüllt mit ein paar Datensätzen in den Materialien zum Buch unter *02_Access_als_Datenbank_Tabellen\2.7.1_Flug_Flugbuchung_1_n_Beziehung.accdb*.

Der Fremdschlüssel

Das Feld »FlugID« gibt es in beiden Tabellen. In *tblFlug* ist es der Primärschlüssel. An dieser Stelle zeigt sich, wie wichtig ein Primärschlüssel ist, denn ohne sind Tabellenbeziehungen gar nicht möglich. Das Feld »FlugID« in der Tabelle *tblFlugbuchung* wird *Fremdschlüssel* genannt. Hier tragen Sie die ID des zugehörigen Fluges ein. Über den Fremdschlüssel erstellen Sie also die Verbindung zum entsprechenden Datensatz in *tblFlug*. Deshalb müssen Sie unbedingt darauf achten, dass die Feldgrößen der beiden »FlugID«-Felder identisch sind, nämlich LONG INTEGER! Es gibt mehrere Buchungen auf ein und denselben Flug, entsprechend werden die Flug-IDs in *tblFlugbuchung* mehrfach auftreten.

1:n-Beziehung

Die beiden bei einer *1:n-Beziehung* beteiligten Tabellen heißen *Haupttabelle* (in unserem Beispiel *tblFlug*) und *Detailtabelle* (hier: *tblFlugbuchung*). Für die 1:n-Beziehung ist in der Detailtabelle ein *Fremdschlüssel* notwendig. Im Feld des Fremdschlüssels dürfen nur diejenigen Zahlen eingetragen werden, die in der Haupttabelle (als Primärschlüssel) als IDs auch wirklich vorhanden sind.

Bei der 1:n-Beziehung ist ein Datensatz aus der Haupttabelle mit mehreren Datensätzen aus der Detailtabelle verknüpft. Das »n« steht für eine beliebige Zahl, daher mehrere Datensätze. Auch der Fall, dass kein verknüpfter Datensatz in der Detailtabelle vorhanden ist (n = 0), ist erlaubt! Von der Detailtabelle aus betrachtet ist aber jeder Datensatz mit genau einem Datensatz in der Haupttabelle verbunden, daher die Zahl 1 in der Bezeichnung.

Mehrere 1:n-Beziehungen in einer Tabelle

Aus der Tabelle *tblFlug* können wir gleich eine ganze Reihe von 1:n-Beziehungen ableiten:

- Eine Fluggesellschaft führt mehrere Flüge durch.
- Von einem Flughafen starten mehrere Flüge.
- Auf einem Flughafen landen mehrere Flüge.

Sie sehen an dieser Stelle übrigens, dass zwischen zwei Tabellen wie *tblFlughafen* und *tblFlug* mehrere Tabellenbeziehungen gleichzeitig bestehen dürfen: Eine 1:n-Beziehung für den Abflughafen und unabhängig davon eine für den Ankunftsflughafen.

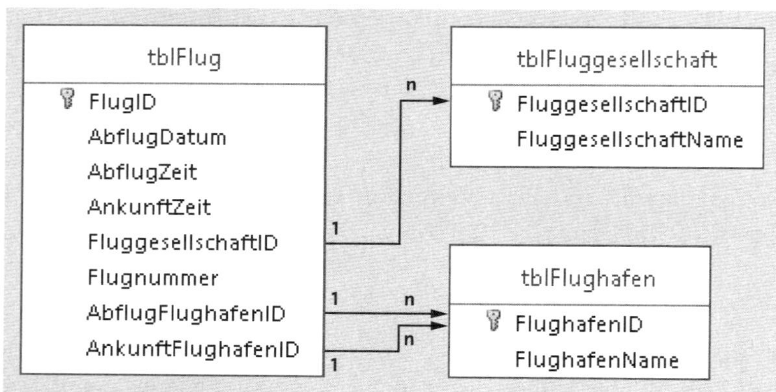

Abbildung 2.63 Die Tabelle »tblFlug« mit drei 1:n-Verbindungen, nämlich einer zu »tblFluggesellschaft« und zweien zu »tblFlughafen«

Auch diese drei 1:n-Beziehungen erstellen wir nun in unserer Access-Datenbank. Dazu benötigen wir zunächst die beiden zusätzlichen Tabellen. Erstellen Sie die neue Tabelle *tblFluggesellschaft* mit den folgenden Feldern:

- »FluggesellschaftID« (AUTOWERT, Primärschlüssel)
- »FluggesellschaftName« (KURZER TEXT, Feldgröße 128, EINGABE ERFORDERLICH: JA)

Und nun die zweite Tabelle *tblFlughafen* mit diesen Feldern:

- »FlughafenID« (AUTOWERT, Primärschlüssel)
- »FlughafenName« (KURZER TEXT, Feldgröße 128, EINGABE ERFORDERLICH: JA)

Öffnen Sie anschließend die bestehende Tabelle *tblFlug* im Entwurfsmodus, denn hier müssen wir jetzt drei neue Fremdschlüssel-Felder eintragen:

- »FluggesellschaftID«
- »AbflugFlughafenID«
- »AnkunftFlughafenID«

Wählen Sie für alle drei Felder den Felddatentyp ZAHL, die Feldgröße LONG INTEGER und EINGABE ERFORDERLICH: JA. Nicht mehr benötigt werden die beiden alten Felder »AbflugFlughafen« und »AnkunftFlughafen«, die Sie folglich löschen können. Sie finden dieses umfassende Beispiel mit insgesamt vier 1:n-Beziehungen in den Materialien zum Buch unter *02_Access_als_Datenbank_Tabellen\2.7.1_Fluege_1_n_Beziehung.accdb*.

Rollennamen

Beachten Sie, dass die Feldnamen pro Tabelle eindeutig sein müssen. Sie können also nicht zwei Felder mit dem Namen »FlughafenID« in *tblFlug* erstellen. Die Ergänzungen »Abflug« und »Ankunft« verdeutlichen die Rolle, die die entsprechende ID des Flughafens für den Flug spielt: Im ersten Fall gibt die ID den Flughafen für den Start an, im zweiten Fall den der Landung. »AbflugFlughafenID« und »AnkunftFlughafenID« werden als *Rollennamen* bezeichnet (und sind gleichzeitig Fremdschlüssel). Verschiedene Rollennamen können nur dann auftreten, wenn zwischen zwei Tabellen mehr als eine Tabellenbeziehung besteht.

1:n-Beziehungen lassen sich häufig intuitiv ableiten

Sie werden feststellen, dass sich 1:n-Beziehungen wie in unserem Beispiel häufig intuitiv aus Ihrem Konzept (auch als *Geschäftsmodell* bezeichnet) ableiten lassen. Vielleicht haben Sie Lust bekommen, unser Beispiel noch um ein paar weitere Tabellen und 1:n-Beziehungen zu erweitern (z. B. den für einen Flug eingesetzten Flugzeugtyp)? In Abschnitt 2.8, »Durch die Normalformen das Datenbankdesign verbessern«, werden Sie die sogenannten *Normalformen* kennenlernen. Hierbei geht es genau um das Thema, wie Sie 1:n-Beziehungen aus Ihrem Geschäftsmodell *systematisch* ableiten können.

2.7.2 1:1-Beziehung

Die *1:1-Beziehung* (englisch *one-to-one relation*) ist ein besonderer Fall der 1:n-Beziehung: Ein Datensatz der Haupttabelle ist mit genau einem Datensatz aus der Detailtabelle verknüpft.

1:1-Beziehung

In einer *1:1-Beziehung* sind die beiden beteiligten Tabellen eigentlich gleichberechtigt. Access unterscheidet trotzdem nach Haupttabelle und Detailtabelle. Einziger Unterschied zur 1:n-Beziehung: In der Detailtabelle muss der Fremdschlüssel gleichzeitig ein Alternativschlüssel sein.

So erstellen Sie eine 1:1-Beziehung

Beispielsweise könnten Sie *tblFlug* in zwei Tabellen auseinanderziehen, nämlich eine mit den Zeitangaben *tblFlugZeitpunkt* und eine andere mit den Ortsangaben *tblFlugOrt*.

Schauen wir uns das in Access an. Am besten starten Sie mit einer leeren Datenbank. Erstellen Sie zunächst die Tabelle *tblFlugZeitpunkt*. Legen Sie das erste Feld »FlugZeitpunktID« als Primärschlüssel mit dem Felddatentyp AUTOWERT und der Feldgröße LONG INTEGER an. Als Nächstes tragen Sie die Felder zu den Zeitangaben des Fluges ein:

- »AbflugDatum« (DATUM/UHRZEIT)
- »AbflugZeit« (DATUM/UHRZEIT)
- »AnkunftZeit« (DATUM/UHRZEIT)
- »Flugnummer« (KURZER TEXT, Feldgröße 7)

Setzen Sie für alle Felder EINGABE ERFORDERLICH auf JA. Angaben zur Flugnummer und zur Fluggesellschaft habe ich auch einmal mit aufgenommen.

Als Nächstes erstellen Sie die Tabelle *tblFlugOrt* mit den Flughäfen von Abflug und Landung:

- »FlugOrtID« (AUTOWERT, Primärschlüssel)
- »FlugZeitpunktID« (ZAHL, Feldgröße LONG INTEGER)
- »AbflugFlughafen« (KURZER TEXT, Feldgröße 64)
- »AnkunftFlughafen« (KURZER TEXT, Feldgröße 64)

Setzen Sie auch hier für alle Felder EINGABE ERFORDERLICH auf JA. Jetzt haben Sie Ihre 1:1-Beziehung schon fast fertiggestellt. Über den Fremdschlüssel »FlugZeitpunktID« wird die Verknüpfung hergestellt und auf die Zeitangaben des Fluges in *tblFlugZeitpunkt* verwiesen. Abschließend legen Sie fest, dass »FlugZeitpunktID« ein Alternativschlüssel ist. Nur so erhalten Sie eine richtige 1:1-Beziehung! Wählen Sie dazu die Spalte »FlugZeitpunktID« in der Entwurfsansicht aus, und weisen Sie unter INDIZIERT die Einstellung JA (OHNE DUPLIKATE) zu. Weitere Details zur Einstellung von Alternativschlüsseln zeige ich Ihnen übrigens in Abschnitt 2.9.2, »Eindeutiger Schlüssel (Alternativschlüssel)«. Ihre beiden Tabellen sollten jetzt so aussehen wie in Abbildung 2.64:

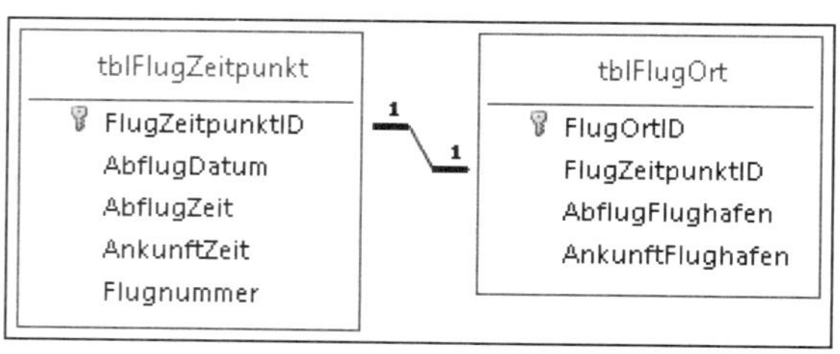

Abbildung 2.64 Unsere Tabelle »tblFlug« aufgespaltet in zwei Tabellen mit einer 1:1-Beziehung. Bitte verstehen Sie dies nur als Beispiel; in der Praxis wird diese Aufspaltung wenig sinnvoll sein!

Dieses Beispiel finden Sie in den Materialien zum Buch unter *02_Access_als_Datenbank_Tabellen\2.7.2_Fluege_1_1_Beziehung.accdb*. Wie bereits erwähnt sind beide Tabellen eigentlich gleichberechtigt. Die Tabelle mit dem Fremdschlüssel – in unserem Beispiel ist das *tblFlugOrt* – wird aber automatisch die Detailtabelle. Wenn Sie Daten eintragen wollen, müssen Sie in der Haupttabelle *tblFlugZeitpunkt* beginnen. Insofern sind die beiden Tabellen doch nicht so gleich ...

Nichts hindert Sie übrigens daran, *tblFlugOrt* als Haupttabelle und *tblFlugZeitpunkt* als Detailtabelle festzulegen. Dazu entfernen Sie den Fremdschlüssel »FlugZeitpunktID« aus der Tabelle *tblFlugOrt*. Anschließend tragen Sie den Fremdschlüssel »FlugOrtID« in der Tabelle *tblFlugZeitpunkt* ein.

1:1-Beziehungen treten eher selten auf

In Abschnitt 2.2.1, »Die Welt in Tabellen abbilden«, habe ich den Grundsatz gepredigt: »Bleiben Sie möglichst nahe an der Realität!« Demnach ist die Aufspaltung von *tblFlug* in zwei Tabellen nicht sinnvoll, denn sowohl Zeitpunkt als auch die Ortsangaben gehören zu einer Sache, nämlich dem Flug, und damit in eine Tabelle, nämlich *tblFlug*. Eine 1:1-Beziehung steht also genau genommen im Widerspruch zu dem Grundsatz.

In modernen Datenbanksystemen wie Access treten 1:1-Beziehungen auch eher selten auf. Mir fallen drei Szenarien ein, bei denen eine Auftrennung einer Tabelle in zwei Tabellen mit einer 1:1-Beziehung sinnvoll ist:

1. Unterschiedliche **Zugriffsberechtigungen** auf die Daten:
   In einer *Server-Datenbank* wie beispielsweise dem Microsoft SQL Server können Sie Zugriffsberechtigungen für jede Tabelle festlegen (mehr Informationen zu Server-Datenbanken finden Sie in Abschnitt 4.7, »Was sind Server-Datenbanken?«). Damit ist es möglich, dass ein Anwender Daten in einer Tabelle lesen kann, nicht jedoch in einer anderen Tabelle. Mit einer 1:1-Beziehung könnten Sie eine Tabelle in einen weniger sensiblen Teil und in einen Bereich mit vertraulichen Daten auftrennen.
2. **Mehr als 255 Felder** pro Tabelle:
   Es gibt eine weitere Grenze in Access: Eine Tabelle darf maximal 255 Spalten haben. Wenn Sie mehr Felder benötigen, prüfen Sie bitte zunächst Ihr Datenbankdesign. Packen Sie womöglich zu viel (und Unterschiedliches) in eine Tabelle? Ich habe bisher noch *nie* eine Tabelle mit derart vielen Felder gesehen, dass diese Grenze auch nur annähernd erreichbar gewesen wäre – wohlgemerkt bei einem ordentlichen Datenbankdesign! Aber es mag Ausnahmen geben. Wenn Sie mehr als 255 Felder benötigen, werden Sie um eine 1:1-Beziehung nicht herum kommen.
3. **Mehr als 2 GB Daten** pro Tabelle:
   Und es gibt noch eine wichtige Grenze von Access: Eine Datenbankdatei darf maximal 2 GB groß werden. Dies ist damit auch die maximale Datenmenge in einer Tabelle – und

auch nur dann, wenn außer der einen Tabelle wirklich nichts anderes in der Datenbankdatei liegt (keine anderen Tabellen, keine Formulare, keine Berichte, nicht einmal ein Tabellenindex).

Wenn Sie sehr große Datenmengen in einer Tabelle halten möchten, rate ich Ihnen dringend dazu, eine Server-Datenbank zu verwenden. Um es kurz zu machen: Beim Datenbankdesign mit einer Server-Datenbank, die auf mehrere Dateien verteilt ist (sogenannte *getrennte Tablespaces*), sind 1:1-Beziehungen sinnvoll.

Unter Access sind 1:1-Beziehungen eher eine Rarität. Ich wollte Ihnen der Vollständigkeit halber auch diese Tabellenbeziehung vorstellen. Vor allem aber möchte ich Ihnen eine Erfahrung mitgeben: Sie machen nichts falsch, wenn in Ihrem Datenbankdesign keine 1:1-Beziehung auftaucht. Im Gegenteil, ich werde eher stutzig, wenn ich unter Access auf eine solche Relation stoße.

2.7.3 m:n-Beziehung

Nach der Kuriosität der 1:1-Beziehung kommen wir jetzt zu einer anderen, sehr wichtigen Tabellenbeziehung: der *m:n-Beziehung* (englisch *many-to-many relation*). Sie ist der allgemeinste Fall der drei Tabellenrelationen.

m:n-Beziehung

Bei einer *m:n-Beziehung* können mehrere Datensätze der einen Tabelle mehreren Datensätzen der anderen Tabelle zugeordnet werden.

So erstellen Sie eine m:n-Beziehung

Bei der 1:n-Beziehung gab es die Einschränkung, dass beispielsweise eine Fluggesellschaft mehrere Flüge durchführt, aber von der Detailtabelle aus betrachtet wird ein Flug immer nur von einer einzigen Fluggesellschaft durchgeführt. Wenn Sie diese Einschränkung fallen lassen (es gibt mittlerweile sogenannte *code-share flights* oder *Gemeinschaftsflüge*, die ich in unserem Beispiel nicht berücksichtig habe), gelangen Sie zu einer m:n-Beziehung.

Sehen wir uns noch ein anderes Beispiel an: die Tabelle *tblMitarbeiter* in unserer Datenbank mit den Flugbuchungen. Mit einem Flug können mehrere Mitarbeiter fliegen (*n* steht für eine beliebige Zahl), aber umgekehrt betrachtet kann ein Mitarbeiter auch mit mehreren Flügen fliegen (*m* steht für eine beliebige andere Zahl). Übrigens können Sie eine m:n-Beziehung nicht direkt in Access umsetzen; Sie müssen sie so auflösen, wie es der folgende Kasten erläutert.

In Access muss jede m:n-Beziehung in zwei 1:n-Beziehungen aufgelöst werden

In einer relationalen Datenbank (und damit auch in Access) werden m:n-Beziehungen immer in zwei 1:n-Beziehungen aufgelöst. Zwischen den beiden *Haupttabellen* hängt eine gemeinsame *Detailtabelle* mit zwei Fremdschüsseln.

Und so wird es gemacht: Erstellen Sie zunächst die erste Haupttabelle *tblFlug*. Sie können auch Ihre bereits erstellte Datenbank aus Abschnitt 2.7.1, »1:n-Beziehung«, weiterverwenden, dann entfällt dieser Schritt.

- »FlugID« (AUTOWERT, Primärschlüssel)
- »AbflugDatum« (DATUM/UHRZEIT, EINGABE ERFORDERLICH: JA)
- »AbflugZeit« (DATUM/UHRZEIT, EINGABE ERFORDERLICH: JA)
- »AnkunftZeit« (DATUM/UHRZEIT, EINGABE ERFORDERLICH: JA)
- »Flugnummer« (KURZER TEXT, Feldgröße 7, EINGABE ERFORDERLICH: JA)
- »AbflugFlughafen« (KURZER TEXT, Feldgröße 64, EINGABE ERFORDERLICH: JA)
- »AnkunftFlughafen« (KURZER TEXT, Feldgröße 64, EINGABE ERFORDERLICH: JA)

Als Nächstes kommt die zweite Haupttabelle *tblMitarbeiter*:

- »MitarbeiterID« (AUTOWERT, Primärschlüssel)
- »Nachname« (KURZER TEXT, Feldgröße 32, EINGABE ERFORDERLICH: JA)
- »Vorname« (KURZER TEXT, Feldgröße 32)
- »Geschlecht« (KURZER TEXT, Feldgröße 1; EINGABE ERFORDERLICH: JA)

  Gültigkeitsregel:

  ```
  'M' Oder 'W'
  ```
- »Geburtsdatum« (DATUM/UHRZEIT)
- »Foto« (OLE-OBJEKT)

Jetzt fehlt noch die gemeinsame Detailtabelle *tblFlugbuchung*. Falls Sie Ihre Datenbank aus Abschnitt 2.7.1, »1:n-Beziehung«, weiterverwenden, löschen Sie bitte die bereits bestehende Tabelle *tblFlugbuchung*. Erstellen Sie nun die neue Tabelle *tblFlugbuchung* mit den folgenden Feldern:

- »FlugbuchungID« (AUTOWERT, Primärschlüssel)
- »FlugID« (ZAHL, Feldgröße LONG INTEGER, EINGABE ERFORDERLICH: JA)
- »MitarbeiterID« (ZAHL, Feldgröße LONG INTEGER, EINGABE ERFORDERLICH: JA)
- »TicketBuchungsCode« (KURZER TEXT, Feldgröße 32)
- »Kosten« (WÄHRUNG)
- »PrivaterFlug« (JA/NEIN)

Ihre Datenbank sollte jetzt so aussehen wie in Abbildung 2.65:

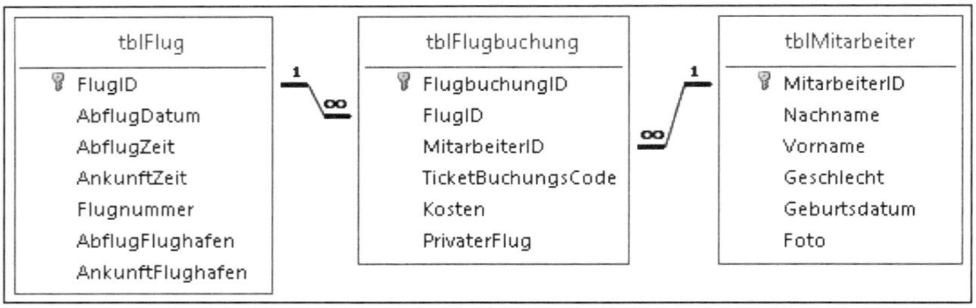

Abbildung 2.65 Die m:n-Beziehung wird von den beiden Haupttabellen »tblFlug« und »tblMitarbeiter« und der gemeinsamen Detailtabelle »tblFlugbuchung« mit ihren beiden Fremdschlüsseln »FlugID« und »MitarbeiterID« gebildet.

Sie finden dieses Beispiel gefüllt mit Datensätzen in den Materialien zum Buch unter *02_Access_als_Datenbank_Tabellen\2.7.3_Fluege_m_n_Beziehung.accdb*.

Die Benennung der gemeinsamen Detailtabelle

Mitunter ist es gar nicht so einfach, einen aussagekräftigen Namen für die gemeinsame Detailtabelle einer m:n-Beziehung zu finden. Einige Programmierer verwenden Benennungen wie *tblMitarbeiterZuFlug* oder *tblMitarbeiter2Flug* (die Zahl 2 als Abkürzung für englisch *to*). Diese Art der Benennung ist meiner Meinung nach wenig informativ. Ich empfehle Ihnen, bei der Suche nach einem geeigneten Namen zunächst an Verben zu denken. Hier ein paar Anregungen:

Frage nach einem Verb	Antwort	Mögliche Benennung
Was macht der Mitarbeiter mit einem Flug?	Er fliegt mit.	*tblMitarbeiterFliegtMitFlug*
	Er ist darauf gebucht.	*tblMitarbeiterGebuchtAufFlug*
Was macht der Flug mit einem Mitarbeiter?	Er transportiert.	*tblFlugTransportiertMitarbeiter*

Tabelle 2.31 Die Frage nach Verben hilft Ihnen bei der Benennung von Beziehungen und Tabellen.

Sie werden bei der Suche nach einer Benennung feststellen, dass Ihre Verben durchaus etwas Unterschiedliches bedeuten: Wirklich mitfliegen ist beispielsweise mehr, als nur auf den Flug gebucht zu sein. Schließlich könnte ein Mitarbeiter im letzten Moment krank werden und nicht fliegen können. Für welche Benennung Sie sich letztendlich entscheiden, hängt von Ihrem Geschäftsmodell ab. In unserem Beispiel habe ich mich für *tblFlugbuchung* (das kürzere Äquivalent von *tblMitarbeiterGebuchtAufFlug*) entschieden, weil ich hauptsächlich an der Organisation der Buchung und an den Reisekosten interessiert bin, und Letztere werden in jedem Fall anfallen. Wenn ich später einmal erfassen möchte, ob jemand wirklich geflogen ist, könnte die Tabelle *tblMitarbeiterFliegtMitFlug* zusätzlich notwendig werden.

Vielleicht fragen Sie sich, warum ich an dieser Stelle so ausführlich auf die Benennung von Tabellen eingehe. Meine Erfahrung ist, dass sich der Aufwand in der Praxis wirklich lohnt. Wenn Sie nach Verben suchen und eine Tabelle ähnlich Tabelle 2.31 erstellen, werden Sie Unstimmigkeiten oder kleinere Unterschiede bemerken. Beim Datenbankdesign im Team werden Sie feststellen, ob alle das Gleiche meinen und dieselbe Sprache sprechen! Nachdem Sie sich die Arbeit gemacht haben, ist das Ergebnis im Datenbankdiagramm dokumentiert. Auch nach Wochen oder Monaten wissen Sie, dass es sich um Flugbuchungen handelt, und Sie müssen nicht rätseln, was sich hinter *tblMitarbeiter2Flug* versteckt. Die Arbeit der korrekten Benennung gehört also wesentlich zum Prozess des Datenbankdesigns.

2.7.4 Referentielle Integrität

Sie wissen jetzt, dass Tabellenbeziehungen über Fremdschlüssel erstellt werden. In unseren bisherigen Beispielen gibt es aber noch einen gravierenden Nachteil: Der Inhalt des Fremdschlüssels wird von Access (noch nicht) überprüft. Vielleicht ist Ihnen das auch aufgefallen: Sie können beispielsweise in *tblFlugbuchung* eine beliebige Zahl in das Feld »FlugID« eintragen, obwohl der passende Flug in der Tabelle *tblFlug* gar nicht existiert. Dies ist der typische Fall einer *Inkonsistenz* – das Schlimmste, was einer Datenbank passieren kann. Access stellt Ihnen mit der *erzwungenen referentiellen Integrität* (englisch *enforced referential integrity*) ein sehr mächtiges Werkzeug bereit, mit dem Sie Inkonsistenzen dieser Art grundsätzlich vermeiden.

Am besten gewöhnen Sie es sich an, nachdem Sie eine Tabelle erstellt haben, sofort die Tabellenbeziehungen mit erzwungener referentieller Integrität einzurichten. Wie das geht, zeige ich Ihnen ausgehend vom Beispiel aus Abschnitt 2.7.1, »1:n-Beziehung«, mit den Tabellen *tblFlug* und *tblFlugbuchung*. In den Materialien zum Buch finden Sie die passende Datenbank unter *02_Access_als_Datenbank_Tabellen\2.7.1_Flug_Flugbuchung_1_n_Beziehung. accdb.*

Falls nicht schon geschehen, speichern und schließen Sie alle Tabellen. Öffnen Sie nun unter DATENBANKTOOLS • BEZIEHUNGEN das Fenster BEZIEHUNGEN. Dieses Fenster ist zunächst leer; automatisch wird das Fenster TABELLE ANZEIGEN eingeblendet. Falls Sie es geschlossen haben, können Sie es jederzeit über Beziehungstools ENTWURF • TABELLE ANZEIGEN wieder aufrufen. Wählen Sie die Tabelle *tblFlug* aus, und klicken Sie auf HINZUFÜGEN. Ebenso fügen Sie die Tabelle *tblFlugbuchung* hinzu und klicken anschließend auf SCHLIESSEN.

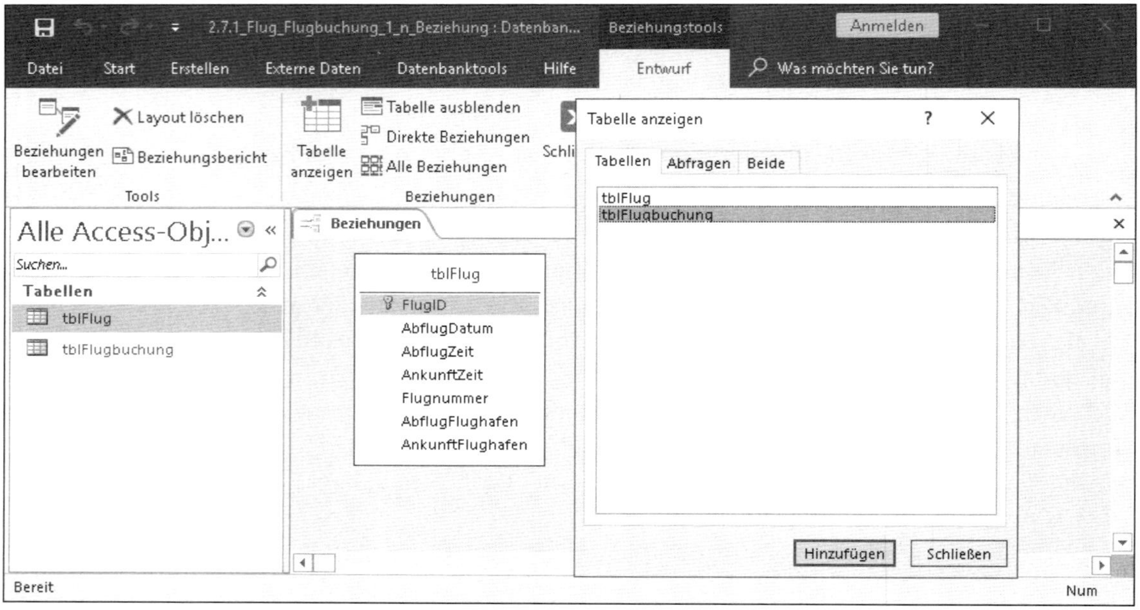

Abbildung 2.66 Lassen Sie sich zunächst die beiden an der Beziehung beteiligten Tabellen im Fenster »Beziehungen« anzeigen.

Ziehen Sie als Nächstes das Feld »FlugID« aus der Tabelle *tblFlugbuchung* (den Fremdschlüssel) per Drag & Drop auf das Feld »FlugID« in der Tabelle *tblFlug* (den Primärschlüssel). Access zeigt Ihnen daraufhin das Fenster BEZIEHUNG BEARBEITEN an:

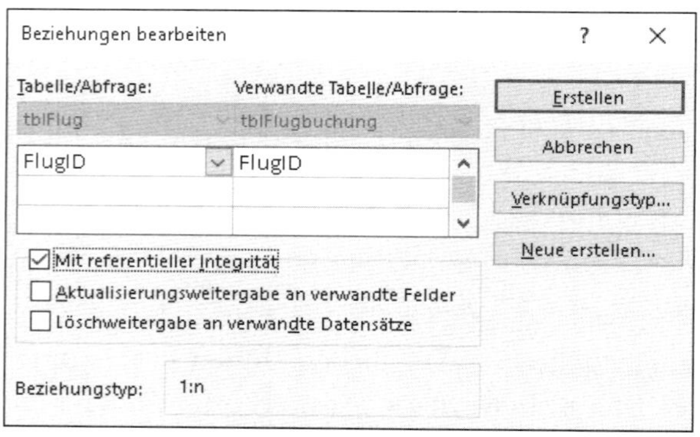

Abbildung 2.67 Im Fenster »Beziehungen bearbeiten« zeigt Access unter »Tabelle/Abfrage« immer die Haupttabelle und unter »Verwandte Tabelle/Abfrage« immer die Detailtabelle an.

Setzen Sie das Häkchen bei MIT REFERENTIELLER INTEGRITÄT, und klicken Sie dann auf ERSTELLEN. Die Beziehung wird nun in der Datenbank fest eingetragen. Im nächsten Abschnitt werde ich Ihnen zeigen, wie Sie Beziehungen ändern und wieder löschen können. Wichtig ist mir an dieser Stelle eine Sache: In dem Moment, wo Sie auf ERSTELLEN klicken, wird die

Tabelle *tblFlugbuchung* auf Inkonsistenzen überprüft. Falls es Flugbuchungen ohne passenden Flug gibt, erhalten Sie eine Fehlermeldung:

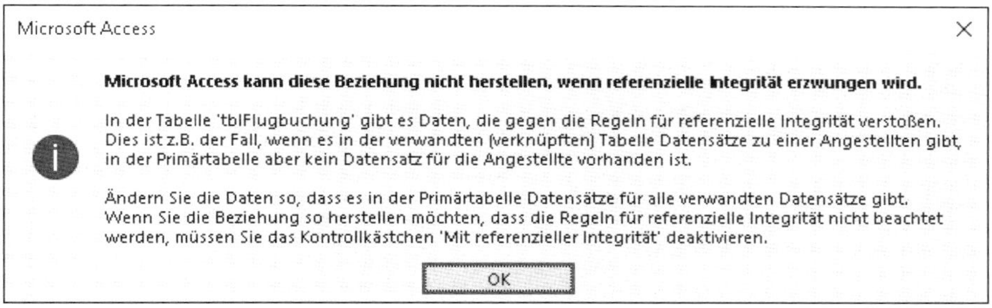

Abbildung 2.68 Bei inkonsistenten Datensätzen kann die Tabellenbeziehung mit referentieller Integrität nicht erzeugt werden. Beheben Sie in diesem Fall zuerst die Inkonsistenzen, und erstellen Sie erst dann die Beziehung!

Ab diesem Zeitpunkt besteht die Beziehung. Das bedeutet, dass Sie in das Feld »FlugID« der Tabelle *tblFlugbuchung* nur diejenigen IDs eintragen können, die auch in *tblFlug* existieren. Access überprüft das automatisch! Probieren Sie einmal aus, eine nicht existente ID einzutragen ...

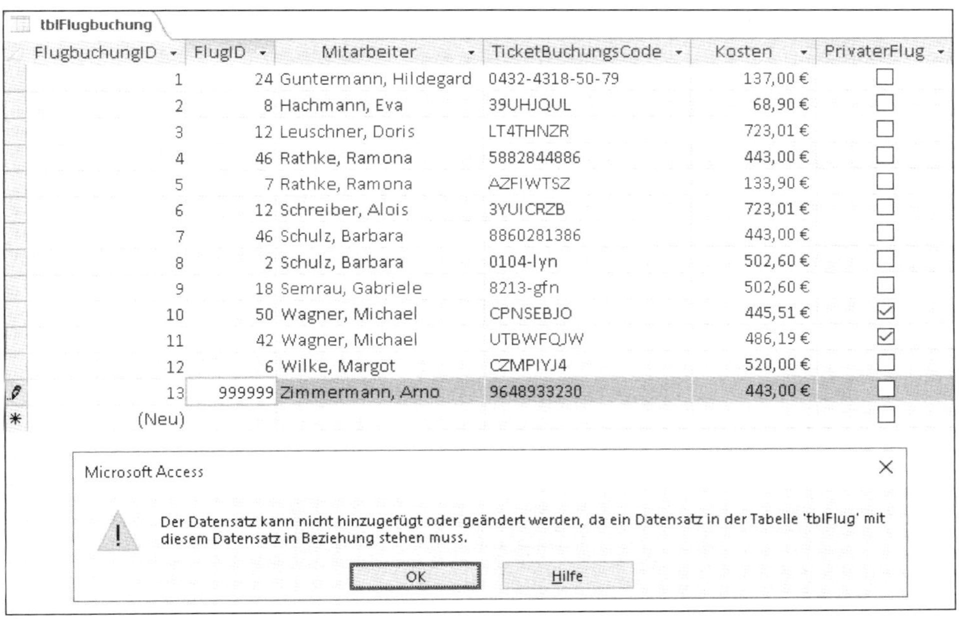
tblFlugbuchung

FlugbuchungID	FlugID	Mitarbeiter	TicketBuchungsCode	Kosten	PrivaterFlug
1	24	Guntermann, Hildegard	0432-4318-50-79	137,00 €	☐
2	8	Hachmann, Eva	39UHJQUL	68,90 €	☐
3	12	Leuschner, Doris	LT4THNZR	723,01 €	☐
4	46	Rathke, Ramona	5882844886	443,00 €	☐
5	7	Rathke, Ramona	AZFIWTSZ	133,90 €	☐
6	12	Schreiber, Alois	3YUICRZB	723,01 €	☐
7	46	Schulz, Barbara	8860281386	443,00 €	☐
8	2	Schulz, Barbara	0104-lyn	502,60 €	☐
9	18	Semrau, Gabriele	8213-gfn	502,60 €	☐
10	50	Wagner, Michael	CPNSEBJO	445,51 €	☑
11	42	Wagner, Michael	UTBWFQJW	486,19 €	☑
12	6	Wilke, Margot	CZMPIYJ4	520,00 €	☐
13	999999	Zimmermann, Arno	9648933230	443,00 €	☐
(Neu)					☐

Abbildung 2.69 Die Beziehung mit referentieller Integrität ist aktiv: Ab jetzt prüft Access automatisch, ob »FlugID« überhaupt vorhanden ist.

Eine schöne Sache, oder? Die automatische Überprüfung eines Fremdschlüssels funktioniert aber nur, wenn Sie das Häkchen bei MIT REFERENTIELLE INTEGRITÄT gesetzt haben. Sie können zwar eine Beziehung ohne referentielle Integrität erzeugen, und sie wird im Fenster BEZIEHUNGEN auch angezeigt. Aber: Diese Beziehung ist rein kosmetischer Natur – eine Linie, die keine Auswirkung auf die Tabelleninhalte hat. Meine Empfehlung: Nutzen Sie die automatische Überprüfung von Access. Erstellen Sie *immer* die Tabellenbeziehungen, und setzen Sie *ausnahmslos immer* das Häkchen bei MIT REFERENTIELLER INTEGRITÄT. Mir ist es im Übrigen ein Rätsel geblieben, warum Microsoft überhaupt zulässt, das Häkchen nicht zu setzen.

Aktualisierungsweitergabe

Sie werden sich sicher gefragt haben, was die beiden Felder AKTUALISIERUNGSWEITERGABE und LÖSCHWEITERGABE bedeuten. Eine *Aktualisierungsweitergabe* (englisch *cascading update*) spielt überhaupt nur eine Rolle, wenn sich der Primärschlüssel in der Haupttabelle ändert. Für die Felder des Primärschlüssels empfehle ich Ihnen, den Felddatentyp AUTOWERT zu verwenden. In diesem Fall kann der Primärschlüssel gar nicht geändert werden, und Sie brauchen sich über die Aktualisierungsweitergabe keine Gedanken zu machen (und lassen das Feld AKTUALISIERUNGSWEITERGABE deaktiviert).

Nur bei einem veränderbaren Primärschlüssel kann eine Aktualisierungsweitergabe auftreten. Bevor Sie wirklich mit veränderbaren Primärschlüsseln arbeiten, machen Sie sich bitte über die weitreichenden Konsequenzen Gedanken.

Veränderbare Primärschlüssel und der Update-GAU

In Abschnitt 2.2.3, »Der Primärschlüssel«, habe ich Ihnen die Anforderungen an einen Primärschlüssel aufgeführt:

- Der Primärschlüssel ist eindeutig.
- Der Primärschlüssel ändert sich nie.

Streng genommen gibt es die zweite Einschränkung, dass sich Primärschlüssel nie ändern dürfen, in relationalen Datenbanken nicht. Sie können in Access auch natürliche und veränderbare Schlüssel als Primärschlüssel verwenden. Wenn jemand einen solchen Primärschlüssel ändert, muss der neue Wert aber auch in allen verbundenen Tabellen geändert werden. Genau dies ist mit *Aktualisierungsweitergabe* gemeint. Warum erwähnte ich, dass der Primärschlüssel nicht veränderbar sein darf?

Zur Anschauung statten wir unsere Datenbank einmal mit natürlichen und veränderbaren Primärschlüsseln aus (Abbildung 2.70; in den Materialien zum Buch finden Sie dieses Beispiel unter *02_Access_als_Datenbank_Tabellen\2.7.4_Fluege_natuerliche_Primaerschluessel.accdb*). Wenn sich jetzt der Name einer Fluggesellschaft in *tblFluggesellschaft* ändert, wird der neue Wert über die Aktualisierungsweitergabe in der Tabelle *tblFlug* eingetragen. Aus der vermeintlich kleinen Änderung eines einzelnen Datensatzes wird plötzlich eine große Änderung von mehreren Datensätzen in allen verbundenen Tabellen! Aber es kommt noch schlimmer ...

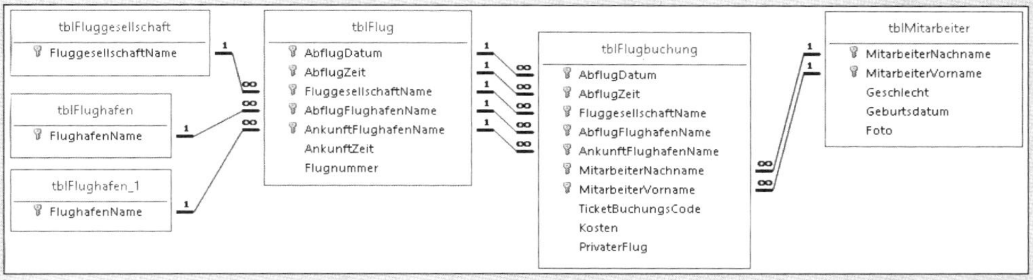

Abbildung 2.70 Natürliche Primärschlüssel haben den entscheidenden Nachteil, dass sie innerhalb einer Tabellenhierarchie immer größer werden.

Beim Datenbankdesign mit natürlichen Schlüsseln können Sie eine Tendenz zu großen Schlüsseln beobachten, wenn Sie eine *Tabellenhierarchie* betrachten (z. B. *tblFluggesellschaft – tblFlug –tblFlugbuchung*). Der Primärschlüssel wird von Tabelle zu Tabelle erweitert. »FluggesellschaftName« gehört zum Primärschlüssel von *tblFlug* und gleichzeitig zum Primärschlüssel von *tblFlugbuchung*. Unsere Aktualisierungsweitergabe geht also weiter zur Tabelle *tblFlugbuchung*. In großen Datenbanken gibt es möglicherweise noch weitere Tabellen, die mit *tblFlugbuchung* verbunden sind. Sie können in Ihrer Datenbank eine richtige Kettenreaktion von Aktualisierungsweitergaben auslösen, indem Sie nur genügend weit oben in der Tabellenhierarchie einen Primärschlüssel ändern. Auf diese Weise kommt jedes Datenbankmanagementsystem (DBMS) leicht an die Grenzen seiner Leistungsfähigkeit.

Ich rate Ihnen daher dringend von veränderbaren Primärschlüsseln ab. Mit *stellvertretenden Schlüsseln* (Felddatentyp AutoWert) sind Sie immer auf der sicheren Seite.

Löschweitergabe

Eine *Löschweitergabe* (englisch *cascading delete*) ist relevant, wenn Sie einen Datensatz der Haupttabelle löschen. Ohne das Häkchen bei Löschweitergabe wird Ihnen eine Fehlermeldung wie in Abbildung 2.71 angezeigt, solange Datensätze in einer verbundenen Tabelle vorhanden sind. Dies ist im Regelfall gewünscht: Beispielsweise müssen zuerst alle Flugbuchungen gelöscht werden, bevor der Flug selbst entfernt wird.

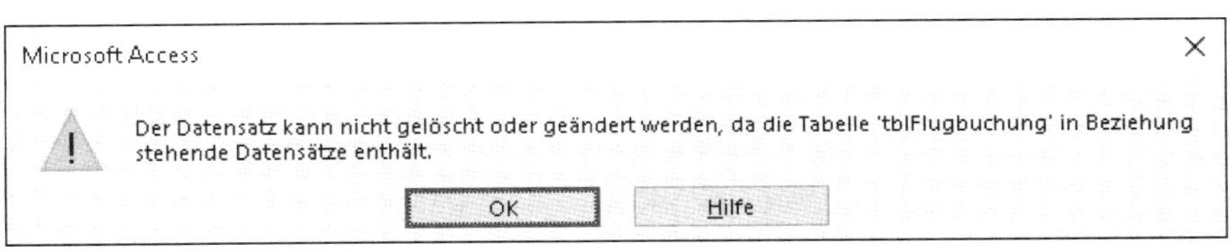

Abbildung 2.71 Ohne Löschweitergabe kann ein Datensatz in der Haupttabelle nicht gelöscht werden, solange noch mindestens ein abhängiger Datensatz in der Detailtabelle (hier: »tblFlugbuchung«) vorhanden ist.

Mit aktivierter Löschweitergabe ist das Verhalten anders: Wenn Sie jetzt einen Datensatz in der Haupttabelle löschen, werden alle abhängigen Datensätze in der Detailtabelle automatisch gelöscht! Die Entscheidung, die Löschweitergabe für eine Tabellenbeziehung zu aktivieren, sollten Sie sorgfältig abwägen. Intuitiv werden Anwender, die Ihre Datenbank verwenden, keine Löschweitergabe erwarten und sich wundern, wenn Datensätze in den Detailtabellen automatisch gelöscht wurden.

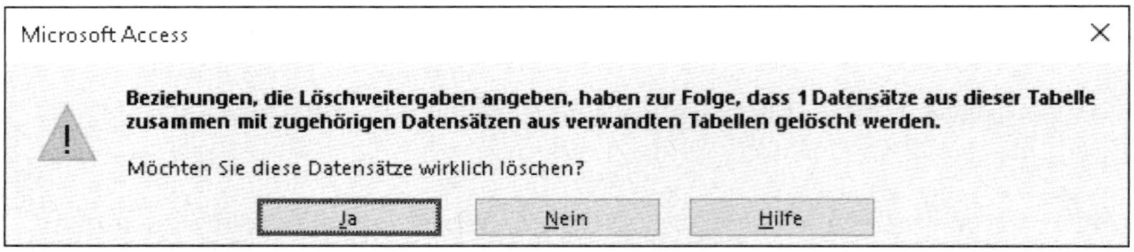

Abbildung 2.72 Access warnt vor dem Löschen, dass durch die Löschweitergabe noch weitere Datensätze in anderen Tabellen gelöscht werden.

Zwar erwähnt Access das Wort »Löschweitergabe« in der Warnmeldung vor dem Löschen (Abbildung 2.72), aber diese Meldung wird vom Anwender gerne übersehen. Meine Erfahrung ist, dass die Löschweitergabe nur in wenigen Fällen sinnvoll ist. Ein Beispiel für den sinnvollen Einsatz ist die automatisch gefüllte Änderungentabelle, die ich Ihnen in Abschnitt 2.7.6, »Typische Muster von Tabellenbeziehungen«, vorstellen werde.

Zusammenfassung

Tabellenbeziehungen sind in Datenbanken ein absolutes Muss. Erstellen Sie mit jeder neuen Tabelle auch die zugehörigen Tabellenbeziehungen, und vergessen Sie bitte nicht das Häkchen bei Mit referentieller Integrität. Die anderen beiden Optionen, Aktualisierungsweitergabe und Löschweitergabe, sollten Sie möglichst nicht aktivieren.

Ich finde es übrigens immer wieder erschreckend, wie häufig ich auf Datenbanken ohne Tabellenbeziehungen mit referentieller Integrität stoße. In solchen Datenbanken findet man regelmäßig inkonsistente Datensätze, beispielsweise verwaiste Flugbuchungen mit unbekanntem Flug. Mit erzwungener referentielle Integrität kann Ihnen so etwas nicht passieren.

Best Practice beim Erstellen von Beziehungen

- Erzeugen Sie nach dem Erstellen eines Fremdschlüssels gleich die Beziehung.
- Aktivieren Sie *unbedingt* die referentielle Integrität.
- Die Aktualisierungsweitergabe aktivieren Sie nicht.
- Aktivieren Sie die Löschweitergabe nur in wohlüberlegten Ausnahmefällen.

2.7.5 Übersicht schaffen mit Datenbankdiagrammen

In den vorherigen Abschnitten haben Sie bereits einige *Datenbankdiagramme* gesehen. Abbildung 2.73 zeigt ein umfassendes Beispiel mit fünf Tabellen, das Sie in den Materialien zum Buch unter *02_Access_als_Datenbank_Tabellen\2.7.5_Fluege_umfassend.accdb* finden:

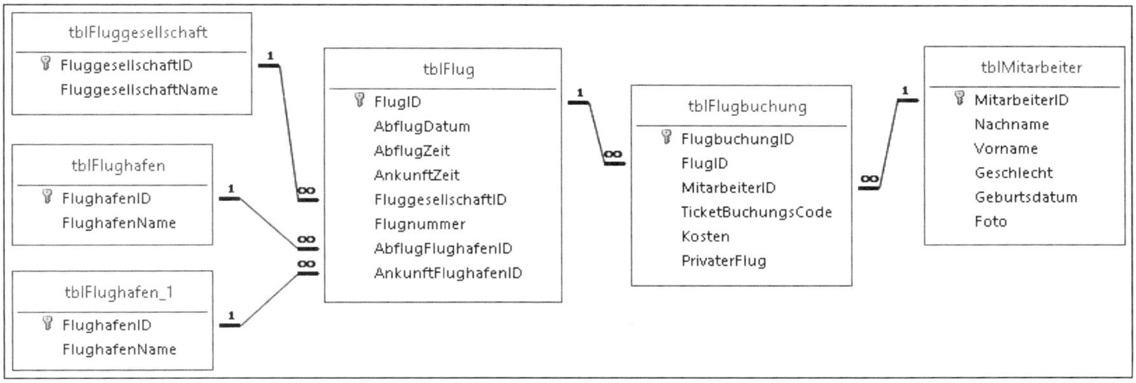

Abbildung 2.73 Im Datenbankdiagramm werden Tabellen mit ihren Feldern und Beziehungen grafisch dargestellt.

Unser Gehirn kommt mit grafischen Darstellungen besser zurecht. Mit einem Datenbankdiagramm wird es Ihnen deutlich leichter gelingen, das Datenbankdesign zu verstehen und im Überblick zu behalten. Ich erinnere mich gut an umfangreiche Datenbankprojekte, an denen ich als Programmierer mitgewirkt habe: Es gab immer ein oder zwei Pinnwände, auf denen die Datenbankdiagramme stets präsent waren und zur Softwareentwicklung herangezogen wurden. In diesem Abschnitt dreht sich alles darum, wie Sie Datenbankdiagramme in Access erstellen können.

Die Ansicht »Beziehungen«

In einer Access-Datenbank rufen Sie das Datenbankdiagramm über DATENBANKTOOLS • BEZIEHUNGEN auf:

Dieses Fenster haben Sie schon in Abschnitt 2.7.4, »Referentielle Integrität«, kennengelernt und damit Tabellenbeziehungen mit referentieller Integrität erzeugt. Im Fenster BEZIEHUNGEN können Sie Tabellen hinzufügen und wieder entfernen. Wichtig ist an dieser Stelle: Im Fenster BEZIEHUNGEN erzeugen Sie weder eine Tabelle noch löschen Sie eine bestehende Tabelle. Es geht nur darum, ob eine Tabelle im Datenbankdiagramm sichtbar ist oder nicht. Auch die erstellten Tabellenbeziehungen bestehen weiter, selbst dann, wenn Sie eine der beiden Tabellen aus dem Datenbankdiagramm entfernen.

Sie können auch das gesamte Diagramm löschen; die Tabellen mit den bereits erstellten Beziehungen bleiben unverändert bestehen. Wenn Sie auf SPEICHERN klicken (oder [Strg] + [S] drücken), wird das Datenbankdiagramm, d. h. die grafische Anordnung der Tabellen, so wie gerade am Bildschirm sichtbar abgespeichert. Leider ist das Anordnen und Ausrichten der Tabellen immer eine ziemliche Fummelei – schade, dass Microsoft hier über Access-Versionen hinweg überhaupt nichts verbessert hat.

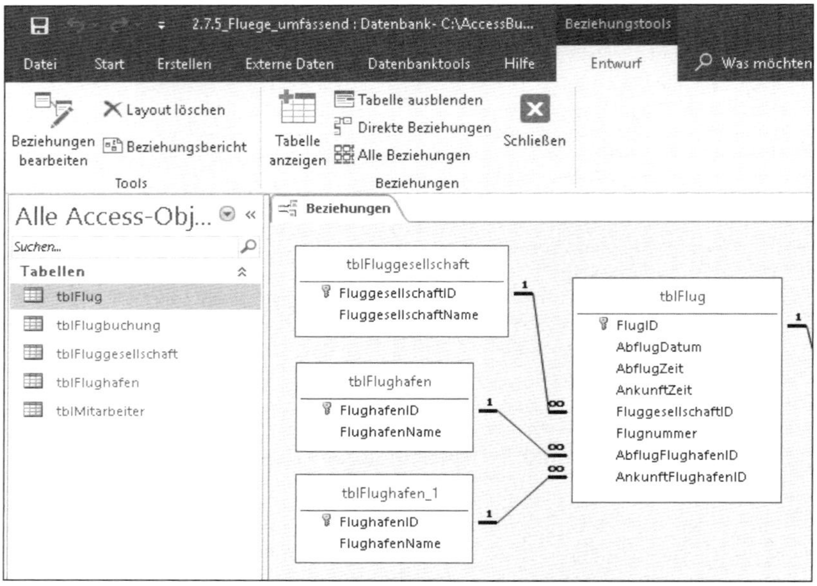

Abbildung 2.74 In der Ansicht »Beziehungen« können Sie das Datenbankdiagramm und sämtliche Tabellenbeziehungen bearbeiten.

Es gibt noch zwei nette Funktionen:

1. DIREKTE BEZIEHUNGEN:
   Löschen Sie das Datenbankdiagramm (LAYOUT LÖSCHEN), und fügen Sie über TABELLE ANZEIGEN die Tabelle *tblFlugbuchung* hinzu. Wenn Sie jetzt auf DIREKTE BEZIEHUNGEN klicken, werden Ihnen alle Tabellen angezeigt, zu denen Tabellenbeziehungen bestehen. In diesem Fall sind das die beiden Haupttabellen der m:n-Beziehung, nämlich *tblFlug* und *tblMitarbeiter*.
2. ALLE BEZIEHUNGEN:
   Über diese Funktion werden alle Tabellen angezeigt, für die mindestens eine Beziehung besteht. Die Anordnung der Tabellen müssen Sie leider selbst schön machen.

Datenbankdiagramme ausdrucken

Aus Erfahrung empfehle ich Ihnen, das Datenbankdiagramm nach wichtigen Änderungen des Datenbankdesigns auszudrucken und an die Pinnwand zu hängen. Dabei unterstützt Sie der BEZIEHUNGSBERICHT, mit dem Sie das Datenbankdiagramm auch großformatig (z. B. als Poster verteilt über mehrere Papierbögen) ausdrucken können. Übrigens erzeugt diese Funktion einen Access-Bericht, den Sie weiter anpassen können.

Tabellenbeziehungen

Über ENTWURF • BEZIEHUNGEN BEARBEITEN rufen Sie das Fenster BEZIEHUNGEN BEARBEITEN auf, das Sie bereits kennen:

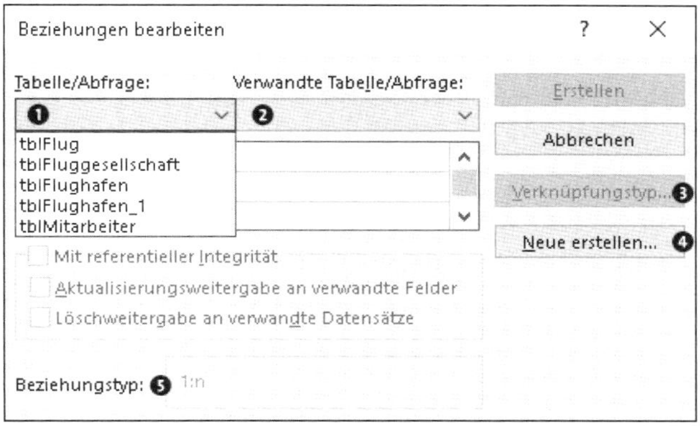

Abbildung 2.75 Im Fenster »Beziehungen bearbeiten« können Sie eine bestehende Beziehung anhand der Haupt- und der Detailtabelle aufrufen.

In diesem Fenster können Sie die Tabellenbeziehungen Ihrer Datenbank bearbeiten:

1. Wie bereits erwähnt, wird unter TABELLE/ABFRAGE die *Haupttabelle* angezeigt. In der Combo-Box ❶ können Sie eine der Haupttabellen, für die bereits Beziehungen bestehen, auswählen.
2. Wenn von dieser Haupttabelle mehrere Beziehungen ausgehen, wählen Sie die richtige *Detailtabelle* unter VERWANDTE TABELLE/ABFRAGE ❷.
3. Die Bezeichnung VERKNÜPFUNGSTYP ❸ leitet etwas in die Irre. *Verknüpfungen* treten nur bei *Abfragen* auf. Egal, was Sie hier einstellen, auf die Tabellenbeziehung hat das keine Auswirkung. Im Zweifelsfall belassen Sie die Auswahl bei INNERE VERKNÜPFUNG.

Verknüpfungstyp: Wer es genau wissen will ...

In Abschnitt 3.4, »Abfragen von Daten aus mehreren Tabellen«, werde ich Ihnen zeigen, dass Sie mit einer *Abfrage* Daten aus mehreren Tabellen zusammenführen können. Dabei ist es wichtig, wie die beteiligten Tabellen miteinander verknüpft werden. Unter BEZIEHUNGEN BEARBEITEN • VERKNÜPFUNGSTYP können Sie die *standardmäßige Verknüpfung* zwischen zwei Tabellen festlegen. Wenn Sie zwei Tabellen in die Abfrage-Entwurfsansicht übernehmen, wird die hier eingestellte Verknüpfung übernommen. Anschließend können Sie die Verknüpfung in der Abfrage-Entwurfsansicht aber immer noch anpassen.

4. Eine *neue Beziehung* erstellen Sie entweder wie in Abschnitt 2.7.4, »Referentielle Integrität«, beschrieben per Drag & Drop oder über die Schaltfläche NEUE ERSTELLEN ❹.

5. Um eine Beziehung zu *entfernen*, schließen Sie zunächst das Fenster BEZIEHUNGEN BEARBEITEN. Klicken Sie dann die Verbindungslinie zwischen den beiden Tabellen an. Drücken Sie nun die Taste `Entf`, um die Beziehung zu löschen.

Unterhalb der Haupttabelle und der Detailtabelle können Sie den Primärschlüssel sowie den passenden Fremdschlüssel auswählen. Statt des Primärschlüssels dürfen Sie für die Haupttabelle auch einen Alternativschlüssel auswählen – davon rate ich Ihnen aber ab. Den BEZIEHUNGSTYP ❺ (entweder 1:n oder 1:1) erkennt Access automatisch, hier brauchen Sie nichts einzustellen.

Falls Sie – wie es mir einmal in einem Projekt widerfahren ist – gezwungen werden, mit natürlichen Schlüsseln zu arbeiten: Zunächst mein aufrichtiges Bedauern und Mitgefühl. Bei zusammengesetzten Schlüsseln müssen Sie hier alle Felder, die den natürlichen Schlüssel bilden, eintragen. Im Folgenden können Sie dann wertvolle Arbeitszeit mit Aktualisierungsweitergaben, dem Update-GAU und erheblichem anderem Mehraufwand bei der Entwicklung der Datenbank verschwenden. In den Materialien zum Buch finden Sie in der Datenbank *02_Access_als_Datenbank_Tabellen\2.7.4_Fluege_natuerliche_Primaerschluessel.accdb* mehrere Beziehungen mit natürlichen Schlüsseln. Das Ganze sieht dann zum Beispiel so aus wie in Abbildung 2.76:

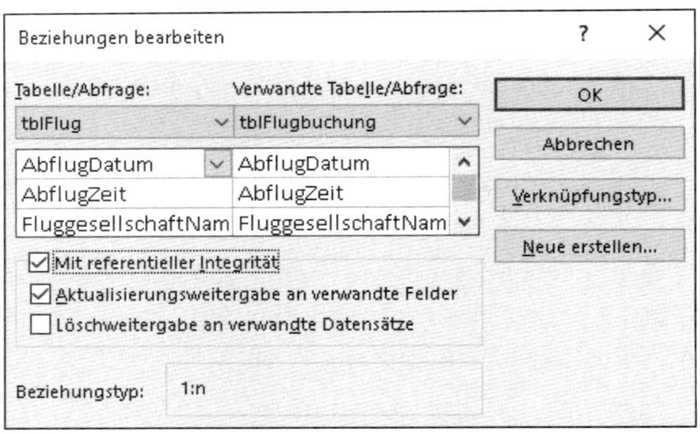

Abbildung 2.76 Bei Beziehungen mit natürlichen Schlüsseln werden alle Felder, die den zusammengesetzten Schlüssel bilden, in der gleichen Reihenfolge angegeben.

Beziehungen mit Rollennamen

In Abschnitt 2.7.1, »1:n-Beziehung«, hatten wir uns den Fall angesehen, dass zwischen der Tabelle *tblFlug* und *tblFlughafen* zwei 1:n-Beziehung bestehen: eine für den Abflug-Flughafen, die andere für den Flughafen der Landung. In *tblFlug* waren zwei Fremdschlüssel notwendig – »AbflugFlughafenID« und »AnkunftFlughafenID« –, und Sie hatten dabei Rollennamen kennengelernt.

Es gibt eine kleine Besonderheit, wenn Sie mehr als eine Beziehung mit referentieller Integrität zwischen zwei Tabellen einrichten wollen. Am besten gehen wir das schrittweise durch:

1. Öffnen Sie die Beispieldatenbank *02_Access_als_Datenbank_Tabellen\2.7.1_Fluege_1_n_Beziehung.accdb* in den Materialien zum Buch.
2. Gehen Sie zu DATENBANKTOOLS • BEZIEHUNGEN.
3. Wählen Sie *tblFlug* aus, und klicken Sie auf HINZUFÜGEN.
4. Wählen Sie *tblFlughafen* aus, und klicken Sie auf HINZUFÜGEN.
5. Schließen Sie das Fenster TABELLE ANZEIGEN. Zwischen den beiden Tabellen besteht noch keine Beziehung mit referentieller Integrität.
6. Ziehen Sie das Feld »AbflugFlughafenID« der Tabelle *tblFlug* per Drag & Drop auf das Feld »FlughafenID« der Tabelle *tblFlughafen*.
7. Erstellen Sie die erste 1:n-Beziehung mit referentieller Integrität.
8. Ziehen Sie nun das Feld »AnkunftFlughafenID« der Tabelle *tblFlug* per Drag & Drop auf das Feld »FlughafenID« der Tabelle *tblFlughafen*.
9. Access weist Sie darauf hin, dass bereits eine Beziehung zwischen den beiden Tabellen besteht. Klicken Sie auf NEIN, um die zweite 1:n-Beziehung einzurichten.
10. Erstellen Sie auch die zweite 1:n-Beziehung mit referentieller Integrität.

Das fertige Beispiel finden Sie in den Materialien zum Buch unter *02_Access_als_Datenbank_Tabellen\2.7.5_Flug_Flughafen_Datenbankdiagramm.accdb*. Ihr Bildschirm sollte jetzt so aussehen wie in Abbildung 2.77:

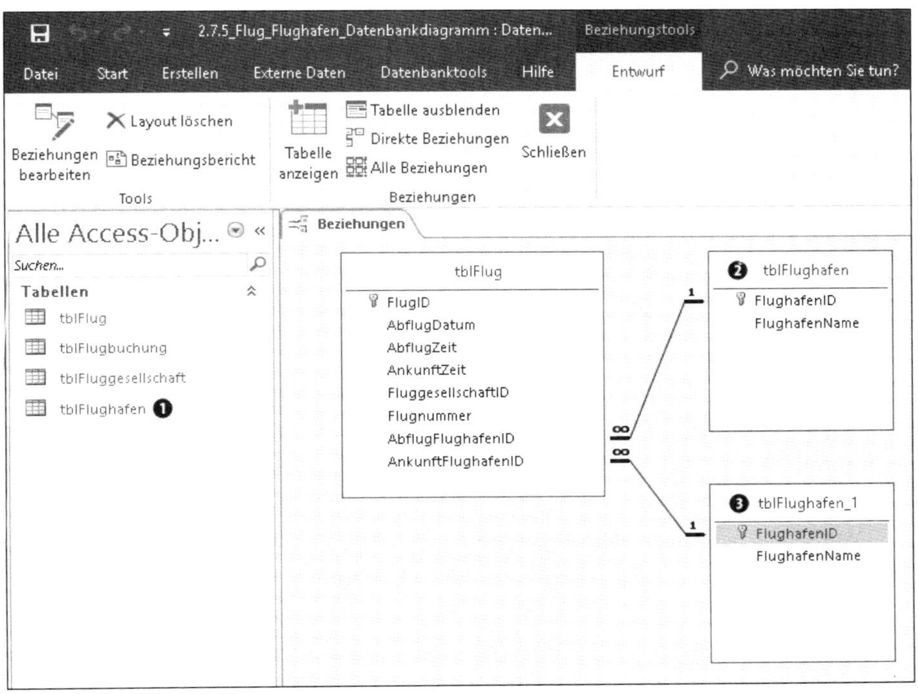

Abbildung 2.77 In einem Datenbankdiagramm kann eine Tabelle auch mehrfach angezeigt werden.

Hoppla, was ist hier passiert? Warum wird die Tabelle *tblFlughafen* zweimal angezeigt? Lassen Sie sich bitte nicht verwirren: Es gibt nach wie vor nur eine Tabelle *tblFlughafen* ❶! Im Datenbankdiagramm gibt es zwei Kästen für dieselbe Tabelle, nämlich *tblFlughafen* ❷ und *tblFlughafen_1* ❸. Den Tabellennamen im zweiten Kasten ergänzt Access automatisch um »_1«. Leider ist es Microsoft hier bisher nicht gelungen, eine korrekte und dennoch übersichtliche Darstellung im Datenbankdiagramm umzusetzen. Tabellen können also mehrfach im Datenbankdiagramm angezeigt werden, und wenn mehr als eine Beziehung zwischen zwei Tabellen bestehen, ist das auch notwendig.

Wenn die Datenbank viele Tabellen enthält: Mehrere themenbezogene Datenbankdiagramme

Es gibt einen – in meinen Augen eklatanten – Nachteil von Datenbankdiagrammen in Access: Es gibt pro Datenbank nur ein einziges Datenbankdiagramm. Solange Ihre Datenbank wenige Tabellen hat, ist das relativ egal. Sobald aber Ihre Datenbank wächst und Sie mehr als ein Dutzend Tabellen haben, wird die ganze Angelegenheit zu unübersichtlich für ein einziges Datenbankdiagramm. Bei einer großen Anzahl von Tabellen hat es sich bewährt, mehrere Datenbankdiagramme jeweils mit eigenen Unterthemen anzulegen. Es ist dann völlig normal, dass einige besonders wichtige Tabellen in mehreren Datenbankdiagrammen auftauchen.

Wie erwähnt ist es in Access leider nicht möglich, mehr als ein Datenbankdiagramm anzulegen. An dieser Stelle möchte ich Ihnen einen kurzen Ausblick auf zwei andere Programme geben, mit denen dies möglich ist bzw. war:

1. **Microsoft SQL Server**
   Mit dem Microsoft SQL Server können Sie eine *Server-Datenbank* einrichten. Dies ist der ideale Ort, um eine große Anzahl von Tabellen zu verwalten. Der Microsoft SQL Server hat eine eigene Software zur Administration und Entwicklung, das *SQL Server Management Studio (SSMS)*. Mit diesem Werkzeug können Sie *mehrere* Datenbankdiagramme erstellen und abspeichern. Damit Sie es einmal gesehen haben, so sieht ein Datenbankdiagramm im SSMS aus (Abbildung 2.78).
2. **Visio**
   Eines meiner Lieblingswerkzeuge ist Microsoft Visio. Visio gehört ebenso wie Access zur Office-Familie, ist aber ausschließlich als separates Programm erhältlich. Mit der Edition Visio Professional (nicht Visio Standard) können Sie Datenbankdiagramme erstellen.

   Leider muss ich an dieser Stelle ein großes Aber einschieben, denn nur bis zur Version Visio 2010 war das ein wunderbares Werkzeug. Am besten gefiel mir daran die Funktion des *Reverse Engineerings* (von Visio aus mit der Access-Datenbank verbinden, bestehende Tabellen und Beziehungen auslesen und das Datenbankdiagramm auf den aktuellen Stand bringen). Dadurch konnten Sie schnell zu Datenbankdiagrammen wie in Abbildung 2.79 gelangen.

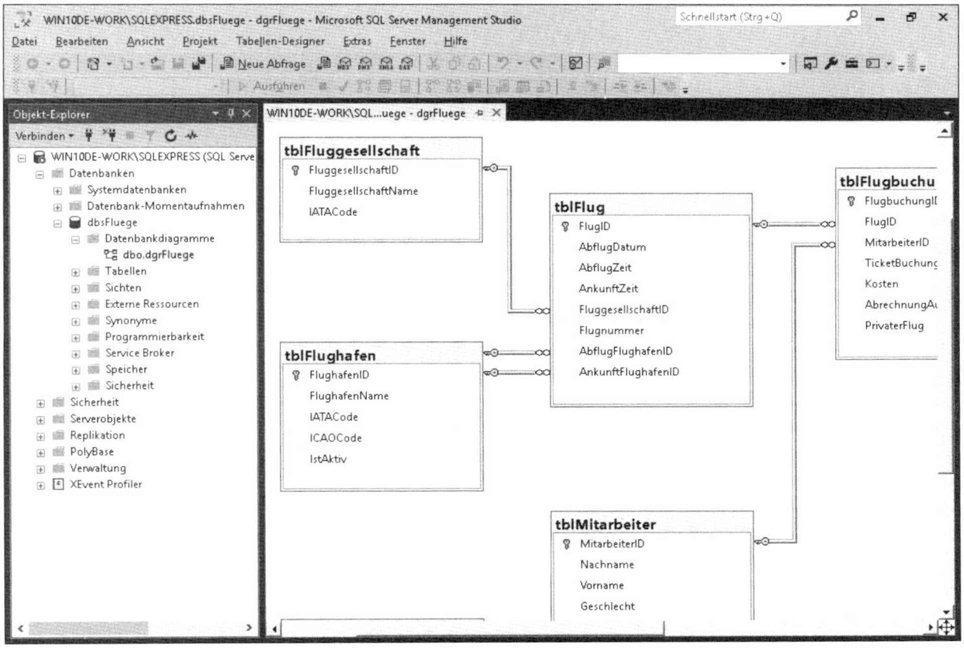

Abbildung 2.78 Ein Datenbankdiagramm im Microsoft SQL Server Management Studio

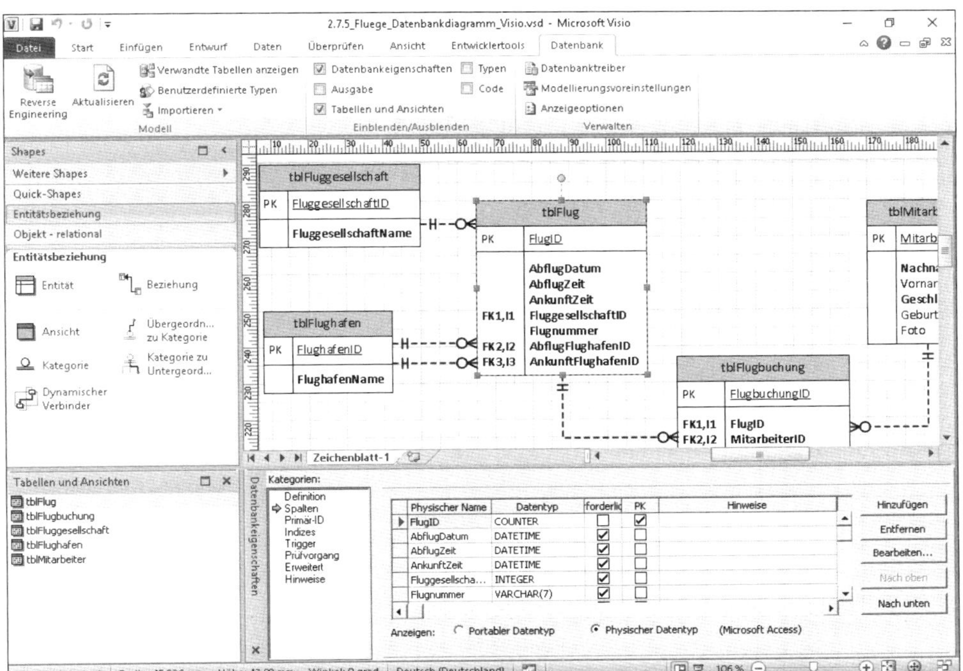

Abbildung 2.79 Ein Datenbankdiagramm in Microsoft Visio

Die entsprechende Visio-Datei finden Sie in den Materialien zum Buch unter *02_Access_als_Datenbank_Tabellen\2.7.5_Fluege_Datenbankdiagramm_Visio.vsd*.

Leider gibt es Reverse Engineering *nicht* mehr seit Visio 2013! Und alles sieht danach aus, dass die Datenbankdiagramme nur noch halbherzig unterstützt werden und in Kürze ganz wegfallen dürften. Stattdessen hat Microsoft dieses Werkzeug mit einem etwas anderen Schwerpunkt in Visual Studio und somit außer der Reichweite der meisten Anwender von Access verlagert.

Gibt es eine Alternative zu Visio?

Die Entscheidung von Microsoft sorgte gerade bei versierten Access-Entwicklern für Unverständnis. Wenn Sie Datenbankdiagramme mit Visio erstellen möchten, kann ich Ihnen guten Gewissens nur Visio 2010 Professional empfehlen.

Als wirkliche Alternative gibt es sowohl frei erhältliche als auch kommerzielle Software, die zur Modellierung von Datenbanken geeignet ist. Sie müssen nur darauf achten, ob eine Access-Datenbank unterstützt wird. Aber vielleicht wollen Sie ein größeres Projekt ohnehin lieber mit Unterstützung einer Server-Datenbank umsetzen?

Zusammenfassung

In diesem Abschnitt haben wir uns ausführlich die Ansicht BEZIEHUNGEN angesehen, ein sehr wichtiges Hilfsmittel für Tabellenbeziehungen und Datenbankdiagramme. Wenn Sie Datenbankdiagramme konsequent einsetzen, werden Sie auch in großen Datenbanken immer den Überblick behalten.

Best Practice beim Umgang mit Datenbankdiagrammen

- Nutzen Sie ein Datenbankdiagramm, um die Übersicht über Ihre Datenbank zu behalten.
- Nehmen Sie sich Zeit, die Tabellen sinnvoll anzuordnen.
- Aktualisieren Sie Ihr Datenbankdiagramm regelmäßig.
- Drucken Sie das Datenbankdiagramm auf großformatigem Papier aus.
- Nutzen Sie den Ausdruck für den weiteren Entwicklungsprozess.
- Verwenden Sie bei größeren Projekten mehrere und themenbezogene Datenbankdiagramme.

2.7.6 Typische Muster von Tabellenbeziehungen

An dieser Stelle möchte ich Ihnen vier typische Muster von Tabellenbeziehungen mitgeben, die immer wieder auftreten:

Muster	Beispiel
Hierarchie	▶ Eine Fluggesellschaft besitzt mehrere Flugzeuge. ▶ Jedes Flugzeug hat mehrere Sitzkategorien (z. B. erste Klasse, Business Class, Economy Class). ▶ In jeder Sitzkategorie gibt es mehrere Sitze.
Historie	Ein Mitarbeiter war in mehreren Abteilungen tätig, und zwar jeweils von ... (Datum) bis ... (Datum).
Änderungentabelle	Verfolgen Sie die Änderungen an Datensätzen anhand einer separaten Änderungentabelle: ▶ der aktuelle Stand in *tblMitarbeiter* ▶ die Änderungen in *tblMitarbeiterAenderungen* Bei jeder Datensatzänderung wird die Änderungentabelle automatisch gefüllt.
Rekursion	▶ Jeder Mitarbeiter hat einen Vorgesetzten. ▶ Jeder Vorgesetzte hat wiederum einen Vorgesetzten. ▶ Der Geschäftsführer hat keinen Chef.

Tabelle 2.32 Tabellen und Beziehungen in dieser Form werden Ihnen häufig beim Datenbankdesign begegnen.

Hierarchie

Ihnen fällt bestimmt spontan eine ganze Reihe von *Hierarchien* ein, die im Alltag auftreten. Hier ein paar Beispiele:

- Eine Firma hat mehrere Abteilungen – in jeder Abteilung arbeiten mehrere Mitarbeiter – jeder Mitarbeiter ist für mehrere Projekte verantwortlich – ...
- Ein Buch besteht aus mehreren Kapiteln – jedes Kapitel besteht aus mehreren Abschnitten – in jedem Abschnitt gibt es Unterabschnitte – jeder Unterabschnitt hat mehrere Absätze, Tabellen, Bilder etc.
- In einem Flugzeug gibt es mehrere Beförderungsklassen (z. B. Economy Class, Business Class, First Class) – in jeder Klasse gibt es mehrere Sitzreihen – in jeder Sitzreihe sind die einzelnen Sitzplätze.

Tabellenhierarchien werden in einer Datenbank durch mehrere 1:n-Beziehungen erzeugt, so wie in unserem Beispiel *tblFluggesellschaft – tblFlug – tblFlugbuchung*:

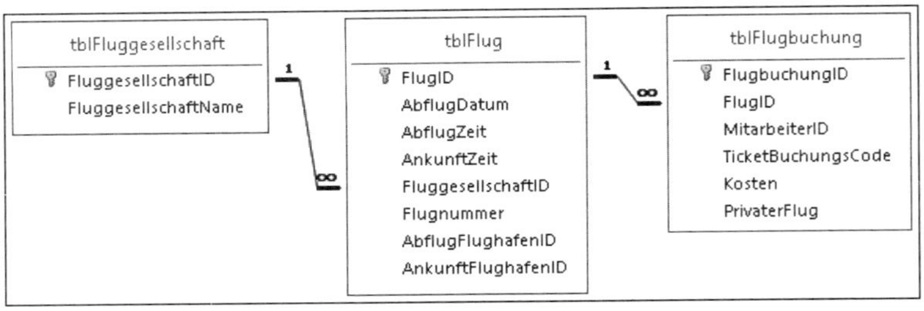

Abbildung 2.80 Mehrere 1:n-Beziehungen erzeugen eine Tabellenhierarchie.

Hierarchien treten sehr häufig auf, und Sie werden auch in kleineren Datenbanken eine oder mehrere Tabellenhierarchien entdecken können.

Historie

Wir haben bisher immer den Fall gehabt, dass in der Datenbank der aktuelle Stand abgespeichert ist, beispielsweise: Wer ist jetzt gerade auf einen Flug gebucht? Sie werden auf Situationen stoßen, in denen die Zeitachse sehr wichtig ist.

Denken Sie an folgendes Beispiel: Die Mitarbeiterin Frau Leuschner arbeitet zurzeit in der Abteilung Einkauf. Ab dem nächsten Monat wechselt Sie in den Vertrieb. Alle bisherigen Flugbuchungen sollen weiterhin über die Abteilung Einkauf abgerechnet werden. Nach dem Wechsel in die neue Abteilung sollen die Buchungen über den Vertrieb abgerechnet werden.

Ohne *Historie* besteht zwischen *tblAbteilung* und *tblMitarbeiter* eine 1:n-Beziehung. In einer Abteilung arbeiten mehrere Mitarbeiter. Ein Mitarbeiter ist zum heutigen Tag in genau einer Abteilung tätig. Diese Ausgangssituation ohne Historie finden Sie in den Materialien zum Buch unter *02_Access_als_Datenbank_Tabellen\2.7.6_Abteilung_Mitarbeiter.accdb*.

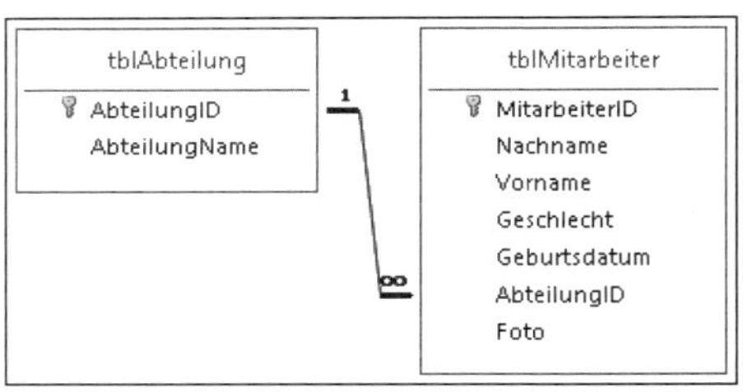

Abbildung 2.81 Der Fall ohne Historie: Eine einzelne 1:n-Beziehung gibt den aktuellen Stand an.

Um die Historie einzuführen, ersetzen Sie die 1:n-Beziehung durch eine m:n-Beziehung, denn in einer Abteilung waren in der Vergangenheit oder sind gegenwärtig mehrere Mitarbeiter tätig, und ein Mitarbeiter war über einen längeren Zeitraum betrachtet in mehreren Abteilungen tätig. Hier die einzelnen Schritte:

1. Gehen Sie zu DATENBANKTOOLS • BEZIEHUNGEN.
2. Löschen Sie die 1:n-Beziehung zwischen *tblAbteilung* und *tblMitarbeiter*.

3. Öffnen Sie die Tabelle *tblMitarbeiter* in der Entwurfsansicht.
4. Löschen Sie das Feld »AbteilungID«.
5. Speichern und schließen Sie die Entwurfsansicht von *tblMitarbeiter*.
6. Erstellen Sie die Tabelle *tblMitarbeiterTaetigInAbteilung* mit diesen Feldern:
   - »MitarbeiterTaetigInAbteilungID« (AutoWert, Primärschlüssel).
   - »MitarbeiterID« (Zahl, Feldgröße Long Integer, Eingabe erforderlich: Ja).
   - »AbteilungID« (Zahl, Feldgröße Long Integer, Eingabe erforderlich: Ja).
   - »TaetigVonDatum« (Datum/Uhrzeit, Eingabe erforderlich: Ja).
   - »TaetigBisDatum« (Datum/Uhrzeit, Eingabe *nicht* erforderlich).
7. Gehen Sie nochmals zu Datenbanktools • Beziehungen.
8. Erstellen Sie die 1:n-Beziehung zwischen *tblAbteilung* und *tblMitarbeiterTaetigInAbteilung* mit referentieller Integrität.
9. Erstellen Sie die 1:n-Beziehung zwischen *tblMitarbeiter* und *tblMitarbeiterTaetigInAbteilung* mit referentieller Integrität.

Ihre Datenbank sollte jetzt so aussehen wie in Abbildung 2.82 (in den Materialien zum Buch unter *02_Access_als_Datenbank_Tabellen\2.7.6_Abteilung_Mitarbeiter_mit_Historie.accdb* zu finden):

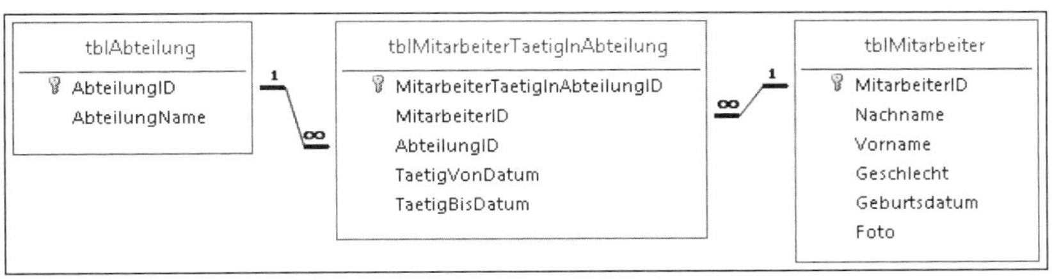

Abbildung 2.82 Mit einer Historie können Sie die Tätigkeit in einer Abteilung bestimmten Zeiträumen zuordnen.

Wichtig sind die beiden Felder »TaetigVonDatum« und »TaetigBisDatum«, die die zeitliche Zuordnung festlegen. Für einen beliebigen Zeitpunkt können Sie damit die gerade gültige Tätigkeit in einer Abteilung ablesen. Mit der Historie gewinnen Sie einen weiteren Vorteil: Jetzt können Sie in Ihrer Datenbank auch ehemalige und zukünftige Mitarbeiter erfassen!

Die Felder »Von ...« und »Bis ...«

Diese beiden Felder sind quasi das Herz der Historie. Üblicherweise ist der Beginn bekannt, daher sind NULL-Werte für »TaetigVonDatum« nicht erlaubt. Für das Feld »TaetigBisDatum« empfehle ich Ihnen zwei Konventionen:

- Das Enddatum gibt immer den ersten Tag *nach* dem Zeitraum an.
- NULL als Enddatum bedeutet »in die Zukunft unbegrenzt«.

Vielleicht erinnern Sie sich an diese Art von Intervallen noch aus dem Mathematikunterricht: ein links geschlossenes und rechts offenes Intervall. Kurz gesagt: Das Anfangsdatum gehört dazu, das Enddatum nicht.

Das ganze Thema »Historie« klingt nicht nur aufwendiger, sondern wird auch in der Umsetzung aufwendiger. Eine Datenbank, die auf allen Ebenen die Historie berücksichtigt, wird sogar richtig kompliziert! Daher empfehle ich Ihnen: Verwenden Sie die Historie nur dort, wo sie wirklich notwendig ist.

Änderungentabelle

Immer wieder höre ich von meinen Kunden: »Wir müssen den alten Stand unserer Daten sehen können!« und »Vor allem möchte ich wissen, wer wann einen Datensatz geändert hat!«. Mit einer *Änderungentabelle* können Sie alle Änderungen an den Datensätzen protokollieren.

Nehmen wir ein konkretes Beispiel: Änderungen in der Tabelle *tblMitarbeiter* sollen nachverfolgt werden können. Als Ausgangssituation können Sie wieder die Datenbank *02_Access_als_Datenbank_Tabellen\2.7.6_Abteilung_Mitarbeiter.accdb* aus den Materialien zum Buch verwenden. Erstellen Sie zunächst die Änderungentabelle *tblMitarbeiterAenderungen* mit diesen Feldern:

- »MitarbeiterAenderungenID« (AUTOWERT, Primärschlüssel)
- »MitarbeiterID« (ZAHL, Feldgröße LONG INTEGER, EINGABE ERFORDERLICH: JA)
- »Nachname« (KURZER TEXT, Feldgröße 32, EINGABE ERFORDERLICH: JA)
- »Vorname« (KURZER TEXT, Feldgröße 32)
- »Geschlecht« (KURZER TEXT, Feldgröße 1; EINGABE ERFORDERLICH: JA), mit der Gültigkeitsregel
  ```
  'M' Oder 'W'
  ```
- »Geburtsdatum« (DATUM/UHRZEIT)
- »AbteilungID« (ZAHL, Feldgröße LONG INTEGER, EINGABE ERFORDERLICH: JA)
- »Foto« (OLE-OBJEKT)
- »GeaendertAm« (DATUM/UHRZEIT, EINGABE ERFORDERLICH: JA) mit dem Standardwert
  ```
  =Jetzt()
  ```

Als Nächstes richten Sie zwischen *tblMitarbeiter* und *tblMitarbeiterAenderungen* eine 1:n-Beziehung ein. Ihre Datenbank sollte jetzt so aussehen wie in Abbildung 2.83 (Sie finden das Ergebnis in den Materialien zum Buch unter *02_Access_als_Datenbank_Tabellen\2.7.6_Abteilung_Mitarbeiter_mit_Aenderungen.accdb*):

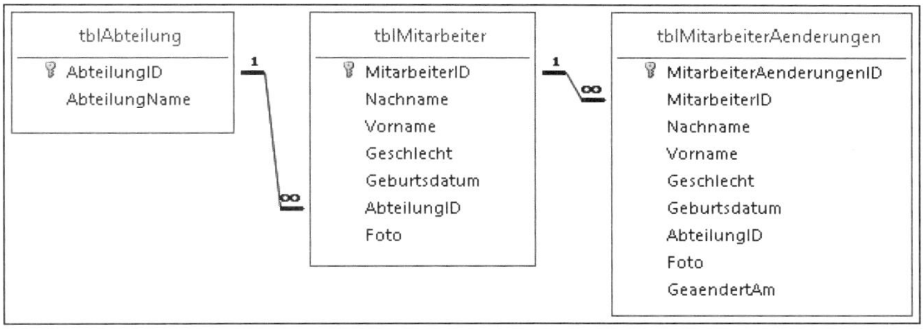

Abbildung 2.83 Die Änderungentabelle ist über eine 1:n-Beziehung mit der Haupttabelle verbunden.

Über die 1:n-Beziehung ist genau ein Datensatz der Tabelle *tblMitarbeiter* mit mehreren Datensätzen der Tabelle *tblMitarbeiterAenderungen* verbunden. In die Änderungentabelle sollten Sie selbst keine Datensätze eintragen. Stattdessen können Sie einen *Trigger* einsetzen, wie Sie ihn in Abschnitt 8.3.1, »Datenmakros (Trigger)«, kennenlernen werden. Ein Trigger ist ein kleines Programm, das die Tabelle *tblMitarbeiter* beobachtet. Immer dann, wenn Sie einen Datensatz in dieser Tabelle einfügen oder ändern, wird der Trigger aktiv. Wir werden den Trigger später so programmieren, dass der letzte Stand des Datensatzes als Kopie in die Änderungentabelle kopiert wird. In die Änderungentabelle werden also immer nur neue Datensätze eingefügt.

tblMitarbeiterAenderungen

Mitarbeiter	Mitarbeiterl	Nachname	Vorname	Geschlecht	Geburtsdatu	AbteilungID	Foto	GeaendertAm
11	7	Semrau	Monika	W	20.08.1979	2		10.07.2019 13:04:06
12	7	Semrau	Monika	W	20.08.1978	2		10.07.2019 13:04:14
13	11	Jonscher	Adam	M	24.03.1989	2		10.07.2019 13:05:01
14	11	Jonscher	Adam	M	24.03.1989	1		10.07.2019 13:05:22
15	11	Jonscher	Adam	M	24.03.1988	1		10.07.2019 13:06:06
(Neu)								10.07.2019 13:06:36

Abbildung 2.84 Durch den Trigger wird bei jeder Änderung in der Haupttabelle eine Kopie des Datensatzes in die Änderungentabelle eingefügt. Die Einträge von »Monika Semrau« und »Adam Jonscher« wurden nach ihrer Erstellung zweimal geändert.

Löschweitergabe für eine Änderungentabelle

Was passiert eigentlich mit den Datensätzen in der Änderungentabelle, wenn in der Haupttabelle ein Datensatz wirklich gelöscht werden soll? Sie können sich für zwei Möglichkeiten entscheiden:

- Die alten Versionen des Datensatzes bleiben in der Änderungentabelle bestehen.
- Alle alten Versionen des einen Datensatzes sind nicht mehr wichtig und werden ebenfalls gelöscht.

Im ersten Fall müssen Sie die 1:n-Beziehung entfernen. Wenn Sie den Datensatz in der Haupttabelle löschen, erzeugen Sie de facto verwaiste alte Versionen des Datensatzes in der Änderungentabelle. Die 1:n-Beziehung würde gerade dafür sorgen, dass so etwas nie passieren kann. In diesem konkreten Fall sind verwaiste Datensätze aber ausnahmsweise erwünscht!

Der zweite Fall ist ebenfalls eine Besonderheit: Hier ist es ausnahmsweise sinnvoll, die alten Versionen in der Änderungentabelle automatisch zu löschen. Aktivieren Sie dafür die Löschweitergabe für die 1:n-Beziehung.

Rekursion

Das Muster der *Rekursion* ist eine besondere Art der Hierarchie. In diesem Fall besteht eine Beziehung von einer Tabelle ausgehend zu sich selbst. Wie soll das aussehen? Wir gehen wieder von der Datenbank *02_Access_als_Datenbank_Tabellen\2.7.6_Abteilung_Mitarbeiter.accdb* aus den Materialien zum Buch aus und betrachten die Tabelle *tblMitarbeiter*. Für jeden Mitarbeiter soll zusätzlich der Vorgesetzte über das Feld »VorgesetzterID« erfasst werden:

1. Öffnen Sie die Tabelle *tblMitarbeiter* in der Entwurfsansicht.
2. Fügen Sie die Spalte »VorgesetzterID« hinzu (ZAHL, Feldgröße LONG INTEGER, Eingabe *nicht* erforderlich).
3. Speichern Sie die Tabelle *tblMitarbeiter* ab, und schließen Sie die Entwurfsansicht.
4. Gehen Sie zu DATENBANKTOOLS • BEZIEHUNGEN (die Tabelle *tblMitarbeiter* sollte bereits im Datenbankdiagramm sichtbar sein).
5. Klicken Sie auf TABELLE ANZEIGEN, und fügen Sie *tblMitarbeiter* erneut zum Datenbankdiagramm hinzu (sie wird dann als *tblMitarbeiter_1* im Datenbankdiagramm angezeigt).
6. Ziehen Sie das Feld »VorgesetzterID« der Tabelle *tblMitarbeiter* per Drag & Drop auf das Feld »MitarbeiterID« von *tblMitarbeiter_1*.
7. Erstellen Sie die 1:n-Beziehung mit referentieller Integrität.

Ihr Datenbankdiagramm sollte jetzt so aussehen wie in Abbildung 2.85:

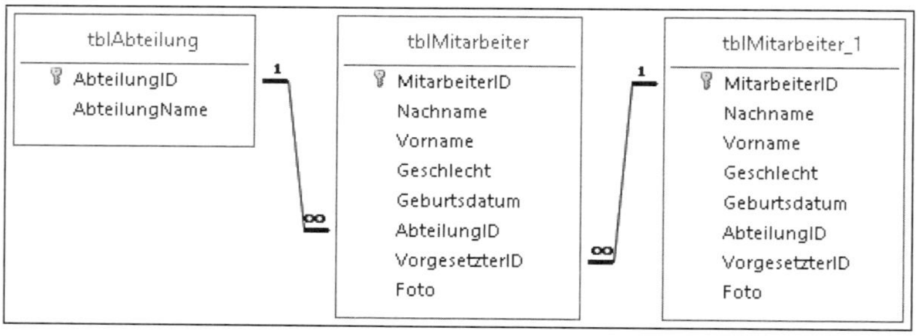

Abbildung 2.85 Das Muster der Rekursion: Ein Mitarbeiter hat einen Vorgesetzten, der Vorgesetzte hat wiederum einen Vorgesetzten usw.

Die Darstellung der rekursiven Tabellenbeziehung ist nicht ganz korrekt. Es gibt in Wirklichkeit nur eine Tabelle *tblMitarbeiter*, und die Beziehung geht von der Tabelle aus auf sich selbst zurück. Das ist das Wesentliche der rekursiven Beziehung. Sie gelangen so von einem Mitarbeiter zum Vorgesetzten, der wiederum einen Vorgesetzten hat, der wiederum einen Vorgesetzten hat usw.

Irgendwann sind Sie in der Firmenhierarchie beim Vorstandsvorsitzenden oder Geschäftsführer angelangt, der selbst keinen Vorgesetzten hat. Entsprechend hat der Geschäftsführer NULL im Feld »VorgesetzterID« stehen. Deshalb ist es wichtig, dass Sie für das Feld »VorgesetzterID« unter EINGABE ERFORDERLICH die Einstellung NEIN gewählt haben.

Wenn Sie ganz korrekt sein wollen, tragen Sie bitte noch die folgende Tabelleneinschränkung für *tblMitarbeiter* nach:

```
([VorgesetzterID] Ist Null) Oder ([VorgesetzterID]<>[MitarbeiterID])
```

Denn schließlich kann man nicht sein eigener Chef sein, oder? Die vollständige Datenbank mit Rekursion finden Sie in den Materialien zum Buch unter *02_Access_als_Datenbank_Tabellen\2.7.6_Abteilung_Mitarbeiter_Rekursion.accdb*.

Rekursion versus Hierarchie

Sie haben die Rekursion als eine besondere Form der Hierarchie kennengelernt. Prinzipiell könnten Sie das Muster der Hierarchie über Bord werfen und stattdessen nur noch Rekursionen einsetzen. In Abschnitt 2.8.8, »Zweckmäßiges Datenbankdesign«, werde ich diesen Vorschlag eigens noch einmal aufgreifen und auf die Spitze treiben.

Ich empfehle Ihnen jedoch, Ihr Datenbankdesign zunächst ohne Rekursion, sondern nur mit Hierarchie aufzubauen. Eine Rekursion brauchen Sie in eher seltenen Fällen, nämlich dann, wenn es *beliebig viele* Hierarchieebenen gibt.

Und genau dieser letzte Punkt wird Ihnen im weiteren Projektverlauf deutlichen Mehraufwand bereiten. Insbesondere in der Benutzeroberfläche (d. h. in Formularen) ist es aufwendiger, beliebig viele Hierarchieebenen berücksichtigen zu müssen.

Muster von Tabellenbeziehungen als bewährte Lösungen

In der Softwareentwicklung nennt man *Entwurfsmuster* (englisch *design patterns*) immer wieder vorkommende Vorlagen für eine Lösung, die sich bewährt haben. Sie haben in diesem Abschnitt vier Entwurfsmuster für Tabellenbeziehungen kennengelernt:

1. Hierarchie
2. Historie
3. Änderungentabelle
4. Rekursion

Einige dieser Muster werden Sie häufig in Ihrem Datenbankdesign erkennen. Hierarchien werden Sie beispielsweise in fast jeder Datenbank finden. Die Rekursion tritt hingegen eher selten auf. Und ganz ehrlich: Eine Datenbank mit dem Muster Rekursion zu programmieren, kann schon eine sehr kniffelige Arbeit werden.

Wie diese vier Muster in Ihrer Datenbank konkret aussehen, hängt natürlich immer vom Einzelfall ab. Mir ist an dieser Stelle eigentlich nur wichtig, dass Sie den Begriff »Entwurfsmuster« schon einmal gehört haben und in Ihrem Datenbankdesign vielleicht das eine oder andere Muster wiedererkennen.

2.8 Durch die Normalformen das Datenbankdesign verbessern

Im letzten Abschnitt habe ich Ihnen gezeigt, dass relationale Datenbanken erst mit mehreren Tabellen mit Beziehungen untereinander zur vollständigen Geltung kommen. Ich hatte erwähnt, dass sich viele Tabellen und Beziehungen aus Ihrem Konzept, dem Geschäftsmodell, *intuitiv* ableiten lassen.

In diesem Abschnitt werde ich Ihnen statt der intuitiven eine *systematische* Vorgehensweise zeigen, mit der Sie Entitäten (Tabellen) und Relationen (Beziehungen zwischen den Tabellen) aus Ihrem Geschäftsmodell ableiten können. Wir werden unsere Beispieldatenbank mit den Flugbuchungen schrittweise in die einzelnen Normalformen bringen und dadurch das Datenbankdesign verbessern.

Theorie des relationalen Datenbankdesigns

Relationale Datenbanken wurden erstmals 1970 von Edgar. F. Codd vorgeschlagen, der Wesentliches zur Datenbanktheorie und zur Abfragesprache SQL beigetragen hat. Man kann sich mit relationalem Datenbankdesign auf rein theoretischer und formaler Ebene beschäftigen. Ich überlasse diese Abhandlung gerne Mathematikern und Informatikern und zeige Ihnen stattdessen Probleme und Lösungen anhand unserer Beispieldatenbank, die typisch für relationale Datenbanken sind.

Wenn Sie ein wenig Erfahrung im Design von Datenbanken gesammelt haben, lohnt es sich mitunter doch einmal, die Theorie etwas näher zu studieren. Ich habe selbst feststellen müssen, dass Unstimmigkeiten im Datenbankdesign manchmal nicht so offensichtlich sind. Erst die Normalformen stießen mich mit der Nase auf den einen oder anderen Fehler im Datenbankdesign. Als nützlich habe ich die Theorie der Normalformen auch schon bei kniffligen Problemen oder größeren Diskussionen im Entwicklerteam erlebt.

In den folgenden Abschnitten werde ich alles zur Theorie der Normalformen zusammenfassen, was meiner Erfahrung nach im Datenbankalltag wirklich relevant ist. Zur Theorie relationaler Datenbanken kann man aber auch ganze Bücher schreiben – damit verschone ich Sie aber lieber und verweise bei Interesse auf die wissenschaftliche Literatur der Fachbereiche Mathematik und Informatik.

2.8.1 Die nicht normalisierte Form

Lassen Sie uns mit der systematischen Verbesserung des Datenbankdesigns ganz am Anfang beginnen, nämlich der Tabelle *tblFlug* in der in Abbildung 2.86 gezeigten Form:

tblFlug

FlugID	AbflugDatum	AbflugZeit	AnkunftZeit	Fluggesellschaft	Flugnummer	AbflugFlughafen	AnkunftFlughaf
1	03.07.2019	15:00:00	16:20:00	easyJet	EJU5846	Wien	Berlin-Tegel
2	03.07.2019	15:10:00	16:40:00	Austrian Airlines Group	OS131	Wien	Frankfurt am Main
3	03.07.2019	15:40:00	17:20:00	Air France	AF2334	Paris-Charles-de-Gaulle	Berlin-Tegel
4	03.07.2019	15:50:00	17:35:00	Air France	AF2035	Berlin-Tegel	Paris-Charles-de-Ga
5	03.07.2019	15:55:00	17:15:00	Air France	AF1919	Frankfurt am Main	Paris-Charles-de-Ga
6	03.07.2019	15:55:00	05:35:00	Lufthansa	LH401	New York John F. Kennedy	Frankfurt am Main

Abbildung 2.86 Die Tabelle »tblFlug« ist nicht normalisiert.

Dies ist quasi die Excel-Tabelle *01_Access_als_Datenbank_Tabellen\2.1.1_Fluege.xlsx* direkt in Access übertragen. Es ist eine Datenbank nur mit der Tabelle *tblFlug*, ohne weitere Tabellen und ohne Relationen. Diese Form der Tabelle *tblFlug* ist zwar schnell erstellt und gefüllt, aber wir finden in den Datensätzen ein paar unschöne Eigenschaften:

1. Die Flugnummer besteht aus Text und Zahl in einem Feld, z. B. »LH401«.
2. Die Fluggesellschaft ist als Code (z. B. »LH« für Lufthansa) bereits in der Flugnummer enthalten.
3. Im Feld »Passagiere« stehen mehrere Personen, getrennt durch Kommata.
4. Einige Feldinhalte wiederholen sich oft (z. B. in den Feldern »Fluggesellschaft«, »AbflugFlughafen« und »AnkunftFlughafen«).

Die ersten drei Fälle kommen dadurch zustande, dass wir die Felder mit Unterstrukturen gefüllt haben. Der vierte Fall sind redundante Daten, die Sie in relationalen Datenbanken so weit wie möglich vermeiden sollten. Die Schritte zu einer nicht-redundanten Datenbank nennt man *Normalisierung*. Die Form der Tabelle *tblFlug*, wie sie in Abbildung 2.86 zu sehen ist, nennt man die *nicht normalisierte Form*.

2.8.2 Die erste Normalform (1NF)

Die erste Normalform (1NF)

Eine Information pro Spalte!

Vermeiden Sie Unterstrukturen innerhalb eines Feldes. Benutzen Sie also keine zusammengesetzten Felder, berechneten Felder, Listen oder andere Strukturen.

In unserer Tabelle *tblFlug* gibt es zwei Felder, die nicht mit der ersten Normalform konform gehen:

1. das Feld »Flugnummer«
2. das Feld »Passagiere«

Bei der Flugnummer handelt es sich um ein zusammengesetztes Feld. Verwenden Sie stattdessen zwei getrennte Felder:

- den IATA-Code für die Fluggesellschaft (z. B. »LH« für »Lufthansa«)
- die Flugnummer (Felddatentyp ZAHL)

Übrigens heißt das zusammengesetzte Feld, das umgangssprachlich »Flugnummer« genannt wird, im Fachjargon »Flight Code«.

Beim Feld »Passagiere« erkennen Sie schon an der Benennung, dass etwas nicht stimmt. In Abschnitt 2.2.2, »Namenskonventionen«, hatte ich erwähnt, dass ich stets die Einzahl in einer Bezeichnung verwende. Die Pluralform erspare ich mir, da ohnehin bekannt ist, dass eine Tabelle mehrere Datensätze enthalten kann. Bei den Passagieren musste ich die Pluralform verwenden – oder hätten Sie anhand der Bezeichnung »Passagier« erraten, dass ich eine ganze Liste von Personen in ein einziges Feld schreibe? Der korrekte Weg ist jedoch, die Liste in eine neue Tabelle zu schreiben. Alle Mitarbeiter, die auf einen Flug gebucht sind, wandern in die Tabelle *tblFlugbuchung* – wie Sie richtig erahnen, mit getrennten Feldern für Vor- und Nachname (keine zusammengesetzten Felder). Zwischen *tblFlugbuchung* und *tblFlug* besteht eine 1:n-Beziehung, wie wir bereits in Abschnitt 2.7.1, »1:n-Beziehung«, festgestellt hatten.

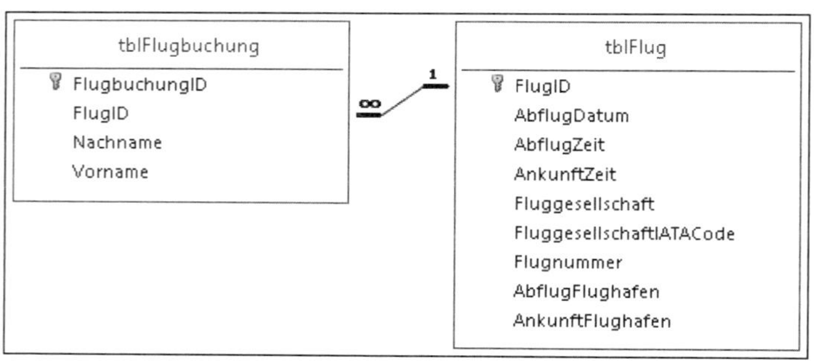

Abbildung 2.87 Unsere Beispieldatenbank in der 1. Normalform

Damit haben Sie das erste Ziel erreicht: Unsere Datenbank befindet sich jetzt in der 1. Normalform. In den Materialien zum Buch finden Sie diese Datenbank unter *02_Access_als_Datenbank_Tabellen\2.8.2_Fluege_1NF.accdb*.

Hier noch einmal die systematische Vorgehensweise, um eine Tabelle von der nicht normalisierten Form in die 1. Normalform zu bringen:

1. **Zusammengesetzte Felder auflösen**
   Ersetzen Sie zusammengesetzte Felder durch getrennte Felder.

2. **Berechnete Felder entfernen**
   Streichen Sie berechnete Felder ersatzlos. Berechnungen können Sie mit Hilfe von Abfragen durchführen.
3. **Listen innerhalb eines Feldes auflösen**
   Lösen Sie jede Auflistung zu einer neuen Tabelle mit einer 1:n-Beziehung auf.

Vorteile der 1. Normalform	Beispiele
Eine richtige Sortierung wird überhaupt erst möglich.	▶ alphabetische Sortierung nach Fluggesellschaft ▶ numerische Sortierung nach Flugnummer
Gezieltes Filtern wird überhaupt erst möglich.	Suche aller Lufthansa-Flüge mit Flugnummer größer als 200
Wichtige Geschäftsregeln werden über das Datenbankdesign abgebildet.	▶ Für einen Flug kann es eine oder mehrere Flugbuchungen geben. ▶ In jeder Flugbuchung ist der Name des Passagiers vermerkt.

Tabelle 2.33 Mit der 1. Normalform gewinnen Sie entscheidende Vorteile.

Datensätze normalisieren

Alle Schritte, um unsere Datenbank in die erste Normalform zu bringen, können Sie problemlos durchführen, solange noch *keine* Datensätze in der Tabelle *tblFlug* vorhanden sind.

Sobald Datensätze vorhanden sind, wird die Sache etwas komplizierter. Sie müssen alle Datensätze an das neue Datenbankdesign anpassen (*normalisieren*). Wie das geht, zeige ich Ihnen ausführlich in Workshops zum Import von Daten (Abschnitt 4.5, »Workshops zum Import von Daten«). Importe beginnen häufig mit nicht normalisierten Daten wie z. B. einer Excel-Tabelle oder einer Textdatei.

In diesem Abschnitt aber geht es um das Datenbankdesign. Für diese Arbeit ist es zweckmäßiger, wenn alle Tabellen leer sind. Dann entfällt nämlich der Mehraufwand für die Anpassung der Datensätze.

2.8.3 Die zweite Normalform (2NF)

Um die Sache interessanter zu machen, habe ich noch ein paar weitere Felder zur Tabelle *tblFlugbuchung* hinzugefügt: die Abteilung des Mitarbeiters, der E-Mail-Verteiler der Abteilung, für Reisen im Rahmen eines Projekts den Projektnamen sowie das Feld »PrivaterFlug«, da unsere Reisestelle freundlicherweise auch Urlaubsreisen für die Mitarbeiter buchen kann.

Die erweiterte Datenbank in der 1. Normalform finden Sie in den Materialien zum Buch unter *02_Access_als_Datenbank_Tabellen\2.8.3_Fluege_1NF_erweitert.accdb*.

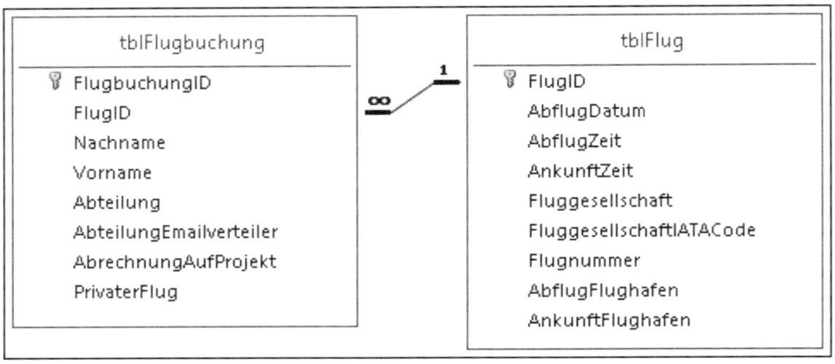

Abbildung 2.88 Unsere Beispieldatenbank in der 1. Normalform. Die Tabelle »tblFlugbuchung« habe ich um ein paar Felder erweitert.

Wenn Sie sich die Tabelle *tblFlugbuchung* genauer ansehen, werden Sie feststellen, dass die Namen von Mitarbeitern und Abteilungen dort mehrfach auftreten:

tblFlugbuchung

FlugbuchungID	FlugID	Nachname	Vorname	Abteilung	AbteilungEmailverteiler	AbrechnungAufPı	PrivaterFlug
1	24	Guntermann	Hildegard	Verkauf	verkauf@sonnenschein.de		☐
2	8	Hachmann	Eva	Geschäftsführı	gf@sonnenschein.de		☐
3	12	Leuschner	Doris	R&D		LaM	☐
4	46	Rathke	Ramona	R&D		GH	☐
5	7	Rathke	Ramona	R&D		GH	☐
6	12	Schreiber	Alois	Produktion		LaM	☐
7	46	Schulz	Barbara	Produktion		GH	☐
8	2	Schulz	Barbara	Produktion		GH	☐
9	18	Semrau	Gabriele	Verkauf	verkauf@sonnenschein.de		☐
10	50	Wagner	Michael	Verkauf	verkauf@sonnenschein.de		☑
11	42	Wagner	Michael	Verkauf	verkauf@sonnenschein.de		☑
12	6	Wilke	Margot	Verkauf	verkauf@sonnenschein.de		☐
13	46	Zimmermann	Arno	Produktion		GH	☐
* (Neu)							☐

Abbildung 2.89 In den Flugbuchungen tauchen einige Namen mehrfach untereinander auf.

Solche *redundanten Daten* deuten immer darauf hin, dass eine Tabelle noch nicht vollständig normalisiert ist. Das Einzige, was in einer Tabelle mehrfach vorkommen darf, sind die IDs in den Fremdschlüsselfeldern.

Die Redundanz kommt dadurch zustande, dass ich zu viele unterschiedliche Dinge (Fachbegriff: *Entitäten*, englisch *entity*) in *tblFlugbuchung* gepackt habe:

- die Flugbuchung selbst
- Daten zum Mitarbeiter
- Informationen über die Abteilung

In Wirklichkeit sind das aber drei unterschiedliche Entitäten, die in jeweils eine eigene Tabelle gehören.

Die zweite Normalform (2NF)

Ein Thema pro Tabelle!

Versuchen Sie, die Dinge der realen Welt auf Tabellen zu übertragen. Verschiedene Entitäten gehören in unterschiedliche Tabellen. Stellen Sie sich vor, dass die Felder einer Tabelle die Sache oder den Gegenstand, für den der Datensatz steht, näher beschreiben und genauer erscheinen lassen. Und zwar nur diese(n)!

Formal müssen zwei Bedingungen für die zweite Normalform erfüllt sein:

- Die Tabelle muss in der 1. Normalform sein.
- Alle Nicht-Schlüssel-Felder (Fachbegriff: *Nicht-Schlüssel-Attribute*) müssen von jedem ganzen Schlüsselkandidaten abhängig sein.

Die formale Bedingung für die 2. Normalform enthält gleich vier Fachbegriffe aus der Datenbanktheorie. Ich versuche einmal, diesen Satz schrittweise und ausführlich zu erklären.

In Abschnitt 2.2.3, »Der Primärschlüssel«, habe ich Ihnen das Konzept der *Schlüsselkandidaten* vorgestellt. Ein Schlüsselkandidat ist entweder genau ein Feld oder mehrere Felder in ihrer Kombination. Wichtig ist, dass die Feldinhalte immer eindeutig für genau einen Datensatz der Tabelle sind. Einer der Schlüsselkandidaten ist der *Primärschlüssel*, jeder der anderen ist ein *Alternativschlüssel* (bzw. sollte einer sein).

Eine Liste aller Schlüsselkandidaten

Um zu prüfen, ob Ihre Datenbank mit den Normalformen konform geht, benötigen Sie für jede Tabelle eine Liste *aller* Schlüsselkandidaten (in unserem Beispiel: Tabelle 2.34). Mitunter gibt es neben dem Primärschlüssel und den Alternativschlüsseln noch weitere Schlüsselkandidaten. Beispielsweise solche, für die man bisher vergessen hatte, einen Alternativschlüssel einzurichten.

Schlüsselkandidaten
»FlugbuchungID«
die Kombination aus »FlugID«, »Nachname« und »Vorname«

Tabelle 2.34 In unserem Beispiel gibt es in der Tabelle »tblFlugbuchung« zwei Schlüsselkandidaten; der erste ist gleichzeitig der Primärschlüssel.

Für die 2. (und die 3.) Normalform sind nur diejenigen Felder interessant, die nicht Bestandteil von einem der Schlüsselkandidaten sind. Diese nenne ich *Nicht-Schlüssel-Felder* (die

Fachbezeichnung für ein Feld ist *Attribut*; entsprechend heißen Nicht-Schlüssel-Felder in der Fachbezeichnung *Nicht-Schlüssel-Attribute*). Nur diese Felder müssen Sie überprüfen.

Nicht-Schlüssel-Felder
»Abteilung«
»AbteilungEmailverteiler«
»AbrechnungAufProjekt«
»PrivaterFlug«

Tabelle 2.35 Jedes der vier Nicht-Schlüssel-Felder muss auf direkte Abhängigkeit von den Schlüsselkandidaten überprüft werden.

Die Bedingung lautet, dass jedes Nicht-Schlüssel-Feld von allen Schlüsselkandidaten *abhängig* ist. Was bedeutet »abhängig sein« in diesem Satz? Gemeint ist Folgendes: Ich sage Ihnen die Feldinhalte eines Schlüsselkandidaten (z. B. »FlugID« = 45, »Nachname« = »Wagner«, »Vorname« = »Michael«). Nun frage ich Sie: Können Sie mir mit diesen Informationen den Feldinhalt von »PrivaterFlug« nennen? Wir gehen jetzt einmal davon aus, dass Sie Zugang zu allen Firmenunterlagen haben. Die Antwort wird »ja« sein, denn über den Schlüsselkandidaten »FlugID«, »Nachname« und »Vorname« wissen Sie genau, welche der Flugbuchungen ich meine. Als Nächstes könnten Sie in der Buchungsliste nachsehen, ob genau dieser Flug privat abgerechnet wird oder nicht. Das Feld »PrivaterFlug« ist daher funktional vom zweiten Schlüsselkandidaten abhängig.

Funktionale Abhängigkeit

Ich möchte an dieser Stelle nicht in die Datenbanktheorie abschweifen. Zur formalen Abhandlung verweise ich Sie auf das Konzept der *funktionalen Abhängigkeit*. Letztendlich bildet dieses Konzept jedoch die Grundidee relationaler Datenbanken. Alle Felder einer Tabelle sollen vom Schlüsselkandidaten abhängen. Sonst gehören sie in eine andere Tabelle. Kurz gesagt: Ein Thema pro Tabelle!

In unserem Beispiel können Sie feststellen, dass jedes der Nicht-Schlüssel-Felder in Tabelle 2.35 funktional von jedem der Schlüsselkandidaten in Tabelle 2.34 abhängt. Insofern sind die Felder grundsätzlich schon einmal am richtigen Platz.

In der Bedingung für die zweite Normalform gibt es eine weitere Angabe, die wir bisher nicht beachtet haben: Abhängigkeit vom *ganzen* Schlüsselkandidaten. Gemeint ist hier, dass wir bei Schlüsselkandidaten mit mehreren Feldern genauer hinsehen sollten. Ist der Wert wirklich von der Kombination aller Felder des Schlüssels abhängig? Oder nur von der Kombination eines Teils der Felder?

1. **Beispiel**: Das Feld »PrivaterFlug« ist tatsächlich vom *ganzen* Schlüsselkandidaten »FlugID«, »Nachname« und »Vorname« abhängig.

   Wenn ich Ihnen nur »Nachname« und »Vorname« genannt hätte, wüssten Sie zwar, welchen Mitarbeiter ich meine. Sie könnten in der Buchungsliste sehen, dass es für den Mitarbeiter eine ganze Reihe von Flugbuchungen gibt. Einige davon sind privat, andere geschäftlich. Sie wüssten aber nicht, welche der Flugbuchungen ich konkret meine, und könnten mir auch nicht den Wert von »PrivaterFlug« nennen. Für das Feld »PrivaterFlug« besteht daher keine Abhängigkeit von »Nachname« und »Vorname«.

2. **Beispiel**: Das Feld »Abteilung« ist nur von einem Teil des Schlüsselkandidaten abhängig.

   Wie sieht es für das Feld »Abteilung« aus? Hier ist die Situation anders: Mit den Angaben von »Nachname« und »Vorname« wüssten Sie genau, welchen Mitarbeiter ich meine. Nach einem kurzen Blick in das Firmenorganigramm könnten Sie mir sofort die Abteilung nennen. »Abteilung« ist zwar vom Schlüsselkandidaten »FlugID«, »Nachname« und »Vorname« abhängig, aber nicht vom ganzen Schlüsselkandidaten. In Wirklichkeit besteht die Abhängigkeit nur zu *einem Teil des Schlüsselkandidaten* (nämlich nur zu den beiden Feldern »Nachname« und »Vorname«, nicht jedoch zu »FlugID«). Wir haben damit einen Verstoß gegen die zweite Normalform gefunden!

Diese Art der Prüfung müssen wir jetzt für jedes Nicht-Schlüssel-Feld gegen jeden der Schlüsselkandidaten durchführen. Dadurch ergeben sich für die Tabelle *tblFlugbuchung* diese Abhängigkeiten:

	Schlüsselkandidat 1: »FlugbuchungID«	**Schlüsselkandidat 2: »FlugID«, »Nachname«, »Vorname«**
»Abteilung«	abhängig	nur von einem Teil abhängig!
»AbteilungEmailverteiler«	abhängig	nur von einem Teil abhängig!
»AbrechnungAufProjekt«	abhängig	abhängig
»PrivaterFlug«	abhängig	abhängig

Tabelle 2.36 In der Tabelle »tblFlugbuchung« sind zwei der Nicht-Schlüssel-Felder nur von einem Teil des Schlüsselkandidaten Nr. 2 abhängig. Daher ist die Bedingung für die 2. Normalform nicht erfüllt.

Um die Tabelle *tblFlugbuchung* in die 2. Normalform zu bringen, müssen Sie die beiden Abhängigkeiten von einem Teil des Schlüsselkandidaten auflösen. Dazu ist zunächst die neue Tabelle *tblMitarbeiter* erforderlich. In diese Tabelle werden die Felder »Nachname«, »Vorname«, »Abteilung« und »AbteilungEmailverteiler« verschoben. In der Tabelle *tblFlugbuchung* kommt das Fremdschlüsselfeld »MitarbeiterID« mit einer 1:n-Beziehung zwischen den beiden Tabellen hinzu.

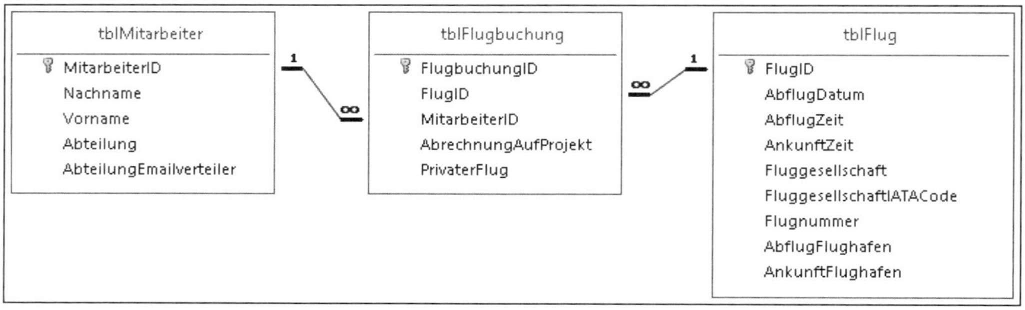

Abbildung 2.90 Unsere Beispieldatenbank in der 2. Normalform

Wenn Sie die Prüfung jetzt wiederholen, werden Sie feststellen, dass sich sowohl *tblFlugbuchung* als auch *tblMitarbeiter* in der 2. Normalform befinden.

In unserer Beispieldatenbank gibt es noch eine weitere Tabelle, die wir nicht vergessen dürfen: In *tblFlug* sind alle Felder Bestandteil mindestens eines Schlüsselkandidaten. Folglich gibt es keine Nicht-Schlüssel-Felder, die wir für die zweite (und dritte) Normalform überprüfen müssten. *tblFlug* befindet sich bereits in der 3. Normalform.

Das Datenbankdiagramm in Abbildung 2.90 kommt Ihnen sicherlich bekannt vor: Es enthält die m:n-Beziehung, die Sie in Abschnitt 2.7.3, »m:n-Beziehung«, bereits kennengelernt haben. Unsere Datenbank befindet sich jetzt in der 2. Normalform (und *tblFlugbuchung* sogar schon in der 3. Normalform). Sie finden die entsprechende Datenbank in den Materialien zum Buch unter *02_Access_als_Datenbank_Tabellen\2.8.3_Fluege_2NF.accdb*.

Zusammenfassend hier die systematische Vorgehensweise, mit der Sie eine Tabelle in die 2. Normalform bringen können:

1. **Eine Liste aller Schlüsselkandidaten erstellen**
   Felder, die Bestandteil eines Schlüsselkandidaten sind, müssen nicht geprüft werden.
2. **Jedes Nicht-Schlüssel-Feld nacheinander gegen jeden der Schlüsselkandidaten prüfen**
   Wichtig ist, dass Sie prüfen, ob die Abhängigkeit vom gesamten Schlüsselkandidaten besteht. Am besten gelingt dies mit Beispieldatensätzen.
3. **Abhängigkeiten auflösen, die nur zu einem Teil der Felder des Schlüsselkandidaten bestehen**
   Teil-Abhängigkeiten werden zu einer neuen Tabelle mit 1:n-Beziehung aufgelöst. Dorthin werden die gefundenen Nicht-Schlüssel-Felder zusammen mit dem abhängigen Teil der Schlüsselfelder verschoben.

Vorteile der 2. Normalform	Beispiele
Jede Tabelle bekommt ein einziges Thema (*mono-thematisch*).	Bei der Flugbuchung dreht sich wirklich alles nur um die Buchung: ▸ Für welchen Mitarbeiter ist gebucht? ▸ Auf welchen Flug? ▸ Weitere Details zur Flugbuchung (ist dies eine private Flugbuchung?)
Relevante Entitäten werden nicht übersehen.	Die neue Tabelle *tblMitarbeiter* ist genau der richtige Ort, um weitere Informationen zum Mitarbeiter (z. B. Geburtsdatum, Zugehörigkeit zu einer Abteilung) zu hinterlegen.
Alle Felder stehen in den richtigen Tabellen.	Details zum Mitarbeiter (z. B. Zugehörigkeit zu einer Abteilung) oder zum Flug (z. B. »AbflugFlughafen«) haben nichts mit der Flugbuchung zu tun und stehen daher auch nicht in der Tabelle *tblFlugbuchung*.

Tabelle 2.37 Die 2. Normalform bewirkt im Wesentlichen, dass jede Tabelle nur ein Thema hat und dass relevante Themen nicht übersehen werden.

Tabellen mit einem stellvertretenden Schlüssel als Primärschlüssel befinden sich nicht automatisch in der 2. Normalform!

Schon häufig habe ich die Behauptung gelesen: Tabellen mit einem stellvertretenden Schlüssel (einer ID) als Primärschlüssel befänden sich automatisch in der 2. Normalform. Wie Sie an unserem Beispiel gesehen haben, stimmt diese Behauptung nicht.

Offensichtlich kommt es immer wieder zu Verwechselungen zwischen Schlüsselkandidaten und dem Primärschlüssel. Wichtig bei der Normalisierung ist, dass Sie gegen *alle* Schlüsselkandidaten der Tabelle prüfen. Der Primärschlüssel ist nur einer der Schlüsselkandidaten. Alle anderen Schlüsselkandidaten kommen als Alternativschlüssel in Frage. In der Praxis sind aber häufig nicht alle Schlüsselkandidaten tatsächlich als Alternativschlüssel definiert. Daher meine Empfehlung: Gehen Sie bei der Analyse wie oben beschrieben schrittweise vor, und erstellen Sie im ersten Schritt eine Liste aller Schlüsselkandidaten.

2.8.4 Die dritte Normalform (3NF)

In der dritten Normalform geht es um *transitive Abhängigkeiten*. Ein Beispiel für eine transitive Abhängigkeit finden wir für das Feld »AbteilungEmailverteiler« in der Tabelle *tblMitarbeiter*.

tblMitarbeiter

	MitarbeiterID	Nachname	Vorname	Abteilung	AbteilungEmailverteiler
⊞	1	Guntermann	Hildegard	Verkauf	verkauf@sonnenschein.de
⊞	2	Hachmann	Eva	Geschäftsführung	gf@sonnenschein.de
⊞	3	Leuschner	Doris	R&D	rd@sonnenschein.de
⊞	4	Rathke	Ramona	R&D	rd@sonnenschein.de
⊞	5	Schreiber	Alois	Produktion	produktion@sonnenschein.de
⊞	6	Schulz	Barbara	Produktion	produktion@sonnenschein.de
⊞	7	Semrau	Gabriele	Verkauf	verkauf@sonnenschein.de
⊞	8	Wagner	Michael	Verkauf	verkauf@sonnenschein.de
⊞	9	Wilke	Margot	Verkauf	verkauf@sonnenschein.de
⊞	10	Zimmermann	Arno	Produktion	produktion@sonnenschein.de
*	(Neu)				

Abbildung 2.91 Jede Abteilung hat eine E-Mail-Adresse als Verteiler.

Im Feld »AbteilungEmailverteiler« steht eine E-Mail-Adresse, die als Verteiler für die gesamte Abteilung genutzt wird. Um die Abhängigkeit zu prüfen, beginnen wir wieder das Gedankenspiel und sehen uns den Schlüsselkandidaten »Nachname« und »Vorname« an. Wenn ich Ihnen die Inhalte beider Felder nenne, wissen Sie genau, welchen Mitarbeiter ich meine. Wie sieht es mit den Nicht-Schlüssel-Feldern aus? Können Sie die Inhalte nennen, sofern Sie Zugriff auf alle Firmenunterlagen haben?

1. **Das Nicht-Schlüssel-Feld »Abteilung«**

   Diesen Fall haben wir bereits im letzten Abschnitt gedanklich durchgespielt. Ja, Sie können die Abteilung nennen, denn dafür genügt ein Blick in das Firmendiagramm. Das Feld »Abteilung« ist somit abhängig vom gesamten Schlüssel »Nachname« und »Vorname«.

2. **Das Nicht-Schlüssel-Feld »AbteilungEmailverteiler«**

   Auch die Adresse des E-Mail-Verteilers der Abteilung, in der der Mitarbeiter arbeitet, werden Sie schnell finden können (z. B. im Outlook-Adressbuch). Folglich ist auch das Feld »AbteilungEmailverteiler« abhängig vom gesamten Schlüssel »Nachname« und »Vorname«.

So weit nichts Neues, denn Abhängigkeit vom gesamten Schlüssel war die Voraussetzung für die 2. Normalform. An dieser Stelle gibt es aber eine Besonderheit! Das Feld »AbteilungEmailverteiler« ist nämlich auch abhängig von »Abteilung«. Für den E-Mail-Verteiler reicht es nämlich aus, wenn ich Ihnen nur den Namen der Abteilung nenne. Damit könnten Sie ohne Probleme den E-Mail-Verteiler der Abteilung z. B. aus dem Outlook-Adressbuch heraussuchen. Gleichwohl hängt der Inhalt von »AbteilungEmailverteiler« auch von der Person ab. Aber nur *indirekt*, denn genau genommen besteht die Abhängigkeit über die Abteilung. Damit ist das Feld »AbteilungEmailverteiler« *transitiv* vom Schlüsselkandidaten »Nachname« und »Vorname« abhängig.

Transitive Abhängigkeit

Um eine transitive Abhängigkeit innerhalb einer Tabelle zu erkennen, müssen Sie sich die anderen Nicht-Schlüssel-Felder ansehen. Besteht funktionale Abhängigkeit zu einem anderen Nicht-Schlüssel-Feld oder einer Kombination solcher Felder? Wenn ja, dann ist die Abhängigkeit vom Schlüsselkandidaten eine transitive Abhängigkeit.

Die 3. Normalform verbietet transitive Abhängigkeiten innerhalb einer Tabelle. Felder, die nur transitiv von einem Schlüsselkandidaten abhängen, befinden sich in der falschen Tabelle.

Die dritte Normalform (3NF)

Formal müssen zwei Bedingungen für die dritte Normalform erfüllt sein:

- Die Tabelle muss in der 2. Normalform sein.
- Kein Nicht-Schlüssel-Feld (Fachbegriff: *Nicht-Schlüssel-Attribut*) darf transitiv von einem Schlüsselkandidaten abhängig sein.

Um die Tabelle *tblMitarbeiter* in die 3. Normalform zu bringen, müssen Sie die transitive Abhängigkeit, die zwischen »AbteilungEmailverteiler« und dem Schlüsselkandidaten besteht, auflösen. Dazu ist für die Abteilung eine eigene Tabelle *tblAbteilung* erforderlich. Dorthin werden die Felder »Abteilung« und »AbteilungEmailverteiler« verschoben. In der Tabelle *tblMitarbeiter* kommt das Fremdschlüsselfeld »AbteilungID« mit einer 1:n-Beziehung zwischen den beiden Tabellen hinzu.

Beide Tabellen befinden sich jetzt in der 3. Normalform (*02_Access_als_Datenbank_Tabellen\2.8.4_Fluege_3NF.accdb*). Die transitive Abhängigkeit zwischen »AbteilungEmailverteiler« und Mitarbeiter besteht nach wie vor, denn wenn ich Ihnen den Namen des Mitarbeiters nenne, können Sie immer noch den E-Mail-Verteiler der Abteilung heraussuchen.

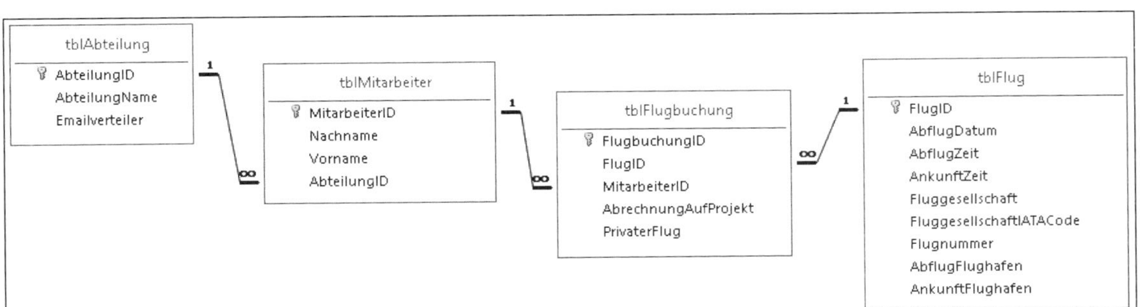

Abbildung 2.92 Unsere Beispieldatenbank in der 3. Normalform

Das Entscheidende ist: Die transitive Abhängigkeit besteht nicht innerhalb einer Tabelle, sondern nur über die 1:n-Beziehung. Transitive Abhängigkeiten (bewirkt durch 1:n-Beziehungen) werden schon anhand des Datenbankdiagramms sofort offensichtlich. Dafür sind nicht einmal mehr die Gedankenspiele mit Beispieldatensätzen erforderlich! Das ist einer der wesentlichen Vorteile der 3. Normalform.

Abschließend sehen Sie hier die systematische Vorgehensweise, mit der Sie eine Tabelle in die 3. Normalform bringen können.

1. **Eine Liste aller Schlüsselkandidaten erstellen**
   Sie können wieder die Liste verwenden, die Sie bei der Überprüfung der 2. Normalform erstellt haben. Felder, die Bestandteil eines Schlüsselkandidaten sind, müssen nicht geprüft werden.
2. **Jedes der Nicht-Schlüssel-Felder nacheinander gegen alle anderen Nicht-Schlüssel-Felder prüfen**
   Dieser Schritt ist recht schwierig, denn Sie müssen auf Abhängigkeiten von einem anderen Nicht-Schlüssel-Feld oder einer Kombination anderer Nicht-Schlüssel-Felder prüfen. Am besten gelingt diese Prüfung mit Beispieldatensätzen. Wenn Sie eine Abhängigkeit festgestellt haben, liegt transitive Abhängigkeit von den Schlüsselkandidaten vor.
3. **Transitive Abhängigkeiten innerhalb der Tabelle auflösen**
   Transitive Abhängigkeiten werden zu einer neuen Tabelle mit 1:n-Beziehung aufgelöst. Dorthin werden die identifizierten Nicht-Schlüssel-Felder zusammen mit den abhängigen Nicht-Schlüssel-Feldern verschoben.

Vorteile der 3. Normalform	Beispiele
Jede Tabelle bekommt ein einziges Thema (*monothematisch*).	Bei der Tabelle *tblMitarbeiter* dreht sich wirklich alles nur um den Mitarbeiter: ▸ Wie heißt der Mitarbeiter? ▸ Weitere Details zum Mitarbeiter (in welcher Abteilung ist er tätig?)
Transitive Abhängigkeiten sind direkt aus den Tabellenbeziehungen ersichtlich	Zwischen *tblMitarbeiter* und *tblAbteilung* besteht eine 1:n-Beziehung. Alle Nicht-Schlüssel-Felder von *tblAbteilung* sind daher transitiv vom Mitarbeiter abhängig.
Relevante Entitäten werden nicht übersehen.	Die neue Tabelle *tblAbteilung* ist genau der richtige Ort, um weitere Informationen zur Abteilung (z. B. Abteilungsleiter) zu hinterlegen.
Alle Felder stehen in den richtigen Tabellen.	Details zur Abteilung gehören in eine separate Tabelle und haben nichts *direkt* mit dem Mitarbeiter zu tun.

Tabelle 2.38 Die 3 Normalform führt dazu, dass jede Tabelle zuverlässig monothematisch ist.

2.8.5 Die Boyce-Codd-Normalform (BCNF)

Bei der 2. und 3. Normalform wurden bisher nur die Abhängigkeiten der Nicht-Schlüssel-Felder überprüft. Bei der Boyce-Codd-Normalform geht es jetzt nur um Felder, die Bestandteil eines Schlüsselkandidaten sind.

Die Boyce-Codd-Normalform (BCNF)

- Die Tabelle muss in der 3. Normalform sein.
- Kein Feld, das Bestandteil eines Schlüsselkandidaten ist, hängt von einem Teil eines anderen Schlüsselkandidaten ab.

Als Beispiel sehen wir uns die Tabelle *tblFlug* einmal genauer an:

tblFlug

FlugID	AbflugDatum	AbflugZeit	AnkunftZeit	Fluggesellschaft	FluggesellschaftIATACode	Flugnummer	AbflugFlughafer
1	03.07.2019	15:00:00	16:20:00	easyJet	EJU	5846	Wien
2	03.07.2019	15:10:00	16:40:00	Austrian Airlines Group	OS	131	Wien
3	03.07.2019	15:40:00	17:20:00	Air France	AF	2334	Paris-Charles-de-
4	03.07.2019	15:50:00	17:35:00	Air France	AF	2035	Berlin-Tegel
5	03.07.2019	15:55:00	17:15:00	Air France	AF	1919	Frankfurt am Mai
6	03.07.2019	15:55:00	05:35:00	Lufthansa	LH	401	New York John F.
7	03.07.2019	16:00:00	17:10:00	Lufthansa	LH	191	Berlin-Tegel
8	03.07.2019	16:10:00	17:15:00	Lufthansa	LH	2890	Berlin-Tegel
9	03.07.2019	16:15:00	16:55:00	Lufthansa	LH	914	Frankfurt am Mai
10	03.07.2019	16:20:00	17:30:00	Lufthansa	LH	188	Frankfurt am Mai

Abbildung 2.93 Die Tabelle »tblFlug« in der 3. Normalform

In dieser Tabelle sind alle Felder Bestandteil mindestens eines Schlüsselkandidaten – für die Prüfung der Boyce-Codd-Normalform müssen wir also alle Felder überprüfen.

Schlüsselkandidaten
»FlugID«
die Kombination aus »AbflugDatum«, »Fluggesellschaft« und »Flugnummer«
die Kombination aus »AbflugDatum«, »FluggesellschaftIATACode« und »Flugnummer«
die Kombination aus »AbflugDatum«, »AbflugZeit«, »Fluggesellschaft«, »AbflugFlughafen« und »AnkunftFlughafen«
die Kombination aus »AbflugDatum«, »AbflugZeit«, »FluggesellschaftIATACode«, »AbflugFlughafen« und »AnkunftFlughafen«
die Kombination aus »AbflugDatum«, »AnkunftZeit«, »Fluggesellschaft«, »AbflugFlughafen« und »AnkunftFlughafen«
die Kombination aus »AbflugDatum«, »AnkunftZeit«, »FluggesellschaftIATACode«, »AbflugFlughafen« und »AnkunftFlughafen«

Tabelle 2.39 Die Tabelle »tblFlug« hat insgesamt sieben Schlüsselkandidaten.

Wir müssen nun für jedes Feld überprüfen, ob Abhängigkeit zu einem Teil eines anderen Schlüsselkandidaten vorliegt. Ich zeige Ihnen diese Prüfung auf funktionelle Abhängigkeit an drei Beispielen:

1. **Das Schlüsselfeld »AbflugDatum«**
   Der einzige Schlüsselkandidat, in dem »AbflugDatum« nicht enthalten ist, ist der erste – nämlich das Feld »FlugID«. Dies ist aber kein aus mehreren Feldern zusammengesetzter Schlüsselkandidat. Entsprechend kann »AbflugDatum« nicht nur von einem Teil des Schlüsselkandidaten abhängig sein. Das Feld »AbflugDatum« erfüllt daher die Bedingung für die Boyce-Codd-Normalform.
2. **Das Schlüsselfeld »AbflugZeit«**
   Es gibt insgesamt fünf Schlüsselkandidaten, in denen das Feld »AbflugZeit« nicht Bestandteil ist. In allen diesen Fällen müssen wir nun sicherstellen, dass »AbflugZeit« wirklich vom gesamten Schlüsselkandidaten und nicht nur von einem Teil des Schlüssels abhängt. Sie werden feststellen, dass dies der Fall ist. Auch das Feld »AbflugZeit« erfüllt daher die Bedingungen der Boyce-Codd-Normalform.
3. **Das Schlüsselfeld »Fluggesellschaft«**
   In fünf Schlüsselkandidaten ist das Feld »Fluggesellschaft« nicht enthalten. Neben dem ersten Schlüsselkandidaten (»FlugID«) sind das die vier Schlüsselkandidaten, in denen das Feld »FluggesellschaftIATACode« Bestandteil ist. Nun hat jede »Fluggesellschaft« einen eindeutigen Namen und einen eindeutigen IATA-Code. Die beiden Felder sind also voneinander abhängig. Bezogen auf die Tabelle *tblFlug* bedeutet das: Das Schlüsselfeld »Fluggesellschaft« ist funktional abhängig von jeweils einem Teil der vier anderen Schlüsselkandidaten. Dies ist nach der Boyce-Codd-Normalform verboten!

Um die Tabelle *tblFlug* in die Boyce-Codd-Normalform zu bringen, müssen Sie für die Fluggesellschaft eine eigene Tabelle erstellen. Dorthin gehören die beiden Felder »Fluggesellschaft« und »FluggesellschaftIATACode«. Als Fremdschlüsselfeld mit einer 1:n-Beziehung kommt das Feld »FluggesellschaftID« in der Tabelle *tblFlug* hinzu.

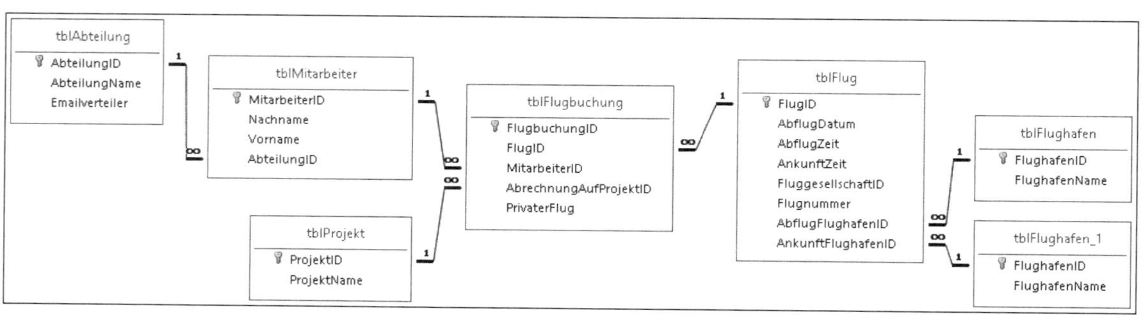

Abbildung 2.94 Unsere Beispieldatenbank in der Boyce-Codd-Normalform

Weitere Redundanzen vermeiden

In unserer Datenbank sind noch weitere redundante Daten vorhanden:

- in *tblFlugbuchung* das Feld »AbrechnungAufProjekt«
- gleich zweimal ein Flughafen in *tblFlug*, und zwar für den Abflug und für die Ankunft

Sowohl für die Entität »Projekt« als auch für die Entität »Flughafen« haben wir in unserer Datenbank bisher keine künstlich vergebenen IDs. Die praktischen Vorteile solcher stellvertretenden Schlüssel habe ich ausführlich in Abschnitt 2.2.3, »Der Primärschlüssel«, erläutert.

Sie könnten diese IDs jetzt als Fremdschlüssel einführen, z. B. als zusätzliche Felder »AbflugFlughafenID« und »AnkunftFlughafenID« in der Tabelle *tblFlug*. Auf diese Weise würden Sie jedes Mal einen Verstoß gegen die Boyce-Codd-Normalform erzeugen! Ursache dafür ist die Abhängigkeit zwischen »AbflugFlughafen« und »AbflugFlughafenID« (das Gleiche gilt für »AnkunftFlughafen« und »AnkunftFlughafenID«). Durch eine eigene Tabelle *tblFlughafen* mit entsprechenden 1:n-Beziehungen lässt sich dieser Verstoß auflösen.

Ich gebe zu, dass meine Ausführung etwas ungewöhnlich ist. Denn intuitiv würde jeder zuerst die Tabelle *tblFlughafen* erstellen. Wir sehen aber auf diesem Weg, dass sich separate Tabellen auch allein aus den Normalformen ergeben. In einer Datenbank mit künstlich vergebenen Primärschlüsseln, die sich in der Boyce-Codd-Normalform befindet, sind als Fremdschlüssel nur die IDs erlaubt. Und nur diese Fremdschlüssel-IDs dürfen in einer Tabelle redundant auftauchen. Alle anderen Redundanzen in den Daten sind verboten!

Unsere Beispieldatenbank befindet sich jetzt in der Boyce-Codd-Normalform (*02_Access_als_Datenbank_Tabellen\2.8.5_Fluege_BCNF.accdb*). Ich empfehle Ihnen dringend, jede Datenbank in diese Normalform zu bringen. Sie vermeiden dadurch Redundanzen in Ihren Daten und somit eine ganze Reihe möglicher Inkonsistenzen.

Zusammenfassend hier die systematische Vorgehensweise, mit der Sie eine Tabelle in die Boyce-Codd-Normalform bringen können:

1. **Eine Liste aller Schlüsselkandidaten erstellen**
   Sie können wieder die Liste aus den vorherigen Prüfungen übernehmen. Diesmal werden nur diejenigen Felder überprüft, die Bestandteil eines Schlüsselkandidaten sind.
2. **Jedes der Schlüsselfelder nacheinander gegen alle anderen Schlüsselkandidaten prüfen**
   Prüfen Sie, ob das Feld von einem Teil des anderen Schlüsselkandidaten abhängt, also ob eine Abhängigkeit von einem anderen Schlüsselfeld oder von der Kombination eines Teils der anderen Schlüsselfelder besteht. Für diese schwierige Arbeit empfehle ich Ihnen wieder, Beispieldatensätze einzusetzen.
3. **Abhängigkeiten von einem Teil eines anderen Schlüsselkandidaten auflösen**
   Lösen Sie einen Verstoß gegen die Boyce-Codd-Normalform auf, indem Sie zunächst die neue Tabelle zusammen mit einer 1:n-Beziehung anlegen. In die neue Tabelle kommen

die voneinander abhängigen Schlüsselfelder. In der Ausgangstabelle bleibt nur die Fremdschlüssel-ID der 1:n-Beziehung zurück.

Vorteile der Boyce-Codd-Normalform	Beispiele
Jede Tabelle bekommt ein einziges Thema (*monothematisch*).	In der Tabelle *tblFlug* tauchen außer den Fremdschlüssel-IDs keine Informationen zur Fluggesellschaft oder zum Flughafen auf.
Relevante Entitäten werden nicht übersehen.	Auch die letzten Entitäten wurden jetzt als eigene Tabellen erstellt: ▶ *tblFluggesellschaft* ▶ *tblFlughafen* ▶ *tblProjekt*
Alle Felder stehen in den richtigen Tabellen.	Details zum Flughafen stehen in der Tabelle *tblFlughafen*. Diese Angaben sind unabhängig vom Flug und unabhängig davon, ob an diesem Flughafen gestartet oder gelandet wird.
Redundante Datensätze werden vermieden.	In der Tabelle *tblFlug* enthalten nur die Fremdschlüssel-IDs mehrfach vorkommende Daten. Das sind diese Felder: ▶ »FluggesellschaftID« ▶ »AbflugFlughafenID« ▶ »AnkunftFlughafenID« Wenn sich der Name der Fluggesellschaft ändert, betrifft das nur einen Datensatz in *tblFluggesellschaft*.

Tabelle 2.40 Die Boyce-Codd-Normalform führt dazu, dass auch die Schlüsselfelder normalisiert werden.

Für die Praxis reicht die Boyce-Codd-Normalform aus

An dieser Stelle sind Sie mit dem Normalisieren in den meisten Fällen am Ziel angelangt. Es gibt noch weitere Normalformen, die ich in den folgenden Abschnitten vorstellen werde. Betrachten Sie es einfach als Ausblick und Unterhaltung für die Zeit, nachdem Sie Erfahrungen mit dem Normalisieren gesammelt haben.

2.8.6 Die vierte Normalform (4NF)

Die 4. Normalform wird in vielen Büchern gar nicht angesprochen, obwohl sie relativ einfach zu verstehen ist. Sie wird dann wichtig, wenn zu einer Tabelle mehrere 1:n-Beziehungen bestehen. Dazu erweitern wir das Beispiel unserer Flugbuchungen. Auf einen Flug sollen jetzt nicht nur Mitarbeiter, sondern auch Fracht gebucht sein. Unsere Beispieldatenbank sieht jetzt so aus wie in Abbildung 2.95 (*02_Access_als_Datenbank_Tabellen\2.8.6_Fluege_4NF_verletzt.accdb*):

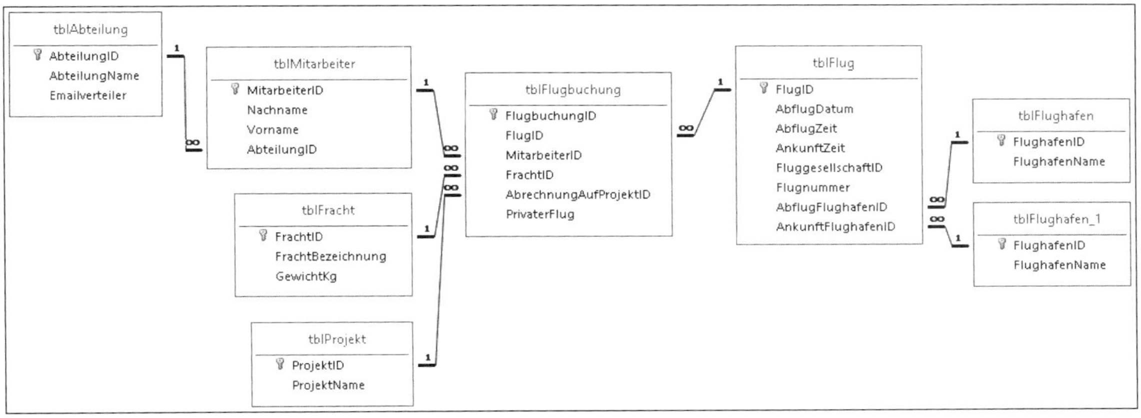

Abbildung 2.95 Mitarbeiter und Fracht können nur zusammen gebucht werden – das ist ein Verstoß gegen die 4. Normalform.

Sie merken schnell, dass hier etwas nicht stimmt: Die Buchung von Mitarbeiter und Fracht hängt zusammen, obwohl Mitarbeiter und Fracht eigentlich nichts miteinander zu tun haben. In der Tabelle *tblFlugbuchung* befinden sich zwei unabhängige 1:n-Beziehungen. Dies ist ein Verstoß gegen die 4. Normalform.

Die vierte Normalform (4NF)

Formal müssen zwei Bedingungen für die vierte Normalform erfüllt sein:

- Die Tabelle muss in der Boyce-Codd-Normalform sein.
- Zwischen Feldern, die Bestandteil eines Schlüsselkandidaten sind, darf es nicht mehrere unabhängige 1:n- oder m:n-Beziehungen geben.

Der richtige Weg ist es, zwei unterschiedliche Arten der Buchung einzuführen. Beide Tabellen enthalten dann in den Schlüsselkandidaten jeweils nur zwei 1:n-Beziehungen, die nicht unabhängig vom Schlüsselkandidaten sind.

1. **Buchungen von Mitarbeitern in »tblMitarbeiterFlugBuchung«**
   Die beiden 1:n-Beziehungen sind 1:n zu *tblFlug* und 1:n zu *tblMitarbeiter*. Beide Fremdschlüssel zusammen bilden den Schlüsselkandidaten. Sie sind voneinander abhängig, denn eine Buchung ohne Mitarbeiter oder ohne Flug ist wenig sinnvoll.

2. **Buchungen von Fracht in »tblFrachtFlugBuchung«**
   Hier sind die beiden 1:n-Beziehungen 1:n zu *tblFlug* und 1:n zu *tblFracht*, ebenfalls voneinander abhängig.

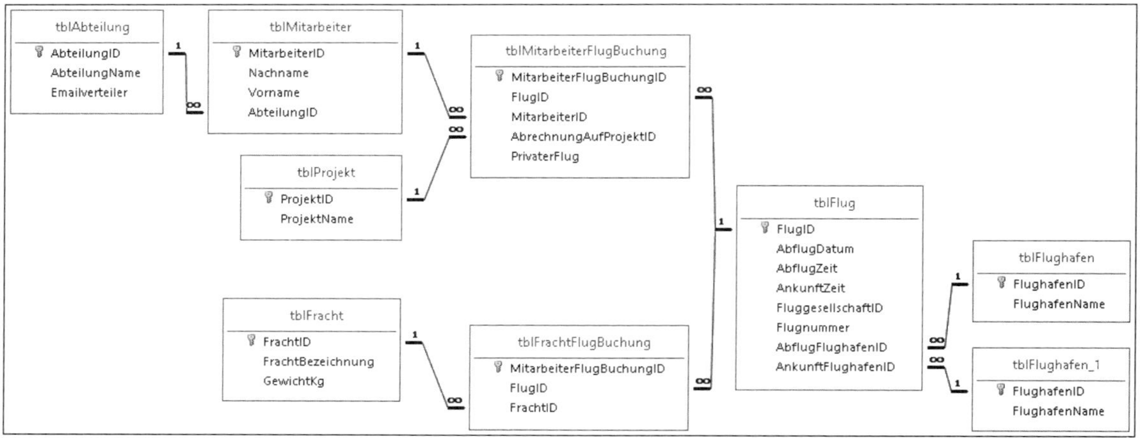

Abbildung 2.96 Unsere Beispieldatenbank in der 4. Normalform

Unsere Datenbank befindet sich damit in der 4. Normalform. In den Materialien zum Buch ist sie unter *02_Access_als_Datenbank_Tabellen\2.8.6_Fluege_4NF.accdb* zu finden.

Mit dieser systematischen Vorgehensweise können Sie eine Tabelle in die vierte Normalform bringen:

1. **Eine Liste aller Schlüsselkandidaten erstellen**
   Sie können wieder die Liste aus den vorherigen Prüfungen übernehmen. Überprüft werden nur die Fremdschlüssel-Felder, die Bestandteil eines Schlüsselkandidaten sind.
2. **Jeweils zwei 1:n-Beziehung im Schlüsselkandidaten miteinander vergleichen**
   Wenn nur eine 1:n-Beziehung vorhanden ist, ist die Bedingung für die 4. Normalform bereits erfüllt.

   Falls mehr als eine 1:n-Beziehung vorhanden ist, überprüfen Sie paarweise, ob diese Beziehungen unabhängig nebeneinander Bestandteil des Schlüsselkandidaten sind.
3. **1:n-Beziehungen, die unabhängig nebeneinander Bestandteil des Schlüsselkandidaten sind, in verschiedene Tabelle separieren**
   Lösen Sie einen Verstoß gegen die 4. Normalform auf, indem Sie die unabhängigen Beziehungen in zwei verschiedene Tabellen aufteilen.

Vorteile der 4. Normalform	Beispiele
Jede Tabelle bekommt ein einziges Thema (*monothematisch*).	Die Tabelle *tblFlugbuchung* war eine Vermischung unterschiedlicher Buchungen. In Wirklichkeit handelt es sich um zwei unterschiedliche Dinge, nämlich die Buchung von Personen und die Buchung von Luftfracht.
Relevante Entitäten werden nicht übersehen.	Für Buchungen gibt es also zwei unterschiedliche Entitäten: ▸ *tblMitarbeiterFlugbuchung* ▸ *tblFrachtFlugBuchung*
Alle Felder stehen in den richtigen Tabellen.	Details zu den Buchungen stehen jetzt in separaten Tabellen. Ein solches Detail könnte z. B. die Nummer des Sitzplatzes sein. Luftfracht bekommt hingegen eine Containernummer oder Vergleichbares.

Tabelle 2.41 Mit der 4. Normalform werden unabhängige 1:n-Beziehungen in separate Tabellen aufgeteilt.

2.8.7 Weitere Normalformen

Es gibt noch weitere Normalformen, die ich für die Praxis aber als nicht relevant erachte. Als Ausblick zeige ich Ihnen kurz die 5. Normalform. Wir betrachten dazu wieder unser Beispiel mit den Flugbuchungen unserer Mitarbeiter. Diesmal sollen statt der Fracht die Gepäckstücke der Mitarbeiter hinzukommen. Nun stellt sich die spannende Frage: Darf ein Mitarbeiter pro Flug genau ein Gepäckstück mitnehmen, oder sind mehrere Gepäckstücke erlaubt?

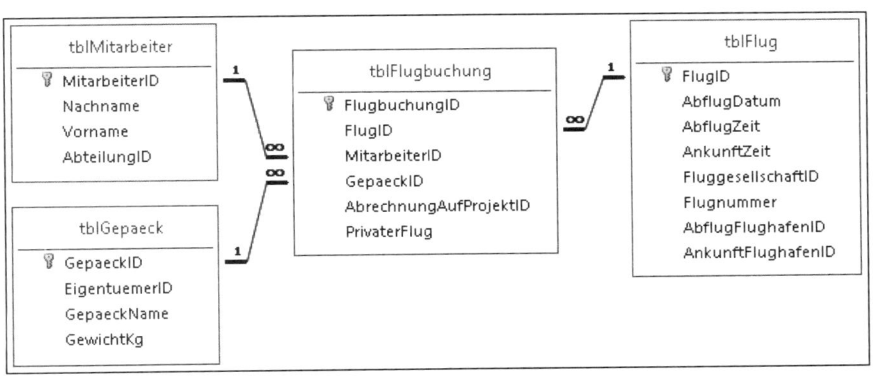

Abbildung 2.97 Nur ein Gepäckstück pro Mitarbeiter ist erlaubt (»02_Access_als_Datenbank_Tabellen\2.8.7_Fluege_Sternbeziehung.accdb«).

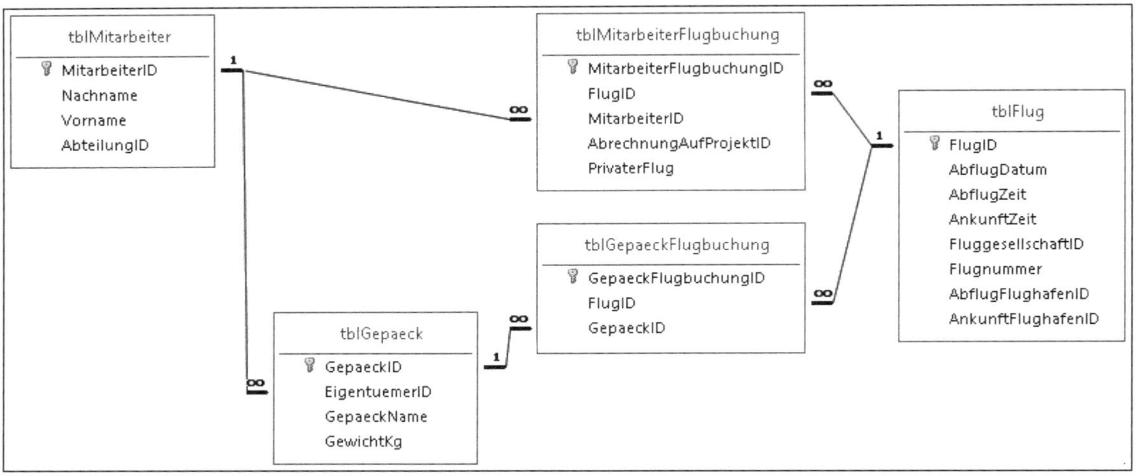

Abbildung 2.98 Beliebig viele Gepäckstücke pro Mitarbeiter sind erlaubt (»02_Access_als_Datenbank_Tabellen\2.8.7_Fluege_5NF.accdb«).

Je nachdem, wie diese Frage beantwortet wird, gilt das erste oder das zweite Datenbankmodell. Genau diesen Unterschied beschreibt die 5. Normalform.

Überführung in die fünfte Normalform (5NF) ändert das Geschäftsmodell

Bei den bisherigen Normalformen blieb das Geschäftsmodell immer unverändert. Um Redundanzen zu vermeiden, empfehle ich Ihnen, *eine Datenbank immer bis zur vierten Normalform zu normalisieren*.

Die fünfte Normalform beschreibt eine Dreiecksbeziehung zwischen den Relationen in Abgrenzung zu einer sternförmigen Beziehung. Das sind zwei wesentlich unterschiedliche Dinge. Durch die Umformung in die fünfte Normalform ändert sich daher das Geschäftsmodell!

Für die Praxis ist das völlig ungeeignet. An oberster Stelle steht immer das Geschäftsmodell. Anschließend können Sie mit Hilfe der Normalformen die Regeln des Geschäftsmodells in ein Datenbankschema bringen. Der andere Weg, dass eine Normalform vorschreibt, wie mein Geschäftsmodell auszusehen hat, ist in meinen Augen völliger Unfug. *Lassen Sie daher die Finger von allem, was nach der 4. Normalform kommt!*

Bevor ich mich an dieser Stelle noch mehr über sinnlose Normalformen aufrege, die sich irgendwelche Datenbanktheoretiker ausgedacht haben, möchte ich Ihnen zum Abschluss einen Merksatz mitgeben:

Merksatz zu den Normalformen

»The key, the whole key, and nothing but the key. So help me Codd!« – »Der Schlüssel, der ganze Schlüssel und nichts als der Schlüssel. So wahr mir Codd helfe!«

Dieser Satz, der scherzhaft an die amerikanische Schwurformel angelehnt ist (»Die Wahrheit, die ganze Wahrheit und nichts als die Wahrheit. So wahr mir Gott helfe!«), ist eine Gedächtnisstütze für die ersten drei Normalformen:

1. »Der Schlüssel«

   Jedes Feld einer Tabelle bezieht sich auf den Schlüssel(-kandidaten). Genau genommen fehlt noch ein Hinweis darauf, dass Unterstrukturen innerhalb der Felder nicht erlaubt sind (1. Normalform).

2. »der ganze Schlüssel«

   Abhängigkeiten von einem Teil eines Schlüssels (Schlüsselkandidaten) sind nicht gestattet (2. Normalform).

3. »nichts als der Schlüssel«

   Kein Feld darf von einem anderen Nicht-Schlüssel-Feld abhängen – transitive Abhängigkeiten sind verboten (3. Normalform).

4. »So wahr mir Codd helfe!«

   In Erinnerung an Mr. Edgar F. Codd, der mit den Normalformen die Grundlagen für relationale Datenbanken schuf.

2.8.8 Zweckmäßiges Datenbankdesign

In den letzten Abschnitten habe ich Ihnen immer wieder die Vorteile gezeigt, die Sie durch die Normalisierung Ihrer Datenbank erlangen. Es lohnt sich wirklich, diese Gedanken der Datenbanktheorie in die Praxis zu übertragen. Aber wie immer in der Praxis gibt es auch Ausnahmen.

Felder mit redundanten Daten bewusst verwenden

Die erste Ausnahme sind Daten, die *bewusst redundant* gehalten werden. Eine ordentliche Normalisierung führt immer dazu, dass die Daten über unterschiedliche Tabellen verteilt werden. Für Auswertungen müssen die Daten aus allen beteiligten Tabellen wieder zusammengetragen werden. Diese Aufgabe lässt sich recht einfach mit Hilfe von Abfragen bewältigen (mehr dazu in Abschnitt 3.4, »Abfragen von Daten aus mehreren Tabellen«).

Gleichwohl ist das Sammeln der Daten mit einem gewissen Aufwand verbunden. Zum einen, um die entsprechende Abfrage zu programmieren, zum anderen kostet die Ausführung Rechenzeit. Falls einer der beiden Punkte ausufert, könnten Sie absichtlich ein Feld mit redundanten Daten einführen.

Ein recht bekanntes Beispiel sind Rechnungen für den Verkauf von Waren. Die unterschiedlichen Waren auf einer Rechnung sind als Positionen aufgelistet.

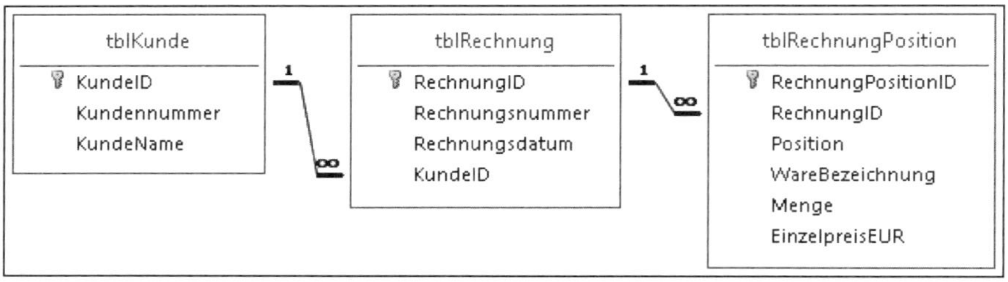

Abbildung 2.99 So ähnlich kann eine Datenbank für Kundenrechnungen aussehen (»02_Access_als_Datenbank_Tabellen\2.8.8_Fakturierung.accdb«).

In jeder Rechnungsposition gibt es einen Einzelpreis der Ware (die Preise ändern sich im Laufe der Zeit) und die Mengenangabe. Daraus lassen sich der Warenwert der Rechnungsposition und der Gesamtbetrag der Rechnung ermitteln:

```
Warenwert = Einzelpreis * Menge
Gesamtbetrag = Summe(Warenwert)
```

Wenn Sie die Gesamtbeträge der Rechnungen sofort sehen möchten, können Sie das Feld »Gesamtbetrag« in die Tabelle *tblRechnung* aufnehmen. Die Daten darin sind redundant, denn sie lassen sich jederzeit aus der Tabelle *tblRechnungPosition* berechnen (Verstoß gegen die 1. Normalform). Mit den oben angegebenen Formeln geht die Berechnung noch relativ einfach. Richtig kompliziert wird es, wenn die Umsatzsteuer (Mehrwertsteuer) berücksichtigt werden muss, es verschiedene Umsatzsteuersätze gibt und wenn es – wie letztmalig Anfang des Jahres 2007 vorgekommen – Erhöhungen der Umsatzsteuersätze gibt. Bei einer solch komplizierten Berechnung sind absichtlich redundante Daten sehr praktisch.

Bei redundant gehaltenen Daten müssen Inkonsistenzen vermieden werden

Leider führen absichtlich redundante Daten zu der Gefahr von Widersprüchen. Wenn sich eine Rechnungsposition ändert, müssen Sie peinlich genau darauf achten, dass der Gesamtbetrag der Rechnung angepasst wird. Und bitte nicht vergessen, dass das Entfernen einer Rechnungsposition ebenfalls zu einer Änderung des Gesamtbetrags führt!

Redundante Daten lassen sich am besten über *Trigger* aktualisieren. Am besten können Sie diese kleinen Programme auf einer Server-Datenbank (z. B. Microsoft SQL Server) programmieren. Mittlerweile gibt es auch in Access Trigger, die ich Ihnen in Abschnitt 8.3.1, »Datenmakros (Trigger)«, vorstellen werde.

Meine Empfehlung ist: Verwenden Sie redundant gehaltene Daten nur, wenn Sie die Aktualisierung sicher beherrschen. Außerdem müssen solche Felder immer ausreichend gut dokumentiert sein. Kennzeichnen Sie am besten durch ein Suffix im Feldnamen (z. B. »Speed« im Sinne von erhöhter Geschwindigkeit bei Abfragen), dass es sich um redundante Daten handelt. Außerdem sollten Sie in Ihrer Dokumentation zur Programmierung ausführlich festhalten, woher die Daten kommen und an welcher Stelle die automatische Aktualisierung erfolgt. Dieser Mehraufwand ist leider die Kehrseite von redundant gehaltenen Daten. Solche Fälle sollten daher immer eine Ausnahme sein.

Übermäßige Normalisierung bei Namen und Adressen

Die zweite Ausnahme bezieht sich auf übermäßige Normalisierung. Ich erinnere mich noch gut an eine Diskussion mit Studenten, die die Tabelle *tblMitarbeiter* weiter normalisieren wollten. Es ging darum, dass sie alle gebräuchlichen Vornamen und Nachnamen jeweils in eine separate Tabelle ablegen wollten (*02_Access_als_Datenbank_Tabellen\2.8.8_Mitarbeiter_Namen.accdb*). Aus Sicht der Normalformen ist das völlig korrekt. Aber ist es wirklich praktikabel, wenn die Tabelle *tblMitarbeiter* nur noch IDs enthält?

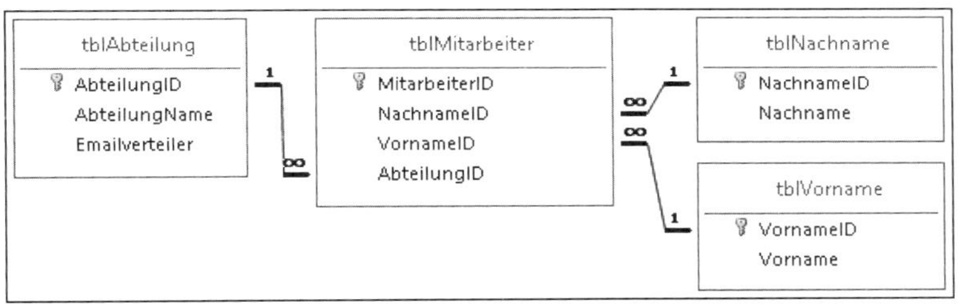

Abbildung 2.100 Mit dem Normalisieren von Namen gewinnen Sie keinen Vorteil.

In vielen Datenbankprojekten, an denen ich bisher beteiligt war, gab es eine Personen-Tabelle. Kein einziges dieser Projekte wurde aber in eine Vor- und eine Nachnamen-Tabelle normalisiert. Ich sehe darin auch wirklich keinen Mehrwert für die Praxis. Sprachwissenschaftler, die sich mit der Verwendung von Namen befassen, wären vielleicht an dieser Form der Normalisierung interessiert. Ansonsten aber ist das zu viel des Guten!

Die Namen dürfen in der Mitarbeiter-Tabelle ruhig mehrfach vorkommen. Bei einer Tabelle mit Adressen sollten Sie abwägen, ob Sie eine separate Tabelle mit den Orten benötigen oder ob auch die Ortsnamen mehrfach auftreten dürfen.

Adressen sind ein Profithema

Wo wir gerade von Adressen sprechen: Hierfür eine perfekt normalisierte Datenbanklösung zu finden, ist extrem schwierig. Richtig kompliziert wird es, wenn Adressen aus dem Ausland eine Rolle spielen (z. B. gibt es nicht in allen Ländern Postleitzahlen, das Format der Adresse unterscheidet sich je nach Land ...).

Meiner Erfahrung nach ist das Speichern von Adressen immer mit *Kompromissen bei der Normalisierung* behaftet. Daher mein gut gemeinter Ratschlag: Üben Sie die Normalisierung von Datenbanken bitte nicht am Beispiel einer Adresstabelle!

Totnormalisiert: Die Tabelle »tblDing«

Wenn Sie wirklich alles normalisieren, was theoretisch möglich ist, werden Sie schließlich zu einer Datenbank ähnlich dieser Form kommen:

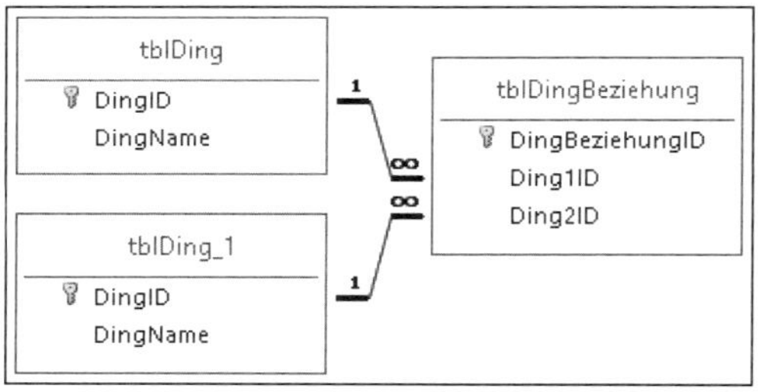

Abbildung 2.101 Die Ding-Datenbank frisst alle möglichen Daten – nur brauchen Sie dafür keine Datenbank.

Das ist quasi die Weltformel der Datenbanken, die Sie in den Materialien zum Buch unter *02_Access_als_Datenbank_Tabellen\2.8.8_Ding.accdb* finden. In die Tabelle *tblDing* können Sie alles Mögliche packen, egal ob Mitarbeiter, Haustier, Sache, Flugbuchung usw. Über die Tabelle *tblDingBeziehung* können Sie zwei Dinge miteinander verbinden. Eine solch universelle Datenbank hat einen Vorteil, aber leider eine ganze Reihe von Nachteilen.

Der einzige Vorteil ist, dass Sie ohne Änderungen der Tabellen jegliche Daten in dieser Datenbank speichern können. Leider überwiegen die Nachteile, denn Sie werfen durch die übermäßige Normalisierung alle Möglichkeiten einer relationalen Datenbank über Bord.

1. Die Entitäten sind nicht mehr aus dem Datenbankdiagramm erkennbar.
2. Es gibt keine gerichteten Beziehungen mehr – alles kann mit jedem wild durcheinander in Beziehung stehen.
3. Es gibt keine festgelegten Eigenschaften, alles versteckt sich irgendwo in *tblDing*. Das Ganze erinnert mich eher an eine Begriffswolke (englisch *tag cloud*).
4. Da alles universell ist, können Sie keine einzige Feld- oder Tabelleneinschränkung festlegen.

Letztendlich sind alle Informationen Ihres Geschäftsmodells durch übermäßige Normalisierung verlorengegangen. Die Datenbank wurde quasi bis zum Tode normalisiert. Vereinfacht gesagt, könnten Sie Ihre Daten dann auch genauso gut in einer Textdatei speichern.

Um dies zu vermeiden, empfehle ich Ihnen, stets nahe an der Realität zu bleiben. Versuchen Sie, Ihr Geschäftsmodell durch das Datenbankschema abzubilden. Für unterschiedliche Dinge in der Realität sollte es unterschiedliche Tabellen geben. Die Normalformen können beim Datenbankdesign eine große Hilfe sein. Aber an erster Stelle sollte immer das Geschäftsmodell stehen.

2.9 Indizes

Ein Tabellenindex ist vergleichbar mit dem Inhaltsverzeichnis oder dem Stichwortverzeichnis eines Buches. Er ist eine vorsortierte Liste, mit dem sich Inhalte schneller wiederfinden lassen.

Datenbanken benötigen Indizes aus zwei Gründen. Einerseits erhöhen Indizes die Geschwindigkeit beim Filtern und Sortieren enorm. Andererseits wird eine Reihe von Strukturen (Primärschlüssel, Alternativschlüssel und Fremdschlüssel) technisch durch Indizes umgesetzt. Die Schlüsselfelder habe ich bereits an verschiedenen Stellen vorgestellt – fangen wir also mit den zugehörigen Indizes an.

2.9.1 Automatisch generierte Tabellenindizes

Diese Arten von Index erstellt Access automatisch:

- Primärschlüssel-Index
- Fremdschlüssel-Index

Für die Schlüsselfelder benötigt Access Indizes zur internen Verarbeitung. Entsprechend können Sie an den Indizes selbst wenig oder gar nichts verändern (bzw. nur indirekt über die Schlüsselfelder) – aber als Einstieg sind sie bestens geeignet.

Primärschlüssel-Index

Schauen wir uns zunächst den *Primärschlüssel-Index* an. Den Primärschlüssel für eine Tabelle können Sie über die Schaltfläche mit dem Schlüssel festlegen. Am besten erledigen Sie das gleich beim Erstellen der Tabelle, nachdem Sie das AUTOWERT-Feld hinzugefügt haben.

1. Erstellen Sie in der leeren Tabelle das AUTOWERT-Feld.
2. Wählen Sie das AUTOWERT-Feld in der Entwurfsansicht aus.
3. Klicken Sie auf TABELLENTOOLS • ENTWURF • TOOLS • PRIMÄRSCHLÜSSEL.

Ebenso lassen sich mehrere Felder zusammen als Primärschlüssel kennzeichnen. So etwas kommt nur vor, wenn Sie in Ihrer Datenbank *natürliche Schlüssel* verwenden möchten oder müssen. Auch wenn ich Ihnen davon abrate, erläutere ich der Vollständigkeit halber, wie Sie einen zusammengesetzten Primärschlüssel erstellen:

1. Markieren Sie in der Entwurfsansicht alle Felder, die zum Primärschlüssel gehören sollen (halten Sie dabei die Taste `Strg` gedrückt).
2. Klicken Sie auf TABELLENTOOLS • ENTWURF • TOOLS • PRIMÄRSCHLÜSSEL.

Vor den Primärschlüssel-Feldern erscheint jetzt ein kleiner Schlüssel. Ihre Tabelle besitzt damit einen Primärschlüssel, und gleichzeitig hat Access den passenden Primärschlüssel-

Index erzeugt. Davon können Sie sich überzeugen, indem Sie auf TABELLENTOOLS • ENTWURF • EINBLENDEN/AUSBLENDEN • INDIZES klicken. In der *Indexansicht* steht genau ein Index mit dem Namen »PrimaryKey«.

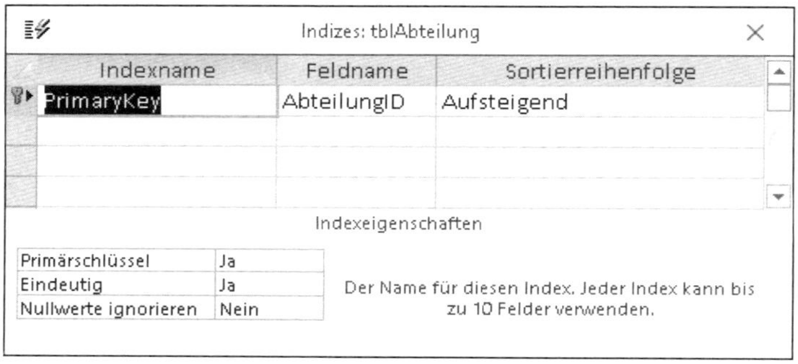

Abbildung 2.102 Pro Tabelle kann es nur einen Primärschlüssel-Index geben (Eigenschaften »Primärschlüssel« = »Ja« und »Eindeutig« = »Ja«).

Die Access-Option »AutoIndex« führt zu unnötigem Indexmüll

Sehen Sie in Ihrer Tabelle noch mehr Indizes als in Abbildung 2.102, obwohl Sie gar keine aktiv erstellt haben? Dann liegt das möglicherweise daran, dass Access für einige Feldnamen automatisch Indizes generiert. Verantwortlich dafür ist die Access-Option OBJEKT-DESIGNER • ENTWURFSANSICHT FÜR TABELLEN • AUTOINDEX BEIM IMPORTIEREN/ERSTELLEN.

Standardmäßig steht dort:

```
ID;Schlüssel;Code;Nummer
```

Falls im Feldnamen eine der vier Zeichenfolgen vorkommt, erzeugt Access automatisch einen Index. Die Idee von Microsoft war wohl »viel hilft viel«, nur leider taugt der Automatismus bei Indizes nur bedingt. *Leeren Sie die Einträge aus der Access-Option, damit Access Ihre Datenbank nicht mit Indizes vollmüllt, und entfernen Sie überflüssige Indizes.* In Abschnitt 2.9.3, »Erstellen eines Indexes«, werde ich Ihnen zeigen, wie Sie gezielt und sinnvoll Indizes selbst erstellen können.

Fremdschlüssel-Index

Kommen wir nun zum *Fremdschlüssel-Index*. Für jede Tabellenbeziehung erstellt Access automatisch einen solchen Index, und zwar in der Detailtabelle einer 1:n-Beziehung. Nehmen wir als Beispiel die 1:n-Beziehung zwischen *tblAbteilung* und *tblMitarbeiter*. Letztere ist die Detailtabelle mit dem Fremdschlüssel »MitarbeiterID«. Access erzeugt also in der Tabelle *tblMitarbeiter* einen Fremdschlüssel-Index für das Feld »MitarbeiterID«.

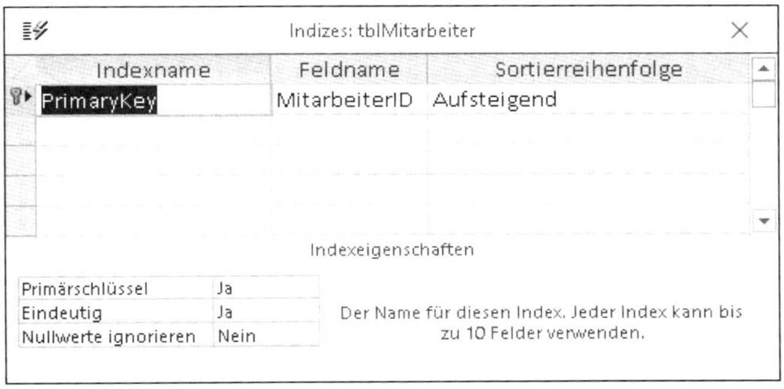

Abbildung 2.103 In der Indexansicht blendet Access sämtliche Fremdschlüssel-Indizes aus.

Access blendet alle Fremdschlüssel-Indizes aus

Öffnen Sie einmal die Tabelle *tblMitarbeiter* und dort die Indexansicht. Access zeigt den Fremdschlüssel-Index nicht an (Abbildung 2.103); aber trotzdem existiert er!

Für Leser, die die Interna von Access genauer verstehen möchten, gebe ich in einigen Kästen in diesem Buch einen Einblick in die fortgeschrittene VBA-Programmierung. Sie können Access auch komplett ohne Programmierung nutzen, und zum Verständnis von Indizes ist VBA ebenfalls nicht notwendig. Wenn Sie aber mehr wissen möchten, könnte der Rest dieses Kastens für Sie interessant sein.

Für jede Tabelle gibt es einen Eintrag in der DAO-Auflistung `TableDefs`. Ein `TableDef`-Objekt beschreibt die Struktur einer Tabelle (nicht die Datensätze!). Entsprechend gibt es die untergeordneten Auflistungen `Fields` (alle Felder der Tabelle) und `Indexes` (alle Indizes der Tabelle).

Die folgenden Befehle habe ich über den Direktbereich eingegeben ([Strg] + [G]). Zunächst lasse ich mir anzeigen, wie viele Indizes es für die Tabelle *tblMitarbeiter* gibt:

```
Debug.Print CurrentDb().TableDefs!tblMitarbeiter.Indexes.Count
2
```

Es sind also tatsächlich zwei Indizes. Als Nächstes interessieren mich die Namen der beiden Indizes:

```
Debug.Print CurrentDb().TableDefs!tblMitarbeiter.Indexes(0).Name
PrimaryKey
Debug.Print CurrentDb().TableDefs!tblMitarbeiter.Indexes(1).Name
tblAbteilungtblMitarbeiter
```

Der zweite Index ist der besagte Fremdschlüssel-Index, von dem ich mir nun ein paar Eigenschaften anzeigen lasse:

```
Debug.Print CurrentDb().TableDefs!tblMitarbeiter.Indexes!tblAbteilungtblMitarbei-
ter.Unique
Falsch
```

```
Debug.Print CurrentDb().TableDefs!tblMitarbeiter.Indexes!tblAbteilungtblMitarbei-
ter.Foreign
Wahr
```

2.9.2 Eindeutiger Schlüssel (Alternativschlüssel)

Ich bin Ihnen noch eine Ergänzung zu den Tabellen-Gültigkeitsregeln schuldig. In Abschnitt 2.3.13, »Tabelleneinschränkungen«, hatte ich den ersten Typ, die Tabellen-Gültigkeitsregel, vorgestellt. Sie bezieht sich immer nur auf einen Datensatz. Der zweite Typ, nämlich die Tabelleneinschränkung *eindeutiger Schlüssel*, überprüft sämtliche Datensätze einer Tabelle. Diese Tabelleneinschränkung stelle ich Ihnen nun vor, denn im Grunde genommen ist sie ein besonderer Index.

Eindeutiger Schlüssel und Alternativschlüssel

Mit einem eindeutigen Schlüssel können Sie sicherstellen, dass es beispielsweise wirklich nur eine Abteilung gibt, die den Namen »Verkauf« hat. Für das Feld »AbteilungName« benötigen wir einen eindeutigen Schlüssel, einen Alternativschlüssel.

Begriffe

Für die Praxis ist es nicht relevant, die Begriffe *eindeutiger Datensatz*, *eindeutiger Schlüssel*, *eindeutiger Index*, *Alternativschlüssel* und *Schlüsselkandidat* exakt auseinanderzuhalten.

Im Zusammenhang mit den Normalformen hatte ich Ihnen das Konzept der Schlüsselkandidaten vorgestellt. Ein *Schlüsselkandidat* ist entweder genau ein Feld oder mehrere Felder in ihrer Kombination, wobei die Feldinhalte eindeutig für genau einen Datensatz der Tabelle sind. Mit der Tabelleneinschränkung *eindeutiger Schlüssel* erreichen Sie genau dies. Die technische Umsetzung erfolgt mit einem *eindeutigen Index*.

Einer der Schlüsselkandidaten wird der *Primärschlüssel*, der technisch als *Primärschlüssel-Index* umgesetzt wird. Alle anderen Schlüsselkandidaten kommen als *Alternativschlüssel* in Frage. Alternativschlüssel werden technisch als *eindeutiger Index* (englisch *unique index*) umgesetzt.

Einen Alternativschüssel mit einem Feld erstellen

Und so können Sie einen eindeutigen Schlüssel für das Feld »AbteilungName« erstellen:

1. Öffnen Sie die Datenbank *02_Access_als_Datenbank_Tabellen\2.9.1_Fluege.accdb*.
2. Öffnen Sie die Tabelle *tblAbteilung* in der Entwurfsansicht.
3. Markieren Sie das Feld »AbteilungName«.
4. Wählen Sie in der Eigenschaft INDIZIERT den Eintrag JA (OHNE DUPLIKATE) aus.

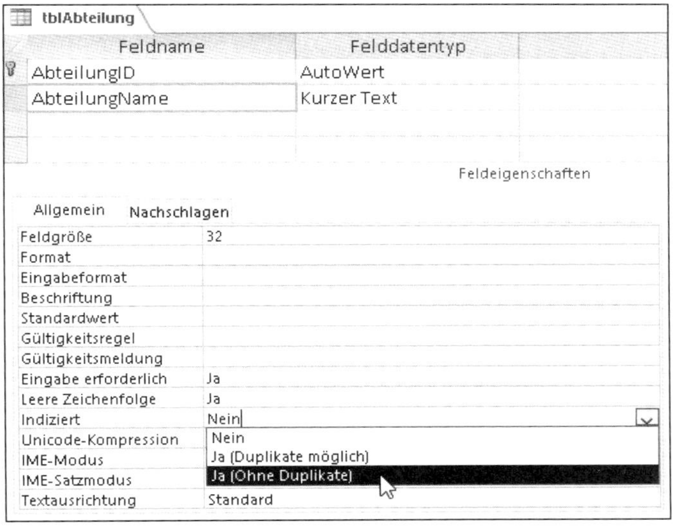

Abbildung 2.104 So wird das Feld »AbteilungName« ein Alternativschlüssel-Feld.

Access erzeugt automatisch einen Index, den Sie in der Indexansicht sehen können:

5. Klicken Sie auf TABELLENTOOLS • ENTWURF • EINBLENDEN/AUSBLENDEN • INDIZES.

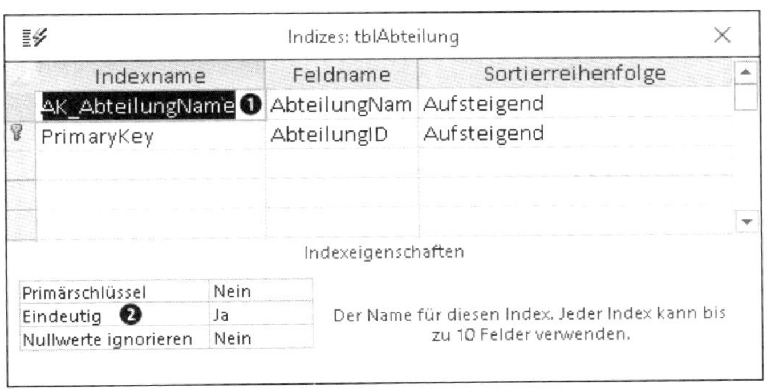

Abbildung 2.105 Für den Alternativschlüssel hat Access einen eindeutigen Index generiert.

6. Wenn gewünscht, können Sie für den Index einen aussagekräftigen Namen vergeben, beispielsweise »AK_AbteilungName« ❶.
7. Entscheidend ist die Eigenschaft EINDEUTIG ❷: Für einen Alternativschlüssel muss sie auf JA stehen!

Einen Alternativschüssel mit mehreren Felder erstellen

Etwas anders müssen Sie vorgehen, wenn Sie einen Alternativschlüssel erstellen möchten, der mehrere Felder umfasst. Beispielsweise möchte ich sicherstellen, dass alle Mitarbeiter unterschiedliche Namen haben.

1. Öffnen Sie die Tabelle *tblMitarbeiter* in der Entwurfsansicht.
2. Gehen Sie direkt zur Indexansicht, indem Sie auf TABELLENTOOLS • ENTWURF • EINBLENDEN/AUSBLENDEN • INDIZES klicken.
3. Erstellen Sie einen neuen Index, indem Sie zunächst seinen Namen »AK_Name« eintippen.
4. Ganz wichtig: Ändern Sie die Eigenschaft EINDEUTIG in JA.
5. Wählen Sie jetzt unter FELDNAME die beteiligten Felder aus:
   - »Nachname«
   - »Vorname«

Der fertige Alternativschlüssel sollte wie in Abbildung 2.106 aussehen. Die Beispieldatenbank mit sämtlichen Alternativschlüsseln finden Sie in den Materialien zum Buch unter *02_Access_als_Datenbank_Tabellen\2.9.2_Fluege_AK.accdb*.

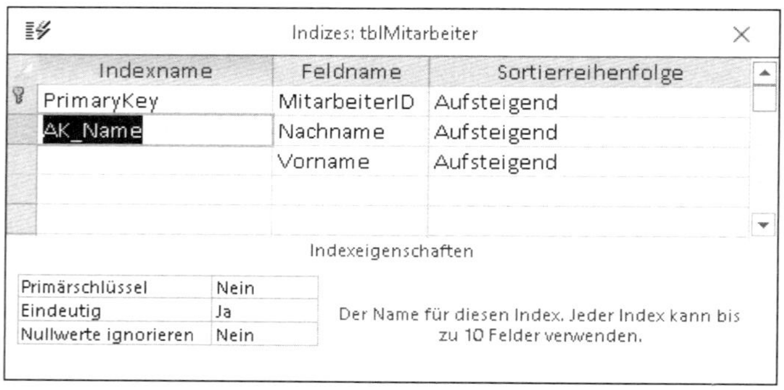

Abbildung 2.106 Sie können den eindeutigen Index manuell eintragen und damit einen Alternativschlüssel mit mehreren Feldern anlegen.

Zusammenfassung

In der Praxis müssen Sie nicht jeden Schlüsselkandidaten zwingend als Alternativschlüssel definieren. Aber wenn bestimmte Felder in ihrer Kombination eindeutig sein sollen, dann sollten Sie auch den Alternativschlüssel eintragen. Access kümmert dann selbst darum, dass die Datensätze eindeutig sind.

Best Practice für Alternativschlüssel

- Tragen Sie einzelne Felder, die eindeutige Werte enthalten sollen, als Alternativschlüssel ein.
- Tragen Sie Felder, die in ihrer Kombination eindeutige Werte enthalten sollen, als Alternativschlüssel ein.
- Gemeinsame *Detailtabelle* einer m:n-Beziehung: Legen Sie einen Alternativschlüssel mit den beiden Fremdschüsseln an.

2.9.3 Erstellen eines Indexes

Sie wissen nun schon, wie Sie einen (eindeutigen) Index erstellen können und dass Access in einigen Fällen Indizes automatisch erstellt. Das sind sehr wichtige, aber trotzdem spezielle Formen eines Tabellenindexes. In diesem Abschnitt komme ich zur allgemeinen Form des Tabellenindexes.

Primärschlüssel, Alternativschlüssel und Fremdschlüssel: Ohne Index geht es nicht

Bisher war der Index Mittel zum Zweck. Primärschlüssel und Alternativschlüssel sind beides Fälle des speziellen *eindeutigen Index*, bei dem die Eigenschaft EINDEUTIG auf JA gesetzt ist. Beim *allgemeinen Index* ist die Eigenschaft EINDEUTIG hingegen NEIN. Ein Fremdschlüssel-Index zählt übrigens auch zu dieser Kategorie.

Wofür benötige ich einen allgemeinen Index?

Einen *allgemeinen Index* können Sie jederzeit löschen und später wieder neu erstellen. Das Datenbankdesign wird dadurch nicht verändert und die bestehenden Datensätze ebenso wenig. Es gibt nur einen Grund für einen allgemeinen Index: Geschwindigkeit.

Einen allgemeinen Index zu löschen ist in etwa so, als ob Sie die Seiten mit dem Inhaltsverzeichnis aus diesem Buch herausreißen. Das Buch wird etwas dünner, und Sie können es immer noch von vorn bis hinten durchlesen. Sie können das Inhaltsverzeichnis sogar wieder rekonstruieren, indem Sie alle Überschriften erneut heraussuchen. Auf Probleme werden Sie nur stoßen, wenn Sie gezielt einen Abschnitt suchen.

Und genauso ist es mit einem Index: Ohne Index können Sie die Datensätze einer Tabelle anzeigen, filtern und sortieren lassen. Je nach Anzahl der Datensätze dauert das nur recht lange, weil Access durch sämtliche Datensätze der Tabelle durchgehen muss (*Tablescan*).

Schneller geht es mit einem Tabellenindex. Wenn ich beispielsweise sehr häufig die Mitarbeiter nach Vornamen sortieren möchte, bietet sich ein allgemeiner Index für das Feld »Vorname« an. Ein Index ist so etwas wie eine sortierte Liste der Feldinhalte, in diesem Fall der Vornamen. Access sucht den passenden Index selbst aus und nutzt ihn zum Filtern und Sortieren (*Indexscan*).

Einen Index mit einem Feld erstellen

Erstellen wir also einen allgemeinen Index für das Feld »Vorname« in der Mitarbeitertabelle:

1. Öffnen Sie die Datenbank *02_Access_als_Datenbank_Tabellen\2.9.2_Fluege_AK.accdb*.
2. Öffnen Sie die Tabelle *tblMitarbeiter* in der Entwurfsansicht.
3. Gehen Sie direkt zur Indexansicht, indem Sie auf TABELLENTOOLS • ENTWURF • EINBLENDEN/AUSBLENDEN • INDIZES klicken.

4. Erstellen Sie einen neuen Index, indem Sie zunächst seinen Namen, beispielsweise »idx-Vorname«, eintippen.
5. Belassen Sie die Eigenschaft EINDEUTIG bei NEIN.
6. Wählen Sie unter Feldname VORNAME aus.

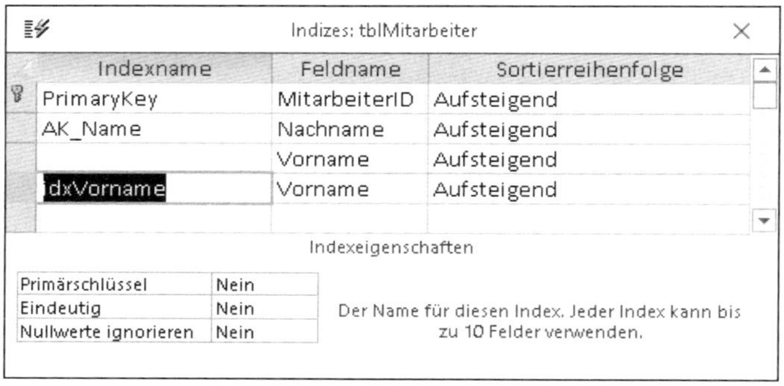

Abbildung 2.107 Ein allgemeiner, nicht eindeutiger Index auf dem Feld »Vorname«

Nach dem Speichern können Sie den Inhalt des Indexes nicht einsehen. Aber Access wird ihn nutzen, wenn Sie in der Datenblattansicht nach »Vorname« sortieren. Nur werden Sie bei 10 Datensätzen keinen Unterschied in der Geschwindigkeit feststellen; aber dazu in Kürze mehr.

Für jede Abfrage kann Access nur einen Index pro Tabelle nutzen

Wenn Sie in diesem Buch nach Informationen suchen, können Sie entweder das Inhaltsverzeichnis oder das Stichwortverzeichnis nutzen – aber nicht beides gleichzeitig (sehr wohl können Sie erst das eine und dann das andere verwenden). Analog kann Access bei einer Abfrage nur einen Index nutzen (*Indexscan*). Das kann der Primärschüssel-, einer der Alternativschlüssel-, einer der Fremdschlüssel-Indizes oder einer der allgemeinen Indizes sein. Access prüft alle vorhandenen Indizes und nimmt denjenigen, der am besten passt.

Wenn wir in unserem Beispiel zuerst nach Vorname und dann nach Nachname sortieren möchten, können wir den Index noch verbessern, indem wir das zweite Feld dazunehmen:

1. Öffnen Sie die Tabelle *tblMitarbeiter* in der Entwurfsansicht.
2. Gehen Sie zur Indexansicht.
3. Fügen Sie das Feld »Nachname« zum eben erstellten Index hinzu. Falls die Anordnung der bestehenden Indizes sich geändert hat, müssen Sie dazu unter Umständen erst eine leere Zeile einfügen. Achten Sie bitte exakt darauf, dass Sie das Feld zum richtigen Index hinzufügen!

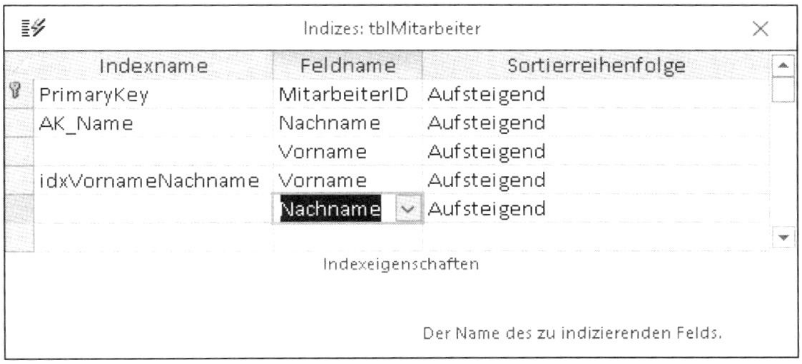

Abbildung 2.108 Das Feld »Nachname« gehört jetzt auch zum Index.

Für das Sortieren nach Namen hat Access jetzt immer den passenden Index:

- zuerst nach »Nachname«, dann nach »Vorname«: »AK_Name«
- zuerst nach »Vorname«, dann nach »Nachname«: »idxVornameNachname«

In der Datenbank *02_Access_als_Datenbank_Tabellen\2.9.3_Fluege_Index_zusaetzlich.accdb* finden Sie noch ein paar mehr Beispiele.

Das sollten Sie beachten, wenn Sie Tabellenindizes erstellen

In entsprechender Weise können Sie weitere Indizes erstellen. Folgendes sollten Sie dabei beachten:

- Jeder Index benötigt Speicherplatz auf der Festplatte.
- Änderungen an Datensätzen dauern länger, weil auch alle betroffenen Indizes geändert werden müssen.

Deshalb empfehle ich Ihnen, nicht wild alle möglichen Indizes zu erzeugen, sondern mit Überlegung die Datenbank zu optimieren.

Den fehlenden Index spüren: 1.000.000 Datensätze

Bisher haben wir die Stärke der Tabellenindizes überhaupt nicht zu spüren bekommen. Grund dafür ist, dass die Beispieldatenbank viel zu klein ist und locker im Arbeitsspeicher bzw. Festplatten-Cache gehalten werden kann. Schauen wir uns also etwas Größeres an, eine Tabelle mit 1.000.000 Datensätzen. Das klingt viel, ist aber für Datenbanken gar kein Problem. Hier fängt der Spaß erst so richtig an!

In den Materialien zum Buch finden Sie dieselbe Datenbank, einmal mit Index und einmal ohne Index:

- *02_Access_als_Datenbank_Tabellen\2.9.3_Person_1000000rst_ohne_Index.accdb*
- *02_Access_als_Datenbank_Tabellen\2.9.3_Person_1000000rst_mit_Index.accdb*

Ich habe für die Tabelle *tblPerson* eine Sortierung hinterlegt. Ohne Index dauert das Öffnen ein paar Sekunden, weil Access durch sämtliche Datensätze gehen und sortieren muss (*Tablescan*). Jetzt öffnen Sie einmal die Datenbank mit Index! Durch den *Indexscan* ist das Ergebnis sofort da.

Der Index hat seinen Preis

Bei 1.000.000 Datensätzen können Sie eindrucksvoll die Stärke eines Tabellenindexes erfahren. Sie können aber auch sofort den Preis erkennen: Ohne Index ist die Datenbank 52 MB groß. Allein durch den Index kommen 20 MB hinzu.

2.9.4 Löschen eines Indexes

Zu guter Letzt noch das Löschen eines Indexes:

1. Öffnen Sie die Datenbank *02_Access_als_Datenbank_Tabellen\2.9.3_Fluege_Index_zusaetzlich.accdb*.
2. Öffnen Sie die Tabelle *tblMitarbeiter* in der Entwurfsansicht.
3. Gehen Sie zur Indexansicht.
4. Markieren Sie alle Zeilen, die zum Index gehören, den Sie löschen möchten (beispielsweise »idxVornameNachname«).

Abbildung 2.109 Markieren Sie den Index mit allen seinen Feldern, bevor Sie ihn löschen.

5. Drücken Sie die Taste `Entf`.

Den Import von Datensätzen beschleunigen

Wenn besonders viele Datensätze geändert werden sollen (beispielsweise beim Import von Daten), können Sie zumindest vorübergehend Indizes löschen und nach dem abgeschlossenen Import wieder neu erstellen.

2.10 Besondere Tabellen

Zum Abschluss des Themas »Tabellen« stelle ich Ihnen die Systemtabellen vor, die einen tiefen Einblick in die Interna von Access ermöglichen. Bitte behandeln Sie die Systemtabellen mit Respekt, denn sie sind quasi das Herz einer Datenbank. Falls überhaupt möglich, empfehle ich Ihnen, die Datensätze darin nur mit *äußerster Vorsicht* zu verändern. Ihre Datenbank könnte sonst unbrauchbar werden!

2.10.1 Versteckte Datenbankobjekte

Die Systemtabellen sind so heiß, dass sie für den normalen Benutzer ausgeblendet sind. Ihre eigenen Datenbankobjekte können Sie übrigens ebenfalls ausblenden:

1. Klicken Sie im Navigationsbereich mit der rechten Maustaste auf das gewünschte Datenbankobjekt.
2. Wählen Sie im Kontextmenü den Eintrag TABELLENEIGENSCHAFTEN aus. Bei den anderen Datenbankobjekten heißt der Eintrag OBJEKTEIGENSCHAFTEN oder ANSICHTSEIGENSCHAFTEN.
3. Setzen Sie das Häkchen bei AUSGEBLENDET, und klicken Sie auf OK.

Und weg ist die Tabelle! Sie ist natürlich nicht gelöscht, sondern nur ausgeblendet. Klicken Sie irgendwo im leeren Bereich des Navigationsbereichs mit der rechten Maustaste, und wählen Sie im Kontextmenü den Eintrag NAVIGATIONSOPTIONEN ... aus. Im unteren Bereich können Sie unter ANZEIGEOPTIONEN festlegen, ob ausgeblendete Objekte oder eben auch die Systemobjekte sichtbar werden sollen. Setzen Sie beide Häkchen, um an die Interna von Access zu gelangen!

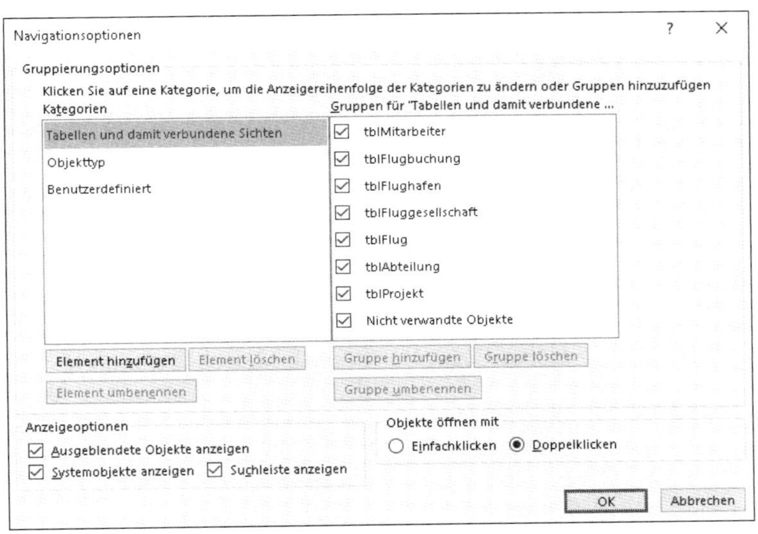

Abbildung 2.110 Zugriff auf die Systemobjekte – ab jetzt Vorsicht!

2.10.2 Systemtabellen (»MSys«) und Usertabellen (»USys«)

Alle *Systemtabellen* fangen mit dem Präfix *MSys* an. Sie sollten sie auf keinen Fall löschen oder verändern. Neben den Systemtabellen können Sie *Usertabellen* mit dem Präfix *USys* erstellen. Dies ist neben dem Ausblenden die zweite Möglichkeit, Tabellen zu verstecken. Besonders an einer Usertabelle ist nur das Präfix im Namen. Ansonsten bleibt alles gleich, und Sie können solche Tabellen gefahrlos verändern oder löschen. Aber wie gesagt: Nur Usertabellen, nicht Systemtabellen!

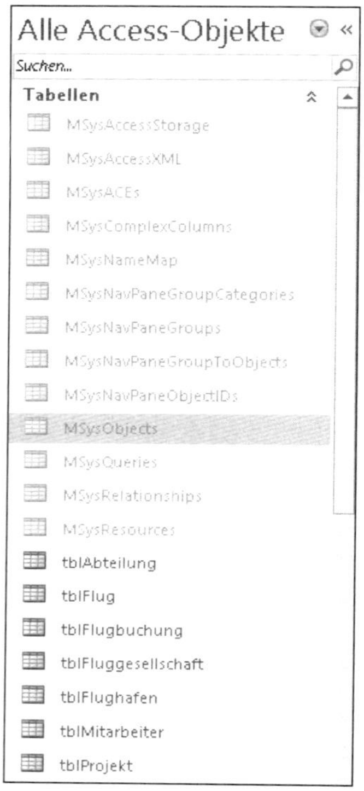

Abbildung 2.111 Alle Systemtabellen beginnen mit »MSys«.

In Tabelle 2.42 gewinnen Sie einen groben Überblick, was in den einzelnen Systemtabellen gespeichert ist.

Tabelle	Inhalt
MSysAccessObjects	Wurde ab Access 2003 durch *MSysAccessStorage* ersetzt.
MSysAccessStorage	alle Objekte und ihre Eigenschaften mit Ausnahme von Tabelle und Abfragen

Tabelle 2.42 Diese Systemtabellen gibt es in Access. Nicht alle müssen in einer Datenbank vorhanden sein.

Tabelle	Inhalt
MSysAccessXML	Ältere Access-Versionen legen diese Tabelle an (Nutzung unbekannt).
MSysAccounts	Benutzerkonten für Zugriffsberechtigungen
MSysACEs	Zugriffsberechtigungen (*Access Control Entries*) für die einzelnen Datenbankobjekte
MSysComplexColumns	▸ Felder mit dem Felddatentyp ANLAGE ▸ mehrwertige Felder (MVF)
MSysGroups	Gruppen für Zugriffsberechtigungen
MSysIMEXColumns *MSysIMEXSpecs*	gespeicherte Import- und Exportspezifikationen
MSysNameMap	Access verwendet diese Tabelle für die automatische Korrektur von Objektnamen.
MSysNavPaneGroupCategories *MSysNavPaneGroups* *MSysNavPaneGroupToObjects* *MSysNavPaneObjectIDs*	Gruppen im Navigationsbereich und Zuordnung der Datenbankobjekte zu diesen Gruppen
MSysObjects	Datenbankobjekte
MSysQueries	Abfragen
MSysRelationships	Beziehungen zwischen Tabellen, genauer gesagt die Fremdschlüssel
MSysResources	Office-Themen (das Design der gesamten Datenbank) und die gemeinsame Bildgalerie

Tabelle 2.42 Diese Systemtabellen gibt es in Access. Nicht alle müssen in einer Datenbank vorhanden sein. (Forts.)

2.10.3 Das Verzeichnis aller Datenbankobjekte: »MSysObjects«

Die bekannteste Systemtabelle ist *MSysObjects*, denn in ihr sind alle Datenbankobjekte aufgelistet. Filtern Sie nach dem Feld »Type«, um beispielsweise zur Liste aller Tabellen zu gelangen. In der Datenbank *02_Access_als_Datenbank_Tabellen\2.10.3_MSysObjects.accdb* habe ich einige Abfragen erstellt, mit deren Hilfe Sie verschiedenen Listen sehen können.

Type	Typ von Datenbankobjekt
-32768	Formular
-32766	Makro
-32764	Bericht
-32761	VBA-Modul
-32758	Benutzer
-32756	Datenzugriffsseiten (werden seit Access 2007 nicht mehr unterstützt)
1	Tabelle (lokal)
2	die Datenbank selbst (*MSysDb*)
3	Auflistung
4	Tabelle (verknüpft über ODBC)
5	Abfrage
6	Tabelle (verknüpft, beispielsweise Access oder Excel)
8	Tabellenbeziehung

Tabelle 2.43 Das Feld »MSysObjects.Type« legt fest, um welche Art von Datenbankobjekt es sich handelt.

Auflistungen sind der offizielle Weg

Der Weg über *MSysObjects* zu einer Liste der Datenbankobjekte ist einfach und hat sich eingebürgert. Der offizielle Weg führt aber über die verschiedenen *Auflistungen*, die per VBA-Programmierung erreichbar sind. Und nur darüber sollten Sie Änderungen an den Datenbankobjekten vornehmen – niemals direkt in den Systemtabellen.

Kapitel 3
Daten filtern, sortieren und zusammenfassen: Abfragen

Abfragen sind das Werkzeug, mit dem Sie Daten aus mehreren Tabellen zusammenbringen und auswerten.

Abfragen zeigen die Daten aus einer oder mehreren Tabellen an. Ich werde mit einer *einfachen Abfrage* beginnen, die Daten aus nur einer einzigen Tabelle anzeigt. Selbstverständlich können Sie die Tabelle auch direkt in der Datenblattansicht öffnen und alle Daten darin sehen. Eine Abfrage können Sie daher als eine zusätzliche Sicht auf die Tabelle verstehen – deshalb werden Abfragen in anderen Systemen (z. B. Server-Datenbanken) auch *Sichten* (englisch *views*) genannt. Eine Abfrage kann sich in einigen Punkten von der Datenblattansicht einer Tabelle unterscheiden:

1. Anordnung der Felder
2. Benennung der Felder
3. Filtern
4. Sortieren der Datensätze

In Access sind Abfragen *das* Werkzeug zum Filtern und Sortieren. In den nächsten Abschnitten werde ich Ihnen alle diese vier Punkte im Detail erklären.

Abgrenzung zwischen Tabellen und Abfragen

Ich empfehle Ihnen, diese logische Trennung in der Arbeitsweise mit Tabellen und Abfragen zu beherzigen:

- **Tabellen**: Erfassen, Ändern und Löschen von Daten
- **Abfragen**: Auswerten von Daten (Filtern, Sortieren, Berechnen, Zusammenfassen)

Dadurch wird Ihnen die Arbeit des Datenbankdesigns erheblich einfacher fallen!

3.1 Einfache Abfragen

Bevor wir loslegen, noch ein paar Worte zum Filtern. Es gibt zwei Konzepte, die zum Filtern gehören:

1. **Vertikal filtern**
   Hiermit ist gemeint, dass von den verfügbaren Feldern nur bestimmte *Felder* angezeigt werden sollen. In der Datenblattansicht werden Felder als Spalten dargestellt. Daher entspricht diese Art des Filterns einer Auswahl bestimmter Spalten. Entsprechend auch der Begriff, *vertikal* zu filtern.
2. **Horizontal filtern**
   Datensätze werden in der Datenblattansicht als Zeilen dargestellt. Folglich spricht man vom *horizontalen* Filtern, wenn nur bestimmte *Datensätze* angezeigt werden sollen.

Gleichwohl können Sie in einer Abfrage gleichzeitig vertikal und horizontal filtern. Ich zeige Ihnen aber beides zunächst getrennt voneinander.

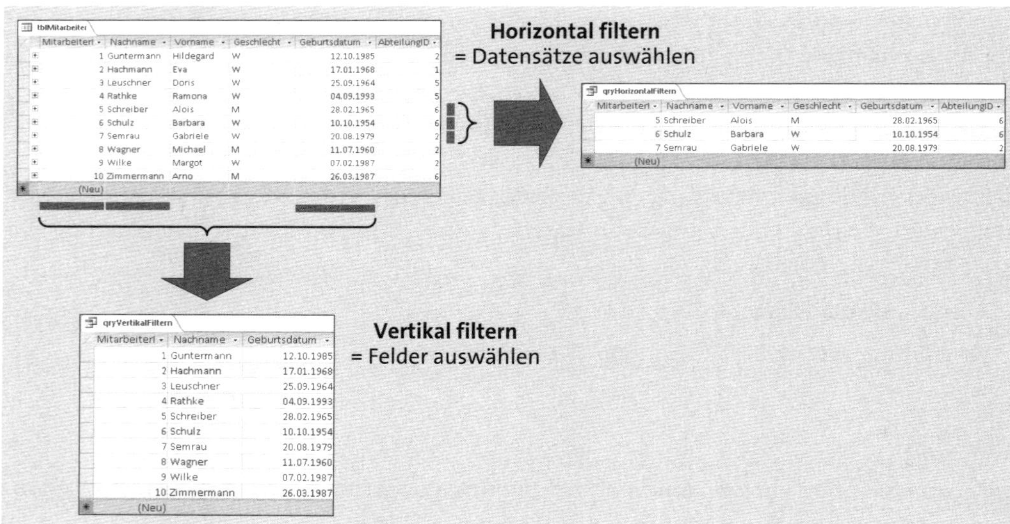

Abbildung 3.1 Es gibt zwei Konzepte zum Filtern: das vertikale Filtern zur Auswahl bestimmter Felder (Spalten) und das horizontale Filtern zur Auswahl bestimmter Datensätze.

Filter und Sortierung in Tabellen vs. Abfragen

Wie Sie in einer Tabelle filtern (und sortieren), habe ich Ihnen bereits gezeigt. Warum also das Rad mit Abfragen neu erfinden? Bei Abfragen fallen mir zwei entscheidende Vorteile ein:

- Sie schaffen eine logische Trennung innerhalb der Datenbank (Tabelle = Datenspeicher; Abfragen = Filtern, Sortieren, Auswerten).
- Für eine Tabelle können Sie mehrere Abfragen erstellen (= mehrere Filter, Sortierungen etc. speichern).

Trotzdem ist Filtern und Sortieren in einer Tabelle erlaubt.

3.1.1 Vertikales Filtern – Felder auswählen

Wir erstellen nun einen Filter für die Tabelle *tblMitarbeiter* unserer Beispieldatenbank *03_Abfragen\3_Fluege.accdb*. Das Ziel soll eine Abfrage sein, die nur die Felder »Vorname«, »Nachname« und »Geschlecht« anzeigt. Diese Ansicht wäre als öffentliche Liste aller Mitarbeiter gut geeignet, denn viele Personen empfinden das Geburtsdatum als Privatangelegenheit, die in einem Unternehmen höchstens die Personalabteilung etwas angeht.

So erstellen Sie die neue Abfrage zum vertikalen Filtern:

1. Öffnen Sie die Datenbank *03_Abfragen\3_Fluege.accdb*.
2. Klicken Sie auf ERSTELLEN • ABFRAGEENTWURF.

   Eine leere Abfrage mit dem Dialog TABELLE ANZEIGEN sollte automatisch erscheinen. Falls Sie das Fenster versehentlich geschlossen haben, klicken Sie auf ENTWURF • TABELLE ANZEIGEN.
3. Wählen Sie *tblMitarbeiter* aus, und klicken Sie auf HINZUFÜGEN.
4. Schließen Sie den Dialog TABELLE ANZEIGEN (indem Sie auf SCHLIESSEN klicken).

   Im oberen Bereich der Abfrage-Entwurfsansicht ist jetzt die Tabelle *tblMitarbeiter* mit ihren Feldern zu sehen (Abbildung 3.2).

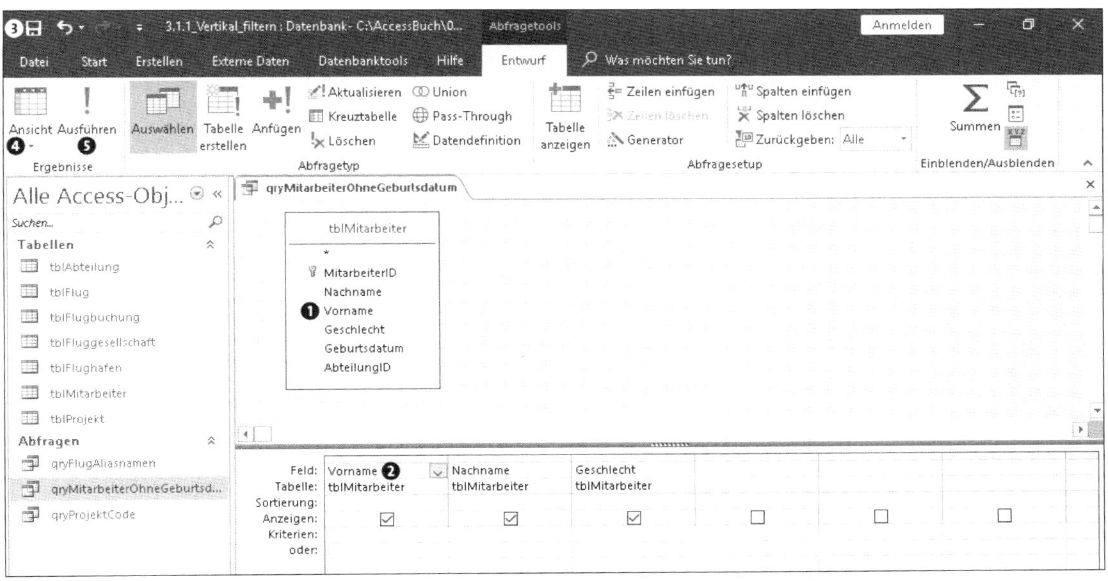

Abbildung 3.2 Die Entwurfsansicht einer Abfrage – das ist der grafische Abfrage-Editor. Im oberen Bereich ist die Tabelle zu sehen, aus der die Daten kommen. Im unteren Bereich stehen die Felder, die Bestandteil der Abfrage sind.

5. Ziehen Sie das Feld »Vorname« ❶ per Drag & Drop in den unteren Bereich ❷ (alternativ: Doppelklick auf das Feld).

6. Ziehen Sie ebenso die Felder »Nachname« und »Geschlecht« in den unteren Bereich ❷.
7. Klicken Sie in der Symbolleiste für den Schnellzugriff auf SPEICHERN ❸ (oder [Strg] + [S]), und geben Sie als Name der Abfrage *qryMitarbeiterOhneGeburtsdatum* an.
8. Schalten Sie in die Datenblattansicht um, indem Sie unter ENTWURF • ERGEBNISSE • ANSICHT ❹ den Eintrag DATENBLATTANSICHT auswählen (oder ENTWURF • ERGEBNISSE • AUSFÜHREN ❺).

In der Datenblattansicht der Abfrage sehen Sie das Ergebnis des Filterns. Nur die drei gewählten Felder werden angezeigt. In den Materialien zum Buch finden Sie die Abfrage *qryMitarbeiterOhneGeburtsdatum* in der Datenbank *03_Abfragen\3.1.1_Vertikal_filtern.accdb*.

Ansicht einer Abfrage	Abfragedefinition verändern	Datensätze filtern und sortieren	Daten ändern
Entwurfsansicht	•	•	
Datenblattansicht		•	•
SQL-Ansicht	•	•	

Tabelle 3.1 Access kennt drei Ansichten für Abfragen. Die Datenblattansicht kennen Sie bereits von den Tabellen. In diesem Kapitel werden wir mit der Entwurfsansicht arbeiten.

Es zählt die Reihenfolge der Felder in der Entwurfsansicht der Abfrage

In der Entwurfsansicht der Abfrage sehen Sie die ausgewählten Felder nebeneinander angeordnet. Die Reihenfolge ist nicht egal! Die Spalten in der Datenblattansicht der Abfrage werden genau so angezeigt, wie sie in der Entwurfsansicht angeordnet sind. Dies eröffnet Ihnen eine hervorragende Möglichkeit: Sie können die Felder in einer Abfrage nach Belieben anordnen und verschieben! Die Reihenfolge der Felder in der Tabelle wird nicht verändert und spielt auch keine Rolle.

So können Sie die Reihenfolge der Felder in einer Abfrage ändern:

1. Öffnen Sie die Abfrage in der Entwurfsansicht.

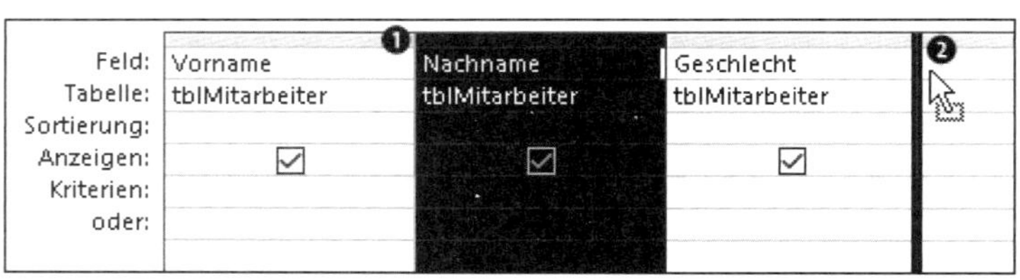

Abbildung 3.3 In der Entwurfsansicht sehen Sie über dem Feldnamen einen schmalen grauen Balken. Anklicken markiert das gesamte Feld.

2. Gehen Sie im unteren Bereich zu dem Feld, das Sie verschieben möchten.

3. Klicken Sie auf den schmalen grauen Balken ❶ über dem Feldnamen. Das Feld ist jetzt markiert (schwarzer Hintergrund).
4. Ziehen Sie das Feld per Drag & Drop auf dem grauen Balken an die neue Position ❷.

Felder ausblenden oder entfernen?

Ihnen sind sicherlich schon die Häkchen in der Zeile ANZEIGEN aufgefallen. Wenn Sie das Häkchen für ein Feld wegnehmen, erscheint dieses Feld auch nicht mehr in der Datenblattansicht. Das Feld ist aber immer noch Bestandteil der Abfrage!

Wozu benötigt man Felder, die nicht angezeigt werden? In den nächsten beiden Abschnitten werde ich Ihnen zeigen, wie Sie Datensätze filtern und sortieren. Wir werden sehen, dass Sie dazu auch Felder verwenden können, die nicht in der Ausgabe sichtbar sein sollen. Genau dafür gibt es die Möglichkeit, das Häkchen bei ANZEIGEN zu entfernen.

Wenn Sie ein Feld in einer Abfrage gar nicht verwenden möchten, ist es sinnvoller, dieses Feld aus der Abfrage zu entfernen.

1. Öffnen Sie die Abfrage in der Entwurfsansicht.
2. Markieren Sie das gewünschte Feld per Mausklick auf den schmalen grauen Balken.
3. Klicken Sie auf ENTWURF • ABFRAGESETUP • SPALTEN LÖSCHEN (oder drücken Sie `Entf`).

Sie sehen sowohl in der Entwurfs- als auch in der Datenblattansicht sofort, dass das entfernte Feld nicht mehr Bestandteil der Abfrage ist. Die Tabelle (dargestellt im oberen Bereich der Entwurfsansicht) ist davon hingegen nicht betroffen. Dort gibt es das Feld nach wie vor, und Sie können es, wenn notwendig, per Drag & Drop wieder zur Abfrage hinzufügen.

Sie können Felder auch mehrfach anzeigen lassen

Probieren Sie einmal aus, in der Entwurfsansicht einer Abfrage ein Feld zweimal per Drag & Drop in den unteren Bereich zu ziehen. Das funktioniert tadellos! Sie können in einer Abfrage ein Feld doppelt oder mehrfach anzeigen lassen.

In der Datenblattansicht bekommt eines der Felder automatisch einen neuen Namen: »Expr1000«. Dies ist ein automatisch vergebener *Alias*. Besser ist es jedoch, einen aussagekräftigen Alias selbst festzulegen.

Aliasse für Felder

Was ist ein Alias, und in welchen Fällen benötigt man einen? Die englische Bezeichnung *alias* bedeutet so etwas wie Pseudonym. In einer Abfrage können Sie dadurch einen Feldnamen nur für die Anzeige ändern, also ohne dass sich etwas an der Tabelle ändert.

In der Tabelle *tblProjekt* gibt es das Feld »ProjektAbkuerzung«. Nehmen wir an, Sie möchten in einer Abfrage den Feldnamen in »ProjektCode« ändern. Das geht in der Entwurfsansicht einer Abfrage ganz einfach:

1. Erstellen Sie eine neue Abfrage in der Entwurfsansicht.
2. Fügen Sie die Tabelle *tblProjekt* hinzu.
3. Ziehen Sie das Feld »ProjektID« per Drag & Drop in den unteren Bereich (alternativ: Doppelklick auf das Feld).
4. Ziehen Sie das Feld »ProjektAbkuerzung« ebenfalls in den unteren Bereich.
5. Klicken Sie in der Zeile FELD vor den Feldnamen »ProjektAbkuerzung«.
6. Tragen Sie den Alias gefolgt von einem Doppelpunkt ein:

   ```
   ProjektCode:
   ```

7. Speichern Sie die Abfrage unter dem Namen *qryProjektCode*.

Diese Abfrage finden Sie in den Materialien zum Buch ebenfalls in der Datenbank *03_Abfragen\3.1.1_Vertikal_filtern.accdb*. Wenn Sie in die Datenblattansicht wechseln, werden Sie sehen, dass statt des Feldnamens der Alias angezeigt wird. Der Doppelpunkt hinter dem Alias, den Sie in der Entwurfsansicht eingetragen haben, erscheint jedoch nicht.

Wozu benötigt man einen Alias?

Es gibt einige typische Fälle, in denen Aliasse üblicherweise verwendet werden:

- Ein Feld soll mehrfach angezeigt werden.
- Die Bedeutung eines Feldes hat sich z. B. durch einen Filter geändert.
- Es handelt sich um ein berechnetes Feld (mehr dazu in Abschnitt 3.2, »Auswerten von Daten eines Datensatzes: Berechnete Felder«).
- Es handelt sich um ein zusammengefasstes Feld (mehr dazu in Abschnitt 3.3, »Zusammenfassen von Datensätzen: Gruppierung und Aggregieren«).
- Bei Abfragen mit mehreren Tabellen (siehe Abschnitt 3.4, »Abfragen von Daten aus mehreren Tabellen«) sind die Feldnamen häufig nicht mehr eindeutig oder genügend aussagekräftig.

Beim Programmieren mit Access werden Ihnen sicherlich noch weitere Einsatzgebiete für Aliasse auffallen. Wichtig ist, dass Sie stets wissen, woher die Daten kommen – wie also das ursprüngliche Feld in der Tabelle heißt. Ein Blick in die Entwurfsansicht der Abfrage hilft Ihnen dabei weiter.

Ein weiteres Beispiel mit mehreren Aliassen sehen Sie in der Abfrage *qryFlugAliasse*, die Sie in den Materialien zum Buch in der Datenbank *03_Abfragen\3.1.1_Vertikal_filtern.accdb* finden.

Lassen Sie uns noch einmal zurückgehen zu einem Feld, das mehrfach in einer Abfrage vorkommt. Mit einem Alias können Sie sinnvolle Bezeichnungen für beide Spalten festlegen. In der Datenblattansicht werden Sie feststellen, dass die Inhalte in beiden Spalten gleich sind. Interessant wird es, wenn Sie einen Wert in einer Spalte ändern (Abbildung 3.4):

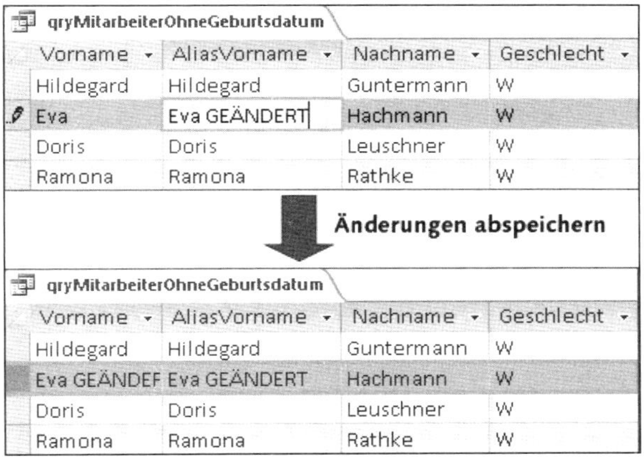

Abbildung 3.4 In einer Abfrage können Sie ein Feld mehrfach anzeigen lassen. Nach dem Abspeichern des Datensatzes sehen Sie die Änderungen auch in dem anderen Feld.

Die Änderung sehen Sie im anderen Feld erst nach dem Abspeichern des Datensatzes (oder wenn Sie in das andere Feld klicken). Letztendlich basieren die beiden Spalten auf demselben Feld. Daher können sich die Werte nicht unterscheiden!

Abfragen können keine Inhalte speichern

Vergessen Sie bitte nicht, dass Abfragen nur eine andere Sicht auf eine Tabelle sind. Mit vielen Abfragen können Sie Daten ändern und Datensätze hinzufügen. Gespeichert werden die Daten aber immer noch in der Tabelle (oder den Tabellen), die der Abfrage zugrunde liegen. Das hat wichtige Konsequenzen. Wenn Sie zusätzliche Felder erfassen möchten, *müssen Sie die Tabellenstruktur ändern!*

In der Entwurfsansicht einer Abfrage kommen Sie nicht weiter. Hier können Sie zwar ein Feld mehrfach anzeigen lassen. Die Inhalte sind aber identisch, denn letztendlich ist es immer noch das eine Feld aus der Tabelle.

Das Sternchen in Abfragen

In der Entwurfsansicht einer Abfrage sehen Sie in der Tabelle, die im oberen Bereich eingeblendet wird, in der ersten Zeile ein Sternchen. Das Sternchen hat in Abfragen eine besondere Bedeutung: Es steht für »alle Felder«.

Wenn Sie alle Felder einer Tabelle in der Abfrage anzeigen lassen möchten, haben Sie dazu zwei Möglichkeiten:

1. **Sie ziehen jedes Feld per Drag & Drop nach unten.**
   Der Vorteil ist, dass Sie anschließend die Reihenfolge der Felder ändern und Aliasse vergeben können. Außerdem könnten Sie gleich mit dem horizontalen Filtern und dem Sortieren loslegen.

Übrigens müssen Sie nicht jedes Feld einzeln hintereinander nach unten ziehen. Klicken Sie auf das erste Feld, halten Sie die Taste ⇧ gedrückt, und klicken Sie auf das letzte Feld der Tabelle. Dadurch haben Sie alle Felder markiert und können sie gleichzeitig nach unten ziehen.

2. **Sie ziehen nur das Sternchen per Drag & Drop nach unten.**
   Das geht zum einen sehr schnell. Die Reihenfolge der Felder wird dabei aus der Tabelle übernommen. Zum anderen werden alle Änderungen der Tabellenstruktur automatisch berücksichtigt. Wenn Sie beispielsweise ein Feld zur Tabelle hinzufügen, erscheint dieses neue Feld automatisch in allen Abfragen, die das Sternchen verwenden.

In der Praxis nutze ich beide der Varianten gleichermaßen. In den Beispielen in den Materialien zum Buch können Sie sich ein Bild davon machen, in welchen Fällen die eine oder die andere Möglichkeit besser geeignet ist.

3.1.2 Horizontales Filtern – Datensätze auswählen

Beim horizontalen Filtern werden nur bestimmte Datensätze angezeigt. Der einfachste Filter dieser Art ist die Anzahl der Datensätze.

Die maximale Anzahl der Datensätze festlegen

In der Entwurfsansicht einer Abfrage können Sie unter ENTWURF • ABFRAGESETUP • ZURÜCKGEBEN einstellen, wie viele Datensätze maximal angezeigt werden dürfen.

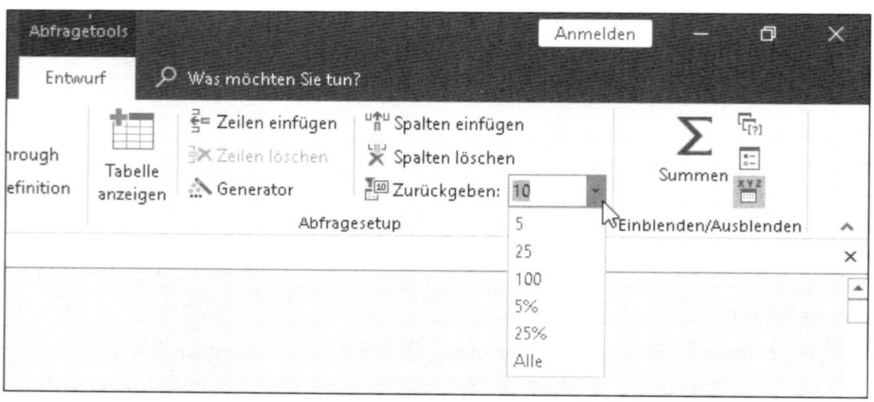

Abbildung 3.5 Über die Einstellung »Zurückgeben« können Sie festlegen, wie viele Datensätze maximal angezeigt werden dürfen.

Standardmäßig werden alle Datensätze zurückgegeben (Einstellung ALLE). Wenn Sie in das Feld ZURÜCKGEBEN z. B. die Zahl 10 eintragen, werden nur die ersten zehn Datensätze angezeigt. Ebenso können Sie eine der vorgegebenen Zahlen aus der Dropdown-Liste auswählen.

Wie Sie in der Dropdown-Liste sehen, gibt es als zweite Form der Angabe die Prozentzahlen. Auf diese Weise werden beispielsweise die ersten 30 % aller Datensätze zurückgegeben. Wenn die Tabelle insgesamt 50 Datensätzen enthält, werden in diesem Fall nur 15 Datensätze angezeigt.

Beispiele zu dieser recht einfachen Form des horizontalen Filterns finden Sie in den Materialien zum Buch unter *03_Abfragen\3.1.2_TOP.accdb*.

Ein Tipp zum Feld »Zurückgeben«

Wenn Sie eine unbekannte Abfrage von jemand anderem erhalten, lohnt es sich, einen Blick auf das Feld ZURÜCKGEBEN zu werfen. Wenn hier *nicht* der Eintrag ALLE steht, werden Sie nur einen Teil der gefilterten Datensätze sehen.

Horizontale Filter mit Kriterien

Diese Einstellung – die maximale Anzahl der Datensätze, die angezeigt werden dürfen – ist eigentlich nur eine kleine Zugabe. Denn das Wesentliche zum vertikalen Filtern sind *Kriterien*, die Sie in der Entwurfsansicht einer Abfrage im unteren Bereich festlegen können. Sie können Kriterien für ein oder mehrere Felder vorgeben. Für jeden Datensatz entscheidet Access anhand der von Ihnen festgelegten Kriterien, ob er angezeigt oder ausgefiltert werden soll.

Die Filterkriterien sehen je nach Felddatentyp unterschiedlich aus. Ich werde Ihnen für die wichtigsten Felddatentypen die Filterkriterien anhand von Beispielen erläutern. Alle Abfragen finden Sie in der Datenbank *03_Abfragen\3.1.2_Horizontal_filtern.accdb* in den Materialien zum Buch.

Filterkriterien für Textfelder

Beginnen wir zunächst mit einem ganz einfachen Textfilter. In der Tabelle *tblMitarbeiter* enthält das Feld »Geschlecht« entweder »M« oder »W«. Um eine Liste aller männlichen Mitarbeiter zu erhalten, filtern Sie alle Datensätze mit dem Wert »M« im Feld »Geschlecht«. Und das geht so:

1. Öffnen Sie die Datenbank *03_Abfragen\3_Fluege.accdb*.
2. Erstellen Sie eine neue Abfrage in der Entwurfsansicht.
3. Fügen Sie die Tabelle *tblMitarbeiter* hinzu.
4. Ziehen Sie alle Felder der Tabelle *tblMitarbeiter* per Drag & Drop in den unteren Bereich (alternativ: Doppelklick auf die Felder).
5. Tragen Sie für das Feld »Geschlecht« in der Zeile KRITERIEN

   ```
   "M"
   ```

   ein.

6. Speichern Sie die Abfrage unter dem Namen *qryMitarbeiterMaennlich*, und schalten Sie in die Datenblattansicht um.

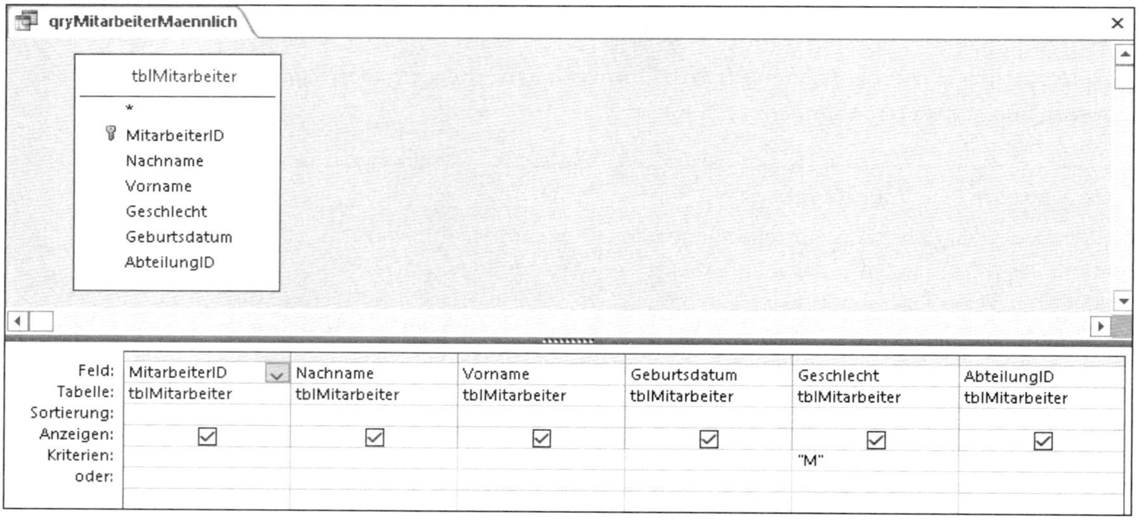

Abbildung 3.6 Ein sehr einfacher Textfilter: alle Mitarbeiter mit dem Wert »M« im Feld »Geschlecht« (= alle Männer)

Ebenso erhalten Sie eine Liste aller Mitarbeiterinnen, indem Sie alle Datensätze mit dem Wert »W« im Feld »Geschlecht« filtern (Abfrage *qryMitarbeiterWeiblich*). Bei einem einfachen Textfilter zeigt Access nur diejenigen Datensätze an, bei denen der Feldinhalt vollständig mit dem Kriterium übereinstimmt, genauer gesagt mit dem Text innerhalb der Anführungszeichen.

»Ist gleich« und »ist ungleich«

Wenn Sie möchten, können Sie in diesem Beispiel das Gleichheitszeichen im Kriterium explizit angeben:

```
="M"
```

Ebenso gibt es das Ungleichheitszeichen:

```
<>"M"
```

Alternativ können Sie statt des Ungleichheitszeichens den Operator `Nicht` einsetzen:

```
Nicht "M"
```

Als zweites Beispiel zeige ich Ihnen einen Filter mit einer Liste von Werten. Beispielsweise sollen alle Mitarbeiter angezeigt werden, die »Ramona«, »Margot«, »Michael« oder »Alois« heißen.

1. Öffnen Sie die Datenbank *03_Abfragen\3_Fluege.accdb*.
2. Erstellen Sie eine neue Abfrage in der Entwurfsansicht.
3. Fügen Sie die Tabelle *tblMitarbeiter* hinzu.
4. Ziehen Sie das Feld mit dem Sternchen per Drag & Drop in den unteren Bereich (alternativ: Doppelklick auf das Sternchen).
5. Ziehen Sie das Feld »Vorname« per Drag & Drop in den unteren Bereich.
6. Entfernen Sie für das Feld »Vorname« das Häkchen bei ANZEIGEN.

   An dieser Stelle eine kleine Anmerkung: Diesmal sind über das Sternchen bereits alle Spalten der Tabelle *tblMitarbeiter* in der Abfrage enthalten. Für den Filter ist das Feld »Vorname« separat notwendig (siehe nächster Schritt). Damit das Feld in der Datenblattansicht nicht doppelt angezeigt wird, entfernen wir das Häkchen bei ANZEIGEN.
7. Tragen Sie für das Feld »Vorname« in der Zeile KRITERIEN

   `In ("Ramona";"Margot";"Michael";"Alois")`

   ein. Für längere Kriterien kann es angenehmer sein, das ZOOM-Fenster zu verwenden. Gehen Sie hierzu in das Kriterienfeld, und drücken Sie ⇧ + F2.
8. Speichern Sie die Abfrage unter dem Namen *qryMitarbeiterNamenAusListe*, und schalten Sie in die Datenblattansicht um.

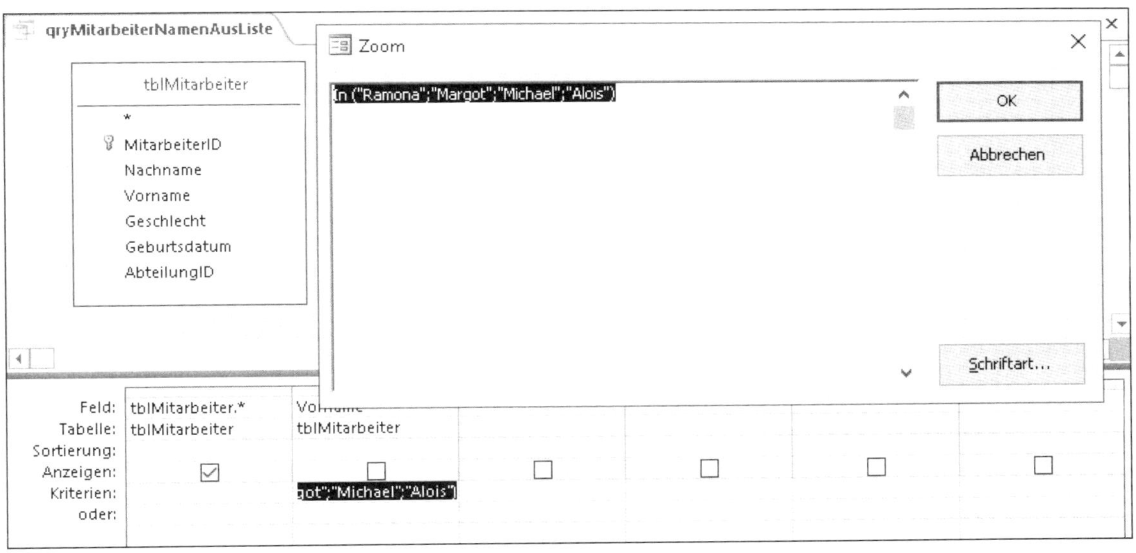

Abbildung 3.7 Längere Kriterien lassen sich bequemer über das »Zoom«-Fenster eintragen.

Auch beim Filtern mit einer Liste werden nur diejenigen Datensätze angezeigt, bei denen der Feldinhalt vollständig mit einem Wert aus der Liste übereinstimmt.

Es gibt aber auch Textfilter, bei denen Sie nur einen Teil des Feldinhalts festlegen, beispielsweise ein Filter aller Mitarbeiter, deren Nachname mit dem Buchstaben S beginnt. Dazu können Sie *Textmustervergleiche* mit den Operatoren `Wie` und `ALike` verwenden, die Sie in Abschnitt 2.3.12, »Feldeinschränkungen«, kennengelernt haben. Tabellen mit den verschiedenen Platzhaltern für beide Operatoren finden Sie dort. Der wichtigste Platzhalter für den Operator `Wie` ist wahrscheinlich das Sternchen, das für eine beliebige Zeichenfolge steht (bitte nicht verwechseln mit dem Sternchen in Abfragen, das für »alle Felder« steht). Um nur Mitarbeiter anzuzeigen, deren Nachname mit dem Buchstaben S beginnt, verwenden Sie für das Feld »Nachname« das Kriterium

```
Wie "S*"
```

In der Beispieldatenbank habe ich diese Abfrage unter *qryMitarbeiterS* gespeichert. Hier noch ein paar weitere Beispiele für Filter mit Textmustervergleichen:

- Der Nachname beginnt nicht mit dem Buchstaben S:
  ```
  Nicht Wie "S*"
  ```
- Der Nachname beginnt mit den Buchstaben R, S oder T:
  ```
  Wie "[RST]*"
  ```
- Der Nachname endet auf »mann«:
  ```
  Wie "*mann"
  ```
- Der Nachname enthält den Buchstaben h:
  ```
  Wie "*h*"
  ```

Die Access-Einstellung »SQL Server-kompatible Syntax«

Normalerweise unterscheidet Access zwischen den Operatoren `Wie` (englisch *Like*) und `ALike` (*ANSI Like*). Von der Syntax her ist `ALike` sehr nahe dem `Like`-Operator des Microsoft SQL Servers. Unter anderem verwendet `ALike` das Prozentzeichen `%` als Platzhalter für eine beliebige Zeichenfolge (mehr dazu in Abschnitt 2.3.12, »Feldeinschränkungen«). Ob Sie eher den Operator `Wie` oder lieber `ALike` verwenden, ist Geschmackssache.

Es gibt aber eine entscheidende Einstellung in den Access-Optionen, die unter anderem den Operator `Wie` betrifft. In den Access-Optionen unter Objekt-Designer • Abfrageentwurf • SQL Server-kompatible Syntax (ANSI 92) ist die Option In dieser Datenbank verwenden standardmäßig deaktiviert. Wenn Sie hier ein Häkchen setzen, bekommt der Operator `Wie` die gleiche Bedeutung wie der Operator `ALike`! Das erkennen Sie auch daran, dass das Wort »Wie« von Access automatisch durch »ALike« ersetzt wird.

Wenn Sie die *SQL-Server-kompatible Syntax* für eine Datenbank aktivieren, hat das weitreichende Folgen, auf die Access Sie auch hinweist (Abbildung 3.8). Unter anderem müssen Sie alle Textmuster anpassen (Prozentzeichen anstelle des Sternchens). Neben den Textmustern hat diese Einstellung aber noch andere Auswirkungen. Darauf werde ich Sie an entsprechender Stelle hinweisen. Bevor Sie die SQL-Server-kompatible Syntax aktivieren, sollten Sie genau wissen, welche Bereiche Ihrer Datenbank davon betroffen sind. Je nach Größe der Datenbank ist diese Umstellung keine Sache, die sich in ein paar Minuten nebenbei erledigen lässt!

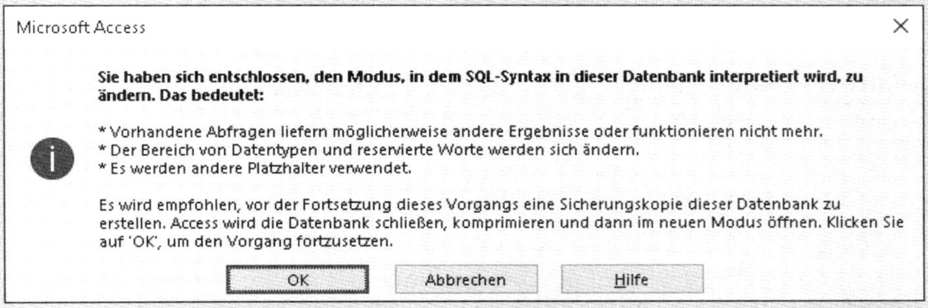

Abbildung 3.8 Die SQL-Server-kompatible Syntax hat weitreichende Auswirkungen in Ihrer Datenbank – nicht nur auf die Abfragen.

Filterkriterien für den Felddatentyp »Ja/Nein«

Ein Filter für ein JA/NEIN-Feld kann entweder auf wahr (Häkchen gesetzt) oder falsch (Häkchen nicht gesetzt) prüfen. Tragen Sie im Kriterium einfach die Zeichenfolge `Wahr` bzw. `Falsch` ein – und zwar *ohne* Anführungszeichen.

Es gibt Flughäfen, die nicht mehr aktiv sind. Beispielsweise ist das Flugfeld von Berlin-Tempelhof mittlerweile ein Park. Hier also bitte nicht mehr landen! Im Feld »IstAktiv« der Tabelle *tblFlughafen* ist das Häkchen daher nicht gesetzt. Eine Liste der aktiven Flughäfen erhalten Sie über die Abfrage *qryFlughafenAktiv*:

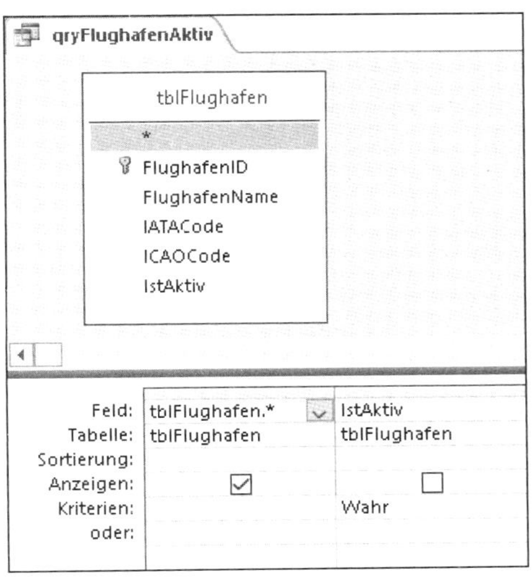

Abbildung 3.9 Ein Filter der Flughäfen, die aktiv sind

Filterkriterien für Zahlenfelder

Alle Zahlenfelder – egal, ob Felddatentyp ZAHL oder WÄHRUNG – können Sie für Filterkriterien heranziehen. Hier zwei Beispiele für das Feld »Kosten« in der Tabelle *tblFlugbuchung*:

- Flugbuchungen teuer als 500 €:

  ```
  >500
  ```

- Flugbuchungen zwischen 300 € und 500 €, beide Werte inklusive:

  ```
  Zwischen 300 Und 500
  ```

Filterkriterien für den Felddatentyp »Datum/Uhrzeit«

Felder mit dem Felddatentyp DATUM/UHRZEIT werden von Access intern ebenfalls als Zahlen gespeichert. Entsprechend können Sie auch solche Felder filtern. Als Beispiel filtern wir Mitarbeiter nach dem Geburtsdatum.

Zunächst erstellen wir eine Abfrage, die alle Mitarbeiter ausgibt, die vor 1980 geboren sind. Wie in Abschnitt 2.3.12, »Feldeinschränkungen«, erläutert, können Sie feste Datumsangaben eingerahmt von zwei Hash-Zeichen (#) angeben. Tragen Sie daher für das Feld »Geburtsdatum« als Filterkriterium

```
<#01.01.1980#
```

ein. In der Datenbank *03_Abfragen\3.1.2_Horizontal_filtern.accdb* in den Materialien zum Buch finden Sie diese Abfrage unter dem Namen *qryMitarbeiterGeborenVor1980*.

Mit Funktionen können Sie Filterkriterien für den Felddatentyp »Datum/Uhrzeit« erweitern

In Abschnitt 3.2, »Auswerten von Daten eines Datensatzes: Berechnete Felder«, werde ich Ihnen eine ganze Reihe von *Funktionen* vorstellen. Sie können Funktionen auch in Filterkriterien einsetzen. Gerade bei Feldern mit dem Felddatentyp DATUM/UHRZEIT ist das eine echte Bereicherung. Daher möchte ich an dieser Stelle ein Beispiel vorwegnehmen:

Mitarbeiter, die derzeit nicht älter als 30 Jahre alt sind:

```
>=DatAdd("jjjj";-30;Jetzt())
```

Dieses Beispiel finden Sie in der Abfrage *qryMitarbeiterJuengerAls30Jahre*. Sowohl auf die Funktion `Jetzt()` als auch auf `DatAdd()` werde ich in Abschnitt 3.2.6, »Funktionen für Datumsfelder«, eingehen.

Andere Felder in Filterkriterien verwenden

Bisher haben wir nur feste Bezugswerte in Filterkriterien verwendet, beispielsweise als Fixdatum den 01.01.1980, der als Kriterium für alle Datensätze herangezogen wurde (Abfrage *qryMitarbeiterGeborenVor1980*). Es gibt aber auch die Möglichkeit, andere Felder im Filterkriterium zu verwenden.

Ich zeige Ihnen das an einem Beispiel mit der Tabelle *tblFlug*. In den Feldern »AbflugZeit« und »AnkunftZeit« sind die Uhrzeiten von Abflug und Landung eingetragen. Selbstverständlich findet die Landung zeitlich gesehen immer nach dem Abflug statt. Trotzdem kann die Uhrzeit im Feld »AnkunftZeit« kleiner als die im Feld »AbflugZeit« sein. Dies sind dann Flüge, die über Nacht gehen und bei denen die Landung erst am nächsten Tag stattfindet. Mit einer Abfrage können wir diese Art von Flügen filtern:

1. Öffnen Sie die Datenbank *03_Abfragen\3_Fluege.accdb*.
2. Erstellen Sie eine neue Abfrage in der Entwurfsansicht.
3. Fügen Sie die Tabelle *tblFlug* hinzu.
4. Ziehen Sie das Feld mit dem Sternchen per Drag & Drop in den unteren Bereich (alternativ: Doppelklick auf das Sternchen).
5. Ziehen Sie das Feld »AnkunftZeit« per Drag & Drop in den unteren Bereich.
6. Entfernen Sie für das Feld »AnkunftZeit« das Häkchen bei ANZEIGEN.
7. Tragen Sie für das Feld »AnkunftZeit« in der Zeile KRITERIEN
   ```
   <[AbflugZeit]
   ```
   ein.
8. Speichern Sie die Abfrage unter dem Namen *qryFlugLandungAmNaechstenTag*, und schalten Sie in die Datenblattansicht um.

Zeichenfolgen und andere Felder in Filterkriterien

Diese Konventionen müssen Sie beachten, wenn Sie Filterkriterien erstellen:

- Geben Sie Zeichenfolgen in Anführungszeichen an: entweder die einfachen ' (⇧ + #) oder die doppelten " (⇧ + 2).
- Setzen Sie die Namen anderer Felder in eckige Klammern: [und], (Alt Gr + 8 und Alt Gr + 9).

Optional können Sie bei Feldern den *voll qualifizierten Feldnamen* mit Angabe des Tabellennamens (Name der Datensatzquelle) verwenden:

```
[<Tabellenname>].[<Feldname>]
```

Diese Konventionen gelten neben den Filterkriterien auch für andere Ausdrücke, beispielsweise auf Tabellenebene für Feld- und Tabelleneinschränkungen sowie auf Ebene der Abfragen für berechnete Felder.

Zur Unterstützung beim Erstellen von Filterkriterien können Sie auf den Ausdrucks-Generator zurückgreifen. Gehen Sie hierfür im Feld »AnkunftZeit« in die Zeile KRITERIEN, und klicken Sie im Menüband auf ABFRAGETOOLS • ENTWURF • ABFRAGESETUP • GENERATOR (oder Strg + F2).

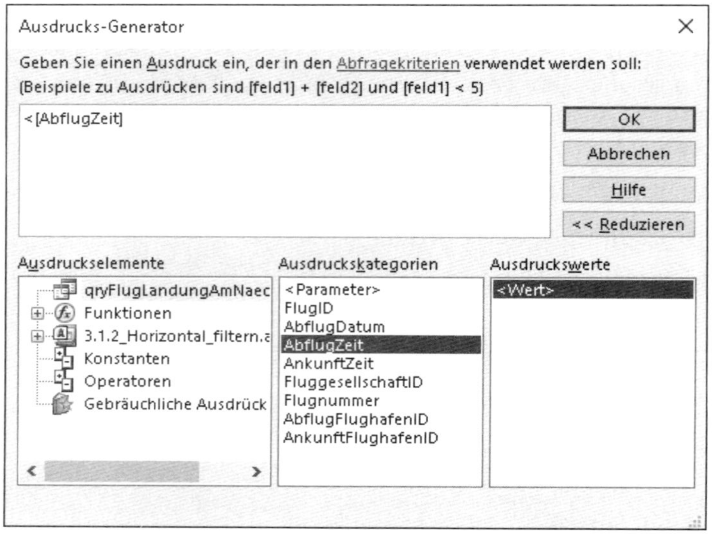

Abbildung 3.10 Mit Hilfe des Ausdrucks-Generators können Sie Filterkriterien bequem per Mausklick zusammenstellen.

Der Ausdrucks-Generator ist recht intuitiv zu bedienen. Hier finden Sie alle verfügbaren Felder, Funktionen, Operatoren und andere nützliche Angaben. Damit können Sie Filterkriterien und andere Ausdrücke bequem per Mausklick zusammenstellen.

Zusammenfassung

Über einen horizontalen Filter legen Sie fest, welche Datensätze in der Datenblattansicht der Abfrage angezeigt werden und welche weggefiltert werden sollen. Zum einen können Sie festlegen, wie viele Datensätze überhaupt zurückgegeben werden dürfen. Interessanter sind die Filterkriterien, anhand derer Sie für ein oder mehrere Felder exakt festlegen können, ob der Datensatz herausgefiltert werden soll oder nicht. Bei den Filterkriterien können Sie auch auf andere Felder zurückgreifen.

Wichtig ist aber, dass jeder Datensatz für sich betrachtet wird. Sie können also nicht auf die Feldinhalte anderer Datensätze zurückgreifen. Mir kommt ein Szenario wie »vergleiche mit dem Feldinhalt aus der Zeile vorher« in den Sinn. So etwas funktioniert mit Abfragen grundsätzlich nicht. Zum einen gibt es den »Datensatz vorher« nicht, denn die Reihenfolge von Datensätzen innerhalb einer Tabelle kann sich jederzeit ändern. Zum anderen wäre dies ein Filter, der Werte aus mehreren Datensätzen verwendet.

Werte aus dem Datensatz vorher oder danach berücksichtigen

In einer richtig normalisierten Datenbank werden Sie selten auf Feldinhalte aus einem vorhergehenden oder folgenden Datensatz zurückgreifen müssen. Falls doch, dann geht das *nicht mit einer Abfrage*.

So ein Szenario lässt sich nur mit fortgeschrittener VBA-Programmierung umsetzen. In Stichpunkten hier die wichtigsten Schritte:

1. in VBA per DAO eine Datensatzquelle öffnen
2. die Sortierung für die Datensatzquelle explizit angeben (ORDER-BY-Klausel)
3. in einer `Do-Loop`-Schleife durch alle Datensätze iterieren
4. Zwischenwerte gegebenenfalls in lokalen Variablen speichern

Ein Beispiel dazu zeige ich Ihnen im Datenimport-Workshop in Abschnitt 4.5.3, »Workshop: Import einer Tabelle mit fehlenden Daten«.

3.1.3 Umgang mit NULL-Werten

Im letzten Abschnitt habe ich das Thema NULL-Werte ganz bewusst nicht berücksichtigt. Eine recht passende Bezeichnung für einen NULL-Wert ist meines Erachtens »nicht definiert«. Ich werde Ihnen gleich zeigen, warum diese Bezeichnung wichtig ist. Die Frage ist: Wie filtern wir alle Datensätze, die in einem Feld den Wert NULL enthalten?

Dazu müssen wir uns zunächst Felder ansehen, die NULL-Werte enthalten können. In der Tabelle *tblFlugbuchung* sind die Felder »Kosten« und »AbrechnungAufProjektID« optionale Felder und dürfen den Wert NULL enthalten. Wenn Sie sich die Tabelle in der Datenblattansicht ansehen, werden Sie bei den NULL-Werten leere Zellen sehen. Intuitiv denkt man daher an dieses Filterkriterium:

```
=""
```

So funktioniert das leider **nicht**! Dieser Ausdruck prüft auf eine leere Zeichenfolge, was ein definierter Wert ist. NULL bedeutet aber »nicht definiert«, deshalb müssen wir eine andere Strategie anwenden. So sieht es also richtig aus:

NULL-Werte müssen mit speziellen Operatoren geprüft werden

So können Sie überprüfen, ob ein Feld den Wert NULL enthält oder nicht:

```
Ist Null
Ist Nicht Null
```

Verwenden Sie *nicht das Gleichheitszeichen*, um auf NULL-Werte zu prüfen!

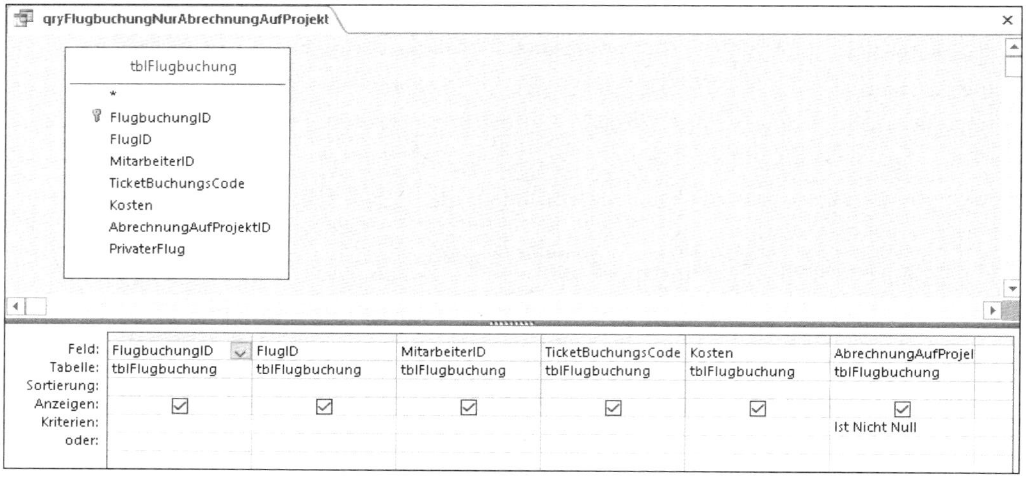

Abbildung 3.11 Dieser Filter gibt nur Flugbuchungen zurück, die auf ein Projekt abgerechnet werden (»ProjektID« enthält nicht den Wert NULL).

In den Materialien zum Buch unter *03_Abfragen\3.1.3_NULL_filtern.accdb* finden Sie diese beiden Beispiele:

1. **»qryFlugbuchungNurAbrechnungAufProjekt«**
   Dies ist das beschriebene Beispiel. Einige Reisekosten sollen im Rahmen von Projekten abgerechnet werden. In diesem Fall wird für die Flugbuchung die »ProjektID« vermerkt. Für das Feld »AbrechnungAufProjektID« habe ich als Filterkriterium
   ```
   Ist Nicht Null
   ```
   gesetzt.
2. **»qryProjektEnddatumIstNULL«**
   Für jedes Projekt in der Tabelle *tblProjekt* wird das Datum vom Beginn und vom Ende des Projekts eingetragen. Wie so häufig sieht man bei manchen Projekten kein Ende ... Für Projekte ohne Enddatum lautet das Filterkriterium für das Feld »Ende« daher
   ```
   Ist Null
   ```

3.1.4 Mehrere Filterkriterien verwenden

In diesem Abschnitt werde ich Ihnen zeigen, wie Sie mehrere Filterkriterien gleichzeitig verwenden und miteinander kombinieren können. Der einfachste Fall ist, dass Sie das Ergebnis einer Abfrage dazu verwenden, in einer zweiten Abfrage einen weiteren Filter anzuwenden.

Eine andere Abfrage als Datensatzquelle verwenden

Zunächst erstellen wir den ersten Filter für alle männlichen Mitarbeiter, den Sie bereits kennen:

1. Öffnen Sie die Datenbank *03_Abfragen\3_Fluege.accdb*.
2. Erstellen Sie eine neue Abfrage in der Entwurfsansicht.
3. Fügen Sie die Tabelle *tblMitarbeiter* hinzu.
4. Ziehen Sie das Feld mit dem Sternchen per Drag & Drop in den unteren Bereich (alternativ: Doppelklick auf das Sternchen).
5. Ziehen Sie das Feld »Geschlecht« per Drag & Drop in den unteren Bereich.
6. Entfernen Sie für das Feld »Geschlecht« das Häkchen bei ANZEIGEN.
7. Tragen Sie für das Feld »Geschlecht« in der Zeile KRITERIEN

   ```
   "M"
   ```

   ein.
8. Speichern Sie die Abfrage unter dem Namen *qryMitarbeiterMaennlich*.

   Anschließend erstellen Sie die zweite Abfrage, die auf der ersten basiert:
9. Erstellen Sie eine neue Abfrage in der Entwurfsansicht.
10. Fügen Sie die Abfrage *qryMitarbeiterMaennlich* hinzu.

    Sie finden alle bereits gespeicherten Abfragen im Dialog TABELLE ANZEIGEN unter dem Registerblatt ABFRAGEN.

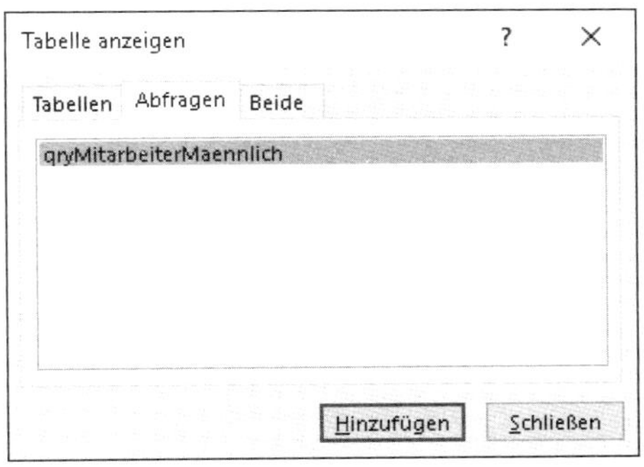

Abbildung 3.12 Als Datensatzquelle für eine Abfrage können Sie sowohl eine Tabelle als auch eine andere, bereits bestehende Abfrage verwenden.

11. Ziehen Sie das Feld mit dem Sternchen per Drag & Drop in den unteren Bereich.
12. Ziehen Sie das Feld »Geburtsdatum« per Drag & Drop in den unteren Bereich.
13. Entfernen Sie für das Feld »Geburtsdatum« das Häkchen bei ANZEIGEN.
14. Tragen Sie für das Feld »Geburtsdatum« in der Zeile KRITERIEN

    ```
    <DatAdd("jjjj";-40;Jetzt())
    ```

    ein. Mit dieser Formel werden nur diejenigen Mitarbeiter durch den Filter gelassen, deren Geburtsdatum mindestens 40 Jahre vor dem aktuellen Datum liegt.
15. Speichern Sie die Abfrage unter dem Namen *qryMitarbeiterMaennlich_AelterAls40Jahre*, und schalten Sie in die Datenblattansicht um.

Sie finden dieses Beispiel in den Materialien zum Buch in der Datenbank *03_Abfragen\3.1.4_Mehrere_Auswahlkriterien.accdb*. Nach diesem Schema können Sie eine ganze Kette von Filterkriterien über mehrere Abfragen hinweg einrichten. Angezeigt werden nur diejenigen Datensätze, die durch alle Filter durchgelassen werden.

Mehrere Filterkriterien innerhalb einer Abfrage kombinieren

Mehrere Filterkriterien können auch innerhalb ein und derselben Abfrage eingetragen werden. Besonders schön ist, dass Sie die einzelnen Kriterien logisch miteinander verbinden können. Grundsätzlich gilt:

- Alle Filterkriterien, die innerhalb einer KRITERIEN-Zeile stehen, gelten gleichzeitig (UND-Verknüpfung).
- Die verschiedenen KRITERIEN-Zeilen lassen unabhängig voneinander Datensätze durch den Filter durch (ODER-Verknüpfung).
- Zusätzlich können Sie in einer Zelle für ein Filterkriterium mehrere Ausdrücke mit den Schlüsselwörtern `Und`, `Oder`, `ExOder` (*exklusives Oder*) und `Nicht` miteinander verknüpfen. Dabei können Sie mit Hilfe von runden Klammern die Reihenfolge der Operatoren festlegen.

Schauen wir uns als Beispiel einmal die Abfrage *qryProjektAktiv* an, die Sie in den Materialien zum Buch in der Datenbank *03_Abfragen\3.1.4_Mehrere_Auswahlkriterien.accdb* finden.

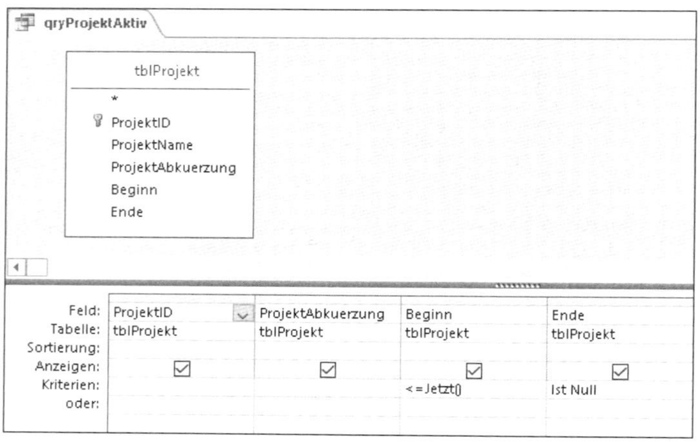

Abbildung 3.13 Ein Filter für alle aktiven Projekte, der zwei Filterkriterien enthält

Sie erkennen, dass alle Filterkriterien innerhalb einer Zeile stehen. Sowohl der Filter für das Feld »Beginn« als auch der für das Feld »Ende« gelten gleichermaßen (UND-Verknüpfung).

1. **Der Filter für das Feld »Beginn«**
   Die Formel
   `<=Jetzt()`

lässt nur diejenigen Datensätze durch den Filter, in denen das Datum des Projektbeginns in der Vergangenheit liegt.

2. **Der Filter für das Feld »Ende«**
   Das Kriterium
   `Ist Null`
   lässt nur solche Datensätze zu, für die das Projektende noch nicht feststeht.

Da beide Filterkriterien in einer Zeile stehen, werden nur diejenigen Projekte in der Datenblattansicht angezeigt, deren Projektbeginn in der Vergangenheit liegt *und* deren Projektende noch nicht feststeht.

Lassen Sie uns das Beispiel noch etwas verfeinern. Glücklicherweise kann man für die meisten Projekte das Ende früher oder später absehen und in die Tabelle *tblProjekt* eintragen. Dies müssen wir beim Filterkriterium für das Feld »Ende« berücksichtigen. Aktive Projekte sind diejenigen Projekte, deren Ende noch nicht feststeht

```
Ist Null
```

oder deren Ende zum gegenwärtigen Zeitpunkt in der Zukunft liegt

```
>Jetzt()
```

Beide Filterkriterien verknüpfen wir mit dem Schlüsselwort `Oder` und tragen den gesamten Ausdruck in die entsprechende Zelle ein. Gleichzeitig muss nach wie vor das Filterkriterium für das Feld »Beginn« gelten. Achten Sie daher bitte darauf, dass alle Filterkriterien innerhalb einer Zeile stehen! Unsere Abfrage sieht jetzt so aus:

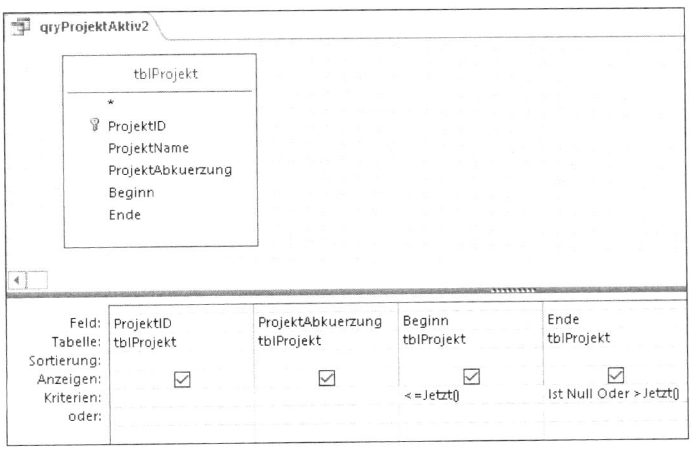

Abbildung 3.14 In der Abfrage »qryProjektAktiv2« werden drei Filterkriterien miteinander verknüpft.

Diese Abfrage führt zur gewünschten Liste aller aktiven Projekte. Von der Logik her ist diese Anordnung der Filterkriterien übrigens gleichwertig mit dieser Version (Abbildung 3.15).

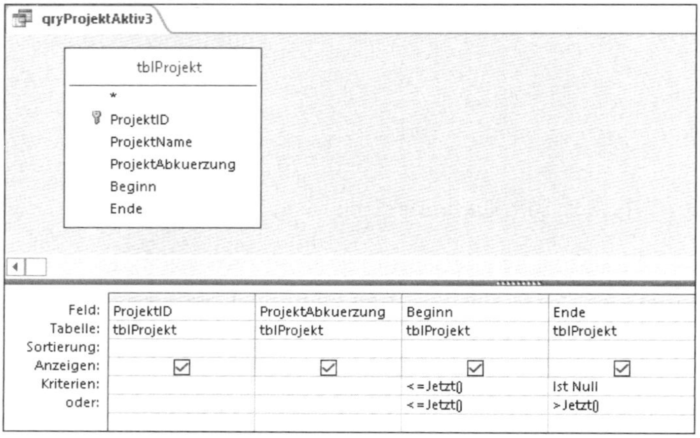

Abbildung 3.15 Diese Verknüpfung von vier Filterkriterien (»qryProjektAktiv3«) ist logisch gleichwertig mit den Filterkriterien in »qryProjektAktiv2«.

Optionale Felder benötigen bei den Filterkriterien besondere Aufmerksamkeit

Wie Sie auch in diesem Beispiel sehen, müssen NULL-Werte häufig gesondert berücksichtigt werden. Denken Sie bei optionalen Feldern immer daran, dass der Feldinhalt auch NULL sein kann. Mit den Operatoren =, >, <, >=, <= und <> gehen Ihnen alle Datensätze mit NULL-Werten verloren! Verwenden Sie die Operatoren `Ist Null` und `Ist Nicht Null`, um auf NULL-Werte zu prüfen.

Optionale Felder erzeugen genau diesen zusätzlichen Aufwand bei Filtern und Fallunterscheidungen. Daher empfehle ich Ihnen, wo immer dies sinnvoll ist, NOT-NULL-Felder einzusetzen (vergleiche Abschnitt 2.3.12, »Feldeinschränkungen«).

3.1.5 Datensätze sortieren

Ich habe Ihnen bereits in Abschnitt 3.1.1, »Vertikales Filtern – Felder auswählen«, gezeigt, wie Sie die Reihenfolge der Felder in der Entwurfsansicht einer Abfrage festlegen können. In diesem Abschnitt beschäftigen wir uns nun mit der Reihenfolge der Datensätze, der *Sortierung*.

Aufsteigende Sortierung

In der Entwurfsansicht einer Abfrage ist Ihnen vielleicht schon die Zeile SORTIERUNG aufgefallen. Für die Felder, nach deren Inhalt die Datensätze sortiert werden sollen, können Sie AUFSTEIGEND oder ABSTEIGEND wählen. Ein paar Beispiele dazu finden Sie in den Materialien zum Buch in der Datenbank *03_Abfragen\3.1.5_Datensaetze_sortieren.accdb*.

So erstellen Sie eine Liste aller Mitarbeiter, sortiert nach Nachname und Vorname:

1. Erstellen Sie eine neue Abfrage in der Entwurfsansicht.
2. Fügen Sie die Tabelle *tblMitarbeiter* hinzu.
3. Ziehen Sie das Feld »MitarbeiterID« per Drag & Drop in den unteren Bereich (alternativ: Doppelklick auf das Feld).
4. Ziehen Sie die Felder »Nachname« und »Vorname« in den unteren Bereich. Wählen Sie für beide Felder unter SORTIERUNG den Eintrag AUFSTEIGEND aus.
5. Ziehen Sie das Feld »Geschlecht« in den unteren Bereich.
6. Speichern Sie die Abfrage unter dem Namen *qryMitarbeiterSortiertNachNachname-Vorname*.

Wenn Sie in die Datenblattansicht wechseln, erhalten Sie die sortierte Liste aller Mitarbeiter. Die Anordnung der Felder ist wichtig: Es wird zuerst nach Nachname und dann nach Vorname sortiert.

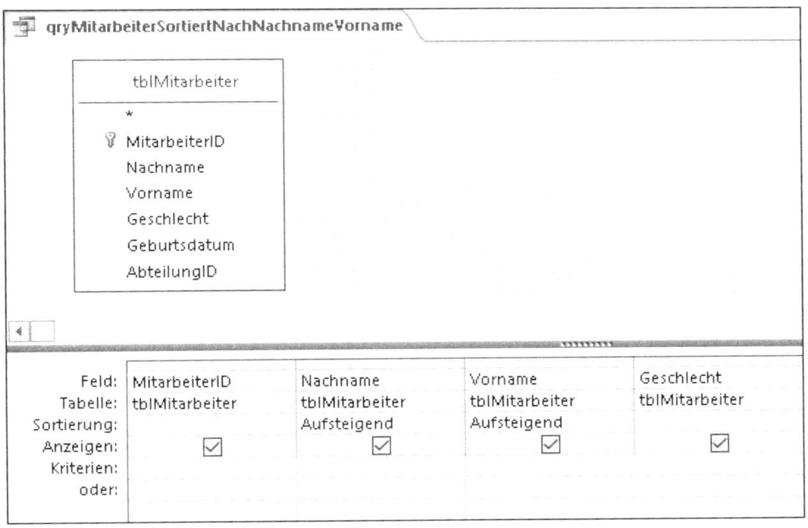

Abbildung 3.16 In der Zeile »Sortierung« können Sie einstellen, nach welchen Feldern die Datensätze sortiert werden sollen.

Sie möchten zuerst nach Vorname und dann nach Nachname sortieren? Das ist natürlich auch möglich.

1. Wechseln Sie wieder in die Entwurfsansicht der Abfrage.
2. Verschieben Sie nun im unteren Bereich das Feld »Nachname« nach rechts neben »Vorname«.

Wichtig ist, in welcher Reihenfolge die Felder, die Sie sortieren möchten, nebeneinander angeordnet sind, in diesem Fall also erst »Vorname«, dann »Nachname«.

Die Reihenfolge der Sortierung unabhängig von der Reihenfolge der Felder einstellen

Die Sortierung stimmt so weit. Aber was ist, wenn ich unbedingt in der zweiten Spalte das Feld »Nachname« und erst in der dritten Spalte das Feld »Vorname« sehen möchte? Um dieses Ziel zu erreichen, müssen wir einen kleinen Trick nutzen:

1. Wechseln Sie wieder in die Entwurfsansicht der Abfrage.
2. Ziehen Sie das Feld »Nachname« noch einmal per Drag & Drop in den unteren Bereich, und zwar links neben »Vorname«. Stellen Sie für dieses Feld »Nachname« *keine Sortierung* ein.
3. Entfernen Sie das Häkchen in der Zeile ANZEIGEN für das andere Feld »Nachname«.

Den letzten Schritt sollten Sie nicht vergessen, denn sonst erscheint das Feld »Nachname« doppelt in der Datenblattansicht. An dieser Stelle zeigt es sich, wie nützlich Felder in Abfragen sind, die nicht angezeigt werden. Sie können nicht angezeigte Felder zum Sortieren und zum Filtern verwenden! Sie finden diese Abfrage in der Datenbank in den Materialien zum Buch unter dem Namen *qryMitarbeiterSortiertNachVornameNachname*.

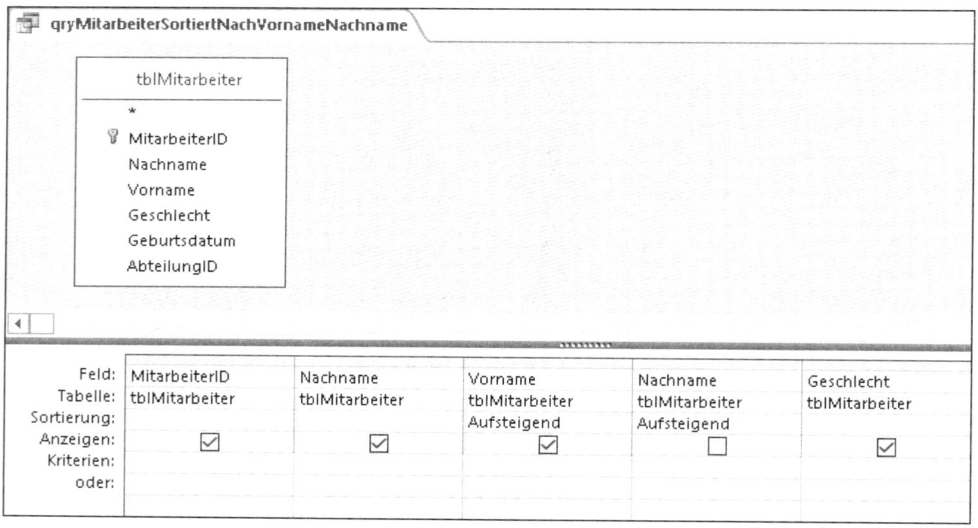

Abbildung 3.17 Ausgeblendete Felder sind ein nützlicher Trick beim Filtern und Sortieren.

Absteigende Sortierung

Absteigende Sortierung ist eigentlich selbsterklärend. Schauen Sie sich bitte einmal die Abfrage *qryMitarbeiterAbsteigendSortiert* in der Datenbank in den Materialien zum Buch an. Dies ist die absteigend sortierte Mitarbeiterliste.

qryMitarbeiterAbsteigendSortiert

Mitarbeiterl	Nachname	Vorname	Geschlecht
10	Zimmermann	Arno	M
9	Wilke	Margot	W
8	Wagner	Michael	M
7	Semrau	Gabriele	W
6	Schulz	Barbara	W
5	Schreiber	Alois	M
4	Rathke	Ramona	W
3	Leuschner	Doris	W
2	Hachmann	Eva	W
1	Guntermann	Hildegard	W
(Neu)			

Abbildung 3.18 Die Mitarbeiterliste in absteigender Sortierung

Die Sortierung erkennt automatisch den Felddatentyp

Access hat eine sehr zuverlässige Sortierfunktion, die den Felddatentyp berücksichtigt. Besonders praktisch ist das bei Datums- und Uhrzeitangaben. Es wird immer von alt nach neu (bzw. umgekehrt) sortiert – und zwar unbeeinflusst von der Darstellung am Bildschirm, der Formatierung. Sie kennen bestimmt den Albtraum auf dem Dateisystem: Sie haben gerade Ihre letzten Urlaubsbilder mit Datum und Uhrzeit im Dateinamen umbenannt ... Wer das einmal mit deutschem Datumsformat ausprobiert hat, der weiß, wovon ich spreche: Die Dateien erscheinen im Windows-Explorer nicht mehr in chronologischer Reihenfolge.

01.09.2019 nach dem Urlaub.jpeg

09.08.2019 am Strand.jpeg

10.08.2019 in den Bergen.jpeg

13.07.2019 vor der Abreise.jpeg

In Access kann Ihnen das nicht passieren! Access sortiert immer korrekt. Beispiele dazu finden Sie in den Materialien zum Buch in den Abfragen *qryMitarbeiterSortiertNachGeburtsdatum* und *qryFlugSortiertNachFluggesellschaft*.

Felddatentyp	aufsteigend	absteigend
Kurzer Text	A–Z	Z–A
Zahl	klein–groß	groß–klein
Währung	wenig–viel	viel–wenig
Datum/Uhrzeit	alt–neu	neu–alt

Tabelle 3.2 Access berücksichtigt bei der Sortierung den Felddatentyp.

Sortieren und Filtern in einer Abfrage

Ich hatte eingangs erwähnt, dass Sie in Abfragen gleichzeitig filtern und sortieren können. Dazu möchte ich Ihnen zum Abschluss eine recht simple, aber nützliche Abfrage mitgeben. Schauen Sie sich bitte einmal die Abfrage *qryFlugbuchung_Die_teuersten_drei_Flugbuchungen* an:

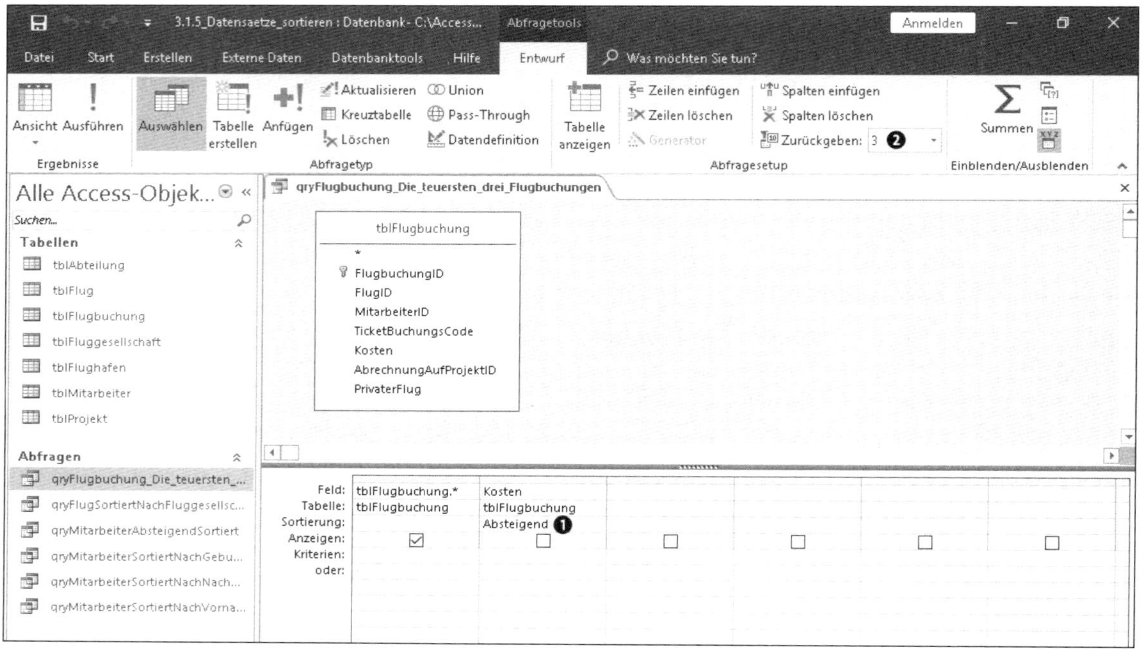

Abbildung 3.19 In einer Abfrage können Sie gleichzeitig sortieren ❶ und filtern. Der Filter versteckt sich in dieser Abfrage im Feld »Zurückgeben« ❷.

Diese Abfrage verwirklicht gleichzeitig eine Sortierung (die teuersten Flugbuchungen zuerst, daher absteigende Sortierung ❶) und horizontales Filtern (bitte nur die ersten drei; hier realisiert über das Feld ZURÜCKGEBEN ❷).

Die Sortierung ist in Datenbankanwendungen wichtig

Aus eigener Erfahrung weiß ich, dass unsortierte Datensätze immer dann auftreten, wenn man es gerade nicht braucht. Zur Jahrtausendwende war ich an einem recht ambitioniert geplanten Upgrade einer bestehenden Datenbankanwendung beteiligt. Neben einer ganzen Reihe von anderen Unzulänglichkeiten hatte der Ersteller der Software konsequent darauf verzichtet, die Datensätze für die Anzeige zu sortieren.

Mit dem Upgrade kam dann das böse Erwachen: Überall tauchten plötzlich unsortierte Datensätze auf. Dieses Chaos machte die Anwendung unbrauchbar! Daher mussten wir an allen Stellen im Programmcode die Sortierung nachprogrammieren. Das ist eine sehr undankbare Aufgabe – erst recht, wenn die Zeit drängt.

Gehen Sie davon aus, dass sich die Reihenfolge der Datensätze in einer Tabelle jederzeit ändern kann!

Geben Sie die Sortierung immer explizit an, wenn Sie eine sortierte Liste von Datensätzen benötigen!

3.2 Auswerten von Daten eines Datensatzes: Berechnete Felder

Abfragen sind der ideale Ort, um mit den Daten in einer Tabelle Berechnungen durchzuführen. Hierzu drei Beispiele für berechnete Felder:

1. **Berechnung des Gesamtbetrags auf einer Rechnung**

   Betrag netto: € 12,00

   Menge: 5 Stück

   Rabatt: 10 %

   Umsatzsteuersatz: 19 %

   → Gesamtbetrag brutto: € 64,26

2. **Nachname und Vorname zusammenfassen**

   Vorname: »Alois«

   Nachname: »Schreiber«

   → Vollständiger Name: »Schreiber, Alois«

3. **Aus der Abflugzeit die Zeit zum Check-in ermitteln**

   Abflugdatum: 04.07.2019

   Abflugzeit: 21:15 Uhr

   → Check-in ist im Zeitraum vom 03.07.2019 um 18:00 Uhr bis zum 04.07.2019 um 20:30 Uhr möglich.

Die Formel zur Berechnung ist je nach Felddatentyp unterschiedlich. Ich werde Ihnen zunächst einfache Berechnungen für Zahlen- und Textfelder vorstellen. Anschließend zeige ich Ihnen Funktionen, die Sie für die einzelnen Felddatentypen verwenden können. Schließlich werden wir uns noch mit zwei Raffinessen für berechnete Felder beschäftigen, nämlich mit Fallunterscheidungen und mit Parametern.

Berechnete Felder in Tabellen

In Access gibt es den Felddatentyp BERECHNET, den ich Ihnen in Abschnitt 2.3.11, »Berechnete Felder«, vorgestellt habe. Über diesen Weg könnten Sie Berechnungen innerhalb einer Tabelle durchführen. Wie ich dort bereits angemerkt habe, ist dieser Felddatentyp völliger Unfug. Berechnungen haben in Tabellen nichts verloren, genauso wenig wie das Filtern und Sortieren von Daten. Genau für diese Aufgaben gibt es nämlich die Abfragen.

3.2.1 Einfache Operationen für Zahlenfelder

Lassen Sie uns mit einem einfachen, berechneten Zahlenfeld beginnen. In der Tabelle *tblFlugbuchung* befindet sich das Feld »Kosten«, das die gesamten Kosten der Flugbuchung inklusive Umsatzsteuer enthält. Wir erstellen nun berechnete Felder für die Kosten ohne Umsatzsteuer (»PreisNetto«) und für den Betrag der Umsatzsteuer (»USt«).

1. Öffnen Sie die Datenbank *03_Abfragen\3_Fluege.accdb*.
2. Erstellen Sie eine neue Abfrage in der Entwurfsansicht.
3. Fügen Sie die Tabelle *tblFlugbuchung* hinzu.
4. Ziehen Sie die Felder »FlugbuchungID« und »TicketBuchungsCode« per Drag & Drop in den unteren Bereich.
5. Erstellen Sie in der dritten, noch leeren Spalte ein berechnetes Feld. Dazu tragen Sie in der Zeile FELD

   ```
   PreisNetto: [Kosten]/1,19
   ```

   ein.
6. Erstellen Sie in der vierten Spalte ein weiteres berechnetes Feld, in dem Sie

   ```
   USt: [Kosten]*0,19/1,19
   ```

   eintragen.
7. Ziehen Sie das Feld »Kosten« per Drag & Drop in den unteren Bereich.
8. Tragen Sie abschließend für dieses Feld den Alias »PreisBrutto« ein.
9. Speichern Sie die Abfrage unter dem Namen *qryFlugbuchungKostenUSt*.

Sie finden diese Abfrage in der Datenbank *03_Abfragen\3.2.1_Berechnete_Felder.accdb* in den Materialien zum Buch.

Für ein berechnetes Feld ist ein Alias zwingend erforderlich. Wenn Sie keinen angeben, generiert Access automatisch einen Alias. Hinter dem Doppelpunkt steht die Formel der Berechnung. Sie können auf die Werte in anderen Feldern des Datensatzes zurückgreifen, indem Sie den Feldnamen in eckige Klammern ([und]) setzen.

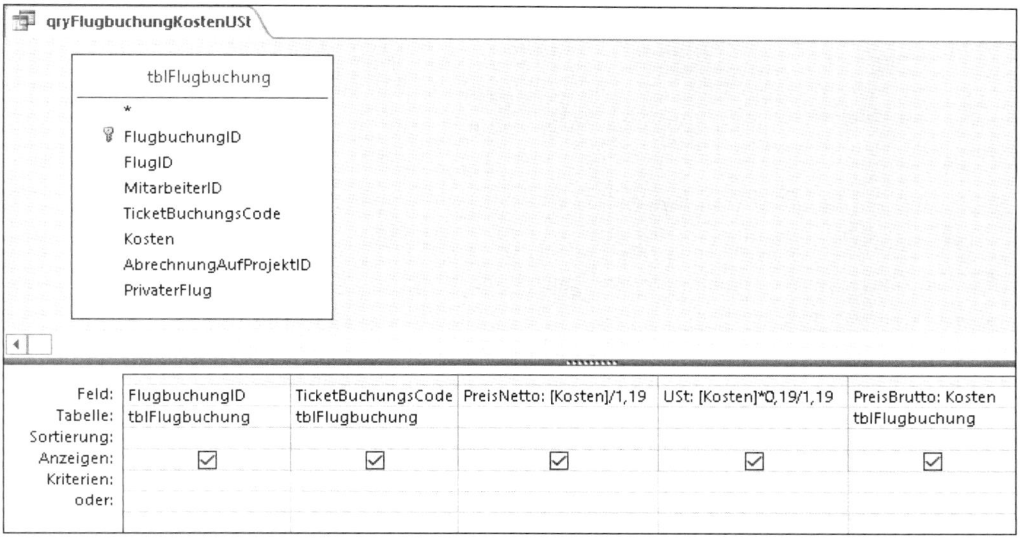

Abbildung 3.20 Für berechnete Felder müssen in der Zeile »Feld« der Alias und die Formel eingetragen werden.

qryFlugbuchungKostenUStFormatiert

Flugbuchun	TicketBuchungsCode	PreisNetto	USt	PreisBrutto
1	0432-4318-50-79	115,13 €	21,87 €	137,00 €
2	39UHJQUL	57,90 €	11,00 €	68,90 €
3	LT4THNZR	607,57 €	115,44 €	723,01 €
4	5882844886	372,27 €	70,73 €	443,00 €
5	AZFIWTSZ	112,52 €	21,38 €	133,90 €
6	3YUICRZB	607,57 €	115,44 €	723,01 €
7	8860281386	372,27 €	70,73 €	443,00 €
8	0104-lyn	422,35 €	80,25 €	502,60 €
9	8213-gfn	422,35 €	80,25 €	502,60 €
10	CPNSEBJO	374,38 €	71,13 €	445,51 €
11	UTBWFQJW	408,56 €	77,63 €	486,19 €
12	CZMPIYJ4	436,97 €	83,03 €	520,00 €
13	9648933230	372,27 €	70,73 €	443,00 €
(Neu)				

Abbildung 3.21 In der Datenblattansicht erscheint das Ergebnis der Berechnung. Berechnete Felder können nicht verändert werden. Richtig schön sieht das Ganze mit einer Formatierung aus, die Sie auch für berechnete Felder einstellen können.

Genau wie bei den Filterkriterien gibt es auch bei berechneten Felder eine wichtige Einschränkung: Bei der Berechnung behandelt Access jeden Datensatz für sich! Sie können also nicht auf Feldinhalte in anderen Datensätzen zurückgreifen. Wie bereits erwähnt, ist dies eine grundsätzliche Einschränkung von Abfragen.

Reihenfolge der Operatoren und Klammern

Für Zahlenfelder stehen Ihnen die üblichen Rechenoperatoren zur Verfügung. Es gilt diese Reihenfolge der Operatoren (Punkt- vor Strichrechnung):

- Exponent: ^
- Multiplikation und Division: *, /
- ganzzahlige Division: \
- Modulo-Arithmetik: `Mod`
- Addition und Subtraktion: +, -

Eine abweichende Reihenfolge können Sie mit Hilfe der runden Klammern bestimmen.

Zur Unterstützung beim Erstellen von Formeln können Sie den Ausdrucks-Generator aufrufen. Gehen Sie dazu im entsprechenden Feld in die Zeile Feld, und klicken Sie im Menüband auf Entwurf • Abfragesetup • Generator (oder [Strg] + [F2]).

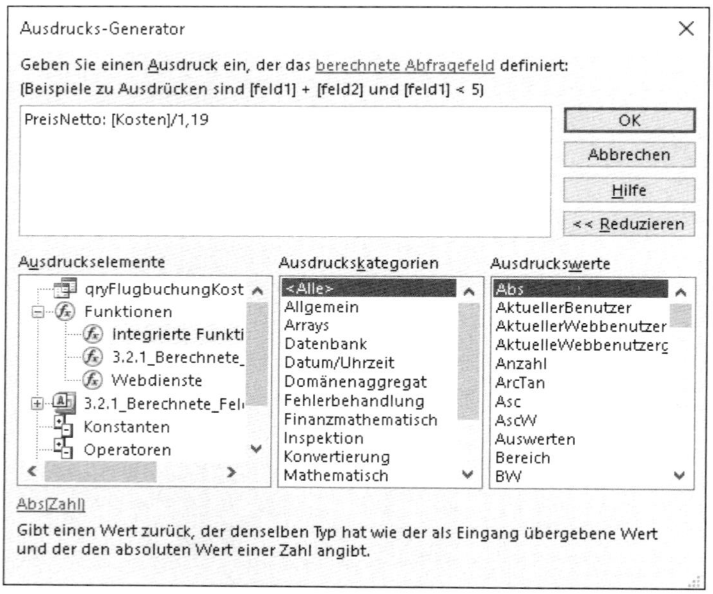

Abbildung 3.22 Mit Hilfe des Ausdrucks-Generators können Sie Formeln bequem erstellen. Im unteren Teil sehen Sie die verfügbaren Felder und Funktionen.

Mit Hilfe der Operatoren können Sie schon eine ganze Reihe von Formeln zur Berechnung erstellen. Zusätzlich zu den Operatoren gibt es eine Fülle von Funktionen, die ich Ihnen gleich vorstellen werde. Damit bleiben dann so gut wie keine Wünsche mehr unerfüllt!

3.2.2 Aneinanderreihen von Textfeldern

Ich möchte noch einen kurzen Abstecher zu den Textfeldern machen. Abgesehen von der Buchstaben-Algebra, die Access leider nicht beherrscht, kann man mit Text bekanntlich gar nicht rechnen. Der einzige, aber sehr nützliche Operator ist `&` (das kaufmännische Und) zum Aneinanderreihen von Zeichenfolgen.

So erstellen Sie ein berechnetes Feld mit dem vollständigen Namen der Mitarbeiter:

1. Öffnen Sie die Datenbank *03_Abfragen\3_Fluege.accdb*.
2. Erstellen Sie eine neue Abfrage in der Entwurfsansicht.
3. Fügen Sie die Tabelle *tblMitarbeiter* hinzu.
4. Ziehen Sie die Felder »MitarbeiterID« und »TicketBuchungsCode« per Drag & Drop in den unteren Bereich.
5. Erstellen Sie in der zweiten, noch leeren Spalte ein berechnetes Feld mit der Formel

   ```
   VollstaendigerName: [Nachname] & ", " & [Vorname]
   ```
6. Speichern Sie die Abfrage unter dem Namen *qryMitarbeiterVollstaendigerName*, und schalten Sie in die Datenblattansicht um.

In diesem Beispiel greifen wir auf die Werte in den Feldern »Nachname« und »Vorname« zurück. Dazu setzen wir diese beiden Feldnamen in eckige Klammern gesetzt (`[` und `]`). Mit dem Operator `&` werden die Feldinhalte zusammengehängt. Nachname und Vorname wären »zusammengeklatscht« sehr unlesbar. Daher habe ich dazwischen noch eine feste Zeichenfolge, nämlich das Komma und das Leerzeichen, zur Trennung eingefügt. Feste Zeichenfolgen werden mit einfachen Anführungszeichen (`'`) oder doppelten Anführungszeichen (`"`) eingerahmt.

3.2.3 Grundsätzliches zu Funktionen

Beim Thema *Funktionen* kommen wir mit der Programmierung in Berührung. Die Details – insbesondere, wie Sie eine eigene Funktion programmieren – werde ich Ihnen in Abschnitt 9.6.3, »Funktionen«, vorstellen. Ein paar grundlegende Kenntnisse möchte ich Ihnen gerne an dieser Stelle mitgeben.

Access bietet Ihnen von Haus aus eine Fülle von Funktionen, die Sie direkt verwenden können. Einige davon habe ich schon an anderen Stellen stillschweigend eingesetzt. Dazu zählt die Funktion `Jetzt()`, mit der Sie das aktuelle Datum mit Uhrzeit abfragen.

Wichtig ist der richtige Name der Funktion – ein Tippfehler führt schnell zu Fehlermeldungen wie Abbildung 3.23 Ihnen zeigt.

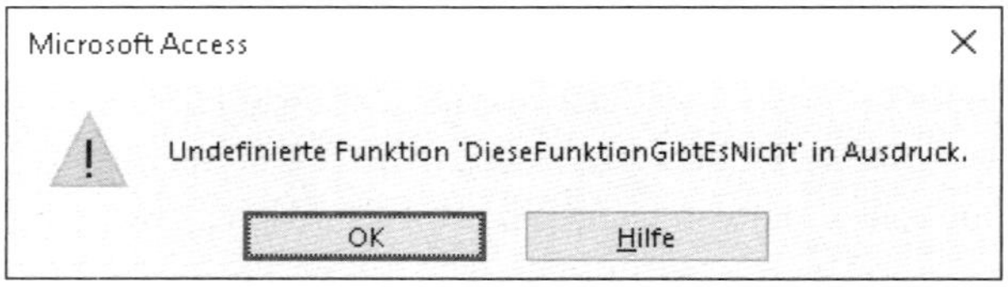

Abbildung 3.23 Diese Fehlermeldung zeigt Access beim Öffnen einer Abfrage an, wenn der Name einer Funktion nicht stimmt.

Nach dem Namen müssen Sie immer ein Paar runder Klammern angeben ((und)). Viele Funktionen benötigen ein oder mehrere *Parameter*. Parameter tragen Sie innerhalb der runden Klammern getrennt durch Semikolon (;) ein. Dazu drei Beispiele:

1. `Jetzt()`

   Die Funktion `Jetzt()` hat keine Parameter. Wozu auch? Es gibt nur eine aktuelle Uhrzeit.

2. `Großbst("Mein Name ist Hase.")`

   Ausgabe: `MEIN NAME IST HASE.`

   Mit `Großbst()` wandeln Sie eine Zeichenfolge in Großbuchstaben um. Geben Sie diese Zeichenfolge als Parameter an, damit `Großbst()` etwas zu tun hat.

3. `Links("Mein Name ist Hase."; 8)`

   Ausgabe: `Mein Nam`

   `Links()` gibt von einer Zeichenfolge den linken Teil zurück. Der erste Parameter ist die Zeichenfolge. Mit dem zweiten Parameter geben Sie an, wie viele Zeichen Sie maximal erhalten möchten.

Sie können alle Funktionen aus Visual Basic for Applications (VBA), der Programmiersprache von Access, verwenden. Zusätzlich können Sie Funktionen aufrufen, die Sie selbst programmiert haben. In den folgenden Abschnitten stelle ich Ihnen die wichtigsten Funktionen von VBA vor. Dadurch können Sie einen Einblick gewinnen, welche Fülle von Werkzeugen Access Ihnen bietet, ohne dass Sie selbst programmieren müssen.

Funktionen von Visual Basic for Applications (VBA)

Sie können sowohl die englischen als auch die deutschen Funktionsnamen verwenden. In der Entwurfsansicht einer Abfrage zeigt die deutsche Version von Access jedoch immer die deutsche Übersetzung an. Ich finde das ehrlich gesagt etwas verwirrend, zumal Sie bei der VBA-Programmierung zwingend die englischen Funktionsnamen verwenden müssen. Zur besseren Übersichtlichkeit habe ich Ihnen in den folgenden Abschnitten neben den englischen Funktionsnamen auch die deutsche Übersetzung aufgelistet.

Noch eine Anmerkung zu Laufzeit. Berechnungen mit Operatoren kann die Datenbank direkt durchführen. Das läuft extrem schnell ab. Beim Aufruf einer Funktion muss die Datenbank jedoch auf die jeweilige Klassenbibliothek zurückgreifen – im Extremfall für jeden Datensatz einzeln. Das ist langsamer und macht sich manchmal unschön bemerkbar. Gerade bei selbst programmierten Funktionen, die wiederum mit anderen Programmteilen verschachtelt sind, können so Wartezeiten entstehen. Daher meine Empfehlung: Testen Sie unbedingt Abfragen, die komplizierte Funktionen aufrufen – und zwar mit einer großen Anzahl von Datensätzen!

Viele der Funktionen sind selbsterklärend und einfach zu verstehen. Es gibt aber auch ein paar Funktionen, die wahre Monster sind und etwas mehr Zeit bei der Einarbeitung benötigen (bestes Beispiel: `Format()`). Aus eigener Erfahrung empfehle ich Ihnen, anhand von Beispielen nachzuvollziehen und zu lernen. In den Materialien zum Buch finden Sie in sehr vielen Datenbanken Abfragen mit Funktionen.

Dokumentation von Funktionen

Eine ausführliche Beschreibung zu jeder Funktion finden Sie im Internet in der *MSDN Library*, der umfassenden Onlinebibliothek für die Programmierung mit Microsoft-Produkten (*http://msdn.microsoft.com/en-us/library/*). Ich empfehle Ihnen ausdrücklich, die englische Version der MSDN Library zu verwenden. Die deutsche Version enthält nur einen Teil der Artikel und ist zudem maschinell übersetzt.

Leider ist die MSDN Library sehr umfassend. Sie enthält die Dokumentation für sämtliche Microsoft-Produkte. Informationen zur Programmierung von Microsoft Office finden Sie unter *https://msdn.microsoft.com/en-us/library/jj162978.aspx*.

- Informationen zu jeder einzelnen Funktion von VBA finden Sie in der Referenz der VBA-Funktionen (*https://msdn.microsoft.com/en-us/library/office/jj692811.aspx*).
- Access-spezifische Informationen sind in der Access-VBA-Referenz zusammengefasst (*https://msdn.microsoft.com/en-us/library/mt346046.aspx*).

3.2.4 Funktionen für Textfelder

Beispiele zu Abfragen mit Funktionen für Textfelder finden Sie in den Materialien zum Buch unter *03_Abfragen\3.2.4_Funktionen_fuer_Textfelder.accdb*.

Funktionsname	englische Bezeichnung	Beschreibung
`Großbst`	`UCase`	Wandelt den Text in Großbuchstaben um.
`Kleinbst`	`LCase`	Wandelt den Text in Kleinbuchstaben um.

Tabelle 3.3 VBA-Funktionen für Textfelder

Funktionsname	englische Bezeichnung	Beschreibung
Länge	Len	Gibt die Anzahl der Zeichen zurück.
Links	Left	einen Teil vom Anfang des Textes (links) zurückgeben
Rechts	Right	einen Teil vom Ende des Textes (rechts) zurückgeben
Teil	Mid	einen Teil aus der Mitte des Textes zurückgeben
InStr, InStrRev	InStr, InStrRev	einen Suchtext innerhalb eines anderen Textes finden (Suche vorwärts bzw. rückwärts)
Ersetzen	Replace	einen Suchtext innerhalb eines anderen Textes finden und ersetzen
Glätten, LGlätten, RGlätten	Trim, LTrim, RTrim	Leerzeichen am Anfang oder am Ende des Textes entfernen
Zchn	Chr	den Buchstaben für einen bestimmten ASCII-Code erzeugen
Asc	Asc	den ASCII-Code eines Buchstabens zurückgeben
Leerzchn	Space	eine bestimmte Anzahl von Leerzeichen zurückgeben
String	String	eine bestimmte Anzahl eines festgelegten Zeichens zurückgeben

Tabelle 3.3 VBA-Funktionen für Textfelder (Forts.)

3.2.5 Funktionen für Zahlenfelder

Beispiele zu Abfragen mit Funktionen für Zahlenfelder finden Sie in den Materialien zum Buch unter *03_Abfragen\3.2.5_Funktionen_fuer_Zahlenfelder.accdb*.

Funktionsname	englische Bezeichnung	Beschreibung
`Int`	`Int`	Nachkommastellen abschneiden (stets abrunden) ▶ `Int(1.2) = 1` ▶ `Int(1.5) = 1` ▶ `Int(1.9) = 1` ▶ `Int(-1.2) = -2` ▶ `Int(-1.5) = -2` ▶ `Int(-1.9) = -2`
`Fix`	`Fix`	Nachkommastellen abschneiden (positive Zahlen stets abrunden, negative Zahlen stets aufrunden) ▶ `Fix(1.2) = 1` ▶ `Fix(1.5) = 1` ▶ `Fix(1.9) = 1` ▶ `Fix(-1.2) = -1` ▶ `Fix(-1.5) = -1` ▶ `Fix(-1.9) = -1`
`Runden`	`Round`	korrektes Runden auf die Ganzzahl oder auf die angegebenen Nachkommastellen ▶ `Runden(1.2) = 1` ▶ `Runden(1.5) = 2` ▶ `Runden(1.9) = 2` ▶ `Runden(-1.2) = -1` ▶ `Runden(-1.5) = -2` ▶ `Runden(-1.9) = -2` ▶ `Runden(1.2345; 2) = 1.23`
`ZZG`	`Rnd`	eine Zufallszahl zwischen 0 und 1 erzeugen ▶ `Rnd() = 0.7055475` Achtung: Der Zufallszahlengenerator sollte vorher durch einen Aufruf von `Randomize()` initialisiert werden, sonst erzeugt VBA immer die gleichen Zahlen.

Tabelle 3.4 VBA-Funktionen für Zahlenfelder

Funktionsname	englische Bezeichnung	Beschreibung
Abs	Abs	Betrag oder Absolutwert, d. h. ohne Vorzeichen ▶ Abs(5.2) = 5.2 ▶ Abs(-5.2) = 5.2
Vorzchn	Sgn	Signum-Funktion ▶ Vorzchn(5) = 1 ▶ Vorzchn(0) = 0 ▶ Vorzchn(-5) = -1
QWurzel	Sqr	Quadratwurzel
Exponential	Exp	Exponential-Funktion (Basis e)
Logarithmus	Log	natürlicher Logarithmus
Sin	Sin	Sinus-Funktion, Winkelangabe im Bogenmaß
Cos	Cos	Cosinus-Funktion, Winkelangabe im Bogenmaß
Tan	Tan	Tangens-Funktion, Winkelangabe im Bogenmaß
ArcTan	Atn	Arcus-Tangens-Funktion, Rückgabe des Winkels im Bogenmaß

Tabelle 3.4 VBA-Funktionen für Zahlenfelder (Forts.)

3.2.6 Funktionen für Datumsfelder

Beispiele zu Abfragen mit Funktionen für Datumsfelder finden Sie in den Zusatzmaterialien zum Buch unter *03_Abfragen\3.2.6_Funktionen_fuer_Datumsfelder.accdb*.

Funktionsname	englische Bezeichnung	Beschreibung
Jetzt	Now	Gibt das aktuelle Datum mit Uhrzeit zurück.
Datum	Date	Gibt das aktuelle Datum ohne Uhrzeit zurück.
Zeit	Time	Gibt die aktuelle Uhrzeit ohne Datum zurück.
Zeitgeber	Timer	Gibt die Anzahl der seit Mitternacht verstrichenen Sekunden zurück, inklusive Millisekunden in den Nachkommastellen.

Tabelle 3.5 VBA-Funktionen für Datumsfelder

Funktionsname	englische Bezeichnung	Beschreibung
`DatAdd`	`DateAdd`	Addiert oder subtrahiert ein Intervall zu bzw. von einem Zeitpunkt. ► `DatAdd("t"; 2; #12.10.2019#) = #14.10.2019#` ► `DatAdd("m"; -1; #12.10.2019#) = #12.09.2019#`
`DatDiff`	`DateDiff`	Gibt den Abstand zwischen zwei Zeitpunkten zurück. ► `DatDiff("t"; #12.10.2019#; #14.10.2019#) = 2` ► `DatDiff("m"; #12.10.2019#; #12.09.2019#) = -1`
`DatTeil`	`DatePart`	Gibt Tag, Monat, Jahr, Stunde, Minute, Sekunde oder Wochentag eines Zeitpunkts zurück. ► `DatTeil("t"; #12.10.2019#) = 12` ► `DatTeil("m"; #12.10.2019#) = 10`
`DatSeriell`	`DateSerial`	Erzeugt ein Datum aus den Angaben von Tag, Monat und Jahr. `DatSeriell(2019; 10; 12) = #12.10.2019#`
`ZeitSeriell`	`TimeSerial`	Erzeugt eine Uhrzeit aus den Angaben von Stunde, Minute und Sekunde. `ZeitSeriell(21; 15; 30) = #21:15:30#`
`DatWert`	`DateValue`	Entfernt die Uhrzeit und gibt nur das Datum zurück. `DatWert(#12.10.2019 21:15:30#) = #12.10.2019#`
`ZeitSeriellStr`	`TimeValue`	Entfernt das Datum und gibt nur die Uhrzeit zurück. `ZeitSeriellStr(#12.10.2019 21:15:30#) = #21:15:30#`
`Jahr`	`Year`	Gibt das Jahr aus einem Datum zurück. `Jahr(#12.10.2019#) = 2019`

Tabelle 3.5 VBA-Funktionen für Datumsfelder (Forts.)

Funktionsname	englische Bezeichnung	Beschreibung
`Monat`	`Month`	Gibt den Monat aus einem Datum zurück. `Monat(#12.10.2019#) = 10`
`Tag`	`Day`	Gibt den Tag aus einem Datum zurück. `Tag(#12.10.2019#) = 12`
`Wochentag`	`Weekday`	Gibt den Wochentag eines Datums zurück. ▸ Sonntag = 1 ▸ Montag = 2 ▸ ... ▸ Samstag = 7
`Stunde`	`Hour`	Gibt die Stunde aus einer Zeitangabe zurück. `Stunde(#21:15:30#) = 21`
`Minute`	`Minute`	Gibt die Minute aus einer Zeitangabe zurück. `Minute(#21:15:30#) = 15`
`Sekunde`	`Second`	Gibt die Sekunde aus einer Zeitangabe zurück. `Sekunde(#21:15:30#) = 30`

Tabelle 3.5 VBA-Funktionen für Datumsfelder (Forts.)

3.2.7 Konvertieren des Felddatentyps

In manchen Fällen müssen Sie den Felddatentyp in einen anderen umwandeln (*konvertieren*). Das beste Beispiel ist, eine Zeichenfolge in den Felddatentyp DATUM/UHRZEIT oder in eine Zahl umzuwandeln. Dazu gibt es die Konvertierungsfunktionen.

Die Konvertierung kann nur funktionieren, wenn die Zeichenfolge gültige Angaben enthält. Mit Hilfe der Funktionen zur Überprüfung können Sie *vor* der Konvertierung testen, ob einige Datensätze ungültig sind.

Beispiele zu Abfragen mit Funktionen zum Konvertieren finden Sie in den Zusatzmaterialien zum Buch unter *03_Abfragen\3.2.7_Konvertieren_des_Felddatentyps.accdb*.

Funktionsname	englische Bezeichnung	Beschreibung
`Format`	`Format`	Erzeugt eine Zeichenfolge, die eine formatierte Darstellung enthält.

Tabelle 3.6 VBA-Funktionen zur Konvertierung und zur Prüfung des Felddatentyps

Funktionsname	englische Bezeichnung	Beschreibung
`Wert`	`Val`	Erzeugt aus der angegebenen Zeichenfolge eine Zahl.
`Str`	`Str`	Erzeugt aus der angegebenen Zahl eine Zeichenfolge (Darstellung im Dezimalsystem).
`Hex`	`Hex`	Erzeugt aus der angegebenen Ganzzahl eine Darstellung als Hexadezimalzahl.
`Oktal`	`Oct`	Erzeugt aus der angegebenen Ganzzahl eine Darstellung als Oktalzahl.
`ZBool`	`CBool`	Konvertiert den Parameter in JA/NEIN.
`ZByte`	`CByte`	Konvertiert den Parameter in eine Ganzzahl vom Datentyp BYTE.
`ZCurrency`	`CCur`	Konvertiert den Parameter in eine Festkommazahl vom Datentyp WÄHRUNG.
`ZDate`	`CDate`	Konvertiert den Parameter in ein DATUM.
`ZDouble`	`CDbl`	Konvertiert den Parameter in eine Fließkommazahl vom Datentyp DOUBLE.
`ZInteger`	`CInt`	Konvertiert den Parameter in eine Ganzzahl vom Datentyp INTEGER.
`ZLong`	`CLng`	Konvertiert den Parameter in eine Ganzzahl vom Datentyp LONG.
`CSng`	`CSng`	Konvertiert den Parameter in eine Fließkommazahl vom Datentyp SINGLE.
`ZString`	`CStr`	Konvertiert den Parameter in eine Zeichenfolge.
`ZVariant`	`CVar`	Konvertiert den Parameter in einen VARIANT-Wert.
`IstNull`	`IsNull`	Ist der Parameter NULL?
`IstDatum`	`IsDate`	Ist der Parameter ein gültiges Datum?
`IstNumerisch`	`IsNumeric`	Ist der Parameter eine gültige Zahl?

Tabelle 3.6 VBA-Funktionen zur Konvertierung und zur Prüfung des Felddatentyps (Forts.)

Funktionsname	englische Bezeichnung	Beschreibung
VarTyp	VarType	Gibt den Datentyp zurück ► NULL = 1 ► INTEGER = 2 ► LONG = 3 ► SINGLE = 4 ► DOUBLE = 5 ► WÄHRUNG = 6 ► DATUM/UHRZEIT = 7 ► KURZER TEXT = 8 ► JA/NEIN = 11 ► OLE-OBJEKT = 13 ► DECIMAL = 14 ► BYTE = 17

Tabelle 3.6 VBA-Funktionen zur Konvertierung und zur Prüfung des Felddatentyps (Forts.)

Die Funktion »Format()«

Die Funktion `Format()` verdient noch eigene Anmerkungen. Mit dieser Funktion können Sie verschiedene Felddatentypen in eine Zeichenfolge umwandeln. Das Besondere daran ist, dass Sie dabei die Formatierung festlegen können.

Hierzu ein Beispiel:

```
Format("jjjjmmtt"; #12.10.2019#) = "20191012"
```

Die Angaben zur Formatierung finden Sie in Abschnitt 2.6.1, »Format«. Wie Sie sich vielleicht denken können, ist die Funktion `Format()` mit dem Format eng verbunden. In welchen Fällen sollten Sie die Funktion `Format()` verwenden und in welchen Fällen lieber ein Format setzen?

Einsatzbereiche für das Format:

Das Format sollte der übliche Weg sein, die Anzeige von Feldinhalten zu steuern. Sie können das Format für ein Feld in einer Tabelle, für ein Feld in einer Abfrage oder für ein Steuerelement in einem Formular oder Bericht festlegen. Wie das geht, ist in Abschnitt 2.6.1 beschrieben.

Gesteuert wird nur die Anzeige. Für das Ändern eines Feldinhaltes ist das Eingabeformat zuständig. Details zum Eingabeformat finden Sie in Abschnitt 2.6.2, »Eingabeformat«.

Einsatzbereiche für die Funktion `Format()`:

Die Funktion `Format()` formatiert den Feldinhalt und wandelt ihn in einen Text um. Das ist der entscheidende Punkt: Sie erhalten dadurch einen Text, den Sie mit anderen Textteilen verknüpfen können, um beispielsweise eine schönere Formulierung in einer Liste zu generieren.

```
AbflugHinweis: "Abflug ist am " & Format([AbflugDatum];"Datum, lang") & " um "
& Format([AbflugZeit];"Zeit, 24Std") & " Uhr."
```

Berechnete Felder können nicht verändert werden. Verwenden Sie daher nicht die Funktion `Format()`, wenn Sie den Feldinhalt verändern möchten.

3.2.8 Einfache Fallunterscheidungen

Eigentlich sind Fallunterscheidungen ein typisches Element der Programmierung. Aber auch in Abfragen können Sie mit Hilfe von Funktionen einfache Fallunterscheidungen erstellen.

Der erste Vertreter dieser Art von Fallunterscheidungen ist die Funktion `Wenn()`. Als ersten Parameter erwartet `Wenn()` eine Bedingung. Wenn die angegebene Bedingung erfüllt ist, gibt `Wenn()` den zweiten Parameter zurück, andernfalls den dritten. Bedingungen kennen Sie bereits von den Tabelleneinschränkungen (siehe Abschnitt 2.3.13, »Tabelleneinschränkungen«) her. Die gleiche Syntax gilt für `Wenn()`.

Als Beispiel erzeugen wir eine Liste aller Flugbuchungen. In einer zusätzlichen Spalte soll eine Warnung angezeigt werden, wenn die Kosten mehr als 500,00 € betragen.

1. Öffnen Sie die Datenbank *03_Abfragen\3_Fluege.accdb*.
2. Erstellen Sie eine neue Abfrage in der Entwurfsansicht.
3. Fügen Sie die Tabelle *tblFlugbuchung* hinzu.
4. Ziehen Sie die Felder »FlugbuchungID«, »TicketBuchungsCode« und »Kosten« per Drag & Drop in den unteren Bereich.
5. Erstellen Sie in der vierten, noch leeren Spalte ein berechnetes Feld. Dazu tragen Sie in der Zeile FELD
   ```
   WarnungKosten: Wenn([Kosten]>=500;"Sehr teuer!";"OK")
   ```
   ein.
6. Speichern Sie die Abfrage unter dem Namen *qryFlugbuchungKostenWarnung*.

Dieses Beispiel finden Sie in den Zusatzmaterialien zum Buch unter *03_Abfragen\3.2.8_Einfache_Fallunterscheidungen.accdb*. Wenn Sie die Abfrage in die Datenblattansicht umschalten, werden Sie je nach Abflugzeit unterschiedliche Werte in der letzten Spalte sehen.

qryFlugbuchungKostenWarnung

FlugbuchungID	TicketBuchungsCode	Kosten	WarnungKosten
1	0432-4318-50-79	137,00 €	OK
2	39UHJQUL	68,90 €	OK
3	LT4THNZR	723,01 €	Sehr teuer!
4	5882844886	443,00 €	OK
5	AZFIWTSZ	133,90 €	OK
6	3YUICRZB	723,01 €	Sehr teuer!
7	8860281386	443,00 €	OK
8	0104-lyn	502,60 €	Sehr teuer!
9	8213-gfn	502,60 €	Sehr teuer!
10	CPNSEBJO	445,51 €	OK
11	UTBWFQJW	486,19 €	OK
12	CZMPIYJ4	520,00 €	Sehr teuer!
13	9648933230	443,00 €	OK
* (Neu)			

Abbildung 3.24 Der Text in der letzten Spalte unterscheidet sich je nach den Kosten. Fallunterscheidungen dieser Art können Sie mit der Funktion »Wenn()« realisieren.

Syntax der Funktion »Wenn()«

Die Funktion `Wenn()` erwartet immer drei Parameter:

`Wenn(<Bedingung>;<Wert wenn Bedingung wahr>;<Wert wenn Bedingung falsch>)`

In der Bedingung können Sie andere Felder überprüfen:

- mit bestimmten Werten vergleichen (=, <, >, <=, >=, <>):
  `[Feld] > 0`
- auf NULL prüfen:
  `[Feld] Ist Null`, `[Feld] Ist Nicht Null`
- alle Zahlen von 1 bis 10:
  `[Feld] Zwischen 1 Und 10`
- mit einer Liste von Werten vergleichen:
  `[Feld] In(2;4;6;8)`

Mehrere Bedingungen können Sie mit `Und`, `Oder`, `ExOder` und `Nicht` verknüpfen. Die Reihenfolge können Sie durch runde Klammern festlegen.

NULL-Werte sind bekanntlich ein leidiges Thema. Ein kleiner Segen ist die Funktion `Nz()`, die ebenfalls einfache Fallunterscheidungen ermöglicht. `Nz()` prüft den ersten Parameter auf NULL. Wenn der Wert ungleich NULL ist, gibt `Nz()` diesen Wert unverändert zurück. NULL-Werte werden hingegen durch den zweiten Parameter ersetzt. `Nz()` eignet sich daher hervorragend, um NULL-Werte durch einen Text zu ersetzen.

Auch hierzu ein Beispiel: Einige Flugbuchungen werden auf ein Projekt abgerechnet. In der Liste aller Flugbuchungen soll ein verständlicher Text angezeigt werden, wenn die Flugbuchung nicht auf ein Projekt abgerechnet wird.

1. Öffnen Sie die Datenbank *03_Abfragen\3_Fluege.accdb*.
2. Erstellen Sie eine neue Abfrage in der Entwurfsansicht.
3. Fügen Sie die Tabelle *tblFlugbuchung* hinzu.
4. Ziehen Sie die Felder »FlugbuchungID« und »TicketBuchungsCode« per Drag & Drop in den unteren Bereich.
5. Erstellen Sie in der dritten, noch leeren Spalte ein berechnetes Feld. Dazu tragen Sie in der Zeile FELD

   ```
   AbrechnungAufProjektIDInfo: Nz([
   AbrechnungAufProjektID];"Keine Abrechnung auf ein Projekt.")
   ```

   ein.
6. Speichern Sie die Abfrage unter dem Namen *qryFlugbuchungAbrechnungAufProjekt*.

Auch dieses Beispiel finden Sie in den Materialien zum Buch. In der Spalte »AbrechnungAufProjektIDInfo« wird entweder die »ProjektID« oder ein verständlicher Text (anstatt eines leeren Feldes) angezeigt.

qryFlugbuchungAbrechnungAufProjekt

FlugbuchungID	TicketBuchungsCode	AbrechnungAufProjektIDInfo
1	0432-4318-50-79	Keine Abrechnung auf ein Projekt.
2	39UHJQUL	Keine Abrechnung auf ein Projekt.
3	LT4THNZR	4
4	5882844886	3
5	AZFIWTSZ	3
6	3YUICRZB	4
7	8860281386	3
8	0104-lyn	3
9	8213-gfn	Keine Abrechnung auf ein Projekt.
10	CPNSEBJO	Keine Abrechnung auf ein Projekt.
11	UTBWFQJW	Keine Abrechnung auf ein Projekt.
12	CZMPIYJ4	Keine Abrechnung auf ein Projekt.
13	9648933230	3
* (Neu)		

Abbildung 3.25 Mit Hilfe der Funktion »Nz()« können Sie NULL-Werte durch einen verständlichen Text ersetzen.

Syntax der Funktion »Nz()«

Die Funktion `Nz()` erwartet zwei Parameter:

```
Nz(<Wert>;<Wert bei NULL>)
```

Der erste Parameter wird auf NULL geprüft. Wenn der Wert nicht NULL ist, gibt `Nz()` den Wert unverändert zurück. Ansonsten gibt `Nz()` den zweiten Parameter zurück. In beiden Parametern können Sie auf andere Felder verweisen:

```
Nz([AbrechnungAufProjektID];"Flugbuchung " & [FlugbuchungID] &
 " wird nicht auf ein Projekt abgerechnet.")
```

Den zweiten Parameter können Sie auch weglassen (optionaler Parameter):

```
Nz([AbrechnungAufProjektID])
```

In diesem Fall wird der Wert NULL durch eine leere Zeichenfolge ("") ersetzt.

3.2.9 Parameter in Abfragen

In unseren bisherigen Formeln haben wir zwei unterschiedliche Arten von Daten verwendet:

1. Felder einer Tabelle
2. feste Werte (*Konstanten*), die in der Abfrage gespeichert sind

   In diesem Abschnitt zeige ich Ihnen eine weitere Quelle von Daten:
3. *Parameter*, die der Benutzer beim Öffnen der Abfrage angibt

Ein Parameter wird genauso wie ein Feld in eckigen Klammern angegeben. Innerhalb der eckigen Klammern ([und]) steht der Name des Parameters. Am besten sehen wir uns das an einem Beispiel an:

1. Öffnen Sie die Datenbank *03_Abfragen\3_Fluege.accdb*.
2. Erstellen Sie eine neue Abfrage in der Entwurfsansicht.
3. Fügen Sie die Tabelle *tblFlug* hinzu.
4. Ziehen Sie die Felder »FlugID«, »AbflugDatum« und »AbflugZeit« per Drag & Drop in den unteren Bereich.
5. Tragen Sie für das Feld »AbflugZeit« das Kriterium

   ```
   >=[AbflugSpaeterAlsUhrzeit]
   ```

   ein.
6. Ziehen Sie die Felder »AnkunftZeit«, »FluggesellschaftID« und »Flugnummer« per Drag & Drop in den unteren Bereich.
7. Speichern Sie die Abfrage unter dem Namen *qryFlugAbflugZeit*.

Sie finden diese Abfrage in der Datenbank *03_Abfragen\3.2.9_Parameter.accdb* in den Materialien zum Buch. Wenn Sie die Abfrage nun in die Datenblattansicht umschalten, fordert Access Sie zur Eingabe des Parameters auf:

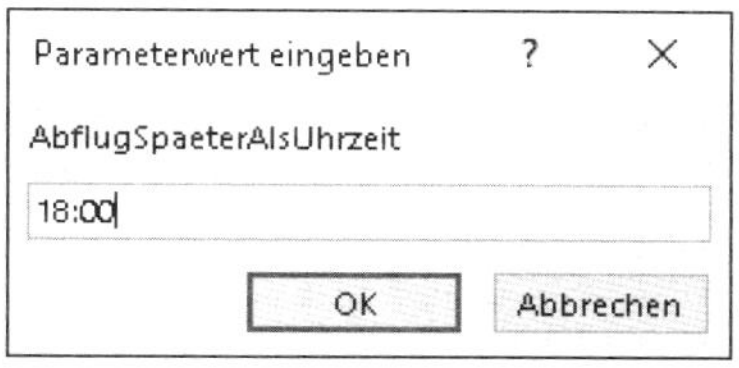

Abbildung 3.26 Beim Öffnen einer Abfrage in der Datenblattansicht fragt Access für jeden Parameter den Wert ab.

Der Name des Parameters wird als Text in der Eingabe-Dialogbox angezeigt. Selbstverständlich können Sie in einer Abfrage auch mehrere Parameter einsetzen. Access fragt dann nacheinander die einzelnen Parameter ab. Nach Eingabe der Parameter sehen Sie das Ergebnis der Abfrage (Abbildung 3.27).

qryFlugAbflugZeit

FlugID	AbflugDatum	AbflugZeit	AnkunftZeit	FluggesellschaftID	Flugnummer
31	03.07.2019	18:10:00	19:40:00	6	754
32	03.07.2019	18:10:00	18:50:00	7	918
33	03.07.2019	18:10:00	19:10:00	7	3376
34	03.07.2019	18:15:00	19:25:00	7	195
35	03.07.2019	18:20:00	19:30:00	6	20
36	03.07.2019	18:25:00	19:30:00	7	2892
37	03.07.2019	18:30:00	19:05:00	6	468
38	03.07.2019	18:30:00	20:00:00	7	1241
39	03.07.2019	18:40:00	19:20:00	3	911
40	03.07.2019	18:55:00	20:15:00	5	5552
41	03.07.2019	19:05:00	20:25:00	1	2319
42	03.07.2019	19:10:00	20:20:00	7	197
43	03.07.2019	19:20:00	20:35:00	8	189
44	03.07.2019	19:25:00	20:45:00	5	5847
45	03.07.2019	19:30:00	20:40:00	7	196
46	03.07.2019	19:50:00	21:15:00	1	1819
47	03.07.2019	20:10:00	21:40:00	2	127
48	03.07.2019	20:15:00	22:30:00	6	357
49	03.07.2019	21:55:00	22:40:00	8	8547
* (Neu)					

Abbildung 3.27 Der Parameter »AbflugSpaeterAlsUhrzeit« befindet sich im Filter für das Feld »AbflugZeit«. Hier werden nur die Flüge ab 18:00 Uhr angezeigt.

Parameter mit Felddatentyp

Für einen Parameter können Sie auch einen Felddatentyp festlegen. Access prüft dann bei der Eingabe des Parameterwerts, ob der eingegebene Wert gültig ist. Tragen Sie dazu den Namen des Parameters (ohne die eckigen Klammern) zusammen mit dem Felddatentyp unter ABFRAGEPARAMETER ein. Dieses Dialogfenster können Sie in der Entwurfsansicht einer Abfrage öffnen, indem Sie auf ENTWURF • EINBLENDEN/AUSBLENDEN • ABFRAGEPARAMETER klicken.

Der Wert, den Sie für den Parameter eingegeben haben, wird nicht gespeichert. Beim nächsten Öffnen der Abfrage müssen Sie den Wert erneut eingeben. Aber genau das ist der Vorteil: Die Abfrage bleibt durch den Parameter flexibel.

Eine aussagekräftige Beschriftung in der Dialogbox

Der Name des Parameters ist letztendlich relativ unwichtig. Er tritt nur innerhalb der einen Abfrage auf. Daher brauchen Sie sich um Namenskonvention o. Ä. keine Gedanken zu machen. Sie können sogar einen aussagekräftigen Text mit Leer- und Sonderzeichen als Name eintragen:

```
>=[Abflug später als (Uhrzeit)]
```

Genau dieser Text wird in der Dialogbox angezeigt (Abbildung 3.28). In den Materialien zum Buch finden Sie dieses Beispiel in der Abfrage *qryFlugAbflugZeitMitText*.

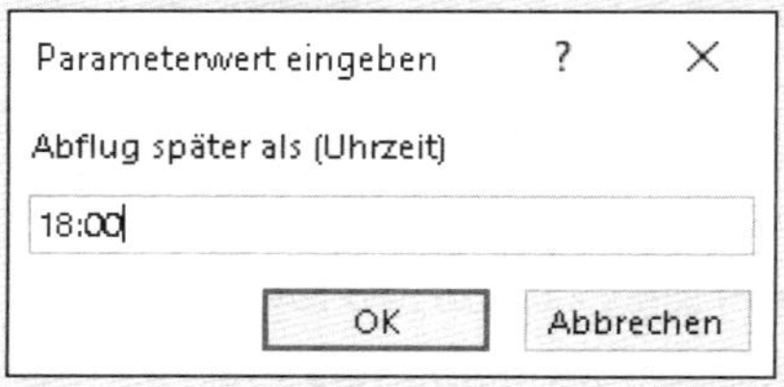

Abbildung 3.28 In der Dialogbox zur Eingabe des Parameters erscheint der Name des Parameters. Hier können Sie erfindungsreich sein! Ansonsten können Sie die Dialogbox leider nicht anpassen.

Bereich	Konstanten	Parameter
Syntax	je nach Felddatentyp unterschiedlich – aber nicht in eckigen Klammern	in eckigen Klammern
Wo wird der Wert eingetragen?	in der Entwurfsansicht der Abfrage	Access fragt den Wert über ein Dialogfeld ab.
Wo wird der Wert gespeichert?	Wird als Bestandteil der Abfrage abgespeichert.	Gar nicht – der Wert muss bei jedem Öffnen der Abfrage neu eingegeben werden.

Tabelle 3.7 Konstanten, die Sie in der Entwurfsansicht einer Abfrage festlegen, unterscheiden sich von Parametern. Mit Parametern gelingt Ihnen eine Trennung von Abfrageentwurf und Ausführung der Abfrage (= Öffnen in der Datenblattansicht).

Bereich	Konstanten	Parameter
Neuer Wert – was ändert sich?	Für einen neuen Wert müssen Sie den Abfrageentwurf ändern.	Für einen neuen Wert muss die Abfrage nur erneut geöffnet werden. Der Abfrageentwurf bleibt unverändert.
Neuer Wert – muss der Anwender den Abfrageentwurf verstehen?	Ja, um eine Konstante zu ändern, muss der Anwender den Abfrageentwurf verstehen – oder zumindest sollte er wissen, an welcher Stelle er ändern soll und wo besser nicht.	Über den Namen des Parameters können Sie eine aussagekräftige Bezeichnung hinterlegen. So kann jeder Ihrer Kollegen die Abfrage mit unterschiedlichen Parametern ausführen, ohne den Abfrageentwurf verstehen zu müssen.

Tabelle 3.7 Konstanten, die Sie in der Entwurfsansicht einer Abfrage festlegen, unterscheiden sich von Parametern. Mit Parametern gelingt Ihnen eine Trennung von Abfrageentwurf und Ausführung der Abfrage (= Öffnen in der Datenblattansicht). (Forts.)

Feld falsch geschrieben

Manchmal erscheint beim Öffnen einer Abfrage die Dialogbox zur Eingabe eines Parameters, obwohl die Abfrage eigentlich gar keinen Parameter verwendet. Diese Meldung (Abbildung 3.29), die auf den ersten Blick nicht als Fehler erkennbar ist, erscheint immer dann, wenn ein Feldname nicht stimmt.

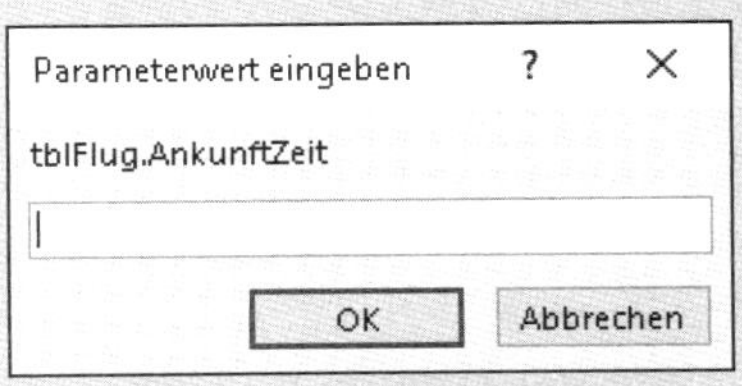

Abbildung 3.29 Wenn ein Feldname nicht gefunden wird, interpretiert Access den Namen als Parameter. Das Entfernen von Feldern führt häufig zu diesen Meldungen.

Access verwendet für Parameter und Felder die gleiche Syntax, nämlich eckige Klammern. Wenn Sie ein Feld in einer Tabelle umbenennen, trägt Access die neue Bezeichnung in allen betroffenen Abfragen, Formularen und Berichten ein. Nur leider klappt das automatische Umbenennen nicht immer (insbesondere nicht bei verknüpften Tabellen). Beim Entfernen eines Feldes verwendet Access gar keinen Automatismus. In der Folge steht in der Abfrage noch der alte Name des Feldes. Bezeichnungen in eckigen Klammern, die keinem der aktuellen Feldnamen entsprechen, interpretiert Access als Parameter. Aus diesem Grund erscheint die Dialogbox zur Eingabe des vermeintlichen Parameters. In der Bezeichnung sehen Sie den alten Feldnamen. Daher bitte Vorsicht beim Umbenennen oder Entfernen von Feldern einer Tabelle! Prüfen Sie anschließend in jedem Fall, ob Ihre Abfragen, Formulare und Berichte noch einwandfrei funktionieren.

3.3 Zusammenfassen von Datensätzen: Gruppierung und Aggregieren

In diesem Abschnitt zeige ich Ihnen, wie Sie mehrere Datensätze zusammenfassen können (*Gruppierung*). Dies ist übrigens der einzige Weg, in Abfragen Daten aus unterschiedlichen Datensätzen in einem neuen Datensatz zusammenzubringen (*aggregieren*). Diese Beispiele zeigen Ihnen, wozu Sie Gruppierung und Aggregieren verwenden können:

1. **Welche Nachnamen gibt es?**

   In der Tabelle *tblMitarbeiter* stehen alle Mitarbeiter mit Vorname und Nachname. Mit einer Abfrage können Sie eine Liste aller Nachnamen erstellen. Ohne Gruppierung werden aber einige Namen mehrfach erscheinen:

   Barbara Schulz, Evelyn Schulz, Karl Schulz → *drei* Datensätze mit dem Nachnamen »Schulz«

   Mit Gruppierung erscheint jeder Nachname nur einmal in der Liste:

   Barbara Schulz, Evelyn Schulz, Karl Schulz → *ein* Datensatz mit dem Nachnamen »Schulz«

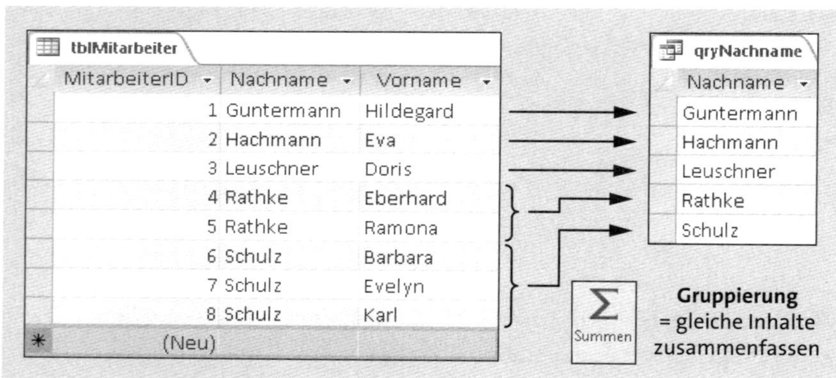

Abbildung 3.30 Gruppierung auf dem Nachnamen führt dazu, dass jeder Nachname nur einmal ausgegeben wird.

2. **Wie viele Mitarbeiter haben den Nachnamen »Schulz«?**

   Mit Gruppierung auf das Feld »Nachname« erhalten Sie eine Liste aller Nachnamen. Die Anzahl erhalten Sie durch eine Aggregation mit der Aggregatfunktion `Anzahl`.

3. **Gesamtbetrag einer Rechnung**
   Der Gesamtbetrag ist die Summe der einzelnen Rechnungspositionen. Verwenden Sie in diesem Fall Aggregation mit der Aggregatfunktion `Summe`.

Gruppierung und Aggregieren werde ich Ihnen in den nächsten Abschnitten im Detail erläutern. Genau genommen beschäftigen wir uns jetzt mit *Statistik*.

Aggregatfunktion	Beschreibung	SQL-Funktion
Anzahl	Anzahl der Datensätze	`COUNT`
ErsterWert	Wert im ersten Datensatz	`FIRST`
LetzterWert	Wert im letzten Datensatz	`LAST`
Max	größter Wert	`MAX`
Min	kleinster Wert	`MIN`
Mittelwert	arithmetisches Mittel	`AVG`
StAbw	Standardabweichung (Stichprobenstandardabweichung)	`STDEV`
Summe	Werte summieren	`SUM`
Varianz	Varianz (Stichprobenvarianz)	`VAR`

Tabelle 3.8 Diese neun Aggregatfunktionen kennt Access.

Was ist Statistik?

Wenn mehrere Zahlen zu einer neuen Zahl zusammengefasst werden, so bezeichnet man diese neue Zahl als eine *Statistik*. Beim Thema Statistik geht es also immer um das Zusammenfassen von Daten. Warum benötigen wir Statistik überhaupt, warum Daten zusammenfassen? Der Grund liegt in unserer Natur. Datenbanken brauchen keine Statistik, denn sie können mit großen Datenmengen bequem umgehen. Unser Gehirn ist jedoch schon mit einer kurzen Liste von Zahlen überfordert. Es fällt uns schwer, eine Aussage über die gesamte Liste zu treffen.

In den nächsten Abschnitten stelle ich Ihnen mehrere *Aggregatfunktionen* vor, mit denen Werte sinnvoll zusammengefasst werden können. Sinnvoll deshalb, weil unser Gehirn aus den zusammengefassten Werten – aus der Statistik – eine sehr gute Vorstellung davon bekommt, wie die gesamte Liste aussieht (die *Gesamtheit* der zugrundeliegenden Daten). Aber keine Angst, wir werden beim Thema Statistik nicht in die Tiefen der Mathematik einsteigen. Ich belasse es beim Zusammenfassen von Daten.

3.3.1 Datensätze zu Gruppen zusammenfassen

Wenn Sie die Gruppierung aktivieren, werden Datensätze mit gleichen Inhalten zu einem Datensatz zusammengefasst (Abbildung 3.30). Jetzt sehen wir uns das Ganze einmal in der Praxis an. Dazu habe ich die Tabelle *tblMitarbeiter* auf insgesamt 1.000 Datensätze erweitert. Sie finden diese Tabelle in den Materialien zum Buch in der Datenbank *03_Abfragen\3.3_Fluege_1000rst.accdb*. So erstellen Sie eine Abfrage, die Ihnen eine Liste aller Nachnamen ausgibt:

1. Öffnen Sie die Datenbank *03_Abfragen\3.3_Fluege_1000rst.accdb*.
2. Erstellen Sie eine neue Abfrage in der Entwurfsansicht.
3. Fügen Sie die Tabelle *tblMitarbeiter* hinzu.
4. Ziehen Sie das Feld »Nachname« per Drag & Drop in den unteren Bereich.

   Wenn Sie an dieser Stelle in die Datenblattansicht umschalten, werden die Nachnamen aller 1.000 Datensätze angezeigt – jedoch nicht gruppiert. Das heißt, einige Nachnamen tauchen mehrfach auf (sehr schön ist dies mit einer Sortierung zu erkennen).

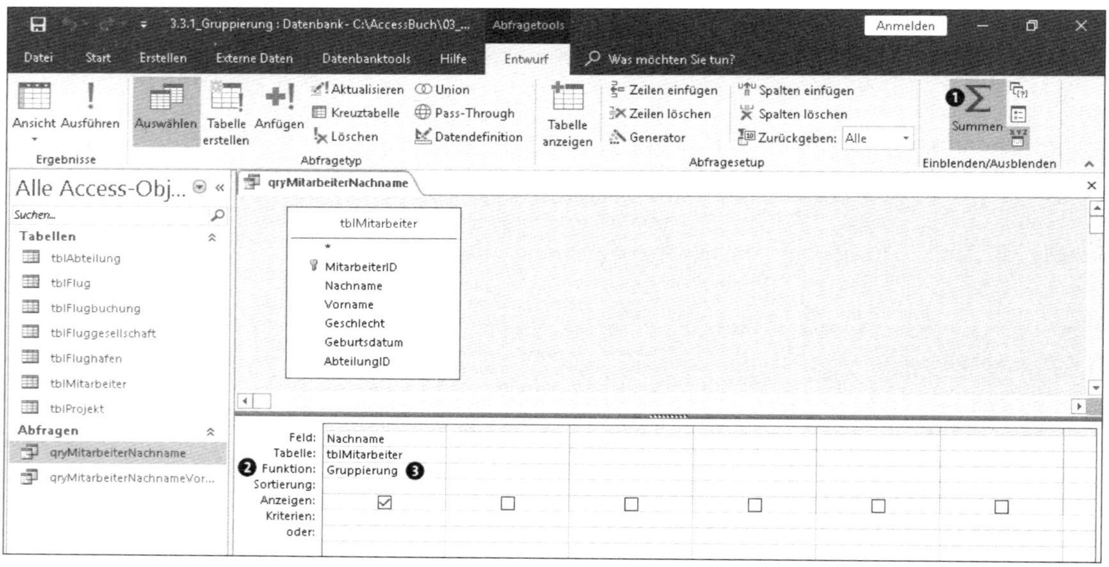

Abbildung 3.31 Über die Schaltfläche »Summen« ❶ können Sie die Gruppierung ein- und wieder ausschalten.

5. Klicken Sie unter ENTWURF • EINBLENDEN/AUSBLENDEN auf SUMMEN ❶. Daraufhin erscheint im unteren Bereich die Zeile FUNKTION ❷.
6. Für das Feld »Nachname« ist bereits GRUPPIERUNG eingestellt ❸.
7. Speichern Sie die Abfrage unter dem Namen *qryMitarbeiterNachname*.

Diese Abfrage finden Sie in den Materialien zum Buch in der Datenbank *03_Abfragen\3.3.1_Gruppierung.accdb*. Mit aktivierter Gruppierung wird jeder Nachname nur einmal angezeigt. Wenn Sie in die Datenblattansicht umschalten, erhalten Sie 444 Datensätze. Mit anderen Worten: In der Tabelle *tblMitarbeiter* sind 444 unterschiedliche Nachnamen vorhanden.

Sie können auch mehrere Felder gleichzeitig gruppieren. Fügen Sie zu unserer Abfrage *qry-MitarbeiterNachname* einmal das Feld »Vorname« hinzu. Sowohl für »Nachname« als auch für »Vorname« muss in der Zeile FUNKTION der Wert GRUPPIERUNG eingestellt sein. In diesem Fall fasst Access die Datensätze nur dann zusammen, wenn zwei Mitarbeiter denselben Nach- und Vornamen haben. Bei 1.000 Datensätzen kann das schon einmal vorkommen! In unserem Beispiel gibt es 985 unterschiedliche Kombinationen von Nach- und Vorname.

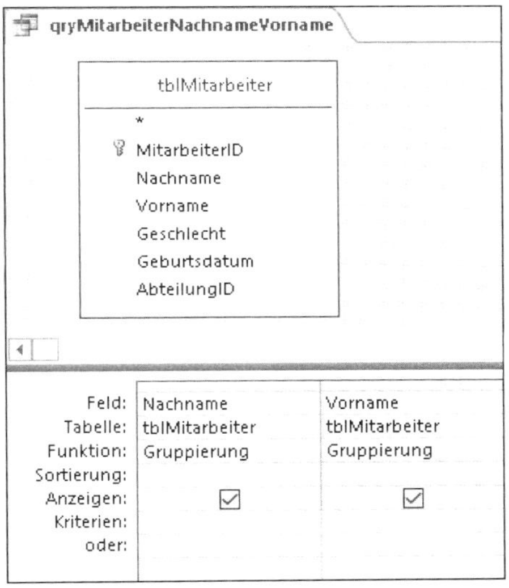

Abbildung 3.32 Gruppierung von mehreren Feldern gleichzeitig

Bei der Gruppierung nicht den Primärschlüssel verwenden

Bei einer Gruppierung über mehrere Felder werden die jeweiligen Feldinhalte in Kombination betrachtet. Es ist nicht sinnvoll, über den Primärschlüssel zu gruppieren. Per Definition ist der Primärschlüssel für jeden Datensatz eindeutig. Folglich kann es keine Werte geben, die mehrfach auftreten. Bei einer Gruppierung über den Primärschlüssel zusammen mit anderen Feldern sieht es nicht anders aus. Eine Gruppierung über den Primärschlüssel können Sie sich getrost sparen.

3.3.2 Die Anzahl der Datensätze pro Gruppe

Mit einer Gruppierung fassen Sie gleiche Inhalte in den Feldern zu Gruppen zusammen. Es interessiert Sie bestimmt schon brennend, wie viele Datensätze hinter jeder Gruppe stehen.

Wie viele Mitarbeiter gibt es beispielsweise für jeden Nachnamen? Damit sind wir bei der ersten Statistik, der `Anzahl`.

1. Öffnen Sie die Datenbank *03_Abfragen\3.3_Fluege_1000rst.accdb*.
2. Erstellen Sie eine neue Abfrage in der Entwurfsansicht.
3. Fügen Sie die Tabelle *tblMitarbeiter* hinzu.
4. Ziehen Sie das Feld »Nachname« per Drag & Drop in den unteren Bereich.
5. Klicken Sie unter ENTWURF • EINBLENDEN/AUSBLENDEN auf SUMMEN.
6. Wählen Sie in der Zeile FUNKTION für das Feld »Nachname« den Eintrag GRUPPIERUNG aus.
7. Ziehen Sie das Feld »MitarbeiterID« per Drag & Drop in den unteren Bereich.
8. Wählen Sie in der Zeile FUNKTION für das Feld »MitarbeiterID« den Eintrag ANZAHL aus.
9. Speichern Sie die Abfrage unter dem Namen *qryMitarbeiterNachnameAnzahl*.

In der Datenblattansicht der Abfrage sehen Sie die einzelnen Nachnamen, die es gibt. Zusätzlich sehen Sie im zweiten Feld, wie viele Mitarbeiter diesen Nachnamen haben. In den Materialien zum Buch finden Sie die Abfrage *qryMitarbeiterNachnameAnzahl* in der Datenbank *03_Abfragen\3.3.2_Anzahl.accdb*.

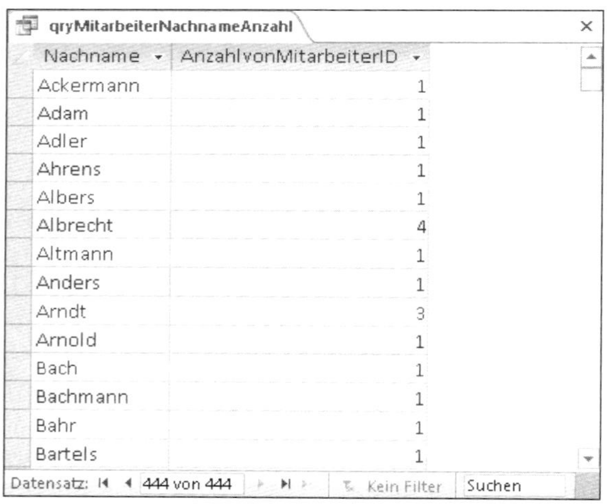

qryMitarbeiterNachnameAnzahl

Nachname	AnzahlvonMitarbeiterID
Ackermann	1
Adam	1
Adler	1
Ahrens	1
Albers	1
Albrecht	4
Altmann	1
Anders	1
Arndt	3
Arnold	1
Bach	1
Bachmann	1
Bahr	1
Bartels	1

Datensatz: 444 von 444 Kein Filter Suchen

Abbildung 3.33 Mit der Aggregatfunktion »Anzahl« ermitteln Sie, für wie viele Mitarbeiter ein Nachname hinterlegt ist.

Wenn Sie die Anzahl der Datensätze ermitteln wollen, sollten Sie immer den Primärschlüssel (hier: »MitarbeiterID«) in die Abfrage übernehmen und in der Zeile FUNKTION den Eintrag ANZAHL auswählen. Prinzipiell können Sie die Anzahl auch mit einem anderen Feld ermitteln. Dabei müssen Sie aber unbedingt beachten, dass Datensätze mit dem Wert NULL nicht mitgezählt werden! In den meisten Fällen werden Sie damit richtig liegen, wenn Sie für die Aggregatfunktion `Anzahl` den Primärschlüssel verwenden.

3.3.3 Alle Zahlen einer Gruppe summieren

Sehr beliebt ist die Aggregatfunktion Summe. Hiermit summieren Sie Werte eines Zahlenfeldes. In der Tabelle *tblFlugbuchung* sind die Kosten für jede Flugbuchung vermerkt. So berechnen Sie, welche Buchungskosten pro Mitarbeiter angefallen sind:

1. Öffnen Sie die Datenbank *03_Abfragen\3_Fluege.accdb*.
2. Erstellen Sie eine neue Abfrage in der Entwurfsansicht.
3. Fügen Sie die Tabelle *tblFlugbuchung* hinzu.
4. Ziehen Sie das Feld »MitarbeiterID« per Drag & Drop in den unteren Bereich.
5. Klicken Sie unter ENTWURF • EINBLENDEN/AUSBLENDEN auf SUMMEN.
6. Wählen Sie in der Zeile FUNKTION für das Feld »MitarbeiterID« den Eintrag GRUPPIERUNG aus.
7. Ziehen Sie das Feld »Kosten« per Drag & Drop in den unteren Bereich.
8. Wählen Sie in der Zeile FUNKTION für das Feld »Kosten« den Eintrag SUMME aus.
9. Speichern Sie die Abfrage unter dem Namen *qryFlugbuchungKostenProMitarbeiter*.

In der Datenblattansicht der Abfrage sehen Sie neben den IDs für jeden Mitarbeiter die summierten Buchungskosten (Abbildung 3.34). In den Materialien zum Buch finden Sie die Abfrage *qryFlugbuchungKostenProMitarbeiter* in der Datenbank *03_Abfragen\3.3.3_Summe.accdb*.

qryFlugbuchungKostenProMitarbeiter

MitarbeiterID	SummevonKosten
1	137,00 €
2	68,90 €
3	723,01 €
4	576,90 €
5	723,01 €
6	945,60 €
7	502,60 €
8	931,70 €
9	520,00 €
10	443,00 €

Abbildung 3.34 Mit der Aggregatfunktion »Summe« können Sie die Kosten für Flugbuchungen für jeden Mitarbeiter summieren.

Achten Sie beim Summieren darauf, dass Sie die Aggregatfunktion Summe auch für das richtige Feld eingestellt haben. Ansonsten werden die falschen Werte summiert (beispielsweise die IDs aus dem Primärschlüssel, was wenig sinnvoll wäre). Sie können auch mehrere Felder unabhängig voneinander summieren.

3.3.4 Minimal- und Maximalwert aller Zahlen einer Gruppe

Über die Aggregatfunktionen `Min` und `Max` ermitteln Sie den kleinsten bzw. den größten Wert einer Gruppe, beispielsweise pro Mitarbeiter die niedrigsten sowie die höchsten Buchungskosten für einen Flug:

1. Öffnen Sie die Datenbank *03_Abfragen\3_Fluege.accdb*.
2. Erstellen Sie eine neue Abfrage in der Entwurfsansicht.
3. Fügen Sie die Tabelle *tblFlugbuchung* hinzu.
4. Ziehen Sie das Feld »MitarbeiterID« per Drag & Drop in den unteren Bereich.
5. Klicken Sie unter ENTWURF • EINBLENDEN/AUSBLENDEN auf SUMMEN.
6. Wählen Sie in der Zeile FUNKTION für das Feld »MitarbeiterID« den Eintrag GRUPPIERUNG aus.
7. Ziehen Sie das Feld »Kosten« per Drag & Drop in den unteren Bereich, und wählen Sie in der Zeile FUNKTION den Eintrag MIN aus.
8. Ziehen Sie das Feld »Kosten« erneut in den unteren Bereich, aber wählen Sie diesmal in der Zeile FUNKTION den Eintrag MAX aus.
9. Speichern Sie die Abfrage unter dem Namen *qryFlugbuchungKostenMinMaxPro-Mitarbeiter*.

Diese Abfrage finden Sie in den Materialien zum Buch in der Datenbank *03_Abfragen\3.3.4_MinMax.accdb*.

qryFlugbuchungKostenMinMaxProMitarbeiter

MitarbeiterID	MinvonKosten	MaxvonKosten
1	137,00 €	137,00 €
2	68,90 €	68,90 €
3	723,01 €	723,01 €
4	133,90 €	443,00 €
5	723,01 €	723,01 €
6	443,00 €	502,60 €
7	502,60 €	502,60 €
8	445,51 €	486,19 €
9	520,00 €	520,00 €
10	443,00 €	443,00 €

Abbildung 3.35 Mit den Aggregatfunktionen »Min« und »Max« ermitteln Sie den kleinsten bzw. den größten Betrag pro Mitarbeiter.

Neben `Min` und `Max` gibt es in Access zwei weitere Aggregatfunktionen, die so ähnlich klingen:

- `ErsterWert`
- `LetzterWert`

Gemeint ist der Wert aus dem ersten bzw. letzten Datensatz pro Gruppe. Diese beiden Aggregatfunktionen verwenden also eine Positionsangabe. Das Ergebnis hängt davon ab, wie die

Datensätze *vor* der Gruppierung angeordnet waren. Wenn Sie für die Tabelle explizit eine Sortierung festgelegt haben, steht die Reihenfolge fest, und es gibt kein Problem. Andernfalls möchte ich Sie noch einmal daran erinnern, dass sich in Datenbanken die Reihenfolge der Datensätzen in einer Tabelle jederzeit ändern kann! Erster und Letzter ist dann so ähnlich wie Erst-Bester und Letzt-Bester zu verstehen. Verwenden Sie die beiden Aggregatfunktionen `ErsterWert` und `LetzterWert` mit Vorsicht – und im Idealfall nur mit *einer festgelegten Sortierung auf der Datensatzquelle*!

3.3.5 Mittelwert, Varianz und Standardabweichung aller Zahlen einer Gruppe

Die letzten drei Aggregatfunktionen werden in jedem Statistikbuch beschrieben:

- `Mittelwert`
- `Varianz`
- `StAbw`

Ein paar Beispiele dazu finden Sie in den Materialien zum Buch in der Datenbank *03_Abfragen\3.3.5_MittelwertVarianzStAbw.accdb*. Der *Mittelwert* ist Ihnen sicherlich schon seit Schulzeiten vertraut. *Varianz* und *Standardabweichung* sagen etwas über die Streuung der Werte in einer Gruppe aus.

Ich empfand es als sehr hilfreich, mit diesen Statistikfunktionen zuerst einmal in Excel zu üben. Leider unterscheiden sich die Namen – die Ergebnisse sind aber identisch.

Statistik	Excel-Funktion	Aggregatfunktion von Access
Mittelwert (arithmetisches Mittel)	`MITTELWERT`	`Mittelwert`
Varianz (Stichprobenvarianz)	`VAR.S`	`Varianz`
Standardabweichung (Stichprobenstandardabweichung)	`STABW.S`	`StAbw`

Tabelle 3.9 Funktionen der Statistik in Excel und die entsprechenden Aggregatfunktionen von Access

Bei einer kleinen Anzahl von Werten brauchen Sie keine Statistik!

Ich hatte eingangs erwähnt, dass die Statistik unserem Gehirn helfen soll, mit einer größeren Anzahl von Zahlen umzugehen. Umgekehrt heißt das auch, dass Sie bei einer kleinen Anzahl von Werten gar keine Statistik brauchen. Der Mittelwert von zwei Zahlen sagt gar nichts aus! Geben Sie in diesem Fall besser die Einzelwerte direkt an.

3.3.6 Datensätze vor dem Zusammenfassen filtern – Filter auf die Rohdaten

Die Gruppierung von Datensätzen ist ein Baustein für Abfragen, den Sie mit anderen Konzepten – Filtern, Sortieren, berechnete Felder – kombinieren können. Für den Einstieg empfehle ich Ihnen, für jeden Schritt eine eigene Abfrage zu erstellen. Verwenden Sie als Datensatzquelle für die erste Abfrage die Tabelle selbst. Für alle weiteren Abfragen geben Sie als Datensatzquelle die vorherige Abfrage an. Auf diese Weise entsteht eine Kaskade von Abfragen. Die einzelnen Schritte sind sauber getrennt, und Sie können sich jederzeit die Zwischenergebnisse ansehen.

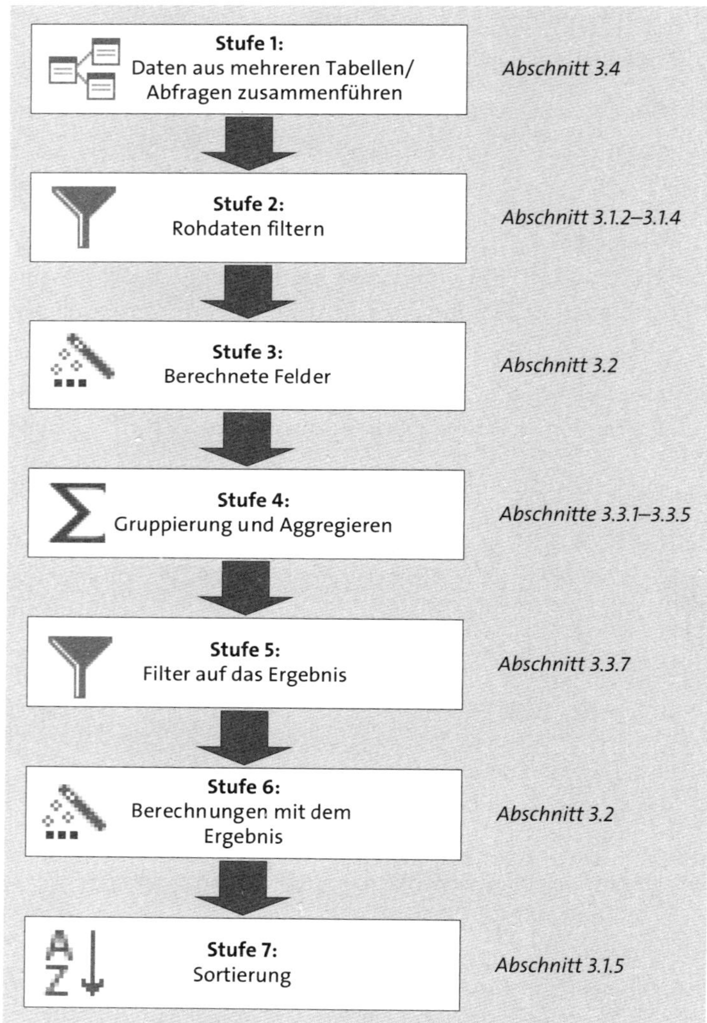

Abbildung 3.36 Dies ist eine der möglichen Reihenfolgen, in denen Sie einzelne Abfragen staffeln können. Zum Nachschlagen habe ich die Abschnitte angegeben, in denen ich das jeweilige Konzept erläutere.

So weit die vorbildliche Arbeitsweise eines Perfektionisten. Hingegen möchte der Vollprofi am liebsten alle Schritte in eine einzige Abfrage packen. Bei überschaubaren Berechnungen kann ich das gut verstehen, und in begrenztem Umfang geht das auch.

In diesem Abschnitt zeige ich Ihnen, wie Sie den Filter auf die Rohdaten zusammen mit der Gruppierung in einer Abfrage durchführen können. Als Beispiel sehen wir uns dazu die Flugbuchungen an. Wir möchten die Summe aller Buchungskosten pro Mitarbeiter sehen. Private Flüge sollen diesmal aber nicht berücksichtigt werden.

1. Öffnen Sie die Datenbank *03_Abfragen\3_Fluege.accdb*.
2. Erstellen Sie eine neue Abfrage in der Entwurfsansicht.
3. Fügen Sie die Tabelle *tblFlugbuchung* hinzu.
4. Ziehen Sie das Feld »MitarbeiterID« per Drag & Drop in den unteren Bereich.
5. Klicken Sie unter ENTWURF • EINBLENDEN/AUSBLENDEN auf SUMMEN.
6. Wählen Sie in der Zeile FUNKTION für das Feld »MitarbeiterID« den Eintrag GRUPPIERUNG aus.
7. Ziehen Sie das Feld »PrivaterFlug« per Drag & Drop in den unteren Bereich, und wählen Sie in der Zeile FUNKTION den Eintrag BEDINGUNG aus.
8. Tragen Sie für das Feld »PrivaterFlug« in der Zeile KRITERIEN

   ```
   Falsch
   ```

   ein. Dies ist der Filter auf die Rohdaten. Wenn Sie jetzt in die Datenblattansicht umschalten, sehen Sie, dass nur die geschäftlichen Flugbuchungen gefiltert wurden.

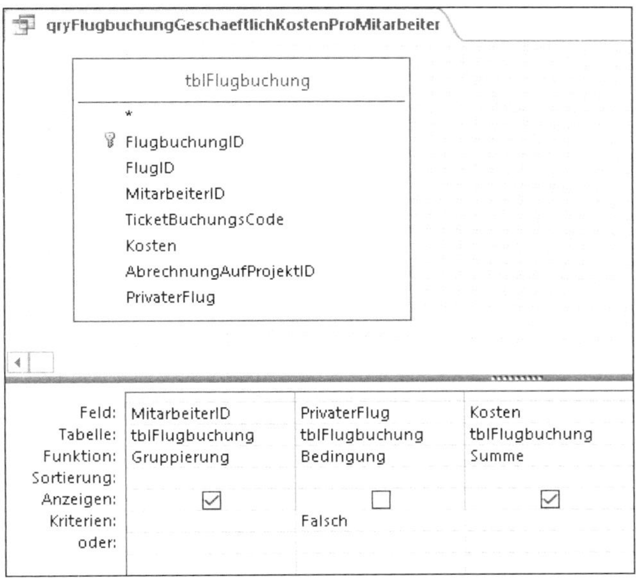

Abbildung 3.37 Für den Filter vor dem Zusammenfassen müssen Sie in der Zeile »Funktion« den Eintrag »Bedingung« auswählen.

9. Ziehen Sie das Feld »Kosten« per Drag & Drop in den unteren Bereich, und wählen Sie in der Zeile FUNKTION den Eintrag SUMME aus.
10. Speichern Sie die Abfrage unter dem Namen *qryFlugbuchungGeschaeftlichKostenProMitarbeiter*.

Diese Abfrage finden Sie in den Materialien zum Buch in der Datenbank *03_Abfragen\3.3.6_Filter_vor_dem_Zusammenfassen*. Das gleiche Vorhaben lässt sich auch mit zwei getrennten Abfragen verwirklichen. Diese Lösung finden Sie zum Vergleich ebenfalls in der Datenbank (die Abfrage *qryFlugbuchungGeschaeftlich* zum Filtern sowie die Abfrage *qryKostenProMitarbeiter* für die Gruppierung). Das Ergebnis ist letztendlich identisch.

3.3.7 Datensätze nach dem Zusammenfassen filtern – Filter auf das Ergebnis

Nach dem Zusammenfassen sind durch die Aggregatfunktionen neue Werte entstanden, beispielsweise die Summe aller Buchungskosten pro Mitarbeiter. Mit den Ergebnissen können Sie jetzt weiterarbeiten. In diesem Abschnitt zeige ich Ihnen, wie Sie in einer Abfrage gleichzeitig gruppieren und das Ergebnis filtern können.

Dazu sehen wir uns wieder das Beispiel der Flugbuchungen an. Wir möchten gerne nur diejenigen Mitarbeiter sehen, bei denen die gesamten Buchungskosten über 700 € liegen.

1. Öffnen Sie die Datenbank *03_Abfragen\3_Fluege.accdb*.
2. Erstellen Sie eine neue Abfrage in der Entwurfsansicht.
3. Fügen Sie die Tabelle *tblFlugbuchung* hinzu.
4. Ziehen Sie das Feld »MitarbeiterID« per Drag & Drop in den unteren Bereich.
5. Klicken Sie unter ENTWURF • EINBLENDEN/AUSBLENDEN auf SUMMEN.
6. Wählen Sie in der Zeile FUNKTION für das Feld »MitarbeiterID« den Eintrag GRUPPIERUNG aus.
7. Ziehen Sie das Feld »Kosten« per Drag & Drop in den unteren Bereich, und wählen Sie in der Zeile FUNKTION den Eintrag SUMME aus.
8. Tragen Sie für das Feld »Kosten« in der Zeile KRITERIEN

   ```
   >700
   ```

   ein.
9. Speichern Sie die Abfrage unter dem Namen *qryFlugbuchungKostenProMitarbeiterUeberEUR700*.

Diese Abfrage finden Sie in den Materialien zum Buch in der Datenbank *03_Abfragen\3.3.7_Filter_nach_dem_Zusammenfassen*. Zum Vergleich habe ich die entsprechende Lösung verteilt über zwei Abfragen ebenfalls abgelegt (die Abfrage *qryFlugbuchungKostenProMitarbeiter* für die Gruppierung sowie die Abfrage *qryKostenUeberEUR700* zum Filtern).

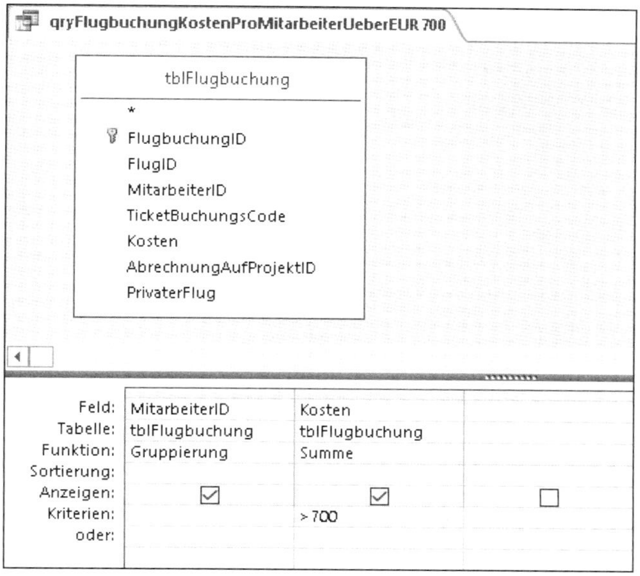

Abbildung 3.38 Für den Filter nach dem Zusammenfassen muss das Kriterium im gleichen Feld wie die Aggregatfunktion eingestellt werden.

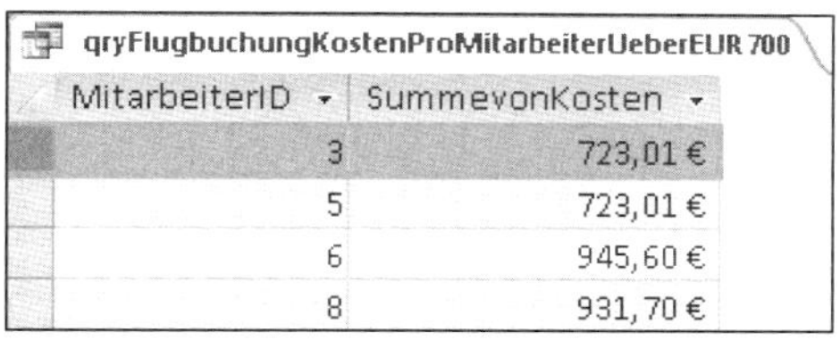

Abbildung 3.39 Das Ergebnis des Filterns: Nur bei vier Mitarbeitern liegen die gesamten Buchungskosten über 700,00 €.

Zum Abschluss können Sie einmal ausprobieren, vier Schritte in eine einzige Abfrage zu packen:

1. Filtern auf die Rohdaten
2. Gruppierung und Aggregieren
3. Filtern auf das Ergebnis
4. Sortieren

Zwei solcher Monsterabfragen finden Sie in den Materialien zum Buch in der Datenbank *03_Abfragen\3.3.7_Monsterabfragen.accdb*.

3.3.8 Kreuztabellenabfrage

An dieser Stelle möchte ich Ihnen eine Kuriosität unter den Abfragen vorstellen, die *Kreuztabellenabfrage*. Dieses Konzept ist unter dem Namen *Pivot-Tabelle* besser bekannt; auch in Excel wird dieser Name verwendet.

Kreuztabelle oder Abfrage?

Wir befassen uns immer noch mit den Abfragen. Und genau das ist eine *Kreuztabellenabfrage* (oder wie der Name auch immer sein mag) auch. Es handelt sich *nicht* um eine Tabelle! In der Beschriftung unter Access taucht die meiner Meinung nach unglückliche Bezeichnung KREUZTABELLE auf, in Excel PIVOTTABLE. Die Kreuztabelle ist und bleibt aber eine *Abfrage*. Ich verwende daher die Bezeichnung *Kreuztabellenabfrage*. Dabei weiche ich ausnahmsweise und ganz bewusst von der missverständlichen Bezeichnung in Access ab.

Das Funktionsprinzip der Kreuztabellenabfrage

Was ist nun bitteschön eine Kreuztabellenabfrage? Im Prinzip ist sie nur eine besondere Darstellung der Gruppierung. Das benötigen Sie:

1. mindestens zwei Felder, nach denen gruppiert wird
2. exakt ein Feld mit einer Aggregatfunktion

Am besten sehen wir uns das an einem Beispiel an. In den Materialien zum Buch finden Sie in der Datenbank *03_Abfragen\3.3.8_Kreuztabellenabfrage.accdb* die Tabelle *tblFlugbuchung*. Diese Tabelle ist nicht normalisiert, aber das soll uns an dieser Stelle nicht weiter stören. Für jeden Mitarbeiter sind Flugbuchungen für unterschiedliche Tage aufgeführt (Abbildung 3.40).

tblFlugbuchung

Flugbuchun	Nachname	Vorname	AbflugDatur	AbflugZeit	AbflugFlugh	AnkunftZeit	AnkunftFlug	FLuggesells	Flugnumme	TicketBuchu	Kosten
1	Schulz	Barbara	03.07.2019	15:10:00	VIE	16:40:00	FRA	OS	131	0104-lyn	502,60 €
2	Wilke	Margot	03.07.2019	15:55:00	JFK	05:35:00	FRA	LH	401	CZMPIYJ4	520,00 €
3	Rathke	Ramona	03.07.2019	16:00:00	TXL	17:10:00	FRA	LH	191	AZFIWTSZ	133,90 €
4	Hachmann	Eva	03.07.2019	16:10:00	TXL	17:15:00	CGN	LH	2890	39UHJQUL	68,90 €
5	Leuschner	Doris	03.07.2019	16:30:00	FRA	17:50:00	VIE	LH	1240	LT4THNZR	723,01 €
6	Schreiber	Alois	03.07.2019	16:30:00	FRA	17:50:00	VIE	LH	1240	3YUICRZB	723,01 €
7	Semrau	Gabriele	03.07.2019	17:10:00	VIE	18:40:00	FRA	OS	125	8213-gfn	502,60 €
8	Guntermann	Hildegard	03.07.2019	17:25:00	CGN	18:35:00	TXL	EW	6	0432-4318-50-:	137,00 €
9	Wagner	Michael	03.07.2019	19:10:00	TXL	20:20:00	FRA	LH	197	UTBWFQJW	486,19 €
10	Rathke	Ramona	03.07.2019	19:50:00	FRA	21:15:00	CDG	AF	1819	5882844886	443,00 €
11	Schulz	Barbara	03.07.2019	19:50:00	FRA	21:15:00	CDG	AF	1819	8860281386	443,00 €
12	Zimmermann	Arno	03.07.2019	19:50:00	FRA	21:15:00	CDG	AF	1819	9648933230	443,00 €
13	Wagner	Michael	04.07.2019	06:05:00	FRA	09:40:00	TFS	DE	1478	CPNSEBJO	445,51 €
14	Leuschner	Doris	04.07.2019	15:10:00	VIE	16:40:00	FRA	OS	131	XVSMJFI1	530,00 €
15	Schulz	Barbara	04.07.2019	15:40:00	CDG	17:20:00	TXL	AF	2334	8860281387	421,00 €
16	Guntermann	Hildegard	06.07.2019	16:10:00	TXL	17:15:00	CGN	LH	2890	3920-9168-87-:	83,00 €
(Neu)											

Abbildung 3.40 Die Tabelle »tblFlugbuchung« (nicht normalisiert)

Nun möchten wir gerne wissen, welche Gesamtkosten pro Mitarbeiter und Tag angefallen sind. Dazu gruppieren wir nach »Nachname«, »Vorname« und »AbflugDatum« und summieren das Feld »Kosten«. Die entsprechende Abfrage habe ich unter dem Namen *qryBuchungskostenProMitarbeiterProAbflugDatum* gespeichert.

qryBuchungskostenProMitarbeiterProAbflugDatum

Nachname	Vorname	AbflugDatum	SummevonKosten
Guntermann	Hildegard	03.07.2019	137,00 €
Guntermann	Hildegard	06.07.2019	83,00 €
Hachmann	Eva	03.07.2019	68,90 €
Leuschner	Doris	03.07.2019	723,01 €
Leuschner	Doris	04.07.2019	530,00 €
Rathke	Ramona	03.07.2019	576,90 €
Schreiber	Alois	03.07.2019	723,01 €
Schulz	Barbara	03.07.2019	945,60 €
Schulz	Barbara	04.07.2019	421,00 €
Semrau	Gabriele	03.07.2019	502,60 €
Wagner	Michael	03.07.2019	486,19 €
Wagner	Michael	04.07.2019	445,51 €
Wilke	Margot	03.07.2019	520,00 €
Zimmermann	Arno	03.07.2019	443,00 €

Abbildung 3.41 Die summierten Buchungskosten pro Mitarbeiter und Tag

Diese Abfrage können wir in eine Kreuztabelleabfrage abändern. Die Idee einer Kreuztabellenabfrage ist, dass eines der gruppierten Felder um 90° gedreht wird. Aus den Zeilen werden Spalten! In den einzelnen Zellen wird das Ergebnis der Aggregation eingetragen.

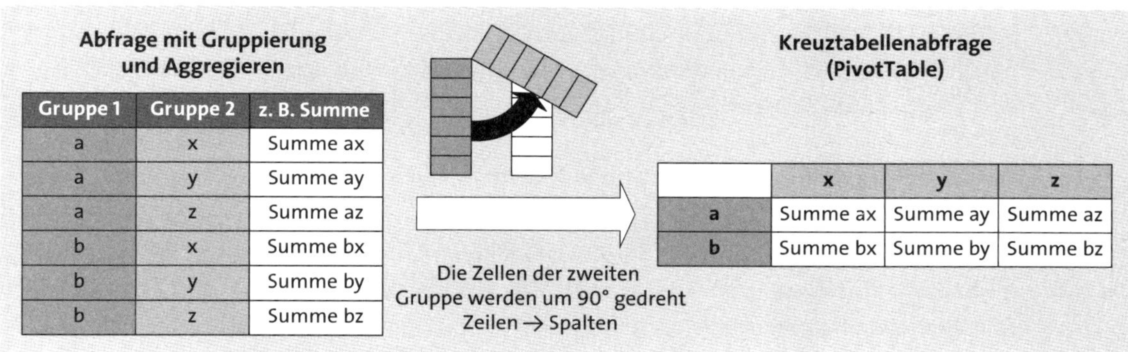

Abbildung 3.42 In einer Kreuztabellenabfrage werden Zeilen der einen Gruppe als Spalten dargestellt.

Eine Kreuztabellenabfrage erstellen

So weit zur Theorie. Hier die einzelnen Schritte, wie Sie eine Kreuztabellenabfrage erstellen können:

1. Öffnen Sie die Abfrage *qryBuchungskostenProMitarbeiterProAbflugDatum* in der Entwurfsansicht.

2. Klicken Sie auf ENTWURF • ABFRAGETYP • KREUZTABELLE. Im unteren Bereich erscheint jetzt die neue Zeile KREUZTABELLE.
3. Wählen Sie für die Felder »Nachname« und »Vorname« in der Zeile KREUZTABELLE den Eintrag ZEILENÜBERSCHRIFT aus.
4. Wählen Sie für das Feld »AbflugDatum« in der Zeile KREUZTABELLE den Eintrag SPALTENÜBERSCHRIFT aus.
5. Wählen Sie für das aggregierte Feld »Kosten« in der Zeile KREUZTABELLE den Eintrag WERT aus.

Diese fertige Abfrage habe ich unter dem Namen *qryBuchungskostenKreuztabellenabfrage* abgespeichert. Wenn Sie die Kreuztabellenabfrage in die Datenblattansicht umschalten, sehen Sie die einzelnen Abflugtage als Spalten.

qryBuchungskostenKreuztabellenabfrage

Nachname	Vorname	03_07_2019	04_07_2019	06_07_2019
Guntermann	Hildegard	137,00 €		83,00 €
Hachmann	Eva	68,90 €		
Leuschner	Doris	723,01 €	530,00 €	
Rathke	Ramona	576,90 €		
Schreiber	Alois	723,01 €		
Schulz	Barbara	945,60 €	421,00 €	
Semrau	Gabriele	502,60 €		
Wagner	Michael	486,19 €	445,51 €	
Wilke	Margot	520,00 €		
Zimmermann	Arno	443,00 €		

Abbildung 3.43 Die Kreuztabellenabfrage in der Datenblattansicht. Jeder Tag mit Flugbuchungen wird als eigene Spalte angezeigt.

Die Spalten einer Kreuztabellenabfrage fest einstellen

Bei den bisher erstellten Abfragen wussten Sie schon in der Entwurfsansicht, welche Felder in der Abfrage zu sehen sind. Bei der Kreuztabellenabfrage ist das nicht so. Dies ist die große Besonderheit von Kreuztabellenabfragen: Ein Teil der Felder (Spalten) wird erst beim Umschalten in die Datenblattansicht erzeugt.

Das führt manchmal zu Problemen. In unserem Beispiel erkennen Sie, dass der 05.07.2019 als Spalte fehlt. Es wäre schön, alle sieben Tage der Woche vom 1. bis zum 07.10.2019 zu sehen. Eine richtig schöne Lösung gibt es für dieses Problem leider nicht. Als Behelfslösung können Sie die Felder fest einstellen:

1. Öffnen Sie die Abfrage *qryBuchungskostenKreuztabellenabfrage* in der Entwurfsansicht.
2. Klicken Sie auf ENTWURF • EINBLENDEN/AUSBLENDEN • EIGENSCHAFTENBLATT (oder drücken Sie `Alt` + `↵`). Am rechten Rand erscheint das EIGENSCHAFTENBLATT, und unter AUSWAHLTYP sollte ABFRAGEEIGENSCHAFTEN stehen (klicken Sie andernfalls in den grauen, oberen Bereich neben der Tabelle).

3. Tragen Sie in der Zeile FIXIERTE SPALTENÜBERSCHRIFTEN die einzelnen Tage getrennt durch Semikolon ein:

   `7/1/2019;7/2/2019;7/3/2019;7/4/2019;7/5/2019;7/6/2019;7/7/2019`

   Die Datumsangaben *müssen im amerikanischen Format* (`mm/dd/jjjj`) sein, das deutsche Format wird nicht akzeptiert. In meinen Augen ist das ein Fehler in der aktuellen Access-Version.

4. Speichern Sie die Abfrage unter dem Namen *qryBuchungskostenKreuztabellenabfrageSpaltenFix*.

Jetzt sind alle sieben Tage der Woche zu sehen:

qryBuchungskostenKreuztabellenabfrageSpaltenFix

Nachname	Vorname	7/1/2019	7/2/2019	7/3/2019	7/4/2019	7/5/2019	7/6/2019	7/7/2019
Guntermann	Hildegard			137,00 €			83,00 €	
Hachmann	Eva			68,90 €				
Leuschner	Doris			723,01 €	530,00 €			
Rathke	Ramona			576,90 €				
Schreiber	Alois			723,01 €				
Schulz	Barbara			945,60 €	421,00 €			
Semrau	Gabriele			502,60 €				
Wagner	Michael			486,19 €	445,51 €			
Wilke	Margot			520,00 €				
Zimmermann	Arno			443,00 €				

Abbildung 3.44 Mit fixierten Spaltenüberschriften stellen Sie sicher, dass immer die gesamte Woche mit sieben Tagen sichtbar ist.

Allerdings ist die Woche fest eingespeichert. Wenn Sie eine andere Woche auswerten möchten, müssen Sie die Entwurfsansicht der Abfrage entsprechend anpassen – einen anderen Weg gibt es leider nicht.

Warum Kreuztabellenabfragen so beliebt sind

Zweifelsohne ist die Darstellung von zusammengefassten Daten in einer Kreuztabellenabfrage sehr übersichtlich. Die beliebteste Darstellung dürfte die Quartalsauswertung sein. Ein Beispiel dazu finden Sie in Abbildung 3.45 und in den Materialien zum Buch in der Datenbank *03_Abfragen\3.3.8_Quartalsauswertung.accdb*.

qryProduktVerkaufNachQuartal

Produkt	Q1 / 2019	Q2 / 2019	Q3 / 2019	Q4 / 2019
Äpfel	180.395,23 €	187.983,26 €	187.736,96 €	180.372,79 €
Birnen	270.242,81 €	272.862,99 €	276.636,37 €	276.502,15 €
Erdbeeren	246.129,76 €	245.945,85 €	246.885,42 €	245.540,02 €
Orangen	358.386,32 €	350.996,36 €	370.147,11 €	371.007,76 €
Pflaumen	88.399,08 €	86.042,65 €	87.898,29 €	92.917,85 €

Abbildung 3.45 Bei Managern sehr beliebt: die Kreuztabellenabfrage zur Quartalsauswertung

Wenn Sie in einem Unternehmen mit mehreren Hierarchieebenen tätig sind, werden Sie bestimmt bestätigen können: Diese Art von Grafiken wird immer beliebter, je weiter man sie nach oben im Firmenorganigramm aushändigt. Das ist der erste Grund dafür, warum Kreuztabellenabfragen so gefragt sind.

Der zweite Grund ist, dass es nur wenige Personen im Unternehmen gibt, die solche Grafiken erstellen können. Dies sind üblicherweise versierte Excel-Anwender, denn Pivot-Tabellen unter Excel sind nicht ganz leicht zu erstellen.

Das sind meiner Ansicht nach die beiden Gründe, weshalb Kreuztabellenabfragen in Unternehmen durchaus hoch im Kurs stehen.

3.4 Abfragen von Daten aus mehreren Tabellen

Abfragen eignen sich nicht nur dazu, Daten aus einer Tabelle in einer anderen Form – sei es gefiltert, berechnet oder aggregiert – darzustellen. Mit Hilfe einer Abfrage können Sie auch Daten aus unterschiedlichen Tabellen in eine Datenblattansicht zusammenbringen.

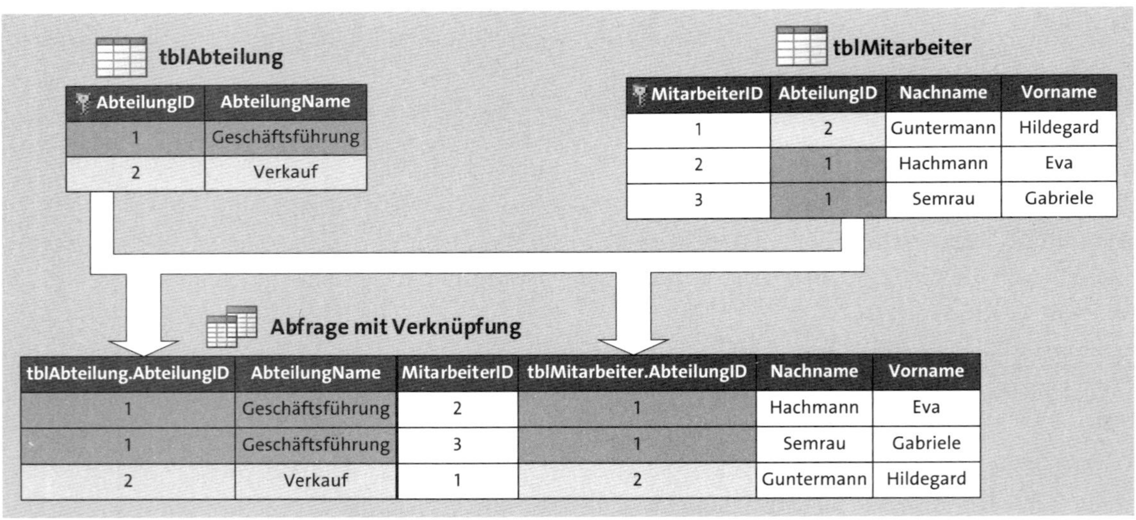

Abbildung 3.46 Abfragen mit einer Verknüpfung bringen Datensätze aus zwei Tabellen anhand der Feldinhalte (hier das Feld »AbteilungID«) zusammen.

Das ist im Prinzip der umgekehrte Weg der Normalisierung. Beim Datenbankdesign habe ich Ihnen empfohlen, durch Normalisierung die Daten auf unterschiedliche Tabellen zu verteilen, damit jede Information dort steht, wo sie hingehört. Leider hat man die Daten danach nicht mehr in einer einzigen Datenblattansicht im Blick.

An dieser Stelle kommen die Abfragen ins Spiel. Mit einer *Abfrage mit Verknüpfung* können Sie die Daten aus den unterschiedlichen Tabellen wieder in eine gemeinsame Ansicht bringen. Wohlgemerkt nur zur Anzeige, denn das Datenbankdesign bleibt unverändert in der normalisierten Form.

3.4.1 Unterdatenblätter

Zunächst möchte ich Ihnen eine Methode vorstellen, mit der Sie Daten aus zwei Tabellen oder Abfragen in der Datenblattansicht hierarchisch anzeigen können: über ein *Unterdatenblatt*. Genau genommen sind Unterdatenblätter keine Abfragen, sondern nur eine sehr angenehme Darstellung der Datensätze in Access.

Als Beispiel ordnen wir alle Abteilungen und im Unterdatenblatt die zugehörigen Mitarbeiter an:

1. Öffnen Sie die Datenbank *03_Abfragen\3_Fluege.accdb* aus den Materialien zum Buch.
2. Öffnen Sie die Tabelle *tblAbteilung* in der Entwurfsansicht.
3. Klicken Sie auf ENTWURF • EINBLENDEN/AUSBLENDEN • EIGENSCHAFTENBLATT, um das EIGENSCHAFTENBLATT • AUSWAHLTYP: TABELLENEIGENSCHAFTEN anzeigen zu lassen.
4. Für die Eigenschaft UNTERDATENBLATTNAME ist der Eintrag [AUTOMATISCH] bereits gewählt.

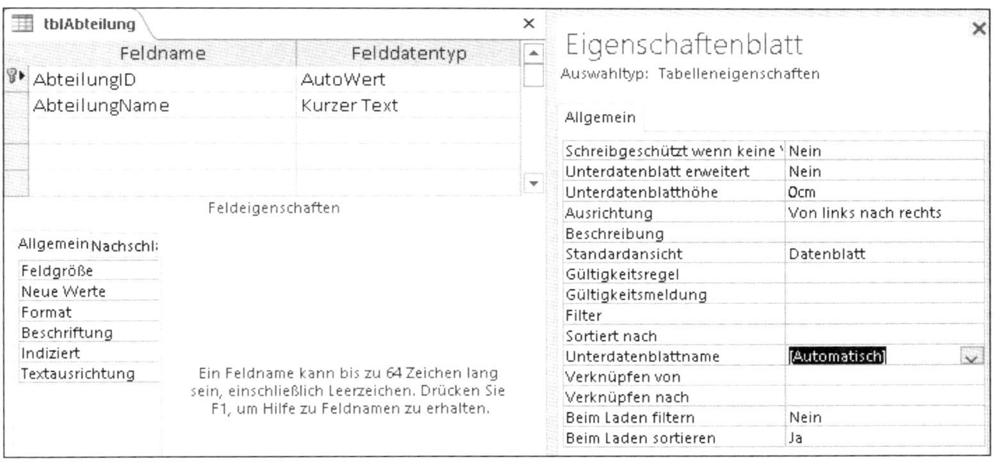

Abbildung 3.47 Das Unterdatenblatt wird über die Eigenschaften »Unterdatenblattname«, »Verknüpfen von« und »Verknüpfen nach« gesteuert.

Sie können die Auswahl [AUTOMATISCH] eigentlich so belassen. Access wird *tblMitarbeiter* als Unterdatenblatt anzeigen, denn dies ist die einzige Tabelle, zu der es von *tblAbteilung* aus eine 1:n-Beziehung gibt.

Ich zeige Ihnen in den nächsten Schritten trotzdem den manuellen Weg, die Tabelle *tblMitarbeiter* als Unterdatenblatt festzulegen. In einigen Fällen funktioniert die Automatik von Access nämlich nicht (beispielsweise für die Tabelle *tblFlughafen*). Dann gibt es leider nur den manuellen Weg.

5. Wählen Sie unter UNTERDATENBLATTNAME den Eintrag

   `Tabelle.tblMitarbeiter`

   aus.
6. Für die Eigenschaft VERKNÜPFEN VON muss der *Primärschlüssel* der Tabelle *tblAbteilung* eingetragen sein:

   `AbteilungID`
7. Für die Eigenschaft VERKNÜPFEN NACH muss der *Fremdschlüssel* der Tabelle *tblMitarbeiter* eingetragen sein. In unserem Fall heißt er ebenfalls

   `AbteilungID`

   Access hat beide Eigenschaften bereits automatisch aus der passenden 1:n-Beziehung abgeleitet. Daher müssen Sie nichts ändern.
8. Klicken Sie in der Symbolleiste für den Schnellzugriff auf SPEICHERN (oder [Strg] + [S]).
9. Öffnen Sie die Tabelle *tblAbteilung* nun in der Datenblattansicht.
10. Klicken Sie auf das Symbol + im Datensatz »Verkauf«. Access zeigt Ihnen nun im Unterdatenblatt alle Mitarbeiter an, die im Verkauf tätig sind.

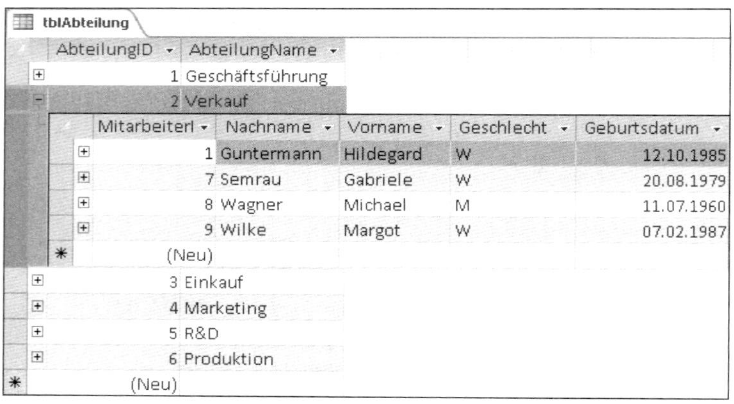

Abbildung 3.48 Die Tabelle »tblMitarbeiter« als Unterdatenblatt von »tblAbteilung«. Bemerkenswert ist, dass Access den Fremdschlüssel »tblMitarbeiter.AbteilungID« ausblendet.

Bei diesem Beispiel haben wir nur die Tabellen selbst verwendet und keine Abfrage erstellt. Sie können Unterdatenblätter aber grundsätzlich für jede Form der Datenblattansicht einsetzen, also für Tabellen, Abfragen und auch für beides gemischt. Ein ganz wesentliches Prinzip konnten Sie dabei erkennen: Access verknüpft die Datensätze beider Tabellen anhand von Primär- und Fremdschlüssel, das heißt anhand der IDs.

3.4.2 Passende Datensätze zusammenbringen: Abfragen mit INNER-JOIN-Verknüpfung

Genau das gleiche Prinzip wendet auch eine Abfrage mit einer sogenannten *INNER-JOIN-Verknüpfung* an. Die Datensätze aus den beiden Tabellen werden anhand der IDs verknüpft. Der wichtigste Unterschied zu den Unterdatenblättern ist, dass es sich hier wirklich um eine Abfrage und nicht nur um eine schöne Darstellung handelt.

Eine INNER-JOIN-Verknüpfung erstellen

So erstellen Sie eine INNER-JOIN-Verknüpfung in der Abfrage-Entwurfsansicht:

1. Öffnen Sie die Datenbank *03_Abfragen\3_Fluege.accdb* aus den Materialien zum Buch.
2. Erstellen Sie eine neue Abfrage in der Entwurfsansicht.
3. Fügen Sie die Tabellen *tblAbteilung* und *tblMitarbeiter* hinzu. Beide Tabellen werden von Access automatisch per INNER JOIN verknüpft.
4. Ziehen Sie die beiden Felder der Tabelle *tblAbteilung* per Drag & Drop in den unteren Bereich.
5. Ziehen Sie die Felder »MitarbeiterID«, »AbteilungID«, »Nachname« und »Vorname« der Tabelle *tblMitarbeiter* per Drag & Drop in den unteren Bereich.
6. Speichern Sie die Abfrage unter dem Namen *qryAbteilungUndMitarbeiter*.

Das Ergebnis finden Sie in den Materialien zum Buch in der Datenbank *03_Abfragen\3.4.2_INNER_JOIN.accdb*.

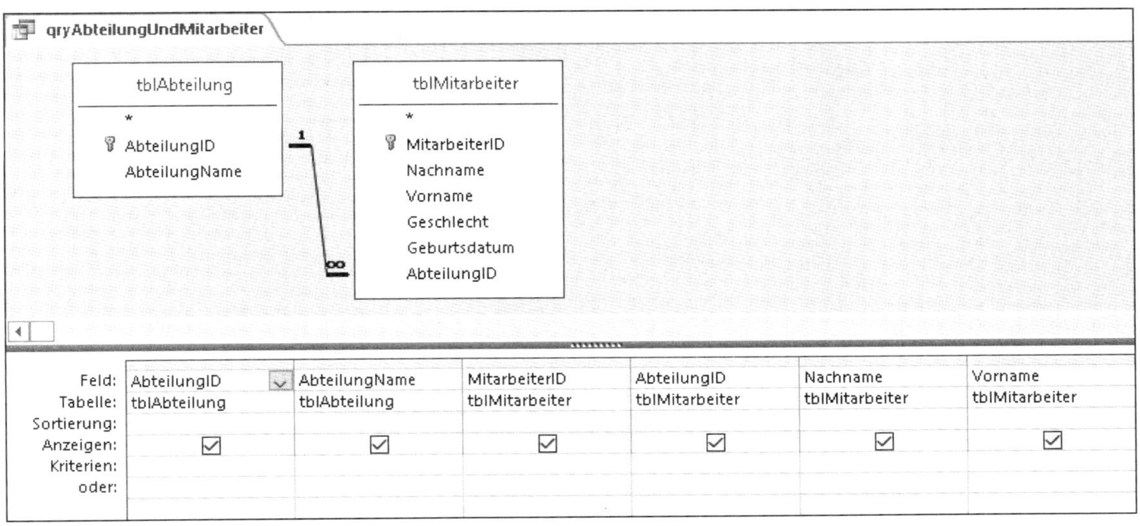

Abbildung 3.49 Eine INNER-JOIN-Verknüpfung wird in der Entwurfsansicht einer Abfrage durch eine Linie zwischen den beiden beteiligten Tabellen dargestellt.

Der Unterschied zwischen Tabellenbeziehung und Verknüpfung

Die Verbindungslinie zwischen den beiden Tabellen stellt die INNER-JOIN-Verknüpfung dar. Wir müssen an dieser Stelle genau zwischen *Tabellenbeziehungen* und *Verknüpfungen* unterscheiden.

- **Tabellenbeziehungen** werden über DATENBANKTOOLS • BEZIEHUNGEN eingerichtet. Mit aktivierter referentieller Integrität prüft Access, ob es für einen Fremdschlüssel auch einen passenden Primärschlüssel in der Haupttabelle gibt. Es handelt sich also um eine *Einschränkung* (englisch *constraint*), und damit gehören Tabellenbeziehungen zum Thema Datenbankdesign (Abschnitt 2.8, »Durch die Normalformen das Datenbankdesign verbessern«).
- **Verknüpfungen** können Bestandteil von Abfragen sein, die auf zwei oder mehreren Datensatzquellen basieren. *Datensatzquellen* können Tabellen oder andere Abfragen sein. Zwischen zwei Datensatzquellen können Sie eine Verknüpfung einrichten. Dieser Vorgang ist völlig losgelöst von den Tabellenbeziehungen. Das heißt, für eine Verknüpfung zwischen zwei Tabellen muss es nicht einmal eine passende Tabellenbeziehung geben!

So funktioniert eine INNER-JOIN-Verknüpfung

Welche Auswirkung hat nun eine Verknüpfung? Sobald Sie eine Verknüpfung definiert haben, sucht Access für jeden Datensatz aus der einen Datensatzquelle den passenden Datensatz aus der anderen Datensatzquelle, wobei die beiden verknüpften Felder den gleichen Inhalt haben müssen.

qryAbteilungUndMitarbeiter

tblAbteilung.AbteilungID	AbteilungName	MitarbeiterID	tblMitarbeiter.AbteilungID	Nachname	Vorname
1	Geschäftsführung	2	1	Hachmann	Eva
2	Verkauf	1	2	Guntermann	Hildegard
2	Verkauf	7	2	Semrau	Gabriele
2	Verkauf	8	2	Wagner	Michael
2	Verkauf	9	2	Wilke	Margot
5	R&D	3	5	Leuschner	Doris
5	R&D	4	5	Rathke	Ramona
6	Produktion	5	6	Schreiber	Alois
6	Produktion	6	6	Schulz	Barbara
6	Produktion	10	6	Zimmermann	Arno
(Neu)		(Neu)			

Abbildung 3.50 Die INNER-JOIN-Verknüpfung führt dazu, dass die Daten aus der Haupttabelle (hier: »tblAbteilung«) mehrfach ausgegeben werden. Zudem gibt es zwei Felder »AbteilungID«, nämlich »tblAbteilung.AbteilungID« und »tblMitarbeiter.AbteilungID«.

In den häufigsten Fällen verwendet man als verknüpfte Felder die IDs (den Primärschlüssel aus der ersten und den Fremdschlüssel aus der zweiten Tabelle). Damit sind wir wieder bei unserem Beispiel, das wir zu Beginn dieses Abschnitts erstellt haben. Dieser Fall entspricht dem Auflösen einer 1:n-Beziehung: Für jeden Datensatz aus der Detailtabelle wird über die passende ID der entsprechende Datensatz aus der Haupttabelle gesucht. Das Ergebnis wird in der Datenblattansicht der Abfrage als gemeinsamer Datensatz und folglich in einer Zeile ausgegeben.

Bei einer 1:n-Beziehung kann es zu jedem Datensatz aus der Haupttabelle mehrere Datensätze in der Detailtabelle geben. Beispielsweise sind in der Abteilung »Verkauf« insgesamt vier Mitarbeiter tätig. Eine Tabellenverknüpfung führt in diesem Fall dazu, dass die Daten zur Abteilung mehrfach angezeigt werden, nämlich für jeden Mitarbeiter einmal.

Standardmäßige Verknüpfung

Unter bestimmten Voraussetzungen erstellt Access automatisch eine Verknüpfung, sobald Sie eine zweite Tabelle zur Abfrage-Entwurfsansicht hinzufügen. Die *standardmäßige Verknüpfung* wird aber nicht etwa aus den Tabellenbeziehungen abgeleitet, sondern nach folgenden Regeln erstellt:

- Das Feld muss Primärschlüssel einer der beiden Tabellen sein.
- Der Name des Feldes muss in beiden Tabellen identisch sein.
- Der Felddatentyp muss in beiden Tabellen identisch sein.

Normalerweise wird eine INNER-JOIN-Verknüpfung erstellt. Falls eine Tabellenbeziehung besteht, übernimmt Access den *Verknüpfungstyp* von dort: Er wird unter Datenbanktools • Beziehungen im Fenster Beziehung bearbeiten festgelegt.

Nicht immer führt die Automatik zum Erstellen von Verknüpfungen zum gewünschten Ergebnis. Überprüfen Sie daher die standardmäßige Verknüpfung immer genau! In den Access-Optionen (Datei • Optionen) können Sie das automatische Erstellen einer Verknüpfung über die Einstellung Objekt-Designer • Abfrageentwurf • AutoVerknüpfung aktivieren auch komplett ausschalten.

Der voll qualifizierte Feldname

Mittlerweile kennen Sie den unteren Bereich der Entwurfsansicht einer Abfrage bereits zur Genüge. Sicherlich ist Ihnen bereits die Zeile Tabelle ❶ aufgefallen (Abbildung 3.51). Diese Zeile wird nur dann wichtig, wenn Ihre Abfrage auf mehr als einer Tabelle basiert. Hier wird für jedes Feld der Tabellenname angezeigt.

Feld:	AbteilungID ❷	AbteilungName	MitarbeiterID	AbteilungID ❸	Nachname	Vorname
❶ Tabelle:	tblAbteilung	tblAbteilung	tblMitarbeiter	tblMitarbeiter	tblMitarbeiter	tblMitarbeiter
Sortierung:						
Anzeigen:	☑	☑	☑	☑	☑	☑
Kriterien:						
oder:						

Abbildung 3.51 In der Entwurfsansicht einer Abfrage finden Sie unterhalb des Feldnamens in der Zeile »Tabelle« ❶ den Namen der Datensatzquelle.

Bekanntlich können Felder in unterschiedlichen Tabellen den gleichen Namen haben. Beispielsweise benenne ich die Fremdschlüssel in den meisten Fällen genauso wie die Primärschlüssel. Aus diesem Grund gibt es in unserer Abfrage zwei Felder mit dem Namen »AbteilungID« ❷, ❸. Über die Zeile Tabelle wird klar, welches der beiden Felder gemeint ist.

Genau genommen ist die Zeile Tabelle nur eine andere Darstellung des *voll qualifizierten Feldnamens*:

```
[<Datensatzquelle>].[<Feld>]
```

Wie bereits in Abschnitt 3.1.2, »Horizontales Filtern – Datensätze auswählen«, erwähnt, müssen Sie diese Schreibweise in Formeln verwenden, wenn der Feldname allein nicht eindeutig ist. Hierzu ein Beispiel:

1. Öffnen Sie die Abfrage *qryAbteilungUndMitarbeiter* in der Entwurfsansicht.
2. Fügen Sie ein neues berechnetes Feld hinzu:
   ```
   AbteilungTaetigkeit: [tblMitarbeiter].[Vorname] & " " & [tblMitarbeiter].
   [Nachname] & " ist in Abteilung " & [tblAbteilung].[AbteilungName] & " tätig."
   ```
3. Fügen Sie ein weiteres berechnetes Feld hinzu:
   ```
   DieWerteVonAbteilungID: "Hier " & [tblAbteilung].[AbteilungID] & ", dort "
   & [tblMitarbeiter].[AbteilungID]
   ```
4. Speichern Sie die Abfrage ab (Strg + S).

Dieses Beispiel finden Sie in den Materialien zum Buch in der Datenbank *03_Abfragen\3.4.2_Voll_qualifizierter_Feldname.accdb*. Für die erste Formel wären die einfachen Feldnamen ohne Angabe der Datensatzquelle ausreichend. Der voll qualifizierte Feldname schadet aber nicht. Im zweiten Fall müssen Sie jedoch die voll qualifizierten Feldnamen unbedingt angeben! Schließlich gibt es in beiden Tabellen ein Feld mit dem Namen »AbteilungID«. In *tblAbteilung* ist das Feld der Primärschlüssel der Tabelle, und in *tblMitarbeiter* ist es der Fremdschlüssel für die 1:n-Beziehung.

Aliasse für Datensatzquellen

Ihnen ist die Tipparbeit bei den voll qualifizierten Feldnamen zu aufwendig? Dann habe ich eine gute Nachricht: Sie können für eine Datensatzquelle auch einen Alias vergeben.

1. Öffnen Sie die Datenbank *03_Abfragen\3.4.2_INNER_JOIN.accdb* aus den Materialien zum Buch.
2. Öffnen Sie die Abfrage *qryAbteilungUndMitarbeiter* in der Entwurfsansicht (Abbildung 3.52).
3. Klicken Sie im oberen Bereich auf die Tabelle *tblAbteilung* ❶.
4. Klicken Sie auf Entwurf • Einblenden/Ausblenden • Eigenschaftenblatt (oder drücken Sie Alt + ↵). Am rechten Rand erscheint das Eigenschaftenblatt ❷, und unter Auswahltyp sollte Feldlisteneigenschaften stehen.

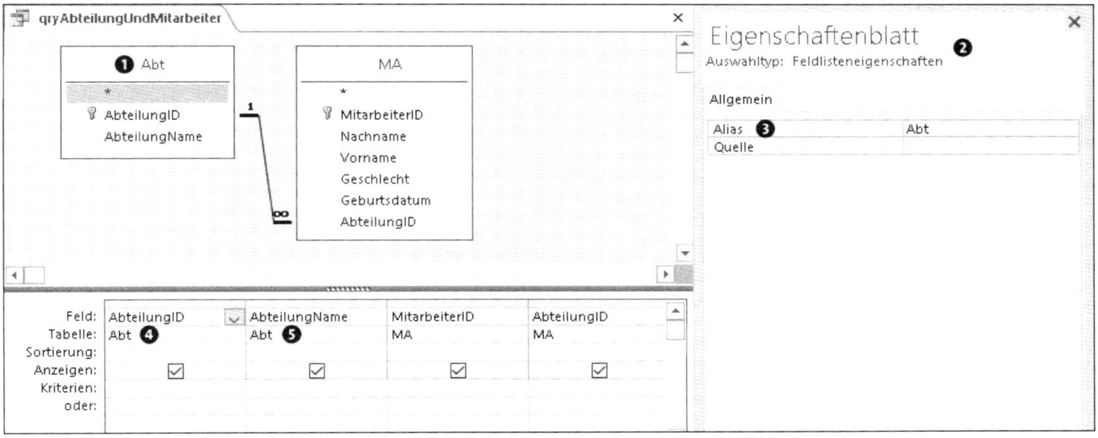

Abbildung 3.52 Wählen Sie die Datensatzquelle ❶ aus, und stellen Sie den Alias über das »Eigenschaftenblatt« ❷ ein.

5. Tragen Sie unter ALIAS ❸ den Alias für die Tabelle *tblAbteilung* ein:

```
Abt
```

   In der Entwurfsansicht ist jetzt an allen Stellen der Alias ❶, ❹, ❺ zu sehen.

6. Klicken Sie im oberen Bereich auf die Tabelle *tblMitarbeiter*.
7. Tragen Sie im EIGENSCHAFTENBLATT unter ALIAS

```
MA
```

   ein.

8. Fügen Sie ein neues berechnetes Feld hinzu:

```
AbteilungTaetigkeit: [MA].[Vorname] & " " & [MA].[Nachname] &
 " ist in Abteilung " & [Abt].[AbteilungName] & " tätig."
```

9. Fügen Sie ein weiteres berechnetes Feld hinzu:

```
DieWerteVonAbteilungID: "Hier " & [Abt].[AbteilungID] & ", dort " & [MA].
[AbteilungID]
```

10. Speichern Sie die Abfrage ab (Strg + S).

Das Ergebnis finden Sie in den Materialien zum Buch in der Datenbank *03_Abfragen\3.4.2_Alias_Namen.accdb*.

3.4.3 Jeder Datensatz mit jedem gepaart: Das kartesische Produkt

Im letzten Abschnitt habe ich erläutert, welche Auswirkungen eine Verknüpfung hat. Was passiert hingegen, wenn Sie mehrere Datensatzquellen, aber keine Verknüpfung einsetzen?

1. Öffnen Sie die Datenbank *03_Abfragen\3_Fluege.accdb* aus den Materialien zum Buch.
2. Erstellen Sie eine neue Abfrage in der Entwurfsansicht.
3. Fügen Sie die Tabellen *tblAbteilung* und *tblMitarbeiter* hinzu. Beide Tabellen werden von Access automatisch per INNER JOIN verknüpft.
4. Klicken Sie auf die Linie der Verknüpfung, und drücken Sie die Taste `Entf`. Die Linie der Verknüpfung verschwindet daraufhin.
5. Ziehen Sie die beiden Felder der Tabelle *tblAbteilung* per Drag & Drop in den unteren Bereich.
6. Ziehen Sie die Felder »MitarbeiterID«, »AbteilungID«, »Nachname« und »Vorname« der Tabelle *tblMitarbeiter* per Drag & Drop in den unteren Bereich.
7. Speichern Sie die Abfrage unter dem Namen *qryAbteilungUndMitarbeiter*.

Sie finden diese Abfrage in den Materialien zum Buch in der Datenbank *03_Abfragen\3.4.3_Kartesisches_Produkt.accdb*.

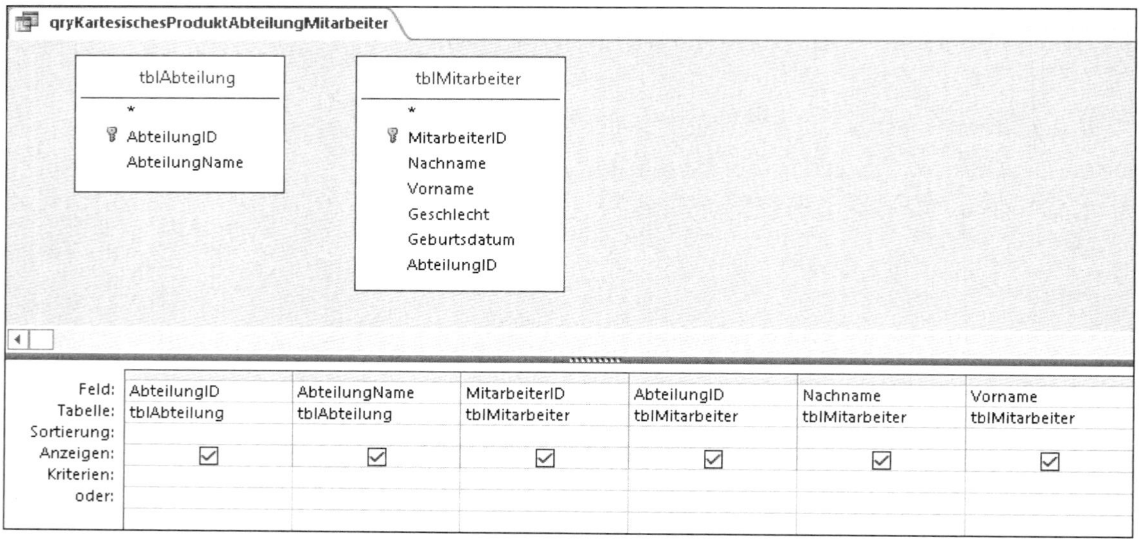

Abbildung 3.53 Ohne die Linie der Tabellenverknüpfung gelangen Sie automatisch zum kartesischen Produkt.

In diesem Fall verknüpft Access die Datensätze immer noch, aber nicht anhand eines Feldinhalts. Stattdessen wird jeder Datensatz aus der einen Datensatzquelle mit jedem Datensatz aus der anderen Datensatzquelle verknüpft.

Diese Verknüpfung von jedem mit jedem bezeichnet man als das *kartesische Produkt*. Das kartesische Produkt kann einen ganz gewaltigen Umfang an Datensätzen annehmen. In der Praxis braucht man es meiner Erfahrung nach so gut wie gar nicht.

qryKartesischesProduktAbteilungMitarbeiter

tblAbteilung.AbteilungID	AbteilungName	MitarbeiterID	tblMitarbeiter.AbteilungID	Nachname	Vorname
1	Geschäftsführung	1	2	Guntermann	Hildegard
2	Verkauf	1	2	Guntermann	Hildegard
3	Einkauf	1	2	Guntermann	Hildegard
4	Marketing	1	2	Guntermann	Hildegard
5	R&D	1	2	Guntermann	Hildegard
6	Produktion	1	2	Guntermann	Hildegard
1	Geschäftsführung	2	1	Hachmann	Eva
2	Verkauf	2	1	Hachmann	Eva
3	Einkauf	2	1	Hachmann	Eva
4	Marketing	2	1	Hachmann	Eva
5	R&D	2	1	Hachmann	Eva
6	Produktion	2	1	Hachmann	Eva
1	Geschäftsführung	3	5	Leuschner	Doris
2	Verkauf	3	5	Leuschner	Doris

Datensatz: 60 von 60 Kein Filter Suchen

Abbildung 3.54 Jeder Datensatz der Tabelle »tblAbteilung« ist mit jedem Datensatz aus »tblMitarbeiter« verknüpft. Sehr schön erkennen Sie das, wenn Sie die Inhalte der beiden Felder »AbteilungID« vergleichen.

3.4.4 Wenn vorhanden, dann nur passende Datensätze zusammen: Abfragen mit OUTER-JOIN-Verknüpfung

Einen Nachteil hat die INNER-JOIN-Verknüpfung: Es werden immer nur Datensätze angezeigt, bei denen **beide** IDs passen. Für das Auflösen einer 1:n-Beziehung hat das zwei Konsequenzen:

1. Datensätze aus der Detailtabelle werden nur angezeigt, wenn es einen passenden Datensatz in der Haupttabelle gibt.
2. Aus der Haupttabelle werden nur diejenigen Datensätze angezeigt, für die es mindestens einen passenden Datensatz in der Detailtabelle gibt.

Konkret heißt das, dass unter Umständen nicht alle Datensätze einer Tabelle angezeigt werden. Beispielsweise erscheinen Abteilungen, in denen keine Mitarbeiter tätig sind, bei einer INNER-JOIN-Verknüpfung überhaupt nicht. In vielen Fällen ist das so gewünscht, beispielsweise für eine Auswertung, bei der Abteilungen ohne Mitarbeiter keine Rolle spielen. Dann sind Sie mit einer INNER-JOIN-Verknüpfung bestens aufgestellt.

Wenn Sie hingegen sichergehen wollen, dass Sie alle Datensätze aus der einen Datensatzquelle auf jeden Fall zu Gesicht bekommen, müssen Sie stattdessen eine *OUTER-JOIN-Verknüpfung* einsetzen.

1. Öffnen Sie die Datenbank *03_Abfragen\3.4.2_INNER_JOIN.accdb* aus den Materialien zum Buch.
2. Öffnen Sie die Abfrage *qryAbteilungUndMitarbeiter* in der Entwurfsansicht.

3. Führen Sie einen Doppelklick auf der Verbindungslinie zwischen den beiden Tabellen aus (oder: Verbindungslinie auswählen, rechte Maustaste, VERKNÜPFUNGSEIGENSCHAFTEN im Kontextmenü auswählen). Es wird der Dialog VERKNÜPFUNGSEIGENSCHAFTEN angezeigt (Abbildung 3.55).

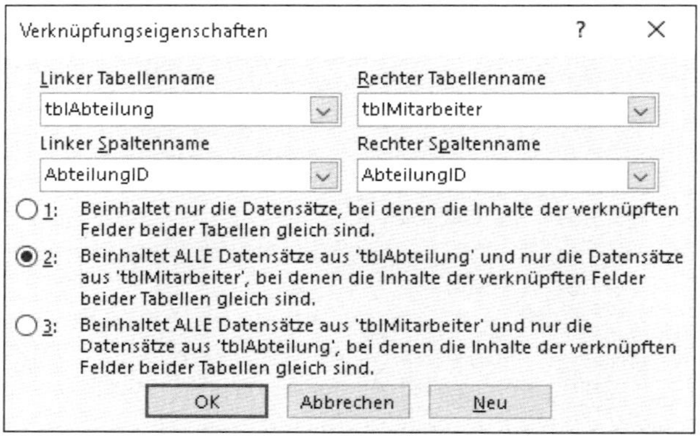

Abbildung 3.55 Im Dialog »Verknüpfungseigenschaften« können Sie festlegen, ob es sich um eine INNER-JOIN-Verknüpfung (Option 1) oder um eine OUTER-JOIN-Verknüpfung (Optionen 2 und 3) handelt.

4. Wählen Sie Option 2 aus (alle Datensätze aus *tblAbteilung*), und klicken Sie auf OK. Die Verknüpfung wird nun mit einem Pfeil dargestellt; daran erkennen Sie die OUTER-JOIN-Verknüpfung.

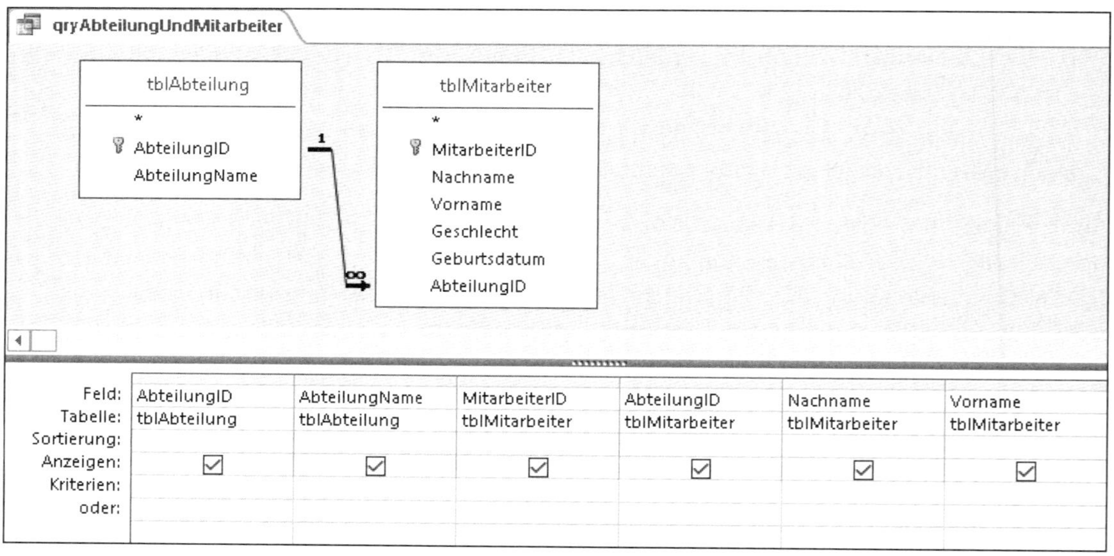

Abbildung 3.56 Der Pfeil zeigt an, dass die Verknüpfung eine OUTER-JOIN-Verknüpfung ist.

5. Speichern Sie die Abfrage ab. In den Materialien zum Buch finden Sie diese Abfrage in der Datenbank *03_Abfragen\3.4.4_OUTER_JOIN.accdb*.

In unserem Beispiel werden über die OUTER-JOIN-Verknüpfung alle Abteilungen in jedem Fall angezeigt. Falls Mitarbeiter in einer Abteilung tätig sind, funktioniert die OUTER-JOIN-Abfrage genauso wie die INNER-JOIN-Abfrage: Die Datensätze werden anhand der IDs verknüpft, und die Daten einer Abteilung werden zusammen mit jedem Mitarbeiter angezeigt. Interessant wird es bei Abteilungen, in denen keine Mitarbeiter tätig sind. Mit einer OUTER-JOIN-Verknüpfung werden die Daten aus der Abteilung angezeigt. Da jedoch kein passender Mitarbeiter vorhanden ist, steht in allen Feldern der Tabelle *tblMitarbeiter* der Wert NULL.

qryAbteilungUndMitarbeiter

tblAbteilung.AbteilungID	AbteilungName	MitarbeiterID	tblMitarbeiter.AbteilungID	Nachname	Vorname
1	Geschäftsführung	2	1	Hachmann	Eva
2	Verkauf	1	2	Guntermann	Hildegard
2	Verkauf	7	2	Semrau	Gabriele
2	Verkauf	8	2	Wagner	Michael
2	Verkauf	9	2	Wilke	Margot
3	Einkauf				
4	Marketing				
5	R&D	3	5	Leuschner	Doris
5	R&D	4	5	Rathke	Ramona
6	Produktion	5	6	Schreiber	Alois
6	Produktion	6	6	Schulz	Barbara
6	Produktion	10	6	Zimmermann	Arno
(Neu)		(Neu)			

Abbildung 3.57 Durch die OUTER-JOIN-Verknüpfung werden alle Datensätze von »tblAbteilung« angezeigt, auch die beiden Abteilungen »Einkauf« und »Marketing«, obwohl dort keine Mitarbeiter arbeiten.

Im Dialog VERKNÜPFUNGSEIGENSCHAFTEN in Abbildung 3.55 sehen Sie, dass es zwei OUTER-JOIN-Verknüpfungen gibt. Der einzige Unterschied ist die Reihenfolge der Tabellen. Hier noch einmal zur Übersicht aller Verknüpfungen, die Access unterstützt:

1. Option: *INNER-JOIN-Verknüpfung*
   Die verknüpften Felder beider Datensatzquellen müssen identisch sein.
2. Option: *LEFT-OUTER-JOIN-Verknüpfung*
   Es werden alle Datensätze der ersten Datensatzquelle angezeigt (linke Tabelle). Aus der zweiten Datensatzquelle (rechte Tabelle) werden Datensätze angezeigt, bei denen die verknüpften Feldinhalte identisch sind.
3. Option: *RIGHT-OUTER-JOIN-Verknüpfung*
   Es werden alle Datensätze der zweiten Datensatzquelle angezeigt (rechte Tabelle). Aus der ersten Datensatzquelle (linke Tabelle) werden Datensätze angezeigt, bei denen die verknüpften Feldinhalte identisch sind.

Die FULL-OUTER-JOIN-Verknüpfung

Es gibt eigentlich noch eine weitere OUTER-JOIN-Verknüpfung, die *FULL-OUTER-JOIN-Verknüpfung*. Das ist eine Mischung aus LEFT OUTER JOIN und RIGHT OUTER JOIN. Es werden alle Datensätze aus der ersten und alle Datensätze aus der zweiten Tabelle auf jeden Fall angezeigt. Sofern das möglich ist, werden die Datensätze anhand der verknüpften Felder angeordnet. Access unterstützt den FULL OUTER JOIN leider *nicht*!

Sie können einen FULL OUTER JOIN aber über eine Kombination von LEFT OUTER JOIN und RIGHT OUTER JOIN in einer *UNION-Abfrage* nachbilden. Dazu müssen Sie die Abfrage mit Hilfe der Programmiersprache SQL erstellen:

```
   SELECT
      tblAbteilung.AbteilungID,
      tblAbteilung.AbteilungName,
      tblMitarbeiter.MitarbeiterID,
      tblMitarbeiter.AbteilungID,
      tblMitarbeiter.Nachname,
      tblMitarbeiter.Vorname
   FROM tblAbteilung
   LEFT JOIN tblMitarbeiter
   ON tblAbteilung.AbteilungID = tblMitarbeiter.AbteilungID
UNION
   SELECT
      tblAbteilung.AbteilungID,
      tblAbteilung.AbteilungName,
      tblMitarbeiter.MitarbeiterID,
      tblMitarbeiter.AbteilungID,
      tblMitarbeiter.Nachname,
      tblMitarbeiter.Vorname
   FROM tblAbteilung
   RIGHT JOIN tblMitarbeiter
   ON tblAbteilung.AbteilungID = tblMitarbeiter.AbteilungID
```

Ich möchte an dieser Stelle gerne auf Erklärungen verzichten, denn mit der Programmiersprache SQL beschäftigt sich das gesamte Kapitel 5, »SQL – die Programmiersprache für Datenbanken«.

Schauen Sie sich das Ergebnis einfach einmal in Abbildung 3.58 oder in den Materialien zum Buch in der Datenbank *03_Abfragen\3.4.4_FULL_OUTER_JOIN.accdb* an.

qryAbteilungUndMitarbeiter

tblAbteilung.AbteilungID	AbteilungN:	MitarbeiterID	tblMitarbeiter.AbteilungID	Nachname	Vorname
		11		Drückeberger	Detlev
1	Geschäftsführı	2	1	Hachmann	Eva
2	Verkauf	1	2	Guntermann	Hildegard
2	Verkauf	7	2	Semrau	Gabriele
2	Verkauf	8	2	Wagner	Michael
2	Verkauf	9	2	Wilke	Margot
3	Einkauf				
4	Marketing				
5	R&D	3	5	Leuschner	Doris
5	R&D	4	5	Rathke	Ramona
6	Produktion	5	6	Schreiber	Alois
6	Produktion	6	6	Schulz	Barbara
6	Produktion	10	6	Zimmermann	Arno

Abbildung 3.58 Mit der FULL-OUTER-JOIN-Verknüpfung erscheint auch der Mitarbeiter »Detlev Drückeberger«, der in keiner Abteilung tätig ist.

3.4.5 Abfragen mit mehr als zwei Tabellen

Nichts spricht dagegen, dass Sie innerhalb einer Abfrage auch mehr als zwei Tabellen miteinander verknüpfen. Beim Auflösen von 1:n-Beziehungen empfehle ich Ihnen, die Tabellen analog der Tabellenbeziehungen miteinander zu verknüpfen.

Als kleine Besonderheit müssen Sie beachten, dass sich OUTER-JOIN-Verknüpfungen nicht immer mit INNER-JOIN-Verknüpfungen kombinieren lassen. Genau genommen betrifft es den Teil der Tabellen, in denen durch die OUTER-JOIN-Verknüpfung NULL-Werte auftreten können. Schauen Sie sich bitte einmal die Abfrage *qryAlleMitarbeiterUndFlugbuchung* an (Abbildung 3.59), die Sie in den Materialien zum Buch in der Datenbank *03_Abfragen\3.4.5_Verknuepfungen_mit_mehreren_Tabellen.accdb* finden.

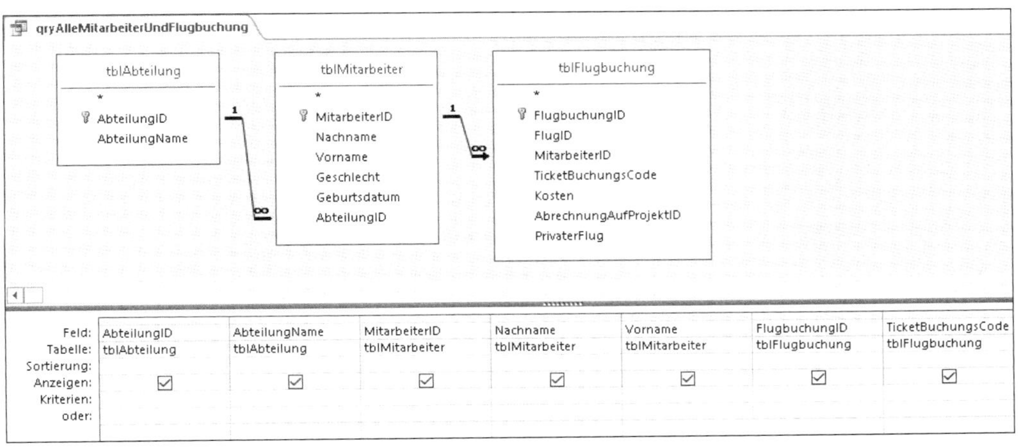

Abbildung 3.59 Eine zulässige Kombination aus INNER-JOIN-Verknüpfung und OUTER-JOIN-Verknüpfung in einer Abfrage

qryAlleMitarbeiterUndFlugbuchung

AbteilungID	AbteilungName	MitarbeiterID	Nachname	Vorname	FlugbuchungID	TicketBuchungsCode
2	Verkauf	1	Guntermann	Hildegard	1	0432-4318-50-79
1	Geschäftsführung	2	Hachmann	Eva	2	39UHJQUL
5	R&D	3	Leuschner	Doris	3	LT4THNZR
5	R&D	4	Rathke	Ramona	4	5882844886
5	R&D	4	Rathke	Ramona	5	AZFIWTSZ
6	Produktion	5	Schreiber	Alois	6	3YUICRZB
6	Produktion	6	Schulz	Barbara	7	8860281386
6	Produktion	6	Schulz	Barbara	8	0104-lyn
2	Verkauf	7	Semrau	Gabriele	9	8213-gfn
2	Verkauf	8	Wagner	Michael	10	CPNSEBJO
2	Verkauf	8	Wagner	Michael	11	UTBWFQJW
2	Verkauf	9	Wilke	Margot	12	CZMPIYJ4
6	Produktion	10	Zimmermann	Arno	13	9648933230
6	Produktion	11	Nichtflieger	Norbert		
4	Marketing	12	Heimbleiber	Heidi		
(Neu)		(Neu)			(Neu)	

Abbildung 3.60 Durch die erste INNER-JOIN-Verknüpfung werden Abteilungen ohne Mitarbeiter (»Einkauf«) nicht angezeigt. Die zweite OUTER-JOIN-Verknüpfung bewirkt, dass auch beide Mitarbeiter ohne Flugbuchungen (»Norbert Nichtflieger« und »Heidi Heimbleiber«) erscheinen.

Hier gibt es kein Problem mit der Kombination aus INNER-JOIN- und OUTER-JOIN-Verknüpfung. Ganz anders sieht es aus, wenn die Abfrage alle Abteilungen und nur diejenigen Mitarbeiter ausgeben soll, für die auch Flugbuchungen bestehen. Intuitiv würden Sie vielleicht ein Konstrukt wie in Abbildung 3.61 kreieren.

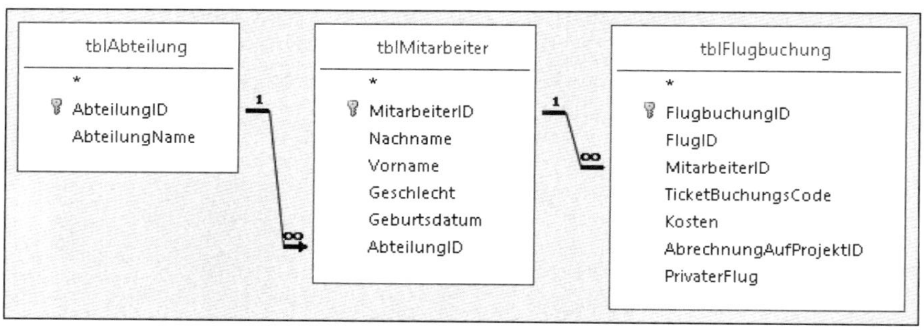

Abbildung 3.61 Diese Kombination von OUTER-JOIN-Verknüpfung mit INNER-JOIN-Verknüpfung funktioniert leider nicht und führt zu einer Fehlermeldung.

Das ist leider nicht zulässig! Denn in diesem Fall befindet sich die INNER-JOIN-Verknüpfung in einem Bereich, in dem durch die OUTER-JOIN-Verknüpfung auch NULL-Werte auftreten können. Stattdessen müssen Sie zwei OUTER-JOIN-Verknüpfungen erstellen, wie Sie das in der Abfrage *qryAlleAbteilungenMitMitarbeiterUndFlugbuchungen* (Abbildung 3.62) sehen. Die Pfeile der Verknüpfung müssen in dieselbe Richtung zeigen!

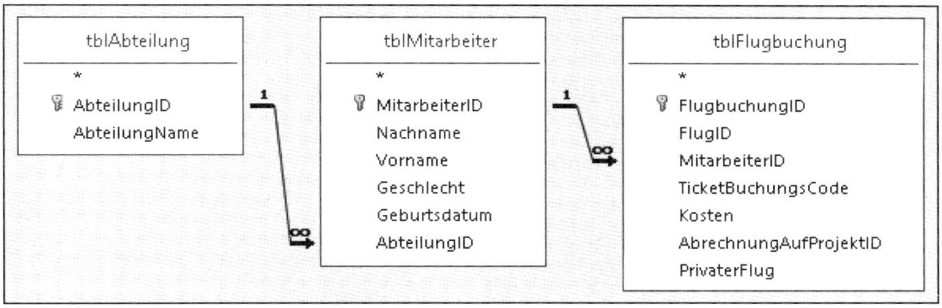

Abbildung 3.62 Bei mehreren OUTER-JOIN-Verknüpfungen müssen die Pfeile in die gleiche Richtung zeigen.

Angezeigt werden jetzt die folgenden Datensätze:

- alle Abteilungen
- nur die Mitarbeiter, die in den Abteilungen tätig sind
- Flugbuchungen, falls für diese Mitarbeiter welche existieren

Wir müssen uns bewusst sein, dass es im Unterschied dazu noch eine andere Variante gibt:

- alle Abteilungen
- nur diejenigen Mitarbeiter, die in den Abteilungen tätig sind und für die es gleichzeitig Flugbuchungen gibt

qryAlleAbteilungenMitMitarbeiterUndFlugbuchungen

AbteilungID	AbteilungName	MitarbeiterID	Nachname	Vorname	FlugbuchungID	TicketBuchungsCode
1	Geschäftsführung	2	Hachmann	Eva	2	39UHJQUL
2	Verkauf	1	Guntermann	Hildegard	1	0432-4318-50-79
2	Verkauf	7	Semrau	Gabriele	9	8213-gfn
2	Verkauf	8	Wagner	Michael	10	CPNSEBJO
2	Verkauf	8	Wagner	Michael	11	UTBWFQJW
2	Verkauf	9	Wilke	Margot	12	CZMPIYJ4
3	Einkauf					
4	Marketing	12	Heimbleiber	Heidi		
5	R&D	3	Leuschner	Doris	3	LT4THNZR
5	R&D	4	Rathke	Ramona	4	5882844886
5	R&D	4	Rathke	Ramona	5	AZFIWTSZ
6	Produktion	5	Schreiber	Alois	6	3YUICRZB
6	Produktion	6	Schulz	Barbara	7	8860281386
6	Produktion	6	Schulz	Barbara	8	0104-lyn
6	Produktion	10	Zimmermann	Arno	13	9648933230
6	Produktion	11	Nichtflieger	Norbert		
(Neu)		(Neu)			(Neu)	

Abbildung 3.63 Durch die erste OUTER-JOIN-Verknüpfung werden alle Abteilungen angezeigt, auch die Abteilung »Einkauf«, in der keine Mitarbeiter tätig sind. Durch die zweite OUTER-JOIN-Verknüpfung werden alle Mitarbeiter angezeigt. Darunter sind auch unsere beiden Reisemuffel »Heidi Heimbleiber« und »Norbert Nichtflieger«, für die keine Flugbuchungen bestehen.

Diese zweite Variante entspricht eher dem, was in Abbildung 3.61 dargestellt war. Wollten Sie diese zweite Variante umsetzen? Wenn ja, dann geht dies nur über zwei getrennte Abfragen, die Sie ebenfalls in den Materialien zum Buch finden, zuerst die INNER-JOIN-Verknüpfung in der Abfrage *qryMitarbeiterMitFlugbuchungen*, danach die OUTER-JOIN-Verknüpfung in der Abfrage *qryAlleAbteilungenMitMitarbeiternMitFlugbuchungen*.

qryAlleAbteilungenMitMitarbeiternMitFlugbuchungen

AbteilungID	AbteilungName	MitarbeiterID	Nachname	Vorname	FlugbuchungID	TicketBuchungsCode
1	Geschäftsführung	2	Hachmann	Eva	2	39UHJQUL
2	Verkauf	9	Wilke	Margot	12	CZMPIYJ4
2	Verkauf	8	Wagner	Michael	11	UTBWFQJW
2	Verkauf	8	Wagner	Michael	10	CPNSEBJO
2	Verkauf	7	Semrau	Gabriele	9	8213-gfn
2	Verkauf	1	Guntermann	Hildegard	1	0432-4318-50-79
3	Einkauf					
4	Marketing					
5	R&D	4	Rathke	Ramona	5	AZFIWTSZ
5	R&D	4	Rathke	Ramona	4	5882844886
5	R&D	3	Leuschner	Doris	3	LT4THNZR
6	Produktion	10	Zimmermann	Arno	13	9648933230
6	Produktion	6	Schulz	Barbara	8	0104-lyn
6	Produktion	6	Schulz	Barbara	7	8860281386
6	Produktion	5	Schreiber	Alois	6	3YUICRZB
* (Neu)		(Neu)			(Neu)	

Abbildung 3.64 Durch die OUTER-JOIN-Verknüpfung werden alle Abteilungen angezeigt, auch die beiden Abteilungen »Einkauf« und »Marketing«, in denen es keine Mitarbeiter mit Flugbuchungen gibt. Durch die INNER-JOIN-Verknüpfung, die ausgelagert wurde, verschwinden unsere beiden Reisemuffel »Heidi Heimbleiber« und »Norbert Nichtflieger«.

Einen anderen Weg gibt es nicht. Insbesondere kommen Sie mit einem Filter, wie er in Abbildung 3.65 dargestellt ist, nicht weiter! Mit dieser Art von Filter würden Sie die Abteilung »Marketing« verlieren, in der einzig unser Reisemuffel »Heidi Heimbleiber« tätig ist. Allgemein gesagt: Sie würden alle Abteilungen verlieren, in denen zwar Mitarbeiter tätig sind, in denen aber keiner der Mitarbeiter eine Flugbuchung getätigt hat.

Abfragen mit mehreren Verknüpfungen und womöglich noch mit Filtern können wirklich kompliziert werden – das erkennen Sie schon an diesem relativ einfachen Beispiel. Daher rate ich Ihnen davon ab, zu viele Aufgaben in eine Abfrage zu packen. Vor allem sollten Sie Verknüpfungen nicht mit Gruppierung und Aggregation zusammen in eine Abfrage stecken.

Meiner Erfahrung nach haben sich einzelne Abfragen getrennt für die jeweiligen Aufgaben in der Praxis besser bewährt. An dieser Stelle möchte ich Ihnen noch einmal Abbildung 3.36 in Erinnerung rufen. Mit getrennten Stufen schaffen Sie Übersichtlichkeit – vor allem aber können Sie sich die Zwischenergebnisse ansehen, die manchmal sehr aufschlussreiche Einblicke gewähren.

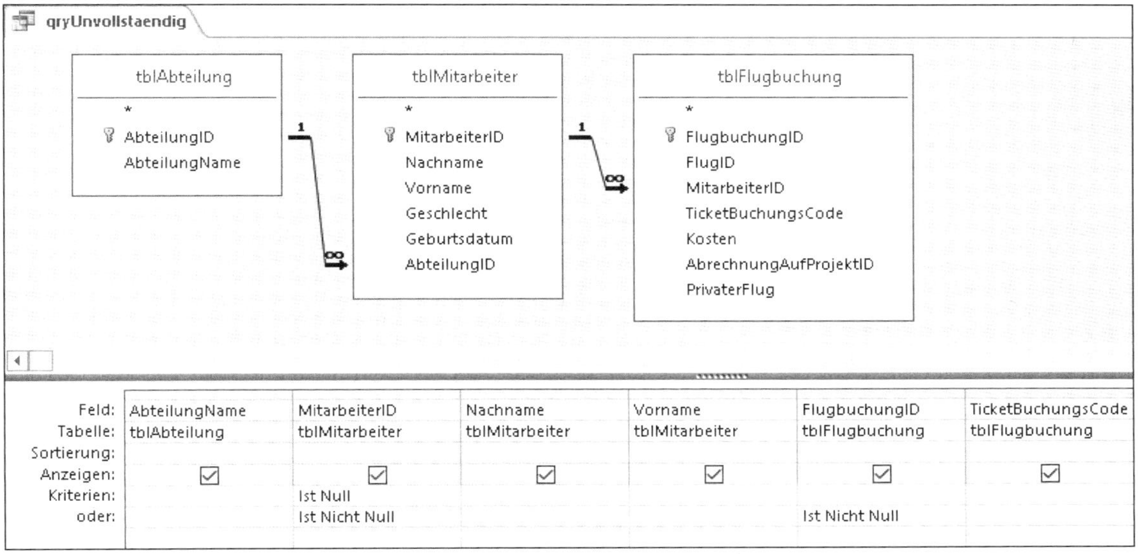

Abbildung 3.65 Beim Filtern von Abfragen mit OUTER-JOIN-Verknüpfung können Sie ungewollt Datensätze verlieren. Beispieldatensätze sind beim Design solcher komplizierten Abfragen eine unerlässliche Hilfe!

3.5 Aktionsabfragen

Access kennt insgesamt vier verschiedene Kategorien von Abfragen (Tabelle 3.10). Alle bisher vorgestellten Abfragen waren Auswahlabfragen zum Filtern, Sortieren, Berechnen und Zusammenfassen von Daten. In erster Linie sind das Operationen zum Lesen von Daten und zum Auswerten.

Kategorie	Abfragetyp	SQL-Befehl	Näheres dazu in ...
Auswahlabfragen	normale Auswahlabfrage	`SELECT ...`	Abschnitt 3.1–Abschnitt 3.4, Abschnitt 5.2–Abschnitt 5.4
	UNION-Abfrage	`SELECT ...` `UNION SELECT ...`	Abschnitt 5.7.1
Aktionsabfragen	Anfügeabfrage	`INSERT INTO ...`	Abschnitt 3.5.1, Abschnitt 5.5.1

Tabelle 3.10 Access kennt unterschiedliche Abfragetypen. Einige davon lassen sich nur mit SQL – der Programmiersprache für Datenbanken – realisieren.

Kategorie	Abfragetyp	SQL-Befehl	Näheres dazu in …
Aktionsabfragen (Forts.)	Tabelle erstellen	`SELECT … INTO …`	Abschnitt 3.5.1, Abschnitt 5.5.2
	Löschabfrage	`DELETE FROM …`	Abschnitt 3.5.2, Abschnitt 5.5.3
	Aktualisierungs-abfrage	`UPDATE … SET …`	Abschnitt 3.5.3, Abschnitt 5.5.4

DDL-Abfragen	Datendefinitions-abfrage	`CREATE …`
		`DROP …`
		`ALTER …`
			Abschnitt 5.6

Pass-through-Abfragen	–	SQL-Dialekt des Datenbank-Servers	Abschnitt 5.7.2

Tabelle 3.10 Access kennt unterschiedliche Abfragetypen. Einige davon lassen sich nur mit SQL – der Programmiersprache für Datenbanken – realisieren. (Forts.)

In diesem Abschnitt stelle ich Ihnen *Aktionsabfragen* vor, mit denen Sie Datensätze verändern können. Einen einzelnen Datensatz wird jeder sicherlich in der Datenblattansicht editieren – für wenige Datensätze geht das am schnellsten. Sollen jedoch mehrere Datensätze gleichzeitig verändert werden, dann kommen die Aktionsabfragen ins Spiel. Datenänderung im großen Stil – das ist das Feld der Aktionsabfragen.

In Datenbanken kein Undo!

An anderer Stelle hatte ich bereits erwähnt, dass es in Datenbanken die Funktion »rückgängig« eigentlich nicht gibt. Die Ursache dafür ist, dass eine Datenbank von mehreren Anwendern gleichzeitig geöffnet sein kann und die anderen Benutzer alle Änderungen sofort sehen. Der zweite Grund sind die großen Datenmengen, die von einer Änderung betroffen sein können. Daher gibt es in Access die Schaltfläche RÜCKGÄNGIG nur bei bestimmten, manuellen Änderungen. Oder einfacher gesagt: In Datenbanken gibt es *kein* Undo!

Insbesondere Aktionsabfragen können eine riesige Menge an Daten auf einen Schlag verändern. Daher steht die Schaltfläche RÜCKGÄNGIG grundsätzlich nicht zur Verfügung, nachdem Sie eine Aktionsabfrage ausgeführt haben. Access weist darauf auch jedes Mal vor dem Ausführen einer Aktionsabfrage hin (Abbildung 3.68).

Daraus ergibt sich eine wichtige Konsequenz: Mit einer Aktionsabfrage kann man richtig viel kaputtmachen. *Daher empfehle ich Ihnen dringend, regelmäßig eine Sicherheitskopie Ihrer Datenbank zu erstellen!*

3.5.1 Anfügeabfragen

Wie der Name schon sagt, können Sie mit einer *Anfügeabfrage* neue Datensätze in einer Tabelle erstellen. Am besten gehen Sie von einer Auswahlabfrage aus und wandeln diese in eine Anfügeabfrage um. Beim Ausführen der Anfügeabfrage wird das Ergebnis dann nicht am Bildschirm angezeigt, sondern in Form von neuen Datensätzen an eine Tabelle angehängt. Dort können Sie das Ergebnis anschließend begutachten. Für diese Aufgabe können Sie in Access zwei Abfragetypen verwenden:

	Anfügeabfrage	Abfragetyp »Tabelle erstellen«
Die Zieltabelle muss bereits bestehen.	•	
Die Zieltabelle wird neu erstellt.		•
Bestehende Datensätze bleiben unverändert.	•	
Neue Datensätze werden angefügt.	•	•

Tabelle 3.11 Die beiden Typen von Anfügeabfragen unterscheiden sich darin, ob die Zieltabelle bereits bestehen muss oder neu erstellt wird.

Datensätze an eine bestehende Tabelle anfügen

Wenn Access-Programmierer von einer *Anfügeabfrage* sprechen, meinen sie damit üblicherweise den ersten Abfragetyp: Die *Zieltabelle* muss bereits bestehen, und neue Datensätze werden dort eingefügt. In den Materialien zum Buch befindet sich in der Datenbank *03_Abfragen\3.3.3_Summe.accdb* die Abfrage *qryFlugbuchungKostenProMitarbeiter*. Mit dieser Abfrage werden die Kosten aller Flugbuchungen pro Mitarbeiter summiert (vergleiche Abschnitt 3.3.3, »Alle Zahlen einer Gruppe summieren«). Die summierten Kosten wollen wir nun in einer neuen Tabelle *tblFlugbuchungKostenProMitarbeiter* speichern. Dazu müssen wir zunächst über ERSTELLEN • TABELLENENTWURF die leere Tabelle mit diesen Feldern erstellen:

1. »FlugbuchungKostenProMitarbeiterID« (AUTOWERT, Feldgröße LONG INTEGER, Primärschlüssel)
2. »MitarbeiterID« (ZAHL, Feldgröße LONG INTEGER, EINGABE ERFORDERLICH: JA)
3. »Buchungskosten« (WÄHRUNG, EINGABE ERFORDERLICH: JA)

Speichern Sie die neue Tabelle unter dem Namen *tblFlugbuchungKostenProMitarbeiter* ab. Anschließend erstellen wir die Anfügeabfrage:

1. Öffnen Sie die Abfrage *qryFlugbuchungKostenProMitarbeiter* in der Entwurfsansicht.
2. Klicken Sie auf ENTWURF • ABFRAGETYP • ANFÜGEN. Daraufhin erscheint der Dialog ANFÜGEN.

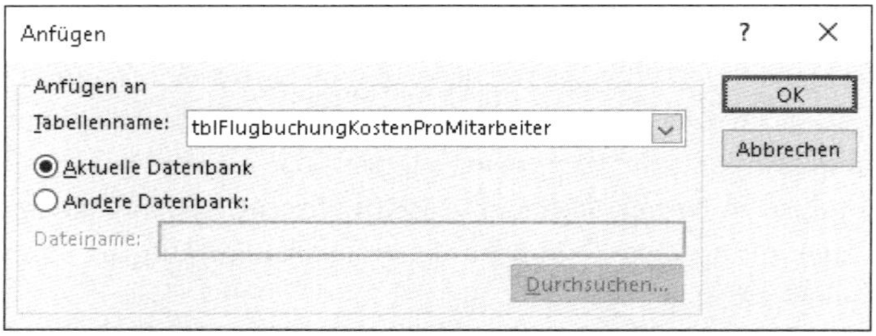

Abbildung 3.66 Im Dialog »Anfügen« legen Sie fest, an welche Tabelle die neuen Datensätze angefügt werden sollen.

3. Wählen Sie unter TABELLENNAME im Dropdown-Menü die gerade neu erstellte Tabelle *tblFlugbuchungKostenProMitarbeiter* aus, und klicken Sie auf OK.

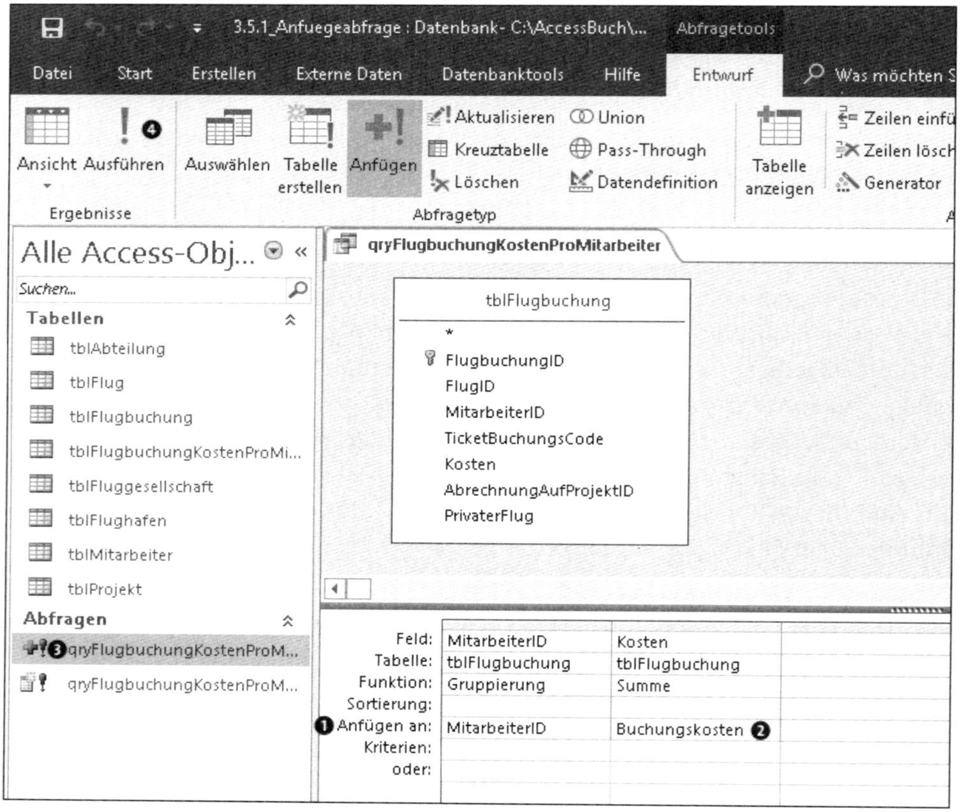

Abbildung 3.67 Bei Anfügeabfragen gibt es im unteren Bereich die zusätzliche Zeile »Anfügen an« ❶, mit der Sie das Zielfeld festlegen können.

4. Im unteren Bereich erscheint jetzt die Zeile ANFÜGEN AN ❶. Dort wählen Sie das Feld der Zieltabelle aus, in das die Daten geschrieben werden sollen (*Zielfeld*).
5. Für das Feld »MitarbeiterID« wurde bereits das gleichnamige Feld der Zieltabelle gewählt.
6. Wählen Sie für das Feld »Kosten« in der Zeile ANFÜGEN AN das Zielfeld »Buchungskosten« aus ❷. Sie sehen: Der Feldname in der Abfrage und der Name des Zielfeldes dürfen sich durchaus unterscheiden!
7. Speichern Sie die geänderte Abfrage ab. Im Navigationsbereich bekommt unsere Abfrage jetzt ein neues Symbol ❸, denn sie ist jetzt keine Auswahlabfrage mehr, sondern eine Anfügeabfrage.

In den Materialien zum Buch finden Sie diese Abfrage in der Datenbank *03_Abfragen\3.5.1_Anfuegeabfrage.accdb*. Die Anfügeabfrage steht nun zur Ausführung bereit. Überzeugen Sie sich noch einmal davon, dass bisher noch keine Datensätze in die Tabelle *tblFlugbuchungKostenProMitarbeiter* eingefügt wurden. Es gibt zwei Möglichkeiten, eine Aktionsabfrage auszuführen:

- Klicken Sie in der Entwurfsansicht der Abfrage auf ENTWURF • ERGEBNISSE • AUSFÜHREN ❹.
- Schließen Sie die Abfrage, und führen Sie die Anfügeabfrage per Doppelklick aus.

Access warnt Sie vor dem Ausführen, dass Tabelleninhalte verändert (in diesem Fall: neue Datensätze erzeugt) werden.

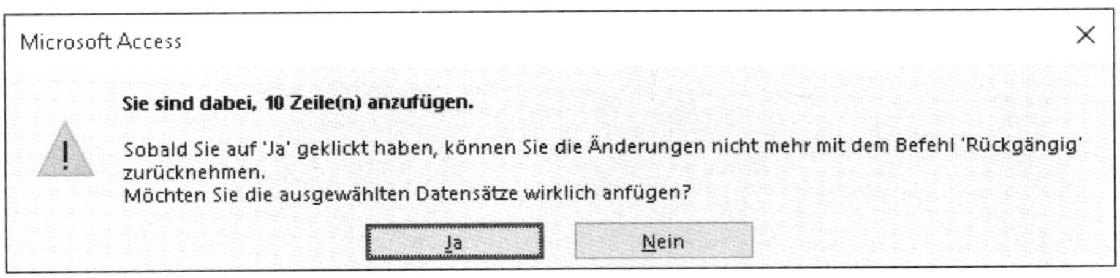

Abbildung 3.68 Vor dem Ausführen der Anfügeabfrage warnt Sie Access, dass neue Datensätze an die Zieltabelle angefügt werden.

Anfügeabfragen mehrfach ausführen

Mit jedem Ausführen der Anfügeabfrage erzeugen Sie neue Datensätze. Die bereits erzeugten Datensätze in der Tabelle *tblFlugbuchungKostenProMitarbeiter* werden nicht entfernt! Probieren Sie das einmal aus, indem Sie die Anfügeabfrage *qryFlugbuchungKostenProMitarbeiter* mehrmals ausführen. Sie werden feststellen, dass mit jedem Ausführen neue Datensätze an die Tabelle *tblFlugbuchungKostenProMitarbeiter* angefügt werden.

Aktionsabfragen ohne Warnmeldung ausführen

Mit den standardmäßigen Einstellungen warnt Access Sie, wenn Sie eine Aktionsabfrage ausführen. Und das ist auch gut so, denn schließlich können Aktionsabfragen auch eine ganze Menge Unheil anrichten.

Wenn Sie es unbedingt möchten, können Sie die Warnmeldungen auch ausschalten. Dies legen Sie in den Access-Optionen (DATEI • OPTIONEN) unter CLIENTEINSTELLUNGEN • BEARBEITEN • BESTÄTIGEN • AKTIONSABFRAGEN fest. Wenn Sie hier das Häkchen entfernen, führt Access alle Aktionsabfragen ohne Rückmeldung aus!

Bitte beachten Sie außerdem, dass diese Einstellung eine Client-Einstellung ist. Das heißt, sie gilt für alle Datenbankdateien!

Datensätze in einer neuen Tabelle abspeichern

Wie bereits erwähnt, gibt es den zweiten Typ von Anfügeabfrage, der eigentlich keinen richtigen Namen hat und unter Access mit TABELLE ERSTELLEN beschriftet ist. So erstellen Sie eine Abfrage dieses Typs:

1. Erstellen Sie eine Kopie der Abfrage *qryFlugbuchungKostenProMitarbeiter* (bestehende Abfrage im Navigationsbereich auswählen, [Strg] + [C] gefolgt von [Strg] + [V]).
2. Benennen Sie die Kopie in *qryFlugbuchungKostenProMitarbeiter2* um.
3. Öffnen Sie die Abfrage *qryFlugbuchungKostenProMitarbeiter2* in der Entwurfsansicht.
4. Klicken Sie auf ENTWURF • ABFRAGETYP • TABELLE ERSTELLEN. Daraufhin erscheint der Dialog NEUE TABELLE ERSTELLEN.
5. Ändern Sie den Tabellennamen ab, und tragen Sie

   `tblFlugbuchungKostenProMitarbeiter2`

   ein. Klicken Sie auf OK.
6. Speichern Sie die geänderte Abfrage ab.

Beim Ausführen wird die Tabelle *tblFlugbuchungKostenProMitarbeiter2* neu erstellt. Die Namen der einzelnen Felder und Felddatentypen leitet Access aus der Abfrage bzw. aus der Datensatzquelle ab. Wenn die neu zu erstellende Tabelle bereits existiert, zeigt Access eine Warnmeldung beim Ausführen der Anfügeabfrage an (Abbildung 3.69). Insofern Sie mit JA geantwortet haben, löscht Access anschließend die alte Tabelle samt Inhalt, um sie neu zu erstellen und zu befüllen.

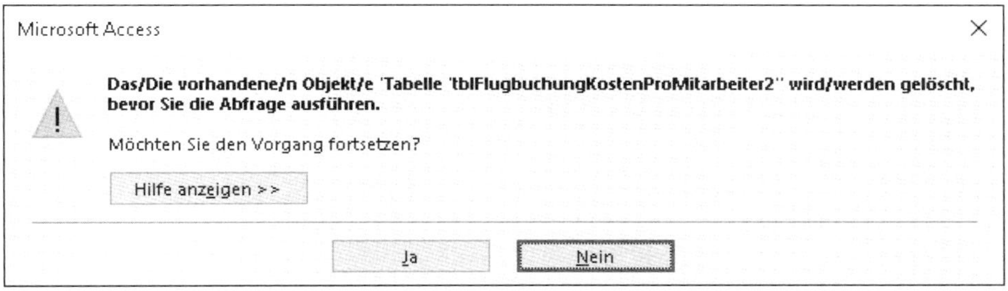

Abbildung 3.69 Anfügeabfragen vom Typ »Tabelle erstellen« löschen die alte Zieltabelle samt Inhalt.

3.5.2 Löschabfragen

Mit *Löschabfragen* können Sie Datensätze löschen. Zunächst erstellen wir eine Löschabfrage ohne Filter, um eine Tabelle vollständig zu leeren.

Alle Datensätze in einer Tabelle leeren

1. Öffnen Sie die Datenbank *03_Abfragen\3.3_Fluege_1000rst.accdb* aus den Materialien zum Buch.
2. Erstellen Sie eine neue Abfrage in der Entwurfsansicht.
3. Fügen Sie die Tabelle *tblFlugbuchung* hinzu.
4. Klicken Sie auf ENTWURF • ABFRAGETYP • LÖSCHEN.
5. Speichern Sie die Abfrage unter dem Namen *qryFlugbuchungAlleLoeschen*.

Sie finden diese Abfrage in den Materialien zum Buch in der Datenbank *03_Abfragen\3.5.2_Loeschabfrage.accdb*. Ihnen ist vielleicht aufgefallen, dass wir kein Feld in den unteren Bereich der Abfrage gezogen haben. Das ist völlig in Ordnung, denn eine Löschabfrage gibt keine Daten aus. Aber Vorsicht beim Ausführen der Abfrage: Es werden *alle* Datensätze in der Tabelle *tblFlugbuchung* gelöscht!

Löschabfragen mit Filter

In vielen Fällen ist das vollständige Leeren einer Tabelle zu radikal. Mit Hilfe eines Filters können Sie Datensätze gezielter löschen. Als Nächstes erstellen wir eine Löschabfrage mit Filter, die alle Mitarbeiter, deren Nachname mit dem Buchstaben M beginnt, entfernt:

1. Öffnen Sie die Datenbank *03_Abfragen\3.3_Fluege_1000rst.accdb* aus den Materialien zum Buch.
2. Erstellen Sie eine neue Abfrage in der Entwurfsansicht.

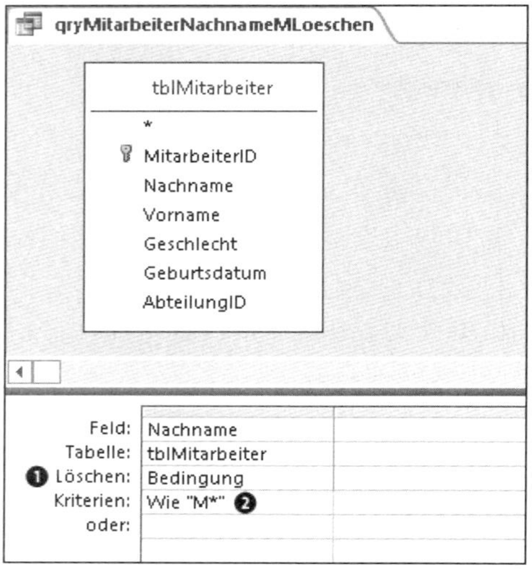

Abbildung 3.70 Im unteren Bereich der Löschabfrage tragen Sie die Filterkriterien ein.

3. Fügen Sie die Tabelle *tblMitarbeiter* hinzu.
4. Klicken Sie auf ENTWURF • ABFRAGETYP • LÖSCHEN.
5. Ziehen Sie das Feld »Nachname« per Drag & Drop in den unteren Bereich. Bei Löschabfragen erscheint im unteren Bereich die Zeile LÖSCHEN ❶. Für das Feld »Nachname« ist dort bereits der Eintrag BEDINGUNG gewählt.
6. Tragen Sie für das Feld in der Zeile KRITERIEN ❷ die Bedingung

   ```
   Wie "M*"
   ```

   ein. Mit diesem Filter beschränkt sich die Löschabfrage auf Datensätze, in denen der Nachname mit dem Buchstaben M beginnt. Die Filterkriterien kennen Sie bereits von den Auswahlabfragen (Abschnitt 3.1, »Einfache Abfragen«).
7. Speichern Sie die Abfrage unter dem Namen *qryMitarbeiterNachnameMLoeschen*.

Wenn Sie diese Löschabfrage ausführen, werden in der Beispieldatenbank insgesamt 94 Personen gelöscht, deren Nachname mit dem Buchstaben M beginnt. Ganz problemlos klappt das nur, wenn Sie vorher alle Flugbuchungen gelöscht haben. Falls für einige unserer Personen noch Flugbuchungen bestehen, zeigt Access eine Fehlermeldung an (Abbildung 3.71) und löscht diese Personen nicht. Solche Schlüsselverletzungen können auftreten, wenn referentielle Integrität für eine 1:n-Beziehung erzwungen ist und es in der Detailtabelle noch abhängige Datensätze gibt. Welche das sind, können Sie über eine Auswahlabfrage mit INNER-JOIN-Verknüpfung ermitteln (mehr dazu in Abschnitt 3.4.2, »Passende Datensätze zusammenbringen: Abfragen mit INNER-JOIN-Verknüpfung«).

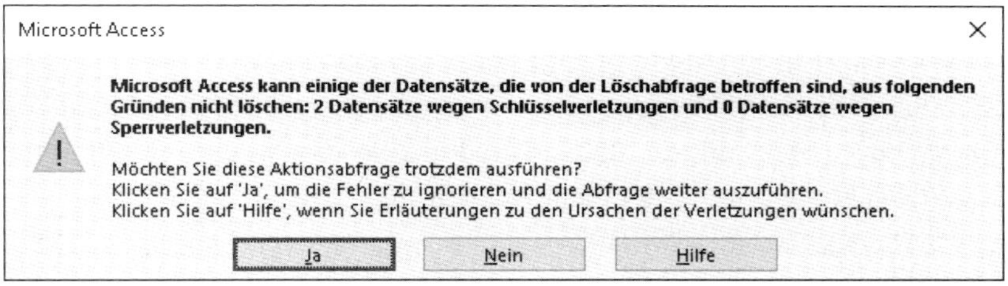

Abbildung 3.71 Einige Datensätze können mit der Löschabfrage nicht entfernt werden, da in der Tabelle »tblFlugbuchung« abhängige Datensätze vorhanden sind.

Löschabfragen mit mehr als einer Tabelle

Damit ist schon fast alles zum Thema Löschabfragen gesagt. Zum Schluss möchte ich Ihnen noch den Fall vorstellen, dass sich der Filter auf zwei verknüpfte Tabellen bezieht. Beispielsweise sollen alle Mitarbeiter gelöscht werden, die in der Abteilung »Produktion« tätig sind und deren Nachname mit dem Buchstaben K beginnt. Dazu erstellen wir zunächst eine Abfrage mit einer INNER-JOIN-Verknüpfung:

1. Öffnen Sie die Datenbank *03_Abfragen\3.3_Fluege_1000rst.accdb* aus den Materialien zum Buch.
2. Erstellen Sie eine neue Abfrage in der Entwurfsansicht.
3. Fügen Sie die Tabellen *tblMitarbeiter* und *tblAbteilung* hinzu. Beide Tabellen werden von Access automatisch per INNER JOIN verknüpft.
4. Klicken Sie auf ENTWURF • ABFRAGETYP • LÖSCHEN.
5. Ziehen Sie aus der Tabelle *tblAbteilung* das Feld »AbteilungName« per Drag & Drop in den unteren Bereich. Tragen Sie in der Zeile KRITERIEN die Bedingung

   ```
   "Produktion"
   ```

   ein.
6. Ziehen Sie aus der Tabelle *tblMitarbeiter* das Feld »Nachname« per Drag & Drop in den unteren Bereich. Tragen Sie in der Zeile KRITERIEN die Bedingung

   ```
   Wie "K*"
   ```

   ein.

   Wenn Sie diese Löschabfrage jetzt ausführen möchten, weiß Access nicht so recht, aus welcher der beiden Tabellen die Datensätze gelöscht werden sollen.

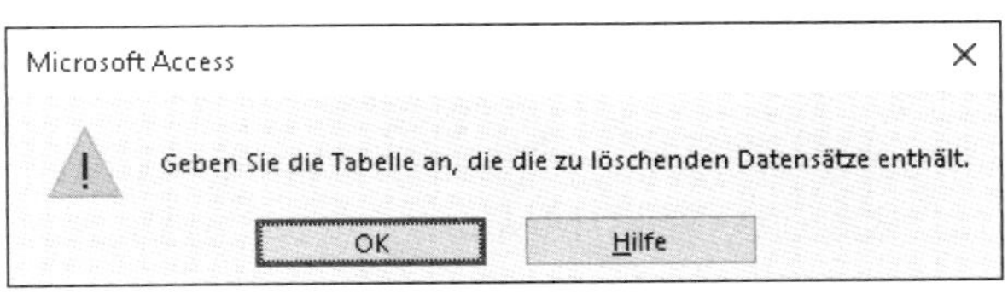

Abbildung 3.72 Bei Löschabfragen, die mehrere Tabellen zum Filtern verwenden, müssen Sie die Zieltabelle – die Tabelle, aus der gelöscht werden soll – explizit festlegen.

Im letzten Schritt müssen Sie daher festlegen, welche der beiden Tabellen die Zieltabelle ist, aus der letztendlich die Datensätze gelöscht werden sollen:

7. Ziehen Sie aus der Tabelle *tblMitarbeiter* (dies ist in unserem Beispiel die Zieltabelle) das Sternchen per Drag & Drop in den unteren Bereich. In der Zeile LÖSCHEN erscheint automatisch der Eintrag VON. Dies kennzeichnet die Zieltabelle.
8. Speichern Sie abschließend die Abfrage unter dem Namen *qryMitarbeiterProduktionNachnameKLoeschen*.

Auch diese Abfrage finden Sie in den Materialien zum Buch in der Datenbank *03_Abfragen\3.5.2_Loeschabfrage.accdb*. Wenn Sie die Löschabfrage ausführen, werden insgesamt 24 Mitarbeiter gelöscht, die in der Abteilung »Produktion« tätig sind und deren Nachname mit dem Buchstaben K beginnt. Die Tabelle *tblAbteilung* wird dabei nicht angerührt, das heißt, die Abteilung »Produktion« wird nicht gelöscht.

3.5.3 Aktualisierungsabfragen

Um das Repertoire der Aktionsabfragen zu vervollständigen, gibt es neben Einfüge- und Löschabfragen die Aktualisierungsabfragen. Mit diesen lassen sich bestehende Datensätze ändern.

Alle Datensätze in einer Tabelle ändern

Fangen wir zunächst mit einem einfachen Beispiel an: Für jeden Mitarbeiter ist in der Tabelle *tblMitarbeiter* im Feld »AbteilungID« vermerkt, in welcher Abteilung er tätig ist. In unserer Beispieldatenbank gibt es sechs Abteilungen (Abbildung 3.73). Wenn Sie in die Tabelle *tblMitarbeiter* schauen, werden Sie feststellen, dass unsere Mitarbeiter über alle Abteilungen hinweg verteilt tätig sind.

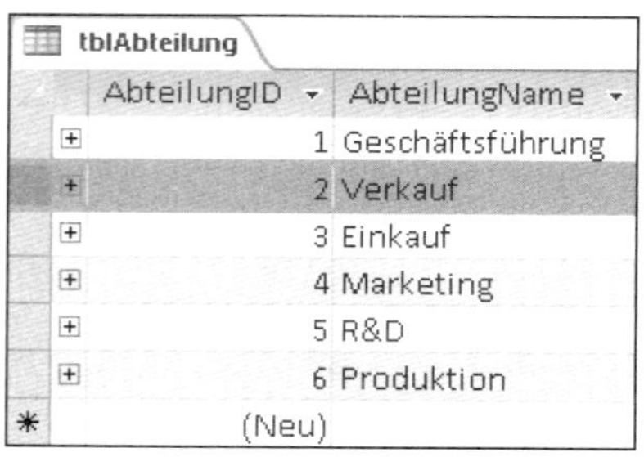

Abbildung 3.73 Alle Abteilungen mit zugehöriger »AbteilungID«

Jetzt gab es eine Umstrukturierung, und irgendein schlauer Berater hat empfohlen, dass alle Mitarbeiter in den Verkauf gehen. Auch wenn diese Entscheidung wirtschaftlich gesehen nicht nachvollziehbar ist, schicken wir alle 1.000 Mitarbeiter in die Abteilung mit der ID 2.

Dazu können Sie entweder jeden der 1.000 Datensätze von Hand ändern oder das Ganze schneller mit einer Aktualisierungsabfrage erledigen:

1. Öffnen Sie die Datenbank *03_Abfragen\3.3_Fluege_1000rst.accdb* aus den Materialien zum Buch.
2. Erstellen Sie eine neue Abfrage in der Entwurfsansicht.
3. Fügen Sie die Tabelle *tblMitarbeiter* hinzu.
4. Klicken Sie auf ENTWURF • ABFRAGETYP • AKTUALISIEREN. Im unteren Bereich erscheint jetzt die Zeile AKTUALISIEREN.
5. Ziehen Sie das Feld »AbteilungID« per Drag & Drop in den unteren Bereich, und tragen Sie in der Zeile AKTUALISIEREN den neuen Wert

   ```
   2
   ```

   ein. »AbteilungID« 2 entspricht der Abteilung »Verkauf« (Abbildung 3.73).
6. Speichern Sie die Abfrage unter dem Namen *qryMitarbeiterAlleInDenVerkauf*.

Sie finden diese Abfrage in den Zusatzmaterialien zum Buch in der Datenbank *03_Abfragen\3.5.3_Aktualisierungsabfrage.accdb*. Wenn Sie auf ENTWURF • ERGEBNISSE • AUSFÜHREN klicken, fragt Access noch einmal nach, ob wirklich alle 1.000 Datensätze verändert werden sollen (Abbildung 3.74). Wenn Sie jetzt mit JA antworten, werden alle Mitarbeiter wirklich in den Verkauf geschickt. Es gibt auch kein Zurück mehr, denn wie bei Datenbanken üblich, gibt es die Funktion »rückgängig machen« nicht! Die alten Inhalte im Feld »AbteilungID« gehen unwiderruflich verloren.

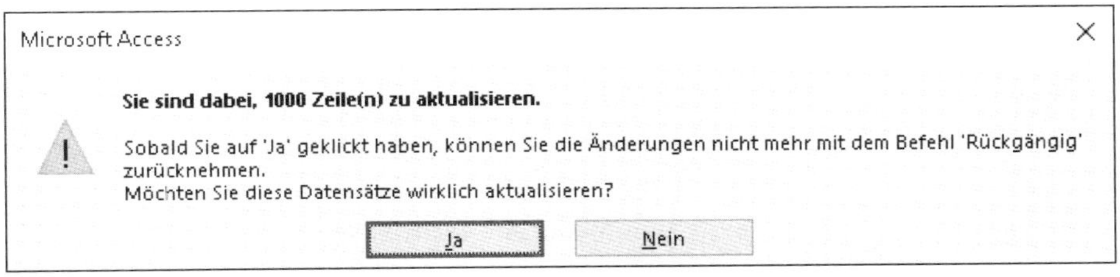

Abbildung 3.74 Vor dem Ausführen einer Aktualisierungabfrage zeigt Access an, wie viele Datensätze von der Änderung betroffen sein werden.

Dies ist die radikale Variante einer Aktualisierungsabfrage, bei der alle Datensätze in einer Tabelle verändert werden.

Aktualisierungsabfrage mit Filter

Sie können Datensätze gezielt verändern, indem Sie einen Filter hinzunehmen. Mit der folgenden Aktualisierungsabfrage werden alle männlichen Mitarbeiter, die derzeit im Marketing tätig sind, in den Verkauf versetzt:

1. Erstellen Sie eine Kopie der Abfrage *qryMitarbeiterAlleInDenVerkauf* (bestehende Abfrage im Navigationsbereich auswählen, `Strg` + `C` gefolgt von `Strg` + `V`).
2. Benennen Sie die Kopie in *qryMitarbeiterMVonMarketingInDenVerkauf* um.
3. Öffnen Sie die Abfrage *qryMitarbeiterMVonMarketingInDenVerkauf* in der Entwurfsansicht.
4. Tragen Sie im unteren Bereich für das Feld »AbteilungID« in der Zeile KRITERIEN den Wert

   ```
   4
   ```

   ein. Dadurch sind von der Aktualisierungsabfrage nur Mitarbeiter betroffen, die vor der Änderung in der Abteilung mit der ID 4 (dem Marketing, vergleiche Abbildung 3.73) tätig sind.
5. Ziehen Sie das Feld »Geschlecht« per Drag & Drop in den unteren Bereich, und tragen Sie in der Zeile KRITERIEN den Ausdruck

   ```
   "M"
   ```

   ein.

   Durch diesen Filter wird sich die Aktualisierungsabfrage auf die männlichen Mitarbeiter beschränken. Bitte tragen Sie für dieses Feld nichts in der Zeile AKTUALISIEREN ein; oder möchten Sie auch eine Geschlechtsumwandlung durchführen?
6. Speichern Sie die Abfrage ab.

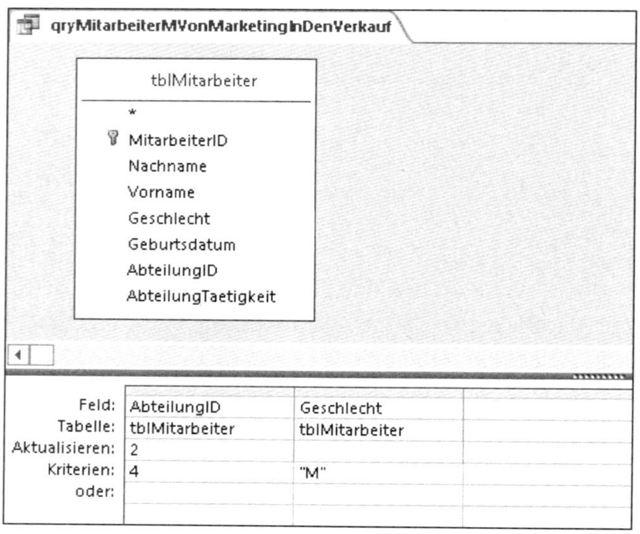

Abbildung 3.75 Die Aktualisierungsabfrage »qryMitarbeiterMVonMarketingInDenVerkauf« in der Entwurfsansicht

Diese Aktualisierungsabfrage finden Sie ebenfalls in den Materialien zum Buch in der Datenbank *03_Abfragen\3.5.3_Aktualisierungsabfrage.accdb*. Dort finden Sie eine weitere Aktualisierungabfrage, die alle weiblichen Mitarbeiter aus dem Marketing in den Verkauf versetzt (*qryMitarbeiterWVonMarketingInDenVerkauf*).

Anonymisieren von Datensätzen

Sicherlich erinnern Sie sich daran, dass Formeln und Funktionen sehr mächtige Werkzeuge für Abfragen sind (Abschnitt 3.2, »Auswerten von Daten eines Datensatzes: Berechnete Felder«). Auch in Aktualisierungsabfragen können Sie Formeln verwenden, nämlich einerseits beim Filtern und andererseits, um den neuen Feldinhalt festzulegen. Als Beispiel zeige ich Ihnen eine Aktualisierungsabfrage, die alle Daten in der Tabelle *tblMitarbeiter* anonymisiert. Um eventuelle Bedenken zum Datenschutz auszuräumen: Alle Daten in den Beispielsdatenbanken sind fiktive, automatisch generierte Testdatensätze, die keinen Bezug zur Realität haben. Beim Umgang mit Datenbanken empfehle ich Ihnen aber dringend, die gesetzlichen und Ihre organisationsinternen Bestimmungen zum Schutz von Daten zu beachten. An dieser Stelle hilft Ihnen eine Aktualisierungsabfrage zum Anonymisieren von Daten weiter.

1. Erstellen Sie eine neue Abfrage in der Entwurfsansicht.
2. Fügen Sie die Tabelle *tblMitarbeiter* hinzu.
3. Klicken Sie auf ENTWURF • ABFRAGETYP • AKTUALISIEREN.
4. Ziehen Sie das Feld »Nachname« per Drag & Drop in den unteren Bereich, und tragen Sie in der Zeile AKTUALISIEREN die Formel
   ```
   "Anonym " & [MitarbeiterID]
   ```
   ein.
5. Ziehen Sie das Feld »Vorname« ebenfalls in den unteren Bereich, und tragen Sie in der Zeile AKTUALISIEREN ebenfalls die Formel
   ```
   "Anonym " & [MitarbeiterID]
   ```
   ein.
6. Wenn gewünscht, können Sie das Geburtsdatum über eine Formel ebenfalls anonymisieren.
7. Speichern Sie die Abfrage unter dem Namen *qryMitarbeiterAnonymisieren*.

Führen Sie diese Aktualisierungabfrage einmal aus, und schauen Sie sich danach die Tabelle *tblMitarbeiter* an. Alle Vor- und Nachnamen und die Geburtsdaten sind anonymisiert worden. Das Geschlecht habe ich nicht verändert; wenn Sie möchten, können Sie auch dafür einen zufälligen Wert vergeben:

```
Wenn(Int(ZZG([MitarbeiterID])*2)=0;"W";"M")
```

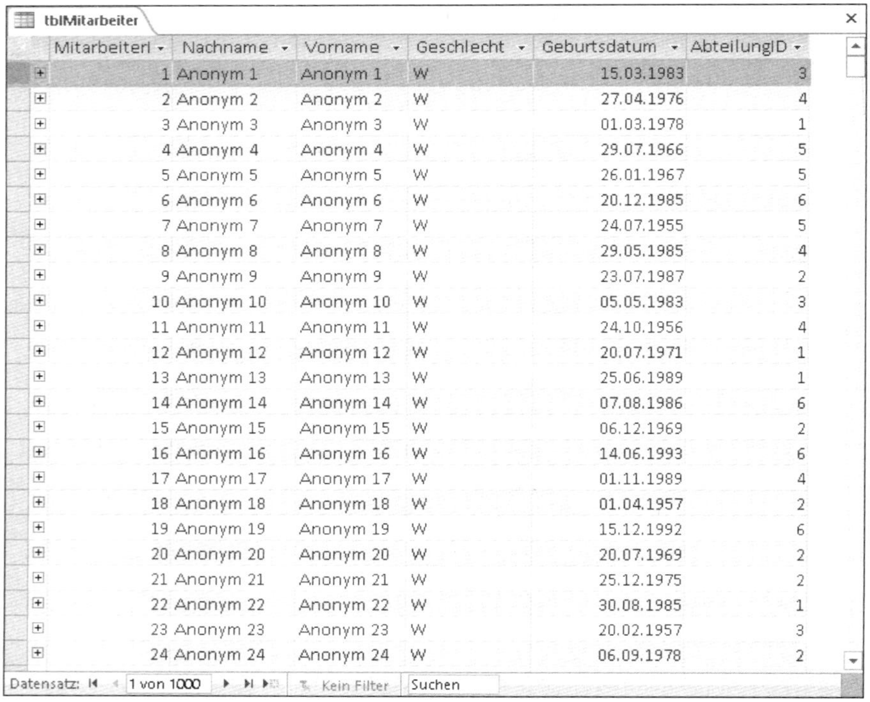

tblMitarbeiter

Mitarbeiterl	Nachname	Vorname	Geschlecht	Geburtsdatum	AbteilungID
1	Anonym 1	Anonym 1	W	15.03.1983	3
2	Anonym 2	Anonym 2	W	27.04.1976	4
3	Anonym 3	Anonym 3	W	01.03.1978	1
4	Anonym 4	Anonym 4	W	29.07.1966	5
5	Anonym 5	Anonym 5	W	26.01.1967	5
6	Anonym 6	Anonym 6	W	20.12.1985	6
7	Anonym 7	Anonym 7	W	24.07.1955	5
8	Anonym 8	Anonym 8	W	29.05.1985	4
9	Anonym 9	Anonym 9	W	23.07.1987	2
10	Anonym 10	Anonym 10	W	05.05.1983	3
11	Anonym 11	Anonym 11	W	24.10.1956	4
12	Anonym 12	Anonym 12	W	20.07.1971	1
13	Anonym 13	Anonym 13	W	25.06.1989	1
14	Anonym 14	Anonym 14	W	07.08.1986	6
15	Anonym 15	Anonym 15	W	06.12.1969	2
16	Anonym 16	Anonym 16	W	14.06.1993	6
17	Anonym 17	Anonym 17	W	01.11.1989	4
18	Anonym 18	Anonym 18	W	01.04.1957	2
19	Anonym 19	Anonym 19	W	15.12.1992	6
20	Anonym 20	Anonym 20	W	20.07.1969	2
21	Anonym 21	Anonym 21	W	25.12.1975	2
22	Anonym 22	Anonym 22	W	30.08.1985	1
23	Anonym 23	Anonym 23	W	20.02.1957	3
24	Anonym 24	Anonym 24	W	06.09.1978	2

Datensatz: 1 von 1000 Kein Filter Suchen

Abbildung 3.76 Nach dem Ausführen der Aktualisierungsabfrage wurden die Datensätze in der Tabelle »tblMitarbeiter« anonymisiert.

Aktualisierungsabfragen mit mehr als einer Tabelle

Bisher haben wir mit einer Aktualisierungsabfrage immer nur eine Tabelle verändert. Wie sieht es mit Aktualisierungsabfragen aus, die zwei oder mehr Tabellen verwenden? Auch das ist möglich, und im Prinzip gehen Sie dabei so vor, wie Sie das von einer Auswahlabfrage mit mehreren Tabellen her schon kennen (Abschnitt 3.4, »Abfragen von Daten aus mehreren Tabellen«). Eine Aktualisierungsabfrage über mehrere Tabellen können Sie für diese Aufgaben einsetzen:

1. Daten in mehreren Tabellen gleichzeitig verändern
2. Daten aus einer Tabelle in eine andere übertragen

Die letztgenannte Aufgabe ist meiner Meinung nach in der Praxis die wichtigere. Deshalb zeige ich Ihnen hierzu ein Beispiel. Zunächst erstellen wir ein neues Textfeld in der Tabelle *tblMitarbeiter*:

1. Öffnen Sie die Tabelle *tblMitarbeiter* in der Entwurfsansicht.
2. Fügen Sie das neue Feld »AbteilungTaetigkeit« hinzu (Felddatentyp KURZER TEXT, Feldgröße 255, Eingabe nicht erforderlich).
3. Speichern Sie die Tabelle ab.

In das neue Feld »AbteilungTaetigkeit« möchten wir gerne eine Information zur Tätigkeit des Mitarbeiters in der Form

»Helene Busch ist in Abteilung Einkauf tätig.«

eintragen. Vor- und Nachname finden wir in der Tabelle *tblMitarbeiter*, während der Name der Abteilung in der Tabelle *tblAbteilung* steht. Daher muss sich die Aktualisierungsabfrage über beide Tabellen erstrecken.

1. Öffnen Sie die Datenbank *03_Abfragen\3.3_Fluege_1000rst.accdb* aus den Materialien zum Buch.
2. Erstellen Sie eine neue Abfrage in der Entwurfsansicht.
3. Fügen Sie die Tabellen *tblMitarbeiter* und *tblAbteilung* hinzu. Beide Tabellen werden von Access automatisch per Inner Join verknüpft.
4. Klicken Sie auf Entwurf • Abfragetyp • Aktualisieren.
5. Ziehen Sie das Feld »tblMitarbeiter.AbteilungTaetigkeit« per Drag & Drop in den unteren Bereich.
6. Tragen Sie in der Zeile Aktualisieren die Formel

   ```
   [Vorname] & " " & [Nachname] & " ist in Abteilung " & [AbteilungName] & " tätig."
   ```

   ein.
7. Speichern Sie die Abfrage unter dem Namen *qryMitarbeiterAbteilungTaetigkeit*.

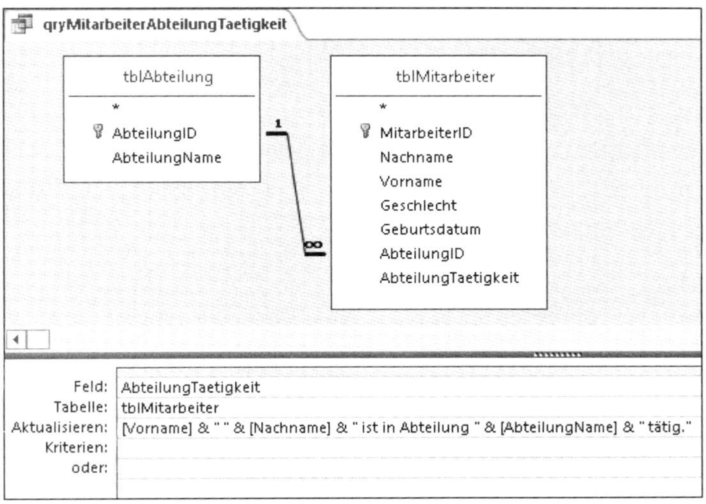

Abbildung 3.77 Die Aktualisierungsabfrage »qryMitarbeiterAbteilungTaetigkeit« in der Entwurfsansicht.

Dieses Beispiel, das Sie in den Materialien zum Buch in der Datenbank *03_Abfragen\3.5.3_Aktualisierungsabfrage.accdb* finden, ist zugegebenermaßen etwas konstruiert. In der Praxis würde ich statt eines Textfeldes in der Tabelle *tblMitarbeiter* lieber eine Auswahlabfrage mit einem berechneten Feld einsetzen. Aber es gibt durchaus Fälle, in denen Daten von einer Tabelle in eine andere übertragen werden müssen. Und genau bei dieser Art von Aufgaben helfen Ihnen Aktualisierungsabfragen weiter.

Aktualisierungsabfragen mit Aggregation kombinieren

Ich plädiere immer dafür, das Datenbankdesign möglichst gut zu normalisieren. In einem Fall sollten Sie jedoch berechnete Werte abspeichern: und zwar bei umfangreichen Aggregationen (z. B. Summierungen).

Das Beispiel schlechthin ist der Gesamtbetrag einer Rechnung in der Tabelle *tblRechnung*, während die einzelnen Rechnungspositionen in der Tabelle *tblRechnungPosition* zu finden sind (Abbildung 3.78). Dieses Beispiel ist in der Praxis so wichtig, dass ich Ihnen dazu die Beispieldatenbank *03_Abfragen\3.5.3_Fakturierung.accdb* in die Materialien zum Buch gepackt habe.

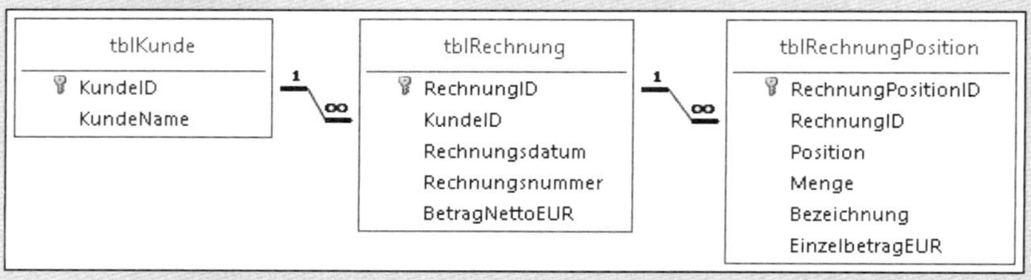

Abbildung 3.78 Das Datenbankschema für eine stark vereinfachte Fakturierung (ohne Kundendaten, ohne Umsatzsteuer usw.)

Jetzt wäre es schön, die Gesamtbeträge aller Rechnungen mit Hilfe einer Aktualisierungsabfrage einzutragen. In einer Server-Datenbank wie z. B. dem Microsoft SQL Server geht das mit einer Aktualisierungsabfrage in Kombination mit einer Unterabfrage:

```
update dbo.tblRechnung
set BetragNettoEUR =
(
   select sum(Menge * EinzelbetragEUR)
   from dbo.tblRechnungPosition
   where dbo.tblRechnungPosition.RechnungID = dbo.tblRechnung.RechnungID
)
```

In Access klappt das leider nicht! Access weigert sich beharrlich, Abfragen mit einer Aggregation innerhalb einer Aktionsabfrage zu verwenden. Stattdessen müssen Sie auf eine der beiden folgenden Behelfslösungen ausweichen:

- die Aktualisierungsabfrage mit einer *Domänenfunktion* kombinieren (*qryRechnungDomSumme*)
- erst eine Anfügeabfrage mit Aggregation in einer temporären Tabelle (*qryRechnungSumme*), anschließend die Summen aus der temporären Tabelle mit einer Aktualisierungsabfrage übertragen (*qryRechungUebertragAusTemp*).

Domänenfunktionen werde ich Ihnen ausführlich in Abschnitt 10.1.3, »Domänenfunktionen – Datenabfrage in einer Zeile«, vorstellen. Leider sind sie deutlich langsamer als eine Aggregation und nicht so flexibel wie die zweite Variante mit der temporären Tabelle. Zugegebenermaßen ist aber keine der beiden Behelfslösungen richtig schön.

3.6 Workshops zum Normalisieren von Daten

In den letzten Abschnitten habe ich Ihnen die geläufigsten Abfragen vorgestellt. Es gibt noch ein paar besondere Abfragen, die nur mit der Datenbanksprache SQL erstellt werden können. Dies sind die UNION-Abfrage, die Datendefinitionsabfragen und die Pass-through-Abfragen. Auf alle drei werde ich in Kapitel 5, »SQL – die Programmiersprache für Datenbanken«, näher eingehen. Alle drei würde ich aber eher als exotische Abfragen einstufen.

Das Wichtigste zum Thema »Abfragen« haben Sie hingegen schon in den letzten Abschnitten gesehen. Abfragen sind zugegebenermaßen ein recht abstraktes Thema, das für Anfänger nicht immer einfach zu durchschauen ist. Ich möchte Ihnen daher abschließend zu diesem Kapitel in einem Workshop zeigen, wie Sie gängige Datenbankaufgaben mit Hilfe von Abfragen lösen können.

Zu den schwierigen Aufgaben im Datenbankbereich zählt das *Normalisieren* von Daten. In Abschnitt 2.8, »Durch die Normalformen das Datenbankdesign verbessern«, habe ich Ihnen ausführlich erläutert, warum eine normalisierte Datenbank so vorteilhaft ist. In diesem Zusammenhang habe ich aber stets nur über die Tabellenstrukturen und das Datenbankschema gesprochen. Das ist schließlich schwierig genug und ausreichend, solange die Datenbank leer ist.

Sobald in der Datenbank Datensätze enthalten sind, wird der Prozess des Normalisierens aufwendiger. In der Praxis ist das leider der Regelfall: Ich werde häufig von Kunden angesprochen, die bereits eine kleine oder größere Datenbank mit Daten besitzen, und sei es nur eine umfangreiche Excel-Tabelle. Ich stehe dann immer vor zwei Aufgaben:

1. das Datenbankschema normalisieren
2. die bestehenden Daten in das neue Datenbankschema übertragen

Thema dieses Workshops ist die zweite der beiden Aufgaben.

3.6.1 Die Haupttabelle einer 1:n-Beziehung füllen

Unseren Workshop beginne ich mit der nicht normalisierten Tabelle von Mitarbeitern und Flugbuchungen, die Sie in ähnlicher Form schon aus Abschnitt 2.8, »Durch die Normalformen das Datenbankdesign verbessern«, kennen. Sie finden die Tabelle *tblFlugNichtNormalisiert* in der Datenbank *03_Abfragen\3.6.1_Fluege_nicht_normalisiert.accdb*.

tblNichtNormalisiert

ID	AbflugDatui	AbflugZeit	AnkunftZeit	Fluggesellsc	Flugnumme	AbflugFlugh	AnkunftFlug	Nachname	Vorname	Geschle
1	03.07.2019	15:00:00	16:20:00	easyJet	EJU5846	Wien	Berlin-Tegel			
2	03.07.2019	15:10:00	16:40:00	Austrian Airlin	OS131	Wien	Frankfurt am N	Schulz	Barbara	W
3	03.07.2019	15:40:00	17:20:00	Air France	AF2334	Paris-Charles-(	Berlin-Tegel			
4	03.07.2019	15:50:00	17:35:00	Air France	AF2035	Berlin-Tegel	Paris-Charles-(			
5	03.07.2019	15:55:00	17:15:00	Air France	AF1919	Frankfurt am N	Paris-Charles-(			
6	03.07.2019	15:55:00	05:35:00	Lufthansa	LH401	New York Johr	Frankfurt am N	Wilke	Margot	W
7	03.07.2019	16:00:00	17:10:00	Lufthansa	LH191	Berlin-Tegel	Frankfurt am N	Rathke	Ramona	W
8	03.07.2019	16:10:00	17:15:00	Lufthansa	LH2890	Berlin-Tegel	Köln/Bonn	Hachmann	Eva	W
9	03.07.2019	16:15:00	16:55:00	Lufthansa	LH914	Frankfurt am N	London Heathr			
10	03.07.2019	16:20:00	17:30:00	Lufthansa	LH188	Frankfurt am N	Berlin-Tegel			

Abbildung 3.79 Die Tabelle »tblNichtNormalisiert« enthält Flüge, Flugbuchungen und Passagiere.

Die normalisierte Datenbank für diese Daten haben wir bereits ausgearbeitet; hier noch einmal das Datenbankschema:

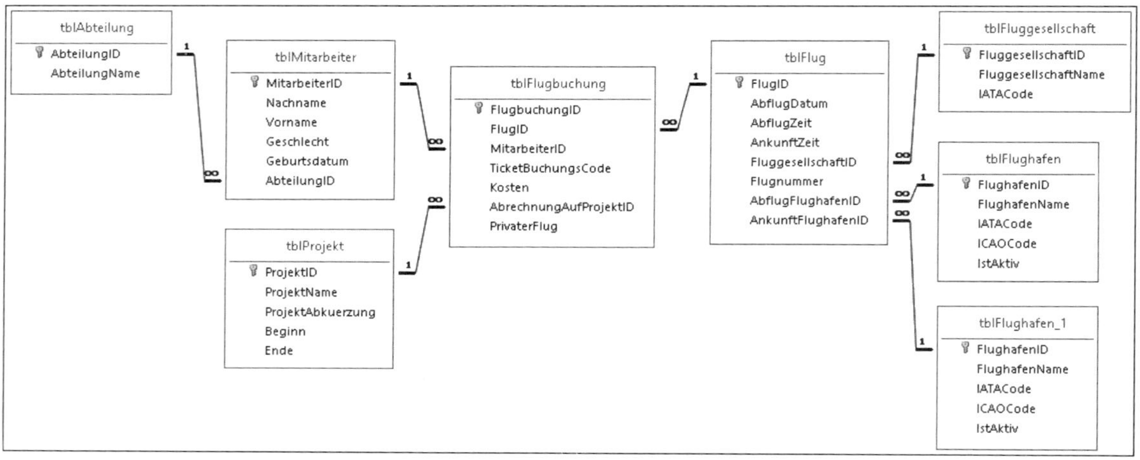

Abbildung 3.80 Unsere Beispieldatenbank in der Boyce-Codd-Normalform

Der einzige Unterschied zu den Arbeiten in Abschnitt 2.8, »Durch die Normalformen das Datenbankdesign verbessern«, ist: Wir müssen uns jetzt um die bestehenden Datensätze kümmern und sie in das neue Datenbankschema übertragen.

Strategie zum Normalisieren

Um die Haupttabelle einer 1:n-Beziehung mit Daten zu befüllen, reicht eine *Anfügeabfrage mit Gruppierung* aus. Ich werde Ihnen gleich ein Beispiel zeigen.

Beim Anfügen werden die IDs (der Primärschlüssel) von Access neu vergeben. In den meisten Fällen ist es sinnvoll, die neu zugewiesenen IDs zurück in die Ausgangstabelle zu übertragen. Eine perfekte Aufgabe für eine *Aktualisierungsabfrage*.

Die Tabelle »tblAbteilung« befüllen

Als Erstes füllen wir die Tabelle *tblAbteilung*:

1. Erstellen Sie eine neue Abfrage in der Entwurfsansicht.
2. Fügen Sie die Tabelle *tblNichtNormalisiert* zur Abfrage hinzu.
3. Ziehen Sie das Feld »AbteilungName« in den unteren Bereich.
4. Klicken Sie auf Ein-/Ausblenden • Summen, um die Gruppierung zu aktivieren.

   An dieser Stelle können Sie die Abfrage schon einmal ausführen. Es sollten die vier Abteilungen und ein Datensatz mit NULL angezeigt werden. Letzteren wollen wir nicht übertragen.
5. Tragen Sie unter dem Feld »AbteilungName« in der Zeile Kriterium den Filter

   ```
   Ist Nicht Null
   ```

   ein.
6. Ändern Sie den Abfragetyp in eine Anfügeabfrage. Wählen Sie als Tabelle, an die angefügt werden soll, *tblAbteilung* aus.

Ich habe die Abfrage unter dem Namen *qryAbteilungFuellen* gespeichert. Führen Sie die Anfügeabfrage jetzt aus, um die vier Abteilungen zu übertragen.

Als Nächstes ändern wir die Tabellenstruktur von *tblNichtNormalisiert*, indem wir dort das Feld »AbteilungID« einführen.

1. Öffnen Sie die Tabelle *tblNichtNormalisiert* in der Entwurfsansicht.
2. Fügen Sie das Feld »AbteilungID« hinzu:
   - Felddatentyp: Zahl, Long Integer
   - Eingabe nicht erforderlich
3. Speichern Sie die Änderungen ab.

Über eine Aktualisierungsabfrage wird nun das Feld »tblNichtNormalisiert.AbteilungID« gefüllt.

1. Erstellen Sie eine neue Abfrage in der Entwurfsansicht.
2. Fügen Sie die Tabellen *tblAbteilung* und *tblNichtNormalisiert* zur Abfrage hinzu.
3. Access generiert automatisch eine INNER-JOIN-Verknüpfung. Löschen Sie diese Verknüpfung!
4. Erstellen Sie stattdessen eine neue INNER-JOIN-Verknüpfung über die beiden Felder »AbteilungName«.
5. Ändern Sie den Abfragetyp in eine Aktualisierungsabfrage.
6. Ziehen Sie das Feld »tblNichtNormalisiert.AbteilungID« in den unteren Bereich.

7. Tragen Sie in der Zeile AKTUALISIEREN die Formel

   `[tblAbteilung].[AbteilungID]`

   ein.

Sie finden die fertige Aktualisierungsabfrage unter dem Namen *qryAbteilungIDUebertragen*. Führen Sie die Abfrage jetzt aus, um die IDs in die Tabelle *tblNichtNormalisiert* zu holen.

An dieser Stelle brauchen wir das Feld »tblNichtNormalisiert.AbteilungName« nicht mehr, schließlich sind die gleichen Informationen über das Feld »tblNichtNormalisiert.AbteilungID« verfügbar. Passen Sie daher erneut die Tabellenstruktur von *tblNichtNormalisiert* an, indem Sie das Feld »AbteilungName« löschen.

1. Öffnen Sie die Tabelle *tblNichtNormalisiert* in der Entwurfsansicht.
2. Löschen Sie das Feld »AbteilungName«.
3. Speichern Sie die Änderungen ab.

Die Tabelle »tblMitarbeiter« befüllen

Genau nach dem gleichen Schema gehen wir vor, um alle Mitarbeiter in die Tabelle *tblMitarbeiter* zu übertragen:

1. Mitarbeiterdaten aus der Tabelle *tblNichtNormalisiert* abfragen, gruppieren und in die Tabelle *tblMitarbeiter* einfügen (Anfügeabfrage *qryMitarbeiterFuellen*)
2. das Feld »tblNichtNormalisiert.MitarbeiterID« erstellen:
   - Felddatentyp: ZAHL, LONG INTEGER
   - Eingabe nicht erforderlich
3. per Aktualisierungsabfrage das neu erstellte Feld befüllen (*qryMitarbeiterIDUebertragen*)
4. die überflüssigen Felder der Mitarbeiterdaten aus der Tabelle *tblNichtNormalisiert* entfernen:
   - »Vorname«
   - »Nachname«
   - »Geschlecht«
   - »Geburtsdatum«
   - »AbteilungID«

Damit befinden sich jetzt alle Informationen zu den Mitarbeitern in der Tabelle *tblMitarbeiter*.

Die Tabellen »tblFluggesellschaft«, »tblFlughafen« und »tblFlug« befüllen

Verfahren Sie in der gleichen Weise, um die Tabellen *tblFluggesellschaft*, *tblFlughafen* und *tblFlug* zu befüllen. Sie finden die entsprechenden Aktionsabfragen in der Beispieldatenbank.

Für die Abflug- und Ankunftflughäfen habe ich sogar eine der exotischen Abfragen, nämlich eine UNION-Abfrage, verwendet. Wenn Sie es lieber möchten, können Sie stattdessen auch zwei normale Anfügeabfragen verwenden.

Die Tabelle »tblFlugbuchung« befüllen

Bis jetzt haben wir die Haupttabellen der 1:n-Beziehungen gefüllt. Die einzige leere Tabelle ist noch *tblFlugbuchung*. Dies ist die gemeinsame Detailtabelle der m:n-Beziehung zwischen *tblMitarbeiter* und *tblFlug*. Grundsätzlich sollten Sie die gemeinsamen Detailtabellen von m:n-Beziehungen immer zuletzt befüllen.

1. Erstellen Sie eine neue Abfrage in der Entwurfsansicht.
2. Fügen Sie die Tabelle *tblNichtNormalisiert* zur Abfrage hinzu.
3. Ziehen Sie alle Felder in den unteren Bereich:
   - »FlugID«
   - »MitarbeiterID«
   - »TicketBuchungsCode«
   - »Kosten«
   - »PrivaterFlug«
4. Tragen Sie unter dem Feld »MitarbeiterID« in der Zeile KRITERIUM den Filter

   ```
   Ist Nicht Null
   ```

   ein.
5. Ändern Sie den Abfragetyp in eine Anfügeabfrage. Wählen Sie als Tabelle, an die angefügt werden soll, *tblFlugbuchung* aus.

Diese letzte Anfügeabfrage finden Sie in der Beispieldatenbank unter dem Namen *qryFlugbuchungFuellen*. Nach dem Ausführen befinden sich alle Informationen aus der Tabelle *tblNichtNormalisiert* in der normalisierten Datenbank. Daher können Sie im letzten Schritt die Tabelle *tblNichtNormalisiert* entfernen.

Möchten Sie sichergehen, dass Sie keine Informationen verloren haben? Dann probieren Sie doch einmal aus, die gerade gelöschte Tabelle zu rekonstruieren. Alles, was Sie dazu brauchen, ist eine Auswahlabfrage basierend auf mehreren Tabellen. Zugegebenermaßen ist das eine recht umfangreiche Abfrage, denn sie verwendet alle Tabellen unserer Datenbank als Datensatzquelle (Abfrage *qryRekonstruktion*).

qryRekonstruktion

AbflugDatur	AbflugZeit	AnkunftZeit	Fluggesellsc	Flugnumme	AbflugFlugh	AnkunftFlug	Nachname	Vorname	Geschlecht
03.07.2019	15:00:00	16:20:00	easyJet	EJU5846	Wien	Berlin-Tegel			
03.07.2019	15:10:00	16:40:00	Austrian Airlin	OS131	Wien	Frankfurt am M	Schulz	Barbara	W
03.07.2019	15:40:00	17:20:00	Air France	AF2334	Paris-Charles-(	Berlin-Tegel			
03.07.2019	15:50:00	17:35:00	Air France	AF2035	Berlin-Tegel	Paris-Charles-(			
03.07.2019	15:55:00	17:15:00	Air France	AF1919	Frankfurt am M	Paris-Charles-(			
03.07.2019	15:55:00	05:35:00	Lufthansa	LH401	New York Johr	Frankfurt am M	Wilke	Margot	W
03.07.2019	16:00:00	17:10:00	Lufthansa	LH191	Berlin-Tegel	Frankfurt am M	Rathke	Ramona	W
03.07.2019	16:10:00	17:15:00	Lufthansa	LH2890	Berlin-Tegel	Köln/Bonn	Hachmann	Eva	W
03.07.2019	16:15:00	16:55:00	Lufthansa	LH914	Frankfurt am M	London Heathr			
03.07.2019	16:20:00	17:30:00	Lufthansa	LH188	Frankfurt am M	Berlin-Tegel			

Abbildung 3.81 Mit einer geeigneten Auswahlabfrage lassen sich alle Daten wieder zusammen in eine Datenblattansicht bringen. Der Inhalt ist identisch mit der Tabelle »tblNichtNormalisiert«.

3.6.2 Die Suche nach Inkonsistenzen

Inkonsistente Daten sind unvollständige Daten und etwas, was man in einer Datenbank tunlichst vermeiden möchte. Typischer Vertreter einer Inkonsistenz ist eine 1:n-Beziehung mit fehlenden Datensätzen in der Haupttabelle, also beispielsweise wie eine Flugbuchung mit einem unbekannten Passagier.

In Abschnitt 2.7.4, »Referentielle Integrität«, habe ich Ihnen eingeschärft, Tabellenbeziehungen mit referentieller Integrität einzusetzen. Unter anderem dadurch werden Inkonsistenzen von vornherein vermieden. Die Realität zeigt jedoch, dass viele Datenbankentwickler von Tabellenbeziehungen mit referentieller Integrität noch nie etwas gehört haben. Fragen Sie mich bitte nicht, warum das so ist. Fakt ist aber, dass in fast jeder Datenbank, die ich bisher übernommen habe, Inkonsistenzen vorhanden waren. Ich habe unsere Beispieldatenbank einmal ziemlich verschandelt, um Ihnen einen Eindruck von dem dadurch entstandenen Chaos zu vermitteln (*03_Abfragen\3.6.2_Inkonsistent.accdb*).

In dieser Version der Beispieldatenbank gibt es keinerlei Tabellenbeziehungen und keinerlei Feldeinschränkungen – so etwas hat nichts mit maximaler Freiheit zu tun, sondern so etwas ist ganz schlimm. Zunächst müssen wir uns einen Überblick darüber verschaffen, wie schlimm es um die Daten steht. Wo gibt es Inkonsistenzen?

Inkonsistenzen in der Tabelle »tblAbteilung« suchen

Fangen wir mit der Tabelle *tblAbteilung* an. Eine Abteilung ohne Namen ist wenig aussagekräftig. Als Erstes suchen wir daher alle Datensätze, für die kein Name vergeben wurde:

1. Erstellen Sie eine neue Abfrage in der Entwurfsansicht.
2. Fügen Sie die Tabelle *tblAbteilung* als Datensatzquelle hinzu.
3. Ziehen Sie das Sternchen und das Feld »AbteilungName« in den unteren Bereich.
4. Tragen Sie für das Feld »AbteilungName« in der Zeile KRITERIEN die Formel

   ```
   Ist Null
   ```

ein. Das Häkchen bei ANZEIGEN können Sie entfernen, weil das Feld bereits über das Sternchen erscheint.

Ich habe die Abfrage in der Beispieldatenbank unter dem Namen *qryAbteilungFehlende-Daten* abgelegt. Wenn Sie die Abfrage ausführen, erscheinen alle Abteilungen ohne Namen.

Fehlende Daten in der Tabelle »tblMitarbeiter« suchen

Als Nächstes kommen die Mitarbeiter dran. Auch hier suchen wir erst einmal nach NULL-Werten in den Feldern:

1. Erstellen Sie eine neue Abfrage, die auf der Tabelle *tblMitarbeiter* basiert.
2. Ziehen Sie das Sternchen in den unteren Bereich.
3. Ziehen Sie die Felder »Nachname«, »Vorname«, »Geschlecht« und »AbteilungID« in den unteren Bereich, und tragen Sie in der Zeile KRITERIEN die Formel

   ```
   Ist Null
   ```

   ein.

Wichtig ist, dass Sie die einzelnen Filter-Kriterien mit *Oder* verknüpfen – nur so finden Sie Datensätze, in denen »Nachname« *oder* »Vorname« *oder* »Geschlecht« *oder* »AbteilungID« den Wert NULL enthält. Die Abfrage muss aussehen wie in Abbildung 3.82:

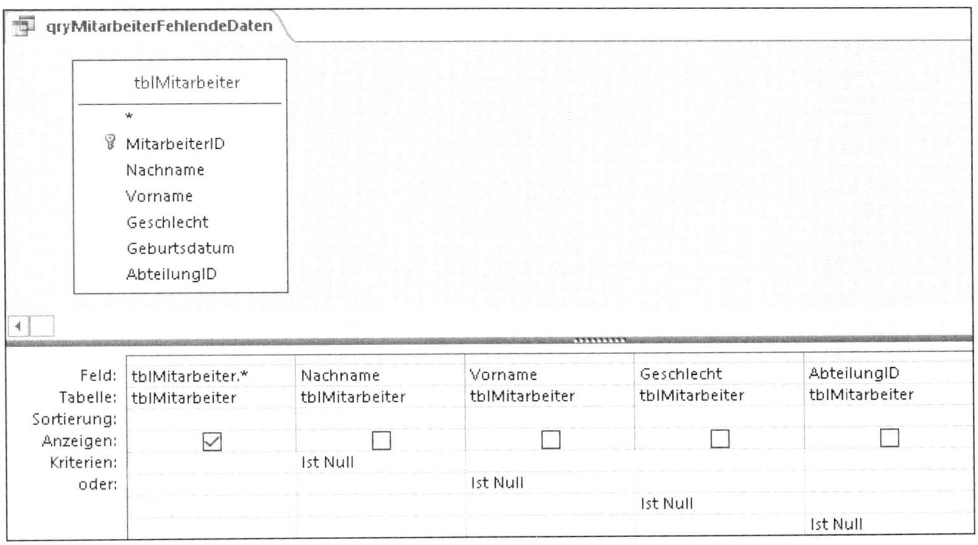

Abbildung 3.82 Verknüpfen Sie die Filter-Kriterien mit »Oder«, um wirklich alle fehlerhaften Datensätze zu finden.

Bei insgesamt drei Mitarbeitern sind die Daten unvollständig.

Falsche Daten in der Tabelle »tblMitarbeiter« suchen

Das Feld »tblMitarbeiter.Geschlecht« darf entweder den Wert »M« oder »W« enthalten. Leider fehlt in unserer Beispieldatenbank die entsprechende Feldeinschränkung. Ist in allen Datensätzen wirklich »M« oder »W« eingetragen?

1. Erstellen Sie eine neue Abfrage, die auf der Tabelle *tblMitarbeiter* basiert.
2. Ziehen Sie das Sternchen in den unteren Bereich.
3. Ziehen Sie das Feld »Geschlecht« in den unteren Bereich, und tragen Sie in der Zeile KRITERIEN die Formel

   ```
   Nicht In ("M";"W")
   ```

   ein.

Tatsächlich gibt es einen Mitarbeiter, der oder die – glaubt man der Datenbank – weder Mann noch Frau ist.

Falsche Fremdschlüssel in der Tabelle »tblMitarbeiter« suchen

Schließlich gibt es in der Tabelle *tblMitarbeiter* noch den Fremdschlüssel »AbteilungID«. Mit einer Tabellenbeziehung ohne aktivierte referentielle Integrität kann man richtig viel Unfug anstellen. Mit der Abfrage *qryMitarbeiterFehlendeDaten* haben wir bereits festgestellt, dass einer der Mitarbeiter gar keiner Abteilung zugeordnet ist.

Möglicherweise wurde zwar eine »AbteilungID« eingetragen, aber eine ungültige. Wir müssen daher außerdem alle Datensätze suchen, bei denen der Wert von »AbteilungID« nicht in der Tabelle *tblAbteilung* zu finden ist. So etwas geht mit einer Auswahlabfrage mit OUTER-JOIN-Verknüpfung:

1. Erstellen Sie eine neue Abfrage, die auf den Tabellen *tblMitarbeiter* und *tblAbteilung* basiert.
2. Ändern Sie die automatisch generierte Verknüpfung in eine OUTER-JOIN-Verknüpfung. Angezeigt werden sollen alle Datensätze aus der Tabelle *tblMitarbeiter*; der Pfeil muss also zur Tabelle *tblAbteilung* zeigen.
3. Ziehen Sie das Sternchen der Tabelle *tblMitarbeiter* in den unteren Bereich.
4. Ziehen Sie das Feld »AbteilungID« aus der Tabelle *tblAbteilung* in den unteren Bereich, und tragen Sie in der Zeile KRITERIEN die Formel

   ```
   Ist Null
   ```

   ein.

In der Beispieldatenbank finden Sie diese Abfrage unter dem Namen *qryMitarbeiterFKInkonsistent*.

Abfrage-Assistent zur Inkonsistenzsuche

Unter ERSTELLEN • ABFRAGEN • ABFRAGE-ASSISTENT können Sie einen Assistenten starten, der genau diese Art von Abfragen zur Suche falscher Fremdschlüssel generiert.

Wenn Sie die Abfrage ausführen, werden Sie zum einen den Mitarbeiter sehen, der keiner Abteilung zugeordnet ist. Zusätzlich erscheinen vier Mitarbeiter, die eine unbekannte »AbteilungID« haben. Wie kann so etwas passieren? Zwei Ursachen kommen dafür in Betracht:

- Die Abteilung wurde versehentlich aus der Tabelle *tblAbteilung* gelöscht.
- Irgendjemand hat sich vertippt und eine falsche Zahl in das Feld »AbteilungID« eingetragen.

Mit aktivierter referentieller Integrität wäre so etwas jedenfalls nicht passiert.

Inkonsistenzen in den anderen Tabellen finden

In analoger Weise müssten nun noch alle anderen Tabellen überprüft werden:

1. NULL-Werte in Feldern, die nicht optionale Felder sein sollen
2. fehlerhafte Einträge in Feldern, bei denen die Feldeinschränkung fehlt
3. fehlende Werte in Fremdschlüsseln
4. falsche Werte in Fremdschlüsseln

Insbesondere die Fremdschlüssel sollten Sie sich gewissenhaft ansehen. Die entsprechenden Abfragen finden Sie zum Nachschauen in der Beispieldatenbank.

3.6.3 Inkonsistenzen beheben

Nachdem Sie die Inkonsistenzen gefunden haben, müssen Sie sie beheben, beispielsweise, indem Sie die Datensätze manuell korrigieren. Bei einer Vielzahl von inkonsistenten Datensätzen wird dieser Weg leider nicht praktikabel sein. Ich werde Ihnen in diesem Teil des Workshops einige Anregungen geben, wie Sie zu einer konsistenten Datenbank gelangen können. Alle dazugehörigen Abfragen finden Sie in den Materialien zum Buch in der Datenbank *03_Abfragen\3.6.3_Inkonsistenzen_beheben.accdb*.

Fehlende Daten in der Tabelle »tblMitarbeiter« mit einer Aktualisierungsabfrage korrigieren

Bei drei Mitarbeitern fehlen Daten in Feldern, die eigentlich NOT-NULL-Felder sein sollten, siehe Abbildung 3.83.

qryMitarbeiterFehlendeDaten

Mitarbeiterl	Nachname	Vorname	Geschlecht	Geburtsdatum	AbteilungID
4	Rathke		W	04.09.1993	5
5		Alois	M	28.02.1965	6
6	Schulz	Barbara		10.10.1954	
* (Neu)					

Abbildung 3.83 Bei diesen Mitarbeiter-Datensätzen fehlen Informationen.

Ein Feld nach dem anderen können wir mit einer Aktualisierungsabfrage füllen:

1. Erstellen Sie eine neue Abfrage, die auf der Tabelle *tblMitarbeiter* basiert.
2. Ziehen Sie das Feld »Nachname« in den unteren Bereich.
3. Wir wollen nur die Datensätze korrigieren, in denen das Feld den Wert NULL enthält. Setzen Sie daher in der Zeile KRITERIEN diesen Filter:

   ```
   Ist Null
   ```

   Zur Kontrolle würde ich an dieser Stelle einmal die Abfrage ausführen. Es sollte genau ein Datensatz angezeigt werden (nämlich der für den Mitarbeiter mit der ID = 5).
4. Klicken Sie auf ENTWURF • ABFRAGETYP • AKTUALISIEREN, um die Abfrage in eine Aktualisierungsabfrage umzuwandeln.
5. Tragen Sie in der Zeile AKTUALISIEREN den neuen Wert ein, beispielsweise »Nachname_unbekannt«. Wenn Sie später einen Alternativschlüssel setzen möchten, könnte das allerdings zu Problemen führen. Ich habe mir angewöhnt, die ID mit einzutragen:

   ```
   "Nachname_unbekannt_ID" & [MitarbeiterID]
   ```

   Auf diese Weise gelangen Sie zu eindeutigen Werten.

In gleicher Weise können Sie die anderen Felder korrigieren, allerdings jeweils in einer neuen Aktualisierungsabfrage. Alle Korrekturen in eine Abfrage zu packen, wird nicht zum gewünschten Ergebnis führen.

Keine Geschlechtsumwandlungen

Nicht immer ist es möglich, fehlende Daten sinnvoll zu füllen. In unserem Beispiel würde ich nicht das Feld »Geschlecht« verändern wollen – das könnte im Zweifelsfall zu emotionalen Reaktionen führen ...

Falsche Fremdschlüssel in der Tabelle »tblMitarbeiter« mit einer Anfügeabfrage korrigieren

Ich zeige Ihnen nun, wie sich fehlerhafte Fremdschlüssel automatisiert korrigieren lassen. Bei fünf Mitarbeitern stimmt etwas mit der »AbteilungID« nicht:

qryMitarbeiterFKInkonsistent

Mitarbeiterl	Nachname	Vorname	Geschlecht	Geburtsdatum	AbteilungID
1	Guntermann	Hildegard	W	12.10.1985	2
6	Schulz	Barbara		10.10.1954	
7	Semrau	Gabriele	F	20.08.1979	2
8	Wagner	Michael	M	11.07.1960	2
9	Wilke	Margot	W	07.02.1987	2
* (Neu)					

Abbildung 3.84 Bei fünf Mitarbeitern fehlt die »AbteilungID«, oder sie ist nicht in der Haupttabelle bekannt.

In Abbildung 3.84 sehen Sie, dass wir zwei Fälle unterscheiden müssen: Zum einen ist Frau Schulz in gar keiner Abteilung tätig. Zur Korrektur erstellen wir eine neue Abteilung mit dem Namen »Unbekannte_Abteilung_ID0«. Am besten erledigen Sie dies mit einer Anfügeabfrage, um als Primärschlüssel (einem AUTOWERT-Feld) den Wert 0 zu erreichen:

1. Erstellen Sie eine neue Abfrage in der Entwurfsansicht.
2. Fügen Sie bitte keine Tabelle als Datensatzquelle hinzu. Stattdessen tragen Sie zwei Felder manuell im unteren Bereich ein:
   - »AbteilungID«: »0«
   - »AbteilungName«: »Unbekannte_Abteilung_ID0«
3. Klicken Sie auf ENTWURF • ABFRAGETYP • ANFÜGEN, um die Abfrage in eine Anfügeabfrage umzuwandeln.
4. Wählen Sie als Tabelle zum Anfügen *tblAbteilung* aus.
5. Führen Sie die Aktionsabfrage aus.

In der Tabelle *tblAbteilung* sollte jetzt die unbekannte Abteilung erscheinen. Diese Abteilung tragen wir jetzt bei allen Mitarbeitern ein, die noch keiner Abteilung zugeordnet sind:

1. Erstellen Sie eine neue Abfrage basierend auf der Tabelle *tblMitarbeiter*.
2. Ziehen Sie das Feld »AbteilungID« in den unteren Bereich.
3. Klicken Sie auf ENTWURF • ABFRAGETYP • AKTUALISIEREN, um die Abfrage in eine Aktualisierungsabfrage umzuwandeln.
4. Tragen Sie in der Zeile AKTUALISIEREN den neuen Wert

   ```
   0
   ```

   ein.

Führen Sie die Abfrage aus, und schon ist jeder Mitarbeiter einer Abteilung zugeordnet. Es gibt noch den zweiten Fall: In Abbildung 3.84 sind Mitarbeiter der »AbteilungID« = 2 zugeordnet. Diese Abteilung fehlt jedoch in der Haupttabelle. Korrigieren Sie solche Fälle mit einer Anfügeabfrage:

1. Erstellen Sie eine neue Abfrage basierend auf der Abfrage *qryMitarbeiterFKInkonsistent*.
2. Ziehen Sie das Feld »AbteilungID« in den unteren Bereich.
3. Aktivieren Sie die Gruppierung, indem Sie auf ENTWURF • EINBLENDEN/AUSBLENDEN • SUMMEN klicken.
4. Tragen Sie dieses Feld manuell im unteren Bereich ein:

   ```
   AbteilungName: "Unbekannte_Abteilung_ID" & [qryMitarbeiterFKInkonsistent].[AbteilungID]
   ```

5. Klicken Sie auf ENTWURF • ABFRAGETYP • ANFÜGEN, um die Abfrage in eine Anfügeabfrage umzuwandeln.
6. Wählen Sie als Tabelle zum Anfügen *tblAbteilung* aus.

Führen Sie auch diese Aktionsabfrage aus. Jetzt haben wir auch die unbekannten Fremdschlüssel in der Haupttabelle ergänzt.

Nach dem Beheben der Inkonsistenzen die fehlenden Einschränkungen setzen

In ähnlicher Weise können Sie nun nach und nach alle Inkonsistenzen in der Datenbank bereinigen. Die fehlenden Daten lassen sich leider nicht herzaubern. Aber zumindest gelangen Sie so zu einer Datenbank, in der Sie die fehlenden Einschränkungen setzen können.

Empfohlene Vorgehensweise, wenn Sie eine unbekannte Datenbank erhalten

Wenn Sie eine unbekannte Datenbank erhalten und damit vernünftig weiterarbeiten möchten, empfehle ich Ihnen die folgende Herangehensweise:

- Analysieren Sie alle Inkonsistenzen schrittweise.
- Beheben Sie Inkonsistenzen.
- Setzen Sie anschließend sofort die fehlenden Einschränkungen (EINGABE ERFORDERLICH, Feldeinschränkung, Tabelleneinschränkung, Tabellenbeziehung mit referentieller Integrität).

Nur so stellen Sie sicher, dass Sie alle Inkonsistenzen behoben haben und dass sich in Zukunft auch keine neuen Inkonsistenzen einschleichen!

3.6.4 Dublettensuche

Eine weitere Art von Inkonsistenzen habe ich in unserem Workshop bisher nicht vorgestellt: Das sind Verstöße gegen einen Alternativschlüssel. In der Tabelle *tblFlughafen* gibt es den Flughafen »Paris-Charles-de-Gaulle« zweimal. Solche *Duplikate* oder *Dubletten* lassen sich mit einer Auswahlabfrage mit Gruppierung finden:

1. Erstellen Sie eine neue Abfrage basierend auf der Tabelle *tblFlughafen*.
2. Eigentlich soll das Feld »FlughafenName« eindeutig sein. Ziehen Sie es in den unteren Bereich.
3. Aktivieren Sie die Gruppierung, indem Sie auf ENTWURF • EINBLENDEN/AUSBLENDEN • SUMMEN klicken.

   Wenn Sie die Abfrage jetzt ausführen, erscheint nur die eindeutige Liste der Flughäfen. So sollte es am Schluss aussehen. Schalten Sie bitte zurück in die Entwurfsansicht.
4. Ziehen Sie das Feld »FlughafenID« in den unteren Bereich, und wählen Sie in der Zeile FUNKTION den Eintrag ANZAHL aus. Access zählt jetzt, wie oft jeder Name vergeben wurde.
5. Mit einem Filter auf das Ergebnis erhalten Sie die Dublette. Tragen Sie für das Feld »FlughafenID« in der Zeile KRITERIEN die Formel

   ```
   >1
   ```

   ein.

In gleicher Weise müssen Sie die anderen Felder, die zu einem Alternativschlüssel gehören, prüfen. Sie finden die fertigen Abfragen in den Materialien zum Buch in der Datenbank *03_Abfragen\3.6.4_Dublette.accdb*.

Abfrage-Assistent zur Duplikatsuche

Auch für diese Art der Inkonsistenzsuche bietet Access einen Assistenten an, der die eben vorgestellten Schritte ausführt.

Kapitel 4

Access und die Verbindungen zur Außenwelt

Größere Datenmengen können in die Access-Datenbank importiert werden. Die Datensätze lassen sich auch wieder exportieren – oder Sie verbinden sich von einem anderen Programm aus direkt mit der Access-Datenbank.

Microsoft Access ist eine Desktop-Datenbank, die vollständig ohne Infrastruktur auskommt. Mit anderen Worten: Alle Daten befinden sich in einer *.accdb*-Datei, und fertig. Möglicherweise reicht das aber nicht:

- Daten aus der Access-Datenbank sollen in anderen Programmen verwendet werden.
- Sie möchten Daten, die in einem anderen Format wie beispielsweise einer Excel-Datei vorliegen, in der Access-Datenbank nutzen.

In diesem Kapitel geht es um den Import und Export von Daten mit Access. Außerdem werde ich vorstellen, wie sich andere Datenquellen wie beispielsweise eine Server-Datenbank oder SharePoint anbinden lassen.

4.1 Wann braucht man Datenverbindungen?

In Access sind alle Funktionen zum Umgang mit Daten, die sich außerhalb der Access-Datei befinden, im Menüband EXTERNE DATEN angeordnet. Es gibt drei unterschiedliche Konzepte zum Verbinden mit der Außenwelt. Bei jedem der Konzepte müssen wir uns darüber im Klaren sein, wo die Daten liegen und wohin sie übertragen werden.

Konzept	ursprünglicher Ablageort der Daten	neuer Ablageort der Daten
Export von Daten	in der aktuellen Access-Datenbank	▸ Eine Kopie der Daten befindet sich in einer anderen Datei. ▸ Die aktuelle Access-Datenbank bleibt unverändert.

Tabelle 4.1 In Access gibt es drei unterschiedliche Konzepte zum Umgang mit externen Daten.

Konzept	ursprünglicher Ablageort der Daten	neuer Ablageort der Daten
Import von Daten	in einer anderen Datei oder in einer Server-Datenbank	▸ Eine Kopie der Daten befindet sich in der aktuellen Access-Datenbank. ▸ Die andere Datei bzw. die Server-Datenbank bleibt unverändert.
verbundene Datenquellen	in einer anderen Datei oder in einer Server-Datenbank	▸ Die Daten bleiben am ursprünglichen Ablageort. ▸ Von der aktuellen Access-Datenbank aus kann darauf zugegriffen werden. ▸ Bei Datenänderungen von Access aus ändern sich die Daten in der anderen Datei bzw. in der Server-Datenbank.

Tabelle 4.1 In Access gibt es drei unterschiedliche Konzepte zum Umgang mit externen Daten.

In den folgenden Abschnitten zeige ich Ihnen zunächst übliche Szenarien für eine Datenbanklösung, die auf den einzelnen Konzepten basieren. Anschließend erläutere ich die einzelnen Werkzeuge von Access zum Export, Import und zum Verbinden von Datenquellen. Welches Werkzeug Sie letztendlich benötigen, hängt vom jeweiligen Einsatzszenario ab.

Merkmale einer Datenbanklösung

Für die einzelnen Szenarien habe ich versucht, verschiedene Merkmale zu bewerten:

Aktualität der Daten

- Kann jeder Benutzer den aktuellen Datenstand erreichen?
- Oder sind die Daten erst zeitlich verzögert auf dem aktuellen Stand?

Leistung

- Wie schnell können Daten abgerufen, gefiltert, sortiert und zusammengefasst werden?

Stabilität

- Wie verlässlich ist die Verfügbarkeit der Datenbank?
- Wie anfällig ist das System für Fehler in Dateien etc.?

Skalierbarkeit

- Funktioniert das System auch dann noch schnell und zuverlässig, wenn die Menge an Daten anwächst?

Aufwand beim Einrichten

- Welcher Aufwand entsteht bei der erstmaligen Inbetriebnahme des Systems?

Aufwand bei Weiterentwicklungen

- Welcher Aufwand entsteht, wenn das System angepasst werden muss?

4.1.1 Eine Access-Datenbank als Insel-Lösung verwenden

Das einfachste Szenario für eine Datenbanklösung ist die *Insel-Lösung*. Sie arbeiten nur mit einer alleinstehenden Datenbank und müssen keine Daten austauschen. Dies ist ein typisches Szenario für Privatpersonen und Spezialisten innerhalb eines Unternehmens.

Beispiele:

- Datenbank zur Verwaltung der privaten Musiksammlung
- die Mitgliederkartei eines Vereins
- Buchhaltung, Warenwirtschaft etc. in sehr kleinen Unternehmen
- ein Spezialist in einem Unternehmen, der eine Datenbank für sich allein nutzt

Wenn Sie eine solche Datenbanklösung mit Access erstellen oder nutzen, läuft das üblicherweise auf eine Datenbankdatei hinaus. Sie liegt irgendwo auf dem lokalen Rechner.

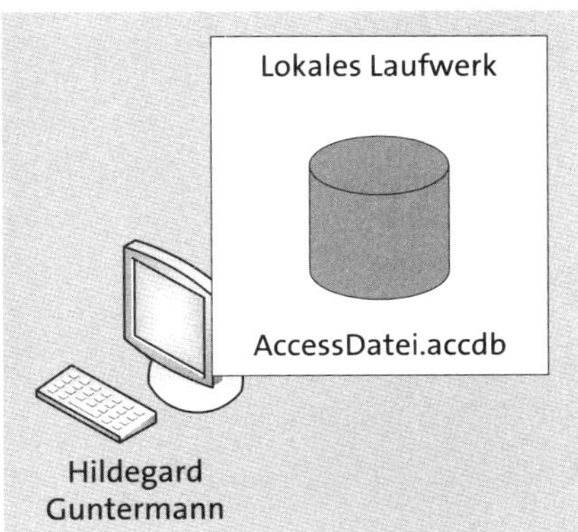

Abbildung 4.1 Die Insel-Lösung mit einer einzelnen Datenbankdatei ist das einfachste Szenario.

Wenn Sie über einen Datei-Server verfügen, werden Sie die Datenbankdatei sicherlich auf einem Netzlaufwerk ablegen. Eine Access-Datei kann von mehreren Benutzern gleichzeitig geöffnet und bearbeitet werden. In diesem Punkt unterscheidet sich Access wesentlich von anderen Office-Programmen wie beispielsweise Excel! Allerdings ist die Anzahl der Benutzer aus praktischen Gründen begrenzt. Wenn mehr als fünf bis zehn Benutzer die Datenbank intensiv nutzen, kommt es erfahrungsgemäß früher oder später zu Fehlern in der Datei und zu anderen Instabilitäten. Auch dieses Szenario – eine Datenbankdatei auf einem Datei-Server, die von mehreren Benutzern gleichzeitig benutzt wird – würde ich erst einmal als Insel-Lösung bezeichnen, zumindest so lange, wie noch kein Datenaustausch mit anderen Personen oder Systemen stattfindet (mit Ausnahme von Berichten, die Sie ausgedruckt per Post oder E-Mail versenden).

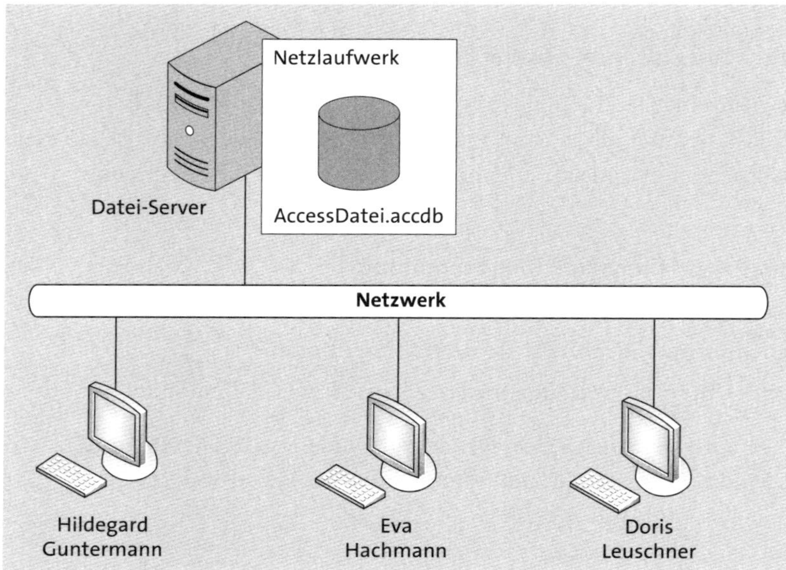

Abbildung 4.2 Auch eine Insel: eine einzelne Datenbank auf einem Datei-Server, auf die mehrere Mitarbeiter zugreifen

Sehen wir uns einmal die Vor- und Nachteile einer Insel-Lösung an:

Merkmal	Vorteil	Nachteil
Aktualität der Daten	•	
Leistung		•
Stabilität		•
Skalierbarkeit		•
Aufwand beim Einrichten	•	
Aufwand bei Weiterentwicklungen	•	

Tabelle 4.2 Die Insel-Lösung besticht durch geringen Aufwand, hat aber Nachteile in Bezug auf Leistung, Stabilität und Skalierbarkeit.

Der Vorteil ist, dass alle beteiligten Personen mit einer gemeinsamen Datenbank arbeiten. Die Daten sind dadurch immer aktuell! Es müssen keine Dateien per E-Mail hin- und hergeschickt werden. Alle Daten befinden sich in der Datenbankdatei und jeder sieht den aktuellen Stand.

In den Bereichen Leistung, Stabilität und Skalierbarkeit sind praktische Grenzen gesetzt. Solange Sie allein mit einer Access-Datei auf einer lokalen Festplatte arbeiten, gelten diese Einschränkungen praktisch gar nicht. In diesem speziellen Fall ist die Insel-Lösung oft leistungsfähiger als manche Server-Datenbank! Anders sieht es jedoch aus, wenn die Access-Datei auf einem Netzlaufwerk liegt. Bei jeder Abfrage müssen viele oder sogar alle Rohdaten über das Netzwerk übertragen werden, denn fast die gesamte Datenverarbeitung (Filtern, Sortieren, Zusammenfassen) findet erst lokal auf dem Rechner des Endanwenders, dem *Client-Rechner*, statt. Wie bereits erwähnt, zeigen sich die Grenzen bei Leistung, Stabilität und Skalierbarkeit immer schmerzlicher, je mehr Benutzer mit der Access-Datei arbeiten. Es fällt mir schwer, eine maximale Anzahl an Anwendern zu nennen. Für wichtige oder kritische Systeme empfehle ich Ihnen, über eine Server-Datenbank nachzudenken (Szenario in Abschnitt 4.1.3, »Verbundene Datenquellen«).

In den beiden Merkmalen »Aufwand beim Einrichten« und »Aufwand bei Weiterentwicklungen« liegt sicherlich der besondere Charme einer Insel-Lösung. Beim Einrichten müssen Sie lediglich die Datei auf einem Netzlaufwerk erstellen, und schon kann es losgehen. Weiterentwicklungen können Sie entweder im laufenden Betrieb oder in einer separaten Testumgebung vornehmen. Welchen Weg Sie auch immer bevorzugen: Der Aufwand bei Weiterentwicklungen wird minimal sein. Bei einer Insel-Lösung haben Sie keinerlei *Schnittstellen* zu anderen Personen oder Systemen. Das macht die Sache so einfach!

4.1.2 Import und Export von Daten

Anders sieht es aus, wenn es *Schnittstellen* gibt, beispielsweise weil Sie Daten von einer anderen Person oder aus einem anderen System übernehmen (*Import*) oder dorthin übertragen (*Export*) wollen. Formal gesehen steht hinter jeder Schnittstelle eine *Schnittstellen-Definition*:

- Wer ist an der Schnittstelle beteiligt? Wer ist Sender? Wer ist Empfänger?
- Welche Daten werden übertragen?
- In welchem Format werden die Daten übertragen?
- Welcher Umfang an Daten ist zu erwarten?
- Wird sich der Umfang an Daten maßgeblich verändern, oder wird die Datenmenge schwanken?
- Zu welchen Zeitpunkten sollen die Daten übertragen werden?
- In welchem Zeitfenster muss der Vorgang abgeschlossen sein?

Eine Schnittstellen-Definition kann man schriftlich festhalten. Darüber hinaus ist weiterer Aufwand für die Schnittstellen-Definition denkbar: angefangen bei einer Versionierung des Dokuments über regelmäßige Besprechungen bis hin zu einer separaten Abteilung, die sich ausschließlich mit Schnittstellen beschäftigt. Wie viel Aufwand ist nun notwendig und gerechtfertigt? Auch hier gilt wieder: Je wichtiger ein System ist, desto mehr muss geplant werden. Für kritische Schnittstellen, die möglichst ununterbrochen funktionieren sollen, empfehle ich Ihnen eine schriftliche Schnittstellen-Definition mit Versionierung. Letzteres bedeutet:

1. Jede Änderung an der Schnittstellen-Definition führt zu einer neuen Version.
2. Die alten Versionen werden nicht verändert.
3. Es gibt ein Archiv, in dem alle Versionen verfügbar sind.

In allen anderen Fällen – also weniger kritischen Systemen – würde ich die Kirche im Dorf lassen! Das bedeutet, die Schnittstellen-Definition entweder auf das Minimum zu reduzieren oder ganz darauf zu verzichten. Wohlgemerkt akzeptieren alle Beteiligten bei diesem Vorgehen implizit, dass es auch mal Ausfallzeiten und Störungen beim Import oder Export geben darf.

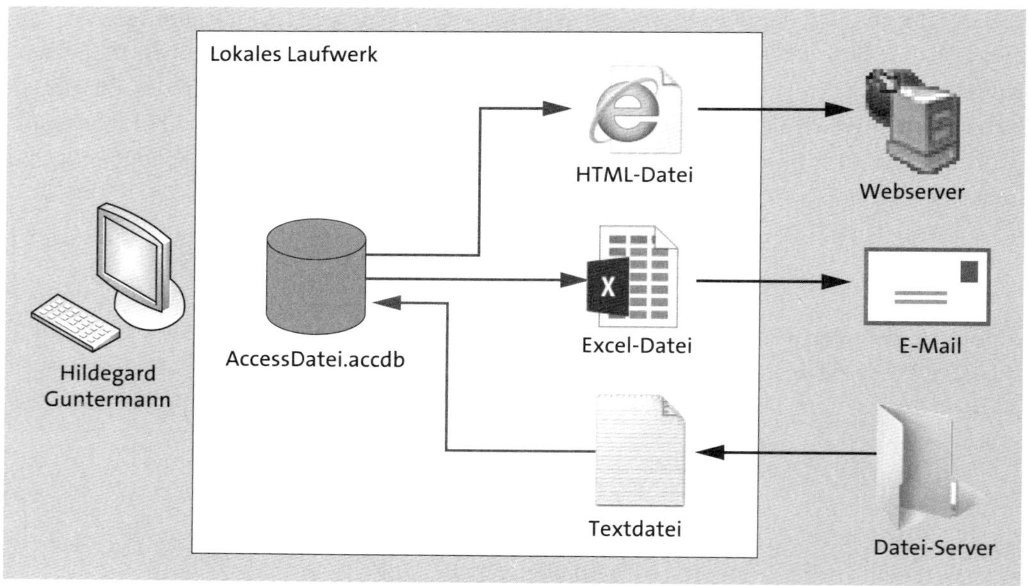

Abbildung 4.3 Export und Import ist mit unterschiedlichen Dateiformaten möglich. Nach dem Export können die Daten losgelöst von Access weiterverarbeitet werden (Webserver, E-Mail etc.).

Entscheidendes Merkmal beim Import und Export ist, dass die Daten nur *zu bestimmten Zeitpunkten* über die Schnittstellen übertragen werden. Die Daten sind dadurch beim Empfänger nicht immer aktuell.

Merkmal	Vorteil	Nachteil
Aktualität der Daten		•
Leistung	•	
Stabilität	•	
Skalierbarkeit	•	
Aufwand beim Einrichten		•
Aufwand bei Weiterentwicklungen		•

Tabelle 4.3 Der große Nachteil des Import-/Export-Szenarios ist, dass die Daten nicht immer aktuell sind.

Über die fehlende Aktualität der Daten müssen Sie sich unbedingt bewusst sein! Einzige Abhilfe schafft ein häufiger Abgleich der Daten. Unter Umständen müssen die Daten mehrmals täglich und automatisch per Programm abgeglichen werden. Dies bildet dann den Übergang zu einem Szenario mit *Replikation*, was über den Umfang dieses Buches hinausgeht (Abschnitt 11.4, »Die Grenzen der Möglichkeiten in Access – Beyond the Limits«).

Einmalige Datenübertragung

Das Import-/Export-Szenario habe ich bisher so beschrieben, dass damit regelmäßig Daten zwischen zwei Systemen abgeglichen werden. Ein anderer, sehr wichtiger Fall ist das *einmalige Übertragen* von Daten, beispielsweise wenn eine neue Datenbank in Betrieb genommen oder ein altes System abgeschaltet werden soll.

Einmaliges vs. mehrmaliges Übertragen der Daten ist der einzige Unterschied beider Fälle. Sowohl die Werkzeuge zum Import und zum Export als auch das Szenario an sich bleiben gleich. Daher erspare ich Ihnen ein separates Szenario für die einmalige Datenübertragung. Allerdings zeige ich Ihnen beide Fälle in Rahmen von zwei Workshops in Abschnitt 4.5, »Workshops zum Import von Daten«.

Wenn Sie alles richtig machen, können Sie die Leistung, die Stabilität und die Skalierbarkeit optimieren. An dieser Stelle kann eine aufschlussreiche Schnittstellen-Definition sehr hilfreich sein. Damit sind wir bei den Nachteilen dieses Szenarios: Für das Erstellen und das Anpassen der Schnittstellen-Definition fällt nicht unerheblicher Aufwand für alle beteiligten Personen an. Und falls nicht (Import und Export ohne Schnittstellen-Definition), kann es immer noch zu Störungen kommen, die mitunter unvorhersehbaren Aufwand verursachen. Letztendlich läuft beides auf das gleiche Ergebnis hinaus: *Schnittstellen verursachen Aufwand.*

4.1.3 Verbundene Datenquellen

Eine Weiterentwicklung des Import-/Export-Szenarios stellen *verbundene Datenquellen* dar. Anstatt die Daten zu festgelegten Zeitpunkten zu übertragen, bleiben die Daten dort, wo sie bereits sind. Am besten sind sie in einer Server-Datenbank aufgehoben. Tabellen erstellen Sie in diesem Szenario nicht in Ihrer Access-Datei; stattdessen verbinden Sie sich mit Tabellen (oder *Sichten*), die in der Server-Datenbank bereits vorhanden sind.

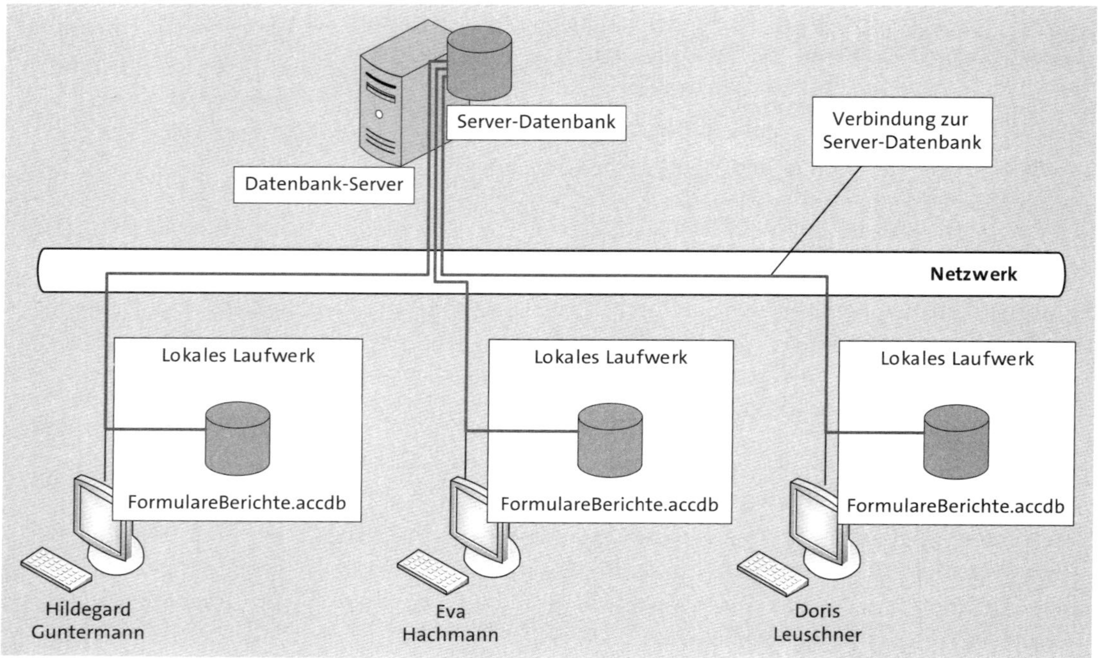

Abbildung 4.4 In den Access-Dateien auf den lokalen Rechnern befinden sich keine Daten, sondern nur Abfragen, Formulare und Berichte. Zu den Tabellen auf der Server-Datenbank werden Verbindungen hergestellt.

Verbindungen können Sie zu Server-Datenbanken oder zu anderen Dateien herstellen (Excel-Datei, Textdatei etc.; in Abbildung 4.4 nicht dargestellt). Sie können sich von einer Access-Datei auch mit mehreren verschiedenen Datenquellen gleichzeitig verbinden.

Merkmal	Vorteil	Nachteil
Aktualität der Daten	•	
Leistung	•	

Tabelle 4.4 Server-Datenbanken sind hervorragend in Bezug auf Leistung, Stabilität und Skalierbarkeit. Diese Vorteile müssen Sie sich leider durch erhöhten Aufwand beim Einrichten und Weiterentwickeln erkaufen.

Merkmal	Vorteil	Nachteil
Stabilität	•	
Skalierbarkeit	•	
Aufwand beim Einrichten		•
Aufwand bei Weiterentwicklungen		•

Tabelle 4.4 Server-Datenbanken sind hervorragend in Bezug auf Leistung, Stabilität und Skalierbarkeit. Diese Vorteile müssen Sie sich leider durch erhöhten Aufwand beim Einrichten und Weiterentwickeln erkaufen. (Forts.)

Entscheidend bei diesem Szenario ist es, dass die Daten nicht kopiert werden, sondern an *gemeinsam genutzten Ablageorten* liegen. Jeder, der sich mit der Datenquelle verbindet, hat daher Zugriff auf die aktuellen Daten.

Server-Datenbanken wie beispielsweise der Microsoft SQL Server sind sicherlich die wichtigste Form der Datenquelle. Leistung, Stabilität und Skalierbarkeit sind hervorragend und können an vielen Stellen optimiert werden. Insbesondere ist die Datenhaltung deutlich stabiler als in einer Access-Datei. Mir ist es schon öfter vorgekommen, dass einzelne Teile (Pages) einer Access-Datei fehlerhaft waren und einige Daten dadurch verlorengingen. Dann hilft nur noch eine Sicherheitskopie der Access-Datei weiter. Mit einer Server-Datenbank ist mir so etwas bisher nur ein einziges Mal passiert! Für unternehmenswichtige Datenbanken ist Stabilität ein absolutes Muss.

Es gibt verschiedene Datenbank-Server

Eine Server-Datenbank wird von einer speziellen Software, dem Datenbank-Server, verwaltet und bereitgestellt. Ein Beispiel für eine Datenbank-Server-Software ist der Microsoft SQL Server, den ich schon öfter erwähnt habe.

Es gibt verschiedene Datenbank-Server, und wie immer hat jedes Produkt seine Stärken und seine Schwächen. Die Auswahl der Datenbank-Server-Software ist eine sehr weitreichende Entscheidung, die von vielen Faktoren abhängt und eine sorgfältige Vorbereitung benötigt (Abschnitt 4.7.2, »Häufig eingesetzte Datenbank-Server«).

Wie bereits erwähnt, erstellen Sie in diesem Szenario die Tabellen nicht in der Access-Datei, sondern in der Server-Datenbank. Jetzt stellt sich die spannende Frage, wer die Hoheit über die Server-Datenbank hat. Wer ist für das Datenbankdesign auf Server-Seite zuständig? Wenn Sie das sind, dann Gratulation, denn Sie können das Zusammenspiel von Access mit der Server-Datenbank voll ausschöpfen (mehr dazu in Abschnitt 4.7, »Was sind Server-Datenbanken?«).

Andernfalls greifen Sie über eine Schnittstelle auf die Server-Datenbank zu, die von jemand anders gepflegt wird. Sie sollten miteinander abstimmen, auf welche Tabellen Sie zugreifen dürfen und in welchen Tabellen Sie Daten nicht nur lesen, sondern auch schreiben dürfen. Falls es eine Schnittstellen-Definition gibt, sollten Sie die Tabellen und die Zugriffsberechtigungen dort vermerken.

Bei einer Server-Datenbank müssen wir den administrativen Aufwand für die Installation und für die fortlaufende Wartung berücksichtigen. Gegenüber diesem Aufwand steht der enorme Zugewinn in den Punkten Leistung, Stabilität und Skalierbarkeit. Falls mehr als eine Person oder mehr als ein System auf die Server-Datenbank zugreift, kommt noch der Aufwand für das Erstellen und für das Anpassen der Schnittstelle dazu.

4.1.4 Verteilte Datenquellen – »Datawarehouse« und »Datamining«

Der Vollständigkeit halber und eher als Ausblick gedacht möchte ich schließlich ein komplexes Szenario vorstellen. Entscheidendes Merkmal ist eine *Vielzahl gemeinsam genutzter Datenquellen*, mit denen sich unterschiedliche Access-Dateien oder auch andere Anwendungen verbinden.

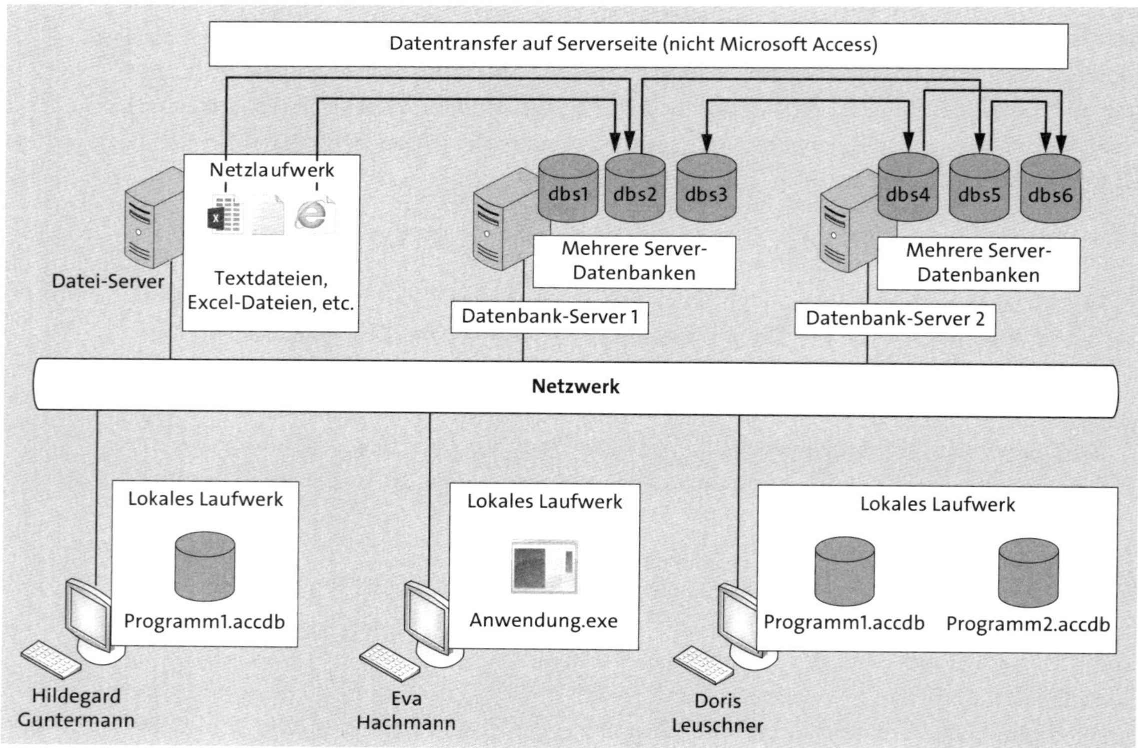

Abbildung 4.5 Im komplexen Szenario gibt es eine Vielzahl gemeinsam genutzter Datenquellen. Der Datentransfer findet ebenfalls auf Server-Seite statt.

Die Merkmale sind die gleichen wie die in Abschnitt 4.1.3, »Verbundene Datenquellen«, – denn letztendlich ist das komplexe Szenario nur eine Erweiterung des bereits beschriebenen Szenarios »verbundene Datenquellen«.

4

Wie Sie in Abbildung 4.5 sehen, befindet sich nicht nur die Ablage der Daten auf Seite der Server. Zusätzlich findet der Datentransfer (Verbindungen, Importe und Exporte) zwischen den Servern und nicht mehr in Access statt. Das ist wichtig, denn schließlich müssen alle Prozesse zum Datenabgleich auch dann zuverlässig laufen, wenn die Client-Rechner mit ihren Access-Dateien ausgeschaltet sind.

Komplexe Szenarien lassen sich nur mit Server-Datenbanken vernünftig realisieren. Die gemeinsame Datenablage kann als Datenbasis für ein *Datawarehouse* dienen. Es kann einzelne Datenbanken geben, die Daten aus anderen Systemen (Textdateien, Excel-Dateien, andere Server-Datenbanken) importieren und sammeln, so dass die Daten aufbereitet an einer zentralen Stelle (in einem Datawarehouse) zur Verfügung stehen. Diesen Prozess bezeichnet man als *Datamining*. Sowohl Datawarehouse als auch Datamining sind umfangreiche Themen, für die es eigens professionelle Software gibt. Ein tieferer Einblick würde den Rahmen dieses Buches sprengen.

4.2 Export von Daten

Daten in einer Access-Datei liegen sehr geordnet vor. Schließlich handelt es sich um eine Datenbank! Aus diesem Grund gibt es beim Export von Daten in andere Programme wenige Hürden.

4.2.1 Export über die Zwischenablage

Der schnellste und in meinen Augen recht universelle Weg des Exports führt über die Zwischenablage:

1. Öffnen Sie in Access eine Tabelle oder Abfrage in der Datenblattansicht.
2. Markieren Sie die gewünschten Datensätze.
3. Wählen Sie START • ZWISCHENABLAGE • KOPIEREN (oder [Strg] + [C]).
4. Wechseln Sie zum anderen Programm.
5. Wählen Sie EINFÜGEN ([Strg] + [V]).

In den meisten Fällen erhalten Sie ein Ergebnis, das je nach Zielanwendung einmal mehr oder weniger brauchbar ist! Als Beispiel habe ich mehrere Datensätze in unterschiedliche Zielanwendungen exportiert. Die folgenden Abbildungen vermitteln Ihnen einen Eindruck der Möglichkeiten des Exports über die Zwischenablage.

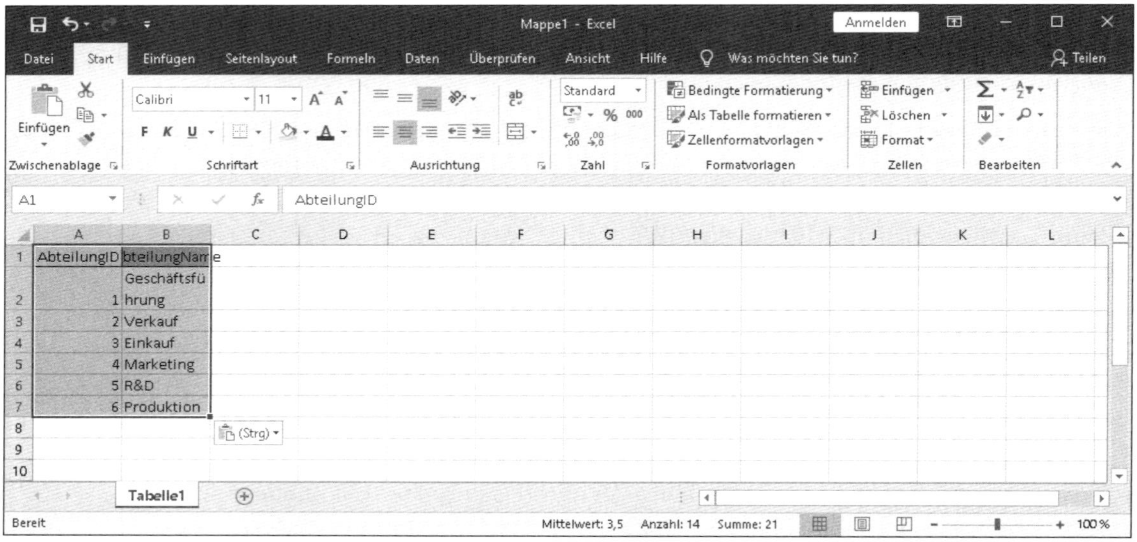

Abbildung 4.6 Die Tabelle »tblAbteilung« wurde über die Zwischenablage nach Excel exportiert.

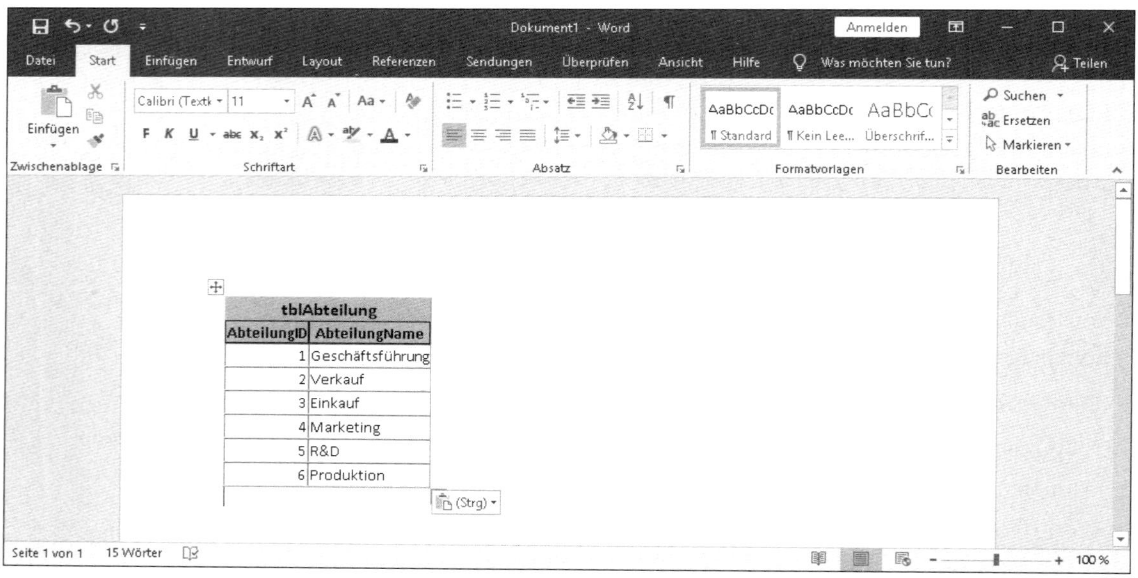

Abbildung 4.7 Die Tabelle »tblAbteilung« wurde über die Zwischenablage nach Word exportiert.

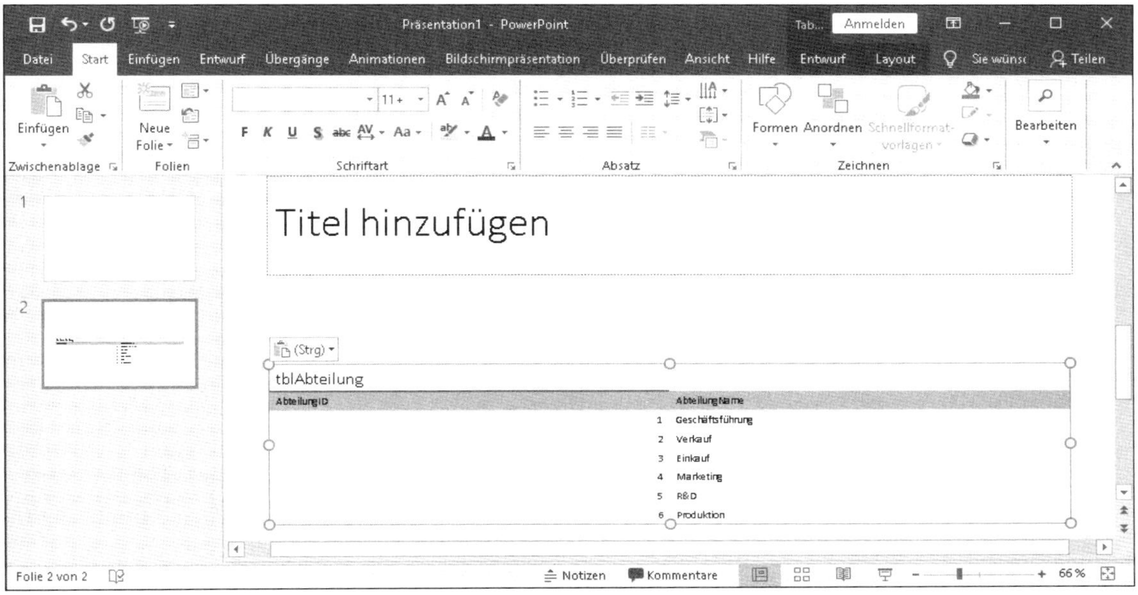

Abbildung 4.8 Die Tabelle »tblAbteilung« wurde über die Zwischenablage nach PowerPoint exportiert.

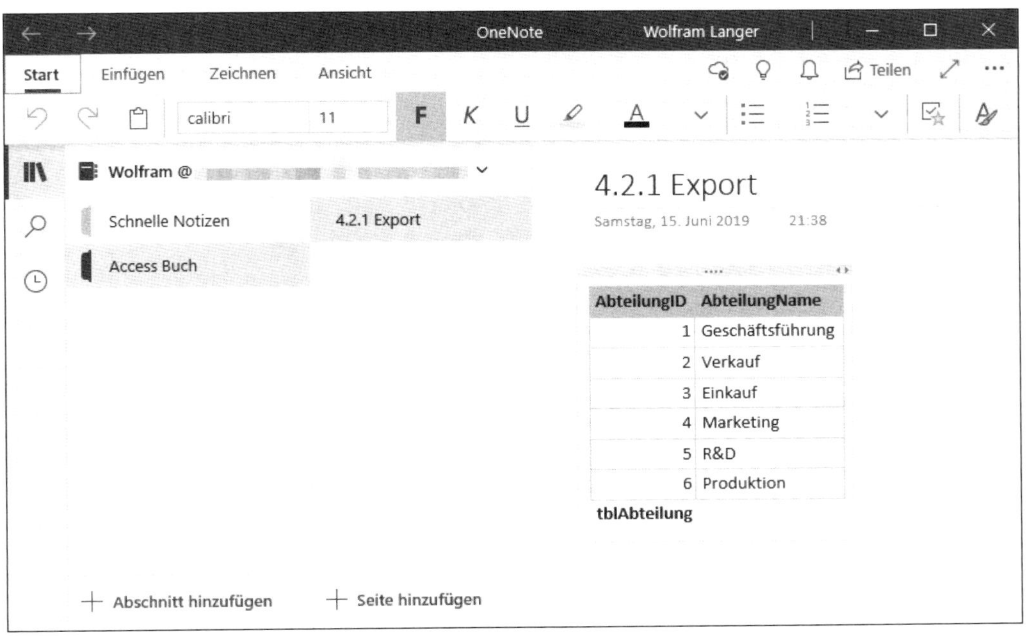

Abbildung 4.9 Die Tabelle »tblAbteilung« wurde über die Zwischenablage nach OneNote exportiert.

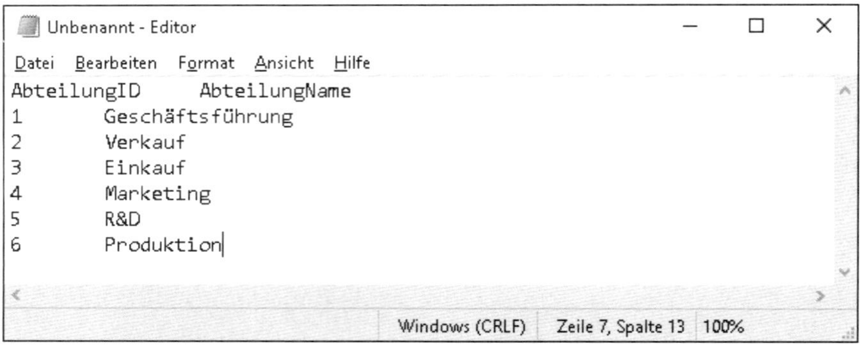

Abbildung 4.10 Die Tabelle »tblAbteilung« wurde über die Zwischenablage in eine Textdatei exportiert.

Leider können Sie beim Export über die Zwischenablage so gut wie gar nichts konfigurieren oder steuern. Zum Glück gibt es noch andere Wege des Datenexports, die ich Ihnen in den nächsten Abschnitten vorstellen werde.

4.2.2 Export in eine andere Access-Datenbank

Einzelne Datenbankobjekte können Sie von einer Access-Datei aus in eine andere Access-Datei kopieren. Bei diesem Weg des Exports bleiben die Datenbankobjekte innerhalb der Welt von Access. Im Gegensatz zu den anderen Exportwegen bleiben die Daten unverändert und werden nicht konvertiert.

Für den Export muss die andere Access-Datei bereits bestehen. Die einfachste Art des Exports ist es, sowohl die Quell- als auch die Zieldatei in Access zu öffnen und die gewünschten Datenbankobjekte über die Zwischenablage (Kopieren und Einfügen) zu übertragen. Die zweite Art des Exports über das Menüband funktioniert genauso gut:

1. Erstellen Sie eine leere Datenbank.
2. Öffnen Sie die Datenbank *03_Abfragen\3.3_Fluege_1000rst.accdb* aus den Materialien zum Buch.
3. Wählen Sie im Navigationsbereich das zu exportierende Objekt aus, beispielsweise *tbl-Abteilung*.
4. Klicken Sie auf EXTERNE DATEN • EXPORTIEREN • ACCESS. Der Dialog EXPORTIEREN – ACCESS-DATENBANK wird angezeigt.
5. Wählen Sie die Access-Datei aus, die Sie im ersten Schritt erstellt haben.
6. Klicken Sie auf OK.
7. Wählen Sie im Dialog EXPORTIEREN (Abbildung 4.11) aus, dass sowohl die Tabellenstruktur (DEFINITION) als auch die Daten übertragen werden sollen, und klicken Sie auf OK.

Die Tabelle mitsamt aller darin enthaltenen Datensätze wird jetzt in die andere Datei exportiert. Das Ergebnis des Exports (ich habe die beiden Tabellen *tblAbteilung* und *tblMitarbeiter* nacheinander exportiert) finden Sie in den Materialien zum Buch in der Datenbank *04_Aussenwelt\4.2.2_Export_nach_Access.accdb*. Access teilt Ihnen auf der letzten Seite des Export-Assistenten mit, dass der Export erfolgreich war. Klicken Sie auf SCHLIESSEN, um den Export-Assistenten zu beenden.

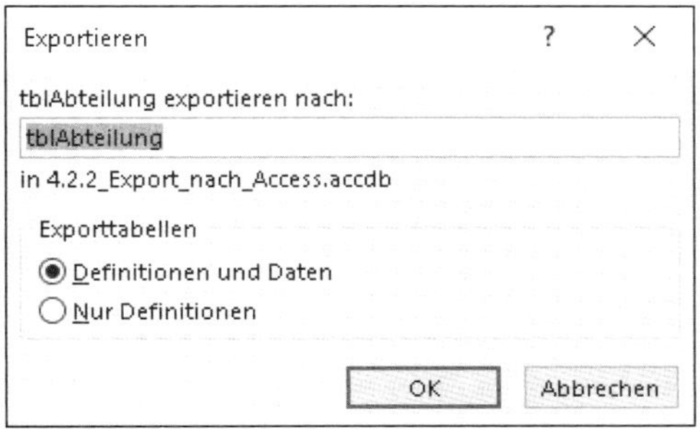

Abbildung 4.11 Beim Export einer Tabelle können Sie wählen, ob nur die Tabellenstruktur (Definitionen) oder auch alle darin enthaltenen Daten übertragen werden sollen.

Neben Tabellen können Sie auch alle anderen Arten von Datenbankobjekten exportieren (Abfragen, Formulare, Berichte, Makros oder Module). Jedoch nur bei Tabellen ist die Unterscheidung zwischen Tabellenstruktur und Daten sinnvoll. Deshalb gibt es nur bei Tabellen die zwei in Abbildung 4.11 dargestellten Auswahlmöglichkeiten.

Der Importweg ist etwas mächtiger

Über den Exportweg lassen sich einige Bestandteile einer Access-Datei nicht übertragen. Ich möchte an dieser Stelle nicht alle Einschränkungen aufzählen, sondern nur die wichtigsten:

- Tabellenbeziehungen werden nicht übertragen.
- Abfragen können nicht als Tabelle exportiert werden.

Beides lässt sich mit dem Import aus einer anderen Access-Datei bewerkstelligen. Die Details dazu zeige ich Ihnen in Abschnitt 4.4.1, »Import aus einer anderen Access-Datenbank«. Der Importweg verfügt also über ein paar Funktionen mehr als der Export.

4.2.3 Export nach Excel

Über den Export nach Excel können Sie eine Tabelle oder ein Abfrageergebnis in ein Excel-Arbeitsblatt übertragen und dort weiterbearbeiten.

1. Öffnen Sie die Datenbank *03_Abfragen\3.3_Fluege_1000rst.accdb* aus den Materialien zum Buch.

2. Wählen Sie im Navigationsbereich das zu exportierende Objekt aus, beispielsweise *tblAbteilung*.
3. Klicken Sie auf EXTERNE DATEN • EXPORTIEREN • EXCEL. Der Dialog EXPORTIEREN – EXCEL-TABELLE wird angezeigt.
4. Geben Sie den Pfad und Namen der Excel-Datei an. Wenn notwendig, können Sie das passende Dateiformat für die Excel-Arbeitsmappe auswählen. Die Datei wird neu erstellt und sollte noch nicht existieren.

An dieser Stelle können Sie als Exportoption auswählen, ob die Daten mit Formatierung und Layout exportiert werden sollen. Diese Exportoption hat aber nur kosmetische Auswirkungen. Zum Vergleich habe ich den Export einmal ohne (*04_Aussenwelt\4.2.3_Export_nach_Excel_ohne_Formatierungen.xlsx*) und einmal mit Formatierungen durchgeführt (*04_Aussenwelt\4.2.3_Export_nach_Excel_mit_Formatierungen.xlsx*).

	A	B	C	D	E
1	Abteilung	AbteilungName			
2	1	Geschäftsführung			
3	2	Verkauf			
4	3	Einkauf			
5	4	Marketing			
6	5	R&D			
7	6	Produktion			
8					

Abbildung 4.12 Ergebnis des Exports nach Excel ohne Formatierung

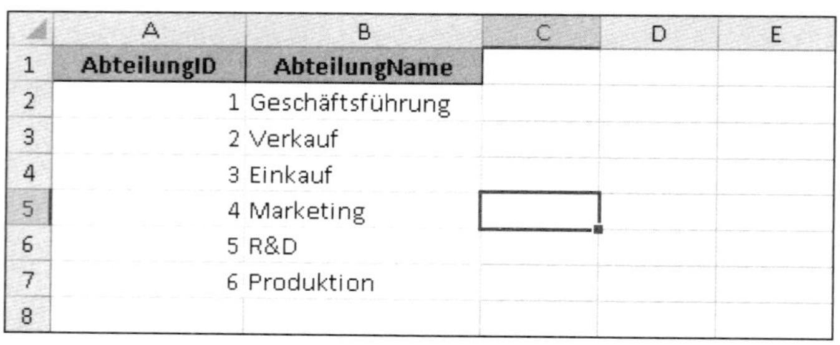

	A	B	C	D	E
1	**AbteilungID**	**AbteilungName**			
2	1	Geschäftsführung			
3	2	Verkauf			
4	3	Einkauf			
5	4	Marketing			
6	5	R&D			
7	6	Produktion			
8					

Abbildung 4.13 Die gleiche Tabelle exportiert nach Excel, diesmal mit Formatierungen

Recht praktisch ist, dass Sie auch einzelne Datensätze einer Tabelle exportieren können.

1. Öffnen Sie die Datenbank *03_Abfragen\3.3_Fluege_1000rst.accdb* aus den Materialien zum Buch.
2. Öffnen Sie die Tabelle *tblAbteilung* in der Datenblattansicht.
3. Wählen Sie die Datensätze aus, die Sie exportieren möchten. Dazu klicken Sie auf den Datensatzmarkierer und halten die Maustaste gedrückt, so dass mehrere Datensätze gleichzeitig markiert sind.

4. Klicken Sie auf EXTERNE DATEN • EXPORTIEREN • EXCEL. Der Dialog EXPORTIEREN – EXCEL-TABELLE wird angezeigt.
5. Geben Sie den Pfad und Namen der Excel-Datei an.
6. Setzen Sie das Häkchen für die Exportoption EXPORTIEREN VON DATEN MIT FORMATIERUNG UND LAYOUT.
7. Setzen Sie das Häkchen für die Exportoption EXPORTIEREN DER AUSGEWÄHLTEN DATENSÄTZE.
8. Klicken Sie auf OK.

Alternativ können Sie auch mit Filter und Sortierung arbeiten. Wichtig ist nur, dass Sie die Exportoption EXPORTIEREN VON DATEN MIT FORMATIERUNG UND LAYOUT angewählt haben. Ohne diese Option exportiert Access stets die gesamte Tabelle.

4.2.4 Export nach Word

Sie werden früher oder später in die Situation kommen, dass Sie eine Access-Tabelle in ein Word-Dokument einfügen müssen. Für diesen Fall empfehle ich Ihnen den Weg über die Zwischenablage, wie ich das in Abschnitt 4.2.1, »Export über die Zwischenablage«, gezeigt habe. Daneben gibt es zwei weitere Wege für den Export nach Word (Tabelle 4.5)

Exportweg nach Word	Beschreibung
über die Zwischenablage	Die Daten werden als Tabelle in ein Word-Dokument eingefügt.
Export im Rich Text Format	Es wird ein Dokument im Rich Text Format erstellt, das eine Tabelle enthält.
Word-Seriendruck	Über die Seriendruck-Funktion von Word werden die Daten formatiert dargestellt. Sie können diese Funktion als Alternative zu einem Access-Bericht nutzen.

Tabelle 4.5 Die drei verschiedenen Wege des Exports nach Word führen zu unterschiedlichen Ergebnissen.

Export als Datei im Rich Text Format (RTF-Datei)

Das Rich Text Format eignet sich als universelles Datenaustausch-Format für Textverarbeitungsdokumente (vergleiche den Kasten »Das Rich Text Format (RTF)«). Ursprünglich wurde dieses Format eingeführt, damit man auch ohne Word-Installation einen formatierten Text lesen kann.

Das Rich Text Format (RTF)

Microsoft etablierte bereits 1987 das Rich Text Format, zum Austausch von formatiertem Text mit Grafiken zwischen verschiedenen Anwendungen und zwischen verschiedenen Plattformen (MS-DOS, Windows, OS/2, Apple Macintosh usw.). Das Rich Text Format ist aus heutiger Sicht ein recht einfaches Dateiformat für Textverarbeitungsdokumente. Die letzte Spezifikation in der Version 1.9.1 war bis vor kurzer Zeit unter der Bezeichnung »Word 2007: Rich Text Format (RTF) Specification« im Microsoft Download Center zu finden.

Neben Microsoft Word können viele andere Textverarbeitungsprogramme mit dem Rich Text Format umgehen. Ein bekanntes Beispiel ist die Anwendung WordPad, die Microsoft zusammen mit dem Windows-Betriebssystem bereitstellt. Damit kann jeder Anwender, der mit Windows arbeitet, eine RTF-Datei lesen und bearbeiten – auch ohne eine Installation von Microsoft Word.

Genau genommen ist das Rich Text Format ein eigenständiges Dateiformat, das nicht an Microsoft Word gekoppelt ist. Die einzige Verbindung zu Word besteht darin, dass Sie eine RTF-Datei neben vielen anderen Textverarbeitungsprogrammen auch mit Word lesen und schreiben können. In Access befindet sich der Export in das Rich Text Format unter EXTERNE DATEN • EXPORTIEREN • WEITERE OPTIONEN • WORD. Meiner Meinung nach hätte diese Schaltfläche mit »RTF« beschriftet sein müssen. Vielleicht liegt es an der Bekanntheit von Word, dass diese Funktion letztendlich mit »Word« beschriftet wurde. Sie bewirkt aber einen Export als RTF-Datei. Und so geht es:

1. Öffnen Sie die Datenbank *03_Abfragen\3.3_Fluege_1000rst.accdb* aus den Materialien zum Buch.
2. Wählen Sie im Navigationsbereich das zu exportierende Objekt aus, beispielsweise *tblAbteilung*.
3. Klicken Sie auf EXTERNE DATEN • EXPORTIEREN • WEITERE OPTIONEN • WORD. Der Dialog EXPORTIEREN – RTF-DATEI wird angezeigt.
4. Geben Sie den Pfad und Namen der RTF-Datei an.
5. Das Häkchen für die Exportoption EXPORTIEREN VON DATEN MIT FORMATIERUNG UND LAYOUT ist immer gesetzt – schließlich enthält eine RTF-Datei immer formatierten Text!
6. Klicken Sie auf OK.

In den Materialien zum Buch finden Sie die RTF-Datei *04_Aussenwelt\4.2.4_Export_nach_Word.rtf*. Obwohl das Rich Text Format so alt ist, sieht das Layout gar nicht so schlecht aus, oder? Word öffnet eine RTF-Datei im sogenannten *Kompatibilitätsmodus*. In diesem Modus sind einige der neusten Layoutmöglichkeiten von Word deaktiviert.

Wenn Sie die aktuellen Layoutmöglichkeiten von Word nutzen möchten, können Sie den Kompatibilitätsmodus verlassen. Klicken Sie dazu in Word auf DATEI • INFORMATIONEN •

KONVERTIEREN, und speichern Sie die Datei anschließend als *.docx*-Datei ab. Sie verzichten dadurch allerdings auf die universellen Möglichkeiten des Rich Text Formats zum Daten-Austausch (das ist heute nicht mehr so relevant, da man mit WordPad mittlerweile auch *.docx*-Dateien bearbeiten kann).

Word-Seriendruck

Die Word-Funktion *Seriendruck* ist auch unter der Bezeichnung *Serienbrief* bekannt. Sie zählt zweifelsohne zu den fortgeschrittenen, aber auch sehr beliebten Funktionen von Word.

In Access gibt es für den Seriendruck eine Exportfunktion unter EXTERNE DATEN • EXPORTIEREN • WORD-SERIENDRUCK. Diese Funktion ruft letztendlich einen Assistenten in Word auf. Ich werden Ihnen den Assistenten und andere Seriendruck-Funktionen in Abschnitt 4.3.2, »Serienbriefe in Word erstellen«, vorstellen.

4.2.5 Export als PDF- oder XPS-Datei

In Access können Sie Datenbankobjekte als PDF- oder XPS-Datei exportieren. Als Stärke beider Dateiformate werden Textdokumente mit Grafiken und Layout quasi eingefroren.

Das Portable Document Format (PDF)

Ziel des Portable Document Formats ist es, Dokumente zwischen unterschiedlichen Systemen austauschen und originalgetreu wiedergeben zu können. Dadurch wird ein Dokument unabhängig von der Software, mit der es erstellt wurde. PDF-Dateien können nach dem Erstellen nur in sehr begrenzten Umfang verändert werden.

Das Portable Document Format wurde 1993 von der Firma Adobe Systems, Inc. eingeführt und ist inzwischen auch in ISO-Normen festgehalten. Für alle gängigen Betriebssysteme gibt es verschiedene Anzeigeprogramme (englisch *reader*), darunter den kostenlos verfügbaren Adobe Acrobat Reader.

Die XML Paper Specification (XPS)

Das XPS-Dateiformat ist die Antwort von Microsoft auf PDF. Es wurde als direktes Konkurrenzprodukt entwickelt und erschien erstmalig im Jahr 2005. Ebenso wie bei PDF ist das Ziel des XPS-Formats, Dokumente auf unterschiedlichen Systemen originalgetreu wiedergeben zu können. Ein nachträgliches Verändern einer XPS-Datei ist nicht vorgesehen. Für das XPS-Dateiformat gibt es eigene Anzeigeprogramme:

- XPS-Viewer
- Reader-App (ab Windows 8)

In Access spielen Layout und Formatierung hauptsächlich bei Berichten eine Rolle. Neben Berichten können Sie auch Tabellen, Abfragen oder Formulare in eine PDF- oder XPS-Datei exportieren.

1. Öffnen Sie die Datenbank *03_Abfragen\3.3_Fluege_1000rst.accdb* aus den Materialien zum Buch.
2. Wählen Sie im Navigationsbereich das zu exportierende Objekt aus, beispielsweise *tbl-Abteilung*.
3. Klicken Sie auf EXTERNE DATEN • EXPORTIEREN • PDF ODER XPS.
4. Geben Sie den Pfad und Namen der Datei an, und wählen Sie den Dateityp aus (PDF oder XPS).
5. Klicken Sie auf VERÖFFENTLICHEN.

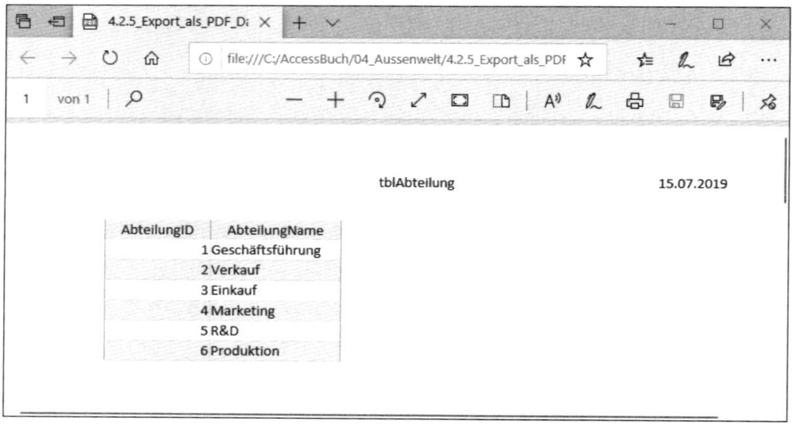

Abbildung 4.14 Die Tabelle »tblAbteilung« nach dem Export als PDF-Datei

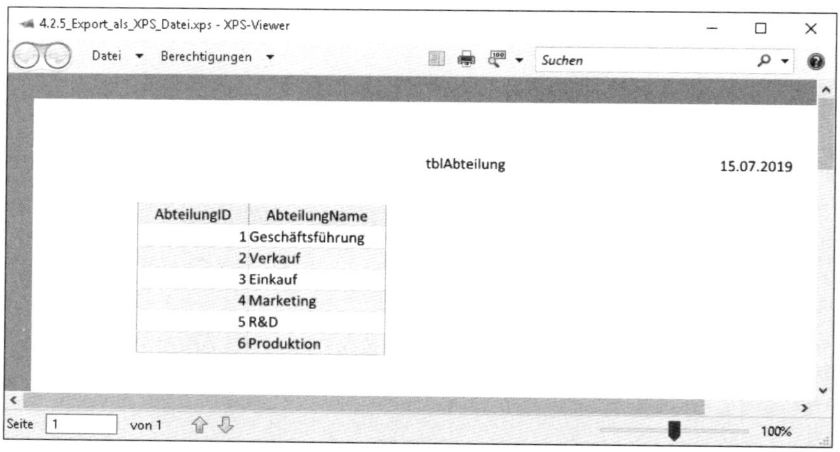

Abbildung 4.15 Die Tabelle »tblAbteilung« nach dem Export als XPS-Datei

In den Materialien zum Buch finden Sie Beispiele für beide Dateiformate: *04_Aussenwelt\4.2.5_Export_als_PDF_Datei.pdf* und *04_Aussenwelt\4.2.5_Export_als_XPS_Datei.xps*.

Beim Export einer Tabelle oder einer Abfrage generiert Access das Layout automatisch. Sie können das Aussehen der PDF- bzw. XPS-Datei nicht näher beeinflussen. Wenn Sie die einzelnen Felder selbst anordnen und Schriftart, -größe, -stil etc. selbst festlegen möchten, dann geht das nur über einen Bericht.

4.2.6 Export in eine Textdatei

Textdateien sind ein sehr einfaches und seit jeher geläufiges Format zum Austausch von Daten. In Access können Sie eine Tabelle oder Abfrage über die Funktion EXTERNE DATEN • EXPORTIEREN • TEXTDATEI in eine Textdatei exportieren. Im Dialog EXPORT – TEXTDATEI können Sie wählen, ob die Datensätze mit oder ohne Formatierung exportiert werden sollen (Abbildung 4.16).

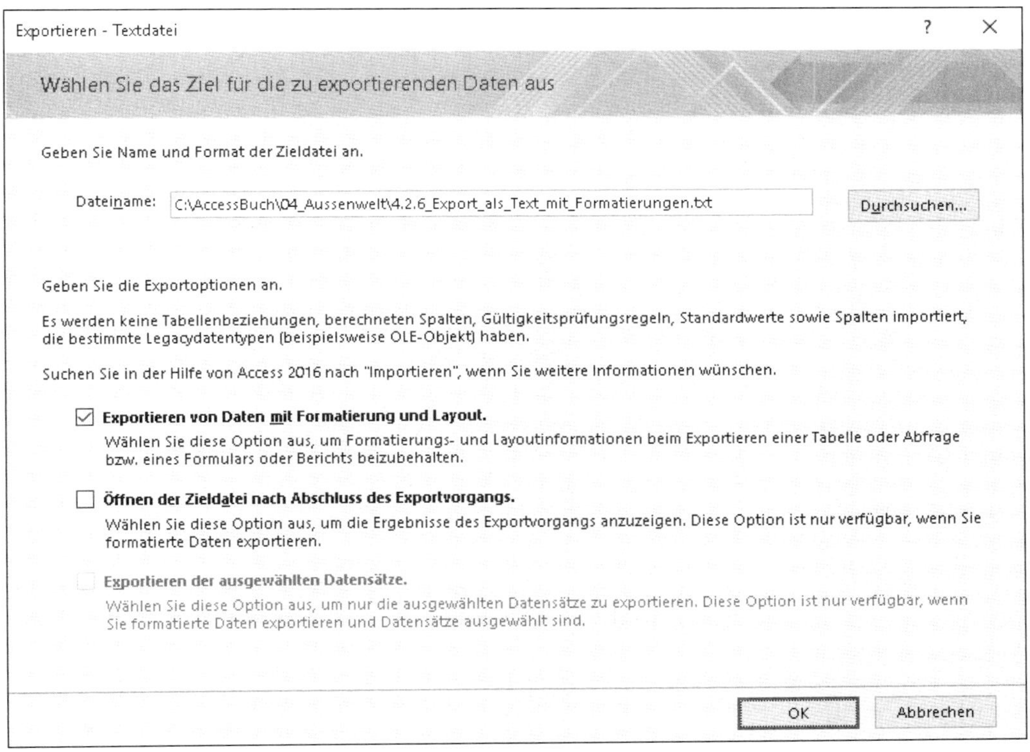

Abbildung 4.16 Beim Export als Textdatei können Sie festlegen, ob Access mit oder ohne Formatierungen exportieren soll.

Beim Export mit Formatierung und Layout erzeugt Access eine Textdatei, in der die Umrandung der Tabelle mit ASCII-Zeichen dargestellt wird. Ein Beispiel finden Sie in Abbildung 4.17

und in den Materialien zum Buch unter *04_Aussenwelt\4.2.6_Export_als_Text_mit_Formatierungen.txt*. Die formatierte Darstellung der Tabelle erinnert mich etwas an die 80er Jahre und lässt nostalgische Gefühle aufkommen. Für den Transfer von Daten in ein anderes Programm sind Formatierungen jedoch eher hinderlich.

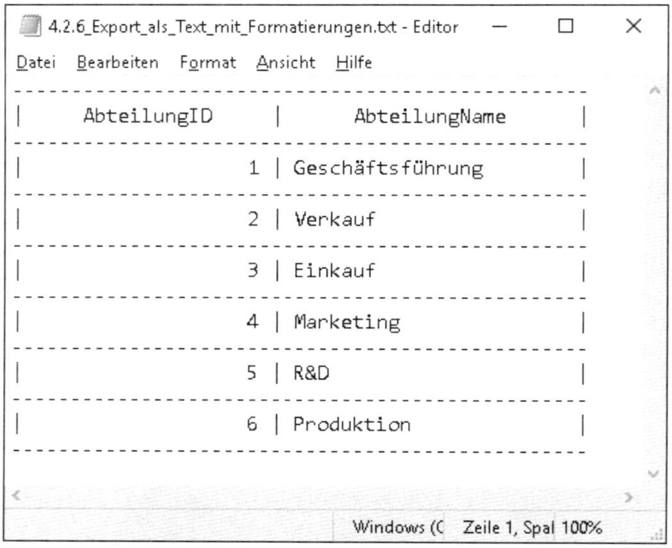

Abbildung 4.17 Der Export als Textdatei mit Formatierung erinnert etwas an ASCII-Grafik aus den 80er Jahren.

Wenn Sie die exportierten Daten anschließend in einem anderen Programm wieder importieren möchten, eignet sich der Export ohne Formatierungen dafür besser. Ohne die senkrechten Linien, die in Abbildung 4.17 die Felder begrenzen, stellt sich aber eine grundlegende Frage: Wo fängt ein Feld an, und wo endet es? Zur Lösung dieses Problems haben sich zwei Strategien bewährt:

1. **Trennzeichen**
   Jede Zeile entspricht genau einem Datensatz. Die Felder werden durch ein *Trennzeichen* (englisch *delimiter*) voneinander abgegrenzt. Dieses Dateiformat ist auch als Comma-Separated Values (CSV) bekannt (RFC-Standard 4180).
2. **Feste Feldbreite**
   Jede Zeile entspricht genau einem Datensatz. Für jedes Feld wird eine feste Anzahl von Zeichen festgelegt; daher hat jede Zeile die gleiche Anzahl an Zeichen. Zusätzliche Leerzeichen werden eingetragen, um immer die feste Feldbreite zu erreichen.

In Access können Sie beim Export ohne Formatierungen wählen, welche der beiden Strategien Sie bevorzugen (Abbildung 4.18). Ich zeige Ihnen zunächst den Export in eine Textdatei mit Trennzeichen.

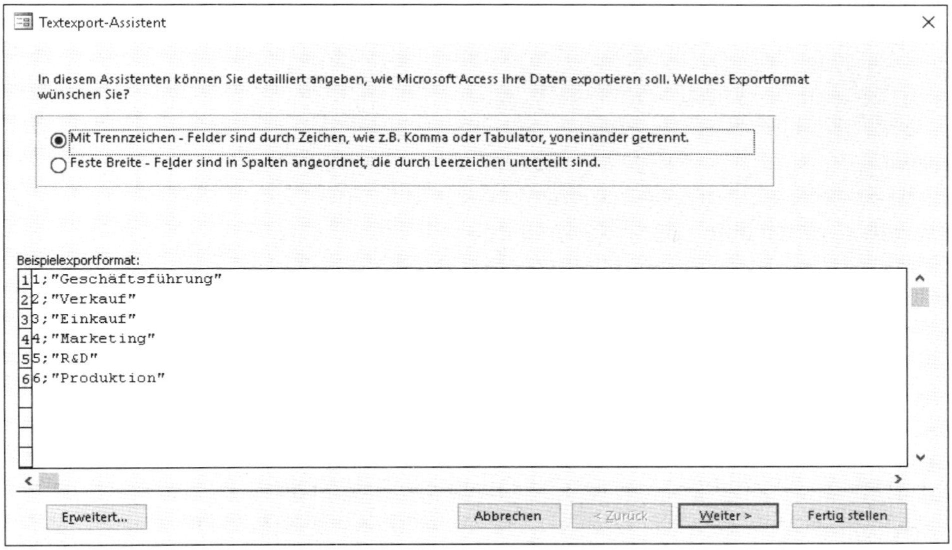

Abbildung 4.18 Beim Export als Textdatei ohne Formatierungen müssen Sie festlegen, wie Sie die einzelnen Felder auseinanderhalten wollen.

Export in eine CSV-Datei

Wählen Sie zunächst aus, dass Sie in eine Datei mit Trennzeichen exportieren möchten, und klicken Sie auf WEITER. Auf der nächsten Seite des Assistenten (Abbildung 4.19) können Sie die wichtigsten Einstellungen für den Export in eine CSV-Datei festlegen.

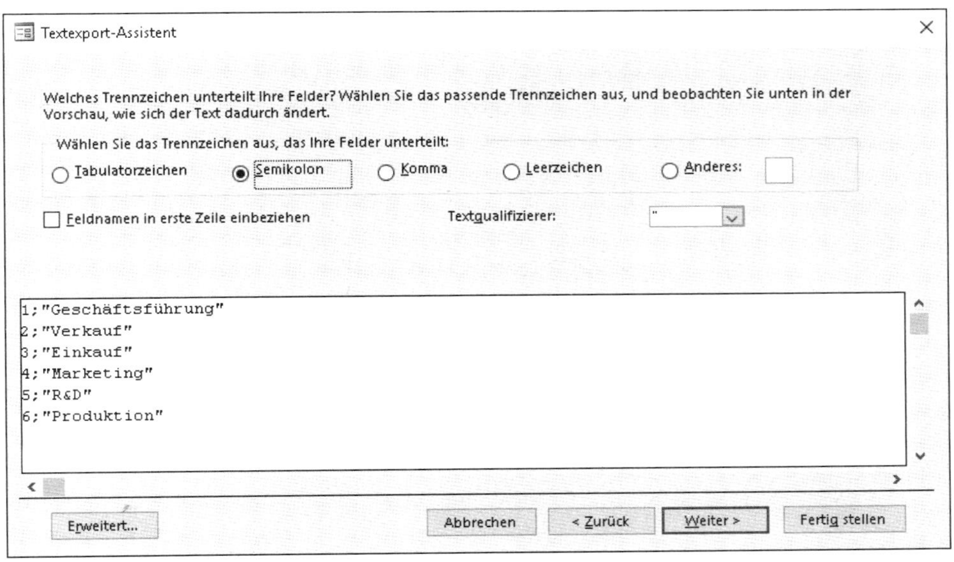

Abbildung 4.19 In einer CSV-Datei ist ein beliebiges Trennzeichen möglich, das Sie hier festlegen können.

1. **Trennzeichen**
   Zunächst müssen Sie das Trennzeichen auswählen. Häufig verwendet man den Tabulator, das Semikolon oder das Komma. Der Name *Comma-Separated Values* (CSV) deutet zwar auf das Komma hin; trotzdem sind auch andere Trennzeichen erlaubt.
2. **Kopfzeile**
   In der ersten Zeile können Sie die Feldnamen anzeigen lassen. Eine solche *Kopfzeile* (englisch *header*) ist nach dem RFC-Standard optional, also nicht zwingend erforderlich. Letztendlich kommt es darauf an, ob Sie die CSV-Datei in einem anderen Programm importieren möchten und ob dieses Programm eine Kopfzeile benötigt oder nicht.
3. **Textqualifizierer**
   Als weitere Exportoption können Sie festlegen, ob Textfelder durch doppelte Anführungszeichen (oder einen anderen *Textqualifizierer*) eingerahmt werden sollen. Diese Einstellung ist dann besonders wichtig, wenn in einem Feld das Trennzeichen selbst (z. B. das Semikolon) oder Zeilenumbrüche enthalten sind. Im RFC-Standard ist genau festgelegt, wie die doppelten Anführungszeichen als Textqualifizierer eingesetzt werden sollen. Trotzdem habe ich beim Import einer CSV-Datei in anderen Programmen schon häufiger eine Überraschung erlebt, denn in manch einer Software ist der Standard nur unzureichend umgesetzt – gerade was Zeilenumbrüche oder Anführungszeichen im Feldinhalt betrifft. Hier hilft letztendlich nur Probieren.

Am unteren Rand des Dialogs Textexport-Assistent befindet sich die Schaltfläche Erweitert, über die Sie den Dialog Exportspezifikationen aufrufen können (Abbildung 4.20).

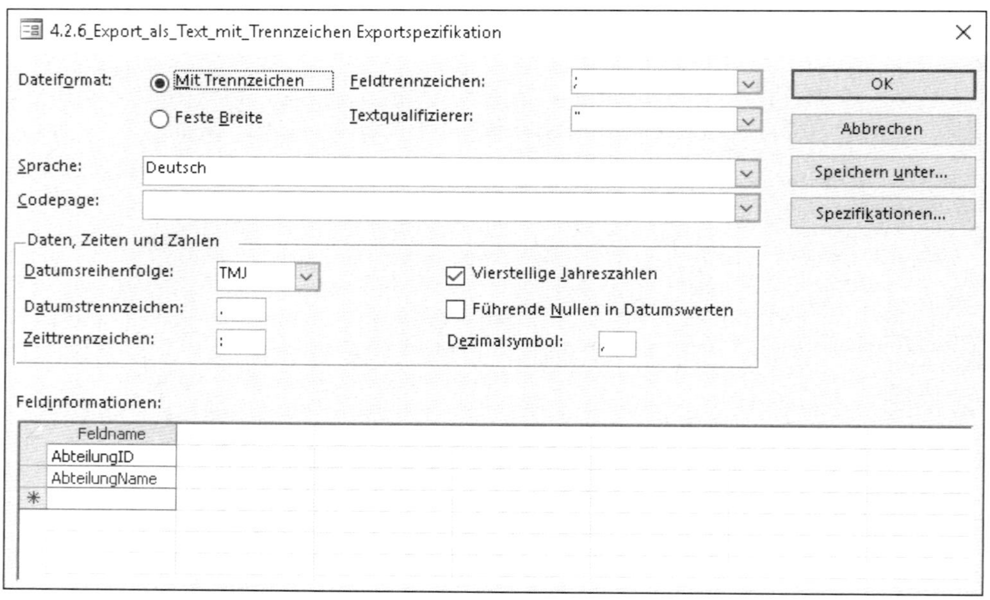

Abbildung 4.20 Im Dialog »Exportspezifikationen« können Sie weitere Einstellungen festlegen, die sich auf Felder mit dem Felddatentyp »Zahl« oder »Datum/Uhrzeit« auswirken.

Ein paar der Einstellungen wiederholen sich hier, nämlich das Trennzeichen und der Textqualifizierer. Hervorheben möchte ich gerne den Bereich DATEN, ZEITEN UND ZAHLEN in der Mitte. Dort können Sie Exportoptionen festlegen, die sich nur auf Felder mit den Felddatentypen ZAHL oder DATUM/UHRZEIT auswirken:

1. **Datumsreihenfolge**
   Gibt die Anordnung von Tag, Monat und Jahr an (Beispiele: Deutschland »TMJ«; USA »MTJ«; ISO 8601 »JMT«).
2. **Datumstrennzeichen**
   Hier können Sie ein beliebiges Trennzeichen festlegen, das zwischen Tag, Monat und Jahr eingefügt wird (in Deutschland üblicherweise der Punkt).
3. **Zeittrennzeichen**
   Dieses Trennzeichen wird bei Zeitangaben zwischen Stunde, Minute und Sekunde eingefügt (in Deutschland üblicherweise der Doppelpunkt).
4. **Vierstellige Jahreszahl**
   19 oder 2019
5. **Führende Nullen in Datumswerten**
   1.8.2019 oder 01.08.2019
6. **Dezimalsymbol**
   Hier legen Sie das Dezimaltrennzeichen fest. Viele Programme erwarten, dass Kommazahlen in der CSV-Datei mit einem Dezimalpunkt dargestellt werden (angloamerikanische Schreibweise). Wenn Sie als Trennzeichen das Komma wählen, müssen Sie unbedingt ein anderes Dezimalsymbol als das Komma festlegen!

Wie Sie sehen, gibt es beim CSV-Export ein paar grundlegende Exportoptionen (Trennzeichen und Textqualifizierer) und für die Felddatentypen ZAHL und DATUM/UHRZEIT noch ein paar besondere Einstellungen. Ich empfehle Ihnen, mit allen Exportoptionen ein bisschen herumzuspielen. So werden Sie recht schnell herausfinden, welche Einstellungen für Ihr Vorhaben am besten geeignet sind.

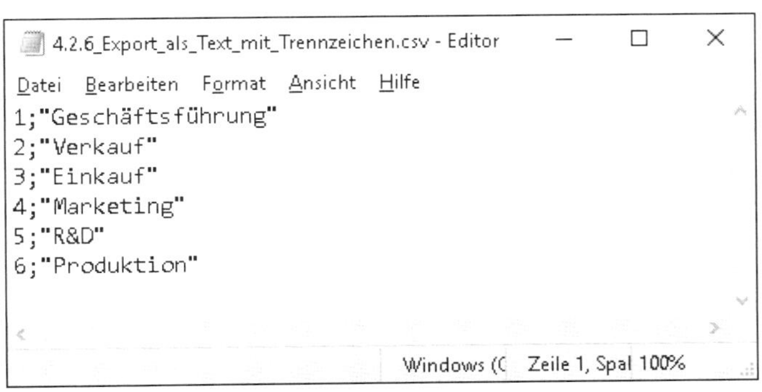

Abbildung 4.21 Eine typische CSV-Datei mit dem Semikolon als Trennzeichen

In den Materialien zum Buch finden Sie den Export der Tabelle *tblAbteilung* mit den abgebildeten Einstellungen in der Datei *04_Abfragen\4.2.6_Export_als_Text_mit_Trennzeichen.csv*. Diese CSV-Datei können Sie mit jedem beliebigen Text-Editor – beispielsweise mit dem Editor von Windows – öffnen und bearbeiten (Abbildung 4.21).

Export in eine Textdatei mit fester Feldbreite

Kommen wir nun zur zweiten Strategie des Exports als Textdatei, dem Export mit fester Feldbreite. Wählen Sie dazu im Textexport-Assistent (Abbildung 4.18) die Option FESTE BREITE aus. Klicken Sie auf WEITER und anschließend auf der nächsten Seite des Dialogs auf die Schaltfläche ERWEITERT, die Sie am unteren Rand finden. Sie kennen den Dialog der EXPORTSPEZIFIKATIONEN bereits vom Export in eine CSV-Datei. Der einzige Unterschied ist, dass Sie beim Export mit fester Breite die Anzahl an Zeichen für jedes Feld angeben müssen. Die Startposition und die Breite jedes Feldes können Sie im unteren Bereich des Fensters unter FELDINFORMATIONEN eingeben (Abbildung 4.22).

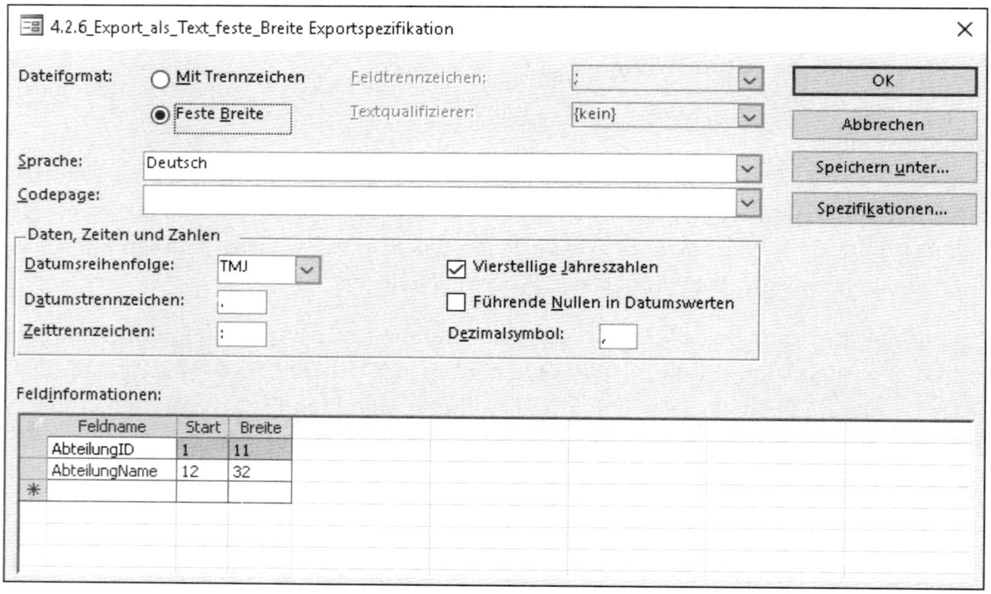

Abbildung 4.22 Im unteren Bereich können Sie die festen Feldbreiten einstellen.

Wenn in einem Feld einer Access-Tabelle einmal mehr Zeichen vorhanden sind als mit der festen Feldbreite vorgesehen, gibt es nur einen Ausweg: Access schneidet den Text nach der festgelegten Anzahl an Zeichen ab. Im anderen Fall, also dass in einem Feld weniger Zeichen als festgelegt vorhanden sind, werden die fehlenden Zeichen durch Leerzeichen ergänzt. Ein Beispiel für einen Export als Textdatei mit fester Breite finden Sie in den Materialien zum Buch in der Datei *04_Aussenwelt\4.2.6_Export_als_Text_feste_Breite.txt*.

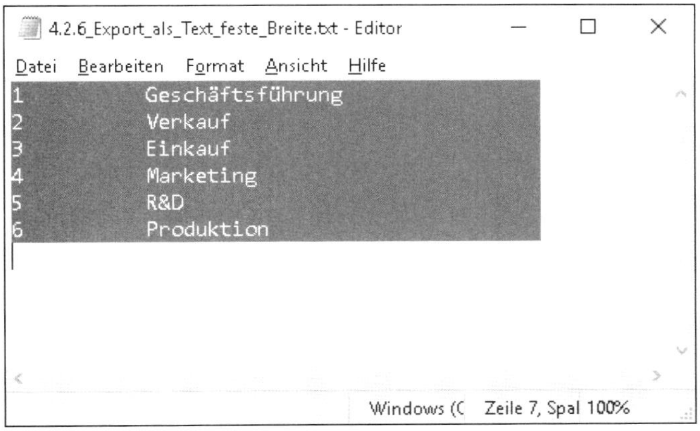

Abbildung 4.23 Wenn Sie im Editor alle Zeilen markieren, erkennen Sie, dass jede Zeile gleich lang ist. Beim Export als Text mit fester Breite fügt Access zusätzliche Leerzeichen ein.

Exportspezifikationen

Sowohl beim Export als CSV-Datei als auch beim Export in eine Textdatei mit fester Feldbreite habe ich Ihnen den Dialog EXPORTSPEZIFIKATIONEN gezeigt. Auf der rechten Seite gibt es die Schaltflächen SPEICHERN UNTER und SPEZIFIKATIONEN, die ich bisher nicht erläutert habe. Über diese Schaltflächen können Sie die Exporteinstellungen abspeichern und später wieder öffnen, verändern oder löschen.

Wo speichert Access die Exportspezifikationen?

Wie alle Daten müssen auch die Exportspezifikationen irgendwo in der Access-Datenbank abgespeichert werden. Alle Einstellungen zu den Import- und Exportspezifikationen werden in zwei Systemtabellen gespeichert:

- *MSysIMEXSpecs*
- *MSysIMEXColumns*

Wie alle Systemtabellen sind diese beiden im Navigationsbereich normalerweise nicht sichtbar. In Abschnitt 2.10.1, »Versteckte Datenbankobjekte«, ist beschrieben, wie sie eingeblendet werden können. Ich empfehle Ihnen an dieser Stelle noch einmal eindringlich, die Daten in den Systemtabellen *nie selbst zu verändern!*

4.2.7 Export in eine HTML-Datei

Der Export in eine HTML-Datei eignet sich hervorragend, wenn Sie eine Tabelle aus Ihrer Datenbank auf einer Webseite veröffentlichen wollen.

Der HTML-Export führt nicht dazu, dass die Datenbank über das Internet erreichbar ist

Bitte halten Sie sich vor Augen, dass Sie durch den Export eine HTML-Datei erhalten, die den Datenbestand zum Zeitpunkt des Exports enthält. Wie ich bereits in Abschnitt 4.1.2, »Import und Export von Daten«, erläutert habe, ist das eine grundlegende Eigenschaft des Konzepts Import/Export. In vielen Fällen reicht das aus (beispielsweise eine Telefonliste aller Mitarbeiter, die sich nicht so häufig ändert).

Nun gibt es auch andere Fälle, in denen die aktuellen Daten aus der Datenbank zu jedem Zeitpunkt per Webseite abrufbar sein müssen. Denken Sie einmal an ein Buchungssystem für Flüge; hierfür benötigen Sie eine Webanwendung mit Anbindung an eine Server-Datenbank.

So können Sie eine Tabelle als HTML-Datei exportieren:

1. Wählen Sie die Tabelle aus.
2. Klicken Sie auf EXTERNE DATEN • EXPORTIEREN • WEITERE OPTIONEN • HTML-DOKUMENT.
3. Geben Sie den Pfad und Dateinamen der HTML-Datei ein.
4. Legen Sie fest, ob die HTML-Datei mit Formatierungen erstellt werden soll.
5. Klicken Sie auf OK.

Das Ergebnis unterscheidet sich visuell je nachdem, ob Sie als Exportoption mit oder ohne Formatierung gewählt haben. Als Beispiel finden Sie die Tabelle *tblAbteilung* in den Materialien zum Buch unter *04_Aussenwelt\4.2.7_Export_als_HTML_Datei_ohne_Formatierungen.html* (Abbildung 4.24) bzw. *04_Aussenwelt\4.2.7_Export_als_HTML_Datei_mit_Formatierungen.html*.

Beim Export mit Formatierungen können Sie eine HTML-Vorlagendatei auswählen. Näheres dazu werde ich Ihnen im Zusammenhang mit Berichten erläutern (Abschnitt 7.6.3, »Workshop: Bericht in eine HTML-Datei exportieren«).

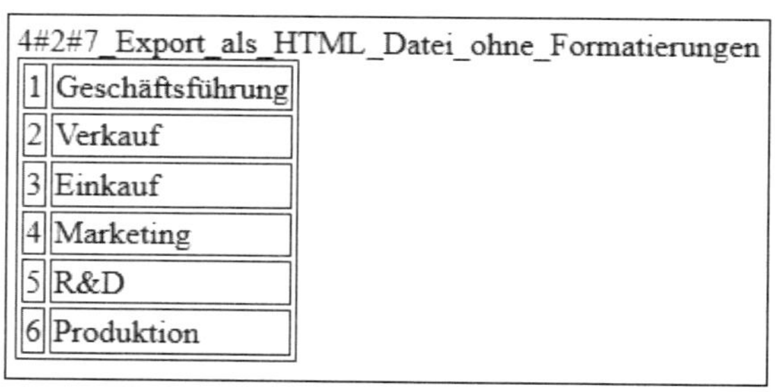

Abbildung 4.24 Beim HTML-Export ohne Formatierungen generiert Access eine einzige HTML-Tabelle.

Abschließend möchte ich Ihnen noch ein paar tiefgehendere Informationen zum Export als HTML-Datei mitgeben. Dies wird Sie nur interessieren, wenn Sie mit der Sprache HTML vertraut sind. Recht umfassende Informationen zu HTML finden Sie übrigens auf der Website »SelfHTML« unter *https://wiki.selfhtml.org*.

Beim Export erzeugt Access eine HTML-Datei mit einem Header und den anderen obligatorischen Angaben. Im Body befindet sich eine einzige Tabelle, wie sie in Listing 4.1 dargestellt ist. Nur wenn Sie den Export mit Formatierungen gewählt haben, fügt Access in der ersten Zeile die Feldnamen ein. Ansonsten werden die Daten ohne Bezeichnung der Felder exportiert. Sie können die Feldnamen jedoch nachträglich einfügen, indem Sie die HTML-Datei entsprechend editieren.

```
<TABLE>
   <TR>
      <TD>1</TD>
      <TD>Geschäftsführung</TD>
   </TR>
   <TR>
      <TD>2</TD>
      <TD>Verkauf</TD>
   </TR>
[...]
</TABLE>
```

Listing 4.1 Beim HTML-Export erzeugt Access im Body eine einzelne Tabelle <TABLE>...</TABLE>, die hier auszugsweise dargestellt ist. Jeder Datensatz wird in eine Tabellenzeile <TR>...</TR> exportiert.

4.2.8 Export in eine dBASE-Datei

Wenn es in die 80er Jahre unter dem Betriebssystem MS-DOS so etwas wie einen Vorgänger von Access gab, dann war das sicherlich das Datenbanksystem dBASE III oder eine der Folgeversionen davon. Grob gesagt ging der historische Weg der Desktop-Datenbanken von dBASE über FoxPro hin zu Access.

Bis in die Version Access 2010 war der Export und Import von Daten in beziehungsweise aus dBASE-Dateien möglich. Mit Access 2013 hatte sich Microsoft entschlossen, die Unterstützung für dBASE fallen zu lassen. Daraufhin gab es in der Access Community einen riesigen Aufschrei, nicht zuletzt – wie ich annehme – wegen der wichtigen Rolle von dBASE im GIS-Bereich (mehr dazu im Kasten). Diesmal war der Aufschrei augenscheinlich so groß, dass Microsoft mit den späteren Updates von Access 2016 die Unterstützung für dBASE wieder zurückholte.

Geographische Informationssysteme (GIS)

Bei GIS geht es allgemein gesagt um Karten (Landkarten, Gebäudepläne, etc.), in denen zusätzliche Information erfasst werden (Karte + Datenbank = GIS).

Ein sehr wichtiges Dateiformat im GIS-Bereich ist das ESRI-Shapefile-Format, das genau genommen drei Dateiformate umfasst:

- SHP-Datei: geographische Daten
- SHX-Datei: der zugehörige Index
- DBF-Datei: eine dBASE-Datei für zusätzliche Informationen

Im GIS-Bereich spielen dBASE-Dateien also eine zentrale Rolle als Datenbank.

Eine dBASE-Datei (DBF-Datei) entspricht genau einer Tabelle. Revolutionär für eine Desktop-Datenbank in den 80er Jahren war es, dass in der Datei auch die Tabellenstruktur hinterlegt ist (Feldnamen und -datentyp). Mehrere DBF-Dateien zusammen ergeben die dBASE-Datenbank. Um einen Eindruck von dBASE zu bekommen, können Sie eine beliebige Tabelle als dBASE-Datei exportieren:

1. Öffnen Sie die Datenbank *03_Abfragen\3.3_Fluege_1000rst.accdb* aus den Materialien zum Buch.
2. Wählen Sie im Navigationsbereich das zu exportierende Objekt aus, beispielsweise *tblAbteilung*.
3. Klicken Sie auf Externe Daten • Exportieren • Weitere Optionen • dBASE-Datei.
4. Geben Sie den Pfad und Namen der DBF-Datei an; wie Sie im Ergebnis sehen werden, kürzt Access den Dateinamen auf 8 Zeichen in Großbuchstaben. Hier kommt sofort das Gefühl von MS-DOS auf!
5. Unter Dateiformat können Sie die passende dBASE-Version auswählen (dBASE III, dBASE IV oder dBASE 5; Abbildung 4.25). Je nach gewählter Version wird es kleine Unterschiede in der exportieren DBF-Datei geben.
6. Klicken Sie auf OK, um den Export durchzuführen.

Als Ergebnis erhalten Sie die besagte DBF-Datei sowie zwei weitere Dateien.

Einen Export der Tabelle *tblAbteilung* in alle drei dBASE-Versionen finden Sie in den Materialien zum Buch in den Ordnern *04_Aussenwelt\4.2.8_dBASE_III*, *04_Aussenwelt\4.2.8_dBASE_IV* und *04_Aussenwelt\4.2.8_dBASE_5*. Mit einem entsprechenden Editor für Binärdateien (Hex-Editor, Abbildung 4.26) können Sie sich den internen Aufbau der DBF-Dateien ansehen und die dBASE-Versionen miteinander vergleichen. Unter anderem sehen Sie, dass die Feldnamen auf 10 Zeichen limitiert sind und in Großbuchstaben exportiert wurden. Außerdem tritt sehr häufig der Wert &H20 auf, was der ASCII-Code für das Leerzeichen ist. Textfelder haben in dBASE nämlich eine feste Länge und werden mit Leerzeichen aufgefüllt.

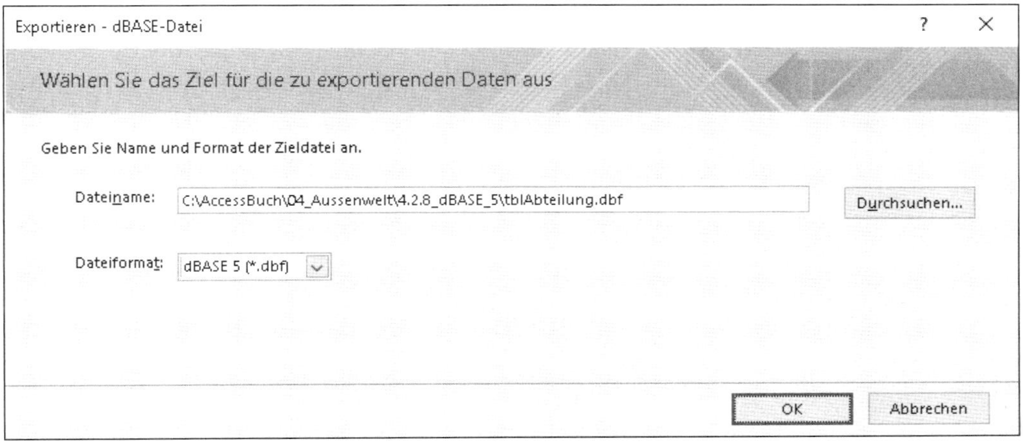

Abbildung 4.25 Beim dBASE-Export werden drei verschiedene dBASE-Versionen unterstützt.

Offset(h)	00	01	02	03	04	05	06	07	08	09	0A	0B	0C	0D	0E	0F	Dekodierter Text
00000000	D3	77	06	0C	06	00	00	00	61	00	34	00	00	00	00	00	.w......a.4.....
00000010	00	00	00	00	00	00	00	00	00	00	00	00	00	00	00	00	....
00000020	41	42	54	45	49	4C	55	4E	47	49	44	4E	00	00	00	00	ABTEILUNGIDN....
00000030	13	05	00	00	00	00	00	00	00	00	00	00	00	00	00	00	....
00000040	41	42	54	45	49	4C	55	4E	47	4E	00	43	00	00	00	00	ABTEILUNGN.C....
00000050	20	00	00	00	00	00	00	00	00	00	00	00	00	00	00	00	....
00000060	0D	20	20	20	20	20	20	20	20	20	20	20	20	20	31	2E	. 1.
00000070	30	30	30	30	30	47	65	73	63	68	84	66	74	73	66	81	00000Gesch„ftsf.
00000080	68	72	75	6E	67	20	20	20	20	20	20	20	20	20	20	20	hrung
00000090	20	20	20	20	20	20	20	20	20	20	20	20	20	20	20	20	
000000A0	20	20	32	2E	30	30	30	30	30	56	65	72	6B	61	75	66	2.00000Verkauf
000000B0	20	20	20	20	20	20	20	20	20	20	20	20	20	20	20	20	
000000C0	20	20	20	20	20	20	20	20	20	20	20	20	20	20	20	20	
000000D0	20	20	20	20	20	20	33	2E	30	30	30	30	30	45	69	6E	3.00000Ein
000000E0	6B	61	75	66	20	20	20	20	20	20	20	20	20	20	20	20	kauf
000000F0	20	20	20	20	20	20	20	20	20	20	20	20	20	20	20	20	
00000100	20	20	20	20	20	20	20	20	20	20	34	2E	30	30	30	30	4.0000
00000110	30	4D	61	72	6B	65	74	69	6E	67	20	20	20	20	20	20	0Marketing
00000120	20	20	20	20	20	20	20	20	20	20	20	20	20	20	20	20	
00000130	20	20	20	20	20	20	20	20	20	20	20	20	20	20	35	2E	5.
00000140	30	30	30	30	30	52	26	44	20	20	20	20	20	20	20	20	00000R&D
00000150	20	20	20	20	20	20	20	20	20	20	20	20	20	20	20	20	
00000160	20	20	20	20	20	20	20	20	20	20	20	20	20	20	20	20	
00000170	20	20	36	2E	30	30	30	30	30	50	72	6F	64	75	6B	74	6.00000Produkt
00000180	69	6F	6E	20	20	20	20	20	20	20	20	20	20	20	20	20	ion
00000190	20	20	20	20	20	20	20	20	20	1A							.

Abbildung 4.26 So sieht eine dBASE-Datei intern aus. Markiert habe ich den Kopfbereich mit der Tabellenstruktur, der immer mit dem Wert &H0D endet. Danach folgen die Datensätze und schließlich das Byte &H1A am Ende der Datei.

Neben der DBF-Datei werden beim Export eine INF- sowie eine NDX- oder MDX-Datei erzeugt. Die letzten beiden enthalten die Indizes der Tabelle (»ndx« = »single index«; »mdx« = »multiple index«). Es gibt noch viele weitere Dateitypen, die in dBASE-Datenbanken auftreten können. Zentral wichtig ist aber nur die DBF-Datei, in der die exportierte Tabelle samt Tabellenstruktur enthalten ist.

4.2.9 Export in eine XML-Datei

Das derzeit gängigste Format zum Datenaustausch ist XML. Das klingt so ähnlich wie HTML, ist aber etwas ganz anderes. Sinn und Zweck des XML-Formats ist der universelle Austausch von Daten.

Export einer Hierarchie von Tabellen

Als Besonderheit beim XML-Export können Sie eine ganze Hierarchie von Tabellen auf einmal exportieren. Ich zeige Ihnen dies an einem Beispiel:

1. Öffnen Sie die Datenbank *03_Abfragen\3.3_Fluege_1000rst.accdb* aus den Materialien zum Buch.
2. Wählen Sie die Tabelle *tblAbteilung* aus.
3. Klicken Sie auf EXTERNE DATEN • EXPORTIEREN • XML-DATEI.
4. Geben Sie den Pfad und Namen der Datei an, und klicken Sie auf OK.
5. Der Dialog XML EXPORTIEREN (Abbildung 4.27) wird angezeigt. Belassen Sie die Häkchen bei DATEN (XML) und SCHEMA DER DATEN (XSD).

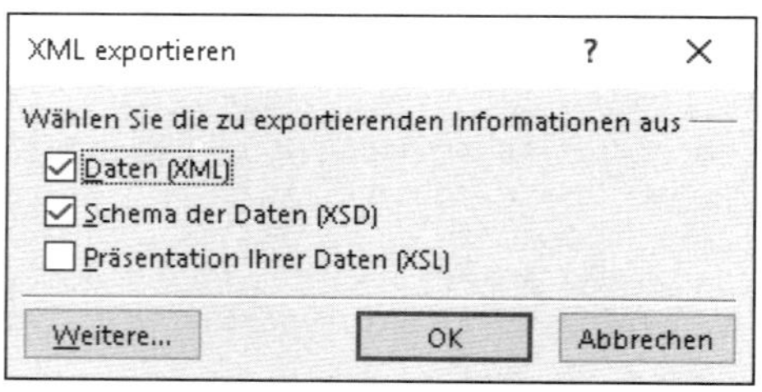

Abbildung 4.27 Zusätzlich zur XML-Datei können beim Export eine Schema-Datei (XSD) und eine Datei zur Präsentation der Daten (XSL) erzeugt werden.

Wenn Sie jetzt auf OK klicken, wird nur die Tabelle *tblAbteilung* exportiert. Wir möchten aber gerne eine ganze Tabellenhierarchie auf einmal exportieren. Daher sind noch ein paar Schritte mehr notwendig:

6. Klicken Sie auf WEITERE. Access zeigt daraufhin einen Dialog mit drei Registerblättern an (Abbildung 4.28).

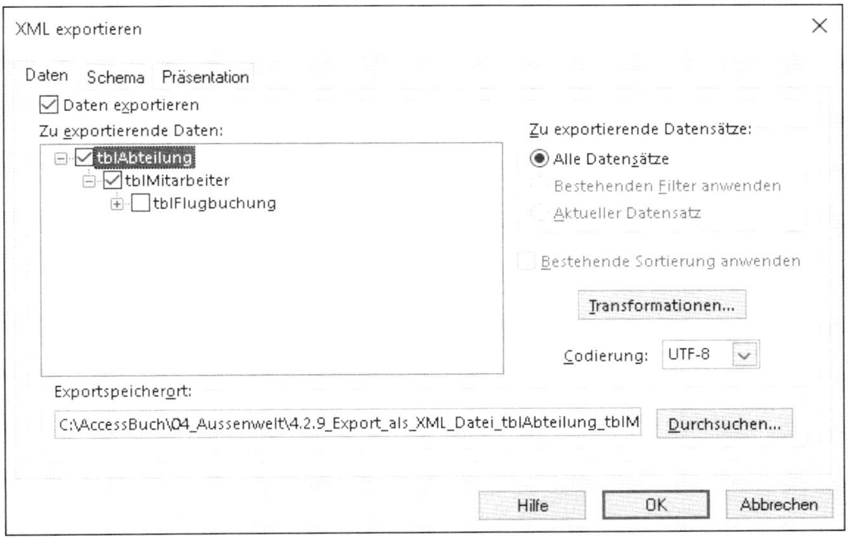

Abbildung 4.28 Im Dialog »XML exportieren« zeigt Access die Hierarchie der Tabellen an. Hier können Sie auswählen, welche Teile der Hierarchie exportiert werden sollen.

7. Im Registerblatt DATEN ist die Hierarchie der Tabellen *tblAbteilung – tblMitarbeiter – tblFlugbuchung* – usw. zu sehen. Wenn noch nicht alle Tabellen sichtbar sind, können Sie den Baum aufklappen, indem Sie auf das Pluszeichen klicken.
8. Setzen Sie ein Häkchen bei *tblAbteilung* und *tblMitarbeiter*, um alle Daten aus diesen beiden Tabellen zu exportieren.
9. Klicken Sie auf OK.

Durch diesen Export werden zwei Dateien erzeugt, eine XML- und eine XSD-Datei. In den Materialien zum Buch finden Sie das Ergebnis unter *04_Aussenwelt\4.2.9_Export_als_XML_Datei_tblAbteilung_tblMitarbeiter.xml* und *04_Aussenwelt\4.2.9_Export_als_XML_Datei_tblAbteilung_tblMitarbeiter.xsd*. Wir beschäftigen uns zunächst nur mit der ersten Datei, der XML-Datei.

Eine XML-Datei im Detail

Einen kleinen Ausschnitt aus der exportierten XML-Datei mit repräsentativen Bereichen sehen Sie in Listing 4.2. Ich habe die XML-Datei mit Zeilennummern und Einrückungen dargestellt. Einrückungen sind nicht zwingend und werden von Access auch nicht erzeugt; sie erhöhen die Lesbarkeit einer XML-Datei aber ungemein. Wie sind nun unsere Daten aus den beiden Tabellen *tblAbteilung* und *tblMitarbeiter* in der XML-Datei abgelegt?

```
<?xml version="1.0" encoding="UTF-8"?>
<dataroot […]>
   <tblAbteilung>
```

```
0004        <AbteilungID>1</AbteilungID>
0005        <AbteilungName>Geschäftsführung</AbteilungName>
0006        <tblMitarbeiter>
0007          <MitarbeiterID>3</MitarbeiterID>
0008          <Nachname>Mayer</Nachname>
0009          <Vorname>Christel</Vorname>
0010          <Geschlecht>W</Geschlecht>
0011          <Geburtsdatum>1983-07-31T00:00:00</Geburtsdatum>
0012          <AbteilungID>1</AbteilungID>
0013        </tblMitarbeiter>
0014        <tblMitarbeiter>
0015          <MitarbeiterID>12</MitarbeiterID>
0016          <Nachname>Maier</Nachname>
0017          <Vorname>Ellen</Vorname>
0018          <Geschlecht>W</Geschlecht>
0019          <Geburtsdatum>1994-02-09T00:00:00</Geburtsdatum>
0020          <AbteilungID>1</AbteilungID>
0021        </tblMitarbeiter>
[...]
1239      <tblAbteilung>
1240        <AbteilungID>2</AbteilungID>
1241        <AbteilungName>Verkauf</AbteilungName>
1242        <tblMitarbeiter>
1243          <MitarbeiterID>9</MitarbeiterID>
1244          <Nachname>Schneider</Nachname>
1245          <Vorname>Marina</Vorname>
1246          <Geschlecht>W</Geschlecht>
1247          <Geburtsdatum>1957-11-18T00:00:00</Geburtsdatum>
1248          <AbteilungID>2</AbteilungID>
1249        </tblMitarbeiter>
[...]
2514      </tblAbteilung>
[...]
8027    </dataroot>
```

Listing 4.2 Ausschnitte aus der exportierten XML-Datei. Tabellen werden durch die fett dargestellten Elemente repräsentiert.

Die erste Zeile enthält einen *Header* mit einigen grundlegenden Informationen. Danach kommt der *Wurzelknoten* (englisch *root node*), der durch die *Tags* `<dataroot>` und `</dataroot>` (in Zeile 8027) gebildet wird. Der Wurzelknoten selbst enthält keine Nutzdaten und kann auch anders benannt sein. Die eigentlichen Datensätze befinden sich in den restlichen Zeilen zwischen den beiden Tags des Wurzelknotens.

Direkt unterhalb des Wurzelknotens beginnt ein Tag mit dem Namen `<tblAbteilung>`. Insgesamt befinden sich sechs Tags `<tblAbteilung>` in der XML-Datei, jeweils mit einem abschließenden Tag `</Abteilung>`. Folglich enthält die XML-Datei Informationen zu genau sechs Abteilungen. In der Datenbankwelt würde man sagen, die Datei enthält sechs Datensätze der Tabelle *tblAbteilung*. Im XML-Jargon bezeichnet man jedes Tag als ein *Element*.

Unterhalb eines Elements `<tblAbteilung>` gibt es zunächst einmal nähere Informationen zur Abteilung: die Elemente `<AbteilungID>` (Zeile 4) und `<AbteilungName>` (Zeile 5). Diese Elemente entsprechen den Feldern der Tabelle *tblAbteilung*. Eingerahmt durch die Tags wird der Feldinhalt, beispielsweise der Wert »1« für das Element `<AbteilungID>` und »Geschäftsführung« für das Element `<AbteilungName>`.

Danach kommt in Zeile 6 das erste Element `<tblMitarbeiter>`. Dieses Element enthält Informationen zu einem Mitarbeiter, der in der Abteilung »Geschäftsführung« tätig ist. Das Element `<tblMitarbeiter>` umfasst wiederum Elemente, die den Feldern der Tabelle *tblMitarbeiter* entsprechen.

Wir können an dieser Stelle das Prinzip einer XML-Datei ablesen:

- Es gibt verschachtelte Tags, die *Elemente* genannt werden.
- Elemente können für eine Tabelle stehen (`<tblAbteilung>`, `<tblMitarbeiter>`).
- Elemente können auch für ein Feld einer Tabelle stehen.
- In letzterem Fall wird der Feldinhalt durch das Element eingerahmt.
- Durch die verschachtelte Anordnung der Elemente wird die Hierarchie der exportierten Tabellen abgebildet.

Es würde zu weit führen, ich an dieser Stelle noch weiter in die Tiefen von XML einzusteigen. Eine sehr schöne und kompakte Einführung zu XML finden Sie auf der Website »SelfHTML« (*https://wiki.selfhtml.org*).

Access verwendet keine XML-Attribute

Eine XML-Datei wird von vier Bestandteilen gebildet:

- Elementen
- Attributen
- Wertzuweisungen
- Verschachtelungen

Alle Bestandteile mit Ausnahme der Attribute habe ich Ihnen bereits vorgestellt. Ein Attribut gehört zu einem Element und hat diese Form:

```
<tblAbteilung AbteilungID="1" AbteilungName="Geschäftsführung">
```

Attribute wären geeignet, um Feldinhalte abzulegen. Access verwendet Attribute *aber grundsätzlich nicht!* Das bedeutet, dass Access Attribute weder beim Export erzeugt noch beim XML-Import berücksichtigt.

Hierfür können Sie eine XML-Datei verwenden

Wir haben unsere Daten aus der Access-Datenbank in eine XML-Datei exportiert. Ich habe angerissen, dass es für XML-Dateien sehr genaue Regeln gibt. Aus diesem Grund eignen sich XML-Dateien hervorragend für die automatische Verarbeitung in einem anderen System, mit anderen Worten für den Import auf einem Zielsystem.

Trotzdem können Sie sich eine XML-Datei auch direkt ansehen. Sie ist nichts anderes als eine Textdatei, die nach besonderen Regeln aufgebaut ist. Darüber hinaus können die gängigen Browser (unter anderem Edge, Internet Explorer und Firefox) eine XML-Datei auch als Baumstruktur anzeigen – eine sehr übersichtliche Ansicht (Abbildung 4.29).

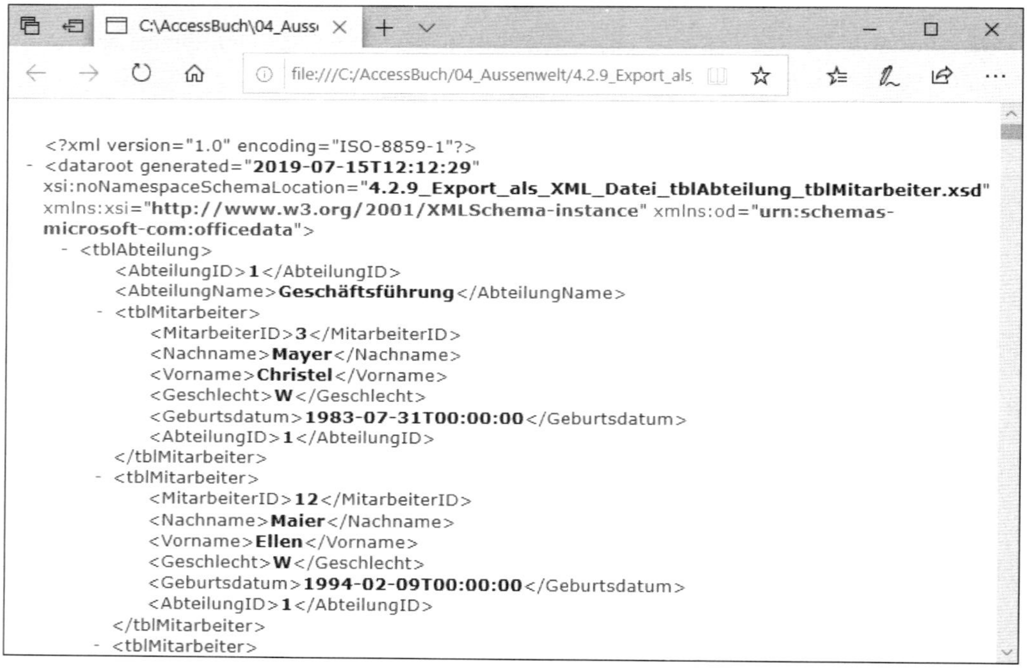

Abbildung 4.29 Browser können XML-Dateien als Baumstruktur darstellen.

Sonderzeichen und mehrere Leerzeichen hintereinander in XML-Dateien

Einige Sonderzeichen müssen in einer XML-Datei durch eine besondere Schreibweise ersetzt werden (Tabelle 4.6). Im Gegensatz zu HTML können alle Umlaute so bleiben, wie sie sind.

Text, der durch ein Element eingerahmt wird, ist so zu verstehen, wie er in der XML-Datei steht. Laut XML-Spezifikation sind dabei auch mehrere Leerzeichen hintereinander oder Zeilenumbrüche erlaubt. Die einzige Ausnahme sind die in Tabelle 4.6 aufgeführten Sonderzeichen. Letztendlich ist dies alles nichts Besonderes. Schließlich können Sie in einer Access-Tabelle im Feldinhalt ebenfalls mehrere Leerzeichen hintereinander oder Zeilenumbrüche eintragen – auch der XML-Standard unterstützt diese Besonderheiten von Haus aus.

Es gibt nur eine kleine Eigenheit bei der Anzeige im Browser: Wenn Sie eine XML-Datei mit dem Browser öffnen, werden mehrere Leerzeichen hintereinander oder Zeilenumbrüche lediglich als ein einzelnes Leerzeichen angezeigt. Insofern gibt die Anzeige im Browser nicht den wahren Inhalt des Elements wieder!

Sonderzeichen	XML-Schreibweise
<	`<`
>	`>`
&	`&`
"	`"`
'	`'`

Tabelle 4.6 Sonderzeichen, die in einer XML-Datei ersetzt werden müssen

Schema und Präsentation der Daten

Zusätzlich zur XML-Datei kann Access beim Export eine passende XSD- und XSL-Datei erzeugen.

- **Schema der Daten (XSD)**
  Sie enthält die Beschreibung der Datenstruktur. Im Prinzip entspricht das einer Tabellenstruktur, wie Sie sie von Access her kennen (Felddatentyp, Feldgröße usw.) Mit Hilfe einer *passenden* XSD-Datei lässt sich überprüfen, ob alle Daten in einer XML-Datei gültig sind.
- **Präsentation der Daten (XSL)**
  Browser können eine XSL-Datei nutzen, um die Daten besonders zu formatieren.

Weder die XSD- noch die XSL-Datei enthält Nutzdaten. Die wichtigste Datei mit allen Nutzdaten bleibt die XML-Datei. Und genau diese Datei benötigen Sie, um die Daten in einem anderen System wieder zu importieren.

4.2.10 Daten als E-Mail versenden

Nach dem Export der Daten können Sie die entstandene Datei in einer E-Mail als Anhang versenden. Access bietet als Unterstützung den Export als E-Mail an. Dieser Exportweg ruft einen der schon beschriebenen Export-Assistenten auf.

1. Öffnen Sie die Datenbank *03_Abfragen\3.3_Fluege_1000rst.accdb* aus den Materialien zum Buch.
2. Wählen Sie die Tabelle *tblAbteilung* aus.

3. Klicken Sie auf Externe Daten • Exportieren • E-Mail. Der Dialog Objekt senden als (Abbildung 4.30) wird angezeigt.
4. Wählen Sie das gewünschte Format aus, und klicken Sie auf OK.
5. Die weiteren Schritte kennen Sie bereits von den entsprechenden Export-Assistenten.

Abschließend erzeugt Access eine neue E-Mail in Outlook und hängt die exportierte Datei automatisch als Anlage an. Vor dem Versenden müssen Sie nur noch die E-Mail-Adresse des Empfängers und die Nachricht eintippen.

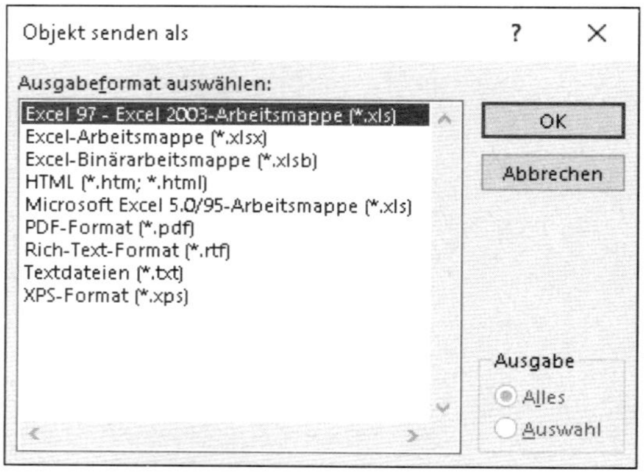

Abbildung 4.30 Beim Export per E-Mail fragt Access zunächst nach dem gewünschten Format.

4.2.11 Export als SharePoint-Liste

Zum gemeinsamen Arbeiten können Sie Daten auf einer SharePoint-Website ablegen. Kennen Sie das Problem mit der Excel-Tabelle, die stets von einem der Kollegen geöffnet ist (»Kannst Du bitte mal aus der Excel-Tabelle gehen?«)? Die Lösung ist eine SharePoint-Liste (Abbildung 4.31).

Eine SharePoint-Liste lässt sich entweder direkt auf der SharePoint-Website erstellen, oder Sie exportieren eine Access-Tabelle als SharePoint-Liste:

1. Wählen Sie im Navigationsbereich das zu exportierende Objekt aus, beispielsweise die Tabelle *tblFlughafen*.
2. Klicken Sie auf Externe Daten • Exportieren • Weitere Optionen • SharePoint-Liste. Der Dialog Exportieren – SharePoint-Website wird angezeigt (Abbildung 4.32).
3. Geben Sie im oberen Textfeld die Adresse (URL) Ihrer SharePoint-Website an.
4. Klicken Sie auf OK.
5. Falls Sie nicht schon an SharePoint angemeldet sind, werden Sie im nächsten Schritt nach Anmeldedaten gefragt.
6. Es dauert ein paar Augenblicke, bis die neue SharePoint-Liste erzeugt ist. Das Ergebnis können Sie anschließend im Webbrowser bewundern (Abbildung 4.31).

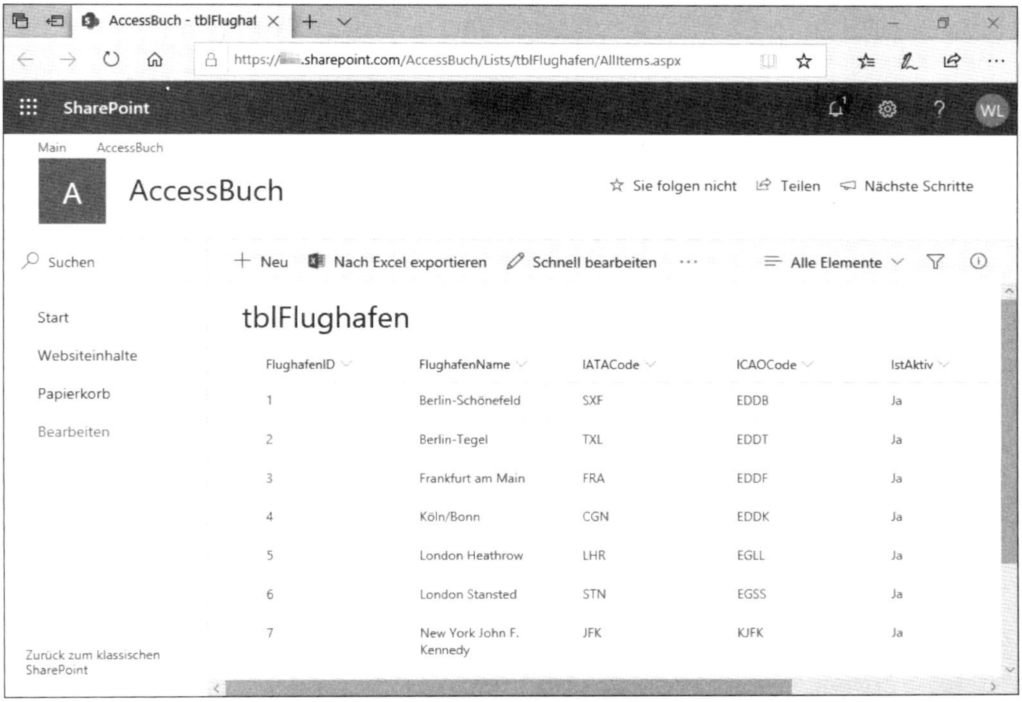

Abbildung 4.31 So sehen Microsoft SharePoint und eine SharePoint-Liste aus.

Nach dem Export befindet sich eine Kopie der Tabelle auf der SharePoint-Website. Unter Umständen müssen Sie dort noch ein paar Anpassungen vornehmen und die Liste für Ihre Kollegen freigeben.

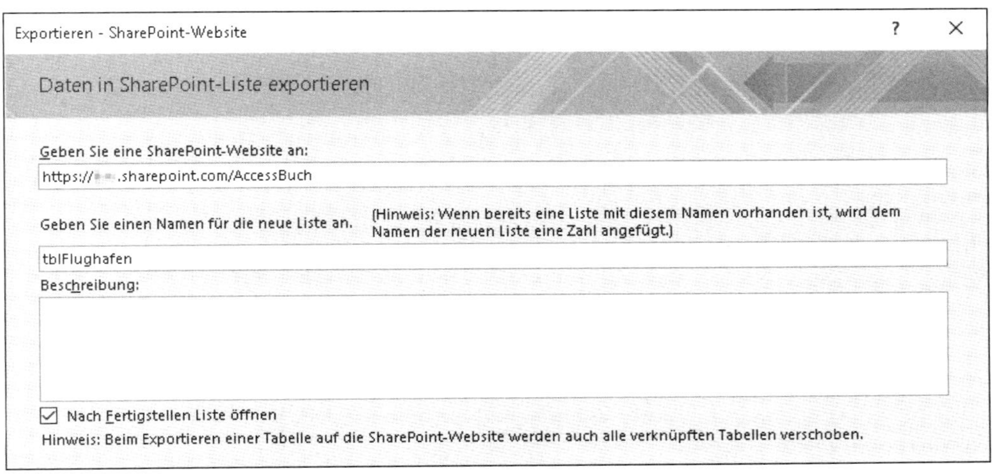

Abbildung 4.32 Über das obere Textfeld, »Geben Sie eine SharePoint-Website an«, legen Sie den Speicherort für die SharePoint-Liste fest.

4.2.12 Gespeicherte Exporte

In Access können Sie die Exportschritte speichern, um einen Export später zu wiederholen. Jeweils auf der letzten Seite des Export-Assistenten fragt Access, ob die Exportschritte gespeichert werden sollen (Abbildung 4.33).

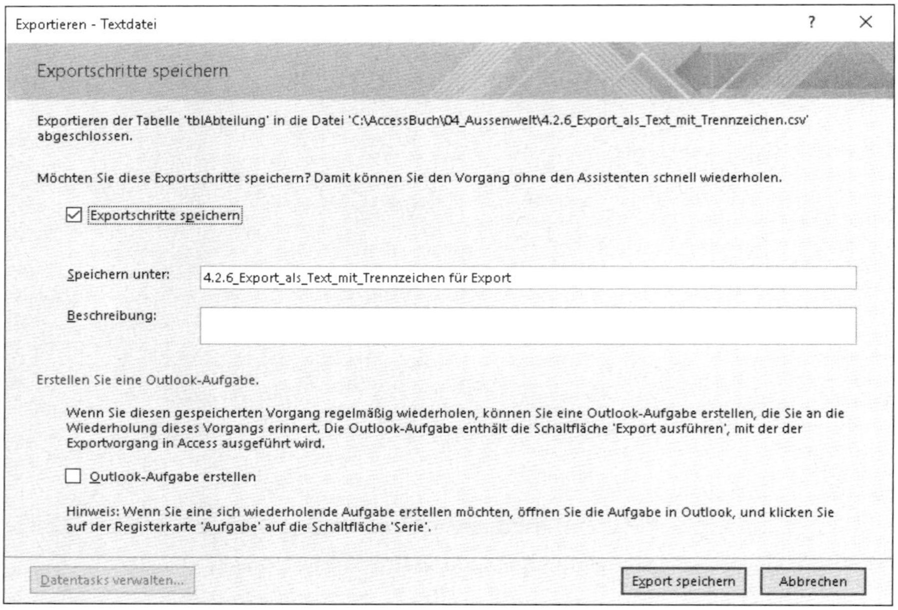

Abbildung 4.33 Sie können die Exportschritte speichern, um den Export später erneut auszuführen.

Die gespeicherten Exporte lassen sich über Externe Daten • Exportieren • Gespeicherte Exporte aufrufen. Im Dialog Datentasks verwalten (Abbildung 4.34) können Sie einen gespeicherten Export immer wieder ausführen. Dadurch können Sie nach Änderung von Daten in der Datenbank den aktuellen Stand regelmäßig exportieren.

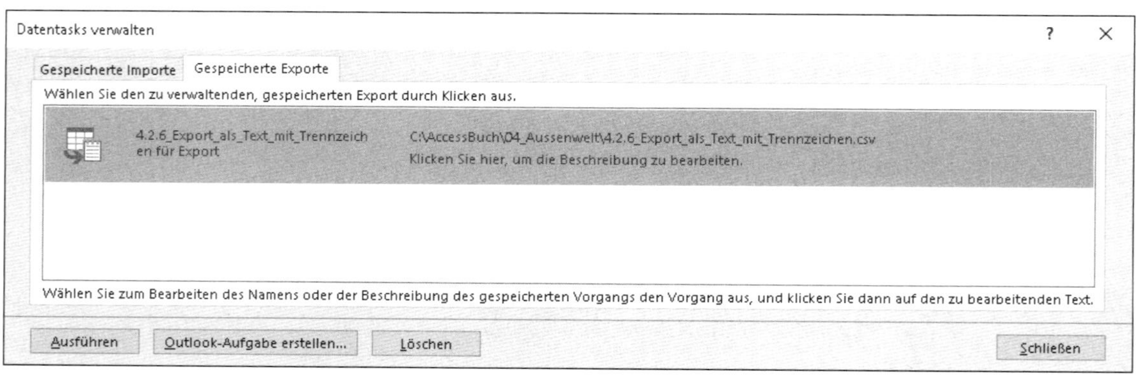

Abbildung 4.34 Alle gespeicherten Exporte werden im Dialog »Datentasks verwalten« aufgeführt. Von hier aus können Sie einen gespeicherten Export jederzeit erneut ausführen.

Gespeicherte Exporte lassen sich leider nicht mehr nachträglich verändern. Die Schritte sind fest so eingestellt, wie Sie das mit dem Assistenten festgelegt haben. Wenn Sie einen Schritt ändern möchten, gibt es nur einen Weg:

1. Klicken Sie im Dialog DATENTASKS VERWALTEN auf LÖSCHEN, um den gespeicherten Export zu löschen.
2. Stellen Sie den Export mit dem Assistenten neu ein.
3. Speichern Sie die Exportschritte.

Gespeicherte Exporte vs. Exportspezifikationen

Bitte verwechseln Sie *gespeicherte Exporte* nicht mit *Exportspezifikationen. Exportspezifikationen* sind Einstellungen, die den Export von Textdateien betreffen (Trennzeichen, Dezimalzeichen etc.). Nähere Informationen zu Exportspezifikationen finden Sie in Abschnitt 4.2.6, »Export in eine Textdatei«. Mit *gespeicherten Exporten* beschäftigt sich hingegen dieser Abschnitt. Darunter versteht man die Exportschritte, die Sie vorher mit dem Export-Assistenten festgelegt haben.

Wo speichert Access die gespeicherten Exporte?

Über die Benutzeroberfläche können Sie wie erwähnt den Dialog DATENTASKS VERWALTEN nutzen, um einen gespeicherten Export erneut auszuführen. Access legt die gespeicherten Exporte und Importe in der Datenbankdatei, genauer gesagt in der Auflistung `CurrentProject.ImportExportSpecifications`, ab. Der Name dieser Auflistung ist etwas verwirrend; schließlich habe ich gerade im vorherigen Kasten erwähnt, dass gespeicherte Exporte nicht mit Exportspezifikationen zu verwechseln sind! Aber es ist wirklich so: Die Auflistung heißt `ImportExportSpecifications`. Sie enthält aber keine Exportspezifikationen, sondern gespeicherte Exporte und Importe.

Per VBA können Sie auf dieses Objekt zugreifen. Die folgenden Befehle habe ich über den Direktbereich eingegeben (Strg + G):

```
Debug.Print CurrentProject.ImportExportSpecifications.Count
1
Debug.Print CurrentProject.ImportExportSpecifications(0).Name
tblAbteilung für Export
Debug.Print CurrentProject.ImportExportSpecifications(0).XML
<?xml version="1.0" encoding="utf-8" ?>
<ImportExportSpecification Path = "Z:\AccessBook\04_Aussenwelt\tblAbteilung.txt"
     xmlns="urn:www.microsoft.com/office/access/imexspec">
   <ExportText TextFormat="Delimited" FirstRowHasNames="false"
     FieldDelimiter=">" TextDelimiter="^" CodePage="1252"
```

```
        AccessObject="tblAbteilung" ObjectType="Table" >
          <DateFormat DateOrder="DMY" DateDelimiter="." TimeDelimiter=":"
            FourYearDates="true" DatesLeadingZeros="false" />
          <NumberFormat DecimalSymbol="," />
          <Columns PrimaryKey="{Auto}">
            <Column Name="Col1" FieldName="AbteilungID" Indexed="NO"
              SkipColumn="false" DataType="Long" Width="11" />
            <Column Name="Col2" FieldName="AbteilungName" Indexed="NO"
              SkipColumn="false" DataType="Text" Width="32" />
        </Columns>
      </ExportText>
</ImportExportSpecification>
```

Wie Sie sehen, verwendet Access intern das XML-Format, um die einzelnen Exportschritte abzuspeichern.

Wie bereits erwähnt, eignen sich gespeicherte Exporte dazu, nach Änderungen am Datenbestand den bereits konfigurierten Export wiederholt auszuführen. Vielleicht nutzen auch Sie Outlook, um Ihre Termine und Aufgaben im Blick zu haben. Sie können von Access aus direkt eine *Outlook-Aufgabe* für den Export erstellen:

1. Klicken Sie auf Externe Daten • Exportieren • Gespeicherte Exporte, um den Dialog Datentasks verwalten zu öffnen.
2. Wählen Sie den gespeicherten Export aus.
3. Klicken Sie auf Outlook-Aufgabe erstellen. Falls die Anwendung Outlook nicht schon geöffnet ist, wird Access sie nun starten.
4. Access erzeugt eine neue Aufgabe in Outlook (Abbildung 4.35). Alle Einstellungen für diese Aufgabe wie beispielsweise den Betreff oder die Beschreibung können Sie verändern.
5. Wenn Sie die Daten regelmäßig exportieren möchten, bietet es sich an, eine Serie zu erstellen. Klicken Sie dazu in Outlook auf Aufgabe • Serie • Serientyp ❶, und stellen Sie ein, in welchen Zeitabständen Outlook Sie an den Export erinnern soll.
6. Klicken Sie abschließend auf Aufgabe • Aktionen • Speichern & schliessen ❷.

Die neu erstellte Aufgabe unterscheidet sich nur in einem Merkmal von den anderen Outlook-Aufgaben: Sie ist mit der Access-Datenbank und dem gespeicherten Export, der darin abgelegt ist, verbunden. Das erkennen Sie an der Schaltfläche Aufgabe • Microsoft Access • Export ausführen ❸. Wie der Name schon andeutet, können Sie über diese Schaltfläche den Export von Outlook heraus starten.

Vor dem Ausführen des Exports weist Outlook Sie daraufhin, um welchen gespeicherten Export und um welche Datenbank es geht (Abbildung 4.36). Sobald Sie auf OK klicken, geschieht der eigentliche Export quasi von Geisterhand und ohne weitere Rückmeldung!

Abbildung 4.35 Access kann für einen gespeicherten Export eine Aufgabe in Outlook erstellen. Den Betreff und die anderen Einstellungen der Outlook-Aufgabe können Sie nach Belieben verändern.

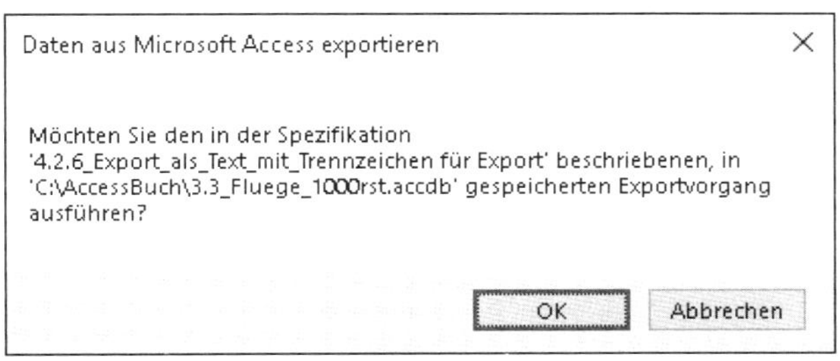

Abbildung 4.36 Outlook zeigt Ihnen vor dem Ausführen des Exports an, welche Access-Datenbank und welcher gespeicherte Export betroffen sind. Beide müssen vorhanden sein!

Darauf müssen Sie bei der Outlook-Funktion »Export ausführen« achten

In den meisten Fällen klappt der Export von Outlook aus ganz wunderbar. Wenn nicht, wird die Fehlersuche etwas schwierig, denn Outlook gibt so gut wie keine hilfreichen Fehlermeldungen aus. Ich habe hier die wichtigsten Merkmale zur Outlook-Funktion EXPORT AUSFÜHREN zusammengestellt. Diese Übersicht kann Ihnen bei der Fehlersuche hilfreich sein.

- Die Outlook-Aufgabe ist fest mit der Access-Datenbank und dem gespeicherten Export verbunden.
- Die Access-Datenbank muss am ursprünglichen Ablageort existieren.
- In der Access-Datenbank darf der gespeicherte Export nicht gelöscht werden.
- Nach erfolgreichem Export zeigt Outlook *keine* Rückmeldung an.
- Falls die exportierte Datei von einem vorherigen Export bereits vorhanden ist, wird sie gnadenlos *überschrieben* – und zwar ohne vorherige Warnmeldung!
- Wenn irgendetwas schiefgeht, zeigt Outlook eine wenig aussagekräftige Fehlermeldung an (Abbildung 4.37). Am besten prüfen Sie zuerst, ob sich der gespeicherte Export von Access aus starten lässt.

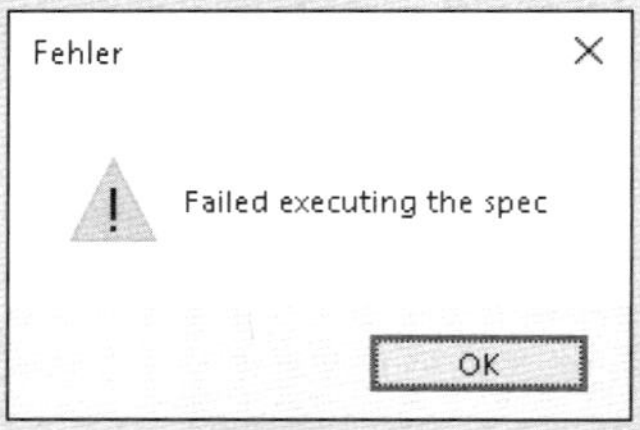

Abbildung 4.37 Hier lief beim Export von Outlook aus etwas nicht ganz richtig. Leider hilft diese Fehlermeldung nicht wirklich weiter.

4.3 Zugriff auf eine Access-Desktop-Datenbank aus anderen Programmen

In diesem Buch möchte ich Ihnen hauptsächlich die Funktionen von Access vorstellen. Die folgenden Abschnitte werden daher etwas außergewöhnlich sein. Ich werde Ihnen zeigen, wie Sie von anderen Programmen aus auf die Daten Ihrer Access-Datenbank zugreifen können.

4.3.1 Öffnen einer Access-Tabelle in Excel

Tabellen sind ein zentrales Element von relationalen Datenbanken. Wenn von Tabellen die Rede ist, wird der eine oder andere intuitiv an Excel denken. Ist es möglich, eine Tabelle aus einer relationalen Datenbank mit Excel zu bearbeiten?

Ja, in begrenztem Umfang geht das. In Excel können Sie Daten aus verschiedenen Datenbanken – darunter auch Access-Desktop-Datenbanken – abrufen. Ich möchte Ihnen das gerne an einem Beispiel zeigen:

1. Starten Sie Excel. Üblicherweise wird ein leeres Arbeitsblatt erzeugt.
2. Klicken Sie in Excel auf DATEN • DATEN ABRUFEN UND TRANSFORMIEREN • DATEN ABRUFEN • AUS DATENBANK • AUS MICROSOFT ACCESS-DATENBANK.

3. Wählen Sie die Datei *03_Abfragen\3_Fluege.accdb* aus den Materialien zum Buch aus.
4. Excel stellt nun die Verbindung her und zeigt im *Navigator* eine Liste aller Tabellen an, die sich in der Access-Datenbank befinden (Abbildung 4.38).

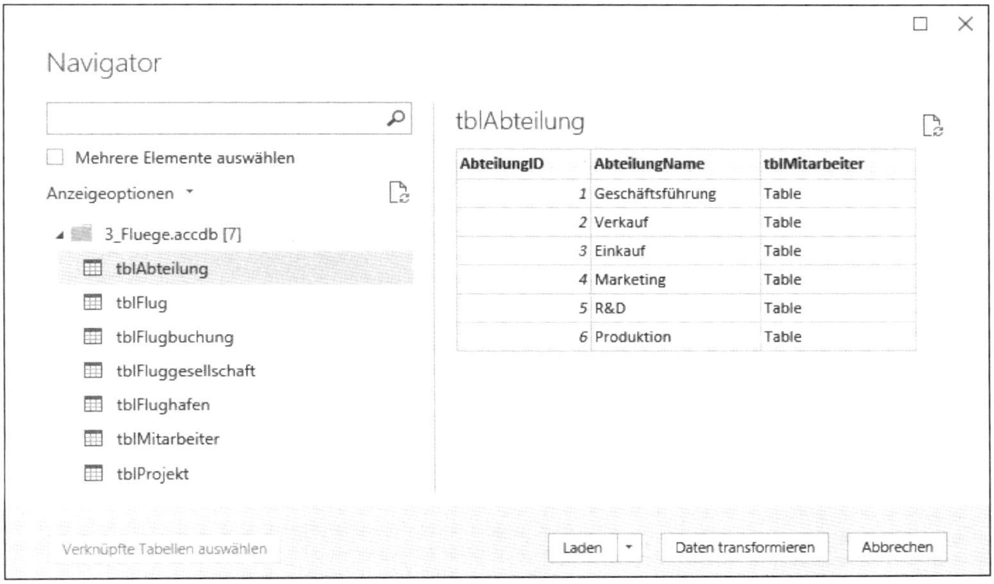

Abbildung 4.38 Wählen Sie zunächst die Access-Tabelle aus, die Sie in Excel einbinden möchten.

5. Wählen Sie die Tabelle *tblAbteilung* aus. Im rechten Bereich des Navigators sehen Sie die Datensätze.
6. Klicken Sie auf LADEN.

Excel führt nun den Import der Daten aus. Das bedeutet, dass alle Datensätze aus der Access-Tabelle in ein neues Excel-Arbeitsblatt übertragen werden. Nachdem der Import abgeschlossen ist, können Sie die Tabelle in Excel weiterverarbeiten. Das Filtern und Sortieren der Datensätze funktioniert so ähnlich, wie Sie das von Access her bereits kennen (Abbildung 4.39). Außerdem können Sie die üblichen Funktionalitäten von Excel einsetzen: Formatierungen, Berechnen mit Formeln usw.

Bitte beachten Sie, dass Änderungen an Datensätzen grundsätzlich nicht von Excel zurück in die Datenbank übertragen werden. Excel greift lediglich lesend auf die schon bestehenden Daten in der Access-Datenbank zu.

Stimmt das wirklich, was ich gerade gesagt habe? Wenn Sie die importierte Tabelle in Excel vor sich auf dem Bildschirm sehen, werden Sie feststellen, dass sich die Datensätze sehr wohl verändern lassen. Allerdings verändern Sie dabei nur eine Kopie der Daten in Excel! Wenn Sie die Access-Datenbank gleichzeitig geöffnet haben, werden Sie feststellen, dass die Daten in der Access-Tabelle unverändert bleiben.

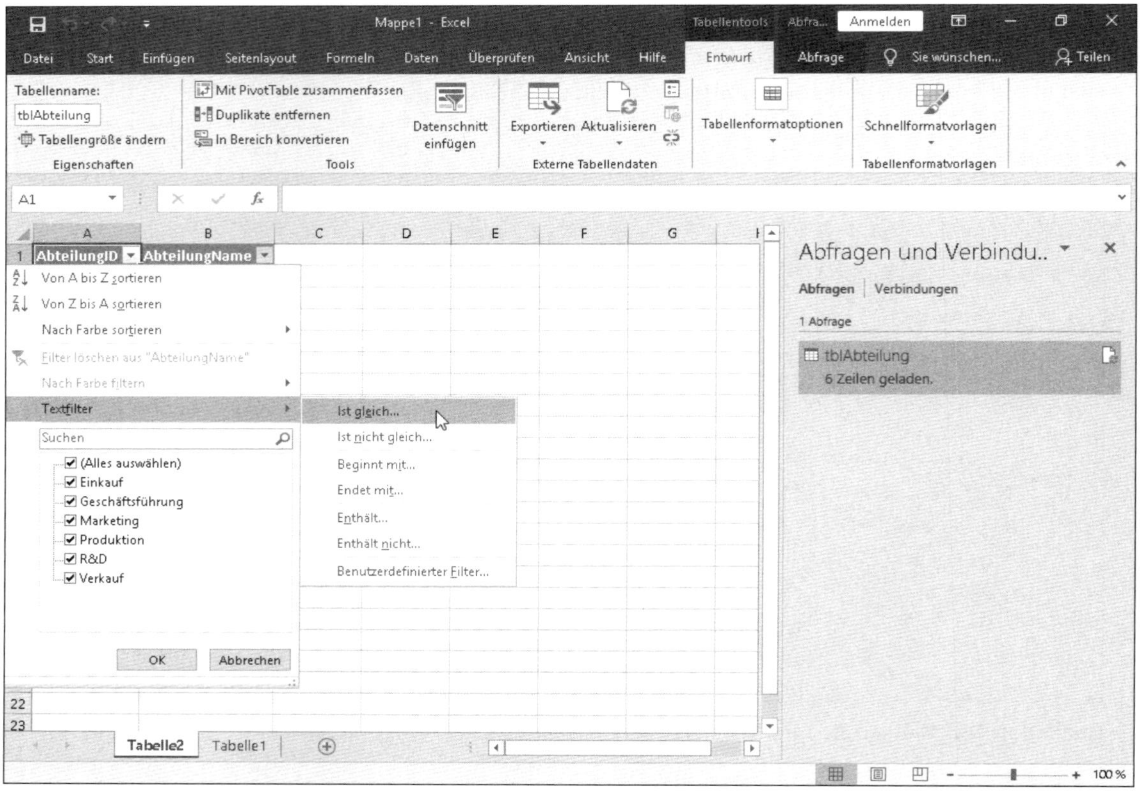

Abbildung 4.39 Ähnlich wie in Access können Sie auch in Excel Datensätze sortieren und filtern.

Die Angelegenheit mit den kopierten Daten hat noch eine weitere, wichtige Konsequenz: Sie sehen in Excel nicht den aktuellen Datenbestand! Um wirklich den letzten Datenbestand zu sehen, müssen Sie die Kopie der Daten aktualisieren. Dazu gibt es in Excel zwei Möglichkeiten:

- Klicken Sie auf DATEN • ABFRAGEN UND VERBINDUNGEN • ALLE AKTUALISIEREN.
- Klicken Sie eine Zelle der Tabelle an, drücken Sie die rechte Maustaste, und wählen Sie im Kontextmenü AKTUALISIEREN aus.

Mit der ersten Option werden alle Tabellen in der Arbeitsmappe aktualisiert; mit der zweiten Option nur diejenige Tabelle, die Sie soeben angeklickt haben. In jedem Fall werden die Datensätze erneut aus der Access-Datenbank geholt und in das Excel-Arbeitsblatt kopiert. Falls Sie vorher versucht haben, einen Datensatz in Excel zu verändern, dann gehen die Änderungen genau an dieser Stelle verloren. Datensätze müssen also immer mit Access geändert werden! Excel eignet sich aber hervorragend zur Auswertung bestehender Daten.

Die Abfrageeigenschaften und automatisches Aktualisieren

Wenn Sie in Excel Daten aus einer anderen Datenquelle (beispielsweise einer Access-Tabelle) abrufen, wird automatisch eine *Excel-Abfrage* erzeugt. Mit einer Abfrage in Access hat das nichts zu tun – nur der Name ist gleich. In älteren Versionen von Excel hieß das Konstrukt übrigens *Arbeitsmappenverbindung*. Wenn Sie mehrere Access-Tabellen einbinden, benötigt Excel für jede Tabelle eine separate Excel-Abfrage. Alle Abfragen können Sie einsehen, indem Sie auf DATEN • ABFRAGEN UND VERBINDUNGEN • ABFRAGEN UND VERBINDUNGEN klicken. Im rechten Bereich werden die Excel-Abfragen angezeigt, und im Menü über ABFRAGE • BEARBEITEN • EIGENSCHAFTEN können Sie für jede die *Abfrageeigenschaften* aufrufen (Abbildung 4.40).

- Im Registerblatt VERWENDUNG lässt sich unter anderem festlegen, ob Excel die Daten automatisch aktualisieren soll und in welchen Zeitabständen das geschehen soll.
- Das Registerblatt DEFINITION gibt uns ein paar Einblicke in die Interna der Datenanbindung. Es lohnt sich ein Klick auf die Schaltfläche ABFRAGE BEARBEITEN ..., die zu weiteren Einstellungen führt. Dort werden unter anderem der Pfad der Datenbankdatei und der Name der Tabelle festgelegt.

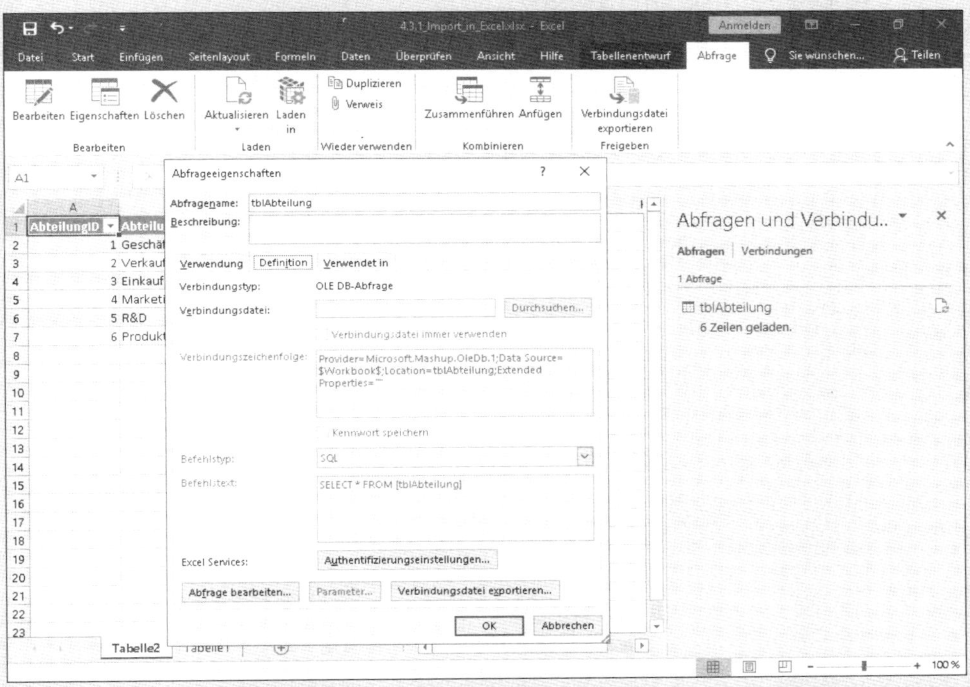

Abbildung 4.40 Alle Einstellungen, die Excel zum Zugriff auf die Access-Tabelle benötigt, sind in den Abfrageeigenschaften abgelegt.

Damit die Anbindung der Daten aus Access zuverlässig funktioniert, dürfen Sie die Excel-Abfragen *nicht löschen*! Wenn Sie dies nicht beachten, lässt sich der Inhalt der Tabelle in

Excel anschließend nicht mehr aktualisieren. Besonders tückisch dabei ist: Sie erhalten keine Fehlermeldung, wenn Sie auf Daten • Abfragen und Verbindungen • Alle Aktualisieren klicken!

Verbindungsdateien

Etwas verwirrend empfinde ich die Bezeichnung »Verbindungsdatei«. Sie taucht im Dialog Abfrageeigenschaften (Abbildung 4.40) gleich zwei Mal auf: Im oberen Bereich grau hinterlegt – hier waren in älteren Versionen von Excel der Pfad und der Name der Access-Datenbank zu sehen – und weiter unten in der Schaltfläche Verbindungsdatei exportieren ...

Über die letztgenannte Funktion können Sie alle *Einstellungen zu einer Excel-Abfrage* in eine *ODC-Datei* exportieren. ODC-Dateien werden *Office-Datenverbindungen* genannt; es handelt sich dabei um eine XML-Datei mit der Endung *.odc*. ODC-Dateien werden üblicherweise unter *%USERPROFILE%\Documents\Meine Datenquellen* abgelegt.

ODC-Dateien sind dann sinnvoll, wenn Sie eine Excel-Abfrage in eine andere Excel-Datei übertragen oder einer anderen Person senden möchten. In einer leeren Excel-Arbeitsmappe kann die andere Person die ODC-Datei wiederverwenden. Dies funktioniert über Daten • Daten abrufen und transformieren • Daten mithilfe einer vorhandenen Verbindung abrufen. Im Dialog Vorhandene Verbindungen (Abbildung 4.41) werden alle ODC-Dateien, die sich unter *%USERPROFILE%\Documents\Meine Datenquellen* befinden, aufgeführt (im Bereich Verbindungsdateien auf diesem Computer).

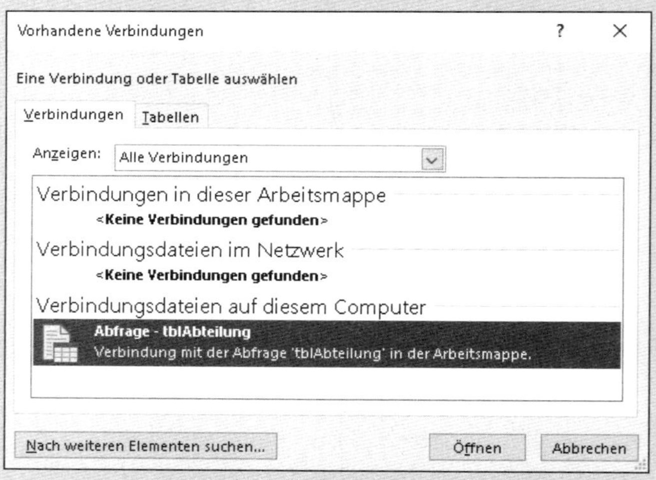

Abbildung 4.41 Externe Daten können in Excel über eine bestehende Verbindungsdatei angebunden werden.

ODC-Dateien sind nur für den Transfer von Excel-Abfragen notwendig, danach nicht mehr. *Die wirklich gültigen Abfrageeigenschaften sind innerhalb der Excel-Arbeitsmappe abgespeichert* (siehe Dialog Abfrageeigenschaften).

4.3.2 Serienbriefe in Word erstellen

In der Textverarbeitung Word gibt es die Funktion des Seriendrucks, die auch als Serienbrief bekannt ist. Über einen Seriendruck können Sie Daten aus einer Datenbank in Word-Dokumente überführen. In diesem Abschnitt erläutere ich Ihnen zunächst das Prinzip des Seriendrucks. Anschließend zeige ich Ihnen, dass Word eine Tabelle mit fester Datenstruktur für Serienbriefe verwendet. Aber Word kann noch viel mehr! Ich werde Ihnen abschließend zeigen, wie Sie Daten aus einer beliebigen Tabelle oder Abfrage mit Hilfe von Word formatieren können.

Serienbriefe gehören zu den sehr hilfreichen, aber auch schwierigen Funktionen von Word

Die meisten Anwender von Word sind mit Datenbanken nicht vertraut. Nur leider funktioniert ein Seriendruck nicht ohne Datenbank. Ich nehme an, dass aus Unkenntnis bei vielen Word-Anwendern Berührungsängste mit dem Thema Seriendruck entstehen.

Jedenfalls zählen Serienbriefe bzw. der Seriendruck zu den hohen, anspruchsvollen Aufgaben bei der täglichen Arbeit mit Word. Wer das Prinzip des Seriendrucks einmal verstanden hat und die Technik beherrscht, erspart sich viel Zeit und Arbeit bei der Erstellung von Briefen, die mit gleichem oder fast gleichem Inhalt an verschiedene Geschäftspartner geschickt werden.

Das Konzept des Seriendrucks

Kompliziert ist das Thema Seriendruck nur, wenn man mit Datenbanken noch nicht in Berührung gekommen ist. Sie kennen Access-Datenbanken bereits und verfügen daher über notwendige Vorkenntnisse. Damit lässt sich das Konzept schnell erklären: Es gibt eine Word-Datei ❶, die als *Briefvorlage* dient (nicht zu verwechseln mit einer Word-Vorlage). Dort erstellen Sie wie üblich den Text des Serienbriefs. Die einzige Besonderheit ist, dass für den Namen und die Anschrift *Platzhalter* ❷ verwendet werden (z. B. «Nachname»). Als zweite Komponente gibt es eine Access-Datenbank ❸ mit einer einzigen Tabelle: *Office_Address_List*. In dieser Access-Tabelle stehen alle Empfänger des Serienbriefes. Sie werden es sich schon denken können: Word kann anstelle der Platzhalter die Inhalte aus der Access-Tabelle einfügen. Im Menüband von Word wird dieser Vorgang FERTIG STELLEN UND ZUSAMMENFÜHREN benannt. Word nimmt dabei für jeden Datensatz die Vorlage und ersetzt darin die Platzhalter. Es entsteht ein recht langes Dokument ❹, in dem die personalisierten Briefe aneinandergereiht sind.

Einfach ausdrucken, und fertig ist der Serienbrief. Das Ergebnis sind personalisierte Schreiben für jeden Empfänger. Viel Spaß beim Kuvertieren!

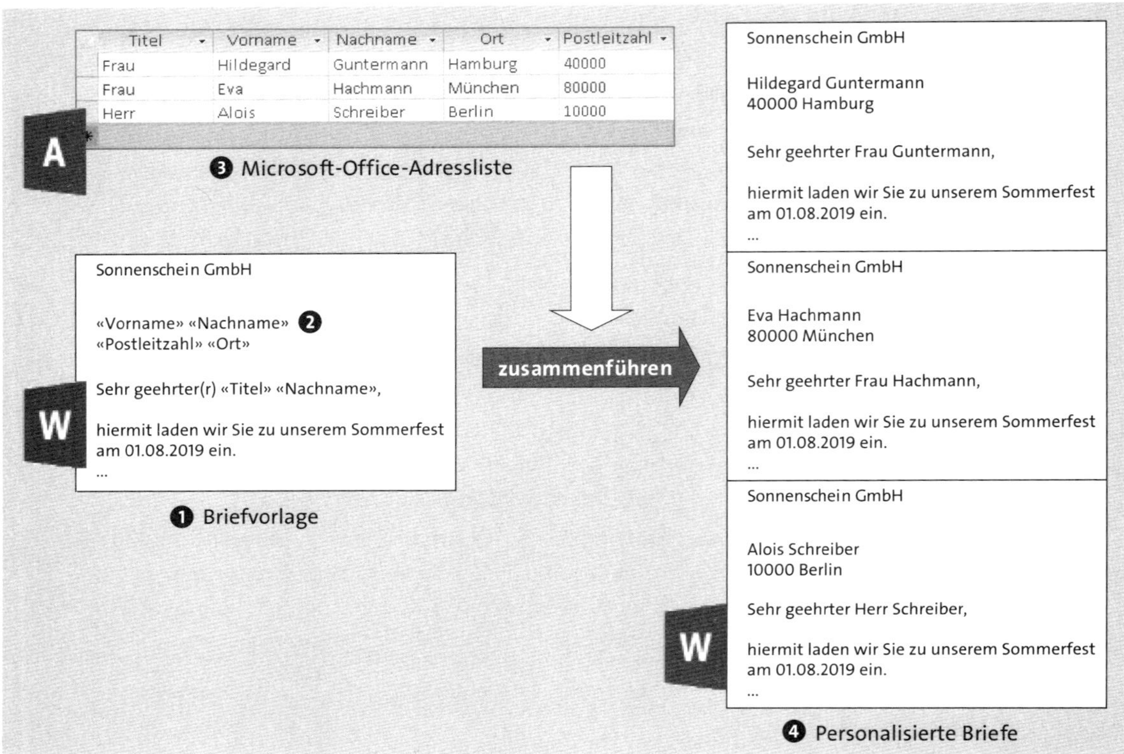

Abbildung 4.42 Beim Seriendruck wird aus einer Briefvorlage ❶ mit Platzhaltern ❷ und aus einer Access-Datenbank ❸ ein langes Dokument mit den individuellen Briefen ❹ erstellt.

So erstellen Sie einen Serienbrief in Word

Hier das Rezept zum Serienbrief mit Word:

1. Starten Sie Word. Üblicherweise wird ein leeres Dokument erzeugt.
2. Klicken Sie auf SENDUNGEN • SERIENDRUCK STARTEN • SERIENDRUCK STARTEN • BRIEFE.
3. Klicken Sie auf SENDUNGEN • SERIENDRUCK STARTEN • EMPFÄNGER AUSWÄHLEN • NEUE LISTE EINGEBEN.
4. Tragen Sie die einzelnen Empfänger ein.
5. Klicken Sie zum Abschluss auf OK. Word fragt nun, wo die Microsoft-Office-Adressliste gespeichert werden soll. An der Dateiendung *.mdb* erkennen Sie sofort, dass Word eine Access-Datenbank erzeugt hat!
6. Tippen Sie nun die Briefvorlage ein. Die Platzhalter können Sie über SENDUNGEN • SCHREIB- UND EINFÜGEFELDER • SERIENDRUCKFELD EINFÜGEN auswählen.

Word kennt besondere Platzhalter

Neben den Seriendruckfeldern gibt es in Word vorgefertigte Platzhalter für den Adressblock («Adresse») und die Grußzeile («Anrede»).

Beispielsweise erhalten Sie damit eine geschlechtsspezifischen Anrede, die einfach schöner aussieht als die Anrede in Abbildung 4.42:

- Sehr geehrte Frau Hachmann,
- Sehr geehrter Herr Schreiber,

7. Wenn Sie die Briefvorlage fertig erstellt haben, können Sie den Serienbrief zusammenführen. Klicken Sie dazu auf SENDUNGEN • FERTIG STELLEN • FERTIG STELLEN UND ZUSAMMENFÜHREN • EINZELNE DOKUMENTE BEARBEITEN.
8. Wählen Sie alle Datensätze aus, und klicken Sie auf OK.
9. Word erstellt nun das lange Dokument mit den personalisierten Briefen hintereinander. Bei Bedarf können Sie die personalisierten Briefe noch weiter anpassen und falls gewünscht ausdrucken.

Dies ist der Weg zum Serienbrief in Einzelschritten. Daneben gibt es noch einen Assistenten, der Sie zum gleichen Ergebnis begleitet. Am Schluss haben Sie für alle drei Komponenten je eine Datei:

- Den Serienbrief mit den Platzhaltern ❶ können Sie als *.docx*-Datei abspeichern.
- Die Access-Datenbank ❸ wurde automatisch von Word erstellt.
- Nach dem Zusammenführen erhalten Sie die personalisierten Serienbriefe ❹, die Sie ebenfalls als *.docx*-Datei abspeichern können.

Die Microsoft-Office-Adressliste

Öffnen Sie einmal die Access-Datenbank, die Word automatisch erstellt hat, mit Access. Sie werden darin lediglich zwei Datenbankobjekte finden:

- die Tabelle *Office_Address_List*
- die Abfrage *Office Address List*

In der Tabelle *Office_Address_List* sind die einzelnen Empfänger des Serienbriefes eingetragen. Wenn Sie die Datenbank in dieser Form verwenden (Name der Tabelle und Tabellenstruktur wie in Abbildung 4.43 dargestellt), ergibt sich daraus ein kleiner Vorteil in Word: Sie können die Datensätze von Word aus und ohne Access bearbeiten, indem Sie auf SENDUNGEN • SERIENDRUCK STARTEN • EMPFÄNGERLISTE BEARBEITEN klicken. Gleichwohl können Sie die Datensätze auch mit Access bearbeiten.

Abbildung 4.43 In einer Microsoft-Office-Adressliste ist nur eine Tabelle vorhanden, deren Struktur fest vorgegeben ist.

Der Seriendruck ist eine Alternative zum Access-Bericht

Wenn wir die Word-Funktionen zum Seriendruck betrachten, scheint sich alles um Briefe und Adressdaten zu drehen. Der Seriendruck in Word kann aber noch viel mehr: Sie können sich mit jeder beliebigen Access-Tabelle oder -Abfrage verbinden. Als Beispiel erstellen wir jetzt Firmenausweise für unsere Mitarbeiter mit Hilfe des Word-Seriendrucks.

1. Starten Sie Word. Üblicherweise wird ein leeres Dokument erzeugt.
2. Klicken Sie auf SENDUNGEN • SERIENDRUCK STARTEN • SERIENDRUCK STARTEN • VERZEICHNIS.

   Bei der Auswahl VERZEICHNIS werden später, nach dem Zusammenführen, die einzelnen Firmenausweise fortlaufend untereinander angezeigt. Bei der Auswahl BRIEFE würde Word hingegen jeden Ausweis auf einer neuen Seite platzieren.
3. Klicken Sie auf SENDUNGEN • SERIENDRUCK STARTEN • EMPFÄNGER AUSWÄHLEN • VORHANDENE LISTE VERWENDEN.
4. Wählen Sie die Datenbank *03_Abfragen\3_Fluege.accdb* aus den Materialien zum Buch aus, und klicken Sie auf ÖFFNEN.
5. Wählen Sie die Tabelle *tblMitarbeiter* aus, und klicken Sie auf OK.
6. Jetzt ist Ihre Kreativität gefragt! Ich habe für die Gestaltung des Mitarbeiterausweises zunächst eine Word-Tabelle erstellt und dann die Beschriftungen eingetragen. Das Ergebnis hierzu finden Sie in den Materialien zum Buch unter *04_Aussenwelt\4.3.2_Mitarbeiterausweis.docx* und in Abbildung 4.44.

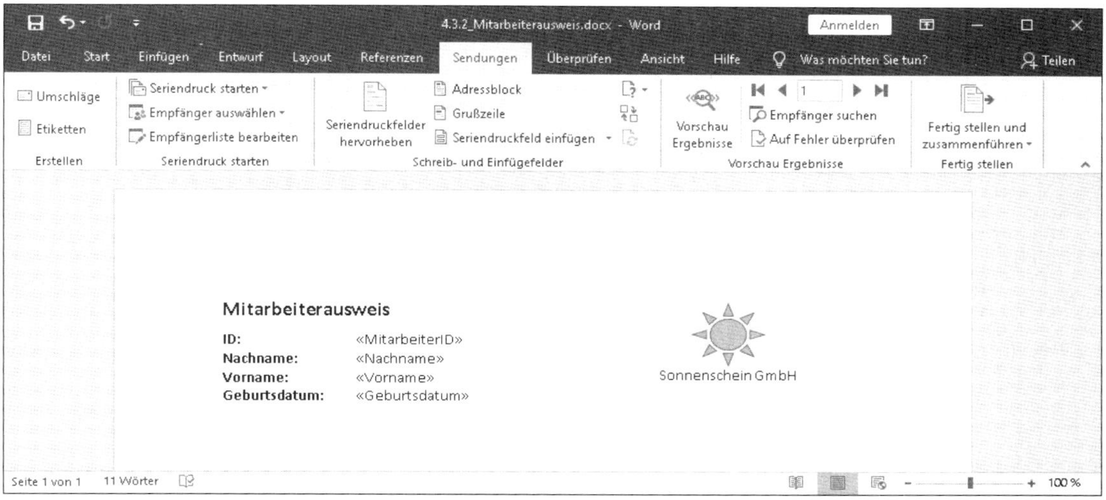

Abbildung 4.44 Die Vorlage zum Mitarbeiterausweis in Word enthält Platzhalter für die Felder der Access-Tabelle »tblMitarbeiter«.

7. Tragen Sie an den entsprechenden Stellen die Platzhalter für die Felder der Access-Tabelle ein. Klicken Sie dazu auf SENDUNGEN • SCHREIB- UND EINFÜGEFELDER • SERIENDRUCKFELD EINFÜGEN. Im Dialog SERIENDRUCKFELD EINFÜGEN (Abbildung 4.45) muss die Option DATENBANKFELDER ausgewählt sein!
8. Nachdem die Vorlage fertig ist, klicken Sie auf SENDUNGEN • FERTIG STELLEN • FERTIG STELLEN UND ZUSAMMENFÜHREN • EINZELNE DOKUMENTE BEARBEITEN.

Sie erhalten dadurch ein langes Word-Dokument, in dem alle Mitarbeiterausweise fortlaufend untereinander angeordnet sind. Dies ist ein Beispiel, wie Sie mit Word Datensätze aus einer Access-Datenbank zu Papier bringen können.

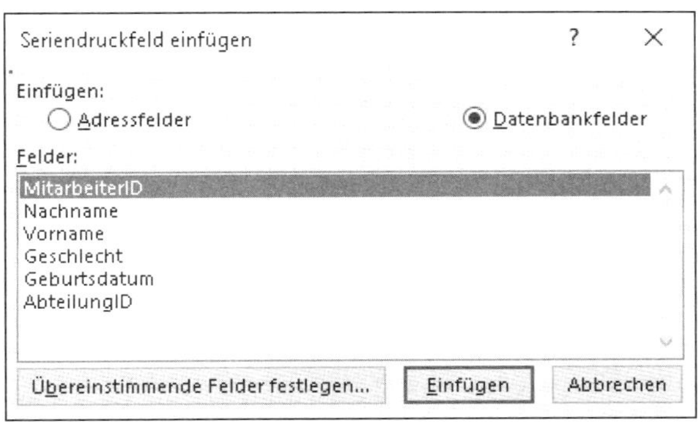

Abbildung 4.45 Wählen Sie die Option »Datenbankfelder« aus, um direkt auf die Felder der Access-Tabelle zugreifen zu können.

Eigentlich sind Berichte das Mittel der Wahl, um in Access Datensätze auszudrucken (mehr dazu in Kapitel 7, »Berichte«). Der Seriendruck in Word ist eine Alternative, die Sie bei Bedarf nutzen können. Für beide Varianten gibt es Vor- und Nachteile, die ich in Tabelle 4.7 aufgeführt habe.

Merkmal	Access-Bericht	Word-Seriendruck
Dateneingabe	in Access	in Access
Generierung	in Access	in Word
Gruppierung	•	
Aggregieren pro Gruppe	•	
laufende Summen	•	
maximale Freiheit beim Layout und bei der Formatierung		•

Tabelle 4.7 Die Merkmale eines Access-Berichts und des Word-Seriendrucks im Vergleich

4.3.3 Zugriff auf eine Access-Datenbank vom Microsoft SQL Server aus

An mehreren Stellen in diesem Buch habe ich bereits Server-Datenbanken angesprochen. Ich zeige Ihnen in diesem Abschnitt, wie Sie die Tabellen einer Access-Datenbank auf einen Microsoft SQL Server übertragen können. Der SQL Server ist ein sehr mächtiges Programm, das zahlreiche Werkzeuge enthält. Als Einstieg in dieses Thema empfehle ich Ihnen das Buch »Schnelleinstieg SQL Server 2012« von Daniel Caesar und Michael R. Friebel, das ebenfalls im Rheinwerk Verlag erschienen ist.

Der SQL Server-Import/Export-Assistent

Ich stelle Ihnen zunächst ein recht überschaubares Werkzeug vor, das Bestandteil des Microsoft SQL Servers ist: den *SQL Server-Import/Export-Assistenten*. Warum ist dieses Werkzeug für Access-Anwender so interessant? Wenn Sie sich – aus welchen Gründen auch immer – für den Betrieb einer Server-Datenbank entschieden haben, kommt irgendwann der Tag der Wahrheit, an dem Sie alle bestehenden Tabellen samt Inhalt von Access in die Server-Datenbank übertragen müssen. Und genau diese Aufgabe der *Datenmigration* übernimmt der SQL Server-Import/Export-Assistent.

Der zweite Weg geht über den Microsoft SQL Server Migrationsassistent (SSMA) für Access

Im Workshop in Abschnitt 4.8.3, »Workshop: Eine bestehende Access-Datenbank auf den SQL Server migrieren« werde ich Ihnen einen zweiten Weg zum Übertragen der Tabellen vorstellen. Dafür werden wir ein anderes Werkzeug nutzen, den *SQL Server Migrationsassistenten (SSMA) für Access*. Er ist sogar noch etwas mächtiger und kann auch Tabellenbeziehungen und Abfragen migrieren. Allerdings gibt es den SSMA nur mit englischer Benutzeroberfläche.

Wir benötigen zunächst eine Installation der SQL Server-Software und eine leere Server-Datenbank. Alle Schritte zur Installation der Microsoft SQL Server 2017 Express Edition können Sie in Abschnitt A.1.2, »SQL Server Express Edition installieren«, nachlesen. Wie eine leere Datenbank im SQL Server Management Studio (SSMS) erstellt wird, erkläre ich in Abschnitt A.1.5, »Eine Datenbank im SQL Server erstellen«.

Ist die 32-Bit-Version des Assistenten installiert?

Üblicherweise empfehle ich die Installation der Microsoft SQL Server 2017 Express Edition mit dem Paket »Express Core«. Leider ist in diesem Paket die 32-Bit-Version des SQL Server-Import/Export-Assistenten nicht enthalten. Falls das Programm im Startmenü nicht zu sehen ist, können Sie es mit folgenden Schritten nachinstallieren:

1. Laden Sie das Paket »Express Advanced« der Microsoft SQL Server 2017 Express Edition herunter (Dateiname: *SQLEXPRADV_x64_DEU.exe*), und starten Sie die Installation.
2. Klicken Sie im SQL-Server Installationscenter auf den ersten Punkt, NEUE EIGENSTÄNDIGE SQL SERVER-INSTALLATION ODER HINZUFÜGEN VON FUNKTIONEN ZU EINER VORHANDENEN INSTALLATION.
3. Wählen Sie die Option FEATURES ZU EINER VORHANDENEN SQL SERVER 2017-INSTANZ HINZUFÜGEN aus.
4. Setzen Sie in der Rubrik FREIGEGEBENE FUNKTIONEN ein Häkchen vor den Eintrag CLIENT-TOOLS SDK, und führen Sie die Installation durch.

Nach der Installation erscheint der Link SQL SERVER 2017-DATENIMPORT UND -EXPORT (32 BIT) im Startmenü.

Ich zeige Ihnen nun, wie Sie unsere Beispieldatenbank auf den SQL Server migrieren können.

1. Starten Sie zunächst den SQL Server-Import/Export-Assistenten. Der Link im Startmenü lautet SQL SERVER 2017-DATENIMPORT UND -EXPORT (32 BIT). Achten Sie unbedingt darauf, die 32-Bit-Version zu starten. Mit der 64-Bit-Version funktioniert die Migration nicht!
2. Legen Sie zunächst die Datenquelle fest, nämlich Ihre Access-Datenbank (Abbildung 4.46).
3. Stellen Sie als DATENQUELLE die Option MICROSOFT ACCESS (MICROSOFT ACCESS DATABASE ENGINE) ein.
4. Wählen Sie die Access-Datenbank unter DATEINAME aus. Wenn Sie auf DURCHSUCHEN klicken, ist im Dateidialog der Filter auf *.mdb*-Dateien gesetzt. Lassen Sie sich dadurch bitte nicht verwirren! Die Migration funktioniert sowohl mit *.mdb*- als auch mit *.accdb*-Dateien (stellen Sie den Filter bei Bedarf auf ALLE DATEIEN um).

Abbildung 4.46 Wählen Sie als Datenquelle »Microsoft Access (Microsoft Access Database Engine)« und die entsprechende Access-Datenbank aus.

5. Klicken Sie auf WEITER.
6. Auf der nächsten Seite des Assistenten legen Sie die leere Server-Datenbank fest (Abbildung 4.47).

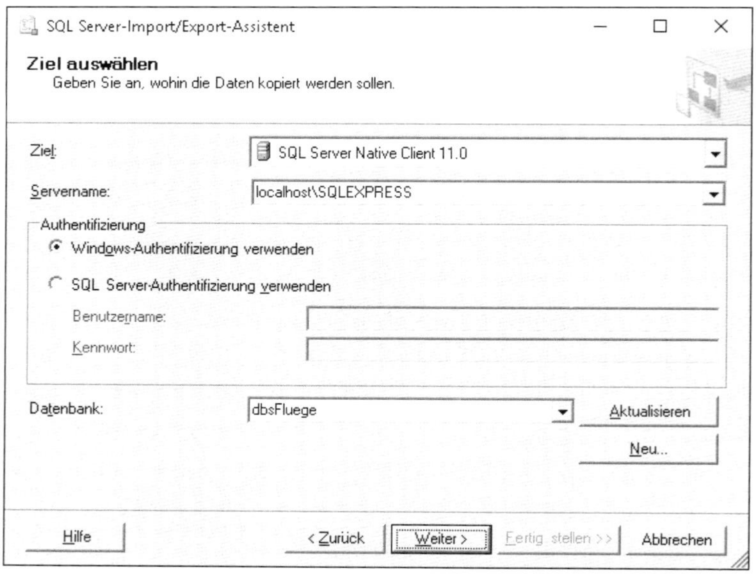

Abbildung 4.47 Das Ziel ist der SQL Server. Server-Name, Anmeldeinformationen und der Namen der Datenbank sind die gleichen wie im SQL Server Management Studio (SSMS).

7. Wählen Sie als Ziel die Option SQL SERVER NATIVE CLIENT 11.0 aus.
8. Tragen Sie unter SERVERNAME den Namen des SQL Servers und der Instanz ein. Es ist der gleiche Name, den Sie auch schon im SSMS verwendet haben (mehr dazu in Abschnitt A.1.4, »SQL Server Management Studio: Das universelle Werkzeug zur Verwaltung des SQL Servers«). Falls Sie den SQL Server und Access auf dem gleichen Computer verwenden, dürfte dieser Wert passen:

   `localhost\SQLEXPRESS`
9. Wählen Sie unter AUTHENTIFIZIERUNG die passende Methode zur Authentifizierung aus.
10. In der Dropdown-Liste DATENBANK werden alle Server-Datenbanken angezeigt, die auf dem SQL Server vorhanden sind. Wählen Sie die leere Datenbank (beispielsweise *dbsFluege*) aus, die Sie vorbereitet haben. Falls notwendig, können Sie an dieser Stelle auch eine leere Datenbank auf dem SQL Server erstellen, indem Sie auf NEU klicken.
11. Klicken Sie auf WEITER.
12. Wir möchten die Tabellen aus der Access-Datenbank vollständig migrieren. Belassen Sie daher auf der nächsten Seite des Assistenten (Abbildung 4.48) die Auswahl DATEN AUS MINDESTENS EINER TABELLE ODER SICHT KOPIEREN, und klicken Sie auf WEITER.

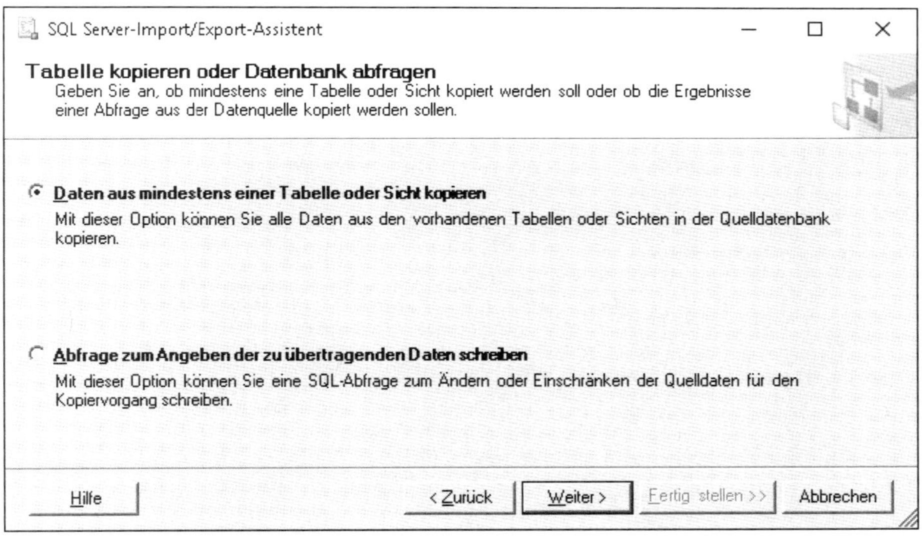

Abbildung 4.48 Bei einer Migration sollen die vollständigen Tabellen samt Inhalt übertragen werden.

13. Jetzt steht bereits fest, woher die Tabellen kommen und wohin sie migriert werden sollen. Kommen wir nun zu den Tabellen an sich (Abbildung 4.49): Setzen Sie ein Häkchen vor die Tabellen, die Sie migrieren möchten.

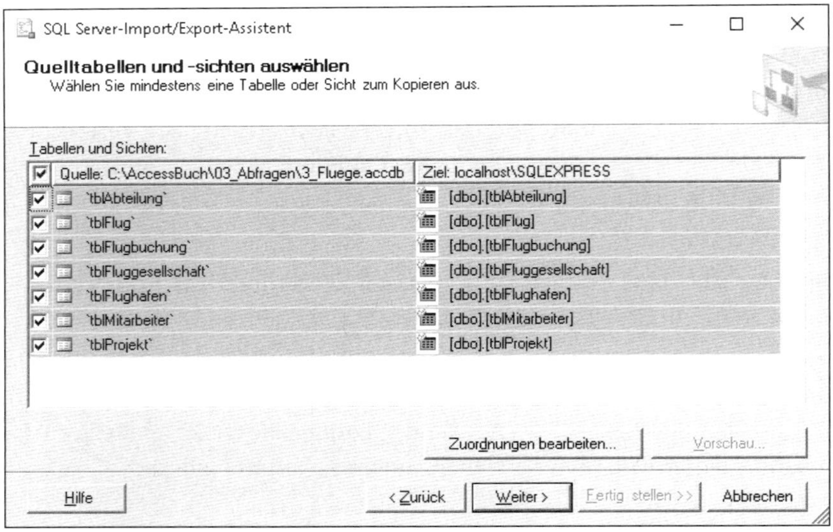

Abbildung 4.49 Hier können Sie auswählen, welche Tabellen migriert und ob die Felddatentypen angepasst werden sollen.

14. Optional können Sie für jede Tabelle die Zuordnungen bearbeiten. Das kann nützlich sein, wenn Sie den Felddatentyp oder andere Einstellungen zum Tabellendesign anpassen möchten. Im Normalfall sind keine Anpassungen notwendig.
15. Damit sind alle Einstellungen für die Migration festgelegt. Sie können die Migration jetzt ausführen (Abbildung 4.50).

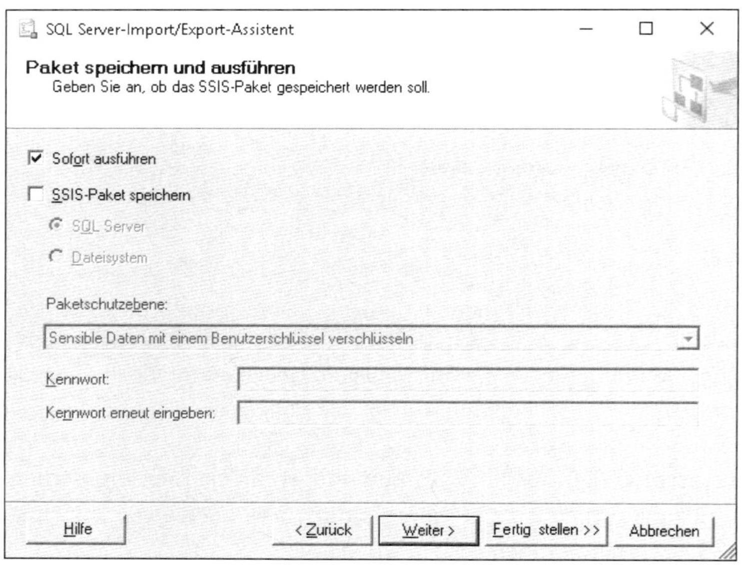

Abbildung 4.50 Die Migration können Sie sofort ausführen oder als SSIS-Paket speichern.

16. Auf der letzten Seite des Assistenten (Abbildung 4.51) können Sie verfolgen, wie die Migration durchgeführt wird. Die Tabellen werden neu erstellt, und alle Datensätze werden übertragen.

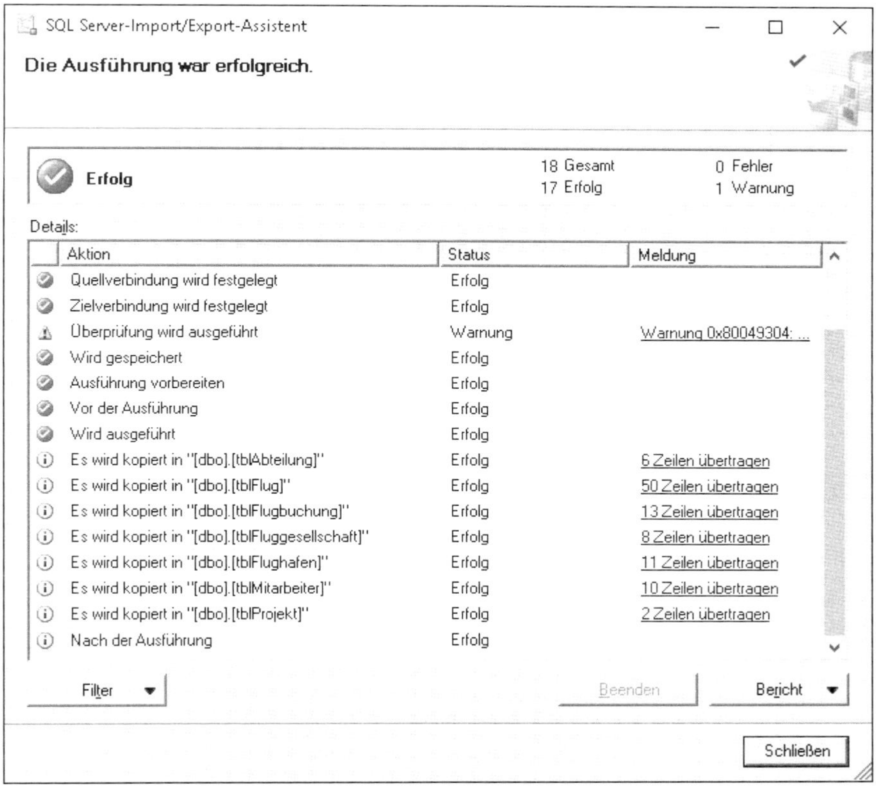

Abbildung 4.51 Der SQL Server-Import/Export-Assistent zeigt Ihnen an, welche Tabellen und wie viele Datensätze migriert wurden.

Das Ergebnis der Migration können Sie mit dem Werkzeug SQL Server Management Studio (SSMS) bewundern (Abbildung 4.52). So einfach geht die Migration von Access zum SQL Server!

Wie Sie gesehen haben, ist dies der hauptsächliche Einsatzzweck des SQL Server-Import/Export-Assistenten: Der schnelle und häufig auch der einmalige Transfer von Daten in den SQL Server.

Vor dem Abschluss der Migration konnten Sie wählen, ob der Transfer sofort durchgeführt oder ob ein sogenanntes *SSIS-Paket* erstellt werden sollte (Abbildung 4.50). Dies bringt uns zu einem anderen Werkzeug des SQL Servers, den *SQL Server Integration Services* (SSIS).

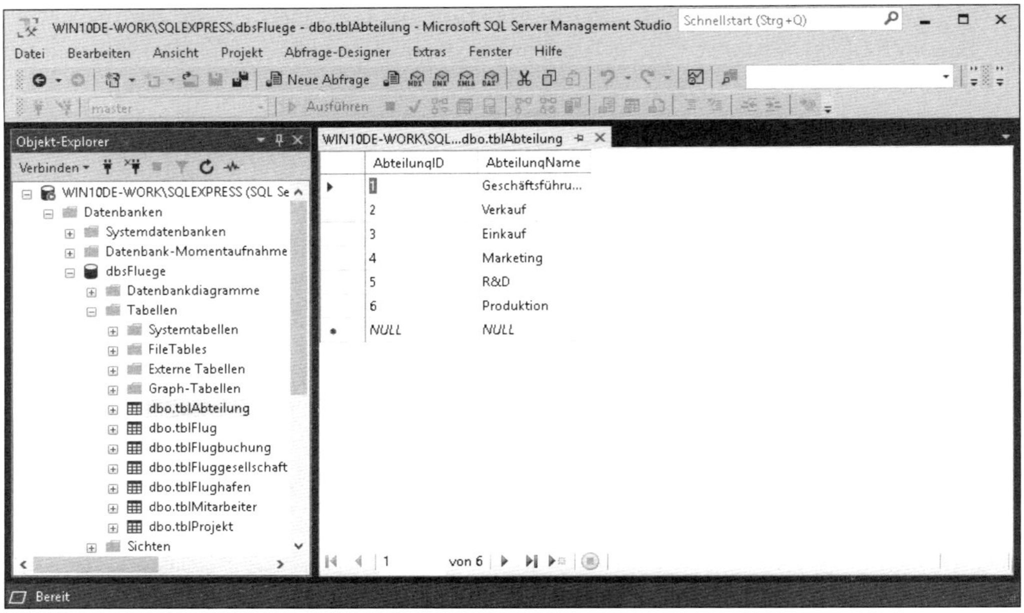

Abbildung 4.52 Im SQL Server Management Studio sehen Sie in der Datenbank »dbsFluege« die migrierten Tabellen. Die migrierten Datensätze können Sie ebenfalls abrufen.

Die nächsten Schritte zum Abschluss der Migration

Nach Abschluss der Migration durch den SQL Server-Import/Export-Assistenten stehen noch zwei Arbeitsschritte an:

- Primärschlüssel, Alternativschlüssel, Indizes und Tabellenbeziehungen werden vom Assistenten leider *nicht übertragen*! Ich empfehle Ihnen dringend, diese Elemente auf dem SQL Server manuell neu zu erstellen. Wie das geht, zeige ich Ihnen im Workshop in Abschnitt 4.8.2, »Workshop: Datenbankdesign auf dem SQL Server«.
- Befinden sich in Ihrer Access-Datenbank noch Abfragen, Formulare und Berichte? Wenn ja, dann werden Sie diese sicherlich weiterverwenden wollen. Löschen Sie die bereits migrierten Tabellen aus der Access-Datenbank. Anschließend verknüpfen Sie die Tabellen aus der Server-Datenbank (mehr dazu in Abschnitt 4.7.3, »Eine Tabelle über die ODBC-Schnittstelle verknüpfen«).

Die SQL Server Integration Services (SSIS)

Mit diesem Werkzeug steht uns eine weitere Variante zur Verfügung, Daten in eine SQL Server-Datenbank zu übertragen. Genauer gesagt sind die *SQL Server Integration Services* (SSIS) die Arbeitstiere für den Export und Import auf Server-Seite. Mit ihnen lassen sich komplexe Szenarien verwirklichen, wie ich es in Abschnitt 4.1.4, »Verteilte Datenquellen – ›Datawarehouse‹ und ›Datamining‹«, skizziert habe.

Die SQL Server Integration Services werden über sogenannte *DTSX-Pakete* gesteuert. Beim SQL Server-Import/Export-Assistenten wurde Ihnen die Möglichkeit gegeben, ein SSIS-Paket zu erstellen. Korrekt müsste es eigentlich DTSX-Paket heißen. Ein DTSX-Paket enthält alle Einstellungen, die zum Übertragen der Daten notwendig sind:

- die Datenquelle
- das Ziel der Daten
- Angaben zum Datenfluss
- optional: Anpassung der Daten (*Transformation*)

Vom Prinzip her sind das die gleichen Einstellungen, die wir beim SQL Server-Import/Export-Assistenten festlegen mussten. Nur sind DTSX-Pakete deutlich leistungsfähiger und genauer zu steuern. Außerdem gibt es ein separates Werkzeug, um DTSX-Pakete zu erstellen und zu verändern: die *SQL Server Data Tools (SSDT)* in Visual Studio.

Wenn Sie ein DTSX-Paket erst einmal in der Hand halten (am besten auf dem Dateisystem gespeichert), können Sie die Übertragung der Daten beliebig oft ausführen. Dazu gibt es das Kommandozeilenprogramm `DTEXEC`, mit dessen Hilfe Sie ein DTSX-Paket ausführen können.

Das Thema SQL Server Integration Services ist ein sehr interessantes Thema für den Profibereich. Es ist aber ziemlich SQL-Server-lastig, weshalb ich es an dieser Stelle bei einem Ausblick belassen möchte. Daniel Caesar und Michael R. Friebel haben in ihrem Buch »Schnelleinstieg SQL Server 2012« ein ganzes Kapitel den SSIS und dem Erstellen von DTSX-Paketen gewidmet.

4.4 Import von Daten

Beim Import von Daten geht es darum, externe Daten in eine Access-Datenbank zu bringen. Genauso wie beim Export bietet Access unterschiedliche Wege des Imports an und unterstützt dadurch eine ganze Reihe von Dateiformaten. Im Menüband finden Sie die Funktionen zum Import unter EXTERNE DATEN • IMPORTIEREN UND VERKNÜPFEN • NEUE DATENQUELLE.

Anordnung der Importfunktionen im Menüband

Neu in Access 2019 ist die Anordnung der Importfunktionen im Menüband unterhalb der Schaltfläche NEUE DATENQUELLE. Bei Drucklegung gab es folgende Kategorien:

- AUS DATEI
- AUS DATENBANK
- AUS ONLINE-DIENSTEN
- AUS ANDEREN QUELLEN

In der jüngsten Vergangenheit habe ich immer wieder beobachtet, dass durch ein Update die Anordnung der Schaltflächen geändert wurde, einzelne Einträge hinzukamen und andere wiederum verschwanden. Ich kann das nur so deuten, dass Microsoft die Menübänder von Excel und Access beim Import vereinheitlichen möchte.

Trotz aller kosmetischer Anpassungen hat sich an den eigentlichen Importfunktionen innerhalb der letzten Versionen von Access sehr wenig getan. Falls das Menü also wieder einmal umgeworfen wurde, werden Ihnen die Abbildungen in den nächsten Abschnitten weiterhelfen. Mit ein paar Versuchen werden Sie den richtigen Assistenten schnell wiederfinden.

In Abschnitt 4.2, »Export von Daten«, habe ich die einzelnen Wege des Exports vorgestellt. Neben dem Export an sich habe ich dort vertiefende Informationen zu den jeweiligen Dateiformaten gegeben, die beim Export entstehen. Fast alle Dateiformate, die für einen Import in Access in Frage kommen, kennen Sie daher bereits.

Nun bietet Access zu beinahe jedem Exportweg einen korrespondierenden Importweg an. Ich möchte Ihnen ersparen, in den folgenden Abschnitten jeden einzelnen Importweg nacheinander vorzustellen. Schließlich kennen Sie das meiste bereits vom Export. Allerdings gibt es ein paar Unterschiede zwischen Export und Import. Und es ist mir wichtig, Ihnen genau diese Unterschiede und Besonderheiten zu vermitteln.

4.4.1 Import aus einer anderen Access-Datenbank

Sehen wir uns zunächst die einfachste Variante des Imports an: den Import von Datenbankobjekten aus einer anderen Access-Datenbank. Dieser Importweg ist insofern einfach, als die Daten innerhalb der Welt von Access bleiben. Sie müssen daher im Gegensatz zu anderen Importwegen nicht konvertiert werden. Und dies sind die Schritte für den Import aus einer anderen Access-Datenbank:

1. Erstellen Sie eine leere Access-Datenbank.
2. Klicken Sie auf Externe Daten • Importieren und Verknüpfen • Neue Datenquelle • Aus Datenbank • Access.
3. Auf der ersten Seite des Assistenten (Abbildung 4.53) wählen Sie die Access-Datenbank aus, aus der Sie importieren möchten. Klicken Sie dazu auf Durchsuchen, und wählen Sie die Datei *03_Abfragen\3_Fluege.accdb* aus den Materialien zum Buch aus.
4. Noch eine weitere wichtige Entscheidung müssen Sie an dieser Stelle treffen: Möchten Sie die Daten importieren oder verknüpfen? In diesem Abschnitt beschäftigen wir uns mit dem Import von Daten. Belassen Sie daher die voreingestellte Auswahl Importieren Sie Tabellen, Abfragen, Formulare, Berichte, Makros und Module in die aktuelle Datenbank. Alles zum Thema »Verknüpfen von Daten« werde ich Ihnen in einem separaten Abschnitt erläutern (Abschnitt 4.6, »Anbindung externer Datenquellen: Verknüpfen von Tabellen«).

5. Klicken Sie auf OK.
6. Auf der zweiten Seite des Assistenten (Abbildung 4.54) sehen Sie alle Inhalte der anderen Access-Datenbank. Das sind zunächst einmal die Tabellen, Abfragen, Formulare, Berichte, Makros und Module, für die es jeweils eigene Registerblätter gibt. Wählen Sie alle Datenbankobjekte aus, die Sie importieren möchten.

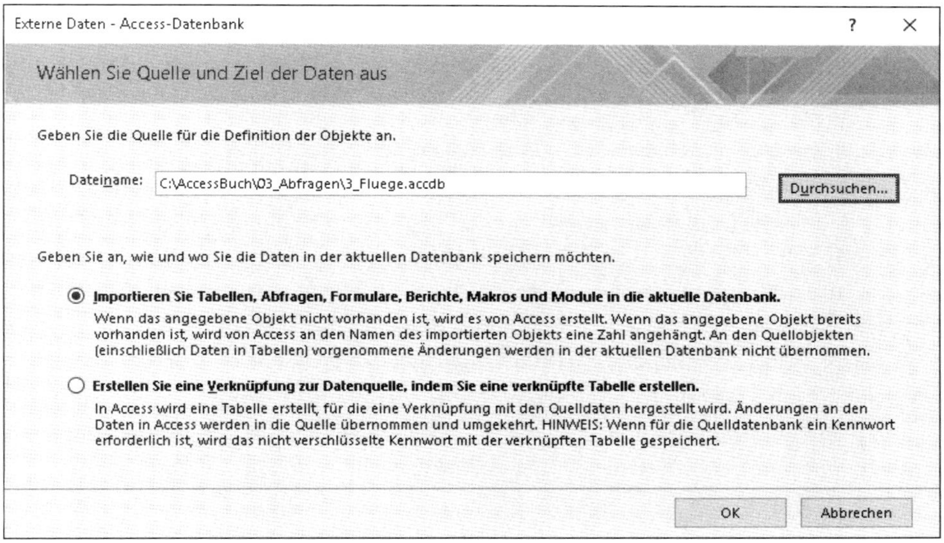

Abbildung 4.53 Auf der ersten Seite des Import-Assistenten legen Sie fest, aus welcher Access-Datenbank importiert werden soll. Außerdem können Sie sich für Import oder Verknüpfen entscheiden.

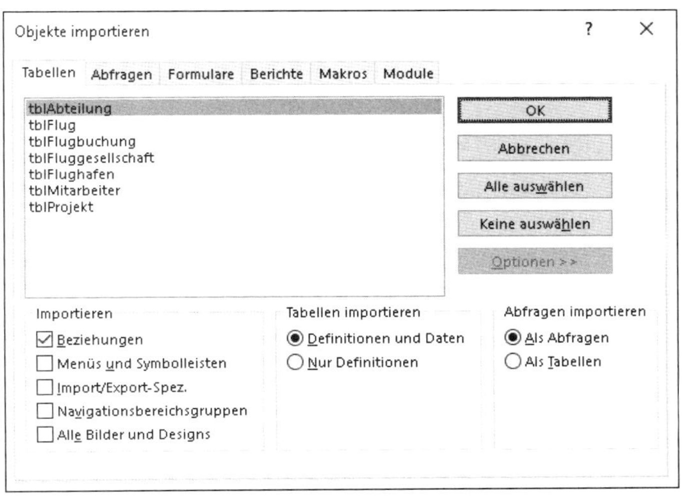

Abbildung 4.54 Diese Datenbankobjekte sind in der anderen Access-Datenbank vorhanden. Klicken Sie auf »Optionen«, um das Gesamtbild zu sehen!

7. Klicken Sie auf die Schaltfläche Optionen. Ein kleiner Aha-Effekt: Es gibt noch ein paar mehr Sachen zu importieren! Unter anderem die Tabellenbeziehungen, die für eine relationale Datenbank sehr wichtig sind.
8. Genauso wie beim Export können Sie für die Tabellen festlegen, ob Sie die Tabellenstruktur (Definition) allein oder die Tabelle samt allen Daten importieren möchten.
9. Klicken Sie auf OK, um den Import zu starten.

Nun können Sie verfolgen, wie alle ausgewählten Datenbankobjekte nacheinander importiert werden.

Eine Access-Datenbank richtig aufräumen

Wenn Sie längere Zeit mit einer Access-Datenbank gearbeitet haben, wächst die Größe der Datei an. Sie sollten hin und wieder die Datenbank komprimieren (Datenbanktools • Datenbank komprimieren und reparieren). Dieser Prozess hat gewisse Ähnlichkeiten mit dem Defragmentieren einer Festplatte. Wirklich komprimiert im Sinne von Datenkompression (ZIP-gepackte Daten usw.) wird bei diesem Vorgang jedoch nichts!

Leider verläuft das Komprimieren einer Access-Datenbank nicht immer optimal. Ich kenne die internen Abläufe der Komprimierung nicht. Allerdings kann ich Ihnen eine Erfahrung mitgeben: *Es lohnt sich, hin und wieder die Datenbank völlig neu aufzubauen.* Das bedeutet:

1. eine neue, leere Datenbank erstellen
2. alle (und zwar wirklich alle!) Datenbankobjekte aus der alten Datenbank importieren
3. die neue Datenbank komprimieren

Probieren Sie es einmal aus, und vergleichen Sie die Größen der Access-Datei. Ich habe in der Vergangenheit schon häufig gestaunt!

4.4.2 Importfehler

Daten in einer Access-Datenbank liegen sehr ordentlich vor – schließlich sorgt die Datenbank durch das Datenbankschema von Haus aus dafür, dass alles am richtigen Platz ist. Bei einer Textdatei kann das jedoch ganz anders aussehen! In diesem Abschnitt zeige ich Ihnen, dass beim Import von Daten *Importfehler* auftreten können.

In Abschnitt 4.2.6, »Export in eine Textdatei«, hatten wir aus unserer Beispieldatenbank die Tabelle *tblAbteilung* in eine CSV-Datei exportiert. Diese CSV-Datei habe ich absichtlich verunstaltet (Listing 4.3). In den Materialien zum Buch finden Sie die defekte Datei unter *04_Aussenwelt\4.4.2_Import_von_Text_mit_Fehlern.csv*.

```
1;"Geschäftsführung"
2;"Verkauf"
"Fehler: Nur ein Feld"
```

```
3;"Einkauf"
4;"Marketing"
5;"R&D"
6;"Produktion"
7;"Fehler: ein sehr langes Feld 1234567890123456789012345678901234567[...]
abc;"Fehler: Text im Zahlenfeld"
```

Listing 4.3 In diese CSV-Datei habe ich bewusst drei Fehler eingebaut.

Drei Fehler habe ich eingebaut, die zu Problemen beim Import führen werden. Nun versuchen wir, diese CSV-Datei in Access zu importieren:

1. Erstellen Sie eine leere Access-Datenbank.
2. Klicken Sie auf EXTERNE DATEN • IMPORTIEREN UND VERKNÜPFEN • NEUE DATENQUELLE • AUS DATEI • TEXTDATEI.
3. Die erste Seite des Assistenten kennen Sie bereits aus Abschnitt 4.4.1, »Import aus einer anderen Access-Datenbank«. Wählen Sie die CSV-Datei aus den Materialien zum Buch unter *04_Aussenwelt\4.4.2_Import_von_Text_mit_Fehlern.csv* aus.
4. Belassen Sie die Auswahl IMPORTIEREN SIE DIE QUELLDATEN IN EINE NEUE TABELLE IN DER AKTUELLEN DATENBANK, und klicken Sie auf OK.
5. Auf der nächsten Seite wird der Inhalt der CSV-Datei angezeigt. Klicken Sie auf ERWEITERT. Dadurch gelangen Sie zum Dialog IMPORTSPEZIFIKATIONEN (Abbildung 4.55).

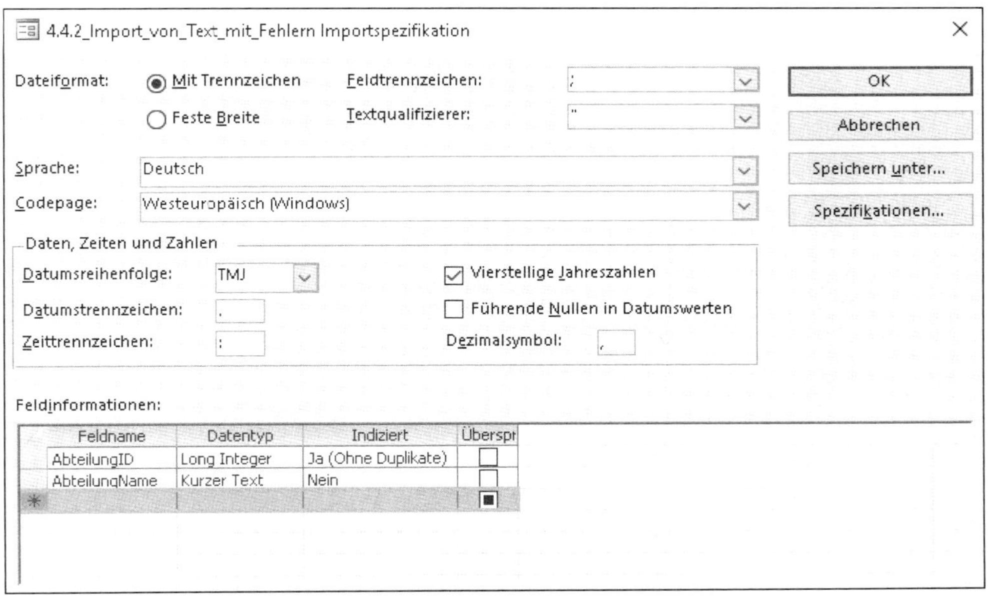

Abbildung 4.55 Tragen Sie bei den Importspezifikationen die üblichen Einstellungen für eine CSV-Datei ein. Zusätzlich ist es empfehlenswert, nähere Angaben zu den Feldern zu hinterlegen.

6. Wählen Sie unter DATEIFORMAT die Option MIT TRENNZEICHEN aus.
7. Legen Sie als Feldtrennzeichen das Semikolon ; fest.
8. Legen Sie als Textqualifizierer die doppelten Anführungszeichen " fest.
9. In der CSV-Datei sind keine Bezeichnungen für die Feldnamen enthalten (keine Kopfzeile). Tragen Sie daher unter FELDINFORMATIONEN die beiden Feldnamen »AbteilungID« und »AbteilungName« ein, so wie dies in Abbildung 4.55 dargestellt ist.
10. Sie wissen, dass im Feld »AbteilungID« nur Zahlen stehen dürfen. Wählen Sie daher als Felddatentyp LONG INTEGER aus. Optional können Sie dieses Feld mit der Option OHNE DUPLIKATE indizieren.
11. Klicken Sie auf OK und anschließend auf WEITER.
12. Auf der nächsten Seite des Assistenten fragt Access Sie nach dem Primärschlüssel. In unserem Fall entspricht das Feld »AbteilungID« dem Primärschlüssel. Entscheiden Sie sich daher wie in Abbildung 4.56 dargestellt für die zweite Option, EIGENEN PRIMÄRSCHÜSSEL AUSWÄHLEN, und wählen Sie das Feld »AbteilungID« aus.

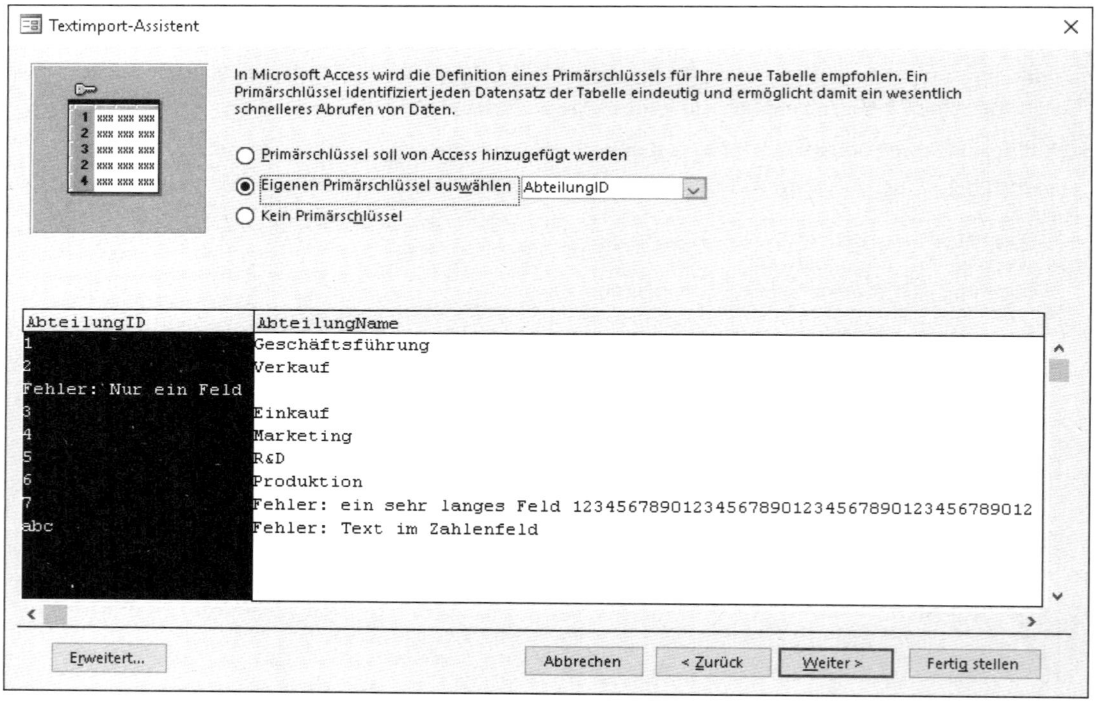

Abbildung 4.56 Ich empfehle Ihnen, beim Import einen geeigneten Primärschlüssel festzulegen oder generieren zu lassen.

Der Primärschlüssel beim Import

Grundsätzlich ist es sinnvoll, beim Datenimport immer einen geeigneten Primärschlüssel auszuwählen oder einen neuen Primärschlüssel von Access generieren zu lassen. Falls Sie sich für die erste der angezeigten Optionen entscheiden (PRIMÄRSCHLÜSSEL SOLL VON ACCESS HINZUGEFÜGT WERDEN), können Sie anhand der generierten IDs die Reihenfolge der Datensätze in der ursprünglichen Textdatei nachvollziehen. Andernfalls gilt wie immer bei Datenbanken: Die Reihenfolge der Datensätze in einer Tabelle kann sich jederzeit ändern.

13. Klicken Sie auf WEITER.
14. Abschließend geben Sie den Namen der Tabelle an, die der Import-Assistent in Ihrer Access-Datenbank erzeugen soll (Abbildung 4.57).
15. Klicken Sie auf FERTIG STELLEN.

Abbildung 4.57 Geben Sie abschließend den Namen für die durch den Import in Access erzeugte Tabelle an.

16. Der Import wird jetzt durchgeführt. Nach dem Abschluss der Arbeiten gibt Ihnen Access eine Rückmeldung, ob alles geklappt hat (Abbildung 4.58).

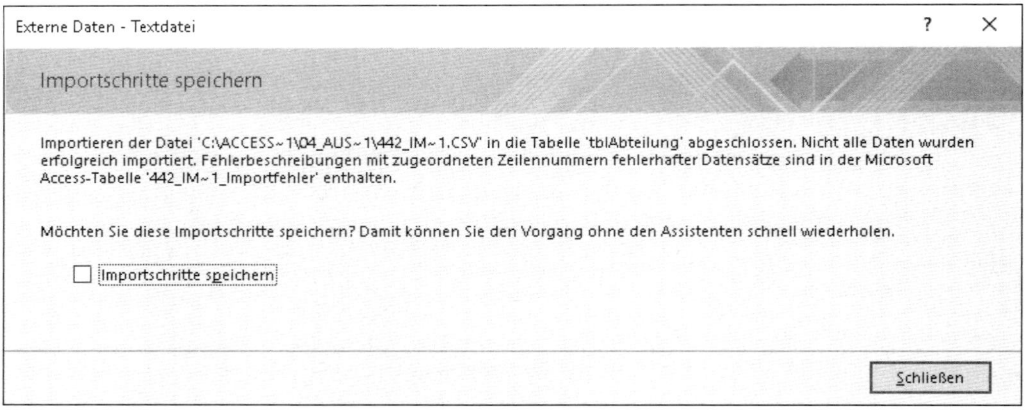

Abbildung 4.58 Der Import-Assistent informiert Sie nach dem Import darüber, ob Fehler aufgetreten sind.

Lassen Sie uns das Ergebnis des CSV-Imports genauer ansehen. Sie finden die Access-Datenbank mit den importierten Daten in den Materialien zum Buch unter *04_Aussenwelt\4.4.2_Import_von_Text_mit_Fehlern.accdb*. Zunächst einmal meldet Access, dass eine neue Tabelle *tblAbteilung* erstellt wurde und dass die Datensätze dorthin übertragen wurden. Wenn Sie die Tabelle *tblAbteilung* öffnen, werden Sie dort alle Abteilungen wiederfinden. Zusätzlich gibt es zwei weitere Datensätze mit unvollständigen Inhalten.

Damit sind wir bei den Importfehlern. Falls eine oder mehrere Zeilen nicht richtig importiert werden konnten, meldet der Import-Assistent dies und legt eine separate Tabelle mit den Importfehlern an. Den genauen Namen und den Inhalt dieser Tabelle sehen Sie in Abbildung 4.59.

442_IM~1_Importfehler

Fehler	Feld	Zeile
Fehler bei Typumwandlung	AbteilungID	3
Feld abgeschnitten	AbteilungName	8
Fehler bei Typumwandlung	AbteilungID	9

Abbildung 4.59 In der Tabelle der Importfehler finden Sie Informationen, die bei der Fehlersuche weiterhelfen können.

Jede Zeile aus der CSV-Datei, die nicht erfolgreich importiert werden konnte, ist hier aufgeführt. Sie finden auch noch nähere Angaben darüber, warum der Import fehlgeschlagen ist. In unserem Beispiel handelt es sich genau um die drei Zeilen, die ich absichtlich manipuliert habe.

Studieren Sie die Tabelle der Importfehler genau!

Nach jedem Import sollten Sie prüfen, ob eine Tabelle mit Importfehlern erstellt wurde. Der Name dieser Tabelle endet immer mit der Zeichenfolge *_Importfehler*. Sie sollten beachten: *Solange Importfehler auftreten, können Ihnen Daten verlorengehen.*

Access löscht die Tabelle der Importfehler nicht von sich aus. Mir sind schon häufig Access-Datenbanken begegnet, in denen immer noch die Importfehler aus längst vergangenen Tagen vorhanden waren. Solche Altlasten sind nur Datenmüll, der Ihre Datenbank unnötig aufbläht. Ich empfehle Ihnen daher:

1. Prüfen Sie unmittelbar nach dem Import, ob Fehler aufgetreten sind.
2. Löschen Sie nach der Prüfung die Tabelle der Importfehler.

4.4.3 Import eines Outlook-Ordners

Von Access aus können Sie auf Ihr Outlook-Profil (E-Mails, Kontakte, Kalendereinträge, Aufgaben etc.) zugreifen. Allerdings unterstützt Access nur den Import (und das Verknüpfen) eines Outlook-Ordners, nicht den Export. Durch den Import wird in Ihrer Access-Datenbank eine Tabelle erzeugt, in der alle E-Mails aus einem Outlook-Ordner als einzelne Datensätze erscheinen.

MAPI-Objekte

Intern verwendet Outlook sogenannte *MAPI-Objekte*. Auf der Benutzeroberfläche von Outlook treten einige der MAPI-Objekte unterschiedlich in Erscheinung:

- E-Mails
- Kontakte
- Kalendereinträge
- Aufgaben
- Notizen

Technisch gesehen sind alle diese Einträge aber sehr ähnlich, nämlich ein MAPI-Objekt. Bezogen auf den Access-Import bedeutet das: Sie können sowohl E-Mails als auch Kalender-Einträge, Aufgaben, Notizen usw. importieren.

Damit der Import richtig funktioniert, benötigen Sie ein vollständig eingerichtetes Outlook-Profil. Verwenden Sie Outlook zur Kommunikation per E-Mail? Wenn ja, dann haben Sie bereits ein Outlook-Profil! Und so können Sie Ihren gesamten Posteingang in eine Access-Tabelle importieren:

1. Erstellen Sie eine leere Access-Datenbank.
2. Klicken Sie auf EXTERNE DATEN • IMPORTIEREN UND VERKNÜPFEN • NEUE DATENQUELLE • AUS ANDEREN QUELLEN • OUTLOOK-ORDNER.
3. Belassen Sie die Auswahl IMPORTIEREN SIE DIE QUELLDATEN IN EINE NEUE TABELLE IN DER AKTUELLEN DATENBANK, und klicken Sie auf OK.
4. Wählen Sie den Posteingang Ihres Outlook-Profils aus (Abbildung 4.60), und klicken Sie auf WEITER.

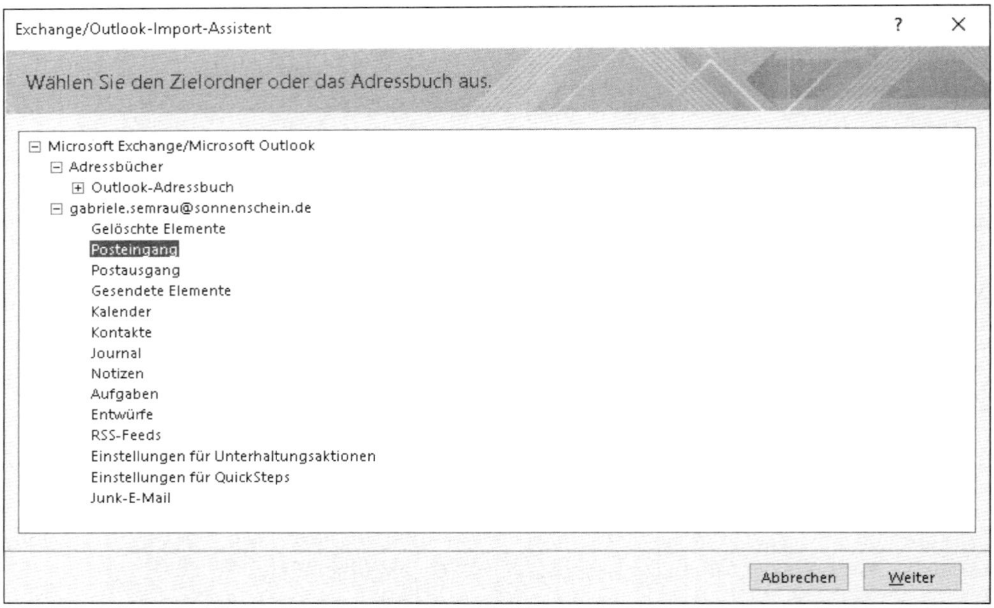

Abbildung 4.60 Wählen Sie zunächst aus, welcher Ordner aus Ihrem Outlook-Profil importiert werden soll.

5. Auf der nächsten Seite des Assistenten sehen Sie alle E-Mails und die einzelnen Felder, die Outlook intern verwendet (Abbildung 4.61). Falls gewünscht, können Sie einzelne Feldnamen und Felddatentypen anpassen. Im Normalfall ist das aber nicht notwendig. Klicken Sie daher auf WEITER.
6. Die letzten beiden Schritte kennen Sie bereits vom Import einer Textdatei. Legen Sie fest, dass Access einen Primärschlüssel hinzufügen soll, und klicken Sie auf WEITER.
7. Geben Sie den Namen für die Tabelle an, die in Access neu erstellt wird. Klicken Sie auf FERTIG STELLEN.

Ich habe einmal die beiden Outlook-Ordner »Posteingang« und »Kalender« importiert. Das Ergebnis finden Sie in den Materialien zum Buch unter *04_Aussenwelt\4.4.3_Import_von_Outlook.accdb*.

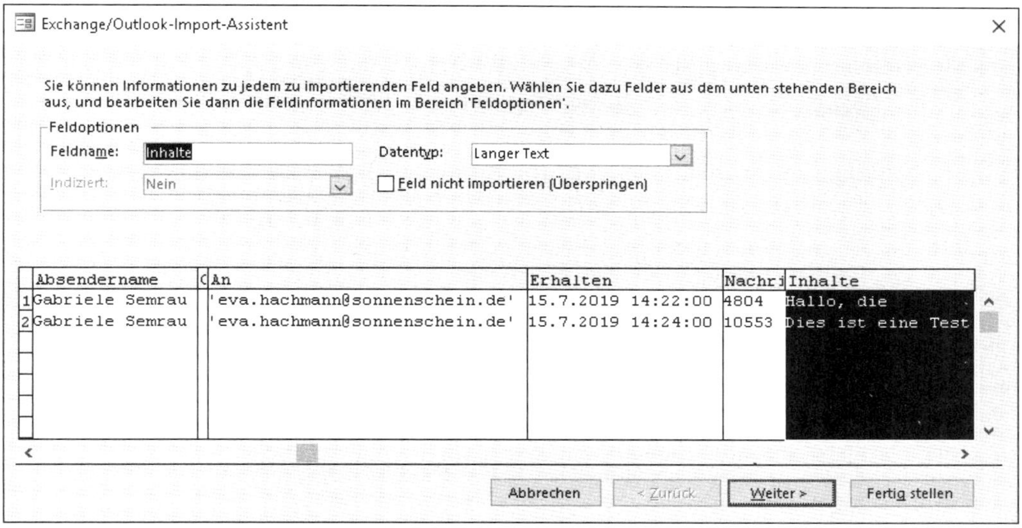

Abbildung 4.61 Passen Sie bei Bedarf die Feldnamen und Felddatentypen an.

Ein Fehler im Import-Assistenten von Access

Im Outlook-Profil können Sie für die Outlook-Datendatei einen Namen festlegen: SYSTEMSTEUERUNG • MAIL, dann im Registerblatt DATENDATEIEN die richtige Datei auswählen und auf EINSTELLUNGEN klicken (Abbildung 4.62). Üblicherweise legt Outlook die Datendatei so an, dass der Name und der Dateiname identisch mit der E-Mail-Adresse sind. Sie können den Namen aber frei wählen.

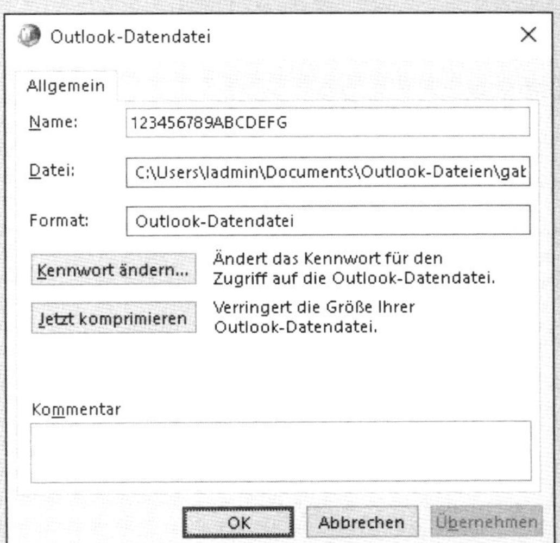

Abbildung 4.62 Hier können Sie den Namen einer Outlook-Datendatei festlegen. Damit der Access-Bug nicht auftritt, muss der Name mindestens 16 Zeichen lang sein.

Access kann nicht auf die Outlook-Datendatei zugreifen, wenn der Name der Datendatei (nicht der Dateiname!) weniger als 16 Zeichen hat. Sorgen Sie dafür, dass mindestens 16 Zeichen eingetragen sind – dann funktioniert alles super.

Lassen Sie uns einmal einen Blick auf die importierte Tabelle werfen (Abbildung 4.63).

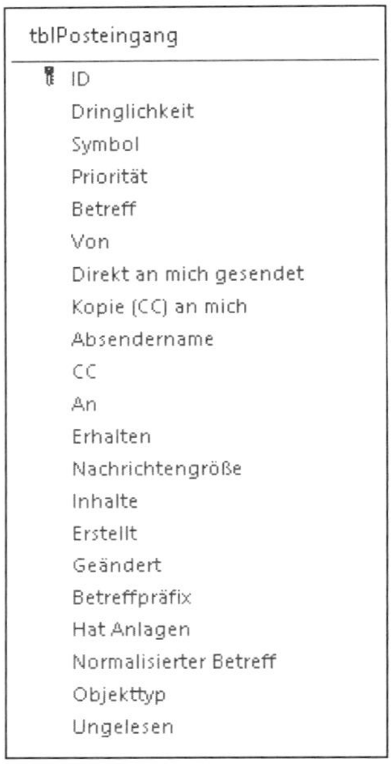

Abbildung 4.63 Der Import von E-Mails aus Outlook führt zu einer Access-Tabelle mit diesen Feldern.

Die wichtigsten Bestandteile einer E-Mail finden Sie dort wieder:

- den Sender (die Felder »Von« und »Absendername«)
- die Empfänger (in den Feldern »An« und »CC«)
- den Betreff der E-Mail (Feld »Betreff«)
- den Inhalt der E-Mail (im Feld »Inhalte«, Felddatentyp LANGER TEXT)
- Wann wurde die E-Mail empfangen? (das DATUM/UHRZEIT-Feld »Erhalten«)

Falls eine E-Mail Anlagen hat, wird das im Feld »Hat Anlagen« vermerkt. Leider werden die Anlagen nicht importiert! Vielleicht müsste ich auch eher sagen: »Zum Glück!«, denn schließlich können die Anlagen aller E-Mails eine ziemlich große Datenmenge ergeben. Eine Access-Datenbank könnte dadurch schnell an ihre Grenzen (maximal 2 GB Dateigröße) gelangen.

4.4.4 Import aus einer XML-Datei

Das XML-Format als derzeit gängigstes Austauschformat für Daten habe ich Ihnen ausführlich in Abschnitt 4.2.9, »Export in eine XML-Datei«, vorgestellt. Über die Schaltfläche EXTERNE DATEN • IMPORTIEREN UND VERKNÜPFEN • NEUE DATENQUELLE • AUS DATEI • XML-DATEI importieren Sie eine XML-Datei. In den meisten Fällen klappt das auch ganz gut, so dass ich Ihnen den Import-Assistenten in den Einzelschritten ersparen möchte. Stattdessen gehe ich auf ein paar recht unangenehme Limitationen ein, die sehr nervenaufreibend sein können!

XML-Attribute werden ignoriert

Datensätze werden in einer XML-Datei als *Element* dargestellt. Für die Felder einer Tabelle kommen auf XML-Seite zwei Varianten in Frage: *Attribute* (Listing 4.4) oder *verschachtelte Elemente* (Listing 4.5).

```
<tblAbteilung AbteilungName="Geschäftsführung">
</tblAbteilung>
<tblAbteilung AbteilungName="Verkauf">
</tblAbteilung>
```

Listing 4.4 Ausschnitt aus einer XML-Datei, in der die Felder als Attribute abgelegt sind

```
<tblAbteilung>
   <AbteilungName>Geschäftsführung</AbteilungName>
</tblAbteilung>
<tblAbteilung>
   <AbteilungName>Verkauf</AbteilungName>
</tblAbteilung>
```

Listing 4.5 Ausschnitt aus einer XML-Datei, in der die Felder als verschachtelte Elemente abgelegt sind

Beide Varianten wären aus XML-Sicht denkbar. *Access ignoriert jedoch Attribute beim XML-Import vollständig!* Sie müssen daher eine XML-Datei mit Attributen zuerst in die Form von Listing 4.5 bringen.

Der Felddatentyp ist immer »Kurzer Text«, Länge 255

Die zweite Limitation ist nicht so gravierend, sondern nach meinem Empfinden eine lästige Angelegenheit. Alle Felder in den Access-Tabellen, die beim XML-Import entstehen, haben den Felddatentyp KURZER TEXT mit der Länge 255 Zeichen. Einzige Ausnahme: Sie verwenden beim XML-Import eine XSD-Datei, die speziell für Access angepasst ist. In diesem (eher seltenen) Fall wird der Felddatentyp aus der XSD-Datei extrahiert.

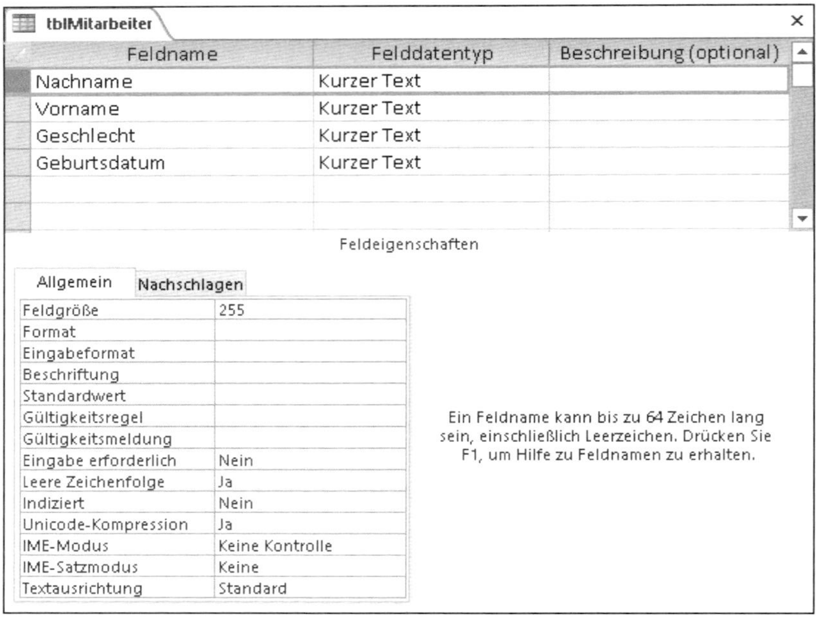

Abbildung 4.64 Nach dem XML-Import haben alle Felder den Felddatentyp »Kurzer Text« mit der Feldgröße 255.

Der Import-Assistent gibt Ihnen während des Imports keine Möglichkeit, den Felddatentyp selbst anzupassen. Als Folge wird Ihre Datenbank erst einmal unnötig groß. In jedem Fall schließen sich manuelle Handgriffe an, um die richtigen Felddatentypen einzustellen.

Verschachtelungen werden nicht zu Fremdschlüsseln aufgelöst

XML-Dateien unterstützen als ein wesentliches Merkmal Verschachtelungen. Damit lässt sich eine Hierarchie von Datensätzen darstellen, beispielsweise die Hierarchie *tblAbteilung – tblMitarbeiter* (Listing 4.6).

```
<?xml version="1.0" encoding="UTF-8"?>
<dataroot>
   <tblAbteilung>
      <AbteilungName>Geschäftsführung</AbteilungName>
      <tblMitarbeiter>
         <Nachname>Mayer</Nachname>
         <Vorname>Christel</Vorname>
         <Geschlecht>W</Geschlecht>
         <Geburtsdatum>1983-07-31T00:00:00</Geburtsdatum>
      </tblMitarbeiter>
      <tblMitarbeiter>
```

```
            <Nachname>Maier</Nachname>
            <Vorname>Ellen</Vorname>
            <Geschlecht>W</Geschlecht>
            <Geburtsdatum>1994-02-09T00:00:00</Geburtsdatum>
         </tblMitarbeiter>
      </tblAbteilung>
      <tblAbteilung>
         <AbteilungName>Verkauf</AbteilungName>
         <tblMitarbeiter>
            <Nachname>Schneider</Nachname>
            <Vorname>Marina</Vorname>
            <Geschlecht>W</Geschlecht>
            <Geburtsdatum>1957-11-18T00:00:00</Geburtsdatum>
         </tblMitarbeiter>
         <tblMitarbeiter>
            <Nachname>Petersen</Nachname>
            <Vorname>Dagmar</Vorname>
            <Geschlecht>W</Geschlecht>
            <Geburtsdatum>1972-02-24T00:00:00</Geburtsdatum>
         </tblMitarbeiter>
      </tblAbteilung>
   </dataroot>
```

Listing 4.6 In den Materialien zum Buch finden Sie die XML-Datei »04_Aussenwelt\4.4.4_Abteilung_Mitarbeiter.xml«, in der Abteilungen und Mitarbeiter verschachtelt abgelegt sind.

Access kann mit verschachtelten Elementen in einer XML-Datei umgehen. Zumindest insofern, als die Daten in zwei Tabellen gelangen: *tblAbteilung* und *tblMitarbeiter*. Ich habe die obige XML-Datei in eine Access-Datenbank importiert, die Sie in den Materialien zum Buch unter *04_Aussenwelt\4.4.4_Import_von_XML.accdb* finden.

Ein Blick auf die importierten Datensätze (Abbildung 4.65 und Abbildung 4.66) zeigt uns sofort ein Dilemma: Schön, dass alle Abteilungen und alle Mitarbeiter importiert wurden. Aber welcher Mitarbeiter gehört jetzt zu welcher Abteilung? Es fehlt der Fremdschlüssel in der Tabelle *tblMitarbeiter*! Der Import-Assistent hat keinen Fremdschlüssel erzeugt, so dass die korrekte Zuordnung der Mitarbeiter zur Abteilung beim Import verlorengegangen ist.

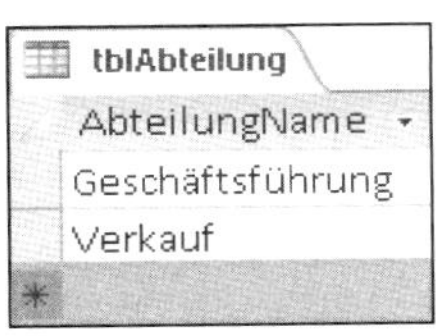

Abbildung 4.65 Die Datensätze in der Tabelle »tblAbteilung« nach dem Import aus der XML-Datei – es fehlt der Primärschlüssel.

tblMitarbeiter

Nachname	Vorname	Geschlecht	Geburtsdatum
Mayer	Christel	W	1983-07-31T00:00:00
Maier	Ellen	W	1994-02-09T00:00:00
Schneider	Marina	W	1957-11-18T00:00:00
Petersen	Dagmar	W	1972-02-24T00:00:00

Abbildung 4.66 Die Tabelle »tblMitarbeiter« nach dem XML-Import. Hier fehlt neben dem Primärschlüssel auch der Fremdschlüssel.

Als einzige Abhilfe können Sie dafür sorgen, dass schon vor dem Import in der XML-Datei ein Fremdschlüssel vorhanden ist. Schauen Sie sich einmal die XML-Dateien an, die Access über den XML-Export erzeugt hat (Listing 4.2). In diese Form müssten Sie eine XML-Datei vor dem Import bringen.

Um die Limitationen zu umgehen, müssen Sie die XML-Datei vor dem Import anpassen

Nun gibt es die beschriebenen Limitationen des XML-Imports in Access einmal, und wir müssen das Beste daraus machen. Ehrlich gesagt empfinde ich den XML-Import ziemlich unbefriedigend; Microsoft könnte ihn mit wenig Aufwand erheblich verbessern.

Uns bleibt einstweilen nichts anderes übrig, als die XML-Datei vor dem Import anzupassen. Bei kurzen XML-Dateien können Sie diese Aufgabe mit jedem beliebigen Text-Editor erledigen. Es gibt auch spezielle XML-Editoren, die Sie bei dieser Arbeit unterstützen. Für große Datenmengen und automatisierte Prozesse empfiehlt es sich, ein Skript oder ein kleines Programm zu schreiben, das die XML-Dateien umformt. Das ist leider nicht ganz trivial und geht weit über den Umfang dieses Buches hinaus.

4.4.5 Import aus einer dBASE-Datei

In diesem Abschnitt werde ich die Tabelle *tblAbteilung*, die wir in Abschnitt 4.2.8, »Export in eine dBASE-Datei«, in einer dBASE-Datei (DBF-Datei) exportiert haben, wieder zurück nach Access holen.

1. Klicken Sie auf Externe Daten • Importieren und Verknüpfen • Neue Datenquelle • Aus Datenbank • dBASE-Datei. Der Dialog Externe Daten – dBASE-Datei wird angezeigt (Abbildung 4.67).

Abbildung 4.67 Wählen Sie eine der exportieren dBASE-Dateien aus. Die Version der dBASE-Datei (dBASE III, dBASE IV oder dBASE 5) wird automatisch erkannt.

2. Wählen Sie eine der exportieren DBF-Dateien aus, beispielsweise *04_Aussenwelt\4.2.8_dBASE_5\TBLABTEI.DBF*.
3. Klicken Sie auf OK.
4. Der Name der Tabelle leitet sich aus der DBF-Datei ab. Daher werden Sie nicht nach einem Namen für die Tabelle gefragt, sondern der Import startet sofort.

Nachdem Sie den Assistenten geschlossen haben, erscheint die importierte Tabelle im Navigationsbereich. Schon anhand des Namens lässt sich erkennen, dass dBASE-Datenbanken aus Zeiten von MS-DOS stammen. In der Entwurfsansicht erscheinen auch die Felder mit kurzen Namen (Abbildung 4.68). Hier sollten Sie unbedingt die Felddatentypen prüfen und wo notwendig anpassen.

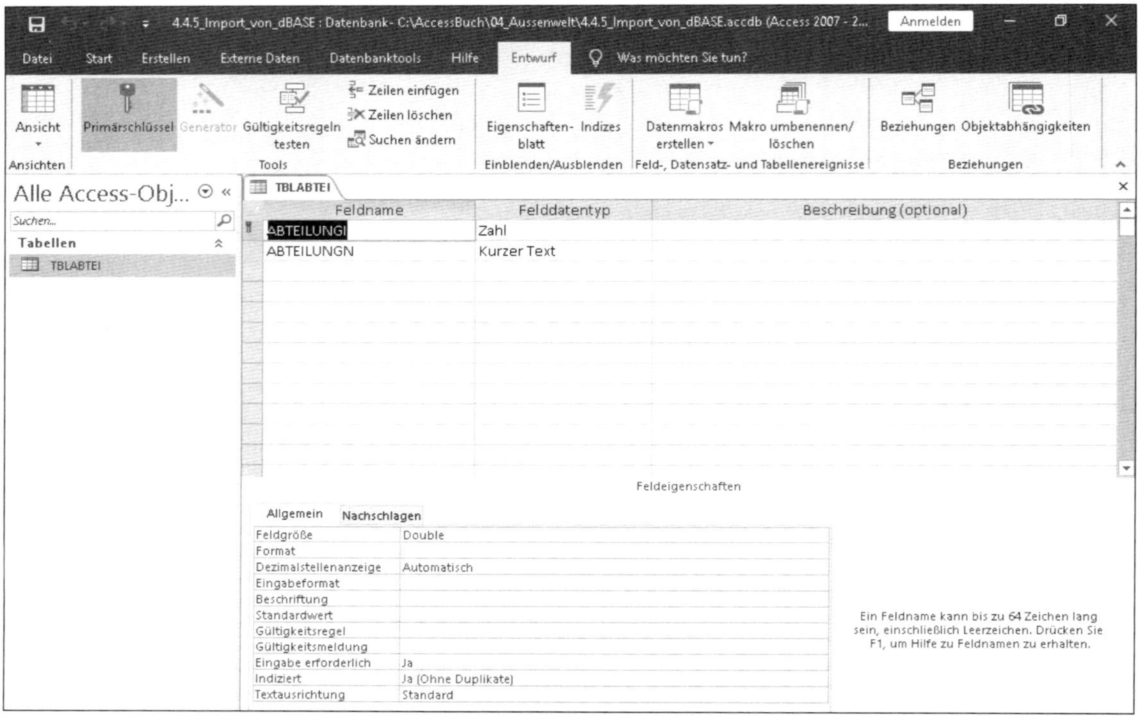

Abbildung 4.68 Felder vom Felddatentyp »Zahl« werden als Double importiert.

4.4.6 Daten per E-Mail sammeln

Seit der Access-Version 2007 gab es die Funktion, Datensätze für eine Tabelle von anderen Personen per E-Mail zu sammeln, etwa in der Form einer Umfrage per E-Mail. Irgendwie war diese Funktion wohl eine Eintagsfliege und wurde mit der Version Access 2013 wieder entfernt.

4.4.7 Import einer SharePoint-Liste

Listen in SharePoint sind so etwas wie Tabellen in einer Datenbank. Daten in einer SharePoint-Liste lassen sich bequem in eine Access-Datenbank übertragen:

1. Klicken Sie auf EXTERNE DATEN • IMPORTIEREN UND VERKNÜPFEN • NEUE DATENQUELLE • AUS ONLINEDIENSTEN • SHAREPOINT-LISTE. Der Dialog EXTERNE DATEN – SHAREPOINT-WEBSITE wird angezeigt (Abbildung 4.69).
2. Geben Sie im oberen Textfeld die Adresse (URL) Ihrer SharePoint-Website an. Die URL in Abbildung 4.69 wird bei Ihnen nicht funktionieren. Tragen Sie hier Ihre eigene SharePoint-Website ein.

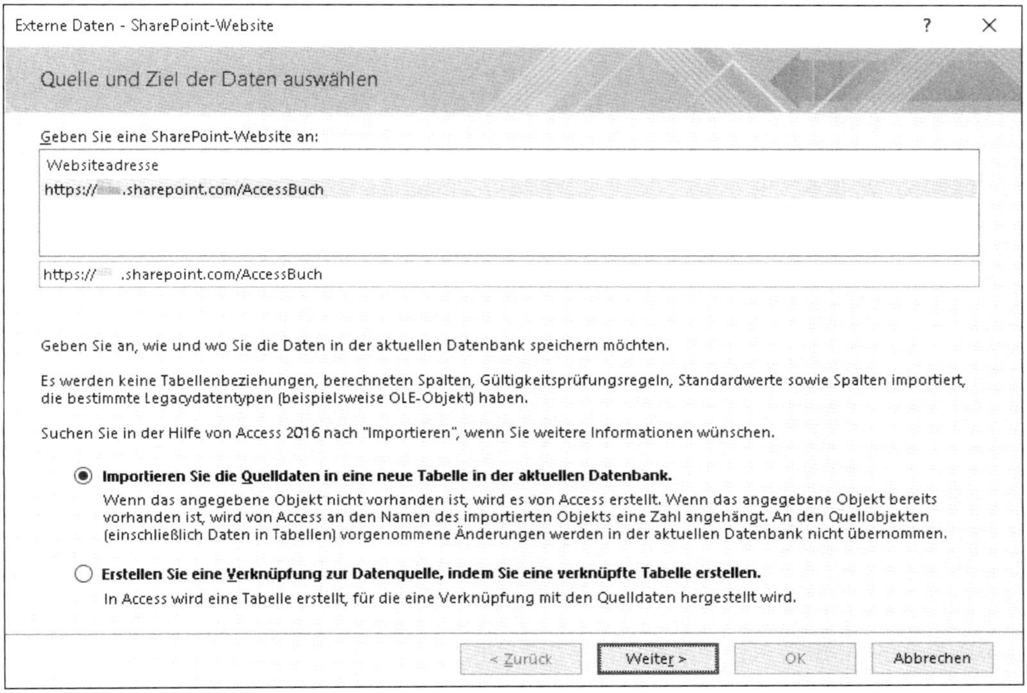

Abbildung 4.69 Im oberen Textfeld, »Geben Sie eine SharePoint-Website an«, legen Sie fest, aus welchem Bereich Ihrer SharePoint-Website importiert werden soll.

3. Klicken Sie auf WEITER.
4. Falls Sie nicht schon an SharePoint angemeldet sind, werden Sie im nächsten Schritt nach Anmeldedaten gefragt.
5. Auf der nächsten Seite des Import-Assistenten sollten jetzt die SharePoint-Objekte zu sehen sein (Abbildung 4.70).
6. Setzen Sie ein Häkchen für die Liste, die Sie importieren möchten.
7. In der Spalte ZU IMPORTIERENDE ELEMENTE können Sie eine andere *Ansicht* der SharePoint-Liste auswählen. Ansichten in SharePoint sind so etwas wie Abfragen in Access. Belassen Sie die Auswahl ALLE ELEMENTE, um sämtliche Datensätze ohne Filter zu importieren.
8. Klicken Sie auf OK.

Nach dem Import steht in der Access-Datenbank eine neue Tabelle mit den Daten aus der SharePoint-Liste bereit. Einige Felder sind in der Datenblattansicht ausgeblendet. Felder ohne wichtige Daten können Sie ohne Bedenken in der Entwurfsansicht der Tabelle entfernen.

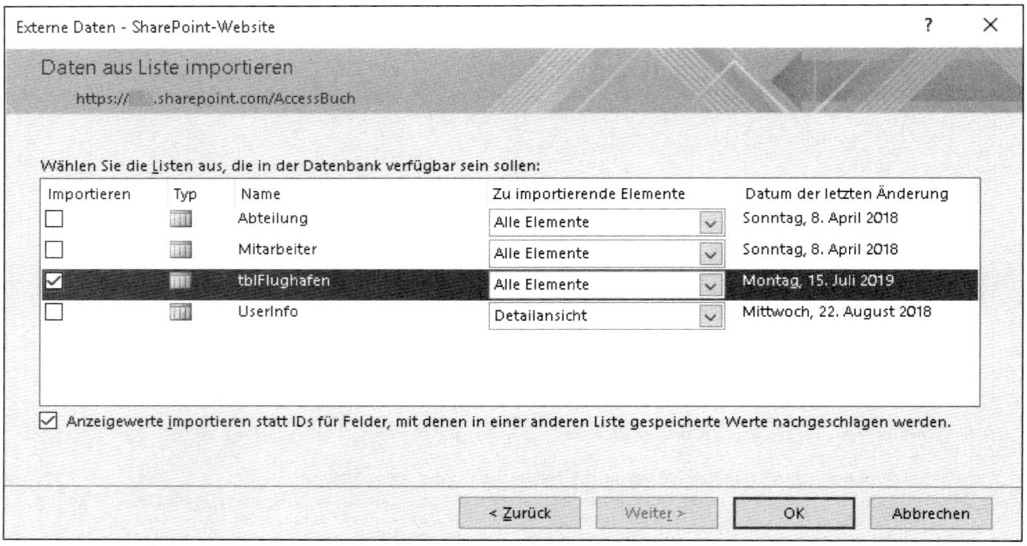

Abbildung 4.70 Diese Objekte gibt es auf meiner SharePoint-Website.

4.4.8 Datendienste nutzen

Unter einem *Datendienst* oder *Webdienst* (englisch *web service*) versteht man im Allgemeinen eine besondere Webseite, die für die Kommunikation mit Programmen vorgesehen ist. Auch wenn solche Seiten eher für Maschinen gedacht sind, können Sie einen Webdienst über einem normalen Browser aufrufen. Nur werden Sie als Ergebnis keine HTML-Seite erhalten. Ein Webdienst gibt Daten in Form einer XML-Datei zurück.

Ein Beispiel für einen Webdienst ist die Amazon Product Advertising API. Über diesen Webdienst können Sie automatisiert Datensätze aus der Produkt-Datenbank von Amazon abrufen (Abbildung 4.71).

Access kann Daten über einen Webdienst importieren (EXTERNE DATEN • IMPORTIEREN UND VERKNÜPFEN • WEITERE OPTIONEN • DATENDIENSTE). Allerdings bezieht sich diese Option nur auf Webdienste einer SharePoint-Website. Andere Webdienste wie beispielsweise die Amazon Product Advertising API können Sie damit leider nicht nutzen. Zudem müssen Sie die Parameter beim Aufruf manuell eingeben. Von einem Datenabgleich mehrerer Datensätze oder gar einer Automatisierung ist diese Importfunktion im Moment leider noch weit entfernt.

4.4.9 Gespeicherte Importe

Ebenso wie Sie das vom Export her kennen (Abschnitt 4.2.12, »Gespeicherte Exporte«), unterstützt Access das Speichern von Importen. Und genauso können Sie auch für einen gespeicherten Import eine Aufgabe in Outlook erstellen.

Abbildung 4.71 Ein Webdienst (hier: Amazon Advertising API) gibt Daten im XML-Format zurück.

4.5 Workshops zum Import von Daten

Mit dem Import und Export von Daten haben Sie ein sehr mächtiges Werkzeug in der Hand. Sie können damit fast unbegrenzt große Mengen an Datensätzen zwischen unterschiedlichen Systemen bewegen und zum Bearbeiten in Access übertragen. Das ist eine Aufgabe, die sich manuell nur bei sehr wenigen Datensätzen bewältigen lässt.

In drei Workshops werden wir das Thema Datenimport weiter vertiefen. Dabei werde ich Ihnen zeigen, welche Probleme beim Import häufig auftreten und wie Sie sie lösen können. Für die meisten Aufgaben eignen sich Abfragen; insofern sind die folgenden Workshops auch eine Vertiefung des Themas »Abfragen« (Kapitel 3, »Daten filtern, sortieren und zusammenfassen: Abfragen«).

4.5.1 Workshop: Einmaliger Import von Daten

Mit dem ersten Workshop stelle ich Ihnen das Szenario für den einmaligen Datenimport vor. Von der Personalabteilung bekommen wir eine Excel-Datei mit einer Liste aller Mitarbeiter. Wir möchten diese Liste nun *einmalig importieren* und in die Tabelle *tblMitarbeiter* übertragen. Zunächst habe ich für unser Vorhaben die Bespieldatenbank bereinigt. In den Materialien zum Buch unter *04_Aussenwelt\4.5.1_Fluege_leer.accdb* finden Sie eine Datenbank, in der ich die beiden Tabellen *tblFlugbuchung* und *tblMitarbeiter* geleert habe. Zusätzlich habe ich in der Tabelle *tblMitarbeiter* das neue Feld »PersonalNummer« eingefügt:

- Felddatentyp ZAHL, LONG INTEGER
- Eingabe erforderlich
- Feldgültigkeitsregel: >0
- Alternativschlüssel (indiziert ohne Duplikate)

Die Personalnummer kennzeichnet jeden Mitarbeiter eindeutig und wird von der Personalabteilung vergeben.

Sehen wir uns einmal die Excel-Tabelle mit allen Mitarbeitern an, die wir von der Personalabteilung erhalten haben (*04_Aussenwelt\4.5.1_Mitarbeiter.xlsx*; Abbildung 4.72). Im Arbeitsblatt sind insgesamt 1.000 Mitarbeiter aufgelistet. Die erste Zeile enthält die Feldnamen, die Sie in der Tabelle *tblMitarbeiter* wiederfinden.

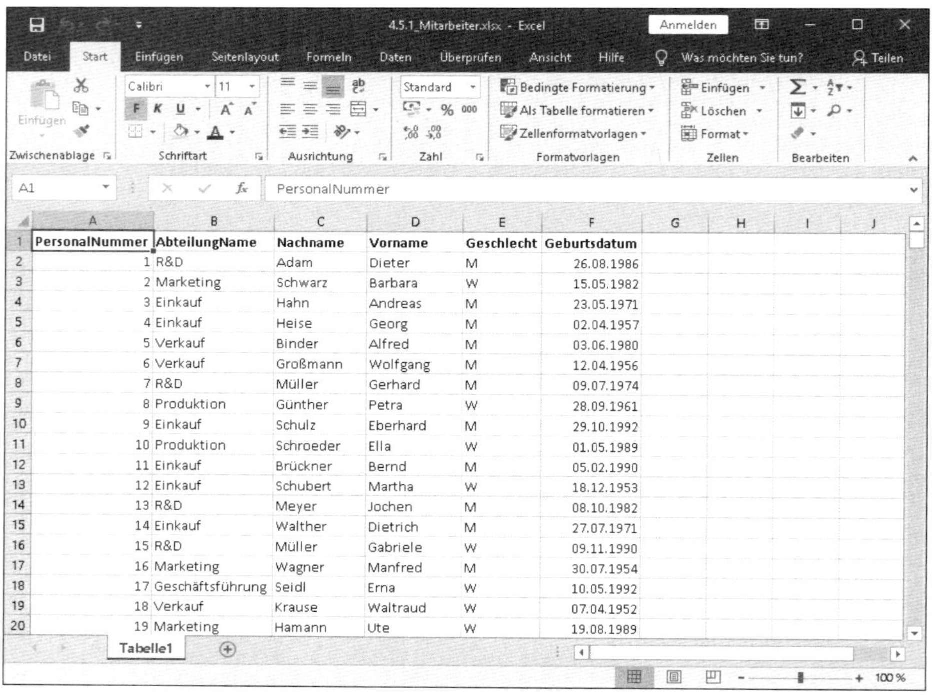

PersonalNummer	AbteilungName	Nachname	Vorname	Geschlecht	Geburtsdatum
1	R&D	Adam	Dieter	M	26.08.1986
2	Marketing	Schwarz	Barbara	W	15.05.1982
3	Einkauf	Hahn	Andreas	M	23.05.1971
4	Einkauf	Heise	Georg	M	02.04.1957
5	Verkauf	Binder	Alfred	M	03.06.1980
6	Verkauf	Großmann	Wolfgang	M	12.04.1956
7	R&D	Müller	Gerhard	M	09.07.1974
8	Produktion	Günther	Petra	W	28.09.1961
9	Einkauf	Schulz	Eberhard	M	29.10.1992
10	Produktion	Schroeder	Ella	W	01.05.1989
11	Einkauf	Brückner	Bernd	M	05.02.1990
12	Einkauf	Schubert	Martha	W	18.12.1953
13	R&D	Meyer	Jochen	M	08.10.1982
14	Einkauf	Walther	Dietrich	M	27.07.1971
15	R&D	Müller	Gabriele	W	09.11.1990
16	Marketing	Wagner	Manfred	M	30.07.1954
17	Geschäftsführung	Seidl	Erna	W	10.05.1992
18	Verkauf	Krause	Waltraud	W	07.04.1952
19	Marketing	Hamann	Ute	W	19.08.1989

Abbildung 4.72 In der Excel-Tabelle sind die Daten von insgesamt 1.000 Mitarbeitern aufgelistet.

Die Excel-Tabelle importieren

Als ersten Schritt importieren wir die Daten aus der Excel-Tabelle in die temporäre Tabelle *tblImport*, die wir vom Import-Assistenten erstellen lassen.

1. Klicken Sie auf EXTERNE DATEN • IMPORTIEREN UND VERKNÜPFEN • NEUE DATENQUELLE • AUS DATEI • EXCEL.
2. Wählen Sie die Excel-Tabelle *04_Aussenwelt\4.5.1_Mitarbeiter.xlsx* aus.
3. Belassen Sie die Option IMPORTIEREN SIE DIE QUELLDATEN IN EINE NEUE TABELLE IN DER AKTUELLEN DATENBANK, und klicken Sie auf OK.
4. Setzen Sie auf der nächsten Seite des Assistenten ein Häkchen bei ERSTE ZEILE ENTHÄLT SPALTENÜBERSCHRIFTEN, und klicken Sie auf OK.
5. Als Nächstes legen Sie die Felddatentypen für die einzelnen Felder fest (Abbildung 4.73).

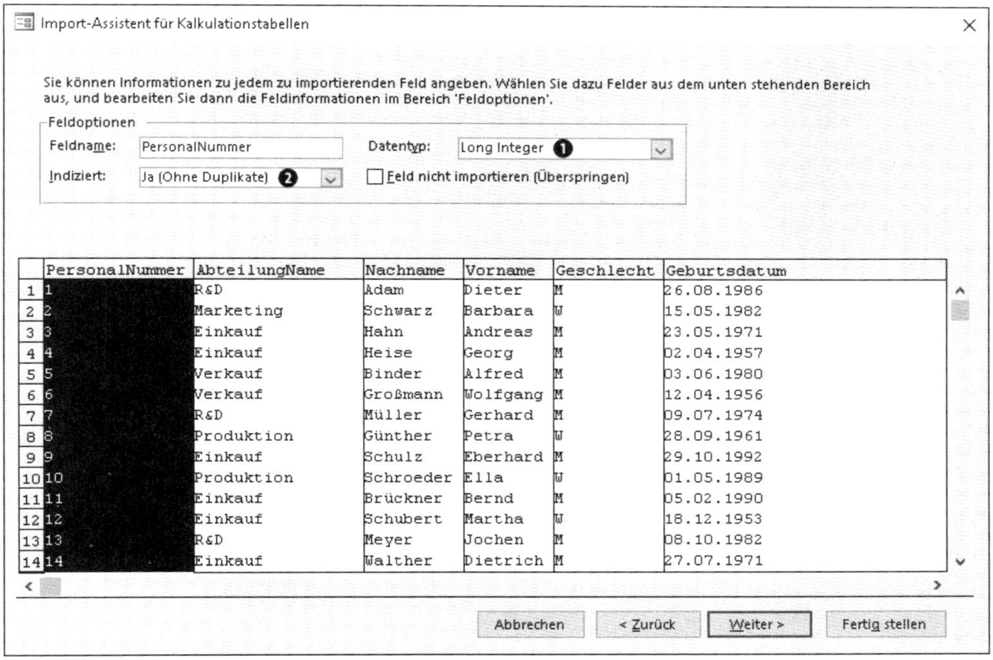

Abbildung 4.73 Standardmäßig legt der Import-Assistent für das Feld »PersonalNummer« den Felddatentyp »Double« fest. Ändern Sie die Einstellung in »Long Integer« ❶, und wählen Sie die Indizierung ohne Duplikate ❷ aus.

6. Weisen Sie dem Feld »PersonalNummer« den Felddatentyp LONG INTEGER und die Indizierung ohne Duplikate zu.
7. Alle anderen Felder werden vom Assistenten automatisch richtig erkannt. Klicken Sie auf WEITER.

8. Die Personalnummer soll Primärschlüssel der temporären Tabelle werden. Wählen Sie dazu die Option EIGENEN PRIMÄRSCHLÜSSEL AUSWÄHLEN und das Feld »PersonalNummer« aus (Abbildung 4.74). Klicken Sie auf WEITER.

Abbildung 4.74 Das importierte Feld »PersonalNummer« eignet sich als Primärschlüssel.

9. Geben Sie auf der letzten Seite des Assistenten als Tabellenname »tblImport« ein, und klicken Sie auf FERTIG STELLEN.

Access sollte die Daten aus der Excel-Tabelle jetzt problemlos importieren. Vergleichen Sie einmal die Felder der beiden Tabellen *tblImport* und *tblMitarbeiter*. Abgesehen vom Feld »Abteilung« sind alle Felder so gut wie identisch (Felddatentyp, Bezeichnung).

Die Importtabelle normalisieren

Für die Abteilung müssen wir noch etwas Hand anlegen. In der Excel-Tabelle stehen die Namen der Abteilungen, die wir in der Tabelle *tblAbteilung* wiederfinden. In der aktuellen Form verstößt die Importtabelle gegen die dritte Normalform. Wir müssen die Tabelle *tblImport* im nächsten Schritt normalisieren. Fügen Sie dazu das neue Feld »AbteilungID« hinzu:

- Felddatentyp: ZAHL, LONG INTEGER
- Eingabe nicht erforderlich

Wichtig ist, dass Sie für dieses Feld die Eingabe auf nicht erforderlich setzen, denn zunächst enthält dieses Feld NULL. Anschließend holen wir die korrekte ID aus der Tabelle *tblAbtei-*

lung. Für diese Aufgabe eignet sich eine *Aktualisierungsabfrage mit einer INNER-JOIN-Verknüpfung*.

1. Erstellen Sie eine neue Abfrage in der Entwurfsansicht.
2. Fügen Sie die Tabellen *tblImport* und *tblAbteilung* hinzu.
3. Access erzeugt automatisch eine Verknüpfung über das Feld »AbteilungID«. Löschen Sie diese Verknüpfung, indem Sie auf die Linie der Verknüpfung klicken und anschließend die Taste `Entf` drücken.

Die automatisch erstellte Verknüpfung ist für diese Aufgabe nutzlos

Access erstellt Verknüpfungen anhand der ID-Felder automatisch. In den meisten Fällen ist das auch die gewollte Verknüpfung – **hier jedoch nicht!** Denn das ID-Feld in der Tabelle *tblImport* enthält im Moment ausschließlich NULL. Die INNER-JOIN-Verknüpfung würde daher fehlschlagen.

Stattdessen müssen Sie die beiden Tabellen über einen Alternativschlüssel miteinander verknüpfen. In unserem Fall eignet sich dafür das Feld »AbteilungName«. Über den Alternativschlüssel gelangen Sie zum begehrten Primärschlüssel in der Tabelle *tblAbteilung*.

4. Ziehen Sie das Feld »AbteilungName« aus der Tabelle *tblAbteilung* auf das Feld »AbteilungName« in der Tabelle *tblImport*.
5. Ziehen Sie das Feld »AbteilungID« aus der Tabelle *tblImport* per Drag & Drop in den unteren Bereich.
6. Klicken Sie auf ENTWURF • ABFRAGETYP • AKTUALISIEREN.
7. Tragen Sie in der Zeile AKTUALISIEREN die Zeichenfolge

   `[tblAbteilung].[AbteilungID]`

   ein.
8. Speichern Sie die Abfrage unter dem Namen *qryImportAbteilungIDFuellen* ab.
9. Klicken Sie auf ENTWURF • ERGEBNISSE • AUSFÜHREN.

In allen 1.000 Datensätzen der Tabelle *tblImport* wird nun der korrekte Wert für das Feld »AbteilungID« eingetragen. Die gleiche Aktualisierungsabfrage können Sie auch per SQL-Code eingeben (Listing 4.7); beides führt zum gleichen Ergebnis:

```
UPDATE tblImport
INNER JOIN tblAbteilung
ON tblImport.AbteilungName = tblAbteilung.AbteilungName
SET tblImport.AbteilungID = tblAbteilung.AbteilungID;
```

Listing 4.7 Die Abfrage »qryImportAbteilungIDFuellen« als SQL-Code

Wenn Sie möchten, löschen Sie das Feld »AbteilungName« in der Tabelle *tblImport* jetzt. So gelangen Sie zur normalisierten Form der Importtabelle.

Die importierten Daten in die Zieltabelle übertragen

In der Importtabelle stehen jetzt alle Informationen, die wir zum Anfügen an die Tabelle *tblMitarbeiter* benötigen, bereit. Übertragen Sie nun mit Hilfe einer *Anfügeabfrage* alle Datensätze in die Tabelle *tblMitarbeiter*.

1. Erstellen Sie eine neue Abfrage in der Entwurfsansicht.
2. Fügen Sie die Tabelle *tblImport* hinzu.
3. Ziehen Sie die Felder »PersonalNummer«, »Nachname«, »Vorname«, »Geschlecht«, »Geburtsdatum« und »AbteilungID« per Drag & Drop in den unteren Bereich.
4. Klicken Sie auf ENTWURF • ABFRAGETYP • ANFÜGEN.
5. Wählen Sie als Tabelle zum Anfügen *tblMitarbeiter* aus, und klicken Sie auf OK. Für alle sechs Felder wählt Access die gleichnamigen Zielfelder der Tabelle *tblMitarbeiter* automatisch aus.
6. Speichern Sie die Abfrage unter dem Namen *qryMitarbeiterFuellen* ab.
7. Klicken Sie auf ENTWURF • ERGEBNISSE • AUSFÜHREN.

Den entsprechenden SQL-Code für die Anfügeabfrage finden Sie in Listing 4.8.

```
INSERT INTO tblMitarbeiter (PersonalNummer, Nachname, Vorname, Geschlecht,
Geburtsdatum, AbteilungID)
SELECT PersonalNummer, Nachname, Vorname, Geschlecht, Geburtsdatum, AbteilungID
FROM tblImport;
```

Listing 4.8 Die Abfrage »qryMitarbeiterFuellen« als SQL-Code

Damit haben wir unser Ziel erreicht: Alle Daten zu den Mitarbeitern befinden sich in der Tabelle *tblMitarbeiter*. In den Materialien zum Buch finden Sie die Datenbank mit beiden Abfragen unter *04_Aussenwelt\4.5.1_Fluege_Import.accdb*.

Fehlermeldung beim wiederholten Import

Unsere Importaufgabe ist jetzt abgeschlossen. Die temporäre Tabelle *tblImport* ist somit überflüssig und kann gelöscht werden. Bevor Sie die temporäre Tabelle wirklich löschen, möchte ich Sie gerne noch auf eine kleine Besonderheit hinweisen: *Der beschriebene Weg des Imports eignet sich nur für den einmaligen Import.* Dies werden Sie feststellen, wenn Sie die Anfügeabfrage *qryMitarbeiterFuellen* noch einmal ausführen. Access wird Ihnen in diesem Fall eine Fehlermeldung anzeigen (Abbildung 4.75).

Der Grund für diese Fehlermeldung ist recht einfach: Die Mitarbeiterdaten, die angefügt werden sollen, befinden sich bereits in der Zieltabelle *tblMitarbeiter*. Access erkennt diese

Tatsache anhand der Personalnummern, die nicht doppelt vergeben werden dürfen (Alternativschlüssel). Wenn Sie Daten mehrfach importieren wollen, müssen Sie weitere Vorkehrungen treffen. Darauf werde ich im nächsten Workshop eingehen.

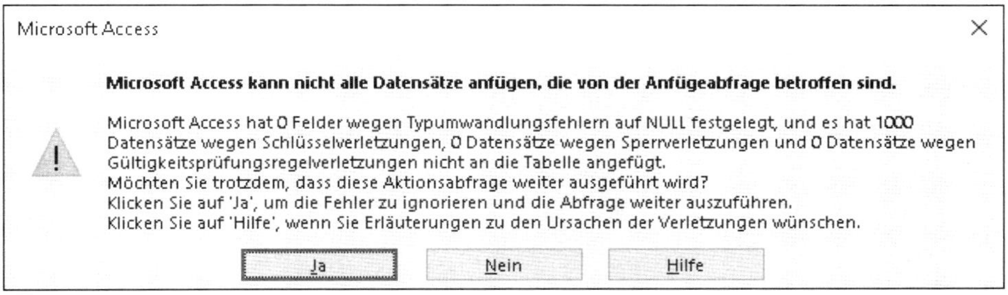

Abbildung 4.75 Diese Fehlermeldung erscheint, weil die Daten zu den Mitarbeitern bereits in die Tabelle »tblMitarbeiter« übertragen wurden.

4.5.2 Workshop: Regelmäßiger Datenabgleich per Import

Der mehrfache oder regelmäßige Import von Daten ist ein typisches Szenario, um zwei Systeme miteinander zu verbinden (Abschnitt 4.1.2, »Import und Export von Daten«). In unserem Beispiel sind die beiden Systeme auf der einen Seite die Excel-Tabelle der Personalabteilung und auf der anderen Seite unsere Access-Datenbank mit den Flugbuchungen. In unserer Access-Datenbank sollen immer die aktuellen Mitarbeiterdaten stehen. Deshalb müssen wir in regelmäßigen Abständen alle Änderungen aus der Excel-Tabelle importieren.

Verschiedene Stände der Excel-Datei für diesen Workshop

Ausgehend von der Excel-Tabelle aus dem letzten Workshop habe ich mehrere Varianten erstellt, die Sie in den Materialien zum Buch im Verzeichnis *04_Aussenwelt* finden. Dies sind:

Dateiname	Anzahl der Datensätze	Bemerkung
4.5.2_Mitarbeiter_100rst.xlsx	100	
4.5.2_Mitarbeiter_200rst.xlsx	200	
4.5.2_Mitarbeiter_300rst.xlsx	300	
4.5.2_Mitarbeiter_400rst.xlsx	400	
4.5.2_Mitarbeiter_400rst_geaendert.xlsx	400	Gegenüber der Datei *4.5.2_Mitarbeiter_400rst.xlsx* habe ich drei Datensätze verändert.

Tabelle 4.8 Excel-Tabellen in den Materialien zum Buch mit unterschiedlichem Umfang an Daten

In unserem Workshop können wir die Dateien in der angegebenen Reihenfolge verwenden, ähnlich dem Fall, dass die Personalabteilung im Laufe der Zeit neue Mitarbeiter in der Excel-Tabelle erfasst hat.

Der erste Import der Excel-Tabelle

Wir starten beim erstmaligen Import wieder mit der Datenbank *04_Aussenwelt\4.5.1_Fluege_leer.accdb*, in der die Tabelle *tblMitarbeiter* leer ist. Verwenden Sie für den erstmaligen Import die Excel-Datei *04_Aussenwelt\4.5.2_Mitarbeiter_100rst.xlsx* mit 100 Datensätzen. Gehen Sie dabei so ähnlich vor wie in Abschnitt 4.5.1, »Workshop: Einmaliger Import von Daten«, beschrieben. Berücksichtigen Sie bitte lediglich die folgenden beiden Abweichungen bei Import-Assistenten:

1. Wählen Sie für das Feld »PersonalNummer« die *Indizierung mit Duplikaten* aus (Abbildung 4.76).
2. Erstellen Sie beim Import keinen Primärschlüssel!

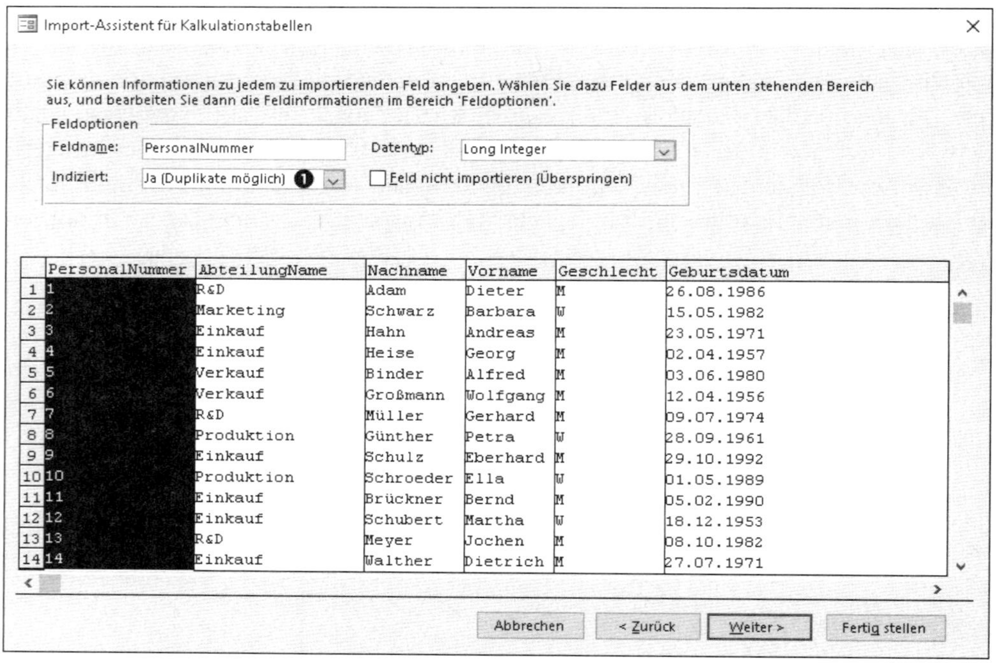

Abbildung 4.76 Wählen Sie diesmal für das Feld »PersonalNummer« die Indizierung mit Duplikaten aus ❶.

Führen Sie den Import durch, und öffnen Sie die neu erstellte Tabelle *tblImport*. Sie werden feststellen, dass diese Tabelle insgesamt 1.000 Datensätze enthält, jedoch stehen in 900 Datensätzen nur die Werte NULL.

In Excel gelöschte Zeilen werden trotzdem importiert

Ich habe die Excel-Tabelle *04_Aussenwelt\4.5.2_Mitarbeiter_100rst.xlsx* erstellt, indem ich die Datei mit den 1.000 Datensätzen kopiert und die letzten 900 Datensätze in Excel gelöscht habe (ich habe in Excel die gesamten Zeilen markiert und die Taste `Entf` gedrückt). Offensichtlich ist diese Form des Löschens in Excel nicht ganz vollständig. Die Zeilen sind immer noch vorhanden und werden von Access als NULL-Werte importiert!

Dies ist eine Form von *Artefakten*, und sicherlich hätte ich die Excel-Tabellen auch frisch aufsetzen oder die Zeilen mit `Strg` + `-` richtig löschen können. Ich habe mich aber dafür entschieden, diese Form der Excel-Tabelle mit den Artefakten zu behalten – schließlich kann Ihnen so etwas auch im wirklichen Leben begegnen!

Importierte NULL-Werte können also auftreten, und wir müssen das berücksichtigen. Das ist der Grund dafür, warum wir die Tabelle *tblImport* ohne Alternativschlüssel und ohne Primärschlüssel erstellt haben. Fügen Sie als Nächstes das Feld »AbteilungID« zur Tabelle *tblImport* hinzu:

- Felddatentyp: ZAHL, LONG INTEGER
- Eingabe nicht erforderlich

Genauso wie in Abschnitt 4.5.1, »Workshop: Einmaliger Import von Daten«, beschrieben, füllen wir nun das neue Feld mit Hilfe einer *Aktualisierungsabfrage*. Sie können dazu die Abfrage *qryImportAbteilungIDFuellen* aus dem letzten Workshop wiederverwenden (Listing 4.7).

Letztendlich möchten wir erreichen, dass die Daten aller Mitarbeiter in die Tabelle *tblMitarbeiter* gelangen. An dieser Stelle berücksichtigen wir die neue Erkenntnis, dass eine ganze Menge von NULL-Werten aus Excel importiert wurde. Mit Hilfe eines Filters können Sie festlegen, dass NULL-Werte nicht in die Zieltabelle übertragen werden sollen. Nutzen Sie zum Filtern ein beliebiges Feld, das nicht NULL enthalten darf, beispielsweise das Feld »PersonalNummer«. Die *Anfügeabfrage* sieht dann so aus:

1. Erstellen Sie eine neue Abfrage in der Entwurfsansicht.
2. Fügen Sie die Tabelle *tblImport* hinzu.
3. Ziehen Sie die Felder »PersonalNummer«, »Nachname«, »Vorname«, »Geschlecht«, »Geburtsdatum« und »AbteilungID« per Drag & Drop in den unteren Bereich.
4. Tragen Sie für das Feld »PersonalNummer« in der Zeile KRITERIEN den Filter

   ```
   Ist Nicht Null
   ```

   ein. Auf diese Weise werden Sie die 900 Datensätze mit den NULL-Werten los! Probieren Sie das einmal aus, indem Sie jetzt auf ENTWURF • ERGEBNISSE • ANSICHT • DATENBLATTANSICHT klicken.
5. Es geht weiter im Entwurfsmodus: Klicken Sie auf ENTWURF • ABFRAGETYP • ANFÜGEN.

6. Wählen Sie als Tabelle zum Anfügen *tblMitarbeiter* aus, und klicken Sie auf OK. Für alle sechs Felder wählt Access die gleichnamigen Zielfelder der Tabelle *tblMitarbeiter* automatisch aus.
7. Speichern Sie die Abfrage unter dem Namen *qryMitarbeiterFuellen* ab.
8. Klicken Sie auf ENTWURF • ERGEBNISSE • AUSFÜHREN.

Es werden exakt 100 Datensätze in die Tabelle *tblMitarbeiter* übertragen. Natürlich können Sie diese Anfügeabfrage auch per SQL-Code eingeben (Listing 4.9). Der Filter wird hier über eine SQL-WHERE-Klausel angegeben. Im Ergebnis sieht die Datenbank nach dem ersten Import wie in den Materialien zum Buch unter *04_Aussenwelt\4.5.2_Fluege_Import_100rst.accdb* aus.

```
INSERT INTO tblMitarbeiter (PersonalNummer, Nachname, Vorname, Geschlecht,
Geburtsdatum, AbteilungID)
SELECT PersonalNummer, Nachname, Vorname, Geschlecht, Geburtsdatum, AbteilungID
FROM tblImport
WHERE PersonalNummer Is Not Null;
```

Listing 4.9 Die Abfrage »qryMitarbeiterFuellen« als SQL-Code

Wiederholter Import: Neue Datensätze aus der Excel-Tabelle in die Access-Datenbank übertragen

Bis hierher läuft der Import genauso ab, wie Sie das bereits aus dem letzten Workshop in Abschnitt 4.5.1, »Workshop: Einmaliger Import von Daten«, kennen. Die einzige Ausnahme waren die NULL-Artefakte aus Excel, denen wir erstmalig begegnet sind. Jetzt widmen wir uns dem Thema »wiederholter Import«. Unsere Personalabteilung hat fleißig neue Mitarbeiter eingestellt. Nun möchten wir die neu hinzugekommenen Datensätze aus der Excel-Tabelle *04_Aussenwelt\4.5.2_Mitarbeiter_200rst.xlsx* in unsere Datenbank übertragen.

Für den wiederholten Import können wir die temporäre Tabelle *tblImport* wiederverwenden. Leeren Sie zunächst diese Tabelle. Der eleganteste Weg dafür geht über eine *Löschabfrage*.

1. Erstellen Sie eine neue Abfrage in der Entwurfsansicht.
2. Fügen Sie die Tabelle *tblImport* hinzu.
3. Klicken Sie auf ENTWURF • ABFRAGETYP • LÖSCHEN.
4. Speichern Sie die Abfrage unter dem Namen *qryImportLeeren* ab.
5. Klicken Sie auf ENTWURF • ERGEBNISSE • AUSFÜHREN.

```
DELETE *
FROM tblImport;
```

Listing 4.10 Die Abfrage »qryImportLeeren« als SQL-Code

Importieren Sie anschließend die Excel-Tabelle:

1. Klicken Sie auf EXTERNE DATEN • IMPORTIEREN UND VERKNÜPFEN • NEUE DATENQUELLE • AUS DATEI • EXCEL.
2. Wählen Sie die Excel-Tabelle *04_Aussenwelt\4.5.2_Mitarbeiter_200rst.xlsx* aus.
3. Wählen Sie nun die Option FÜGEN SIE EINE KOPIE DER DATENSÄTZE AN DIE TABELLE AN und die Tabelle *tblImport* aus, und klicken Sie auf OK.
4. Klicken Sie auf FERTIG STELLEN.

Für den Excel-Import waren beim wiederholten Durchlauf deutlich weniger Einstellungen notwendig, da wir die Tabelle *tblImport* wiederverwendet haben.

Führen Sie als Nächstes die bestehende Abfrage *qryImportAbteilungIDFuellen* aus. Über diese Abfrage werden die korrekten Werte für das Feld »AbteilungID« in der Tabelle *tblImport* eingetragen.

Damit sind wir erneut beim letzten Schritt angelangt: Die Daten aus der Tabelle *tblImport* sollen per *Anfügeabfrage* in die Tabelle *tblMitarbeiter* übertragen werden. An dieser Stelle gibt es einen wichtigen Unterschied zum erstmaligen Import: In der Tabelle *tblMitarbeiter* sind bereits 100 Datensätze vorhanden; folglich dürfen nur die Daten derjenigen Mitarbeiter übertragen werden, die in der Tabelle *tblMitarbeiter* noch nicht aufgeführt sind. Für diese Aufgabe erweitern wir den Filter der Anfügeabfrage *qryMitarbeiterFuellen*:

1. Öffnen Sie die Abfrage *qryMitarbeiterFuellen* in der Entwurfsansicht.
2. Tragen Sie für das Feld »PersonalNummer« in der Zeile KRITERIEN den Filter
   ```
   (Ist Nicht Null) Und (Nicht In (SELECT PersonalNummer FROM tblMitarbeiter))
   ```
   ein.
3. Speichern Sie die Abfrage ab.
4. Klicken Sie auf ENTWURF • ERGEBNISSE • AUSFÜHREN.

Sehen wir uns den Filter im Detail an. Auf der einen Seite werden die NULL-Datensätze, die als Artefakte aus der Excel-Datei importiert wurden, ignoriert. Diesen Teil kennen Sie bereits:

```
Ist Nicht Null
```

Andererseits werden auch diejenigen Datensätze ignoriert, die bereits in der Tabelle *tblMitarbeiter* enthalten sind. Dies prüfen wir über das Feld »PersonalNummer« mit Hilfe einer *Unterabfrage*:

```
Nicht In (SELECT PersonalNummer FROM tblMitarbeiter)
```

Eine Unterabfrage lässt sich grundsätzlich nur als SQL-Code eingeben. Die Unterabfrage selbst steht innerhalb der runden Klammern. Sie holt eine Liste aller Personalnummern aus der Tabelle *tblMitarbeiter*. Sie können das leicht nachvollziehen, indem Sie den SQL-Code der

Unterabfrage in eine neue Auswahlabfrage eintragen. Beim Ausführen werden Sie eine Liste aller 100 bestehenden Personalnummern erhalten. Über die Schlüsselwörter `Nicht In` wird das Ergebnis der Unterabfrage zum Filtern verwendet.

Die Unterabfrage ist das zweite Kriterium des Filters. Beide Kriterien mit `Und` verknüpft ergeben den Filter, der nur die 100 neu hinzugekommenen Datensätze durchlässt. Sehr übersichtlich lässt sich der gesamte Filter im SQL-Code durch Einrückungen darstellen (Listing 4.11).

```
INSERT INTO tblMitarbeiter (PersonalNummer, Nachname, Vorname, Geschlecht,
Geburtsdatum, AbteilungID)
SELECT PersonalNummer, Nachname, Vorname, Geschlecht, Geburtsdatum, AbteilungID
FROM tblImport
WHERE (PersonalNummer Is Not Null)
AND
(
  PersonalNummer Not In
  (
    SELECT PersonalNummer FROM tblMitarbeiter
  )
);
```

Listing 4.11 Die abgewandelte Abfrage »qryMitarbeiterFuellen« als SQL-Code mit Einrückungen. Leider speichert Access Einrückungen im SQL-Code nicht ab.

Im Gegensatz zur Anfügeabfrage des vorherigen Workshops kann diese Abfrage beliebig oft ausgeführt werden, denn sie überträgt nur diejenigen Datensätze nach *tblMitarbeiter*, die neu hinzugekommen sind. Wenn Sie möchten, können Sie in analoger Weise auch die anderen Excel-Tabellen importieren. Für zwei Importe habe ich die zugehörige Access-Datenbank in den Materialien zum Buch im Verzeichnis *04_Aussenwelt* hinterlegt (Tabelle 4.9).

Excel-Tabelle	Access-Datenbank
4.5.2_Mitarbeiter_200rst.xlsx	*4.5.2_Fluege_Import_200rst.accdb*
4.5.2_Mitarbeiter_300rst.xlsx	–
4.5.2_Mitarbeiter_400rst.xlsx	*4.5.2_Fluege_Import_400rst.accdb*

Tabelle 4.9 Excel-Dateien und die zugehörige Access-Datenbank nach dem Import in den Materialien zum Buch im Verzeichnis »04_Aussenwelt«

Wiederholter Import: Wie sieht es mit geänderten Datensätzen aus?

Sie wissen jetzt, wie neu hinzugekommene Datensätze in die Zieltabelle *tblMitarbeiter* übertragen werden. Wir haben uns aber noch nicht mit den bestehenden Datensätzen beschäftigt. Es kann durchaus vorkommen, dass die Personalabteilung einen Datensatz in der Excel-Tabelle nachträglich ändert. Ein paar Beispiele finden Sie in der Datei *04_Aussenwelt\4.5.2_Mitarbeiter_400rst_geaendert.xlsx*. Ich habe dort insgesamt vier Datensätze geändert:

- Ein Geburtsdatum war falsch.
- Ein Tippfehler im Nachnamen wurde korrigiert.
- Zwei Mitarbeiter haben geheiratet und dabei einen neuen Nachnamen angenommen.

In der Excel-Tabelle sind die entsprechenden Zellen farblich hinterlegt, so dass Sie die Änderungen besser nachvollziehen können.

Importieren Sie die Excel-Tabelle zunächst wie gehabt in die Tabelle *tblImport*:

1. Löschen Sie alle Datensätze in der Tabelle *tblImport* (Löschabfrage *qryImportLeeren* ausführen).
2. Importieren Sie die Excel-Tabelle *04_Aussenwelt\4.5.2_Mitarbeiter_400rst_geaendert.xlsx* in die Tabelle *tblImport*.
3. Füllen Sie das Feld »AbteilungID« in der Tabelle *tblImport* (Aktualisierungsabfrage *qryImportAbteilungIDFuellen* ausführen).

Wie bekommen wir die Änderungen jetzt in die Tabelle *tblMitarbeiter*? Unsere Anfügeabfrage *qryMitarbeiterFuellen* hilft uns nicht weiter, denn sie fügt nur Daten zu neuen Mitarbeitern in die Tabelle *tblMitarbeiter* ein. Zum Ändern bestehender Datensätze müssen wir eine weitere *Aktualisierungsabfrage* erstellen!

1. Erstellen Sie eine neue Abfrage in der Entwurfsansicht.
2. Fügen Sie die Tabellen *tblImport* und *tblMitarbeiter* hinzu.
3. Ziehen Sie das Feld »PersonalNummer« aus der Tabelle *tblImport* auf das Feld »PersonalNummer« in der Tabelle *tblMitarbeiter*.
4. Ziehen Sie die Felder »Nachname«, »Vorname«, »Geschlecht«, »Geburtsdatum« und »AbteilungID« aus der Tabelle *tblMitarbeiter* per Drag & Drop in den unteren Bereich.
5. Klicken Sie auf ENTWURF • ABFRAGETYP • AKTUALISIEREN.
6. Tragen Sie für die Felder in der Zeile AKTUALISIEREN die entsprechenden Angaben der Tabelle 4.10 ein.

Feld	Aktualisieren
»Nachname«	`[tblImport].[Nachname]`
»Vorname«	`[tblImport].[Vorname]`
»Geschlecht«	`[tblImport].[Geschlecht]`

Tabelle 4.10 Tragen Sie in der Zeile »Aktualisieren« für die Felder die entsprechenden Zeichenfolgen ein.

Feld	Aktualisieren
»Geburtsdatum«	`[tblImport].[Geburtsdatum]`
»AbteilungID«	`[tblImport].[AbteilungID]`

Tabelle 4.10 Tragen Sie in der Zeile »Aktualisieren« für die Felder die entsprechenden Zeichenfolgen ein. (Forts.)

In dieser Form würde die Aktualisierungsabfrage alle Datensätze in der Tabelle *tblMitarbeiter* aktualisieren, und zwar unabhängig davon, ob sich etwas geändert hat oder nicht. Das ist etwas zu viel des Guten; es sollen nur diejenigen Datensätze aktualisiert werden, die sich geändert haben. Dies erreichen wir über einen Filter.

7. Tragen Sie für die Felder in der Zeile KRITERIEN und darunter die jeweilige Formel aus Tabelle 4.11 ein.

Feld	Kriterien
»Nachname«	`<>[tblImport].[Nachname]`
»Vorname«	`<>[tblImport].[Vorname]`
»Geschlecht«	`<>[tblImport].[Geschlecht]`
»Geburtsdatum«	`<>[tblImport].[Geburtsdatum]`
»AbteilungID«	`<>[tblImport].[AbteilungID]`

Tabelle 4.11 Tragen Sie die einzelnen Kriterien stufenweise versetzt ein.

Wichtig ist dabei, dass Sie die Kriterien nicht in einer Zeile, *sondern stufenweise versetzt eintragen*. In Abbildung 4.77 sehen Sie, was ich meine. Der Hintergrund dafür ist, dass die Kriterien auf diese Weise mit dem Schlüsselwort `Oder` verknüpft werden. Nur so wird der Filter greifen, sobald eines der Felder verändert wurde.

8. Speichern Sie die Abfrage unter dem Namen *qryMitarbeiterAktualisieren* ab.
9. Klicken Sie auf ENTWURF • ERGEBNISSE • AUSFÜHREN.

Beim Ausführen meldet Access, dass drei statt vier Datensätze aktualisiert werden. Offensichtlich ist diese Version der Abfrage *qryMitarbeiterAktualisieren* noch nicht ganz korrekt, und eine Änderung geht uns verloren! Woran liegt das? Im Filter werden die Felder mit dem Ungleichheitszeichen <> verglichen. In den meisten Fällen ist das auch völlig ausreichend. Nur leider haben wir hier einen der wenigen Sonderfälle, wo das nicht der Fall ist.

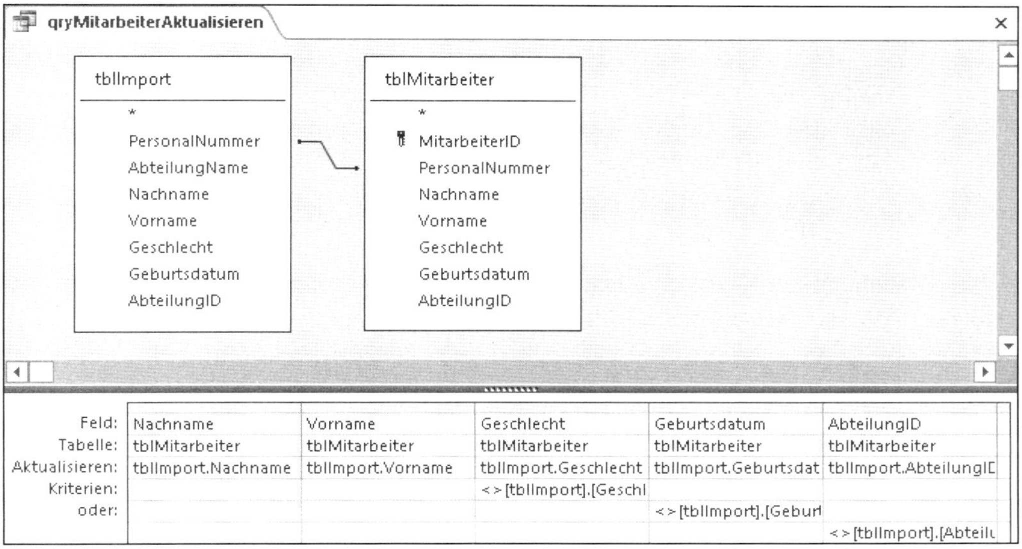

Abbildung 4.77 Wenn Sie die Kriterien nicht in eine Zeile, sondern stufenweise versetzt eintragen, führt dies zur Verknüpfung mit dem Schlüsselwort »Oder«.

Textvergleich und binärer Vergleich

Es gibt zwei Modi für den Vergleich von Textfeldern:

- Textvergleich
- binärer Vergleich

Beim binären Vergleich achtet Access auf wirklich jeden Unterschied. Der Textvergleich ist hingegen etwas weniger stringent, so dass die folgenden Zeichenfolgen als identisch angesehen werden:

- »Maier« = »maier«
- »Krauss« = »Krauß«

Interessanterweise werden Umlaute hingegen nicht aufgelöst; »Müller« bleibt also ungleich »Mueller«.

Welchen Vergleichsmodus verwendet Access nun? Standardmäßig setzt Access den Textvergleich ein. Wenn Sie ausnahmsweise den binären Vergleich benötigen, so gelingt das nur über die VBA-Funktion `StrVgl()` (englisch `StrComp()`). Die Syntax für diese Funktion ist:

```
StrComp(string1, string2, vergleichsmodus)
```

Verglichen werden die beiden Zeichenfolgen `string1` und `string2`. Über den dritten Parameter können Sie den Vergleichsmodus explizit festlegen:

- Textvergleich: `vbTextCompare = 1`
- binärer Vergleich: `vbBinaryCompare = 0`

Innerhalb einer Abfrage können Sie leider keine VBA-Konstanten verwenden, sondern müssen den entsprechenden Zahlenwert eintragen.

Wenn beide Zeichenfolgen identisch sind – und zwar identisch im Sinne des gewählten Vergleichsmodus – gibt die Funktion `StrComp` den Wert `0` zurück. In unserem Fall muss der Filter für das Textfeld »Nachname« daher so aussehen:

```
StrComp(tblMitarbeiter.Nachname, tblImport.Nachname, 0) <> 0
```

Wie im Kasten »Textvergleich und binärer Vergleich« erläutert, verwendet Access standardmäßig den Modus Textvergleich. Dadurch geht uns die Änderung des Nachnamens »Krauß« in »Krauss« verloren. Wir müssen also den Filter der Aktualisierungsabfrage weiter anpassen:

1. Öffnen Sie die Abfrage *qryMitarbeiterAktualisieren* in der Entwurfsansicht.
2. Entfernen Sie den Filter für das Feld »Nachname«.
3. Entfernen Sie den Filter für das Feld »Vorname«.
4. Erstellen Sie ein neues Feld, tragen Sie in der Zeile FELD

   ```
   StrVgl([tblMitarbeiter].[Nachname];[tblImport].[Nachname];0)
   ```

   und in der Zeile KRITERIEN

   ```
   <>0
   ```

   ein.
5. Erstellen Sie ein neues Feld, tragen Sie in der Zeile FELD

   ```
   StrVgl([tblMitarbeiter].[Vorname];[tblImport].[Vorname];0)
   ```

   und in der Zeile KRITERIEN

   ```
   <>0
   ```

   ein.

   Die Abfrage sollte jetzt so wie in Abbildung 4.78 aussehen.

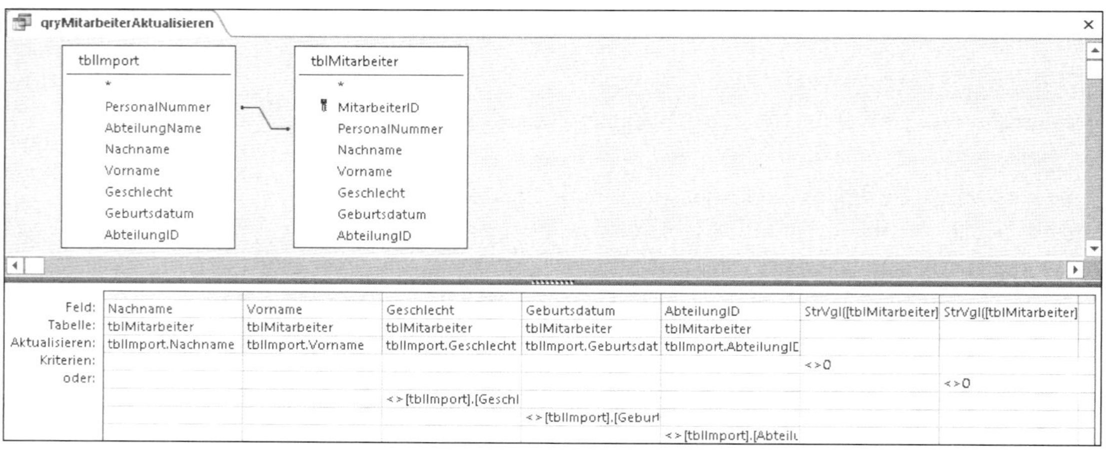

Abbildung 4.78 Für den Binärvergleich sind die beiden separaten Felder ganz rechts notwendig.

6. Speichern Sie die Abfrage ab.
7. Klicken Sie auf ENTWURF • ERGEBNISSE • AUSFÜHREN.

Mit der zweiten Version der Abfrage *qryMitarbeiterAktualisieren* werden wirklich alle vier Änderungen in die Tabelle *tblMitarbeiter* übertragen. Sie können diese Abfrage alternativ auch als SQL-Code eingeben. In Listing 4.12 können Sie nachvollziehen, dass nur die beiden Textfelder mit der Funktion `StrComp()` verglichen werden. Für die anderen Felddatentypen reicht der Ungleich-Operator <> aus, da hier immer exakt (binär) verglichen wird. Sie finden die zweite Version der Aktualisierungsabfrage in den Materialien zum Buch in der Datenbank *04_Aussenwelt\4.5.2_Fluege_Import_400rst_geaendert.accdb*.

```
UPDATE tblImport
INNER JOIN tblMitarbeiter
ON tblImport.PersonalNummer = tblMitarbeiter.PersonalNummer
SET
  tblMitarbeiter.Nachname = tblImport.Nachname,
  tblMitarbeiter.Vorname = tblImport.Vorname,
  tblMitarbeiter.Geschlecht = tblImport.Geschlecht,
  tblMitarbeiter.Geburtsdatum = tblImport.Geburtsdatum,
  tblMitarbeiter.AbteilungID = tblImport.AbteilungID
WHERE StrComp(tblMitarbeiter.Nachname, tblImport.Nachname, 0) <> 0
OR StrComp(tblMitarbeiter.Vorname, tblImport.Vorname, 0) <> 0
OR tblMitarbeiter.Geschlecht <> tblImport.Geschlecht
OR tblMitarbeiter.Geburtsdatum <> tblImport.Geburtsdatum
OR tblMitarbeiter.AbteilungID <> tblImport.AbteilungID;
```

Listing 4.12 Die Abfrage »qryMitarbeiterAktualisieren« als SQL-Code

Die Aktualisierungsabfrage *qryMitarbeiterAktualisieren* können Sie beliebig oft ausführen. Dank des Filters werden wirklich nur die Änderungen in die Tabelle *tblMitarbeiter* übertragen.

Ein Prozess für den regelmäßigen Datenimport

Damit sind wir am Ziel dieses Workshops angelangt. Den gesamten Importprozess habe ich in Abbildung 4.79 noch einmal grafisch dargestellt.

- Wir können die Excel-Tabelle wiederholt in die Tabelle *tblImport* importieren.
- Die Aktualisierungsabfrage *qryImportAbteilungIDFuellen* trägt die korrekte ID in das Feld »AbteilungID« in der Tabelle *tblImport* ein.
- Neue Datensätze werden mit der Anfügeabfrage *qryMitarbeiterFuellen* in die Tabelle *tblMitarbeiter* übertragen.

- Geänderte Datensätze werden über die Aktualisierungsabfrage *qryMitarbeiterAktualisieren* in der Tabelle *tblMitarbeiter* angepasst.
- Abschließend können wir die Importtabelle durch die Löschabfrage *qryImportLeeren* leeren.

Letztendlich haben wir einen vollständigen Prozess für den regelmäßigen Datenabgleich aus der Excel-Tabelle aufgebaut. Solange sich am Format der Excel-Tabelle und an der Struktur der Zieltabellen – oder allgemein gesagt: an der *Schnittstelle* – nichts ändert, können Sie den Import der Daten beliebig oft und beliebig häufig wiederholen.

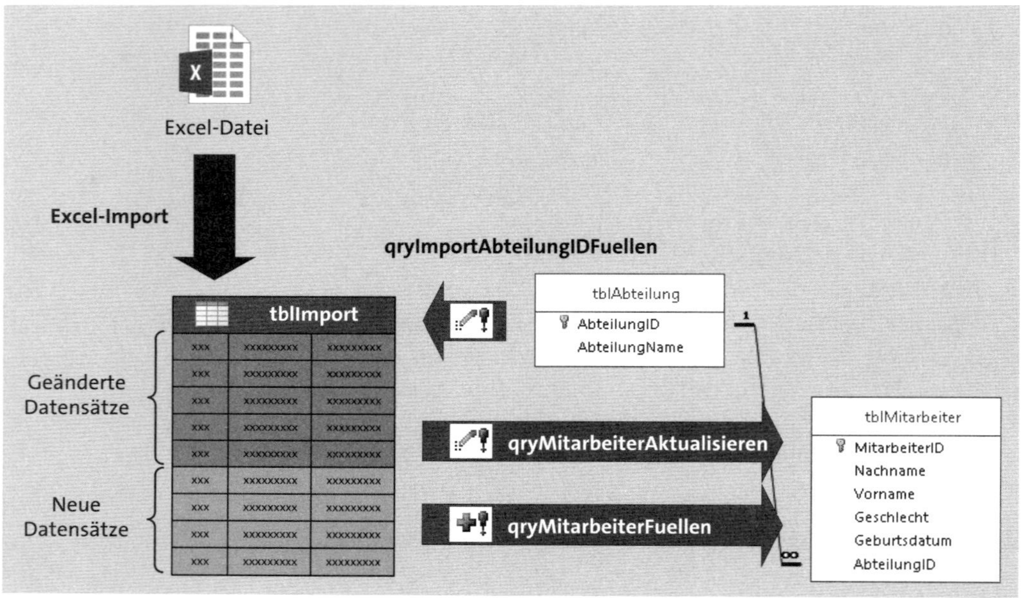

Abbildung 4.79 Der gesamte Prozess des wiederholten Datenimports, von der Excel-Tabelle über die temporäre Tabelle »tblImport« bis hin zur Zieltabelle »tblMitarbeiter«

4.5.3 Workshop: Import einer Tabelle mit fehlenden Daten

Im dritten Workshop werde ich Ihnen Aufgabenstellungen zeigen, die mit Programmierung gelöst werden können. Auch ohne tiefgehende Kenntnisse der VBA-Programmierung können Sie die fertigen Programme, die ich in den Beispieldatenbanken abgelegt habe, für Ihre Zwecke anpassen und nutzen. Wenn Sie hingegen die einzelnen Codezeilen im Detail nachvollziehen möchten, empfehle ich Ihnen zuvor die Lektüre von Kapitel 9, »Visual Basic for Applications (VBA), die Programmiersprache für Microsoft-Office-Anwendungen« und Kapitel 10, »Data-Access-Objects-(DAO-)Klassenbibliothek«.

Im dritten Workshop dreht sich alles um Bücher. Die Mitarbeiter aus unserer Tabelle *tblMitarbeiter* haben alle unterschiedliche Lieblingsbücher im Regal stehen. Beim letzten Betriebsausflug hörte Barbara Schulz, dass ihre Kollegin Hildegard Guntermann das Buch »Drachenreiter« schon gelesen hatte. So lieh sie dieses Buch von Ihrer Kollegin aus, und sie war schon nach wenigen Seiten ganz begeistert ... So wurde bei der letzten Kaffee-Runde beschlossen, eine Bücherliste als Excel-Tabelle einzuführen. Auf diese Weise entstand die Datei *04_Aussenwelt\4.5.3_Mitarbeiter_Buchliste.xlsx* (Abbildung 4.80).

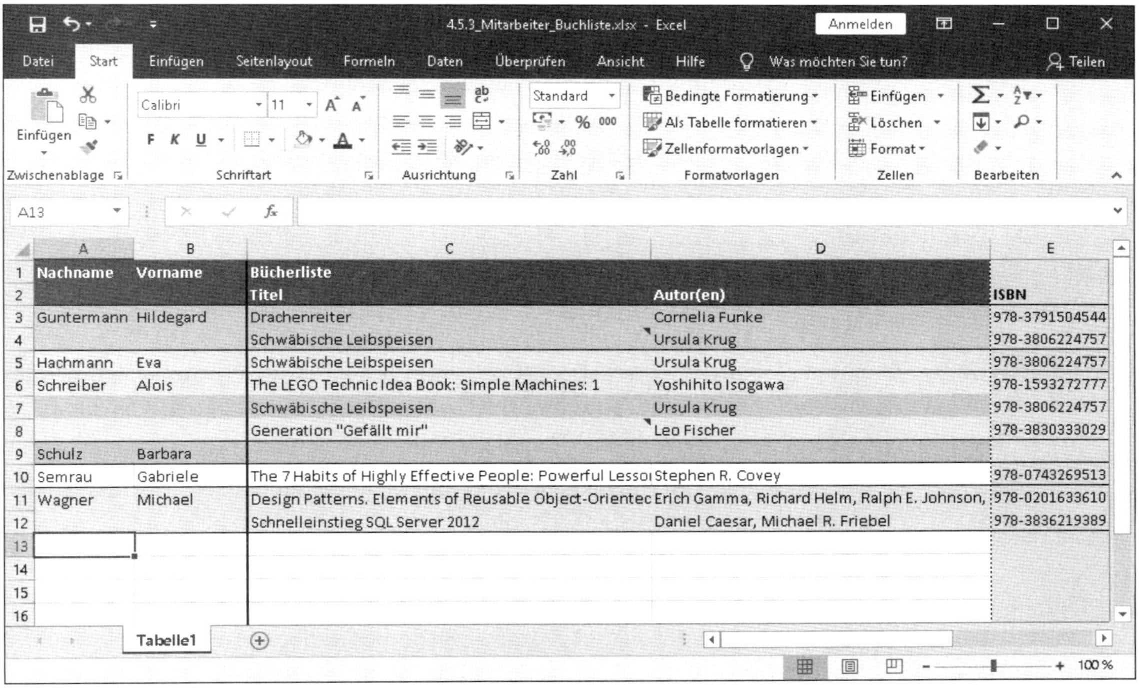

	A	B	C	D	E
1	Nachname	Vorname	Bücherliste		
2			Titel	Autor(en)	ISBN
3	Guntermann	Hildegard	Drachenreiter	Cornelia Funke	978-3791504544
4			Schwäbische Leibspeisen	Ursula Krug	978-3806224757
5	Hachmann	Eva	Schwäbische Leibspeisen	Ursula Krug	978-3806224757
6	Schreiber	Alois	The LEGO Technic Idea Book: Simple Machines: 1	Yoshihito Isogawa	978-1593272777
7			Schwäbische Leibspeisen	Ursula Krug	978-3806224757
8			Generation "Gefällt mir"	Leo Fischer	978-3830333029
9	Schulz	Barbara			
10	Semrau	Gabriele	The 7 Habits of Highly Effective People: Powerful Lesso	Stephen R. Covey	978-0743269513
11	Wagner	Michael	Design Patterns. Elements of Reusable Object-Orientec	Erich Gamma, Richard Helm, Ralph E. Johnson,	978-0201633610
12			Schnelleinstieg SQL Server 2012	Daniel Caesar, Michael R. Friebel	978-3836219389

Abbildung 4.80 Die Mitarbeiter haben eine Excel-Tabelle erstellt, in der jeder seine Lieblingsbücher einträgt. Diese Daten sollen nun in eine Datenbank importiert werden.

Auffälligkeiten in der Datenquelle

Schon ein erster Blick in die Excel-Tabelle zeigt uns ein paar Auffälligkeiten, mit denen wir beim Import der Daten umgehen müssen:

1. Der Mitarbeiter wird mit Nachname und Vorname angegeben.
2. Es gibt Mitarbeiter, die gar kein, ein oder auch mehrere Lieblingsbücher besitzen.
3. Unter den Büchern gibt es wahre Hits: Gleich mehrere Mitarbeiter haben das Buch »Schwäbische Leibspeisen« in ihrem Regal stehen.
4. Der Name des Mitarbeiters wird nicht in jeder Zeile wiederholt, wenn er mehrere Lieblingsbücher besitzt.
5. Es gibt auch Bücher mit mehreren Autoren.
6. Einige der Autoren haben einen zweiten Vornamen, der abgekürzt wird.

Meine Erfahrung ist, dass viele Excel-Benutzer eine Tabelle ähnlich wie in Abbildung 4.80 verwenden. Für den menschlichen Benutzer ist diese Form sehr angenehm. Beim Import in die Access-Datenbank führen die Auffälligkeiten jedoch zu einer Reihe von Problemen. Und genau darum geht es in diesem Workshop.

Hierhin sollen die Daten gelangen

Bevor wir uns über den Import Gedanken machen, benötigen wir ein geeignetes *Datenbankdesign*. In unserer Beispieldatenbank mit den Flügen gibt es bereits die Tabelle *tblMitarbeiter*. Neu hinzu kommen die Bücher, für die wir die Tabelle *tblBuch* erstellen werden. Welche Informationen (= Tabellenfelder) sind für ein Buch wichtig? Dazu schauen wir uns die Excel-Tabelle an:

- Titel des Buches
- ISBN
- Liste der Autoren

Wenn Sie bei einem Tabellenfeld das Wort »Liste« hören, sollten die Alarmglocken läuten. Nach der *ersten Normalform* sind Listen innerhalb eines Feldes nicht erlaubt. Also bleibt es für die Tabelle *tblBuch* bei den Feldern »Titel« und »ISBN«.

Was machen wir mit den Autoren? Die gehören in die separate Tabelle *tblAutor*. Die Felder der Tabelle können wir aus der Autorenliste ableiten:

- »Vorname«
- »ZweiterVorname«
- »Nachname«

Damit wären die *Entitäten* festgelegt. Sehen wir uns als Nächstes die *Relationen* an: In welchem Verhältnis stehen die Entitäten zueinander? Im ersten Schritt schauen wir uns die beiden Entitäten Buchautor und Buch an. Ein Buch wird von einem oder von mehreren Autoren geschrieben. Umgekehrt gibt es Autoren, die ein oder auch mehrere Bücher geschrieben haben. Letzteres tritt zwar nicht in unserem Beispiel auf – aber in der Realität. Deshalb besteht zwischen den Tabellen *tblBuch* und *tblAutor* eine *m:n-Beziehung*. Wir lösen die m:n-Beziehung auf in zwei *1:n-Beziehungen* und die Detailtabelle *tblAutorSchreibtBuch* in der Mitte. Wenn mehrere Autoren ein Buch schreiben, ist die Reihenfolge der Autoren nicht unbedingt alphabetisch. Daher müssen wir in einem separaten Zahlenfeld »AutorPosition« die Position des Autors in der Autorenliste festhalten.

Die zweite Beziehung besteht zwischen den Mitarbeitern und den Lieblingsbüchern. Auch hier liegt eine m:n-Beziehung vor, denn ein Mitarbeiter hat entweder gar kein, ein oder mehrere Lieblingsbücher. Umgekehrt betrachtet ist jedes Buch das Lieblingsbuch eines oder mehrerer Mitarbeiter. Darüber hinaus gibt es auch Bücher, die keiner mag. Diese tauchen in der Excel-Tabelle nicht auf und spielen für uns keine Rolle. Auch diese m:n-Beziehung lösen wir wieder auf in zwei 1:n-Beziehungen mit der Detailtabelle *tblMitarbeiterLiebtBuch* in der Mitte.

Unser Datenbankdesign sieht damit so wie in Abbildung 4.81 dargestellt aus.

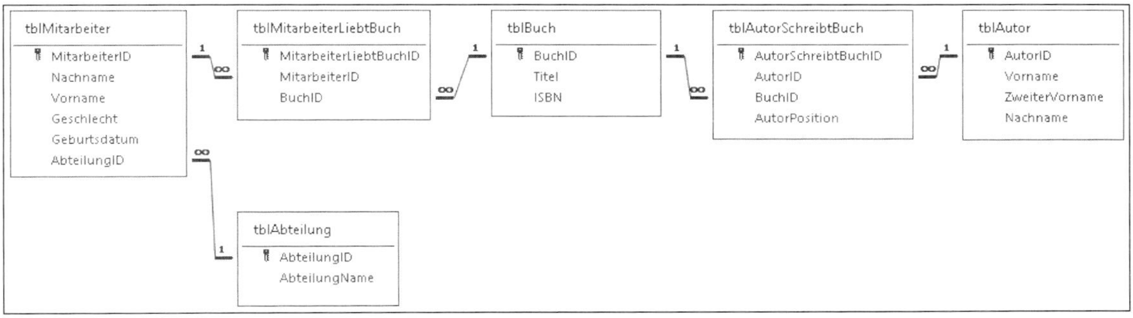

Abbildung 4.81 Unsere Beispieldatenbank erweitert um das Thema »Lieblingsbücher«

Nun setzen wir dieses Datenbankdesign in die Praxis um. Am besten starten Sie mit der Beispieldatenbank in den Materialien zum Buch unter *03_Abfragen\3_Fluege.accdb*. Erstellen Sie die vier neuen Tabellen mit den zugehörigen Feldern und Alternativschlüsseln. Dies sind im Einzelnen:

- *tblBuch*
  - »BuchID«, Felddatentyp AUTOWERT, Primärschlüssel
  - »Titel«, Felddatentyp KURZER TEXT, maximal 128 Zeichen, Eingabe erforderlich
  - »ISBN«, Felddatentyp KURZER TEXT, 14 Zeichen, Eingabe erforderlich
  - Alternativschlüssel: »ISBN«
- *tblAutor*
  - »AutorID«, Felddatentyp AUTOWERT, Primärschlüssel
  - »Vorname«, Felddatentyp KURZER TEXT, maximal 64 Zeichen, Eingabe erforderlich
  - »ZweiterVorname«, Felddatentyp KURZER TEXT, maximal 64 Zeichen, Eingabe *nicht* erforderlich
  - »Nachname«, Felddatentyp KURZER TEXT, maximal 64 Zeichen, Eingabe erforderlich
  - Alternativschlüssel: »Nachname«, »Vorname«
- *tblAutorSchreibtBuch*
  - »AutorSchreibtBuchID«, Felddatentyp AUTOWERT, Primärschlüssel
  - »AutorID«, Felddatentyp ZAHL, Feldgröße LONG INTEGER, Eingabe erforderlich
  - »BuchID«, Felddatentyp ZAHL, Feldgröße LONG INTEGER, Eingabe erforderlich
  - »AutorPosition«, Felddatentyp ZAHL, Feldgröße LONG INTEGER, Eingabe erforderlich, Feldgültigkeitsregel: >0

- erster Alternativschlüssel »AK1:« »AutorID«, »BuchID«
- zweiter Alternativschlüssel »AK2«: »BuchID«, »AutorPosition«

- *tblMitarbeiterLiebtBuch*
  - »MitarbeiterLiebtBuchID«, Felddatentyp AUTOWERT, Primärschlüssel
  - »MitarbeiterID«, Felddatentyp ZAHL, Feldgröße LONG INTEGER, Eingabe erforderlich
  - »BuchID«, Felddatentyp ZAHL, Feldgröße LONG INTEGER, Eingabe erforderlich
  - Alternativschlüssel: »MitarbeiterID«, »BuchID«

Erstellen Sie anschließend die vier neuen 1:n-Beziehungen mit referentieller Integrität:

- *tblBuch – tblAutorSchreibtBuch*
- *tblAutor – tblAutorSchreibtBuch*
- *tblBuch – tblMitarbeiterLiebtBuch*
- *tblMitarbeiter – tblMitarbeiterLiebtBuch*

Das Ergebnis finden Sie in den Materialien zum Buch unter *04_Aussenwelt\4.5.3_Mitarbeiter_Buchliste_leer.accdb*.

Die Excel-Tabelle importieren

Kommen wir nun zum eigentlichen Import der Excel-Tabelle. Starten Sie den Import-Assistenten, indem Sie auf EXTERNE DATEN • IMPORTIEREN UND VERKNÜPFEN • NEUE DATENQUELLE • AUS DATEI • EXCEL klicken. Wählen Sie die Excel-Datei *04_Aussenwelt\4.5.3_Mitarbeiter_Buchliste.xlsx* aus den Materialien zum Buch aus. Auf der zweiten Seite des Assistenten können Sie das Häkchen bei ERSTE ZEILE ENTHÄLT SPALTENÜBERSCHRIFTEN setzen (Abbildung 4.82). Access wird Ihnen eine Warnmeldung anzeigen, denn in unserer Excel-Tabelle gibt es eigentlich nicht nur eine, sondern zwei Zeilen mit Spaltenüberschriften!

Auf der nächsten Seite des Import-Assistenten können Sie die Feldnamen für die letzten beiden Felder festlegen (Abbildung 4.83):

- »Feld4« umbenennen in »Autoren«
- »Feld5« umbenennen in »ISBN«

Wählen Sie abschließend aus, dass Access einen Primärschlüssel erstellen soll. Wir werden den Primärschlüssel später benötigen, denn er bewahrt uns die Reihenfolge der Datensätze, wie sie in der Excel-Tabelle stehen. Geben Sie als Tabellenname *tblImport* ein, und führen Sie den Import durch. Es sollten keine Importfehler auftreten. Den aktuellen Stand unseres Workshops finden Sie in den Materialien zum Buch unter *04_Aussenwelt\4.5.3_Mitarbeiter_Buchliste_Import.accdb*.

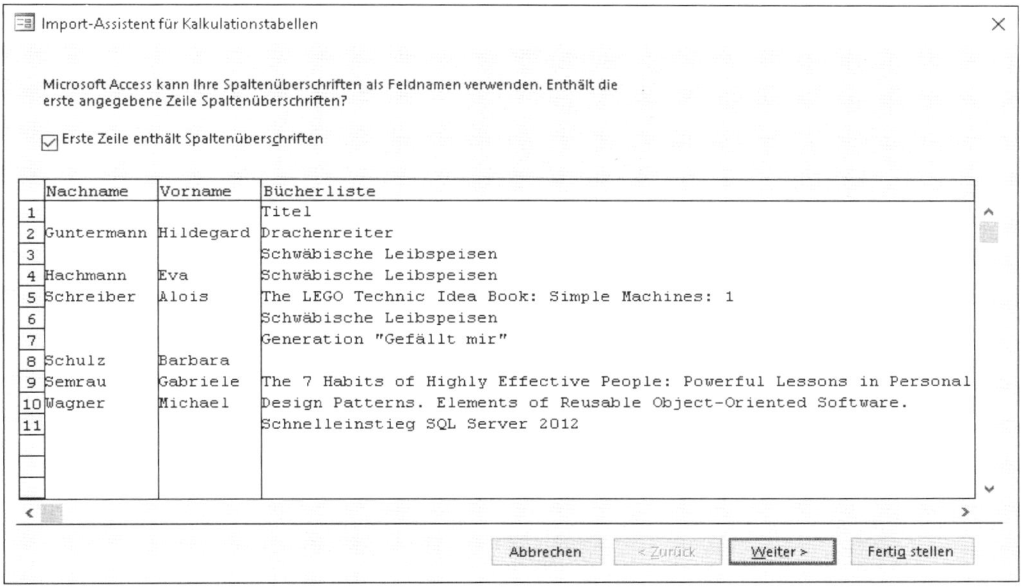

Abbildung 4.82 Die Excel-Tabelle enthält gleich zwei Kopfzeilen. Wenigstens die erste Kopfzeile können wir beim Import verwenden.

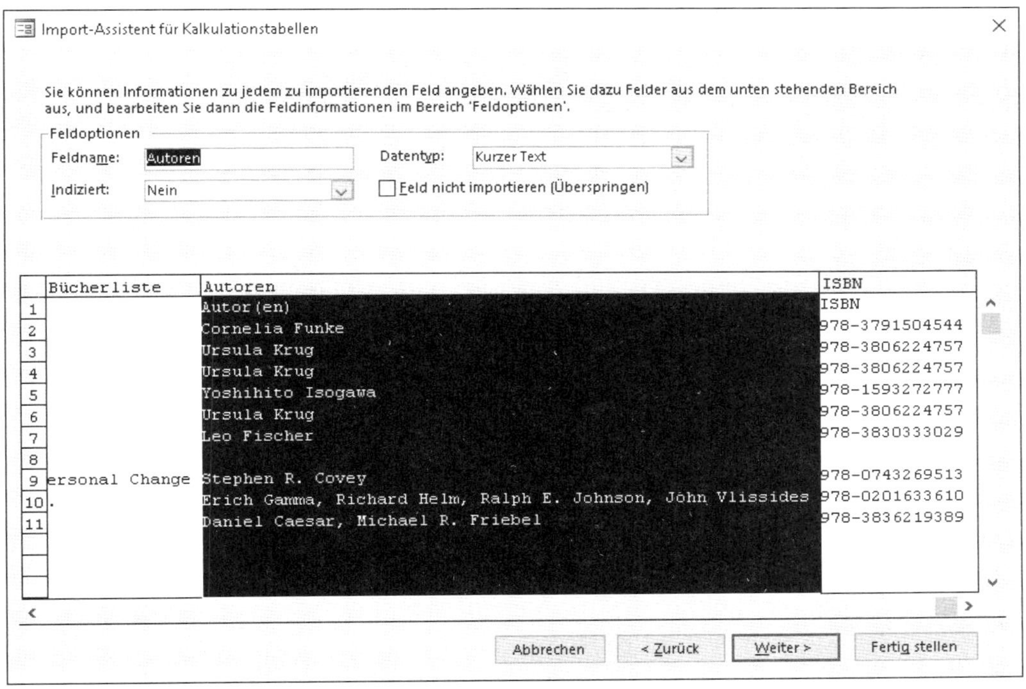

Abbildung 4.83 Benennen Sie die letzten beiden Felder entsprechend der zweiten Kopfzeile um.

Erstes Ziel erreicht: Die Daten sind in Access

Ich versuche, dieses Ziel immer so schnell wie möglich zu erreichen, denn ab jetzt befinden Sie sich in der Welt von Access und können alle Datenbankfunktionen (Einschränkungen, Abfragen, Indizierung etc.) für die weitere Bereinigung nutzen.

Die Importtabelle »tblImport« bereinigen

Schauen Sie sich bitte einmal die Tabelle *tblImport* an (Abbildung 4.84). Der erste Datensatz enthält die zweite Kopfzeile, wie sie in der Excel-Tabelle steht. Löschen Sie diesen Datensatz manuell (ID = 1), denn er enthält keine Nutzdaten.

tblImport

ID	Nachname	Vorname	Bücherliste	Autoren	ISBN
1			Titel	Autor(en)	ISBN
2	Guntermann	Hildegard	Drachenreiter	Cornelia Funke	978-379150454
3			Schwäbische L	Ursula Krug	978-380622475
4	Hachmann	Eva	Schwäbische L	Ursula Krug	978-380622475
5	Schreiber	Alois	The LEGO Tech	Yoshihito Isog	978-159327277
6			Schwäbische L	Ursula Krug	978-380622475
7			Generation "G	Leo Fischer	978-383033302
8	Schulz	Barbara			
9	Semrau	Gabriele	The 7 Habits of	Stephen R. Co	978-074326951
10	Wagner	Michael	Design Patterr	Erich Gamma, I	978-020163361
11			Schnelleinstie	Daniel Caesar,	978-383621938
(Neu)					

Abbildung 4.84 Die importierte Excel-Tabelle als Access-Tabelle »tblImport«

Es gibt Mitarbeiter, die gar keine Lieblingsbücher haben. In unserem Beispiel ist das nur der Datensatz mit ID = 8. Er enthält keine Nutzdaten und kann ebenfalls gelöscht werden. Im Allgemeinen kann es sehr viele Mitarbeiter geben, die kein Lieblingsbuch besitzen. Am besten entfernen Sie solche Datensätze daher mit einer *Löschabfrage*. Das Filterkriterium lautet:

```
[Bücherliste] Ist Null
```

Sie können die Löschabfrage mit dem grafischen Abfrage-Editor erstellen oder den SQL-Code direkt eintippen (Listing 4.13).

```
DELETE *
FROM [tblImport]
WHERE [Bücherliste] Is Null;
```

Listing 4.13 Die Abfrage »qryImport_Loesche_Mitarbeiter_ohne_Lieblingsbuch«

Führen Sie die Löschabfrage bitte aus. Jetzt sind es nur noch neun Datensätze, aber alle enthalten wirklich Informationen über Bücher.

Wiederholte Werte füllen

In der Tabelle *tblImport* gibt es immer noch einige Felder, die NULL enthalten: Und zwar bei Mitarbeitern, die mehr als ein Lieblingsbuch haben. Für einen menschlichen Betrachter ist es sehr angenehm, wenn wiederholte Vor- und Nachnamen entweder mit Gänsefüßchen oder gar nicht dargestellt werden. In der DIN 5008 nennt sich das Ganze »Unterführungszeichen statt Wortwiederholung«.

Für Datenbanken ist das absolutes Gift! Sobald sich die Sortierung der Tabelle ändert, geht die Zuordnung verloren. Ohne den Primärschlüssel (Feld »ID«), den der Import-Assistent generiert hat, sähen wir ganz schön alt aus. Wir sollten die leeren Felder schnell füllen, also in jedem Datensatz den vollständigen Nach- und Vornamen des entsprechenden Mitarbeiters eintragen.

Diese Aufgabe ist gar nicht so einfach zu meistern. Zwei Wege kommen in Access dafür in Frage, die ich beide ausführen werde:

1. **Eine Aktualisierungsabfrage**
   Wie Sie gleich sehen werden, können Sie diese Abfrage nur mit SQL erstellen, nicht mit dem grafischen Abfrage-Editor. Die Idee ist, die Tabelle *tblImport* über eine INNER-JOIN-Verknüpfung mit sich selbst zu verknüpfen:

   ```
   tblImport AS AktuellerDatensatz INNER JOIN tblImport AS VorherigerDatensatz
   ```

   Verknüpft wird allerdings nicht das Feld »ID« allein – damit kämen wir nicht weiter. Stattdessen wird »ID« mit `ID - 1`, mit anderen Worten ein Datensatz mit seinem Vorgänger-Datensatz, verknüpft.

   ```
   ON AktuellerDatensatz.ID - 1 = VorherigerDatensatz.ID
   ```

   Aktualisiert werden nur Datensätze, in denen entweder der Vor- oder der Nachname fehlt:

   ```
   WHERE AktuellerDatensatz.Vorname Is Null
   OR AktuellerDatensatz.Nachname Is Null
   ```

   Das Ganze als Aktualisierungsabfrage sehen Sie in Listing 4.14. Ich muss zugeben: Trivial ist diese Abfrage nicht!

   ```
   UPDATE tblImport AS AktuellerDatensatz
   INNER JOIN tblImport AS VorherigerDatensatz
   ON AktuellerDatensatz.ID - 1 = VorherigerDatensatz.ID
   SET AktuellerDatensatz.Vorname = VorherigerDatensatz.Vorname,
   AktuellerDatensatz.Nachname = VorherigerDatensatz.Nachname
   WHERE AktuellerDatensatz.Vorname Is Null
   OR AktuellerDatensatz.Nachname Is Null
   ```

   Listing 4.14 Die Aktualisierungsabfrage »qryImport_Wiederholte_Werte_fuellen«

2. **Mit VBA-Code einen Datensatz nach dem anderen überprüfen und wenn notwendig aktualisieren**

   Vielleicht etwas übersichtlicher ist ein VBA-Programm. Zumindest insoweit einfacher, als Sie die einzelnen Schritte besser auseinanderhalten können.

   Zunächst wird per Programmcode und DAO die Tabelle *tblImport* geöffnet. Wichtig ist dabei die Reihenfolge der Datensätze. Daher müssen wir die Sortierung über SQL festlegen.

```
Set dbsCurrentDB = CurrentDb()
strSQL = "SELECT ID, Vorname, Nachname" & vbCrLf _
      & "FROM tblImport" & vbCrLf _
      & "ORDER BY ID" & vbCrLf
Set rst = dbsCurrentDB.OpenRecordset(strSQL, dbOpenDynaset)
```

   In einer `Do-Loop`-Schleife läuft das Programm nun von Datensatz zu Datensatz (*Iteration*):

```
Do While Not rst.EOF
   rst.MoveNext
Loop
```

   Innerhalb der Schleife wird jeder einzelne Datensatz mit einer Fallunterscheidung überprüft: Ist der Inhalt des Feldes »Vorname« gleich NULL? Wenn ja, dann den Datensatz in den Editiermodus umschalten:

```
If IsNull(rst!Vorname) Then
   rst.Edit
End If
```

   Jetzt soll der richtige Vorname eingetragen werden. Doch woher nehmen wir den Vornamen? Das Programm kann nicht zum vorherigen Datensatz zurückspringen. Stattdessen führen wir die String-Variable `strPrevVorname` ein. Gehen wir noch einmal zurück zur Fallunterscheidung: Für den Fall, dass der Inhalt des Feldes »Vorname« gleich NULL ist, schalten wir wie gehabt in den Editiermodus um und tragen als Feldinhalt den Wert aus der String-Variablen `strPrevVorname` ein. Andernfalls, falls der Feldinhalt nicht NULL ist und somit ein gültiger Vorname eingetragen ist, kopieren wir diesen in die String-Variable `strPrevVorname`. Dort steht er dann für den nächsten Datensatz, in dem der Vorname fehlt, bereit.

```
If IsNull(rst!Vorname) Then
   rst.Edit
   rst!Vorname = strPrevVorname
Else
   strPrevVorname = rst!Vorname
End If
```

   Auf die gleiche Weise wird das Feld »Nachname« überprüft. Dabei müssen wir aber berücksichtigen, dass `rst.Edit` nicht zweimal aufgerufen werden darf. Über die Eigenschaft `EditMode` können wir überprüfen, ob sich der Datensatz bereits im Editiermodus befindet.

```
If rst.EditMode = dbEditNone Then
   rst.Edit
End If
```

Und nicht vergessen: Speichern Sie am Schluss alle Änderungen mit `rst.Update` ab!


```
If rst.EditMode <> dbEditNone Then
   rst.Update
End If
```

Den gesamten Programmcode habe ich in die Prozedur `WiederholteWerteFuellen` gepackt (Listing 4.15).

```
'Ersetzt in der Tabelle "tblImport" in den Feldern "Vorname" und "Nachname"
'die NULL-Werte, indem die Werte aus dem vorhergehenden Datensatz uebertragen
'werden.
'
'Geben Sie im Direktbereich (Strg + G) "WiederholteWerteFuellen" ein.
Public Sub WiederholteWerteFuellen()
   Dim strSQL As String
   Dim dbsCurrentDB As DAO.Database
   Dim rst As DAO.Recordset
   Dim strPrevVorname As String
   Dim strPrevNachname As String

   'DAO-Zugriff auf die aktuelle Datenbank
   Set dbsCurrentDB = CurrentDb()
   'Beim Oeffnen der Tabelle "tblImport" ist die Reihenfolge der Datensaetze
   '   wichtig!
   strSQL = "SELECT ID, Vorname, Nachname" & vbCrLf _
          & "FROM tblImport" & vbCrLf _
          & "ORDER BY ID" & vbCrLf
   Set rst = dbsCurrentDB.OpenRecordset(strSQL, dbOpenDynaset)

   'Die beiden Variablen initialisieren.
   'Diese Werte spielen nur eine Rolle, wenn schon der erste Datensatz
   '   NULL enthaelt.
   strPrevVorname = "Unbekannt"
   strPrevNachname = "Unbekannt"

   'Jeden Datensatz nacheinander ueberpruefen
   Do While Not rst.EOF
      'Das Feld "Vorname" ueberpruefen
      If IsNull(rst!Vorname) Then
```

```
            '"Vorname" enthaelt NULL. In den Editiermodus umschalten ...
            rst.Edit
            '... und den gespeicherten Vornamen aus dem vorherigen Datensatz
            '   eintragen.
            rst!Vorname = strPrevVorname
         Else
            '"Vorname" enthaelt nicht NULL. Den Inhalt in der String-Variablen
            '   abspeichern.
            strPrevVorname = rst!Vorname
         End If


         'Das Feld "Nachname" ebenso ueberpruefen und ggf. anpassen
         If IsNull(rst!Nachname) Then
            'Vorsicht: Edit nicht zweimal aufrufen!
            If rst.EditMode = dbEditNone Then
               rst.Edit
            End If
            rst!Nachname = strPrevNachname
         Else
            strPrevNachname = rst!Nachname
         End If

         'Falls notwendig: Aenderungen speichern.
         If rst.EditMode <> dbEditNone Then
            rst.Update
         End If
         'Zum naechsten Datensatz gehen
         rst.MoveNext
      Loop

      'Den DAO-Zugriff wieder schliessen
      rst.Close
      dbsCurrentDB.Close

   ExitProc:
      'Aufraeumen
      Set rst = Nothing
      Set dbsCurrentDB = Nothing
   End
```

Listing 4.15 Die Prozedur »WiederholteWerteFuellen«

Beide Abfragen und den Programmcode für diesen Teil des Workshops finden Sie in den Materialien zum Buch in der Datenbank *04_Aussenwelt\4.5.3_Mitarbeiter_Buchliste_Import_bereinigt.accdb*.

Zweites Ziel erreicht: Die Tabelle »tblImport« ist bereinigt

Beide der beschriebenen Wege führen zum gleichen Ziel – die Tabelle *tblImport* ist jetzt bereinigt:

- Überflüssige Datensätze wurden entfernt.
- NULL-Werte haben wir durch wiederholte Werte ersetzt.

Die Tabelle *tblImport* ist dadurch überhaupt erst brauchbar zur weiteren Verarbeitung in einer Datenbank geworden.

Ein CSV-Feld normalisieren

Als Nächstes beginnen wir damit, die Daten aus der Importtabelle für unser Datenbankschema vorzubereiten. Das Datenbankschema in Abbildung 4.81 ist vollständig normalisiert und befindet sich in der Boyce-Codd-Normalform. Für die Daten in der der Tabelle *tblImport* gilt das jedoch nicht! Ich habe bereits eingangs erwähnt, dass im Feld »Autoren« eine Liste abgelegt ist, was ein klarer Verstoß gegen die erste Normalform ist.

Dies können Sie im Datensatz mit der ID = 10 gut verfolgen (Abbildung 4.84). Die einzelnen Autoren sind durch ein Komma als Trennzeichen voneinander getrennt:

```
Erich Gamma, Richard Helm, Ralph E. Johnson, John Vlissides
```

Trennzeichen kennen Sie bereits von den CSV-Dateien. In Anlehnung an das CSV-Format nenne ich ein Feld in dieser Form *CSV-Feld*. Da ein CSV-Feld in einer ordentlichen Datenbank nichts verloren hat, müssen wir es normalisieren.

Erstellen Sie als Erstes eine Hilfstabelle *tblAutorTemp*, die wir vorübergehend benötigen. In dieser Tabelle sollen die Autoren als einzelne Datensätze gespeichert werden. Dafür benötigen wir diese Felder:

- »AutorID«, AUTOWERT, Primärschlüssel
- »ISBN«, Felddatentyp KURZER TEXT, 14 Zeichen, Eingabe erforderlich
- »AutorPosition«, Felddatentyp ZAHL, Feldgröße LONG INTEGER, Eingabe erforderlich, Feldgültigkeitsregel: `>0`
- »Autor«, Felddatentyp KURZER TEXT, 255 Zeichen, Eingabe erforderlich

Über die ISBN behalten wir die Verbindung zum Buch in der Tabelle *tblImport*. Wenn Sie möchten, können Sie eine Beziehung zwischen den beiden Tabellen mit referentieller Integrität erstellen.

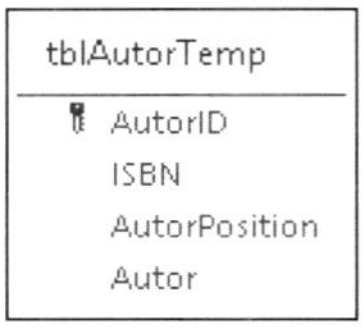

Abbildung 4.85 Die Tabelle »tblAutorTemp« dient als Hilfstabelle. Hier werden die einzelnen Namen der Autoren beim Aufteilen des CSV-Feldes abgespeichert.

Das Aufteilen des CSV-Feldes lässt sich nur mit Programmierung bewerkstelligen. Ich habe mich entschieden, zwei Prozeduren zu erstellen. Die erste Prozedur heißt `CSVFeldNormalisieren`. In dieser Prozedur werden per DAO zwei Tabellen gleichzeitig geöffnet: zum einen die Tabelle *tblImport* für den lesenden Zugriff:

```
Set dbsCurrentDB = CurrentDb()
strSQL = "SELECT ISBN, Autoren" & vbCrLf _
       & "FROM tblImport" & vbCrLf _
       & "WHERE ISBN Is Not Null" & vbCrLf _
       & "AND Autoren Is Not Null" & vbCrLf
Set rstImport = dbsCurrentDB.OpenRecordset(strSQL, _
                                           dbOpenSnapshot, _
                                           dbReadOnly)
```

Zum anderen die Tabelle *tblAutorTemp* zum Anfügen von Datensätzen:

```
Set rstAutorTemp = dbsCurrentDB.OpenRecordset("tblAutorTemp", _
                                              dbOpenDynaset, _
                                              dbAppendOnly)
```

Eine `Do-Loop`-Schleife geht in der Tabelle *tblImport* von einem Datensatz zum nächsten. Sie kennen das bereits aus Listing 4.15.

```
Do While rstImport.EOF = False
   rstImport.MoveNext
Loop
```

Innerhalb der Schleife passiert nur eine wesentliche Sache: Der Inhalt des CSV-Feldes wird genommen und an die zweite Prozedur `CSVFeldAufteilen` übergeben.

```
CSVFeldAufteilen rstImport!ISBN, rstImport!Autoren, rstAutorTemp
```

Diese zweite Prozedur erledigt die eigentliche Arbeit, nämlich das Aufsplitten des CSV-Feldes.

»CSVFeldAufteilen« erledigt die Löwenarbeit

Ich habe die Prozedur `CSVFeldAufteilen` mit dem Schlüsselwort `Private` deklariert, weil sie nur innerhalb des Moduls und nur von der Prozedur `CSVFeldNormalisieren` aus aufgerufen werden soll. Durchaus hätte ich auch den ganzen Programmcode in eine einzige Prozedur packen können. Nach meinem Empfinden ist es so aber übersichtlicher.

Vielleicht fragen Sie sich, warum ich die Tabelle *tblAutorTemp* bereits in der Prozedur `CSVFeldNormalisieren` geöffnet habe. Das `Recordset`-Objekt wird schließlich erst in der Prozedur `CSVFeldAufteilen` benötigt. Rein logisch gesehen wäre es vorteilhafter, das DAO-Objekt dort zu öffnen und wieder zu schließen. Leider benötigt das Öffnen eines DAO-Objekts einiges an Rechenzeit. Das ist der Grund dafür, warum ich die Tabelle *tblAutorTemp* nur einmal vor der `Do-Loop`-Schleife öffne und sie erst danach wieder schließe. Die Prozedur `CSVFeldAufteilen` bekommt das `Recordset`-Objekt als Parameter.

Im Parameter `vstrInhaltCSVFeld` wird der Inhalt des CSV-Feldes an die entsprechende Prozedur `CSVFeldAufteilen` übergeben. Dort wird im Feldinhalt nach dem Trennzeichen gesucht. Ich habe das Trennzeichen als Konstante abgelegt; so können Sie den Code bei Bedarf schneller anpassen:

```
Const cstrTrennzeichen As String = ","
```

Die Funktion `InStr()` taucht im Programm an zwei Stellen auf und sucht für uns nach dem Trennzeichen.

Textsuche mit der Funktion »InStr()«

Die Funktion `InStr()` erwartet vier Parameter:

```
InStr(start, string1, string2, vergleichsmodus)
```

Der Parameter `start` gibt an, ab welcher Position innerhalb von `string1` gesucht werden soll. Der erste Buchstabe entspricht dabei der Position 1. `string2` ist die Zeichenfolge, nach der gesucht wird – in unserem Fall das Trennzeichen.

Wichtig ist auch der `vergleichsmodus`, der entweder `vbBinaryCompare` oder `vbTextCompare` ist. Beim binären Vergleich wird die Groß-/Kleinschreibung berücksichtigt, beim Textvergleich (`vbTextCompare`) jedoch nicht. Letzteres entspricht dem Verhalten von Access, wie Sie es vom Filtern her kennen.

Die Funktion `InStr()` gibt immer eine Zahl zurück. Diese Zahl ist die Position innerhalb von `string1`, an der `string2` gefunden wurde. Falls `string2` nicht gefunden wurde, ist der Rückgabewert `0`.

Zunächst wird das erste Trennzeichen gesucht und die Position in einer Variablen abgespeichert.

```
lngLetztesKommaPosition = 0
lngNaechstesKommaPosition = InStr(1, _
                                  vstrInhaltCSVFeld, _
                                  cstrTrennzeichen, _
                                  vbTextCompare)
```

Als Nächstes folgt eine Do-Loop-Schleife, die so lange ausgeführt wird, wie die Variable lngNaechstesKommaPosition einen Wert größer als 0 hat. Wenn in der ersten Suche mit der Funktion InStr() das Trennzeichen nicht gefunden wurde, wird die Do-Loop-Schleife gar nicht ausgeführt. Das ist beispielsweise dann der Fall, wenn ein Buch nur einen Autor hat.

```
Do While lngNaechstesKommaPosition > 0
[...]
   lngLetztesKommaPosition = lngNaechstesKommaPosition
   lngNaechstesKommaPosition = InStr(lngLetztesKommaPosition + 1, _
                                     vstrInhaltCSVFeld, _
                                     cstrTrennzeichen, _
                                     vbTextCompare)
Loop
```

Unmittelbar vor dem Ende der Schleife (vor dem Schlüsselwort Loop) wird erneut gesucht. Nur diesmal nicht beginnend bei Position 1, sondern genau eine Position nach dem letzten Trennzeichen. Die Do-Loop-Schleife springt also von Trennzeichen zu Trennzeichen (Abbildung 4.86), wobei die Positionen in den beiden Variablen lngLetztesKommaPosition und lngNaechstesKommaPosition gespeichert werden. Parallel dazu läuft eine Zählervariable mit, die für uns die Position des Autors in der Liste mitzählt:

```
lngAutorPosition = lngAutorPosition + 1
```

Nach dem letzten Trennzeichen gibt die Funktion InStr() den Wert 0 zurück, was zum Abbruch der Do-Loop-Schleife führt.

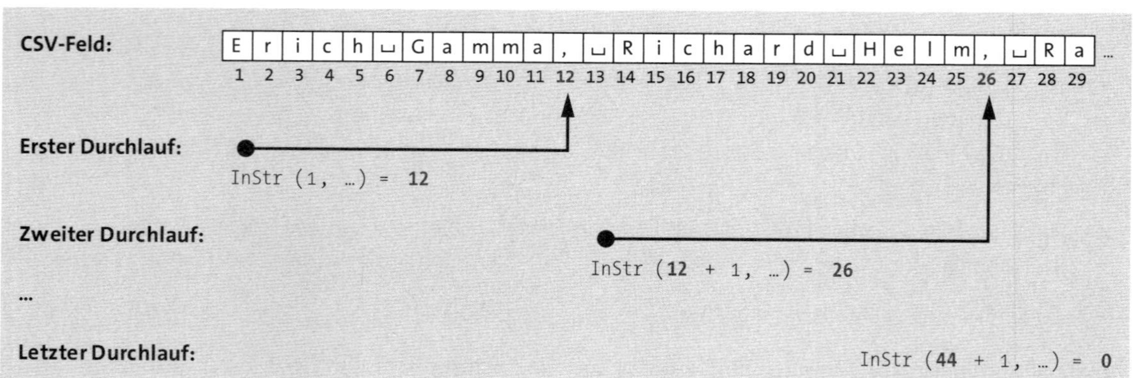

Abbildung 4.86 Über die Funktion »InStr()« werden die Positionen der Trennzeichen gefunden.

Bei jedem Durchlauf der Schleife kennen wir jetzt die Position des letzten und des nächsten Trennzeichens (`lngLetztesKommaPosition` und `lngNaechstesKommaPosition`). Diese beiden Informationen reichen aus, um mit Hilfe der Funktion `Mid()` den Namen des Autors aus dem CSV-Feld zu extrahieren (Abbildung 4.87). Über die Funktion `Trim()` werden die Leerzeichen vorn und hinten abgeschnitten:

```
strWertNormalisiert = _
   Mid(vstrInhaltCSVFeld, _
       lngLetztesKommaPosition + 1, _
       lngNaechstesKommaPosition - (lngLetztesKommaPosition + 1))
strWertNormalisiert = Trim(strWertNormalisiert)
```

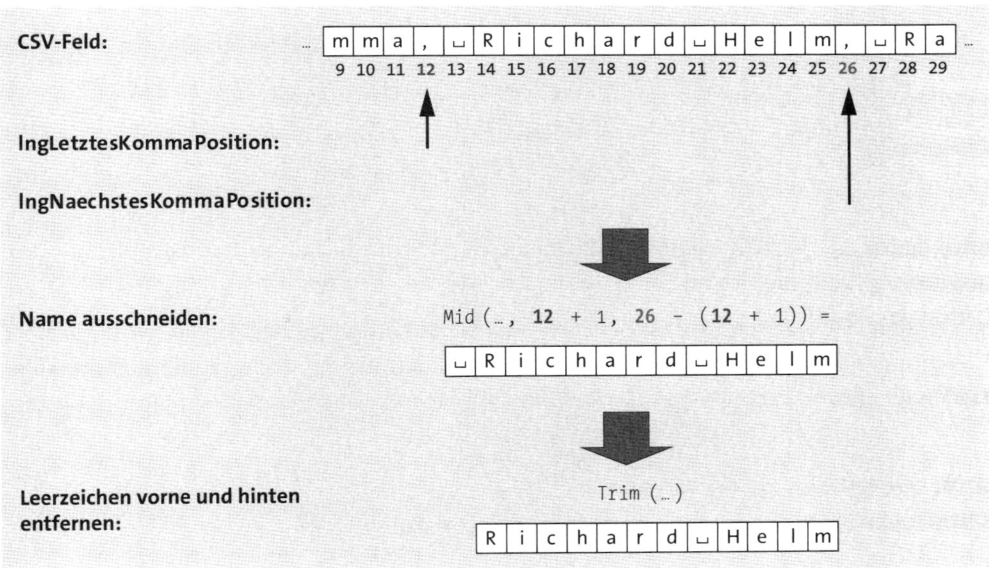

Abbildung 4.87 Der Name des Autors wird mit Hilfe von »Mid()« und »Trim()« ausgeschnitten.

Text mit der Funktion »Mid()« ausschneiden

Die Funktion `Mid()` erwartet zwei oder drei Parameter:

```
Mid(string, start[, laenge])
```

Die Zeichen werden ab der Position `start` aus der Zeichenfolge `string` kopiert. Der erste Buchstabe entspricht dabei Position 1. Wenn der dritte Parameter `laenge` angegeben ist, werden genauso viele Zeichen kopiert.

Beispiele:

```
Mid("abcdefghi", 1, 4) = "abcd"
Mid("abcdefghi", 4, 3) = "def"
Mid("abcdefghi", 7, 20) = "ghi"
```

> Die eckigen Klammern um den Parameter `laenge` geben an, das dies ein *optionaler Parameter* ist, der auch weggelassen werden kann. In diesem Fall gibt die Funktion `Mid()` alle Zeichen ab der Position `start` bis zum Ende zurück.
>
> Beispiele:
>
> ```
> Mid("abcdefghi", 1) = "abcdefghi"
> Mid("abcdefghi", 4) = "defghi"
> Mid("abcdefghi", 7) = "ghi"
> ```

Nach jedem Extrahieren steht der Name des Autors in der Variable `strWertNormalisiert`. Um den Wert dauerhaft zu speichern, erstellen wir einen neuen Datensatz in der Tabelle *tblAutorTemp*.

```
rrstAutorTemp.AddNew
rrstAutorTemp!ISBN = vstrFK
rrstAutorTemp!Autor = strWertNormalisiert
rrstAutorTemp!AutorPosition = lngAutorPosition
rrstAutorTemp.Update
```

Wichtig ist es, die korrekte ISBN des Buches zusammen mit dem Autor zu speichern. Die ISBN wurde als Parameter von der Prozedur `CSVFeldNormalisieren` übergeben.

Bitte erinnern Sie sich daran, dass die `Do-Loop`-Schleife komplett übergangen wird, wenn im CSV-Feld nur ein einzelner Autor vermerkt ist. Deshalb muss das Codefragment zum dauerhaften Speichern in der Tabelle *tblAutorTemp* an gleich zwei Stellen im Programm auftauchen:

1. innerhalb der `Do-Loop`-Schleife
2. hinter der `Do-Loop`-Schleife vor dem Ende der Prozedur

Den gesamten Programmcode mit Kommentaren finden Sie in Listing 4.16 und in den Materialien zum Buch in der Datenbank *04_Aussenwelt\4.5.3_Mitarbeiter_Buchliste_1NF.accdb* im VBA-Modul *basCSVFeldNormalisieren*.

```
'Diese Prozedur splittet ein CSV-Feld aus der Tabelle "tblImport".
'Dadurch werden neue Datensaetze in der Tabelle "tblAutorTemp" erzeugt.
'Auch die Position des Autors im CSV-Feld wird abgespeichert.
Public Sub CSVFeldNormalisieren()
   Dim strSQL As String
   Dim dbsCurrentDB As DAO.Database
   Dim rstImport As DAO.Recordset
   Dim rstAutorTemp As DAO.Recordset

   'Zunaechst oeffnen wir DAO-Recordsets zum Aendern der Daten per Programmcode
   Set dbsCurrentDB = CurrentDb()
```

```
    'Die Tabelle "tblImport" wird nur fuer den Lese-Zugriff geoeffnet.
    strSQL = "SELECT ISBN, Autoren" & vbCrLf _
          & "FROM tblImport" & vbCrLf _
          & "WHERE ISBN Is Not Null" & vbCrLf _
          & "AND Autoren Is Not Null" & vbCrLf
    Set rstImport = dbsCurrentDB.OpenRecordset(strSQL, _
                                               dbOpenSnapshot, _
                                               dbReadOnly)
    'Die Tabelle "tblAutorTemp" wird nur zum Anfuegen neuer Datensaetze
    '   geoeffnet.
    Set rstAutorTemp = dbsCurrentDB.OpenRecordset("tblAutorTemp", _
                                                  dbOpenDynaset, _
                                                  dbAppendOnly)

    'Diese Do-Loop-Schleife iteriert ueber alle Datensaetze
    '   der Tabelle "tblImport"
    Do While rstImport.EOF = False
       'Wenn das CSV-Feld leer ist, passiert gar nichts.
       If rstImport!Autoren <> "" Then
          'Das CSV-Feld ist gefuellt.
          'Dann gibt es Arbeit fuer die Prozedur "CSVFeldAufteilen".
          CSVFeldAufteilen rstImport!ISBN, rstImport!Autoren, rstAutorTemp
       End If

       'Zum naechsten Datensatz gehen.
       rstImport.MoveNext
    Loop

    'Den DAO-Zugriff wieder schliessen
    rstImport.Close
    rstAutorTemp.Close
    dbsCurrentDB.Close

ExitProc:
    'Aufraeumen
    Set rstImport = Nothing
    Set rstAutorTemp = Nothing
    Set dbsCurrentDB = Nothing
End Sub

'Teilt den Inhalt des CSV-Feldes in einzelne Werte auf.
'Die aufgetrennten Werte werden als neue Datensaetze zusammen mit Fremd-
'   schluessel (FK) und Position in die Tabelle "tblAutorTemp" eingefuegt.
```

```
Private Sub CSVFeldAufteilen(ByVal vstrFK As String, _
                             ByVal vstrInhaltCSVFeld As String, _
                             ByRef rrstAutorTemp As DAO.Recordset)
   'Hier koennen Sie das Trennzeichen festlegen.
   Const cstrTrennzeichen As String = ","

   Dim lngLetztesKommaPosition As Long
   Dim lngNaechstesKommaPosition As Long
   Dim lngAutorPosition As Long
   Dim strWertNormalisiert As String

   'Zunaechst den Zaehler des Positionsfeldes auf den Anfang setzen.
   lngAutorPosition = 1

   'Nun wird das erste Komma gesucht
   lngLetztesKommaPosition = 0
   lngNaechstesKommaPosition = InStr(1, _
                                     vstrInhaltCSVFeld, _
                                     cstrTrennzeichen, _
                                     vbTextCompare)

   'Diese Do-Loop-Schleife iteriert ueber alle Datensaetze im CSV-Feld.
   'Das bedeutet, sie springt von Komma zu Komma.
   Do While lngNaechstesKommaPosition > 0
      'Der Text zwischen zwei Komma wird ausgeschnitten
      strWertNormalisiert = _
        Mid(vstrInhaltCSVFeld, _
            lngLetztesKommaPosition + 1, _
            lngNaechstesKommaPosition - (lngLetztesKommaPosition + 1))
      'Leerzeichen vorne und hinten abschneiden
      strWertNormalisiert = Trim(strWertNormalisiert)

      'In der Tabelle "tblAutorTemp" wird ein neuer Datensatz erzeugt,
      'und zwar fuer den ausgeschnittenen Wert mit Fremdschluessel und Position
      rrstAutorTemp.AddNew
      rrstAutorTemp!ISBN = vstrFK
      rrstAutorTemp!Autor = strWertNormalisiert
      rrstAutorTemp!AutorPosition = lngAutorPosition
      rrstAutorTemp.Update

      'Das naechste Komma wird nun gesucht.
      lngAutorPosition = lngAutorPosition + 1
      lngLetztesKommaPosition = lngNaechstesKommaPosition
```

```
      lngNaechstesKommaPosition = InStr(lngLetztesKommaPosition + 1, _
                                        vstrInhaltCSVFeld, _
                                        cstrTrennzeichen, _
                                        vbTextCompare)
   Loop

   'Schliesslich wird noch der Wert hinter dem letzten Komma ausgeschnitten
   strWertNormalisiert = Mid(vstrInhaltCSVFeld, _
                       lngLetztesKommaPosition + 1)
   'Leerzeichen vorne und hinten abschneiden
   strWertNormalisiert = Trim(strWertNormalisiert)

   'Wir duerfen nicht vergessen, auch diesen Wert in die
   '   Tabelle "tblAutorTemp" einzutragen
   rrstAutorTemp.AddNew
   rrstAutorTemp!ISBN = vstrFK
   rrstAutorTemp!Autor = strWertNormalisiert
   rrstAutorTemp!AutorPosition = lngAutorPosition
   rrstAutorTemp.Update
End Sub
```

Listing 4.16 Die beiden Prozeduren »CSVFeldNormalisieren« und »CSVFeldAufteilen«

Wenn Sie die Prozedur `CSVFeldNormalisieren` ausführen, werden Sie insgesamt 13 Datensätze in der Tabelle *tblAutorTemp* erhalten (Abbildung 4.88). Sie sehen sofort, dass einige Autoren mehrfach auftreten. Das macht an dieser Stelle gar nichts, denn mit Hilfe einer Gruppierung können wir die Dubletten später ganz unkompliziert entfernen.

tblAutorTemp

AutorID	ISBN	AutorPosition	Autor
1	978-3791504544	1	Cornelia Funke
2	978-3806224757	1	Ursula Krug
3	978-3806224757	1	Ursula Krug
4	978-1593272777	1	Yoshihito Isogawa
5	978-3806224757	1	Ursula Krug
6	978-3830333029	1	Leo Fischer
7	978-0743269513	1	Stephen R. Covey
8	978-0201633610	1	Erich Gamma
9	978-0201633610	2	Richard Helm
10	978-0201633610	3	Ralph E. Johnson
11	978-0201633610	4	John Vlissides
12	978-3836219389	1	Daniel Caesar
13	978-3836219389	2	Michael R. Friebel
* (Neu)			

Abbildung 4.88 In der Hilfstabelle »tblAutorTemp« befinden sich jetzt die Namen der Autoren als einzelne Datensätze.

Die Namen der Autoren in drei Felder aufteilen

Zwar sind jetzt alle Autoren in einzelne Datensätze aufgetrennt, aber mit dem Normalisieren sind wir leider noch nicht fertig. Im Feld »Autor« stehen immer noch drei verschiedene Informationen:

1. Vorname
2. zweiter Vorname
3. Nachname

Auch das ist ein Verstoß gegen die erste Normalform und muss behoben werden. Dazu müssen wir die Tabelle *tblAutorTemp* zunächst um drei separate Felder erweitern:

- »Vorname«, Felddatentyp KURZER TEXT, maximal 64 Zeichen
- »ZweiterVorname«, Felddatentyp KURZER TEXT, maximal 64 Zeichen
- »Nachname«, Felddatentyp KURZER TEXT, maximal 64 Zeichen

Legen Sie alle Felder als optionale Felder an (Eingabe nicht erforderlich), denn schließlich sind sie zunächst einmal leer.

Jetzt können wir damit beginnen, das Feld »Autor« aufzuteilen. Das Trennzeichen ist dabei das Leerzeichen!

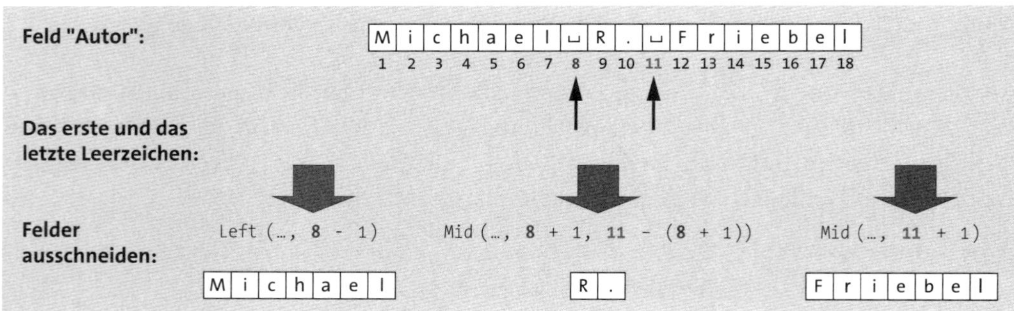

Abbildung 4.89 Beim Aufteilen des Feldes »Autor« fungiert das Leerzeichen als Trennzeichen.

Zum Aufteilen des Feldes schreiben wir wieder ein kleines Programm. In der Prozedur wird per DAO die Tabelle *tblAutorTemp* für den lesenden und schreibenden Zugriff geöffnet. Bei dieser Aufgabe spielt die Reihenfolge der Datensätze keine Rolle. Deshalb können wir mit der Option `dbOpenTable` die Tabelle direkt öffnen. Die `Do`-`Loop`-Schleife, die von einem Datensatz zum nächsten wandert (Iteration), kennen Sie bereits.

```
Set dbsCurrentDB = CurrentDb()
Set rstAutorTemp = dbsCurrentDB.OpenRecordset("tblAutorTemp", _
                                               dbOpenTable)
Do While rstAutorTemp.EOF = False
   strAutor = rstAutorTemp!Autor
```

```
[...]
   rstAutorTemp.MoveNext
Loop
rstAutorTemp.Close
dbsCurrentDB.Close
```

Die eigentliche Arbeit geschieht innerhalb der Schleife. Die Funktion `InStr()` ermittelt die Position des ersten Leerzeichens:

```
lngErstesLeerzeichenPosition = InStr(strAutor, " ")
```

Anschließend die Position des letzten Leerzeichens über die Funktion `InStrRev()`:

```
lngLetztesLeerzeichenPosition = InStrRev(strAutor, " ")
```

Mit diesen beiden Positionen können wir alle drei Felder in String-Variablen extrahieren. Nicht alle Autoren haben einen zweiten Vornamen. Das müssen wir in einer Fallunterscheidung berücksichtigen:

```
strVorname = Left(strAutor, _
                  lngErstesLeerzeichenPosition - 1)
If lngErstesLeerzeichenPosition < lngLetztesLeerzeichenPosition Then
   strZweiterVorname = _
      Mid(strAutor, _
          lngErstesLeerzeichenPosition + 1, _
          lngLetztesLeerzeichenPosition - (lngErstesLeerzeichenPosition + 1))
Else
   strZweiterVorname = ""
End If
strNachname = Mid(strAutor, _
                  lngLetztesLeerzeichenPosition + 1)
```

Um die Inhalte der drei String-Variablen dauerhaft zu speichern, schalten wir den Datensatz jetzt in den Editiermodus um. Bitte vergessen Sie den Befehl `Update` nicht, damit DAO die Änderungen wirklich speichert.

```
rstAutorTemp.Edit
rstAutorTemp!Vorname = strVorname
If strZweiterVorname <> "" Then
   rstAutorTemp!ZweiterVorname = strZweiterVorname
End If
rstAutorTemp!Nachname = strNachname
rstAutorTemp.Update
```

Ich möchte an dieser Stelle nicht verschweigen, dass ich eine weitere Besonderheiten außer Acht gelassen habe: Für einen Autor wurde gar kein Vorname eingetragen. In unseren Beispieldatensätzen ist dies nicht der Fall. Im Allgemeinen müssen Sie aber mit einer Fallunterscheidung auch für diesen Sonderfall Sorge tragen.

Den gesamten Programmcode mit Kommentaren finden Sie in Listing 4.17 und in den Materialien zum Buch in der Datenbank *04_Aussenwelt\4.5.3_Mitarbeiter_Buchliste_1NF.accdb* im VBA-Modul *basFeldAutorAufteilen*.

```
'Diese Prozedur splittet das Feld "Autor" aus der Tabelle "tblAutorTemp"
'in die drei Felder "Vorname", "ZweiterVorname" und "Nachname" auf.
Public Sub FeldAutorAufteilen()
   Dim dbsCurrentDB As DAO.Database
   Dim rstAutorTemp As DAO.Recordset
   Dim strAutor As String
   Dim lngErstesLeerzeichenPosition As Long
   Dim lngLetztesLeerzeichenPosition As Long
   Dim strVorname As String
   Dim strZweiterVorname As String
   Dim strNachname As String

   'Die Tabelle "tblAutorTemp" wird zum Lesen und zum Anfuegen neuer
   '   Datensaetze geoeffnet.
   Set dbsCurrentDB = CurrentDb()
   Set rstAutorTemp = dbsCurrentDB.OpenRecordset("tblAutorTemp", _
                                                  dbOpenTable)

   'Diese Do-Loop-Schleife iteriert ueber alle Datensaetze
   '   der Tabelle "tblAutorTemp"
   Do While rstAutorTemp.EOF = False
      strAutor = rstAutorTemp!Autor

      'Die Positionen des ersten und des letzten Leerzeichens ermitteln
      lngErstesLeerzeichenPosition = InStr(strAutor, " ")
      lngLetztesLeerzeichenPosition = InStrRev(strAutor, " ")

      'Mit den Positionsangaben werden die drei Felder extrahiert.
      strVorname = Left(strAutor, _
                        lngErstesLeerzeichenPosition - 1)
      'Vorsicht: Nicht alle Autoren haben einen zweiten Vornamen
      If lngErstesLeerzeichenPosition < lngLetztesLeerzeichenPosition Then
         strZweiterVorname = _
            Mid(strAutor, _
                lngErstesLeerzeichenPosition + 1, _
                lngLetztesLeerzeichenPosition - _
```

```
                (lngErstesLeerzeichenPosition + 1) _
            )
    Else
        strZweiterVorname = ""
    End If
    strNachname = Mid(strAutor, _
                    lngLetztesLeerzeichenPosition + 1)

    'Die extrahierten Felder werden in der Tabelle "tblAutorTemp"
    '   gespeichert.
    rstAutorTemp.Edit
    rstAutorTemp!Vorname = strVorname
    If strZweiterVorname <> "" Then
        rstAutorTemp!ZweiterVorname = strZweiterVorname
    End If
    rstAutorTemp!Nachname = strNachname
    rstAutorTemp.Update

    'Zum naechsten Datensatz gehen.
    rstAutorTemp.MoveNext
  Loop

  'Den DAO-Zugriff wieder schliessen
  rstAutorTemp.Close
  dbsCurrentDB.Close

ExitProc:
  'Aufraeumen
  Set rstAutorTemp = Nothing
  Set dbsCurrentDB = Nothing
End Sub
```

Listing 4.17 Die Prozedur »FeldAutorAufteilen«

Nach dem Ausführen der Prozedur `FeldAutorAufteilen` werden die drei neuen Felder in der Tabelle *tblAutorTemp* gefüllt (Abbildung 4.90).

Wenn Sie möchten, können Sie das Feld »Autor« nun löschen – es ist überflüssig, denn sein Inhalt lässt sich jederzeit aus den drei anderen Feldern rekonstruieren.

Drittes Ziel erreicht: Die erste Normalform (1NF)

Wir haben an dieser Stelle – mit zugegebenermaßen hohem Aufwand – ein weiteres, wichtiges Ziel erreicht: Die Daten befinden sich in der *ersten Normalform (1NF)*.

tblAutorTemp

AutorID	ISBN	AutorPosition	Autor	Vorname	ZweiterVorname	Nachname
1	978-3791504544	1	Cornelia Funke	Cornelia		Funke
2	978-3806224757	1	Ursula Krug	Ursula		Krug
3	978-3806224757	1	Ursula Krug	Ursula		Krug
4	978-1593272777	1	Yoshihito Isogawa	Yoshihito		Isogawa
5	978-3806224757	1	Ursula Krug	Ursula		Krug
6	978-3830333029	1	Leo Fischer	Leo		Fischer
7	978-0743269513	1	Stephen R. Covey	Stephen	R.	Covey
8	978-0201633610	1	Erich Gamma	Erich		Gamma
9	978-0201633610	2	Richard Helm	Richard		Helm
10	978-0201633610	3	Ralph E. Johnson	Ralph	E.	Johnson
11	978-0201633610	4	John Vlissides	John		Vlissides
12	978-3836219389	1	Daniel Caesar	Daniel		Caesar
13	978-3836219389	2	Michael R. Friebel	Michael	R.	Friebel
(Neu)						

Abbildung 4.90 Der Name des Autors wurde nun in die einzelnen Felder aufgeteilt.

Die importierten Daten in die Zieltabellen übertragen

Unsere importierten Daten befinden sich nunmehr in zwei temporären Tabellen: *tblImport* und *tblAutorTemp*. Jetzt werden wir die Daten aus diesen beiden Tabellen in die eigentlichen Zieltabellen übertragen (Tabelle 4.12).

Tabelle	Inhalt	Ziel
tblImport	die Namen der Mitarbeiter	*tblMitarbeiter*
	Buchtitel und ISBN	*tblBuch*
	Zuordnung von Buchtitel zum Mitarbeiter	*tblMitarbeiterLiebtBuch*
tblAutorTemp	die Namen der Autoren	*tblAutor*
	Position des Autors auf einem Buchtitel	*tblAutorSchreibtBuch*

Tabelle 4.12 Die importierten Daten befinden sich jetzt in den beiden Tabellen »tblImport« und »tblAutorTemp«. Jetzt müssen wir die Inhalte in die eigentlichen Zieltabellen übertragen.

Die Haupttabellen der 1:n-Beziehungen füllen

Zum Übertragen werden wir eine ganze Reihe von Anfügeabfragen erstellen. Dazu beginnen wir mit den Tabellen, die in der Hierarchie ganz oben stehen:

- *tblAutor*
- *tblBuch*

Falls Sie es wünschen, können Sie an dieser Stelle auch die Tabelle *tblMitarbeiter* mit neuen Datensätzen befüllen. Darauf verzichte ich aber in unserem Beispiel. Ich gehe davon aus, dass in der Excel-Tabelle nur Mitarbeiter aufgeführt werden, die schon in der Datenbank eingetragen sind.

Damit zurück zu den beiden genannten Tabellen. Die erste Frage lautet: Welche Autoren gibt es? Mit einer Auswahlabfrage holen wir die Felder »Vorname«, »ZweiterVorname« und »Nachname« aus der Tabelle *tblAutorTemp*. Die Autoren können dort mehrfach auftauchen. Mit Hilfe einer *Gruppierung* gelangen wir zu eindeutigen Datensätzen. Abschließend wandeln wir die Auswahlabfrage in eine *Anfügeabfrage* um. Hier die einzelnen Schritte:

1. Klicken Sie auf ERSTELLEN • ABFRAGEN • ABFRAGEENTWURF.
2. Wählen Sie im Dialog TABELLE ANZEIGEN die Tabelle *tblAutorTemp* aus, klicken Sie auf HINZUFÜGEN und dann auf SCHLIESSEN.
3. Ziehen Sie die Felder »Vorname«, »ZweiterVorname« und »Nachname« per Drag & Drop in den unteren Bereich.
4. Klicken Sie auf ENTWURF • EINBLENDEN/AUSBLENDEN • SUMMEN. Dadurch wird die Gruppierung über alle drei Felder aktiviert.
5. Klicken Sie auf ENTWURF • ABFRAGETYP • ANFÜGEN.
6. Wählen Sie als Tabelle zum Anfügen *tblAutor* aus, und klicken Sie auf OK. Für alle drei Felder wählt Access die gleichnamigen Zielfelder der Tabelle *tblAutor* automatisch aus.
7. Speichern Sie die Abfrage unter dem Namen *qryAutorFuellen* ab.
8. Klicken Sie auf ENTWURF • ERGEBNISSE • AUSFÜHREN.

Es werden insgesamt elf Autoren in die Tabelle *tblAutor* übertragen. Die gleiche Abfrage können Sie übrigens auch per SQL-Code erzeugen (Listing 4.18). Das Ergebnis finden Sie in den Materialien zum Buch unter *04_Aussenwelt\4.5.3_Mitarbeiter_Buchliste_fertig.accdb*.

```
INSERT INTO tblAutor (Vorname, ZweiterVorname, Nachname)
SELECT Vorname, ZweiterVorname, Nachname
FROM tblAutorTemp
GROUP BY Vorname, ZweiterVorname, Nachname;
```

Listing 4.18 Die Abfrage »qryAutorFuellen« als SQL-Code

Entsprechend verfahren wir mit den Büchern, die in *tblImport* aufgeführt sind. Bitte lassen Sie sich nicht dadurch verwirren, dass das Feld mit den Buchtiteln den Namen »Bücherliste« trägt. Diese Bezeichnung haben wir aus der Excel-Tabelle importiert, und sie müsste korrekt »Titel« heißen. Hier sind die einzelnen Schritte, mit denen Sie die Anfügeabfrage erstellen können:

1. Erstellen Sie eine neue Abfrage in der Entwurfsansicht.
2. Fügen Sie die Tabelle *tblImport* hinzu.
3. Ziehen Sie die Felder »Bücherliste« und »ISBN« per Drag & Drop in den unteren Bereich.
4. Aktivieren Sie die Gruppierung (ENTWURF • EINBLENDEN/AUSBLENDEN • SUMMEN).

5. Klicken Sie auf ENTWURF • ABFRAGETYP • ANFÜGEN.
6. Wählen Sie als Tabelle zum Anfügen *tblBuch* aus, und klicken Sie auf OK. Dem Feld »ISBN« ordnet Access automatisch das gleichnamige Zielfeld der Tabelle *tblBuch* zu.
7. Wählen Sie für das Feld »Bücherliste« in der Zeile ANFÜGEN AN das Zielfeld »Titel« aus.
8. Speichern Sie die Abfrage unter dem Namen *qryBuchFuellen* ab.
9. Klicken Sie auf ENTWURF • ERGEBNISSE • AUSFÜHREN.

Es gibt insgesamt sieben Bücher, die in die Tabelle *tblBuch* übertragen werden. In Listing 4.19 sehen Sie den SQL-Code, mit dem Sie zum gleichen Ergebnis gelangen:

```
INSERT INTO tblBuch (Titel, ISBN)
SELECT Bücherliste, ISBN
FROM tblImport
GROUP BY Bücherliste, ISBN;
```

Listing 4.19 Die Abfrage »qryBuchFuellen« als SQL-Code

ID-Felder in den Importtabellen erzeugen

Soeben haben wir für die Autoren und die Bücher beim Einfügen neue Primärschlüssel erzeugt. Die neu generierten IDs übertragen wir nun in die beiden Importtabellen *tblAutorTemp* und *tblImport*. Erstellen Sie dazu zunächst die beiden ID-Felder:

1. Öffnen Sie die Tabelle *tblAutorTemp* in der Entwurfsansicht.
2. Löschen Sie das Feld »AutorID«.
3. Erstellen Sie zwei neue Felder:
   - »BuchID«, Felddatentyp ZAHL, Feldgröße LONG INTEGER, Eingabe nicht erforderlich
   - »AutorID«, Felddatentyp ZAHL, Feldgröße LONG INTEGER, Eingabe nicht erforderlich
4. Speichern Sie die Änderungen ab.

Vielleicht haben Sie bemerkt, dass die Tabelle *tblAutorTemp* keinen Primärschlüssel mehr besitzt. Das macht nichts, denn wir werden diese Tabelle ohnehin bald nicht mehr benötigen.

Erstellen Sie in gleicher Weise zwei ID-Felder in der Tabelle *tblImport*:

1. Öffnen Sie die Tabelle *tblImport* in der Entwurfsansicht.
2. Erstellen Sie zwei neue Felder:
   - »MitarbeiterID«, Felddatentyp ZAHL, Feldgröße LONG INTEGER, Eingabe nicht erforderlich
   - »BuchID«, Felddatentyp ZAHL, Feldgröße LONG INTEGER, Eingabe nicht erforderlich
3. Speichern Sie die Änderungen ab.

Die generierten IDs in die Importtabellen übertragen

Alle neu erstellten ID-Felder enthalten zunächst einmal NULL. In den nächsten Schritten übertragen wir die richtigen IDs aus den Tabellen *tblAutor*, *tblBuch* und *tblMitarbeiter* in die Importtabellen. Lassen Sie uns mit dem Feld »BuchID« in der Tabelle *tblAutorTemp* beginnen.

In das Feld »BuchID« soll die richtige ID eingetragen werden – diese Aufgabe lässt sich mit einer *Aktualisierungsabfrage* bewerkstelligen:

1. Erstellen Sie eine neue Abfrage in der Entwurfsansicht.
2. Fügen Sie die Tabellen *tblAutorTemp* und *tblBuch* hinzu.
3. Access erzeugt automatisch eine Verknüpfung über das Feld »BuchID«. Löschen Sie diese Verknüpfung, indem Sie auf die Linie der Verknüpfung klicken und anschließend die Taste `Entf` drücken.
4. Ziehen Sie das Feld »ISBN« aus der Tabelle *tblBuch* auf das Feld »ISBN« in der Tabelle *tblAutorTemp*. Dadurch wird eine neue INNER-JOIN-Verknüpfung über den Alternativschlüssel erzeugt.
5. Ziehen Sie das Feld »BuchID« aus der Tabelle *tblAutorTemp* per Drag & Drop in den unteren Bereich.
6. Klicken Sie auf ENTWURF • ABFRAGETYP • AKTUALISIEREN.
7. Tragen Sie in der Zeile AKTUALISIEREN die Zeichenfolge

   `[tblBuch].[BuchID]`

   ein.
8. Speichern Sie die Abfrage unter dem Namen *qryAutorTempBuchIDFuellen* ab.
9. Klicken Sie auf ENTWURF • ERGEBNISSE • AUSFÜHREN.

Mit dieser Aktualisierungsabfrage wird in den 13 Datensätzen der Tabelle *tblAutorTemp* der korrekte Wert für das Feld »BuchID« eingetragen. In Listing 4.20 sehen Sie den entsprechenden SQL-Code.

```
UPDATE tblBuch
INNER JOIN tblAutorTemp
ON tblBuch.ISBN = tblAutorTemp.ISBN
SET tblAutorTemp.BuchID = tblBuch.BuchID;
```

Listing 4.20 Die Abfrage »qryAutorTempBuchIDFuellen« als SQL-Code

Auf entsprechende Weise füllen wir in der Tabelle *tblImport* die beiden Felder »BuchID« (Listing 4.21) und »MitarbeiterID« (Listing 4.22).

```
UPDATE tblBuch
INNER JOIN tblImport
ON tblBuch.ISBN = tblImport.ISBN
SET tblImport.BuchID = tblBuch.BuchID;
```

Listing 4.21 Die Abfrage »qryImportBuchIDFuellen« als SQL-Code

```
UPDATE tblImport
INNER JOIN tblMitarbeiter
ON tblImport.Nachname = tblMitarbeiter.Nachname
AND tblImport.Vorname = tblMitarbeiter.Vorname
SET tblImport.MitarbeiterID = tblMitarbeiter.MitarbeiterID;
```

Listing 4.22 Die Abfrage »qryImportMitarbeiterIDFuellen« als SQL-Code

Es gibt noch ein weiteres ID-Feld, das wir füllen müssen: das Feld »AutorID« in der Tabelle *tblAutorTemp*. Die Aktualisierungsabfrage für diese Aufgabe sollten wir uns genauer ansehen. Verknüpft wird wieder über den Alternativschlüssel, in diesem Fall über die drei Felder »Vorname«, »ZweiterVorname« und »Nachname«. Wenn Sie die Abfrage in Listing 4.23 ausführen, bekommen Sie in immerhin drei Datensätzen die richtige ID. Probieren Sie es einmal aus, und schauen Sie sich das Ergebnis in der Tabelle *tblAutorTemp* an (Abbildung 4.91).

```
UPDATE tblAutor
INNER JOIN tblAutorTemp
ON tblAutor.Vorname = tblAutorTemp.Vorname
AND tblAutor.ZweiterVorname = tblAutorTemp.ZweiterVorname
AND tblAutor.Nachname = tblAutorTemp.Nachname
SET tblAutorTemp.AutorID = tblAutor.AutorID;
```

Listing 4.23 Die Abfrage »qryAutorIDFuellen1« als SQL-Code

tblAutorTemp

ISBN	AutorPosition	Autor	Vorname	ZweiterVorname	Nachname	BuchID	AutorID
978-3791504544	1	Cornelia Funke	Cornelia		Funke	2	
978-3806224757	1	Ursula Krug	Ursula		Krug	5	
978-3806224757	1	Ursula Krug	Ursula		Krug	5	
978-1593272777	1	Yoshihito Isogawa	Yoshihito		Isogawa	7	
978-3806224757	1	Ursula Krug	Ursula		Krug	5	
978-3830333029	1	Leo Fischer	Leo		Fischer	3	
978-0743269513	1	Stephen R. Covey	Stephen	R.	Covey	6	9
978-0201633610	1	Erich Gamma	Erich		Gamma	1	
978-0201633610	2	Richard Helm	Richard		Helm	1	
978-0201633610	3	Ralph E. Johnson	Ralph	E.	Johnson	1	7
978-0201633610	4	John Vlissides	John		Vlissides	1	
978-3836219389	1	Daniel Caesar	Daniel		Caesar	4	
978-3836219389	2	Michael R. Friebel	Michael	R.	Friebel	4	6

Abbildung 4.91 Eine Verknüpfung klammert NULL-Werte – hier im Feld »ZweiterVorname« – aus.

Was ist mit den anderen Datensätzen? Offensichtlich hat die Abfrage *qryAutorIDFuellen1* nur diejenigen Autoren berücksichtigt, in denen das optionale Feld »ZweiterVorname« gefüllt ist. Um die NULL-Werte müssen wir uns noch kümmern.

Verknüpfungen funktionieren nicht mit NULL-Werten

NULL ist eigentlich kein richtiger Wert, sondern lässt sich am besten mit den Worten »nicht definiert« umschreiben. Verknüpfungen bringen immer Datensätze zweier Tabellen zusammen, bei denen die verknüpften Felder den gleichen Inhalt haben. NULL zählt dabei aber *nicht* als gleicher Inhalt! NULL-Werte in verknüpften Feldern müssen besonders berücksichtigt werden, und zwar über Filter.

Erstellen Sie eine zweite Aktualisierungsabfrage, in der die Verknüpfung nur über die Felder »Vorname« und »Nachname« erfolgt (Listing 4.24). Beschränken Sie diese Abfrage mit einem Filter (SQL-WHERE-Klausel) auf diejenigen Datensätze, in denen »ZweiterVorname« *in beiden Tabellen* NULL enthält. Nachdem Sie diese Abfrage ausgeführt haben, werden Sie auch in den restlichen zehn Datensätzen die korrekte ID vorfinden.

```
UPDATE tblAutor
INNER JOIN tblAutorTemp
ON tblAutor.Vorname = tblAutorTemp.Vorname
AND tblAutor.Nachname = tblAutorTemp.Nachname
SET tblAutorTemp.AutorID = tblAutor.AutorID
WHERE tblAutor.ZweiterVorname Is Null
AND tblAutorTemp.ZweiterVorname Is Null;
```

Listing 4.24 Die Abfrage »qryAutorIDFuellen2« als SQL-Code

Die Detailtabellen der 1:n-Beziehungen füllen

Abschließend werden wir die Detailtabellen der m:n-Beziehungen füllen.

- *tblAutorSchreibtBuch*
- *tblMitarbeiterLiebtBuch*

Beide Tabellen sind noch leer. Deshalb benötigen wir für diese Aufgabe wieder Anfügeabfragen. Beginnen wir mit der Tabelle *tblAutorSchreibtBuch*.

1. Erstellen Sie eine neue Abfrage in der Entwurfsansicht.
2. Fügen Sie die Tabelle *tblAutorTemp* hinzu.
3. Ziehen Sie die Felder »AutorID«, »BuchID« und »AutorPosition« per Drag & Drop in den unteren Bereich.
4. Aktivieren Sie die Gruppierung (ENTWURF • EINBLENDEN/AUSBLENDEN • SUMMEN).
5. Klicken Sie auf ENTWURF • ABFRAGETYP • ANFÜGEN.

6. Wählen Sie als Tabelle zum Anfügen *tblAutorSchreibtBuch* aus, und klicken Sie auf OK. Für alle drei Felder wählt Access die gleichnamigen Zielfelder der Tabelle *tblAutorSchreibtBuch* automatisch aus.
7. Speichern Sie die Abfrage unter dem Namen *qryAutorSchreibtBuchFuellen* ab.
8. Klicken Sie auf ENTWURF • ERGEBNISSE • AUSFÜHREN.

Insgesamt elf Zuordnungen zwischen Autor und Buch werden in die Tabelle *tblAutorSchreibtBuch* überführt. Den SQL-Code dieser Anfügeabfrage finden Sie in Listing 4.25.

```
INSERT INTO tblAutorSchreibtBuch (AutorID, BuchID, AutorPosition)
SELECT AutorID, BuchID, AutorPosition
FROM tblAutorTemp
GROUP BY AutorID, BuchID, AutorPosition;
```

Listing 4.25 Die Abfrage »qryAutorSchreibtBuchFuellen« als SQL-Code

Ganz entsprechend übertragen wir die Zuordnung zwischen Mitarbeiter und Buch. Mit Hilfe der Anfügeabfrage *qryMitarbeiterLiebtBuchFuellen* (Listing 4.26) werden insgesamt neun Datensätze an die Tabelle *tblMitarbeiterLiebtBuch* angefügt.

```
INSERT INTO tblMitarbeiterLiebtBuch (MitarbeiterID, BuchID)
SELECT MitarbeiterID, BuchID
FROM tblImport
GROUP BY MitarbeiterID, BuchID;
```

Listing 4.26 Die Abfrage »qryMitarbeiterLiebtBuchFuellen« als SQL-Code

Viertes Ziel erreicht: Alle Daten befinden sich in den Zieltabellen
Hiermit ist unser letztes Ziel erreicht. Die Daten befinden sich jetzt dort, wo sie in einer relationalen Datenbank hingehören: *normalisiert und verteilt auf die Zieltabellen.*

Sie finden alle Abfragen, die ich zum Übertragen der Daten in die Zieltabellen verwendet habe, in den Materialien zum Buch in der Datenbank *04_Aussenwelt\4.5.3_Mitarbeiter_Buchliste_fertig.accdb.*

So importieren Sie Daten in eine Tabellenhierarchie

Sie haben sicher schon bemerkt, dass das Prinzip beim Übertragen der Daten immer gleich ist (Abbildung 4.92):

1. Eine Anfügeabfrage überträgt die Datensätze aus der Importtabelle in die Zieltabelle.
2. Wichtig an dieser Stelle: Verwenden Sie Gruppierung, damit nur eindeutige Datensätze übertragen werden.

3. Beim Einfügen in die Zieltabelle erzeugt Access automatisch neue IDs (Primärschlüssel).

Falls die IDs in anderen Detailtabellen als Fremdschlüssel auftreten:

4. Erstellen Sie in der Importtabelle ein neues ID-Feld.
5. Übertragen Sie mit Hilfe einer Aktualisierungsabfrage mit INNER-JOIN-Verknüpfung die neu generierten IDs von der Zieltabelle zurück in die Importtabelle. Beide Tabellen müssen dabei unbedingt über einen Alternativschlüssel verknüpft werden!
6. Füllen Sie anschließend die Detailtabellen mit Hilfe einer Anfügeabfrage. Übernehmen Sie dabei die IDs aus der Importtabelle in die Fremdschlüssel-Felder.

Auf diese Weise können Sie sich in einer Tabellenhierarchie nach unten vorarbeiten.

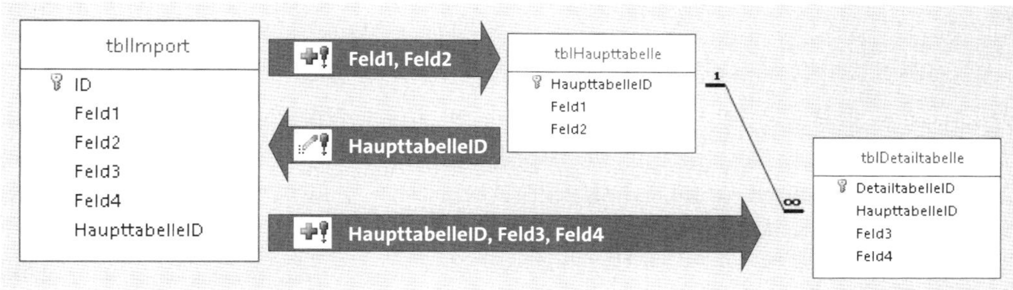

Abbildung 4.92 Daten aus der Importtabelle lassen sich mit Anfügeabfragen in die Tabellenhierarchie übertragen. Holen Sie den Primärschlüssel, der in der Haupttabelle generiert wurde, per Aktualisierungsabfrage zurück in die Importtabelle – so steht er zum Anfügen an die Detailtabelle als Fremdschlüssel bereit.

Last but not least: Die Importtabellen »tblImport« und »tblAutorTemp« löschen

Nachdem die Daten zu den Büchern dort gelandet sind, wo Sie hingehören (in den Zieltabellen), sind die beiden Importtabellen *tblImport* und *tblAutorTemp* überflüssig geworden. Sie können beide Tabellen jetzt entfernen (Datenbank *04_Aussenwelt\4.5.3_Mitarbeiter_Buchliste.accdb* in den Materialien zum Buch).

Aufgaben und Probleme, denen Sie beim Datenimport begegnen werden

Lassen Sie uns an dieser Stelle noch einmal den gesamten Importvorgang durchgehen. Ich habe Ihnen gezeigt, wie Sie nicht aufbereitete Daten aus einer Excel-Tabelle in eine normalisierte Datenbank übertragen können. Der gesamte Importvorgang umfasste fünf Schritte:

- Importieren Sie die Daten (aus Excel) in eine temporäre Importtabelle.
- Tragen Sie wiederholte Werte in die Importtabelle ein (fehlende Daten ergänzen).
- Normalisieren Sie CSV-Felder; an dieser Stelle kam die zweite, temporäre Importtabelle hinzu.

- Übertragen Sie per Anfügeabfragen die Daten aus den Importtabellen in die Zieltabellen; dabei haben wir uns entlang der Tabellenhierarchie bewegt und generierte IDs zurück in die Importtabelle kopiert.
- Entfernen Sie die temporären Importtabellen.

Ich habe Ihnen die einzelnen Werkzeuge, insbesondere den Programmcode und die Abfragen, sehr ausführlich vorgestellt. Erfahrungsgemäß treten beim Datenimport immer wieder genau die Aufgaben und Probleme auf, mit denen wir uns gerade beschäftigt haben. Deshalb verfügen Sie jetzt über sehr universelle Werkzeuge zum Importieren und Normalisieren von Daten.

4.6 Anbindung externer Datenquellen: Verknüpfen von Tabellen

Bei einer *verbundenen Datenquelle* bleiben die Daten dort, wo sie bereits sind, beispielsweise in einer Excel-Datei. Access kann über eine verknüpfte Tabelle auf die aktuellen Daten in der anderen Datei zugreifen. Vorausgesetzt natürlich, dass die andere Datei nicht zwischenzeitlich gelöscht, verschoben oder umbenannt wurde.

4.6.1 Eine Tabelle aus einer anderen Access-Datenbank verknüpfen

In einer Access-Datenbank können Sie Tabellen aus einer anderen Access-Datenbank verknüpfen. Auf diese Weise können Sie auf Daten zugreifen, die an ganz unterschiedlichen Orten gespeichert sind.

1. Erstellen Sie eine leere Access-Datenbank.
2. Klicken Sie auf EXTERNE DATEN • IMPORTIEREN UND VERKNÜPFEN • ACCESS.
3. Auf der ersten Seite des Assistenten (Abbildung 4.93) legen Sie die Access-Datenbank fest, in der sich die Tabellen befinden. Klicken Sie dazu auf DURCHSUCHEN, und wählen Sie beispielsweise die Datei *03_Abfragen\3.3_Fluege_1000rst.accdb* aus den Materialien zum Buch aus.
4. Wählen Sie die zweite Option, ERSTELLEN SIE EINE VERKNÜPFUNG ZUR DATENQUELLE, INDEM SIE EINE VERKNÜPFTE TABELLE ERSTELLEN, aus, damit die Tabellen nicht importiert, sondern tatsächlich verknüpft werden.
5. Klicken Sie auf OK.
6. Auf der zweiten Seite des Assistenten (Abbildung 4.94) sehen Sie alle Tabellen der anderen Access-Datenbank. Hier können Sie diejenigen Tabellen markieren, die verknüpft werden sollen. Klicken Sie der Einfachheit halber auf ALLE AUSWÄHLEN.
7. Klicken Sie auf OK, um die Tabellenverknüpfungen zu erstellen.

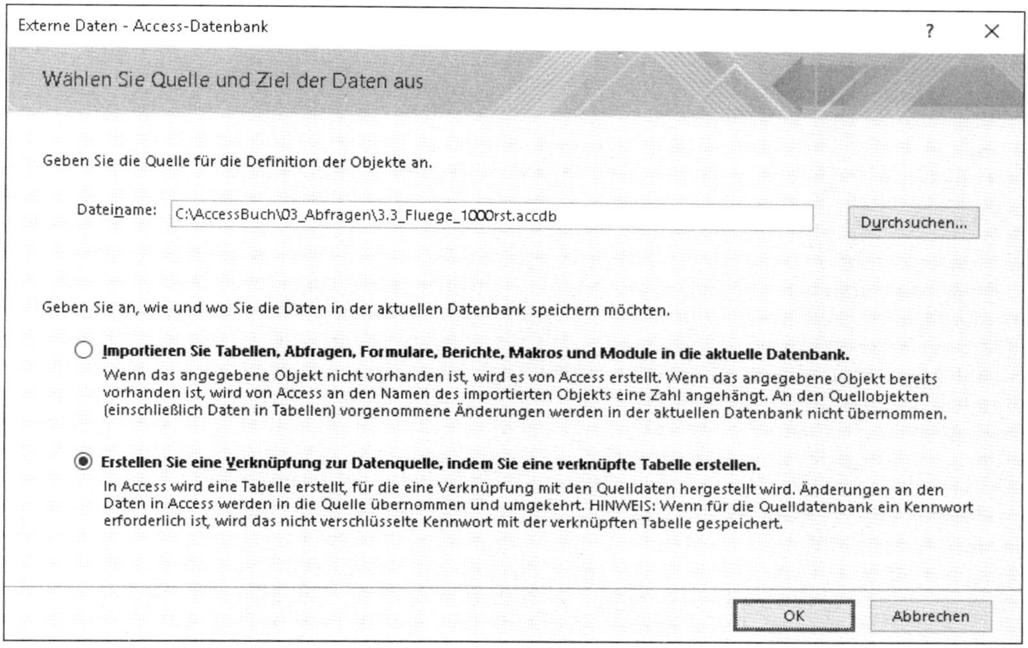

Abbildung 4.93 Auf der ersten Seite des Import-Assistenten legen Sie die Datenquelle fest. Außerdem können Sie entscheiden, ob die Tabellen importiert oder ob sie verknüpft werden sollen.

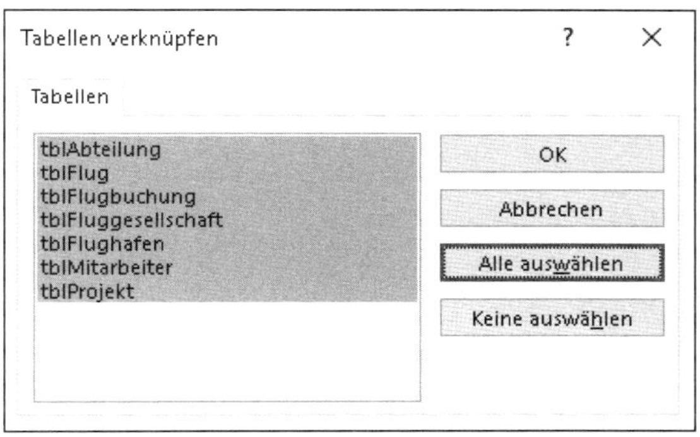

Abbildung 4.94 In der anderen Access-Datenbank befinden sich diese Tabellen. Markieren Sie diejenigen Tabellen, die Sie verknüpfen möchten.

Verknüpfte Tabellen werden im Navigationsbereich durch einen kleinen blauen Pfeil gekennzeichnet (Abbildung 4.95). Wenn Sie den Mauszeiger über die Tabelle bewegen, blendet Access den Pfad der Datenquelle ein.

Abbildung 4.95 Verknüpfte Tabellen sind im Navigationsbereich mit einem kleinen blauen Pfeil gekennzeichnet.

Versuchen Sie einmal, eine verknüpfte Tabelle in der Entwurfsansicht zu öffnen. Das funktioniert leider nicht. Genauer gesagt können Sie eine verknüpfte Tabelle in der Entwurfsansicht zwar öffnen, aber Sie können die Änderungen an der Tabellenstruktur nicht abspeichern (Abbildung 4.96). Wenn Sie die Tabellenstruktur verändern möchten, müssen Sie die Datenquelle direkt öffnen. Damit meine ich die Access-Datenbank, in der sich die Tabelle wirklich befindet. Alle Änderungen, die Sie dort durchführen, werden in der verknüpften Tabelle automatisch sichtbar.

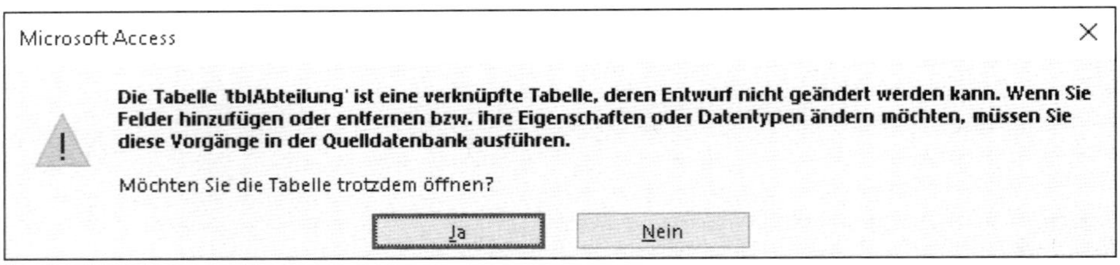

Abbildung 4.96 Die Tabellenstruktur einer verknüpften Tabelle kann nicht verändert werden. Dazu müssen Sie die entsprechende Tabelle in der Datenquelle direkt öffnen.

4.6.2 Trennung von Daten und Anwendung

Sie werden sich vielleicht fragen: Wozu überhaupt Tabellen aus einer anderen Access-Datenbank verknüpfen? Schließlich ist es ganz praktisch, dass Access alle Arten von Objekten (Tabellen, Abfragen, Formulare, Berichte, Makros und Module) in einer einzigen Datei unterbringen kann. Mir fallen zwei Gründe ein, die für verknüpfte Tabellen sprechen:

1. Aus bestimmten Gründen gibt es mehrere Datenbanken, auf die Sie gleichzeitig zugreifen möchten, beispielsweise Datenbanken, die von anderen Personen erstellt und betreut werden.
2. Sie möchten eine bestehende Access-Datenbank weiterentwickeln. Dafür ist eine Trennung von Daten und Anwendung immer vorteilhaft.

Den zweiten Grund möchte ich in diesem Abschnitt gerne etwas vertiefen. Wie ich an vielen Stellen schon erwähnt habe, gibt es in Datenbanken kein Undo. Das gilt auch für Änderungen an Abfragen oder Formularen. Sobald Sie die Änderungen gespeichert haben, gibt es leider keinen Weg mehr zurück zur alten Version. Wir nehmen einmal an, dass Sie Sicherheitskopien von älteren Versionen Ihrer Datenbank angelegt haben. Nach einiger Zeit möchten Sie zu einer alten Version zurückwechseln. Leider gibt es jetzt ein Problem: Zwischenzeitlich haben sich die Daten in den Tabellen geändert. Jetzt müssten Sie zur alten Version der Datenbank zurückgehen, gleichzeitig aber den aktuellen Datenbestand bewahren.

An dieser Stelle hilft Ihnen das Konzept »Trennung von Daten und Anwendung« weiter (Abbildung 4.97). Verteilen Sie Ihre Access-Objekte über zwei Datenbanken. In die erste Datei, das sogenannte *Backend*, kommen nur die Tabellen (inklusive der Datensätze). Die zweite Datei ist das *Frontend*. Hier sind einerseits alle Tabellen aus dem Backend verknüpft. Außerdem befinden sich in dieser Datenbank alle anderen Access-Objekte, also die Abfragen, Formulare, Berichte, Makros und Module. Diese Datei enthält keine Nutzdaten, sondern nur Objekte, die im weitesten Sinne zu den Formularen und Berichten gehören; man spricht deshalb vom *Anwendungsprogramm* (englisch *application*).

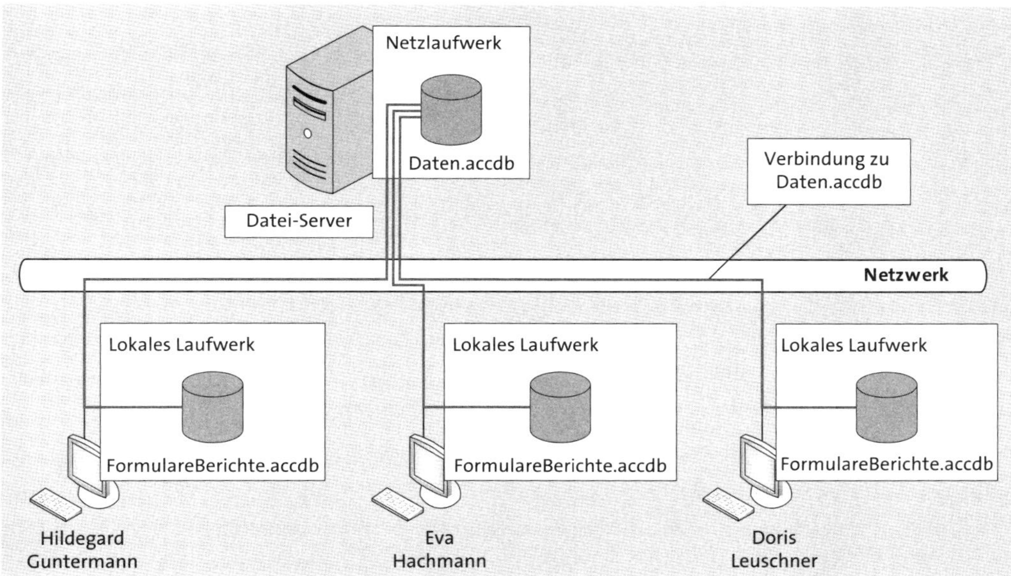

Abbildung 4.97 Das Konzept »Trennung von Daten und Anwendung«: Alle Daten liegen im Backend auf dem Datei-Server (»Daten.accdb«). Im Frontend (»FormulareBerichte.accdb«) liegen alle Access-Objekte, die den Anwendungsteil der Datenbank ausmachen (Abfragen, Formulare, Berichte, Makros, Module).

In den Materialien zum Buch finden Sie als Beispiel die beiden Datenbanken *04_Aussenwelt\4.6.2_Fluege_Backend.accdb* und *04_Aussenwelt\4.6.2_Fluege_Frontend.accdb*.

Trennen Sie die Daten immer von der Anwendung

Der Aufwand zum Trennen von Daten und Anwendung ist sehr gering. Um die beschriebenen Probleme bei der Weiterentwicklung von vornherein zu vermeiden, sollten Sie *immer die Daten von der Anwendung trennen.*

Mit diesem Konzept gestaltet sich die Weiterentwicklung der Datenbank erheblich einfacher. Wenn Sie auf eine alte Version zurückgreifen wollen, müssen Sie sich über den aktuellen Datenstand keine Gedanken machen. Schließlich tauschen Sie nur das Frontend aus; das Backend bleibt unverändert.

Weiterentwicklung einer Access-Datenbank in einer Mehrbenutzer-Umgebung

Die Trennung von Daten und Anwendung wird noch viel wichtiger, wenn mehrere Benutzer gleichzeitig mit einer Datenbank arbeiten. Sobald Sie ein Formular im Entwurfsmodus verändern, erzeugen Sie eine Sperre, und andere Benutzer können das Formular nicht verwenden. Davon abgesehen empfehle ich Ihnen, eine Datenbank niemals im Produktivsystem weiterzuentwickeln.

Kopieren Sie sich stattdessen die Backend-Datei in eine *Entwicklungsumgebung*, oder generieren Sie sich eine Backend-Datei mit Beispieldatensätzen. In der Entwicklungsumgebung können Sie in Ruhe an den nächsten Verbesserungen der Datenbank arbeiten. Sobald eine funktionsfähige Version fertig ist, stellen Sie die neue Frontend-Datei im Produktivsystem bereit.

Wie setzt man dieses Konzept in der Praxis um? Schauen wir uns zuerst die Backend-Datenbank an. Sie ist die heilige Kuh im gesamten System und muss jederzeit und für alle Benutzer erreichbar sein. Deshalb gehört sie auf einen Datei-Server (in eine Dateifreigabe bzw. in ein Netzlaufwerk). Und sie sollte regelmäßig über ein Backup-System gesichert werden. In Abbildung 4.97 hat die Backend-Datenbank den Namen *Daten.accdb*.

Kommen wir nun zur Frontend-Datenbank. Die Frontend-Datenbank in Abbildung 4.97 heißt *FormulareBerichte.accdb*. Sie könnten diese Datei ebenfalls auf dem Datei-Server bereitstellen, so dass alle Benutzer dieselbe Frontend-Datenbank gleichzeitig verwenden. In diesem Fall müssen Sie peinlich genau darauf achten, dass alle Benutzer den gleichen Dateipfad zur Backend-Datenbank verwenden (gleicher Buchstabe für das Netzlaufwerk). Andernfalls wird es Schwierigkeiten mit den verknüpften Tabellen geben.

In der Praxis hat es sich etwas besser bewährt, dass jeder Client-Rechner eine Kopie der Frontend-Datenbank bekommt. Entweder kopieren Sie die Frontend-Datenbank manuell auf jeden Client-Rechner, oder Sie optimieren das System noch weiter. Hier ein paar Anregungen:

- Stellen Sie die aktuelle Frontend-Datenbank auf dem Datei-Server bereit, aber ohne Schreib-Zugriff für die Benutzer.
- Erstellen Sie ein Skript, das die aktuelle Frontend-Datenbank vom Datei-Server auf die lokale Festplatte des Client-Rechners kopiert. Anschließend startet das Skript Access mit der lokalen Kopie der Frontend-Datenbank.
- Legen Sie für die Anwender eine Verknüpfung zum Skript an (beispielsweise mit einem schönen Icon auf dem Desktop).
- Stellen Sie das Frontend als kompilierte Datenbank-Datei bereit (kleinere Dateigröße, schnellere Laufzeit; mehr dazu in Abschnitt 11.2.3, »Erstellen einer ›.accde‹-Datei«).
- Wenn notwendig, aktualisieren Sie die Tabellenverknüpfungen automatisch per Programmcode.

Assistent zur Datenbankaufteilung

In Access können Sie einen Assistenten aufrufen (Datenbanktools • Daten verschieben • Access-Datenbank), mit dem Sie eine Datenbank in Frontend und Backend aufteilen können. Dieser Assistent verschiebt alle Tabellen in eine neue Datenbank, die im Dateinamen die Endung *_be* für Backend bekommt. Der Assistent führt diese vier Schritte durch:

- Backend-Datenbank erstellen
- alle Tabellen mit Inhalt und Beziehungen dort importieren
- in der Frontend-Datenbank alle Tabellen löschen
- alle Tabellen der Backend-Datenbank verknüpfen

4.6.3 Aktualisieren von Tabellenverknüpfungen

Einen kleinen Nachteil hat die Trennung von Daten und Anwendung: Damit eine verknüpfte Tabelle richtig funktioniert, muss die Backend-Datenbank vorhanden sein. Access speichert mit der Verknüpfung den Namen und den Dateipfad der Backend-Datenbank ab. Wenn Sie die Backend-Datenbank an einen anderen Ort verschieben, müssen Sie die Tabellenverknüpfungen aktualisieren.

Auch die Tabellenverknüpfungen aus den Materialien zum Buch müssen aktualisiert werden

In den Materialien zum Buch finden Sie nur ganz wenige Datenbanken mit verknüpften Tabellen, unter anderem die Frontend-Datenbank *04_Aussenwelt\4.6.2_Fluege_Frontend.accdb*. Um diese Datei zu verwenden, müssen Sie die Datei auf die lokale Festplatte speichern und die Tabellenverknüpfungen aktualisieren.

Um Ihnen diese Arbeit für die anderen Beispieldatenbanken zu ersparen, verwende ich die Trennung von Daten und Anwendung nicht. Bitte verstehen Sie das als Ausnahme – für den Normalfall empfehle ich Ihnen immer die Aufteilung in Backend- und Frontend-Datenbank!

Zum Aktualisieren der Tabellenverknüpfungen gibt es den *Tabellenverknüpfungs-Manager*, den Sie über Externe Daten • Importieren und Verknüpfen • Tabellenverknüpfungs-Manager aufrufen (Abbildung 4.98). In der Liste werden alle verknüpften Tabellen zusammen mit dem Pfad der Backend-Datenbank angezeigt. Und so aktualisieren Sie eine oder mehrere Tabellenverknüpfungen:

1. Öffnen Sie den Tabellenverknüpfungs-Manager.
2. Setzten Sie ein Häkchen an jede Tabellenverknüpfung, die Sie aktualisieren möchten (falls zutreffend, auf Alle auswählen klicken).
3. Klicken Sie auf OK.
4. Access überprüft nun, ob die Backend-Datenbank vorhanden ist. Wenn das nicht der Fall ist, fragt Access nach dem neuen Ablageort dieser Datei.

Nach dem Aktualisieren der Tabellenverknüpfungen können Sie wieder wie gewohnt mit der Frontend-Datenbank arbeiten.

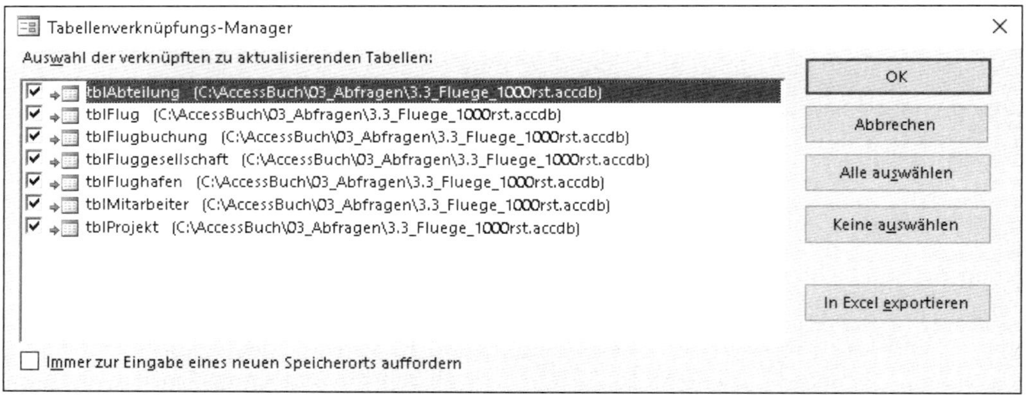

Abbildung 4.98 Markieren Sie im Tabellenverknüpfungs-Manager alle verknüpften Tabellen, die Sie aktualisieren möchten.

Üblicherweise fragt Access nur dann nach der neuen Backend-Datenbank, wenn der bisherige Dateipfad ungültig ist. Im Tabellenverknüpfungs-Manager gibt es am unteren Rand des Dialogs die Option Immer zur Eingabe eines neuen Speicherorts auffordern. Wenn Sie diese Option auswählen, fragt Access in jedem Fall nach einem neuen Ablageort. Auf diese Weise können Sie auf eine neue Backend-Datenbank umschwenken, ohne die alte Backend-Datenbank zu entfernen.

Wo speichert Access den Namen und den Pfad der Backend-Datenbank ab?

In jeder Tabellenverknüpfung speichert Access zwei Angaben:

- den Namen und den Dateipfad der Backend-Datenbank
- den Tabellennamen in der Backend-Datenbank

Letzteres ist notwendig, weil Sie eine Tabellenverknüpfung in der Frontend-Datenbank umbenennen können, ohne den Tabellennamen in der Backend-Datenbank zu verändern.

Beide Angaben finden Sie in den Tabelleneigenschaften wieder. Öffnen Sie dazu eine Tabellenverknüpfung in der Entwurfsansicht (trotz der Warnmeldung; vergleiche Abbildung 4.96). Öffnen Sie die Tabelleneigenschaften, falls sie nicht schon sichtbar sind. Klicken Sie dazu auf ENTWURF • EINBLENDEN/AUSBLENDEN • EIGENSCHAFTENBLATT; am rechten Rand erscheint das EIGENSCHAFTENBLATT • AUSWAHLTYP: TABELLENEIGENSCHAFTEN. Im Feld BESCHREIBUNG finden Sie die Angaben zur Tabellenverknüpfung:

```
DATABASE=Z:\AccessBook\04_Aussenwelt\4.6.2_Fluege_Backend.accdb;TABLE=tblAbteilung
```

Sie können diese Einstellungen auch per Programmierung (VBA) abfragen und verändern. Dazu müssen Sie auf das entsprechende `TableDef`-Objekt von DAO zugreifen:

```
Debug.Print CurrentDb().TableDefs!tblAbteilung.Connect
;DATABASE=Z:\AccessBook\04_Aussenwelt\4.6.2_Fluege_Backend.accdb
Debug.Print CurrentDb().TableDefs!tblAbteilung.SourceTableName
tblAbteilung
```

Nach dem Ändern der Eigenschaft `Connect` müssen Sie die Methode `RefreshLink` aufrufen, damit die Tabelle neu verknüpft wird:

```
CurrentDb().TableDefs!tblAbteilung.Connect = ";DATABASE=C:\Daten\4.6.2_Fluege_Backend.accdb"
CurrentDb().TableDefs!tblAbteilung.RefreshLink
```

Im Workshop in Abschnitt 11.3.3, »Workshop: Anwendungsprogramm mit Backend-Datenbank«, finden Sie ein VBA-Programm, mit dem alle verknüpften Tabellen der Datenbank automatisch neu verbunden werden.

4.6.4 Andere Dateiformate verknüpfen

Neben Access-Datenbanken können Sie auch andere Dateiformate als Tabellen verknüpfen. Allerdings müssen Sie dabei ein paar Einschränkungen in Kauf nehmen, die ich in Tabelle 4.13 zusammengefasst habe.

Datenquelle	Lesen	Verändern	Anfügen	Löschen
Access-Datenbank	•	•	•	•
Excel-Tabelle	•			
Outlook-Ordner	•			•
Textdatei	•		•	
HTML-Datei	•			
dBASE-Datei	•	•	•	•
SharePoint-Liste	•	•	•	•
ODBC-Datenquelle	•	•	•	•

Tabelle 4.13 Access kann eine Reihe von Dateiformaten als Tabelle verknüpfen. Allerdings gibt es dabei Einschränkungen; in den meisten Fällen können Sie die bestehenden Datensätze nicht verändern.

Mit einer Access-Datenbank als Datenquelle haben Sie alle Freiheiten. Das Gleiche gilt für dBASE-Dateien, SharePoint-Listen und für ODBC-Datenquellen; Letztere sind für Server-Datenbanken wichtig und werden ausführlich in Abschnitt 4.7.3, »Eine Tabelle über die ODBC-Schnittstelle verknüpfen«, behandelt.

Mit allen anderen Formaten gibt es Einschränkungen. XML-Dateien können Sie leider gar nicht verknüpfen, sondern nur importieren. Excel-Tabellen, Outlook-Ordner, Textdateien und HTML-Dateien können Sie verknüpfen und in allen vier Fällen können Sie auf die Daten lesend zugreifen. Zusätzlich können Sie in Outlook-Ordnern Einträge löschen und an Textdateien neue Zeilen anfügen.

Ich habe in einer leeren Access-Datenbank einmal vier Dateien aus den Zusatzmaterialien zum Buch verknüpft:

- die dBASE5-Datei *04_Aussenwelt\4.2.8_dBASE_5\TBLABTEI.DBF* als *tblDBASE5*
- die Excel-Tabelle *04_Aussenwelt\4.2.3_Export_nach_Excel_ohne_Formatierungen.xlsx* als *tblExcel*
- die Textdatei *04_Aussenwelt\4.2.6_Export_als_Text_mit_Trennzeichen.csv* als *tblCSV*
- die HTML-Datei *04_Aussenwelt\4.2.7_Export_als_HTML_Datei_ohne_Formatierungen.html* als *tblHTML*

Um eine Tabelle zu verknüpfen, gehen Sie wie folgt vor:

1. Klicken Sie unter EXTERNE DATEN • IMPORTIEREN UND VERKNÜPFEN auf das entsprechende Dateiformat.

2. Auf der ersten Seite des Assistenten wählen Sie die Datei aus, die Sie verknüpfen möchten.
3. Wählen Sie die zweite Option, Erstellen Sie eine Verknüpfung zur Datenquelle, indem Sie eine verknüpfte Tabelle erstellen, aus, damit die Tabellen nicht importiert, sondern tatsächlich verknüpft werden.
4. Klicken Sie auf OK.
5. Je nach Dateiformat können Sie auf den folgenden Seiten des Assistenten weitere Einstellungen festlegen.
6. Abschließend können Sie die verknüpfte Tabelle in Access nach Belieben umbenennen.

In den Materialien zum Buch finden Sie die Access-Datenbank mit den Tabellenverknüpfungen unter *04_Aussenwelt\4.6.4_Andere_Formate_verknuepft.accdb*. Bitte kopieren Sie diese Datei auf Ihre lokale Festplatte, und aktualisieren Sie alle Verknüpfungen mit dem Tabellenverknüpfungs-Manager. Nur so werden die richtigen Dateipfade gesetzt. Im Navigationsbereich von Access sehen Sie neben allen Tabellen den blauen Pfeil, der auf eine verknüpfte Tabelle hinweist. Das Dateiformat können Sie vom Icon der verknüpften Tabelle ableiten (Abbildung 4.99).

Abbildung 4.99 Tabellenverknüpfungen zu anderen Dateiformaten erscheinen im Navigationsbereich mit einem entsprechenden Icon.

4.6.5 Eine SharePoint-Liste verknüpfen

Eine kleine Besonderheit gibt es bei verknüpften SharePoint-Listen: Beim Verknüpfen müssen Sie sich an Ihrer SharePoint-Website anmelden. Unter Umständen waren Sie schon vorher angemeldet und bekommen davon gar nichts mit. Im Falle von SharePoint Online können Sie sich oben rechts oberhalb des Menübands anmelden (Abbildung 4.100).

Jedenfalls gibt es bei SharePoint Online Probleme, wenn Sie eine verknüpfte SharePoint-Liste öffnen und nicht angemeldet sind. Also melden Sie sich erst an, oder bleiben Sie immer angemeldet, und öffnen Sie erst dann die verknüpften SharePoint-Listen. Lokale SharePoint-Websites (*On-Premises*) sind hiervon nicht betroffen.

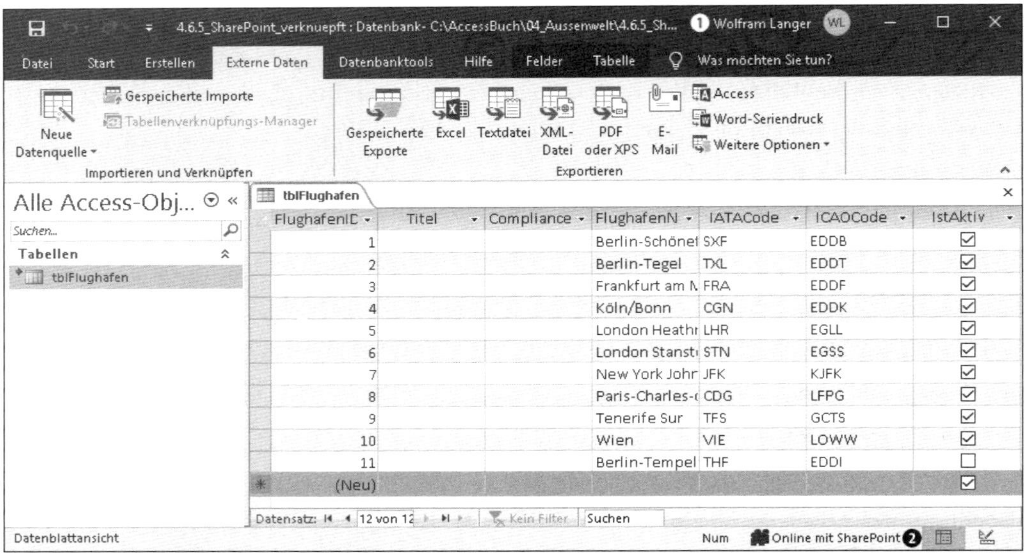

FlughafenID	Titel	Compliance	FlughafenN	IATACode	ICAOCode	IstAktiv
1			Berlin-Schönef	SXF	EDDB	☑
2			Berlin-Tegel	TXL	EDDT	☑
3			Frankfurt am M	FRA	EDDF	☑
4			Köln/Bonn	CGN	EDDK	☑
5			London Heathr	LHR	EGLL	☑
6			London Stanst	STN	EGSS	☑
7			New York Johr	JFK	KJFK	☑
8			Paris-Charles-(	CDG	LFPG	☑
9			Tenerife Sur	TFS	GCTS	☑
10			Wien	VIE	LOWW	☑
11			Berlin-Tempel	THF	EDDI	☐
(Neu)						☑

Abbildung 4.100 Oben rechts über dem Menüband ❶ sehen Sie, ob Sie bei SharePoint Online angemeldet sind. Unten in der Statuszeile ❷ können Sie verfolgen, ob die verknüpfte SharePoint-Liste online ist.

Verknüpfte SharePoint-Listen werden zwischengespeichert

In der Access-Datenbank sind alle Inhalte der verknüpften SharePoint-Liste zwischengespeichert. Daher kann die verknüpfte Liste auch ohne Netzwerkverbindung zur SharePoint-Website genutzt werden. Sogar Datenänderungen sind möglich: Der Stift im Datensatzmarkierer bleibt so lange stehen, bis die Liste wieder online ist und die Änderungen auf die SharePoint-Website übertragen wurden.

4.7 Was sind Server-Datenbanken?

An verschiedenen Stellen in diesem Kapitel habe ich bereits das Thema »Server-Datenbanken« und den Microsoft SQL Server angesprochen. Vielleicht fragen Sie sich, warum ich auf dieses umfangreiche Thema – zu dem es auch eigene Bücher gibt – immer wieder eingehe. Ich bin der Meinung, dass sich Access und eine Server-Datenbank nahezu perfekt ergänzen. In den nächsten Abschnitten möchte ich Ihnen zeigen, wie Sie Access zusammen mit einer Server-Datenbank einsetzen können. Dabei werde ich Ihnen einen Einblick in den Microsoft SQL Server geben. Auf die Details des Microsoft SQL Servers werde ich dabei jedoch nicht eingehen. Solche Informationen finden Sie in der Fachliteratur zum entsprechenden Server-Produkt.

4.7.1 Vor- und Nachteile gegenüber Access

Wir haben Access bisher als *Desktop-Datenbank* kennengelernt und eingesetzt.

Wesentliche Merkmale einer Desktop-Datenbank

Im Grunde verbirgt sich hinter dem Begriff *Desktop-Datenbank*, dass sich das Backend (die Tabellen) und das Frontend (die Anwendung) auf dem Client-Computer befinden. Ein leistungsfähiger Server ist nicht erforderlich.

Gerade Access-Datenbanken sind sehr überschaubar und einfach zu administrieren. Ähnlich wie bei den anderen Office-Programmen arbeiten Sie mit einer Datei, die mit wenigen Klicks erstellt ist. In dieser *.accdb*-Datei befinden sich alle Tabellen, Abfragen, Formulare, Berichte, Makros und Module. Seit Abschnitt 4.6.2, »Trennung von Daten und Anwendung«, wissen Sie, dass die Tabellen in eine eigene Access-Datei und die restlichen Access-Objekte zusammen mit den Tabellenverknüpfungen in eine andere Access-Datei gehören. Aber trotzdem: Das System als Ganzes bleibt sehr übersichtlich.

Dem gegenüber steht die *Server-Datenbank*, die ich Ihnen bereits in Abschnitt 4.1.3, »Verbundene Datenquellen«, vorgestellt habe (Abbildung 4.4). Hier liegt die Datenbank auf einem Server. Allerdings ist eine Server-Datenbank nicht etwa eine *.accdb*-Datei, die auf einem Datei-Server gespeichert ist.

Wesentliche Merkmale einer Server-Datenbank

Eine Server-Datenbank wird von einer speziellen Server-Software, dem *Datenbank-Server*, verwaltet und bereitgestellt. Für diese Aufgabe gibt es unterschiedliche Produkte; einige davon werde ich Ihnen in Abschnitt 4.7.2, »Häufig eingesetzte Datenbank-Server«, vorstellen.

Neben der Server-Software ist die *Plattform* (das Betriebssystem und die Server-Hardware) genauso wichtig. Wenn ich von einer Server-Datenbank spreche, dann meine ich damit ein System, in dem einige Rahmenbedingungen von vornherein erfüllt sind:

- Mehrere Benutzer können auf die Server-Datenbank gleichzeitig zugreifen (*Mehrbenutzerfähigkeit*).
- Die Server-Datenbank ist immer verfügbar.
- Für die Benutzer können *Zugriffsberechtigungen* festgelegt werden (*Benutzerauthentifizierung* und *-autorisierung*).
- In regelmäßigen Abständen wird eine *Datensicherung* erzeugt.

Im Einzelfall sind diese Rahmenbedingungen unterschiedlich ausgeprägt, beispielsweise was die Verfügbarkeit angeht (Gibt es Zeiten für Wartungsarbeiten? Wie lange darf ein Ausfall dauern?). Aber grundsätzlich sind das alles Aspekte, die im Zusammenhang mit einer Server-Datenbank zu berücksichtigen sind, denn daraus leiten sich die Anforderungen an die Plattform und an die Administration des Systems ab.

Was ich zu den Merkmalen einer Server-Datenbank geschrieben habe, mag zunächst einmal nach einem Monster im Vergleich zur schlanken Access-Datenbank klingen. Doch ich werde Ihnen gleich zeigen, dass es auch einen gesunden Mittelweg gibt und dass Server-Datenbanken auch in kleinen Szenarien durchaus empfehlenswert sind.

Beim Vergleich einer Access-Datenbank mit einer Server-Datenbank hilft es uns vielleicht, wenn wir ruhig etwas großspurig denken. Stellen Sie sich einmal vor, Sie hätten einen sehr großen Server mit der Server-Datenbank in Ihrem Zimmer stehen. Im Winter ist es richtig schön warm, im Sommer so richtig heiß, die Lüfter machen ständig Lärm ... Aber das nehmen Sie gerne in Kauf, denn ein solches System hat einen schlagenden Vorteil: *Leistung* ohne Ende! Nun sind Sie ein wahrer Power-Nutzer, und irgendwann reizen Sie Ihren Server wirklich bis an die Grenzen aus. Kein Problem, Sie kaufen einfach einen größeren Server oder einen zweiten Server! Denn eine Server-Datenbank ist *skalierbar* (viel hilft viel). Ein zweiter Server hat noch einen weiteren Vorteil: Selbst wenn einer der Server einmal kaputt ist, läuft Ihre Server-Datenbank immer noch. Also am besten gleich von Anfang an zwei Server kaufen, dadurch können Sie die *Verfügbarkeit* Ihrer Server-Datenbank erhöhen.

Ob Sie es mir glauben oder nicht, ich habe einmal einen Datenbank-Freak kennengelernt, der wirklich so lebt! Im Normalfall stehen die Server jedoch im Server-Raum, und sie werden von allen Mitarbeitern im Unternehmen gleichzeitig verwendet (*Mehrbenutzerfähigkeit*). Ein Administrator kümmert sich darum, dass das System inklusive *Datensicherung* richtig läuft und stellt auch die *Zugriffsberechtigungen* ein (*Benutzer-Authentifizierung* und *-Authorisierung*).

Genau die Punkte, die ich genannt habe, sind die Stärken einer Server-Datenbank gegenüber der Access-Datenbank. Der Preis für den enormen Zugewinn ist mindestens der *administrative Aufwand* für die Installation und die fortlaufende Wartung, zumindest anteilige Kosten für die *Server-Hardware* und unter Umständen auch *Lizenzkosten*.

Merkmal	Microsoft Access	Server-Datenbank
Leistung	–	+
Stabilität/Verfügbarkeit	–	+
Skalierbarkeit	–	+
Mehrbenutzerfähigkeit	nur begrenzt	+
Zugriffsberechtigungen	ja, aber nicht umfassend	+
Aufwand beim Einrichten	+	–

Tabelle 4.14 In vielen Merkmalen bieten Server-Datenbanken Vorteile (+) gegenüber Microsoft Access. Diese Vorteile erkauft man sich durch zusätzlichen Aufwand beim Einrichten und bei der laufenden Administration (–).

Merkmal	Microsoft Access	Server-Datenbank
Aufwand im laufenden Betrieb	+	–
Aufwand bei Weiterentwicklungen	So gut wie kein Unterschied. Eine Server-Datenbank bietet aber grundsätzlich mehr Funktionen	
Hardwareanforderungen	Kein Unterschied bei kleinen Datenbanken. Für den Mehrbenutzerbetrieb ist in beiden Fällen ein Server erforderlich.	
Lizenzkosten	+	je nach Edition der Server-Software

Tabelle 4.14 In vielen Merkmalen bieten Server-Datenbanken Vorteile (+) gegenüber Microsoft Access. Diese Vorteile erkauft man sich durch zusätzlichen Aufwand beim Einrichten und bei der laufenden Administration (–). (Forts.)

Es gibt auch den gesunden Mittelweg

Soeben habe ich geschrieben, dass nur »unter Umständen« Lizenzkosten anfallen. Gibt es gar etwas gratis? Tatsächlich gibt es kostenlos verwendbare Server-Software, die allerdings im Leistungsumfang limitiert ist. Beispielsweise gibt es die kostenlose Variante (Edition) des Microsoft SQL Servers, die Sie unter der Bezeichnung *SQL Server Express Edition* bei Microsoft downloaden können (mehr dazu in Abschnitt A.1.1, »Installationsdateien herunterladen«).

Gegenüber der Standard-Edition des SQL Servers ist die Express-Edition auf 10 GB Größe der Datenbank beschränkt. Das sind aber schon deutlich mehr als die 2 GB, die eine Access-Datenbank maximal erreichen darf. Es gibt noch ein paar andere Einschränkungen, die in meinen Augen nicht wirklich gravierend sind. Die Express-Edition ist insbesondere keine Demo-Version des SQL Servers. Nein, sie ist voll kompatibel mit den kostenpflichtigen Editionen (vergleiche die Vorteile in Tabelle 4.14). Ich möchte hier nicht Werbung für Microsoft-Produkte machen, aber mit der Express-Edition des SQL Servers bekommen Sie wirklich ein sehr leistungsfähiges Einstiegsprodukt, das Sie ohne Bedenken im Produktivbetrieb einsetzen können. Und das, wie ich finde, zu absolut fairen Konditionen. Denn falls es einmal eng wird, können Sie ohne Änderungen an Ihrer Datenbank auf eine der größeren, kostenpflichtigen Editionen des SQL Servers umsteigen.

Mit der kostenlosen Express-Edition ergibt sich somit ein gesunder Mittelweg für kleinere Szenarien. Gleichwohl ist dieser Weg aufwendiger als eine rein Access-basierte Lösung. Schließlich ist der SQL Server eine Komponente mehr im Gefüge, die erst einmal installiert und konfiguriert werden muss (vergleiche die Nachteile in Tabelle 4.14).

Das Fazit ist: Eine ganze Reihe von Gründen sprechen für eine Server-Datenbank, und in vielen Szenarien geht es gar nicht anders. Es gibt die kostenlosen Einstiegsvarianten, die schon erheblich mehr leisten als Access. Vielleicht denken Sie einfach einmal darüber nach, ob eine Server-Datenbank Ihr eigenes Datenbankszenario verbessern könnte.

4.7.2 Häufig eingesetzte Datenbank-Server

Wenn Sie sich grundsätzlich für eine Server-Datenbank entschieden haben, kommt die Wahl des geeigneten Produkts. Auf dem Markt gibt es kommerzielle Server-Datenbanken, unter denen der Microsoft SQL Server, Oracle Database und IBM DB2 den größten Anteil haben. Daneben gibt es Open-Source-Software mit den bekanntesten Vertretern Oracle mySQL und PostgreSQL. Welches Produkt ist nun das beste?

Es würde über den Umfang dieses Buches hinausgehen, wenn ich jedes Produkt mit seinen Stärken und Schwächen beleuchten würde. Gleichwohl ist die Auswahl des Datenbanksystems eine sehr weitreichende Entscheidung. Denn wenn Sie sich einmal für ein System entschieden haben, ist der spätere Wechsel zu einem anderen Produkt mit zusätzlichem Aufwand verbunden. Ich möchte Ihnen gerne ein paar Tipps mitgeben, die Ihnen bei der Auswahl helfen können.

1. **Auswahl zusammen mit der IT-Abteilung**
   Arbeiten Sie in einer Organisation oder in einem Unternehmen mit einer IT-Abteilung oder einem IT-Administrator? Wenn ja, dann sollten Sie die Entscheidung über das Server-Produkt zusammen treffen. Möglicherweise wird die IT-Abteilung den Server sogar für Sie administrieren. Ich arbeitete selbst einmal mit einem Oracle-Server, der von einer sehr kompetenten Administratorin betreut wurde. Für mich war das zunächst etwas ungewohnt. Aber Oracle-Steffi war richtig fit! Ich stellte schnell fest, dass sie mir sehr viel Arbeit abnahm, und ich musste mir um bestimmte Angelegenheiten überhaupt keine Gedanken mehr machen. Nutzen Sie die Unterstützung Ihrer IT-Abteilung, wenn das möglich und sinnvoll ist.
2. **Gibt es bereits einen Datenbank-Server?**
   Nichts ist besser als ein schon bestehender Datenbank-Server. Generell kann ein solcher Server mehrere Server-Datenbanken gleichzeitig bedienen. Vielleicht kann Ihr Administrator eine neue Datenbank auf dem bestehenden Server für Sie einrichten. Möglicherweise kennen sich auch andere Kollegen bestens mit dem Datenbank-Server aus und helfen Ihnen.
3. **Access und Server-Software aus einem Haus: Der Microsoft SQL Server**
   Wenn Sie bei Null anfangen müssen, könnte der Microsoft SQL Server die beste Wahl sein. Access und der Microsoft SQL Server sind optimal aufeinander abgestimmt, so dass Sie in dieser Kombination mit den wenigsten Schwierigkeiten rechnen können.

Wie gesagt, sollten Sie die Server-Software sehr sorgfältig auswählen. Für die einzelnen Server-Produkte gibt es eine Fülle von Fachliteratur. Bei umfangreichen Projekten könnte eine externe Beratung bei dieser schwierigen Entscheidung hilfreich sein.

4.7.3 Eine Tabelle über die ODBC-Schnittstelle verknüpfen

Nach den Hintergrundinformationen in den letzten Abschnitten kommt jetzt wieder mehr Praxis: Ich werde Ihnen zeigen, wie Sie sich von Access mit einer Server-Datenbank verbinden können.

Aufsetzen der Server-Datenbank, Beispieldatenbank aus den Materialien zum Buch

Zum Loslegen benötigen Sie zwei Dinge:

- eine leere Access-Datenbank
- die vollständig eingerichtete Server-Datenbank mit Tabellen

Um die zweite Vorraussetzung zu erreichen, müssen Sie einen Datenbank-Server installieren. Eine Anleitung zur Installation des Microsoft SQL Server 2017 Express Edition finden Sie in Abschnitt A.1.2, »SQL Server Express Edition installieren«. Installieren Sie bitte auch das SQL Server Management Studio (SSMS) und verbinden Sie sich mit dem Server.

In den Materialien zum Buch finden Sie eine fertige SQL Server-Datenbank im Verzeichnis *04_Aussenwelt\4.8.2_dbsFluege_Microsoft_SQL_Server*. Kopieren Sie die beiden Dateien *dbsFluege.mdf* und *dbsFluege_log.ldf* in das Verzeichnis *C:\Program Files\Microsoft SQL Server\MSSQL14.SQLEXPRESS\MSSQL\Data*. Fügen Sie anschließend die Datenbank zum SQL Server hinzu, wie es in Abschnitt A.1.6, »Datenbank trennen und wieder anfügen«, beschrieben ist.

Access verbindet sich mit Server-Datenbanken über eine besondere Schnittstelle, die *ODBC-Schnittstelle* (englisch *Open Database Connectivity*). In Access können Sie diese Schnittstelle sowohl für den Export als auch für den Import von Daten (und für das Verknüpfen von Tabellen) verwenden. Sie spielt aber beim Import eine wichtigere Rolle als beim Export. Deshalb stelle ich sie erst jetzt ausführlich vor.

Zugriff auf eine Datenquelle über einen ODBC-Treiber

Die ODBC-Schnittstelle ist eine zentrale Schnittstelle, die vom Windows-Betriebssystem für den Zugriff auf Datenquellen bereitgestellt wird. Das Prinzip der Schnittstelle möchte ich Ihnen gerne anhand von Abbildung 4.101 erläutern.

Access, Excel und viele andere Programme nutzen die ODBC-Schnittstelle, um auf andere Datenquellen zuzugreifen. In der Abbildung habe ich Access ❶ als das Programm aufgeführt, das die Schnittstelle nutzt. Da die Schnittstelle von beliebigen Programmen aus genutzt werden kann, werde ich allgemein von der *Anwendung* sprechen.

Kommen wir nun zum zweiten Teil des Konzepts, den Datenquellen ❷. Um auf Daten zugreifen zu können, muss die *Datenquelle* (englisch *connection*) konfiguriert werden: Um welche Art von Datenquelle handelt es sich? Wo liegen die Daten? Wir werden uns in Kürze ansehen, wie eine Datenquelle konfiguriert wird. Für das Konzept entscheidend ist, dass hier die Art von Datenquelle festgelegt wird: Ein sogenannter Datenbanktreiber wird ausgewählt.

Die *Datenbanktreiber* (englisch *database drivers*) sind der dritte Bestandteil der ODBC-Schnittstelle ❸. In jeder Installation des Windows-Betriebssystems ist bereits der Treiber für den Microsoft SQL Server enthalten. Damit der Datenbanktreiber richtig arbeiten kann, muss er wissen, wo die Server-Datenbank ❹ liegt.

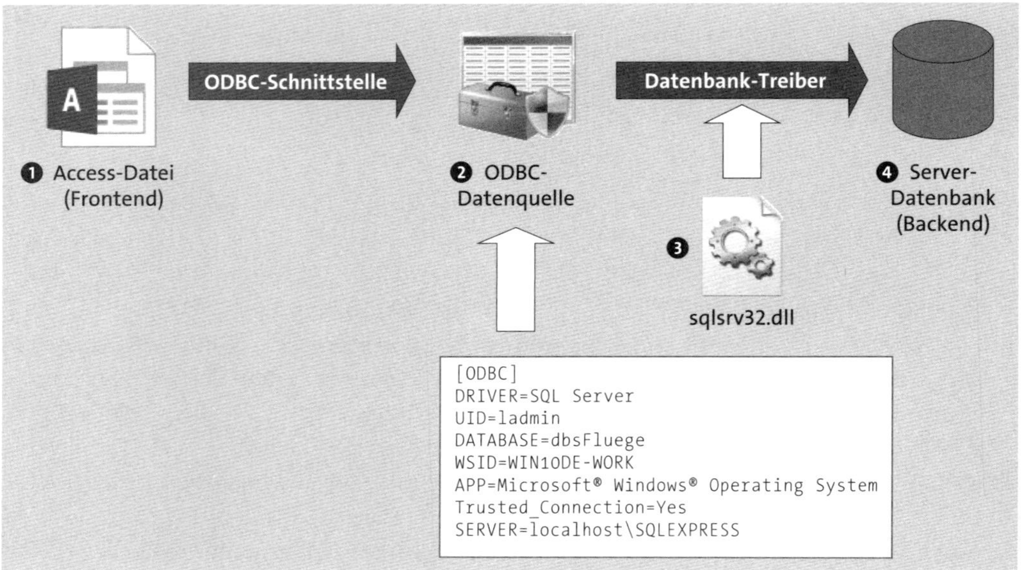

Abbildung 4.101 Über die ODBC-Schnittstelle kann Access ❶ auf die ODBC-Datenquelle ❷ zugreifen. Auf der Seite von ODBC übernimmt der Datenbanktreiber ❸ die Kommunikation mit der Server-Datenbank ❹.

Warum der Umweg über die ODBC-Schnittstelle?

Alle bisherigen Beispiele zum Import und Export von Daten liefen ohne die ODBC-Schnittstelle. In diesen Fällen erledigt Access die Arbeit selbst. Warum jetzt den Umweg über die ODBC-Schnittstelle und Datenbanktreiber nehmen, um auf eine Server-Datenbank zugreifen zu können?

Auf Datenbanktreiber trifft das Gleiche zu, was auch für Gerätetreiber gilt: Sie erhöhen die *Flexibilität*. Konkret bedeutet das: Sie können sich von Access aus mit jeder Art von Datenbank-Server verbinden, egal, ob das nun ein Microsoft SQL Server, eine Oracle-Datenbank, ein mySQL-Server usw. ist. Alles, was Sie dazu benötigen, ist ein passender *ODBC-Treiber*. Für den

Microsoft SQL Server ist der Treiber bereits vorinstalliert. Andere ODBC-Treiber wie beispielsweise der ODBC-Treiber für mySQL (*https://dev.mysql.com/downloads/connector/odbc*) müssen nachträglich installiert werden.

Eine ODBC-Datenquellen einrichten

Wir sind jetzt so weit, dass wir eine ODBC-Datenquelle für unsere Server-Datenbank erstellen können. Verwenden Sie dazu den *ODBC-Datenquellen-Administrator* (Abbildung 4.102).

1. Starten Sie den ODBC-Datenquellen-Administrator (entweder in der Eingabeaufforderung `odbcad32.exe` eintippen oder unter SYSTEMSTEUERUNG • SYSTEM UND SICHERHEIT • VERWALTUNG • ODBC-DATENQUELLEN auswählen; es ist dabei egal, ob Sie die 32-Bit- oder die 64-Bit-Version starten).

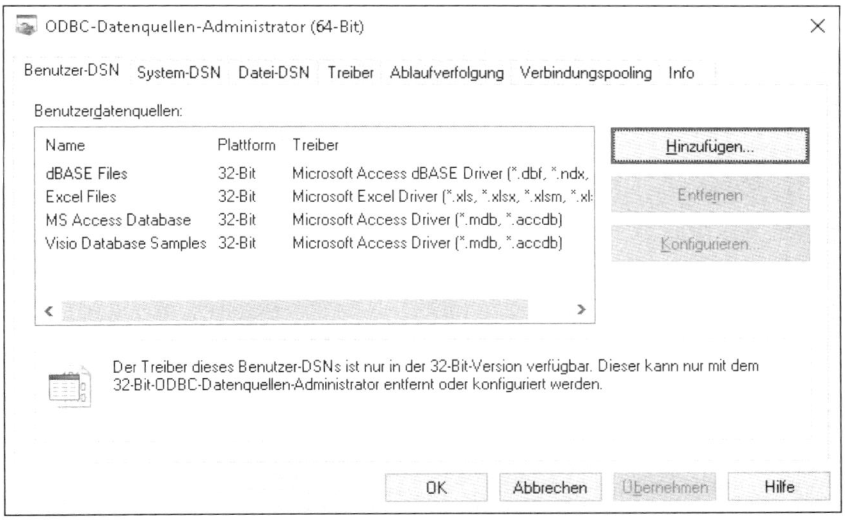

Abbildung 4.102 Im ODBC-Datenquellen-Administrator können Sie eine Datenquelle erstellen. Im Registerblatt »Treiber« finden Sie alle Datenbanktreiber, die auf Ihrem Computer installiert sind. Das Registerblatt »Ablaufverfolgung« kann bei der Fehlersuche behilflich sein.

2. Klicken Sie im Registerblatt BENUTZER-DSN auf HINZUFÜGEN.
3. Wählen Sie den Datenbanktreiber SQL SERVER aus, und klicken Sie auf FERTIG STELLEN.
4. Geben Sie im Feld NAME

   ```
   dsnFluege
   ```

   ein.
5. Geben Sie im Feld SERVER

   ```
   localhost\SQLEXPRESS
   ```

   ein.

6. Klicken Sie auf WEITER.
7. Auf der nächsten Seite des Assistenten können Sie alle standardmäßigen Einstellungen belassen und auf WEITER klicken.
8. Setzen Sie ein Häkchen bei DIE STANDARDDATENBANK ÄNDERN AUF, und wählen Sie *dbsFluege*
   aus.
9. Klicken Sie auf WEITER.
10. Wenn Sie möchten, legen Sie die Sprache der SQL Server-Systemmeldungen fest.
11. Klicken Sie auf FERTIG STELLEN.
12. Der Assistent hat jetzt alle Einstellungen gesammelt, die für die Datenquelle benötigt werden (Abbildung 4.103).

Abbildung 4.103 Nachdem Sie alle Einstellungen zur Datenquelle eingetragen haben, sollten Sie die Datenquelle testen.

13. Ich empfehle Ihnen, an dieser Stelle die Datenquelle zu testen. Klicken Sie dazu auf DATENQUELLE TESTEN. Der ODBC-Datenquellen-Administrator versucht nun, eine Verbindung zur Server-Datenbank aufzubauen.
14. Wenn Sie alles richtig gemacht haben, erscheint die Meldung TESTS ERFOLGREICH ABGESCHLOSSEN (Abbildung 4.104).
15. Klicken Sie zweimal auf OK.

Die Datenquelle steht damit bereit. Sie können sie jetzt von Excel, Access oder von einer beliebigen anderen Anwendung aus nutzen.

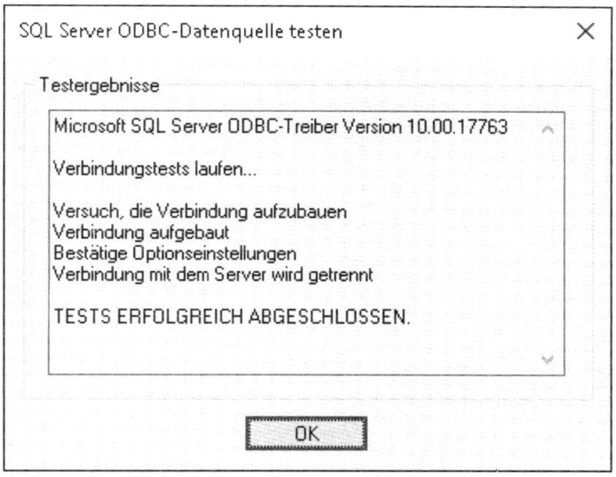

Abbildung 4.104 Beim Testen versucht der ODBC-Datenquellen-Administrator, eine Verbindung zum Datenbank-Server und zur Datenbank aufzubauen.

Benutzer-, System- und Datei-Datenquellen

Im ODBC-Datenquellen-Administrator stehen die ersten drei Registerblätter für die verschiedenen Formen von Datenquellen. Alle drei Formen von Datenquellen können Sie von Access aus nutzen:

- *Benutzer-Datenquellen* gelten nur für den angemeldeten Benutzer. Die Einstellungen werden in der Registry unter *HKEY_CURRENT_USER\Software\ODBC\ODBC.INI* gespeichert.
- *System-Datenquellen* gelten für alle Benutzer, die an diesem Computer arbeiten. Zum Konfigurieren einer System-Datenquelle benötigen Sie eine lokale Administratorberechtigung. Bei System-Datenquellen ist ausnahmsweise die richtige Version des ODBC-Datenquellen-Administrators wichtig (damit meine ich 32 Bit oder 64 Bit; je nachdem, welche Version von Access verwendet wird). 32-Bit-Einstellungen werden in der Registry unter *HKEY_LOCAL_MACHINE\Software\Wow6432Node\ODBC\ODBC.INI*, 64-Bit-Einstellungen hingegen unter *HKEY_LOCAL_MACHINE\Software\ODBC\ODBC.INI* gespeichert.
- Bei einer *Datei-Datenquelle* werden alle Einstellungen in einer *.dsn*-Datei gespeichert. Letztendlich ist das eine Textdatei (genauer gesagt eine *.ini*-Datei).

Von Access aus eine bestehende Datenquelle nutzen

Jetzt wollen wir die Server-Datenbank aber endlich in Access verwenden. Dazu verknüpfen wir die Tabellen, die sich bereits in der Server-Datenbank befinden:

1. Erstellen Sie eine leere Access-Datenbank.
2. Klicken Sie auf EXTERNE DATEN • IMPORTIEREN UND VERKNÜPFEN • NEUE DATENQUELLE • AUS ANDEREN QUELLEN • ODBC-DATENBANK.

3. Wählen Sie auf der ersten Seite des Assistenten aus, dass Sie Tabellen verknüpfen möchten.
4. Als Nächstes wählen Sie die bestehende Datenquelle aus (Abbildung 4.105). Wählen Sie im Registerblatt COMPUTERDATENQUELLE den Eintrag DSNFLUEGE aus, und klicken Sie auf OK.

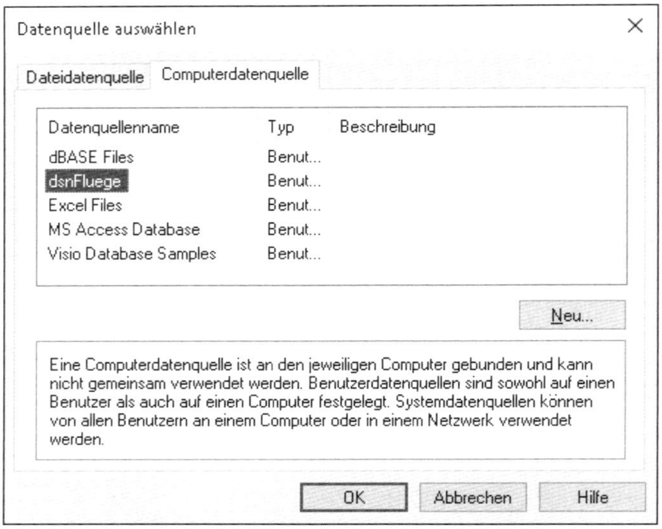

Abbildung 4.105 Die mit dem ODBC-Datenquellen-Administrator erstellte Benutzer-Datenquelle finden Sie im Registerblatt »Computerdatenquelle« wieder.

Der ODBC-Datenquellen-Administrator in anderem Gewand

Hinter dem Dialog DATENQUELLE AUSWÄHLEN verbirgt sich nichts anderes als eine abgespeckte Form des ODBC-Datenquellen-Administrators. Sie werden das erkennen, wenn Sie auf NEU klicken. Auch an dieser Stelle können Sie eine ODBC-Datenquelle konfigurieren.

Lassen Sie sich bitte von der Beschriftung der beiden Register nicht verwirren. Unter DATEIDATENQUELLE erscheinen wie gehabt die *.dsn*-Dateien. Unter COMPUTERDATENQUELLE werden sowohl die Benutzer-Datenquellen als auch die System-Datenquellen in einer gemeinsamen Ansicht aufgelistet.

5. Access zeigt Ihnen nun im Fenster TABELLEN VERKNÜPFEN eine Liste aller Tabellen in der Server-Datenbank an (Abbildung 4.106).
6. Wählen Sie die sieben Tabellen mit Nutzerdaten aus:
   - *dbo.tblAbteilung*
   - *dbo.tblFlug*

- *dbo.tblFlugbuchung*
- *dbo.tblFluggesellschaft*
- *dbo.tblFlughafen*
- *dbo.tblMitarbeiter*
- *dbo.tblProjekt*

7. Klicken Sie auf OK.

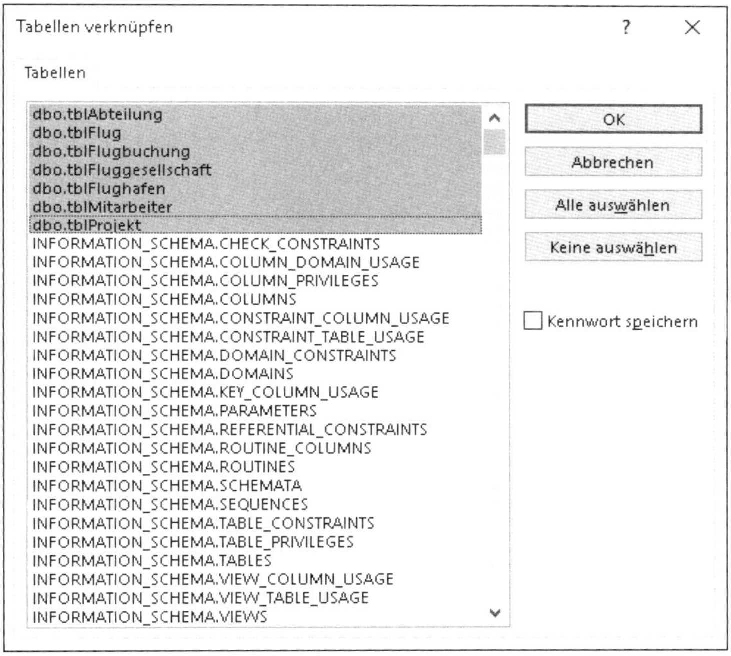

Abbildung 4.106 Wählen Sie in diesem Dialog aus, welche Tabellen der Server-Datenbank Sie in Access verknüpfen möchten. Neben den Tabellen mit den eigentlichen Nutzdaten gibt es in der Server-Datenbank weitere Objekte (mehr dazu im Kasten »Objekte in einer Server-Datenbank«).

Access erstellt nun die Tabellenverknüpfungen. Wenn Sie möchten, können Sie anschließend die Tabellen in Access umbenennen und das Präfix *dbo_* entfernen. Keine Angst: Sie benennen nur die Tabellenverknüpfung in Ihrer Access-Datenbank um. Der Name der Tabelle in der Server-Datenbank bleibt unverändert. In den Materialien zum Buch finden Sie die Access-Datenbank zu diesem Beispiel unter *04_Aussenwelt\4.7.3_Fluege_ODBC_Frontend.accdb*. In dieser Datenbank werden die Tabellenverknüpfungen aber nur dann richtig funktionieren, wenn Sie vorher den SQL Server installiert und die Datenquelle »dsnFluege« eingerichtet haben.

Abbildung 4.107 Tabellen, die aus einer ODBC-Datenquelle verknüpft wurden, erscheinen im Navigationsbereich als eine kleine Weltkugel.

Lassen Sie uns das Ergebnis einmal genauer ansehen. Wie üblich kennzeichnet Access die verknüpften Tabellen mit einem kleinen blauen Pfeil (Abbildung 4.107). Tabellen, die über eine ODBC-Datenquelle verknüpft sind, erkennen Sie sofort an dem besonderen Icon, einer kleinen Weltkugel.

1. **Datensätze hinzufügen, ändern und löschen**
   In der Beispieldatenbank auf dem Server sind die Ihnen bekannten Datensätze vorhanden. Sie können die Datensätze genauso bearbeiten, wie Sie das von Access her kennen. Die Übersetzung zum Datenbank-Server übernimmt dabei der Datenbanktreiber der ODBC-Schnittstelle. Also keinerlei Besonderheiten in diesem Punkt!
2. **Tabellenbeziehungen**
   Wie üblich bei verknüpften Tabellen können Sie in der Frontend-Datenbank keine Tabellenbeziehungen erstellen. Gleichwohl existieren die Tabellenbeziehungen, denn ich habe sie in der Server-Datenbank angelegt. Versuchen Sie einmal, einen Datensatz in der Tabelle *tblFluggesellschaft* zu löschen. Sie werden eine Fehlermeldung des Servers erhalten (Abbildung 4.108).
3. **Entwurfsansicht**
   Dass Sie den Entwurf einer verknüpften Tabelle nicht verändern können, ist Ihnen bereits bekannt. Verwenden Sie stattdessen das SQL Server Management Studio, um die Tabellen direkt in der Server-Datenbank zu verändern.

   Ich möchte Sie an dieser Stelle aber noch einmal auf die Tabelleneigenschaft BESCHREIBUNG hinweisen. Hier finden Sie den Hinweis, dass die Tabelle über die ODBC-Schnittstelle verknüpft ist:

   ```
   ODBC;DSN=dsnFluege;Trusted_Connection=Yes;APP=Microsoft Office;
   DATABASE=dbsFluege;TABLE=dbo.tblFlug
   ```

   Ich werde gleich noch einmal auf die einzelnen Einstellungen, die durch ein Semikolon getrennt sind, zu sprechen kommen.

Abbildung 4.108 Dies ist eine typische Fehlermeldung des SQL Servers, mit der Sie jeden Endanwender schocken können. Im konkreten Fall wurde die Fehlermeldung beim Löschen erzeugt (»DELETE«-Anweisung). Ich habe versucht, einen Datensatz in der Haupttabelle einer 1:n-Beziehung zu löschen. Was in Access unter »referentielle Integrität« bekannt ist, gibt es auch auf dem SQL Server. Nur hat das Kind dort einen anderen Namen: »Reference-Einschränkung« oder im Englischen »reference constraint«.

Objekte in einer Server-Datenbank

Ich möchte noch ein paar Worte zu Abbildung 4.106 verlieren. Sie sehen dort alle Objekte der Server-Datenbank, die Sie als Tabelle verknüpfen können. Das sind:

- Benutzertabellen
- Benutzersichten (Views)
- Systemtabellen
- Systemsichten (Views)

Zur Unterscheidung gibt es auf dem SQL Server sogenannte *Schemata*. Erkennbar ist das an dem Präfix vor dem Punkt. Benutzertabellen stehen in den meisten Fällen im Schema *dbo*. Systemtabellen und Systemsichten liegen entweder im Schema *INFORMATION_SCHEMA* oder *sys*. Ein typisches Beispiel für eine Systemsicht ist *INFORMATION_SCHEMA.TABLES*, die Liste aller vorhandenen Benutzertabellen (ähnlich der Systemtabelle *MSysObjects* in Access). Eine Ausnahme ist die Systemtabelle *dbo.sysdiagrams*, die im Schema *dbo* zu finden ist. Sie enthält das Layout der Datenbankdiagramme des SQL Servers.

Eine Benutzer-Datenquelle oder eine Datei-Datenquelle verwenden?

Ich habe Ihnen gezeigt, wie Sie mit dem ODBC-Datenquellen-Administrator eine Benutzer-Datenquelle erstellen und darüber Tabellen in Access verknüpfen können. Auch mit Hilfe einer Datei-Datenquelle lassen sich Tabellen in Access verknüpfen. In den Materialien zum Buch finden Sie die Datei-Datenquelle *04_Aussenwelt\4.7.3_dsnFluege.dsn* und die Access-Datenbank *04_Aussenwelt\4.7.3_Fluege_ODBC_DateiDSN_Frontend.accdb*. Vom Ergebnis her funktionieren die verknüpften Tabellen exakt so, wie Sie das bei der Benutzer-Datenquelle gesehen haben.

Trotzdem gibt es einen feinen, aber entscheidenden Unterschied! Und zwar in der Tabelleneigenschaft BESCHREIBUNG einer verknüpften Tabelle. Sie werden darin nämlich diesen Inhalt finden:

```
ODBC;DRIVER=SQL Server;SERVER=localhost\SQLEXPRESS;Trusted_Connection=Yes;APP=
Microsoft® Windows® Operating System;DATABASE=dbsFluege;TABLE=dbo.tblFlug
```

Vergleichen Sie diese Zeichenfolge bitte mit dem Eintrag, den wir beim Verknüpfen über die Benutzer-Datenquelle erhalten haben. Es gibt viele Gemeinsamkeiten, aber auch ein paar Unterschiede:

1. **Die Zeichenfolge »ODBC«**
   Diese Zeichenfolge weist Access an, eine Verknüpfung über die ODBC-Schnittstelle herzustellen. Alle weiteren Parameter gibt Access an die ODBC-Schnittstelle weiter.
2. **DRIVER=SQL Server**
   Hiermit wird der Datenbanktreiber der ODBC-Schnittstelle festgelegt. Diesen Eintrag gibt es nur, wenn Sie eine Datei-Datenquelle gewählt haben! Alle weiteren Parameter gibt die ODBC-Schnittstelle übrigens an den Datenbanktreiber weiter.
3. **SERVER=localhost\SQLExpress**
   Der Server-Name (oder `localhost`) plus Name der Instanz. Wenn Sie die sogenannte Standardinstanz verwenden möchten, geben Sie nur den Server-Namen an.
4. **Trusted_Connection=Yes**
   Diese Einstellung hat etwas mit der Benutzerauthentifizierung zu tun. Für Windows-Authentifizierung geben Sie immer diese Einstellung an.
5. **APP=Microsoft® Windows® Operating System**
   Der Name der Frontend-Anwendung. Er ist frei wählbar; denken Sie sich einen passenden Namen aus.
6. **DATABASE=dbsFluege**
   der Name der Server-Datenbank, wie er im SQL Server Management Studio erscheint
7. **TABLE=dbo.tblFlug**
   der Name der Tabelle in der Server-Datenbank

Interessanterweise taucht der Name der Datei-Datenquelle nirgendwo auf! Und genau das ist das Entscheidende: Eine Datei-Datenquelle ist ein bequemer Weg, ODBC-Einstellungen zu konfigurieren. Sobald Sie die Datei-Datenquelle in Access zum Verknüpfen nutzen, kopiert Access alle ODBC-Einstellungen in die Tabellenverknüpfung. Ab jetzt brauchen Sie die Datei-Datenquelle nicht mehr.

Als Alternative gibt es die Benutzer- und System-Datenquellen. Hier bleiben die ODBC-Einstellungen in der Datenquelle, letztendlich also in der Registry, stehen. Genau genommen könnte die Tabelleneigenschaft BESCHREIBUNG noch minimaler ausfallen, als sie von Access normalerweise angelegt wird:

```
ODBC;DSN=dsnFluege;TABLE=dbo.tblFlug
```

Diese Zeichenfolge reicht völlig aus, um die ODBC-Verbindung zur Server-Datenbank herzustellen. Mit der Einstellung

```
DSN=dsnFluege
```

wird auf die Datenquelle »dsnFluege« verwiesen. Dort finden sich alle weiteren ODBC-Einstellungen. Sehr wichtig ist allerdings, dass die Datenquelle stets vorhanden ist – denn sonst schlägt die ODBC-Verbindung fehl!

Je nachdem, an welcher Stelle Sie die ODBC-Einstellungen konfigurieren möchten, sollten Sie sich daher entweder für eine Benutzer- (bzw. System-) oder für eine Datei-Datenquelle entscheiden (Tabelle 4.15).

Merkmal	Benutzer-Datenquelle	System-Datenquelle	Datei-Datenquelle
Speicherort der ODBC-Einstellungen	Registry HKEY_CURRENT_USER	Registry HKEY_LOCAL_MACHINE	in der Access-Datenbank
Datenquelle muss konfiguriert sein	ja	ja	nein
Ändern der ODBC-Einstellungen, ohne die Access-Datenbank zu verändern	ja	ja	nein

Tabelle 4.15 Je nach verwendeter Datenquelle speichert Access die ODBC-Einstellungen mit der Tabellenverknüpfung ab oder verweist auf Einträge in der Registry.

ODBC-Einstellungen per Programmierung (VBA) setzen

Freunde der Programmierung werden bestimmt schon ganz heiß darauf sein, eine ODBC-Tabellenverknüpfung per VBA anzupassen. Wie bereits an anderer Stelle erwähnt, können Sie dazu das entsprechende `TableDef`-Objekt von DAO verwenden. Für den ODBC-Zugriff benötigen Sie die richtige `Connect`-Eigenschaft.

So erstellen Sie eine neue Tabellenverknüpfung:

```
Public Sub ODBCTabellenverknuepfungErstellen()
   Dim dbs As DAO.Database
   Dim tdf As DAO.TableDef
   Set dbs = CurrentDb()
   Set tdf = dbs.CreateTableDef
   tdf.Name = "tblFlug"
   tdf.SourceTableName = "dbo.tblFlug"
   tdf.Connect = "ODBC;DSN=dsnFluege"
```

```
    dbs.TableDefs.Append tdf
    dbs.TableDefs.Refresh
ExitProc:
    dbs.Close
    Set tdf = Nothing
    Set dbs = Nothing
End Sub
```

Diese Schritte sind notwendig, um eine bestehende Tabellenverknüpfung zu ändern:

```
CurrentDb().TableDefs!tblFlug.Connect = "ODBC;DSN=dsnFluege"
CurrentDb().TableDefs!tblFlug.RefreshLink
```

Und schließlich das Löschen einer Tabelle oder Tabellenverknüpfung:

```
CurrentDb().TableDefs.Delete "tblFlug"
CurrentDb().TableDefs.Refresh
```

4.7.4 Optimierung der Client-Server-Anwendung

Ich erinnere mich noch gut an einen Kurs zu Oracle Database, den ich als Teilnehmer besuchte. Der Kursleiter erklärte damals, dass es überhaupt nichts bringe, nur die Tabellen von einer Desktop-Datenbank auf die Server-Datenbank zu verschieben. Wie ich in Abschnitt 4.7.1, »Vor- und Nachteile gegenüber Access«, ausführlich dargelegt habe, vertrete ich diese Ansicht gar nicht. Sie gewinnen schon eine ganze Menge, wenn Sie das Konzept »Desktop-Datenbank« hinter sich lassen und die Tabellen auf eine Server-Datenbank verlagern.

Der Kursleiter meinte damals wohl, dass eine Server-Datenbank eine Fülle mehr bietet als nur Tabellen und dass sich eine Client-Server-Anwendung weiter optimieren lässt. Ich möchte Ihnen in diesem Abschnitt einen Ausblick auf die Möglichkeiten zur Optimierung geben. Aber um es ganz klar zu sagen: Optimierungen sind in vielen Fällen *kein Muss*, sondern *eine Option*! Hier also ein paar der Optionen, die so gut wie jede Server-Datenbank in der einen oder anderen Form anbietet:

1. **Pass-through-Abfragen**

   Die Tabellen sind jetzt auf dem Datenbank-Server, die Abfragen aber noch in der Frontend-Anwendung. In vielen Fällen ist Access so intelligent, dass Filter, Gruppierungen und Aggregationen an den Server weitergereicht werden. Die Arbeit wird also dort erledigt und nicht auf Ihrem Client-Rechner.

   Mit *Pass-through-Abfragen* gehen Sie noch einen Schritt weiter: Sie formulieren die Abfrage im SQL-Dialekt des Datenbank-Servers. Access reicht Pass-through-Abfragen direkt an den Server weiter, so dass sie in jedem Fall dort ausgeführt werden. Ein weiterer Vorteil ist, dass die SQL-Dialekte eines Datenbank-Servers viel umfangreicher sind als der SQL-Sprachumfang von Access.

2. **Sichten (englisch »views«)**
   Eine Sicht ist eine Abfrage, die in der Server-Datenbank gespeichert wird. Dazu wird der SQL-Befehl, wie er beispielsweise in einer Pass-through-Abfrage stehen könnte, direkt in einem Datenbankobjekt auf den Server gespeichert. Sichten bieten noch mehr Möglichkeiten, unter anderem hinsichtlich der Zugriffsberechtigungen. In Access sieht eine Sicht übrigens genauso wie eine Tabelle aus!
3. **Ausführungsplan von Abfragen**
   Im SQL Server Management Studio können Sie sich für eine Abfrage den *Ausführungsplan* (englisch *execution plan*) anzeigen lassen. Das ist ein sehr schönes Hilfsmittel, denn so erfahren Sie, wie der Server eine Abfrage intern verarbeitet. In meinen Augen lassen sich nur mit diesen Informationen Indizes und andere Optimierungen vernünftig planen!
4. **Gespeicherte Prozeduren (englisch »stored procedures«)**
   Lassen Sie den Datenbank-Server mit Daten arbeiten! Eine gespeicherte Prozedur kann unter anderem Variablen, Fallunterscheidungen und Schleifen einsetzen – im Prinzip so ähnlich wie das, was Sie auch mit VBA erreichen könnten. Nur läuft das Programm auf dem Server ab.

Alle diese Themen gehen über den Umfang dieses Buches hinaus. Aber Access und Datenbank-Server sind nun einmal eng miteinander verheiratet. Da liegt es auf der Hand, die Möglichkeiten auch irgendwann zu nutzen.

4.7.5 Access-Projekte

Zum Abschluss des Kapitels möchte ich Ihnen noch ein Märchen aus vergangenen Zeiten erzählen. Kurz vor der Jahrtausendwende brachte Microsoft die Version Access 2000 auf den Markt. Zu dieser Zeit hatten alle Entwickler mit dem Jahr-2000-Problem zu kämpfen, so dass es von meinem Gefühl her wenig Neuerungen verglichen mit der Vorgängerversion gab.

Ein Feature war jedoch eine absolute Neuheit: Neben Access-Datenbanken (*.mdb*-Dateien) konnte man mit Access erstmals einen anderen Dateityp erstellen, nämlich ein Access-Projekt (*.adp*-Datei). Access-Projekte gab es dann über mehrere Versionen hinweg, bis sie mit Access 2013 wieder abgeschafft wurden. Insofern gehört dieses Thema wirklich in die Märchenstunden, denn mit einem Access-Projekt können Sie mit der aktuellen Version von Access gar nichts mehr anfangen, nicht einmal das Öffnen funktioniert!

Was hatte es sich mit dem Access-Projekt nun auf sich? Kurz gesagt war ein Access-Projekt eine Access-Datenbank, die immer mit einer Microsoft-SQL-Server-Datenbank verbunden war (Abbildung 4.109). Alle Tabelle, Abfragen und Diagramme lagen in der Server-Datenbank. In der lokalen Datei gab es nur Formulare, Berichte, Makros und Module. Letztendlich also eine saubere Trennung von Frontend und Backend.

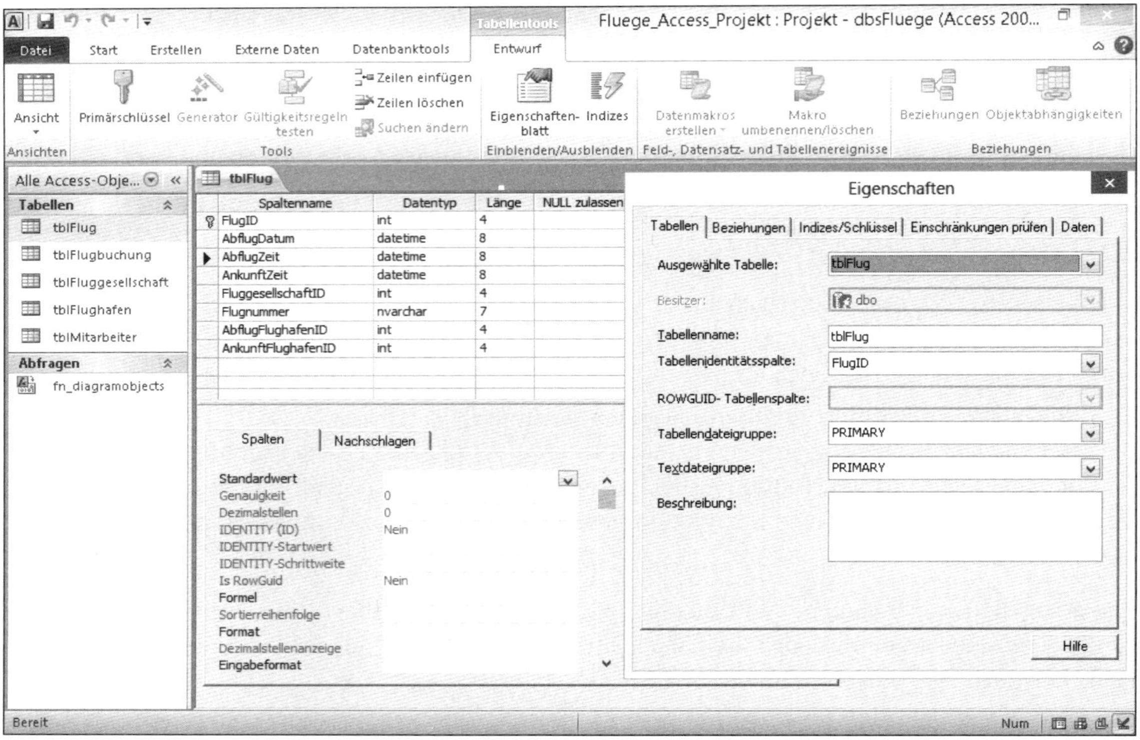

Abbildung 4.109 So sieht ein Access-Projekt in Access 2010 aus. Seit Access 2013 werden Access-Projekte gar nicht mehr unterstützt.

Nun sind die Access-Projekte aber einmal Geschichte. Das ist in meinen Augen auch nicht weiter schlimm, denn schließlich gibt es immer noch die verknüpften Tabellen, über die Sie sich mit einer Server-Datenbank verbinden können. Access-Projekte waren insofern interessant, als Sie die Tabellen auf dem Server direkt von Access aus erstellen und ändern konnten. Für diese Aufgaben gibt es jetzt nur noch das SQL Server Management Studio.

Was tun mit Access-Projekten?

Für alle Nutzer von Access-Projekten besteht jetzt Handlungsbedarf: Alle Access-Projekte müssen in Desktop-Datenbanken umgewandelt werden.

1. Starten Sie Access 2010 oder eine ältere Version.
2. Erstellen Sie eine neue Desktop-Datenbank (*.accdb*-Datei).
3. Verknüpfen Sie die benötigten Tabellen und Sichten der Server-Datenbank.
4. Importieren Sie abschließend alle Formulare, Berichte, Makros und Module aus dem Access-Projekt.

4.8 Workshops zum SQL Server

In den nächsten drei Workshops zeige ich Ihnen anhand unserer Beispieldatenbank, wie das Backend einer Datenbank auf dem SQL Server entwickelt und in Access angebunden wird. Los geht es mit der leeren Datenbank *dbsFluege*. Alle Schritte zur Installation der Microsoft SQL Server 2017 Express Edition können Sie in Abschnitt A.1.2, »SQL Server Express Edition installieren«, nachlesen. Wie eine leere Datenbank im SQL Server Management Studio (SSMS) erstellt wird, ist in Abschnitt A.1.5, »Eine Datenbank im SQL Server erstellen«, erklärt.

4.8.1 Workshop: Tabellen im SQL Server erstellen und in Access nutzen

Beginnen wir mit der Tabelle *tblFlughafen*. Sie lässt sich im SSMS wie folgt erstellen:

1. Erweitern Sie im Objekt-Explorer die Datenbank *dbsFluege*.
2. Klicken Sie mit der rechten Maustaste auf TABELLEN, und wählen Sie im Kontextmenü den Eintrag NEU • TABELLE ... aus.
3. Tagen Sie im rechten Bereich die Felder mit den Felddatentypen ein:
   - »FlughafenID« (`int`, NULL-Werte nicht zulassen)
   - »FlughafenName« (`nvarchar(128)`, NULL-Werte nicht zulassen)
   - »IATACode« (`char(3)`, NULL-Werte zulassen)
   - »ICAOCode« (`char(4)`, NULL-Werte nicht zulassen)
   - »IstAktiv« (`bit`, NULL-Werte nicht zulassen)

   Den Felddatentyp können Sie im entsprechend Kombinationsfeld umschalten und anschließend gegebenenfalls in den Klammern die Feldgröße eintippen. Das Ganze sollte jetzt so wie in Abbildung 4.110 aussehen.
4. Klicken Sie in der Symbolleiste auf die Schaltfläche zum Speichern (`Strg` + `S`).
5. Geben Sie als Namen der Tabelle

   ```
   tblFlughafen
   ```

   ein.

Wenn Sie den Eintrag TABELLEN im Objekt-Explorer erweitern, sollte die neu erstellte Tabelle unter dem Namen *dbo.tblFlughafen* erscheinen (unter Umständen müssen Sie die Anzeige mit `F5` aktualisieren). Die Entwurfsansicht im rechten Bereich können Sie nun schließen.

Im Prinzip funktioniert die Entwurfsansicht im SSMS ähnlich wie die in Access. Selbsterklärend sind die Häkchen in der Spalte NULL-WERTE ZULASSEN für optionale Felder. Etwas Umdenken erfordert hingegen der Felddatentyp, denn hier gibt es ein paar Unterschiede zu Access – und zwar nicht nur in der Bezeichnung.

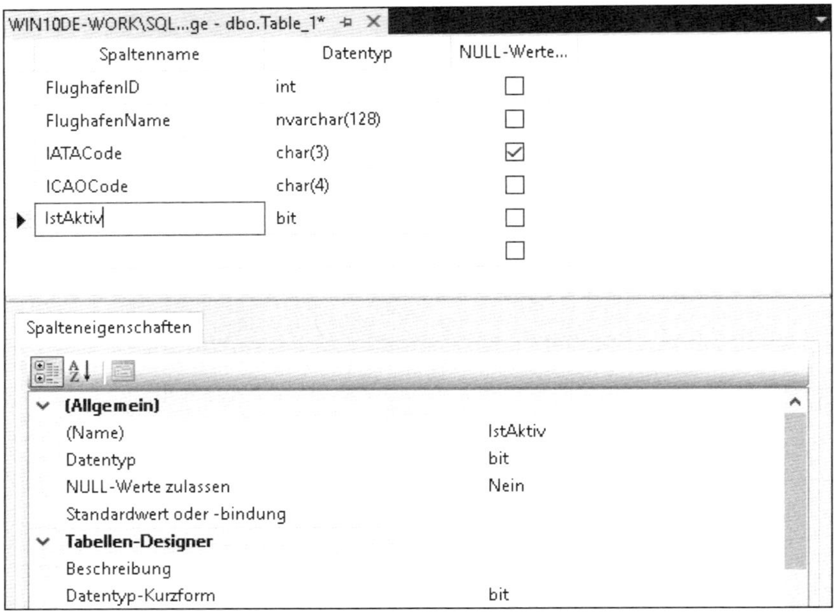

Abbildung 4.110 In der Entwurfsansicht legen Sie die Felder einer Tabelle mit ihren Felddatentypen fest.

SQL Server Felddatentyp	Access Felddatentyp	Bemerkung
`nvarchar(...)`	Kurzer Text	in den Klammern die Feldgröße, maximal 4.000 Zeichen
`nchar(...)`	–	feste Anzahl von Zeichen
`varchar(...)`	–	wie `nvarchar(...)`, aber nicht Unicode
`char(...)`	–	wie `nchar(...)` feste Anzahl von Zeichen, aber nicht Unicode
`nvarchar(max)`	Langer Text	maximal 2 GB Daten pro Datensatz
`varchar(max)`	–	wie `nvarchar(max)`, aber nicht Unicode
`tinyint`	Byte	
`smallint`	Integer	
`int`	Long Integer	Vorsicht: Entspricht nicht Integer, sondern Long Integer in Access!

Tabelle 4.16 Dies sind die wichtigsten Felddatentypen des SQL Servers. Nicht in allen Fällen gibt es ein Pendant in Access.

SQL Server Felddatentyp	Access Felddatentyp	Bemerkung
bigint	–	Wird von Access als KURZER TEXT verarbeitet.
real	SINGLE	
float	DOUBLE	
decimal(...)	DEZIMAL	
datetime	DATUM/UHRZEIT	
datetime2(...)	–	Wird von Access als KURZER TEXT verarbeitet.
datetimeoffset	–	Wird von Access als KURZER TEXT verarbeitet.
smalldatetime	–	
date	–	Wird von Access als KURZER TEXT verarbeitet.
time	–	Wird von Access als KURZER TEXT verarbeitet.
money	WÄHRUNG	
smallmoney	–	
bit	JA/NEIN	
varbinary(max)	OLE-OBJEKT	maximal 2 GB Daten pro Datensatz

Tabelle 4.16 Dies sind die wichtigsten Felddatentypen des SQL Servers. Nicht in allen Fällen gibt es ein Pendant in Access. (Forts.)

Die Auflistung in Tabelle 4.16 ist nicht ganz vollständig; sie zeigt aber, dass der SQL Server mehr Felddatentypen kennt als Access. Das mag zunächst verlockend klingen, funktioniert aber später bei der Anbindung in Access nicht immer einwandfrei. Wenn Sie auf der sicheren Seite bleiben möchten, sollten Sie sich auf diejenigen Felddatentypen beschränken, für die es ein Pendant in Access gibt. Dadurch werden Ihnen Konvertierungsprobleme oder andere Überraschungen durch Inkompatibilität erspart bleiben.

Identitätsspezifikation statt »AutoWert«

Eigentlich verbirgt sich hinter dem Access-Felddatentyp AUTOWERT eine normale Zahl und der Mechanismus, dass das Feld automatisch belegt wird. Im SQL Server wurden beide Dinge voneinander getrennt, weshalb für das ID-Feld der normale Felddatentyp `int` zum Einsatz kommt.

Wenn Sie möchten, dass der SQL Server dieses Feld ähnlich wie in Access automatisch füllt, hilft Ihnen die `identity`-Eigenschaft weiter (umständlich als »Identitätsspezifikation« übersetzt). Ich zeige Ihnen gleich die einzelnen Schritte dazu.

Bisher hat unsere Tabelle keinen Primärschlüssel. Dies lässt sich mit wenigen Mausklicks nachholen:

1. Öffnen Sie die Tabelle in der Entwurfsansicht, indem Sie im Objekt-Explorer mit der rechten Maustaste auf die Tabelle klicken und im Kontextmenü den Eintrag ENTWERFEN anklicken.
2. Klicken Sie im ersten Feld mit der rechten Maustaste, und wählen Sie im Kontextmenü den Eintrag PRIMÄRSCHLÜSSEL FESTLEGEN aus. Der Schlüssel vor dem Feld »FlughafenID« kennzeichnet, dass dieses Feld der Primärschlüssel wird.
3. Im unteren Bereich finden Sie in den Spalteneigenschaften die Rubrik IDENTITÄTSSPEZIFIKATION. Klappen Sie diese auf, und stellen Sie folgende Werte ein:
   - IST IDENTITY: JA
   - IDENTITÄTSSEED: 1
   - ID-INKREMENT: 1

   Diese Einstellungen bilden den AutoWert von Access nach (IDs hochzählen, mit 1 beginnen, immer um 1 erhöhen). Im Folgenden werde ich nur noch den zugehörigen SQL-Befehl `identity(1, 1)` für die Einstellungen zur Identitätsspezifikation erwähnen.
4. Klicken Sie in der Symbolleiste auf die Schaltfläche zum Speichern (Strg + S).

Höchstwahrscheinlich werden Sie an dieser Stelle eine Fehlermeldung erhalten:

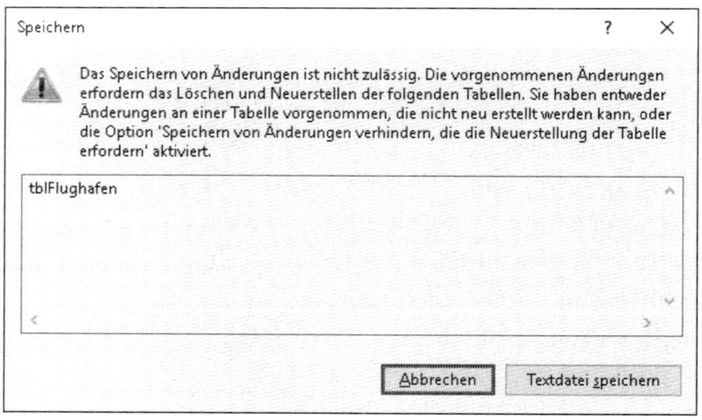

Abbildung 4.111 Diese Fehlermeldung erscheint, wenn eine Änderung nicht so einfach möglich ist. Bei solchen Änderungen muss die Tabelle gelöscht und neu aufgebaut werden, wodurch alle Datensätze darin verlorengehen.

Klicken Sie in diesem Fall auf ABBRECHEN, und erlauben Sie die automatische Neuerstellung einer Tabelle wie im nächsten Kasten beschrieben. Danach sollten sich die Änderungen problemlos speichern lassen.

Änderungen, die eine Neuerstellung der Tabelle erfordern

Access ist ausgesprochen entgegenkommend, was das Ändern von Tabellen betrifft. Sie können so gut wie alle Eigenschaften nachträglich anpassen. Irgendwie bekommt Access die Änderungen schon hin. Bei Tabellen mit mehreren Millionen Datensätzen müsste man das Wörtchen »hoffentlich« ergänzen ...

Der SQL Server ist von vornherein für sehr große Datenmengen konzipiert und unterstützt nur einige wenige Befehle zum Ändern des Datenbankdesigns. Grundsätzlich wird auf dem SQL Server eher diese Strategie verfolgt:

1. alte Tabelle umbenennen
2. Tabelle neu erstellen
3. Daten umkopieren
4. alte Tabelle löschen

Solange keine Daten in den Tabellen vorhanden sind, entfällt der vorletzte Schritt, und alles wird einfacher. Genau dafür gibt es eine Komforteinstellung im SSMS:

1. Rufen Sie über EXTRAS • OPTIONEN die Einstellungen des SSMS auf.
2. Gehen Sie zur Seite DESIGNER • TABELLEN UND DATENBANK-DESIGNER.
3. Entfernen Sie das Häkchen bei SPEICHERN VON ÄNDERUNGEN VERHINDERN, DIE DIE NEUERSTELLUNG DER TABELLE ERFORDERN.
4. Klicken Sie auf OK.

Fortan wird das SSMS eine Tabelle automatisch löschen und neu erstellen, wenn der SQL Server keinen Befehl zur Änderung anbietet. **Und bei einem solchen Vorgang alle Datensätze der Tabelle löschen!** Also Vorsicht mit dieser Option in produktiv genutzten Datenbanken (ich würde das Häkchen nur kurzzeitig entfernen und so früh wie möglich wieder setzen).

Damit ist die Tabelle *tblFlughafen* fertig. In analoger Weise können Sie die anderen Tabellen unserer Beispieldatenbank erstellen:

- *tblFluggesellschaft*
  - »FluggesellschaftID« (`int`, NULL-Werte nicht zulassen, `identity(1, 1)`, Primärschlüssel)
  - »FluggesellschaftName« (`nvarchar(128)`, NULL-Werte nicht zulassen)
  - »IATACode« (`varchar(3)`, NULL-Werte zulassen)
- *tblFlug*
  - »FlugID« (`int`, NULL-Werte nicht zulassen, `identity(1, 1)`, Primärschlüssel)
  - »AbflugDatum« (`datetime`, NULL-Werte nicht zulassen)

  - »AbflugZeit« (`datetime`, NULL-Werte nicht zulassen)
  - »AnkunftZeit« (`datetime`, NULL-Werte nicht zulassen)
  - »FluggesellschaftID« (`int`, NULL-Werte nicht zulassen)
  - »Flugnummer« (`smallint`, NULL-Werte nicht zulassen)
  - »AbflugFlughafenID« (`int`, NULL-Werte nicht zulassen)
  - »AnkunftFlughafenID« (`int`, NULL-Werte nicht zulassen)
- *tblAbteilung*
  - »AbteilungID« (`int`, NULL-Werte nicht zulassen, `identity(1, 1)`, Primärschlüssel)
  - »AbteilungName« (`nvarchar(32)`, NULL-Werte nicht zulassen)
- *tblMitarbeiter*
  - »MitarbeiterID« (`int`, NULL-Werte nicht zulassen, `identity(1, 1)`, Primärschlüssel)
  - »Nachname« (`nvarchar(32)`, NULL-Werte nicht zulassen)
  - »Vorname« (`nvarchar(32)`, NULL-Werte zulassen)
  - »Geschlecht« (`char(1)`, NULL-Werte nicht zulassen)
  - »Geburtsdatum« (`datetime`, NULL-Werte zulassen)
  - »AbteilungID« (`int`, NULL-Werte nicht zulassen)
- *tblProjekt*
  - »ProjektID« (`int`, NULL-Werte nicht zulassen, `identity(1, 1)`, Primärschlüssel)
  - »ProjektName« (`nvarchar(32)`, NULL-Werte nicht zulassen)
  - »ProjektAbkuerzung« (`nvarchar(4)`, NULL-Werte nicht zulassen)
  - »Beginn« (`datetime`, NULL-Werte nicht zulassen)
  - »Ende« (`datetime`, NULL-Werte zulassen)
- *tblFlugbuchung*
  - »FlugbuchungID« (`int`, NULL-Werte nicht zulassen, `identity(1, 1)`, Primärschlüssel)
  - »FlugID« (`int`, NULL-Werte nicht zulassen)
  - »MitarbeiterID« (`int`, NULL-Werte nicht zulassen)
  - »TicketBuchungsCode« (`nvarchar(32)`, NULL-Werte zulassen)
  - »Kosten« (`money`, NULL-Werte zulassen)
  - »AbrechnungAufProjektID« (`int`, NULL-Werte zulassen)
  - »PrivaterFlug« (`bit`, NULL-Werte nicht zulassen)

Das Ergebnis entspricht weitgehend unserer Beispieldatenbank in Access, die Sie in den Materialien zum Buch unter *03_Abfragen\3_Fluege.accdb* finden. Trotzdem fehlen noch folgende Elemente: referentielle Integrität, Feld- und Tabellengültigkeitsregeln sowie Indizes. Im nächsten Workshop in Abschnitt 4.8.2, »Workshop: Datenbankdesign auf dem SQL Server«, werde ich diese wichtigen Punkte ergänzen.

Hier finden Sie die fertige Datenbank

Falls Ihnen das Erstellen aller Tabellen zu aufwendig ist, finden Sie die fertige SQL Server-Datenbank im Verzeichnis *04_Aussenwelt\4.8.1_dbsFluege_Microsoft_SQL_Server*. Kopieren Sie die beiden Dateien *dbsFluege.mdf* und *dbsFluege_log.ldf* in das Datenverzeichnis des SQL Servers, das bei der Installation festgelegt wurde. Standardmäßig ist es dieses:

C:\Program Files\Microsoft SQL Server\MSSQL14.SQLEXPRESS\MSSQL\DATA

Fügen Sie anschließend die Datenbank im SSMS an, wie es in Abschnitt A.1.6, »Datenbank trennen und wieder anfügen«, beschrieben ist.

Selbstverständlich lassen sich alle Tabellen auch mit SQL-Befehlen erstellen und befüllen. Bei Interesse finden Sie die vollständigen Befehle in den beiden Dateien *dbsFluege_alle_Tabellen_erstellen.sql* und *dbsFluege_alle_Tabellen_fuellen.sql*. Beide können Sie im SSMS über DATEI • ÖFFNEN • DATEI … ([Strg] + [O]) öffnen und anschließend die SQL-Befehle darin mit [F5] ausführen lassen. Und fertig ist die Datenbank!

Nachdem die Datenbankstruktur steht, kommen wir nun zu den Datensätzen in den Tabellen. Im SSMS gibt es genau wie in Access eine Datenblattansicht, die aber auf die ersten 200 Datensätze beschränkt ist. So lassen sich Datensätze einer Tabelle in der Datenblattansicht bearbeiten:

1. Klicken Sie im Objekt-Explorer mit der rechten Maustaste auf die Tabelle und wählen Sie im Kontextmenü den Eintrag OBERSTE 200 ZEILEN BEARBEITEN aus.
2. Die Datenblattansicht ist fast identisch mit der von Access. Sobald Sie etwas eintippen, erscheinen rote Warnzeichen (Abbildung 4.112). Keine Sorge: Diese weisen lediglich darauf hin, dass der Wert noch nicht abgespeichert ist.

Probieren Sie einmal aus, einen neuen Datensatz in der Tabelle *tblFlughafen* anzulegen. Dies wird Ihnen nur gelingen, wenn Sie im Feld »IstAktiv« entweder 0 oder 1 eintragen. Ein Häkchen für JA/NEIN-Felder wie in Access gibt es leider nicht.

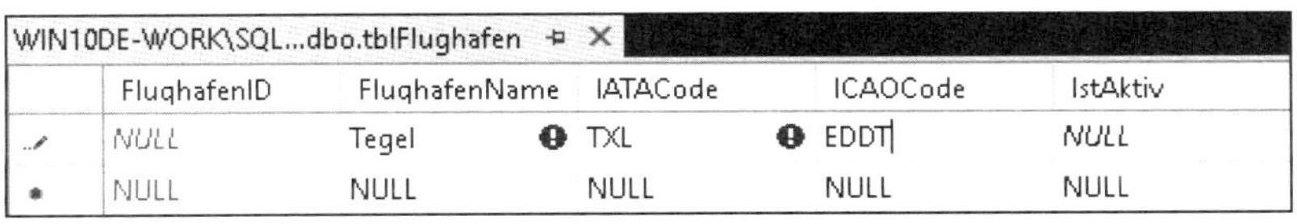

Abbildung 4.112 Im SSMS gibt es eine Datenblattansicht, die auf die ersten 200 Zeilen begrenzt ist.

Warum akzeptiert der SQL Server den Datensatz nur dann, wenn wir im `bit`-Feld etwas eintragen? Nun, wir haben es selbst so vorgegeben; für das Feld »IstAktiv« sollen NULL-Werte nicht zulässig sein.

Best Practice beim Felddatentyp »bit«

Access verhält sich bei JA/NEIN-Feldern ganz anders: Solche Felder sind in Access grundsätzlich niemals NULL. Ist Ihnen schon einmal aufgefallen, dass es die Eigenschaft EINGABE ERFORDERLICH beim Felddatentyp JA/NEIN gar nicht gibt? Access kennt also nur »Häkchen nicht gesetzt« oder »Häkchen gesetzt«. Ein JA/NEIN-Feld hat in Access auch stets einen Standardwert.

Etwas flexibler ist hingegen der SQL Server; neben den Werten 0 und 1 sind NULL-Werte hier grundsätzlich möglich. Davon sollten Sie aber tunlichst die Finger lassen, um Access nicht völlig aus dem Konzept zu bringen. Folgende Regeln für den Felddatentyp `bit` haben sich im Zusammenspiel mit Access bewährt:

- NULL-Werte nicht zulassen
- immer einen Standardwert setzen

Den Standardwert für das `bit`-Feld können wir schnell ergänzen:

1. Öffnen Sie die Tabelle *tblFlughafen* in der Entwurfsansicht.
2. Klicken Sie auf das Feld »IstAktiv«.
3. Im unteren Bereich in den SPALTENEIGENSCHAFTEN finden Sie die Zeile STANDARDWERT ODER -BINDUNG. Tragen Sie hier den gewünschten Standardwert ein, beispielsweise die Zahl 1.
4. Klicken Sie in der Symbolleiste auf die Schaltfläche zum Speichern (Strg + S).

In entsprechender Weise können Sie den Standardwert für das `bit`-Feld in der Tabelle *tblFlugbuchung* ergänzen. Beide Änderungen lassen sich selbstverständlich auch per SQL bewerkstelligen:

```
alter table dbo.tblFlughafen
    add constraint DF_tblFlughafen_IstAktiv
        default (1) for IstAktiv
alter table dbo.tblFlugbuchung
    add constraint DF_tblFlugbuchung_PrivaterFlug
        default (0) for PrivaterFlug
```

Listing 4.27 Standardwerte werden in SQL als Default-Einschränkung (engl. »default constraint«) ergänzt, obwohl sie – genau wie in Access – eigentlich gar nichts einschränken.

Mit Standardwerten in den `bit`-Feldern sollte es problemlos möglich sein, die Tabellen mit Datensätzen zu füllen.

Wie Sie in diesem Workshop gesehen haben, finden sich viele Konzepte aus Access im SQL Server wieder. Der SQL Server bietet natürlich noch viel mehr Funktionen, was weit über den

Umfang dieses Buches hinausgeht. Für den ersten Einstieg reicht es aber aus, dass Sie wissen, wie sich Tabellen auf dem SQL Server mit Hilfe des SSMS erstellen und ändern lassen.

Abschließend in diesem Workshop gehen wir wieder zurück zu Access, denn schließlich möchten wir die Tabellen des SQL Servers von einer Desktop-Datenbank aus nutzen. Bevor wir die Tabellen verknüpfen können, benötigen wir zunächst eine passende ODBC-Datenquelle.

1. Starten Sie den ODBC-Datenquellen-Administrator (entweder in der Eingabeaufforderung `odbcad32.exe` eintippen oder unter SYSTEMSTEUERUNG • SYSTEM UND SICHERHEIT • VERWALTUNG • ODBC-DATENQUELLEN auswählen; es ist dabei egal, ob Sie die 32-Bit- oder die 64-Bit-Version starten).
2. Klicken Sie im Registerblatt BENUTZER-DSN auf HINZUFÜGEN.
3. Wählen Sie den Datenbanktreiber SQL SERVER aus, und klicken Sie auf FERTIG STELLEN.
4. Geben Sie im Feld NAME

   `dsnFluege`

   ein.
5. Geben Sie im Feld SERVER den Namen des SQL Servers und der Instanz ein. Es ist der gleiche Name, den Sie auch schon im SSMS verwendet haben (mehr dazu in Abschnitt A.1.4, »SQL Server Management Studio: Das universelle Werkzeug zur Verwaltung des SQL Servers«). Falls Sie den SQL Server und Access auf dem gleichen Computer verwenden, dürfte dieser Wert passen:

   `localhost\SQLEXPRESS`
6. Klicken Sie auf WEITER.
7. Auf der nächsten Seite des Assistenten können Sie alle standardmäßigen Einstellungen belassen und auf WEITER klicken.
8. Setzen Sie ein Häkchen bei DIE STANDARDDATENBANK ÄNDERN AUF, und wählen Sie

   dbsFluege

   aus.
9. Klicken Sie auf WEITER und dann auf FERTIG STELLEN.

Mit Hilfe dieser Datenquelle lassen sich die Tabellen schließlich in Access verknüpfen:

1. Erstellen Sie eine leere Access-Datenbank.
2. Klicken Sie auf EXTERNE DATEN • IMPORTIEREN UND VERKNÜPFEN • NEUE DATENQUELLE • AUS DATENBANK • AUS SQL SERVER.
3. Wählen Sie auf der ersten Seite des Assistenten aus, dass Sie Tabellen verknüpfen möchten.
4. Wählen Sie im Registerblatt COMPUTERDATENQUELLE den Eintrag DSNFLUEGE aus, und klicken Sie auf OK.

5. Wählen Sie die ersten sieben Tabellen aus, und klicken Sie auf OK.
   - *dbo.tblAbteilung*
   - *dbo.tblFlug*
   - *dbo.tblFlugbuchung*
   - *dbo.tblFluggesellschaft*
   - *dbo.tblFlughafen*
   - *dbo.tblMitarbeiter*
   - *dbo.tblProjekt*
6. Entfernen Sie durch Umbenennen jeweils das Präfix *dbo_* von den verknüpften Tabellen.

Jetzt können Sie die Tabellen auf dem SQL Server von Access aus nutzen, als ob sie Bestandteil der Desktop-Datenbank wären. Zur Demonstration habe ich die Datei *04_Aussenwelt\4.8.1_Fluege_SQLServer.accdb*, die Sie in den Materialien zum Buch finden, um Abfragen, Formulare und Berichte ergänzt.

Trotzdem möchte ich nicht verschweigen, dass es auch ein paar Abweichungen zu Access gibt, wie Sie beispielsweise in der Datenblattansicht (Abbildung 4.113) erkennen:

- `bit`-Felder werden als Textfeld und nicht als Häkchen dargestellt.
- Die AUTOWERT-Angaben erscheinen erst nach dem Speichern des Datensatzes.
- Der Standardwert (in diesem Beispiel: 1) wird nicht angezeigt; auch er erscheint erst nach dem Speichern.

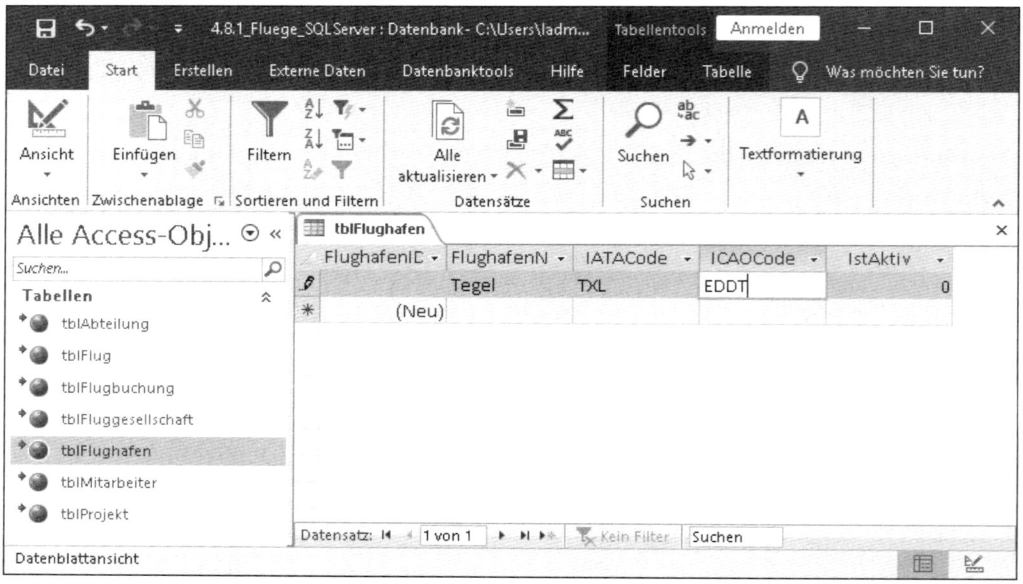

Abbildung 4.113 In der Datenblattansicht einer verknüpften Tabelle können Sie von Access aus wie üblich Datensätze eintragen und bearbeiten.

In der Praxis spielen diese Besonderheiten kaum eine Rolle, weil man die Darstellung eines Datensatzes in Formularen und Berichten ohnehin exakt aussteuern kann.

4.8.2 Workshop: Datenbankdesign auf dem SQL Server

Dieser zweite Workshop zum SQL Server baut auf dem ersten aus Abschnitt 4.8.1, »Workshop: Tabellen im SQL Server erstellen und in Access nutzen«, auf, denn bisher fehlen in unserer Beispieldatenbank drei wichtige Elemente:

- Fremdschlüssel und referentielle Integrität
- Feld- und Tabellengültigkeitsregeln
- Indizes

In diesem Workshop werde ich Ihnen im Schnelldurchlauf erläutern, wie Sie diese wichtigen Elemente einer relationalen Datenbank auf dem SQL Server mit dem SQL Server Management Studio (SSMS) ergänzen.

Fremdschlüssel und referentielle Integrität

Beginnen wir mit Fremdschlüsseln, die für 1:1- und 1:n-Beziehungen zwischen den Tabellen benötigt werden, und der damit zusammenhängenden referentiellen Integrität. Zur Erinnerung: referentielle Integrität bedeutet, dass eine ID in der Detailtabelle auch in der Haupttabelle vorhanden sein muss. Ohne referentielle Integrität können inkonsistente Datensätze auftreten.

Eine typische 1:n-Beziehung besteht in unserer Datenbank zwischen den Tabellen *tblFlug* (Haupttabelle, 1-Seite der Beziehung) und *tblFlugbuchung* (Detailtabelle, n-Seite der Beziehung). Abbildung 4.114 gibt den passenden Ausschnitt aus dem Datenbankdiagramm wieder.

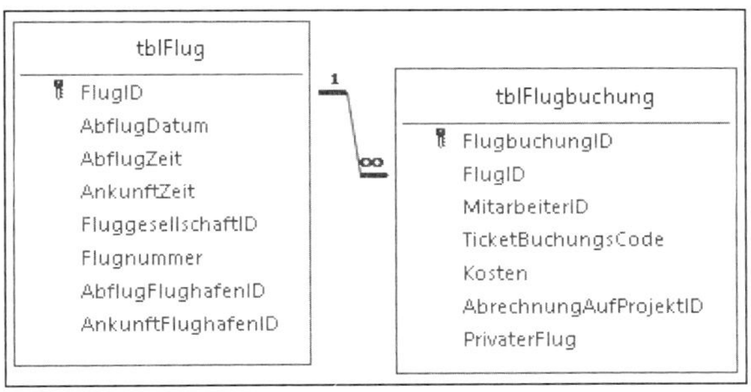

Abbildung 4.114 Zwischen den Tabellen »tblFlug« und »tblFlugbuchung« besteht eine 1:n-Beziehung.

In Access wird die 1:n-Beziehung im Datenbankdiagramm vom Dialog BEZIEHUNGEN BEARBEITEN ausgehend konfiguriert (Abbildung 4.115).

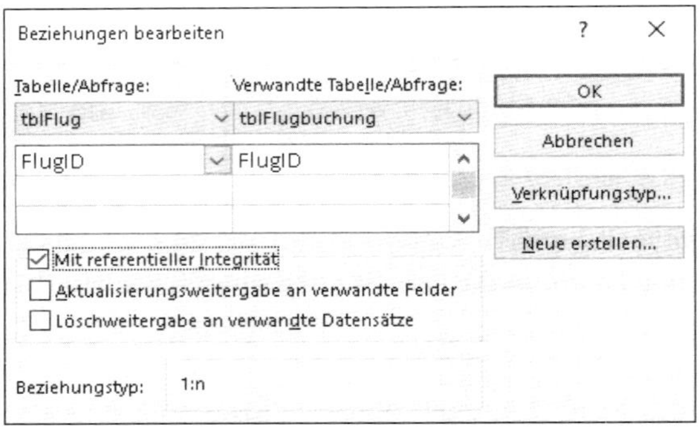

Abbildung 4.115 In Access wird die 1:n-Beziehung im Dialog »Beziehungen bearbeiten« festgelegt.

Auf dem SQL Server startet man hingegen stets in der Detailtabelle:

1. Öffnen Sie die Tabelle *tblFlugbuchung* im SSMS in der Entwurfsansicht.
2. Klicken Sie im Menü auf TABELLEN-DESIGNER • BEZIEHUNGEN ... Es erscheint der Dialog FREMDSCHLÜSSELBEZIEHUNGEN.
3. Klicken Sie auf HINZUFÜGEN, um eine neue Beziehung zu erstellen.
4. Gehen Sie im rechten Bereich zu TABELLEN- UND SPALTENSPEZIFIKATION, und klicken Sie am rechten Rand auf die Schaltfläche mit den drei Punkten.
5. Im Dialog TABELLEN UND SPALTEN müssen Sie zunächst die richtige Haupttabelle auswählen, die im SSMS mit dem Namen PRIMÄRSCHLÜSSELTABELLE bezeichnet wird. Es ist die Tabelle *tblFlug*.
6. Wählen Sie anschließend unterhalb von *tblFlug* den Primärschlüssel »FlugID« der Haupttabelle aus.
7. Rechts daneben steht die Detailtabelle *tblFlugbuchung*. Schalten Sie darunter auf das Feld mit dem Fremdschlüssel um, das ebenfalls »FlugID« heißt.

   Jetzt sollte alles so wie in Abbildung 4.115 aussehen, was dem bekannten Dialog in Access sehr ähnelt.

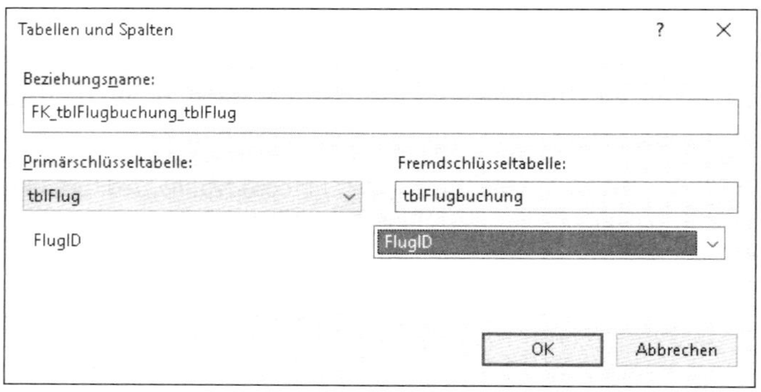

Abbildung 4.116 Im SSMS wird eine Tabellenbeziehung als Fremdschlüssel eingetragen.

8. Klicken Sie auf OK, um zum vorhergehenden Fenster zu gelangen.
9. Im unteren Bereich sehen Sie die Eigenschaft FREMDSCHLÜSSELEINSCHRÄNKUNG ERZWINGEN. Genau diese Einstellung entspricht dem Häkchen bei MIT REFERENTIELLER INTEGRITÄT unter Access. Hier sollte unbedingt der Wert JA stehen, damit die referentielle Integrität aktiv ist.
10. Klicken Sie anschließend auf SCHLIESSEN.
11. Der Fremdschlüssel wird erst erzeugt, wenn Sie auf SPEICHERN klicken (Strg + S).

Alle diese Schritte lassen sich auch wieder über einen SQL-Befehl bewerkstelligen:

```
alter table dbo.tblFlugbuchung
    add constraint FK_tblFlugbuchung_FlugID
        foreign key (FlugID)
        references dbo.tblFlug(FlugID)
```

Listing 4.28 Ein Fremdschlüssel wird in SQL als Foreign-Key-Einschränkung erzeugt.

Die anderen Tabellenbeziehungen lassen sich in entsprechender Weise ergänzen. Alle SQL-Befehle, mit denen sich die Ergänzungen dieses Workshops in einem Rutsch bewerkstelligen lassen, finden Sie übrigens in den Materialien zu diesem Buch unter *04_Aussenwelt\4.8.2_dbsFluege_Microsoft_SQL_Server\dbsFluege_Einschraenkungen_ergaenzen.sql*.

Feld- und Tabellengültigkeitsregeln

Der SQL Server unterscheidet nicht zwischen Feld- und Tabellengültigkeitsregeln; Gültigkeitsregeln heißen hier schlichtweg CHECK-Einschränkungen. In unserer Beispieldatenbank gibt es eine Feldgültigkeitsregel in der Tabelle *tblMitarbeiter*: Für das Feld »Geschlecht« sind nur die Werte »M« oder »W« erlaubt. Diese ergänzen wir nun in der Datenbank auf dem SQL Server:

1. Öffnen Sie die Tabelle *tblMitarbeiter* im SSMS in der Entwurfsansicht.
2. Klicken Sie im Menü auf TABELLEN-DESIGNER • CHECK-EINSCHRÄNKUNGEN ... Es erscheint der Dialog EINSCHRÄNKUNGEN ÜBERPRÜFEN.
3. Klicken Sie auf HINZUFÜGEN, um eine neue Gültigkeitsregel zu erstellen.
4. Tragen Sie im rechten Bereich in die Zeile AUSDRUCK die Gültigkeitsregel in der Syntax des SQL Servers ein:

   ```
   Geschlecht = 'M' or Geschlecht = 'W'
   ```

5. Klicken Sie auf SCHLIESSEN, und speichern Sie die Änderung an der Tabelle ab (Strg + S).

Auch Gültigkeitsregeln lassen sich mit einem SQL-Befehl umsetzen:

```
alter table dbo.tblMitarbeiter
    add constraint CK_tblMitarbeiter_Geschlecht
        check(Geschlecht = 'M' or Geschlecht = 'W')
```

Listing 4.29 Dieser SQL-Befehl ergänzt in unserer Tabelle eine CHECK-Einschränkung.

Indizes

Kommen wir zuletzt zu den Indizes, die entweder eindeutig sind und dadurch einen Alternativschlüssel umsetzen oder als allgemeine Indizes lediglich die Geschwindigkeit von Abfragen verbessern. Wie Sie sich vielleicht schon denken können, geht es wieder in der Entwurfsansicht der Tabelle los, zu der der Index gehört.

Zunächst erstellen wir für die Tabelle *tblMitarbeiter* den Alternativschlüssel, der aus den Feldern »Nachname« und »Vorname« gebildet wird:

1. Öffnen Sie die Tabelle *tblMitarbeiter* im SSMS in der Entwurfsansicht.
2. Klicken Sie im Menü auf TABELLEN-DESIGNER • INDIZES/SCHLÜSSEL ... Im Dialog INDIZES/SCHLÜSSEL sehen Sie den bereits vorhandenen Primärschlüssel.
3. Klicken Sie auf HINZUFÜGEN, um einen neuen Index zu erstellen.
4. Für einen Alternativschlüssel muss der Index eindeutig sein. Setzen Sie deshalb im rechten Bereich die Eigenschaft IST EINDEUTIG auf JA.
5. In der Eigenschaft SPALTEN stehen die Felder des Index, getrennt durch Komma. Klicken Sie der Einfachheit halber auf die Schaltfläche mit den drei Punkten, und wählen Sie die beiden Felder »Nachname« und »Vorname« aus. Der Wert sollte jetzt

   ```
   Nachname (ASC), Vorname (ASC)
   ```

   lauten.

Es gibt darunter noch die Eigenschaft TYP, wo Sie unter anderem zwischen EINDEUTIGEN SCHLÜSSEL und INDEX umschalten können. Das klingt so, als ob es einen Alternativschlüssel ohne Index gäbe. Das ist jedoch nicht der Fall, und im Wesentlichen gibt es zwischen beiden Typen keinen Unterschied. Per SQL-Befehl lässt sich der Alternativschlüssel wie folgt erstellen:

```
alter table dbo.tblMitarbeiter
    add constraint AK_tblMitarbeiter_Name
        unique
        (
            Nachname,
            Vorname
        )
```

Listing 4.30 Mit diesem SQL-Befehl wird in der Tabelle ein Alternativschlüssel ergänzt.

Schließlich gibt es noch den allgemeinen Index, beispielsweise auf der Tabelle *tblMitarbeiter* über die drei Felder »AbteilungID«, »Nachname« und »Vorname«. Er wird genauso wie ein Alternativschlüssel erstellt, nur mit der Ausnahme, dass die Eigenschaft IST EINDEUTIG auf NEIN gesetzt wird. Auch hierfür gibt es einen passenden SQL-Befehl:

```
create index idxMitarbeiter_AbteilungID_Name
on dbo.tblMitarbeiter
(
    AbteilungID,
    Nachname,
    Vorname
)
```

Listing 4.31 Ein Index wird mit diesem SQL-Befehl für eine bereits bestehende Tabelle erstellt.

Datenbankdiagramme

Beziehungen zwischen den Tabellen lassen sich richtig gut erst mit Hilfe von Datenbankdiagrammen überblicken.

1. Erweitern Sie im SSMS die Datenbank *dbsFluege*.
2. An erster Position erscheint der Ordner DATENBANKDIAGRAMME. Wenn Sie diesen Ordner das erste Mal erweitern oder doppelklicken, erscheint eine Hinweismeldung (Abbildung 4.117). Klicken Sie in diesem Fall auf JA, um die fehlende Systemtabelle *sysdiagrams* zu ergänzen.

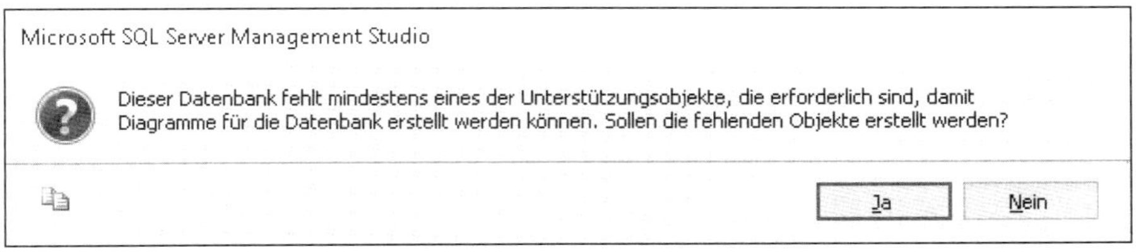

Abbildung 4.117 Alle Informationen zu den Datenbankdiagrammen werden in der Systemtabelle »sysdiagrams« gespeichert. Diese Meldung erscheint, wenn »sysdiagrams« noch nicht vorhanden ist.

Anschließend können Sie im Kontextmenü (rechte Maustaste) ein neues Datenbankdiagramm erstellen, das zunächst noch leer ist. Das weitere Prozedere kennen Sie bereits zur Genüge aus Access: Tabellen hinzufügen und anordnen; die bereits vorhandenen Beziehungen werden dabei in die Anzeige übernommen.

Etwas gewöhnungsbedürftig ist es, dass die Beziehungen zwischen den Tabellen zwar angezeigt werden, aber frei an den Tabellen und nicht wie in Access an den Schlüsselfeldern hängen. Gleichwohl können Sie die Tabellen und Beziehungen im Diagramm so anordnen, dass die Schlüsselfelder auf den ersten Blick erkennbar sind (Abbildung 4.118). Abschließend können Sie das Diagramm speichern und dabei einen aussagekräftigen Namen vergeben.

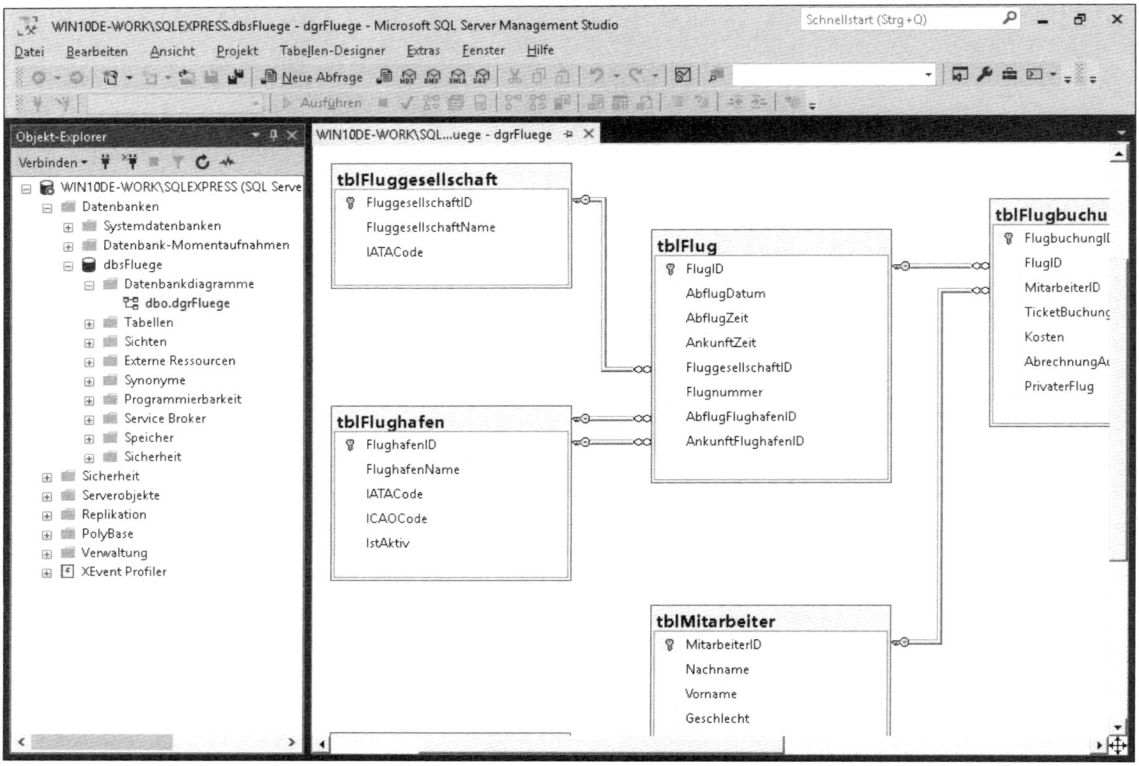

Abbildung 4.118 Im SSMS lassen sich für jede Datenbank mehrere Datenbankdiagramme verwalten.

Die fertige Beispieldatenbank mit allen Tabellen, Fremdschlüsseln mit referentieller Integrität, der Feld-Gültigkeitsregel, allen Alternativschlüsseln, allen Indizes und mit Datensätzen finden Sie in den Materialien zum Buch im Verzeichnis *04_Aussenwelt\4.8.2_dbsFluege_Microsoft_SQL_Server*. Kopieren Sie wie bereits beim ersten Workshop die beiden Dateien *dbsFluege.mdf* und *dbsFluege_log.ldf* in das Datenverzeichnis des SQL Servers, und fügen Sie die Datenbank im SSMS an. Ergänzend finden Sie im erwähnten Verzeichnis die vollständigen SQL-Befehle zum Erstellen und Befüllen der Datenbank.

In diesem zweiten Workshop zum SQL Server haben wir unsere Datenbank vervollständigt, damit Inkonsistenzen gar nicht erst entstehen können. Vom Frontend her hat sich nichts geändert. Aus diesem Grund lässt sich die Access-Datenbank aus dem ersten Workshop, die Sie in den Materialen zum Buch unter *04_Aussenwelt\4.8.1_Fluege_SQLServer.accdb* finden, weiterhin unverändert nutzen.

4.8.3 Workshop: Eine bestehende Access-Datenbank auf den SQL Server migrieren

Wer das Backend seiner Datenbank etwas bequemer auf den SQL Server verschieben will, kann sich die Migration einfach gestalten und dafür ein kostenlos erhältliches Programm verwenden: den *Microsoft SQL Server Migrationsassistent (SSMA) für Access*. In diesem Workshop werden wir alle Tabellen samt Daten aus unserer Beispieldatenbank, die Sie in den Materialien zum Buch unter *04_Aussenwelt\4.8.3_Fluege_Access.accdb* finden, migrieren.

Den SSMA gibt es nur mit englischer Benutzeroberfläche. Sie erhalten die Installationsdateien über die Website von Microsoft (*https://www.microsoft.com*), indem Sie dort nach »SSMA for Access« suchen. Abhängig davon, ob Sie die 32-Bit- oder 64-Bit-Variante von Access installiert haben, sollten Sie die passende Datei des SSMA herunterladen. Nach der Installation finden Sie im Startmenü das Programm MICROSOFT SQL SERVER MIGRATION ASSISTANT FOR ACCESS.

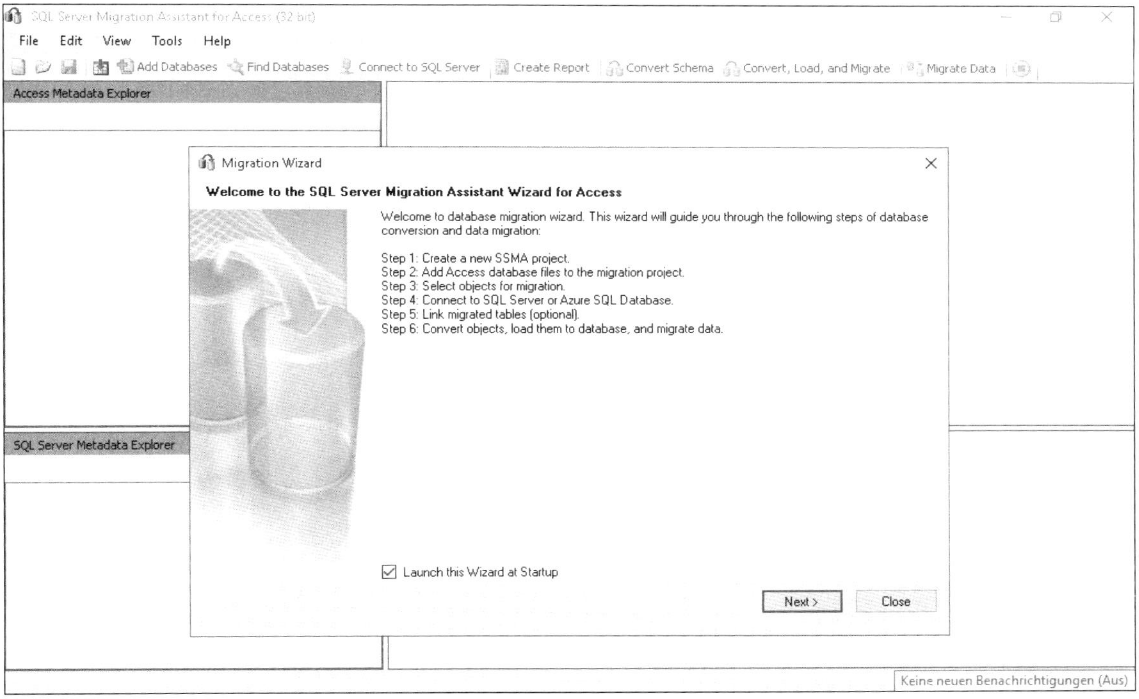

Abbildung 4.119 Auf den Assistenten im Assistenten können Sie verzichten.

Wenn Sie möchten, nutzen Sie den *Migration Wizard* (Abbildung 4.119). Wie üblich in diesem Buch verzichte ich auf den Assistenten und zeige Ihnen die einzelnen Schritte. Als Erstes benötigen wir ein neues Projekt für die Migration.

1. Klicken Sie im Menü auf FILE • NEW PROJECT ...
2. Es erscheint der Dialog NEW PROJECT (Abbildung 4.120)

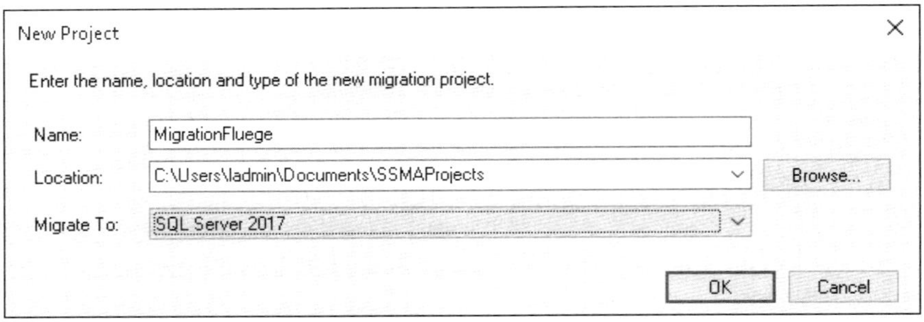

Abbildung 4.120 Für das Projekt wird gleich zu Beginn die Zielplattform, in unserem Fall »SQL Server 2017«, festgelegt.

3. Hier ist wichtig, dass Sie unter MIGRATE TO die richtige Version des SQL Servers auswählen. Ich vermute, dass aus Gründen des Marketings standardmäßig AZURE SQL DATABASE, die Cloud-Lösung von Microsoft, voreingestellt ist. Für eine eigene Installation der Microsoft SQL Server 2017 Express Edition wie in Abschnitt A.1.2, »SQL Server Express Edition installieren«, beschrieben wählen Sie bitte hier den Wert SQL SERVER 2017 aus.
4. Klicken Sie auf OK, um das leere Projekt zu erstellen.
5. Als Nächstes verbinden wir uns schon einmal mit dem SQL Server, indem wir im Menü auf FILE • CONNECT TO SQL SERVER klicken.

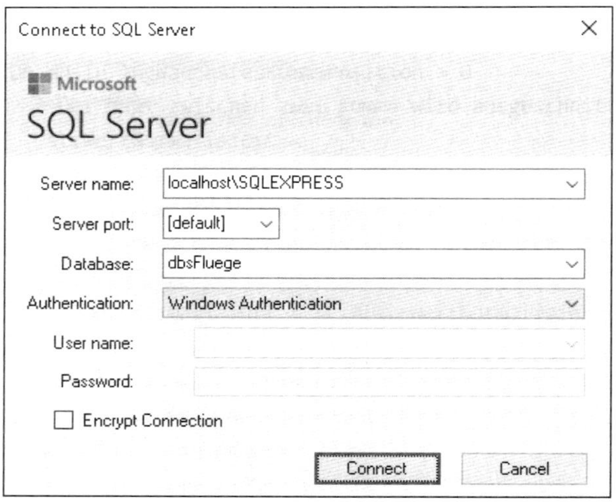

Abbildung 4.121 Der Verbindungsaufbau zum SQL Server sieht sehr ähnlich wie im SSMS aus.

6. Tragen Sie in diesem Dialog (Abbildung 4.121) unter SERVER NAME den Namen des SQL Servers und der Instanz ein. Es ist der gleiche Name, den Sie auch schon im SSMS verwendet haben (mehr dazu in Abschnitt A.1.4, »SQL Server Management Studio: Das universel-

le Werkzeug zur Verwaltung des SQL Servers«). Falls Sie den SQL Server und Access auf dem gleichen Computer verwenden, dürfte dieser Wert passen:

```
localhost\SQLEXPRESS
```

7. Im Textfeld DATABASE dürfen Sie den Namen der Datenbank auf dem SQL Server frei wählen. Ich habe »dbsFluege« eingetragen.
8. Für lokale Installationen des SQL Servers ist eine verschlüsselte Verbindung nicht unbedingt notwendig beziehungsweise müsste erst auf Seite des SQL Servers konfiguriert werden. Entfernen Sie daher das Häkchen bei ENCRYPT CONNECTION.
9. Klicken Sie auf CONNECT. Falls die Datenbank *dbsFluege* auf dem SQL Server noch nicht existiert, werden Sie an dieser Stelle informiert und sollten sie durch den SSMA erstellen lassen.

Der SSMA ist jetzt mit dem SQL Server verbunden; das Ziel unserer Migration steht damit fest. Jetzt kommt die Quelle, nämlich unsere Access-Datenbank. Der Menüeintrag ADD DATABASES deutet darauf hin, dass man mit dem SSMA mehrere Access-Datenbanken gleichzeitig migrieren kann. Wir belassen es bei einer Datenbank und fügen diese hinzu:

1. Klicken Sie im Menü auf FILE • ADD DATABASES ...
2. Wählen Sie die Datei *04_Aussenwelt\4.8.3_Fluege_Access.accdb* aus, die Sie in den Materialien zum Buch finden, und klicken Sie auf ÖFFNEN.
3. Erweitern Sie im oberen Bereich den Knoten ACCESS-METADATA und dann den Knoten DATABASES. Hier erscheint die Access-Datenbank.
4. Wenn Sie die Access-Datenbank erweitern, wird sie durch den SSMA geöffnet und analysiert. Unterhalb der Knoten QUERIES und TABLES erscheinen alle Abfragen und Tabellen (Abbildung 4.122).

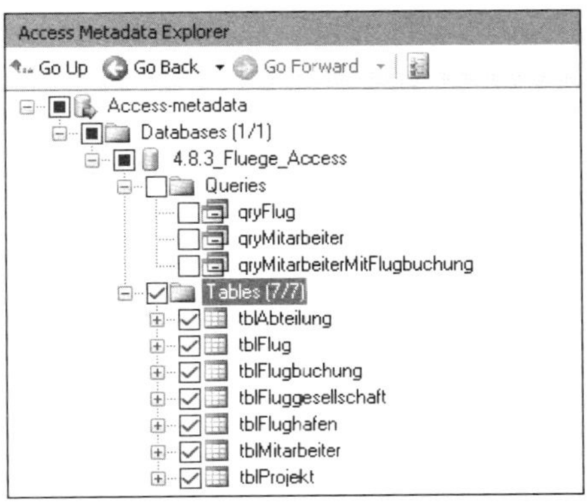

Abbildung 4.122 Wählen Sie im »Access Metadata Explorer« aus, welche Datenbankobjekte übertragen werden sollen.

5. Für den ersten Start empfehle ich Ihnen, nur die Tabellen zu migrieren. Setzen Sie daher ein Häkchen bei TABLES.

Wenn Sie auf den Knoten TABLES klicken, erscheint rechts davon ein Registerblatt mit sehr wichtigen Informationen, dem TYPE MAPPING. Hier wird jeder Felddatentyp von Access einem passenden Felddatentyp des SQL Servers zugewiesen. Ich möchte an dieser Stelle noch einmal auf Tabelle 4.16 verweisen, wo die Unterschiede aufgeführt sind. Im Wesentlichen stimmt das voreingestellte Mapping mit dieser Tabelle überein – mit Ausnahme des Felddatentyps Datum/Uhrzeit (als DATE bezeichnet). Voreingestellt ist als Ziel `datetime2`; ich bin hier etwas konservativ und empfehle Ihnen, das Mapping in `datetime` zu ändern:

1. Klicken Sie im Registerblatt TYPE MAPPING auf den Eintrag `date`.
2. Klicken Sie auf EDIT.
3. Wählen Sie unter TARGET TYPE den Eintrag `datetime`, aus und klicken Sie auf OK.
4. Klicken Sie auf APPLY, um die Änderungen im Mapping zu übernehmen.

Der Felddatentyp `datetime2` ist relativ neu im SQL Server. Dies ist vielleicht auch der Grund dafür, dass Access solche Felder lediglich als kurzer Text und nicht als Datum erkennt. Und so lange das der Fall ist, würde ich ehrlich gesagt die Finger davonlassen und bei der bewährten Variante `datetime` bleiben.

Damit sind alle Vorbereitungen abgeschlossen. Klicken Sie im Menü auf TOOLS • CONVERT, LOAD, AND MIGRATE, um die Migration aller Tabellen samt Inhalt zu starten. Der Assistent zeigt an, dass die Tabellen auf dem SQL Server noch nicht vorhanden sind und neu erstellt werden.

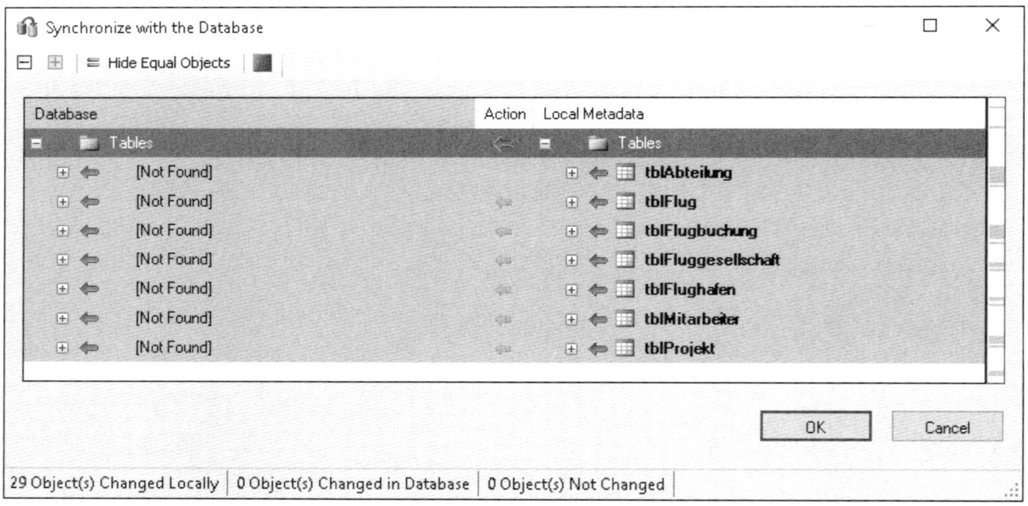

Abbildung 4.123 Mit »Database« ist die Seite des SQL Servers gemeint, wo es noch keine der Tabellen gibt.

Nach Abschluss der Migration empfehle ich Ihnen, einen Blick auf die Ausgabe zu werfen, die Sie im unteren Bereich unter OUTPUT finden. Unbedingt sollten Sie sich auch die Fehler unter ERROR LIST ansehen. Für unsere Beispieldatenbank gab es immerhin einen Fehler bei der Migration:

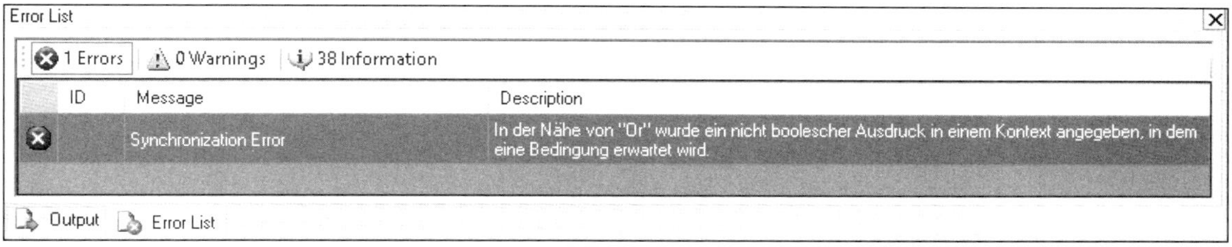

Abbildung 4.124 Fehler bei der Migration werden in der Fehlerliste aufgeführt und sollten überprüft werden.

Die Ursache des Fehlers ist, dass der SSMA in der Tabelle *tblMitarbeiter* die Feldgültigkeitsregel nicht übertragen konnte. Hier ist also nach der Migration manuelle Nacharbeit angesagt (Listing 4.29).

Abschließend lassen wir durch den SSMA unsere Access-Datenbank verändern; alle migrierten Tabellen sollen durch Verknüpfungen zur Datenbank auf dem SQL Server ersetzt werden.

1. Klicken Sie im oberen Bereich im ACCESS METADATA EXPLORER auf TABLES.
2. Wählen Sie im Menü den Punkt TOOLS • LINK TABLES aus.

Alle Tabellen werden nun durch gleichnamige Verknüpfungen ersetzt.

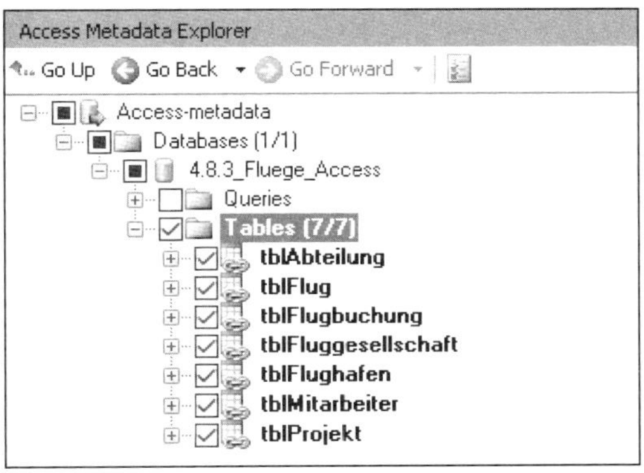

Abbildung 4.125 Der »Access Metadata Explorer« kann die Tabellen in der Access-Datenbank durch Verknüpfungen ersetzen.

Wenn Sie die Access-Datenbank nun öffnen, sehen Sie einerseits die verknüpften Tabellen. Daneben existieren immer noch die lokalen Tabellen, die vom SSMA umbenannt wurden (*SSMA$...$local*). Wenn die Migration erfolgreich war, können Sie diese alten Kopien löschen.

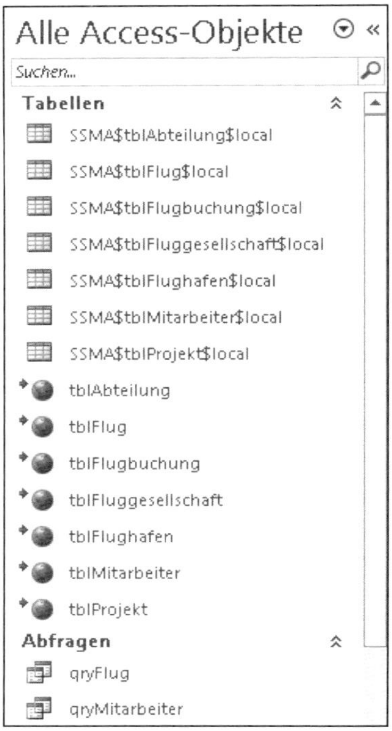

Abbildung 4.126 Nach der Migration befinden sich die umbenannten Tabellen noch in der Access-Datenbank.

Neben den Tabellen kann der SSMA auch Abfragen von Access zu *Sichten* (engl. *Views*) auf dem SQL Server migrieren. Für einige Abfragen kann das durchaus sinnvoll sein. In jedem Fall empfehle ich Ihnen, das Ergebnis der Migration genau zu prüfen und wenn notwendig zu korrigieren.

Kapitel 5

SQL – die Programmiersprache für Datenbanken

Jede Abfrage entspricht einem SQL-Befehl.

Access kennt gleich zwei Programmiersprachen: SQL und Visual Basic for Applications (VBA). In diesem Kapitel stelle Ihnen die erste – die *Structured Query Language* (SQL) – vor.

5.1 Warum SQL lernen?

Mit SQL können Sie Abfragen genauso erstellen, wie Sie es in Kapitel 3, »Daten filtern, sortieren und zusammenfassen: Abfragen«, kennengelernt haben. Jetzt stellt sich gleich die Frage: Warum eine eigene Programmiersprache, wenn es doch den grafischen Abfrage-Editor gibt? Grundsätzlich benötigen Sie die Programmiersprache nicht. Das gilt übrigens auch für VBA: Access bietet reichhaltige Funktionen, die Sie vollständig ohne Programmierung nutzen können. Trotzdem sprechen fünf Punkte für SQL:

- Abfragen ohne den grafischen Abfrage-Editor erstellen (manche Menschen bevorzugen Text)
- exotische Abfragen (UNION-, Datendefinitionsabfragen und Pass-through-Abfragen)
- Unterabfragen
- flexible Abfragen per VBA-Programm generieren
- SQL ist die Abfragesprache für Datenbanken schlechthin, und fast jede relationale Datenbank arbeitet damit.

Auf flexible Abfragen in VBA werde ich in Abschnitt 10.2, »Aktionsabfragen ausführen«, eingehen. Zu den ersten drei Punkten finden Sie nähere Informationen in diesem Kapitel.

5.1.1 Voraussetzungen für dieses Kapitel

Der Start mit SQL wird Ihnen leichter fallen, wenn Sie bereits mit Abfragen, dem grafischen Abfrage-Editor und den verschiedenen Abfragetypen vertraut sind. Viele Themen aus diesem Kapitel habe ich bereits in Kapitel 3 vorgestellt; in den folgenden Abschnitten finden Sie die Ergänzungen in Bezug auf SQL.

5.1.2 Der grafische Abfrage-Editor und SQL

Bevor es mit SQL losgeht, noch eine sehr gute Nachricht: SQL lernen ist ganz einfach! Jede Abfrage, die Sie mit dem grafischen Abfrage-Editor erstellt haben, übersetzt Access für Sie in die Sprache SQL.

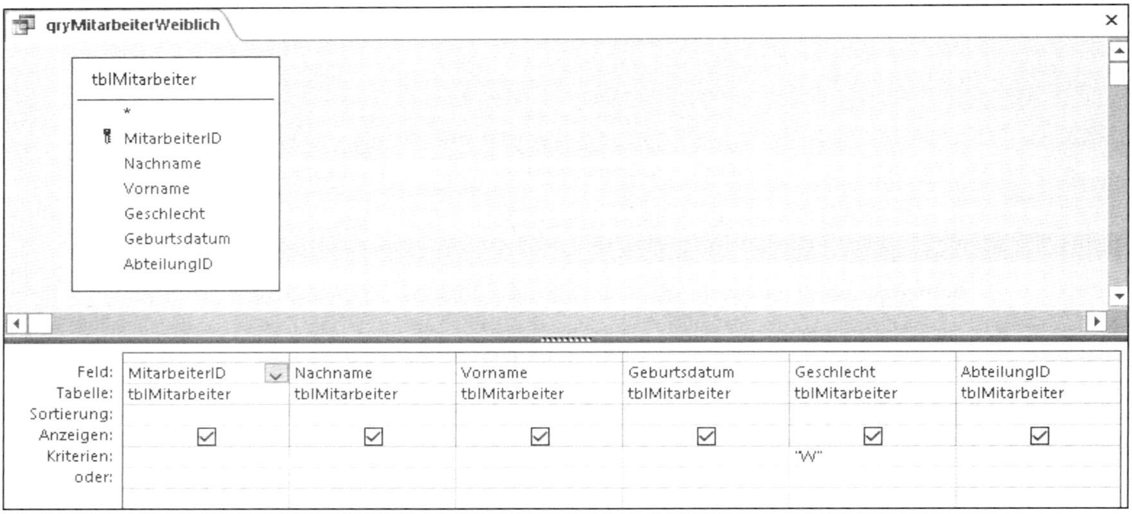

Abbildung 5.1 Eine einfache Auswahlabfrage in der Entwurfsansicht

Wenn Sie auf ENTWURF • ERGEBNISSE • ANSICHT • SQL-ANSICHT klicken, sehen Sie den SQL-Befehl für diese Abfrage:

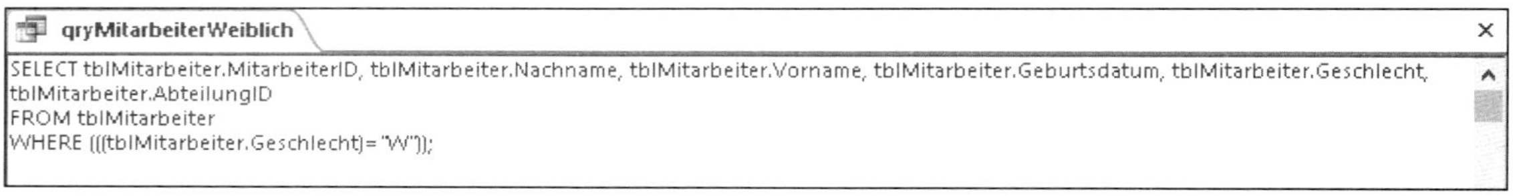

Abbildung 5.2 Die gleiche Abfrage in der SQL-Ansicht

Genauso können Sie wieder zur Entwurfsansicht zurückschalten. Mit dieser fantastischen Funktion von Access lässt sich jede Änderung im SQL-Code auf der grafischen Seite nachverfolgen.

5.2 Daten abfragen: SELECT

Mit dem Befehl `SELECT` erstellen Sie eine *Auswahlabfrage*. Die komplette Syntax dieses Befehls lautet:

```
SELECT [prädikat] { * | tabelle.* | [tabelle.]feld1 [AS alias1] [, [tabelle.]feld2
[AS alias2] [, ...]]}FROM datenquelle [, ...] [IN externedatenbank][WHERE ...]
[GROUP BY ...][HAVING ...][ORDER BY ...][WITH OWNERACCESS OPTION]
;
```

Listing 5.1 Aus diesen Bestandteilen kann der SELECT-Befehl prinzipiell bestehen. Nach den Schlüsselwörtern nennt man die SQL-Befehle »Klauseln«, also beispielsweise SELECT-Klausel, FROM-Klausel, WHERE-Klausel usw.

Auf den ersten Blick ist das sehr erschreckend. Das liegt vor allem daran, dass der SELECT-Befehl ein wahrer Alleskönner ist: Er kann unter anderem berechnen, verknüpfen, filtern, gruppieren und sortieren. Doch keine Angst, ich werde schrittweise vorgehen und Ihnen die einzelnen Optionen nacheinander vorstellen. Die meisten Schlüsselwörter im SELECT-Befehl sind nämlich optional und werden nur bei Bedarf eingesetzt.

Angaben in der Syntax eines Befehls

Wenn ich Ihnen in diesem Buch einen Befehl vorstelle, verwende ich die Konvention, die Microsoft in allen Dokumentationen einsetzt. Eine Beschreibung in Bezug auf den SQL-Dialekt des SQL Servers finden Sie unter

http://msdn.microsoft.com/en-us/library/ms177563.aspx

Dies sind die wichtigsten Elemente der Konvention:

- Schlüsselwörter werden in GROSSBUCHSTABEN geschrieben.
- Namen von Tabellen, Feldern und dergleichen mehr stehen in kleinbuchstaben.
- Optionale Befehlsteile werden durch eckige Klammern [ ] eingerahmt. Wenn Sie einen optionalen Befehl verwenden, bitte die eckigen Klammern nicht eintippen!
- Manchmal müssen Sie für einen Befehlsteil eine von mehreren Möglichkeiten auswählen. Die möglichen Optionen stehen in geschwungenen Klammern { } und sind durch einen vertikalen Strich | voneinander getrennt.

Den letzten Punkt möchte ich gerne noch etwas näher erläutern. Schauen Sie sich bitte einmal das Beispiel in Listing 5.1 an. Die erste Zeile bedeutet, dass Sie eine aus den drei folgenden Optionen einsetzen müssen:

- `SELECT *`
- `SELECT tabelle.*`
- `SELECT feld1`

5.2.1 Abfragen von Daten aus einer Tabelle

Fangen wir erst einmal mit den Bestandteilen des SELECT-Befehls an, die Sie in jedem Fall angeben müssen:

```
SELECT feld1 [, feld2, ...]
FROM datenquelle;
```

Listing 5.2 In der einfachsten Variante besteht der SELECT-Befehl aus einer SELECT-Klausel und einer FROM-Klausel.

Das Semikolon am Ende eines SQL-Befehls

Am Ende des gesamten SQL-Befehls sollte ein Semikolon ; stehen. Access ist in diesem Punkt etwas weniger strikt. Sie können das Semikolon angeben, müssen das aber nicht. Es gibt andere SQL-Dialekte (Datenbank-Server), in denen das Semikolon zwingend erforderlich ist.

Vertikales Filtern

Direkt hinter dem Schlüsselwort `SELECT` führen Sie das oder die Felder auf, die die Abfrage ausgeben soll (*vertikales Filtern*). Im grafischen Abfrage-Editor entspricht diese Einstellung dem Häkchen in der Zeile ANZEIGEN. Nach dem Schlüsselwort `FROM` geben Sie den Namen der Tabelle an, aus der die Daten abgefragt werden.

```
SELECT Vorname, Nachname, Geschlecht
FROM tblMitarbeiter;
```

Listing 5.3 Eine einfache Auswahlabfrage, die drei Felder aus der Tabelle »tblMitarbeiter« ausgibt

Anstelle einer Tabelle können Sie auch den Namen einer anderen Abfrage als Datenquelle angeben.

Der voll qualifizierte Feldname

Genau wie im grafischen Abfrage-Editor können Sie den Namen eines Feldes oder einer Tabelle in eckige Klammern setzen ([und]). Dies ist beispielsweise notwendig, wenn ein Leerzeichen oder ein Sonderzeichen im Namen vorkommt (z. B. `[Flug-Nr.]`). Optional können Sie auch in SQL den *voll qualifizierten Feldnamen* (Tabellenname, Punkt und Feldname; vergleiche Listing 5.4) verwenden.

```
SELECT
  [tblMitarbeiter].[Vorname],
  [tblMitarbeiter].[Nachname],
  [tblMitarbeiter].[Geschlecht]
FROM [tblMitarbeiter];
```

Listing 5.4 Alle Felder mit voll qualifizierten Feldnamen und allen Bezeichnern in eckigen Klammern. Mit dieser Schreibweise sind Sie auf der sicheren Seite. Leider ist sie nicht so schön lesbar.

Zeilenumbrüche innerhalb des SQL-Befehls

Innerhalb eines SQL-Befehls spielen Zeilenumbrüche und Leerzeichen keine Rolle. Einzige Ausnahme: Innerhalb der eckigen Klammern; dort müssen Sie die Namen exakt eintragen. Access unterscheidet dabei aber nicht zwischen Groß- und Kleinschreibung.

Üblicherweise habe ich die Listings formatiert und mit Einrückungen dargestellt, damit Sie die Befehle schneller lesen und nachvollziehen können. Aus einem mir nicht bekannten Grund werden Formatierungen im SQL-Code in Access nicht abgespeichert. Noch einmal im Klartext: *Wenn Sie eine Abfrage in Access speichern, gehen Einrückungen, Leerzeichen und Zeilenumbrüche verloren.*

Aliasse für Felder

Im grafischen Abfrage-Editor können Sie den Feldnamen in der Ausgabe ändern, indem Sie einen *Alias* eintragen. Einige typische Fälle, in denen ein Alias hilfreich ist, habe ich im Kasten »Wozu benötigt man einen Alias?« in Abschnitt 3.1.1, »Vertikales Filtern – Felder auswählen«, zusammengefasst. Im grafischen Abfrage-Editor wird der Alias in der Zeile FELD zusammen mit dem Feldnamen eingetragen:

```
MitarbeiterVorname: Vorname
```

Also Alias, Doppelpunkt und schließlich der Feldname. Unter SQL ist die Reihenfolge genau umgekehrt! Erst der Feldname, dann das Schlüsselwort `AS` und schließlich der Alias:

```
SELECT
   Vorname AS MitarbeiterVorname,
   Nachname AS [Mitarbeiter Nachname],
   Geschlecht MitarbeiterGeschlecht
FROM tblMitarbeiter;
```

Listing 5.5 Eine Auswahlabfrage mit Aliassen für die Felder. Die Feldnamen (nicht jedoch die Aliasse!) können auch voll qualifiziert angegeben werden, was ich hier nicht gezeigt habe.

Wie Sie in Listing 5.5 sehen, ist das Schlüsselwort `AS` optional. Wenn der Alias ein Leerzeichen enthalten soll, müssen Sie ihn wieder in eckige Klammern setzen.

Das Sternchen in Abfragen

Sie möchten alle Felder einer Datenquelle ausgeben? In diesem Fall hilft Ihnen das Sternchen * weiter.

```
SELECT *
FROM tblMitarbeiter;
```

Listing 5.6 Mit dem Sternchen fragen Sie alle Felder der Datenquelle ab.

Interessanterweise können Sie das Sternchen auch voll qualifiziert angeben. Der feine Unterschied zwischen * und `tblMitarbeiter.*` ist nur wichtig, wenn Ihre Abfrage mehr als eine Tabelle verwendet. Ich werde auf diesen Punkt in Kürze eingehen.

Alias für Datenquellen

Ich möchte noch einmal das Thema Aliasse aufgreifen. Auch für die Tabellen oder Abfragen, auf denen Ihre Auswahlabfrage beruht, können Sie einen Alias angeben. Das macht die Tipparbeit etwas einfacher.

```
SELECT
   MA.Vorname,
   MA.Nachname,
   MA.Geschlecht
FROM tblMitarbeiter AS MA;
```

Listing 5.7 Voll qualifizierte Feldnamen, nur diesmal mit einem Alias für die Tabelle »tblMitarbeiter«

Wenn gewünscht, können Sie das Schlüsselwort `AS` weglassen.

Prädikate für den SELECT-Befehl

Als *Prädikat* werden zusätzliche Schlüsselwörter bezeichnet, mit denen Sie folgende Ziele per SQL erreichen können:

1. **Die maximale Anzahl der Datensätze festlegen**
   Diese Abfrage gibt die ersten zehn Datensätze der Tabelle *tblMitarbeiter* zurück:
   ```
   SELECT TOP 10
      Vorname,
      Nachname,
      Geschlecht
   FROM tlbMitarbeiter;
   ```
   Mit der Angabe PERCENT gibt die folgende Abfrage die ersten 10 % aller Datensätze zurück:
   ```
   SELECT TOP 10 PERCENT
      Vorname,
      Nachname,
      Geschlecht
   FROM tlbMitarbeiter;
   ```
2. **Alle Datensätze zurückgeben**
   Falls Sie nicht explizit eines der Prädikate `DISTINCT` oder `DISTINCTROW` angeben, nimmt Access immer das Prädikat `ALL` an. Mit diesem Prädikat werden alle Datensätze zurückgegeben. Bitte beachten Sie, dass `ALL` nur in Abgrenzung zu `DISTINCT` oder `DISTINCTROW` einge-

setzt wird. Ich meine damit, dass ein Filter (WHERE-Klausel) durch das Prädikat `ALL` *nicht* aufgehoben wird!

```
SELECT ALL
   Vorname,
   Nachname,
   Geschlecht
FROM tlbMitarbeiter;
```

Im Zusammenhang mit einer Abfrage aus mehreren Tabellen werde ich auf das Prädikat `DISTINCTROW` zu sprechen kommen. Bei Abfragen mit nur einer Tabelle gibt es zwischen `DISTINCTROW` und `ALL` keinen Unterschied.

3. **Nur eindeutige Datensätze zurückgeben**
   Das Prädikat `DISTINCT` bewirkt eine Gruppierung über alle Ausgabefelder. Bitte verwechseln Sie `DISTINCT` nicht mit `DISTINCTROW`!

```
SELECT DISTINCT
   Vorname,
   Nachname,
   Geschlecht
FROM tlbMitarbeiter;
```

Alle Prädikate sind optional. Standardmäßig verwendet Access das Prädikat `ALL`, wenn Sie gar nichts angeben.

Tabellen aus einer anderen Access-Datei abfragen

Eigentlich werden Tabellen aus anderen Access-Dateien über Verknüpfungen eingebunden, wie ich es Ihnen in Abschnitt 4.6, »Anbindung externer Datenquellen: Verknüpfen von Tabellen«, gezeigt habe. In SQL gibt es noch eine kleine Besonderheit, quasi die schnelle Variante der *Tabellenverknüpfung*.

```
SELECT
   Vorname,
   Nachname,
   Geschlecht
FROM tlbMitarbeiter IN "Z:\03_Abfragen\3_Fluege.accdb";
```

Listing 5.8 Tabellen aus anderen Access-Datenbanken können Sie über das Schlüsselwort IN abfragen.

Den Pfad und den Dateinamen der Access-Datenbank geben Sie hierzu direkt in der Abfrage hinter dem Schlüsselwort `IN` an. Leider liegt genau darin auch der Nachteil dieser Methode: Wenn sich der Pfad einmal ändert, müssen Sie die betreffenden Abfragen manuell ändern. Bei den verknüpften Tabellen gab es den Tabellenverknüpfungs-Manager. Er hilft bei der Variante mit dem Schlüsselwort `IN` leider nicht weiter.

5.2.2 Datensätze filtern

Vertikale Filter habe ich Ihnen bereits im letzten Abschnitt vorgestellt. Die Auswahl der Felder legen Sie in der SELECT-Klausel fest. In diesem Abschnitt geht es um *horizontale Filter*. Welche Datensätze sollen angezeigt werden und welche nicht? Dies bestimmen Sie über die WHERE-Klausel.

```
SELECT feld1 [, feld2, ...]
FROM datenquelle
WHERE filterkriterien
;
```

Listing 5.9 Hinter der FROM-Klausel können Sie mit einer WHERE-Klausel den Filter festlegen.

In der WHERE-Klausel tragen Sie ein oder mehrere *Filterkriterien* ein. Das sieht beispielsweise so aus:

```
SELECT Vorname, Nachname, Geschlecht
FROM tblMitarbeiter
WHERE Nachname = 'Wagner';
```

Listing 5.10 Der Filter in der WHERE-Klausel gibt nur Datensätze aus, in denen der Nachname »Wagner« lautet.

Es spielt übrigens keine Rolle, ob die Felder in der WHERE-Klausel auch in der SELECT-Klausel aufgeführt sind und umgekehrt.

- Die SELECT-Klausel steuert nur den *vertikalen* Filter.
- Die WHERE-Klausel steuert nur den *horizontalen* Filter.

Feste Zeichenfolgen in SQL

Sowohl im grafischen Abfrage-Editor als auch unter SQL müssen Sie feste Zeichenfolgen in Anführungszeichen setzen. Unter Access können Sie dafür entweder die *doppelten* " oder die *einfachen Anführungszeichen* ' verwenden. Letztere erreichen Sie auf der deutschen Tastatur über [⇧] + [#]. Bitte nicht mit den Akzent-Zeichen ´ oder ` verwechseln! In SQL verwendet man üblicherweise die einfachen Anführungszeichen.

In Abschnitt 3.1.2, »Horizontales Filtern – Datensätze auswählen«, habe ich Ihnen eine ganze Reihe von Beispielen zum Filtern mit dem grafischen Abfrage-Editor erläutert. Zum Vergleich finden Sie hier die entsprechenden Filterkriterien in SQL:

- alle männlichen Mitarbeiter:

```
SELECT *
FROM tblMitarbeiter
WHERE Geschlecht = 'M';
```

- alle Mitarbeiterinnen:

```
SELECT *
FROM tblMitarbeiter
WHERE Geschlecht = 'W';
```

- Mitarbeiter, die entweder »Ramona«, »Margot«, »Michael« oder »Alois« heißen:

```
SELECT *
FROM tblMitarbeiter
WHERE Vorname IN('Romana', 'Margot', 'Michael', 'Alois');
```


- Mitarbeiter, deren Nachname mit dem Buchstaben S beginnt:

```
SELECT *
FROM tblMitarbeiter
WHERE Nachname LIKE 'S*';
```

- alle aktiven Flughäfen:

```
SELECT *
FROM tblFlughafen
WHERE IstAktiv = True;
```

- Flugbuchungen teurer als 500 €:

```
SELECT *
FROM tblFlugbuchung
WHERE Kosten > 500;
```

- Flugbuchungen zwischen 300 € und 500 €:

```
SELECT *
FROM tblFlugbuchung
WHERE Kosten BETWEEN 300 AND 500;
```

- alle Mitarbeiter, die vor 1980 geboren sind:

```
SELECT *
FROM tblMitarbeiter
WHERE Geburtsdatum < #1980/01/01#;
```

- Flüge, die über Nacht gehen und bei denen die Landung erst am nächsten Tag stattfindet:

```
SELECT *
FROM tblFlug
WHERE AnkunftZeit < AbflugZeit;
```

- Reisekosten, die auf ein Projekt gebucht werden:

```
SELECT *
FROM tblFlugbuchung
WHERE ProjektID Is Not Null;
```

In der WHERE-Klausel müssen Sie den Feldnamen immer angeben

Wie Sie in den Beispielen sehen können, müssen Sie für jede Bedingung den Feldnamen eintippen. Eine Bedingung in dieser Form wäre unvollständig:

```
= 'W'
```

Welches Feld soll den Inhalt »W« haben? Das wird mit diesem Fragment nicht deutlich, weshalb Access eine Fehlermeldung anzeigt.

Filterkriterien unter SQL sind von der Syntax her identisch mit den Tabellen-Gültigkeitsregeln (Abschnitt 2.3.13, »Tabelleneinschränkungen«). Mit den Schlüsselwörtern AND, OR, XOR und NOT können Sie mehrere Kriterien miteinander verknüpfen. Genau wie ich Ihnen das bei den Tabelleneinschränkungen gezeigt habe, sind runde Klammern und Einrückungen dabei notwendig oder zumindest sehr hilfreich. Am besten sehen wir uns das an zwei Beispielen an:

- alle aktiven Projekte ohne Enddatum:

```
SELECT
   ProjektID,
   ProjektAbkuerzung,
   Beginn,
   Ende
FROM tblProjekt
WHERE (Beginn <= Now())
AND (Ende Is Null);
```

- alle aktiven Projekte (das Enddatum steht entweder noch nicht fest, oder es liegt in der Zukunft):

```
SELECT
   ProjektID,
   ProjektAbkuerzung,
   Beginn,
   Ende
FROM tblProjekt
WHERE (Beginn <= Now())
AND
(
   (Ende Is Null)
   OR
   (Ende > Now())
);
```

Die Schreibweise mit Klammern und Einrückungen erhöht die Lesbarkeit des SQL-Codes ungemein. Ich finde es sehr schade, dass Access beim Abspeichern der Abfrage sämtliche Zeilenumbrüche und Einrückungen verwirft. Komplizierte Abfragen speichere ich daher gerne in Textdateien ab, was zugegebenermaßen sehr umständlich ist.

5.2.3 Datensätze sortieren

Die Sortierung der Datensätze wird über die ORDER-BY-Klausel gesteuert. Diese Klausel sollte immer an letzter Stelle angegeben werden.

```
SELECT feld1 [, feld2, ...]
FROM datenquelle
ORDER BY feld1 [ASC | DESC] [, feld2, ...]
;
```

Listing 5.11 Die ORDER-BY-Klausel kommt an letzter Stelle und listet alle Felder auf, nach denen sortiert werden soll.

Es spielt dabei überhaupt keine Rolle, ob die Felder zur Sortierung auch ausgegeben werden. Ein Feld in der ORDER-BY-Klausel muss also nicht in der SELECT-Klausel auftauchen. Die Abfrage in Listing 5.12 verwendet mehrere Felder in der ORDER-BY-Klausel. Die Datensätze aller Mitarbeiter werden zuerst nach dem Nachnamen in aufsteigender Reihenfolge sortiert. Datensätze mit identischen Nachnamen werden anschließend aufsteigend nach dem Vornamen sortiert.

```
SELECT
   MitarbeiterID,
   Nachname,
   Vorname,
   Geschlecht
FROM tblMitarbeiter
ORDER BY
   Nachname ASC,
   Vorname ASC
;
```

Listing 5.12 Eine Liste aller Mitarbeiter mit aufsteigender Sortierung nach Nachname und Vorname

Für jedes Feld können Sie eine aufsteigende (englisch *ascending*, daher das Schlüsselwort ASC) oder absteigende (englisch *descending*, Schlüsselwort DESC) Sortierung festlegen. Wenn Sie weder ASC noch DESC angeben, wendet Access standardmäßig die aufsteigende Sortierung an.

Einige Felddatentypen können nicht zur Sortierung verwendet werden

In der ORDER-BY-Klausel dürfen Sie Felder mit den folgenden Felddatentypen gar nicht verwenden:

- OLE-OBJEKT
- LINK
- ANLAGE

Hingegen können Sie den Felddatentyp LANGER TEXT (MEMO) zur Sortierung einsetzen. Immer wieder lese ich (auch in Ausgaben von Access!), dass eine Sortierung auf diesen Felddatentyp verboten sei. Das ist so nicht richtig; allerdings werden zur Sortierung nur die ersten 255 Zeichen berücksichtigt.

5.2.4 Parameter in Abfragen

Access interpretiert jeden Feldnamen, den es in der Datenquelle nicht gibt, als Parameter. Besser verständlich wird Ihre Abfrage, wenn Sie einen Parameter in SQL in eckige Klammern ([und]) setzen. Beim Ausführen einer Abfrage mit Parametern wird Access zunächst für jeden Parameter eine Eingabe-Dialogbox anzeigen. Dort können Sie den Wert des Parameters festlegen.

```
SELECT
   FlugID,
   AbflugDatum,
   AbflugZeit
FROM tblFlug
WHERE AbflugZeit >= [AbflugSpaeterAlsUhrzeit]
;
```

Listing 5.13 Der Parameter »AbflugSpaeterAlsUhrzeit« legt in dieser Auswahlabfrage den Filter fest.

Einen Parameter können Sie fast an jeder Stelle einsetzen, an der ein Feldname stehen darf. Bei Auswahlabfragen sind das diese Bereiche im SQL-Code:

- in Formeln
- SELECT-Klausel
- WHERE-Klausel
- ORDER-BY-Klausel
- bei der Gruppierung (GROUP-BY- und HAVING-Klausel)
- in Unterabfragen

5.2.5 Berechnete Felder

Formeln für Berechnungen können Sie auch in SQL verwenden. Die grundlegenden Informationen zu berechneten Feldern, Formeln und Funktionen finden Sie in Abschnitt 3.2, »Auswerten von Daten eines Datensatzes: Berechnete Felder«. Nur noch einmal zur Erinnerung: Die Daten in den Tabellen selbst werden nicht geändert; so etwas geht nur über Aktualisierungsabfragen. Als berechnetes Feld wird hingegen das Ergebnis einer Formel verstanden, das beim Ausführen der Auswahlabfrage angezeigt wird.

Ich empfehle Ihnen grundsätzlich, für berechnete Felder einen Alias anzugeben – denn sonst wird er von Access automatisch generiert.

```
SELECT
  Nachname & ', ' & Vorname AS VollstaendigerName
FROM tblMitarbeiter;
```

Listing 5.14 Der vollständige Name des Mitarbeiters wird über ein berechnetes Feld erzeugt. Ich empfehle Ihnen, für berechnete Felder immer einen Alias zu vergeben.

Die Formel in Listing 5.14 sieht genauso aus, wie Sie es vom grafischen Abfrage-Editor her kennen (abgesehen davon, dass der Alias hinter dem Schlüsselwort `AS` steht). Es gibt aber auch einige Abweichungen, die Sie grundsätzlich beachten müssen:

1. Verwenden Sie den Dezimalpunkt:

   ```
   SELECT PreisNetto * 1.19 AS PreisBrutto
   ```

2. Geben Sie Datums- und Zeitangaben in amerikanischer Notation an:

   ```
   SELECT #2019/10/01 02:30:00 PM# AS NachmittagsImOktober
   ```

3. Setzen Sie englische Funktionsnamen ein:

   ```
   SELECT Now() AS AktuellesDatumUndUhrzeit
   ```

4. Trennen Sie die Parameter von Funktionen durch ein Komma (,), nicht durch ein Semikolon (;)!

   ```
   SELECT Right("Mein Name ist Hase.", 5) AS HaseUndPunkt
   ```

5.2.6 Abfragen von Daten aus mehreren Tabellen

Kommen wir nun zu Auswahlabfragen mit mehr als einer Tabelle als Datenquelle. Alle Datenquellen – das können Tabellen oder andere Abfragen sein – geben Sie hinter dem Schlüsselwort `FROM` an (*FROM-Klausel*). In den meisten Fällen werden die Tabellen miteinander *verknüpft*.

INNER-JOIN-Verknüpfung

Mit einer INNER-JOIN-Verknüpfung erreichen Sie, dass Access die Datensätze aus zwei Tabellen passend zusammenführt. Was genau mit »passend« gemeint ist, müssen Sie allerdings eintragen, beispielsweise anhand einer ID (im Falle einer 1:n-Beziehung ist das der Primärschlüssel der Haupttabelle und der Fremdschlüssel in der Detailtabelle). Wie das Ganze in SQL aussieht, sehen Sie in Listing 5.15.

```
SELECT
   tblAbteilung.AbteilungName,
   tblMitarbeiter.Vorname,
   tblMitarbeiter.Nachname,
   tblMitarbeiter.Geschlecht
FROM tblAbteilung
INNER JOIN tblMitarbeiter
ON tblAbteilung.AbteilungID = tblMitarbeiter.AbteilungID;
```

Listing 5.15 In der FROM-Klausel wird die INNER-JOIN-Verknüpfung eingetragen.

In der FROM-Klausel stehen zwischen den beiden Tabellennamen die Schlüsselwörter `INNER JOIN`. Die nächste Zeile, die mit dem Schlüsselwort `ON` beginnt, ist genauso wichtig. Hier geben Sie an, welche Feldinhalte identisch sein sollen, also der Primärschlüssel aus der Haupttabelle *tblAbteilung* und der Fremdschlüssel aus der Detailtabelle *tblMitarbeiter*. Im grafischen Abfrage-Editor wird die ganze Angelegenheit durch eine Linie zwischen den beiden Tabellen repräsentiert.

Die Schlüsselfelder einer Verknüpfung

Hinter dem Schlüsselwort `ON` steht die Bedingung der Verknüpfung. Dazu können Sie zwischen den Feldnamen die Operatoren `=`, `<`, `>`, `<=`, `>=` und `<>` angeben. Damit die Verknüpfung richtig funktioniert, müssen die Schlüsselfelder (zumindest beim Operator =) den gleichen Inhalt und somit auch denselben Felddatentyp haben. Hingegen müssen die Namen der beiden Felder nicht identisch sein.

Einige Felddatentypen dürfen zum Verknüpfen gar nicht einsetzt werden:

- Langer Text (Memo)
- OLE-Objekt
- Link
- Anlage

Es gibt auch Fälle, in denen Sie mit mehr als einem Feld verknüpfen müssen, beispielsweise weil die Schlüssel keine einfachen IDs sind. Eine INNER-JOIN-Verknüpfung mit einem Schlüssel aus zwei Feldern sieht so aus:

```
SELECT *
FROM tblMitarbeiter
INNER JOIN tblFlugbuchung
ON tblMitarbeiter.Nachname = tblFlugbuchung.Nachname
AND tblMitarbeiter.Vorname = tblFlugbuchung.Vorname;
```

Dies ist ein fiktives Beispiel; von der Verwendung natürlicher Schlüssel rate ich Ihnen dringend ab (Update-GAU).

Bei einer Abfrage mit mehr als einer Tabelle empfehle ich Ihnen, die Feldnamen voll qualifiziert anzugeben. Sie müssen das nicht, solange der Feldname in nur einer der beiden Tabellen vorkommt. Wenn Sie in unserem Beispiel auf das Feld »AbteilungID« zugreifen wollen, müssen Sie unbedingt den voll qualifizierten Feldnamen verwenden, schließlich gibt es in beiden Tabellen ein Feld mit diesem Namen. Gleichwohl können Sie Aliasse für Tabellen verwenden und sich dadurch ein wenig Tipparbeit ersparen (Listing 5.16).

```
SELECT
   Abt.AbteilungID AS Abteilung_AbteilungID,
   Abt.AbteilungName,
   MA.MitarbeiterID,
   MA.Vorname,
   MA.Nachname,
   MA.Geschlecht,
   MA.AbteilungID AS Mitarbeiter_AbteilungID
FROM tblAbteilung AS Abt
INNER JOIN tblMitarbeiter AS MA
ON Abt.AbteilungID = MA.AbteilungID;
```

Listing 5.16 Eine INNER-JOIN-Verknüpfung mit Aliassen für Tabellen

Alle Felder abfragen: Das Sternchen

In der SELECT-Klausel steht das Sternchen * für alle Felder. Wenn Sie mehr als eine Tabelle abfragen, gibt es zwei Varianten für das Sternchen.

Zum einen das Sternchen allein. Die folgende Abfrage wird *alle Felder aus allen beteiligten Tabellen* ausgeben:

```
SELECT *
FROM tblAbteilung
INNER JOIN tblMitarbeiter
ON tblAbteilung.AbteilungID = tblMitarbeiter.AbteilungID;
```

Alternativ können Sie festlegen, dass Sie nur *aus einer bestimmten Tabelle alle Felder* anzeigen lassen möchten:

```
SELECT
   tblAbteilung.*,
   tblMitarbeiter.Vorname,
   tblMitarbeiter.Nachname,
   tblMitarbeiter.Geschlecht
FROM tblAbteilung
INNER JOIN tblMitarbeiter
ON tblAbteilung.AbteilungID = tblMitarbeiter.AbteilungID;
```

OUTER-JOIN-Verknüpfung

In ähnlicher Weise wird auch eine OUTER-JOIN-Verknüpfung in der FROM-Klausel festgelegt. An dieser Stelle können Sie die Schlüsselwörter `LEFT JOIN` oder `RIGHT JOIN` einsetzen (`LEFT` **`OUTER`** `JOIN` und `RIGHT` **`OUTER`** `JOIN` sind ebenso erlaubt). Es ist wichtig, in welcher Reihenfolge Sie die Tabellen eintragen. Die erstgenannte Tabelle (stünde der SQL-Befehl in einer Zeile, dann wäre das die *links* stehende Tabelle) ist bei **`LEFT`** `JOIN` diejenige, aus der alle Datensätze angezeigt werden sollen. Üblicherweise sollte das die Haupttabelle einer 1:n-Beziehung sein. Bei `RIGHT JOIN` ist die Reihenfolge genau umgekehrt.

```
SELECT
   tblAbteilung.AbteilungName,
   tblMitarbeiter.Vorname,
   tblMitarbeiter.Nachname,
   tblMitarbeiter.Geschlecht
FROM tblAbteilung
LEFT JOIN tblMitarbeiter
ON tblAbteilung.AbteilungID = tblMitarbeiter.AbteilungID;
```

Listing 5.17 Beim LEFT OUTER JOIN werden alle Datensätze links (aus der Tabelle »tblAbteilung«) in jedem Fall ausgegeben.

Abfragen mit mehr als zwei Tabellen

Sie können auch mehr als zwei Tabellen abfragen. Dabei müssen Sie nur beachten, dass Sie nach dem Schlüsselwort `ON` die richtigen Felder miteinander verknüpfen!

```
SELECT
   tblAbteilung.AbteilungName,
   tblMitarbeiter.Vorname,
   tblMitarbeiter.Nachname,
   tblMitarbeiter.Geschlecht,
   tblFlug.Flugnummer,
   tblFlug.AbflugDatum,
```

```
   tblFlug.AbflugZeit,
   tblFlugbuchung.TicketBuchungsCode
FROM tblAbteilung
INNER JOIN tblMitarbeiter
ON tblAbteilung.AbteilungID = tblMitarbeiter.AbteilungID
INNER JOIN tblFlugbuchung
ON tblMitarbeiter.MitarbeiterID = tblFlugbuchung.MitarbeiterID
INNER JOIN tblFlug
ON tblFlugbuchung.FlugID = tblFlug.FlugID;
```

Listing 5.18 Die Flugbuchungen aller Mitarbeiter zusammen mit weiteren Informationen (unter anderem die Abteilung, in der der Mitarbeiter tätig ist)

Verknüpfungen verschachteln

Sie können mehrere Verknüpfungen auch verschachteln, indem Sie runde Klammern einsetzen, beispielsweise so:

```
SELECT *
FROM
(
   (
      tblAbteilung
      LEFT JOIN tblMitarbeiter
      ON tblAbteilung.AbteilungID = tblMitarbeiter.AbteilungID
   )
   INNER JOIN tblFlugbuchung
   ON tblMitarbeiter.MitarbeiterID = tblFlugbuchung.MitarbeiterID
)
INNER JOIN tblFlug
ON tblFlugbuchung.FlugID = tblFlug.FlugID;
```

Wenn Sie eine LEFT-JOIN- oder RIGHT-JOIN-Verknüpfung mit einer INNER-JOIN-Verknüpfung kombinieren möchten, beachten Sie bitte die Reihenfolge. Ausführliche Informationen zu diesem Thema finden Sie in Abschnitt 3.4.5, »Abfragen mit mehr als zwei Tabellen«.

Das kartesische Produkt abfragen

Wie bereits an anderer Stelle erwähnt, wird das *kartesische Produkt* (jeder mit jedem) in der Praxis nur sehr selten benötigt. Um es mit SQL zu erzeugen, verzichten Sie einfach auf die Einträge `JOIN` und `ON`:

```
SELECT
   tblAbteilung.AbteilungName,
   tblMitarbeiter.Vorname,
```

```
    tblMitarbeiter.Nachname,
    tblMitarbeiter.Geschlecht
FROM tblAbteilung, tblMitarbeiter;
```

Listing 5.19 Das kartesische Produkt per SQL (jeder Mitarbeiter arbeitet in jeder Abteilung)

Das Prädikat DISTINCTROW

In Abfragen mit mehr als einer Tabelle spielt das Prädikat `DISTINCTROW` eine Rolle. Dazu schauen wir uns das Beispiel mit den Flugbuchungen an:

```
SELECT ALL
    tblMitarbeiter.Vorname,
    tblMitarbeiter.Nachname,
    tblMitarbeiter.Geschlecht
FROM tblMitarbeiter
INNER JOIN tblFlugbuchung
ON tblMitarbeiter.MitarbeiterID = tblFlugbuchung.MitarbeiterID;
```

Listing 5.20 Diese Abfrage gibt eine Liste aller Mitarbeiter aus, für die es Flugbuchungen gibt (INNER-JOIN-Verknüpfung). Wenn für einen Mitarbeiter mehrere Buchungen vorliegen, wird der Name des Mitarbeiters mehrfach angezeigt (Prädikat ALL).

Mit dieser Abfrage erhalten Sie eine Liste aller Mitarbeiter, für die es auch Flugbuchungen gibt. Wohlgemerkt: Es werden nur Felder aus der Tabelle *tblMitarbeiter* angezeigt. Leider führt das Vorhandensein mehrerer Flugbuchungen dazu, dass ein Mitarbeiter mehrfach auftaucht (Abbildung 5.3).

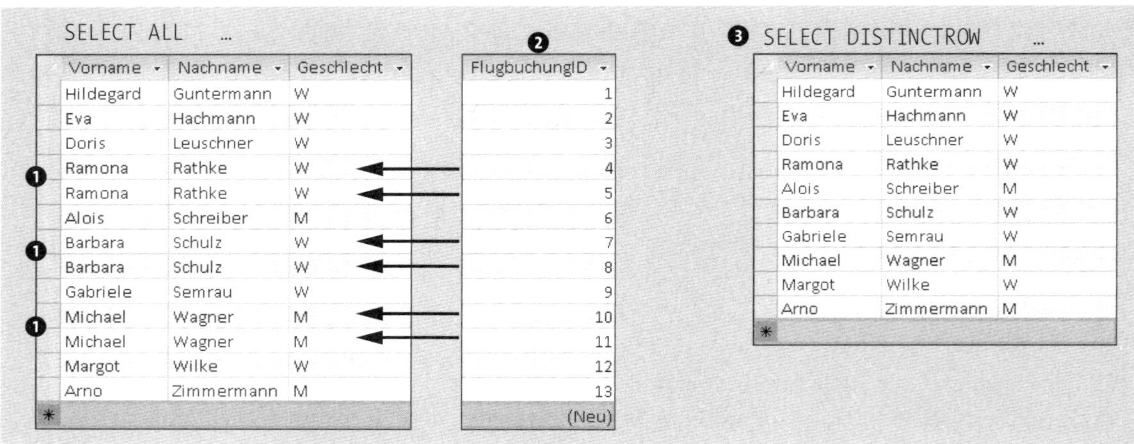

Abbildung 5.3 Datensätze in der Detailtabelle der INNER-JOIN-Verknüpfung führen dazu, dass einige Personen mehrfach ausgegeben werden ❶. Wenn Sie ein Feld aus der Detailtabelle ❷ anzeigen lassen, ist sofort klar, warum: Drei der Personen haben jeweils zwei Flugbuchungen. Das Prädikat DISTINCTROW sorgt dafür ❸, dass jeder Mitarbeiter höchstens einmal angezeigt wird.

Das Prädikat DISTINCTROW (dt. »eindeutige Zeile«) bewirkt nun, dass gleich lautende Zeilen zusammengefasst werden und jeder Mitarbeiter wirklich nur einmal in der Liste auftaucht. Das funktioniert jedoch nur zuverlässig, so lange Sie kein Feld aus der Tabelle *tblFlugbuchung* in der SELECT-Klausel ausgeben!

Noch ein paar letzte Anmerkungen zu Prädikaten in Abfragen. Anstatt über Prädikate zu gehen, lässt sich das gleiche Ziel auch mit einer anderen Form der Abfrage erreichen. In Tabelle 5.1 können Sie die feinen Unterschiede erkennen. In der Praxis verwende ich außer TOP die Prädikate so gut wie gar nicht.

Prädikat	SQL-Befehl mit Prädikat	Gleichwertiger SQL-Befehl

ALL	SELECT
	  Vorname,
	  Nachname
	FROM Mitarbeiter;
		–

DISTINCT	SELECT DISTINCT
	  Vorname,
	  Nachname
	FROM Mitarbeiter;
		SELECT
		  Vorname,
		  Nachname
		FROM Mitarbeiter
		GROUP BY
		  Vorname,
		  Nachname;

DISTINCTROW	SELECT DISTINCT
	  tblMitarbeiter.Vorname,
	  tblMitarbeiter.Nachname
	FROM Mitarbeiter
	INNER JOIN tblFlugbuchung
	ON Mitarbeiter.MitarbeiterID =
	  tblFlugbuchung.MitarbeiterID;
		SELECT
		  Vorname,
		  Nachname
		FROM Mitarbeiter
		WHERE MitarbeiterID IN
		(
		  SELECT MitarbeiterID
		  FROM tblFlugbuchung
		);

Tabelle 5.1 Einige Prädikate lassen sich durch gleichwertige SQL-Befehle ersetzen (GROUP BY über alle Felder bzw. Filter mit Unterabfrage).

Ist eine Tabellenverknüpfung nicht auch ein Filter?

In diesem Abschnitt habe ich Ihnen gezeigt, dass Tabellenverknüpfungen über eine der Varianten von JOIN ... ON ... festgelegt werden. Nun könnte man anstelle einer INNER-JOIN-Verknüpfung auch ein kartesisches Produkt mit WHERE-Klausel einsetzen, etwa in dieser Form:

```
SELECT
   tblAbteilung.AbteilungName,
   tblMitarbeiter.Vorname,
   tblMitarbeiter.Nachname,
   tblMitarbeiter.Geschlecht
FROM tblAbteilung, tblMitarbeiter
WHERE tblAbteilung.AbteilungID = tblMitarbeiter.AbteilungID;
```

Von dieser Variante rate ich Ihnen jedoch ab – eine INNER-JOIN-Verknüpfung ist einfach *viel* besser lesbar.

In den Anfängen von SQL gab es das Schlüsselwort `JOIN` übrigens noch nicht. Ich spreche hier nicht von alten Access-Versionen, sondern von noch älteren Systemen (Oracle-Datenbank in den 90er Jahren und davor). Damals mussten Sie wirklich eine Abfrage wie oben dargestellt verwenden. Der `LEFT JOIN` bzw. `RIGHT JOIN` wurde damals mit einem besonderen Operator aufgelöst (=* bzw. *=). Das sind aber alles Relikte aus ganz alter Zeit, die unter Access glücklicherweise nie ein Thema waren.

5.3 Gruppierung und Aggregieren

Die beiden Themen *Gruppierung* (Zusammenfassen von Datensätzen) und *Aggregieren* sind eng miteinander verbunden. Für die Gruppierung gibt es in SQL eigens die GROUP-BY-Klausel. Zum Aggregieren stehen Ihnen insgesamt neun verschiedene Aggregatfunktionen zur Verfügung. Abschließend werde ich auf die HAVING-Klausel zum Filtern auf das Ergebnis einer Zusammenfassung eingehen.

5.3.1 GROUP BY

Über die Schlüsselwörter `GROUP BY` aktivieren Sie in einer Auswahlabfrage das Zusammenfassen von Datensätzen. Die GROUP-BY-Klausel steht hinter der FROM-Klausel und falls vorhanden auch hinter der WHERE-Klausel. Alle Felder, die in der SELECT-Klausel stehen, müssen auch in der GROUP-BY-Klausel aufgeführt werden.

Ich möchte an dieser Stelle wieder ein bekanntes Beispiel aufgreifen, das ich bereits in Abschnitt 3.3, »Zusammenfassen von Datensätzen: Gruppierung und Aggregieren«, vorgestellt habe. Dort habe ich die erweiterte Version unserer Beispieldatenbank herangezogen (in den Materialien zum Buch unter *03_Abfragen\3.3_Fluege_1000rst.accdb*). In dieser Version umfasst die Tabelle *tblMitarbeiter* insgesamt 1.000 Mitarbeiter.

Die Frage war: Welche unterschiedlichen Vornamen gibt es in der Belegschaft?

```
SELECT
   Vorname
FROM tblMitarbeiter
GROUP BY
   Vorname;
```

Listing 5.21 Die GROUP-BY-Klausel bewirkt, dass jeder Wert im Feld »Vorname« nur einmal angezeigt wird.

Dazu rufen Sie zunächst alle Vornamen per SELECT aus der Tabelle *tblMitarbeiter* ab. Über die GROUP-BY-Klausel erreichen Sie, dass jeder Vorname nur einmal angezeigt wird (Listing 5.21). Sie finden die Abfrage *qryMitarbeiterVorname* in den Materialien zum Buch in der Datenbank *05_SQL\5.3.1_GROUP_BY.accdb*. Wenn Sie in die Datenblattansicht umschalten, erhalten Sie eine Liste aller Vornamen – es gibt insgesamt 272 unterschiedliche Vornamen.

5.3.2 Aggregatfunktionen

Mit GROUP BY werden gleiche Feldinhalte zusammengefasst – mehrere Datensätze werden also zu einem neuen Datensatz zusammengefasst. Nun können Sie mit Hilfe einer Aggregatfunktion eine Statistik erstellen. In Tabelle 5.2 finden Sie alle neun Aggregatfunktionen und die entsprechenden SQL-Schlüsselwörter.

Aggregatfunktion	Beschreibung	SQL-Funktion
ANZAHL	Anzahl der Datensätze	COUNT
ERSTERWERT	Wert im ersten Datensatz	FIRST
LETZTERWERT	Wert im letzten Datensatz	LAST
MAX	größter Wert	MAX
MIN	kleinster Wert	MIN
MITTELWERT	arithmetisches Mittel	AVG
STABW	Standardabweichung (Stichprobenstandardabweichung)	STDEV
SUMME	Werte summieren	SUM
VARIANZ	Varianz (Stichprobenvarianz)	VAR

Tabelle 5.2 Diese neun Aggregatfunktionen kennt Access.

Die einzelnen Aggregatfunktionen habe ich Ihnen bereits in Kapitel 3, »Daten filtern, sortieren und zusammenfassen: Abfragen«, vorgestellt. Daher greife ich in diesem Abschnitt nur einzelne Beispiele auf.

Die Aggregatfunktion COUNT gibt die Anzahl der Datensätze in einer Gruppe zurück. Wie viele Datensätze enthält die Tabelle *tblMitarbeiter*?

```
SELECT COUNT(*) AS AnzahlDatensaetze
FROM tblMitarbeiter;
```

Listing 5.22 Mit COUNT(*) ermitteln Sie die Anzahl aller Datensätze in einer Tabelle.

Verwenden Sie entweder COUNT(MitarbeiterID) oder COUNT(*), so wie in Listing 5.22 dargestellt. Diese Auswahlabfrage enthält keine Gruppierung. Folglich dürfen in der SELECT-Klausel außer einer Aggregatfunktion keine anderen Felder der Tabelle auftauchen. Und folglich gibt diese Abfrage (*qryAnzahlDatensaetze* in der Datenbank *05_SQL\5.3.2_COUNT.accdb*) auch nur einen einzigen Datensatz zurück: Die Zahl 1.000 als das Ergebnis der Aggregatfunktion COUNT, die stellvertretend für 1.000 Datensätze in der Tabelle *tblMitarbeiter* steht.

Schauen wir uns nun den allgemeineren Fall an, in dem eine Aggregatfunktion und eine Gruppierung gleichzeitig zum Einsatz kommen. Gehen Sie von Listing 5.21 aus. Mit Hilfe der GROUP-BY-Klausel haben wir festgestellt, dass es insgesamt 272 unterschiedliche Vornamen in der Tabelle *tblMitarbeiter* gibt. Man könnte auch sagen: Es gibt 272 unterschiedliche Gruppen an Mitarbeitern, nämlich die Gruppe der Antons, der Helgas, der Michaels usw. Wie viele Mitarbeiter sind in jeder Gruppe vorhanden? Oder mit anderen Worten: Wie viele Antons gibt es in unserer Firma?

```
SELECT
   Vorname,
   COUNT(MitarbeiterID) AS AnzahlMitarbeiter
FROM tblMitarbeiter
GROUP BY
   Vorname;
```

Listing 5.23 Mit der Aggregatfunktion COUNT und gleichzeitiger Gruppierung können Sie ermitteln, für wie viele Mitarbeiter ein Vorname hinterlegt ist.

Die Gruppierung bleibt unverändert – schließlich sind wir immer noch an der Liste aller Vornamen interessiert. Was bisher fehlt, ist die Aggregatfunktion COUNT, mit der Sie die Anzahl der Datensätze in einer Gruppe ermitteln. Direkt hinter dem Schlüsselwort COUNT müssen Sie in runden Klammern ((und)) ein beliebiges Feld als *Argument* angeben, am besten den Primärschlüssel. In dieser Form gelangen Sie zu der Liste aller Vornamen mit der jeweiligen Anzahl an Personen (*qryMitarbeiterVornameAnzahl* in den Materialien zum Buch).

Alle anderen Aggregatfunktionen können Sie in ähnlicher Weise verwenden. In den runden Klammern steht immer ein Feldname als Argument. *Wichtig ist*: Dieses Feld taucht gerade *nicht* in der GROUP-BY-Klausel auf.

5.3.3 HAVING

Bei der Gruppierung und beim Aggregieren gibt es zwei unterschiedliche Formen des Filterns:

1. vor dem Zusammenfassen (Filter auf die Rohdaten): WHERE-Klausel
2. nach dem Zusammenfassen: HAVING-Klausel

Schauen wir uns zunächst den Filter vor dem Zusammenfassen an. Ich greife hierfür das Beispiel aus Abschnitt 3.3.6, »Datensätze vor dem Zusammenfassen filtern – Filter auf die Rohdaten«, auf: Wir möchten ermitteln, welche Kosten durch Flugbuchungen für jeden Mitarbeiter angefallen sind. In diesem Zusammenhang interessieren uns die privaten Flugbuchungen nicht. Mit Hilfe der WHERE-Klausel in Listing 5.24 filtern wir nur die geschäftlichen Flüge heraus. Anschließend können Sie die Datensätze für jeden Mitarbeiter gruppieren (Gruppierung nach dem Feld des Fremdschlüssels »MitarbeiterID«) und die Kosten mit Hilfe der Aggregatfunktion SUM summieren.

```
SELECT
   MitarbeiterID,
   SUM(Kosten) AS SummeKosten
FROM tblFlugbuchung
WHERE PrivaterFlug = False
GROUP BY MitarbeiterID;
```

Listing 5.24 Der Filter über die WHERE-Klausel greift vor dem Zusammenfassen.

Die Abfrage in Listing 5.24 finden Sie in den Materialien zum Buch unter dem Namen *qryFlugbuchungGeschaeftlichKostenProMitarbeiter* in der Datenbank *05_SQL\5.3.3_HAVING.accdb*.

Von der Syntax her sind WHERE- und HAVING-Klausel sehr ähnlich, nur bezieht sich die HAVING-Klausel auf das Ergebnis nach dem Zusammenfassen. In der HAVING-Klausel steht folglich *immer eine Aggregatfunktion* im Filterkriterium.

Sehen wir uns das Ganze einmal am Beispiel der Buchungskosten an. Uns interessieren jetzt nur Mitarbeiter, für die besonders hohe Buchungskosten angefallen sind. Als Filter benötigen wir eine HAVING-Klausel mit der Aggregatfunktion SUM(Kosten) (Listing 5.25, in den Materialien zum Buch unter dem Namen *qryFlugbuchungGeschaeftlichKostenProMitarbeiterUeberEUR700*):

```
SELECT
   MitarbeiterID,
   SUM(Kosten) AS SummeKosten
FROM tblFlugbuchung
WHERE PrivaterFlug = False
GROUP BY MitarbeiterID
HAVING SUM(Kosten) > 700;
```

Listing 5.25 Über die Aggregatfunktion in der HAVING-Klausel werden nur Mitarbeiter mit Gesamtkosten über 700 € gefiltert.

Bei näherem Hinsehen werden Sie in Listing 5.25 die Aggregatfunktion `SUM(Kosten)` gleich zweimal entdecken: In der SELECT- und in der HAVING-Klausel. Das ist völlig in Ordnung so. Eine Aggregatfunktion darf in der SELECT-, in der HAVING-Klausel oder in beiden Klauseln gleichzeitig auftauchen.

5.4 Unterabfragen

Innerhalb einer Abfrage können Sie eine zweite Abfrage als Unterabfrage einsetzen. Das geht auch mit dem grafischen Abfrage-Editor, allerdings müssen Sie auch dort die Unterabfrage als SQL-Code eintragen. Dies ist ein Beispiel dafür, dass sich bestimmte Abfragefeatures nur mit SQL realisieren lassen. Und das ist der wiederum der Grund dafür, dass Unterabfragen nur versierten Access-Anwendern bekannt sind.

So kommen auch Anfänger gut mit Unterabfragen zurecht

Aller Anfang ist schwer. Ich erinnere mich noch gut an meine Anfänge mit Access. Das Thema Datenbankdesign und Abfragen ist an sich schon sehr kompliziert – und dann noch SQL ...

Wenn Sie SQL lernen, können Sie in Access wie erwähnt zwischen dem grafischen Abfrage-Editor (Entwurfsansicht) und der SQL-Ansicht umschalten. Bei Unterabfragen hilft das aber nicht weiter, denn auch im grafischen Abfrage-Editor erscheint eine Unterabfrage als SQL-Code. Es gibt aber ein paar Tricks, mit denen Sie eine Unterabfrage trotzdem grafisch erstellen können:

- Erstellen Sie zunächst die Unterabfrage als separate Abfrage. Dabei können Sie den grafischen Abfrage-Editor nutzen.
- Schauen Sie sich das Ergebnis der Unterabfrage in der Datenblattansicht an.
- Wenn die Unterabfrage stimmt, schalten Sie in die SQL-Ansicht um und holen sich dort den SQL-Code in die Zwischenablage.
- Erstellen Sie nun die eigentliche Abfrage. Fügen Sie an der gewünschten Stelle den SQL-Code der Unterabfrage ein.

Unterabfragen sind also etwas Tolles und gehören zur hohen Kunst von SQL. Doch welchen Nutzen haben sie? In welchen Fällen hilft Ihnen eine Unterabfrage weiter? Um diese Fragen zu beantworten, werde ich die verschiedenen Typen von Unterabfragen anhand von Beispielen erläutern.

5.4.1 In der SELECT-Klausel anstelle eines Tabellenfeldes

Im einfachsten Fall verwenden Sie eine Unterabfrage anstelle eines Feldes in der SELECT-Klausel. Unsere Unterabfrage soll in einem Feld immer den Namen des Flughafens TXL (»Berlin-Tegel«) ausgeben. In Listing 5.26 habe ich die Unterabfrage zusammen mit dem Alias fett hervorgehoben.

```
SELECT *,
   (
      SELECT FlughafenName
      FROM tblFlughafen
      WHERE IATACode = 'TXL'
   ) AS FlughafenBerlinTegel
FROM tblMitarbeiter;
```

Listing 5.26 Die fett hervorgehobene Unterabfrage gibt immer nur einen Datensatz zurück, nämlich »Berlin-Tegel«.

Wenn Sie diese Abfrage ausführen, werden Sie alle Datensätze der Tabelle *tblMitarbeiter* und als zusätzliches Feld »Berlin-Tegel« erhalten. Das ist zugegebenermaßen ein sinnloses Beispiel, aber Sie erkennen daran ein paar grundsätzliche Eigenschaften von Unterabfragen:

- Die gesamte Unterabfrage steht immer in runden Klammern ( ).
- Am Ende der Unterabfrage steht *kein* Semikolon.
- Es gibt nur ein einziges Semikolon, und zwar am Ende der Hauptabfrage.

Was passiert, wenn die Unterabfrage mehr als einen Datensatz zurückgibt?

Die Unterabfrage aus Listing 5.26 gibt genau einen Datensatz zurück. Wenn Sie in der SELECT-Klausel eine Unterabfrage anstelle eines Feldes einsetzen, müssen Sie peinlich genau darauf achten, dass diese Unterabfrage *exakt einen Datensatz* zurückgibt. Mehrere Datensätze mag Access hier überhaupt nicht und wird Ihnen eine Fehlermeldung ausgeben.

Nun zu einem sinnvollen Beispiel. Wie Sie in Listing 5.26 gesehen haben, taucht in der FROM-Klausel der Unterabfrage die Tabelle aus der Hauptabfrage – in unserem Beispiel ist das *tblMitarbeiter* – *nicht* auf. Trotzdem können Sie von der Unterabfrage aus auf die Tabelle der Hauptabfrage zugreifen. Und genau damit wird die Aufgabe der Unterabfrage sinnvoll: Mit der Unterabfrage können Sie beispielsweise den Namen einer Abteilung abrufen.

Erweitern Sie dazu die Unterabfrage um einen Filter, um genau diejenige Abteilung heraussuchen, in der der Mitarbeiter tätig ist. Dies ist die erste Aufgabe, die von der Unterabfrage erledigt wird (in Listing 5.27 fett hervorgehoben). Anschließend kann die Hauptabfrage die zweite Aufgabe bearbeiten, nämlich die Daten zum Mitarbeiter abrufen. Sehr schön zu erkennen ist, dass die Unterabfrage eine *Aufgabenteilung* bewirkt.

```
SELECT *,
   (
      SELECT tblAbteilung.AbteilungName
      FROM tblAbteilung
      WHERE tblAbteilung.AbteilungID = tblMitarbeiter.AbteilungID
   ) AS AbteilungName
FROM tblMitarbeiter;
```

Listing 5.27 Von der Unterabfrage aus können Sie auf die Tabelle der Hauptabfrage »tblMitarbeiter« zugreifen.

Eine Liste aller Mitarbeiter zusammen mit der Abteilung – dieses Ergebnis lässt sich auch über eine INNER-JOIN-Verknüpfung realisieren. Die Unterabfrage in Listing 5.27 ist eine andere Variante, mit der Sie zum gleichen Ergebnis gelangen können.

Lassen Sie uns das Beispiel noch etwas erweitern. In der Liste aller Mitarbeiter soll es weiterhin ein Feld für die Abteilung geben. Allerdings soll uns die Abteilung nur interessieren, wenn der Mitarbeiter im Verkauf oder in der Produktion tätig ist. Für Mitarbeiter, die in einer anderen Abteilung tätig sind, soll das Feld leer bleiben. Um diesen Sonderwunsch zu realisieren, erweitern Sie zunächst den Filter der Unterabfrage, die WHERE-Klausel. In Listing 5.28 habe ich einmal nur die Unterabfrage dargestellt. Wenn Sie diese Abfrage ausführen, werden Sie nur die beiden gewünschten Datensätze »Verkauf« und »Produktion« erhalten.

```
SELECT tblAbteilung.AbteilungName
FROM tblAbteilung
WHERE
(
   tblAbteilung.AbteilungName = 'Verkauf'
   OR
   tblAbteilung.AbteilungName = 'Produktion'
);
```

Listing 5.28 Hier die Unterabfrage allein, mit der Sie die beiden Abteilungen »Verkauf« und »Produktion« abrufen

Kopieren Sie den SQL-Code der Unterabfrage nun in die Hauptabfrage. Ergänzen Sie den schon bekannten Filter auf das Feld »AbteilungID«, damit die Unterabfrage exakt einen Datensatz zurückgibt. Die gesamte Abfrage sieht jetzt so aus:

```
SELECT *,
   (
      SELECT tblAbteilung.AbteilungName
      FROM tblAbteilung
      WHERE tblAbteilung.AbteilungID = tblMitarbeiter.AbteilungID
      AND
      (
         tblAbteilung.AbteilungName = 'Verkauf'
         OR
         tblAbteilung.AbteilungName = 'Produktion'
      )
   ) AS AbteilungName
FROM tblMitarbeiter;
```

Listing 5.29 Die fett hervorgehobene Unterabfrage ruft die beiden Abteilungen »Verkauf« und »Produktion« ab. Über die Hauptabfrage werden die Mitarbeiterdaten geholt und, wo zutreffend, wird »Verkauf« bzw. »Produktion« eingetragen.

Sie finden diese Abfrage in den Materialien zum Buch in der Datenbank *05_SQL\5.4.1_Unterabfrage_SELECT.accdb*. Damit erhalten Sie die gewünschte Liste, die in Abbildung 5.4 dargestellt ist.

qryUnterabfrageSELECT

AbteilungN	MitarbeiterI	Nachname	Vorname	Geschlecht	Geburtsdatum	AbteilungID
Verkauf	1	Guntermann	Hildegard	W	12.10.1985	2
	2	Hachmann	Eva	W	17.01.1968	1
	3	Leuschner	Doris	W	25.09.1964	5
	4	Rathke	Ramona	W	04.09.1993	5
Produktion	5	Schreiber	Alois	M	28.02.1965	6
Produktion	6	Schulz	Barbara	W	10.10.1954	6
Verkauf	7	Semrau	Gabriele	W	20.08.1979	2
Verkauf	8	Wagner	Michael	M	11.07.1960	2
Verkauf	9	Wilke	Margot	W	07.02.1987	2
Produktion	10	Zimmermann	Arno	M	26.03.1987	6

Abbildung 5.4 Bei Mitarbeitern, die weder in der Produktion noch im Verkauf tätig sind, bleibt das Feld »AbteilungName« leer.

Dieses Ergebnis lässt sich nicht mehr mit einer einfachen Abfrage mit einer INNER-JOIN-Verknüpfung erreichen! Über den Filter würden Sie nämlich alle Mitarbeiter verlieren, die nicht im Verkauf oder in der Produktion arbeiten. Nur die Unterabfrage bringt uns zu der *Aufgabenteilung*, die hier notwendig ist:

1. zuerst in der Unterabfrage eine Liste derjenigen Abteilungen holen, die uns überhaupt interessieren

2. danach in der Hauptabfrage die Mitarbeiterdaten holen und den passenden Abteilungsnamen eintragen (oder leer lassen)

Aufgabenteilung = Unterabfrage

An diesem Beispiel erkennen Sie sehr schön, in welchen Szenarien eine Unterabfrage notwendig ist. Und zwar immer dann, wenn es *mehrere Schritte mit Zwischenergebnissen* gibt. In Einzelfällen mag es sicherlich auch alternative Wege ohne Unterabfrage geben, die zum Ziel führen.

In den folgenden Abschnitten zeigen ich Ihnen nun weitere Stellen in der Hauptabfrage, an denen Sie eine Unterabfrage einsetzen können.

5.4.2 In der FROM-Klausel anstelle einer Tabelle

In der FROM-Klausel können Sie Tabellen oder Abfragen als Datenquellen angeben – oder eine Unterabfrage. In den Materialien zum Buch in der Datenbank *05_SQL\5.4.2_Unterabfrage_FROM.accdb* (Listing 5.30) finden Sie dafür ein Beispiel.

```
SELECT *
FROM tblMitarbeiter
LEFT JOIN
(
   SELECT *
   FROM tblFlugbuchung
   WHERE Kosten > 400
) AS FlugbuchungTeuer
ON tblMitarbeiter.MitarbeiterID = FlugbuchungTeuer.MitarbeiterID;
```

Listing 5.30 Mit der Unterabfrage in der FROM-Klausel werden die teuren Flugbuchungen gefiltert. Anschließend folgt die LEFT-JOIN-Verknüpfung in der Hauptabfrage.

Fett hervorgehoben habe ich die Unterabfrage, die alle teuren Flugbuchungen filtert (Buchungskosten von mehr als 400 €). Die Unterabfrage steht in der FROM-Klausel in runden Klammern und hat den Alias »FlugbuchungTeuer«. Über den Alias können Sie von der Hauptabfrage aus auf das Ergebnis der Unterabfrage zugreifen.

Die Hauptabfrage greift also auf zwei Datenquellen zu: zum einen auf alle Mitarbeiter in der Tabelle *tblMitarbeiter*, zum anderen auf das Ergebnis der Unterabfrage, nämlich auf die teuren Flugbuchungen. Beide Datenquellen sind mit `LEFT JOIN` verknüpft. In der Datenblattansicht der gesamten Abfrage (Abbildung 5.5) finden Sie daher jeden Mitarbeiter mindestens einmal. Zusätzlich sind alle teuren Flugbuchungen aufgeführt. Mitarbeiter mit mehreren teuren Flugbuchungen tauchen in der Liste mehr als einmal auf.

Lassen Sie uns an dieser Stelle noch einmal an das Thema »Aufgabenteilung« denken, das ich Ihnen im letzten Abschnitt erläutert habe:

qryUnterabfrageFROM

tblMitarbeit	Nachname	Vorname	Geschlecht	Geburtsdatum	AbteilungID	Flugbuchun	FlugID	Flugbuchun	TicketBuchu
1	Guntermann	Hildegard	W	12.10.1985	2				
2	Hachmann	Eva	W	17.01.1968	1				
3	Leuschner	Doris	W	25.09.1964	5	3	12	3	LT4THNZR
4	Rathke	Ramona	W	04.09.1993	5	4	46	4	5882844886
5	Schreiber	Alois	M	28.02.1965	6	6	12	5	3YUICRZB
6	Schulz	Barbara	W	10.10.1954	6	8	2	6	0104-lyn
6	Schulz	Barbara	W	10.10.1954	6	7	46	6	8860281386
7	Semrau	Gabriele	W	20.08.1979	2	9	18	7	8213-gfn
8	Wagner	Michael	M	11.07.1960	2	11	42	8	UTBWFQJW
8	Wagner	Michael	M	11.07.1960	2	10	50	8	CPNSEBJO
9	Wilke	Margot	W	07.02.1987	2	12	6	9	CZMPIYJ4
10	Zimmermann	Arno	M	26.03.1987	6	13	46	10	9648933230
(Neu)						(Neu)			

Abbildung 5.5 Jeder Mitarbeiter taucht im Abfrageergebnis mindestens einmal auf. Wenn der Mitarbeiter keine teuren Flugbuchungen hat, bleiben einige Felder leer.

1. Holen Sie zuerst in der Unterabfrage eine Liste der teuren Flugbuchungen.
2. Danach rufen Sie in der Hauptabfrage die Mitarbeiterdaten ab und ordnen sie den Flugbuchungen zu (oder Sie lassen die Felder der Flugbuchung leer).

Das Prinzip der Aufgabenteilung gilt also auch bei Unterabfragen, die in der FROM-Klausel stehen.

Eine Unterabfrage in der FROM-Klausel ist gleichwertig mit einer separaten Abfrage

Bekanntlich können Sie in der FROM-Klausel eine andere Abfrage als Datenquelle angeben. Dies ist eine andere Herangehensweise zur Trennung von Aufgaben. In Access ist eine *separat gespeicherte Abfrage völlig gleichwertig mit einer Unterabfrage innerhalb der FROM-Klausel.*

5.4.3 In der WHERE-Klausel

Unterabfragen können zum Filtern in der WHERE-Klausel verwendet werden. Von meinem Gefühl her ist das in der Praxis auch der wichtigste Einsatzbereich von Unterabfragen. Es gibt dafür fünf verschiedene Schreibweisen:

- `WHERE EXISTS ( <Unterabfrage> )`
- `WHERE Feld = ( <Unterabfrage> )`
- `WHERE Feld > ANY ( <Unterabfrage> )`
- `WHERE Feld > ALL ( <Unterabfrage> )`
- `WHERE Feld IN ( <Unterabfrage> )`

Ich werde Ihnen diese fünf Varianten anhand von Beispielen vorstellen.

Gibt es einen Datensatz?

Im einfachsten Fall können Sie mit dem Schlüsselwort EXISTS (oder NOT EXISTS) überprüfen, ob die Unterabfrage mindestens einen Datensatz zurückgibt:

```
SELECT *
FROM tblMitarbeiter
WHERE EXISTS
(
   SELECT *
   FROM tblFlugbuchung
   WHERE Kosten > 500
   AND tblFlugbuchung.MitarbeiterID = tblMitarbeiter.MitarbeiterID
);
```

Listing 5.31 Prüfen Sie mit EXISTS, ob die Unterabfrage mindestens einen Datensatz zurückgibt.

Die Abfrage *qryUnterabfrageWHERE_EXISTS* (Listing 5.31) finden Sie in den Materialien zum Buch unter *05_SQL\5.4.3_Unterabfrage_WHERE.accdb*. Hier prüft die Unterabfrage, ob für einen Mitarbeiter mindestens eine teure Flugbuchung von mehr als 500 € besteht. Wenn ja, erscheint der Mitarbeiter in der Liste.

Diese Aufgabe ließe sich auch durch eine Abfrage mit INNER JOIN in Kombination mit einer Gruppierung bewerkstelligen. Nach meinem Empfinden trennt die Unterabfrage die unterschiedlichen Aufgaben jedoch schöner. Besonders in komplizierteren Fällen zahlt sich die Aufgabentrennung aus.

Eine Unterabfrage anstelle eines Tabellenfeldes

Aus Abschnitt 5.4.1, »In der SELECT-Klausel anstelle eines Tabellenfeldes«, wissen Sie, dass eine Unterabfrage anstelle eines Tabellenfeldes eingesetzt werden kann. Ganz wichtig dabei ist, dass die Unterabfrage exakt einen Datensatz zurückgibt. Genau das Gleiche gilt für einen Filter mit einer Unterabfrage wie in Listing 5.32 dargestellt.

```
SELECT *
FROM tblFlugbuchung
WHERE Kosten >
(
   SELECT AVG(Kosten)
   FROM tblFlugbuchung
);
```

Listing 5.32 Die Unterabfrage gibt exakt einen Wert zurück,
nämlich die durchschnittlichen Buchungskosten.

In den Materialien zum Buch finden Sie diese Abfrage unter dem Namen *qryUnterabfrage-WHERE_Tabellenfeld* in der Datenbank *05_SQL\5.4.3_Unterabfrage_WHERE.accdb*. In diesem Fall gibt die Unterabfrage genau einen Wert zurück, nämlich den Durchschnitt aller Buchungskosten. Anschließend nutzt die Hauptabfrage diesen Wert, um alle Buchungen mit Kosten über dem Durchschnitt zu filtern.

Die Tabellen in Haupt- und Unterabfrage dürfen identisch sein

Schauen Sie sich einmal die Datenquellen in Listing 5.32 an. Sowohl die Unterabfrage als auch die Hauptabfrage verwenden die gleiche Tabelle, *tblFlugbuchung*. Wenn wir uns wieder an das Thema »Aufgabentrennung« erinnern, wird diese Auffälligkeit einleuchtend, denn schließlich kann es vorkommen, dass sich die Aufgabe der Unterabfrage und die der Hauptabfrage mit denselben Daten beschäftigen.

Falls Sie einmal mit einer WHERE-Klausel von der Unterabfrage auf die Hauptabfrage zugreifen möchten, müssen Sie Aliasse einsetzen, zum Beispiel, um die Buchungen mit Kosten über dem jeweiligen Durchschnitt des Mitarbeiters zu bestimmen:

```
SELECT *
FROM tblFlugbuchung AS FB_H
WHERE Kosten >
(
   SELECT AVG(Kosten)
   FROM tblFlugbuchung AS FB_U
   WHERE FB_U.MitarbeiterID = FB_H.MitarbeiterID
);
```

Eine Bedingung mit Unterabfrage

Nachtflüge sind immer wieder ein brisantes Thema. Wie sieht es mit den Flügen in unserer Datenbank aus? Die Abfrage in Listing 5.33 gibt uns die letzten Abflugzeiten pro Flughafen zurück:

```
SELECT MAX(AbflugZeit), FlughafenName
FROM tblFlug INNER JOIN tblFlughafen
ON tblFlug.AbflugFlughafenID = tblFlughafen.FlughafenID
GROUP BY tblFlughafen.FlughafenName;
```

Listing 5.33 Die letzten Abflugzeiten pro Flughafen

Wie Sie dem Abfrageergebnis in Abbildung 5.6 entnehmen können, sind unsere Abflugzeiten alles andere als spät. Aber hier soll es nur um das grundsätzliche Prinzip gehen. Wir nehmen einmal an, dass die Abflugzeiten in unserer Beispieldatenbank das Maß der Dinge wären. Der Flughafen »New York John F. Kennedy« führt die Liste an. Hier startet um 15:55 Uhr der letzte Flug.

Abfrage1

Expr1000	FlughafenName
15:55:00	New York John F. Kennedy
16:25:00	London Heathrow
17:25:00	Paris-Charles-de-Gaulle
18:30:00	Köln/Bonn
19:25:00	Berlin-Tegel
19:50:00	Frankfurt am Main
20:10:00	Wien
20:15:00	London Stansted
21:55:00	Berlin-Schönefeld

Abbildung 5.6 In unserer Beispieldatenbank startet in New York der letzte Flieger um 15:55 Uhr.

Kommen wir jetzt zur eigentlichen Aufgabe: Gibt es Flüge, die später als in New York üblich starten? Offensichtlich läuft das auf einen Filter in der WHERE-Klausel hinaus. Aber es gibt einen wichtigen Unterschied zum letzten Fall, der Unterabfrage anstelle eines Tabellenfeldes: *Die Unterabfrage gibt jetzt mehr als einen Datensatz zurück!* Aus diesem Grund müssen Sie eines der Schlüsselwörter `ANY`, `SOME` oder `ALL` einfügen. Ohne eines dieser Schlüsselwörter gäbe Access eine Fehlermeldung beim Ausführen der Abfrage aus.

```
SELECT *
FROM tblFlug
WHERE AbflugZeit > ANY
(
   SELECT MAX(AbflugZeit)
   FROM tblFlug
   GROUP BY tblFlug.AbflugFlughafenID
);
```

Listing 5.34 Die Unterabfrage liefert die letzten Abflugzeiten pro Flughafen. Über das Schlüsselwort ANY werden diejenigen Flüge gefiltert, deren Abflug später als eine der letzten Abflugzeiten ist.

Die beiden Schlüsselwörter `ANY` und `SOME` haben die gleiche Bedeutung. In unserem Beispiel muss »AbflugZeit« größer als *mindestens eine* Abflugzeit der Unterabfrage sein. Sie finden diese Abfrage unter dem Namen *qryUnterabfrageWHERE_ANY* in der Datenbank *05_SQL\5.4.3_Unterabfrage_WHERE.accdb* in den Materialien zum Buch. Wenn Sie die Abfrage ausführen, werden Sie feststellen, dass es insgesamt 43 Flüge gibt, die nach 15:55 Uhr starten.

Auf der anderen Seite bedeutet das Schlüsselwort `ALL`, dass »AbflugZeit« größer als *alle* Abflugzeiten der Unterabfrage sein muss. Größer als alle Abflugzeiten in der Liste, das würde auf ein »später als 21:55 Uhr« hinauslaufen. Schauen Sie einmal in die Tabelle *tblFlug*. Dort werden Sie sehen, dass der letzte Flug genau um 21:55 Uhr startet. Die Abfrage mit dem Schlüsselwort `ALL` wird daher gar keine Datensätze zurückgeben.

Ich möchte Ihnen gerne noch ein weiteres Beispiel zeigen, an dem sich das Schlüsselwort `ALL` etwas besser demonstrieren lässt. Dazu verändere ich unsere Fragestellung hin zu einem Vergleich mit den Verhältnissen am Flughafen Frankfurt am Main. Gibt es bei unseren Flügen Abflugzeiten, die später sind als jede der Abflugzeiten in Frankfurt am Main?

```
SELECT *
FROM tblFlug
WHERE AbflugZeit > ALL
(
   SELECT tblFlug.AbflugZeit
   FROM tblFlug
   INNER JOIN tblFlughafen
   ON tblFlug.AbflugFlughafenID = tblFlughafen.FlughafenID
   WHERE tblFlughafen.FlughafenName = 'Frankfurt am Main'
);
```

Listing 5.35 Mit dem Schlüsselwort ALL erhalten Sie diejenigen Flüge, die später als alle Abflugzeiten aus der Unterabfrage (alle Abflugzeiten in Frankfurt am Main) starten.

Die Unterabfrage allein gibt alle Abflugzeiten in Frankfurt am Main zurück (Abbildung 5.7).

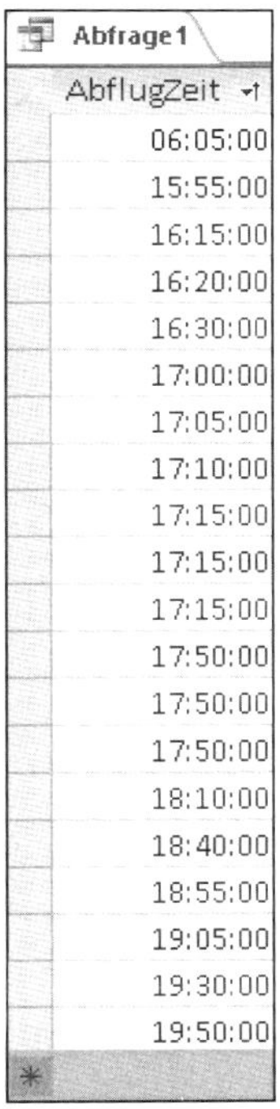

Abfrage1
AbflugZeit
06:05:00
15:55:00
16:15:00
16:20:00
16:30:00
17:00:00
17:05:00
17:10:00
17:15:00
17:15:00
17:15:00
17:50:00
17:50:00
17:50:00
18:10:00
18:40:00
18:55:00
19:05:00
19:30:00
19:50:00

Abbildung 5.7 Alle Abflugzeiten in Frankfurt am Main

Gibt es Flüge, die später starten, als in Frankfurt am Main üblich? Die gesamte Abfrage finden Sie in den Materialien zum Buch unter dem Namen *qryUnterabfrageWHERE_ALL*. Als Ergebnis gibt die Abfrage drei Flüge zurück: den ersten um 20:10 Uhr, einen weiteren um 20:15 Uhr und einen dritten um 21:55 Uhr. Alle drei starten nicht in Frankfurt am Main – sonst hätten wir sie in der Liste in Abbildung 5.7 gesehen, und sie wären durch das Schlüsselwort `ALL` herausgefiltert worden.

Eine Unterabfrage anstelle einer Liste von Werten

Unterabfragen mit dem Schlüsselwort `IN` gefallen mir ehrlich gesagt am besten. Das Schlüsselwort `IN` können Sie auch ohne Unterabfrage verwenden, um eine Liste von Werten zu überprüfen:

```
SELECT *
FROM tblMitarbeiter
WHERE MitarbeiterID IN (2, 3, 4);
```

Listing 5.36 Mit dem Schlüsselwort IN prüfen Sie eine Liste von festen Werten.

Innerhalb der runden Klammern können Sie anstelle der Werteliste auch eine Unterabfrage eintragen:

```
SELECT *
FROM tblMitarbeiter
WHERE MitarbeiterID IN
(
   SELECT MitarbeiterID
   FROM tblFlugbuchung
   WHERE Kosten > 500
);
```

Listing 5.37 Anstelle mit einer Liste fester Werte können Sie das Schlüsselwort IN auch in Kombination mit einer Unterabfrage benutzen.

Die Abfrage aus Listing 5.37 finden Sie in den Materialien zum Buch unter dem Namen *qryUnterabfrageWHERE_Werteliste* in der Datenbank *05_SQL\5.4.3_Unterabfrage_WHERE.accdb*.

5.4.4 In der ORDER-BY-Klausel anstelle eines Tabellenfeldes

In den letzten Abschnitten habe ich Ihnen gezeigt, dass Sie Unterabfragen in der SELECT-, FROM- und in der WHERE-Klausel einer Abfrage eintragen können. Da ist es nicht abwegig, eine Unterabfrage auch beim Sortieren zu verwenden.

```
SELECT *
FROM tblMitarbeiter
ORDER BY
(
   SELECT tblAbteilung.AbteilungName
   FROM tblAbteilung
   WHERE tblAbteilung.AbteilungID = tblMitarbeiter.AbteilungID
) ASC;
```

Listing 5.38 Eine Unterabfrage innerhalb der ORDER-BY-Klausel funktioniert leider nicht!

Das müsste doch eigentlich funktionieren. Ja, es müsste doch eigentlich; leider funktioniert es nicht! Um es ganz klar zu sagen: *In Access können Sie Unterabfragen nicht in der ORDER-BY-Klausel verwenden!* Eine logische Erklärung, warum das so ist, kann ich Ihnen leider nicht geben. Wenn Sie sich von diesem Sachverhalt selbst überzeugen wollen, finden Sie Listing 5.38 als Abfrage *qryUnterabfrageORDERBY* in den Materialien zum Buch in der Datenbank *05_SQL\5.4.4_Unterabfrage_ORDER_BY.accdb*.

5.5 Aktionsabfragen: Data Manipulation Language (DML)

In Access können Sie *Aktionsabfragen* hervorragend mit dem grafischen Abfrage-Editor oder in SQL erstellen. Einzelne Datensätze wird jedermann sicherlich direkt in der Datenblattansicht einer Tabelle oder Abfrage verändern. *Aktionsabfragen spielen hauptsächlich dann eine Rolle, wenn Daten im großen Stil geändert werden sollen.*

Es gibt vier verschiedene Arten von Aktionsabfragen (Tabelle 5.3). Entsprechend gibt es auch vier verschiedene SQL-Befehle, die unter dem Begriff *Data Manipulation Language (DML)* einen Teilbereich der SQL-Sprache bilden. In den folgenden Abschnitten stelle ich Ihnen jeden einzelnen der vier SQL-Befehle ausführlich vor.

Aktionsabfrage	Beschreibung	SQL-Befehl
Anfügeabfrage	neue Datensätze an eine bestehende Tabelle anfügen	INSERT INTO ...
Abfragetyp »Tabelle erstellen«	eine Tabelle neu erstellen und Datensätze dort einfügen	SELECT ... INTO ...
Löschabfrage	Datensätze löschen	DELETE ...
Aktualisierungsabfrage	bestehende Datensätze ändern	UPDATE ...

Tabelle 5.3 In Access gibt es insgesamt vier verschiedene Aktionsabfragen. Für jede Art von Aktionsabfrage gibt es einen eigenen SQL-Befehl.

Zwei Arbeitsweisen für Datenänderungen im großen Stil

Für solche Aufgaben kommen prinzipiell zwei Arbeitsweisen in Frage.

- Sie erstellen eine Reihe von Aktionsabfragen. Bei Bedarf führen Sie die einzelnen Aktionsabfragen nacheinander aus.
- Sie erstellen ein VBA-Programm, das die SQL-Befehle generiert und ausführt.

Für die erste Variante reicht der grafische Abfrage-Editor aus. In manchen Fällen eignet sich die zweite Variante besser, denn sie ist die flexiblere Lösung. Leider hat die Profivariante auch Ihren Preis, denn dabei kommt sowohl VBA-Programmierung als auch SQL zum Einsatz. Und genau um den zweiten Punkt geht es in den folgenden Abschnitten: Wie werden Aktionsabfragen in SQL formuliert?

5.5.1 INSERT INTO

Mit dem Befehl `INSERT INTO` können Sie ein oder mehrere Datensätze an eine Tabelle anfügen (*Zieltabelle*). Wichtig ist, dass die Tabelle bereits vorhanden ist. Eine Anfügeabfrage verändert keine Datensätze, die schon in der Zieltabelle vorhanden sind. Es kommt nur Neues hinzu.

Einen einzelnen Datensatz anfügen

Der einfachste Fall ist, einen einzelnen Datensatz anzufügen. Geben Sie die Werte, die angefügt werden sollen, direkt im SQL-Code an (Listing 5.39).

```
INSERT INTO zieltabelle ( zielfeld1 [, zielfeld2, ...] )
VALUES ( wert1 [, wert2, ...] );
```

Listing 5.39 Die Syntax des INSERT-INTO-Befehls zum Einfügen eines einzelnen Datensatzes

Direkt hinter dem Befehl `INSERT INTO` steht zunächst einmal der Name der Zieltabelle. In runden Klammern folgen die Namen der Felder. Sie müssen nicht alle Felder der Zieltabelle angeben. Anschließend kommen hinter dem Schlüsselwort `VALUES` in runden Klammern die Werte, die Sie im neuen Datensatz einfügen möchten. Konkret sieht das Ganze beispielsweise so aus (in den Materialien zum Buch die Abfrage *qryINSERT_INTO_VALUES* in der Datenbank *05_SQL\5.5.1_INSERT_INTO.accdb*):

```
INSERT INTO tblAbteilung
(
   AbteilungName
)
VALUES
(
```

```
    'Logistik'
);
```

Listing 5.40 Diese Anfügeabfrage erstellt die neue Abteilung »Logistik«.

Es gibt zwei Felder in der Tabelle *tblAbteilung* unserer Beispieldatenbank: das Primärschlüssel-Feld »AbteilungID« und »AbteilungName«. In der Anfügeabfrage in Listing 5.40 habe ich das Feld »AbteilungID« weggelassen. Solche Felder füllt Access entweder automatisch, wie das im Beispiel hier – einem AUTOWERT-Feld – der Fall ist, oder es wird NULL eingetragen. Achten Sie unbedingt darauf, dass für jedes Zielfeld, das Sie aufgeführt haben, auch ein passender Wert in der VALUES-Klausel steht! Denn wenn die Anzahl der Zielfelder und der Werte nicht stimmt, gibt Access eine Fehlermeldung aus.

Vorsicht bei NOT-NULL-Feldern

Für Felder, für die die Eingabe erforderlich ist, müssen Sie einen Wert angeben. Ansonsten gibt Access eine Fehlermeldung aus, wenn Sie die Aktionsabfrage ausführen. Einzige Ausnahme: Das Feld hat einen Standardwert. In diesem Fall meckert Access nicht und übernimmt den Standardwert.

Ohne Angabe der Zielfelder wird die Abfrage zu einem Ratespiel

Sie können die Zielfelder auch weglassen:

```
INSERT INTO tblAbteilung
VALUES
(
    99,
    'Logistik'
);
```

Ich rate Ihnen davon jedoch dringend ab! Denn das Einfügen wird so zu einem Ratespiel. Welcher Wert gelangt jetzt in welches Zielfeld? Das hängt nur von der Reihenfolge der Tabellenfelder ab. Und sollte die sich einmal ändern, wird Ihre Abfrage höchstwahrscheinlich nicht mehr funktionieren oder zumindest Daten in die falschen Felder schreiben.

Der Befehl `INSERT INTO ... VALUES ...` eignet sich wirklich nur für einen einzelnen Datensatz. Wenn Sie einen zweiten Datensatz mit anderen Werten einfügen möchten, müssen Sie eine weitere Abfrage erstellen.

Mehrere Datensätze anfügen

Es gibt eine zweite Variante der Anfügeabfrage, mit der Sie mehrere Datensätze gleichzeitig anfügen können. In diesem Fall wird das Ergebnis einer Auswahlabfrage an die Zieltabelle angefügt. Ganz entsprechend besteht auch der SQL-Code aus einer Kombination von INSERT INTO ... und SELECT ... (Listing 5.41).

```
INSERT INTO zieltabelle ( zielfeld1 [, zielfeld2, ...] )
SELECT ...;
```

Listing 5.41 Die Syntax des INSERT-INTO-Befehls zum Einfügen mehrerer Datensätze

Bei der Auswahlabfrage können Sie alle Möglichkeiten, die Sie vom Befehl SELECT her kennen, nutzen. Sie müssen nur peinlich genau darauf achten, dass die Anzahl der Zielfelder und die Anzahl der Felder in der SELECT-Klausel identisch sind.

Auch zu diesem Abfragetyp ein Beispiel. Ich habe eine neue Tabelle *tblFlugbuchungKostenProMitarbeiter* erstellt, in der die summierten Buchungskosten für jeden Mitarbeiter hinterlegt werden sollen (in den Materialien zum Buch in der Datenbank *05_SQL\5.5.1_INSERT_INTO.accdb*). Eine Auswahlabfrage, die ich in Listing 5.42 fett hervorgehoben habe, erledigt für uns die Gruppierung und das Aggregieren. Über den Befehl INSERT INTO wird anschließend das Ergebnis an die Zieltabelle *tblFlugbuchungKostenProMitarbeiter* angefügt. Die gesamte Abfrage finden Sie in den Materialien zum Buch unter dem Namen *qryINSERT_INTO_SELECT*.

```
INSERT INTO tblFlugbuchungKostenProMitarbeiter
(
   MitarbeiterID,
   Buchungskosten
)
SELECT
   MitarbeiterID,
   SUM(Kosten)
FROM tblFlugbuchung
GROUP BY MitarbeiterID;
```

Listing 5.42 Fett hervorgehoben ist die Auswahlabfrage; sie ermittelt die summierten Buchungskosten pro Mitarbeiter. Anschließend wird das Ergebnis per INSERT INTO an die Zieltabelle angefügt.

Sie können diese Anfügeabfrage ruhig mehrmals ausführen. Jedes Mal kommt in der Zieltabelle ein neuer Block von Datensätzen hinzu, denn schließlich verändert eine Anfügeabfrage niemals die bereits bestehenden Datensätze.

5.5.2 SELECT ... INTO

Die zweite Aktionsabfrage vom Typ »Tabelle erstellen« verwendet ebenfalls das Ergebnis einer Auswahlabfrage. Die Zieltabelle steht diesmal hinter dem Schlüsselwort INTO in der SELECT-Klausel (Listing 5.43).

```
SELECT feld1 [, feld2, ...] INTO zieltabelle
FROM datenquelle;
```

Listing 5.43 Genau genommen ist der Abfragetyp »Tabelle erstellen« eine Abwandlung einer Auswahlabfrage.

Auch bei diesem Abfragetyp haben Sie hinsichtlich der SELECT-Klausel alle Freiheiten. Ich habe einmal das Beispiel der summierten Buchungskosten aus Abschnitt 5.5.1, »INSERT INTO«, abgewandelt:

```
SELECT
  MitarbeiterID,
  SUM(tblFlugbuchung.Kosten)
INTO tblFlugbuchungKostenProMitarbeiter
FROM tblFlugbuchung
GROUP BY MitarbeiterID;
```

Listing 5.44 Diese Abfrage erstellt die Tabelle »tblFlugbuchungKostenProMitarbeiter« neu und befüllt sie anschließend mit dem Ergebnis der Auswahlabfrage.

Sie finden diese Abfrage in den Materialien zum Buch unter dem Namen *qrySELECT_INTO* in der Datenbank *05_SQL\5.5.2_SELECT_INTO.accdb*. Der einzige Unterschied zu `INSERT INTO ... SELECT ...` ist, dass die Zieltabelle noch nicht bestehen darf. Sie wird beim Ausführen der Abfrage neu erstellt und mit Datensätzen befüllt.

5.5.3 DELETE

Löschabfragen beginnen in den allermeisten Fällen mit `DELETE * FROM` gefolgt von der Zieltabelle, aus der gelöscht werden soll (Listing 5.45). Da man einen Datensatz nur vollständig löschen kann, erscheint mir das Sternchen als Platzhalter für alle Felder einleuchtend.

```
DELETE { * | zieltabelle.* }
FROM zieltabelle;
```

Listing 5.45 Die Syntax des DELETE-Befehls zum Löschen von Datensätzen

Ohne einen Filter in der WHERE-Klausel wird die Löschabfrage alle Datensätze in der Zieltabelle entfernen. In den Materialien zum Buch finden Sie in der Datenbank *05_SQL\5.5.3_DELETE.accdb* beispielsweise die Löschabfrage *qryDELETE_FROM* (Listing 5.46). Damit können Sie die Tabelle *tblFlugbuchung* auf einen Schlag leeren.

```
DELETE *
FROM tblFlugbuchung;
```

Listing 5.46 Ohne WHERE-Klausel wird der Inhalt der Tabelle »tblFlugbuchung« komplett gelöscht.

So radikal muss eine Löschabfrage aber nicht immer sein. Mit Hilfe einer WHERE-Klausel können Sie exakt steuern, welche Datensätze gelöscht werden sollen. Die Löschabfrage *qry-DELETE_FROM_WHERE* (Listing 5.47) entfernt zum Beispiel nur Mitarbeiter, deren Nachname mit dem Buchstaben S beginnt.

```
DELETE *
FROM tblMitarbeiter
WHERE Nachname LIKE 'S*';
```

Listing 5.47 Nur Mitarbeiter löschen, deren Nachname mit »S« beginnt

Welche Datensätze wird die Löschabfrage entfernen?

Um zu sehen, welche Datensätze die Löschabfrage entfernen wird, können Sie in Listing 5.47 das Schlüsselwort DELETE durch SELECT ersetzen. Alternativ können Sie vom Abfrage-Editor aus in die Datenblattansicht umschalten. In beiden Fällen werden keine Datensätze gelöscht.

Denken Sie immer daran, dass es bei Datenbanken kein Undo gibt! Wenn eine Löschabfrage einmal zu viel entfernt hat, gibt es kein Zurück mehr. *Fertigen Sie daher von Ihrer Datenbank regelmäßig eine Sicherheitskopie an!*

Ich hatte bereits eingangs erwähnt, dass ein Datensatz immer komplett gelöscht wird. Wenn Sie nur einzelne Felder löschen möchten, diese Felder also auf NULL setzen möchten, dann funktioniert das über eine Aktualisierungsabfrage. Doch dazu mehr in Abschnitt 5.5.4, »UPDATE«.

Trotz alledem gibt es einen Sonderfall, der so etwas Ähnliches wie »halb löschen« ist. Ein Beispiel dafür habe ich in Listing 5.48 skizziert: Zwei Tabellen sind miteinander per INNER JOIN verknüpft, damit der Filter mit Feldern aus beiden Tabellen arbeiten kann. Gelöscht werden aber nur Datensätze aus einer der beiden Tabellen, in diesem Fall aus der Detailtabelle der 1:n-Beziehung, nämlich aus der Tabelle *tblMitarbeiter*.

```
DELETE tblMitarbeiter.*
FROM tblAbteilung
INNER JOIN tblMitarbeiter
ON tblAbteilung.AbteilungID = tblMitarbeiter.AbteilungID
WHERE tblAbteilung.AbteilungName = 'Produktion'
AND tblMitarbeiter.Nachname LIKE 'S*';
```

Listing 5.48 Die Besonderheit »halb löschen«: Zwei Tabellen sind per INNER JOIN verknüpft, weil der Filter auf Daten in beiden Tabellen zugreift. Gelöscht werden soll aber nur aus der Tabelle »tblMitarbeiter«.

Sie finden diese Abfrage in den Materialien zum Buch unter dem Namen *qryDELETE_FROM_INNER_JOIN*. Hinter dem Befehl `DELETE` steht jetzt nicht das Sternchen allein, sondern `tblMitarbeiter.*`. Damit weiß Access, dass nur Datensätze aus der Zieltabelle *tblMitarbeiter* gelöscht werden dürfen. Der Inhalt der Tabelle *tblAbteilung* bleibt dabei unverändert.

5.5.4 UPDATE

Kommen wir nun zum letzten Typ von Aktionsabfrage, der Aktualisierungsabfrage. In SQL wird sie durch den Befehl `UPDATE` gefolgt von der Zieltabelle eingeleitet (Listing 5.49).

```
UPDATE zieltabelle
SET feld1 = wert1 [, feld2 = wert2, ...];
```

Listing 5.49 Die Syntax des UPDATE-Befehls zum Ändern von Datensätzen

Aktionsabfragen eignen sich wie erwähnt zur Datenänderung im großen Stil. Als Beispiel versetzen wir einmal alle unsere Mitarbeiter in die Abteilung »Verkauf« (»AbteilungID« = 2).

```
UPDATE tblMitarbeiter
SET AbteilungID = 2;
```

Listing 5.50 Ohne WHERE-Klausel wird das Feld »AbteilungID«
in allen Datensätzen auf den Wert 2 gesetzt.

In den Materialien zum Buch finden Sie diese Abfrage unter dem Namen *qryUPDATE_MitarbeiterAlleInDenVerkauf* in der Datenbank *05_SQL\5.5.4_UPDATE.accdb*.

In Kombination mit einem Filter in der WHERE-Klausel können Sie genauer steuern, welche Datensätze geändert werden sollen. Beispielsweise möchten wir alle männlichen Mitarbeiter aus der Produktion (»AbteilungID« = 6) in den Verkauf versetzen. Die zugehörige Abfrage *qryUPDATE_MitarbeiterMVonProduktionInDenVerkauf* sieht so aus:

```
UPDATE tblMitarbeiter
SET AbteilungID = 2
WHERE AbteilungID = 6
AND Geschlecht = 'M';
```

Listing 5.51 Nur Mitarbeiter in den Verkauf (»AbteilungID« = 2) versetzen,
die männlich sind und derzeit in der Produktion (»AbteilungID« = 6) tätig sind

Welche Datensätze wird die Aktualisierungsabfrage verändern?

Sie können den Abfrage-Editor jederzeit in die Datenblattansicht umschalten. Bei einer Aktualisierungsabfrage können Sie dann erkennen, welche Datensätze beim Ausführen geändert werden. Allerdings werden noch die alten Feldinhalte aufgeführt. Die neuen Werte sehen Sie erst, nachdem Sie die Aktionsabfrage wirklich ausgeführt haben (auf ENTWURF • ERGEBNISSE • AUSFÜHREN klicken).

Nur noch einmal zur Erinnerung: In Datenbanken gibt es kein Undo! *Fertigen Sie daher von Ihrer Datenbank regelmäßig eine Sicherheitskopie an!*

Eine Aktualisierungsabfrage kann sich auch über mehr als eine Tabelle erstrecken. Ich wiederhole hier das Beispiel, das Sie vom grafischen Abfrage-Editor in Abschnitt 3.5.3, »Aktualisierungsabfragen«, her bereits kennen. In der Tabelle *tblMitarbeiter* habe ich ein Textfeld »AbteilungTaetigkeit« ergänzt. Dort möchte ich einen kurzen Text zur Tätigkeit des Mitarbeiters eintragen:

»Helene Busch ist in Abteilung Einkauf tätig.«

Die Aktualisierungsabfrage überträgt in diesem Fall also Daten aus der Tabelle *tblAbteilung* – nämlich den Namen der Abteilung – in die Tabelle *tblMitarbeiter*. In SQL lässt sich die Aufgabe über `UPDATE` in Kombination mit einer INNER-JOIN-Verknüpfung umsetzen. Die Abfrage aus Listing 5.52 finden Sie in den Materialien zum Buch unter dem Namen *qryUPDATE_MitarbeiterAbteilungTaetigkeit*.

```
UPDATE tblAbteilung
INNER JOIN tblMitarbeiter
ON tblAbteilung.AbteilungID = tblMitarbeiter.AbteilungID
SET tblMitarbeiter.AbteilungTaetigkeit = tblMitarbeiter.Vorname & ' ' &
 tblMitarbeiter.Nachname & ' ist in Abteilung ' & tblAbteilung.AbteilungName &
 ' tätig.';
```

Listing 5.52 Wie immer bei einer INNER-JOIN-Verknüpfung sollten Sie mit voll qualifizierten Feldnamen arbeiten.

5.6 Datenbankobjekte verändern: Data Definition Language (DDL)

Der Sprachumfang von SQL beschränkt sich nicht nur auf den Umgang mit Daten in den Tabellen. Es gibt eine Reihe von SQL-Befehlen zum Ändern des Datenbankdesigns. Unter dem Begriff *Data Definition Language (DDL)* werden sie als ein Teilbereich von SQL zusammengefasst.

Datendefinitionsabfrage	SQL-Befehl
Tabelle erstellen	`CREATE TABLE ...`
Tabellenstruktur verändern	`ALTER TABLE ...`

Tabelle 5.4 Mit diesen Befehlen der DDL verändern Sie die Tabellenstruktur.

Datendefinitionsabfrage	SQL-Befehl
Tabelle entfernen	`DROP TABLE ...`
Index erstellen	`CREATE [UNIQUE] INDEX ...`
Index entfernen	`DROP INDEX ...`

Tabelle 5.4 Mit diesen Befehlen der DDL verändern Sie die Tabellenstruktur. (Forts.)

Für Datendefinitionsabfragen gibt es keinen grafischen Editor. Sie können in Access nur als SQL-Befehl eingegeben werden.

In Access bietet die Entwurfsansicht einer Tabelle mehr Funktionen

Gleichwohl können Sie in Access sowohl Tabellen als auch Indizes mit einem grafischen Editor erstellen, nämlich in der Entwurfsansicht einer Tabelle. Ich empfehle Ihnen auch, Tabellen dort und nicht über SQL-Befehle zu erstellen, denn einige Einstellungen lassen sich sogar überhaupt nicht per SQL, sondern nur in der Entwurfsansicht einer Tabelle konfigurieren.

Warum gibt es in Access nun überhaupt die Data Definition Language? Und wofür können Sie diese SQL-Befehle verwenden? Die Befehle der Data Definition Language sind im ANSI/ISO-SQL-92-Standard enthalten. Mein Eindruck ist, dass Microsoft die Data Definition Language hauptsächlich aus diesem Grund in Access aufgenommen hat: um den SQL-92-Standard möglichst vollständig umzusetzen. Das ist ja an sich eine sehr begrüßenswerte Entscheidung. Schade nur, dass nicht alle Einstelllungen per SQL konfiguriert werden können.

Falls Sie einmal eine Tabelle per VBA-Programm erstellen oder verändern möchten, gibt es zum Glück noch andere und gleichzeitig bessere Wege als über die Data Definition Language (beispielsweise über die Funktionen der DAO-Klassenbibliothek). Kurzum: Die Data Definition Language von Access können Sie sich eigentlich sparen. Der Vollständigkeit halber stelle ich in den nächsten Abschnitten jeden einzelnen Befehl im Schnelldurchlauf vor.

5.6.1 CREATE TABLE

Beim Erstellen einer Tabelle müssen Sie alle Felder mit Felddatentyp angeben. Für jeden Felddatentyp gibt es ein eigenes SQL-Schlüsselwort. Die einzelnen Felddatentypen habe ich Ihnen in Abschnitt 2.3, »Erstellen von Tabellen«, vorgestellt. Dort finden Sie in den Tabellen der Felddatentypen die Spalte »Jet-SQL-Datentyp«. Genau das sind die SQL-Schlüsselwörter, die Sie für `CREATE TABLE` benötigen.

Einige SQL-Schlüsselwörter können zu Verwirrungen führen

Leider sind einige Felddatentypen sehr unglücklich benannt, was leicht zu Verwirrung und zu Verwechslungen führt. Beispielsweise hat der Felddatentyp Integer das SQL-Schlüsselwort `SMALLINT`. Das wäre ja an sich noch nicht so schlimm. Nur leider gibt es auch das SQL-Schlüsselwort `INTEGER`. Dieses steht jedoch für den Felddatentyp »Long Integer«.

- Integer = `SMALLINT`
- Long Integer = `INTEGER`

Nachdem Sie die passenden SQL-Schlüsselwörter für die Felddatentypen herausgefunden haben, können Sie die Tabelle per SQL-Code erstellen:

```
CREATE TABLE tblAbteilung
(
   AbteilungID COUNTER NOT NULL
      PRIMARY KEY,
   AbteilungName VARCHAR(32) NOT NULL
);
```

Listing 5.53 Erstellen der Tabelle »tblAbteilung« mit zwei Feldern

Die Abfrage in Listing 5.53 erstellt die Tabelle *tblAbteilung* mit den beiden Feldern »AbteilungID« und »AbteilungName« (in den Materialien zum Buch unter *05_SQL\5.6.1_CREATE_TABLE.accdb*, Abfrage *qryCREATE_TABLE_tblAbteilung*). Tragen Sie die Felder innerhalb der runden Klammern getrennt durch Kommata (,) ein. Für jedes Feld ist die Syntax gleich:

1. Name des Feldes
2. Felddatentyp
3. die Angabe, ob das Feld erforderlich (`NOT NULL`) oder optional (`NULL`) ist

Einige Felddatentypen wie beispielsweise `VARCHAR` (Kurzer Text) benötigen noch weitere Angaben zur Feldgröße in runden Klammern. Wie Sie Listing 5.53 entnehmen können, sind für jedes Feld weitere Schlüsselwörter möglich, zum Beispiel `PRIMARY KEY`, womit Sie den Primärschlüssel definieren.

5.6.2 ALTER TABLE

Mit dem Befehl `ALTER TABLE` fügen Sie ein Feld zu einer bestehenden Tabelle hinzu (in den Materialien zum Buch unter *05_SQL\5.6.2_ALTER_TABLE.accdb*, Abfrage *qryALTER_TABLE_ADD_COLUMN*):

```
ALTER TABLE tblAbteilung
ADD COLUMN
   AbteilungKuerzel VARCHAR(4) NULL;
```

Listing 5.54 Das neue Feld »AbteilungKuerzel« zu einer bestehenden Tabelle hinzufügen

Genauso können Sie für ein bestehendes Tabellenfeld den Felddatentyp oder die Einstellung für EINGABE ERFORDERLICH anpassen (Abfrage *qryALTER_TABLE_ALTER_COLUMN*):

```
ALTER TABLE tblAbteilung
ALTER COLUMN
   AbteilungKuerzel VARCHAR(8) NOT NULL;
```

Listing 5.55 Ein bestehendes Feld in einer Tabelle verändern

Schließlich können Sie per ALTER TABLE ein überflüssiges Feld auch wieder entfernen (Abfrage *qryALTER_TABLE_DROP_COLUMN*):

```
ALTER TABLE tblAbteilung
DROP COLUMN AbteilungKuerzel;
```

Listing 5.56 Das bestehende Feld »AbteilungKuerzel« aus einer Tabelle entfernen

5.6.3 DROP TABLE

Eine Tabelle lässt sich mit einem kleinen, sehr einfachen Befehl vollständig entfernen (in den Materialien zum Buch unter *05_SQL\5.6.3_DROP_TABLE.accdb*, Abfrage *qryDROP_TABLE_tblAbteilung*):

```
DROP TABLE tblAbteilung;
```

Listing 5.57 Die Tabelle »tblAbteilung« löschen

5.6.4 CREATE INDEX

Mit CREATE INDEX erzeugen Sie für eine bestehende Tabelle einen Index. In den Materialien zum Buch unter *05_SQL\5.6.4_CREATE_INDEX.accdb* finden Sie in der Abfrage *qryCREATE_INDEX* ein Beispiel, das einen nicht eindeutigen Index erzeugt. Mit dem Schlüsselwort UNIQUE wird ein eindeutiger Index, ein *Alternativschlüssel*, erstellt (Abfrage *qryCREATE_UNIQUE_INDEX*):

```
CREATE UNIQUE INDEX AK_tblAbteilung_AbteilungName
ON tblAbteilung
(
```

```
    AbteilungName
);
```

Listing 5.58 Einen eindeutigen Index (Alternativschlüssel) mit CREATE UNIQUE INDEX erstellen

5.6.5 DROP INDEX

Genauso einfach können Sie einen überflüssigen Index wieder entfernen (in den Materialien zum Buch unter *05_SQL\5.6.5_DROP_INDEX.accdb*, Abfrage *qryDROP_INDEX*):

```
DROP INDEX AK_tblAbteilung_AbteilungName ON tblAbteilung;
```

Listing 5.59 Einen bestehenden Index von einer Tabelle entfernen

5.7 Besondere Abfragen

Als Abschluss des Kapitels »SQL« möchte ich Ihnen zwei besondere Abfragetypen vorstellen: Die *UNION-Abfrage* und die *Pass-through-Abfrage*. In beiden Fällen gibt es keinen grafischen Abfrage-Editor. Sie können diese Abfragetypen also ausschließlich per SQL-Code eingeben.

5.7.1 UNION-Abfragen

Zum Verständnis von UNION-Abfragen hilft uns ein kleiner Exkurs in die Mengenlehre. Sie erinnern sich sicherlich an die Mengendiagramme aus dem Mathematikunterricht. Zwei Teilmengen zusammen ergeben die *Vereinigungsmenge* (englisch *union*; Abbildung 5.8).

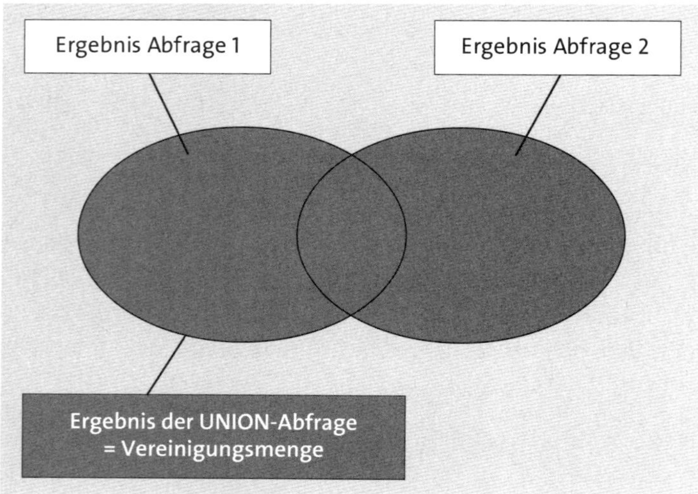

Abbildung 5.8 Eine UNION-Abfrage gibt das vereinigte Ergebnis der Einzelabfragen zurück (Vereinigungsmenge).

Genau nach dem gleichen Muster funktioniert eine UNION-Abfrage. Zunächst einmal enthält eine UNION-Abfrage zwei oder mehrere Auswahlabfragen. Diese Einzelabfragen liefern die Zwischenergebnisse, die über die Schlüsselwörter `UNION ALL` zum Gesamtergebnis vereinigt werden.

Schauen wir uns das Ganze einmal an einem Beispiel an:

1. Erstellen Sie eine neue Abfrage in der Entwurfsansicht.
2. Schalten Sie in die SQL-Ansicht um.
3. Tippen Sie zunächst die erste Abfrage ein:

   ```
   SELECT MitarbeiterID, Nachname, Vorname
   FROM tblMitarbeiter
   WHERE Nachname LIKE 'S*';
   ```

   Diese Abfrage gibt alle Mitarbeiter zurück, deren Nachname mit dem Buchstaben S beginnt.
4. Entfernen Sie das Semikolon am Ende des SQL-Codes.
5. Fügen Sie in der nächsten Zeile

   ```
   UNION ALL
   ```

   ein.
6. Ergänzen Sie nun die zweite Abfrage:

   ```
   SELECT MitarbeiterID, Nachname, Vorname
   FROM tblMitarbeiter
   WHERE AbteilungID = 2;
   ```

   Diese zweite Abfrage filtert alle Mitarbeiter, die in der Abteilung »Verkauf« (»AbteilungID« = 2) tätig sind.
7. Speichern Sie die Abfrage unter dem Namen *qryMitarbeiter_UNION* ab. Im Navigationsbereich sehen Sie, dass Access für eine UNION-Abfrage ein besonderes Symbol vergibt.

Die vollständige UNION-Abfrage finden Sie in den Materialien zum Buch in der Datenbank *05_SQL\5.7.1_UNION.accdb*. In Abbildung 5.9 können Sie die Ergebnisse der beiden Einzelabfragen nachvollziehen. Unsere UNION-Abfrage bewirkt nun die Vereinigungsmenge: Die Ergebnisse der Einzelabfragen werden als gemeinsames Datenblatt ausgegeben. Allerdings taucht ein Mitarbeiter, der im Ergebnis beider Einzelabfragen vorhanden ist, doppelt auf. Das können Sie am Datensatz der Mitarbeiterin »Gabriele Semrau« überprüfen. Beide Einzelabfragen enthalten in ihrem Ergebnis diesen Datensatz. Entsprechend ist Frau Semrau im Ergebnis der UNION-Abfrage zweimal aufgeführt.

Ganz klar, diese konkrete Aufgabenstellung ließe sich auch ohne eine UNION-Abfrage lösen (nämlich über eine WHERE-Klausel mit zwei Filtern, die über das Schlüsselwort `OR` verbunden sind; mehr dazu in Abschnitt 5.2.2, »Datensätze filtern«). Hier geht es mir aber um das grundsätzliche Prinzip: Mit Hilfe einer UNION-Abfrage können Sie die Ergebnisse zweier oder mehrerer Einzelabfragen zusammenführen. Und dabei spielt es keine Rolle, wie komplex die Einzelabfragen sind. Nur eine Sache ist wichtig: Damit das Vereinigen der Datensätze richtig funktionieren kann, müssen die einzelnen Auswahlabfragen die *gleiche Anzahl an Feldern* zurückgeben.

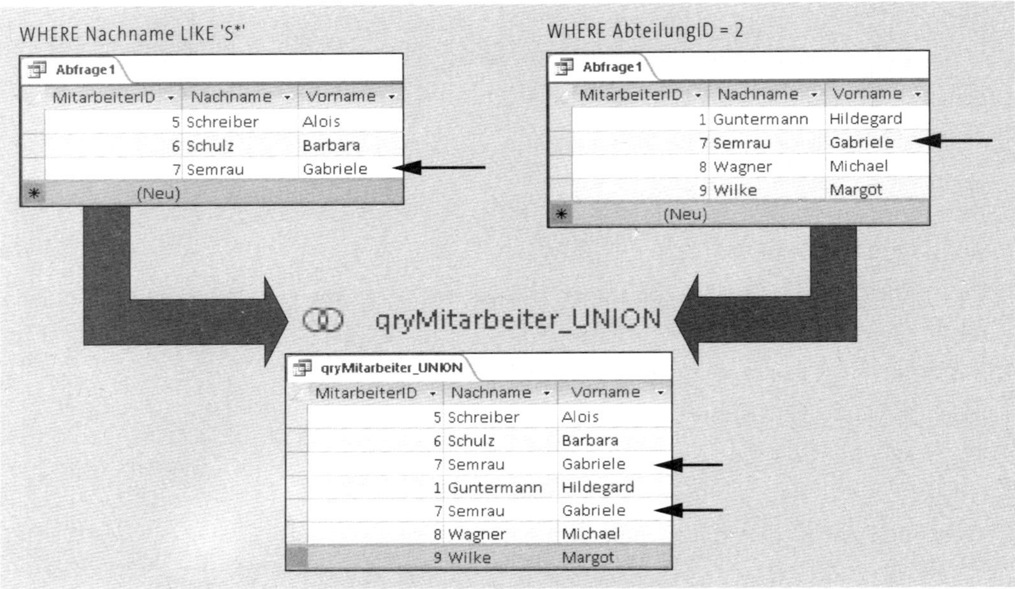

Abbildung 5.9 Eine UNION-Abfrage führt die Ergebnisse von zwei (oder mehreren) Einzelabfragen zusammen. Beachten Sie bitte den Datensatz von Frau Semrau (Pfeile): Weil er im Ergebnis beider Einzelabfragen auftaucht, erscheint er im Ergebnis der UNION-Abfrage zweimal.

Sortierung in UNION-Abfragen

Erst ganz am Schluss, nach dem Vereinigen der Einzelergebnisse, sortiert Access die Datensätze. Eine UNION-Abfrage darf daher nur eine einzige ORDER-BY-Klausel enthalten! Und diese muss ganz am Ende des SQL-Codes stehen.

```
   SELECT MitarbeiterID, Nachname, Vorname
   FROM tblMitarbeiter
   WHERE Nachname LIKE 'S*'
UNION ALL
   SELECT MitarbeiterID, Nachname, Vorname
   FROM tblMitarbeiter
   WHERE AbteilungID = 2
ORDER BY Nachname, Vorname;
```

Im Beispiel oben habe ich die beiden Auswahlabfragen mit `UNION ALL` verbunden. Diese Schreibweise ist der Normalfall für eine UNION-Abfrage. Denn wenn Sie das Schlüsselwort `ALL` weglassen, gilt eine Besonderheit: Auch in diesem Fall werden die beiden Teilergebnisse der Auswahlabfragen vereinigt. Anschließend wird Access dann aber automatisch eine Gruppierung über alle Felder vornehmen! Oder anders gesagt: *Ohne das Schlüsselwort* `ALL` *ergänzt Access immer* `GROUP BY` *über alle Felder.* In vielen Fällen will man das nicht. Merken Sie sich deshalb die Schreibweise `UNION ALL`.

5.7.2 Pass-through-Abfragen

Bei der Betrachtung von Client-Server-Anwendungen in Abschnitt 4.7.4, »Optimierung der Client-Server-Anwendung«, habe ich *Pass-through-Abfragen* schon einmal erwähnt. Mit einer solchen Abfrage können Sie SQL-Code direkt an eine *Server-Datenbank* weiterreichen.

Zunächst einmal brauchen Sie für eine Pass-through-Abfrage einen *Datenbank-Server*, auf dem Tabellen vorhanden sind. Anschließend können Sie in Access die Pass-through-Abfrage erstellen:

1. Erzeugen Sie eine leere Datenbank.
2. Klicken Sie auf ERSTELLEN • ABFRAGEENTWURF.
3. Klicken Sie auf ENTWURF • ABFRAGETYP • PASS-THROUGH.
4. Jetzt tippen Sie den SQL-Code ein. Bitte beachten Sie, dass Sie den SQL-Dialekt des Servers verwenden müssen! In Transact-SQL, der SQL-Sprache des Microsoft SQL Servers, sieht das beispielsweise so aus:

   ```
   select MitarbeiterID, Nachname, Vorname
   from dbo.tblMitarbeiter
   where Nachname like N'S%';
   ```

5. Speichern Sie die Abfrage unter dem Namen *qryMitarbeiterPassThrough* ab.

Access versieht Pass-through-Abfragen mit einer Weltkugel als Symbol, das Sie bereits von den verknüpften ODBC-Tabellen her kennen. Sie finden diese Abfrage in den Materialien zum Buch unter *05_SQL\5.7.2_PassThrough.accdb*.

Schauen Sie sich die Beispieldatenbank bitte einmal an; Sie werden zwei Besonderheiten feststellen: Zum einen sind in der Datenbank überhaupt keine Tabellen vorhanden, weder Access-Tabellen noch verknüpfte Tabellen. Das ist völlig in Ordnung so, denn die Pass-through-Abfrage greift direkt auf die Tabellen des Datenbank-Servers zu.

Und damit sind wir bei der zweiten Besonderheit: Wenn Sie die Pass-through-Abfrage ausführen, wird Access nach der ODBC-Datenquelle fragen. Am einfachsten verwenden Sie die Benutzer-Datenquelle »dsnFluege«, die Sie bereits in Abschnitt 4.7.3, »Eine Tabelle über die ODBC-Schnittstelle verknüpfen«, erstellt haben. Das Abfrageergebnis erhalten Sie wie gewohnt als Access-Datenblatt (Abbildung 5.10).

Abbildung 5.10 Pass-through-Abfragen geben das Ergebnis wie gewohnt als Access-Datenblatt zurück, wenngleich die Datensätze nicht editierbar sind.

So können Sie die ODBC-Datenquelle dauerhaft in einer Pass-through-Abfrage abspeichern

Unter den ABFRAGEEIGENSCHAFTEN der Pass-through-Abfrage können Sie in der Eigenschaft ODBC-VERBINDUNG die gewünschte ODBC-Datenquelle fest eintragen und abspeichern.

Wenn dort die Zeichenfolge

```
ODBC;
```

steht, zeigt Access beim Ausführen der Abfrage den Dialog DATENQUELLE AUSWÄHLEN an.

Wie bereits erwähnt müssen Sie für eine Pass-through-Abfrage den SQL-Dialekt Ihres Datenbank-Servers verwenden. VBA-Funktionen und andere Eigenheiten von Access sind daher grundsätzlich verboten.

Fehlermeldungen kommen direkt vom Datenbank-Server zurück

Nicht nur der SQL-Dialekt ist bei Pass-through-Abfragen speziell angepasst. Falls einmal etwas schiefgehen sollte, kommt auch die Fehlermeldung direkt vom Datenbank-Server zurück. Access meldet lediglich ODBC-AUFRUF FEHLGESCHLAGEN. gefolgt von der Fehlermeldung, wie sie vom Server kommt (Abbildung 5.11).

Abbildung 5.11 Fehlermeldungen, die beim Ausführen einer Pass-through-Abfrage aufgetreten sind, stammen direkt vom Datenbank-Server.

Das Prinzip können Sie sich so vorstellen: Bei einer verknüpften Tabelle übernimmt der ODBC-Datenbanktreiber die Übersetzung zwischen Access-SQL (Jet-SQL) und dem SQL-Dialekt des Datenbank-Servers. Eine Pass-through-Abfrage hingegen überspringt den Übersetzer. Auf diese Weise können Sie wirklich alle Features der Server-Datenbank nutzen.

Kapitel 6
Formulare

Ansprechende Darstellung von Daten, intuitive Bedienung und Benutzerführung stehen bei Formularen im Vordergrund.

Sind Ihnen die ewigen Tabellen und Listen in Ihrer Datenbank zu langweilig? Dann sind Formulare genau das Richtige für Sie. Erstellen Sie ein Formular mit Textfeldern und anderen Steuerelementen, um Daten bequem bearbeiten zu können. Schöne Formulare führen übrigens auch dazu, dass Ihre Access-Datenbank mit Freude von Anwendern genutzt wird, die mit Access bisher nicht in Berührung gekommen sind.

6.1 Formulare entwerfen

Im ersten Teil dieses Kapitels zeige ich Ihnen, wie Sie ein einfaches Formular erstellen und an die Daten in der Datenbank binden können. Neben anderen Eigenschaften von Formularen werde ich auf die unterschiedlichen Ansichten von Formularen eingehen.

6.1.1 Ein einfaches Formular in der Entwurfsansicht erstellen

Wir erstellen zunächst einmal ein ganz einfaches Formular, das noch nicht mit einer Tabelle aus der Datenbank verbunden ist.

1. Öffnen Sie die Datenbank *03_Abfragen\3_Fluege.accdb*.
2. Klicken Sie auf ERSTELLEN • FORMULARE • FORMULARENTWURF. Access öffnet ein leeres Formular in der *Entwurfsansicht*.

> **Das Raster dient zur Orientierung in der Entwurfsansicht**
>
> Access zeigt in der Entwurfsansicht ein *Raster* an (Abbildung 6.1). Im Kontextmenü können Sie es über den Eintrag RASTER aus- und wieder einblenden.

3. Klicken Sie auf ENTWURF • TOOLS • EIGENSCHAFTENBLATT ❶. Im rechten Bereich wird das EIGENSCHAFTENBLATT angezeigt ❷. Achten Sie bitte darauf, dass die *Formulareigenschaften* (AUSWAHLTYP: FORMULAR ❸) gewählt sind.
4. Wählen Sie in den Eigenschaften das Registerblatt DATEN ❹ aus.

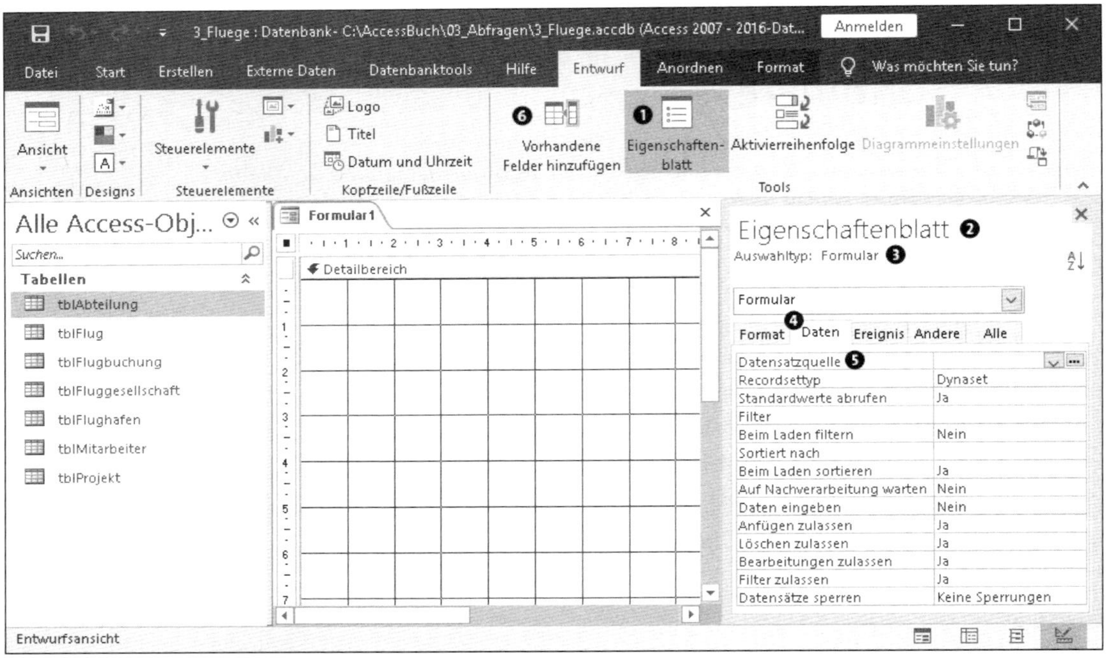

Abbildung 6.1 Ein leeres Formular in der Entwurfsansicht

5. Gleich als ersten Eintrag sehen Sie die Eigenschaft DATENSATZQUELLE ❺. Der Eintrag ist noch leer. Das bedeutet, dass unser Formular noch nicht an Daten gebunden ist.
6. Klicken Sie auf ENTWURF • TOOLS • VORHANDENE FELDER HINZUFÜGEN ❻. Im rechten Bereich erscheint jetzt die *Feldliste*.

Wie wir eben gesehen haben, ist unser Formular noch *ungebunden*. Entsprechend finden Sie unter FELDLISTE den Hinweis, dass derzeit keine Felder verfügbar sind.

6.1.2 Datensatzquelle

Als Nächstes werden wir das Formular an eine *Datensatzquelle* (englisch *record source*) binden. Grundsätzlich kommt als Datensatzquelle eine Tabelle, eine Abfrage oder eine SQL-Anweisung in Frage. Der Einfachheit halber binden wir das Formular an eine Tabelle.

1. Wechseln Sie zurück zum EIGENSCHAFTENBLATT. Vergewissern Sie sich bitte noch einmal, dass Sie die Formulareigenschaften gewählt haben (AUSWAHLTYP: FORMULAR).
2. Tragen Sie bei DATENSATZQUELLE den Text

   ```
   tblFlughafen
   ```

   ein. Dadurch wird das Formular an die Tabelle *tblFlughafen* gebunden.

3. Klicken Sie auf ENTWURF • TOOLS • VORHANDENE FELDER HINZUFÜGEN. Jetzt erscheinen in der Feldliste alle Felder der Tabelle *tblFlughafen*.
4. Ziehen Sie alle Felder per Drag & Drop in das Formular – genauer gesagt, in die noch leere Fläche, die mit DETAILBEREICH überschrieben ist.

Mehrere Felder gleichzeitig aus der Feldliste in das Formular ziehen

Wenn Sie die [⇧]- oder [Strg]-Taste gedrückt halten, können Sie in der Feldliste mehrere Felder auswählen und danach mit einem Rutsch in das Formular ziehen.

Access erzeugt bei diesem Vorgang automatisch zwei *Steuerelemente* für jedes Feld:

- ein Steuerelement vom Typ *Bezeichnung* (englisch *label*)
- ein zweites Steuerelement, das zum Felddatentyp passt, in der Regel ein *Textfeld* (englisch *text box*)

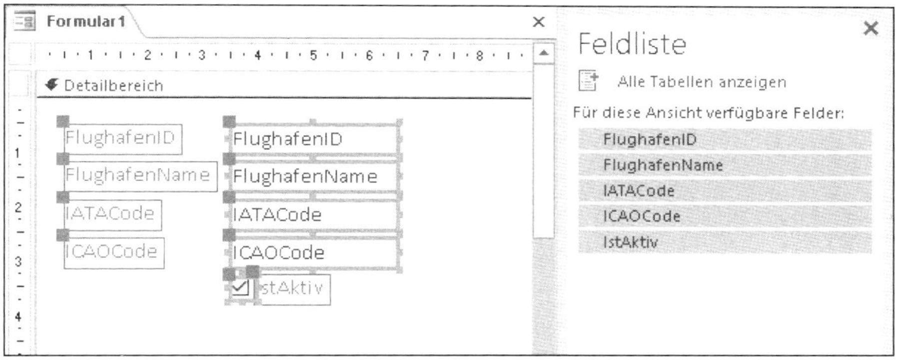

Abbildung 6.2 Aus der Feldliste können Sie Steuerelemente in das Formular ziehen.

Spätestens jetzt sollten wir das Formular abspeichern. Klicken Sie in der Symbolleiste für den Schnellzugriff auf SPEICHERN (oder [Strg] + [S]), und geben Sie als Name des Formulars *frmFlughafen* an. In den Materialien zum Buch finden Sie dieses Formular neben anderen Beispielen in der Datenbank *06_Formulare\6.1.2_Datensatzquelle.accdb*.

LNC-Prefix für Formulare: »frm«

Für Formulare hat sich allgemein das LNC-Präfix *frm* eingebürgert. Klar, im Navigationsbereich erkennen Sie Formulare sofort anhand des Symbols. Spätestens bei der Programmierung aber hilft das LNC-Präfix weiter: Alles, was mit *frm* beginnt, ist ein Formular.

Es gibt Access-Programmierer, die Formulare mit unterschiedlichen LNC-Präfixen noch weiter klassifizieren (je nach Formulartyp, Unterformular usw.). Ich begnüge mich mit *frm*.

Automatische Formulare

Ich habe Ihnen soeben beschrieben, wie Sie ein Formular manuell erstellen können. Alternativ können Sie diverse Assistenten nutzen, um ein Formular von Access automatisch generieren zu lassen. Da die Assistenten selbsterklärend sind, werde ich sie in diesem Buch nicht weiter vorstellen. Jedes automatisch generierte Formular können Sie in der Entwurfsansicht nach Herzenslust weiter anpassen.

6.1.3 Einen Datensatz in der Formularansicht bearbeiten

Werfen wir einmal einen Blick auf das Ergebnis unserer Arbeit, auf die *Formularansicht*. Klicken Sie dazu auf ENTWURF • ANSICHTEN • ANSICHT • FORMULARANSICHT. In der Formularansicht sehen Sie die Feldinhalte, und Sie können die Daten nach Belieben verändern. Access zeigt dabei immer nur einen Datensatz an. Am unteren Rand des Formulars finden Sie die *Navigationsschaltflächen*, die Sie bereits von der Datenblattansicht der Tabellen und Abfragen her kennen. Mit Hilfe der Navigationsschaltflächen können Sie zu den anderen Datensätzen wechseln.

Abbildung 6.3 In der Formularansicht stellt Access die Daten aus der Datensatzquelle dar.

Formulare haben einen ganz entscheidenden Vorteil gegenüber der Datenblattansicht: Sie können die Anordnung der einzelnen Steuerelemente – das Layout – nach Herzenslust kreieren. Wie Sie Steuerelemente modifizieren können, zeige ich Ihnen in Abschnitt 6.2, »Arbeiten mit Steuerelementen«. Welche unterschiedlichen Steuerelemente es gibt, werde ich in Abschnitt 6.3, »Die verschiedenen Steuerelemente«, vorstellen. Sie haben jetzt Ihr erstes Formular erstellt. Möchten Sie gleich mit dem Layouten loslegen? Dann können Sie jetzt zu den entsprechenden Abschnitten springen. In den nächsten Abschnitten werde ich auf allgemeine Funktionsmerkmale von Formularen eingehen.

6.1.4 Formulare als Registerblätter oder als Fenster

Seit der Version Access 2010 erscheinen die geöffneten Tabellen, Abfragen, Formulare und Berichte als Registerblätter. Dies ist die standardmäßige Einstellung (Abbildung 6.4).

Abbildung 6.4 In der modernen Anzeige erscheinen Formulare als Registerblätter.

In älteren Access-Versionen wurde jedes Formular als eigenes Fenster angezeigt (Abbildung 6.5).

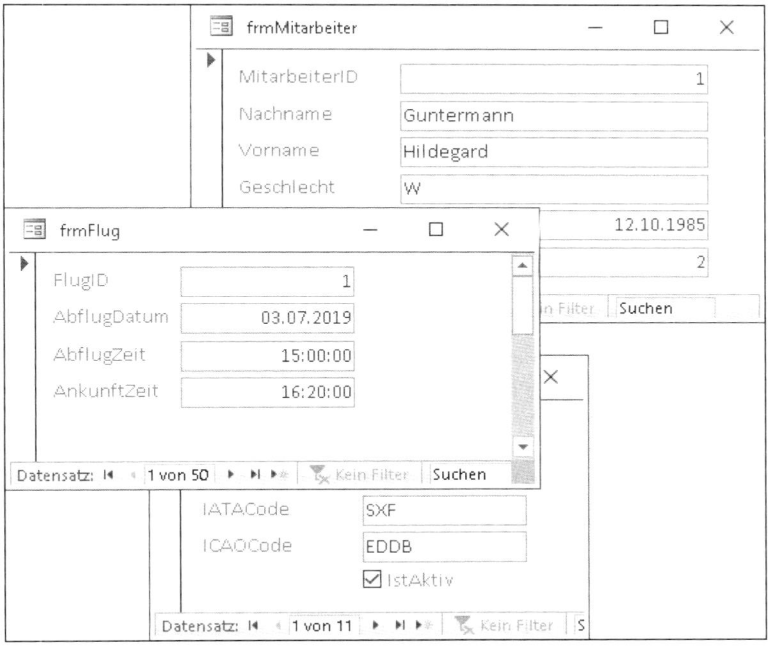

Abbildung 6.5 Die alte Variante der Darstellung zeigte Formulare als eigene Fenster an.

Und so können Sie zwischen beiden Darstellungsvarianten umschalten:

1. Öffnen Sie die ACCESS-OPTIONEN (klicken Sie auf DATEI • OPTIONEN).
2. Wählen Sie den Bereich AKTUELLE DATENBANK aus.
3. In der Rubrik ANWENDUNGSOPTIONEN gibt es die Einstellung DOKUMENTFENSTEROPTIONEN. Wählen Sie entweder ÜBERLAPPENDE FENSTER (alte Darstellung) oder DOKUMENTE IM REGISTERDATENFORMAT aus.

Nach der Änderung müssen Sie die Datenbank schließen und erneut öffnen; erst dann greift die neu gewählte Art der Darstellung.

Einige Formulareinstellungen zeigen nur in der alten Darstellung ihre volle Wirkung

Für jedes Formular können Sie die Höhe und Breite festlegen:

- Höhe des Formulars: EIGENSCHAFTEN • DETAILBEREICH • FORMAT • HÖHE
- Breite des Formulars: EIGENSCHAFTEN • FORMULAR • FORMAT • BREITE

Damit legen Sie die Größe des Bereichs fest, in dem die Steuerelemente liegen dürfen – und indirekt auch die Fenstergröße. Wirklich sichtbar wird die Fenstergröße allerdings nur in der alten Darstellung ÜBERLAPPENDE FENSTER.

6.1.5 Welche Ansichten von Formularen gibt es?

Unter ENTWURF • ANSICHTEN • ANSICHT können Sie jederzeit zwischen den unterschiedlichen Ansichten eines Formulars wechseln. Tabelle 6.1 gibt Ihnen eine Übersicht über alle verfügbaren Ansichten.

Ansicht eines Formulars	Formularlayout verändern	Datensätze ändern
Entwurfsansicht	•	
Layoutansicht	•	•
Datenblattansicht	•	•
Formularansicht		•

Tabelle 6.1 Diese vier Ansichten eines Formulars gibt es in Access.

Die Entwurfsansicht und die Formularansicht

Von den unterschiedlichen Ansichten eines Formulars kennen Sie bereits die *Entwurfsansicht* und die *Formularansicht*. Wie Sie gesehen haben, lassen sich die Steuerelemente eines Formulars in der Entwurfsansicht anpassen. In der Formularansicht können Sie hingegen die Datensätze verändern.

Die Layoutansicht

Die *Layoutansicht* versucht, beide Herangehensweisen in einer Ansicht zusammenzubringen. Ich werde auf die Layoutansicht ausführlich in Abschnitt 6.4.1, »Layout- und Entwurfsansicht«, eingehen.

Die Datenblattansicht

Schließlich gibt es noch die *Datenblattansicht*. Diese Ansicht sieht so wie die Datenblattansicht bei Tabellen und Abfragen aus (Abbildung 6.6). Welchen Zweck erfüllt nun die Datenblattansicht für ein Formular? Zu dieser Frage gibt es bestimmt viele Antworten. Kurz gesagt würde ich die Frage nach dem Zweck mit dem Begriff »Flexibilität« beantworten: Bei Bedarf kann der Anwender in die Datenblattansicht umschalten, ohne zuerst die passende Tabelle oder Abfrage aufrufen zu müssen.

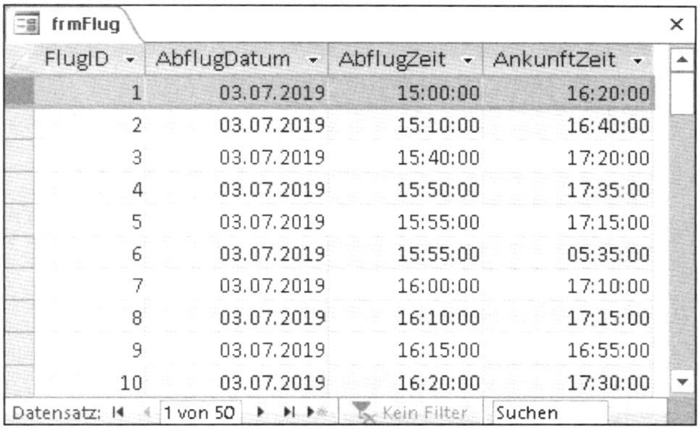
frmFlug

FlugID	AbflugDatum	AbflugZeit	AnkunftZeit
1	03.07.2019	15:00:00	16:20:00
2	03.07.2019	15:10:00	16:40:00
3	03.07.2019	15:40:00	17:20:00
4	03.07.2019	15:50:00	17:35:00
5	03.07.2019	15:55:00	17:15:00
6	03.07.2019	15:55:00	05:35:00
7	03.07.2019	16:00:00	17:10:00
8	03.07.2019	16:10:00	17:15:00
9	03.07.2019	16:15:00	16:55:00
10	03.07.2019	16:20:00	17:30:00

Datensatz: 1 von 50 Kein Filter Suchen

Abbildung 6.6 Die Datenblattansicht eines Formulars sieht genauso aus wie die von Tabellen oder Abfragen.

So können Sie festlegen, welche Ansichten für ein Formular erlaubt sind

Rufen Sie einmal die Formulareigenschaften auf (EIGENSCHAFTEN • AUSWAHLTYP: FORMULAR). Im Registerblatt FORMAT gibt es drei Eigenschaften, über die Sie die erlaubten Ansichten eines Formulars einschränken können:

- FORMULARANSICHT ZULASSEN
- DATENBLATTANSICHT ZULASSEN
- LAYOUTANSICHT ZULASSEN

Sie möchten vermeiden, dass ein Formular in der Layoutansicht geöffnet werden kann? Dann setzen Sie die entsprechende Eigenschaft auf NEIN. Logischerweise muss mindestens eine dieser drei Eigenschaften auf JA gesetzt sein, andernfalls gäbe es gar nichts zu sehen.

Über die Eigenschaft STANDARDANSICHT können Sie festlegen, in welcher Ansicht das Formular zuerst geöffnet wird.

6.1.6 Navigationsschaltflächen

Am unteren Rand eines Formulars befinden sich die *Navigationsschaltflächen*. Sie kennen sie bereits von der Datenblattansicht einer Tabelle oder Abfrage. Dort können Sie mit Hilfe der Navigationsschaltflächen schnell zum gewünschten Datensatz (in eine bestimmte Zeile) wechseln.

In einfachen Formularen (*Standardformularen*) zeigt Access in der Formularansicht immer nur einen Datensatz an. Hier sind die Navigationsschaltflächen so gut wie unverzichtbar, damit Sie überhaupt von einem Datensatz in den anderen wechseln können.

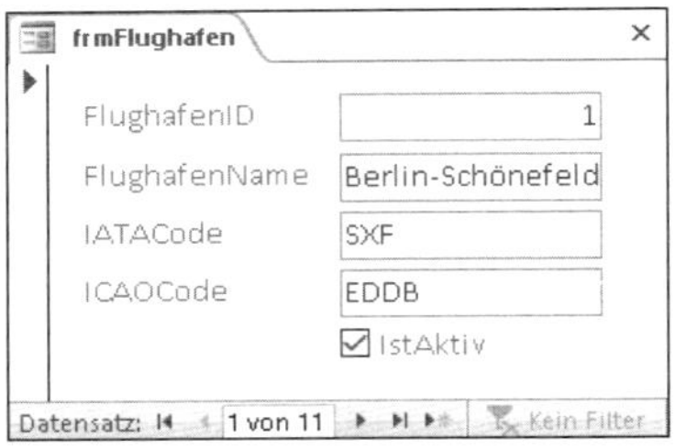

Abbildung 6.7 Am unteren Rand eines Formulars befinden sich üblicherweise die Navigationsschaltflächen.

In Formularen lassen sich die Navigationsschaltflächen ausblenden

Access lässt Ihnen dennoch die Freiheit, von den Navigationsschaltflächen Gebrauch zu machen oder nicht. Über die Formulareigenschaft FORMAT • NAVIGATIONSSCHALTFLÄCHEN können Sie festlegen, ob sie in einem Formular am unteren Rand erscheinen sollen.

> **Den Navigationsschaltflächen anpassen**
>
> Das Aussehen der Navigationsschaltflächen lässt sich so gut wie gar nicht beeinflussen. Lediglich über die Formulareigenschaft FORMAT • NAVIGATIONSBESCHRIFTUNG können Sie den Text am Anfang festlegen; standardmäßig erscheint dort DATENSATZ.

Es gibt außer den Navigationsschaltflächen noch ein paar andere Wege, zwischen den einzelnen Datensätzen zu wechseln. Diese werde ich Ihnen nun vorstellen.

Befehle aus dem Menüband nutzen

In der Formularansicht finden Sie unter START • SUCHEN • GEHE ZU alle Befehle, die zwischen den Datensätzen wechseln. Die Navigationsschaltflächen nutzen die gleichen Befehle; sie sehen nur grafisch anders aus. Was per Menübefehl geht, lässt sich auch per Tastenkombination erreichen (Tabelle 6.2).

Tastenkombination	Funktion
Strg + +	zum neuen Datensatz springen
⇆, ↵ oder →	in das nächste Feld springen

Tabelle 6.2 Tastenkombinationen in der Formularansicht

Tastenkombination	Funktion
⇧ + ⭾ oder ←	in das vorherige Feld springen
Pos1	zum ersten Feld springen
Ende	zum letzten Feld springen
Strg + Page ↑	zum aktuellen Feld im vorherigen Datensatz wechseln
Strg + ↑	zum aktuellen Feld im ersten Datensatz wechseln
Strg + Pos1	zum ersten Feld im ersten Datensatz wechseln
Strg + Page ↓	zum aktuellen Feld im nächsten Datensatz wechseln
Strg + ↓	zum aktuellen Feld im letzten Datensatz wechseln
Strg + Ende	zum letzten Feld im letzten Datensatz wechseln

Tabelle 6.2 Tastenkombinationen in der Formularansicht (Forts.)

Die Navigationsschaltflächen mit Hilfe von Schaltflächen nachbauen

In Access-Formularen gibt es ein eigenes Steuerelement für Befehle: Das Steuerelement *Schaltfläche*. Mit Hilfe von Programmierung können Sie eine Schaltfläche mit Leben füllen. Glücklicherweise gibt es einen Assistenten für wichtige Befehle (wie beispielsweise Springen zum nächsten Datensatz), so dass Sie auch ohne Programmierkenntnisse die Navigationsschaltflächen mit wenigen Handgriffen nachbauen können:

1. Öffnen Sie in den Materialien zum Buch die Datenbank *06_Formulare\6.1.6_Datensatznavigator.accdb*.
2. Öffnen Sie das Formular *frmFlughafen* in der Entwurfsansicht.
3. Aktivieren Sie den Assistenten für Steuerelemente: Gehen Sie dazu auf ENTWURF • STEUERELEMENTE, klappen Sie die Sammlung der STEUERELEMENTE auf, und aktivieren Sie den Steuerelement-Assistenten ❶ (Abbildung 6.8).
4. Klicken Sie auf das Symbol für eine Schaltfläche ❷.
5. Klicken Sie in den Detailbereich. Access startet daraufhin den Befehlsschaltflächen-Assistenten.
6. Wählen Sie die Aktion DATENSATZNAVIGATION • GEHE ZUM ERSTEN DATENSATZ aus, und klicken Sie auf FERTIG STELLEN.
7. Wiederholen Sie die Schritte 4 bis 6, um weitere Schaltflächen zu ergänzen (GEHE ZUM VORHERIGEN, NÄCHSTEN, LETZTEN DATENSATZ; NEUEN DATENSATZ HINZUFÜGEN).

Abbildung 6.8 Verwenden Sie den Steuerelement-Assistenten ❶, damit Access Befehlsschaltflächen ❷ mit vorgefertigten Funktionen erstellt.

Das Ergebnis finden Sie im Formular *frmFlughafen_Eigener_Datensatznavigator* (Abbildung 6.9). Sie können die fünf Schaltflächen nach Belieben gestalten und als Ersatz für die Navigationsschaltflächen von Access einsetzen.

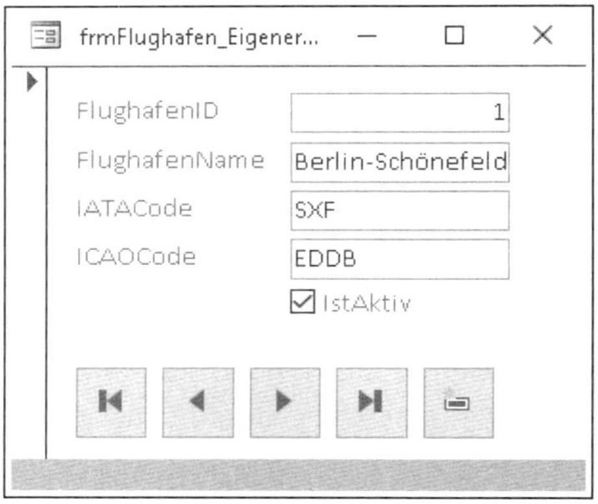

Abbildung 6.9 Ein selbst gestalteter Datensatznavigator aus fünf Schaltflächen

Per Tabulatortaste zum nächsten Datensatz springen

Schließlich gibt es noch die [Tab]-Taste, mit der Sie den Cursor von einem Steuerelement zum nächsten bewegen ([Tab] oder [Shift] + [Tab]). Was passiert nun, wenn der Cursor im letzten Steuerelement steht (Abbildung 6.10) und [Tab] gedrückt wird?

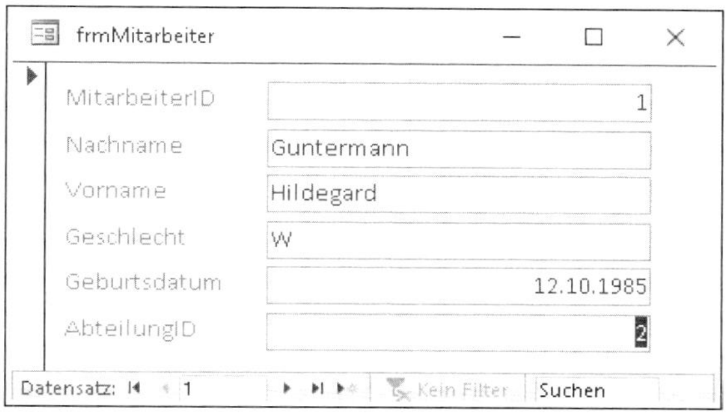

Abbildung 6.10 Der Fokus steht im letzten Textfeld. Über die Formulareigenschaft »Zyklus« steuern Sie, ob mit der [Tab]-Taste zum nächsten Datensatz gesprungen werden soll.

Genau dieses Verhalten können Sie über die Formulareigenschaft ANDERE • ZYKLUS festlegen:

- ALLE DATENSÄTZE

  Diese Einstellung ist standardmäßig gewählt. Access wechselt zum nächsten Datensatz, und der Cursor springt in das erste Steuerelement.
- AKTUELLER DATENSATZ

  In diesem Fall bleibt Access beim aktuellen Datensatz stehen, und der Cursor wechselt in das erste Steuerelement.
- AKTUELLE SEITE

  Diese Option arbeitet mit dem Steuerelement *Seitenumbruch* zusammen, das eher selten benutzt wird und das ich Ihnen in Abschnitt 6.3.9, »Andere Steuerelemente«, kurz vorstellen werde.

6.1.7 Datensatzmarkierer

Genauso hilfreich wie die Navigationsschaltflächen ist der *Datensatzmarkierer* am linken Rand des Formulars (Abbildung 6.11).

Abbildung 6.11 Am linken Bereich des Formulars kann der Datensatzmarkierer eingeblendet werden.

Auch dieses Werkzeug ist Ihnen aus der Datenblattansicht einer Tabelle oder Abfrage bekannt:

- Der aktuelle Datensatz ist mit einem Pfeil markiert.
- Wenn der Datensatz gerade bearbeitet wird, erscheint im Datensatzmarkierer ein Stift (*Editiermodus* oder *Bearbeitungsmodus*).
- Klicken auf den Stift führt zum Speichern des Datensatzes.
- Auf den Datensatzmarkierer klicken führt dazu, dass der Datensatz gewählt ist (dunkel hinterlegter Datensatzmarkierer). Mit `Entf` können Sie den Datensatz jetzt löschen.

Access zeigt in der Formularansicht eines Standardformulars immer nur einen Datensatz an. Entsprechend gibt es nur einen großen Datensatzmarkierer am linken Rand des Formulars. Ungeachtet dessen ist die Funktionsweise die gleiche wie in der Datenblattansicht.

Endlosformulare nutzen in der Regel den Datensatzmarkierer

Neben dem Standardformular gibt es das *Endlosformular*, auf das ich in Abschnitt 6.5.3, »Das Endlosformular«, näher eingehen werde. Zusammen mit dem Datensatzmarkierer gleicht das Endlosformular vom Aussehen her der Datenblattansicht.

Falls gewünscht, können Sie den Datensatzmarkierer eines Formulars ausblenden. Gehen Sie dazu in die Formulareigenschaften, und legen Sie unter FORMAT • DATENSATZMARKIERER die gewünschte Einstellung fest. Es gibt keine Möglichkeit, irgendetwas am Erscheinungsbild des Datensatzmarkierers zu verändern.

6.2 Arbeiten mit Steuerelementen

Ein Formular wäre leer und wertlos, wenn es die *Steuerelemente* nicht gäbe. Jedes Textfeld, jede Bezeichnung und jede Schaltfläche ist ein solches Steuerelement. In Abschnitt 6.3, »Die verschiedenen Steuerelemente«, werde ich die einzelnen Steuerelemente im Detail vorstellen und die Unterschiede aufzeigen. In vielen Punkten sind aber alle oder zumindest die meisten Steuerelemente gleich. Und auf diese grundsätzlichen Dinge werde ich in den nächsten Abschnitten anhand der Steuerelemente Textfeld und Bezeichnung eingehen.

6.2.1 Hinzufügen und bearbeiten

In Access gibt es zwei Wege, ein neues Steuerelement in ein Formular einzufügen:

1. **Per Drag & Drop aus der Feldliste**
   Dazu muss das Formular an eine Datensatzquelle gebunden sein. Wenn Sie ein Feld aus der Feldliste in das Formular ziehen, erzeugt Access automatisch zwei Steuerelemente:

ein Steuerelement vom Typ Bezeichnung und ein zweites Steuerelement, das zum Felddatentyp passt (in der Regel ein Textfeld).

2. **Hinzufügen aus der Toolbox** (Abbildung 6.12)
   Dies ist der manuelle Weg: Sie wählen das gewünschte Steuerelement aus der Toolbox aus (ENTWURF • STEUERELEMENTE). Zunächst erhalten Sie ein *ungebundenes Steuerelement*. Erst im zweiten Schritt legen Sie die Datensatzquelle fest.

Den ersten Weg kennen Sie bereits aus Abschnitt 6.1.2, »Datensatzquelle«. Der zweite Weg ist ein klein wenig aufwendiger; dafür gewährt er uns einen besseren Einblick, wie Steuerelemente in Access funktionieren.

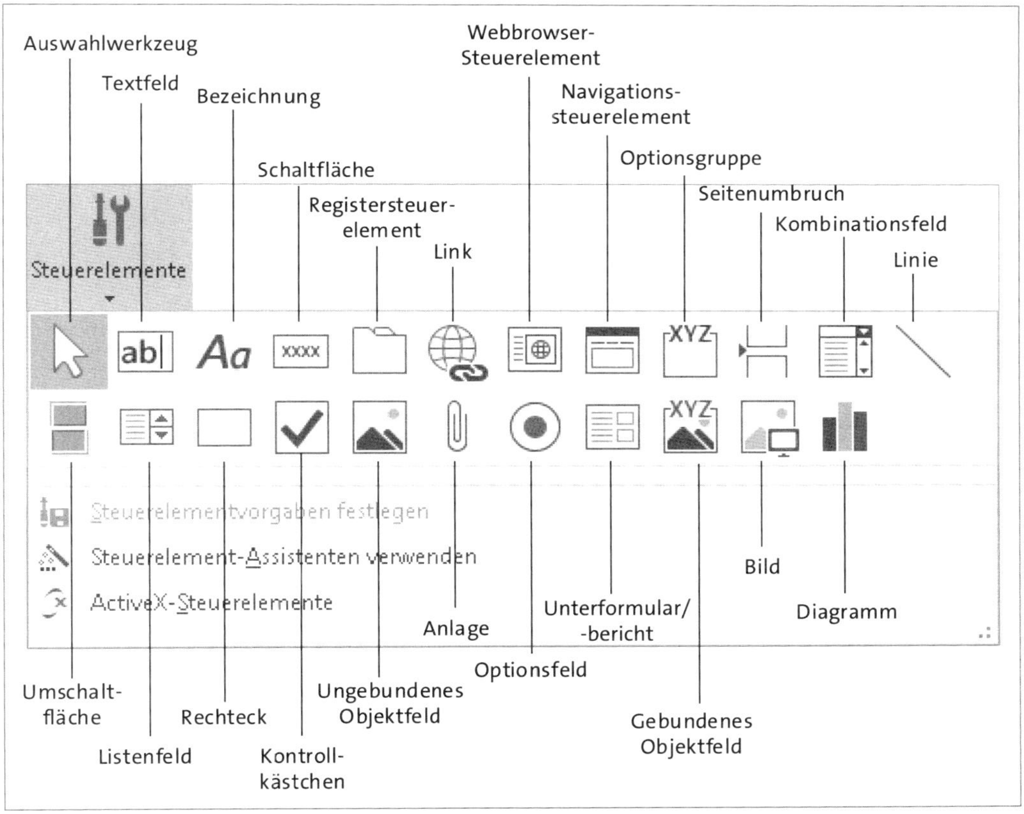

Abbildung 6.12 In der Toolbox finden Sie alle Steuerelemente von Access.

So erstellen Sie ein ungebundenes Textfeld

1. Öffnen Sie die Datenbank *03_Abfragen\3_Fluege.accdb*.
2. Erstellen Sie ein leeres Formular in der Entwurfsansicht (auf ERSTELLEN • FORMULARE • FORMULARENTWURF klicken).

3. Klicken Sie auf ENTWURF • STEUERELEMENTE. Access zeigt die Toolbox an, aus der Sie das gewünschte Steuerelement auswählen können.

Auf breiten Bildschirmen zeigt Access die Toolbox im Menüband an

Das Aussehen des Menübands verändert sich je nach Breite des Bildschirms. Bei einem breiten Bildschirm kann Access die Toolbox vollständig im Menüband anzeigen. In diesem Fall finden Sie am rechten Rand der Toolbox Pfeile zum Scrollen und unten rechts einen Pfeil, mit dem Sie weitere Optionen einblenden können. In den weiteren Optionen finden Sie den Eintrag, mit dem sich der *Steuerelement-Assistent* aktivieren oder deaktivieren lässt.

4. Überprüfen Sie, dass der Steuerelement-Assistent *nicht* aktiviert ist.
5. Klicken Sie auf das Symbol für ein Textfeld.
6. Zeichnen Sie das Textfeld im Detailbereich des Formulars (Abbildung 6.13).

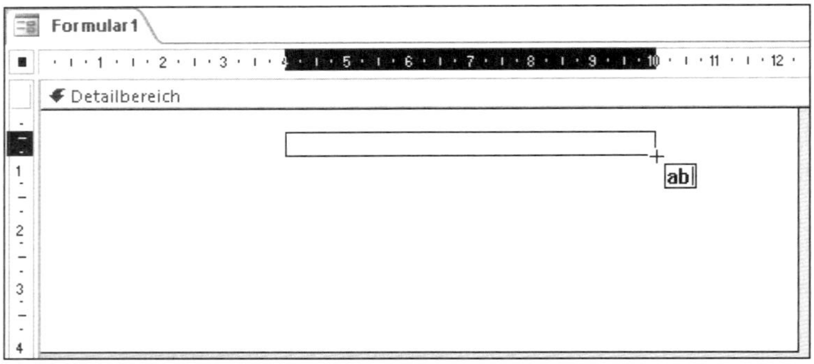

Abbildung 6.13 Halten Sie die Maustaste gedrückt, und malen Sie das Textfeld in den Detailbereich des Formulars.

7. Access erzeugt ein Textfeld ❶ und die zugehörige Bezeichnung ❷ (Abbildung 6.14).

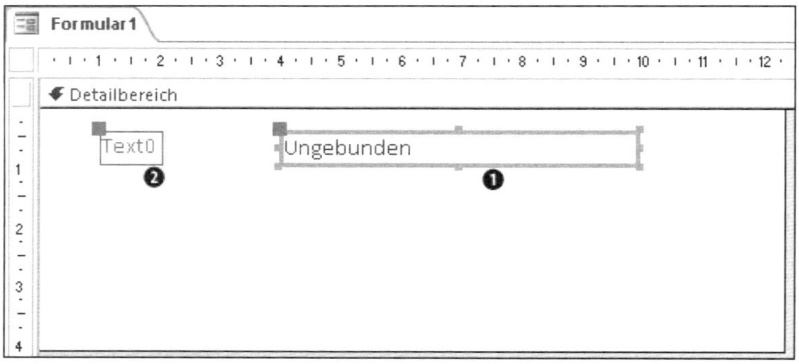

Abbildung 6.14 Das neue Textfeld ist mit einer Bezeichnung verknüpft.

8. Blenden Sie das EIGENSCHAFTENBLATT ein (ENTWURF • TOOLS • EIGENSCHAFTENBLATT).

Das neu erstellte Textfeld ist ungebunden. Das bedeutet, die Eigenschaft STEUERELEMENTINHALT ist leer. Sie finden diese Eigenschaft im EIGENSCHAFTENBLATT unter dem Register DATEN an erster Stelle. In den Materialien zum Buch finden Sie das Formular in der Datenbank *06_Formulare\6.2.1_Steuerelemente_hinzufuegen.accdb* unter dem Namen *frmTextfeldUngebunden*.

Das Auswahlwerkzeug

Der weiße Pfeil in der Toolbox ist das Auswahlwerkzeug. Damit können Sie ein oder mehrere Steuerelemente auswählen und sie anschließend bearbeiten. Access zeigt ein Steuerelement, das gerade ausgewählt ist, mit einer orangefarbenen Umrandung an (Abbildung 6.14). Die Auswahl können Sie zusätzlich im EIGENSCHAFTENBLATT nachvollziehen (AUSWAHLTYP: TEXTFELD und darunter der Name des Textfeldes »Text0«). Machen Sie sich ein wenig mit der Auswahlfunktion vertraut, indem Sie mit der linken Maustaste auf ein Steuerelement oder in den leeren Detailbereich klicken. Genauso gut können Sie die Auswahl über das EIGENSCHAFTENBLATT ändern.

Mehrere Steuerelemente gleichzeitig auswählen

Halten Sie die Taste [⇧] oder [Strg] gedrückt, um mehrere Steuerelemente gleichzeitig auszuwählen. Im EIGENSCHAFTENBLATT erscheint dann AUSWAHLTYP: MEHRFACHAUSWAHL. Diese Funktion kann sehr hilfreich sein:

- mehrere Steuerelemente gleichzeitig verschieben
- eine Eigenschaft für alle gewählten Steuerelemente auf den gleichen Wert setzen
- Ausrichten von Steuerelementen

Jedes Steuerelement hat einen Namen

Jedes Kind hat einen Namen – das gilt auch für Steuerelemente. Überprüfen Sie die Eigenschaft NAME, die Sie im Register ANDERE finden. Access hat unsere beiden Steuerelemente wie folgt benannt:

- »Bezeichnungsfeld1« für das Steuerelement Bezeichnung
- »Text0« für das Textfeld

Jetzt kommt eine sehr wichtige, aber immer wieder lästige Aufgabe auf Sie zu: Geben Sie *jedem* Steuerelement *einen sinnvollen Namen* mit LNC-Präfix! In unserem Beispiel soll das Textfeld den Namen des Flughafens anzeigen. Ich empfehle Ihnen, die Namen der Steuerelemente an die Feldnamen, in diesem Fall also »FlughafenName«, anzulehnen. Die passenden LNC-Präfixe für die unterschiedlichen Steuerelemente können Sie Tabelle 6.3 entnehmen.

Benennen Sie beide Steuerelemente um, indem Sie die neuen Namen im EIGENSCHAFTENBLATT unter NAME eintragen:

- »lblFlughafenName« für das Bezeichnungsfeld
- »txtFlughafenName« für das Textfeld

Innerhalb eines Formulars muss der Name des Steuerelements *eindeutig* sein.

Steuerelement	englische Bezeichnung	LNC-Präfix
Steuerelement (allgemein)	*Control*	ctl
ActiveX-Steuerelement	*ActiveX control*	ocx
Anlage	*Attachment*	att
Bezeichnung	*Label*	lbl
Bild	*Image*	img
Diagramm	*Chart*	cht
Gebundenes Objektfeld	*Bound object frame*	frb
Kombinationsfeld	*Combo box*	cbo
Kontrollkästchen	*Check box*	chk
Linie	*Line*	lin
Link	*Hyperlink*	lbl Ein Link ist ein Steuerelement vom Typ Bezeichnung.
Listenfeld	*List box*	lst
Navigationssteuerelement	*Navigation control*	nav
Navigationsschaltfläche	*Navigation button*	btn
Optionsfeld	*Option button*	opt
Optionsgruppe	*Option group*	grp
Rechteck	*Rectangle*	shp (abgeleitet von »shape«)

Tabelle 6.3 Präfixe für Steuerelemente nach der Leszynski Naming Convention (LNC)

Steuerelement	englische Bezeichnung	LNC-Präfix
Registersteuerelement	*Tab control*	tab
Schaltfläche	*Button*	cmd
Seite (eines Registersteuerelements)	*Page*	pge
Seitenumbruch	*Page break*	brk
Textfeld	*Text box*	txt
Umschaltfläche	*Toggle button*	tgl
Ungebundenes Objektfeld	*Unbound object frame*	fru
Unterformular/-bericht	*Subform/Subreport*	sub
Webbrowser-Steuerelement	*Web browser control*	web

Tabelle 6.3 Präfixe für Steuerelemente nach der Leszynski Naming Convention (LNC) (Forts.)

Warum ist die Benennung von Steuerelementen wichtig?

Ich höre immer wieder den Einwand, dass es unnötiger Aufwand ist, alle Steuerelemente ordentlich zu benennen. Zu diesem Thema eine kleine Anekdote: Ich war über mehrere Jahre hinweg an der Programmierung einer größeren Access-Datenbank beteiligt. Im Team gab es eine klare Aufgabenteilung: Der Teamleiter gestaltete das Datenbankdesign und die Formulare. Alle anderen (inklusive mir) waren für die VBA-Programmierung zuständig. *Sobald in einem Formular Programmierung hinzukommt, sind ordentlich benannte Steuerelemente essentiell.* Ansonsten wird die Programmierung zu einem Ratespiel, das wertvolle Zeit vergeudet.

In der Konstellation war es schwierig, den Teamleiter davon zu überzeugen, dass Steuerelemente richtig benannt werden müssen. Unter anderem meinte er, dass er häufig ein Textfeld in ein Kombinationsfeld umwandele und umgekehrt. Dann müsse er jedes Mal das LNC-Präfix ändern. Die Programmierer gaben es irgendwann auf, ihn von einer ordentlichen Benennung zu überzeugen. Schließlich kümmerten wir uns selbst um die Benennung. Zu meiner Überraschung ergaben sich daraus Vorteile:

- Ein Steuerelement hat überhaupt kein LNC-Präfix: Hier war ein Nicht-Programmierer am Werk und hat ein neues Steuerelement erstellt.

  Aufgabe für die Programmierer: richtig benennen und den VBA-Code überprüfen.
- Ein Steuerelement hat ein falsches LNC-Präfix (beispielsweise ein Textfeld mit dem LNC-Präfix »cbo«): Offensichtlich wurde ein Kombinationsfeld in ein Textfeld umgewandelt.

Was für den Nicht-Programmierer nach einer Kleinigkeit aussieht, kann ganz erhebliche Änderungen am VBA-Code erfordern: Ein Textfeld und ein Kombinationsfeld sind etwas komplett Unterschiedliches!

Aufgabe für die Programmierer: LNC-Präfix ändern und den betroffenen VBA-Code im Detail überprüfen.

Das Fazit der Geschichte: *Als Nicht-Programmierer können Sie die Benennung von Steuerelementen in einem Formular vernachlässigen. Für Programmierer ist sie hingegen essentiell* (wobei für Steuerelemente, die wirklich nur der Beschriftung dienen, auf eine Benennung verzichtet werden kann).

Für die Benennung von Steuerelementen empfehle ich Ihnen die gleichen Regeln, die ich in Bezug auf das Datenbankdesign vorgestellt habe (Abschnitt 2.2.2, »Namenskonventionen«). Sie haben sich während des Datenbankdesigns schon jede Menge Gedanken über die Benennung von Tabellen und Feldern gemacht? Herzlichen Glückwunsch, dann müssen Sie sich jetzt beim Formulardesign diese Arbeit nicht noch einmal machen! Übernehmen Sie einfach die Namen, und ändern Sie nur das LNC-Präfix ab.

Best Practice bei der Benennung von Steuerelementen

- ein aussagekräftiger Name mit LNC-Präfix für jedes Steuerelement
- keine Umlaute
- keine Sonderzeichen
- keine Leerzeichen
- maximal 64 Zeichen
- einheitlich CamelCase oder den Unterstrich verwenden
- LNC-Präfix je nach Art des Steuerelements
- bei gebundenen Steuerelementen: Benennung des Feldes übernehmen und LNC-Präfix voranstellen
- beim Steuerelement vom Typ Bezeichnung, das mit einem anderen Steuerelement verbunden ist: unterschiedlicher LNC-Präfix, ansonsten gleicher Name

Das Steuerelement Bezeichnung und die Beschriftung

Ich bitte Sie, an dieser Stelle einen genauen Blick auf das Steuerelement Bezeichnung zu werfen (»lblFlughafenName«; in den Materialien zum Buch finden Sie in der Datenbank *06_Formulare\6.2.1_Steuerelemente_hinzufuegen.accdb* das Formular *frmTextfeldUngebundenLNC* mit den richtig benannten Steuerelementen).

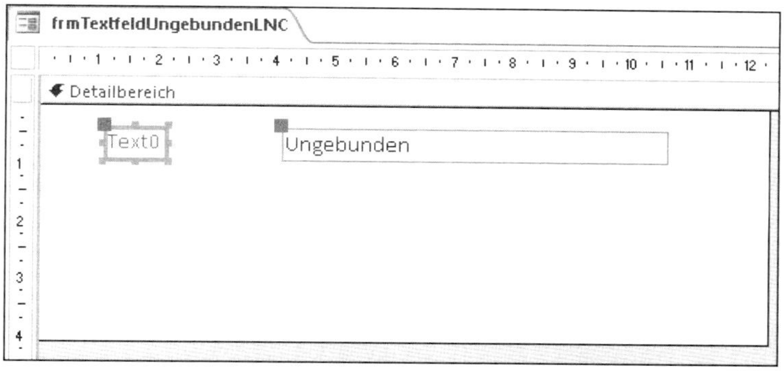

Abbildung 6.15 In der Bezeichnung steht »Text0«: Das ist nicht der Name, sondern die Beschriftung!

Auf den ersten Blick sieht es so aus, dass immer noch der Name »Text0« vorhanden ist. Das ist jedoch nicht der Fall. Was Sie in Abbildung 6.15 als »Text0« sehen, ist die *Beschriftung* (englisch *caption*) des Steuerelements »lblFlughafenName«.

1. Wählen Sie das Steuerelement »lblFlughafenName« aus.
2. Blenden Sie das EIGENSCHAFTENBLATT ein (ENTWURF • TOOLS • EIGENSCHAFTENBLATT).
3. Gehen Sie zur Eigenschaft ANDERE • NAME: Hier steht der korrekte Name, nämlich »lblFlughafenName«.
4. Gehen Sie zur Eigenschaft FORMAT • BESCHRIFTUNG: Access hat die Beschriftung »Text0« automatisch generiert.
5. Tragen Sie eine aussagekräftige Beschriftung ein:

   ```
   Name des Flughafens:
   ```

   Jetzt weiß der Anwender, dass im Textfeld der Name des Flughafens steht.

In der Beschriftung darf ein beliebiger Text stehen; Umlaute, Sonderzeichen, Leerzeichen usw., alles ist erlaubt. Access zeigt für jeden Datensatz die gleiche Beschriftung an.

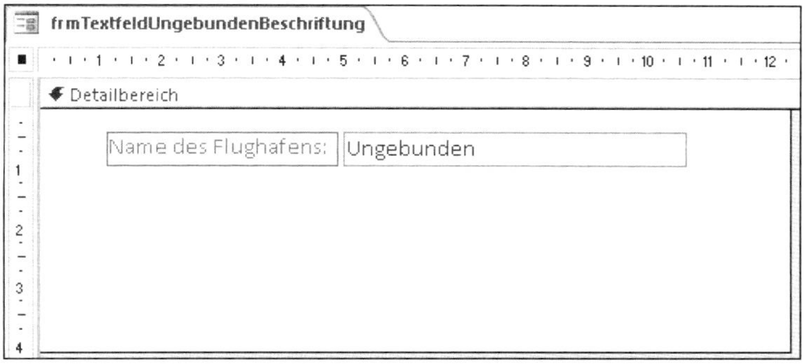

Abbildung 6.16 Die Beschriftung sollte kurz und schlüssig beschreiben, welche Information im Textfeld angezeigt wird.

Beide Steuerelemente sind jetzt ordentlich benannt, und die Beschriftung ist aussagekräftig. Trotzdem ist das Textfeld immer noch ungebunden! Das werden wir als Nächstes ändern.

So erstellen Sie ein gebundenes Textfeld

Noch einmal kurz zur Erinnerung: Was heißt eigentlich »gebunden«? Auf Ebene des Formulars bedeutet das, dass eine Datensatzquelle festgelegt ist (Formulareigenschaften, DATEN • DATENSATZQUELLE). Bezogen auf ein Steuerelement bedeutet »gebunden«, dass der Inhalt eines Feldes aus der Datensatzquelle angezeigt wird. Welches Feld das ist, wird über die Eigenschaft STEUERELEMENTINHALT (englisch *control source*) des jeweiligen Steuerelements festgelegt.

Nicht alle Steuerelemente können Feldinhalte anzeigen (Tabelle 6.4). Ein Textfeld lässt sich binden; hingegen zeigt ein Steuerelement Bezeichnung für jeden Datensatz stets den gleichen Text an. Folglich kennt ein Bezeichnungsfeld die Eigenschaft STEUERELEMENTINHALT überhaupt nicht; es bleibt immer ungebunden.

Steuerelement	kann gebunden werden
ActiveX-Steuerelement	
Anlage	•
Bezeichnung	
Bild	•
Diagramm	
Gebundenes Objektfeld	•
Kombinationsfeld	•
Kontrollkästchen	•
Linie	
Link	
Listenfeld	•
Navigationssteuerelement	
Optionsfeld	•
Optionsgruppe	•

Tabelle 6.4 Steuerelemente, die an eine Datensatzquelle gebunden werden können

Steuerelement	kann gebunden werden
Rechteck	
Registersteuerelement	
Schaltfläche	
Seite (eines Registersteuerelements)	
Seitenumbruch	
Textfeld	•
Umschaltfläche	•
Ungebundenes Objektfeld	
Unterformular/-bericht	
Webbrowser-Steuerelement	•

Tabelle 6.4 Steuerelemente, die an eine Datensatzquelle gebunden werden können (Forts.)

Jetzt aber zurück zu unserem Beispiel. So wandeln Sie das ungebundene Textfeld »txtFlughafenName« in ein gebundenes Textfeld um:

1. Öffnen Sie das Formular *frmTextfeldUngebundenBeschriftung* in der Entwurfsansicht.
2. Blenden Sie die Formulareigenschaften ein (Entwurf • Tools • Eigenschaftenblatt, Auswahltyp: Formular).
3. Gehen Sie zur Eigenschaft Daten • Datensatzquelle. Tragen Sie dort

   ```
   tblFlughafen
   ```

   ein. Damit haben Sie das Formular in ein gebundenes Formular umgewandelt.
4. Wählen Sie das Textfeld »txtFlughafenName« aus.
5. Tragen Sie in der Eigenschaft Daten • Steuerelementinhalt

   ```
   FlughafenName
   ```

   ein. Jetzt ist das Textfeld an das Feld »tblFlughafen.FlughafenName« gebunden.
6. Speichern Sie das Formular unter dem Namen *frmTextfeldGebunden* ab.

In der Formularansicht können Sie Ergebnis bewundern (Abbildung 6.17): Im gebundenen Textfeld erscheint der Name des Flughafens. Über den Datensatznavigator können Sie zu den anderen Datensätzen springen.

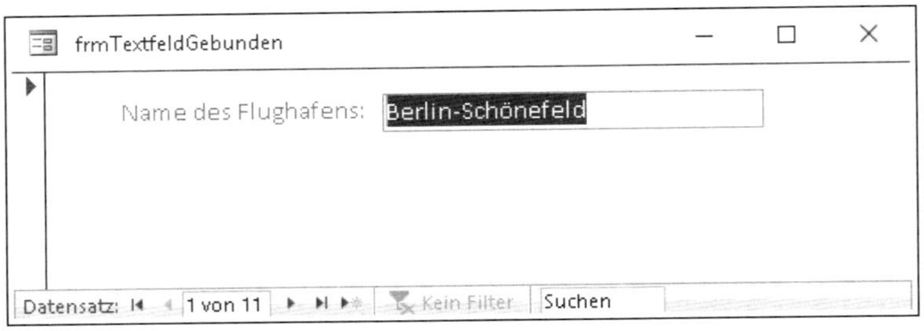

Abbildung 6.17 In der Formularansicht zeigt das gebundene Textfeld die Feldinhalte aus der Tabelle »tblFlughafen« an.

Tabelleninhalte per Formular ändern

Sie haben jetzt das wesentliche Ziel eines Formulars umgesetzt: eine schöne Ansicht zur Eingabe von Daten in die Datenbank. Wie bereits erwähnt, können Sie über das Formular alle Änderungen vornehmen, wie Sie das von der Datenblattansicht einer Tabelle her kennen:

- bestehende Daten ändern
- neue Datensätze erfassen
- Datensätze löschen

Der Primärschlüssel »FlughafenID« muss für diese Aufgaben übrigens nicht im Formular erscheinen. Es ist völlig in Ordnung, dass der Primärschlüssel vor dem Benutzer verborgen bleibt – er gehört schließlich zu den Interna unserer Datenbank. Wenn Sie es wünschen, können Sie selbstverständlich ein weiteres Textfeld hinzufügen, um den Primärschlüssel anzeigen zu lassen.

6.2.2 Anpassen von Größe und Abstand

Vielleicht haben Sie es schon durch Ausprobieren bemerkt: In der Entwurfsansicht können Sie ein Steuerelement verschieben, indem Sie die Maustaste gedrückt halten (Abbildung 6.18).

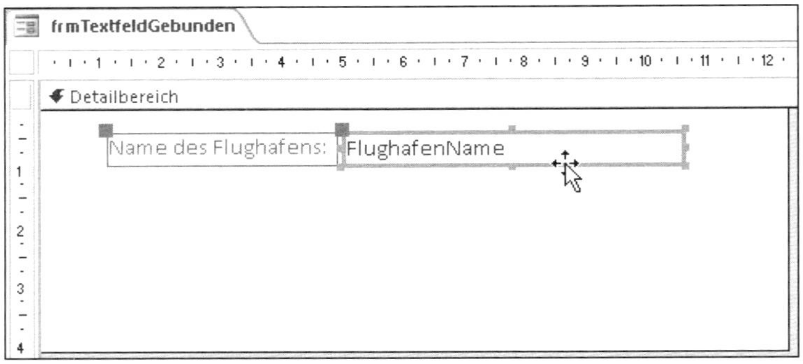

Abbildung 6.18 Ein Textfeld zusammen mit der verknüpften Bezeichnung verschieben

Wie die orangefarbene Umrahmung des Steuerelements vermuten lässt, gibt es ein paar Bereiche mit einer besonderen Bedeutung. Wenn Sie das Steuerelement außerhalb dieser Hotspots anklicken, verschieben Sie es zusammen mit der verknüpften Bezeichnung. Genauso verhält es sich, wenn Sie die Bezeichnung verschieben.

Hin und wieder möchten Sie das Textfeld ohne die verknüpfte Bezeichnung verschieben. Hierzu gibt es das graue Kästchen oben links (Abbildung 6.19).

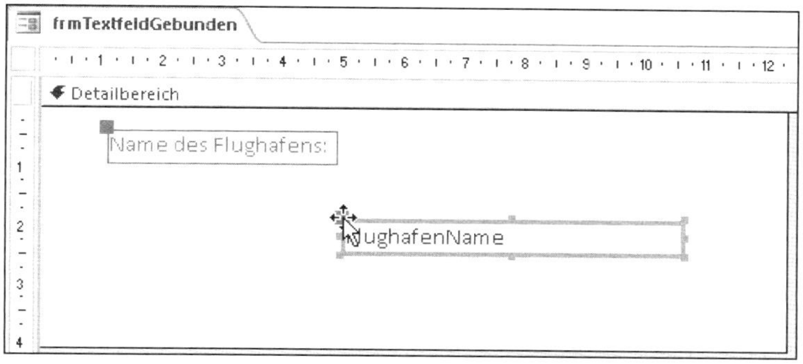

Abbildung 6.19 Über das graue Kästchen bewegen Sie ein Textfeld allein. Die Beschriftung wird dann nicht verschoben.

Access-Interna: Wie ist eine Bezeichnung an ein Textfeld geknüpft?

Steuerelemente können ein verknüpftes Steuerelement vom Typ Bezeichnung haben. Haben Sie die Bezeichnung aus Versehen gelöscht? So können Sie die *verknüpfte Bezeichnung* neu erzeugen:

1. Bezeichnung neu erstellen und auswählen
2. ausschneiden (Strg + X)
3. das Ziel-Steuerelement, beispielsweise das Textfeld, auswählen (wichtig!)
4. einfügen (Strg + V)

Eine verknüpfte Bezeichnung wirkt sich an zwei Stellen aus:

- gemeinsames Verschieben in der Entwurfsansicht
- In der Formularansicht können Sie auf die Bezeichnung klicken. Das Steuerelement bekommt dann den Fokus.
- Bei einigen Steuerelementen (unter anderem dem Kontrollkästchen) erscheint der Fokus um die Bezeichnung herum.
- Falls ein SteuerelementTip-Text festgelegt ist, wird er auch über der Bezeichnung angezeigt.

Ein Blick in die VBA-Programmierung (Strg + G) gewährt uns einen Einblick, wie Access verknüpfte Steuerelemente speichert. Jedes Steuerelement hat die Eigenschaft `Parent`, die eine Objektreferenz auf das übergeordnete Objekt enthält. Bei einem Textfeld ist dies das Formular:

```
Debug.Print Forms!frmFlughafen.txtFlughafenName.Parent.Name
frmFlughafen
```

Für eine verknüpfte Bezeichnung ist das übergeordnete Objekt hingegen das Textfeld:

```
Debug.Print Forms!frmFlughafen.lblFlughafenName.Parent.Name
txtFlughafenName
```

Zum Vergleich dazu hat eine Bezeichnung, die nicht verknüpft ist, wiederum das Formular als übergeordnetes Objekt:

```
Debug.Print Forms!frmFlughafen.lblTitel.Parent.Name
frmFlughafen
```

Die anderen Hotspots auf dem orangefarbenen Rahmen dienen dazu, die Größe eines Steuerelements zu ändern (Abbildung 6.20).

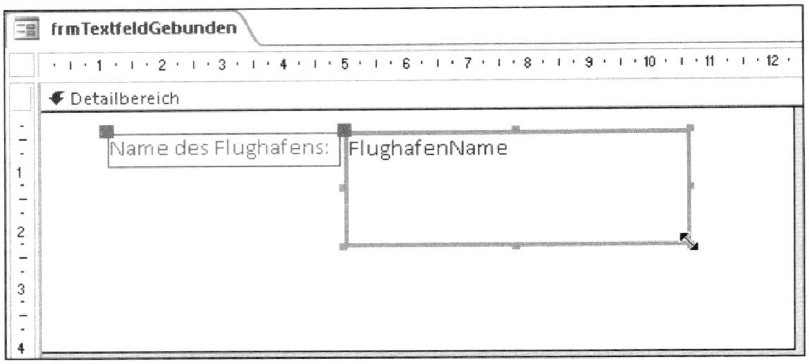

Abbildung 6.20 Mit Hilfe der orangefarbenen Kästchen auf dem Rahmen verändern Sie die Größe des Steuerelements.

Neben den grafischen Werkzeugen können Sie die Position und die Größe eines Steuerelements auch direkt in den Eigenschaften im Registerblatt FORMAT festlegen:

- BREITE
- HÖHE
- OBEN
- LINKS

Ich verwende die Eigenschaften gerne, um mehrere gleichzeitig gewählte Steuerelemente auf die gewünschte Größe oder Position zu bringen. Das Gleiche erreichen Sie über das Hilfsmittel GRÖSSE ANPASSEN im Kontextmenü.

6.2.3 Ausrichten

Visuell wirkt ein Formular ordentlich und ansprechender, wenn die Steuerelemente an gedachten Führungslinien ausgerichtet sind (Abbildung 6.21).

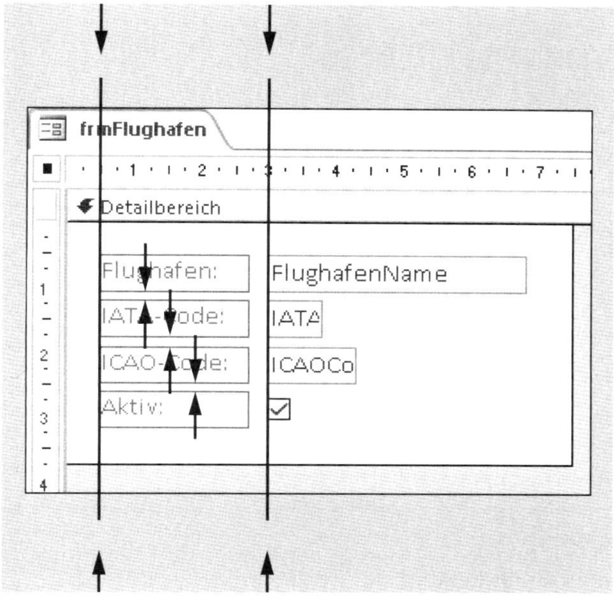

Abbildung 6.21 Formulare wirken ordentlicher und übersichtlicher, wenn die Steuerelemente an Führungslinien ausgerichtet sind. Ebenso wichtig sind gleiche Abstände zwischen den Steuerelementen.

Zum Ausrichten stehen Ihnen in Access folgende Hilfsmittel zur Verfügung:

- im Kontextmenü unter AUSRICHTEN
- ANORDNEN • ANPASSUNG UND ANORDNUNG • GRÖSSE/ABSTAND
- ANORDNEN • ANPASSUNG UND ANORDNUNG • AUSRICHTEN

Falls Sie einmal zwei Steuerelemente übereinander anordnen müssen, kommt die *Position* zum Tragen. Mit anderen Worten: Wer ist vorn und wer ist hinten? So legen Sie beispielsweise eine Schaltfläche über ein Textfeld:

1. Öffnen Sie die Datenbank *06_Formulare\6.2.3_Steuerelemente_anpassen.accdb*.
2. Öffnen Sie das Formular *frmFlughafen* in der Entwurfsansicht.
3. Fügen Sie aus der Toolbox eine neue Schaltfläche hinzu.
4. Schieben Sie die Schaltfläche über das Textfeld »txtFlughafenName«.

   Die Schaltfläche ist jetzt bereits im Vordergrund. Sie können die Position nach Belieben verändern:

5. Klicken Sie unter Anordnen • Anpassung und Anordnung auf In den Vordergrund oder In den Hintergrund.
6. Speichern Sie das Formular unter dem Namen *frmSchaltflaecheUeberTextfeld* ab.
7. Schalten Sie in die Formularansicht um.

Die Schaltfläche verdeckt das Textfeld (Abbildung 6.22). Eine kleine Ausnahme gibt es allerdings: Access zeigt das das Textfeld immer im Vordergrund an, solange es den Fokus hat.

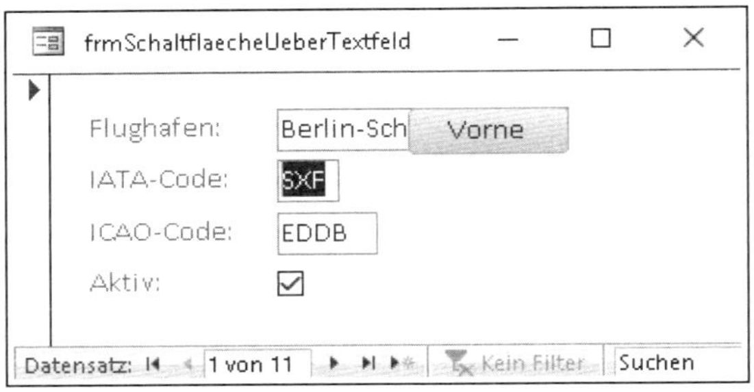

Abbildung 6.22 Die Befehlsschaltfläche liegt über dem Textfeld.

Layouts sorgen für ausgerichtete Steuerelemente

In neueren Access-Versionen hat Microsoft das Konzept der *Layouts* eingeführt. Sie sorgen dafür, dass alle Steuerelemente an Führungslinien ausgerichtet sind. Auf Layouts werde ich in Abschnitt 6.4, »Arbeiten mit Layouts in Formularen«, eingehen.

6.2.4 Visuelles Erscheinungsbild

Bei Bedarf können Sie für jedes Steuerelement das visuelle Erscheinungsbild individuell festlegen.

Designs und Farben nutzen

Unter Entwurf • Designs können Sie das Erscheinungsbild aller Formulare und Berichte verändern. In diesem Abschnitt geht es darum, wie Sie einzelne Formulare oder Steuerelemente individuell gestalten können.

Schriftart, -größe und -schnitt

Alles in Bezug auf die Schrift lässt sich über das Menüband unter Format • Schriftart einstellen. Letztendlich ändern Sie darüber bestimmte Eigenschaften des Steuerelements, die Sie im Eigenschaftenblatt im Register Format wiederfinden:

- Schriftart
- Schriftgrad (Schriftgröße)
- Textausrichtung
- Schriftbreite
- Unterstrichen
- Kursiv
- Textfarbe (eine benannte Farbe oder der RGB-Wert)

Wichtig ist: Die Einstellungen gelten für das gesamte Steuerelement. Wenn Sie beispielsweise zwei Texte durch unterschiedliche Schriftarten, -farben oder dergleichen besonders hervorheben möchten, dann benötigen Sie dafür zwei separate Steuerelemente.

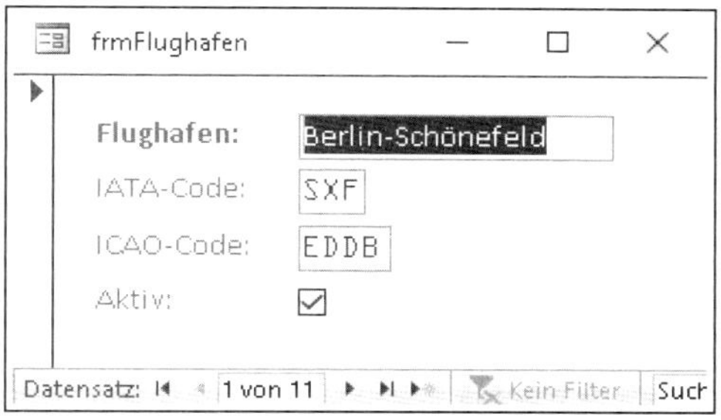

Abbildung 6.23 Das bekannte Formular »frmFlughafen«, in Sachen Schriftart und -schnitt etwas aufgepeppt

Hintergrund

Der Hintergrund eines Steuerelements ist entweder transparent oder undurchsichtig. Im Menüband können Sie alles zum Hintergrund unter Format • Steuerelementformatierung • Fülleffekt einstellen. Alle Einstellungen finden Sie außerdem in diesen Eigenschaften wieder:

- Format • Hintergrundart (Transparent oder Normal)
- Format • Hintergrundfarbe (eine benannte Farbe oder der RGB-Wert)

Textfelder erstellt Access standardmäßig mit weißem Hintergrund (benannte Farbe »Hintergrund 1«). Ein Steuerelement vom Typ Bezeichnung ist hingegen standardmäßig transparent.

Rahmen (Formkontur)

Textfelder haben standardmäßig einen Rahmen, den Sie entweder im Menüband unter Format • Steuerelementformatierung • Formkontur oder über die folgenden Eigenschaften konfigurieren können:

- FORMAT • RAHMENART (TRANSPARENT, DURCHGEZOGEN, STRICHLINIEN usw.)
- FORMAT • RAHMENBREITE
- FORMAT • RAHMENFARBE
- FORMAT • SPEZIALEFFEKT (FLACH, ERHÖHT, VERTIEFT, GRAVIERT, SCHATTIERT oder UNTERSTRICHEN)

In früheren Access-Versionen hatten Textfelder üblicherweise den Spezialeffekt VERTIEFT.

Andere Beschriftungen

Es gibt drei Beschriftungen für Steuerelemente, die Access an unterschiedlichen Stellen auf dem Bildschirm anzeigt:

1. ANDERE • STEUERELEMENTTIP-TEXT
   Der SteuerelementTip-Text erscheint mit etwas Verzögerung, wenn Sie den Mauszeiger auf das Steuerelement bewegen. Das Ganze ist auch unter den Bezeichnungen *QuickInfo* oder *ScreenTip* bekannt (Abbildung 6.24).
2. ANDERE • STATUSLEISTENTEXT
   In ähnlicher Weise können Sie den Statusleistentext verwenden, um kurze Informationen anzuzeigen. Dieser Text erscheint in der Statusleiste, solange das Steuerelement den Fokus hat.
3. ANDERE • DATENBLATTBESCHRIFTUNG
   Wenn Sie ein Formular in die Datenblattansicht umschalten, leitet Access die Namen der Spalten unter anderem aus den verknüpften Bezeichnungen ab. Über die Eigenschaft DATENBLATTBESCHRIFTUNG können Sie die Spaltenüberschrift selbst festlegen.

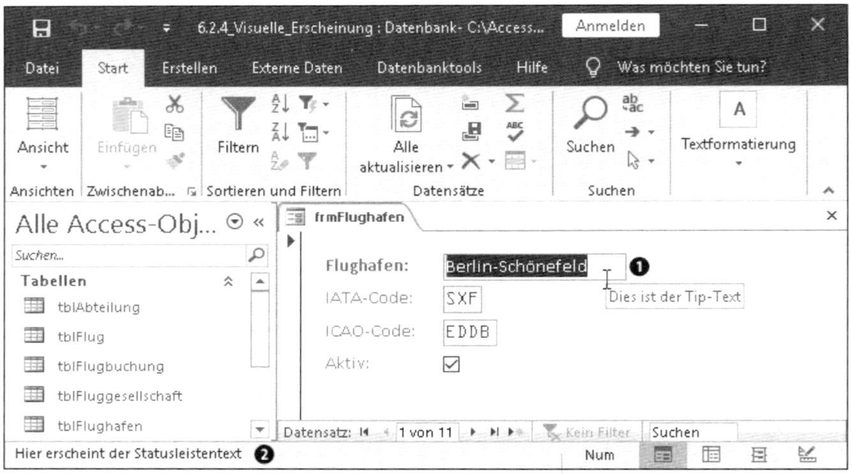

Abbildung 6.24 Der »SteuerelementTip-Text« ❶ erscheint, wenn Sie den Mauszeiger auf das Steuerelement bewegen. Sobald das Steuerelement den Fokus hat, zeigt Access den Statusleistentext ❷ an.

6.2.5 Aktivieren und deaktivieren

Wir haben mit den gebundenen Steuerelementen erreicht, dass Daten in einem Formular genauso geändert werden können wie in der Datenblattansicht einer Tabelle. In bestimmten Fällen möchten Sie dieses Verhalten von Access vielleicht einschränken:

- Daten in einer Tabelle sollen gar nicht veränderbar sein.
- Bestimmte Felder sollen nur lesbar sein.

Wie ich in diesem Abschnitt zeigen werde, können Sie in Access Sperrungen über einige Eigenschaften exakt steuern.

Zugriffsberechtigungen light

In früheren Access-Versionen (*.mdb*-Dateien) gab es umfangreiche Funktionen zu den Zugriffsberechtigungen: Wer darf welche Tabelle öffnen? Wer darf darin schreiben, und wer darf nur lesen? Wer darf welches Formular öffnen? In den neueren *.accdb*-Dateien ist diese Funktionalität nicht mehr enthalten.

Wenn Sie Zugriffsberechtigungen ernsthaft umsetzen möchten, empfehle ich Ihnen dafür zwei Strategien:

- Berechtigungen für Tabellen und Sichten können Sie in einer Server-Datenbank (SQL Server) festlegen.
- Zugriffsberechtigungen in Formularen und Berichten können Sie wie in diesem Abschnitt erläutert steuern. Wichtig ist, dass der Endanwender die Entwurfsansicht nicht mehr ändern kann (eine kompilierte Datenbank-Datei verwenden; vergleiche Abschnitt 11.2.3, »Erstellen einer ›.accde‹-Datei«).

Erfahrungsgemäß erreichen Sie mit Zugriffsberechtigungen in der Server-Datenbank schon eine ganze Menge. Auf Ebene der Formulare und Berichte kommen die Feinheiten hinzu. Der Aufwand hierfür und der Nutzen sind gegeneinander abzuwägen.

Änderungen im gesamten Formular sperren

Für das gesamte Formular gültige Sperrungen können Sie über vier Formulareigenschaften festlegen:

- Anfügen zulassen
- Löschen zulassen
- Bearbeitungen zulassen
- Filter zulassen

Sie finden diese in den Formulareigenschaften (Auswahltyp: Formular) unter dem Registerblatt Daten.

In den Materialien zum Buch sehen Sie in der Datenbank *06_Formulare\6.2.5_Aktiviert_gesperrt_sichtbar.accdb* das Formular *frmNurLesbar*. Hier habe ich die ersten drei Eigenschaften auf NEIN gesetzt, so dass der Anwender die Flughäfen nur lesen (und filtern) darf.

Sperrungen, die das gesamte Formular betreffen, sind vor allem für gebundene Formulare sinnvoll. Aber sie funktionieren genauso in ungebundenen Formularen:

1. Klicken Sie auf ERSTELLEN • FORMULARE • FORMULARENTWURF, um ein ungebundenes Formular zu erzeugen.
2. Fügen Sie ein Textfeld hinzu.
3. Wechseln Sie in die Formularansicht (ENTWURF • ANSICHTEN • ANSICHT • FORMULARANSICHT). Sie können jetzt in das ungebundene Textfeld beliebigen Text eintippen.
4. Wechseln Sie zurück in die Entwurfsansicht (START • ANSICHTEN • ANSICHT • ENTWURFSANSICHT).
5. Blenden Sie das EIGENSCHAFTENBLATT ein (ENTWURF • TOOLS • EIGENSCHAFTENBLATT).
6. Wählen Sie im EIGENSCHAFTENBLATT im Auswahlfeld den Eintrag FORMULAR aus.
7. Gehen Sie zur Formulareigenschaft DATEN • BEARBEITUNGEN ZULASSEN, und tragen Sie dort NEIN ein.
8. Wechseln Sie erneut in die Formularansicht. Jetzt ist das gesamte Formular nur noch lesbar, und Sie können nichts mehr in das Textfeld eintippen.

Nur neue Datensätze erfassen

Access bietet eine besondere Sperre an, die zum Erfassen von Daten geeignet ist. Die Formulareigenschaft DATEN • DATEN EINGEBEN ist standardmäßig auf NEIN gesetzt. Ein gebundenes Formular zeigt dann die Datensätze aus der Tabelle an. Wenn Sie hingegen DATEN EINGEBEN auf JA setzen, passiert genau das nicht mehr: Bestehende Datensätze werden nicht angezeigt; stattdessen bleibt das Formular leer (Abbildung 6.25).

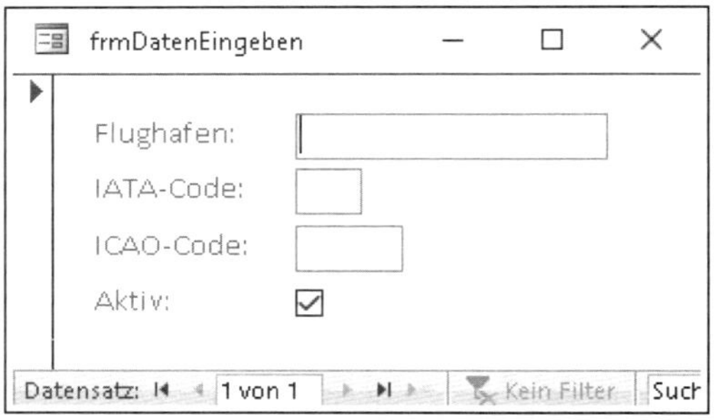

Abbildung 6.25 Ein Formular zur Dateneingabe erscheint nach dem Öffnen immer leer.

Als Beispiel dazu finden Sie in der Datenbank *06_Formulare\6.2.5_Aktiviert_gesperrt_sichtbar.accdb* das Formular *frmDatenEingeben*. Hiermit können Sie einen oder mehrere neue

Flughäfen erfassen. Daten, die Sie gerade eingetippt haben, können Sie noch sehen. Aber sobald Sie das Formular schließen und wieder öffnen, fangen Sie erneut bei einem leeren Formular an. Ein Blick in die Tabelle *tblFlughafen* zeigt Ihnen, dass alle Flughäfen noch da sind – Access zeigt sie nur nicht an. Diese Form der Sperre eignet sich hervorragend, wenn mehrere Benutzer lediglich neue Datensätze in eine Tabelle eintragen sollen.

Einzelne Steuerelemente sperren

Kommen wir nun zu den Zugriffsberechtigungen auf Ebene der Steuerelemente. Exakter geht es nicht! Damit können Sie ein Formular im Detail sperren und entsperren. Es gibt drei Eigenschaften, die für uns an dieser Stelle wichtig sind:

- Format • Sichtbar
- Daten • Aktiviert
- Daten • Gesperrt

Alle drei sind Eigenschaften von Steuerelementen. Sie müssen daher zunächst das Steuerelement markieren, um zu den Eigenschaften zu gelangen. Die einzelnen Bedeutungen schauen wir uns an einem Beispiel an, dem Formular *frmUnsichtbarAktiviertGesperrt* in der Datenbank *06_Formulare\6.2.5_Aktiviert_gesperrt_sichtbar.accdb* (Abbildung 6.26). Wie Sie den Beschriftungen entnehmen können, habe ich jeweils eine der Eigenschaften geändert.

Abbildung 6.26 Bezeichnungen, Textfelder und Schaltflächen im Formular »frmUnsichtbarAktiviertGesperrt«

1. **Sichtbar** (englisch `Visible`)
   Standardmäßig ist jedes Steuerelement sichtbar. Wenn Sie die Eigenschaft Sichtbar auf Nein setzen, blendet Access das Steuerelement in der Formularansicht aus (Abbildung 6.27). Damit vermeiden Sie, dass jemand unbefugt Daten liest. Unsichtbare Textfelder können außerdem bei der Programmierung eine wichtige Rolle spielen.
2. **Aktiviert** (englisch `Enabled`)
   Ein nicht aktiviertes Textfeld können Sie nicht anklicken. Es erscheint grau hinterlegt. Ebenso können Sie nicht auf eine deaktivierte Schaltfläche klicken.

3. **Gesperrt** (englisch Locked)
   Das Textfeld und einige andere Steuerelemente unterstützen die Eigenschaft GESPERRT, die standardmäßig auf NEIN gesetzt ist. GESPERRT ist nicht so stark einschränkend wie DEAKTIVIERT: Ein gesperrtes Textfeld erscheint visuell völlig normal. Sie können es auch anklicken und den darin enthaltenen Text per [Strg] + [C] in die Zwischenablage übertragen (das ist der wesentliche Unterschied zu einem deaktivierten Textfeld). Nur ändern können Sie den Text nicht. Schaltflächen unterstützen die Eigenschaft GESPERRT nicht.

Abbildung 6.27 Unsichtbare Steuerelemente sind gar nicht erreichbar. Deaktivierte Steuerelemente sind zwar sichtbar, lassen sich aber nicht anklicken. In einem gesperrten Textfeld lässt sich der Inhalt nicht verändern; trotzdem können Sie den Text auswählen und in die Zwischenablage übertragen.

Zugriffsberechtigungen per Programm setzen

Mit den beschriebenen Formular- und Steuerelementeigenschaften können Sie Zugriffsberechtigungen im Detail umsetzen. Richtig interessant wird es, wenn Sie per Programmierung die Zugriffsberechtigungen dynamisch setzen. Verwenden Sie dafür die englischen Bezeichnungen der Eigenschaften.

Mein bisher umfangreichstes Formular in Sachen Zugriffsberechtigungen betraf die Planung und Abfertigung von Flügen. Je nach *Zustand* des Flugs (»Geplant«, »Off-Block«, »Gestartet« usw.) durften bestimmte Daten nicht mehr geändert werden; beispielsweise nach dem Start des Flugs der Abflug-Flughafen. Ein Großteil des Programmcodes in diesem Formular beschäftigte sich mit den korrekten Zugriffsberechtigungen.

6.2.6 Formatierungen

Textfelder sind wahre Alleskönner. Anders als ihr Name vermuten lässt, können sie Daten mit ganz unterschiedlichem Felddatentyp anzeigen: KURZER TEXT, LANGER TEXT, ZAHL, DATUM/UHRZEIT, WÄHRUNG ... Damit am Bildschirm alles schön aussieht, hilft uns ein alter Bekannter weiter, den Sie bereits vom Tabellendesign her kennen: das *Format*.

Beispielsweise können Sie darüber ein Datum in einem benutzerdefinierten Format anzeigen lassen:

1. Öffnen Sie in der Datenbank *06_Formulare\6.2.6_Format.accdb* das Formular *frmFlug* in der Formularansicht. Hier können Sie die einzelnen Flüge einsehen. Das Abflugdatum wird im Standardformat angezeigt, beispielsweise:

   03.07.2019

2. Schalten Sie in die Entwurfsansicht um (START • ANSICHTEN • ANSICHT • ENTWURFSANSICHT).
3. Markieren Sie das Steuerelement »txtAbflugDatum«, und blenden Sie die Eigenschaften ein.
4. Tragen Sie in der Eigenschaft FORMAT • FORMAT

   ```
   jjjj-mm-tt
   ```

   ein.
5. Wechseln Sie zurück in die Formularansicht. Das Datum erscheint jetzt im benutzerdefinierten Format:

   2019-07-03

Ich habe das Formular in dieser Form unter dem Namen *frmFlugFormatiert* abgespeichert. Neben dem Format bietet Access bei den Steuerelementen weitere Eigenschaften, die Sie bereits von den Tabellen (und Abfragen) her kennen:

- FORMAT • DEZIMALSTELLENANZEIGE
- DATEN • EINGABEFORMAT
- DATEN • STANDARDWERT
- DATEN • GÜLTIGKEITSREGEL
- DATEN • GÜLTIGKEITSMELDUNG

All diese Einstellungen funktionieren in einem Steuerelement genauso wie bei den Tabellen. In einer Access-Datenbank können Sie alle diese Einstellungen an mehreren Stellen vornehmen: auf Tabellenebene, in einem Steuerelement und einige der Eigenschaften auch auf Ebene der Abfragen. Damit stellt sich die Frage, auf welcher Ebene Sie die gewünschten Einstellungen setzen sollten. In Kapitel 2, »Access als Datenbank: Tabellen«, bin ich auf diese Frage eingegangen und habe in diesem Zusammenhang bereits Formulare und Berichte erwähnt. Hier noch einmal in Kürze das Wichtigste zu den Einstellungen auf Tabellenebene, auf Abfragenebene und auf Ebene der Steuerelemente:

1. **Format, Dezimalstellenanzeige und Eingabenformat**
   Das Format auf Tabellenebene bezieht sich nur auf die Anzeige in der Datenblattansicht. Es hat keinerlei Auswirkung auf bestehende Formulare und Berichte. Wenn Sie ein Format wünschen, müssen Sie es folglich im Steuerelement eintragen.

Die einzige Besonderheit tritt auf, wenn Sie ein Steuerelement aus der Feldliste in das Formular übernehmen. Beim Erstellen des Textfeldes wird das Format der Datensatzquelle übernommen. Das Gleiche gilt für die Dezimalstellenanzeige und das Eingabeformat.

2. **Standardwert**
   Tragen Sie den Standardwert auf Tabellenebene ein, wenn er für alle daran gebundenen Formulare gelten soll.

   Wenn Sie einen Standardwert nur in bestimmten Formularen benötigen, dann tragen Sie ihn am besten im Steuerelement ein.

   Wenn Sie sowohl auf Tabellenebene also auch im Steuerelement eines Formulars einen Standardwert gesetzt haben, dann gewinnt der Standardwert des Steuerelements im Formular.
3. **Gültigkeitsregel, Gültigkeitsmeldung**
   Gültigkeitsregeln sind am besten in der Tabelle aufgehoben.

6.2.7 Bedingte Formatierungen

Mit dem Werkzeug der bedingten Formatierung können Sie Regeln festlegen, nach denen die folgenden Eigenschaften eines Steuerelements gesetzt werden:

- Schriftbreite
- Unterstrichen
- Kursiv
- Textfarbe
- Hintergrundfarbe
- Aktiviert

Selbstverständlich können Sie diese Eigenschaften eines Textfeldes auch auf dem herkömmlichen Weg ohne bedingte Formatierung, mit anderen Worten ohne Regeln, festlegen. Nur erscheint dann das Textfeld für jeden Datensatz gleich.

Bedingte Formatierung hat nichts mit Format zu tun

Der Name »bedingte Formatierung« ist etwas irreführend, denn auf die Eigenschaft Format hat dies überhaupt keinen Einfluss! Das Format legt fest, in welcher Form der Feldinhalt dargestellt wird. Die bedingte Formatierung bewirkt hingegen nur Änderungen an den sechs genannten Eigenschaften, die eher visuellen Charakter haben.

Mit der bedingten Formatierung können Sie eine oder mehrere Regeln festlegen, die das Aussehen je nach Feldinhalt bestimmten. Beispielsweise sollen alle Abflugzeiten nach 18:00 Uhr in blauer Farbe erscheinen, alle Abflugzeiten nach 20:00 Uhr in roter Farbe.

1. Öffnen Sie die Datenbank *06_Formulare\6.2.7_Bedingte_Formatierung.accdb* aus den Materialien zum Buch.
2. Öffnen Sie das Formular *frmFlug* in der Entwurfsansicht.
3. Markieren Sie das Textfeld »txtAbflugZeit«.
4. Klicken Sie auf Format • Steuerelementformatierung • Bedingte Formatierung. Access zeigt den Dialog Manager für Regeln zur bedingten Formatierung an.
5. Klicken Sie auf Neue Regel.
6. Belassen Sie den Regeltyp Werte im aktuellen Datensatz prüfen oder einen Ausdruck verwenden.
7. Ändern Sie die Bedingung in

   ```
   Feldwert ist Größer als oder gleich #20:00#
   ```

8. Legen Sie als Textfarbe Rot fest.
9. Klicken Sie auf OK.
10. Klicken Sie auf Neue Regel.
11. Ändern Sie die Bedingung in

    ```
    Feldwert ist Größer als oder gleich #18:00#
    ```

12. Legen Sie als Textfarbe Blau fest.
13. Klicken Sie auf OK.
14. Der Dialog Manager für Regeln zur bedingten Formatierung sollte jetzt so wie in Abbildung 6.28 aussehen. Wichtig ist die Reihenfolge der Regeln: zuerst die Regel für 20:00 Uhr, danach die Regel für 18:00 Uhr.

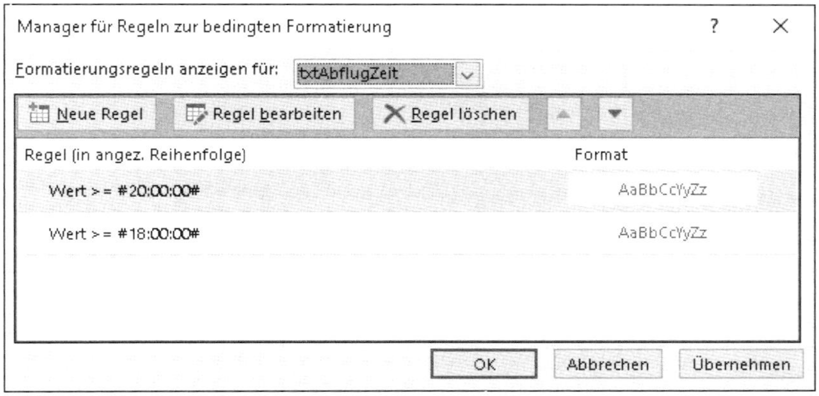

Abbildung 6.28 Für ein Steuerelement können Sie eine oder mehrere Regeln zur bedingten Formatierung festlegen.

15. Klicken Sie auf OK, um den Dialog zu schließen.

16. Speichern Sie das Formular unter dem Namen *frmFlug_AbflugZeit* ab.
17. Schalten Sie in die Formularansicht um. Access hebt die späten Abflugzeiten farblich hervor.

Probieren Sie einmal ein paar unterschiedliche Regeln aus. Jede Regel enthält zunächst eine der folgenden Bedingungen:

- **Feldwert ist**

  Hiermit können Sie den Feldinhalt mit anderen Werten vergleichen. Das können feste Zahlen sein (Konstanten) oder andere Feldinhalte. Wenn Sie beispielsweise die Ankunftszeit mit der Abflugzeit vergleichen möchten, hilft Ihnen folgende Regel weiter (*frmFlug_AnkunftZeit*):

  `Feldwert ist Kleiner als oder gleich [txtAbflugZeit]`

- **Ausdruck ist**

  Das ist die allgemeine Form der Bedingung. Darüber können Sie beispielsweise zwei andere Felder miteinander vergleichen (*frmFlug_Warnfelder*):

  `[txtAbflugZeit] >= [txtAnkunftZeit]`

  Wenn der Ausdruck wahr ist, greift die Regel.

- **Feld hat Fokus**

  Mit dieser Regel können Sie ein Steuerelement hervorheben (beispielsweise über die Hintergrundfarbe), sobald es den Fokus erhält (*frmFlug_Fokus*).

Regeln werden in der Reihenfolge abgearbeitet, in der sie eingetragen sind. Sobald eine Regel zutrifft, werden die nachfolgenden Regeln nicht mehr verarbeitet. Einzige Ausnahme ist die Regel für die Datenbalken, die immer als letzte stehen muss (mehr dazu in Abschnitt 6.2.8, »Datenbalken«). Folgende Strategie wird daher nicht funktionieren: Ein Satz an Regeln kümmert sich um die Hintergrundfarbe, der andere Teil der Regeln kümmert sich um die Textfarbe usw. Nein, Sie müssen immer alle Eigenschaften gemeinsam in eine Regel setzen.

Bedingte Formatierungen und Endlosformulare

Die unterschiedlichen Regeln einer bedingten Formatierung lassen sich auch durch VBA-Programmierung umsetzen (als Antwort auf das Ereignis `Current`). Dadurch haben Sie ein paar mehr Freiheiten, denn Sie können jedes beliebige Steuerelement und jede beliebige Eigenschaft ändern. Zudem kann der Code insgesamt übersichtlicher als das Regelwerk sein.

Ein großer Nachteil ergibt sich jedoch bei Endlosformularen, auf die ich an dieser Stelle kurz vorgreifen möchte. In einem Endlosformular werden die Datensätze untereinander angezeigt. Wenn Sie jetzt die Eigenschaft eines Steuerelements ändern, wirkt sich das auf *sämtliche Datensätze* aus. Möchten Sie hingegen einzelne Datensätze anders darstellen, so geht kein Weg an der bedingten Formatierung vorbei.

6.2.8 Datenbalken

In der bedingten Formatierung gibt es einen zweiten Regeltyp, der relativ neu in Access ist: Er nennt sich MIT ANDEREN DATENSÄTZEN VERGLEICHEN und führt zu den – wie ich finde – sehr informativen *Datenbalken*. Damit sehen Sie beispielsweise auf einen Blick, wie teuer eine Flugbuchung im Vergleich zu den anderen ist:

1. Öffnen Sie die Datenbank *06_Formulare\6.2.8_Datenbalken.accdb* aus den Materialien zum Buch.
2. Öffnen Sie das Formular *frmFlugbuchung* in der Entwurfsansicht.
3. Markieren Sie das Steuerelement »txtKosten«.
4. Klicken Sie auf FORMAT • STEUERELEMENTFORMATIERUNG • BEDINGTE FORMATIERUNG. Access zeigt den Dialog MANAGER FÜR REGELN ZUR BEDINGTEN FORMATIERUNG an.
5. Klicken Sie auf NEUE REGEL.
6. Ändern Sie den Regeltyp in MIT ANDEREN DATENSÄTZEN VERGLEICHEN.
7. Belassen Sie die standardmäßigen Einstellungen der Regel, und klicken Sie auf OK.

In der Formularansicht zeigt Access im Textfeld »txtKosten« den Datenbalken an (Abbildung 6.29). Das Formular in dieser Form finden Sie in der Datenbank unter dem Namen *frmFlugbuchungDatenbalken*.

Abbildung 6.29 Ein Textfeld kann einen Datenbalken anzeigen – wahlweise mit oder ohne Text.

Wenn Sie möchten, können Sie für einen Datenbalken den niedrigsten und den höchsten Wert selbst festlegen. Zwei Beispiele dazu finden Sie in den Materialien zum Buch im Formular *frmFlugDatenbalken*.

Beachten Sie die Reihenfolge der Regeln!

Außer der Farbe können Sie die Darstellung eines Datenbalkens nicht verändern. Falls andere Regeln für die bedingte Formatierung bestehen, muss der Datenbalken als *letzte* Formatierungsregel stehen. Es wird zwar keine Fehlermeldung geben, aber Access arbeitet Regeln nach dem Datenbalken nicht ab.

6.2.9 Reihenfolge der Aktivierung

Wenn Sie einmal eine größere Anzahl von Datensätzen in Access eingetippt haben, können Sie das sicherlich bestätigen: Jedes Textfeld mit der Maus antippen ist nicht nur umständlich, sondern auch langsam. Viel schneller geht es mit der Taste [Tab] (und zurück mit [⇧] + [Tab]). Über die *Aktivierreihenfolge* legen Sie fest, in welcher Reihenfolge die Steuerelemente per [Tab] erreichbar sind.

Rufen Sie unter Entwurf • Tools • Aktivierreihenfolge den Dialog Reihenfolge auf (Abbildung 6.30). Dort lassen sich die Steuerelemente per Drag & Drop in die richtige Reihenfolge bringen.

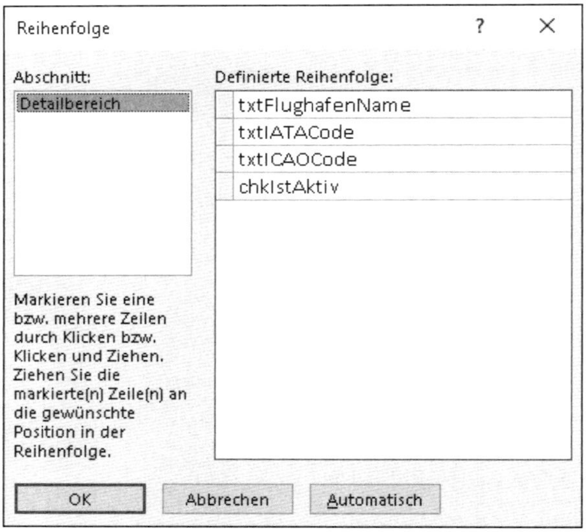

Abbildung 6.30 Per Drag & Drop können Sie die Steuerelemente in die richtige Tab-Reihenfolge bringen.

Letztendlich spiegelt sich die Reihenfolge in der Eigenschaft Andere • Reihenfolgenposition wider; dort steht die Position des Steuerelements in der Liste, beginnend mit 0.

Möchten Sie, dass ein Steuerelement explizit nicht per [Tab], sondern nur per Mausklick erreichbar ist? Dann setzen Sie die Eigenschaft Andere • In Reihenfolge auf Nein.

Tastenkürzel für Steuerelemente

Eine andere Methode, ohne Maus schnell zu einem Steuerelement zu springen, sind *Tastenkürzel*. Auch in Access-Formularen können Sie Tastenkürzel vergeben. Anders als wir das von den bisherigen Access-Funktionen kennen, gibt es dafür jedoch keine Eigenschaft des Steuerelements. Stattdessen legen Sie das Tastenkürzel über die zugehörige Beschriftung fest: Tragen Sie in der Beschriftung vor dem gewünschten Buchstaben das Zeichen & ein. In der Formularansicht erscheint dann an entsprechender Stelle der Buchstaben unterstrichen (ab Windows Vista müssen Sie dafür zunächst die Taste `Alt` gedrückt halten). Per `Alt` + Buchstabe lässt sich der Fokus nun in das entsprechende Textfeld verschieben. Als Beispiel für Tastenkürzel finden Sie in den Materialien zum Buch in der Datenbank *06_Formulare\6.2.9_Tastenkuerzel.accdb* das Formular *frmFlug_Tastenkuerzel*.

6

6.2.10 Gruppierung von Steuerelementen

Ganz in der hintersten Ecke findet sich eine alte Funktion der Entwurfsansicht: Unter ANORDNEN • ANPASSUNG UND ANORDNUNG • GRÖSSE/ABSTAND • GRUPPIEREN können Sie mehrere Steuerelemente, die Sie gleichzeitig gewählt haben, zu einer Gruppe zusammenfassen. Wenn Sie später einmal auf eines der Steuerelemente klicken, wird die gesamte Gruppe markiert. Einzelne Mitglieder der Gruppe können Sie nur wählen, wenn Sie die Markierungsgruppe vorher wieder auflösen. Auf die Formularansicht hat eine solche Markierungsgruppe keinen Einfluss.

Eine Markierungsgruppe hat nichts mit GROUP BY zu tun

Eine Gruppe kann sinnvoll sein, wenn Sie Eigenschaften für mehrere Steuerelemente gleich halten möchten.

Bitte verwechseln Sie dieses Feature nicht mit einer Gruppierung in einer Abfrage (GROUP-BY-Klausel) oder den Gruppierungen in Berichten. Diese beiden Funktionen sind etwas völlig anderes und spielen in Access eine wichtigere Rolle als Markierungsgruppen.

6.3 Die verschiedenen Steuerelemente

In den letzten Abschnitten haben Sie bereits die drei Steuerelemente Textfeld, Bezeichnung und Schaltfläche kennengelernt. Allein damit erreichen Sie in einem Formular schon ein ganz wesentliches Ziel: Daten aus der Datenbank werden angezeigt und können bearbeitet werden. In den folgenden Abschnitten kommen noch ein paar Ergänzungen zum Textfeld hinzu. In der Hauptsache werde ich detailliert auf die anderen Steuerelemente eingehen.

6.3.1 Welche Steuerelemente gibt es?

Verschiedene Steuerelemente sehen in einem Formular erst einmal visuell schön aus. Im Wesentlichen aber dreht es sich bei Formularen immer wieder um diese zwei Fragen:

1. Welchen *Anwendungsfall* (welches Ziel) möchte ich mit Steuerelementen umsetzen?
2. Welche Steuerelemente kann ich einsetzen, um dieses konkrete Ziel zu erreichen?

Ich werde die Steuerelemente nicht hintereinander vorstellen, sondern zuerst von den Zielen ausgehen, die Sie damit umsetzen können.

Wie Sie Tabelle 6.5 entnehmen können, tauchen einige Steuerelemente in mehreren Zielen auf. Das liegt ganz einfach daran, dass beispielsweise ein Kombinationsfeld ein sehr mächtiges Steuerelement ist. In den einzelnen Abschnitten werde ich jeweils nur diejenigen Eigenschaften und Funktionen vorstellen, die zum Erreichen des Ziels – beispielsweise zur Auswahl aus feststehenden Optionen – wichtig sind. Sie werden die Steuerelemente auf diese Weise schrittweise kennenlernen.

Ziel (Anwendungsfall)	Steuerelement
Text anzeigen und bearbeiten	Bezeichnung
	Textfeld
Auswahl Ja/Nein	Kontrollkästchen
	Optionsfeld
	Umschaltfläche
Auswahl aus verschiedenen Optionen	Listenfeld mit festen Werten
	Kombinationsfeld mit festen Werten
	Optionsgruppe
	Kontrollkästchen in einer Optionsgruppe
	Optionsfeld in einer Optionsgruppe
	Umschaltfläche in einer Optionsgruppe
Auswahl aus einer Liste	Listenfeld
	Kombinationsfeld

Tabelle 6.5 Meiner Erfahrung nach sind es diese sieben Ziele oder Anwendungsfälle, die in Access-Formularen immer wieder umgesetzt werden. In der achten Kategorie, »andere Steuerelemente«, stelle ich Ihnen die restlichen Steuerelemente vor.

Ziel (Anwendungsfall)	Steuerelement
Grafiken anzeigen	Linie
	Rechteck
	Bild
	Ungebundenes Objektfeld
	Gebundenes Objektfeld
Diagramme generieren	Diagramm-Steuerelement
	moderne Diagramme
Internetfunktionen	Link
	Webbrowser-Steuerelement
andere Steuerelemente	Schaltfläche
	Registersteuerelement
	Seite eines Registersteuerelements
	Anlage
	Seitenumbruch

Tabelle 6.5 Meiner Erfahrung nach sind es diese sieben Ziele oder Anwendungsfälle, die in Access-Formularen immer wieder umgesetzt werden. In der achten Kategorie, »andere Steuerelemente«, stelle ich Ihnen die restlichen Steuerelemente vor. (Forts.)

6.3.2 Steuerelemente für Text

In einem Access-Formular können Sie Text durch zwei verschiedene Steuerelemente anzeigen lassen:

1. **Textfeld**
   Um Text aus einem Tabellenfeld anzuzeigen, müssen Sie ein gebundenes Textfeld einsetzen. In den meisten Fällen werden Sie diese Variante verwenden.

   In einem Textfeld können Sie aber auch festen Text darstellen lassen. Tragen Sie dazu in der Eigenschaft DATEN • STEUERELEMENTINHALT folgende Formel ein:

   ```
   ="Hier steht der Text"
   ```

2. **Bezeichnung**
   Das Steuerelement Bezeichnung ist für festen Text zuständig. Text in einer Bezeichnung kann nicht in der Formularansicht geändert werden.

In Abschnitt 6.2, »Arbeiten mit Steuerelementen«, bin ich bereits ausführlich auf diese beiden Steuerelemente eingegangen. Im Folgenden finden Sie einige Ergänzungen.

Text in einer Zeile

Der Normalfall ist, dass ein Textfeld eine einzige Zeile Text anzeigt. Über die folgenden Eigenschaften lassen sich ein paar Besonderheiten festlegen:

- Andere • Vertikal
  Der Text erscheint um 90° im Uhrzeigersinn gedreht.
- Andere • AutoKorrektur zulassen
  Die automatische Korrektur behebt kleinere Tippfehler bei der Eingabe. Aus »dre« wird beispielsweise »der«. Wenn dies einmal nicht gewünscht ist, können Sie die automatische Korrektur für ein Textfeld deaktivieren.
- Andere • Automatisch weiter
  Normalerweise springt Access nur dann zum nächsten Steuerelement, wenn Sie entweder [↵] oder [⇥] drücken. Wenn Automatisch weiter auf Ja gesetzt ist, kommt ein weiterer Fall hinzu: Sobald das letzte mögliche Zeichen eingetippte wurde (festgelegt über die Feldgröße), wechselt der Fokus zum nächsten Steuerelement.

Ein Datum auswählen

Für Angaben von Datum und Uhrzeit eignen sich Formatierungen und Eingabeformate. Manchmal wäre es recht praktisch, wenn der Benutzer ein Datum aus dem Kalender auswählen könnte. Dies lässt sich über die Eigenschaft Format • Datumsauswahl anzeigen bewerkstelligen.

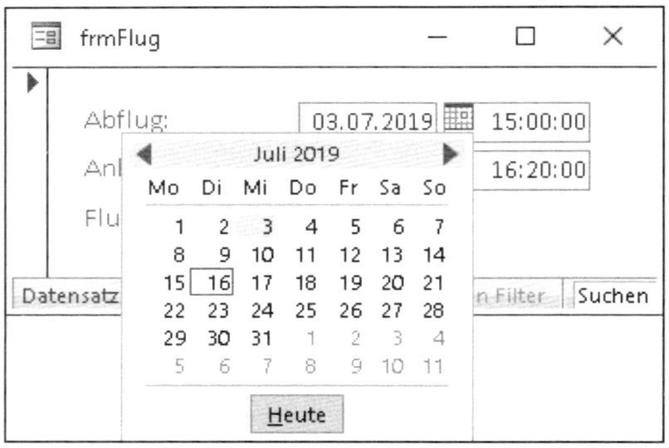

Abbildung 6.31 Zur Auswahl eines Datums bietet Access die Datumsauswahl aus einem Kalender an.

Standardmäßig ist diese Eigenschaft für ein Textfeld bereits aktiviert. Gleichwohl funktioniert der Kalender nur, wenn das Textfeld an den Felddatentyp Datum/Uhrzeit gebunden ist. Sobald es den Fokus erhält, zeigt Access ein kleines Kalender-Symbol neben dem Textfeld an (Abbildung 6.31). Darüber kann der Benutzer den Kalender aufrufen und das gewünschte Datum auswählen. Für Uhrzeitangaben ist die Auswahl per Kalender nicht geeignet. Daher sollten Sie in diesem Fall die Eigenschaft FÜR DATUMSANGABEN auf NIE setzen.

Das ActiveX-Steuerelement DateTimePicker

Die Datumsauswahl für ein Textfeld ist eine recht neue Funktion in Access. In früheren Versionen von Access musste anstelle eines Textfeldes ein besonderes ActiveX-Steuerelement, das *DateTimePicker-Steuerelement*, eingesetzt werden (Abbildung 6.32).

Vielleicht kommen Sie in einer älteren Access-Datenbank einmal mit diesem ActiveX-Steuerelement in Berührung. Jetzt gibt es aber zwei Dinge zu beachten:

- ActiveX-Steuerelemente funktionieren grundsätzlich nur in der 32-Bit-Version von Access.
- Seit Windows 7 liefert Microsoft die ActiveX-Datei für das DateTimePicker-Steuerelement nicht mehr zusammen mit dem Betriebssystem aus.

Das DateTimePicker-Steuerelement gehört zu einer ActiveX-Erweiterung, die unter dem Namen *Microsoft Windows Common Controls-2 6.0* und dem Dateinamen *MSCOMCT2.OCX* bekannt sind. Leider steht die Datei bei Microsoft inzwischen nicht mehr zum Download bereit. ActiveX-Steuerelemente wie beispielsweise das DateTimePicker-Steuerelement sind somit zu einer abenteuerlichen Angelegenheit geworden, von der man sich notgedrungen loslösen sollte.

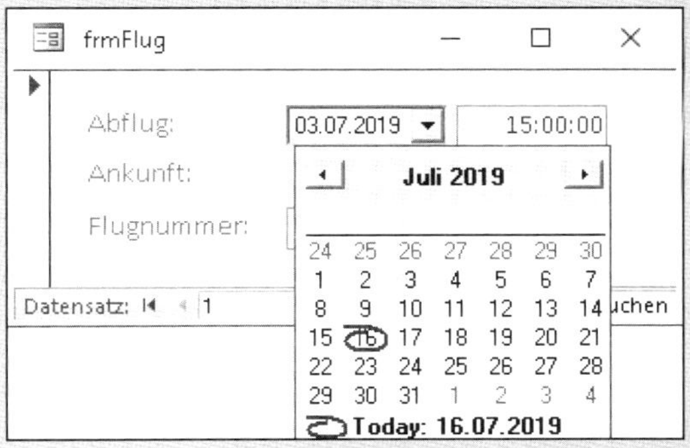

Abbildung 6.32 In älteren Access-Versionen gab es zur Datumsauswahl nur den Weg über das ActiveX-Steuerelement DateTimePicker.

Mehrzeiliger Text

Mehrzeiliger Text bedeutet ganz einfach, dass ein Textfeld Zeilenumbrüche enthalten kann. Das geht übrigens für jedes Textfeld: Mit Strg + ↵ können Sie jederzeit einen Zeilenumbruch einfügen (rufen Sie das ZOOM-Fenster mit Strg + F2 auf, um den Überblick über das gesamte Textfeld zu behalten!)

Für mehrzeiligen Text mit Zeilenumbrüchen empfehle ich Ihnen, das Textfeld anzupassen:

1. Vergrößern Sie das Textfeld, so dass mehrere Zeilen untereinander sichtbar werden.
2. Ändern Sie die Eigenschaft Andere • Eingabetastenverhalten in Neue Zeile im Feld.
3. Optional können Sie am rechten Rand des Textfeldes eine Bildlaufleiste aktivieren. Setzen Sie dazu die Eigenschaft Format • Bildlaufleisten auf Vertikal.

Diese drei Änderungen bewirken, dass Sie bequem mehrere Zeilen Text einsehen und editieren können. Für einen Zeilenumbruch reicht [↵] aus. Wenn gewünscht, geben Sie unter Format • Zeilenabstand den Zeilenabstand in cm (oder Punktgröße, Abkürzung *pt*) ein. Hervorragend eignet sich diese Form des Textfeldes für Felder des Felddatentyps Langer Text. Das Beispiel in Abbildung 6.33 finden Sie in den Materialien zum Buch in der Datenbank *06_Formulare\6.3.2_Textfeld.accdb*.

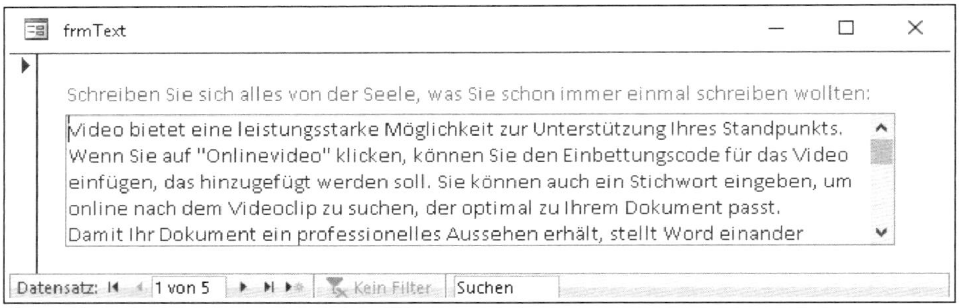

Abbildung 6.33 Ein Textfeld für mehrzeiligen Text mit vertikaler Bildlaufleiste

Formatierter Text

Eigentlich speichert Access sämtliche Texte ohne Formatierungen ab. Für den Felddatentyp Langer Text gibt es einen Trick, über den Sie doch Formatierungen verwenden können: Legen Sie über die Eigenschaft Daten • Textformat fest, dass der Text mit Formatierungen als HTML-Code gespeichert wird.

- Daten • Textformat: Nur-Text
  Dies ist der standardmäßige Fall ohne Formatierungen. Wenn ein Textfeld an den Felddatentyp Kurzer Text gebunden ist, dann ist nur diese Einstellung zulässig.
- Daten • Textformat: Rich-Text
  Für den Felddatentyp Langer Text können Sie über diese Einstellung Formatierungen aktivieren. In der Formularansicht finden Sie die Werkzeuge zur Textformatierung unter Start • Textformatierung (Schriftart, -größe, -schnitt, -farbe, Hintergrundfarbe, Ausrichtung usw.).

Die Bezeichnung Rich-Text ist irreführend, denn Access speichert im Feld der Tabelle die Formatierungen über HTML-Code ab. Mit dem Rich Text Format (RTF) hat diese Angelegenheit gar nichts zu tun.

Sie finden in der Beispieldatenbank in den Materialien zum Buch unter *06_Formulare\6.3.2_Textfeld.accdb* das Formular *frmTextFormatiert*, das zwei Textfelder enthält (Abbildung 6.34). Beide Steuerelemente sind an das gleiche Feld vom Felddatentyp LANGER TEXT gebunden. Sie unterscheiden sich nur in der Einstellung DATEN • TEXTFORMAT. Hier können Sie sehen, wie Access Formatierungen als HTML-Code abspeichert – oder den HTML-Code direkt editieren.

Formatierter Text lässt sich auch auf Ebene der Tabelle einstellen

Die gleiche Einstellung findet sich übrigens auch in der Entwurfsansicht einer Tabelle wieder (Abschnitt 2.3.3, »Felddatentyp ›Langer Text‹«). An dieser Stelle können Sie sehr schön die Vorteile eines Formulars erkennen:

- Mehrere Steuerelemente können an ein und dasselbe Feld der Tabelle gebunden werden.
- Jedes Steuerelement darf aber unterschiedliche Eigenschaften haben (visuelle Darstellung, Format, formatierter Text usw.).

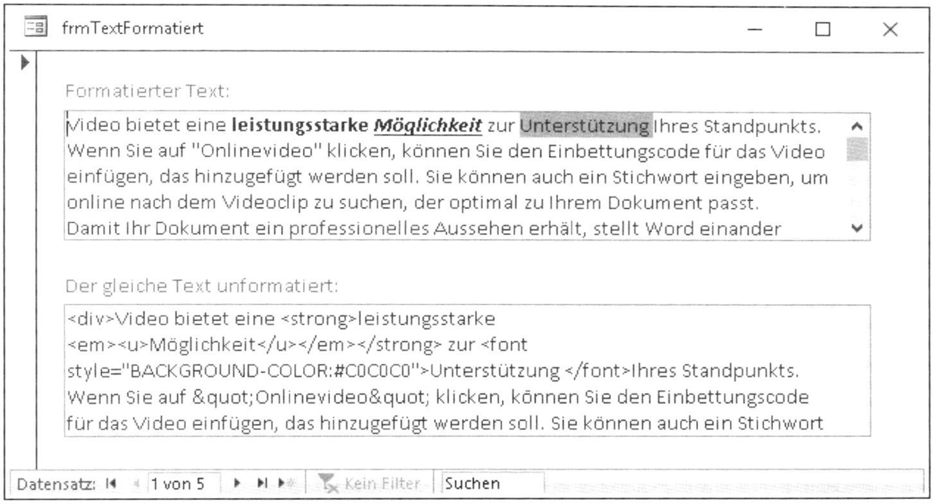

Abbildung 6.34 Zwei Textfelder, die an das gleiche Feld in der Tabelle gebunden sind. Das obere Feld unterstützt Formatierungen. Im unteren Feld können Sie verfolgen, wie Access automatisch HTML-Code generiert.

6.3.3 Auswahl Ja/Nein

Für die Auswahl Ja/Nein gibt es in Access den gleichnamigen Felddatentyp. In der Datenblattansicht einer Tabelle werden solche Felder als *Kontrollkästchen* angezeigt. Intern verbirgt sich hinter dem Felddatentyp JA/NEIN aber immer eine Zahl. Daher können Sie in einem Access-Formular unterschiedliche Steuerelemente einsetzen:

- **Ein gebundenes Textfeld**
  Als Wert zeigt Access den internen Zahlenwert direkt an: –1 für wahr (nicht +1!); 0 für falsch. Für den Felddatentyp Ja/Nein ist ein Textfeld etwas ungewöhnlich, aber es funktioniert!
- **Ein gebundenes Kontrollkästchen**
  Mit Häkchen für wahr; ohne Häkchen für falsch.
- **Mit dem Kontrollkästchen vergleichbare Steuerelemente**
  Die beiden Steuerelemente *Optionsfeld* und *Umschaltfläche* sehen anders aus, funktionieren aber so ähnlich wie das Kontrollkästchen.

Schauen wir uns die drei neuen Steuerelemente einmal an.

Das Kontrollkästchen

Zunächst das Kontrollkästchen: Mit diesem Steuerelement verbindet jeder Anwender intuitiv ein Ja/Nein-Feld. Ein gebundenes Kontrollkästchen ist schnell erstellt:

1. Ziehen Sie ein neues Kontrollkästchen aus der Toolbox in das Formular.
2. Binden Sie das Steuerelement über die Eigenschaft Daten • Steuerelementinhalt.

In den Materialien zum Buch finden Sie als Beispiel in der Datenbank *06_Formulare\6.3.3_Auswahl_Ja_Nein.accdb* das Formular *frmFlughafen*.

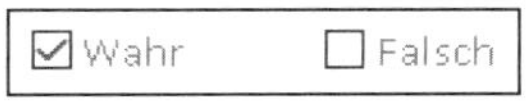

Abbildung 6.35 Intuitiv verbindet der Anwender das Kontrollkästchen mit der Auswahl Ja/Nein.

Dreifacher Status (englisch »triple state«): Wahr, Falsch, NULL

In Datenbanken gibt es neben Ja und Nein noch den dritten Wert NULL. Eine passende Bedeutung für NULL ist »nicht definiert«. Ein Kontrollkästchen kann alle drei Werte darstellen, wenn Sie die Eigenschaft Daten • Dreifacher Status auf Ja setzen.

Abbildung 6.36 Mit dreifachem Status kann ein Kontrollkästchen neben Ja und Nein als dritten Wert NULL annehmen.

> **Der Felddatentyp »Ja/Nein« kann nicht auf NULL gesetzt werden**
> In Access (genauer gesagt: in einer Jet-Datenbank) hat ein Feld mit dem Felddatentyp Ja/Nein entweder den Wert Ja oder Nein, jedoch niemals NULL. *Wenn Sie in einem Feld wirklich*

alle drei Zustände ablegen wollen, dann funktioniert das nur über den Felddatentyp ZAHL. Und nur mit diesem Felddatentyp lässt sich ein Kontrollkästchen mit dreifachem Status umsetzen. Diese wichtige Einschränkung zum Felddatentyp JA/NEIN gilt nur für Access, nicht jedoch für andere Datenbanken wie beispielsweise den SQL Server. Viele Programmierer haben sich schon über diese unerwartete Besonderheit von Access geärgert, und ich kenne eine Reihe von Entwicklern, die in Access den Felddatentyp JA/NEIN überhaupt nicht mehr nutzen.

In der Datenbank *06_Formulare\6.3.3_Auswahl_Ja_Nein.accdb* habe ich für das Feld »tblFlugbuchung.PrivaterFlug« den Felddatentyp in Ganzzahl und LONG INTEGER geändert und NULL erlaubt. Damit funktioniert auch das Beispiel in *frmFlugbuchung*.

Die Umschaltfläche: Maximale Freiheit bei der Gestaltung

Als zweite Variante für die Auswahl Ja/Nein gibt es die *Umschaltfläche*. Im Gegensatz zu den anderen Steuerelementen beherrscht sie die Darstellung mit Design. Dadurch erhalten Sie maximale Flexibilität in der Gestaltung:

- unterschiedliche Farben und Farbverläufe (Fülleffekt)
- verschiedene Formen der Umschaltfläche (z. B. ein Oval)
- Rahmen (Formkontur)
- Schatten
- Leuchteffekt
- weiche Kanten
- Abschrägung (3D-Darstellung)

All diese Einstellungen können Sie über das Menüband unter FORMAT • STEUERELEMENTFORMATIERUNG festlegen. Ein Beispiel dazu finden Sie im Formular *frmFlugbuchung_Umschaltflaeche*.

Abbildung 6.37 Umschaltflächen mit aktiviertem Design

Abbildung 6.38 Umschaltflächen in der traditionellen Darstellung ohne Design

Eigenschaften, über die das Design gesteuert wird

In Access gibt es drei Steuerelemente, die Designs unterstützen:

- Umschaltfläche
- Schaltfläche
- Registersteuerelement

Standardmäßig ist das Design aktiviert, wenn Sie eines dieser Steuerelemente neu erstellen. Über die Eigenschaft FORMAT • DESIGN VERWENDEN oder per VBA über `UseTheme` können Sie das Design deaktivieren. Damit gelangen Sie zur älteren Darstellung (in früheren Access-Versionen gab es noch keine Designs).

Diverse Einstellungen zum Design können Sie über das Menüband unter FORMAT • STEUERELEMENTFORMATIERUNG ändern:

- FORM ÄNDERN
- FÜLLEFFEKT
- FORMKONTUR
- FORMEFFEKTE

In den Eigenschaften des Steuerelements werden Sie keinen entsprechenden Eintrag finden. Es gibt die Eigenschaften aber sehr wohl, und mit Programmierung können Sie darauf auch zugreifen (in VBA beispielsweise `Glow` für den Leuchteffekt) – sie werden nur nicht im Eigenschaftenblatt aufgelistet.

6.3.4 Auswahl aus verschiedenen Optionen

In diesem Abschnitt stelle ich Ihnen Steuerelemente vor, mit denen der Benutzer eine Auswahl aus verschiedenen Optionen treffen kann. Typisches Beispiel: Ein Mitarbeiter ist entweder männlich oder weiblich (»divers« lässt sich natürlich problemlos ergänzen). Die einzelnen Optionen sind also *fest vorgegeben* (auf den anderen Fall, dass die Optionen variabel sind, werde ich in Abschnitt 6.3.5, »Auswahl aus einer Liste«, eingehen).

Ein Listenfeld mit festen Werten

Einzelne Optionen lassen sich als Liste in einem *Listenfeld* anzeigen. Das Steuerelement Listenfeld kann sowohl feste Werte als auch Datensätze aus einer Tabelle anzeigen. An dieser Stelle beschäftigen wir uns mit festen Einträgen, aus denen der Benutzer einen auswählen kann.

Ich habe in den Materialien zum Buch in der Datenbank *06_Formulare\6.3.4_Auswahl_aus_Optionen.accdb* das Formular *frmMitarbeiter* vorbereitet, mit dem Sie Datensätze in der Tabelle *tblMitarbeiter* bearbeiten können. Zur Erinnerung: In der Tabelle gibt es das Feld

»Geschlecht«, in dem nur ein Buchstabe steht (»M« oder »W«). Im Formular finden Sie das Textfeld »txtGeschlecht«, in das Sie den Buchstaben direkt eintragen können.

Abbildung 6.39 Ein gebundenes Listenfeld mit den beiden Optionen »M« und »W«

Eleganter sieht das Ganze aber mit einem Listenfeld aus (das untere Steuerelement in Abbildung 6.39). Und so können Sie es erstellen:

1. Öffnen Sie das Formular *frmMitarbeiter* in der Entwurfsansicht.
2. Fügen Sie ein neues Listenfeld aus der Toolbox hinzu.
3. Markieren Sie die verknüpfte Bezeichnung, und verändern Sie ihren Namen und ihre Beschriftung:

   Name: `lblGeschlecht2`

   Beschriftung: `Geschlecht:`
4. Markieren Sie das Listenfeld, und benennen Sie es um in

   `lstGeschlecht`
5. Binden Sie das Listenfeld an das Feld »Geschlecht«:

   Daten • Steuerelementinhalt: `Geschlecht`

   Im Formular ist jetzt sowohl das Textfeld »txtGeschlecht« als auch das Listenfeld »lstGeschlecht« an das gleiche Feld gebunden. Das macht aber gar nichts! Access wird in beiden Steuerelementen die gleiche Auswahl anzeigen.

   Wenn Sie jetzt in die Formularansicht umschalten, erscheint das Listenfeld leer. Wir müssen noch die beiden Einträge »M« und »W« hinterlegen.
6. Legen Sie zunächst fest, dass im Listenfeld feste Einträge angezeigt werden sollen:

   Daten • Herkunftstyp: Wertliste
7. Tragen Sie als Nächstes die beiden Einträge getrennt durch Semikolon (;) ein:

   Daten • Datensatzherkunft: `M;W`

8. Es sind nur diese beiden Einträge erlaubt. Deshalb soll niemand die Wertliste verändern können.

   DATEN • WERTLISTENBEARBEITUNG ZULASSEN: NEIN

9. Speichern Sie das Formular unter dem Namen *frmMitarbeiter_Listenfeld* ab.

In der Formularansicht können Sie jetzt im Listenfeld aus den beiden Einträgen auswählen. Im gebundenen Feld »tblMitarbeiter.Geschlecht« speichert Access den entsprechenden Buchstaben ab.

Kein ernsthafter Entwickler lässt Wertlistenbearbeitung zu

Eine Wertliste in einem Listenfeld verstehe ich als eine Liste von festen Werten, die sich nur selten ändern. Falls wirklich einmal Änderungen notwendig sind, kann der Entwickler das Formular in die Entwurfsansicht schalten und die Wertliste anpassen.

```
M;W;A
```

Der Eintrag »A« steht für Außerirdischer. Ein guter Entwickler wird anschließend die Feld-Gültigkeitsregel in der Tabelle *tblMitarbeiter* anpassen:

```
"M" Oder "W" Oder "A"
```

Beides sind Änderungen, die tief in unser Geschäftsmodell eingreifen. Denn wer möchte schon mit Aliens zusammenarbeiten (ich habe da die gleichnamige Filmreihe vor Augen ...)? Diese tiefgreifende Änderung darf nicht jeder Benutzer der Datenbank durchführen.

Stellen Sie entsprechend bitte immer

DATEN • WERTLISTENBEARBEITUNG ZULASSEN: NEIN

ein. Vor der Version Access 2007 gab es diese Eigenschaft gar nicht, und die Welt war in Ordnung – die Wertliste konnte nur in der Entwurfsansicht von einem Entwickler verändert werden.

Ich frage mich: Wer kam bei Microsoft auf die Idee, die Eigenschaft WERTLISTENBEARBEITUNG ZULASSEN einzuführen? Falls Sie diese Eigenschaft auf JA setzen, kann jeder Benutzer die Werte verändern. *Der Anwender verändert dabei unbemerkt das Formulardesign in der Formularansicht*! In meinen Augen ist das keine Bereicherung, denn dadurch verwischt die Aufgabentrennung Entwickler (arbeitet mit der Entwurfsansicht) versus Benutzer (arbeitet mit der Formularansicht). Und ohne Feld-Gültigkeitsregel in der Tabelle werden Sie bald sehr viele und vielleicht auch lustige Einträge im Feld »Geschlecht« finden.

Für ernsthaftes Arbeiten mit Access ist dieser Ansatz völlig ungeeignet. *In der Access-Community herrscht Konsens darüber, Wertlistenbearbeitungen gerade nicht zu erlauben.*

Mehrere Spalten in einem Listenfeld

Noch schöner wäre es, wenn in der Liste neben den Kürzeln »M« und »W« ausgeschrieben »männlich« und »weiblich« erscheint. Auch das ist mit einem Listenfeld realisierbar, nämlich mit einer zweiten Spalte:

1. Öffnen Sie das Formular *frmMitarbeiter_Listenfeld* in der Entwurfsansicht.
2. Standardmäßig zeigt ein Listenfeld genau eine Spalte an. In den Eigenschaften können Sie die Anzahl der Spalten verändern:

   FORMAT • SPALTENANZAHL: 2
3. Unverändert bleibt, dass die Listeneinträge fest sind:

   DATEN • HERKUNFTSTYP: WERTLISTE
4. Woher kommt nun die Beschriftung in der zweiten Spalte? Passen Sie dazu die Eigenschaft DATENSATZHERKUNFT an:

   DATEN • DATENSATZHERKUNFT: `M;männlich;W;weiblich`

   Schauen Sie sich das Ergebnis einmal in der Formularansicht an. Wenn Sie möchten, konfigurieren Sie noch die Breite der beiden Spalten:
5. FORMAT • SPALTENBREITEN: `0,5cm;1,8cm`

Die gebundene Spalte

Sobald Sie in einem Listenfeld oder Kombinationsfeld mehrere Spalten einsetzen, wird die *gebundene Spalte* sehr wichtig. Aus dieser Spalte nimmt Access den Wert, der im Feld der Tabelle abgespeichert wird.

DATEN • GEBUNDENE SPALTE: 1

In unserem Beispiel muss das die erste Spalte sein, denn hier stehen die beiden Buchstaben M und W. Mit »männlich« oder »weiblich« kann die Tabelle *tblMitarbeiter* nicht viel anfangen (die Größe des Feldes »Geschlecht« ist exakt ein Buchstabe; außerdem existiert eine Feldgültigkeitsregel, die nur »M« oder »W« erlaubt).

Ein Listenfeld mit mehreren Spalten wird übersichtlicher, wenn Sie *Spaltenüberschriften* einführen. Dazu sind zwei Schritte notwendig:

1. Aktivieren Sie die Spaltenüberschriften:

   FORMAT • SPALTENÜBERSCHRIFTEN: JA
2. In der Datensatzherkunft werden die Spaltenüberschriften als Erstes aufgeführt:

   FORMAT • DATENSATZHERKUNFT: `;Geschlecht;M;männlich;W;weiblich`

   In diesem Beispiel steht vor dem ersten Semikolon kein Text. Folglich trägt die erste Spalte auch keine Überschrift (Abbildung 6.40).

In den Materialien zum Buch finden Sie dieses Beispiel im Formular *frmMitarbeiter_Listenfeld_mehrere_Spalten*.

Abbildung 6.40 Das Listenfeld erweitert um eine weitere Spalte und um Spaltenüberschriften

Automatische Breite für die letzte Spalte

Es ist eine ziemliche Fummelarbeit, die optimale Breite der einzelnen Spalten zu ermitteln. In den meisten Fällen lege ich nur die Breite für alle Spalten mit Ausnahme der letzten fest. Die letzte Spalte soll sich dann den Rest nehmen. Lassen Sie dazu einfach die letzte Angabe zur Spaltenbreite weg:

FORMAT • SPALTENBREITE: `0,5cm;`

In einem Listenfeld mehrere Einträge gleichzeitig auswählen

Ein gebundenes Listenfeld funktioniert nur richtig, wenn der Anwender genau einen Eintrag wählen darf. Einfachauswahl ist für Listenfelder standardmäßig konfiguriert. Bei der Mehrfachauswahl können mehrere Einträge gleichzeitig gewählt sein. Allerdings muss das Listenfeld dazu ungebunden sein, und die Auswahl der Einträge lässt sich ausschließlich mit Programmierung (VBA) verarbeiten.

Über die Eigenschaft ANDERE • MEHRFACHAUSWAHL können Sie die Mehrfachauswahl aktivieren. Ein Beispiel dazu mit dem zugehörigen VBA-Code finden Sie in den Materialien zum Buch im Formular *frmFarben* (Abbildung 6.41).

Abbildung 6.41 Mehrfachauswahl in einem Listenfeld kann leider nur mit Programmierung verarbeitet werden.

Mehrfache Auswahl in einem Listenfeld per VBA ermitteln

Die Eigenschaft `Selected` eines Listenfeldes ist vergleichbar mit einem Array von `True`/`False`-Werten. Als Parameter geben Sie bei der Abfrage der Eigenschaft die Zeile an, die Sie abfragen möchten (beginnend mit 0). Access gibt `True` oder `False` zurück, je nachdem, ob der Eintrag gewählt ist oder nicht.

Im folgenden Code läuft die `For`-Schleife durch alle Zeilen (0 bis `ListCount - 1`). Per Fallunterscheidung wird innerhalb der Schleife für jede Zeile geprüft, ob diese gewählt ist oder nicht.

```
For lngIndex = 0 To Me.lstFarben.ListCount - 1
   If Me.lstFarben.Selected(lngIndex) Then
      'Der Eintrag ist gewaehlt
      [...]
   Else
      'Der Eintrag ist nicht gewaehlt
      [...]
   End If
Next
```

Per Programmcode können Sie nicht nur abfragen, welche Einträge gewählt sind. Ebenso können Sie die Eigenschaft `Selected` für eine Zeile auf `True` oder `False` setzen und so per VBA die Auswahl der Einträge verändern.

Das Kombinationsfeld: Textfeld und Listenfeld in einem

Listenfelder haben den großen Nachteil, dass sie viel Platz auf dem Bildschirm einnehmen. Eine kompakte Alternative ist das *Kombinationsfeld* (englisch *combo box*), das eine Kombination aus Textfeld und Listenfeld ist. In einem Formular nimmt es nur wenig mehr Platz ein als ein Textfeld. Bei Bedarf kann der Anwender das zugehörige Listenfeld aufklappen (Abbildung 6.42).

Abbildung 6.42 Das Kombinationsfeld mit ausgeklappter Dropdown-Liste

Sie können ein Kombinationsfeld neu erzeugen, indem Sie es aus der Toolbox hinzufügen. Oder Sie wandeln ein bestehendes Textfeld in ein Kombinationsfeld um:

1. Öffnen Sie das Formular *frmMitarbeiter* in der Entwurfsansicht.
2. Markieren Sie das Textfeld »txtGeschlecht«.
3. Klicken Sie im Kontextmenü auf ÄNDERN ZU • KOMBINATIONSFELD.
4. Aus dem Textfeld ist jetzt ein Kombinationsfeld geworden. Entsprechend bekommt es ein anderes LNC-Präfix: Ändern Sie daher den Namen in »cboGeschlecht«.
5. Durch den Pfeil am rechten Rand ist das Steuerelement etwas zu schmal. Verbreitern Sie das Kombinationsfeld, so dass der Inhalt gut sichtbar wird (Breite ca. 1 cm).
6. Legen Sie fest, dass in der Liste nur feste Einträge angezeigt werden sollen:

   DATEN • HERKUNFTSTYP: WERTLISTE
7. Die Liste bekommt zwei Spalten:

   FORMAT • SPALTENANZAHL: `2`
8. Tragen Sie die Listeneinträge getrennt durch Semikolon (;) ein:

   DATEN • DATENSATZHERKUNFT: `M;männlich;W;weiblich`
9. Im Textfeld sollen die Werte aus der ersten Spalte abgespeichert werden. Überprüfen Sie, ob wirklich die erste Spalte gebunden ist:

   DATEN • GEBUNDENE SPALTE: `1`
10. Legen Sie die Breite der beiden Spalten fest:

    FORMAT • SPALTENBREITEN: `0,5cm;1,8cm`
11. Wenn Sie das Kombinationsfeld in der Formularansicht aufklappen, erscheint die Liste standardmäßig genauso breit wie das Steuerelement (ca. 1 cm). Legen Sie die Listenbreite fest, damit das Ganze etwas übersichtlicher wird:

    FORMAT • LISTENBREITE: `2,3cm`
12. Und ganz wichtig am Schluss: Nur die beiden Einträge »M« und »W« sind erlaubt.
    - DATEN • NUR LISTENEINTRÄGE: JA
    - DATEN • WERTLISTENBEARBEITUNG ZULASSEN: NEIN
13. Speichern Sie das Formular unter dem Namen *frmMitarbeiter_Kombinationsfeld* ab.

Ohne viele Änderungen am Formularlayout haben wir damit eine Liste zur Auswahl eingeführt. Anwender, die lieber die Tastatur verwenden, wird diese Lösung auch sehr freuen, denn sie können die Daten unverändert wie in einem Textfeld eintippen.

Wie eingangs erwähnt, möchte ich Ihnen in diesem Abschnitt zeigen, wie Sie in einem Formular die Auswahl aus feststehenden Optionen realisieren können. Vom Listenfeld her kennen Sie bereits die Eigenschaft WERTLISTENBEARBEITUNG ZULASSEN, die es auch beim Kombinationsfeld gibt. Diese Eigenschaft sollten Sie auf NEIN setzen.

DATEN • WERTLISTENBEARBEITUNG ZULASSEN: NEIN

Abbildung 6.43 Das Kombinationsfeld lässt sich wie ein Textfeld bedienen: Sie können den gewünschten Wert direkt eintippen.

Da ein Kombinationsfeld eine Mischung aus Text- und Listenfeld ist, müssen wir uns auch um den Textfeld-Anteil kümmern! Die folgenden beiden Eigenschaften gibt es nur in einem Kombinationsfeld:

- DATEN • NUR LISTENEINTRÄGE
  Standardmäßig ist für ein Kombinationsfeld diese Eigenschaft auf NEIN gesetzt. Das Textfeld verhält sich dann völlig losgelöst von der Liste. Der Anwender kann in diesem Fall jeden beliebigen Text eintippen.

  Genau das wollen Sie üblicherweise nicht! Setzen Sie NUR LISTENEINTRÄGE auf JA, damit der Anwender wirklich nur Texte eintippen darf, die in der Liste aufgeführt sind.
- DATEN • AUTOMATISCH ERGÄNZEN
  In unserem Fall sind die Einträge nur einen Buchstaben lang: »M« oder »W«. Bei längeren Einträgen wird die Eigenschaft AUTOMATISCH ERGÄNZEN interessant: Sobald der Benutzer anfängt zu tippen, ergänzt Access den passenden Eintrag aus der Liste.

  Standardmäßig ist diese Eigenschaft auf JA gesetzt. Andernfalls muss der Anwender wirklich den gesamten Eintrag eintippen (oder auf F4 drücken und in der aufgeklappten Liste den richtigen Eintrag auswählen).

Auf falsche Einträge reagieren

Von Haus aus kann Access auf zwei Wegen falsche Einträge in einem Kombinationsfeld verhindern:

- Setzen Sie NUR LISTENEINTRÄGE auf JA, so dass Access eine Fehlermeldung anzeigt (Abbildung 6.44).
- Legen Sie eine Feldgültigkeitsregel fest. Access zeigt beim Verstoß die Feldgültigkeitsmeldung an.

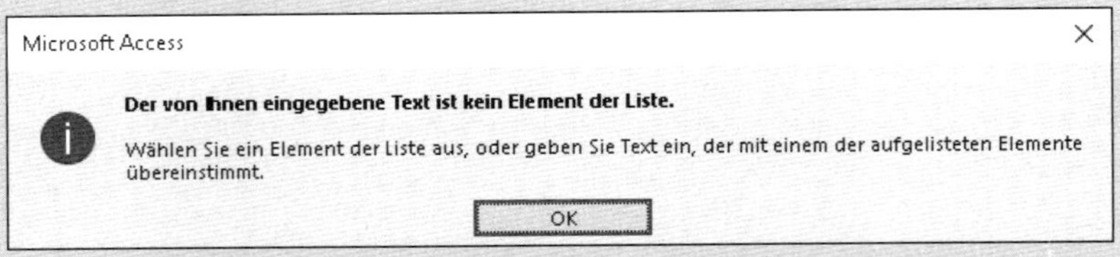

Abbildung 6.44 Standardmäßig zeigt Access diese Fehlermeldung an, wenn der Text in einem Kombinationsfeld mit keinem der Listeneinträge übereinstimmt.

Per VBA-Programmierung können Sie über das Ereignis Bei Nicht in Liste (englisch `NotInList`) in die Verarbeitung eingreifen.

```
Private Sub cboGeschlecht_NotInList(NewData As String, Response As Integer)
   'NewData enthaelt die Eingabe des Benutzers
   Debug.Print NewData

   'An dieser Stelle koennen Sie reagieren, beispielsweise eine eigene
   'Fehlermeldung ausgeben
   MsgBox "Der Wert """ & NewData & """ ist nicht erlaubt!", _
          vbExclamation + vbOKOnly

   'Mit der Variable Response steuern Sie, wie sich Access anschliessend ver-
   'halten soll.
   'acDataErrDisplay : Die standardmaessige Fehlermeldung ausgeben
   'acDataErrContinue: Keine Fehlermeldung ausgeben
   'acDataErrAdded   : Access darauf hinweisen, dass der fehlende Wert per
   '                   VBA-Code ergaenzt wurde. Access wird die List erneut
   '                   abrufen und pruefen.
   Response = acDataErrContinue
End Sub
```

Das Ereignis `NotInList` wird unabhängig davon ausgelöst, ob Nur Listeneinträge auf Ja oder Nein gesetzt ist.

Steuerelemente in einer Optionsgruppe zusammenfassen

Immer nur Listen zum Auswählen kann zu recht langweiligen Formularen führen. Geht es nicht etwas benutzerfreundlicher? Eine visuell ansprechende Alternative ist eine *Optionsgruppe* (englisch *option group*) mit mehreren *Optionsfeldern* (englisch *option button*; Abbildung 6.45). Optionsfelder sind auch unter dem englischen Namen *radio button* bekannt.

Die Optionsgruppe erscheint im Formular als Rahmen, sie kann aber viel mehr: Sie sorgt dafür, dass immer nur eines der Optionsfelder angewählt sein darf. Außerdem ist die Optionsgruppe selbst an das Feld der Datensatzquelle gebunden. Alle Optionsfelder bleiben ungebunden.

Abbildung 6.45 Nur eines der Optionsfelder innerhalb der Optionsgruppe kann ausgewählt sein.

Eine Optionsgruppe kann nur an den Felddatentyp »Zahl« gebunden werden!

Sie müssen eine wichtige Einschränkung beachten: Eine Optionsgruppe lässt sich nur an ein Feld binden, das den Felddatentyp ZAHL hat. Idealerweise ist das Feld ein ID-Feld, das Fremdschlüssel einer 1:n-Beziehung ist. Unser bisheriges Beispiel in diesem Abschnitt, das Feld »tbl-Mitarbeiter.Geschlecht« mit dem Felddatentyp KURZER TEXT, eignet sich leider nicht.

Bisher haben wir in unserem Formular das Feld »tblMitarbeiter.AbteilungID« nicht berücksichtigt. Es ist das Fremdschlüssel-Feld der 1:n-Beziehung zwischen *tblAbteilung* und *tblMitarbeiter*.

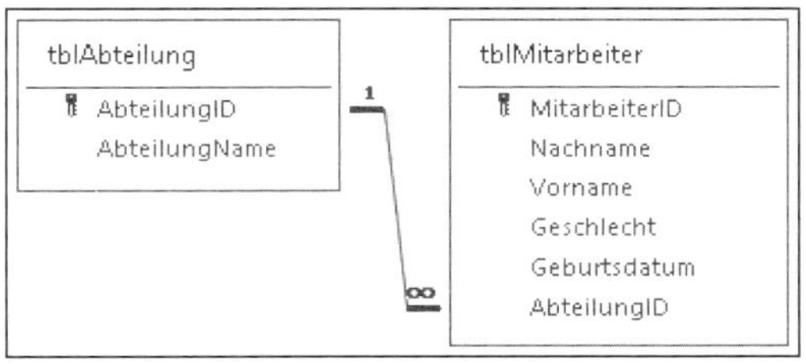

Abbildung 6.46 Zwischen der Tabelle »tblAbteilung« und »tblMitarbeiter« besteht eine 1:n-Beziehung.

In der Tabelle *tblAbteilung* sind im Moment sechs Abteilungen eingetragen:

tblAbteilung

AbteilungID	AbteilungName
1	Geschäftsführung
2	Verkauf
3	Einkauf
4	Marketing
5	R&D
6	Produktion
(Neu)	

Abbildung 6.47 Die sechs Datensätze in der Tabelle »tblAbteilung«

Normalerweise können die Abteilungen in der Tabelle nach Belieben verändert werden. Diesen Fall betrachte ich ausführlich im nächsten Abschnitt (Abschnitt 6.3.5, »Auswahl aus einer Liste«). Wir nehmen jetzt einmal an, dass die Datensätze der Tabelle *tblAbteilung* unverändert bleiben. Nur dann ist es sinnvoll, die festen Einträge als Optionsfelder darzustellen (Abbildung 6.45). Und so erreichen Sie das gewünschte Ergebnis:

1. Öffnen Sie das Formular *frmMitarbeiter* in der Entwurfsansicht.
2. Fügen Sie eine neue Optionsgruppe aus der Toolbox hinzu.
3. Benennen Sie die Optionsgruppe und die verknüpfte Bezeichnung:
   - Optionsgruppe: `grpAbteilungID`
   - Bezeichnung: `lblAbteilungID`
4. Tragen Sie für die Bezeichnung die Beschriftung »Abteilung« ein.
5. Wählen Sie in der Toolbox das Optionsfeld aus, und erstellen Sie es innerhalb der Optionsgruppe.

   Wichtig: Bewegen Sie den Mauszeiger auf die Optionsgruppe, so dass sie *schwarz erscheint* (Abbildung 6.48). Klicken Sie erst *dann* mit der linken Maustaste. Nur so wird das Optionsfeld wirklich innerhalb der Optionsgruppe erstellt!
6. Benennen Sie das neu erstellte Optionsfeld und die verknüpfte Bezeichnung um:
   - Optionsfeld: `optGeschaeftsfuehrung`
   - Bezeichnung: `lblGeschaeftsfuehrung`

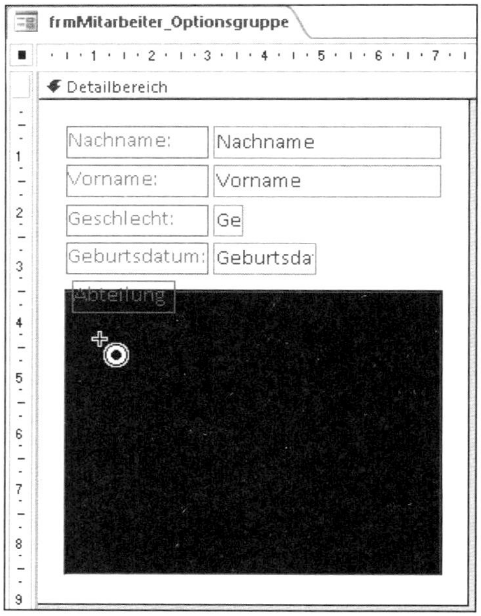

Abbildung 6.48 So fügen Sie ein Optionsfeld zu einer Optionsgruppe hinzu.

7. Tragen Sie für die Bezeichnung die Beschriftung »Geschäftsführung« ein.
8. Wiederholen Sie die Schritte 5 bis 7, um Optionsfelder für die anderen Abteilungen zu erstellen.

   Speichern Sie das Formular ab, und schalten Sie in die Formularansicht um. Die Optionsgruppe ist sichtbar, und Sie können eine Abteilung auswählen. Gleichwohl zeigt sie nicht die richtige Abteilung an, und Änderungen werden nicht übernommen. Die Ursache dafür ist ganz einfach: Unsere Optionsgruppe ist immer noch ungebunden. Also noch einmal zurück in die Entwurfsansicht.

9. Markieren Sie die Optionsgruppe »grpAbteilungID«.
10. Binden Sie die Optionsgruppe an das Feld »AbteilungID«:

    DATEN • STEUERELEMENTINHALT: `AbteilungID`

    Für jedes Optionsfeld innerhalb der Optionsgruppe muss jetzt noch der richtige Wert für »AbteilungID« eingetragen werden. Die richtige Zahl finden Sie in der Tabelle *tblAbteilung* (Abbildung 6.47).
11. Markieren Sie das Optionsfeld »optGeschaeftsfuehrung«.
12. Überprüfen Sie, dass unter DATEN • OPTIONSWERT die Zahl 1 eingetragen ist.
13. Überprüfen Sie auf die gleiche Weise, ob die IDs für alle anderen Optionsfelder richtig eingetragen sind. Mit falschen Werten gibt es ein großes Durcheinander!
14. Speichern Sie das Formular ab, und schalten Sie in die Formularansicht um.

Steuerelementinhalt und Optionswert

Visuell ist in der Formularansicht nicht erkennbar, ob ein Optionsfeld in einer Optionsgruppe enthalten ist oder nicht. Tatsächlich ist dieser Unterschied jedoch ganz wesentlich: Sobald ein Optionsfeld, Kontrollkästchen oder eine Umschaltfläche in eine Optionsgruppe gelangt, ist es *nicht mehr eigenständig*. Am einfachsten erkennen Sie das im EIGENSCHAFTENBLATT:

- DATEN • STEUERELEMENTINHALT verschwindet.
- DATEN • OPTIONSWERT kommt hinzu.

Genau genommen verfügt ein Optionsfeld vorher schon über beide Eigenschaften (unter VBA: `ControlSource` und `OptionValue`). Access blendet sie jedoch unterschiedlich ein – und berücksichtigt sie in unterschiedlicher Weise.

Verwenden Sie eine Optionsgruppe nicht für visuelle Zwecke

Eine Optionsgruppe ist viel mehr als nur ein Rahmen. Sie verfügt über die Eigenschaft STEUERELEMENTINHALT und wird üblicherweise an ein ID-Feld gebunden. Wenn Sie lediglich einen Rahmen für visuelle Zwecke benötigen, empfehle ich Ihnen das Steuerelement *Rechteck*!

Damit sind wir am Ziel angelangt (Abbildung 6.49). Über die gebundene Optionsgruppe wird die aktuell gesetzte Abteilung markiert, und Änderungen werden im Datensatz gespeichert. In den Materialien zum Buch finden Sie dieses Formular unter dem Namen *frmMitarbeiter_Optionsgruppe* in der Datenbank *06_Formulare\6.3.4_Auswahl_aus_Optionen.accdb*.

Abbildung 6.49 Die Optionsgruppe »grpAbteilungID« ist an das Fremdschlüssel-Feld »tblMitarbeiter.AbteilungID« gebunden.

Ich möchte noch einmal den wichtigen Punkt aufgreifen, dass Sie die Datensätze in der Tabelle *tblAbteilung* jetzt so gut wie gar nicht mehr verändern dürfen. Warum muss diese Voraussetzung erfüllt sein? Im Formular haben wir die Datensätze mit Optionsfeldern nachgebildet. Sowohl der Optionswert als auch die Beschriftung sind fest im Formular hinterlegt. Egal, ob eine neue Abteilung hinzukommt, ob sich die Bezeichnung einer Abteilung geändert hat oder ob eine Abteilung gelöscht wurde: Bei jeder Änderung muss das Formulardesign angepasst werden. Das ist nur praktikabel, wenn die Abteilungen sehr selten oder überhaupt nicht verändert werden.

Ein Formular sollte nicht langweilig sein – aber es muss intuitiv bedienbar bleiben!

Eine Optionsgruppe ist, wie ich finde, eine ansprechende Form zur Auswahl aus Optionen. Anstelle von Optionsfeldern können Sie auch Umschaltflächen einsetzen. Diese unterstützen Designs (FORMAT • DESIGN VERWENDEN), wodurch Sie maximale Freiheiten bei der Gestaltung bekommen.

Andererseits sollten Sie immer darauf achten, dass ein Formular möglichst intuitiv bedienbar ist. Beispielsweise unterstützt Access auch Kontrollkästchen innerhalb von Optionsgruppen.

Für den Anwender wäre das irreführend, denn mit einem Kontrollkästchen verbinden Benutzer intuitiv eine Ja/Nein-Entscheidung. Nicht alles, was technisch möglich ist, fördert die Benutzerfreundlichkeit.

Und nicht zu vergessen: Benutzerfreundlichkeit ist immer auch eine Frage des Budgets. Egal, ob es ihr persönliches Zeitbudget ist oder ob es ein finanzielles Budget gibt, eine schöne Benutzeroberfläche (gerade auch im Hinblick auf »Features« oder »nice to have«) wird immer mit Aufwand verbunden sein!

6.3.5 Auswahl aus einer Liste

Ging es im letzten Abschnitt um die Auswahl aus festen Werten, so möchte ich jetzt auf den allgemeineren Fall eingehen: Wieder soll der Benutzer aus einer Liste von Optionen wählen können. Diesmal sind die Einträge in der Liste aber nicht fest, sondern veränderbar. In einer Datenbank ist dieses Szenario allgegenwärtig: Es ist die 1:n-Beziehung, die wir jetzt in Formularen abbilden werden.

Ein Listenfeld oder Kombinationsfeld mit Daten aus einer Tabelle oder Abfrage

Am besten sehen wir uns ein Beispiel dafür an, wie in Access eine 1:n-Beziehung in Formulare umgesetzt wird. Zwischen der Tabelle *tblAbteilung* und *tblMitarbeiter* besteht eine 1:n-Beziehung. *tblAbteilung* ist die Haupttabelle, *tblMitarbeiter* die Detailtabelle mit dem Fremdschlüssel »tblMitarbeiter.AbteilungID«. Wie können die Formulare aussehen, mit denen ein Benutzer beide Tabellen bearbeiten kann?

Für die Haupttabelle ist die Angelegenheit fast trivial: ein einfaches Formular *frmAbteilung* mit einem Textfeld, in dem der Name der Abteilung steht (Abbildung 6.50, Bereich links). Ein eigenes Steuerelement für den Primärschlüssel muss im Formular nicht erscheinen.

Mit dem zweiten Formular *frmMitarbeiter* kann der Benutzer die Mitarbeiterdaten in der Detailtabelle verändern (Abbildung 6.50, Bereich rechts). Wir können das Formular aus Abschnitt 6.3.4, »Auswahl aus verschiedenen Optionen«, erweitern, das bereits die folgenden Steuerelemente enthält:

1. ein Textfeld für den Vornamen
2. ein Textfeld für den Nachnamen
3. ein Listenfeld für das Geschlecht (»M« oder »W«)
4. ein Textfeld für das Geburtsdatum

Sie finden das Formular in den Materialien zum Buch in der Datenbank *06_Formulare\6.3.5_Auswahl_aus_Listen.accdb* unter dem Namen *frmMitarbeiter* (Abbildung 6.51).

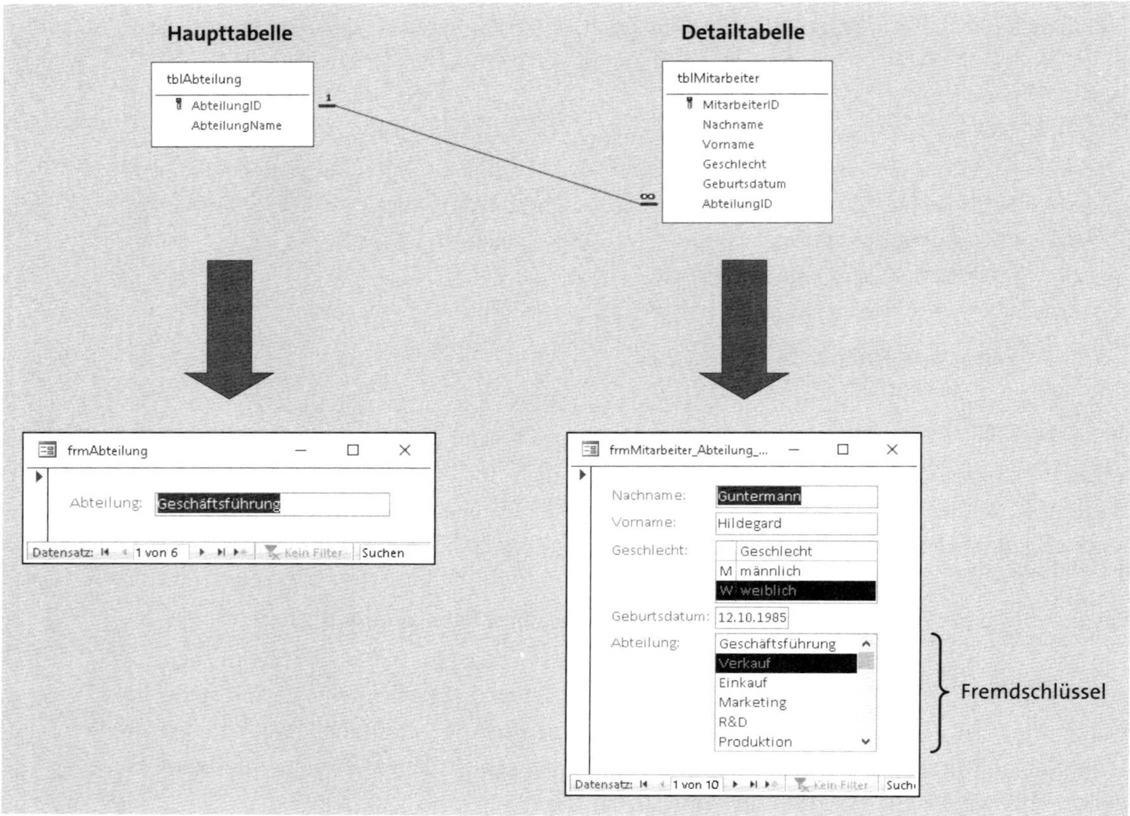

Abbildung 6.50 So lässt sich eine 1:n-Beziehung in Access-Formularen umsetzen. Auf der n-Seite repräsentiert entweder ein Listenfeld oder ein Kombinationsfeld den Fremdschlüssel.

Abbildung 6.51 So sieht das Formular »frmMitarbeiter« im Moment aus: Es gibt noch kein Steuerelement für das Fremdschlüssel-Feld »AbteilungID«.

Was fehlt ist das Steuerelement für den Fremdschlüssel »tblMitarbeiter.AbteilungID«. In einer der sechs Abteilungen soll der Mitarbeiter tätig sein. Insofern haben wir es wieder mit einer Auswahl aus verschiedenen Optionen zu tun. In einem Formular kommt dafür entweder ein Listenfeld oder ein Kombinationsfeld in Betracht. Es gibt nur einen wichtigen Unterschied zu Abschnitt 6.3.4, »Auswahl aus verschiedenen Optionen«: Die Abteilungen werden nicht fest eingetragen; ihre Anzahl und die Bezeichnungen können sich jederzeit ändern. Erstellen Sie daher für den Fremdschlüssel ein Listenfeld, das sich die einzelnen Einträge aus der Tabelle *tblAbteilung* holt:

1. Öffnen Sie dazu das Formular *frmMitarbeiter* in der Entwurfsansicht.
2. Fügen Sie ein neues Listenfeld aus der Toolbox hinzu.
3. Markieren Sie die verknüpfte Bezeichnung, und verändern Sie ihren Namen und ihre Beschriftung:

   NAME: `lblAbteilungID`

   BESCHRIFTUNG: `Abteilung:`
4. Markieren Sie das Listenfeld, und benennen Sie es um in

   `lstAbteilungID`
5. Binden Sie das Listenfeld an das Fremdschlüssel-Feld »AbteilungID«:

   DATEN • STEUERELEMENTINHALT: `AbteilungID`
6. Legen Sie fest, dass im Listenfeld die Datensätze einer anderen Tabelle angezeigt werden sollen:

   DATEN • HERKUNFTSTYP: TABELLE/ABFRAGE
7. Die Datensätze aus der Haupttabelle sollen als Listeneinträge angezeigt werden:

   DATEN • DATENSATZHERKUNFT: `tblAbteilung`
8. Bekanntlich hat die Tabelle *tblAbteilung* zwei Felder. Geben Sie dem Listenfeld zwei Spalten:
   - FORMAT • SPALTENANZAHL: `2`
   - FORMAT • SPALTENBREITEN: `0,5cm;1,8cm`
9. Speichern Sie das Formular unter dem Namen *frmMitarbeiter_Abteilung* ab.

Im Listenfeld ist immer diejenige Abteilung markiert, in der der Mitarbeiter gerade tätig ist (Abbildung 6.52). Klicken Sie eine andere Abteilung an, um den Mitarbeiter zu versetzen.

Wie bereits mehrfach erwähnt, ist die Liste der Abteilungen nicht fest. Öffnen Sie einmal das Formular *frmAbteilung*, und fügen Sie eine neue Abteilung hinzu. Die neue Abteilung erscheint im Listenfeld, ohne dass Änderungen am Design von Formular *frmMitarbeiter_Abteilung* notwendig wären!

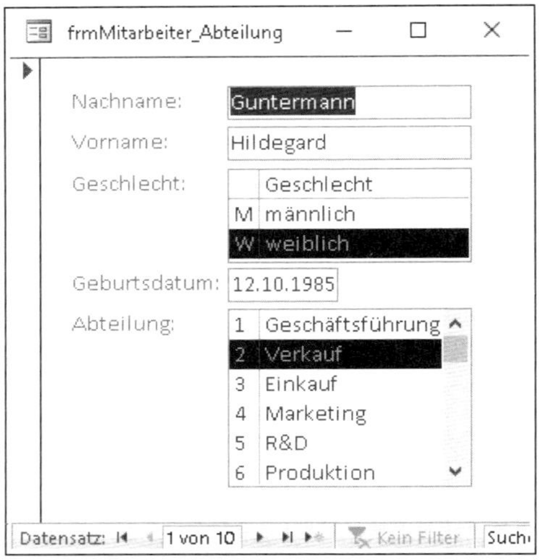

Abbildung 6.52 Über ein Listenfeld kann der Benutzer die gewünschte Abteilung auswählen. In der ersten Spalte erscheint die ID des Fremdschlüssels.

Das Fremdschlüssel-Feld ausblenden

Eigentlich sind die Schlüsselfelder eine rein interne Angelegenheit. Über die IDs werden die Datensätze aus Haupt- und Detailtabelle miteinander verknüpft. Der Anwender braucht die IDs gar nicht zu sehen.

- Für den Primärschlüssel benötigen Sie in vielen Fällen überhaupt kein Steuerelement. Falls Sie per Programmierung doch auf den Primärschlüssel zugreifen wollen, hilft ein unsichtbares Textfeld weiter.
- Der Fremdschlüssel erscheint im Listenfeld in der ersten Spalte. Ich empfehle Ihnen, die erste Spalte auszublenden.

Um eine Spalte auszublenden, setzen Sie die Breite auf 0 cm:

1. Öffnen Sie das Formular *frmMitarbeiter_Abteilung* in der Entwurfsansicht.
2. Markieren Sie das Listenfeld »lstAbteilungID«.
3. Setzen Sie die Breite der ersten Spalte auf 0 cm:

   FORMAT • SPALTENBREITEN: `0cm;`

   Wenn gewünscht, tragen Sie hinter dem Semikolon die anderen Spaltenbreiten ein.

Das Formular in dieser Form finden Sie unter dem Namen *frmMitarbeiter_Abteilung_FK_ausgeblendet* in der Beispieldatenbank in den Materialien zum Buch. Ich habe noch ein paar weitere Beispiele mit ausgeblendeten Spalten abgelegt: zum einen in *frmMitarbeiter_Listenfeld_eine_Spalte* das Listenfeld »lstGeschlecht« ohne die Buchstaben M und W, zum anderen das Formular für die Mitarbeiterdaten, *frmMitarbeiter_Abteilung_Kombinationsfeld* – das gleiche Beispiel wie eben, nur diesmal mit einem Kombinationsfeld.

Für ein Kombinationsfeld ist es recht wichtig, die ID-Spalte auszublenden. Ansonsten erscheint im zugeklappten Kombinationsfeld nur eine Zahl. Für den Benutzer ist beispielsweise der Abteilungsname viel aussagekräftiger (Abbildung 6.53).

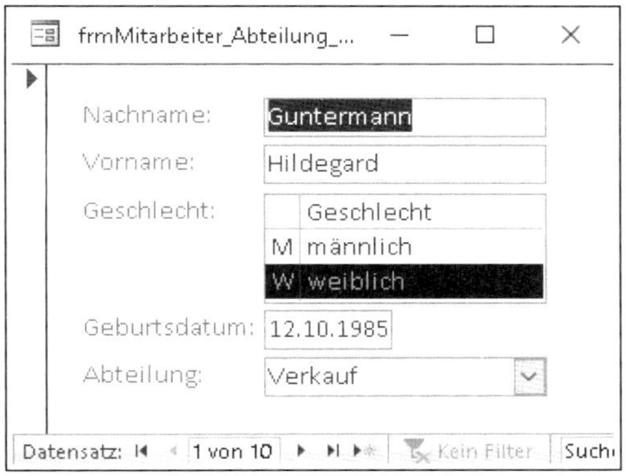

Abbildung 6.53 Hier ist der Fremdschlüssel »AbteilungID« als Kombinationsfeld umgesetzt. Die erste Spalte mit der ID des Fremdschlüssels ist ausgeblendet (Breite: 0 cm).

Listeneinträge bearbeiten

Bisher habe ich Ihnen die n-Seite der 1:n-Beziehung gezeigt: Das Formular mit den Mitarbeiterdaten, in dem der Benutzer eine Abteilung auswählen kann. Wie eingangs erwähnt, ist die 1-Seite ein einfaches Formular mit nur einem Steuerelement (Abbildung 6.50, Bereich links). Ich möchte aber noch ein paar Worte darüber verlieren, wie die beiden Formulare zusammenspielen.

Was passiert, wenn sich etwas an den Abteilungen ändert? Klar, die neuen Abteilungen erscheinen früher oder später im Listenfeld. Aber interessant ist auch der zeitliche Ablauf. Eine Datenbank wie Access hat Multi-User-Funktionalität. Folglich können Änderungen an den Abteilungen in dem Moment auftreten, in dem Sie das Formular der n-Seite *frmMitarbeiter_Abteilung* geöffnet haben.

Mir fallen dazu zwei Szenarien ein:

- Sie haben die Formulare *frmMitarbeiter_Abteilung* und *frmAbteilung* gleichzeitig geöffnet und ändern im letzteren die Abteilungsdaten.
- Ein anderer Benutzer hat die gleiche Datenbank geöffnet und ändert einen Datensatz in der Tabelle *tblAbteilung*.

Auf welchen Weg auch immer Datensätze in der Haupttabelle *tblAbteilung* geändert wurden: Sie werden irgendwann im Listenfeld erscheinen. In den meisten Fällen bekommt Access die Änderungen mit und aktualisiert das Listenfeld. Außerdem haben Sie die Möglichkeit, das Listenfeld manuell auf den neusten Stand zu bringen: Klicken Sie dazu auf START • DATENSÄTZE • AKTUALISIEREN (oder F9), damit Access wirklich die aktuellen Abteilungen aus der Datenbank holt.

Das Bearbeitungsformular festlegen

Seit Access 2007 können Sie in einem Listenfeld oder Kombinationsfeld das Bearbeitungsformular für Listeneinträge einstellen.

DATEN • BEARBEITUNGSFORMULAR FÜR LISTENELEMENTE: `frmAbteilung`

Über ein Symbol in der Formularansicht (Abbildung 6.54) oder im Kontextmenü unter LISTENELEMENTE BEARBEITEN ... können Sie nun bequem das Formular *frmAbteilung* öffnen. Der Benutzer erfährt dadurch sofort, welches Formular zum Bearbeiten der Haupttabelle vorgesehen ist. Sie finden ein Beispiel zu diesem Thema in der Beispieldatenbank unter dem Namen *frmMitarbeiter_Bearbeitungsformular*.

Abbildung 6.54 Über das Symbol »Listenelemente bearbeiten« können Sie das Formular für die Haupttabelle aufrufen.

So lässt sich eine m:n-Beziehung in einem Formular abbilden

Ich habe Ihnen gezeigt, wie Sie eine 1:n-Beziehungen in einem Access-Formular entweder als Listenfeld oder als Kombinationsfeld abbilden. Schauen wir uns abschließend an, wie eine m:n-Beziehung auf ein Formular übertragen wird.

In der Beispieldatenbank gibt es die m:n-Beziehung der Flugbuchungen. Zur Erinnerung: In einer relationalen Datenbank muss jede m:n-Beziehung in zwei 1:n-Beziehungen aufgelöst werden. Zwischen den beiden Haupttabellen *tblMitarbeiter* und *tblFlug* hängt die gemeinsame Detailtabelle *tblFlugbuchung*, die zwei Fremdschlüssel hat.

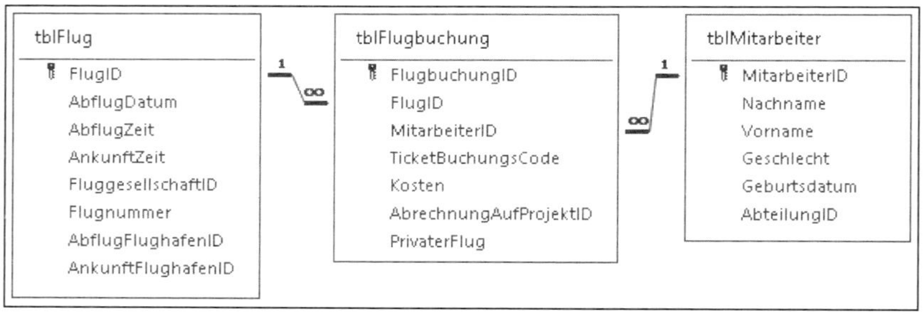

Abbildung 6.55 Zwischen den Tabellen »tblFlug« und »tblMitarbeiter« besteht eine m:n-Beziehung, die in zwei 1:n-Beziehungen mit gemeinsamer Detailtabelle »tblFlugbuchung« aufgelöst wurde.

Zwei Ansätze eignen sich dazu, die gemeinsame Detailtabelle mit einem Access-Formular zu bearbeiten:

1. **Ein Formular mit zwei Listen- bzw. Kombinationsfeldern**
   Hierzu muss ich nicht viel erwähnen. Für beide Fremdschlüssel-Felder erstellen Sie je ein Listenfeld oder Kombinationsfeld. Ein Beispiel dazu finden Sie in den Materialien zum Buch in der Datenbank *06_Formulare\6.3.5_m_n_Beziehung.accdb*.

Abbildung 6.56 Ein Formular für die gemeinsame Detailtabelle.
Zwei Kombinationsfelder repräsentieren die beiden Fremdschlüssel-Felder.

2. **Das Formular der Haupttabelle mit einem verknüpften Unterformular für die Detailtabelle**
   Dieser Ansatz ist für den Anwender vorteilhafter, setzt aber beim Entwickler Kenntnisse von Unterformularen voraus (Abschnitt 6.6.2, »Unterformulare«). Ich möchte an dieser Stelle nicht vorgreifen, sondern Ihnen in Abbildung 6.57 nur einen Eindruck vom Ergebnis vermitteln. Ausführlich werde ich in Abschnitt 6.8.1, »Workshop: Formulare und Unterformulare im Zusammenspiel«, zeigen, wie Sie dieses Ziel erreichen können.

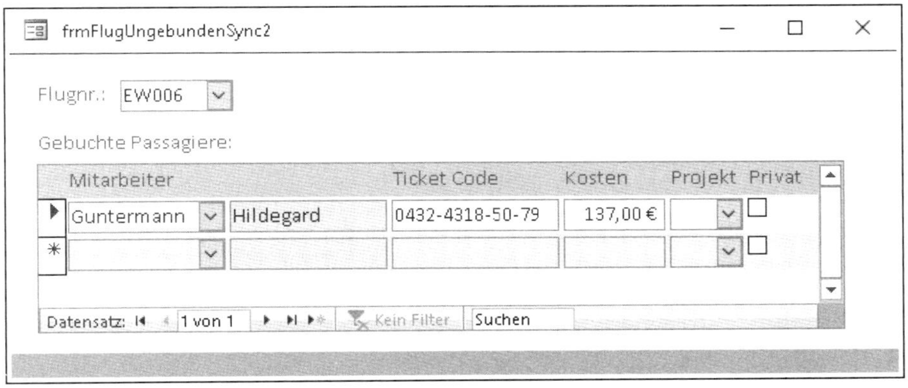

Abbildung 6.57 Der Fremdschlüssel »FlugID« findet sich im Hauptformular wieder.
Der zweite Fremdschlüssel »MitarbeiterID« wird durch ein Kombinationsfeld im Unterformular repräsentiert.

6.3.6 Grafik-Steuerelemente

Historisch gesehen zeigen Datenbanksysteme vor allem Text und Zahlen an. Aber Access kann noch mehr: Mit Hilfe von Grafiken und Bildern können Sie ein Formular aufwerten.

Linien und Rechtecke

Die einfachsten grafischen Steuerelemente in Access sind die *Linie* (englisch *line*) und das *Rechteck* (englisch *rectangle*). Verwenden Sie diese beiden Steuerelemente, wenn Sie Ihr Formular unterteilen möchten. Eine beliebte Herangehensweise ist, logische Bereiche durch waagerechte Linien zu unterteilen.

Abbildung 6.58 Ein Formular mit mehreren logischen Bereichen, die durch Linien getrennt sind

Wenn ein Formular sehr viele und unterschiedliche Informationen darstellen soll, können Sie mit Rechtecken getrennte Teilbereiche bewirken. Missbrauchen Sie dazu bitte nicht eine Optionsgruppe, sondern verwenden Sie die Steuerelemente Rechteck und Bezeichnung.

Beide Steuerelemente können Sie nach Belieben gestalten (entweder über das Menüband unter FORMAT • STEUERELEMENTFORMATIERUNG • FORMKONTUR oder über die Eigenschaften FORMAT • RAHMENFARBE, FORMAT • RAHMENART und FORMAT • RAHMENBREITE). Probieren Sie es am besten einfach einmal aus! Die beiden gezeigten Formulare finden Sie in den Materialien zum Buch unter *06_Formulare\6.3.6_Linie_Rechteck.accdb*.

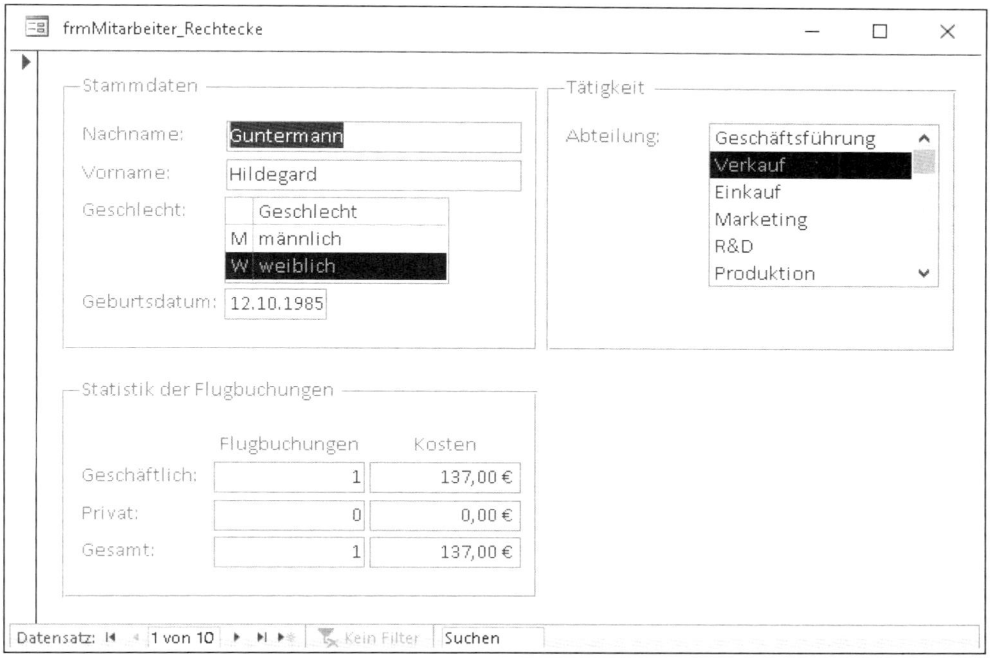

Abbildung 6.59 Hier sind die logischen Bereiche von Rechtecken eingerahmt.

Das Steuerelement Kreis/Ellipse gibt es nicht!

Obwohl in Access mittlerweile die meisten Kinderkrankheiten behoben sind, fehlt immer noch ein grafisches Steuerelement: der Kreis bzw. die Ellipse. Als einziger Ausweg bleibt, die Ellipse in einem Grafikprogramm zu zeichnen und das fertige Bild mit der Ellipse einzufügen.

Direkt auf das Formular zeichnen ist ebenfalls nicht möglich!

Nun könnte man auf die Idee kommen, die Ellipse oder eine beliebige andere Grafik per Programmcode Pixel für Pixel zu zeichnen. Das geht leider auch nicht. Im Gegensatz zu anderen Programmierumgebungen (.NET, Java usw.) arbeitet Access in Formularen nur mit Steuerelementen! Für pixelweise Grafikausgaben ist Access nicht die richtige Plattform.

Trotzdem lassen sich mit den Steuerelementen Linie und Rechteck schon eine ganze Reihe von Lösungen mit Access realisieren – und das mit sehr geringem Aufwand. Ein sehr wichtiger Anwendungsfall sind Linien, mit denen eine Tabelle nachgebildet wird. Exakter müsste ich sagen, es *war* ein wichtiger Anwendungsfall, denn mittlerweile geht das über Layouts viel einfacher (mehr dazu in Abschnitt 6.4.6, »Abstand und Gitternetzlinien«).

Ein Bild in einem Formular darstellen

Neben Linien und Rechtecken kann Access Bilder in einem Formular darstellen. Dafür kommen prinzipiell drei Steuerelemente in Frage:

1. *Bild* (englisch *image*)
2. *Ungebundenes Objektfeld* (englisch *unbound object frame*)
3. *Gebundenes Objektfeld* (englisch *bound object frame*)

Sie unterscheiden sich zunächst einmal vom Aussehen her in der Formularansicht. Sehen Sie sich dazu bitte Abbildung 6.60 an.

- **Steuerelement Bild**: Alles sieht super aus, sowohl in der Entwurfsansicht als auch in der Formularansicht.
- **Steuerelemente Ungebundenes und Gebundenes Objektfeld**: Nur Bitmap-Dateien werden als Bild angezeigt. Bei allen anderen Bildformaten erscheint ein Icon zum Doppelklicken. Als kleiner Trost können Sie auch andere Dateien (Word, Excel, PDF usw.) in einem Objektfeld speichern.

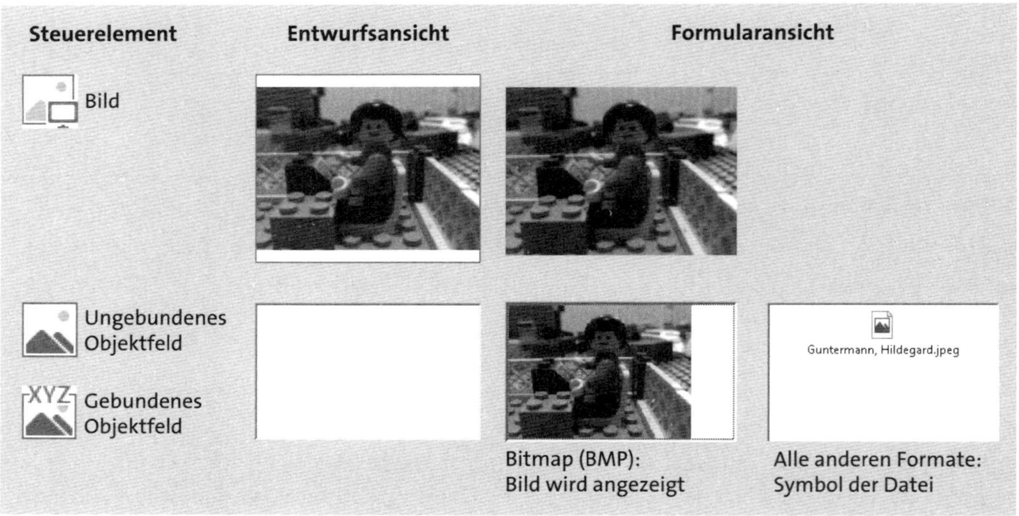

Abbildung 6.60 So sehen die Steuerelemente Bild, Ungebundenes Objektfeld und Gebundenes Objektfeld in der Entwurfs- und in der Formularansicht aus.

Vielleicht fragen Sie sich an dieser Stelle: Wenn das Steuerelement Bild super ist, wozu brauche ich dann das Ungebundene oder das Gebundene Objektfeld? Dazu müssen wir einen zweiten Punkt berücksichtigen: Nämlich den *Speicherort*, der je nach Steuerelement und Eigenschaften unterschiedlich ist (Abbildung 6.61).

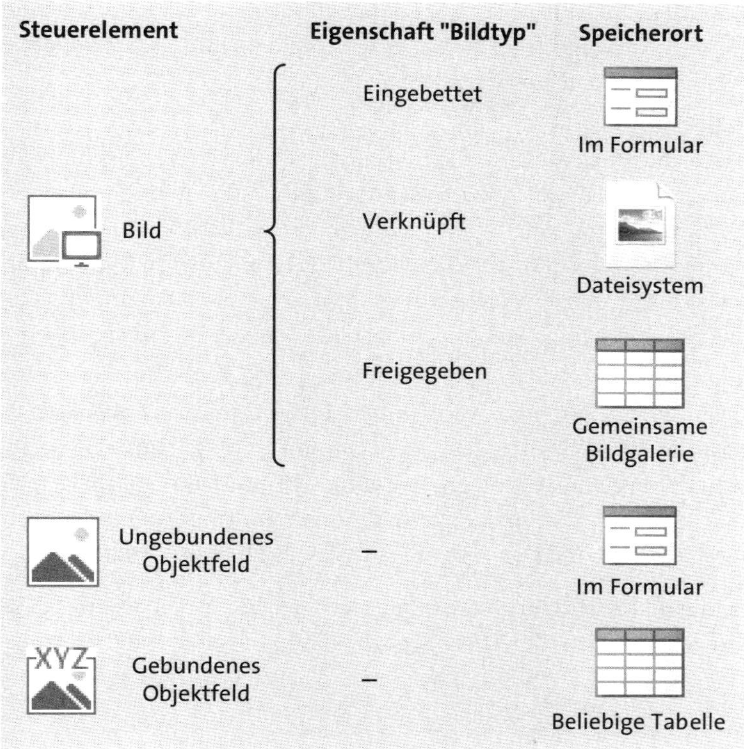

Abbildung 6.61 Vom Steuerelement und der Eigenschaft »Bildtyp« ist abhängig, an welcher Stelle die Bilddaten gespeichert werden.

Beim Thema Bilder auf dem Computer wird jeder als Erstes an Dateien auf der Festplatte denken. Dafür kommen unterschiedliche Dateiformate in Frage (Bitmap, JPEG, PNG usw.). Access unterstützt sowohl Bilder auf dem Dateisystem als auch Bilder, die innerhalb der Datenbankdatei abgelegt sind:

1. **Verknüpftes Bild**
   Über das Steuerelement Bild können Sie Bilddateien auf dem Dateisystem anzeigen lassen. In diesem Fall muss die Eigenschaft BILDTYP auf VERKNÜPFT gesetzt sein. Access speichert dann nur den Pfad und den Namen der Bilddatei im Formular ab. Damit das Bild im Formular angezeigt werden kann, wird die Datei weiterhin auf der Festplatte benötigt.
2. **Eingebettetes Bild**
   Bei einem eingebetteten Bild werden die Bildinformationen wirklich im Formular gespeichert. Anschließend können Sie die ursprüngliche Bilddatei auf der Festplatte gerne verschieben oder löschen, denn das eingebettete Bild ist losgelöst und wird trotzdem ange-

zeigt. Ein eingebettetes Bild lässt sich entweder über das Steuerelement Bild oder über ein Ungebundenes Objektfeld realisieren. Vergessen Sie bitte nicht, dass Ihre Datenbankdatei je nach Größe der Bilder entsprechend anwächst!

3. **Bilddaten in einer Tabelle**
   In einigen Fällen wäre es richtig schön, wenn die Bildinformationen im Datensatz einer Tabelle gespeichert werden, beispielsweise die Fotos der Mitarbeiter in einem eigenen Feld der Tabelle *tblMitarbeiter*. Datenbankfreunde werden gerade diese Variante lieben, denn die Bilddaten stehen genau dort, wo sie hingehören: bei den anderen Mitarbeiterdaten in der Datenbank. Eigens für solche Fälle gibt es in Access den Felddatentyp OLE-OBJEKT und im Formular das zugehörige Steuerelement *Gebundenes Objektfeld*.
4. **Bilder in der gemeinsamen Bildgalerie**
   In der vierten Variante werden die Bilder ebenfalls innerhalb der Datenbank abgelegt, allerdings in der Systemtabelle *MSysResources*. Die Idee dahinter ist, dass häufig benutzte Bilder wie Logos nicht in jedem Formular, sondern nur einmal in der Datenbank abgespeichert werden. Um im Formular ein Bild aus der gemeinsamen Bildgalerie zu holen, verwenden Sie das Steuerelement Bild und setzen die Eigenschaft BILDTYP auf FREIGEBEN.

Welches Steuerelement für ein Bild am besten passt, hängt also auch vom Speicherort ab. Für Bilddaten, die in einer Benutzertabelle abgespeichert sind, bleibt nur das Gebundene Objektfeld.

Best Practice für Bilder in Formularen

Verwenden Sie je nach Speicherort das passende Steuerelement:

- eingebettete Bilder = Steuerelement Bild
- Bilddaten auf dem Dateisystem = Steuerelement Bild
- Bilddaten in einer Tabelle = Steuerelement Gebundenes Objektfeld

Im Folgenden stelle ich Ihnen zunächst das Steuerelement *Bild* mit den unterschiedlichen Einstellungen für den BILDTYP vor. Zusätzlich werde ich Ihnen weitere Eigenschaften dieses Steuerelements zeigen. Anschließend werde ich auf das Gebundene und schließlich auf das Ungebundene Objektfeld eingehen.

Das Steuerelement Bild

Als Erstes verschönern wir unser Formular mit einem Logo.

1. Öffnen Sie die Datenbank *06_Formulare\6.3.6_Steuerelement_Bild.accdb*.
2. Öffnen Sie das Formular *frmMitarbeiter* in der Entwurfsansicht.
3. Ziehen Sie ein neues Steuerelement Bild aus der Toolbox in das Formular. Access zeigt daraufhin den Dialog GRAFIK EINFÜGEN an.

Vorsicht Falle: Bild einfügen

Wählen Sie das Steuerelement Bild aus der Toolbox aus. Nicht jedoch die Schaltfläche ENTWURF • STEUERELEMENTE • BILD EINFÜGEN!

4. Wählen Sie die Datei *06_Formulare\6.3.6_Logo_mit_Hintergrund.png* aus.
5. Wie jedem anderen Steuerelement sollten Sie dem Bild einen aussagekräftigen Namen geben (beispielsweise »imgLogo«).

Unter dem Namen *frmMitarbeiter_Bild_ungebunden* finden Sie das fertige Formular mit Logo.

Abbildung 6.62 Ein eingebettetes Bild als Logo in einem Formular

Werfen Sie bitte einmal einen Blick in das EIGENSCHAFTENBLATT des Bildes. Die Eigenschaft BILDTYP steht auf EINGEBETTET. Standardmäßig erstellt Access also ein eingebettetes Bild. In der Eigenschaft BILD steht noch der Dateiname *6.3.6_Logo_mit_Hintergrund.png*, allerdings ohne Pfad. Das ist eher als Erinnerung gedacht, denn Access benötigt die Bilddatei auf dem Dateisystem nicht mehr. Über die Eigenschaft BILD können Sie bei Bedarf eine andere Bilddatei auswählen.

Wie ich bereits erwähnt habe, geht es auch anders, nämlich über ein verknüpftes Bild. So ändern Sie ein eingebettetes Bild in ein verknüpftes Bild:

1. Öffnen Sie das Formular *frmMitarbeiter_Bild_ungebunden* in der Entwurfsansicht.
2. Markieren Sie das Steuerelement »imgLogo«.
3. Ändern Sie die Eigenschaft BILDTYP in VERKNÜPFT.

4. Access zeigt eine Warnmeldung an, dass das eingebettete Bild verlorengeht. Bestätigen Sie die Meldung mit Ja. Gelöscht wird nur das eingebettete Bild; die entsprechende Bilddatei auf dem Dateisystem geht nicht verloren!
5. Wählen Sie in der Eigenschaft Bild eine Bilddatei aus, beispielsweise *06_Formulare\6.3.6_Logo_mit_Hintergrund.png*.

Vom Aussehen her gibt es keinen Unterschied zum eingebetteten Bild. Allerdings steht jetzt in der Eigenschaft Bild der absolute Pfad mit Dateinamen. Bei mir lautet der vollständige Dateipfad *D:\06_Formulare\6.3.6_Logo_mit_Hintergrund.png*. Je nachdem, wo Sie die Dateien zum Buch auf Ihrem Computer abgelegt haben, kann der Pfad bei Ihnen anders sein. Eines ist aber wichtig: Bei einem verknüpften Bild benötigt Access die Bilddatei fortwährend. Falls Sie irgendwann die Bilddatei verschieben möchten, müssen Sie die Eigenschaft Bild anpassen.

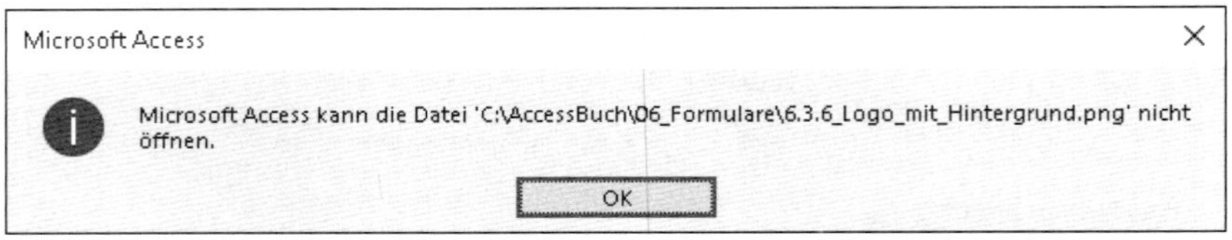

Abbildung 6.63 Das klappt nicht: Ich habe die Bilddatei eines verknüpften Bildes gelöscht.

In der Formularansicht sieht das Logo für jeden Datensatz gleich aus, und der Benutzer kann es nicht verändern. Insofern gleicht das Steuerelement Bild einer Beschriftung; nur wird diesmal kein Text, sondern ein Bild angezeigt. Dies ist die ungebundene Variante des Steuerelements Bild.

Ein gebundenes Bild: Pfad und Dateiname aus einem Textfeld

Neben der ungebundenen Variante gibt es auch die gebundene Variante, bei der das Steuerelement Bild an ein Tabellenfeld gebunden ist. Access zeigt dann für jeden Datensatz ein anderes Bild an.

Für diesen Zweck benötigen wir in unserer Datenbank zunächst ein Feld, an das unser Bild gebunden werden soll. Der Felddatentyp muss Kurzer Text oder Langer Text sein und enthält den Pfad und Dateinamen der Bilddatei. Ich habe in der Tabelle *tblMitarbeiter* zwei Felder ergänzt:

1. **FotoPfadDateiname**
   Hier ist für jeden Mitarbeiter der *absolute Dateipfad* zum Foto hinterlegt. Wie bereits erwähnt, kann der vollständige Pfad auf Ihrem Computer ein anderer sein. Bitte verändern Sie die Einträge so, dass die Pfadangaben auf Ihrem Computer stimmen.
2. **FotoDateiname**
   In diesem Feld habe ich nur den Dateinamen eingetragen. Ich werde Ihnen später zeigen, wie Sie mit *relativen Dateipfaden* arbeiten können.

Die beiden Felder aus der Tabelle *tblMitarbeiter* sehen so aus wie in Abbildung 6.64:

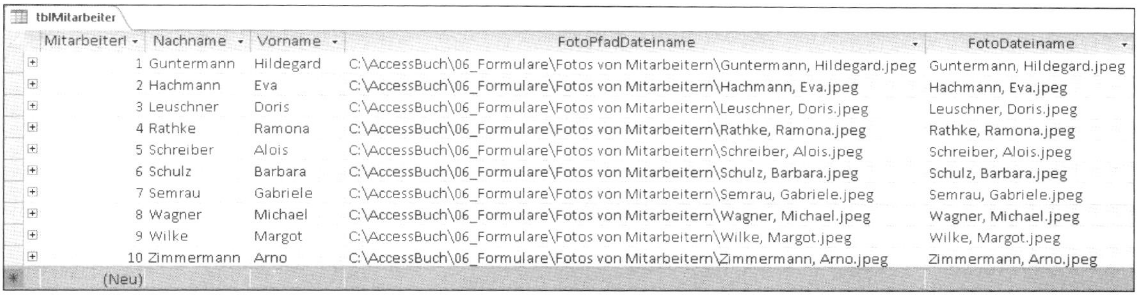

tblMitarbeiter

Mitarbeiterl	Nachname	Vorname	FotoPfadDateiname	FotoDateiname
1	Guntermann	Hildegard	C:\AccessBuch\06_Formulare\Fotos von Mitarbeitern\Guntermann, Hildegard.jpeg	Guntermann, Hildegard.jpeg
2	Hachmann	Eva	C:\AccessBuch\06_Formulare\Fotos von Mitarbeitern\Hachmann, Eva.jpeg	Hachmann, Eva.jpeg
3	Leuschner	Doris	C:\AccessBuch\06_Formulare\Fotos von Mitarbeitern\Leuschner, Doris.jpeg	Leuschner, Doris.jpeg
4	Rathke	Ramona	C:\AccessBuch\06_Formulare\Fotos von Mitarbeitern\Rathke, Ramona.jpeg	Rathke, Ramona.jpeg
5	Schreiber	Alois	C:\AccessBuch\06_Formulare\Fotos von Mitarbeitern\Schreiber, Alois.jpeg	Schreiber, Alois.jpeg
6	Schulz	Barbara	C:\AccessBuch\06_Formulare\Fotos von Mitarbeitern\Schulz, Barbara.jpeg	Schulz, Barbara.jpeg
7	Semrau	Gabriele	C:\AccessBuch\06_Formulare\Fotos von Mitarbeitern\Semrau, Gabriele.jpeg	Semrau, Gabriele.jpeg
8	Wagner	Michael	C:\AccessBuch\06_Formulare\Fotos von Mitarbeitern\Wagner, Michael.jpeg	Wagner, Michael.jpeg
9	Wilke	Margot	C:\AccessBuch\06_Formulare\Fotos von Mitarbeitern\Wilke, Margot.jpeg	Wilke, Margot.jpeg
10	Zimmermann	Arno	C:\AccessBuch\06_Formulare\Fotos von Mitarbeitern\Zimmermann, Arno.jpeg	Zimmermann, Arno.jpeg
(Neu)				

Abbildung 6.64 Die Tabelle »tblMitarbeiter« mit den beiden Feldern für das Foto

Als Nächstes erstellen wir das gebundene Steuerelement Bild:

1. Öffnen Sie die Datenbank *06_Formulare\6.3.6_Steuerelement_Bild.accdb*.
2. Öffnen Sie das Formular *frmMitarbeiter* in der Entwurfsansicht.
3. Ziehen Sie ein neues Steuerelement Bild aus der Toolbox in das Formular. Access zeigt daraufhin den Dialog GRAFIK EINFÜGEN an.
4. Klicken Sie im Dialog GRAFIK EINFÜGEN auf ABBRECHEN.
5. Geben Sie dem neuen Steuerelements einen aussagekräftigen Namen:

   `imgFotoPfadDateiname`

6. Wie bei anderen Steuerelementen wird auch ein Bild über die Eigenschaft STEUERELEMENTINHALT an ein Tabellenfeld gebunden. Tragen Sie für diese Eigenschaft folgenden Feldnamen ein:

   `FotoPfadDateiname`

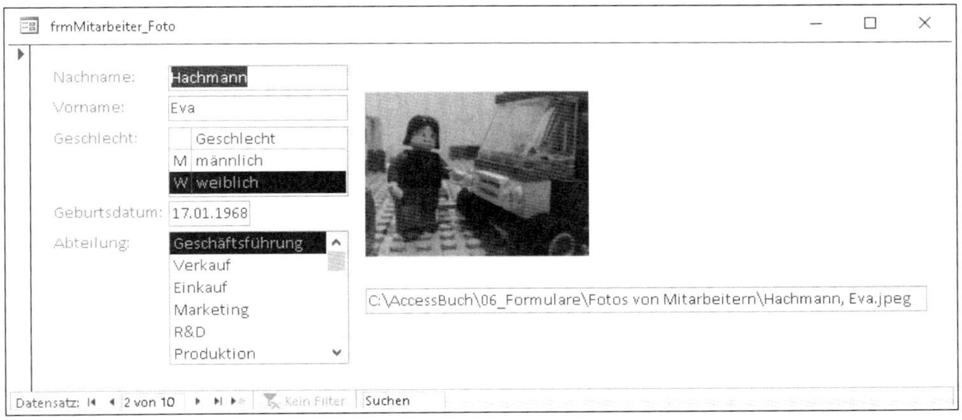

Abbildung 6.65 In diesem Formular sind das Steuerelement »Bild« und das Textfeld darunter an das gleiche Feld, »FotoPfadDateiname«, gebunden. Die Bilddatei muss auf dem Dateisystem vorhanden sein, damit das Bild richtig angezeigt wird.

In der Formularansicht sehen Sie, wie Access für jeden unserer Mitarbeiter das richtige Foto anzeigt:

1. Für den aktuellen Datensatz holt Access den Pfad und den Dateinamen aus dem Feld »FotoPfadDateiname«.
2. Gibt es unter dem Pfad die Bilddatei auf dem Dateisystem? Wenn ja, wird es angezeigt.
3. Falls die Bilddatei auf dem Dateisystem fehlt oder falls das Feld den Wert NULL enthält, behandelt Access das Steuerelement wie ein ungebundenes Steuerelement. Access nimmt dann quasi das »Standardbild« aus den Eigenschaften BILDTYP und BILD.

Ein gebundenes Bild funktioniert also so ähnlich wie ein verknüpftes Bild: Die entsprechende Datei muss auf dem Dateisystem vorhanden sein.

Im Formular ein neues Bild auswählen

Nach wie vor ist das Steuerelement Bild in der Formularansicht recht stur: Es zeigt nur etwas an, Änderungen sind nicht möglich. Wenn Sie über das Formular ein anderes Bild auswählen möchten, sind dazu ein paar Ergänzungen notwendig:

1. Fügen Sie ein neues Textfeld in das Formular ein.
2. Binden sie sowohl das Textfeld als auch das Bild an das gleiche Tabellenfeld (Abbildung 6.65; Formular *frmMitarbeiter_Foto*).
3. Luxusvariante: Fügen Sie eine Schaltfläche hinzu, die per Programmierung den Dialog DATEI AUSWÄHLEN öffnet (Formular *frmMitarbeiter_Foto_Luxus*).

Sowohl die einfache als auch die Luxusvariante finden Sie in den Materialien zum Buch in der Datenbank *06_Formulare\6.3.6_Steuerelement_Bild.accdb*. Das Ergebnis ist aber in beiden Fällen identisch: Sobald sich der Pfad oder Dateiname im Tabellenfeld ändert, lädt Access das neue Bild und zeigt es an.

Relative Pfade für ein gebundenes Bild

Ein gebundenes Bild funktioniert nur mit *absoluten Pfadangaben*. Absolute Pfadangaben beginnen mit dem Laufwerk-Buchstaben und haben wie erwähnt den großen Nachteil, dass die Bilddateien nicht verschoben werden dürfen. Viel schöner wäre es, wenn unser Access-Formular auf *relative Pfadangaben* bauen würde. Eine Bilddatei mit relativen Pfad wäre beispielsweise

Fotos von Mitarbeitern\Guntermann, Hildegard.jpeg

Oder mit anderen Worten: In dem Ordner, in dem gerade die Access-Datenbank steht, befindet sich das Unterverzeichnis *Fotos von Mitarbeiter*. Darin wiederum sind die JPEG-Dateien abgelegt.

Das Steuerelement Bild unterstützt relative Pfadangaben leider nicht direkt, sondern ist auf absolute Pfade angewiesen. Glücklicherweise können wir den absoluten Pfad mit einer Formel zusammenbauen.

1. Öffnen Sie das Formular *frmMitarbeiter_Foto* in der Entwurfsansicht.
2. Markieren Sie das Steuerelement »imgFotoPfadDateiname«.
3. Tragen Sie in der Eigenschaft STEUERELEMENTINHALT die Formel

   `=[CurrentProject].[Path] & "\Fotos von Mitarbeitern\" & [FotoDateiname]`

   ein.

So generieren Sie aus einer relativen Pfadangabe den absoluten Pfad

Zu dieser Formel einige Erläuterungen. Insgesamt drei Zeichenfolgen werden über den Operator & zusammengefügt:

Zuerst liefert `CurrentProject` Informationen über die gerade geöffnete Datenbank. Üblicherweise nutzt man dieses Objekt in der VBA-Programmierung. Hier ein paar Beispiele, die ich im Direktbereich eingegeben habe (`Strg` + `G`):

```
Debug.Print CurrentProject.Name
6.3.6_Steuerelement_Bild.accdb
Debug.Print CurrentProject.Path
C:\AccessBuch\06_Formulare
Debug.Print CurrentProject.FullName
C:\AccessBuch\06_Formulare\6.3.6_Steuerelement_Bild.accdb
```

Aber nichts spricht dagegen, `CurrentProject` in einer Formel zu verwenden; hier liefert `[CurrentProject].[Path]` den aktuellen Pfad der Datenbank. Und genau das ist das Entscheidende: Wenn Sie die *.accdb*-Datei an einen anderen Ort verschieben, ändert sich `[CurrentProject].[Path]` *automatisch*!

Als zweiter Teil steht in den Anführungszeichen der Name des Unterordners. Er ist in der Formel fest eingetragen. Wenn Sie ihn einmal umbenennen, tragen Sie bitte den neuen Namen in der Formel nach.

Zuletzt kommt der Dateiname für das Foto des Mitarbeiters. Eigens dafür gibt es das Feld »FotoDateiname« in der Tabelle *tblMitarbeiter*. Sie könnten einmal ausprobieren, den Dateinamen aus den Feldern »Vorname« und »Nachname« zusammenzusetzen; dann könnten Sie auf das Feld »FotoDateiname« komplett verzichten.

Alles in allem generiert die Formel aus dem aktuellen Pfad der Datenbank und aus dem relativen Pfad, wie er in der Formel steht, einen absoluten Pfad zur Bilddatei. Und damit wiederum wird unser Steuerelement Bild sehr glücklich.

Noch ein paar letzte Anpassungen sind notwendig, um unser Formular schön zu machen:

4. Benennen Sie das Steuerelement Bild um in

   `imgFoto`

5. Markieren Sie das Textfeld »txtFotoPfadDateiname«.
6. Benennen Sie es um in

   `txtFotoDateiname`

7. Ändern Sie den Steuerelementinhalt in

   `FotoDateiname`

Damit sehen Sie in der Formularansicht immer das richtige Foto. Im Textfeld steht der Dateiname, den Sie nach Belieben ändern können.

Abbildung 6.66 Das Formular mit den relativen Pfadangaben sieht auf den ersten Blick gleich aus, denn der wesentliche Unterschied ist die Formel im Steuerelementinhalt.

Sie finden das fertige Formular *frmMitarbeiter_Foto_relPfad* (und die Luxusvariante mit der Schaltfläche zur Dateiauswahl) in den Materialien zum Buch in der Datenbank *06_Formulare\6.3.6_Steuerelement_Bild.accdb*. Probieren Sie bitte einmal aus, diese Datenbank zusammen mit dem Ordner *Fotos von Mitarbeitern* an einen anderen Ort auf dem Dateisystem zu verschieben. Das Formular wird immer noch tadellos funktionieren, denn es verwendet nur relative Pfadangaben.

Andere Eigenschaften zum Steuerelement Bild

Bisher haben wir beim Steuerelement Bild nur die standardmäßige Darstellung verwendet. Ich werden Ihnen jetzt einige Eigenschaften des Steuerelements vorstellen, mit denen Sie die

Darstellung anpassen können. Sie gelten übrigens sowohl für die ungebundene als auch für die gebundene Variante eines Bildes.

Erstellen Sie ein leeres Formular, und fügen Sie ein Bild aus dem Dateisystem ein. Zunächst ist das Steuerelement genauso groß wie die Bilddatei. Wenn Sie das Steuerelement vergrößern, sehen Sie in der Entwurfsansicht einen Rand oben und unten (vergleiche Abbildung 6.67) bzw. links und rechts. Nun ist es so, dass das Steuerelement Bild standardmäßig keinen Rahmen hat – überzeugen Sie sich davon, indem Sie in die Formularansicht umschalten! Zum besseren Verständnis der nächsten Schritte sollten Sie jetzt einen Rahmen aktivieren (im Menüband unter FORMAT • STEUERELEMENTFORMATIERUNG • FORMKONTUR). Mit Rahmen sollte das Bild in der Formularansicht genauso wie in Abbildung 6.67 erscheinen.

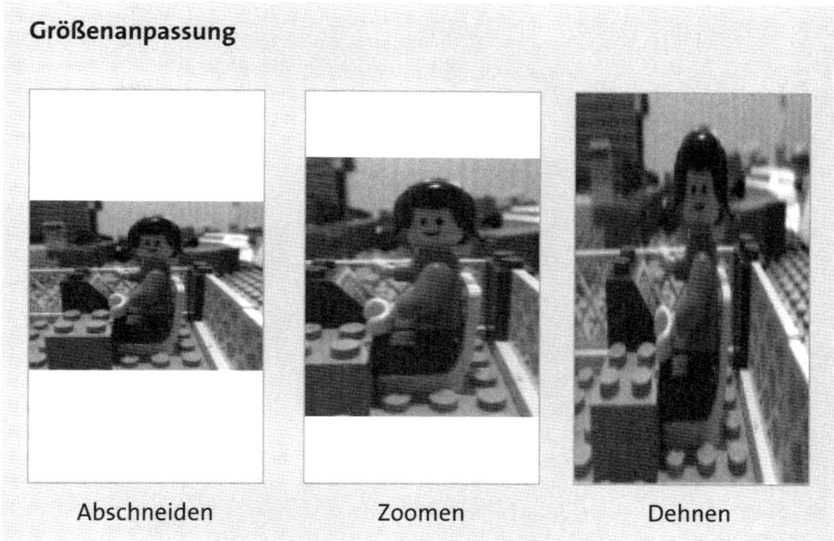

Abbildung 6.67 Über die Eigenschaft »Größenanpassung« steuern Sie, ob die Seitenverhältnisse des Bildes erhalten bleiben.

Die Eigenschaft GRÖSSENANPASSUNG ist immer dann interessant, wenn das Steuerelement nicht die Abmessungen der Bilddatei hat. Wie Sie in Abbildung 6.67 erkennen, gibt es drei mögliche Einstellungen:

1. **Abschneiden**
   Das Bild wird immer in der Originalauflösung angezeigt. Wenn es zu groß für das Steuerelement ist, werden überstehende Bereiche abgeschnitten. Sollte es zu klein sein, erscheint ein weißer Randbereich (Abbildung 6.68).
2. **Zoomen**
   Access vergrößert oder verkleinert das Bild, so dass dieses möglichst gut in das Steuerelement passt. Das Bildseitenverhältnis bleibt unverändert. Dies ist die standardmäßige Einstellung.

3. **Dehnen**
   Das Bild wird so vergrößert oder verkleinert, dass es das Steuerelement vollständig ausfüllt. Mitunter wird dabei das Bildseitenverhältnis verändert, so dass das Bild wie in Abbildung 6.67 rechts verzerrt erscheint.

Über die Eigenschaft BILDAUSRICHTUNG legen Sie fest, an welcher Stelle der weiße Randbereich erscheint. Standardmäßig ist diese Eigenschaft auf MITTE gesetzt, so dass Access das Bild immer zentriert anzeigt. Über die anderen Werte können Sie das Bild in eine der Ecken schieben (Abbildung 6.68).

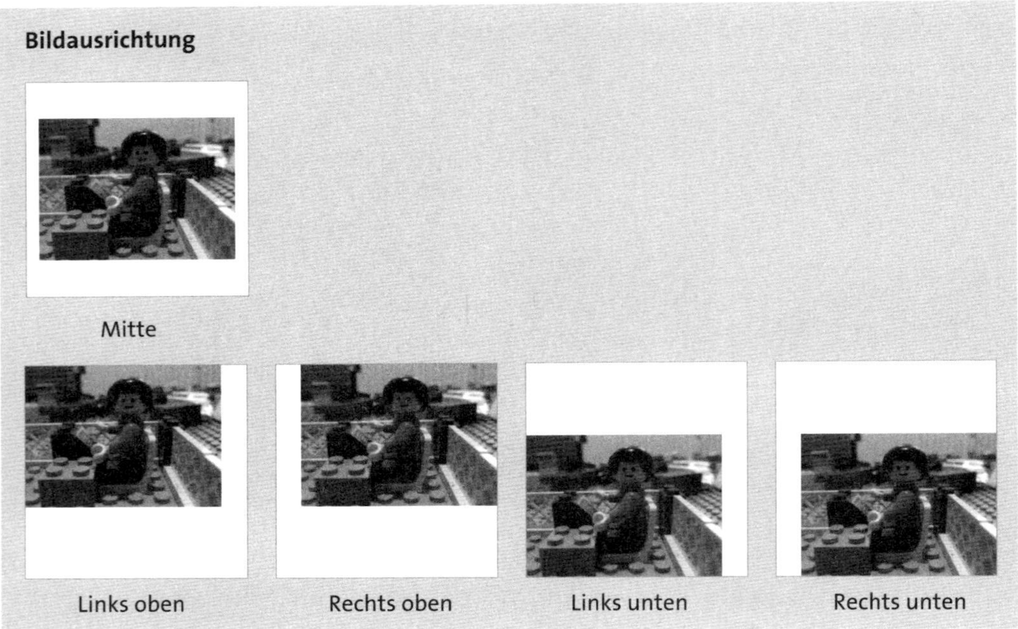

Abbildung 6.68 Ein Bild mit Rand wird über die Eigenschaft »Bildausrichtung« in die richtige Ecke geschoben.

Die Eigenschaft BILD NEBENEINANDER führt dazu, dass das Bild wiederholt als Wallpaper angezeigt wird. Sie kennen diese Einstellung bestimmt vom Windows-Desktop-Hintergrund (siehe Abbildung 6.69).

Noch ein paar Worte zur Hintergrundfarbe und zum transparenten Hintergrund: Nicht alle Bildformate unterstützen Transparenz (PNG und GIF ja, JPEG nicht). In den Materialien zum Buch finden Sie das Bild *06_Formulare\6.3.6_Logo_ohne_Hintergrund.png*, das einen transparenten Hintergrund hat. Über die Eigenschaft HINTERGRUNDFARBE können Sie festlegen, in welcher Farbe die transparenten Bereiche erscheinen sollen. Falls es einen Randbereich gibt, wird er ebenfalls in dieser Farbe angezeigt. Daneben können Sie das Steuerelement selbst über die Eigenschaft HINTERGRUNDART auf TRANSPARENT schalten. Dann spielt die

Hintergrundfarbe keine Rolle, und an den transparenten Stelen scheinen die Steuerelemente hinter dem Bild durch.

Abbildung 6.69 Mit der Eigenschaft »Bild nebeneinander« können Sie eine Wallpaper erzeugen.

Hintergrundbild

Als Besonderheit kann jedes Formular ein Hintergrundbild haben. Es wird als Hintergrund hinter allen Steuerelementen angezeigt.

- Das Hintergrundbild wird für das gesamte Formular gesetzt:
  Sie finden die zugehörigen Eigenschaften in den Formulareigenschaften (AUSWAHLTYP: FORMULAR) unter dem Registerblatt FORMAT.
- Die Hintergrundfarbe wird auf Ebene der Bereiche eingestellt:
  Die Hintergrundfarbe spielt überhaupt nur eine Rolle, wenn *kein* Hintergrundbild gesetzt ist. Im Gegensatz zum Hintergrundbild wird sie auf der Ebene der Bereiche gesetzt. Wählen Sie dazu im EIGENSCHAFTENBLATT beispielsweise den Detailbereich aus (AUSWAHLTYP: BEREICH).

Steuerelemente mit Designs unterstützen ebenfalls Bilder

Neben dem Steuerelement Bild können alle Steuerelemente, die Designs unterstützen (Schaltfläche, Umschaltfläche, Registerblatt), ebenfalls Bilder darstellen. Beispielsweise können Sie damit eine Schaltfläche mit Symbol und Text erstellen. Die einzige Einschränkung ist, dass nur Bitmap-Dateien unterstützt werden.

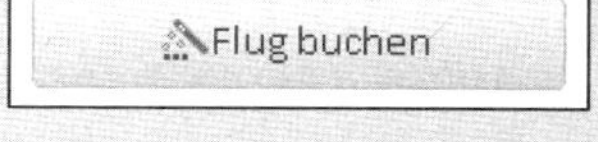

Abbildung 6.70 In einer Schaltfläche können Sie neben dem Text ein Symbol anzeigen lassen.

Häufig benutzte Bilder in einer Datenbank verwalten: Die gemeinsame Bildgalerie

Sie kennen bereits drei verschiedene Varianten des Steuerelements Bild: ungebunden und eingebettet, ungebunden und verknüpft sowie die gebundene Variante. Daneben gibt es seit Access 2010 als vierte Variante das *freigegebene Bild* in einer *gemeinsamen Bildgalerie*. Ich finde die Übersetzung »freigegeben« etwas unglücklich. In der englischen Version von Access lauten die Bezeichnungen *shared image* und *shared image gallery*, »shared« im Sinne von »gemeinsam genutzt«. Und genau darum geht es hier: *Häufig benutzte Bilder werden an einer zentralen Stelle in der gemeinsamen Bildgalerie gespeichert*. Anschließend können mehrere Formulare und Berichte die Bilder gemeinsam nutzen.

Schauen wir uns das Ganze einmal in der Praxis an. In einer neuen Datenbank ist die gemeinsame Bildgalerie leer. So fügen Sie ein Bild zur gemeinsamen Bildgalerie hinzu:

1. Erstellen Sie eine neue Datenbank.
2. Erstellen Sie ein neues Formular in der Entwurfsansicht.
3. Klicken Sie im Menüband unter ENTWURF • STEUERELEMENTE auf BILD EINFÜGEN • DURCHSUCHEN ...
4. Wählen Sie in den Materialien zum Buch das Bild *06_Formulare\6.3.6_Logo_mit_Hintergrund.png* aus, und klicken Sie auf OK.

Vergewissern Sie sich, dass das Bild wirklich in die gemeinsame Bildgalerie aufgenommen wurde:

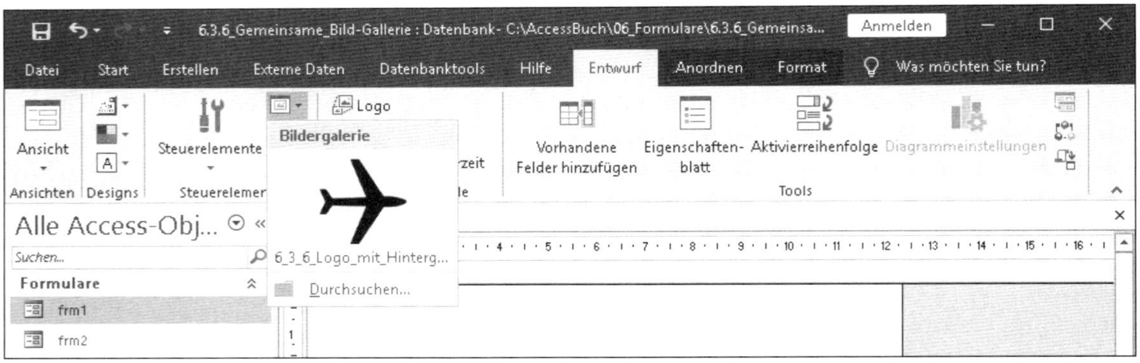

Abbildung 6.71 Über das Menüband können Sie einsehen, welche Bilder in der gemeinsamen Bildgalerie abgelegt sind.

Access-Interna der gemeinsamen Bildgalerie: »MSysResources«

Alle Bilder der gemeinsamen Bildgalerie speichert Access in der Systemtabelle *MSysResources* ab (Abbildung 6.72). Normalerweise sind Systemtabellen im Navigationsbereich nicht zu sehen; in Abschnitt 2.10.1, »Versteckte Datenbankobjekte«, finden Sie die Option, über die Sie Systemtabellen im Navigationsbereich einblenden. Grundsätzlich sollten Sie Daten in den Systemtabellen *niemals selbst verändern*!

MSysResources

	📎	Extension	Id	Name	Type
	📎(1)	thmx	1	Office Theme	thmx
	📎(1)	png	2	6_3_6_Logo_m	img
*	📎(0)		(Neu)		

Abbildung 6.72 In der Systemtabelle »MSysResources« speichert Access unter anderem die Bilder der gemeinsamen Bildgalerie ab.

In der gemeinsamen Bildgalerie in Abbildung 6.71 sehen Sie, dass jedes Bild einen eindeutigen Namen hat. In unserem Fall hat Access den Namen »6_3_6_Logo_mit_Hintergrund« aus dem Dateinamen abgeleitet. Diesen eindeutigen Namen benötigen wir, um das Bild im Formular anzuzeigen:

1. Ziehen Sie ein neues Steuerelement Bild aus der Toolbox in das Formular. Access zeigt daraufhin den Dialog GRAFIK EINFÜGEN an.
2. Klicken Sie im Dialog GRAFIK EINFÜGEN auf ABBRECHEN.
3. Geben Sie dem neuen Steuerelements einen aussagekräftigen Namen:

   ```
   imgLogo
   ```
4. Ändern Sie die Eigenschaft BILDTYP in FREIGEGEBEN.
5. Tragen Sie den eindeutigen Namen

   ```
   6_3_6_Logo_mit_Hintergrund
   ```
   in der Eigenschaft BILD ein. Das Bild wird sofort sichtbar.

Speichern Sie das Formular ab, und erstellen Sie ein zweites Formular in gleicher Weise. In den Materialien zum Buch finden Sie dazu passend die Datenbank *06_Formulare\6.3.6_Gemeinsame_Bildgalerie.accdb*.

Als Nächstes möchte ich Ihnen nämlich zeigen, dass Sie ein Bild in der gemeinsamen Bildgalerie ändern können:

1. Öffnen Sie ein bestehendes oder ein neues Formular in der Entwurfsansicht.
2. Klicken Sie im Menüband unter ENTWURF • STEUERELEMENTE auf BILD EINFÜGEN. Access klappt die gemeinsame Bildgalerie auf.
3. Klicken Sie mit der rechten Maustaste auf das Bild.

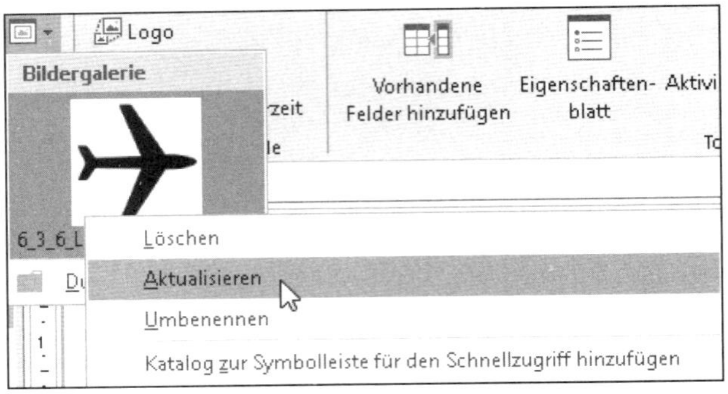

Abbildung 6.73 Mit Hilfe des Kontextmenüs im Menüband können Sie ein Bild der gemeinsamen Bildgalerie verändern.

Über die Befehle im Kontextmenü können Sie das Bild in der gemeinsamen Bildgalerie anpassen:

- LÖSCHEN
  Das Bild wird aus der gemeinsamen Bildgalerie entfernt.
- AKTUALISIEREN
  Hierüber können Sie eine neue Bilddatei auswählen und damit das Bild selbst ersetzen. Der Name des Bildes bleibt dabei unverändert. Diese Funktion ist besonders praktisch, um beispielsweise ein neues Logo in mehreren Formularen zu setzen.
- UMBENENNEN
  Verwenden Sie diesen Befehl, um den eindeutigen Namen des Bildes zu ändern.

Da es sich um ein gemeinsam genutztes Bild handelt, wirken sich die Änderungen an mehreren Stellen aus. Am besten probieren Sie es einmal aus und schauen sich an, wie sich die Änderungen auf *beide* Formulare auswirken!

Speichern Sie häufig benutzte Bilder und Symbole in der gemeinsamen Bildgalerie

Worin liegt nun der Vorteil einer gemeinsamen Bildgalerie? Genauso wie bei einem Bild, das in das Formular eingebettet ist, sind alle Bilddaten in der Datenbank enthalten. Sie benötigen also keine anderen Dateien auf dem Dateisystem.

Der wesentliche Unterschied zum eingebetteten Bild ist der Speicherort. Ich möchte noch einmal auf Abbildung 6.61 verweisen, die ich eingangs gezeigt habe.

- Beim eingebetteten Bild werden die Bilddaten im Formular gespeichert.
- Bei der gemeinsamen Bildgalerie finden Sie die Bilddaten in der Systemtabelle *MSysResources*.

Interessant wird es, wenn Sie das gleiche Bild in mehreren Formularen oder Berichten nutzen möchten. Typischerweise sind das häufig verwendete Symbole oder Logos. Hier ist die gemeinsame Bildgalerie klar im Vorteil: Jedes Bild wird nur ein einziges Mal in der Datenbank gespeichert. Dort können Sie es bei Bedarf an zentraler Stelle austauschen. Wenn Sie stattdessen nur eingebettete Bilder verwenden, wird die Größe der Datenbank deutlich wachsen, und beim Austauschen entsteht mehr Aufwand.

Einige Funktionen aus dem Menüband nutzen automatisch die gemeinsame Bildgalerie

Im Menüband gibt es zwei Funktionen, die automatisch die gemeinsame Bildgalerie nutzen und befüllen. Dies sind:

- ENTWURF • STEUERELEMENTE • BILD EINFÜGEN
- FORMAT • HINTERGRUND • HINTERGRUNDBILD

Auf den ersten Blick wird leider nicht klar, dass beide Funktionen das gewählte Bild in der gemeinsamen Bildgalerie speichern. Nicht immer ist das gewünscht! Aus diesem Grund rate ich Ihnen davon ab, die beiden genannten Funktionen mit ihren Automatismen unbedacht zu verwenden. Speichern Sie ein Bild nur dann in der gemeinsamen Bildgalerie, wenn Sie es als Logo, Symbol oder Hintergrundbild wirklich an *mehreren Stellen* in der Datenbank benötigen.

Das Steuerelement Gebundenes Objektfeld

Kommen wir nun zum zweiten Steuerelement für Bilder: dem (Gebundenen oder Ungebundenen) *Objektfeld*. Wie ich schon in Abbildung 6.61 erläutert habe, ist der Speicherort das entscheidende Merkmal. Mit einem *Gebundenen Objektfeld* können Sie Bilder anzeigen lassen, die vollständig in der Tabelle gespeichert sind. Aus Sicht einer relationalen Datenbank ist das der ideale Speicherort, nämlich losgelöst vom Dateisystem und als Bestandteil der Datenbankdatei. Dieser Vorteil hat allerdings seinen Preis:

- Bilder in OLE-Feldern lassen die Datenbankdatei schnell groß werden. Denken Sie an die Obergrenze von 2 GB!
- Ein Gebundenes Objektfeld kann nur Bilder im Bitmap-Format anzeigen.

Trotzdem ist ein Objektfeld, das an ein OLE-Feld gebunden ist, der einzige Weg, über den Sie Bilddaten direkt in einer Tabelle speichern können. In den Materialien zum Buch finden Sie die Datenbank *06_Formulare\6.3.6_Gebundenes_Objektfeld.accdb*. Ich habe die Tabelle *tblMitarbeiter* um das OLE-Feld »Foto« mit den Bildern unserer Mitarbeiter erweitert. Falls Sie die OLE-Felder selbst füllen möchten, finden Sie die passenden Fotos als Bitmap-Dateien unter *02_Access_als_Datenbank_Tabellen\Fotos von Mitarbeitern*.

Jetzt erstellen wir ein Gebundenes Objektfeld, das die Fotos im Formular anzeigt:

1. Öffnen Sie die Datenbank *06_Formulare\6.3.6_Gebundenes_Objektfeld.accdb*.
2. Öffnen Sie das Formular *frmMitarbeiter* in der Entwurfsansicht.

3. Ziehen Sie ein neues Steuerelement Gebundenes Objektfeld aus der Toolbox in das Formular. Das neue Steuerelement ist zunächst noch nicht an ein Feld gebunden!
4. Ordnen Sie das Objektfeld und die zugehörige Beschriftung an, und vergeben Sie aussagekräftige Namen:

   ```
   lblFoto
   frbFoto
   ```
5. Ändern Sie die Beschriftung in

   ```
   Foto:
   ```
6. Markieren Sie das Steuerelement »frbFoto«.
7. Binden Sie das Steuerelement, indem Sie in der Eigenschaft STEUERELEMENTINHALT das Feld

   ```
   Foto
   ```

   auswählen.
8. Speichern Sie das Formular unter dem Namen *frmMitarbeiter_Foto* ab.

In der Formularansicht können Sie jetzt sofort die Fotos unserer Mitarbeiter sehen, so wie in Abbildung 6.74:

Abbildung 6.74 Das Steuerelement »Gebundenes Objektfeld« kann Bilddaten anzeigen, die direkt in einer Tabelle abgespeichert sind.

Das Steuerelement Bild eignete sich nur dazu, Bilder anzuzeigen. Für Änderungen war ein zusätzliches Textfeld notwendig. Im Gegensatz dazu ist das Gebundene Objektfeld etwas komfortabler: Über das Kontextmenü können Sie das Bild löschen, bearbeiten oder durch ein neues Foto ersetzen.

1. Klicken Sie mit der rechten Maustaste auf das Bild.
2. Wählen Sie im Kontextmenü den Eintrag OBJEKT EINFÜGEN ... Access zeigt den Dialog aus Abbildung 6.75 an:

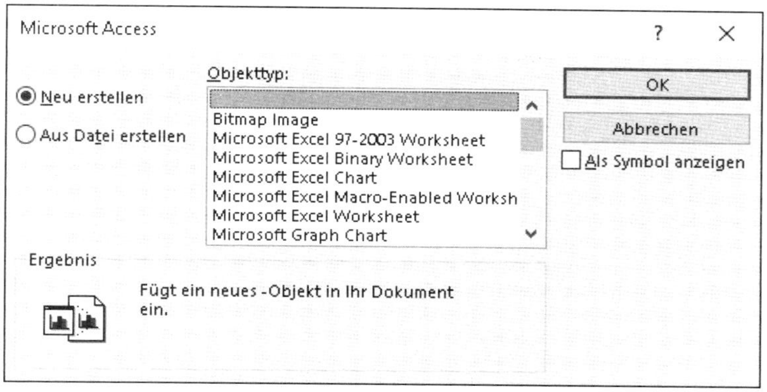

Abbildung 6.75 Über diesen Dialog übertragen Sie Daten in ein OLE-Feld.

3. Wählen Sie die Option AUS DATEI ERSTELLEN aus.
4. Klicken Sie auf DURCHSUCHEN.
5. Wählen Sie die *.bmp*-Bilddatei aus, und klicken Sie auf OK.
6. Klicken Sie nochmals auf OK, um den Dialog zu schließen.

Access schaltet den Datensatz daraufhin in den Bearbeitungsmodus um und lädt das neue Bild. Wenn Sie den Datensatz speichern, wird das Bild in die Datenbank übertragen.

Ein Objektfeld kann nur Bitmap-Bilder anzeigen

Wie bereits eingangs erwähnt, ist das Objektfeld sehr restriktiv in Bezug auf das Bildformat. Solange Sie Bilder im Bitmap-Format verwenden (BMP), werden sie einwandfrei angezeigt. Bei anderen Formaten (JPEG, PNG u. a.) zeigt das Objektfeld lediglich ein Piktogramm an (Abbildung 6.60).

Ich gebe zu: Mit Gebundenen Objektfeldern werden Sie nur in Berührung kommen, wenn Sie die Bilddaten wirklich innerhalb der Datenbank ablegen möchten. Ernsthaft sollten Sie diese Strategie ohnehin nur verfolgen, wenn Sie als Backend eine Server-Datenbank verwenden. Andernfalls werden Sie in Access schnell an die Obergrenze einer Datenbankdatei von 2 GB stoßen.

Ungeachtet dessen müssen wir mit den Einschränkungen des Gebundenen Objektfeldes leben. Ich erinnere mich an ein Projekt, in dem das Steuerelement auch andere Grafikformate anzeigen sollte. Wir setzten damals ein ActiveX-Steuerelement ein, das genau diese Lücke füllte.

Das Steuerelement Ungebundenes Objektfeld

Abschließend möchte ich noch auf das *Ungebundene Objektfeld* eingehen.

Das Ungebundene Objektfeld ist ein eigenes Steuerelement!

Wir haben uns bereits einige Steuerelemente angesehen, die entweder in der gebundenen oder in der ungebundenen Variante auftreten können, beispielsweise das Steuerelement Bild. Entscheidend ist die Eigenschaft STEUERELEMENTINHALT: Über diese Eigenschaft wird das Bild an ein Tabellenfeld gebunden. Ist die Eigenschaft leer, bleibt das Steuerelement ungebunden.

Etwas anders ist es beim Objektfeld! Es gibt zwei vollständig unterschiedliche Steuerelemente:

- Gebundenes Objektfeld
- Ungebundenes Objektfeld

Bei Letzterem fehlt die Eigenschaft STEUERELEMENTINHALT. Weil es sich um zwei grundlegend unterschiedliche Steuerelemente handelt, verwende ich die Worte »gebunden« und »ungebunden« in diesem Zusammenhang als Bestandteil des Eigennamens und schreibe sie folglich groß: *Gebundenes Objektfeld* und *Ungebundenes Objektfeld*.

Mit Hilfe des Ungebundenen Objektfeldes können Sie ein Bild oder eine andere Datei in ein Formular einbetten. Für eine Grafik würde ich immer das Steuerelement Bild vorziehen, bei allen anderen Dateien aber das Ungebundene Objektfeld. Beispielsweise könnten Sie eine Word-Datei als Anleitung in das Formular *frmMitarbeiter* einbetten:

1. Öffnen Sie die Datenbank *06_Formulare\6.3.6_Ungebundenes_Objektfeld.accdb*.
2. Öffnen Sie das Formular *frmMitarbeiter* in der Entwurfsansicht.
3. Ziehen Sie ein neues Steuerelement Ungebundenes Objektfeld aus der Toolbox in das Formular. Access zeigt den Dialog aus Abbildung 6.75 an.
4. Wählen Sie die Option AUS DATEI ERSTELLEN aus.
5. Klicken Sie auf DURCHSUCHEN.
6. Wählen Sie die Word-Datei *06_Formulare\6.3.6_Anleitung.docx* aus, und klicken Sie auf OK.
7. Klicken Sie nochmals auf OK, um den Dialog zu schließen.
8. Ändern Sie den Namen des Ungebundenen Objektfeldes:

   `fruAnleitung`

9. Speichern Sie das Formular unter dem Namen *frmMitarbeiter_mit_Anleitung* ab.

Im Steuerelement wird jetzt der Inhalt des Word-Dokuments angezeigt.

Ändern können Sie die Word-Datei allerdings nicht! Wenn Sie editieren möchten, verwenden Sie stattdessen ein Gebundenes Objektfeld.

Abbildung 6.76 Das Ungebundene Objektfeld zeigt den Inhalt einer Word-Datei an.

6.3.7 Diagramme generieren

Für Balken-, Kurven- und Tortendiagramme gibt es derzeit zwei Varianten: die ältere über das Steuerelement *Diagramm* und die Schaltfläche ENTWURF • STEUERELEMENTE • DIAGRAMM EINFÜGEN, die mit Access 2019 neu hinzugekommen ist.

Moderne Diagramme in Access 2019

Nach langer Zeit gibt es mit der Version Access 2019 endlich neue Diagramme. Historisch gesehen nutzten Excel und Access ein gemeinsames Programm, um Diagramme zu generieren: Microsoft Graph, das als OLE-Anwendung angebunden war. Excel hat bereits seit der Version 2007 eine eigene, integrierte Charting Engine und jetzt geht auch Access diesen Weg. Entsprechend stehen unter VBA in der Klassenbibliothek von Access neue Klassen zur Verfügung: `Chart`, `ChartAxis`, `ChartSeries`, `ChartValues` sowie zugehörige `Collections`.

Die Datenquelle für das Diagramm vorbereiten

Unabhängig davon, ob wir die alten oder die modernen Diagramme nutzen möchten, benötigen wir eine Reihe von Daten, beispielsweise die Kosten für Flugbuchungen pro Mitarbeiter. In den Materialien zum Buch finden Sie in der Datenbank *06_Formulare\6.3.7_Diagramme.accdb* die Abfrage *qryFlugbuchungenUndMitarbeiter*, die per INNER-JOIN-Verknüpfung die Namen der Mitarbeiter und die Flugbuchungen zusammenfügt. Eine Summierung der Kosten ist nicht notwendig; das übernimmt später das Diagramm.

```
SELECT
   tblMitarbeiter.MitarbeiterID,
   [Nachname] & ", " & [Vorname] AS VollstaendigerName,
   tblFlugbuchung.Kosten
FROM tblMitarbeiter
INNER JOIN tblFlugbuchung
ON tblMitarbeiter.MitarbeiterID = tblFlugbuchung.MitarbeiterID;
```

Listing 6.1 Die Abfrage »qryFlugbuchungenUndMitarbeiter« fügt Mitarbeiter und Flugbuchungen per INNER-JOIN-Verknüpfung zusammen.

Ein modernes Diagramm erstellen

Und so erstellen Sie ein modernes Diagramm in der Entwurfsansicht eines Formulars:

1. Klicken Sie im Menüband auf ENTWURF • STEUERELEMENTE • DIAGRAMM EINFÜGEN, und wählen Sie den gewünschten Diagrammtyp aus, beispielsweise GRUPPIERTE SÄULEN.
2. Markieren Sie im Formular den Bereich, in dem das Diagramm erscheinen soll. Sobald Sie die linke Maustaste loslassen, blendet Access die DIAGRAMMEINSTELLUNGEN ein (Abbildung 6.77).

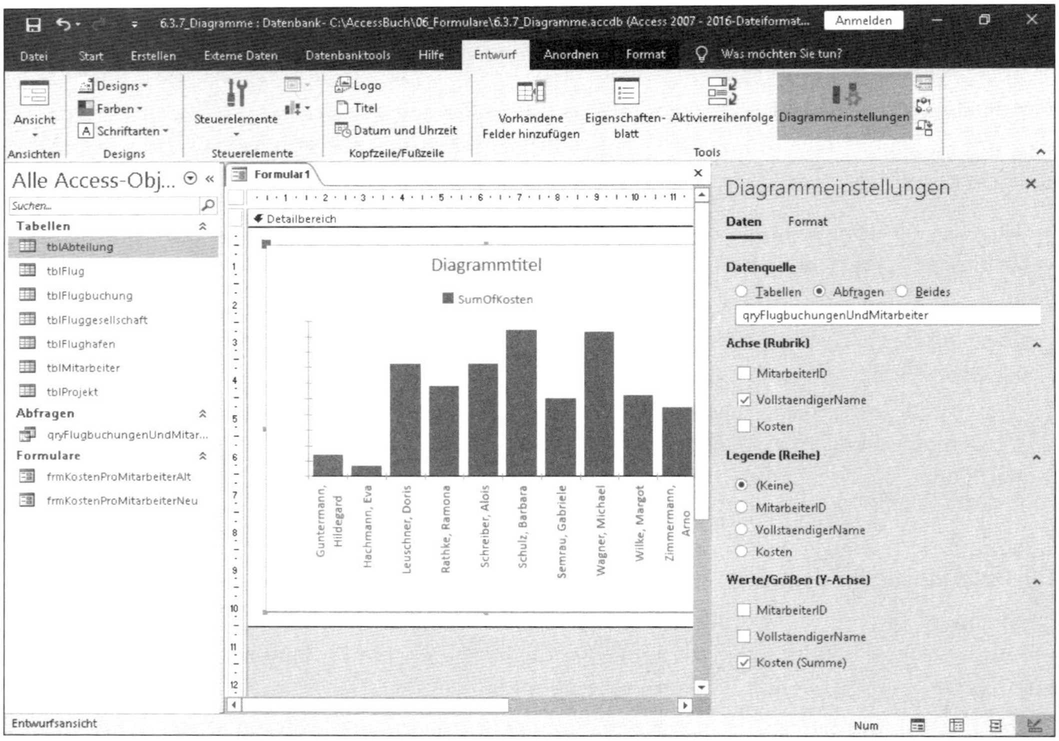

Abbildung 6.77 Legen Sie in den Diagrammeinstellungen die Datenquelle, die Rubrik sowie die Y-Achse fest.

3. Schalten in der DATENQUELLE auf ABFRAGEN um, und wählen Sie im Kombinationsfeld darunter die soeben erstellte Abfrage *qryFlugbuchungenUndMitarbeiter* aus.
4. In den Bereichen darunter können Sie festlegen, wie die Felder den Achsen zugeordnet werden sollen.

Im letzten Punkt gibt es ein paar Unterschiede in der Benennung gegenüber den alten Diagrammen.

- **Untere Achse, X-Achse oder Abszisse**
  Fangen wir mit der unteren Achse an, die bei den modernen Diagrammen als ACHSE (RUBRIK) beschriftet ist. Hier sollen die Namen der Mitarbeiter erscheinen; folglich wählen wir das Feld »VollstaendigerName« aus.
- **Datenreihen in Diagrammen**
  Unser Beispiel hat nur eine Datenreihe. Belassen Sie daher unter LEGENDE (REIHE) die Auswahl bei (KEINE).

  Bei mehreren Datenreihen erscheinen pro Mitarbeiter mehrere Balken in verschiedenen Farben nebeneinander, beispielsweise »Buchungskosten« als erste Datenreihe und »Gehalt« als zweite Datenreihe.
- **Linke Achse, Y-Achse oder Ordinate**
  Die Höhe der Balken soll angeben, wie viel Geld unsere Mitarbeiter ausgegeben haben. Entsprechend wählen wir hier das Feld »Kosten« aus. Access erkennt automatisch, dass dies ein Zahlenfeld ist, und summiert die Werte, was an der Beschriftung KOSTEN (SUMME) erkennbar wird.

  Ein Diagramm kann noch mehr als Summieren. Wenn Sie auf das Feld »Kosten (Summe)« klicken, verwandelt es sich in ein Kombinationsfeld, und Sie können eine andere Funktion auswählen, beispielsweise den Mittelwert.

Damit sind wir so gut wie fertig; alles weitere betrifft das visuelle Erscheinungsbild. In den Eigenschaften des Diagramms können Sie eine ganze Menge Einstellungen konfigurieren. Die Herausforderung besteht darin, erst einmal die passende Eigenschaft zu finden.

Eigenschaft	Beschreibung
HAT LEGENDE	Soll die Legende erscheinen? Sie ist nur bei mehreren Datenreihen sinnvoll.
LEGENDENPOSITION	Wo soll die Legende erscheinen?
HAT TITEL	Soll der Diagrammtitel erscheinen?
DIAGRAMMTITEL	Dieser Text erscheint als Diagrammtitel.

Tabelle 6.6 Eine Übersicht der wichtigsten Eigenschaften, über die Sie das visuelle Erscheinungsbild eines modernen Diagramms festlegen können.

Eigenschaft	Beschreibung
HAT UNTERTITEL	Soll der Untertitel erscheinen?
DIAGRAMMUNTERTITEL	Dieser Text erscheint unterhalb des Diagrammtitels.
HAT ACHSENTITEL	Sollen an den Achsen die Achsentitel erscheinen?
TITEL DER RUBRIKENACHSE	Titel der X-Achse (in unserem Beispiel wäre »Mitarbeiter« sinnvoll)
TITEL DER PRIMÄREN GRÖSSENACHSE	Titel der Y-Achse (in unserem Beispiel wäre »Kosten« sinnvoll)
TITEL DER SEKUNDÄREN GRÖSSENACHSE	Bei mehreren Datenreihen können Sie die sekundäre Größenachse nutzen, die rechts erscheint.
BEREICH DER PRIMÄREN GRÖSSENACHSE	Standardmäßig wird die Y-Achse automatisch skaliert. Mit dieser Eigenschaft können Sie auf feste Skalierung umstellen.
MINIMUM DER PRIMÄREN GRÖSSENACHSE	nur bei fester Skalierung
MAXIMUM DER PRIMÄREN GRÖSSENACHSE	nur bei fester Skalierung
FORMAT DER PRIMÄREN GRÖSSENACHSE	Wie sollen die Werte der Y-Achse formatiert sein?
ANZEIGEEINHEITEN DER PRIMÄREN GRÖSSENACHSE	Für große Zahlen bietet sich ein Faktor an, beispielsweise Tausende Euro.

Tabelle 6.6 Eine Übersicht der wichtigsten Eigenschaften, über die Sie das visuelle Erscheinungsbild eines modernen Diagramms festlegen können. (Forts.)

In den Materialien zum Buch finden Sie in der Datenbank *06_Formulare\ 6.3.7_Diagramme.accdb* das Formular *frmKostenProMitarbeiterNeu* mit einem modernen Diagramm.

Alte Diagramme werden genauso unterstützt

Vom Prinzip her funktionieren die alten Diagramme genau so wie die modernen. Allerdings würde es mich nicht wundern, wenn sie in einer zukünftigen Access-Version nicht mehr unterstützt werden. Derzeit lassen sich alte Diagramme uneingeschränkt nutzen.

Öffnen Sie nun ein leeres Formular in der Entwurfsansicht, und ziehen Sie ein neues Steuerelement Diagramm aus der Toolbox in das Formular. Access startet daraufhin den Diagramm-Assistenten (Abbildung 6.78). Wählen Sie die Abfrage *qryFlugbuchungenUndMitarbeiter* als Datensatzquelle aus, und klicken Sie auf WEITER.

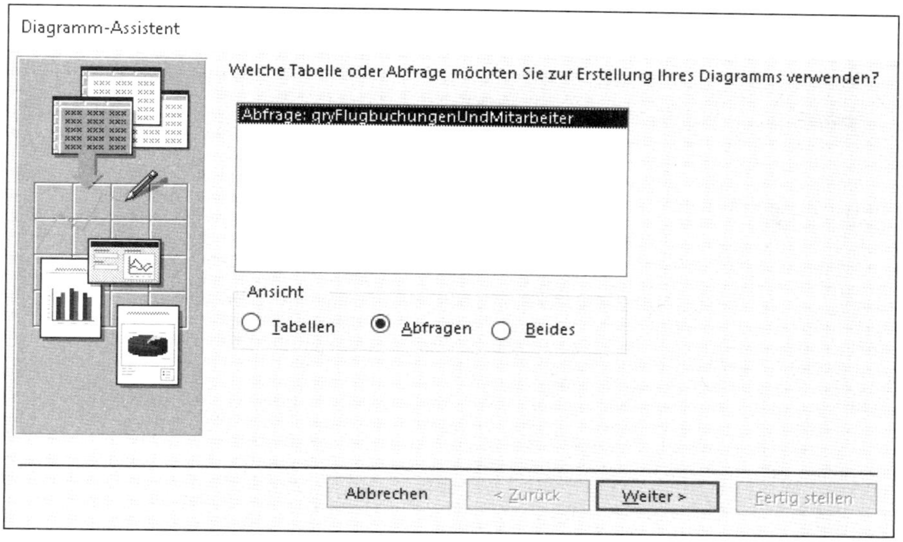

Abbildung 6.78 Im ersten Schritt des Diagramm-Assistenten legen Sie die Datensatzquelle fest.

Im Diagramm sollen die Buchungskosten pro Mitarbeiter erscheinen. Wählen Sie entsprechend die beiden Felder »VollstaendigerName« und »Kosten« aus, und klicken Sie jeweils auf die Schaltfläche >. Beide Felder müssen in der Liste FELDER FÜR DAS DIAGRAMM erscheinen. Klicken Sie dann auf WEITER.

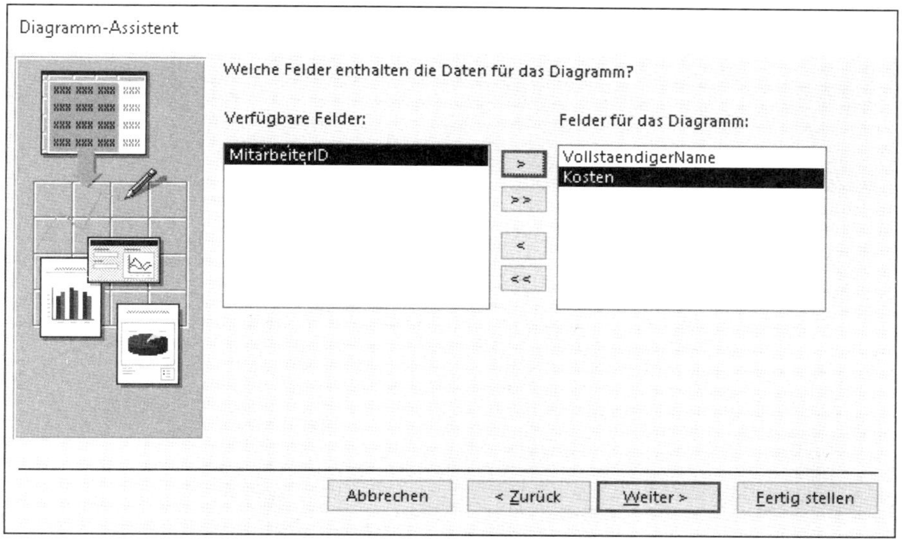

Abbildung 6.79 Wählen Sie nur Felder für das Diagramm aus, die Sie wirklich brauchen.

Wählen Sie als Diagrammtyp SÄULENDIAGRAMM aus, und klicken Sie auf WEITER.

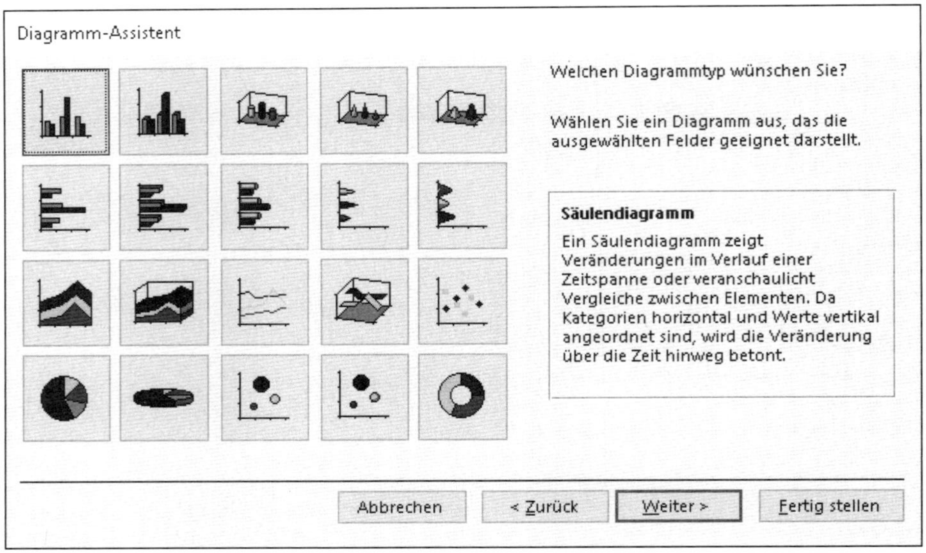

Abbildung 6.80 Im Wesentlichen gibt es drei Diagrammtypen: Balken-, Kurven- und Tortendiagramme. Für jeden Typ gibt es unterschiedliche Varianten, die Sie hier wählen können.

In den meisten Fällen ordnet der Diagramm-Assistent die Felder richtig zu. In unserem Fall sollen die Namen im Feld »VollstaendigerName« auf der unteren Achse (X-Achse, Abszisse) erscheinen. Die linke Achse (Y-Achse, Ordinate) gibt die Buchungskosten an.

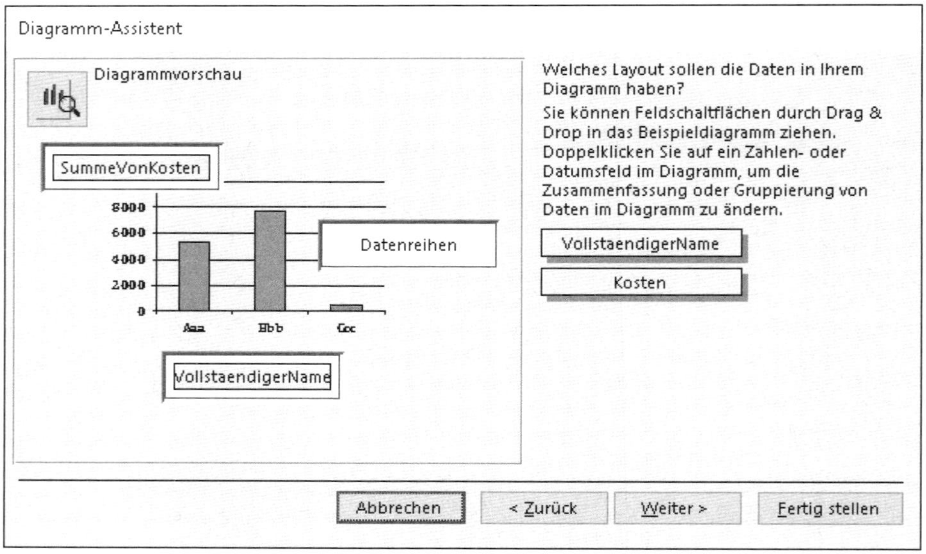

Abbildung 6.81 Ordnen Sie die Felder den Achsen zu.

Im letzten Schritt des Assistenten können Sie den Titel für das Diagramm einstellen. Klicken Sie abschließend auf FERTIG STELLEN.

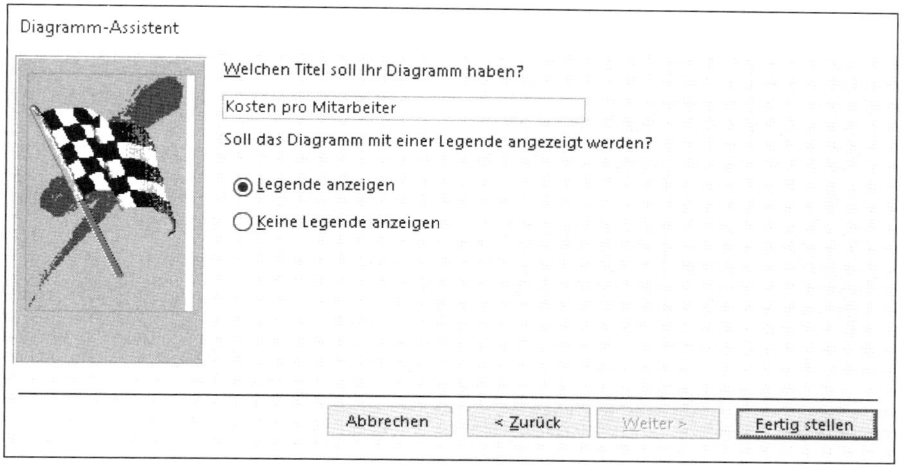

Abbildung 6.82 Optional können Sie einen Titel festlegen und die Legende anzeigen lassen.

Auf den ersten Blick erscheint das neu erstellte Diagramm völlig unlogisch: »Kosten pro Mitarbeiter« mit »Ost«, »West« und »Nord« (Abbildung 6.83) – was soll das?

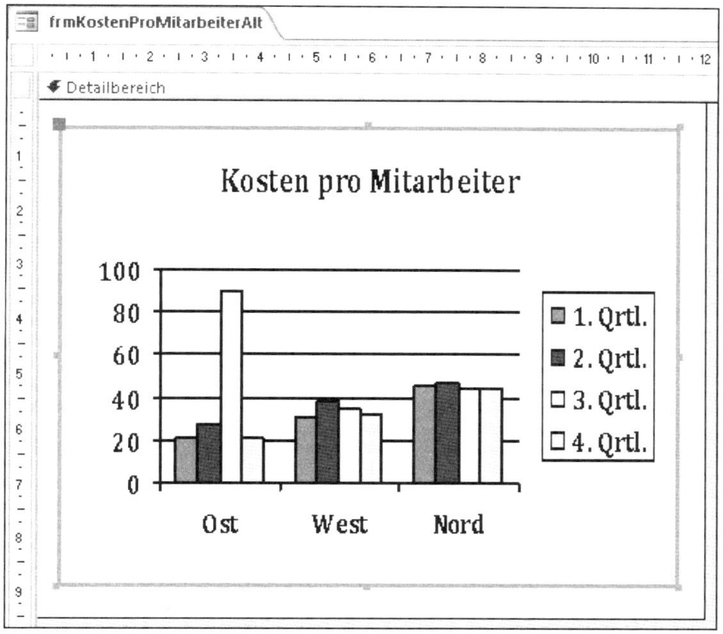

Abbildung 6.83 Standardmäßig zeigt ein Diagramm erst einmal diese Daten an.

Was Sie hier sehen, sind nicht die richtigen Daten. Schalten Sie in die Formularansicht um; dann holt sich Access die korrekten Daten aus der Abfrage (Abbildung 6.84).

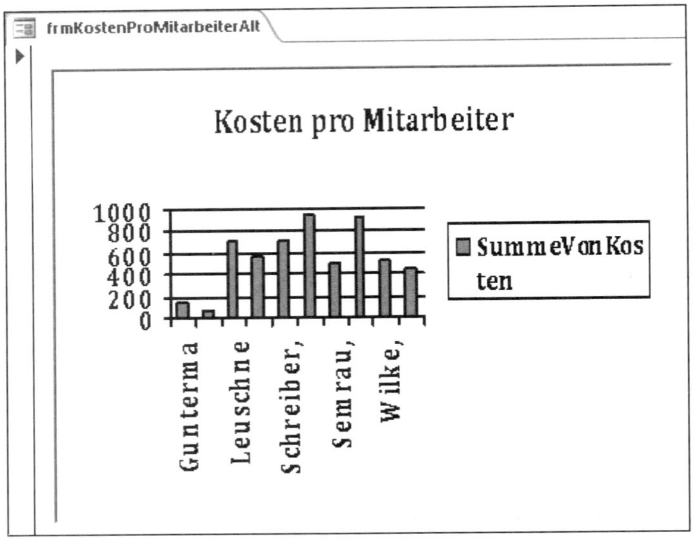

Abbildung 6.84 In der Formularansicht holt sich Access dann die richtigen Daten.

Leider ist die standardmäßige Darstellung der alten Diagramme ziemlich grauenhaft. Per Doppelklick auf das Diagramm gelangen Sie in den Bearbeitungsmodus (Abbildung 6.85): Alle Menüs und das Menüband werden ersetzt, und was Sie jetzt sehen, ist das Programm *Microsoft Graph*. Wenn Sie außerhalb der gestrichelten Linie des Steuerelements klicken, gelangen Sie wieder zurück zu Access.

Um die Darstellung der alten Diagramme zu verändern, müssen Sie sich ein wenig mit Microsoft Graph anfreunden. Viele Funktionen sind so ähnlich wie bei den Diagrammen in Excel. Allerdings verwendet Excel bereits seit der Version 2007 eine eigene, integrierte Charting Engine. Mit ein paar Anpassungen gelangen Sie schnell zu einer schöneren Darstellung. Ein Beispiel dazu finden Sie in den Materialien zum Buch in der Datenbank *06_Formulare\6.3.7_Diagramme.accdb* im Formular *frmKostenProMitarbeiterAlt*.

Das Steuerelement Diagramm ist eigentlich ein ActiveX-Steuerelement

Seit jeher ist Microsoft Graph als sogenannte OLE-Anwendung konzipiert. Daher ist das Diagramm ein ActiveX-Steuerelement. Das mag etwas verwundern, denn es taucht als eigenes Steuerelement in der Toolbox auf, nicht jedoch in der Liste der ActiveX-Steuerelemente. Trotzdem ist das Diagramm ein ActiveX-Steuerelement und kann deshalb *nicht* in einem Endlosformular eingesetzt werden. Für moderne Diagramme gilt diese Einschränkung hingegen nicht.

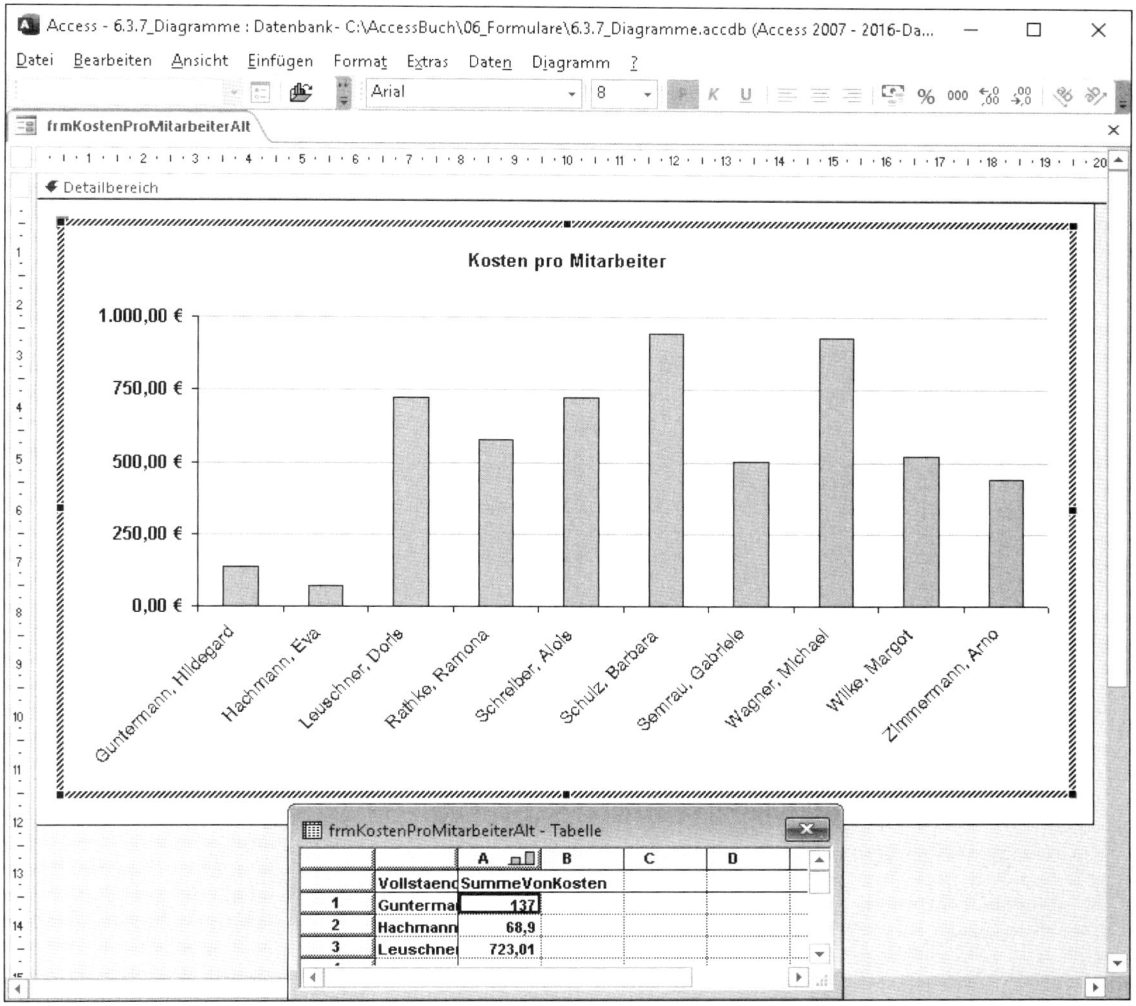

Abbildung 6.85 Mit den Funktionen von Microsoft Graph können Sie das Aussehen des Diagramms anpassen.

6.3.8 Internetfunktionen

Hyperlinks haben sich derart bewährt, dass sie längst Einzug in Access gefunden haben. Über solche Verknüpfungen können Sie in Formularen oder Berichten Querverweise zu Webseiten und anderen Objekten herstellen. Darüber hinaus gibt es das Webbrowser-Steuerelement, das eine Webseite direkt in ein Formular einbringt.

Hyperlinks in einem Formular

Für Hyperlinks gibt es in Access ein eigenes Steuerelement: *Link*. Wie Sie gleich sehen werden, verbirgt sich dahinter eine Bezeichnung, in der zwei Eigenschaften gesetzt sind. Wenn Sie aus der Toolbox einen Link in das Formular einfügen, zeigt Access den Dialog LINK EINFÜGEN an (Abbildung 6.86):

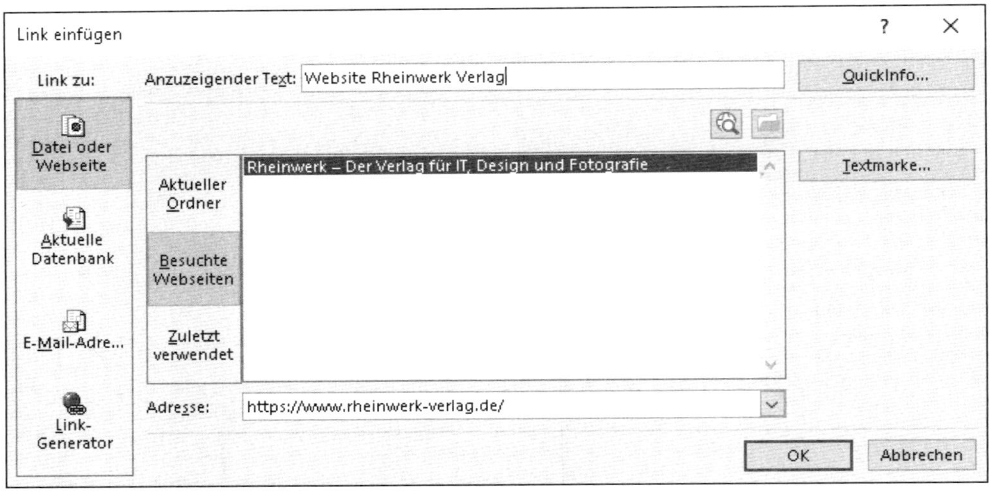

Abbildung 6.86 Der Dialog »Link einfügen« ist ein Assistent zum Erstellen von Hyperlinks.

Hier können Sie das Ziel für den Hyperlink auswählen. Der Einfachheit halber habe ich im Feld ADRESSE die URL des Rheinwerk Verlags eingetragen:

https://www.rheinwerk-verlag.de/

Im oberen Bereich des Dialogs gibt es das Textfeld ANZUZEIGENDER TEXT. Hier habe ich den Text eingetragen, der im Formular erscheinen soll:

```
Website Rheinwerk Verlag
```

Ein Hyperlink bietet mehr als Verweise auf Webseiten

Wenn Sie sich den Dialog LINK EINFÜGEN genau ansehen, entdecken Sie im linken Bereich ein paar interessante Möglichkeiten, die ein Hyperlink bietet. Sie können auf eine ganze Reihe von Zielen verweisen:

- Webseiten
- E-Mail-Adressen
- Dateien auf dem Dateisystem
- Objekte in der aktuellen Datenbank

Je nach Ziel öffnet sich entweder Ihr favorisierter Browser, Ihr E-Mail-Client, das passende Programm zum Anzeigen der Datei oder innerhalb von Access das Datenbankobjekt.

Wenn Sie auf OK klicken, wird der Link in das Formular eingetragen. In der Formularansicht sieht das Ganze dann so aus wie in Abbildung 6.87:

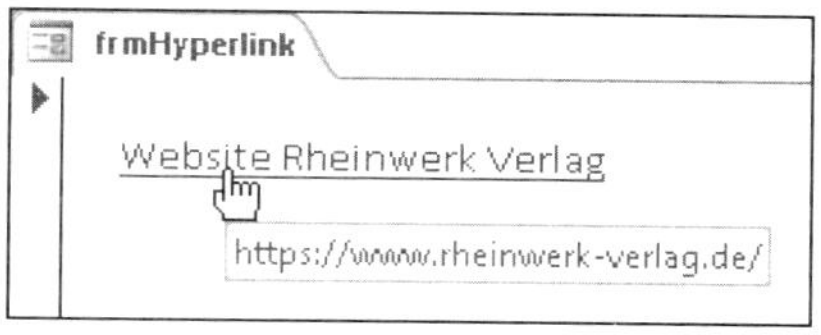

Abbildung 6.87 Genau wie auf einer Webseite funktioniert dieser Access-Hyperlink.

Schalten Sie bitte zurück in die Entwurfsansicht, und markieren Sie das neu erstellte Steuerelement. Im EIGENSCHAFTENBLATT ist schnell zu erkennen, dass es sich tatsächlich um eine Bezeichnung handelt. In der Eigenschaft BESCHRIFTUNG steht »Website Rheinwerk Verlag«, also genau der Text, den ich im Dialog unter ANZUZEIGENDER TEXT eingetragen habe.

Wo ist die URL geblieben? Sie finden sie in zwei anderen Eigenschaften wieder:

- FORMAT • HYPERLINK-ADRESSE
- FORMAT • HYPERLINK-UNTERADRESSE

Die HYPERLINK-UNTERADRESSE ist auch als *Anker* bekannt und muss nicht zwingend gefüllt werden. Über einen Anker verweisen Sie beispielsweise zu einer bestimmten Überschrift innerhalb einer Webseite. Das beste Beispiel sind Überschriften innerhalb einer Wikipedia-Seite:

http://de.wikipedia.org/wiki/Microsoft_Access#Produktversionen

In der URL steht hinter dem Hash-Zeichen (#) der Anker. Wenn Sie auf diese URL in Access verweisen möchten, tragen Sie den Anker (hier: »Produktversionen«) in der Eigenschaft HYPERLINK-UNTERADRESSE ein.

So weit die kleine Besonderheit zum Anker. Alles andere ist ganz harmlos: Ein Hyperlink ist eine *Bezeichnung mit einer URL*.

Ein Textfeld als Hyperlink

Selbstverständlich gibt es auch die gebundene Variante des Hyperlinks. Wie Sie vielleicht ahnen können, handelt es sich um ein Textfeld, in dem ein paar zusätzliche Eigenschaften gesetzt werden:

1. FORMAT • IST HYPERLINK
   Wenn Sie diese Eigenschaft in `Wahr` ändern, wird aus dem Textfeld ein Hyperlink.
2. FORMAT • ALS HYPERLINK ANZEIGEN
   Diese Einstellung wirkt sich nur kosmetisch aus. Üblicherweise wird ein Hyperlink unterstrichen und in besonderer Farbe dargestellt.

Ich habe eine Tabelle mit einem Feld für eine URL (Felddatentyp Kurzer Text) erstellt. Anschließend habe ich ein Formular erstellt, das ich an diese Tabelle gebunden habe. Im Formular gibt es zwei Textfelder, die beide über die Eigenschaft Steuerelementinhalt an das URL-Feld gebunden sind. Beide Textfelder unterscheiden sich in der Eigenschaft Format • Ist Hyperlink, siehe Abbildung 6.88:

Abbildung 6.88 Ein Hyperlink in einem Textfeld muss einem besonderen Format gehorchen – sonst funktioniert er nicht.

In Abbildung 6.88 können Sie die böse Falle erahnen, die so manchen Access-Programmierer schon viele nervenaufreibende Stunden gekostet hat. Der Inhalt im Textfeld muss nämlich ein besonderes Format haben, damit der Hyperlink wirklich funktioniert:

```
<Link-Beschriftung>#<URL>#<Anker>#<SteuerelementTip-Text>
```

Der Link-Beschriftung und die beiden letzten Elemente, Anker und SteuerelementTip-Text, sind optional. Aber die URL muss zwingend von zwei Hash-Zeichen (#) eingerahmt sein! Beispielsweise so:

```
#https://www.rheinwerk-verlag.de/#
```

In der Praxis ergibt sich daraus Folgendes:

- Ein Feld vom Felddatentyp Kurzer Text muss lang genug sein, um die URL und die anderen Elemente aufnehmen zu können.
- Im Feldinhalt der Tabelle müssen die Hash-Zeichen abgespeichert sein.
- Wenn Sie eine URL in ein Textfeld eintragen, das als Hyperlink gekennzeichnet ist (Ist Hyperlink = Wahr), ergänzt Access die Hash-Zeichen automatisch!
- Wenn Sie zum Editieren eines solchen Textfeldes F2 drücken, sehen Sie die einzelnen Elemente und die Hash-Zeichen. Einem Benutzer, der mit dem besonderen Format für Hyperlinks nicht vertraut ist, wird dies kurios erscheinen.
- Es gibt auch den Felddatentyp Link. Dadurch verschwinden die Hash-Zeichen aus dem Blickfeld, auch in der Datenblattansicht einer Tabelle. Wenn Sie den Felddatentyp später wieder auf Kurzer Text umstellen, werden Sie sehen, dass die Hash-Zeichen intern immer noch vorhanden sind und waren.

Das Fazit ist: Damit der Hyperlink in einem Textfeld funktioniert, muss die URL von *zwei Hash-Zeichen* (#) eingerahmt sein. Optional können die anderen drei Elemente gesetzt sein.

Das Steuerelement Webbrowser: Eine Webseite innerhalb eines Formulars anzeigen

Beide Varianten der Hyperlinks, die ich Ihnen gezeigt habe, führen dazu, dass die Zieladresse in Ihrem Lieblingsbrowser geöffnet wird. Im Gegensatz dazu zeigt das Steuerelement *Webbrowser* eine Webseite so wie in Abbildung 6.89 direkt im Formular an:

Abbildung 6.89 Eine Webseite wird direkt im Formular über das Steuerelement »Webbrowser« angezeigt.

Das Webbrowser-Steuerelement wird entweder an ein Textfeld gebunden und stellt dann die Webseite an der Zieladresse dar, oder Sie hinterlegen eine feste URL als Formel in der Eigenschaft STEUERELEMENTINHALT:

```
="https://www.rheinwerk-verlag.de/"
```

Das Webbrowser-Steuerelement funktioniert auch ohne Hash-Zeichen richtig

Übrigens ist das Webbrowser-Steuerelement nicht so restriktiv wie das Textfeld: Hash-Zeichen (#) sind in Ordnung, aber nicht unbedingt erforderlich.

Zur Anzeige der Webseite verwendet Access intern den Internet Explorer. Das ist auf den ersten Blick (Abbildung 6.89) gar nicht ersichtlich, denn es gibt weder Navigationsschaltflächen (VOR, ZURÜCK usw.) noch eine Adressleiste. Bei Bedarf müssen diese Funktionen durch Schaltflächen und ein Textfeld manuell ergänzt werden.

6.3.9 Andere Steuerelemente

Bisher habe ich die Steuerelemente von Access thematisch geordnet vorgestellt. In diesem Abschnitt stelle ich die restlichen vier Steuerelemente vor, die sich nicht den bisherigen Themen zuordnen lassen.

Aktionen per Mausklick: Die Schaltfläche

Mit *Schaltflächen* (auch *Befehlsschaltflächen* genannt; englisch *command button*) beginnt der Einstieg in die Programmierung. So sieht das übliche »Kochrezept« aus:

1. eine neue Schaltfläche in der Entwurfsansicht des Formulars erstellen
2. im EIGENSCHAFTENBLATT der Schaltfläche unter EREIGNIS • BEIM KLICKEN auf EDITIEREN klicken (die Schaltfläche mit den drei Punkten ...)
3. ein neues Programm erstellen und abspeichern (entweder als Makro oder als VBA-Code)

Damit generieren Sie eine Schaltfläche, die beim Anklicken in der Formularansicht das entsprechende Programm startet.

Es geht auch ohne Programmierung

Das klingt alles erst einmal so, als ob man ohne Programmierkenntnisse mit einer Schaltfläche gar nichts anfangen kann. Sicherlich ist an dieser Aussage ein Funken Wahrheit. Kapitel 9, »Visual Basic for Applications (VBA), die Programmiersprache für Microsoft-Office-Anwendungen«, beschäftigt sich ausführlich mit der Programmierung. Ich möchte Ihnen dort vor allem zeigen, an welchen Stellen Programmierung sinnvoll ist, welche Probleme Sie mit einem VBA-Programm lösen können.

Andererseits ist Access ein mächtiges Werkzeug, das sich gänzlich ohne Programmierkenntnisse nutzen lässt. Das ist auch bei Schaltflächen der Fall: Access erstellt Ihnen über den *Befehlsschaltflächen-Assistenten* das gewünschte Programm automatisch.

Im Gegensatz zu den bisherigen Steuerelementen empfehle ich Ihnen hier, den Assistenten für Befehlsschaltflächen auszuprobieren. Dafür muss in der Toolbox (ENTWURF • STEUERELEMENTE) der Eintrag STEUERELEMENT-ASSISTENTEN VERWENDEN aktiviert sein (Abbildung 6.8). Wenn Sie jetzt eine neue Schaltfläche erstellen, startet automatisch der Befehlsschaltflächen-Assistent (Abbildung 6.90).

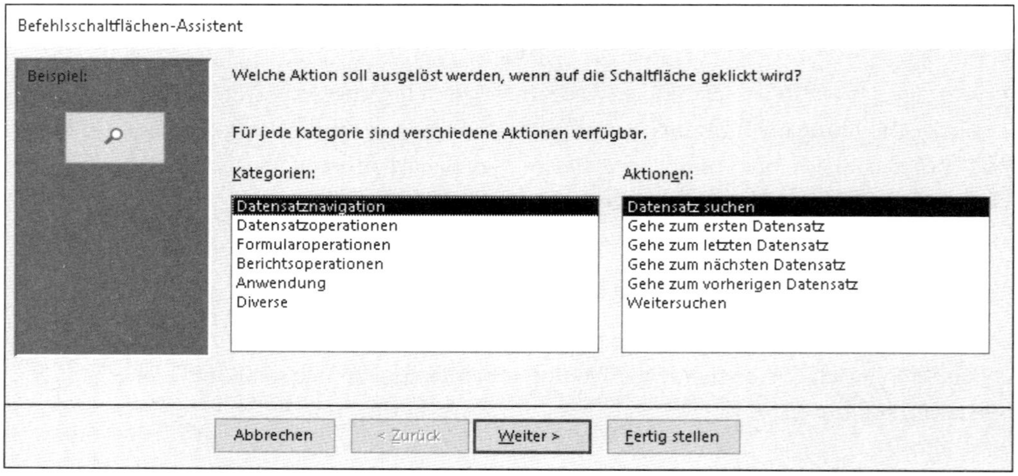

Abbildung 6.90 Im Befehlsschaltflächen-Assistenten sind mehrere Aktionen hinterlegt. Hinter jeder Aktion verbirgt sich ein vorgefertigtes Programm, das Sie ohne Programmierkenntnisse einsetzen können.

Wählen Sie zunächst die gewünschte Kategorie und Aktion. Auf den folgenden Seiten des Assistenten können Sie weitere Eigenschaften der neuen Schaltfläche festlegen, unter anderem das Symbol und den Namen.

In Abschnitt 6.1.6, »Navigationsschaltflächen«, habe ich bereits ein Beispiel mit mehreren Schaltflächen vorgestellt, nämlich den selbst erstellten Datensatznavigator. Schauen wir uns einmal das Ergebnis an:

1. Öffnen Sie die Datenbank *06_Formulare\6.1.6_Datensatznavigator.accdb*.
2. Öffnen Sie das Formular *frmFlughafen_Eigener_Datensatznavigator* in der Entwurfsansicht (Abbildung 6.91).

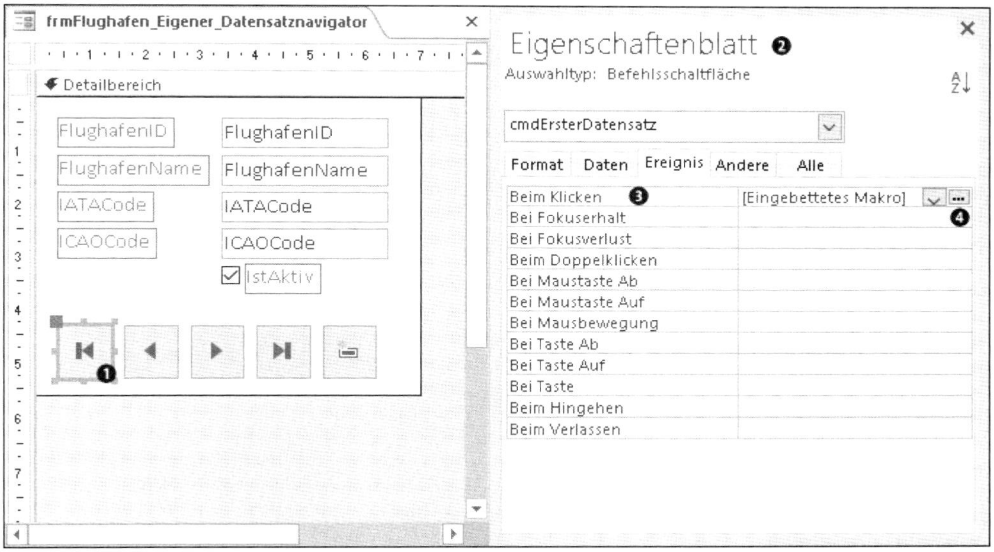

Abbildung 6.91 In den Eigenschaften der Schaltfläche unter »Ereignis« finden Sie den Verweis auf das Programm. In diesem Beispiel ist es ein eingebettetes Makro.

3. Markieren Sie die Schaltfläche ganz links ❶, und blenden Sie das EIGENSCHAFTENBLATT ❷ ein.
4. Gehen Sie zur Eigenschaft EREIGNIS • BEIM KLICKEN ❸. Der Assistent hat den Wert

   ```
   [Eingebettetes Makro]
   ```

   eingetragen. Übersetzt bedeutet dies Folgendes:
   - An der Schaltfläche hängt ein Programmcode in Form eines *eingebetteten Makros*.
   - Access startet das Programm, sobald der Benutzer auf die Schaltfläche klickt (BEIM KLICKEN).
5. Klicken Sie auf EDITIEREN (die Schaltfläche mit den drei Punkten ... ❹). Jetzt sehen Sie das eingebettete Makro mit dem Programmcode (Abbildung 6.92).

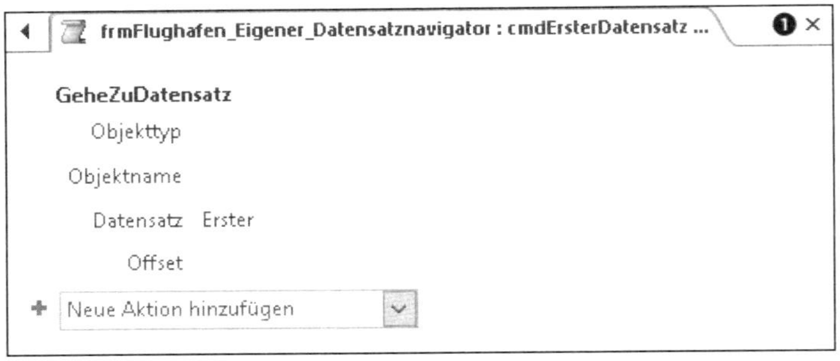

Abbildung 6.92 Das eingebettete Makro in der Makro-Entwurfsansicht

6. Schließen Sie die Makro-Entwurfsansicht ❶, um wieder zurück zur Entwurfsansicht des Formulars zu gelangen.

Der Schaltflächen-Assistent hat den Programmcode automatisch erzeugt. Was ein eingebettetes Makro ist und wie Sie es selbst erstellen und bearbeiten können, werde ich ausführlich in Abschnitt 8.2.5, »Eingebettete Makros«, zeigen.

Je nach Wert in der EREIGNIS-Eigenschaft können Sie unterscheiden, ob die Schaltfläche ein eingebettetes Makro, ein eigenständiges Makro oder ein VBA-Programm startet (Tabelle 6.7).

Wert in der Ereignis-Eigenschaft	Bedeutung
`[Eingebettetes Makro]`	Das Programm ist ein *eingebettetes Makro*, das im Formular abgespeichert ist.
`[Ereignisprozedur]`	Es handelt sich um ein VBA-Programm, das im Formular abgespeichert ist.
Name eines Makros	Das Programm ist als *eigenständiges Makro* abgespeichert. Sie finden das Makro als eigenes Datenbankobjekt im Navigationsbereich.

Tabelle 6.7 Der Wert in der »Ereignis«-Eigenschaft verrät Ihnen, um welche Art von Programm es sich handelt.

Platz sparen mit dem Registersteuerelement

In einem Formular kann der Platz recht eng werden, wenn viele Steuerelemente angezeigt werden sollen. In den letzten Jahren hat sich das Problem etwas entspannt, da die Bildschirme deutlich größer geworden sind. Erfahrungsgemäß kann die Anzeige aber nie groß genug sein. Wenn es einmal eng wird, können Sie mit einem *Registersteuerelement* (englisch *tab control*) neuen Platz schaffen.

Ein neu erstelltes Registersteuerelement hat standardmäßig zwei *Seiten* (englisch *page*; Abbildung 6.93). Über das Kontextmenü können Sie weitere Seiten hinzufügen oder bestehende entfernen.

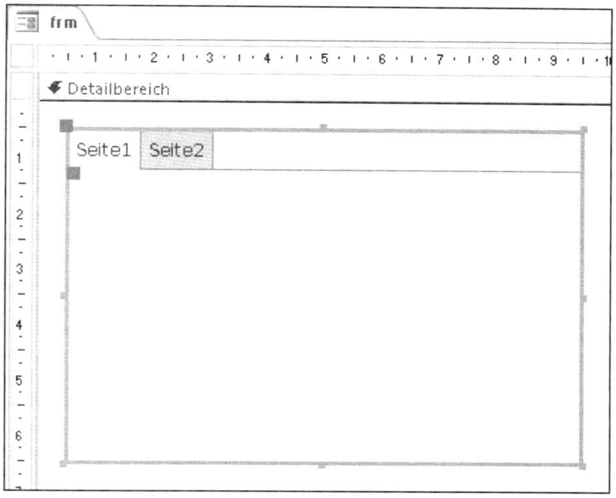

Abbildung 6.93 Ein neu erstelltes Registersteuerelement mit zwei Seiten. In diesem Screenshot ist das Registersteuerelement selbst ausgewählt.

Für Anfänger kann der Unterschied zwischen Registersteuerelement und Seite etwas verwirrend sein. Schauen wir uns deshalb beide Elemente genauer an.

1. **Das Registersteuerelement**
   In Abbildung 6.93 ist das gesamte Registersteuerelement ausgewählt. Davon können Sie sich im EIGENSCHAFTENBLATT überzeugen, denn hier steht AUSWAHLTYP: REGISTERSTEUERELEMENT. Auf der Ebene des Registersteuerelements selbst können Sie unter anderem folgende Einstellungen festlegen:
   - Position und Größe des Registersteuerelements
   - Angaben zu den *Registerreitern* (Anzeige in mehreren Zeilen, Breite und Höhe der Reiter, nicht jedoch die Beschriftung der Reiter!)

   Ferner können Sie über FORMAT • FORMATVORLAGE konfigurieren, ob die Registerreiter überhaupt erscheinen sollen.
2. **Eine Seite des Registersteuerelements**
   Wenn Sie auf den Registerreiter klicken, wählen Sie die entsprechende Seite des Registersteuerelements aus. Abbildung 6.94 zeigt, wie eine Seite richtig ausgewählt ist. Im EIGENSCHAFTENBLATT erscheint jetzt AUSWAHLTYP: SEITE. Unter FORMAT • BESCHRIFTUNG können Sie jetzt den Registerreiter beschriften.

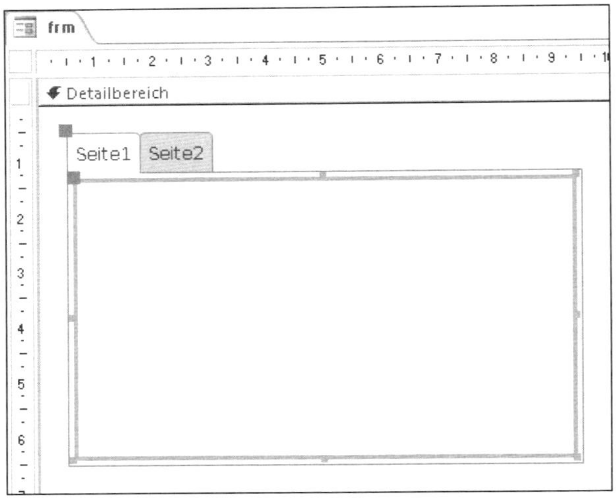

Abbildung 6.94 Der orangefarbene Rand innerhalb des Registersteuerelements zeigt an, dass jetzt eine Seite ausgewählt ist.

Ein Registersteuerelement ist nur sinnvoll, wenn Sie auch Steuerelemente in den Seiten platzieren. Wählen Sie die Seite aus, und fügen Sie dann ein neues Textfeld hinzu. Wie in Abbildung 6.95 dargestellt, färbt Access die Seite vorübergehend schwarz ein – so erkennen Sie, dass das neue Steuerelement wirklich in die Seite eingefügt wird.

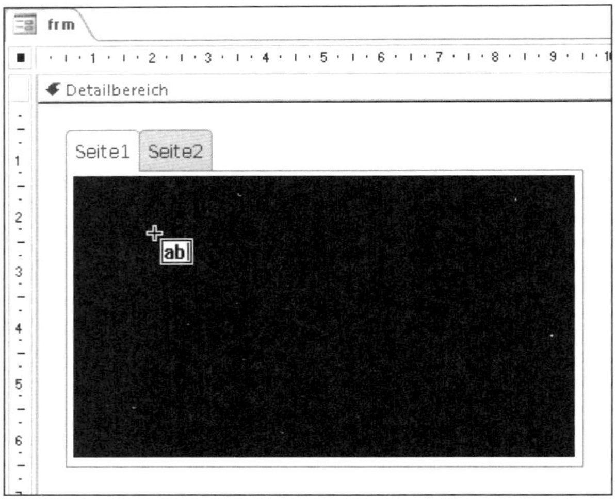

Abbildung 6.95 So fügen Sie ein Steuerelement in die Seite des Registersteuerelements ein.

Das Formular für die Mitarbeiterdaten habe ich einmal mit einem Registersteuerelement ausgestattet. Sie finden dieses Beispiel in den Materialien zum Buch in der Datenbank *06_Formulare\6.3.9_Registersteuerelement.accdb*.

Steuerelemente aus einer Seite wegbewegen

Per Drag & Drop können Sie Steuerelemente nur innerhalb einer Seite verschieben. Nutzen Sie die Zwischenablage ([Strg] + [X] und [Strg] + [V]), um Steuerelemente von einer Seite auf eine andere zu verschieben. Auf dem gleichen Weg lassen sich Steuerelemente vom Formular in eine Seite verschieben und umgekehrt.

Seitenumbruch: Beim Drucken und in der Formularansicht

Bei einem Seitenumbruch denkt jeder zuerst an ausgedruckte Dokumente. Unter DATEI • DRUCKEN (oder [Strg] + [P]) können Sie ein Formular in Access ausdrucken. Hier bewirkt das Steuerelement *Seitenumbruch* genau das, was der Name sagt: Im Ausdruck beginnt eine neue Seite.

Aber auch in der Formularansicht hat der Seitenumbruch seine Bedeutung: Einerseits können Sie – wenn das Formular sehr groß ist und sich über mehrere Bildschirmseiten erstreckt – mit Hilfe der Tasten [PageUp] und [PageDown] von einem Seitenumbruch zum nächsten springen. Andererseits lassen sich mit dem Seitenumbruch unterschiedliche Bereiche für das Springen mit der [Tab]-Taste trennen (Formulareigenschaft ANDERE • ZYKLUS: AKTUELLE SEITE).

Binärdateien können auch als Anlage abgespeichert werden

Das letzte Steuerelement nennt sich *Anlage* und wurde in Access speziell für den gleichnamigen Felddatentyp eingeführt. Neben dem Felddatentyp OLE-OBJEKT ist die Anlage der zweite Weg, Binärdaten in einer Datenbank zu speichern. Verwenden Sie das Steuerelement Anlage, um ein oder mehrere Dateien in einem Anlage-Feld abzuspeichern.

Abbildung 6.96 Dieses Beispiel mit dem Steuerelement Anlage finden Sie in den Materialien zum Buch in der Datenbank »06_Formular\6.3.9_Anlage.accdb«.

6.4 Arbeiten mit Layouts in Formularen

Bisher haben wir die Steuerelemente auf dem Formular mehr oder weniger auf ein Pixel genau positioniert. Die folgenden vier Eigenschaften bestimmen die Position und die Größe eines Steuerelements:

- FORMAT • OBEN
- FORMAT • LINKS
- FORMAT • BREITE
- FORMAT • HÖHE

So berechnet Access die Position und die Größe pixelgenau

Im EIGENSCHAFTENBLATT erscheinen alle Werte der vier genannten Eigenschaften in Zentimetern. Intern speichert Access die Werte in der Einheit *Twip* ab (englisch *twentieth of an inch point*):

1 Twip = 1/20 Pt = 1/1.440 Inch = ca. 18 µm

Selbstverständlich können Sie per VBA-Programmierung auf die Eigenschaften zur Position und Größe eines Steuerelements zugreifen. Alle Angaben sind dann in Twips.

So geben Sie die Position des Steuerelements in Twips aus:

```
Debug.Print Forms!frmMitarbeiter.txtNachname.Top
283
Debug.Print Forms!frmMitarbeiter.txtNachname.Left
1758
```

Die linke Position auf 1,5 cm = 850 Twips setzen:

```
Forms!frmMitarbeiter.txtNachname.Left = 1.5 / 2.54 * 1400
```

Doch wie werden aus Zentimetern bzw. Twips letztendlich Pixel? Beim Anzeigen eines Steuerelements im Formular oder Bericht berücksichtigt Access eine weitere Information, die das Betriebssystem bereitstellt: nämlich die Auflösung auf dem Ausgabekanal (das ist entweder der Bildschirm oder der Drucker) in *dpi* (*dots per inch*).

Von den Twips gelangen wir nach der obigen Formel schnell zu Inch:

1 Inch = 1.440 Twips

Und aus Inch und dpi berechnet Access die Pixel (Dots):

Dots = Inch * dpi

Freundlicherweise führt Access alle die Umrechnungen automatisch durch, und wir müssen uns um die Pixel gar nicht kümmern.

Leider ergibt sich aus den absoluten Positionen und Größenangaben ein entscheidender Nachteil: Ganz egal, wie groß das Access-Fenster ist, die Steuerelemente bleiben immer gleich groß, weder schrumpfen noch wachsen sie. In der Folge sehen Sie auf dem Bildschirm entweder Bildlaufleisten (das Fenster ist zu klein) oder weiße Bereiche (das Fenster ist zu groß). Genau diesen Nachteil beheben die *Layouts*, die es erst seit Access 2007 gibt. Mehrere Steuerelemente können in einem Layout angeordnet werden; das Layout steuert dann die Positionierung und das automatische Verkleinern oder Vergrößern.

6.4.1 Layout- und Entwurfsansicht

Zunächst möchte ich Ihnen eine weitere Ansicht eines Formulars vorstellen: Die *Layoutansicht*. Genau wie in der Formularansicht zeigt Access die einzelnen Datensätze und die Feldinhalte an. Ändern können Sie die Feldinhalte jedoch nicht! Gleichwohl können Sie die Eigenschaften der Steuerelemente verändern. Insbesondere lassen sie sich verschieben und von der Größe her anpassen.

Abbildung 6.97 In der Layoutansicht können Sie Größe, Position und andere Eigenschaften eines Steuerelements verändern.

Bei mir fehlt die Layoutansicht!

Auf Wunsch können Sie die Layoutansicht in einer Datenbank deaktivieren. Rufen Sie dazu unter DATEI • OPTIONEN das Fenster ACCESS-OPTIONEN auf und entfernen dort das Häkchen unter AKTUELLE DATENBANK • ANWENDUNGSOPTIONEN • LAYOUTANSICHT AKTIVIEREN. Diese Änderung wirkt sich allerdings erst aus, nachdem Sie Ihre Datenbank geschlossen und wieder geöffnet haben.

Die Layoutansicht ist also eine Mischung aus Entwurfs- und Formularansicht – hauptsächlich dafür gedacht, Steuerelemente zu verschieben und deren Größe anzupassen. Anders als der Name vermuten lässt, hat die Layoutansicht aber sonst so gut wie gar nichts mit Layouts zu tun! Ich werde in den nächsten Abschnitten weiterhin die Entwurfsansicht nutzen.

In der Layoutansicht erzeugt Access automatisch ein Layout

Einen Unterschied in Bezug auf Layouts gibt es trotzdem zwischen der Entwurfs- und der Layoutansicht: Wenn Sie in der Entwurfsansicht ein neues Steuerelement erzeugen, wird es immer ohne Layout erstellt. Probieren Sie das Gleiche einmal in der Layoutansicht aus! Es ist auf den ersten Blick nicht sofort erkennbar, aber Access erstellt in der Layoutansicht *automatisch ein Layout*. Deutlich sehen Sie das an den roten Linien, die Access beim Hinzufügen eines weiteren Steuerelements einblendet (Abbildung 6.98).

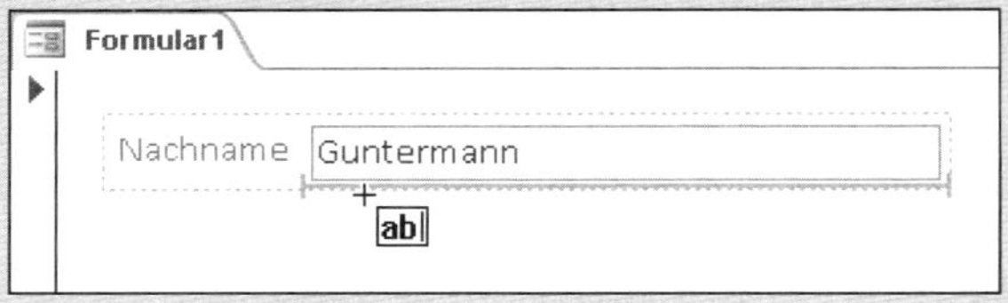

Abbildung 6.98 Hier wird ein neues Textfeld in das bestehende Layout eingefügt.

6.4.2 Layout hinzufügen

In Abbildung 6.98 sehen Sie, wie ein Layout in der Entwurfs- oder der Layoutansicht erscheint: als gestrichelte Linie. Wie erwähnt, erzeugt Access das Layout in der Layoutansicht automatisch.

Ein Layout manuell erstellen

Und so erzeugen Sie in der Entwurfsansicht ein Layout manuell:

1. Öffnen Sie die Datenbank *06_Formulare\6.4.1_Layout.accdb*.
2. Öffnen Sie das Formular *frmMitarbeiter* in der Entwurfsansicht.
3. Markieren Sie alle Steuerelemente im Detailbereich ([Strg] + [A]).
4. Klicken Sie auf ANORDNEN • TABELLE • GESTAPELT.

Jetzt sind alle Steuerelemente Bestandteil eines Layouts. Auf den ersten Blick ist der Unterschied gar nicht so offensichtlich. Wenn Sie nur ein Steuerelement auswählen, sehen Sie die grau gestrichelte Linie um das Layout (Abbildung 6.99). Das Formular in dieser Form habe ich unter dem Namen *frmMitarbeiter_Layout* abgespeichert.

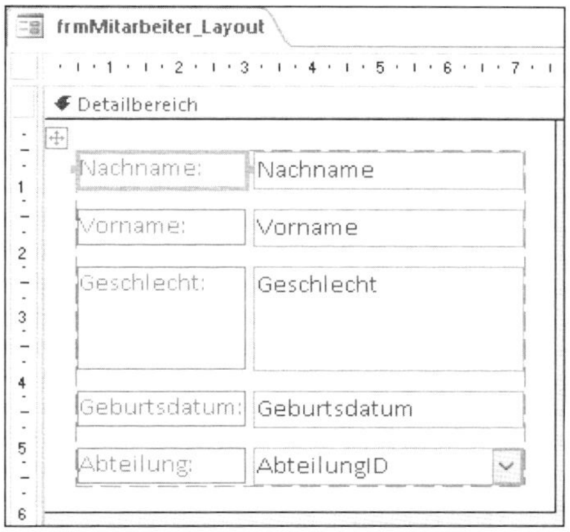

Abbildung 6.99 Die gestrichelte Linie umrahmt das Layout.

Ein Layout mit nur einem Steuerelement

Sie können auch mit nur einem einzigen Steuerelement ein Layout erstellen. Mit einem einzelnen Steuerelement bringt das Layout zunächst einmal keine Vorteile. Es kann aber erweitert werden, wie ich gleich zeigen werde.

Ein Steuerelement zum Layout hinzufügen

Per Drag & Drop können Sie ein Steuerelement zum Layout hinzufügen. Markieren Sie ein bestehendes Steuerelement, und ziehen Sie es in das Layout (Abbildung 6.100); solange Sie die linke Maustaste gedrückt halten, blendet Access an der neuen Position im Layout eine rote Markierung ❶ ein. Ebenfalls per Drag & Drop lässt sich ein Steuerelement innerhalb des Layouts verschieben.

Abbildung 6.100 Die rote Markierung ❶ zeigt an, wo im Layout das Kombinationsfeld positioniert wird.

Ganz ähnlich wie in Abbildung 6.100 sieht der Vorgang in der Layoutansicht aus. Es gibt nur einen winzigen Unterschied bei neuen Steuerelementen: In der Entwurfsansicht lässt sich ein neues Steuerelement nicht direkt aus der Toolbox in das Layout einfügen. Vielmehr müssen Sie es zuerst im Detailbereich erstellen und dann per Drag & Drop in das Layout verschieben. In der Layoutansicht gibt es hingegen den direkten Weg (Abbildung 6.98).

6.4.3 Den Layoutbereich anpassen

Wozu nun der ganze Aufwand mit dem Layout? Ein Layout nimmt Ihnen die Ausrichtung aller Steuerelemente ab. Erinnern Sie sich noch an die Führungslinien aus Abschnitt 6.2.3, »Ausrichten«? Ein Layout erzeugt die Führungslinien automatisch und sorgt dafür, dass die Steuerelemente immer ordentlich ausgerichtet sind.

Über das Layout die Größe und Position mehrerer Steuerelemente verändern

Links oberhalb des Layouts zeigt Access ein kleines Symbol zum Verschieben an (Abbildung 6.101). Über diese Funktion können Sie die Steuerelemente im Layout als gesamten Block verschieben.

Abbildung 6.101 Mit dem Symbol oben links können Sie das gesamte Layout verschieben.

Wenn Sie ein Steuerelement innerhalb des Layouts vergrößern oder verkleinern, wirkt sich das auch auf die anderen Steuerelemente aus (Abbildung 6.102). Das Layout sorgt dafür, dass die Zellen der Tabelle stets gleich groß sind.

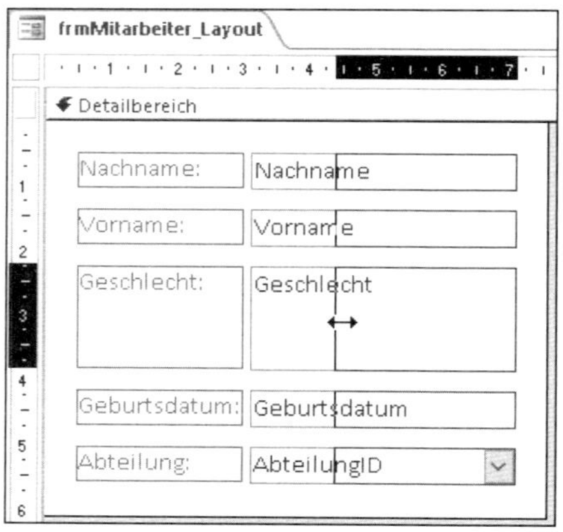

Abbildung 6.102 Wird ein Steuerelement in einem Layout vergrößert oder verkleinert, so wirkt sich das auf das gesamte Layout aus.

Leere Zeilen oder Spalten zum Layout hinzufügen

Als Nächstes werden wir im Layout leere Zellen erzeugen. Sie finden die entsprechenden Funktionen im Menüband unter ANORDNEN • ZEILEN UND SPALTEN:

- DARÜBER EINFÜGEN
- DARUNTER EINFÜGEN
- LINKS EINFÜGEN
- RECHTS EINFÜGEN

Damit erzeugen Sie eine Zeile oder Spalte mit leeren Zellen. Wenn Sie möchten, können Sie jetzt ein Steuerelement in eine der leeren Zellen verschieben.

> **Leere Zellen lassen sich auswählen und verändern**
>
> Sobald Sie eine leere Zelle auswählen, erscheint im EIGENSCHAFTENBLATT AUSWAHLTYP: LEERE ZELLE. Über die Eigenschaften lässt sich unter anderem die Hintergrundfarbe der leeren Zelle einstellen (über die Eigenschaften HINTERGRUNDART und HINTERGRUNDFARBE). Es lohnt sich, hier ein paar Einstellungen auszuprobieren. Unter anderem können Sie den Textabstand exakt einstellen, wohingegen es im Menüband nur voreingestellte Werte unter ANORDNEN • POSITION • ABSTAND ZWISCHEN STEUERELEMENTEN gibt.

Die Funktionen zum Löschen einer Zeile oder Spalte finden Sie übrigens im Kontextmenü (eine Zelle wählen, dann rechte Maustaste):

- ZEILE LÖSCHEN
- SPALTE LÖSCHEN

Aber Vorsicht: Alle Steuerelemente in der Zeile beziehungsweise Spalte werden ebenfalls entfernt!

Mehrere Zellen zusammenführen oder teilen

Leere Zellen eignen sich einerseits, um Abstände zwischen den Steuerelementen zu erzeugen. Darüber hinaus lassen sich mehrere Zellen zusammenführen, so dass sich das Steuerelement über mehrere Zeilen oder Spalten erstreckt.

1. Wählen Sie dazu zwei Zellen aus. Mindestens eine der beiden Zellen muss leer sein!
2. Klicken Sie auf ANORDNEN • ZUSAMMENFÜHREN/TEILEN • ZUSAMMENFÜHREN.

Das Ergebnis (Abbildung 6.103) erinnert mich etwas an das Verbinden von Zellen, wie Sie es vielleicht von Excel her kennen. Mit den beiden Schaltflächen VERTIKAL TEILEN oder HORIZONTAL TEILEN lässt sich das Ganze wieder rückgängig machen.

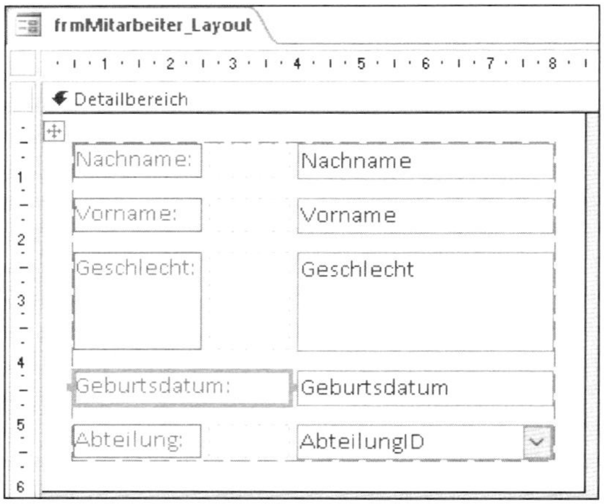

Abbildung 6.103 In diesem Layout gibt es vier Zellen, die leer sind und gestrichelt erscheinen. Die markierte Bezeichnung erstreckt sich über zwei Zellen, die ich zusammengeführt habe.

6.4.4 Layout entfernen

Layouts sind eine relativ neue Funktionalität in Access, und wie ich an mehreren Stellen gezeigt habe, können Sie auch komplett ohne Layout arbeiten – ich nenne es einmal die traditionelle Anordnung von Steuerelementen in Formularen. In diesem Abschnitt zeige ich Ihnen, wie Sie das Layout wieder loswerden.

Ein einzelnes Steuerelement aus dem Layout entfernen

Wenn Sie nur ein einzelnes Steuerelement aus dem Layout wegbewegen möchten, wird das nicht per Drag & Drop funktionieren. Es gibt zwei Wege, die zum Erfolg führen:

1. **Das Steuerelement über die Zwischenablage wegbewegen**
   - das Steuerelement im Layout auswählen
   - ausschneiden (Strg + X)
   - den Detailbereich auswählen
   - einfügen (Strg + V)
2. **Über die Funktion »Layout entfernen«**
   - das Steuerelement im Layout auswählen
   - Anordnen • Tabelle • Layout entfernen

   Unter Umständen ist das herausgelöste Steuerelement nach diesen Schritten vom Layout verdeckt.

Das gesamte Layout entfernen

Und so werden Sie das Layout komplett wieder los:

1. alle Steuerelemente auswählen (Strg + A)
2. ANORDNEN • TABELLE • LAYOUT ENTFERNEN

Und schon sind Sie wieder bei der traditionellen Anordnung von Steuerelementen.

6.4.5 Layout ähnlich einer Tabelle: Formularkopf und Formularfuß

Bisher habe ich nur die eine Variante des Layouts vorgestellt, die sich »Gestapelt« nennt. Hier erscheinen die Steuerelemente im Detailbereich untereinander. Die zweite Variante des Layouts nennt sich »Tabelle«, denn in dieser Variante werden die Steuerelemente nebeneinander dargestellt. Erstellen wir also ein Layout der Variante »Tabelle« und sehen uns das Ergebnis an:

1. Öffnen Sie die Datenbank *06_Formulare\6.4.5_Layout_Tabelle.accdb*.
2. Öffnen Sie das Formular *frmMitarbeiter* in der Entwurfsansicht.
3. Markieren Sie alle Steuerelemente im Detailbereich (Strg + A).
4. Klicken Sie auf ANORDNEN • TABELLE • TABELLE.

Ich habe dieses Formular unter dem Namen *frmMitarbeiter_Layout_Tabelle* gespeichert.

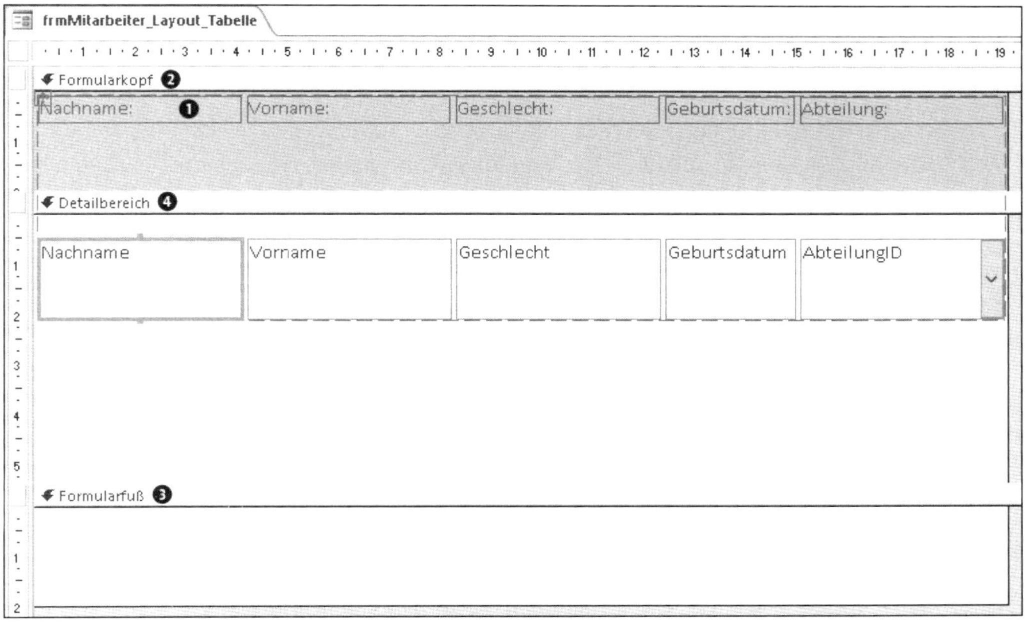

Abbildung 6.104 Dies ist das Layout in der Variante »Tabelle«.

Eine ordentliche Tabelle sollte immer eine Kopfzeile haben. In unserem Beispiel (Abbildung 6.104) bilden die Steuerelemente vom Typ Bezeichnung die Kopfzeile ❶. Und jetzt kommt eine Besonderheit: Access hat für die Kopfzeile zwei neue *Bereiche* erstellt, den *Formularkopf* ❷ und den *Formularfuß* ❸. Alle Bezeichnungen befinden sich im Formularkopf, wohingegen die restlichen Steuerelemente im Detailbereich ❹ geblieben sind. Die Layoutvariante »Tabelle« erstreckt sich folglich über zwei Bereiche des Formulars.

Es gibt fünf Bereiche in einem Formular

In einem Formular können Sie diese Bereiche (englisch *sections*) verwenden:

- Formularkopf
- Seitenkopf
- Detailbereich
- Formularfuß
- Seitenfuß

Diese fünf Bereiche sind in Access-Formularen fest hinterlegt (im Gegensatz den Access-Berichten, wo Sie die Bereiche frei definieren können). Standardmäßig verfügt ein Formular nur über den Detailbereich. Die anderen Bereiche können Sie bei Bedarf über das Kontextmenü aktivieren (Detailbereich auswählen, rechte Maustaste):

- Seitenkopf/-fuß
- Formularkopf/-fuß

Mit der Layoutvariante »Tabelle« aktiviert Access automatisch den Formularkopf und den Formularfuß.

In jeden der fünf Bereiche können Sie Steuerelemente platzieren. Exakt in der oben genannten Reihenfolge erscheinen die Bereiche dann in der Formularansicht, wobei der Seitenkopf und der Seitenfuß nur beim Drucken sichtbar werden.

Sowohl der Formularkopf als auch der Formularfuß spielen bei den Endlosformularen noch einmal eine wichtige Rolle (Abschnitt 6.5.3, »Das Endlosformular«). Für diesen Formulartyp ist die Layoutvariante »Tabelle« bestens geeignet.

6.4.6 Abstand und Gitternetzlinien

Layouts nehmen Ihnen nicht nur das lästige Ausrichten von Steuerelementen ab. Zwei nützliche Features können Ihnen helfen, das visuelle Erscheinungsbild eines Formulars zu verbessern:

1. **Abstand zwischen Steuerelementen**
   Im Menüband unter ANORDNEN • POSITION • ABSTAND ZWISCHEN STEUERELEMENTEN können Sie den Abstand zwischen den Zellen des Layouts konfigurieren.

2. **Gitternetzlinien**
   Legen Sie unter ANORDNEN • TABELLE • GITTERNETZLINIEN fest, ob das Layout durch Linien in Erscheinung treten soll. Ein Beispiel dazu finden Sie in den Materialien zum Buch in der Datenbank *06_Formulare\6.4.6_Layout_mit_Gitternetz.accdb* (Abbildung 6.105)

Abbildung 6.105 Ein gestapeltes Layout mit Gitternetzlinien

So hart war die Arbeit, bevor die Layouts aufkamen

»Früher war alles besser.« – Auf Access und die relativ neuen Layouts trifft diese Weisheit jedenfalls nicht zu! Möglicherweise möchten oder müssen Sie in einem Formular eine Tabelle mit Linien nachbilden (so wie in Abbildung 6.105). Nebenbei bemerkt ist dies ist ein Anwendungsfall, der in Berichten besonders häufig auftritt.

In den Zeiten vor den Layouts (vor Access 2007) gab es nur eine Lösung: Mit Hilfe des Steuerelements Linie die Tabelle nachbilden. Sie können schnell abzählen, dass schon bei wenigen Zeilen und Spalten eine erhebliche Anzahl an Linien notwendig ist. Alle diese Steuerelemente mussten ohne Layout manuell ausgerichtet werden.

Mit Layouts ist die Arbeit eines Access-Entwicklers jetzt viel einfacher geworden: Layout erstellen, Ausrichtung der Steuerelemente über das Layout, Gitternetzlinien festlegen – fertig!

6.4.7 Steuerelemente verankern

Kommen wir nun zu einem wichtigen Punkt zurück, den ich eingangs erwähnt habe: Was passiert mit den Steuerelementen, wenn das Access-Fenster größer oder kleiner wird? Standardmäßig bleibt die Größe unverändert, was immer unbefriedigend ist, denn entweder erscheinen Bildlaufleisten (das Fenster ist zu klein) oder es kommen weiße Bereiche hinzu (das Fenster ist zu groß). Viel besser sind *verankerte Steuerelemente*. Verankerung bedeutet in diesem Zusammenhang, dass ein Steuerelement je nach Größe des Access-Fensters schrumpfen oder wachsen kann. Dadurch wird der Platz am Bildschirm immer optimal ausgenutzt.

Verankerung funktioniert nur in Kombination mit einem Layout zuverlässig

Streng genommen lässt sich jedes Steuerelement verankern – egal, ob es Bestandteil eines Layouts ist oder nicht. Ohne Layouts funktioniert die ganze Angelegenheit aber nicht wirklich zuverlässig.

Es gibt insgesamt neun Optionen zum Verankern (Abbildung 6.106). Standardmäßig ist jedes Steuerelement mit der Option OBEN LINKS verankert.

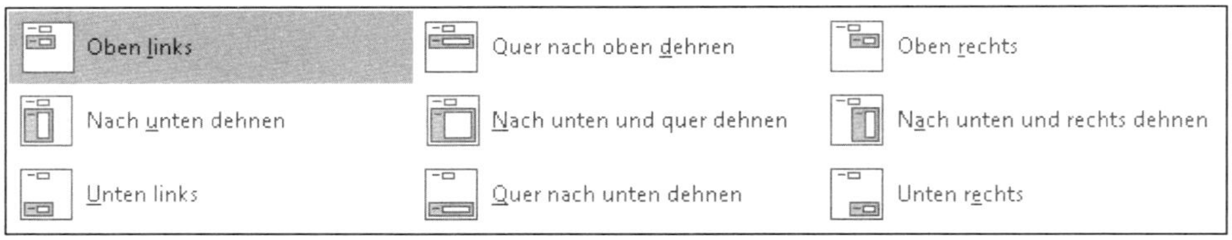

Abbildung 6.106 Diese neun Optionen zum Verankern gibt es.

Am besten sehen wir uns an zwei Beispielen an, wie Steuerelemente wachsen können. In den Materialien zum Buch finden Sie die jeweiligen Formulare in der Datenbank *06_Formulare\6.4.7_Verankerte_Steuerelemente.accdb*.

Einzeilige Steuerelemente quer dehnen

Das Formular *frmMitarbeiter_Abteilung_cbo* enthält drei Textfelder, ein Listenfeld und ein Kombinationsfeld (Abbildung 6.107).

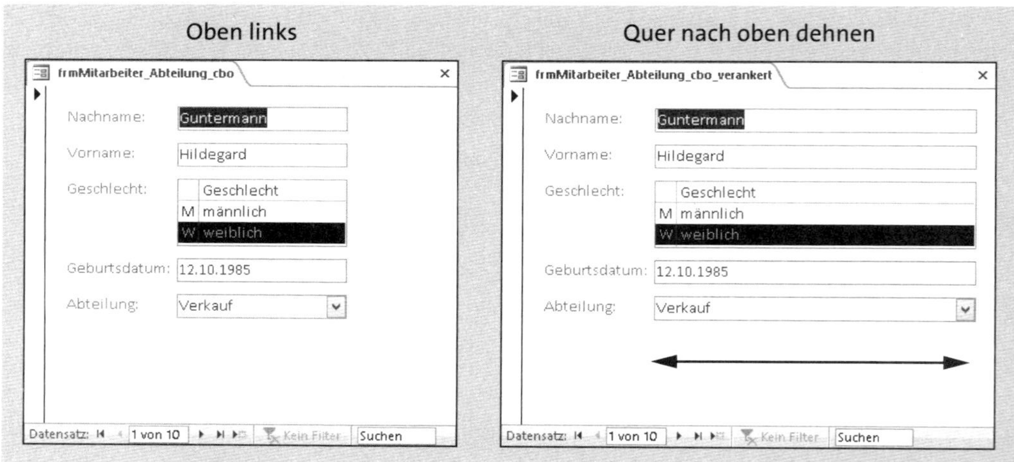

Abbildung 6.107 Die Höhe aller Steuerelemente bleibt gleich, die Breite passt sich an den Bildschirm an: Diese Verankerung erreichen Sie mit der Option »Quer nach oben dehnen«.

Abgesehen vom Listenfeld sind alle Steuerelemente einzeilig. Ich möchte gerne, dass sich die Breite der Steuerelemente an die Fensterbreite von Access anpasst. Von der Höhe her sollen keine Anpassungen erfolgen. Genau diesen Wunsch erfüllt die Option QUER NACH OBEN DEHNEN.

Hier das Rezept, mit dem Sie das Verankern konfigurieren können:

1. Öffnen Sie das Formular *frmMitarbeiter_Abteilung_cbo* in der Entwurfsansicht. Wie Sie schnell feststellen werden, gibt es ein Layout, das alle Steuerelemente enthält.
2. Wählen Sie das Kombinationsfeld »cboAbteilungID« aus.
3. Klicken Sie unter ANORDNEN • POSITION • ANKER auf die Option QUER NACH OBEN DEHNEN.

Übrigens reicht es aus, die Option zum Verankern nur für ein Steuerelement einzustellen. Über das Layout wirkt sich die Einstellung indirekt auch auf alle anderen Steuerelemente aus, und alle werden wie gewünscht gedehnt. Das fertige Formular finden Sie unter dem Namen *frmMitarbeiter_Abteilung_cbo_verankert*.

Ein mehrzeiliges Steuerelement nach unten und quer dehnen

Im zweiten Beispiel gibt es nur einen kleinen Unterschied: Anstelle eines Kombinationsfeldes gibt es ein Listenfeld, in dem der Benutzer die Abteilung wählen kann (Abbildung 6.108). Mein Wunsch ist, dass alle Steuerelemente in die Breite (horizontal) wachsen können. Das Listenfeld soll jedoch auch den gesamten Platz nach unten hin ausfüllen (vertikal wachsen). Hierfür kommt die Option NACH UNTEN UND QUER DEHNEN zum Einsatz.

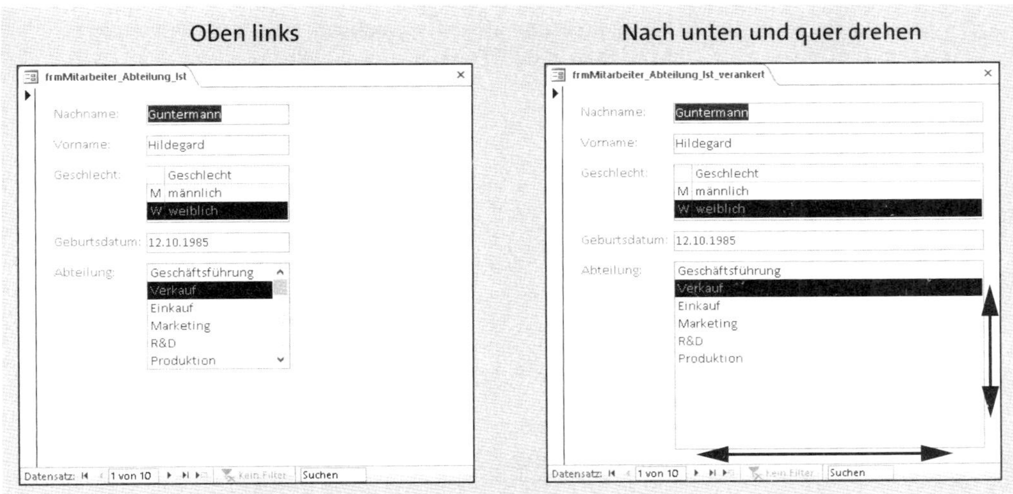

Abbildung 6.108 Alle Steuerelemente sollen sich in der Breite an den Bildschirm anpassen. Von der Höhe her soll allerdings nur das unterste Steuerelement wachsen. Dies erreichen Sie mit der Einstellung »Nach unten und quer dehnen«.

Hier die einzelnen Arbeitsschritte:

1. Öffnen Sie das Formular *frmMitarbeiter_Abteilung_lst* in der Entwurfsansicht. Auch hier gibt es ein Layout, in dem alle Steuerelemente bereits enthalten sind.
2. Wählen Sie das Kombinationsfeld »lstAbteilungID« aus.
3. Klicken Sie unter ANORDNEN • POSITION • ANKER auf die Option NACH UNTEN UND QUER DEHNEN.

Das fertige Formular finden Sie unter dem Namen *frmMitarbeiter_Abteilung_lst_verankert*. An dieser Stelle ist wichtig, dass Sie die Option zum Verankern nur für das Steuerelement unten rechts setzen. Über das Layout werden indirekt alle anderen Steuerelemente in der Breite gedehnt, was ja gewünscht ist. Anders sieht es jedoch für das Wachsen nach unten aus: Access soll nur für das Listenfeld vertikal dehnen. Deshalb muss die Verankerung genau dort, nämlich für das Listenfeld, konfiguriert werden.

Probieren Sie doch einmal aus, die genannte Option zum Verankern auch für andere Steuerelemente zu setzen. Sie werden sehen, dass Access dann auch die anderen Steuerelemente vertikal dehnt.

Alle Optionen zum Verankern im Überblick

An den beiden Beispielen habe ich die zwei Optionen vorgestellt, die von meinem Gefühl her die am häufigsten verwendeten sind. Abschließend finden Sie in Tabelle 6.8 alle Optionen zum Verankern und ihre Wirkung im Überblick.

Option für Verankern	horizontal wachsen	vertikal wachsen	führt zu weißen Bereichen
OBEN LINKS			•
OBEN RECHTS			•
UNTEN LINKS			•
UNTEN RECHTS			•
QUER NACH OBEN DEHNEN	•		•
QUER NACH UNTEN DEHNEN	•		•
NACH UNTEN DEHNEN		•	•
NACH UNTEN UND RECHTS DEHNEN		•	•
NACH UNTEN UND QUER DEHNEN	•	•	

Tabelle 6.8 Einige Optionen zum Verankern bewirken, dass Steuerelemente wachsen – entweder in die Breite, in die Höhe oder beides.

6.5 Formulartypen

In den letzten Abschnitten habe ich hauptsächlich aus der Sicht eines Access-Entwicklers berichtet. Wie generieren Sie beispielsweise in der Entwurfsansicht neue Steuerelemente? An welcher Stelle ist die Layoutansicht hilfreich? Ich werde jetzt auf die Sichtweise des Endanwenders eingehen.

Zwei unterschiedliche Rollen: Der Entwickler und der Endanwender

Bei den Formularen treten die beiden unterschiedlichen Rollen eines Access-Benutzers nach meinem Empfinden recht gut in Erscheinung:

- Der *Entwickler* ist für das Datenbankdesign verantwortlich. Er erstellt die Tabellen, Abfragen, Formulare, Berichte und erledigt die Programmierung. Mit den Dateninhalten hat er nichts zu tun. Er arbeitet hauptsächlich in der Entwurfsansicht.
- Auf der anderen Seite steht der *Endanwender*, der die fertige Access-Datenbank vom Entwickler bekommt und nutzt. Das heißt, er arbeitet gerade nicht in der Entwurfsansicht. Vielmehr verwendet er fertige Formulare, um Daten in der Datenbank zu erfassen, und er nutzt fertige Berichte zur Auswertungen vorhandener Daten.

Beide Rollen müssen nicht immer getrennt sein, und – wie ich finde – mit der neuen Layoutansicht verwischt die Grenze sogar. Je nach Tätigkeit, die Sie gerade in Access ausführen, sind Sie mit der Entwickler- oder mit der Endanwender-Rolle betraut.

Der Endanwender hat die Freiheit, die gerade für ihn passende *Ansicht* auf das Formular auszuwählen (ausgenommen der Entwurfsansicht). Gleichwohl kann der Entwickler die Auswahl einschränken. Hingegen ist es Aufgabe des Entwicklers, den *Formulartyp* festzulegen. Und genau darum geht es in diesem Abschnitt.

In Access gibt es sechs unterschiedlichen Formulartypen, von denen Sie die ersten beiden kennen. Wie in Tabelle 6.9 angegeben, wird der Formulartyp über bestimmte Eigenschaften festgelegt.

Formulartyp	Wird eingestellt über die Formulareigenschaft ...
gebundenes Standardformular	DATENSATZQUELLE
ungebundenes Standardformular	DATENSATZQUELLE
Endlosformular	STANDARDANSICHT
geteiltes Formular	STANDARDANSICHT
einfaches Popup-Formular	POPUP
modales Popup-Formular	GEBUNDEN

Tabelle 6.9 In Access gibt es sechs Formulartypen, die der Entwickler über Eigenschaften festlegt.

In den Materialien zum Buch in der Datenbank *06_Formulare\6.5.1_Formulartypen.accdb* finden Sie für jeden Formulartyp jeweils ein Beispiel. Schauen wir uns die Formulartypen im Einzelnen an.

6.5.1 Das gebundene Standardformular

Zuallererst ist da der Klassiker, das *gebundene Standardformular* (englisch *bound single form*; Abbildung 6.109). In der Eigenschaft DATENSATZQUELLE legen Sie fest, woher die Daten kommen. Dafür kommen diese Optionen in Frage:

- der Name einer Tabelle
- der Name einer Abfrage
- eine SQL-Anweisung

Wie ich Ihnen schon gezeigt habe, können Sie die verfügbaren Felder per Drag & Drop in das Formular ziehen. Access generiert die passenden Steuerelemente dann automatisch.

Abbildung 6.109 Das gebundene Standardformular in der modernen Ansicht (Formulare als Registerkarten)

6.5.2 Das ungebundene Standardformular

Wenn Sie die Eigenschaft DATENSATZQUELLE leer lassen, gelangen Sie zum zweiten Formulartyp: dem *ungebundenen Standardformular* (englisch *unbound single form*; Abbildung 6.110).

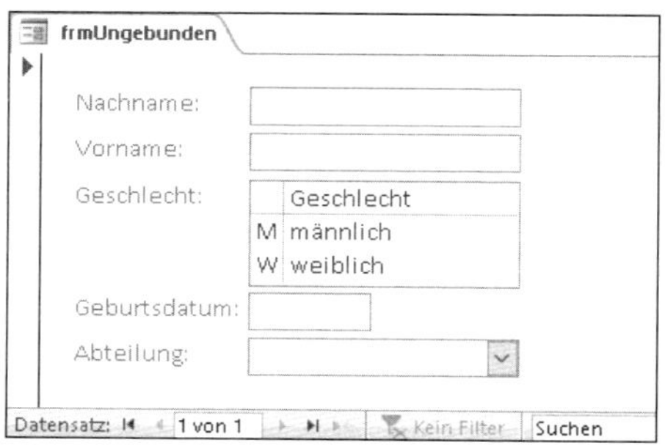

Abbildung 6.110 Ein ungebundenes Standardformular mit ungebundenen Steuerelementen

Im ungebundenen Formular gibt es keine Felder, die man per Drag & Drop in das Formular ziehen könnte. Gleichwohl können Sie ungebundene Steuerelemente manuell aus der Toolbox hinzufügen.

Ungebundene Formulare lassen sich mit Programmierung zum Leben erwecken

Ohne zusätzliche Handgriffe ist ein ungebundenes Formular ziemlich langweilig. Öffnen Sie einmal das Beispiel *frmUngebunden* aus den Materialien zum Buch. Sie können in die Steuerelemente Daten eintippen, aber speichern wird Access die Eingaben nicht! Sobald Sie das Formular schließen, gehen die Feldinhalte verloren.

Ein ungebundenes Formular lebt erst mit Programmierung so richtig auf. Prinzipiell können Sie per VBA-Code alle Funktionen nachprogrammieren, die Access im Fall des gebundenen Formulars schon von Haus aus mitbringt: Datensätze anzeigen, hinzufügen, ändern und löschen.

Warum sollte man sich nun die Arbeit der Programmierung machen? Der Aufwand ist dann gerechtfertigt, wenn Sie in einem Formular absolute Flexibilität benötigen. Ein Beispiel werde ich Ihnen im Workshop in Abschnitt 6.8.3, »Workshop: Platzreservierung«, vorstellen. Darüber hinaus sind ungebundene Formulare praktisch für die Benutzerführung, beispielsweise als Hauptmenü eines Anwendungsprogramms mit Schaltflächen (Abschnitt 11.1.2, »Formen des Hauptmenüs«).

6.5.3 Das Endlosformular

Das *Endlosformular* (englisch *continuous form*) ist der dritte Formulartyp. So können Sie ein gebundenes Standardformular in ein Endlosformular umwandeln:

1. Öffnen Sie das Formular *frmStandardformular* in der Entwurfsansicht.
2. Blenden Sie das EIGENSCHAFTENBLATT ein (ENTWURF • TOOLS • EIGENSCHAFTENBLATT).
3. Vergewissern Sie sich, dass Sie die Formulareigenschaften gewählt haben (AUSWAHLTYP: FORMULAR).
4. Bei einem Standardformular steht unter FORMAT • STANDARDANSICHT der Wert EINZELNES FORMULAR. Ändern Sie die Auswahl in ENDLOSFORMULAR

Access zeigt in einem Endlosformular die Datensätze untereinander an.

Im Endlosformular bekommt der Datensatzmarkierer eine wichtige Bedeutung

In Abbildung 6.111 können Sie erkennen, dass der Datensatzmarkierer in einem Endlosformular sehr wichtig ist: Der Pfeil zeigt uns an, welcher Datensatz gerade aktiv ist. Sie kennen das schon von der Datenblattansicht. In bekannter Weise können Sie über den Datensatzmarkierer einen oder mehrere Datensätze löschen.

Ein Endlosformular wie in Abbildung 6.111 ist noch keine wirkliche Bereicherung verglichen mit dem Standardformular. Besser ist es, den Formularkopf zu nutzen und dort alle Beschriftungen zu platzieren.

Abbildung 6.111 Im Endlosformular zeigt Access die Datensätze untereinander an.

Auf diese Weise können Sie ein Formular erstellen, das einer Tabelle nachempfunden ist (Abbildung 6.112).

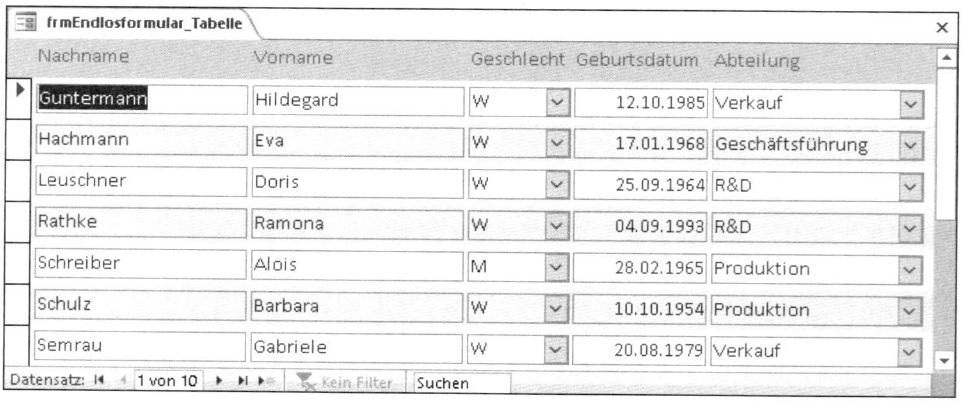

Abbildung 6.112 Mit Hilfe eines Endlosformulars lässt sich eine Tabelle nachbilden.

Das Ganze erinnert etwas an die Datenblattansicht; es gibt aber einen wichtigen Unterschied: Bei einem Endlosformular handelt es sich immer noch um ein Formular. Somit haben Sie die vollständige Freiheit, unterschiedliche Steuerelemente nach Herzenslust einzusetzen, zu platzieren, zu formatieren, mit Programmierung (Makros, VBA) zu unterstützen usw.

Mit diesem Rezept können Sie ein gebundenes Standardformular in ein Endlosformular in Tabellenform umwandeln:

1. Öffnen Sie die Datenbank *06_Formulare\6.5.1_Formulartypen.accdb*.
2. Öffnen Sie das Formular *frmStandardformular* in der Entwurfsansicht.
3. Ändern Sie in den Formulareigenschaften den Wert der Eigenschaft FORMAT • STANDARDANSICHT in ENDLOSFORMULAR
4. Klicken Sie auf den Detailbereich.
5. Aktivieren Sie den Formularkopf und -fuß, indem Sie im Kontextmenü (rechte Maustaste) auf FORMULARKOPF/-FUSS klicken. Die beiden neuen Bereiche werden eingeblendet.
6. Markieren Sie alle fünf Bezeichnungen:
   - »lblNachname«
   - »lblVorname«
   - »lblGeschlecht«
   - »lblGeburtsdatum«
   - »lblAbteilungID«
7. Schneiden Sie die fünf Steuerelemente aus (`Strg` + `X`).
8. Klicken Sie auf den Formularkopf.
9. Fügen Sie die fünf Bezeichnungen aus der Zwischenablage ein (`Strg` + `V`). Die Bezeichnungen befinden sich jetzt im Formularkopf. Die drei Textfelder, das Listenfeld und das Kombinationsfeld verbleiben im Detailbereich.
10. Ordnen Sie alle Steuerelemente nebeneinander an (vergleiche Abbildung 6.112).
11. Optional: Ändern Sie das Listenfeld »lstGeschlecht« in ein Kombinationsfeld um.
12. Verringern Sie die Höhe aller Bereiche, um unnötige weiße Bereiche verschwinden zu lassen:
    - Formularkopf: ca. 0,8 cm
    - Detailbereich: ca. 0,8 cm
    - Formularfuß: 0 cm

    Die Höhe eines Bereichs lässt sich über zwei Wege ändern: entweder am unteren Ende des Bereichs die Maustaste drücken und ziehen oder den Bereich wählen und im EIGENSCHAFTENBLATT unter FORMAT • HÖHE den gewünschten Wert eintragen.
13. Optional: Im Formularfuß sind keine Steuerelemente vorhanden. Sie können deshalb diesen Bereich unsichtbar schalten (im EIGENSCHAFTENBLATT unter FORMAT • SICHTBAR).

Das fertige Endlosformular finden Sie in der Beispieldatenbank unter dem Namen *frmEndlosformular_Tabelle*. Diese Form des Endlosformulars ist für Datenbankanwendungen eine feine Sache, und in der Praxis verwende ich sie sehr häufig.

6.5.4 Das geteilte Formular

In der Version Access 2007 ist ein weiterer Formulartyp, das *geteilte Formular* (englisch *split form*), hinzugekommen. Es besteht aus zwei Teilen:

- einer Datenblattansicht
- einem gebundenen Standardformular

Beide Teile können so wie in Abbildung 6.113 nebeneinander oder untereinander dargestellt werden. Zwischen beiden Teilen befindet sich die Teilerleiste, die man verschieben kann.

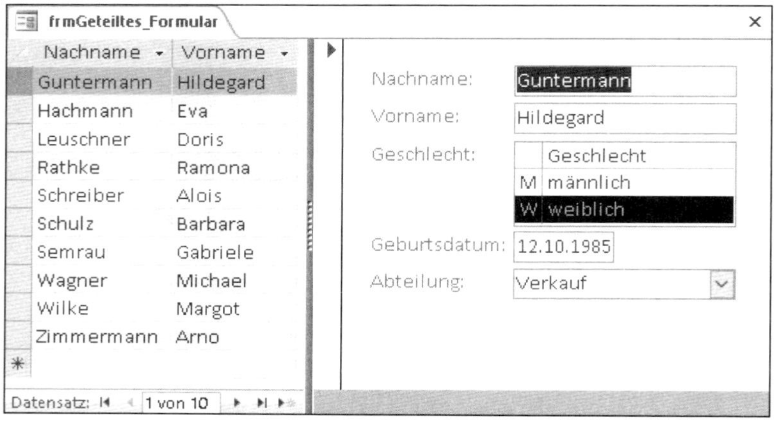

Abbildung 6.113 Das geteilte Formular vereint Datenblattansicht und Formularansicht.

Am besten gehen wir wieder vom gebundenen Standardformular aus:

1. Öffnen Sie die Datenbank *06_Formulare\6.5.1_Formulartypen.accdb*.
2. Öffnen Sie das Formular *frmStandardformular* in der Entwurfsansicht.
3. Ändern Sie in den Formulareigenschaften den Wert der Eigenschaft FORMAT • STANDARDANSICHT in GETEILTES FORMULAR.

   Schalten Sie bitte einmal in die Formularansicht um. Standardmäßig ordnet Access beide Teile des Formulars untereinander an. Des Weiteren erscheinen in der Datenblattansicht alle Felder.

   Ich persönlich finde es ansprechender, wenn die Datenblattansicht links zu finden ist. Deshalb hier noch die weiteren Schritte, die zum fertigen Beispiel in Abbildung 6.114 führen:

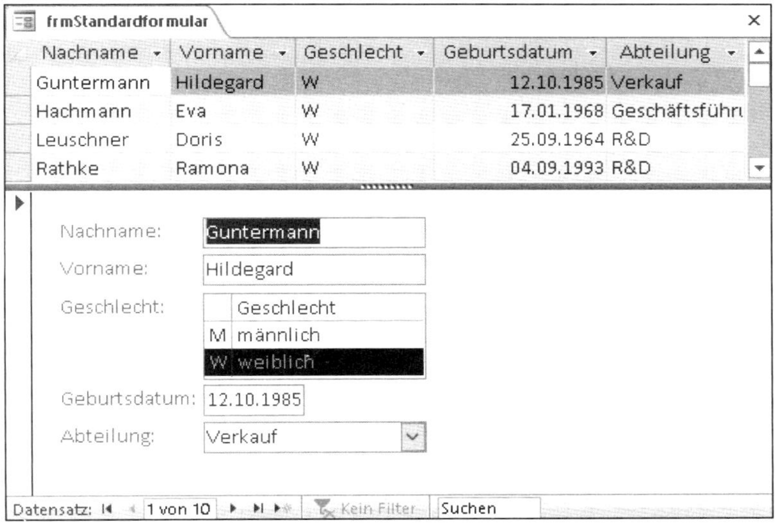

Abbildung 6.114 Standardmäßig erscheinen in der Datenblattansicht alle Steuerelemente.

4. Schalten Sie zurück in die Entwurfsansicht.
5. Ändern Sie den Wert der Formulareigenschaft FORMAT • AUSRICHTUNG DES GETEILTEN FORMULARS in

   DATENBLATT LINKS
6. Schalten Sie in die Formularansicht um.

   Die Datenblattansicht erscheint jetzt links. Nach wie vor erscheinen dort alle Felder. Als Nächstes blenden wir einige Felder aus:
7. Klicken Sie mit der rechten Maustaste auf die Kopfzeile der Datenblattansicht.
8. Wählen Sie im Kontextmenü den Eintrag FELDER WIEDER EINBLENDEN aus. Access zeigt den Dialog SPALTEN EINBLENDEN an (Abbildung 6.115).

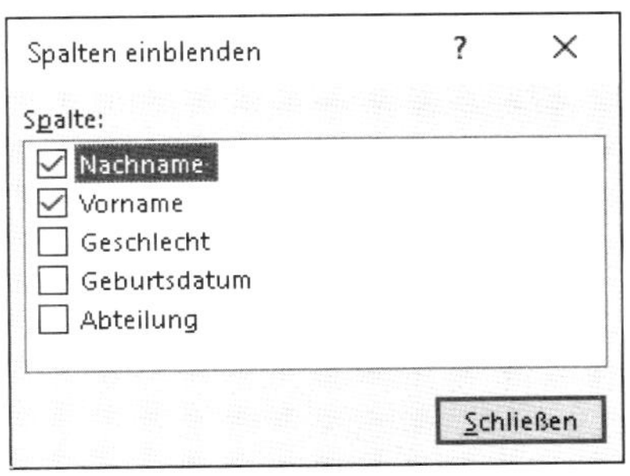

Abbildung 6.115 Über den Dialog »Spalten einblenden« legen Sie fest, welche Steuerelemente in der Datenblattansicht erscheinen sollen.

9. Entfernen Sie die Häkchen bei den Spalten, die Sie nicht in der Datenblattansicht sehen möchten:
   - »Geschlecht«
   - »Geburtsdatum«
   - »Abteilung«
10. Klicken Sie auf SCHLIESSEN.
11. Speichern Sie das Formular ab (in der Symbolleiste für den Schnellzugriff auf SPEICHERN klicken oder [Strg] + [S]).

Das fertige Beispiel finden Sie in den Materialien zum Buch unter dem Namen *frmGeteiltes_Formular*.

Wo speichert Access die Einstellung für ausgeblendete Spalten?

In der Datenblattansicht zeigt Access für jedes Steuerelement eine eigene Spalte an. Ob eine Spalte eingeblendet ist oder nicht, ist folglich eine Eigenschaft des Steuerelements. Im EIGENSCHAFTENBLATT werden Sie allerdings nicht fündig!

In VBA lässt sich mit folgenden Befehlen der aktuelle Status auslesen und ändern:

```
Debug.Print Forms!frmGeteiltes_Formular!txtNachname.ColumnHidden
Falsch
Debug.Print Forms!frmGeteiltes_Formular!txtGeburtsdatum.ColumnHidden
Wahr
Forms!frmGeteiltes_Formular!lstGeschlecht.ColumnHidden = True
```

Hingegen bezieht sich die Eigenschaft FORMAT • SICHTBAR (per VBA: `Visible`) ausschließlich auf die Formularansicht.

6.5.5 Das einfache Popup-Formular

Der fünfte Formulartyp ist das *Popup-Formular*. Ein Popup-Formular erscheint immer als losgelöstes Fenster – es schwebt über dem Access-Fenster. Das ist auch dann der Fall, wenn Sie die moderne Anzeige der Formulare als Registerblätter verwenden. Probieren Sie es einmal mit dem Beispiel *frmFlugPopup* aus den Materialien zum Buch aus (Abbildung 6.116).

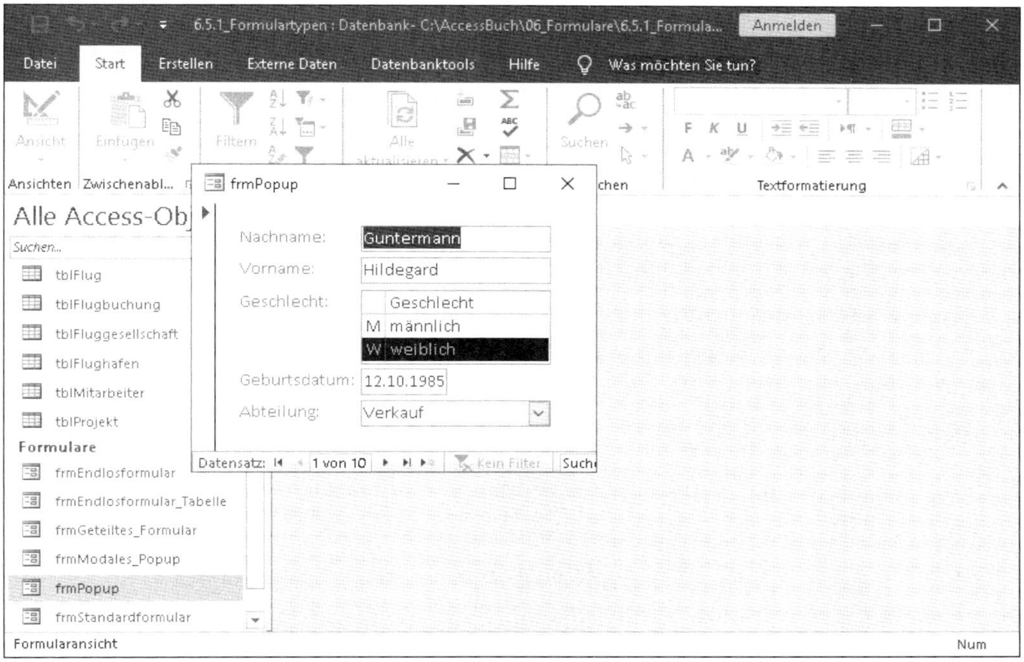

Abbildung 6.116 Das Popup-Formular schwebt als eigenes Fenster über dem Access-Fenster.

Und so lässt sich ein beliebiges Formular in ein Popup-Formular umwandeln:

1. Öffnen Sie das Formular in der Entwurfsansicht.
2. Blenden Sie das EIGENSCHAFTENBLATT ein (ENTWURF • TOOLS • EIGENSCHAFTENBLATT).
3. Vergewissern Sie sich, dass Sie die Formulareigenschaften gewählt haben (AUSWAHLTYP: FORMULAR).
4. Setzen Sie die Eigenschaft ANDERE • POPUP auf WAHR.

Die Eigenschaft POPUP betrifft nur die Darstellung des Formulars als separates Fenster. Damit meine ich, dass Sie sowohl ein gebundenes Standardformular und ein ungebundenes Standardformular als auch ein Endlosformular in die entsprechende Popup-Variante umwandeln können.

6.5.6 Das modale Popup-Formular

Ein Popup-Formular verwende ich in der Praxis eher selten. Wohl aber die letzte Variante, das *modale Popup-Formular*. Der Unterschied zum einfachen Popup-Formular ist marginal, aber in der Praxis sehr wichtig: Wenn der Endanwender ein einfaches Popup-Formular öffnet, kann er zu einem anderen Formular wechseln und dort weiterarbeiten. Das Popup-Formular bleibt unterdessen geöffnet. Beim modalen Popup-Formular funktioniert das nicht!

Hier wird der Endanwender auf das modale Popup-Formular festgenagelt. Er muss es schließen, bevor er wieder mit dem Access-Fenster oder den anderen Formularen weiterarbeiten kann.

Sämtliche Meldungen von Access sind modale Popup-Formulare

Eigentlich kennen Sie den Formulartyp »modales Popup-Formular« schon zur Genüge: Jede Fehlermeldung, Eingabe-Dialogbox oder andere Meldung ist ein modales Popup-Formular. Der Endanwender muss die Meldung quittieren, bevor er weiterarbeiten darf.

Damit sind wir auch schon beim Sinn und Zweck dieses Formulartyps: Nutzen Sie das modale Popup-Formular, wenn Sie eine Meldung oder eine Eingabe-Dialogbox individuell gestalten möchten. Ein Beispiel dazu werde ich Ihnen in einem Workshop in Abschnitt 6.8.2, »Workshop: Eine individuelle Eingabe-Dialogbox«, zeigen.

Eigentlich lässt sich ein modales Popup-Formular recht einfach konfigurieren:

1. Öffnen Sie das Formular in der Entwurfsansicht.
2. Setzen Sie in den Formulareigenschaften ANDERE • GEBUNDEN auf WAHR.
3. Speichern Sie das Formular ab (in der Symbolleiste für den Schnellzugriff auf SPEICHERN klicken oder [Strg] + [S]).
4. Schließen Sie das Formular.
5. Öffnen Sie das Formular in der Formularansicht.

Ich finde die Benennung der Eigenschaft GEBUNDEN ist etwas unglücklich gewählt. Sie erinnert sehr an die Datenbindung, die bekanntlich über die Eigenschaft DATEN • DATENSATZQUELLE gesteuert wird. Darum geht es hier aber nicht! Ich verwende in diesem Buch konsequent die englische Bezeichnung *modal*.

Es gibt noch eine zweite Schwierigkeit beim Umgang mit modalen Popup-Formularen: Änderungen an der Einstellung GEBUNDEN (modal) greifen nur, wenn Sie das Formular *neu öffnen*. Es reicht nicht aus, von der Entwurfsansicht in die Formularansicht zu wechseln! Führen Sie deshalb die Schritte 3–5 meiner obigen Anleitung bitte exakt so aus.

Bei Formularfenstern können Sie die Rahmenart festlegen

Manchmal wird die Formulareigenschaft FORMAT • RAHMENART mit dem Formulartyp in Verbindung gebracht, obwohl sie gar nichts damit zu tun hat. Bei der modernen Anzeige von Formularen als Registerkarten spielt die Rahmenart gar keine Rolle. Sie wirkt sich nur aus, wenn ein Formular als separates Fenster erscheint:

- bei Popup-Formularen
- wenn Sie die alte Darstellung ÜBERLAPPENDE FENSTER aktiviert haben

Diese vier Einstellungen für die Rahmenart sind möglich:

- KEINE: Das Fenster wird ohne Rahmen und ohne Fenstertitel angezeigt.
- DÜNN: Das Fenster hat einen unveränderbaren Rahmen.
- VERÄNDERBAR: Das Fenster kann vergrößert und verkleinert werden.
- DIALOG: eine veraltete Einstellung, die den Popup-Formularen vorbehalten war (ich spreche hier von der Ära Windows 3.1: Dort hatten Popup-Formulare einen blauen Rahmen). Verwenden Sie stattdessen DÜNN.

Die standardmäßige Einstellung für FORMAT • RAHMENART ist VERÄNDERBAR.

6.5.7 Nicht mehr unterstützte Formulartypen

Ältere Versionen von Access kennen noch zwei weitere Formulartypen:

- das PivotTable-Formular
- das PivotChart-Formular

Beide wurden mit den sogenannten *Office Web Components* realisiert, die nicht mehr unterstützt werden. Seit der Version Access 2013 gibt es die beiden genannten Formulartypen nicht mehr. Microsoft siedelt die entsprechenden Aufgaben gegenwärtig in dem Bereich von Excel an.

6.6 Arbeiten mit mehreren Formularen

In der modernen Darstellung erscheinen die geöffneten Datenbankobjekte als Registerblätter. In unserer Beispieldatenbank wäre es denkbar, dass Sie gleichzeitig drei Formulare geöffnet haben:

- Mitarbeiterdaten
- Flüge
- Flugbuchungen

Alle drei Formulare befassen sich mit unterschiedlichen Bereichen der Datenbank (Entitäten) und führen zunächst einmal ihr jeweiliges Eigenleben. Formulare und andere Datenbankobjekte können aber auch miteinander kommunizieren – und genau darum geht es in den nächsten Abschnitten.

Eine Alternative zum Arbeiten mit mehreren Formularen: Das Registersteuerelement

Warum mehrere Formulare verwenden? Erstellen Sie einmal ein Formular, und erweitern Sie es schrittweise um neue Steuerelemente. Irgendwann werden Sie feststellen, dass der Platz am Bildschirm eng wird oder dass die ganze Angelegenheit sehr unübersichtlich wird. Jetzt gibt es zwei Lösungswege:

- einen Teil der Steuerelemente in ein neues Formular auslagern
- ein Registersteuerelement erstellen und die Steuerelemente auf die einzelnen Seiten verteilen

Beide Wege sind legitim, und im konkreten Fall wird sich schnell zeigen, welche Variante die praktikabelste ist.

Beim Registersteuerelement bleibt noch eine Einschränkung: Ein Formular hat immer nur eine Datenherkunft. Folglich benötigen Sie für das genannte Beispiel (Mitarbeiterdaten, Flüge, Flugbuchungen) wirklich drei unterschiedliche Formulare.

6.6.1 Zugriff auf Daten in anderen Formularen

Zunächst werde ich Ihnen zeigen, wie Sie von einer Abfrage aus auf Formulardaten zugreifen können. Anschließend sehen wir uns an, wie zwei Formulare miteinander kommunizieren können. Interessanterweise funktioniert das alles ohne Programmierung!

Filterformular Variante 1: Ein Filterfeld für das Datum des Flugs

Beim Thema Zugriff auf Daten in einem Formular fallen mir sofort Filterformulare ein. Was verbirgt sich hinter diesem Begriff?

Filterformulare und Filterfelder

Es geht darum, Daten komfortabel zu filtern. Als versierter Anwender von Access können Sie dies über Abfragen (Abschnitt 3.1.2, »Horizontales Filtern – Datensätze auswählen«) oder in einer Datenblattansicht über den Filter (Abschnitt 2.5.9, »Datensätze filtern«) realisieren.

Für Anwender, die mit diesen Methoden nicht vertraut sind, eignet sich ein *Filterformular* besser. Ein Beispiel für ein Filterformular sehen Sie in Abbildung 6.117. Im ungebundenen Steuerelement (*Filterfeld*) kann der Anwender das Datum des Abflugs eingetragen. Anschließend wertet eine Abfrage das Datum zum Filtern aus.

Unser Ziel ist es, mit Hilfe eines Filterformulars die Flüge an einem bestimmten Tag zu filtern. Erstellen Sie zunächst das Filterformular:

1. Öffnen Sie die Datenbank *03_Abfragen\3_Fluege.accdb*.
2. Erstellen Sie ein leeres Formular in der Entwurfsansicht (auf ERSTELLEN • FORMULARE • FORMULARENTWURF klicken).
3. Fügen Sie über die Toolbox ein neues Textfeld hinzu.

4. Vergeben Sie sowohl für das Textfeld als auch für die Bezeichnung aussagekräftige Namen:

   ```
   lblFilterAbflugDatum
   txtFilterAbflugDatum
   ```

5. Ändern Sie die Beschriftung in

   ```
   Abflug Datum:
   ```

6. Legen Sie für das Textfeld »txtFilterAbflugDatum« das Format

   ```
   Datum, kurz
   ```

   fest.

7. Speichern Sie das Formular unter dem Namen *frmFilterFlugDatum* ab.

Das Filterformular sollte in der Formularansicht jetzt so wie in Abbildung 6.117 aussehen. Sie finden es in den Materialien zum Buch in der Datenbank *06_Formulare\6.6.1_Filterformulare_fuer_Abfragen.accdb*. Sowohl das Filterformular als auch das Filterfeld bleiben ungebunden.

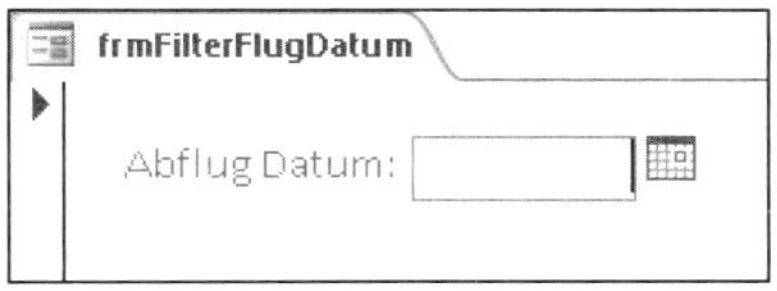

Abbildung 6.117 Das einfache Filterformular enthält lediglich ein ungebundenes Textfeld.

Erstellen Sie als Nächstes die Abfrage, die die eigentliche Aufgabe des Filterns erledigt:

1. Erstellen Sie eine neue Abfrage in der Entwurfsansicht.
2. Fügen Sie die Tabelle *tblFlug* hinzu.
3. Ziehen Sie das Sternchen per Drag & Drop in den unteren Bereich, um alle Felder der Tabelle auszugeben.

   In dieser Form gibt die Abfrage alle Flüge zurück. Jetzt kommt der Filter:

4. Ziehen Sie das Feld »AbflugDatum« in den unteren Bereich.
5. Durch das Sternchen ist das Feld »AbflugDatum« bereits in der Ausgabe enthalten. Entfernen Sie den Haken in der Zeile ANZEIGEN, damit das Feld nicht doppelt ausgegeben wird.
6. Tragen Sie für das Feld »AbflugDatum« in die Zeile KRITERIEN

   ```
   [Formulare]![frmFilterFlugDatum]![txtAbflugDatum]
   ```

   ein.

7. Speichern Sie die Abfrage unter dem Namen *qryFlugGefiltertDatum*.

In der oben genannten Datenbank finden Sie die fertige Abfrage. Lassen Sie uns die Formel zum Filtern im Detail ansehen. `Formulare` ist ein feststehendes Schlüsselwort. Access erkennt dadurch, dass die Abfrage auf Daten in einem Formular zugreifen soll. Sie können auf Daten in Formularen und Berichten zugreifen. Dabei spielt es keine Rolle, ob Sie das deutsche oder das englische Schlüsselwort verwenden (Tabelle 6.10).

Zugriff auf Daten in ...	deutsches Schlüsselwort	englisches Schlüsselwort
Formularen	`Formulare`	`Forms`
Berichten	`Berichte`	`Reports`

Tabelle 6.10 Je nach Schlüsselwort können Sie auf Daten in einem Formular oder in einem Bericht verweisen.

Hinter dem Schlüsselwort `Formulare` folgen der Name des Formulars und schließlich der Name des Filterfeldes, jeweils getrennt durch das Ausrufezeichen (`!`):

```
Formulare![<Name des Filterformulars>]![<Name des Filterfeldes>]
```

Listing 6.2 Nutzen Sie diese Syntax, um auf Daten in einem anderen Formular zu verweisen.

Diese Syntax müssen Sie einhalten. Zwischen den Elementen dürfen keine Leerzeichen stehen! Auf die eckigen Klammern (`[` und `]`) können Sie verzichten, solange die Namen keine Leerzeichen enthalten; sie stören aber nicht.

Um Ihnen die Arbeit etwas einfacher zu machen, bietet Access den Ausdrucks-Generator an. So starten Sie den Ausdrucks-Generator in der Entwurfsansicht der Abfrage:

1. Klicken Sie in die Zeile KRITERIEN unter dem Feld »AbflugDatum«.
2. Klicken Sie im Menüband auf ENTWURF • ABFRAGESETUP • GENERATOR (oder [Strg] + [F2]).

Der Ausdrucks-Generator (Abbildung 6.118) zeigt Ihnen im unteren Bereich alle Datenbankobjekte an. Wählen Sie dort das gewünschte Filterformular aus. Per Doppelklick auf das Filterfeld generiert Access die Formel zum Filtern automatisch.

Schließlich gibt es noch eine dritte Möglichkeit, die Formel einzutragen, und zwar direkt in der SQL-Ansicht der Abfrage (Listing 6.3):

```
SELECT *
FROM tblFlug
WHERE AbflugDatum = [Forms]![frmFilterFlugDatum]![txtFilterAbflugDatum]
```

Listing 6.3 Im SQL-Code steht beim Verweis auf ein anderes Formular üblicherweise das englische Schlüsselwort »Forms«.

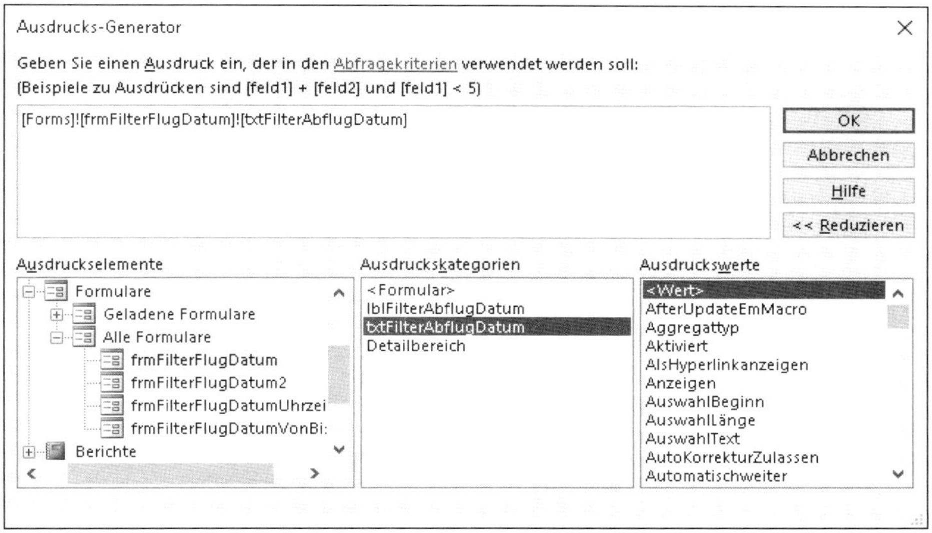

Abbildung 6.118 Im unteren Bereich des Ausdrucks-Generators können Sie per Doppelklick den Verweis auf Daten in einem anderen Formular oder Bericht erstellen.

Egal, auf welchem Weg Sie die Abfrage erstellen, das Ergebnis ist das gleiche: Die Abfrage enthält ein Filterkriterium, das auf Daten in einem Formular verweist. Beim Ausführen der Abfrage löst Access den Verweis auf und ruft die Daten ab. Das kann aber nur funktionieren, wenn das Filterformular geöffnet ist! Wenn das Filterformular nicht geöffnet ist, interpretiert Access den Verweis irrtümlich als Abfrageparameter und zeigt die Meldung aus Abbildung 6.119 an:

Abbildung 6.119 Das Filterformular ist nicht geöffnet, und Access zeigt diese kryptische Meldung an. Klicken Sie auf »Abbrechen«, öffnen Sie das Filterformular, und starten Sie dann die Abfrage noch einmal.

Halten Sie also die richtige Reihenfolge ein:

1. Öffnen Sie das Filterformular *frmFilterFlugDatum*, falls es nicht schon offen ist.
2. Öffnen Sie die Abfrage *qryFlugGefiltertDatum* in der Datenblattansicht.

   Die Datenblattansicht erscheint, aber Sie sehen keine Datensätze? Das ist richtig so, denn im Filterformular ist kein Datum eingetragen!
3. Wechseln Sie zurück zum Filterformular *frmFilterFlugDatum*.

4. Tragen Sie das Datum 03.07.2019 ein.
5. Drücken Sie die Eingabetaste (nicht vergessen!).
6. Wechseln Sie zur Abfrage *qryFlugGefiltertDatum*.
7. Klicken Sie auf START • DATENSÄTZE • ALLE AKTUALISIEREN (oder F5).

Jetzt wird der Filter richtig angewendet, und Sie sehen nur die Flüge vom 03.07.2019. In der Beispieldatenbank sind das 49 Datensätze. Ändern Sie den Filter einmal auf den 04.07.2019. In der Beispieldatenbank gibt es genau einen Flug an diesem Tag.

So funktioniert das Filterformular

Wie ich Ihnen gezeigt habe, spielt beim Filterformular die Reihenfolge eine wichtige Rolle:

1. Öffnen Sie zuerst das Filterformular.
2. Tragen Sie dort den Wert zum Filtern ein.
3. Öffnen Sie anschließend die Abfrage (falls schon geöffnet: alle Datensätze mit F5 aktualisieren).
4. Die Abfrage greift auf das Filterformular zu und wendet den Filter an.

Zu Recht werden Sie kritisieren, dass diese Schritte doch etwas umständlich sind. Geht es denn nicht komfortabler? Aber ja! Im Formular *frmFilterFlugDatum2* habe ich eine Schaltfläche mit diesem VBA-Code ergänzt:

```
Private Sub cmdFluegeAnzeigen_Click()
    DoCmd.Close acQuery, "qryFlugGefiltertDatum2"
    DoCmd.OpenQuery "qryFlugGefiltertDatum2", acViewNormal
End Sub
```

Ein Klick auf die Schaltfläche schließt und öffnet die Abfrage automatisch.

Sie wissen jetzt, wie in Access der Zugriff auf Daten in einem Formular funktioniert und wie Sie dies für Filterformulare nutzen können. Ich werde Ihnen noch zwei weitere Varianten von Filterformularen zeigen. Anschließend werden wir uns einen anderen Anwendungsfall ansehen, der nichts mit dem Filtern von Daten zu tun hat.

Filterformular Variante 2: Filterfelder »Von« und »Bis«

Bei einem Datum (oder auch einer Uhrzeit) bietet es sich an, zwei Filterfelder zu nutzen: ein »Von«- und ein »Bis«-Textfeld, um damit die Flüge in einem bestimmten Zeitraum zu filtern.

1. Öffnen Sie das Formular *frmFilterFlugDatum*.
2. Ergänzen Sie ein zweites ungebundenes Textfeld.
3. Entfernen Sie die Beschriftung des zweiten Textfeldes.

4. Legen Sie auch für das zweite Textfeld das Format

   ```
   Datum, kurz
   ```

   fest.
5. Fügen Sie eine Beschriftung »Von« in das Formular ein.
6. Fügen Sie eine Beschriftung »Bis« in das Formular ein.
7. Vergeben Sie für alle Steuerelemente aussagekräftige Namen:

   ```
   lblFilterVon
   lblFilterBis
   lblFilterAbflugDatumVon
   txtFilterAbflugDatumVon
   txtFilterAbflugDatumBis
   ```

8. Speichern Sie das Formular unter dem Namen *frmFilterFlugDatumVonBis* ab.

Das Filterformular sollte jetzt wie in Abbildung 6.120 aussehen.

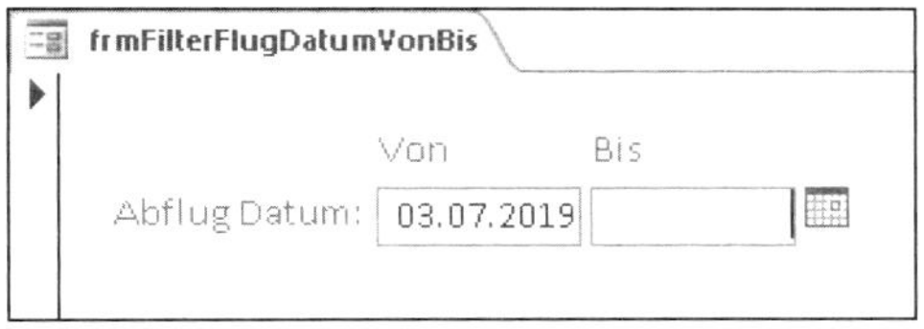

Abbildung 6.120 Das Filterformular für einen Zeitraum

Wie üblich wird die eigentliche Aufgabe des Filterns von einer Abfrage erledigt. Diesmal sieht das Filterkriterium für das Feld »AbflugDatum« etwas anders aus:

```
Zwischen [Forms]![frmFilterFlugDatumVonBis]![txtFilterAbflugDatumVon]
Und [Forms]![frmFilterFlugDatumVonBis]![txtFilterAbflugDatumBis]
```

Listing 6.4 Mit Hilfe des »Zwischen«-Operators können Sie einen Zeitraum filtern.

Diese Abfrage habe ich in den Materialien zum Buch unter dem Namen *qryFlugGefiltert-DatumVonBis* gespeichert. Den vollständigen SQL-Code sehen Sie in Listing 6.5.

```
SELECT *
FROM tblFlug
WHERE
AbflugDatum
   BETWEEN [Forms]![frmFilterFlugDatumVonBis]![txtFilterAbflugDatumVon]
   AND [Forms]![frmFilterFlugDatumVonBis]![txtFilterAbflugDatumBis]
```

Listing 6.5 In der SQL-WHERE-Klausel steht der entsprechende BETWEEN-Operator.

Öffnen Sie das Formular *frmFilterFlugDatumVonBis* in der Formularansicht, und tragen Sie in die Filterfelder VON und BIS den gewünschten Zeitraum ein, beispielsweise vom 03.07.2019 bis zum 04.07.2019. Öffnen beziehungsweise aktualisieren Sie die Abfrage *qryFlugGefiltertDatumVonBis*: Es erscheinen die gefilterten Flüge.

Leere Filterfelder berücksichtigen

Damit die Abfrage in Listing 6.5 die richtigen Ergebnisse liefert, muss in beiden Textfeldern VON und BIS ein gültiges Datum stehen. Falls eines der Textfelder leer ist, erscheinen gar keine Datensätze.

In der Praxis wird häufig ein abweichendes Verhalten gewünscht: Ein leeres Filterfeld bedeutet, dass es keine Grenze gibt. Oder anders gesagt:

- Beide Filterfelder sind leer = alle Datensätze anzeigen.
- Nur das Filterfeld VON ist gefüllt = alle Datensätze ab dem Datum VON anzeigen (ohne Obergrenze).
- Nur das Filterfeld BIS ist gefüllt = alle Datensätze vor dem Datum BIS anzeigen (ohne Untergrenze).
- Beide Filterfelder sind gefüllt = Datensätze zwischen den beiden Datumsangaben anzeigen.

Diese vier Fälle lassen sich mit SQL in einer WHERE-Klausel realisieren, indem Sie die einzelnen Kriterien geschickt mit den Schlüsselwörtern `Und` und `Oder` verknüpfen (Listing 6.6). Wenn Sie möchten, können Sie die entsprechenden Filterkriterien auch im grafischen Abfrage-Editor eintragen.

Auf den ersten Blick sieht der SQL-Code vielleicht etwas verwirrend aus – der Aufbau der einzelnen Kriterien ist aber immer gleich. Am besten schauen Sie sich als Erstes einmal das Ergebnis in den Materialien zum Buch in der Abfrage *qryFlugGefiltertDatumVonBis2* an.

```
SELECT *
FROM tblFlug
WHERE
(
   (
      NOT IsDate([Forms]![frmFilterFlugDatumVonBis]![txtFilterAbflugDatumVon])
   )
   OR
   (
      IsDate([Forms]![frmFilterFlugDatumVonBis]![txtFilterAbflugDatumVon])
      AND
      AbflugDatum >= [Forms]![frmFilterFlugDatumVonBis]![txtFilterAbflugDatumVon]
   )
)
```

```
AND
(
   (
      NOT IsDate([Forms]![frmFilterFlugDatumVonBis]![txtFilterAbflugDatumBis])
   )
   OR
   (
      IsDate([Forms]![frmFilterFlugDatumVonBis]![txtFilterAbflugDatumBis])
      AND
      AbflugDatum <= [Forms]![frmFilterFlugDatumVonBis]![txtFilterAbflugDatumBis]
   )
)
```


Listing 6.6 Wenn die Filterfelder leer sein dürfen, kommen wir mit dem »Zwischen«-Operator leider nicht mehr weiter. Nutzen Sie stattdessen diese Kombination einzelner Filterbedingungen.

In ähnlicher Weise können Sie auch andere Filterfelder berücksichtigen, beispielsweise die Uhrzeiten von Abflug und Landung. In den Materialien zum Buch finden Sie als Beispiel das Filterformular *frmFilterFlugDatumUhrzeit* und die zugehörige Abfrage *qryFlugGefiltertDatumUhrzeit*.

Nicht nur filtern: Ein Formular greift auf ein anderes Formular zu

Filterformulare sind ein Beispiel, bei dem eine Abfrage auf Daten in einem Formular, nämlich dem Filterformular, zugreift. Jetzt werden wir uns ansehen, wie Sie von einem Formular aus auf ein anderes Formular zugreifen können.

Nehmen wir uns als Beispiel das Endlosformular *frmEndlosformular_Tabelle* mit den Mitarbeiterdaten vor, das wir in Abschnitt 6.5.3, »Das Endlosformular«, erstellt haben. Ich habe es in die Datenbank *06_Formulare\6.6.1_Zugriff_Formular_auf_Formular.accdb* kopiert.

Zugriff Formular auf Formular

Der Formulartyp muss nicht unbedingt ein Endlosformular sein. Jeder beliebige Formulartyp ist geeignet. Entscheidend ist das Steuerelement im anderen Formular. Wie ich Ihnen gleich zeigen werde, steht dort der Verweis auf das erste Formular.

Wir erstellen jetzt ein neues Formular, in dem zusätzliche Informationen zu einem Mitarbeiter angezeigt werden sollen, beispielsweise die Initialen des Mitarbeiters und sein Alter. So erstellen Sie das Info-Formular:

1. Öffnen Sie die Datenbank *06_Formulare\6.6.1_Zugriff_Formular_auf_Formular.accdb*.
2. Erstellen Sie ein leeres Formular in der Entwurfsansicht (auf ERSTELLEN • FORMULARE • FORMULARENTWURF klicken).

3. Fügen Sie über die Toolbox ein neues Textfeld hinzu.
4. Vergeben Sie sowohl für das Textfeld als auch für die Bezeichnung aussagekräftige Namen:

   ```
   lblInitialen
   txtInitialen
   ```

5. Ändern Sie die Beschriftung in

   ```
   Initialen:
   ```

6. Tragen Sie für das Textfeld »txtInitialen« als Steuerelementinhalt die Formel

   ```
   =Links([Formulare]![frmEndlosformular_Tabelle]![txtVorname];1)
   & Links([Formulare]![frmEndlosformular_Tabelle]![txtNachname];1)
   ```

   ein.
7. Fügen Sie über die Toolbox ein neues Textfeld hinzu.
8. Vergeben Sie auch für das zweite Textfeld und für die Bezeichnung aussagekräftige Namen:

   ```
   lblAlter
   txtAlter
   ```

9. Ändern Sie die Beschriftung in

   ```
   Alter:
   ```

10. Tragen Sie für das Textfeld »txtAlter« als Steuerelementinhalt die Formel

    ```
    =DatDiff("jjjj";[Formulare]![frmEndlosformular_Tabelle]![txtGeburtsdatum];Jetzt())
    ```

    ein.
11. Speichern Sie das Formular unter dem Namen *frmInitialenUndAlter* ab.

Entscheidend sind die Verweise auf das andere Formular, die Sie in beiden Formeln wiederfinden. Über das Schlüsselwort `Formulare` wird Access angewiesen, die Daten aus einem anderen Formular der Datenbank zu holen. Die Syntax ist entspricht derjenigen bei den Abfragen (Listing 6.2). Anschließend werden die Daten verwendet, um einerseits die Initialen und andererseits das aktuelle Alter des Mitarbeiters zu ermitteln. Dabei unterstützen uns zwei Funktionen (`Links` und `DatDiff`).

Schauen wir uns jetzt das Ergebnis an. Wichtig ist wieder, dass Sie auf die Reihenfolge achten:

1. Öffnen Sie zuerst das Formular mit den Mitarbeiterdaten *frmEndlosformular_Tabelle*.
2. Wählen Sie einen beliebigen Datensatz.
3. Öffnen Sie anschließend das Info-Formular *frmInitialenUndAlter*, oder für den Fall, dass es schon geöffnet ist: Klicken Sie auf START • DATENSÄTZE • ALLE AKTUALISIEREN (oder [F5]).

Access zeigt Ihnen im Info-Formular die Initialen und das Alter des Mitarbeiters an, den Sie gerade im Endlosformular gewählt haben (Abbildung 6.121).

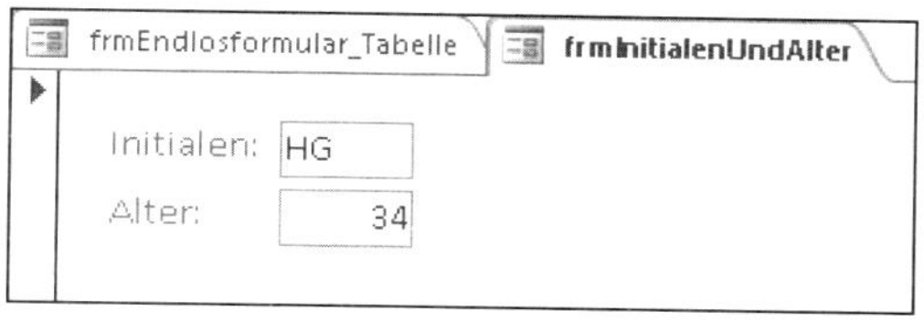

Abbildung 6.121 Das Info-Formular selbst ist ungebunden. Es zieht sich die Daten aus dem Endlosformular.

Das Formular, aus dem Access die Daten holt, muss geöffnet sein

Wenn Sie vergessen haben, im ersten Schritt das Endlosformular zu öffnen, erhalten Sie Fehlermeldungen. In beiden Textfelder des Info-Formulars wird dann der Text

#NAME?

erscheinen. Wenn Sie diesen Eintrag in einem Textfeld sehen, stimmt irgendetwas mit dem Verweis auf das andere Formular nicht (es ist entweder nicht geöffnet, es wurde umbenannt oder sogar gelöscht).

Ohne das lästige Aktualisieren: Ein Endlosformular und ein Popup-Formular

Für das perfekte Info-Formular bietet sich nach meinem Geschmack ein modales Popup-Formular an. Ein solches *Info-Popup* lässt sich mit wenigen Schritten realisieren:

1. Öffnen Sie das Formular *frmInitialenUndAlter* in der Entwurfsansicht.
2. Setzen Sie in den Formulareigenschaften ANDERE • POPUP auf JA.
3. Setzen Sie in den Formulareigenschaften ANDERE • GEBUNDEN auf JA.
4. Optional können Sie aus visuellen Gründen folgende Formulareigenschaften einstellen:
   - FORMAT • AUTOMATISCH ZENTRIEREN = JA
   - FORMAT • GRÖSSE ANPASSEN = JA
   - FORMAT • RAHMENART = DÜNN
   - FORMAT • DATENSATZMARKIERER = NEIN
   - FORMAT • NAVIGATIONSSCHALTFLÄCHEN = NEIN
   - FORMAT • BILDLAUFLEISTEN = NEIN
   - FORMAT • MINMAXSCHALTFLÄCHEN = NEIN
5. Speichern Sie das Formular ab (in der Symbolleiste für den Schnellzugriff auf SPEICHERN klicken oder [Strg] + [S]).
6. Schließen Sie das Formular.
7. Öffnen Sie das Formular in der Formularansicht.

Das Info-Formular zeigt Ihnen die gewünschten Informationen, bleibt aber wie jedes gebundene Popup-Formular beharrlich im Vordergrund. Damit entfällt das lästige Aktualisieren.

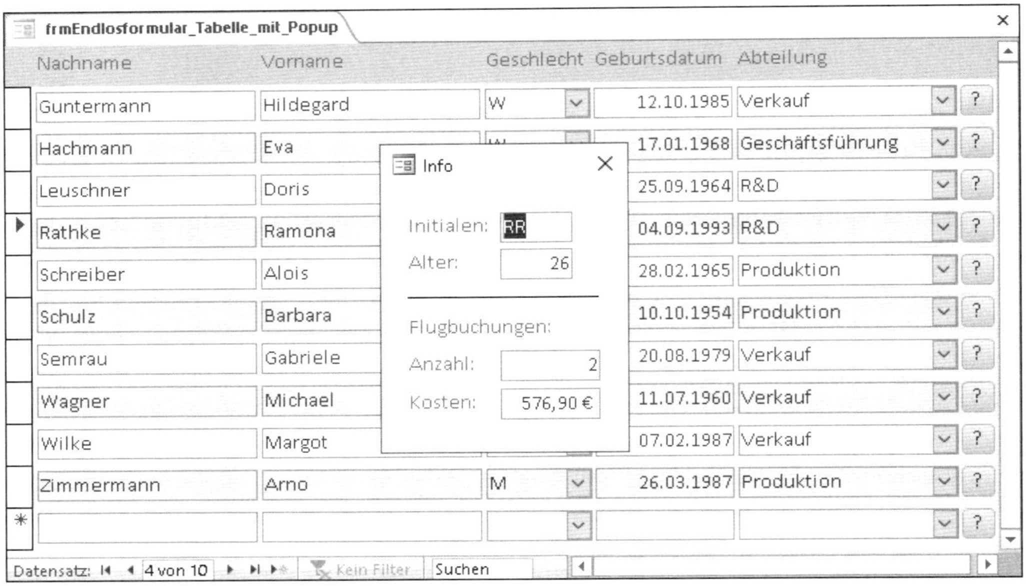

Abbildung 6.122 In Form des Info-Popups bleiben die zusätzlichen Informationen immer im Vordergrund.

In den Materialien zum Buch habe ich noch eine Luxusvariante hinterlegt (Abbildung 6.122): Das Endlosformular *frmEndlosFormular_Tabelle_mit_Popup* hat jetzt eine Schaltfläche, die das Info-Popup automatisch öffnet. Außerdem sind im Info-Popup noch ein paar mehr Informationen zu den Flugbuchungen enthalten.

Zugriff auf ein Steuerelement oder auf ein Feld der Datensatzquelle

Die Informationen zu den Flugbuchungen in Abbildung 6.122 habe ich über *Domänenfunktionen* realisiert:

```
=DomAnzahl("FlugbuchungID";"tblFlugbuchung";"MitarbeiterID = " & Nz([Formulare]!
[frmEndlosformular_Tabelle_mit_Popup]![MitarbeiterID]))
=DomSumme("Kosten";"tblFlugbuchung";"MitarbeiterID = " & Nz([Formulare]!
[frmEndlosformular_Tabelle_mit_Popup]![MitarbeiterID]))
```

Ich werde Domänenfunktionen ausführlich in Abschnitt 10.1.3, »Domänenfunktionen – Datenabfrage in einer Zeile«, vorstellen. Kurz gesagt können Sie mit Hilfe einer Domänenfunktion eine Statistik ermitteln.

Wichtiger ist mir an dieser Stelle der Verweis auf das Endlosformular. Um die Statistiken zu ermitteln, benötigen die Domänenfunktionen den Primärschlüssel des ausgewählten Mitarbeiters. Wenn Sie genau hinsehen, greift der Verweis

```
[Formulare]![frmEndlosformular_Tabelle_mit_Popup]![MitarbeiterID]
```

direkt auf ein Feld der Datensatzquelle zu. In allen bisherigen Verweisen wurde auf ein Steuerelement zugegriffen. Wie Sie sehen, ist Access mit dem Feld direkt genauso zufrieden.

Andere Verweise auf Daten in Datenbankobjekten

Ich habe Ihnen zwei Anwendungsfälle gezeigt, die Ihre Datenbank bereichern können:

- Filter-Formulare
- Info-Popups

Mit dem Zugriff auf Daten in anderen Datenbankobjekten lassen sich noch viele weitere Szenarien verwirklichen. Letztendlich erreichen Sie damit, dass die Formulare in Ihrer Datenbank Hand in Hand arbeiten. Dies ist einer der Schwerpunkte von Kapitel 11, »Anwendungsprogramme mit Access erstellen«.

6.6.2 Unterformulare

Es gibt ein Steuerelement, das ich Ihnen bisher vorenthalten habe: das *Unterformular* (englisch *subform*). Damit können Sie innerhalb eines Formulars andere Formulare darstellen. In Abbildung 6.123 sehen Sie beispielsweise ein Formular mit drei unterschiedlichen Unterformularen.

Mit Unterformularen bringen Sie verschiedene Datensatzquellen in ein Formular

Ich hatte bereits erwähnt, dass jedes Formular nur eine Datensatzquelle besitzt. Folglich benötigen Sie für unterschiedliche Bereiche Ihrer Datenbank (Entitäten) immer separate Formulare.

Beispiel:

- Mitarbeiterdaten
- Flüge
- Flugbuchungen

Alle drei Formulare führen ein Eigenleben und lassen sich nebeneinander öffnen. Wenn Sie möchten, dass alle drei Formulare innerhalb eines *Hauptformulars* erscheinen, helfen Ihnen Unterformulare weiter.

Um das Beispiel zu realisieren, benötigen wir zunächst einmal die drei Formulare:

- *frmMitarbeiter*
- *frmFlug*
- *frmFlugbuchung*

Es handelt sich um ganz normale Access-Formulare, die ich bereits vorbereitet habe. Sie finden sie in den Materialien zum Buch in der Datenbank *06_Formulare\6.6.2_Unterformulare.accdb*. Schauen Sie sich bitte alle drei Formulare einmal an; jedes Formular sollte problemlos zu öffnen sein.

Und so können Sie die drei Formulare innerhalb eines Hauptformulars erscheinen lassen:

1. Erstellen Sie ein leeres Formular in der Entwurfsansicht (auf ERSTELLEN • FORMULARE • FORMULARENTWURF klicken).
2. Das Hauptformular bleibt ungebunden. Da es selbst keine Datensätze anzeigen wird, können Sie den Datensatzmarkierer und die Navigationsschaltflächen ausblenden:
   - FORMAT • DATENSATZMARKIERER = NEIN
   - FORMAT • NAVIGATIONSSCHALTFLÄCHEN = NEIN
3. Fügen Sie über die Toolbox ein neues Unterformular hinzu.

Unterformular und Unterbericht sind das gleiche Steuerelement

Der exakte Name des Steuerelementes lautet UNTERFORMULAR/-BERICHT. Der Einfachheit halber spreche ich vom *Unterformular*. Neben Formularen kann das Steuerelement auch andere Datenbankobjekte anzeigen (Tabellen, Abfragen und Berichte). Ein eigenes Steuerelement »Unterbericht« gibt es nicht. Noch deutlicher wird es in der VBA-Programmierung: Hier heißt das Steuerelement ganz einfach `SubForm`.

4. Vergeben Sie sowohl für das Unterformular als auch für die Bezeichnung aussagekräftige Namen:

   ```
   lblMitarbeiter
   subMitarbeiter
   ```

5. Ändern Sie die Beschriftung in

   ```
   Mitarbeiter:
   ```

   Wenn Sie möchten, können Sie die Beschriftung in Fettdruck setzen.
6. Legen Sie über die Eigenschaft DATEN • HERKUNFTSOBJEKT fest, welches Formular als Unterformular angezeigt werden soll:

   ```
   frmMitarbeiter
   ```

Speichern Sie das Formular ab, und schalten Sie in die Formularansicht um. Innerhalb des Unterformulars sollte jetzt das Formular *frmMitarbeiter* erscheinen. Wie gewohnt lassen sich damit die Mitarbeiterdaten verändern.

In den Materialien zum Buch finden Sie das Formular *frmUnterformulare*. Dort habe ich zwei weitere Unterformulare für *frmFlug* und *frmFlugbuchung* hinzugefügt (Abbildung 6.123). In allen drei Unterformularen können Sie Datensätze hinzufügen, ändern und löschen.

Mit Hilfe von Unterformularen erreichen Sie ein Ziel, das meiner Erfahrung nach die Anwender sehr lieben: Sie können sehr viele Informationen – auch solche aus unterschiedlichen Bereichen mit unterschiedlichen Datensatzquellen – gleichzeitig am Bildschirm anzeigen.

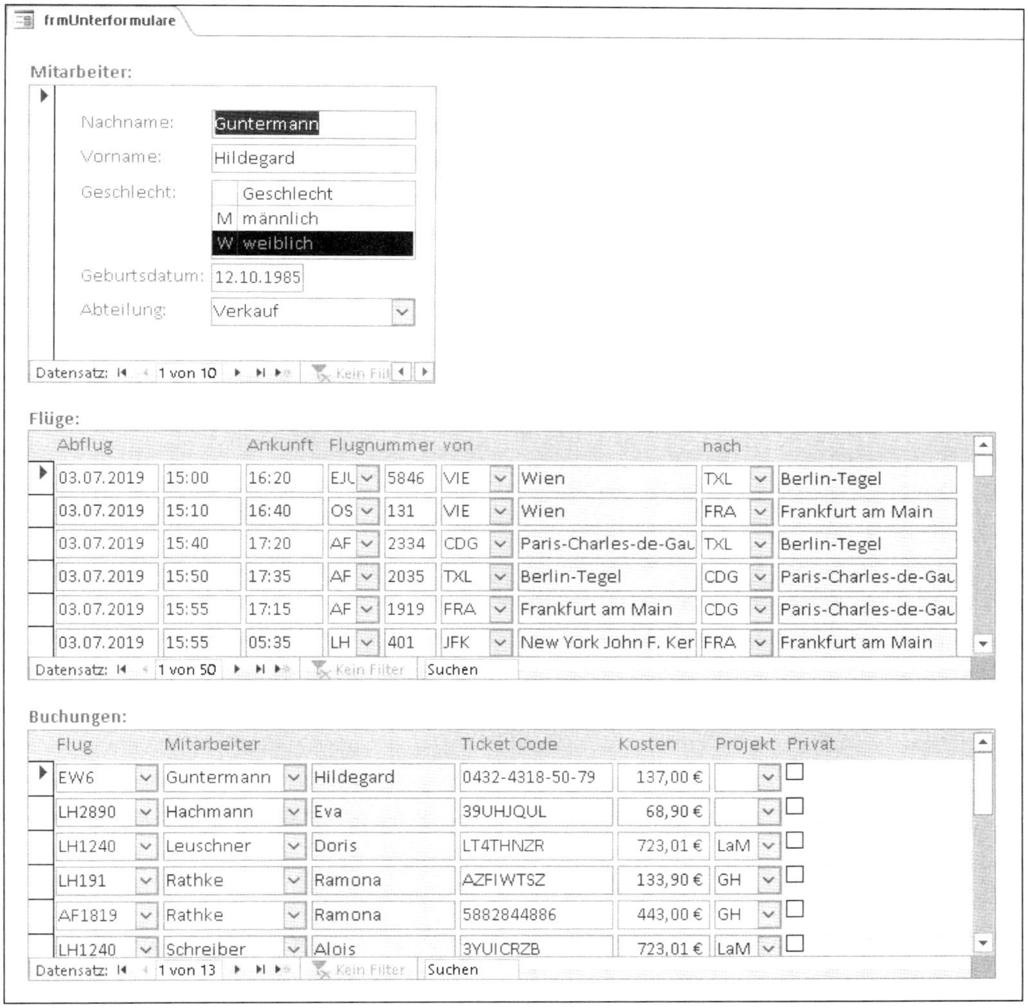

Abbildung 6.123 Drei Unterformulare bringen die Informationen in ein gemeinsames Hauptformular.

Viele Fenster öffnen kostet viel Energie!

Mit dem Computer ist es genauso wie mit dem eigenen Haus im Winter: Wer viele Fenster öffnet, verschwendet eine Menge Energie. Das trifft auch auf Access zu: Jedes geöffnete Formular benötigt Arbeitsspeicher und Prozessorzeit für das Abrufen der Daten. Mit Unterformularen wird die Angelegenheit noch brisanter, weil Sie mit einem einzigen Mausklick gleich eine ganze Batterie von Formularen öffnen können. Aus diesem Grund könnte man eine sparsamere Strategie verfolgen, auf Unterformulare verzichten und immer nur sehr wenige Formulare geöffnet haben.

In der Praxis habe ich aber immer wieder das genaue Gegenteil erfahren: Was soll der Geiz? Alle Fenster auf! Die Anwender lieben es geradezu, möglichst viele Informationen am Bildschirm zu sehen. Und häufig reichen für eine Datenbank ein paar wenige, dafür aber vollgepackte Hauptformulare. Denn der entscheidende Punkt ist: Das Öffnen und Schließen von Formularen kostet einfach zu viele Mausklicks, mehr Umdenken und letztlich mehr Arbeitszeit. Insofern mein Fazit: Viel hilft viel!

Die Königsdisziplin zum Vollpacken eines Formulars besteht darin, das Registersteuerelement mit Unterformularen zu kombinieren (Abbildung 6.124). Als Beispiel dazu habe ich in den Materialien zum Buch das Formular *frmRegistersteuerelement* hinterlegt.

Abbildung 6.124 Sie benötigen sehr viele Unterformulare in einem Formular? Dann hilft Ihnen diese Kombination aus Registersteuerelement und Unterformularen weiter.

6.6.3 Synchronisieren von Unterformularen

Im letzten Abschnitt war das Hauptformular nur eine Hülle, in der die Unterformulare angezeigt wurden. Das muss nicht zwangsläufig so sein, denn Hauptformular und Unterformular können miteinander interagieren.

An einem Beispiel wird klarer, was ich damit meine: Im letzten Abschnitt haben wir das Formular *frmFlugbuchung* als Unterformular verwendet. Darin erscheinen sämtliche Flugbuchungen untereinander. Wie erreiche ich nun, dass nur die Buchungen für einen bestimmten Flug sichtbar werden?

Den Flug auswählen

Erstellen Sie dazu zunächst ein Hauptformular mit einem ungebundenen Kombinationsfeld für den Flug:

1. Öffnen Sie die Datenbank *06_Formulare\6.6.3_Sync_Unterformular.accdb*.
2. Erstellen Sie ein leeres Formular in der Entwurfsansicht (auf ERSTELLEN • FORMULARE • FORMULARENTWURF klicken).
3. Fügen Sie über die Toolbox ein neues Kombinationsfeld hinzu, und benennen Sie es in »cboFlugID« um.
4. Stellen Sie folgende Eigenschaften für das Kombinationsfeld ein:
   - DATEN • DATENSATZHERKUNFT = TBLFLUG
   - FORMAT • SPALTENANZAHL = 8
   - FORMAT • SPALTENBREITEN = 0CM

   Die Datensatzherkunft lässt sich auch noch etwas schöner gestalten. Ein Beispiel dazu finden Sie in der Beispieldatenbank im Formular *frmFlugUngebunden*.

Über das Kombinationsfeld kann der Anwender den gewünschten Flug auswählen. Sowohl das Formular als auch das Kombinationsfeld »cboFlugID« sind ungebunden. Insofern ähnelt das Hauptformular einem Filterformular, das ich Ihnen in Abschnitt 6.6.1, »Zugriff auf Daten in anderen Formularen«, vorgestellt habe. Es gibt jedoch einen Unterschied: Die Buchungen sollen nicht in einer separaten Abfrage oder einem separaten Formular, sondern in einem Unterformular erscheinen.

Flugbuchungen im Unterformular

Als Nächstes also das Unterformular:

1. Fügen Sie über die Toolbox ein neues Unterformular hinzu, und benennen Sie es in »subFlugbuchung« um.
2. Für die Flugbuchungen habe ich bereits das Formular *frmFlugbuchung* vorbereitet. Damit es im Unterformular erscheint, tragen Sie den Namen in den Eigenschaften ein:

   DATEN • HERKUNFTSOBJEKT = FRMFLUGBUCHUNG

Das Formular mit diesem Stand finden Sie in der Beispieldatenbank unter dem Namen *frmFlugUngebunden*. Leider sind wir noch nicht am Ziel: Schalten Sie einmal in die Formularansicht um, und wählen Sie einen beliebigen Flug aus. Egal, welchen Flug Sie wählen, im Unterformular erscheinen immer sämtliche Flugbuchungen. Das Hauptformular und das Unterformular führen immer noch ein Eigenleben. Was uns jetzt noch fehlt, ist das Zusammenspiel der Formulare, die *Synchronisation*!

Synchronisation des Unterformulars

Und genau dafür sind zwei wichtige Eigenschaften des Steuerelements Unterformular zuständig.

Synchronisation eines Unterformulars: Link Master und Link Child

Verknüpft wird in der Regel über ein Schlüsselfeld, beispielsweise »FlugID«.

- **Verknüpfen nach (englisch »Link Master Fields«)**
  In Link Master steht der Name des Steuerelements aus dem Hauptformular (»cboFlugID«).
- **Verknüpfen von (englisch »Link Child Fields«)**
  Link Child bezieht sich auf die Datensatzquelle im Unterformular. In der Eigenschaft steht der Name des Feldes, in unserem Beispiel »FlugID«.

Ich werde im Text die englischen Bezeichnungen verwenden, denn sie beschreiben die beiden Formulare (»master« und »child)« sehr treffend.

Entsprechend also der letzte Schritt, um die Synchronisation einzustellen: Tragen Sie für das Steuerelement *subFlugbuchung* die Eigenschaften für LINK MASTER und LINK CHILD ein.

1. DATEN • VERKNÜPFEN NACH = CBOFLUGID
2. DATEN • VERKNÜPFEN VON = FLUGID

Das Ergebnis sehen Sie in Abbildung 6.125. Durch die Synchronisation werden für jeden Flug die passenden Buchungen angezeigt. Sie finden das Formular in dieser Form in der Beispieldatenbank unter dem Namen *frmFlugUngebundenSync*.

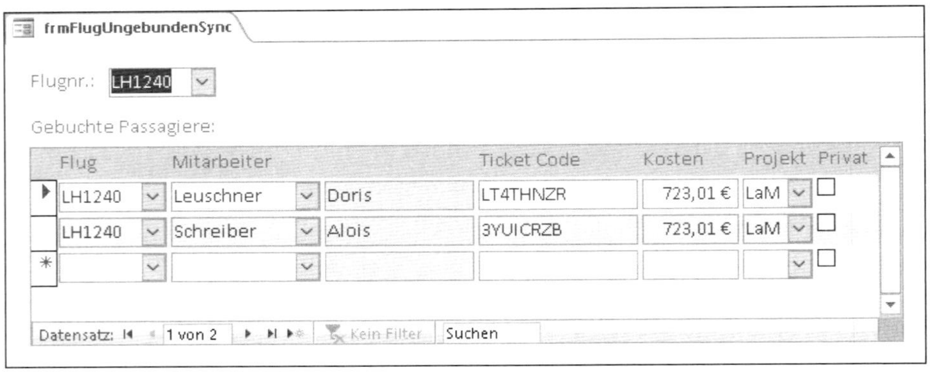

Abbildung 6.125 Mit Synchronisation des Unterformulars über Link Master und Link Child erscheinen nur die Flugbuchungen für den gewählten Flug.

Der Fremdschlüssel muss im Unterformular gar nicht erscheinen

Bei genauer Betrachtung von Abbildung 6.125 werden Sie feststellen, dass die Flugnummer jetzt mehrfach angezeigt wird: Einmal im Hauptformular und für jeden Datensatz im Unterformular. Das ist eigentlich gar nicht nötig. Im Formular *frmFlugbuchung2*, das Sie in der Beispieldatenbank finden, habe ich das überflüssige Kombinationsfeld entfernt. Passend dazu gibt es das Hauptformular *frmFlugUngebundenSync2*.

Link Master/Link Child bewirkt mehr als nur ein Filter

Auf den ersten Blick scheinen die beiden Eigenschaften LINK MASTER/LINK CHILD wie ein Filter auf das Unterformular zu wirken. In gewisser Weise ist das richtig; aber die beiden Eigenschaften bewirken noch mehr. Wenn Sie im Unterformular einen neuen Datensatz erstellen, *übernimmt Access den Wert* von Link Master in das Feld Link Child. In unserem Beispiel trägt Access bei einer neuen Flugbuchung immer den richtigen Flug ein.

Synchronisation von einem gebundenen Hauptformular ausgehend

Ich habe Ihnen die Synchronisation zwischen einem ungebundenen Hauptformular und einem Unterformular gezeigt. Das Hauptformular muss nicht zwingend ungebunden sein. Auch die folgende Konstellation ist legitim:

- Im Hauptformular werden die Flüge erfasst (gebunden an *tblFlug*).
- Im Unterformular werden die gebuchten Passagiere erfasst (gebunden an *tblFlugbuchung*).

Für dieses Beispiel können wir die Liste der Flugbuchungen *frmFlugbuchung* wiederverwenden. Das gebundene Hauptformular liegt ebenfalls in der Beispieldatenbank und hat den Namen *frmFlug* (Abbildung 6.126).

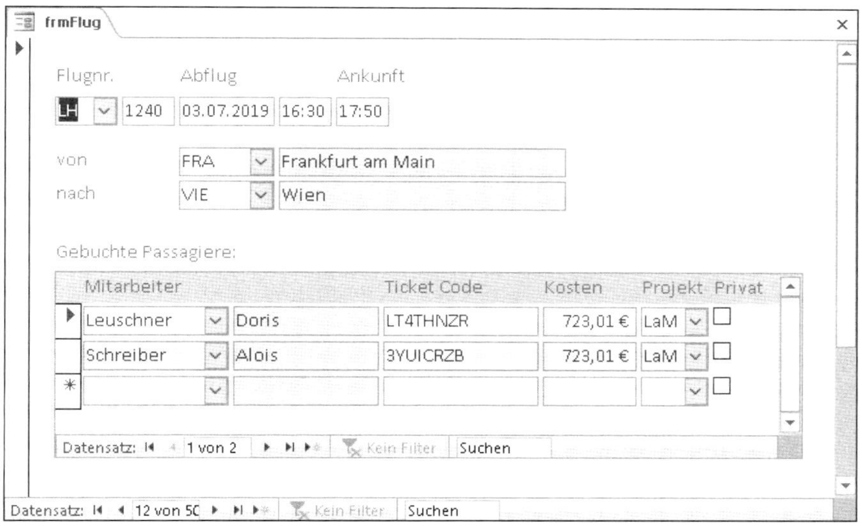

Abbildung 6.126 Auch das Hauptformular darf gebunden sein. Jetzt gibt es zwei Datensatzmarkierer und zweimal die Navigationsschaltflächen, nämlich für das Hauptformular und im Unterformular.

Zum einen enthält das Hauptformular Steuerelemente, über die der Anwender Daten zum Flug erfassen kann (Flugnummer, Datum, Zeiten von Abflug und Ankunft sowie die beiden

Flughäfen). Zum anderen finden Sie im unteren Bereich das bekannte Unterformular – nur bezieht sich Link Master diesmal nicht auf ein Steuerelement im Hauptformular, sondern direkt auf ein Feld der Datensatzquelle, genauer gesagt auf den Primärschlüssel »FlugID«.

- LINK MASTER = FLUGID
  Gemeint ist der Primärschlüssel von *tblFlug* aus dem Hauptformular.
- LINK CHILD = FLUGID
  Gemeint ist der Fremdschlüssel von *tblFlugbuchung*.

Mit synchronisierten Unterformularen lassen sich 1:n-Beziehungen im Formular umsetzen

In Abschnitt 6.3.5, »Auswahl aus einer Liste«, habe ich gezeigt, wie Sie eine 1:n-Beziehung in einem Formular entweder als Listenfeld oder als Kombinationsfeld umsetzen können. Ganz ähnlich verhält es sich mit dem synchronisierten Unterformular: Im Hauptformular kann der Benutzer Datensätze aus der Haupttabelle der 1:n-Beziehung bearbeiten, wohingegen im Unterformular die passenden Datensätze aus der Detailtabelle erscheinen und bearbeitet werden können. Dies ist neben Listenfeldern und Kombinationsfeldern die dritte Variante, mit der Sie eine 1:n-Beziehung auf Formularebene auflösen können.

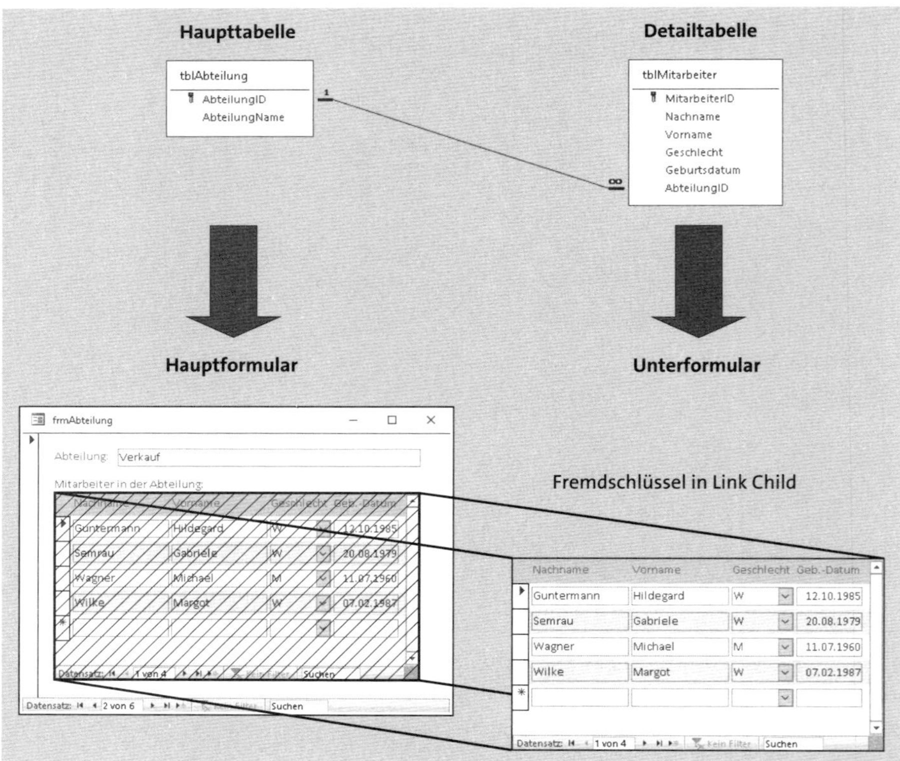

Abbildung 6.127 So lässt sich eine 1:n-Beziehung in Access mit einem Hauptformular und einem Unterformular umsetzen. Der Fremdschlüssel findet sich in der Eigenschaft »Link child« wieder.

In der Beispieldatenbank sehen Sie übrigens zwei Varianten in Kombination, nämlich das Unterformular sowie im Unterformular ein Kombinationsfeld für den Mitarbeiter. Auf diese Weise wird die m:n-Beziehung zwischen *tblFlug* und *tblMitarbeiter* im Formular dargestellt. Das Unterformular ist an die gemeinsame Detailtabelle *tblFlugbuchung* gebunden.

Vergleichen Sie bitte einmal Abbildung 6.126 mit den Datenbankdiagramm (Abbildung 2.49). Jedes Kombinationsfeld können Sie einer 1:n-Beziehung zuordnen, und fast jede Beziehung lässt sich im Formular wiederfinden. Insofern könnte *frmFlug* das hauptsächlich genutzte Formular unserer Beispieldatenbank sein.

6.6.4 Das Navigationssteuerelement

In ähnlicher Weise wie das Registersteuerelement arbeitet das *Navigationssteuerelement* (englisch *navigation control*). Es ist an das Design vieler Webseiten angelehnt: Entweder am oberen oder am linken Rand des Formulars gibt es *Navigationsschaltflächen* (englisch *navigation button*). Per Klick auf eine Navigationsschaltfläche kann der Anwender zum jeweiligen Thema wechseln. Unterschiedliche Themen bedeuten in Access immer unterschiedliche Formulare. Wie Sie sich vielleicht schon denken können, wird das jeweilige Formular in einem Unterformular angezeigt.

Für ein schönes Beispiel benötigen wir erst einmal fertige Formulare. Nehmen wir also wieder die drei bekannten Formulare aus Abschnitt 6.6.2, »Unterformulare«:

- *frmMitarbeiter*
- *frmFlug*
- *frmFlugbuchung*

Ich habe sie in den Materialien zum Buch in der Datenbank *06_Formulare\6.6.4_Navigationssteuerelement.accdb* abgelegt.

1. Erstellen Sie ein leeres Formular in der Entwurfsansicht (auf ERSTELLEN • FORMULARE • FORMULARENTWURF klicken).
2. Das Hauptformular bleibt ungebunden. Da es selbst keine Datensätze anzeigen wird, können Sie den Datensatzmarkierer und die Navigationsschaltflächen des Formulars ausblenden:
   – FORMAT • DATENSATZMARKIERER = NEIN
   – FORMAT • NAVIGATIONSSCHALTFLÄCHEN = NEIN
3. Fügen Sie über die Toolbox ein neues Navigationssteuerelement hinzu.
4. Markieren Sie die Navigationsschaltfläche [NEUES HINZUFÜGEN], und drücken Sie F2.
5. Tragen Sie als Beschriftung

   ```
   Mitarbeiter
   ```

   ein.

6. Wiederholen Sie die Schritte 4 und 5, um die Navigationsschaltflächen »Flüge« und »Buchungen« zu erzeugen.

An dieser Stelle möchte ich kurz unterbrechen und Ihnen zeigen, welche Steuerelemente Access automatisch vorbereitet hat. Am besten blenden Sie sich das EIGENSCHAFTENBLATT ein und sehen sich dort die einzelnen Steuerelemente an.

- Wie erwartet, findet sich ein Navigationssteuerelement wieder. Üblicherweise trägt es den Namen »NavigationControl0«.
- Ich hatte bereits angedeutet, dass das Navigationssteuerelement mit einem Unterformular zusammenarbeitet. Es trägt den Namen *Navigationsunterformular* und ist leer (ungebunden).
- Am oberen Rand sind außerdem die drei Navigationsschaltflächen angeordnet, die Sie soeben erstellt haben.

Vergleich Navigationssteuerelement und Registersteuerelement

Navigationsschaltflächen sind Bestandteil des Navigationssteuerelements. Sie kennen das bereits vom Registersteuerelement her:

- Ein *Registersteuerelement* enthält eine oder mehrere *Seiten*.
- Ein *Navigationssteuerelement* enthält eine oder mehrere *Navigationsschaltflächen*.

Verwechseln Sie die Navigationsschaltflächen eines Navigationssteuerelements bitte nicht mit den *Navigationsschaltflächen am unteren Rand des Formulars*. Letztere haben leider den gleichen Namen, dienen jedoch zum Navigieren zwischen den Datensätzen.

Vernünftigerweise sollten Sie jetzt alle Steuerelemente ordentlich benennen. Abschließend bleibt die Frage, welches der drei Formulare Access im Unterformular darstellen soll. Und genau dies legen Sie über die Navigationsschaltflächen und dort über die Eigenschaft DATEN • NAME DES NAVIGATIONSZIELS fest.

1. Wählen Sie die Navigationsschaltfläche des Mitarbeiters aus.
2. Wählen Sie in der Eigenschaft DATEN • NAME DES NAVIGATIONSZIELS das Formular

   `frmMitarbeiter`

   aus.
3. Wiederholen Sie die Schritte 1 und 2 entsprechend für die anderen beiden Navigationsschaltflächen.

Sie finden das fertige Formular in der Beispieldatenbank unter dem Namen *frmNavigationssteuerelement*. In der Formularansicht sieht das Ergebnis (Abbildung 6.128) so ähnlich wie ein Registersteuerelement mit Unterformularen aus (Abbildung 6.124).

Abbildung 6.128 In diesem Beispiel enthält das Navigationssteuerelement drei Navigationsschaltflächen. Darunter sehen Sie das verknüpfte Navigationsunterformular.

Auch wenn es visuell gewisse Ähnlichkeiten gibt, bleibt ein wesentlicher Unterschied zum Registersteuerelement: Beim Navigationssteuerelement gibt es immer nur *ein* Unterformular. Dieser Sachverhalt hat in der Praxis zwei wichtige Konsequenzen:

- Immer nur ein Unterformular ist geöffnet. Das benötigt weniger Rechenzeit und Arbeitsspeicher, als alle Unterformulare gleichzeitig geöffnet zu haben.
- Beim Wechsel zu einer anderen Navigationsschaltfläche wird das aktuelle Unterformular geschlossen, und ein anderes wird geladen. Am besten sehen Sie das bei einem langen Endlosformular: Gehen Sie zu »Flüge«, und suchen Sie den letzten Flug aus Köln/Bonn; dann schauen Sie kurz nach, in welcher Abteilung Herr Schreiber arbeitet, und gehen wieder zurück zur Liste der Flüge. Sie landen wieder beim ersten Datensatz – nach meinem Empfinden nervt dieses Zurückspringen auf den ersten Datensatz gewaltig!

Access-Interna zum Navigationssteuerelement

Für alle, die es genau wissen wollen, hier noch ein paar Access-Interna zum Navigationssteuerelement. Access erzeugt das Steuerelement Unterformular wie erwähnt automatisch. Im EIGENSCHAFTENBLATT fehlt die Eigenschaft DATEN • HERKUNFTSOBJEKT; handelt es sich folglich um ein besonderes Unterformular?

Schlauer werden wir mit Hilfe der VBA-Programmierung. Jedes Navigationssteuerelement (`NavigationControl`) hat die Eigenschaft `SubForm` vom Typ String. Diese Eigenschaft ist im EIGENSCHAFTENBLATT nicht sichtbar, sondern kann ausschließlich per Programmierung abgefragt werden:

```
Debug.Print Forms!frmNavigationssteuerelement!navNavigationssteuerelement.SubForm
subNavigationsunterformular
```

In der Eigenschaft `SubForm` steht der Name des Unterformulars, das gesteuert werden soll. Das Unterformular verfügt unverändert über die Eigenschaft HERKUNFTSOBJEKT (`SourceObject`) – Access blendet sie im EIGENSCHAFTENBLATT lediglich aus. Beim Klicken auf eine Navigationsschaltfläche trägt Access den entsprechenden Formularnamen ein.

```
Debug.Print Forms!frmNavigationssteuerelement!subNavigationsunterformular.SourceObject
frmMitarbeiter
```

6.7 Formulare aus einer Vorlage erstellen

Größere Datenbankanwendungen haben eine Vielzahl von Formularen. An der einen oder anderen Stelle werden Sie sich bestimmt fragen, ob Sie mit jedem Formular wieder bei Null anfangen müssen, oder ob Sie ein bestehendes Formular, in dem bereits viel Arbeit steckt, wiederverwenden können.

Wiederverwenden ganz einfach: Kopieren und Einfügen

Ein den meisten Fällen eignet sich eine der Methoden zum Kopieren und Einfügen über die Zwischenablage, um sich viel Arbeit zu ersparen:

- im Navigationsbereich ein bestehendes Formular auswählen, kopieren ([Strg] + [C]), einfügen ([Strg] + [V]) und einen neuen Namen vergeben
- ein bestehendes Formular in der Entwurfsansicht öffnen, die gewünschten Steuerelemente markieren, kopieren ([Strg] + [C]) und in einem anderen Formular einfügen ([Strg] + [V]).

Damit kommen Sie in 99 % aller Fälle weiter. In den folgenden beiden Abschnitten zeige ich Ihnen der Vollständigkeit halber zwei weitere Funktionen von Access, die Ihnen ebenfalls die Arbeit erleichtern.

6.7.1 Formularvorlagen

Genau eines Ihrer Formular können Sie als *Formularvorlage* festlegen. Es kann ein beliebiges Formular sein – häufig erstelle ich aber ein separates Formular, das nur als Formularvorlage dient.

1. Erstellen Sie ein leeres Formular in der Entwurfsansicht (auf ERSTELLEN • FORMULARE • FORMULARENTWURF klicken).
2. Legen Sie nach Belieben einige Eigenschaften fest, beispielsweise die Hintergrundfarbe des Detailbereichs.

3. Speichern Sie das Formular unter dem Namen *frmVorlage* ab.
4. Schließen Sie das Formular.
5. Öffnen Sie die ACCESS-OPTIONEN (auf DATEI • OPTIONEN klicken).
6. Wählen Sie den Bereich OBJEKT-DESIGNER aus.
7. In der Rubrik ENTWURFSANSICHT FÜR FORMULARE/BERICHTE gibt es die Einstellung FORMULARVORLAGE. Tragen Sie dort

   ```
   frmVorlage
   ```

   ein.

Formularvorlage und Berichtsvorlage sind Datenbankeinstellungen

Die Einstellung FORMULARVORLAGE gilt nur für die aktuelle Datenbank. In analoger Weise gibt es auch die Einstellung BERICHTSVORLAGE.

Wenn Sie jetzt ein neues Formular erstellen, übernimmt Access die Eigenschaften des Formulars aus der Formularvorlage. Beispielsweise die Hintergrundfarbe des Detailbereichs, den Formulartyp, ob es einen Formularkopf und -fuß gibt ... Aber Achtung: Es werden keine Steuerelemente übernommen!

6.7.2 Anwendungsparts

Die Formular- und Berichtsvorlagen sind sozusagen die einfachen Vorlagen. Wesentlich mehr Funktionen bieten *Anwendungsparts* (englisch *application parts*), die es seit Access 2010 gibt. Damit können Sie beispielsweise eine Vorlage für ein Formular inklusive Steuerelementen erstellen.

Anwendungsparts sind die großen Vorlagen

Der Name »Anwendungsparts« deutet an, in welche Richtung die großen Vorlagen gehen: Per Mausklick können Sie damit einen ganzen Bereich der Datenbankanwendung aus der Vorlage generieren lassen. Im einfachsten Fall ist das ein einzelnes Formular. Möglich sind aber auch mehrere Datenbankobjekte in einem Rutsch. Es gibt also auch Anwendungsparts, die einen ganzen Satz von Tabellen, Abfragen, Formularen und Berichten per Mausklick erzeugen.

Am besten sehen Sie sich einmal die vorgefertigten Anwendungsparts an, die Access von Haus aus mitbringt.

1. Öffnen Sie die *Galerie der Anwendungsparts*, indem Sie auf ERSTELLEN • ANWENDUNGSPARTS klicken.
2. Wählen Sie einen Anwendungspart aus, beispielsweise AUFGABEN.

3. Der Anwendungspart für Aufgaben startet mit einem Assistenten, über den Sie bei Bedarf eine Beziehung erstellen können. Wählen Sie für unser einfaches Beispiel die Option Es gibt keine Beziehung, aus und klicken Sie auf Erstellen.
4. Als Ergebnis werden drei neue Datenbankobjekte zu Ihrer Datenbank hinzugefügt:
   - die Tabelle *Aufgaben*
   - die beiden Formulare *AufgabeDB* und *Aufgabendetails*

Damit können Sie in Ihrer Datenbank Aufgaben erfassen. Das Konzept der Aufgaben ist Ihnen vielleicht schon von Outlook her bekannt.

Zusammenfassend sind Anwendungsparts also nichts Besonderes. Aus einer Vorlagen-Datenbank werden ein oder mehrere Datenbankobjekte kopiert und in die aktuelle Datenbank eingefügt. Das geht über die Zwischenablage per [Strg] + [C] und [Strg] + [V] genauso wie über den eleganten Weg der Anwendungsparts.

Anwendungsparts selbst erstellen

Abschließend die spannende Frage: Wie kann ich meine eigenen Anwendungsparts erstellen? So geht es:

1. Erstellen Sie in einer leeren Datenbank die gewünschten Tabellen, Abfragen, Formulare und Berichte.
2. Klicken Sie auf Datei • Speichern unter.
3. Wählen Sie als Datenbankdateityp den Eintrag Vorlage aus, um die Datenbank als *.accdt*-Datei zu speichern.
4. Tragen Sie im Dialogfeld Neue Vorlage aus dieser Datenbank erstellen einen Namen für den Anwendungspart ein, und setzen Sie das Häkchen bei Anwendungspart.
5. Klicken Sie auf OK.

Die *.accdt*-Datei wird automatisch im persönlichen Vorlagenordner gespeichert (unter *%USERPROFILE%\AppData\Roaming\Microsoft\Templates\Access*). Alle Access-Vorlagen aus dem Vorlagenordner nimmt Access automatisch in die Galerie der Anwendungsparts auf.

Anwendungsparts löschen

Es gibt zwei Wege, Anwendungsparts wieder loszuwerden:

- Löschen Sie die entsprechende *.accdt*-Datei aus dem Vorlagenordner.
- Oder klicken Sie in der Galerie der Anwendungsparts mit der rechten Maustaste auf den gewünschten Eintrag, und wählen Sie im Kontextmenü Vorlagenteil aus Katalog löschen aus. Vorsicht: *Die .accdt-Datei wird bei diesem Vorgang gelöscht!*

6.8 Workshops zu Formularen

Formulare dürften das beliebteste Access-Thema überhaupt sein. Sie ermöglichen damit einem breiten Spektrum von Anwendern, Daten mit Ihrer Datenbank zu erfassen und zu verarbeiten – selbst für Anwender, die mit Access weniger vertraut sind.

Ich habe drei Workshops vorbereitet, die viele Punkte zum Thema Formulare aufgreifen. Ganz bewusst werde ich dabei auf das Thema Programmierung vorgreifen und Ihnen zeigen, wie Sie Formulare durch VBA-Programme weiter verbessern können. Wenn Sie mit Programmierung noch gar nicht oder nur wenig vertraut sind, werden Ihnen die Workshops einen Eindruck davon vermitteln, was mit VBA alles möglich ist. Um die Codezeilen im Detail verstehen zu können, empfehle ich Ihnen, vorher Kapitel 9, »Visual Basic for Applications (VBA), die Programmiersprache für Microsoft-Office-Anwendungen«, und Kapitel 10, »Data-Access-Objects-(DAO-)Klassenbibliothek«, zu studieren.

6.8.1 Workshop: Formulare und Unterformulare im Zusammenspiel

Für den ersten Workshop greife ich die Themen aus Abschnitt 6.6, »Arbeiten mit mehreren Formularen«, noch einmal auf. Es soll darum gehen, wie verschiedene Formulare untereinander Informationen austauschen können. Nicht selten ergeben sich in der Praxis unvorhergesehene Effekte und Schwierigkeiten, die ich in diesem Workshop behandeln werde.

Auf Daten in einem anderen Formular zugreifen

Die Datenbank *06_Formulare\6.8.1_Formulare_Zusammenspiel.accdb* ist unsere Ausgangslage. Ich habe drei Formulare vorbereitet:

Name des Formulars	Datensatzquelle	Typ
frmFlugbuchung	*tblMitarbeiter* *tblFlugbuchung*	gebundenes Endlosformular
frmFlugbuchungPro-Mitarbeiter	–	ungebundenes Standard-formular
frmMitarbeiter	*tblMitarbeiter*	gebundenes Standard-formular

Tabelle 6.11 Diese drei Formulare der Beispieldatenbank sollen miteinander kommunizieren.

Mit Hilfe des Formulars *frmMitarbeiter* kann der Benutzer Datensätze zu Mitarbeitern bearbeiten. Das zweite Formular, *frmFlugbuchungProMitarbeiter*, ist ungebunden und enthält drei Textfelder, die auf *frmMitarbeiter* zugreifen. Sie zeigen an, welcher Mitarbeiter gerade ausgewählt ist. Letztendlich erscheinen die Flugbuchungen (*frmFlugbuchung*) als Unterformular. Das Ergebnis sieht so aus wie in Abbildung 6.129:

Abbildung 6.129 Das gewünschte Ergebnis: Wählen Sie den Mitarbeiter in »frmMitarbeiter« aus; im Unterformular von »frmFlugbuchungProMitarbeiter« erscheinen dann die entsprechenden Flugbuchungen.

Als ersten Teil des Workshops zeige ich Ihnen jetzt, wie Sie das Formular *frmFlugbuchung-ProMitarbeiter* aus Abbildung 6.129 schrittweise erstellen können. Dazu habe ich ein leeres Formular angelegt und drei ungebundene Textfelder eingefügt. In Tabelle 6.12 finden Sie die jeweiligen Formeln für den Steuerelementinhalt.

Steuerelement	Steuerelementinhalt
»txtMitarbeiterID«	`=[Formulare]![frmMitarbeiter]![MitarbeiterID]`
»txtNachname«	`=[Formulare]![frmMitarbeiter]![txtNachname]`
»txtVorname«	`=[Formulare]![frmMitarbeiter]![txtVorname]`

Tabelle 6.12 Diese drei Steuerelemente befinden sich im ungebundenen Formular »frmFlugbuchungProMitarbeiter«.

Wie Sie den Formeln entnehmen können, greift Access auf das andere Formular *frmMitarbeiter* zu, genauer gesagt auf den aktuell gewählten Datensatz von *frmMitarbeiter*. Somit zeigen uns die drei Textfelder an, welcher Mitarbeiter gerade ausgewählt ist.

Im produktiven Einsatz den Primärschlüssel besser unsichtbar schalten

Das Textfeld »txtMitarbeiterID« gibt den Primärschlüssel wieder, den wir in Kürze zur Synchronisation des Unterformulars benötigen werden. Für den produktiven Betrieb empfehle ich Ihnen, Steuerelemente dieser Art, die von Ihren Formularen lediglich intern benötigt werden, unsichtbar zu schalten.

Wenn Sie im Formular *frmMitarbeiter* zu einem anderen Mitarbeiter springen, aktualisiert Access die drei Textfelder allerdings nicht automatisch. Klicken Sie auf START • DATENSÄTZE • AKTUALISIEREN (oder [F5]), um sie manuell auf den neusten Stand zu bringen.

Außerdem funktioniert alles nur einwandfrei, solange das Formular mit den Mitarbeiterdaten geöffnet ist. Andernfalls zeigen die drei Textfelder die Fehlermeldung aus Abbildung 6.130 an.

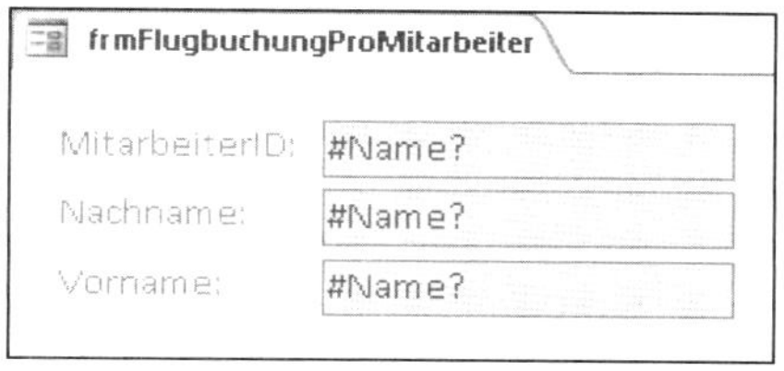

Abbildung 6.130 Wenn »frmMitarbeiter« geschlossen ist, führen die Formeln zu einem Fehler.

Ich werde Ihnen im weiteren Verlauf des Workshops zeigen, wie Sie beide Probleme – das manuelle Aktualisieren und die letztgenannte Fehlermeldung – elegant umgehen können.

Ein Unterformular für die Buchungen ergänzen

Für den gewählten Mitarbeiter sollen die entsprechenden Flugbuchungen in einem Unterformular erscheinen. Ich habe dazu ein Unterformular eingefügt, in dem das Formular *frmFlugbuchung* dargestellt wird. Zum Filtern der Flugbuchungen nutze ich die Synchronisation über LINK MASTER/LINK CHILD (Tabelle 6.13).

Eigenschaft	Wert
LINK MASTER (DATEN • VERKNÜPFEN NACH)	`txtMitarbeiterID`
LINK CHILD (DATEN • VERKNÜPFEN VON)	`MitarbeiterID`

Tabelle 6.13 Setzen Sie diese Werte in den Eigenschaften »Link Master«/»Link Child«, um das Unterformular zu synchronisieren.

Zur Erinnerung: Zwischen den Tabellen *tblMitarbeiter*, *tblFlug* und *tblFlugbuchung* besteht eine m:n-Beziehung. »MitarbeiterID« ist einer der Fremdschlüssel der gemeinsamen Detailtabelle *tblFlugbuchung*. Über das synchronisierte Unterformular wird die m:n-Beziehung im Formular dargestellt.

Probleme beim Arbeiten im Unterformular umgehen

Den Stand an dieser Stelle des Workshops finden Sie in der Datenbank *06_Formulare\6.8.1_Formulare_Zusammenspiel.accdb*. Probieren Sie die Datenbank bitte einmal aus. Sie werden feststellen, dass die Formulare nicht flüssig miteinander kommunizieren. Insbesondere lässt sich eine neue Flugbuchung nicht hinzufügen, ohne dass eine Fehlermeldung erscheint. Access versucht nämlich, den Datensatz vorzeitig zu speichern, obwohl noch nicht alle Felder gefüllt sind.

Mit dieser Störung können Sie jeden Benutzer leicht zur Weißglut bringen! Ich kann Ihnen leider nicht sagen, warum Access den Datensatz vorzeitig speichern will. Ursache ist jedenfalls das Textfeld für Link Master, das per Formel auf ein anderes Formular zugreift. Es bleibt nur eine Lösung: Die Eigenschaft STEUERELEMENTINHALT muss leer bleiben. Und wir müssen per Programmierung sicherstellen, dass alle drei Formulare richtig miteinander kommunizieren.

Den Inhalt der Textfelder per VBA-Programm füllen

In den Materialien zum Buch finden Sie in der Datenbank *06_Formulare\6.8.1_Formulare_Zusammenspiel_Sync.accdb* den neuen Ansatz zur Synchronisation der Formulare per VBA-Programm.

Am besten fange ich mit dem Formular *frmFlugbuchungProMitarbeiter* an. In jedem der drei Textfelder habe ich die Formeln aus STEUERELEMENTINHALT wieder entfernt. Stattdessen habe ich in der Prozedur `Aktualisieren()` ein Programm geschrieben, das die richtigen Werte in die ungebundenen Textfelder überträgt. Auf den ersten Blick erscheint das Programm in Listing 6.7 recht kompliziert; wie Sie gleich sehen werden, ist es das aber nicht.

```
'Das Formular soll sich selber aktualisieren.
Public Sub Aktualisieren()
   'Ist das abhaengige Formular "frmMitarbeiter" geoeffnet?
   If Not CurrentProject.AllForms!frmMitarbeiter.IsLoaded Then
      Zuruecksetzen
      Exit Sub
   End If

   'Wenn es geoeffnet ist, ist es auch in der Formularansicht geoeffnet?
   If Not CurrentProject.AllForms!frmMitarbeiter.CurrentView _
     = acCurViewFormBrowse Then
      Zuruecksetzen
      Exit Sub
   End If

   'Daten zum gewaehlten Mitarbeiter aus dem Formular "frmMitarbeiter"
   '  uebertragen.
```

```
18      With Forms!frmMitarbeiter
19         Me.txtMitarbeiterID = !MitarbeiterID
20         Me.txtNachname = !txtNachname
21         Me.txtVorname = !txtVorname
22      End With
23
24      'Wurde ein Mitarbeiter ausgewaehlt?
25      If IsNumeric(Me.txtMitarbeiterID) Then
26         'Es wurde ein Mitarbeiter ausgewaehlt.
27         'Aenderungen im Unterformular freischalten
28         Me.subFlugbuchung.Locked = False
29      Else
30         'Kein Mitarbeiter wurde ausgewaehlt!
31         Zuruecksetzen
32      End If
33   End Sub
34
35
36   'Es kann vorkommen, dass kein Mitarbeiter ausgewaehlt ist:
37   '- Das Formular "frmMitarbeiter" ist geschlossen.
38   '- Das Formular "frmMitarbeiter" ist nicht in der Formular-
39   '  ansicht geoeffnet.
40   '- Das Formular "frmMitarbeiter" steht auf "neuer Datensatz".
41   'In allen diesen Faellen wird die folgende Prozedur aufgerufen,
42   'die saemtliche Anzeigen zuruecksetzt.
43   Private Sub Zuruecksetzen()
44      'Alle ungebundenen Textfelder leeren
45      Me.txtMitarbeiterID = Null
46      Me.txtNachname = Null
47      Me.txtVorname = Null
48
49      'Aenderungen im Unterformular verbieten
50      Me.subFlugbuchung.Locked = True
51   End Sub
```

Listing 6.7 Die beiden VBA-Programme »Aktualisieren()« und »Zuruecksetzen()« finden Sie im Modul des Formulars »frmFlugbuchungProMitarbeiter«.

Entscheidend sind die Zeilen 18 bis 22. Der Einfachheit halber lasse ich das `With`-Konstrukt einmal weg. Dann lauten die Zeilen:

```
Me.txtMitarbeiterID = Forms!frmMitarbeiter!MitarbeiterID
Me.txtNachname = Forms!frmMitarbeiter!txtNachname
Me.txtVorname = Forms!frmMitarbeiter!txtVorname
```

Kommen Ihnen die Ausdrücke bekannt vor? Es sind genau die Zuweisungen, die ich im ersten Ansatz als Formeln direkt in die Textfelder eingetragen habe (Tabelle 6.12). Mit der neuen Herangehensweise werden die Werte aus dem Mitarbeiterformular genau an dieser Stelle in die ungebundenen Textfelder übertragen.

»With … End With« erspart Tipparbeit und läuft etwas schneller

Das With-Konstrukt erspart in erster Linie Tipparbeit und führt zu einem Programmcode, der besser lesbar ist:

```
With Forms!frmMitarbeiter
   Me.txtMitarbeiterID = !MitarbeiterID
   Me.txtNachname = !txtNachname
   Me.txtVorname = !txtVorname
End With
```

Innerhalb des With-Blocks ergänzen Sie bitte in Gedanken vor jedem Ausrufezeichen den fett gedruckten Text.

Access muss den Ausdruck hinter dem Schlüsselwort With nur einmal auswerten. Dadurch läuft das Programm etwas schneller. Das Gleiche würden Sie erreichen, indem Sie den Verweis auf das Formular in einer Objektvariablen temporär zwischenspeicherten:

```
Dim frm as Form
Set frm = Forms!frmMitarbeiter
Me.txtMitarbeiterID = frm!MitarbeiterID
Me.txtNachname = frm!txtNachname
Me.txtVorname = frm!txtVorname
```

Was ist mit den restlichen Zeilen in Listing 6.7? Ich hatte erwähnt, dass es zu Fehlermeldungen kommt, wenn das Formular *frmMitarbeiter* nicht geöffnet ist. Mit Hilfe von Fallunterscheidungen lassen sich die hässlichen Fehlermeldungen unterdrücken. Somit prüft der restliche Teil des Programms, ob das Mitarbeiterformular geöffnet ist (Zeile 04), ob es in der Normalansicht (nicht in der Entwurfsansicht) geöffnet ist (Zeile 10) und schließlich, ob ein Mitarbeiter ausgewählt wurde (Zeile 25).

Falls eine der drei Bedingungen nicht zutrifft, wird zum zweiten Programm gesprungen, nämlich zur Prozedur Zuruecksetzen() in den Zeilen 43 bis 51. Dort lasse ich NULL in alle drei Textfelder eintragen und sperre das Unterformular für Eingaben.

Das fertige Programm zum Leben erwecken

So weit sind die beiden Prozeduren fertig. Access soll sie automatisch aufrufen, sobald im Mitarbeiterformular ein anderer Mitarbeiter ausgewählt wurde. Mit den richtigen Ereignissen lässt sich dieses Ziel schnell erreichen.

So finden Sie das passende Ereignis

Es ist gar nicht so einfach, bei der Fülle von Ereignissen, die es in Access gibt, das gerade passende Ereignis zu nennen. Um mir die Arbeit einfacher zu machen, sammle ich zunächst die relevanten *Auslöser* und beschreibe sie mit *eigenen Worten*. Anschließend kommt die Suche nach dem passenden Ereignis; sehr häufig ist das eines der folgenden Ereignisse:

- `Form_Load`
- `Form_Close`
- `Form_Current`
- `Form_AfterUpdate`
- `Form_AfterDelConfirm`
- bei Textfeldern und dergleichen: `AfterUpdate`
- bei Schaltflächen: `Click`

Für unser Beispiel fallen mir fünf Auslöser ein, die zum Aktualisieren der Textfelder führen sollen:

Auslöser	Formular	Ereignis
Das Formular *frmFlugbuchungProMitarbeiter* wurde geöffnet.	*frmFlugbuchungProMitarbeiter*	`Form_Load`
Das Formular *frmMitarbeiter* wurde geöffnet.	*frmMitarbeiter*	(`Form_Load`) `Form_Current`
Ein anderer Mitarbeiter wurde gewählt.	*frmMitarbeiter*	`Form_Current`
Daten eines Mitarbeiters wurden geändert.	*frmMitarbeiter*	`Form_AfterUpdate`
Ein neuer Mitarbeiter wurde hinzugefügt.	*frmMitarbeiter*	(`Form_AfterInsert`) `Form_AfterUpdate`

Tabelle 6.14 Auslöser, die zur Aktualisierung des Formulars »frmFlugbuchungProMitarbeiter« führen sollen

Wie Sie Tabelle 6.14 entnehmen können, sind für einige Auslöser mehrere Ereignisse gleich gut geeignet. Der Auslöser »*frmMitarbeiter* wurde geöffnet« ist ein gutes Beispiel. Beim Öffnen eines Formulars tritt zunächst `Form_Load` und anschließend für den aktuellen Datensatz `Form_Current` ein. Ich habe mich für `Form_Current` entschieden.

Nachdem die Ereignisse feststehen, ergänze ich die Ereignisprozeduren. Für den ersten Auslöser sieht das beispielsweise so aus:

```
Private Sub Form_Load()
   Aktualisieren
End Sub
```

Listing 6.8 Innerhalb von »frmFlugbuchungProMitarbeiter« das VBA-Programm aufrufen

Für die anderen vier Auslöser gehören die Ereignisprozeduren in das Formular *frmMitarbeiter*. Von dort aus soll die Prozedur `Aktualisieren()` aufgerufen werden, die sich jedoch im Formular *frmFlugbuchungProMitarbeiter* befindet. Vergessen Sie deshalb nicht, beim Aufruf den Namen des anderen Formulars zu nennen:

```
Forms!frmFlugbuchungProMitarbeiter.Aktualisieren
```

Listing 6.9 Von einem anderen Formular das VBA-Programm in »frmFlugbuchungProMitarbeiter« aufrufen

Aufruf der Prozedur von außerhalb des Formulars erfordert »Public«

Die Prozedur `Aktualisieren()` soll von außerhalb des Formulars *frmFlugbuchungProMitarbeiter* aufgerufen werden. `Private` als Gültigkeitsbereich reicht dafür nicht aus; die Prozedur muss als `Public` deklariert sein!

Ich habe im Formular *frmMitarbeiter* eine zusätzliche Prozedur `AbhaengigesFormularAktualisieren()` erstellt, die von den beiden Ereignisprozeduren (`Form_Current()` und `Form_AfterUpdate()`) gestartet wird. Der Hintergrund dabei ist, dass Listing 6.9 zu einem Fehler führen würde, solange das abhängige Formular nicht geöffnet ist. Mit zwei Fallunterscheidungen lässt sich das vermeiden:

```
'Dem abhaengigen Formular "frmFlugbuchungProMitarbeiter" signalisieren,
'  dass ein anderer Mitarbeiter ausgewaehlt wurde oder dass sich Daten
'  geaendert haben
Private Sub AbhaengigesFormularAktualisieren()
   'Ist das abhaengige Formular geoeffnet?
   If Not CurrentProject.AllForms!frmFlugbuchungProMitarbeiter.IsLoaded _
     Then
      Exit Sub
   End If

   'Wenn es geoeffnet ist, ist es auch in der Formularansicht geoeffnet?
   If CurrentProject.AllForms!frmFlugbuchungProMitarbeiter.CurrentView _
     <> acCurViewFormBrowse Then
      Exit Sub
   End If

```

```
    'Mitteilen, dass sich das abhaengige Formular selbst aktualisieren
    '  soll.
    Forms!frmFlugbuchungProMitarbeiter.Aktualisieren
End Sub
```

Listing 6.10 Prüfen Sie zuerst, ob das andere Formular geöffnet ist. So vermeiden Sie lästige Fehlermeldungen.

Mit den vorgestellten VBA-Programmen sollten alle Formulare nun fehlerfrei miteinander kommunizieren können.

6.8.2 Workshop: Eine individuelle Eingabe-Dialogbox

Immer wenn es darum geht, eine Meldung anzuzeigen oder wichtige Eingaben abzufragen, sind modale Popup-Formulare das Mittel der Wahl. In diesem zweiten Workshop werde ich Ihnen zunächst zeigen, wie Sie mit der Funktion `MsgBox()` ganz schnell eine einfache Meldung erzeugen können. Anschließend werde ich ein individuelles Popup-Formular vorstellen.

Ausgangspunkt soll das Mitarbeiterformular in Abbildung 6.131 sein, das Sie bereits kennen. Zusammen mit den anderen Formularen finden Sie es in den Materialien zum Buch in der Datenbank *06_Formulare\6.8.2_Warnmeldung_MsgBox.accdb*.

Abbildung 6.131 Ausgangslage ist das Mitarbeiterformular ohne Programmcode, das Sie unter dem Namen »frmMitarbeiter« finden.

Eine aussagekräftige Warnmeldung anzeigen

In unserer Beispieldatenbank ist es wichtig, dass jeder Mitarbeiter genau einer Abteilung zugeordnet ist. Entsprechend habe ich beim Datenbankdesign festgelegt, dass das Feld »tblMitarbeiter.AbteilungID« erforderlich ist; das Kombinationsfeld »cboAbteilungID« im Mitarbeiterformular ist also an ein NOT-NULL-Feld gebunden. Falls der Benutzer vergisst, eine Abteilung zu wählen, führt das zu der Fehlermeldung aus Abbildung 6.132:

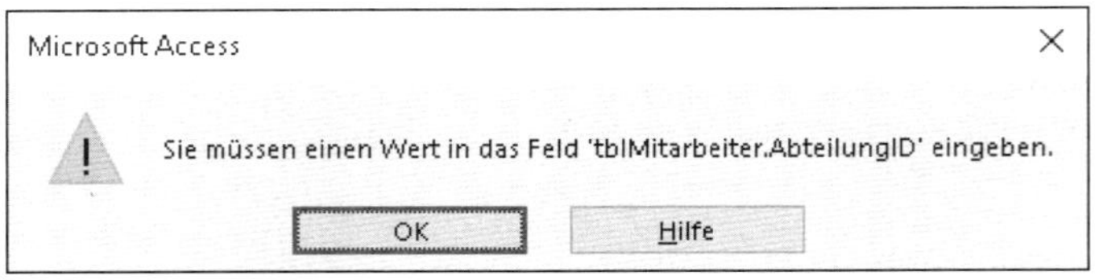

Abbildung 6.132 Access zeigt standardmäßig diese Fehlermeldung an, wenn ein NOT-NULL-Feld nicht gefüllt ist.

Fehlermeldungen wie in Abbildung 6.132 verstehen Anwender, die mit den Details von Access wenig vertraut sind, nicht, was zu Verwirrung führt. Mit Hilfe der Funktion `MsgBox()` können Sie eine aussagekräftige Fehlermeldung wie in Abbildung 6.133 generieren:

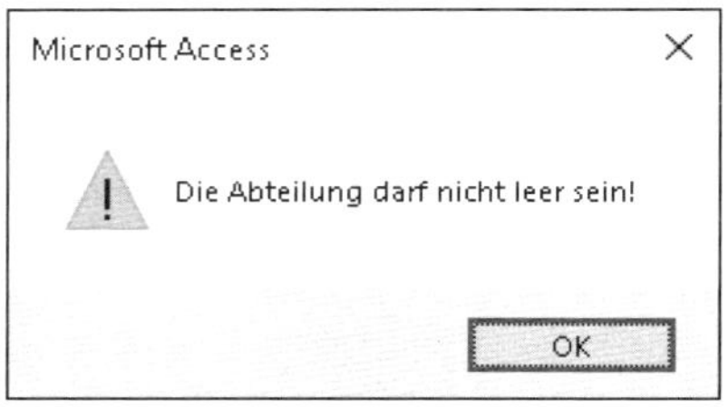

Abbildung 6.133 Nutzen Sie besser eine aussagekräftige Fehlermeldung in dieser Form.

Alle Details zur Funktion `MsgBox()` werde ich in Abschnitt 9.2.5, »Meldungen am Bildschirm anzeigen: ›MsgBox‹«, vorstellen. An dieser Stelle möchte ich mich auf zwei andere Fragen konzentrieren:

1. In welcher Ereignisprozedur soll die Meldung angezeigt werden?
2. Wie soll unser Programm nach dem Anzeigen der Fehlermeldung reagieren?

Sehen wir uns zunächst einmal die Auslöser an, um die erste Frage zu beantworten:

Auslöser	Formular	Ereignis
Ein neuer Datensatz soll gespeichert werden, aber es wurde noch keine Abteilung gewählt.	*frmMitarbeiter*	`Form_BeforeUpdate`
In einem bestehenden Datensatz wurde die Abteilung entfernt (Fokus auf »cboAbteilungID«, dann `Entf` drücken).	*frmMitarbeiter*	`cboAbteilungID_BeforeUpdate`

Tabelle 6.15 Zwei Auslöser führen dazu, dass das NOT-NULL-Feld geprüft werden muss.

Das Mitarbeiterformular muss auf zwei unterschiedliche Ereignisse reagieren und die gleiche Fehlermeldung anzeigen. Entsprechend bietet es sich an, die Fehlermeldung in eine separate Funktion zu packen.

```
01 'Die Abteilung darf niemals leer sein.
02 'Auf NULL-Wert in "cboAbteilungID" pruefen und ggf. Fehlermeldung ausgeben.
03 'Rueckgabewert: TRUE, falls "cboAbteilungID" den Wert NULL enthaelt.
04 '               Andernfalls FALSE
05 Private Function IsNullAbteilungID() As Boolean
06    If IsNull(Me.cboAbteilungID) Then
07       MsgBox "Die Abteilung darf nicht leer sein!", _
08              vbExclamation + vbOKOnly
09       IsNullAbteilungID = True
10    Else
11       IsNullAbteilungID = False
12    End If
13 End Function
```

Listing 6.11 Das NOT-NULL-Feld prüfen und gegebenenfalls eine Fehlermeldung per »MsgBox« ausgeben

Die Funktion `IsNullAbteilungID()` wird nur innerhalb des Formulars gebraucht. Entsprechend habe ich sie in das Formular *frmMitarbeiter_MsgBox* geschrieben und als `Private` deklariert. Wichtig ist Zeile 06 in Listing 6.11, die ich fett hervorgehoben habe: Eine Fallunterscheidung prüft, ob eine gültige Abteilung ausgewählt ist. Wenn das nicht der Fall ist, gibt Access unsere gewünschte Fehlermeldung aus (Zeilen 07 und 08). Zuletzt setze ich den Rückgabewert auf `TRUE` oder `FALSE`, je nachdem, ob eine Abteilung gewählt ist (Zeile 09) oder nicht (Zeile 11).

Wie Sie Tabelle 6.15 entnehmen können, müssen wir auf zwei Ereignisse reagieren. Beide Ereignisprozeduren rufen `IsNullAbteilungID()` auf und reagieren je nach Rückgabewert.

```
'Neuer Datensatz; pruefen, ob eine Abteilung gewaehlt wurde.
Private Sub Form_BeforeUpdate(Cancel As Integer)
   If IsNullAbteilungID() Then
      Cancel = True
      Exit Sub
   End If
End Sub
```

Listing 6.12 In der Ereignisprozedur den Parameter »Cancel« auf »True« setzen, um die Änderung zu verhindern

```
'Bestehender Datensatz wird geaendert; pruefen, ob die
'  Abteilung entfernt wurde.
Private Sub cboAbteilungID_BeforeUpdate(Cancel As Integer)
   If IsNullAbteilungID() Then
      Cancel = True
      Exit Sub
```

```
        End If
    End Sub
```

Listing 6.13 Das Gleiche für den zweiten Auslöser

Ereignisprozeduren mit dem Parameter »Cancel«

Einige Ereignisprozeduren haben den Parameter `Cancel`, mit dem Ereignisse abgebrochen werden können:

- `Form_Open(Cancel As Integer)`
- `Form_Unload(Cancel As Integer)`
- `Form_BeforeInsert(Cancel As Integer)`
- `Form_BeforeUpdate(Cancel As Integer)`
- `Form_BeforeDelConfirm(Cancel As Integer, Response As Integer)`
- `Form_Undo(Cancel As Integer)`

Neben diesen Ereignissen auf Formularebene gibt es entsprechende `BeforeUpdate`- und `Undo`-Ereignisse auch für die Steuerelemente. Sie können `Cancel` per Programmcode auf `True` setzen. Die Ereignisprozedur läuft dann noch bis zum Ende durch. Nach Abschluss der Prozedur prüft Access den Parameter und bricht die Operation ab; beispielsweise wird bei `BeforeUpdate` der neue Wert nun doch nicht übernommen.

Wenn `Cancel` auf `False` bleibt, geht alles seinen gewohnten Gang. Access zeigt beispielsweise eine wenig schöne Fehlermeldung wie in Abbildung 6.132 an. Falls hingegen kein Fehler auftritt, wird die Änderung übernommen, und Access löst anschließend weitere Ereignisse wie `AfterUpdate` aus.

Mit den gezeigten Erweiterungen in VBA zeigt unser Mitarbeiterformular (*frmMitarbeiter_MsgBox_OK*) nun eine aussagekräftige Fehlermeldung an.

Nach Anzeige einer Meldung auf die Auswahl des Benutzers reagieren

Als Nächstes möchte ich das Beispiel um eine weitere Meldung beim Ändern der Abteilung erweitern. Ganz klar, hier geht es um eine wichtige Datenänderung: Ein Mitarbeiter wird in eine andere Abteilung versetzt. Dies hat weitreichende Auswirkungen, auf die Access mit einer Warnmeldung hinweisen soll (Abbildung 6.134).

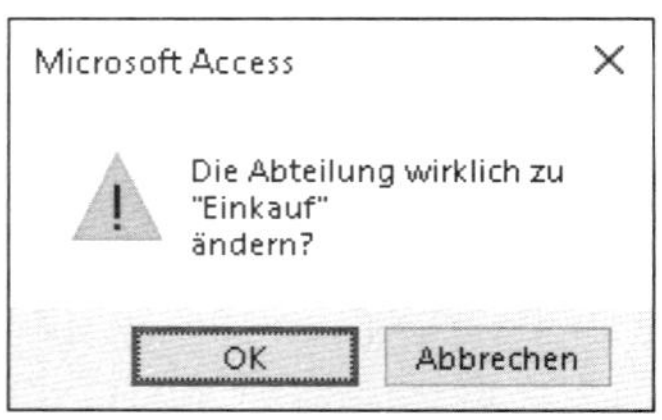

Abbildung 6.134 Die verbesserte Warnmeldung mit zwei Schaltflächen

Für Access gibt es keinen Unterschied, ob »AbteilungID« von NULL in eine ID oder von einer ID in eine andere ID geändert wird. Ersteres wäre der Fall, wenn ein neuer Mitarbeiter angelegt wird und erstmalig einer Abteilung zugewiesen wird. Diesen Fall möchte ich nicht betrachten. Glücklicherweise gibt es für ein gebundenes Steuerelement die Eigenschaft `OldValue`, die ich als Erstes überprüfe (Listing 6.14, Zeile 12). Mich interessiert nur der Fall, dass von einer ID zu einer anderen gewechselt wird.

```
01 'In einem bestehenden Datensatz wird die Abteilung geaendert.
02 Private Sub cboAbteilungID_BeforeUpdate(Cancel As Integer)
03    Dim strMeldung As String
[...]
11    'Wird die Abteilung erstmalig eingetragen oder wird sie geaendert?
12    If Not IsNull(Me.cboAbteilungID.OldValue) Then
```

Listing 6.14 Uns interessiert nur der Fall, dass die Abteilung gewechselt wird.

Die Warnmeldung können Sie nach Belieben formulieren. Ich habe mich dazu entschieden, die neue Abteilung namentlich zu nennen. Deshalb baue ich die Meldung zunächst in der String-Variablen `strMeldung` zusammen:

```
13       'Die Abteilung wird geaendert
14       'In der Meldung soll die neue Abteilung namentlich erscheinen.
15       strMeldung = "Die Abteilung wirklich in" & vbCrLf _
16                  & """" & Me.cboAbteilungID.Column(1) & """" & vbCrLf _
17                  & "ändern?"
```

Listing 6.15 Die Fehlermeldung enthält sowohl Zeilenumbrüche als auch Anführungszeichen.

Anschließend lasse ich die Warnmeldung anzeigen. Die Einstellung `vbOKCancel` veranlasst Access dazu, zwei Schaltflächen darzustellen. Auf die Auswahl des Benutzers reagiert das Programm per Fallunterscheidung.

```
19       'Die Meldung ausgeben
20       If MsgBox(strMeldung, _
21         vbExclamation + vbOKCancel) _
22         = vbCancel _
23         Then
24          'Es wurde "Abbrechen" oder ESC gedrueckt.
25
26          'Die naechste Zeile verhindert, dass der Benutzer das
27          '  Kombinationsfeld verlassen kann.
28          Cancel = True
29          'Jetzt bleiben dem Benutzer zwei Moeglichkeiten:
30          '1) Das Kombinationsfeld erneut verlassen, diesmal aber die
31          '   Warnmeldung mit OK bestaetigen.
```

```
32          '2) ESC druecken, so dass Access die alte Abteilung beibehaelt.
33        End If
34      End If
35  End Sub
```

Listing 6.16 Diesmal runde Klammern hinter »MsgBox«, um auf die Auswahl des Benutzers zu reagieren

Sollte der Benutzer die Warnmeldung mit Klick auf OK quittieren, müssen wir uns keine weiteren Gedanken machen. Interessant wird es, wenn er »Oh nein!« denkt und auf ABBRECHEN drückt (oder Taste [Esc]). In diesem Fall gelangt das Programm zu Zeile 28 und setzt den Parameter `Cancel` auf `True`. Wie bereits erwähnt, führt dies dazu, dass Access die Änderung nicht übernimmt. Das gesamte VBA-Programm finden Sie im Formular *frmMitarbeiter_MsgBox_OKAbbrechen* in der Beispieldatenbank.

Rückmeldung über ein individuelles Popup-Formular

Wie sieht es aus, wenn ich ganz besondere Ansprüche habe und mir die standardmäßigen Meldungen wie in Abbildung 6.134 nicht reichen? In diesem Fall hilft ein modales Popup-Formular weiter. Damit können Sie eine Meldung oder eine Eingabe-Dialogbox individuell gestalten. Die individuelle Meldung könnte beispielsweise so aussehen wie in Abbildung 6.135:

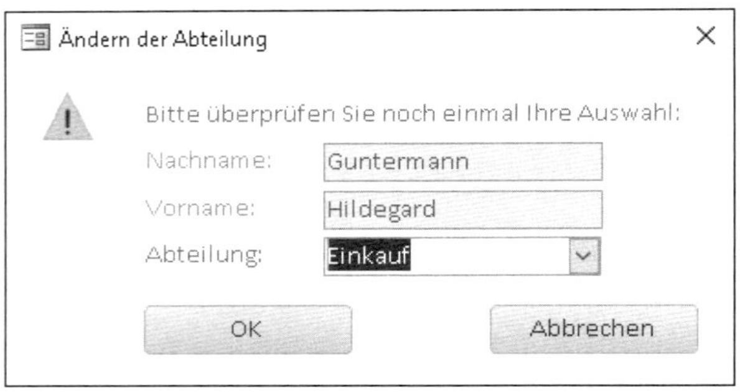

Abbildung 6.135 Eine individuelle Meldung mit zwei Schaltflächen als modales Popup-Formular

Sie finden diesen Vorschlag in den Materialien zum Buch in der Datenbank *06_Formulare\6.8.2_Individuelle_Dialogbox.accdb* unter dem Namen *frmPopup_Abteilung*. Hier die Schritte, mit denen Sie ein modales Popup-Formular selbst erstellen können:

1. Erstellen Sie ein neues Formular in der Entwurfsansicht.
2. Stellen Sie einige Formulareigenschaft ein:
   - FORMAT • BESCHRIFTUNG: Tragen Sie hier einen aussagekräftigen Text ein. Er wird im Titel des Popup-Fensters erscheinen.
   - FORMAT • AUTOMATISCH ZENTRIEREN: JA

- Format • Rahmenart: Dünn
- Format • Datensatzmarkierer: Nein
- Format • Navigationsschaltflächen: Nein
- Format • Bildlaufleisten: Nein
- Format • MinMaxSchaltflächen: Keine
- Andere • Popup: Wahr
- Andere • Gebunden: Wahr

Diese Einstellungen sind zwar nur kosmetischer Natur, helfen Ihnen aber beim Design des Popup-Formulars.

3. Fügen Sie eine neue Schaltfläche hinzu, und ändern Sie die Beschriftung in »OK«.
4. Optional können Sie die Schaltfläche als Standard festlegen:

   Andere • Standard: Ja

   Wenn der Anwender [↵] drückt, wird die *standardmäßige Schaltfläche* gewählt.
5. Fügen Sie eine weitere Schaltfläche hinzu, und ändern Sie die Beschriftung in »Abbrechen«.
6. Setzen Sie die Eigenschaft

   Andere • Abbrechen: Ja

   Mit dieser Einstellung wird die Schaltfläche gewählt, wenn der Anwender [Esc] drückt.

Mit diesem Rezept gelangen Sie zum Grundgerüst, einem modalen Popup-Formular mit zwei Schaltflächen. Ich möchte an dieser Stelle noch einmal auf die genannten Eigenschaften Standard und Abbrechen hinweisen. Mit Ihrer Hilfe ermöglichen Sie es dem Anwender, eine individuelle Meldung per Tastendruck zu bestätigen. Anschließend können Sie weitere Steuerelemente oder Grafiken hinzufügen, um die Meldung nach Herzenslust zu gestalten.

In unserem Beispiel habe ich neben dem Text zur Erläuterung zwei Textfelder und ein Kombinationsfeld hinzugefügt (siehe Tabelle 6.16). Alle Felder sind an das Hauptformular *frmMitarbeiter_Modales_Popup* gebunden. In diesem Beispiel sind alle drei Steuerelemente nur lesbar und dienen lediglich zur Anzeige.

Steuerelement	Steuerelementinhalt
»txtNachname«	`=[Formulare]![frmMitarbeiter_Modales_Popup]![txtNachname]`
»txtVorname«	`=[Formulare]![frmMitarbeiter_Modales_Popup]![txtVorname]`
»cboAbteilungID«	`=[Formulare]![frmMitarbeiter_Modales_Popup]![cboAbteilungID]`

Tabelle 6.16 Die Steuerelemente im Popup-Formular übernehmen ihre Daten aus dem Hauptformular.

Öffnen von »frmPopup_Abteilung« führt zu einer Fehlermeldung

Im Popup-Formular greife ich auf Daten im Hauptformular zurück. Wenn Letzteres nicht geöffnet ist, zeigt Access eine Fehlermeldung an.

Mit VBA das modale Popup-Formular automatisch öffnen

Die gewünschte individuelle Meldung ist jetzt vorbereitet. Als Nächstes muss ich dafür sorgen, dass sie als modales Popup-Formular automatisch geöffnet wird. Damit sind wir wieder bei der VBA-Programmierung.

Zur Erinnerung: Die Warnmeldung soll erscheinen, sobald im Mitarbeiterformular die Abteilung des Mitarbeiters geändert wird. Der Auslöser ist der gleiche wie bei der standardmäßigen Meldung, nur verwende ich anstelle des Befehls `MsgBox` diesmal `DoCmd.OpenForm`. Das VBA-Programm in Listing 6.17 öffnet das Formular *frmPopup_Abteilung* als modales Popup-Formular.

```
'In einem bestehenden Datensatz wird die Abteilung geaendert.
Private Sub cboAbteilungID_BeforeUpdate(Cancel As Integer)
   'Wird die Abteilung erstmalig eingetragen oder wird sie geaendert?
   If Not IsNull(Me.cboAbteilungID.OldValue) Then
      'Die Abteilung wird geaendert
      'Das Popup-Formular "frmPopup_Abteilung" als modales Popup-
      '   Formular oeffnen
      DoCmd.OpenForm "frmPopup_Abteilung", acNormal, , , , acDialog

[...]
   End If
End Sub
```

Listing 6.17 So lässt sich eine individuelle Meldung (= ein modales Popup-Formular) per VBA-Programm öffnen.

Per VBA-Befehl ein anderes Access-Objekt öffnen

`DoCmd` ist quasi ein Werkzeugkasten für die unterschiedlichsten Features von Access. Unter anderem können Sie damit Tabellen, Abfragen, Formulare und Berichte öffnen:

- `DoCmd.OpenTable "tblMitarbeiter"`
- `DoCmd.OpenQuery "qryMitarbeiter"`
- `DoCmd.OpenForm "frmMitarbeiter"`
- `DoCmd.OpenReport "rptMitarbeiter"`

Das Schließen geht so ähnlich:

- `DoCmd.Close acTable, "tblMitarbeiter"`
- `DoCmd.Close acQuery, "qryMitarbeiter"`
- `DoCmd.Close acForm, "frmMitarbeiter"`
- `DoCmd.Close acReport, "rptMitarbeiter"`

Viele `DoCmd`-Befehle kennen weitere Parameter. Beispielsweise können Sie darüber die gewünschte Ansicht festlegen:

- `DoCmd.OpenForm "frmMitarbeiter", acDesign`
- `DoCmd.OpenForm "frmMitarbeiter", acNormal`

In Listing 6.17 habe ich im sechsten Parameter (`WindowMode`) die Einstellung `acDialog` genutzt, um das Formular als modales Popup-Formular zu öffnen. In Zeile 08 hält das Programm an und läuft erst dann in Zeile 09 weiter, wenn der Benutzer das modale Popup-Formular wieder geschlossen hat.

Auf das Ergebnis eines modalen Popup-Formulars reagieren

Bei der Funktion `MsgBox()` gibt es einen Rückgabewert, über den ich nachvollziehen kann, welche Schaltfläche der Benutzer gewählt hat. Im Falle eines modalen Popup-Formulars gibt es diese Möglichkeit nicht. Wie kann ich nun ab Zeile 09 von Listing 6.17 herausfinden, welche Schaltfläche gedrückt wurde? Das modale Popup-Formular ist bereits geschlossen. Somit bleibt nur ein Weg: Die Auswahl des Benutzers wird außerhalb des Popup-Formulars kurzzeitig gespeichert.

Eine globale Variable als Rückgabewert für modale Popup-Formulare

Dies ist eine der wenigen Ausnahmen, in denen nach meinem Empfinden eine globale Variable gerechtfertigt ist: `gvarCloseArgs` (Listing 6.18). Es reicht eine globale Variable für alle modalen Popup-Formulare, denn schließlich wird das VBA-Programm die Entscheidung des Benutzers unmittelbar nach dem Schließen auswerten.

```
Option Compare Database
Option Explicit


'Rueckgabewert eines modalen Popup-Formulars
Public gvarCloseArgs As Variant
```

Listing 6.18 Die globale Variable »gvarCloseArgs« deklariere ich in einem separaten Modul.

»OpenArgs« und »CloseArgs«

In einem Team von Access-Entwicklern einigten wir uns einmal auf den Namen `gvarCloseArgs`. Der Name lehnt sich an die `OpenArgs` an, die Access von Hause aus kennt:

```
DoCmd.OpenForm "frmMitarbeiter", acNormal, , , , ,
"der 7. Parameter sind die OpenArgs"
```

Sie können damit einen beliebigen Wert, eine Zeichenfolge, eine Variable usw. an das zu öffnende Formular übergeben. Dort können Sie auf die `OpenArgs` zugreifen:

```
MsgBox Me.OpenArgs
```

Auch im Befehl `DoCmd.OpenReport` gibt es den Parameter `OpenArgs`. Nur die `CloseArgs` sucht man leider vergebens. Deshalb der Weg über die globale Variable.

Beim Öffnen der Meldung ist es wichtig, dass `gvarCloseArgs` zunächst auf einen vereinbarten Wert gesetzt wird, beispielsweise NULL als Meldung für ABBRECHEN.

```
Private Sub Form_Load()
    'Zunaechst die globale Variable CloseArgs auf NULL setzen.
    '  Dies steht fuer die Meldung "Abbrechen".
    gvarCloseArgs = Null
End Sub
```

Listing 6.19 Setzen Sie im Popup-Formular beim Öffnen zunächst »gvarCloseArgs« auf NULL zurück.

Sollte der Benutzer das Fenster mit dem Popup-Formular einfach schließen, stünde in `gvarCloseArgs` der Wert NULL (= Meldung für »Abbrechen«).

Bleiben noch die beiden Schaltflächen OK und ABBRECHEN. Ich beginne mit der letztgenannten Schaltfläche; ein Klick auf ABBRECHEN soll dazu führen, dass sich das Popup-Formular schließt.

```
Private Sub cmdAbbrechen_Click()
    DoCmd.Close acForm, Me.Name
End Sub
```

Listing 6.20 Mit »DoCmd.Close« schließen Sie das Formular.

Mehr ist hier nicht zu erledigen, denn `gvarCloseArgs` enthält nach wie vor den Wert NULL (= Meldung für »Abbrechen«).

Anders sieht es bei der Schaltfläche »cmdOK« aus. Gleich am Anfang der Ereignisprozedur sorge ich dafür, dass `gvarCloseArgs` auf einen anderen Wert als NULL gesetzt wird, beispielsweise auf `True` (Zeile 02 in Listing 6.21). Damit signalisiere ich »OK« an das Mitarbeiterformular. Danach schließe ich wie gehabt das Popup-Formular per `DoCmd.Close`.

```
Private Sub cmdOK_Click()
   gvarCloseArgs = True

   DoCmd.Close acForm, Me.Name
End Sub
```

Listing 6.21 Nur beim Klick auf »OK« ändere ich die globale Variable.

Jetzt zurück zum aufrufenden Formular, wo das Programm auf das Ergebnis der Meldung wartet oder anders gesagt je nach Inhalt von gvarCloseArgs reagieren muss. Dies erledige ich mit einer Fallunterscheidung.

```
'In einem bestehenden Datensatz wird die Abteilung geaendert.
Private Sub cboAbteilungID_BeforeUpdate(Cancel As Integer)
   'Wird die Abteilung erstmalig eingetragen oder wird sie geaendert?
   If Not IsNull(Me.cboAbteilungID.OldValue) Then
      'Die Abteilung wird geaendert
      'Das Popup-Formular "frmPopup_Abteilung" als modales Popup-
      '   Formular oeffnen
      DoCmd.OpenForm "frmPopup_Abteilung", acNormal, , , , acDialog
      'Wichtig: Bei einem modalen Popup-Formular haelt die Verarbeitung
      '         des Programms genau an dieser Stelle an, solange
      '         das Formular geoeffnet ist.

      'Das modale Popup-Formular wurde geschlossen.
      'Ueber die globale Variable gvarCloseArgs bekommen wir mitgeteilt,
      '  ob "Abbrechen" gewaehlt wurde (NULL).
      If IsNull(gvarCloseArgs) Then
         'Der Benutzer hat "Abbrechen" angeklickt; Aenderung verhindern.
         Cancel = True
      End If
   End If
End Sub
```

Listing 6.22 Im Hauptformular prüfe ich, welche Schaltfläche der Anwender angeklickt hat.

In den Materialien zum Buch finden Sie in der Datenbank *06_Formulare\6.8.2_Individuelle_Dialogbox.accdb* die komplette Lösung, die sich über drei Access-Objekte erstreckt:

- das Mitarbeiterformular *frmMitarbeiter*
- *frmPopup_Abteilung* als individuelle Meldung
- im Modul *basGlobaleVariablen* die globale Variable gvarCloseArgs

Nachträglich im Popup-Formular die Entscheidung ändern

Als dritten Teil des Workshops möchte ich noch eine weitere Variante beleuchten. Bisher konnte der Benutzer in der individuellen Meldung entweder OK oder ABBRECHEN anklicken. Jetzt möchte ich ein weiteres Feature hinzufügen: Das Kombinationsfeld »cboAbteilungID« soll veränderbar werden.

Unverändert bleibt der Auslöser zum Anzeigen des Popup-Formulars. Wenn im Mitarbeiterformular ein Mitarbeiter in eine andere Abteilung versetzt wird, soll Access die Warnmeldung anzeigen. Neu ist, dass der Benutzer nun drei Wahlmöglichkeiten hat:

1. Er klickt auf ABBRECHEN, und Access verhindert die Änderung.
2. Er klickt auf OK und bestätigt damit die neue Abteilung.
3. Er entscheidet sich um, wählt eine andere Abteilung und klickt dann auf OK.

Im letzten Fall soll die neue Entscheidung in das Mitarbeiterformular übernommen werden. Aus unserer individuellen Meldung wird somit eine *individuelle Eingabe-Dialogbox*. Und so funktioniert es:

1. Zunächst passe ich das Popup-Formular *frmPopup_Abteilung* an. Das Kombinationsfeld muss jetzt ungebunden und veränderbar sein:
   - DATEN • STEUERELEMENTINHALT: die Formel entfernen
   - DATEN • GESPERRT: NEIN
2. Beim Öffnen des Popup-Formulars wird die neu gewählte Abteilung vom Mitarbeiterformular in das Kombinationsfeld übernommen. `Form_Load()` sieht damit so aus:

```
Private Sub Form_Load()
   'Zunaechst die globale Variable gvarCloseArgs auf NULL setzen.
   '  Dies steht fuer die Meldung "Abbrechen".
   gvarCloseArgs = Null

   'Die neu ausgewaehlte Abteilung aus dem Formular
   '  "frmMitarbeiter" uebernehmen.
   Me.cboAbteilungID = Forms!frmMitarbeiter!cboAbteilungID
End Sub
```

Listing 6.23 Eine kleine Anpassung: die gewählte Abteilung aus dem Hauptformular per VBA-Programm übernehmen

3. Beim Klicken auf OK speichere ich die aktuelle AbteilungID in der globalen Variablen `gvarCloseArgs`. Der Vollständigkeit halber sollte an dieser Stelle verhindert werden, dass der Anwender gar keine Abteilung gewählt hat. Dafür sind die Zeilen 03 bis 12 in Listing 6.24 zuständig:

```
Private Sub cmdOK_Click()
   'Pruefen, ob eine gueltige Abteilung gewaehlt ist.
   If IsNull(Me.cboAbteilungID) Then
      'Die Abteilung darf niemals leer sein.
      'Fehlermeldung ausgeben
      MsgBox "Die Abteilung darf nicht leer sein!", _
            vbExclamation + vbOKOnly
      'Das Kombinationsfeld bekommt den Fokus
      Me.cboAbteilungID.SetFocus
      'Der OK-Klick wird nicht weiter verfolgt.
      Exit Sub
   End If

   'Eine gueltige Abteilung ist gewaehlt.
   'Diese AbteilungID in die globale Variable gvarCloseArgs
   '  uebernehmen.
   gvarCloseArgs = Me.cboAbteilungID
   'Das Popup-Formular schliessen.
   DoCmd.Close acForm, Me.Name
End Sub
```

Listing 6.24 Die globale Variable »gvarCloseArgs« enthält ab jetzt die neue »AbteilungID«.

4. Jetzt muss ich noch im Mitarbeiterformular auf das Ergebnis reagieren. Wenn der Benutzer sich umentschieden hat, soll die neue Abteilung-ID übernommen werden. Darf ich ganz einfach die Zeile

   ```
   Me.cboAbteilungID = gvarCloseArgs
   ```

   in `cboAbteilungID_BeforeUpdate()` ergänzen? Leider geht es so einfach nicht (siehe nachfolgenden Kasten).

Ein wichtiger Unterschied zwischen »BeforeUpdate« und »AfterUpdate«

Die genannte Codezeile wird zu einem Fehler führen, solange sie in `cboAbteilungID_BeforeUpdate()` steht. Innerhalb dieser Ereignisprozedur darf »cboAbteilungID« nur geprüft (= gelesen), aber nicht verändert werden.

Die richtige Stelle ist das Ereignis `AfterUpdate`, denn innerhalb von `cboAbteilungID_AfterUpdate()` darf »cboAbteilungID« geändert werden (= lesen und schreiben).

Übrigens bewirkt die nachträgliche Änderung von »cboAbteilungID« nicht, dass das Ereignis `BeforeUpdate` erneut ausgelöst wird. Nur der Benutzer selbst kann durch Änderungen im Formular `BeforeUpdate` auslösen.

5. Folglich füge ich die Ereignisprozedur für `AfterUpdate` hinzu und übernehme erst dort den neuen Wert.

```
Private Sub cboAbteilungID_AfterUpdate()
   If Me.cboAbteilungID <> gvarCloseArgs Then
      Me.cboAbteilungID = gvarCloseArgs
   End If
End Sub
```

Listing 6.25 Wurde die Abteilung nachträglich geändert? Wenn ja, dann übernehmen.

Die gesamte Lösung finden Sie in den Materialien zum Buch in der Datenbank *06_Formulare\6.8.2_Individuelle_Dialogbox_mit_Aenderung.accdb.*

6.8.3 Workshop: Platzreservierung

Maximale Flexibilität erreichen Sie mit einem ungebundenen Formular und Programmierung. Darum soll es im dritten Workshop gehen. Ich möchte in unserer Beispieldatenbank die Flugbuchungen um eine Platzreservierung erweitern. Sie finden die entsprechende Datenbank in den Materialien zum Buch unter *06_Formular\6.8.3_Platzreservierung.accdb.*

Platzreservierung im Datenbankdesign einfügen

Für eine ordentliche Platzreservierung wären sicherlich einige zusätzliche Tabellen erforderlich. Ich begnüge mich an dieser Stelle mit minimalen Änderungen am Datenbankdesign, denn das Hauptaugenmerk dieses Workshops soll auf den Formularen liegen.

Der Einfachheit halber soll jedes Flugzeug gleich sein (25 Reihen à 6 Sitzplätze), und ich vernachlässige ein paar Besonderheiten (Business- versus Economy-Class, Notausgänge usw.). Mit zwei zusätzlichen Feldern (Tabelle 6.17) in der Tabelle *tblFlugbuchung* ist die Sache damit erledigt.

Feldname	Felddatentyp	Gültigkeitsregel
»SitzplatzSpalte«	KURZER TEXT, Feldgröße = 1	`In ("A";"B";"C";"D";"E";"F")`
»SitzplatzReihe«	Zahl (BYTE)	`Zwischen 1 Und 25`

Tabelle 6.17 Eine sehr einfache Sitzplatzreservierung mit zwei zusätzlichen Feldern in der Tabelle »tblFlugbuchung«

Entsprechend habe ich im Formular *frmFlugbuchung* zwei Steuerelemente ergänzt.

Ein Flug mit Flugbuchungen und reservierten Sitzplätzen

Für die Sitzplatzreservierung habe ich mir so etwas wie in Abbildung 6.136 vorgestellt.

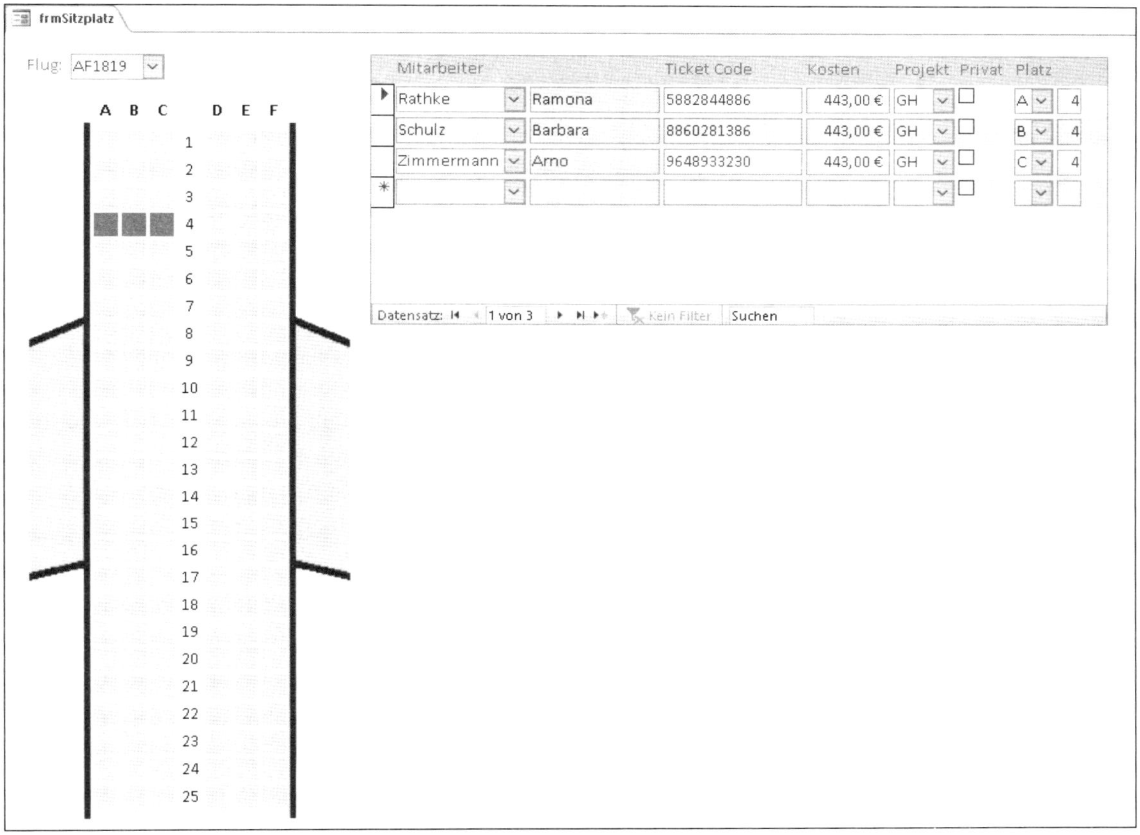

Abbildung 6.136 Ein Bild sagt mehr als tausend Worte: In unserem Flugzeug sind noch jede Menge Plätze frei!

Im Hauptformular kann der Benutzer den Flug wählen. Dazu genügt ein ungebundenes Kombinationsfeld »cboFlugID«. Im Unterformular werden die passenden Flugbuchungen dargestellt. Wie üblich synchronisiere ich das Unterformular mittels LINK MASTER/LINK CHILD.

Eigenschaft	Wert
LINK MASTER (DATEN • VERKNÜPFEN NACH)	`cboFlugID`
LINK CHILD (DATEN • VERKNÜPFEN VON)	`FlugID`

Tabelle 6.18 Setzen Sie diese Werte in den Eigenschaften »Link Master«/»Link Child«, um das Unterformular zu synchronisieren.

Jetzt wird es spannend. Die Anzeige der Sitzplätze kennen Sie bestimmt von Ihrem letzten Check-in. Sie soll im linken Bereich zu sehen sein. Es gibt mehrere Wege, eine solche Anzeige in Access zu erzeugen. Ich habe mich für die folgenden Elemente entschieden:

- Das schematische Flugzeug ist ein Bild (*06_Formulare\6.8.3_Flugzeug.png*).
- Jeder Sitzplatz bzw. jedes Kästchen ist ein Steuerelement vom Typ Beschriftung.
  Wichtig: FORMAT • HINTERGRUNDART = NORMAL, nicht TRANSPARENT!

Entsprechend habe ich in das Formular *frmSitzplatz* insgesamt 181 Beschriftungen eingefügt und ausgerichtet.

Benennung der Steuerelemente

Das VBA-Programm, das ich gleich vorstellen werde, ist auf die korrekten Namen der Steuerelemente angewiesen, zum Beispiel: »lblSitzC5«.

Viel Spaß bei der Fummelarbeit – oder programmieren Sie!

Die 181 Beschriftungen habe ich nicht manuell benannt und ausgerichtet. Stattdessen habe ich das Formular in der Entwurfsansicht geöffnet und die Steuerelemente anschließend per VBA-Programm angepasst. Als Anregung finden Sie das Programm im Modul *basEntwurfAnpassen* der Beispieldatenbank.

Die Belegung der Sitzplätze per VBA-Programm einfärben

Nachdem alle Steuerelemente vorbereitet sind, komme ich nun zur Programmierung. Für zwei Aufgaben soll das Programm zuständig sein:

- Aufgabe 1: die Sitzplätze sichtbar schalten und nach Belegung einfärben
- Aufgabe 2: die Sitzplätze unsichtbar schalten (= kein Flug ausgewählt)

Ich habe das gesamte Programm in das Formular *frmSitzplatz* gepackt. Zunächst einmal habe ich drei Konstanten auf Modulebene definiert:

```
Private Const mclngSitzFrei As Long = &HF7EBDE
Private Const mclngSitzBelegt As Long = &HD59B5B
Private Const mcstrSitzPrefix As String = "lblSitz"
```

Listing 6.26 Gleich am Anfang des VBA-Programms definiere ich auf Modulebene drei Konstanten.

Zum einen steht hier der RGB-Code der Farben. Ihnen gefallen die Farben nicht? Gar kein Problem, an dieser Stelle können Sie nach Belieben andere Farben eintragen.

Farben und RGB-Werte

Sämtliche Farben werden in der Programmierung durch Ganzzahlen vom Datentyp `Long` codiert. Je ein Byte gibt die Intensität der drei Grundfarben Rot, Grün und Blau an:

- Byte 1: Rot
- Byte 2: Grün
- Byte 3: Blau

Als Hexadezimalzahl wären es diese Stellen:

```
&HBBGGRR
```

Hier ein paar Beispiele:

- Hellrot: `&H0000FF`
- Dunkelrot: `&H00007F`
- Dunkelgrün: `&H007F00`
- Türkis: `&HFFFF00`
- Magenta: `&HFF00FF`

Die VBA-Funktion `RGB()` generiert die Ganzzahl aus den einzelnen Intensitäten:

```
Debug.Print Hex(RGB(255, 0, 127))
7F00FF
```

Über das vierte (höchstwertige) Byte werden Systemfarben codiert. Andernfalls enthält es `&H00`.

Die erste Aufgabe erledigt die Prozedur `SitzplatzAktualisieren()`. Es ist durchaus möglich, dass der Benutzer gar keinen Flug gewählt hat. In diesem Fall springt das Programm zu Aufgabe 2, nämlich alle Kästchen über die Prozedur `SitzplatzZuruecksetzen()` auszublenden.

```
'Aufgabe 1: Die Sitzplatz-Anzeige aktualisieren
Public Sub SitzplatzAktualisieren()
[...]
   If Not IsNumeric(Me.cboFlugID) Then
      'Kein gueltiger Flug, Sitzplatz-Anzeige zuruecksetzen und
      '  abbrechen.
      SitzplatzZuruecksetzen
      GoTo ExitProc
   End If
[...]
ExitProc:
[...]
End Sub
```

```
081
082 'Aufgabe 2: Wenn kein Flug gewaehlt ist, die Sitzplatz-Anzeige zuruecksetzen.
083 Private Sub SitzplatzZuruecksetzen()
084    Dim ctl As Control
085
086    'Durch alle Controls des Formulars gehen
087    For Each ctl In Me.Controls
088       'Ist das aktuelle Control ein Label mit einem Namen "lblSitz..."?
089       If ctl.ControlType = acLabel Then
090          If ctl.Name Like mcstrSitzPrefix & "*" Then
091             'Ja, es handelt sich um ein Sitzplatz-Label
092             'Hintergrund-Farbe setzen und unsichtbar schalten
093             ctl.BackColor = mclngSitzFrei
094             ctl.Visible = False
095          End If
096       End If
097    Next
098
099 ExitProc:
100    'Nicht mehr benoetigte Objekte aufraeumen
101    Set ctl = Nothing
102 End Sub
```

Listing 6.27 Alle Sitzplätze ausblenden, solange kein Flug gewählt ist

In der Prozedur `SitzplatzZuruecksetzen()` finden Sie eine `For-Each`-Schleife, die alle Steuerelemente des Formulars überprüft. Wenn es sich um den Typ »Bezeichnung« handelt und der Name mit »lblSitz« beginnt, handelt es sich um ein Kästchen, das für einen Sitzplatz steht (ich nenne es »Sitzplatz-Label«). Alle Sitzplatz-Labels werden ausgeblendet (Zeile 094), womit Aufgabe 2 schon erledigt ist.

Unteraufgaben für die einzelnen Schritte

Etwas umfangreicher ist die erste Prozedur, `SitzplatzAktualisieren()`. Wie Sie an den Zeilennummern in Listing 6.27 erahnen können, fehlt noch eine ganze Menge. Zum besseren Verständnis unterteile ich Aufgabe 1, »Die Sitzplätze sichtbar schalten und nach Belegung einfärben«, in drei Unteraufgaben 1.1 bis 1.3.

Ich habe mich dafür entschieden, die richtige Hintergrundfarbe für jedes Sitzplatz-Label zuerst im Speicher festzulegen. Dazu führe ich ein zweidimensionales Array vom Typ `Long` ein:

```
Dim alngHGFarbe(6, 25) As Long
```

In Unteraufgabe 1.1 initialisiere ich jeden Sitz als »unbelegt«. Das Konstrukt sind zwei ineinander verschachtelte For-Next-Schleifen (Listing 6.28). Beachten Sie bitte, dass im Array die Reihen von 0 bis 5 und die Spalten von 0 bis 24 durchnummeriert sind.

```
'Aufgabe 1.1: Im Speicher die Hintergrundfarbe für alle Sitzplaetze
'              als "frei" kennzeichnen.
For bytSpalte = 0 To 5
   For bytReihe = 0 To 24
      alngHGFarbe(bytSpalte, bytReihe) = mclngSitzFrei
   Next
Next
```

Listing 6.28 Zunächst alle Sitzplätze als »frei« kennzeichnen

Unteraufgabe 1.2 überspringe ich erst einmal. Die letzte Aktion, Unteraufgabe 1.3, ist, die Hintergrundfarben aus dem Array in die Sitzplatz-Labels zu übertragen. Auch hier kommen wieder zwei ineinander verschachtelte For-Next-Schleifen zum Einsatz:

```
'Aufgabe 1.3: Die Hindergrundfarben aus dem Speicher (= Array) in die
'              Sitzplatz-Labels uebertragen und Labels sichtbar schalten.
For bytSpalte = 0 To 5
   For bytReihe = 0 To 24
      'Namen des Sitzplatz-Labels bestimmen
      '  (Beispiel: 1, 7 -> "lblSitzB8")
      strControlName = mcstrSitzPrefix _
                     & Chr(bytSpalte + 65) _
                     & (bytReihe + 1)
      With Me.Controls(strControlName)
         'Hintergrund-Farbe aus dem Array in das Sitzplatz-Label
         '  uebertragen
         .BackColor = alngHGFarbe(bytSpalte, bytReihe)
         'Sitzplatz-Label sichtbar schalten (falls nicht bereits
         '  geschehen)
         .Visible = True
      End With
   Next
Next
```

Listing 6.29 Im letzten Schritt die Angaben aus dem Speicher in die Steuerelemente übertragen

Als Besonderheit wird der Name des Sitzplatz-Labels per Programmcode zusammengebaut (in Listing 6.29 fett markierter Code). Der Name – beispielsweise »lblSitzB8« – befindet sich nun in der String-Variablen `strControlName`. Wie lässt sich jetzt die Hintergrundfarbe des Steuerelements setzen? Die folgende Zeile würde nicht zum gewünschten Ergebnis führen:

```
Me!strControlName.BackColor = …
```

Access würde das Steuerelement »strControlName« suchen, das es nicht gibt. Der richtige Weg führt über die *Auflistung* (englisch *collection*) `Controls`, die so etwas wie ein Array aller Steuerelemente ist. Der korrekte Zugriff lautet:

```
Me.Controls(strControlName).BackColor = …
```

Lassen Sie sich bitte nicht durch das `With`-Konstrukt in den Zeilen 065 bis 072 verwirren. Mit `With` läuft der zweite Zugriff in Zeile 071 etwas schneller und erspart mir Tipparbeit.

Per DAO die belegten Sitzplätze aus der Datenbank abrufen

Kommen wir nun zu Unteraufgabe 1.2, die ich vorhin übersprungen habe. So, wie das Programm jetzt ist, werden die Sitzplätze zwar angezeigt, aber sie erscheinen immer als »unbelegt«. Ich benötige nun alle belegten Sitzplätze aus der Datenbank, um sie als »belegt« zu markieren.

Dies ist eine typische Aufgabe, bei der das VBA-Programm völlig losgelöst vom Formular auf die Datenbank zugreift. Dies lässt sich mit der Klassenbibliothek DAO (Data Access Objects) realisieren.

```
029     'Aufgabe 1.2: Aus der Tabelle "tblFlugbuchung" die belegten Sitzplaetze
030     '             holen und entsprechende Plaetze als "belegt" kennzeichnen.
031     'Es werden nur Flugbuchungen für den aktuellen Flug geholt, fuer
032     '  die gleichzeitig ein Sitzplatz eingetragen ist.
033     strSQL = "SELECT SitzplatzSpalte, SitzplatzReihe" & vbCrLf _
034           & "FROM tblFlugbuchung" & vbCrLf _
035           & "WHERE FlugID = " & Me.cboFlugID & vbCrLf _
036           & "AND SitzplatzSpalte Is Not Null" & vbCrLf _
037           & "AND SitzplatzReihe Is Not Null" & vbCrLf
038     Set rstFlugbuchung = CurrentDb().OpenRecordset(strSQL, _
039                                                    dbOpenSnapshot, _
040                                                    dbReadOnly)
041     With rstFlugbuchung
042        'Durch alle gefundenen Flugbuchungen gehen.
043        Do While Not .EOF
044           'Spalte und Reihe aus der Datenbank holen.
045           bytSpalte = Asc(!SitzplatzSpalte) - 65
046           bytReihe = !SitzplatzReihe - 1
047           'Sitzplatz als "belegt" kennzeichnen.
048           alngHGFarbe(bytSpalte, bytReihe) = mclngSitzBelegt
049
```

```
050            'Zur naechsten Flugbuchung gehen
051            .MoveNext
052         Loop
053         .Close
054      End With
```

Listing 6.30 Eine SQL-Abfrage per VBA-Programm generieren, per DAO ausführen und entsprechende Sitzplätze als »belegt« markieren

Zunächst baue ich in den Zeilen 033 bis 037 den SQL-Befehl zusammen. Abgerufen werden alle Flugbuchungen für den gewählten Flug. Der Filter (Zeile 036 und 037) unterdrückt alle Buchungen ohne Sitzplatz. Der fertig zusammengesetzte SQL-Befehl sieht beispielsweise so aus:

```
SELECT SitzplatzSpalte, SitzplatzReihe
FROM tblFlugbuchung
WHERE FlugID = 46
AND SitzplatzSpalte Is Not Null
AND SitzplatzReihe Is Not Null
```

Listing 6.31 Dieser SQL-Befehl wurde per VBA-Code beispielsweise für den Flug AF1819 (FlugID = 46) generiert.

In den Zeilen 038 bis 040 führt DAO den SQL-Befehl aus und öffnet das Ergebnis als `Recordset`-Objekt. Es folgt eine `Do-Loop`-Schleife, die von einem Datensatz zum nächsten läuft. Aus den beiden Feldern »SitzplatzSpalte« und »SitzplatzReihe« lassen sich die entsprechenden Indizes für das Array ermitteln. Letztendlich wird der Sitzplatz in Zeile 048 als »belegt« markiert.

Auf Ereignisse reagieren, um das VBA-Programm zu starten

So weit das VBA-Programm, das Sie vollständig in den Materialien zum Buch in der Datenbank *06_Formulare\6.8.3_Platzreservierung.accdb* finden. Es wird von verschiedenen Ereignisprozeduren der beiden Formulare aufgerufen und damit zum Leben erweckt (Tabelle 6.19).

Auslöser	Formular	Ereignis
Das Formular *frmSitzplatz* wurde geöffnet.	*frmSitzplatz*	`Form_Load`
Ein anderer Flug wurde gewählt.	*frmSitzplatz*	`cboFlugID_AfterUpdate`
Eine neue Flugbuchung wurde hinzugefügt.	*frmFlugbuchung*	`Form_AfterUpdate`

Tabelle 6.19 Diese fünf Auslöser führen zur Aktualisierung der grafischen Sitzplatzanzeige.

Auslöser	Formular	Ereignis
Daten einer Flugbuchung wurden geändert.	*frmFlugbuchung*	`Form_AfterUpdate`
Eine oder mehrere Flugbuchungen wurden gelöscht.	*frmFlugbuchung*	`Form_AfterDelConfirm`

Tabelle 6.19 Diese fünf Auslöser führen zur Aktualisierung der grafischen Sitzplatzanzeige. (Forts.)

Ich muss zugeben, dass dieses Beispiel recht tief in die VBA-Programmierung einsteigt. Nutzen Sie die Möglichkeiten der Entwicklungsumgebung, die ich in Abschnitt 9.3.5, »Haltepunkte und Debug-Modus«, vorstellen werde. Damit können Sie den Ablauf des Programms in Echtzeit nachvollziehen. Sie werden feststellen: Mit der Kombination aus Access-Formularen und VBA-Programmierung sind Ihrer Gestaltungsfreiheit keine Grenzen gesetzt!

Kapitel 7
Berichte

Übersichtliche Darstellung bestehender Daten auf dem Papier ist die Aufgabe von Berichten.

Häufig wird das Thema Berichte in Access zweitrangig nach den Formularen behandelt. Angesichts der Fülle an Möglichkeiten, die Formulare bieten, ist das auch nicht ganz überraschend. Berichte sind meiner Ansicht nach aber eines der wichtigsten Features von Access. Es gibt wenige vergleichbare Programme, mit denen sich so gut Berichte erstellen lassen wie in Access.

Was ist nun ein Bericht, und worin unterscheidet er sich von einem Formular? Zunächst einmal gibt es viele Gemeinsamkeiten. Genauso wie ein Formular hat ein Bericht Steuerelemente, in denen Daten aus der Datenbank angezeigt werden. Ein Bericht ist nur zur Auswertung gedacht, die Daten können also nicht verändert werden. Einen Bericht sieht man sich entweder am Bildschirm in der Druckvorschau (*Seitenansicht*) an oder druckt ihn gleich auf Papier aus.

7.1 Berichte entwerfen

Ähnlich wie bei den Formularen werden wir zunächst einen einfachen Bericht erstellen, ihn an eine Datensatzquelle binden und Steuerelemente hinzufügen. Wenn Sie mit Formularen bereits vertraut sind, ist das nichts Besonderes. Im Gegenteil: Berichte sind sogar einfacher, weil das Ändern der Daten nicht möglich ist.

7.1.1 Einen einfachen Bericht in der Entwurfsansicht erstellen

Zunächst erstellen wir einen einfachen, ungebundenen Bericht:

1. Öffnen Sie die Datenbank *03_Abfragen\3_Fluege.accdb*.
2. Klicken Sie auf ERSTELLEN • BERICHTE • BERICHTSENTWURF. Access öffnet einen leeren Bericht in der *Entwurfsansicht* (Abbildung 7.1).
3. Unter ENTWURF • TOOLS • EIGENSCHAFTENBLATT ❹ können Sie im rechten Bereich das EIGENSCHAFTENBLATT anzeigen lassen. Der Auswahltyp BERICHT ❺ verdeutlicht, dass die *Berichtseigenschaften* gewählt sind.

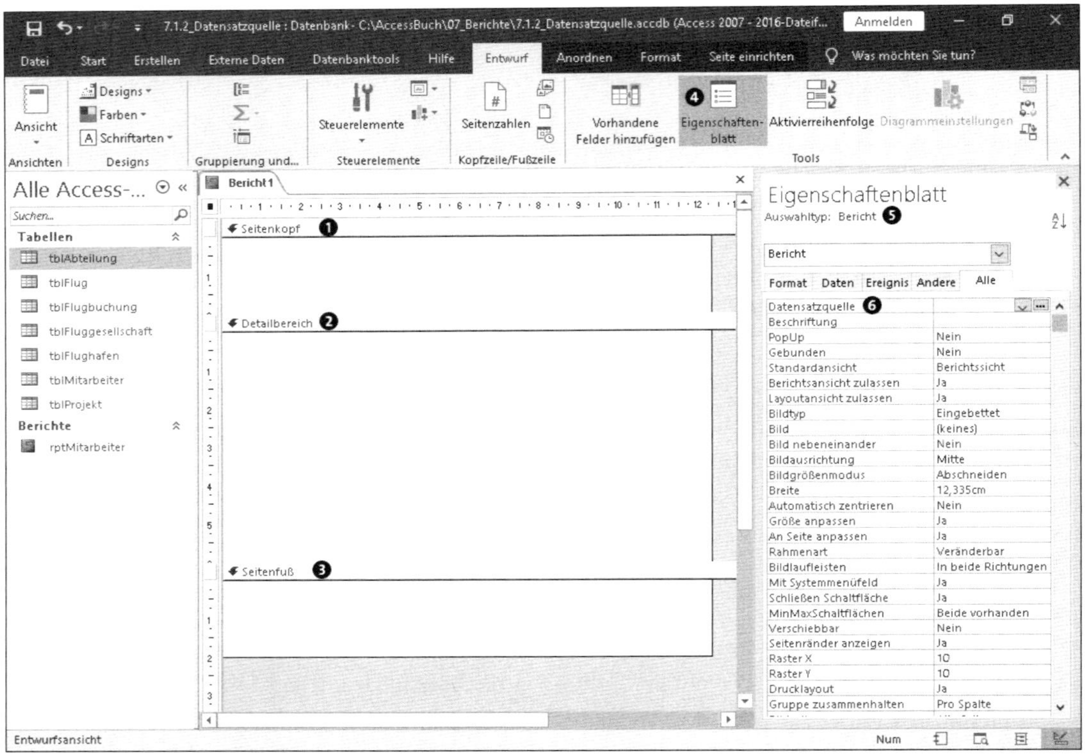

Abbildung 7.1 Standardmäßig enthält ein neuer Bericht drei Bereiche: den Seitenkopf ❶, den Detailbereich ❷ und den Seitenfuß ❸.

4. Viele der Eigenschaften kennen Sie bereits von den Formularen, beispielsweise die Eigenschaft DATEN • DATENSATZQUELLE ❻. Der Eintrag ist leer, unser Bericht ist somit ungebunden.

Auf den ersten Blick fallen aber auch Unterschiede zu den Formularen auf. Zum einen blendet Access für einen Bericht standardmäßig die Bereiche Seitenkopf ❶ und -fuß ❸ ein. In Abschnitt 7.4.1, »Kopf- und Fußbereich«, werde ich Ihnen zeigen, wie Sie diese Bereiche sinnvoll nutzen können. Einstweilen kommen wir ohne sie zurecht, und Sie können beide Bereiche entfernen (klicken Sie dazu mit der rechten Maustaste auf den Seitenkopf ❶ und anschließend im Kontextmenü auf den Eintrag SEITENKOPF/-FUSS).

Als weitere Besonderheit sind Berichte eng auf das Drucken auf Papier ausgelegt. Entsprechend gibt es im Menüband den Bereich SEITE EINRICHTEN. Hier können Sie festlegen, wie der Bericht im Ausdruck erscheinen soll:

- Papierformat (DIN A4, DIN A3 usw.)
- Ausrichtung (Hochformat, Querformat)
- Seitenränder

Verstehen Sie diese Einstellungen bitte als die Standardeinstellungen für den Bericht. Wie ich Ihnen zeigen werde, kann der Anwender sie später in der Seitenansicht vor dem Drucken immer noch ändern.

7.1.2 Datensatzquelle

Damit unser Bericht Datensätze anzeigen kann, werden wir ihn als Nächstes an eine *Datensatzquelle* (englisch *record source*) binden. Genauso wie bei den Formularen kommen drei Formen von Datensatzquellen in Frage:

- Tabelle
- Abfrage
- SQL-Anweisung

Für unsere Beispieldatenbank wollen wir eine Mitarbeiterliste erstellen. Daher binden wir den Bericht an die Tabelle *tblMitarbeiter*:

1. Wechseln Sie zurück zum EIGENSCHAFTENBLATT. Vergewissern Sie sich bitte noch einmal, dass Sie die Berichtseigenschaften gewählt haben (AUSWAHLTYP: BERICHT).
2. Tragen Sie bei DATEN • DATENSATZQUELLE den Text

   ```
   tblMitarbeiter
   ```

   ein. Der Bericht ist jetzt an die Tabelle *tblMitarbeiter* gebunden.
3. Klicken Sie auf ENTWURF • TOOLS • VORHANDENE FELDER HINZUFÜGEN. Im rechten Bereich erscheint die *Feldliste* mit allen Feldern der Tabelle *tblMitarbeiter*.
4. Ziehen Sie alle Felder per Drag & Drop in den *Detailbereich* des Berichts.

Auf den ersten Blick unterscheidet sich der Bericht nur visuell von einem Formular. Da werden Sie jetzt sicherlich fragen: Wozu brauche ich überhaupt Berichte? Den Unterschied sehen Sie, nachdem Sie in die Seitenansicht umgeschaltet haben. Klicken Sie dazu bitte auf ENTWURF • ANSICHT, und wählen Sie den Eintrag SEITENANSICHT aus.

Berichtsansicht oder Seitenansicht?

Wie eingangs erwähnt, sind Berichte eng mit dem Drucken verknüpft – folglich zeigt die *Seitenansicht* eines Berichts das Ergebnis, wie es später auch auf dem Ausdruck erscheinen wird.

Microsoft hat die relativ neue *Berichtsansicht* sehr prominent platziert. Sie zeigt aber *nicht* das endgültige Ergebnis. Ich möchte die Berichtsansicht einstweilen gerne zurückstellen und werde darauf ausführlich in Abschnitt 7.3.3, »Berichtsansicht«, eingehen.

In der Seitenansicht erscheinen die Datensätze immer untereinander (Abbildung 7.2). Ein Bericht hat damit immer den Charakter eines Endlosformulars. Navigationsschaltflächen gibt es nicht.

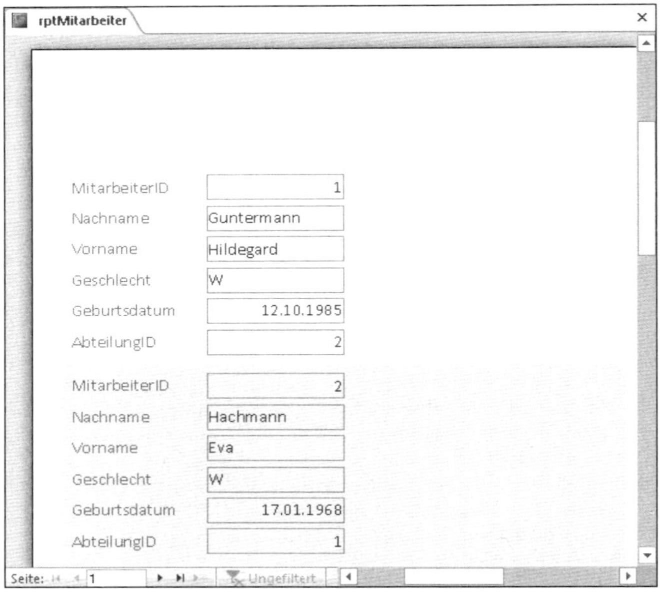

Abbildung 7.2 In einem Bericht erscheinen die Datensätze untereinander.

Das ist selbstverständlich noch nicht alles. Ein Bericht zeigt nur die bestehenden Daten an, und Datensätze können nicht verändert werden. Andererseits sorgt ein Bericht dafür, dass die Daten im Ausdruck wirklich schön aussehen. Versuchen Sie beispielsweise einmal, ein Endlosformular auszudrucken. Wenn Sie Pech haben, reicht der Platz auf dem Papier gerade nicht aus, und ein Seitenumbruch läuft genau durch einen Datensatz (Abbildung 7.3). Beim Bericht passiert das nicht: Access trägt dafür Sorge, dass ein Datensatz immer vollständig auf der Seite erscheint.

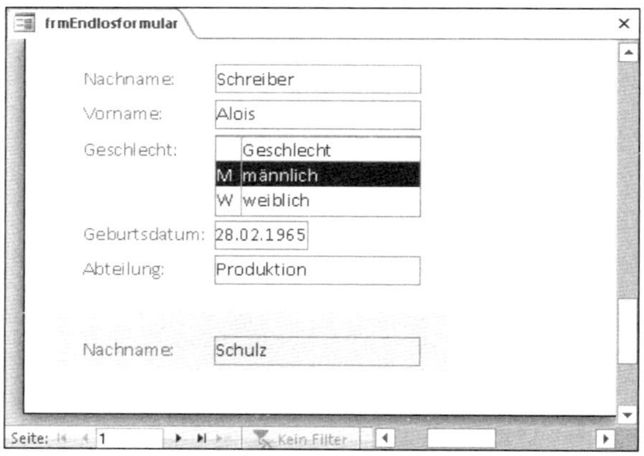

Abbildung 7.3 Ein Endlosformular in der Seitenansicht; am unteren Rand des Blattes reichte der Platz nicht, so dass der zweite Teil des Datensatzes auf die nächste Seite gelangte. So etwas passiert Ihnen mit einem Bericht nicht!

7.1.3 Steuerelemente in Berichten

Alle Steuerelemente, die Ihnen von den Formularen her bekannt sind, können Sie auch in Berichten verwenden. In fast allen Fällen verwende ich üblicherweise das Textfeld, denn beim Drucken geht es schließlich nur darum, Daten anzuzeigen. Es gibt ein paar Besonderheiten, die ich in Tabelle 7.1 aufgeführt habe.

Steuerelement	Besonderheit im Bericht
Listenfeld	Bildlaufleisten werden nie angezeigt.
Kombinationsfeld	Sieht wie ein Textfeld aus.
Registersteuerelement	Das Registersteuerelement selbst wird nie sichtbar; zu sehen ist immer die erste Seite.
Steuerelemente mit Design (Umschaltfläche, Schaltfläche)	Berichte zeigen Steuerelemente mit Designs nicht an. Um eine Umschaltfläche oder Schaltfläche in einem Bericht erscheinen zu lassen, müssen Sie das Design deaktivieren (Eigenschaft FORMAT • DESIGN VERWENDEN auf NEIN setzen).

Tabelle 7.1 Steuerelemente werden in einem Bericht genauso wie in einem Formular verwendet. Dabei gibt es diese Besonderheiten.

Berichte mit Steuerelementen und die üblichen Platzprobleme

Ich möchte das Beispiel mit der Mitarbeiterliste noch einmal aufgreifen und den Bericht etwas schöner gestalten:

1. Öffnen Sie den Bericht aus Abschnitt 7.1.2, »Datensatzquelle«, in der Entwurfsansicht.
2. Entfernen Sie das Textfeld für den Primärschlüssel »MitarbeiterID« – wir benötigen es nicht.
3. Markieren Sie alle Beschriftungen, und drücken Sie [Strg] + [X].
4. Wählen Sie den Bereich SEITENKOPF aus, und drücken Sie [Strg] + [V]. Mit Hilfe der Zwischenablage haben Sie die Beschriftungen jetzt in den Seitenkopf verschoben.
5. Ordnen Sie alle Steuerelemente nebeneinander an, und passen Sie die Größen an. Dabei können Ihnen die Funktionen unter ANORDNEN • ANPASSUNG UND ANORDNUNG • GRÖSSE/ABSTAND und AUSRICHTEN wertvolle Dienste leisten.
6. Und der guten Ordnung halber: Alle Steuerelemente haben einen aussagekräftigen Namen mit LNC-Präfix verdient.

Der Bericht könnte in der Seitenansicht jetzt so ähnlich wie in Abbildung 7.4 aussehen und an eine Tabelle erinnern. In den Materialien zum Buch finden Sie diesen Bericht unter dem Namen *rptMitarbeiter* in der Datenbank *07_Berichte\7.1.3_Steuerelemente.accdb*. Je nachdem, wie Sie die Steuerelemente platziert und wie groß Sie die Abstände und Breiten gewählt haben, wird es in Ihrem Bericht Unterschiede geben.

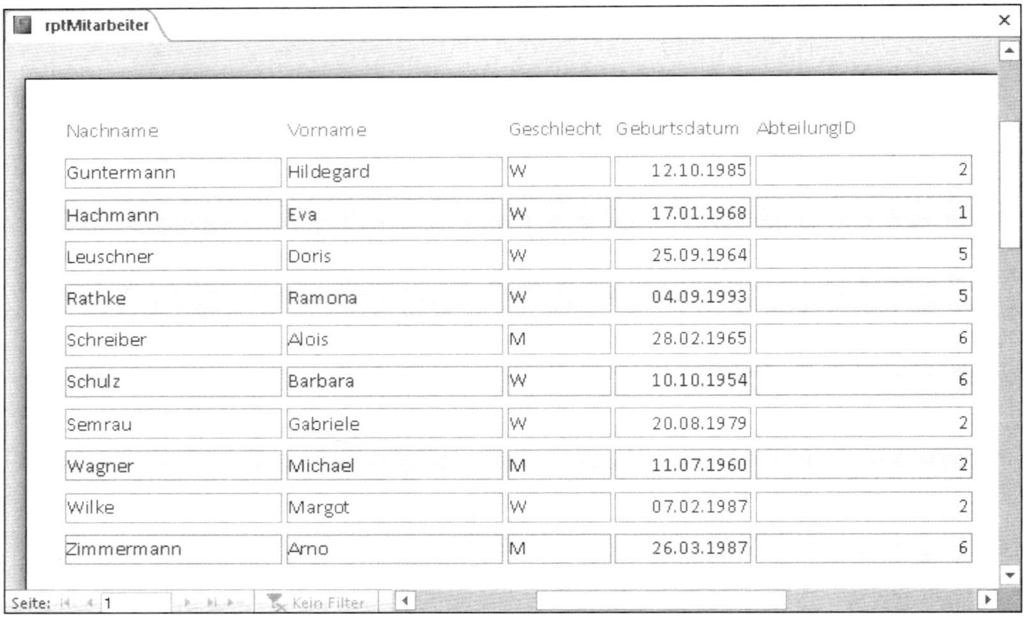

Abbildung 7.4 Unsere Mitarbeiterliste als Bericht. Oben zu sehen ist der Seitenkopf mit den Spaltenüberschriften.

Unter Umständen werden Sie in der Seitenansicht weiße Bereiche oder leere Seiten sehen. Das sieht etwas unschön aus, und im Studium schrieb mir eine Professorin einmal »der Wald stirbt« auf die leeren Seiten. So vermeiden Sie, dass der Wald stirbt:

1. **Höhe der Bereiche verkleinern**
   Standardmäßig erstellt Access einen Bericht mit einem mehr als 10 cm hohen Detailbereich, einem Seitenkopf und einem Seitenfuß. Nachdem Sie alle Steuerelemente richtig platziert haben, sollten Sie den Detailbereich deutlich kleiner einstellen (im EIGENSCHAFTENBLATT, Auswahl DETAILBEREICH, FORMAT • HÖHE; weniger als 1 cm reicht in den meisten Fällen aus).
2. **Breite des Berichts verkleinern**
   Verkleinern Sie die Breite des Berichts, so dass rechts neben dem letzten Steuerelement kein unbenutzter Bereich übrig bleibt (im EIGENSCHAFTENBLATT, Auswahl BERICHT, FORMAT • BREITE).

   Wenn die Breite des Berichts inklusive Seitenränder breiter als das Papier ist, bleibt Access keine andere Möglichkeit, als den Bericht auf mehrere Seiten zu verteilen. Es ist genau das gleiche Prinzip, das Sie bestimmt von Excel her kennen. In der Entwurfsansicht zeigt Access in diesem Fall eine Fehlermeldung an (Abbildung 7.5).

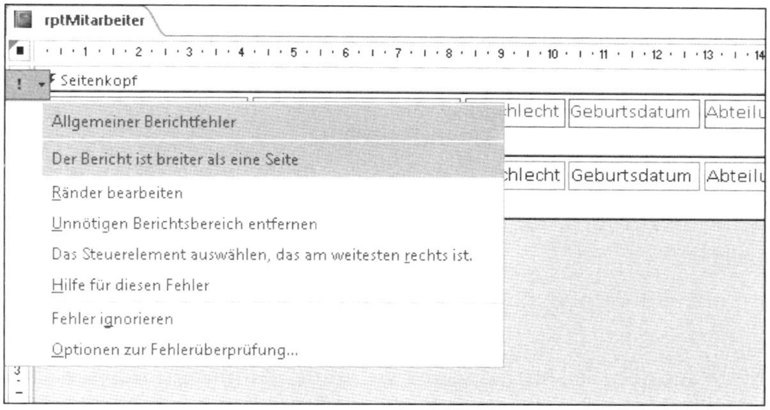

Abbildung 7.5 Access zeigt in der Entwurfsansicht eines Berichts oben links eine Fehlermeldung an, wenn die Steuerelemente in der Breite nicht auf eine Druckseite passen.

Wenn Sie alle Bereiche verkleinert haben und die Fehlermeldung trotzdem noch sehen, bleiben nur noch drei Möglichkeiten übrig, den Bericht auf einer Seite darzustellen:

1. **Querformat oder ein anderes Papierformat wählen**
   Unter SEITE EINRICHTEN • SEITENLAYOUT können Sie zwischen HOCHFORMAT und QUERFORMAT umschalten. Falls Sie das möchten und über einen DIN-A3-Drucker verfügen, können Sie unter SEITE EINRICHTEN • SEITENGRÖSSE • FORMAT das größere Papierformat DIN A3 auswählen.
2. **Seitenränder verkleinern**
   Unter SEITE EINRICHTEN • SEITENLAYOUT • SEITE EINRICHTEN können Sie die Seitenränder in mm eintragen. Standardmäßig sind die Ränder nach meinem Empfinden schon viel zu klein, so dass dieser Ansatz nur selten zur Lösung führen wird.
3. **Steuerelemente verschlanken**
   Als letzte Möglichkeit müssen Sie an die Inhalte ran, also an die Steuerelemente. Entfernen Sie unnötige Steuerelemente, verkleinern Sie die Schriftgröße, verkleinern Sie die Abstände zwischen den Steuerelementen usw.

Anstatt einer kleineren Schriftgröße eine andere Schriftart wählen

Bei Berichten mit sehr vielen Informationen hat es sich in der Praxis bewährt, eine andere Schriftart zu wählen. »Arial Narrow« ist mein absoluter Favorit für Monster-Berichte.

So wird eine 1:n-Beziehung in Berichten umgesetzt

Zwischen den Tabellen *tblMitarbeiter* und *tblAbteilung* besteht eine 1:n-Beziehung. Bisher zeigt unser Beispielbericht nur den Fremdschlüssel »AbteilungID« an; mit der Zahl kann aber niemand etwas anfangen. Wie werden 1:n-Beziehungen in Berichten grafisch aufgelöst?

Variante 1: Mit Kombinationsfeld

Zum einen können Sie den gleichen Weg gehen, den Sie schon von den Formularen her kennen: Anstelle des Textfeldes verwenden Sie ein Kombinationsfeld.

1. Öffnen Sie den Bericht *rptMitarbeiter* in der Entwurfsansicht.
2. Wählen Sie das Textfeld »txtAbteilungID« aus.
3. Drücken Sie die rechte Maustaste, und wählen Sie im Kontextmenü den Eintrag ÄNDERN ZU • KOMBINATIONSFELD aus.
4. Das Steuerelement ist jetzt ein Kombinationsfeld. Folglich bekommt es ein neues LNC-Präfix: »cboAbteilungID«
5. Die Datensätze aus der Haupttabelle sollen als Einträge in der Dropdown-Liste erscheinen:

   DATEN • DATENSATZHERKUNFT: `tblAbteilung`
6. Bekanntlich hat die Tabelle *tblAbteilung* zwei Felder. Geben Sie dem Kombinationsfeld zwei Spalten: FORMAT • SPALTENANZAHL: `2`
7. Setzen Sie die Breite der ersten Spalte auf 0 cm, um das Fremdschlüssel-Feld auszublenden: FORMAT • SPALTENBREITEN: `0cm;`

In der Datenbank *07_Berichte\7.1.3_Steuerelemente.accdb* finden Sie diese Variante des Berichts unter dem Namen *rptMitarbeiter_mit_Kombinationsfeld*. In der Entwurfsansicht erscheint ein Kombinationsfeld wie üblich mit dem Pfeil zum Aufklappen; das ist primär als Gedankenstütze für Sie gedacht, denn auszuklappen gibt es in einem Bericht nichts! Folglich unterscheidet sich das Steuerelement in allen anderen Ansichten eines Berichts nicht vom Textfeld (Abbildung 7.6).

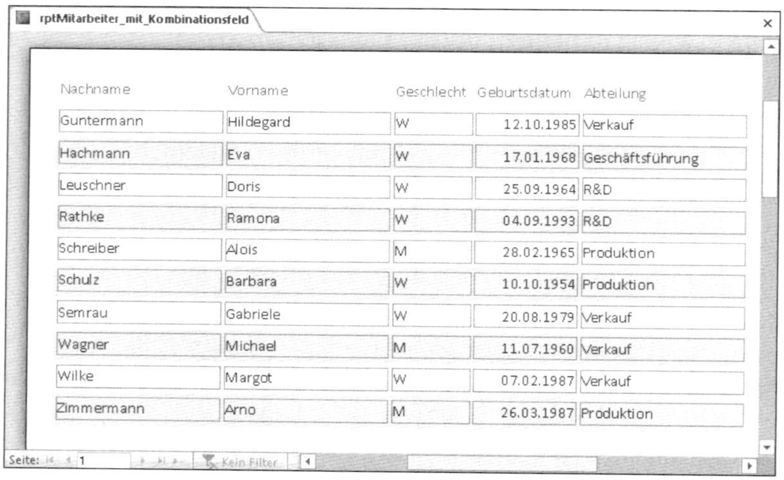

Abbildung 7.6 In dieser Variante der Mitarbeiterliste habe ich die 1:n-Beziehung über ein Kombinationsfeld aufgelöst. Das Kombinationsfeld »cboAbteilung« sieht in einem Bericht genauso wie ein Textfeld aus.

Variante 2: Mit INNER-JOIN-Verknüpfung in der Datensatzquelle

In der zweiten Variante werden nur Textfelder verwendet. Die Strategie ist folgende:

1. zuerst in einer Abfrage per INNER-JOIN-Verknüpfung alle Daten zusammenbringen
2. anschließend die gewünschten Feldinhalte in Textfeldern anzeigen lassen

Ich bevorzuge diese Variante, denn die Abfrage ist ein schönes Zwischenergebnis. Konzentrieren Sie sich zunächst darauf, alle notwendigen Daten zu sammeln. Wenn das Ergebnis der Abfrage gut aussieht, kommt die zweite Aufgabe, nämlich die Textfelder im Bericht übersichtlich anzuordnen.

Beginnen wir also mit der Abfrage:

1. Erstellen Sie eine neue Abfrage in der Entwurfsansicht.
2. Fügen Sie die Tabellen *tblAbteilung* und *tblMitarbeiter* hinzu. Beide Tabellen werden von Access automatisch per INNER JOIN verknüpft.
3. Ziehen Sie das Sternchen aus der Tabelle *tblMitarbeiter* per Drag & Drop in den unteren Bereich.
4. Ziehen Sie das Feld »AbteilungName« der Tabelle *tblAbteilung* per Drag & Drop in den unteren Bereich.
5. Speichern Sie die Abfrage unter dem Namen *qryAbteilungUndMitarbeiter*.

Wenn Sie möchten, können Sie an dieser Stelle in die Datenblattansicht umschalten. Als Zwischenergebnis sehen Sie jetzt schon alle Felder, die später im Bericht erscheinen werden.

Die Abfrage kann auch im Bericht integriert werden

Bei umfangreichen Berichten, die ihre Daten aus vielen Tabellen sammeln, kann die Abfrage sehr groß werden. Ich empfehle Ihnen, im Zweifelsfall mehrere Abfragen zu erstellen; so haben Sie die Zwischenergebnisse besser im Blick.

Andererseits können Sie eine Abfrage auch direkt im Bericht in der Datensatzquelle speichern. Klicken Sie dazu im Eigenschaftenblatt unter Daten • Datensatzquelle auf die Schaltfläche mit den drei Punkten. Access startet den grafischen Abfrage-Editor und trägt später die SQL-Anweisung der Abfrage direkt unter Daten • Datensatzquelle ein.

Die zweite Aufgabe – das Anordnen der Textfelder – handele ich jetzt schnell ab, indem wir den bestehenden Bericht *rptMitarbeiter* verändern:

1. Öffnen Sie den Bericht *rptMitarbeiter* in der Entwurfsansicht.
2. Ändern Sie die Datensatzquelle in

   ```
   qryAbteilungUndMitarbeiter
   ```

3. Wählen Sie das Textfeld »txtAbteilungID« aus.

4. Ändern Sie den Steuerelementinhalt in

   `AbteilungName`

5. Da das Textfeld jetzt an ein anderes Feld der Abfrage gebunden ist, sollten wir den Namen entsprechend anpassen:

   `txtAbteilungName`

6. Ändern Sie ebenso die Beschriftung im Seitenkopf ab.

Diese Variante des Berichts finden Sie in der Datenbank *07_Berichte\7.1.3_Steuerelemente.accdb* unter dem Namen *rptMitarbeiter_mit_INNER_JOIN*. In der Seitenvorschau unterscheidet sich das Ergebnis nicht von Abbildung 7.6. Gleichwohl enthält der Bericht diesmal wirklich nur Textfelder.

Üblicherweise bleiben die Schlüsselfelder unsichtbar

An anderer Stelle hatte ich bereits erwähnt, dass die Schlüsselfelder eigentlich eine interne Angelegenheit Ihrer Datenbank sind. Sie dienen in erster Linie zum Verknüpfen der Tabellen, und der Benutzer sollte Sie besser nicht sehen. Genauso verhält es sich in unserem Beispiel: Das Feld »AbteilungID« ist zwar in der Datensatzquelle enthalten, erscheint aber nicht in einem Steuerelement.

Obwohl Sie im Bericht nicht erscheinen werden, nehme ich die Fremdschlüssel-Felder immer in die Datensatzquelle auf. Wie ich Ihnen noch zeigen werde, benötigt ein Bericht das Fremdschlüssel-Feld für die interne Verarbeitung bei der Gruppierung.

7.1.4 Unterberichte

Bei den Formularen habe ich das Steuerelement Unterformular vorgestellt, mit dem Sie ein anderes Formular innerhalb des Hauptformulars einblenden können. Das Gleiche ist in einem Bericht über das Steuerelement *Unterbericht* möglich. Genau genommen sind Unterformular und Unterbericht dasselbe Steuerelement. In der VBA-Programmierung trägt es den Namen `SubForm`. In einem Bericht können Sie mit diesem Steuerelement andere Datenbankobjekte anzeigen lassen (Tabellen, Abfragen, Formulare, Berichte).

Einen anderen Bericht als Unterbericht darstellen

In der Datenbank *07_Berichte\7.1.4_Unterbericht.accdb* in den Materialien zum Buch habe ich drei Berichte vorbereitet:

- *rptMitarbeiter*
- *rptFlug*
- *rptFlugbuchung*

Alle drei Berichte funktionieren eigenständig als Mitarbeiterliste, Liste der Flüge beziehungsweise Liste der Flugbuchungen. Nutzen Sie Unterberichte, um alle drei Berichte in einem *Hauptbericht* zu vereinigen:

1. Erstellen Sie einen leeren Bericht in der Entwurfsansicht (auf ERSTELLEN • BERICHTE • BERICHTSENTWURF klicken).
2. Der Hauptbericht bleibt ungebunden, und wir benötigen nur den Detailbereich. Entfernen Sie daher den Seitenkopf und -fuß, indem Sie mit der rechten Maustaste auf den Seitenkopf klicken und anschließend im Kontextmenü den Eintrag SEITENKOPF/-FUSS deaktivieren.
3. Fügen Sie über die Toolbox einen neuen Unterbericht hinzu.
4. Vergeben Sie sowohl für den Unterbericht als auch für die Bezeichnung aussagekräftige Namen:

   ```
   lblMitarbeiter
   subMitarbeiter
   ```

5. Ändern Sie die Beschriftung in

   ```
   Mitarbeiter:
   ```

   Wenn Sie möchten, können Sie die Beschriftung in Fettdruck setzen.
6. Legen Sie über die Eigenschaft DATEN • HERKUNFTSOBJEKT fest, welcher Bericht als Unterbericht angezeigt werden soll:

   ```
   Bericht.rptMitarbeiter
   ```

So weit ist alles ganz einfach; speichern Sie den Bericht ab, und schalten Sie in die Seitenansicht um (Abbildung 7.7).

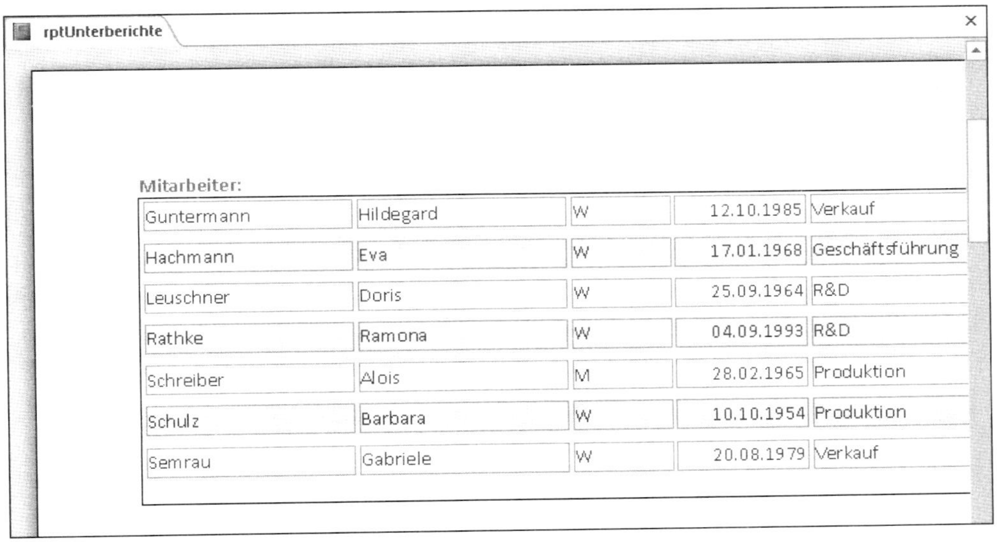

Abbildung 7.7 Die Mitarbeiterliste in einem Unterbericht

Das ist schon einmal ein guter Anfang, sieht aber noch nicht wirklich schön aus. Zunächst einmal fehlt die Beschriftung der Spalten im Unterbericht. Im Bericht *rptMitarbeiter* finden sich alle Beschriftungen im Seitenkopf wieder. Standardmäßig blendet Access den Seitenkopf und -fuß in einem Unterbericht jedoch aus! Das können Sie ändern:

1. Schalten Sie zurück in die Entwurfsansicht.
2. Markieren Sie den Unterbericht *subMitarbeiter*.
3. Blenden Sie das EIGENSCHAFTENBLATT ein, und ändern Sie folgende Eigenschaft:

   FORMAT • SEITENKOPF- UND SEITENFUSSZEILE ANZEIGEN = JA

Spaltenüberschriften für einen Unterbericht

Unsere Mitarbeiterliste ist sehr übersichtlich und passt auf eine Seite. Probieren Sie einmal eine längere Liste aus, indem Sie beispielsweise alle Flüge anzeigen lassen (*rptFlug* aus der Beispieldatenbank). Diese Liste ist so lang, dass sie nicht mehr auf eine Seite passt.

Schalten Sie in die Seitenansicht um, und wechseln Sie zur zweiten Seite. Wo ist der Seitenkopf geblieben? Für einen Unterbericht zeigt Access den Seitenkopf und den Seitenfuß *nur ein einziges Mal an*!

Bei einer längeren Liste bleibt Ihnen nur eine Lösung: Verlagern Sie die Beschriftungen der Spalten in den Seitenkopf des Hauptberichts. Ehrlich gesagt ist das keine wirkliche Lösung, wenn Sie mehrere Unterberichte nacheinander darstellen möchten, denn schließlich gibt es im Hauptbericht nur einen einzigen Seitenkopf, jeder Unterbericht hat jedoch unterschiedliche Kopfzeilen. Dieses Dilemma limitiert wirklich den Nutzen der Unterberichte.

Vergrößerbare und verkleinerbare Unterberichte

Eine zweite Sache fällt in der Seitenansicht auf: Access zeigt den Unterbericht genau so groß an, dass alle Mitarbeiter sichtbar sind. Verantwortlich dafür sind die Eigenschaften VERGRÖSSERBAR und VERKLEINERBAR mit folgenden Standardwerten:

- FORMAT • VERGRÖSSERBAR = JA
- FORMAT • VERKLEINERBAR = NEIN

Mit anderen Worten heißt das: Wenn Sie einen Unterbericht in der Entwurfsansicht beispielsweise auf eine Höhe von 5 cm einstellen, ist der Unterbericht mindestens 5 cm hoch (= nicht verkleinerbar). Access darf ihn aber auch höher darstellen (= vergrößerbar), wenn der Platz für die Datensätze nicht ausreicht. Übrigens wird nur die Höhe angepasst, wohingegen die Breite des Unterberichts unverändert bleibt.

In den Materialien zum Buch finden Sie in der Datei *07_Berichte\7.1.4_Unterbericht.accdb* den Hauptbericht *rptUnterberichte_vergroesserbar* mit drei Unterberichten, die alle vergrößerbar sind. Daneben finden Sie unter dem Namen *rptUnterberichte* den gleichen Hauptbericht mit nicht vergrößerbaren Unterberichten. In diesem Fall verändert Access die Höhe der Unterberichte nicht (Abbildung 7.8).

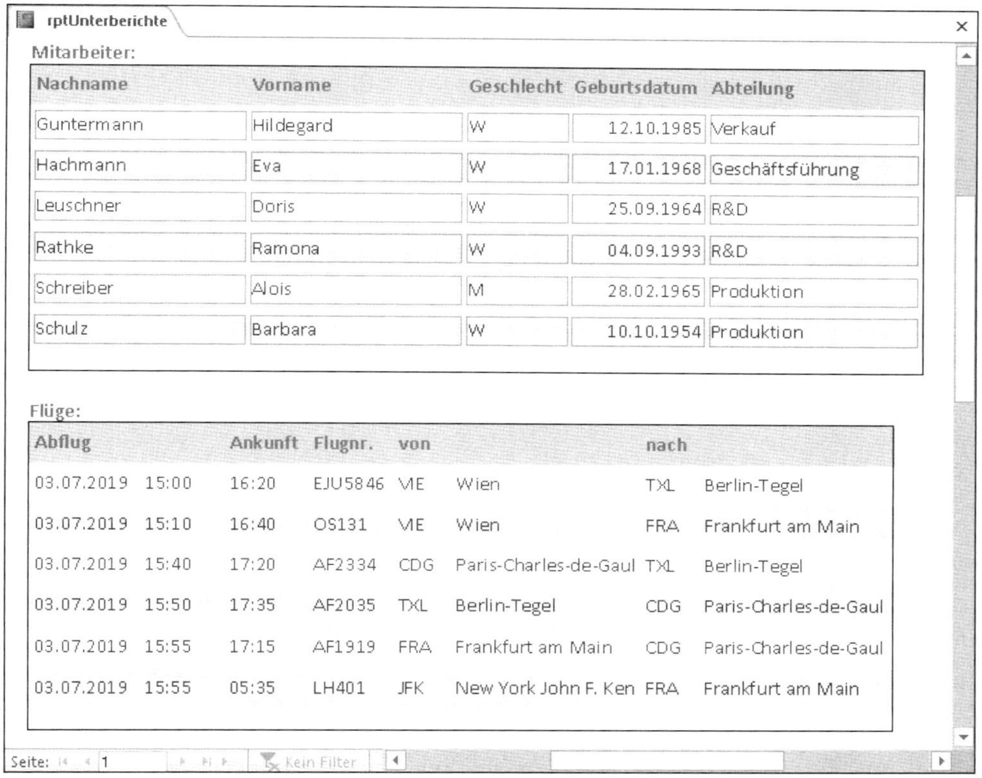

Abbildung 7.8 Für diese Unterberichte habe ich die Eigenschaft »Vergrößerbar« deaktiviert. Folglich passen nicht mehr alle Datensätze auf die Anzeige.

Unterformulare werden nie vergrößert

Da es sich beim Unterformular und beim Unterbericht um dasselbe Steuerelement handelt (`SubForm`), gibt es auch bei einem Unterformular die Eigenschaften VERGRÖSSERBAR und VERKLEINERBAR. Allerdings ignoriert Access die Werte; vergrößerbare Unterberichte gibt es nur in Berichten.

Mit synchronisierten Unterberichten eine 1:n-Beziehung im Bericht umsetzen

Selbstverständlich können Sie Link Master/Link Child zum Synchronisieren eines Unterberichts nutzen. Korrekt heißen die Eigenschaften DATEN • VERKNÜPFEN NACH sowie DATEN • VERKNÜPFEN VON. Genauso wie in den Formularen können Sie damit eine 1:n-Beziehung grafisch auflösen. Ein Beispiel dazu finden Sie in den Materialien zum Buch in der Datenbank *07_Berichte\7.1.4_Sync_Unterbericht.accdb* unter dem Namen *rptFlugMitFlugbuchung*.

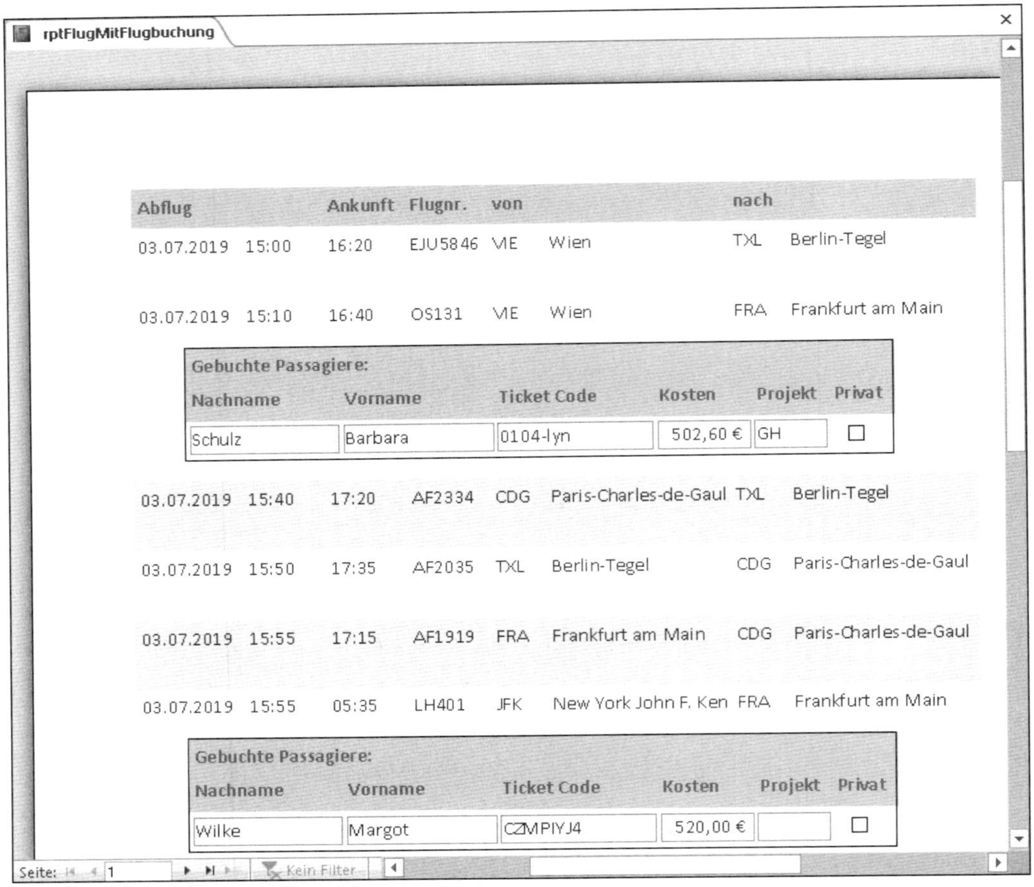

Abbildung 7.9 Der Hauptbericht zeigt die Flüge an, der synchronisierte Unterbericht die Buchungen.

In diesem Beispiel (Abbildung 7.9) listet der Hauptbericht alle Flüge auf. Insofern für einen Flug Buchungen vorhanden sind, erscheinen die Flugbuchungen im Unterbericht *subFlugbuchung*.

Unterberichte richtig verkleinern

Übrigens ist dies ein Beispiel, bei dem der Unterbericht verkleinerbar ist. Vergessen Sie bitte nicht, auch den Detailbereich auf VERKLEINERBAR zu setzen!

Ein Unterbericht ist ein legitimes Mittel, 1:n-Beziehungen in einem Bericht aufzubereiten. In der Praxis haben sich nach meinem Empfinden jedoch Ebenen und Gruppierungen als die tauglichere Variante erwiesen (mehr dazu in Abschnitt 7.4.2, »Ebenen zur Gruppierung«).

7.2 Arbeiten mit Layouts in Berichten

Layouts gibt es erst seit der Version Access 2007. Ich hatte bei den Formularen gezeigt, dass Sie mit Layouts zwei Ziele erreichen können:

1. Positionieren von Steuerelementen
2. automatisches Vergrößern und Verkleinern von Steuerelementen (*Verankerung*)

Auch in einem Bericht können Sie ein Layout hinzufügen. Allerdings lässt sich damit nur das erste Ziel erreichen. Berichte kennen nämlich keine Verankerung von Steuerelementen.

7.2.1 Layout hinzufügen

Alle bisherigen Beispiele zu Berichten waren ohne Layout. Genauso wie bei einem Formular können Sie ein Layout zum Bericht hinzufügen. Ich zeige das einmal anhand der Layoutvariante »Tabelle«, das für Berichte in den häufigsten Fällen zutreffen dürfte:

1. Öffnen Sie die Datenbank *07_Berichte\7.2.1_Layout_Tabelle.accdb*.
2. Öffnen Sie den Bericht *rptMitarbeiter* in der Entwurfsansicht.
3. Markieren Sie alle Steuerelemente (Strg + A).
4. Klicken Sie auf ANORDNEN • TABELLE • TABELLE.

Ich habe diesen Bericht unter dem Namen *rptMitarbeiter_Layout_Tabelle* gespeichert. Probieren Sie einmal aus, eines der Textfelder zu verbreitern. Das Layout sorgt nun dafür, dass alle Steuerelemente bündig ausgerichtet sind.

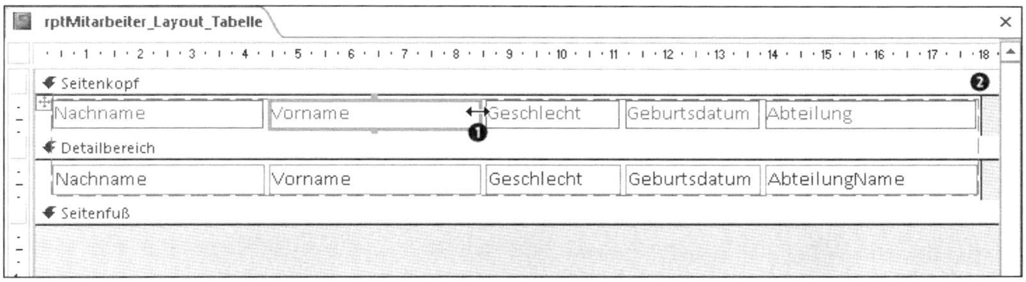

Abbildung 7.10 Mit Hilfe des Layouts wird eine Größenanpassung ❶ zum Kinderspiel, denn alle Steuerelemente bleiben schön ausgerichtet. Achten Sie beim Vergrößern darauf, dass der Bericht nicht zu breit ❷ für die Papierseite ist!

Ich werde jetzt nicht auf die weiteren Features eines Layouts eingehen. Sie kennen das alles schon von den Formularen aus Abschnitt 6.4, »Arbeiten mit Layouts in Formularen«. Oder anders gesagt: Auch im Bericht können Sie Zeilen, Spalten und leere Zellen in das Layout einfügen und Zellen zusammenführen. Alles läuft auf das gleiche Ergebnis hinaus: Das Layout nimmt Ihnen die Aufgabe ab, alle Steuerelemente zu positionieren und auszurichten.

7.2.2 Unterschiede zu Formularen

Bei den Formularen gab es ein weiteres wichtiges Ziel, das sich mit einem Layout erreichen lässt: automatisches Vergrößern und Verkleinern von Steuerelementen. Der Mechanismus nennt sich *Verankerung* und sorgt dafür, dass der Platz am Bildschirm je nach Größe des Formularfensters immer optimal ausgenutzt ist.

In einem Bericht gibt es die Funktion des Verankerns nicht! Access wird also in einem Bericht niemals ein Steuerelement über das Layout vergrößern oder verkleinern. In der Praxis ist diese Einschränkung nicht wirklich ein Nachteil, denn Steuerelemente können in Berichten sehr wohl vertikal wachsen oder schrumpfen (gesteuert wird dies über die Eigenschaften FORMAT • VERGRÖSSERBAR sowie FORMAT • VERKLEINERBAR). Horizontal sind Berichte ohnehin eher statisch. Damit meine ich, dass das Papierformat so gut wie immer feststeht (beispielsweise DIN-A4-Hochformat mit 2 cm Rand). Folglich ist bereits in der Entwurfsansicht die exakte Breite des Berichts bekannt.

7.3 Ansichten eines Berichts

In Access gibt es vier verschiedene Ansichten eines Berichts, zwischen denen Sie umschalten können. Daneben lässt sich ein Bericht zum direkten Drucken öffnen. Letzteres ist unter der Benutzeroberfläche von Access nicht sofort als eigene Ansicht erkennbar. Ich behandele das direkte Drucken trotzdem als fünfte »Ansicht« – aus gutem Grund, wie ich Ihnen in Kürze zeigen werde. Tabelle 7.2 gibt Ihnen eine Übersicht aller verfügbaren Ansichten.

Ansicht eines Berichts	Berichtslayout verändern	Datensätze filtern	Seite wie gedruckt einsehbar
Entwurfsansicht	•		
Layoutansicht	•		
Berichtsansicht		•	
Seitenansicht			•

Tabelle 7.2 In Access gibt es vier Ansichten eines Berichts.

Die Entwurfsansicht und die Seitenansicht

Genauso wie in einem Formular ist die *Entwurfsansicht* das Hauptwerkzeug eines Access-Programmierers. Hier können Sie alle Eigenschaften des Berichts aussteuern, die Seite einrichten, Steuerelemente positionieren und vieles mehr.

Daten sehen Sie hingegen nicht – für diesen Zweck gibt es bei Berichten das Gegenstück zur *Formularansicht*, das aber *nicht* Berichtsansicht heißt; das Pendant heißt *Seitenansicht*. Hier erscheinen die Datensätze, und Sie sehen die Seiten als Vorschau genau so, wie sie später auf Papier gedruckt werden.

In einem Bericht können Daten nicht geändert werden

Nur noch einmal zur Erinnerung: *In einem Bericht sind alle Daten nur lesbar.* Datensätze lassen sich grundsätzlich nicht ändern. Dafür sind die Tabellen, Abfragen und Formulare da.

Direktes Drucken

So können Sie einen Bericht direkt ausdrucken, ohne ihn vorher in der Seitenansicht zu öffnen:

1. bestehenden Bericht im Navigationsbereich auswählen
2. rechte Maustaste drücken
3. im Kontextmenü den Eintrag DRUCKEN ... anklicken

Das Gleiche erreichen Sie, indem Sie den Bericht zuerst in der Seitenansicht öffnen, dann ausdrucken (`Strg` + `P`) und die Seitenansicht wieder schließen. Direktes Drucken und Seitenansicht hängen also eng zusammen.

Die Layoutansicht

Genauso wie bei den Formularen können Sie in der Layoutansicht Steuerelemente verschieben und von der Größe her anpassen. In dieser Ansicht sehen Sie die einzelnen Datensätze und die Seitenbegrenzungen. Die Layoutansicht ist somit recht nahe an die Seitenansicht angelehnt; lediglich die Seitenumbrüche werden nicht angezeigt.

Die Layoutansicht ist nicht auf Berichte mit Layout beschränkt

Auch ohne ein Layout können Sie in der Layoutansicht die Steuerelemente verändern. Der Name ist leider etwas irreführend.

Die Berichtsansicht

Seit Access 2007 kennt Access als weitere Ansicht die *Berichtsansicht*. Mehr Informationen zu dieser Ansicht und ihrem in meine Augen fraglichen Nutzen finden Sie in Abschnitt 7.3.3, »Berichtsansicht«.

So legen Sie fest, welche Ansichten für einen Bericht erlaubt sind

In den Berichtseigenschaften (EIGENSCHAFTEN • AUSWAHLTYP: BERICHT) können Sie im Registerblatt FORMAT über diese beiden Eigenschaften die Ansichten eines Berichts einschränken:

- BERICHTSANSICHT ZULASSEN
- LAYOUTANSICHT ZULASSEN

Die Seitenansicht und das direkte Drucken lassen sich nicht deaktivieren.

Über die Eigenschaft STANDARDANSICHT können Sie festlegen, in welcher Ansicht der Bericht zuerst geöffnet wird.

7.3.1 Seitenansicht

Wenn Sie einen bestehenden Bericht im Navigationsbereich doppelklicken, öffnet Access ihn entweder in der Seitenansicht oder in der Berichtsansicht. Wie lässt sich herausfinden, in welcher Ansicht ein Bericht gerade geöffnet ist? Werfen Sie dazu bitte einen Blick in die Statusleiste am unteren Rand (Abbildung 7.11).

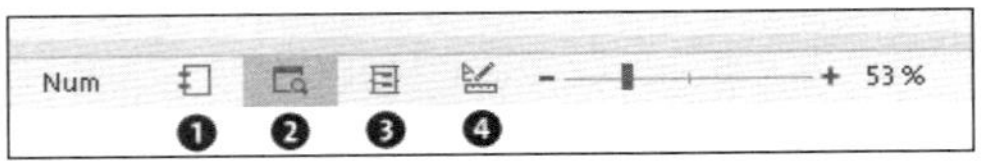

Abbildung 7.11 Am unteren Rand in der Statusleiste können Sie zwischen den Ansichten umschalten.

Hier finden Sie für jede Ansicht eine Schaltfläche:

- Berichtsansicht ❶
- Seitenansicht ❷
- Layoutansicht ❸
- Entwurfsansicht ❹

Die aktuelle Ansicht ist etwas dunkler hinterlegt. Sie können in eine der anderen Ansichten umschalten, indem Sie auf die entsprechende Schaltfläche klicken.

Aus der Seitenansicht können Sie nicht per Menüband in eine andere Ansicht wechseln

Es gibt noch andere Wege, von der einen in eine andere Ansicht umzuschalten (Kontextmenü, Schaltflächen im Menüband). Schmerzlich vermisse ich aber in der Seitenansicht den Eintrag START • ANSICHTEN.

Es gibt ein ganz wesentliches Alleinstellungsmerkmal der Seitenansicht (Abbildung 7.12): Nur hier sehen Sie die Seiten exakt so, wie sie später im Ausdruck erscheinen werden. Besonders empfindlich werden Sie das bei den folgenden Merkmalen spüren:

- Anordnung von Kopf- und Fußbereichen
- Seitenumbrüche
- mehrere Spalten

Ich werde auf die einzelnen Features in späteren Abschnitten noch eingehen. Sie können sich aber jetzt schon einprägen, dass nur die Seitenansicht das vollständige Ergebnis anzeigt. Im Gegensatz dazu sehen Sie sowohl in der Berichts- als auch in der Layoutansicht nur eine vereinfachte Version des Berichts.

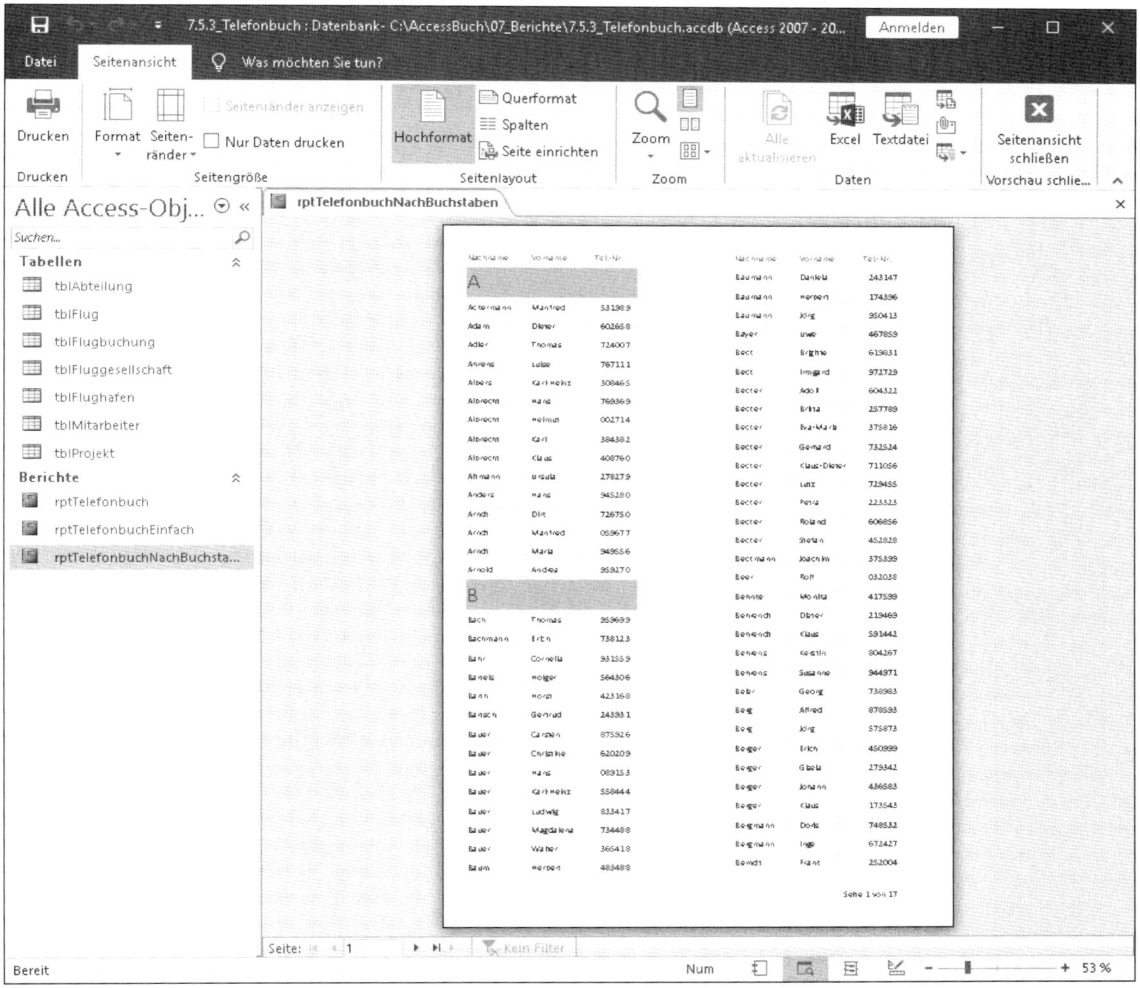

Abbildung 7.12 Nur in der Seitenansicht wird der Bericht exakt dargestellt, beispielsweise dieser zweispaltige Bericht.

Üblicherweise schaue ich mir in der Seitenansicht an, ob der Bericht meinen Vorstellungen entspricht. Dazu gibt es im Menüband unter SEITENANSICHT • ZOOM einige Werkzeuge, die die Ansicht vergrößern oder mehrere Seiten gleichzeitig darstellen. Am unteren Rand des Berichts befinden sich die Navigationsschaltflächen, mit denen Sie auf die anderen Seiten wechseln können.

Abgesehen vom Seitenlayout (Papierformat, Ausrichtung, Seitenränder usw.) lässt sich in der Seitenansicht nicht viel verändern. In erster Linie geht es darum, den Bericht über SEITENANSICHT • DRUCKEN auf Papier zu bringen.

7.3.2 Direktes Drucken eines Berichts

Ich hatte bereits erwähnt, dass Sie einen Bericht auch direkt vom Navigationsbereich ausdrucken können (Kontextmenü, Eintrag DRUCKEN ...). Access druckt den vollständigen Bericht dann ohne weitere Rückfrage auf dem Drucker aus.

Standarddrucker oder spezieller Drucker

Normalerweise wird ein Bericht für den Standarddrucker formatiert. Der Standarddrucker wird über die Windows-Einstellungen festleget.

Für einen Bericht können Sie aber auch einen speziellen Drucker festlegen. Das ist beispielsweise sinnvoll, wenn ein bestimmter Bericht immer auf besonderem Papier erscheinen soll. In der Entwurfsansicht lässt sich der spezielle Drucker auswählen. Rufen Sie dazu über SEITE EINRICHTEN • SEITENLAYOUT • SEITE EINRICHTEN den Dialog SEITE EINRICHTEN auf. Im Registerblatt SEITE finden Sie im unteren Bereich eine Auswahlmöglichkeit für einen speziellen Drucker (Abbildung 7.13).

Abbildung 7.13 Im Dialogfenster »Seite einrichten« lässt sich ein spezieller Drucker einstellen. Wenn Sie wieder auf dem Standarddrucker ausdrucken möchten, schalten Sie einfach auf »Standarddrucker« zurück.

Ich bin Ihnen noch eine Antwort schuldig, warum das direkte Drucken eine eigene Ansicht ist. Die Programmierung (Makro oder VBA) hilft uns hierbei weiter. Ein Bericht lässt sich nämlich auch per Programmcode öffnen:

- Makro-Befehl: `ÖffnenBericht`
- VBA-Befehl: `DoCmd.OpenReport`

In der Datenbank *07_Berichte\7.3.2_Direktes_Drucken.accdb* finden Sie mehrere Makros, die genau diesen Befehl nutzen. Abbildung 7.14 zeigt, wie es aussieht:

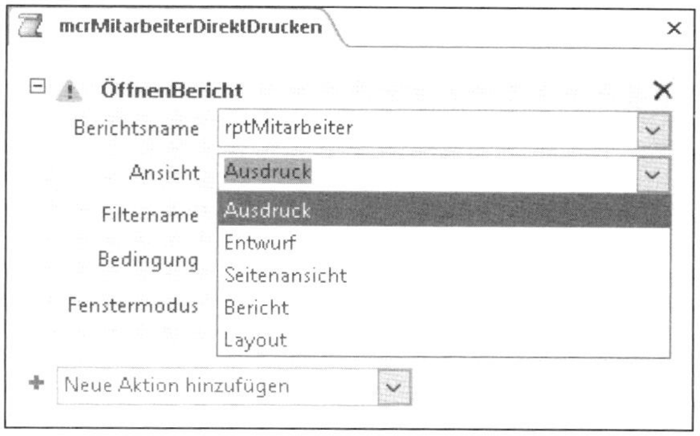

Abbildung 7.14 Der Makro-Befehl »ÖffnenBericht« zeigt: Direktes Drucken ist eine der fünf Ansichten.

Ich möchte an dieser Stelle nicht auf die Makro-Programmierung vorgreifen. Aber Sie sehen auch ohne Vorkenntnisse schnell, dass es für den Bericht fünf verschiedene Ansichten gibt. AUSDRUCK (= direktes Drucken) ist eine der möglichen Ansichten.

7.3.3 Berichtsansicht

Seit Access 2007 kennt Access eine neue Ansicht, die *Berichtsansicht*. Augenscheinlich war Microsoft von der Neuerung so begeistert, dass seitdem alle Berichte erst einmal in dieser Ansicht geöffnet werden.

Einen Bericht standardmäßig in der Seitenansicht öffnen

Normalerweise steht in der Berichtseigenschaft STANDARDANSICHT der Wert BERICHTSSICHT. Wenn Sie stattdessen SEITENANSICHT auswählen, führt ein Doppelklick direkt zur Seitenansicht.

Wie ich finde, ist der Name etwas unglücklich gewählt. Er klingt so ähnlich wie *Formularansicht*. Jetzt könnte man meinen, dass in einem Bericht die Berichtsansicht einen genauso wichtigen Stellenwert hat wie bei einem Formular die Formularansicht. Leider ist das irreführend, denn nur die Seitenansicht ist die richtige Ansicht, um das vollständige Ergebnis sehen zu können.

Access zeigt auch in der Berichtsansicht die einzelnen Datensätze an. Seitenumbrüche oder einzelne Seiten sind aber nicht erkennbar. Ferner werden mehrspaltige Berichte nicht korrekt angezeigt, und der Seitenkopf und -fuß befinden sich nicht an der richtigen Stelle. Kurz gesagt: In der Berichtsansicht sehen Sie so etwas Ähnliches wie ein Endlosformular, was aber mit dem Ausdruck auf Papier nicht in allen Punkten übereinstimmt.

Abbildung 7.15 In der Berichtsansicht erscheinen die Datensätze untereinander, ähnlich wie im Endlosformular. Seitenumbrüche werden nicht dargestellt.

Wozu also die Berichtsansicht? Microsoft nennt als Motivation für die neue Ansicht, dass der Anwender interaktiver mit Berichten arbeiten kann. Unter anderem können Sie in der Berichtsansicht suchen und filtern. Außerdem lassen sich Hyperlinks anklicken und Texte in die Zwischenablage übernehmen. Wie bereits angedeutet, verwischt hier etwas die Grenze zu Formularen, wo uns diese Funktionen bereits begegnet sind.

Am besten probieren Sie selbst einmal aus, ob Sie die interaktiven Möglichkeiten der Berichtsansicht einsetzen möchten. Andernfalls deaktivieren Sie ganz einfach die Berichtsansicht und nutzen die Berichte auf die traditionelle Art und Weise, nämlich gerade nicht interaktiv.

7.3.4 Einen Bericht als PDF- oder XPS-Datei exportieren

In älteren Access-Versionen gab es die Möglichkeit, von einem Access-Bericht sogenannte *Snapshots* als *.snp*-Datei zu exportieren. Mit dem *Microsoft Snapshot Viewer* konnte man sich den Bericht dann auch ohne Datenbank und ohne eine Installation von Access ansehen.

Mittlerweile gibt es den Export als PDF- oder XPS-Datei, so dass Snapshots von Berichten hinfällig geworden sind. Und so gelangen Sie zu einer PDF- oder XPS-Datei:

1. Öffnen Sie den Bericht in der Seitenansicht.
2. Klicken Sie DATEN • PDF ODER XPS an.
3. Wählen Sie Dateiname und Dateityp aus.
4. Klicken Sie auf VERÖFFENTLICHEN.

7.4 Bereiche in Berichten

Wir kommen jetzt zu dem Thema, das wirklich besonders an den Berichten ist, und zwar zu den *Bereichen*. Formulare sind diesbezüglich vergleichsweise starr. Zur Erinnerung: Es gibt dort lediglich fünf Bereiche, die Sie je nach Bedarf nutzen können.

- Formularkopf
- Seitenkopf
- Detailbereich
- Formularfuß
- Seitenfuß

Diese fünf feststehenden Bereiche gibt es auch im Bericht. Mit der Ausnahme, dass man im Bericht vom *Berichtskopf* und vom *Berichtsfuß* spricht.

Neben den feststehenden Bereichen können Sie in einem Bericht weitere Bereiche erstellen. Der Mechanismus nennt sich *Gruppierung innerhalb eines Berichts*, und wie ich Ihnen zeigen werde, stehen die Bereiche eng mit Seitenumbrüchen in Verbindung.

7.4.1 Kopf- und Fußbereich

Sehen wir uns als Erstes die feststehenden Bereiche an. Zum Detailbereich muss ich nicht viel erwähnen. Wie Sie bereits gesehen haben, erscheinen die Datensätze im Bericht untereinander, ganz ähnlich wie in einem Endlosformular.

Zu den vier Kopf- und Fußbereichen sagt ein Bild mehr als tausend Worte. In Abbildung 7.16 habe ich dargestellt, wie ein Bericht mit vier Seiten in der Seitenansicht oder im Ausdruck aussehen könnte.

Andere Reihenfolge in der Entwurfsansicht

Wer öfter Bahn fährt, kennt die Durchsage »Zug verkehrt heute in abweichender Wagenreihung« und die dann folgende Verwirrung. Dieses Ärgernis gibt es leider auch in Access: In der Entwurfsansicht erscheinen die Bereiche in anderer Reihenfolge. Hier befindet sich der Berichtsfuß unterhalb des Seitenfußes. Tatsächlich ist die Reihenfolge jedoch wie in Abbildung 7.16 dargestellt, und genau so wird der Bericht in allen anderen Ansichten und im Ausdruck zu sehen sein.

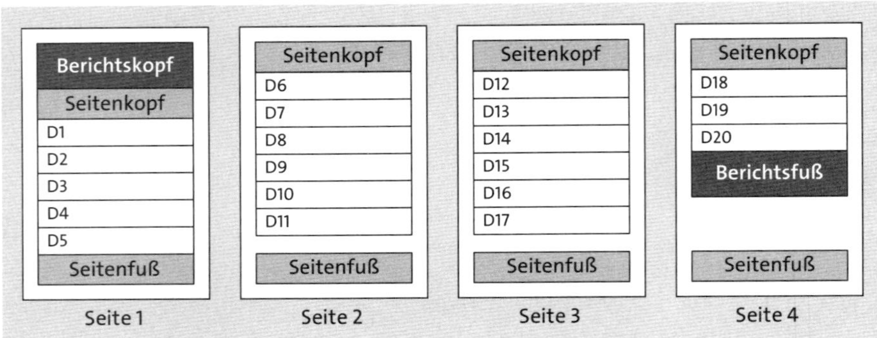

Abbildung 7.16 Ein Bericht mit 20 Datensätzen. Für jeden Datensatz gibt es einen Detailbereich (D1 bis D20). Der Seitenkopf und der Seitenfuß werden auf jeder Seite wiederholt, während der Berichtskopf nur ganz am Anfang und der Berichtsfuß auf der letzten Seite erscheint.

Seitenkopf und Seitenfuß: Spaltenüberschriften und Seitenzahlen

Auf jeder Seite erscheint oben (bzw. auf der ersten Seite *nach* dem Berichtskopf) der *Seitenkopf* und unten der *Seitenfuß*. Ich platziere üblicherweise im Seitenkopf die Spaltenüberschriften und im Seitenfuß die Seitenzahl.

Wie Sie die Spaltenüberschriften im Seitenkopf erzeugen können, habe ich Ihnen bereits in Abschnitt 7.1.3, »Steuerelemente in Berichten«, gezeigt. Seitenzahlen können Sie wie folgt einfügen:

1. Öffnen Sie die Datenbank *07_Berichte\7.4.1_Seitenkopf_Seitenfuss.accdb*.
2. Öffnen Sie den Bericht *rptMitarbeiter* in der Entwurfsansicht.
3. Erstellen Sie ein neues Textfeld im Bereich SEITENFUSS, und ändern Sie den Namen in »txtSeitenzahl«.
4. Die automatisch generierte Beschriftung brauchen wir nicht, Sie können sie löschen.
5. Tragen Sie in der Eigenschaft DATEN • STEUERELEMENTINHALT die Formel

   ```
   ="Seite " & [Seite]
   ```

   ein.

Wenn Sie möchten, verschieben und formatieren Sie das Textfeld jetzt noch, so dass die Seitenzahl beispielsweise unten rechts auf dem Papier erscheint. Den fertigen Bericht finden Sie in der Datenbank unter dem Namen *rptMitarbeiter_mit_Seitenzahlen*.

Formeln zur Seitenzahl

Dies sind häufig genutzte Formeln zur Seitenzahl:

```
=[Seite]
="Seite " & [Seite]
="Seite " & [Seite] & " von " & [Seiten]
```

> Das Prinzip ist in allen drei Formeln gleich: Es gibt in einem Bericht (und übrigens auch in einem Formular) die beiden Eigenschaften `Seite` (Nummer der aktuellen Seite; in VBA: `page`) und `Seiten` (Gesamtzahl der Seiten; in VBA: `pages`), die nur in der Seitenansicht und beim Ausdrucken verfügbar sind.

In der Entwurfsansicht gibt es im Menüband die Schaltfläche ENTWURF • KOPFZEILE/FUSSZEILE • SEITENZAHLEN. Der Assistent führt die gleichen Schritte aus und erzeugt ebenfalls ein Textfeld mit einer entsprechenden Formel.

Einleitende Informationen im Berichtskopf

Auf der ersten Seite des Berichts *oberhalb des Seitenkopfes* erscheint der *Berichtskopf*. Hier können Sie einleitende Informationen unterbringen, beispielsweise den Namen des Berichts, ein paar Worte zum Inhalt und wann er erstellt wurde.

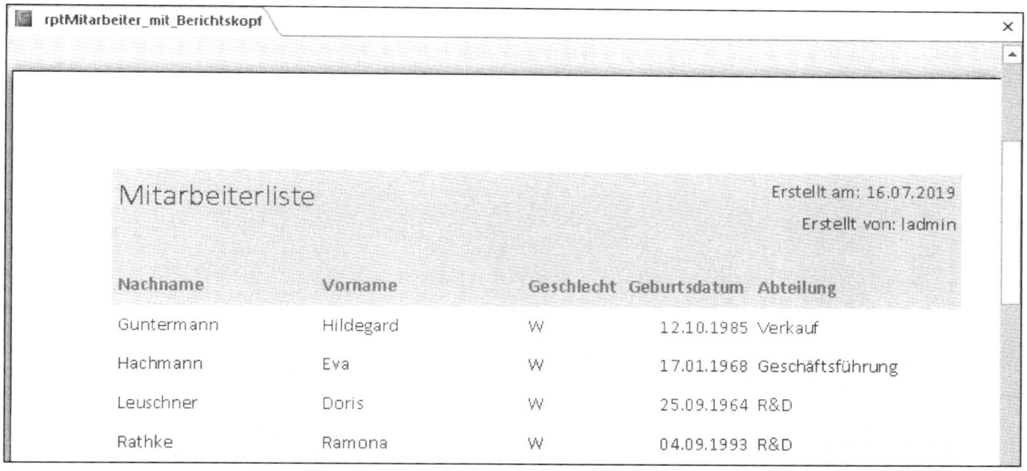

Abbildung 7.17 Der Berichtskopf erscheint auf der ersten Seite ganz oben – noch vor dem Seitenkopf. In diesem Beispiel ist der Seitenkopf die Zeile mit den Spaltenüberschriften. Alles darüber ist der Berichtskopf.

Das Beispiel aus Abbildung 7.17 finden Sie in den Materialien zum Buch in der Datenbank *07_Berichte\7.4.1_Berichtskopf_Berichtsfuss.accdb* unter dem Namen *rptMitarbeiter_mit_Berichtskopf*.

Summen und andere Zusammenfassungen im Berichtsfuß

Auf der letzten Seite des Berichts, unmittelbar unterhalb des letzten Detailbereichs und oberhalb des Seitenfußes, zeigt Access den *Berichtsfuß* an. Er bietet sich für zusammenfassende Informationen an, beispielsweise die Anzahl der Mitarbeiter.

1. Öffnen Sie den Bericht *rptMitarbeiter* in der Entwurfsansicht.
2. Markieren Sie ein beliebiges Textfeld, beispielsweise »txtNachname«.
3. Klicken Sie auf ENTWURF • GRUPPIERUNG UND SUMMEN • SUMMEN • DATENSÄTZE ZÄHLEN.

Damit sind wir schon fertig; die Anzahl der Datensätze erscheint unten im Berichtsfuß nach dem letzten Detailbereich (Abbildung 7.18).

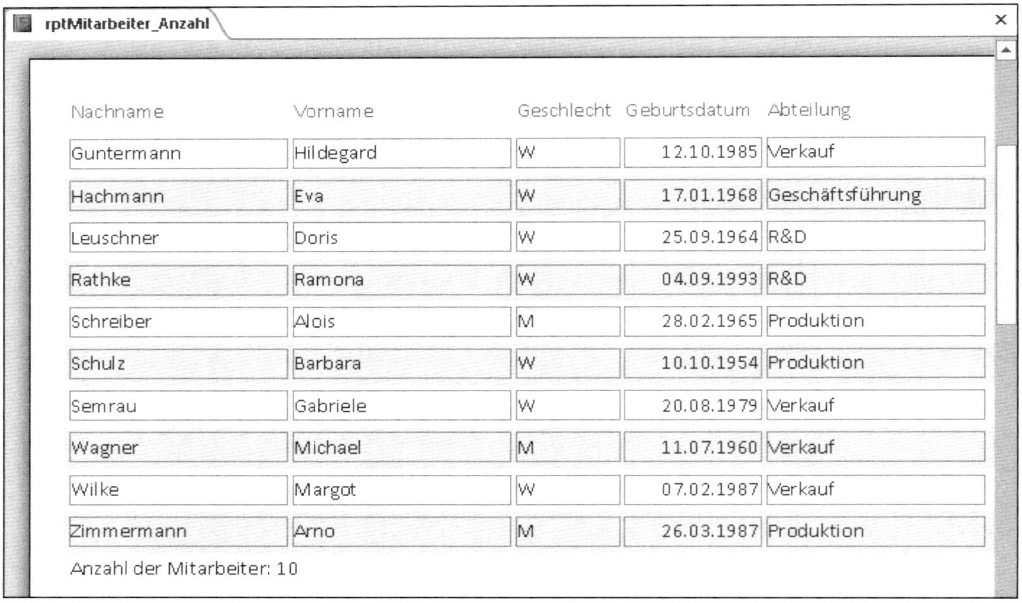

Abbildung 7.18 Die Anzahl der Datensätze erscheint unten im Berichtsfuß.

Zum besseren Verständnis schauen wir uns einmal in der Entwurfsansicht an, welche Änderungen der Assistent bewirkt hat:

1. Der Berichtskopf und Berichtsfuß wurden eingeblendet.
2. Im Berichtsfuß wurde ein Textfeld mit dieser Formel erzeugt:

   ```
   =Anzahl(*)
   ```

   Diese Formel genügt, um die Anzahl der Datensätze im Bericht zu bestimmen.

Ich habe die Formel noch etwas angepasst und einen Text ergänzt. Das Ergebnis (Abbildung 7.18) finden Sie in der Beispieldatenbank unter dem Namen *rptMitarbeiter_Anzahl*.

Selbstverständlich können Sie auch jede andere Art von Informationen im Berichtsfuß darstellen. Sehr beliebt sind beispielsweise Summen und Mittelwerte. Ich habe in den Materialien zum Buch in der Datenbank *07_Berichte\7.4.1_Berichtskopf_Berichtsfuss.accdb* ein paar weitere Beispiele hinterlegt.

In manchen Fällen hilft der manuelle Weg weiter

Der Assistent ist zwar sehr angenehm, hat aber seine Grenzen. Pro Feld können Sie beispielsweise nur eine Zusammenfassung anzeigen lassen (entweder Summe oder Mittelwert usw.).

Über den manuellen Weg können Sie diese Einschränkung umgehen. Erstellen Sie im Berichtsfuß mehrere ungebundene Textfelder. In den Steuerelementinhalt kommt die entsprechende Formel, beispielsweise:

```
=Mittelwert([Kosten])
=Min([Kosten])
=Max([Kosten])
=Summe([Kosten])
```

Kommen Ihnen diese Funktionen bekannt vor? Es sind die Aggregatfunktionen, die ich bei der Gruppierung von Datensätzen per SQL in Abschnitt 5.3.2, »Aggregatfunktionen«, vorgestellt habe. Genau jene können Sie im Bericht verwenden.

7.4.2 Ebenen zur Gruppierung

Neben den feststehenden Bereichen können Sie in einem Access-Bericht über Gruppierung zusätzliche Bereiche erzeugen.

Gruppierung in einer Abfrage vs. Gruppierung in einem Bericht

Diese beiden Access-Themen tragen den gleichen Namen, »Gruppierung« – aber es sind unterschiedliche Funktionen, die sich gründlich unterscheiden:

- Bei der *Gruppierung in einer Abfrage* werden mehrere Datensätze zu einem neuen zusammengeführt. Im Ergebnis sehen Sie nicht mehr die einzelnen Datensätze. Ausführliche Informationen zu diesem Thema finden Sie in Abschnitt 3.3, »Zusammenfassen von Datensätzen: Gruppierung und Aggregieren«.
- Bei der *Gruppierung in einem Bericht* ist es anders! Hier bleiben alle Datensätze erhalten. Es kommen lediglich die Ebenen zur Gruppierung hinzu. Wie Sie gleich sehen werden, hat eine Gruppierungsebene eigene Kopf- und Fußbereiche. Access schiebt diese Bereiche an entsprechender Stelle zwischen die Datensätze ein.

In der Datenbank *07_Berichte\7.4.2_Gruppierung.accdb* habe ich ein Beispiel zur Gruppierung vorbereitet. Schauen Sie sich bitte als Erstes einmal die Abfrage *qryMitarbeiterMitFlugbuchung* in der Datenblattansicht an. Das Abfrageergebnis sind die 13 Flugbuchungen aus der Tabelle *tblFlugbuchung*. Zusätzlich verwendet die Abfrage andere Abfragen, um alle notwendigen Informationen zum Flug und zum Mitarbeiter zu sammeln. Die Datenblattansicht ist wegen der vielen Felder sehr breit; etwas übersichtlicher sehen die Flugbuchungen in einem Bericht aus, den ich ebenfalls vorbereitet habe (*rptFlugbuchung*, Abbildung 7.19).

Leider ist das Ergebnis noch etwas unbefriedigend:

- Für einige Mitarbeiter gibt es mehrere Flugbuchungen, so dass sie im Bericht mehrfach auftauchen (beispielsweise Frau Rathke).
- Die Abteilungen, in denen die Mitarbeiter tätig sind, fehlen noch.

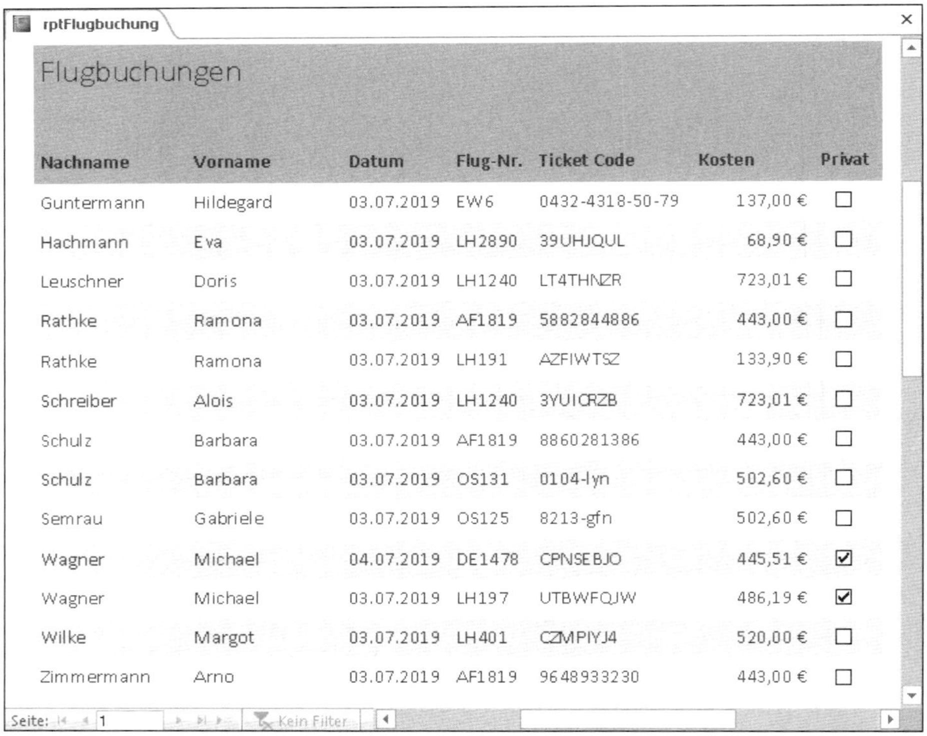

Nachname	Vorname	Datum	Flug-Nr.	Ticket Code	Kosten	Privat
Guntermann	Hildegard	03.07.2019	EW6	0432-4318-50-79	137,00 €	☐
Hachmann	Eva	03.07.2019	LH2890	39UHJQUL	68,90 €	☐
Leuschner	Doris	03.07.2019	LH1240	LT4THNZR	723,01 €	☐
Rathke	Ramona	03.07.2019	AF1819	5882844886	443,00 €	☐
Rathke	Ramona	03.07.2019	LH191	AZFIWTSZ	133,90 €	☐
Schreiber	Alois	03.07.2019	LH1240	3YUICRZB	723,01 €	☐
Schulz	Barbara	03.07.2019	AF1819	8860281386	443,00 €	☐
Schulz	Barbara	03.07.2019	OS131	0104-lyn	502,60 €	☐
Semrau	Gabriele	03.07.2019	OS125	8213-gfn	502,60 €	☐
Wagner	Michael	04.07.2019	DE1478	CPNSEBJO	445,51 €	☑
Wagner	Michael	03.07.2019	LH197	UTBWFQJW	486,19 €	☑
Wilke	Margot	03.07.2019	LH401	CZMPIYJ4	520,00 €	☐
Zimmermann	Arno	03.07.2019	AF1819	9648933230	443,00 €	☐

Abbildung 7.19 Das ist die Liste der Flugbuchungen ohne Gruppierung. Leider erkennt man erst beim genaueren Hinsehen, dass es für einige Mitarbeiter zwei Flugbuchungen gibt.

Mit einer Gruppierung auf Ebene der Mitarbeiter kommen wir an dieser Stelle weiter.

Eine Ebene zur Gruppierung hinzufügen

Und so können Sie eine Gruppierung nach »MitarbeiterID« erstellen:

1. Öffnen Sie den Bericht *rptFlugbuchung* in der Entwurfsansicht.
2. Klicken Sie auf ENTWURF • GRUPPIERUNG UND SUMMEN • GRUPPIEREN UND SORTIEREN. Unterhalb der Entwurfsansicht blendet Access das Fenster GRUPPIEREN, SORTIEREN UND SUMME ein.
3. Klicken Sie dort auf GRUPPE HINZUFÜGEN, und wählen Sie das Feld »MitarbeiterID« aus. Wählen Sie bitte unbedingt »MitarbeiterID« aus, nicht etwa »Nachname« oder »Vorname«! Ich werde gleich erläutern, warum das wichtig ist.

Damit haben Sie eine Ebene zur Gruppierung erstellt. In der Entwurfsansicht sollte der Bericht jetzt so wie in Abbildung 7.20 aussehen.

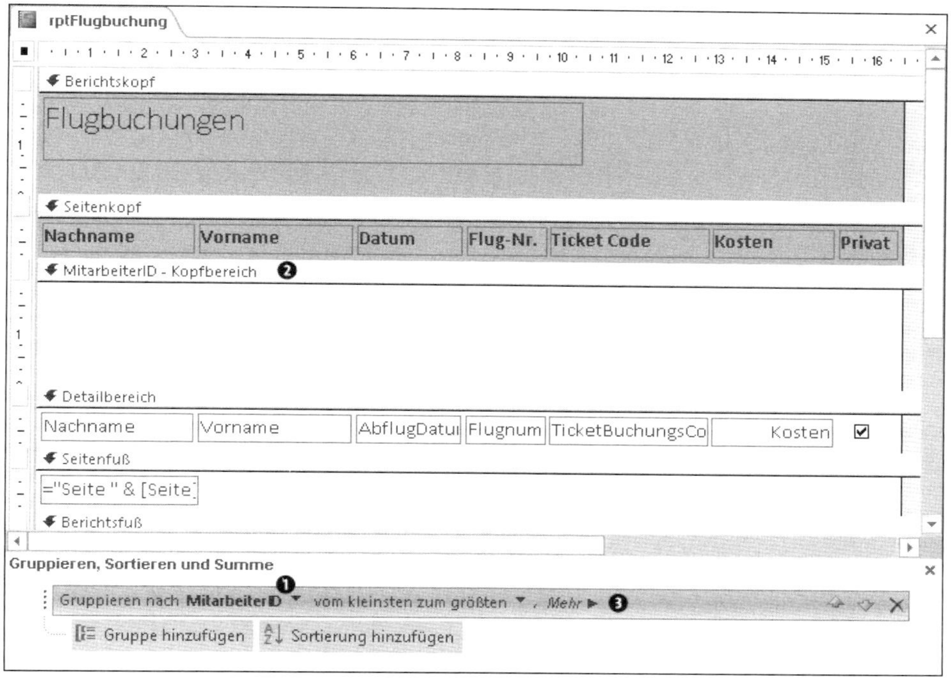

Abbildung 7.20 Unterhalb der Entwurfsansicht blendet Access das Fenster »Gruppieren, Sortieren und Summe« ein. Dort können Sie die Gruppierungsebene festlegen.

Eigentlich haben sich nur zwei Sachen geändert:

- Access gruppiert die Datensätze nach »MitarbeiterID« ❶.
- Für den Mitarbeiter erscheint ein eigener Kopfbereich MITARBEITERID – KOPFBEREICH ❷, der auch *Gruppenkopf* genannt wird.

Optional können Sie für die Gruppierungsebene auch einen Fußbereich, auch bekannt als *Gruppenfuß*, erstellen (klicken Sie dazu auf MEHR ❸).

Um in der Seitenansicht auch etwas von der Gruppierung sehen zu können, müssen wir noch ein paar Steuerelemente in den Gruppenkopf verschieben:

1. Markieren Sie die beiden Steuerelemente »txtNachname« und »txtVorname«.
2. Ziehen Sie beide per Drag & Drop in den Gruppenkopf.
3. Zum besseren Verständnis wählen wir für den Gruppenkopf eine andere Hintergrundfarbe. Markieren Sie dazu den Kopfbereich, und setzen Sie folgende *Bereichseigenschaften*:
   - FORMAT • HINTERGRUNDFARBE: #008AB6
   - FORMAT • ALTERNATIVE HINTERGRUNDFARBE: #008AB6

4. Wählen Sie für den Detailbereich ebenfalls andere Hintergrundfarben:
   - FORMAT • HINTERGRUNDFARBE: HINTERGRUND 1
   - FORMAT • ALTERNATIVE HINTERGRUNDFARBE: HINTERGRUND 1

Die letzten beiden Schritte haben nur visuelle Auswirkungen. Aber die Farben helfen uns in diesem Beispiel, die Bereiche in der Seitenansicht besser unterscheiden zu können. Das Ergebnis zeigt Abbildung 7.21.

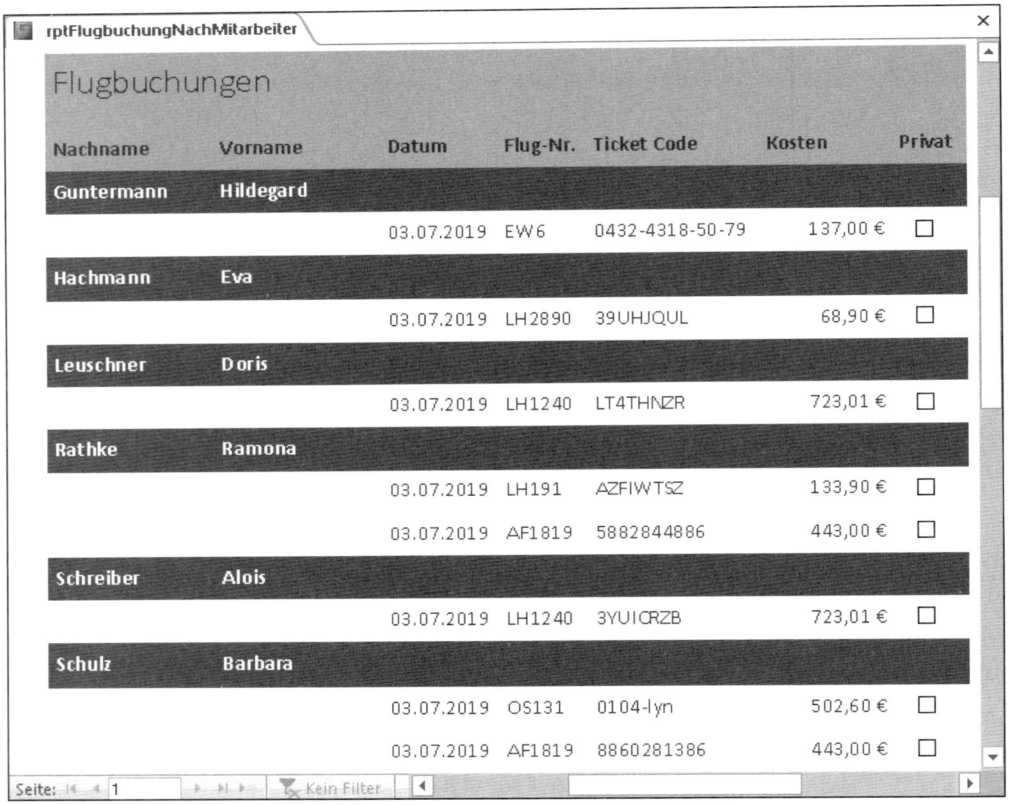

Abbildung 7.21 Eine Gruppierungsebene führt zu zusätzlichen Kopfzeilen, die in diesem Beispiel dunkel hinterlegt sind. Access fügt die Kopfzeile automatisch zwischen den Datensätzen ein, so dass für jeden Mitarbeiter die Flugbuchungen als ein Block erscheinen.

In Abbildung 7.21 erscheinen dunkel hinterlegt die Gruppenköpfe für jeden Mitarbeiter. Wir haben die beiden Steuerelemente für Vor- und Nachname in den Gruppenkopf verschoben, weshalb sie auch dort erscheinen. Weiß hinterlegt sind die Detailbereiche, wo unverändert die Flugbuchungen stehen. Wie Sie wissen, gibt es je nach Mitarbeiter eine oder mehrere Flugbuchungen. Der Mitarbeiter selbst erscheint aber immer nur einmal, nämlich im Gruppenkopf.

Zur Gruppierung unbedingt den entsprechenden Primärschlüssel verwenden

In unserem Beispiel ist »MitarbeiterID« der Primärschlüssel der Tabelle *tblMitarbeiter*. Bei der Gruppierung schaut sich Access immer den Feldinhalt an. Der Primärschlüssel ist eindeutig für jeden Datensatz. Eine andere ID bedeutet ein anderer Mitarbeiter, und Access fügt demzufolge einen Gruppenkopf ein.

Was würde passieren, wenn Sie ein anderes Feld, wie beispielsweise »Nachname«, zur Gruppierung verwenden? Access geht ganz analog vor: Ein anderer Nachname bedeutet ein anderer Mitarbeiter, und Access fügt den Gruppenkopf ein. Das geht aber nur gut, solange die Nachnamen eindeutig sind. Falls es sowohl »Alois Schreiber« als auch »Franz Schreiber« gibt, scheitert die Gruppierung. Für Access wäre »Schreiber« gleich »Schreiber«, und einer der beiden Gruppenköpfe würde unter den Tisch fallen. Daher *unbedingt nach dem Primärschlüssel gruppieren*, niemals nach einem anderen Feld!

Bereiche richtig benennen

Bitte verzeihen Sie mir, dass ich recht penibel bin, was das Thema Benennungen in Access angeht. Auch jeder Bereich hat einen Namen und sollte ordentlich benannt werden. Ohne Gruppierung sind die Bereiche noch recht überschaubar; aber machen wir es uns einfach und geben jedem Kind seinen Namen.

Dazu möchte ich an dieser Stelle die LNC-Präfixe für Bereiche in Formularen und Berichten ergänzen (Tabelle 7.3).

Bereich	Englische Bezeichnung	LNC-Präfix
Detailbereich	*detail*	det
Seitenkopf	*page header*	phd
Seitenfuß	*page footer*	pft
Formularkopf	*form header*	fhd
Formularfuß	*form footer*	fft
Berichtskopf	*report header*	rhd
Berichtsfuß	*report footer*	rft
Gruppenkopf	*group header*	ghd
Gruppenfuß	*group footer*	gft

Tabelle 7.3 Präfixe für Bereiche in einem Formular oder Bericht nach der Leszynski Naming Convention (LNC)

Mit Ausnahme der Gruppierungsebenen gibt es jeden Bereich in einem Formular oder Bericht höchstens einmal. Deshalb bin ich wenig kreativ und belasse die Namen genau bei den LNC-Präfixen, also beispielsweise »det« für den Detailbereich.

Für die Gruppierungsebenen empfehle ich Ihnen, den Namen des Feldes zu verwenden, das zur Gruppierung herangezogen wurde, in unserem Beispiel also »ghdMitarbeiterID« für den Gruppenkopf. In der Datenbank *07_Berichte\7.4.2_Gruppierung.accdb* finden Sie als Beispiel den Bericht *rptFlugbuchungNachMitarbeiter*, in dem ich alle Bereiche gemäß der LNC-Konvention benannt habe.

Sortieren in einem Bericht

Eine Gruppierung führt immer zu einer Sortierung. Das hat Access-interne Gründe, ist aber in der Regel nicht das Ergebnis, das Sie sehen möchten. Ich hatte Ihnen wärmstens empfohlen, immer nach dem Primärschlüssel zu gruppieren. Das ist richtig und wichtig, hat jedoch einen kleinen Nebeneffekt: Access führt die Mitarbeiter in Reihenfolge ihrer IDs auf. Sie wollen die Liste aber in alphabetischer Reihenfolgen sehen, oder?

Um dieses Ziel zu erreichen, können Sie im Bericht zwei Ebenen zur Sortierung ergänzen:

1. Schalten Sie den Bericht mit den Flugbuchungen in die Entwurfsansicht um.
2. Klicken Sie im Fenster GRUPPIEREN, SORTIEREN UND SUMME auf SORTIERUNG HINZUFÜGEN.
3. Wählen Sie das Feld »Nachname« aus.
4. Klicken Sie erneut auf SORTIERUNG HINZUFÜGEN, und wählen Sie das Feld »Vorname« aus.
5. Jetzt müssen wir noch die Ebenen in die richtige Reihenfolge bringen: Klicken Sie auf die vier Punkte vor der Ebene GRUPPIEREN NACH MITARBEITERID.
6. Ziehen Sie die Ebene per Drag & Drop hinter die beiden Sortierungen.

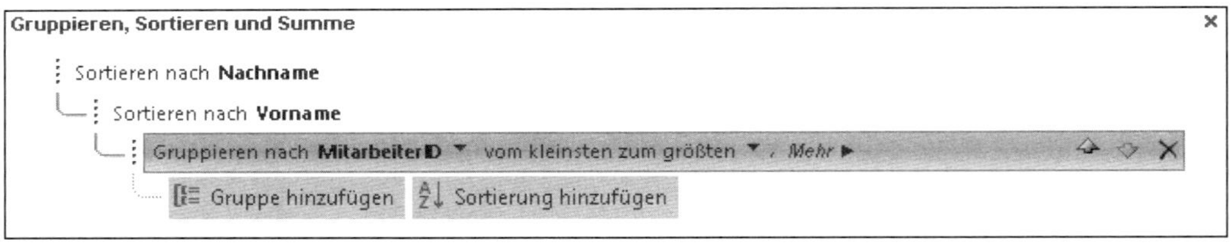

Abbildung 7.22 Neben jedem Eintrag zur Sortierung oder Gruppierung gibt es vier Punkte. Hierüber können Sie die Einträge per Drag & Drop in die gewünschte Reihenfolge bringen.

Das Ergebnis habe ich in der Datenbank *07_Berichte\7.4.2_Gruppierung.accdb* unter dem Namen *rptFlugbuchungNachMitarbeiter* abgespeichert. Jetzt stimmt die Reihenfolge: Access sortiert die Mitarbeiter zunächst in alphabetischer Reihenfolge. Anschließend wird das Feld »MitarbeiterID« zum Gruppieren verwendet.

Die Sortierung wird häufig vergessen

Leider passiert es schnell, dass man die Sortierung im Bericht vergisst. Für den Bericht *rptFlugbuchungNachMitarbeiter* würde das zuerst einmal gar nicht auffallen, denn in unserer Beispieldatenbank sind die Nachnamen der Mitarbeiter und die IDs zufällig in gleicher Reihenfolge. Aber ändern Sie einmal einen Datensatz, indem Sie beispielsweise »Schreiber« in »Albrecht« umbenennen. Ohne Sortierung würde »Albrecht« irgendwo in der Mitte des Berichtes erscheinen.

Mit mehreren Ebenen zur Gruppierung arbeiten

Nichts spricht dagegen, eine zweite Ebene zur Gruppierung einzuführen. In unserem Beispiel könnten wir die Flugbuchungen zuerst nach Abteilung und dann nach Mitarbeiter gruppieren:

1. Öffnen Sie den Bericht *rptFlugbuchungNachMitarbeiter* in der Entwurfsansicht.
2. Klicken Sie im Fenster GRUPPIEREN, SORTIEREN UND SUMME auf SORTIERUNG HINZUFÜGEN.
3. Wählen Sie das Feld »AbteilungName« aus.
4. Ziehen Sie die neu erstellte Sortierung per Drag & Drop (klicken Sie auf die vier übereinanderliegenden Punkte am Beginn der Zeile!) an die erste Stelle.
5. Klicken Sie im Fenster GRUPPIEREN, SORTIEREN UND SUMME auf GRUPPIERUNG HINZUFÜGEN.
6. Wählen Sie den Primärschlüssel »AbteilungID« aus.
7. Ziehen Sie die neu erstellte Gruppierung per Drag & Drop an die zweite Stelle.

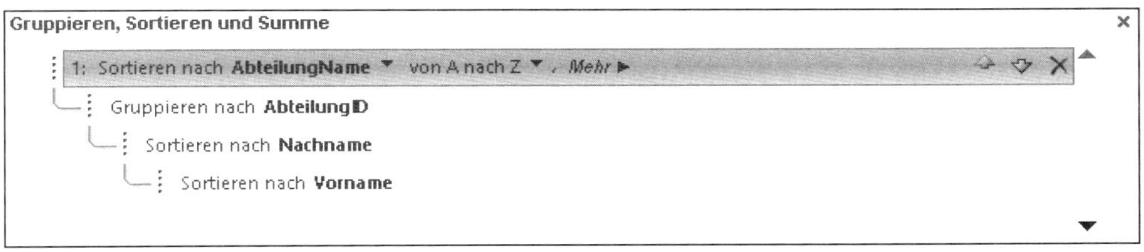

Abbildung 7.23 In unserem Beispiel gibt es jetzt fünf Einträge zum Gruppieren oder Sortieren. Klicken Sie auf die Pfeile am rechten Rand, um zum fünften Eintrag zu scrollen.

8. Der Gruppenkopf für die Abteilung wurde automatisch erstellt. Benennen Sie ihn um, und vergeben Sie eine andere Hintergrundfarbe.
   - ANDERE • NAME: `ghdAbteilungID`
   - FORMAT • HINTERGRUNDFARBE: `#B1B0D7`
   - FORMAT • ALTERNATIVE HINTERGRUNDFARBE: `#B1B0D7`

9. Fügen Sie ein neues Textfeld in den Gruppenkopf der Abteilung ein. Dieses Textfeld soll den Namen der Abteilung wiedergeben:
   - Andere • Name: `txtAbteilungName`
   - Daten • Steuerelementinhalt: `AbteilungName`
10. Speichern Sie den Bericht unter dem Namen *rptZweiteGruppierungsebene* ab.

Damit sind wir am Ziel: In der Seitenansicht (Abbildung 7.24) erscheinen zunächst die Gruppenköpfe der Abteilungen. Darunter angeordnet sind jeweils die Gruppenköpfe für die Mitarbeiter. Besonders schön lässt sich das in der Abteilung »Produktion« nachvollziehen, in der drei Mitarbeiter tätig sind. Letztendlich erscheinen die Flugbuchungen eines jeden Mitarbeiters im weiß hinterlegten Detailbereich.

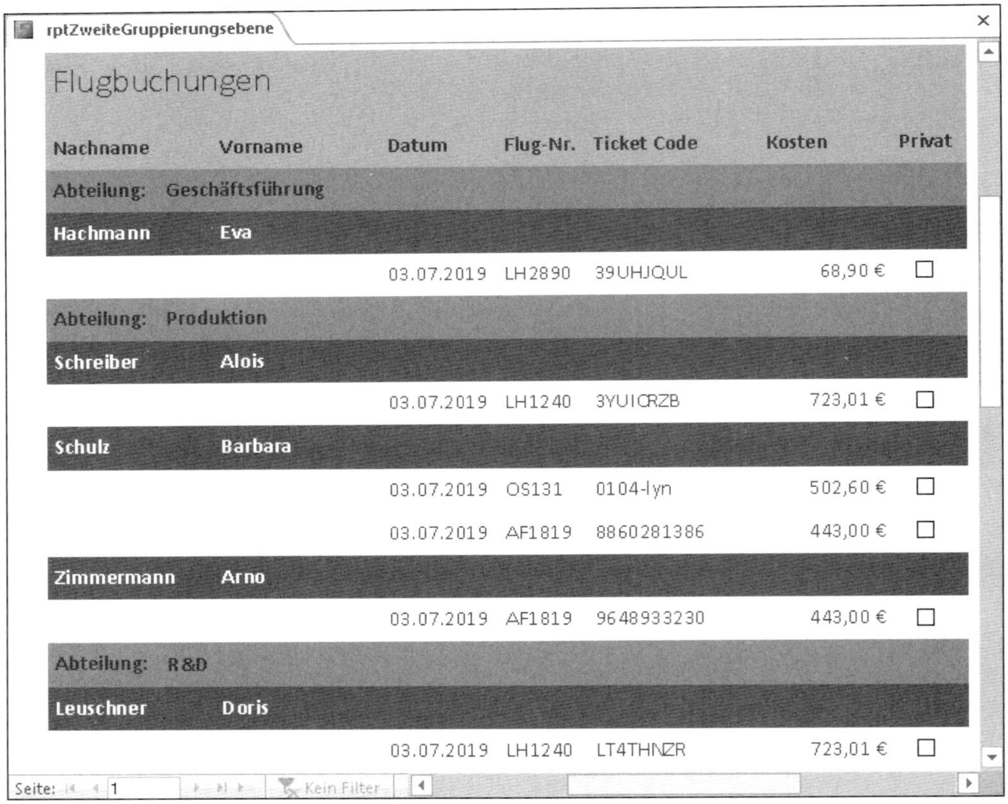

Abbildung 7.24 In der obersten Gruppierungsebene erscheint die Abteilung, in der zweiten die Mitarbeiter.

Vielleicht haben Sie es schon bemerkt: Die Gruppierung ist das Mittel der Wahl, um eine 1:n-Beziehung in einem Bericht abzubilden:

Best Practice bei der Gruppierung in einem Bericht

- Legen Sie vor der Gruppierung die gewünschte Sortierung fest.
- Gruppiert wird nach dem Primärschlüssel der Haupttabelle.
- Die Felder der Haupttabelle gehören in den Gruppenkopf.
- Die Felder der Detailtabelle kommen in den Detailbereich.

Im letzten Beispiel mit den zwei Gruppierungsebenen wurden sogar zwei 1:n-Beziehungen aufgelöst. Es handelt sich eine *Tabellenhierarchie*, die sich aus *tblAbteilung – tblMitarbeiter – tblFlugbuchung* zusammensetzt. Tabellenhierarchien lassen sich richtig schön durch gruppierte Berichte visualisieren, und genau das ist meiner Meinung nach eine der besonderen Stärken von Access.

Zusammenfassende Informationen in Gruppenfußzeilen anzeigen

Bisher haben wir bei der Gruppierung nur mit Kopfzeilen gearbeitet. Wenn Sie in einem Bericht eine Gruppierung einstellen, blendet Access den Gruppenkopf automatisch ein. Bei Bedarf können Sie auch den Gruppenfuß einblenden. Es bietet sich förmlich an, dort zusammenfassende Informationen zu platzieren. Ganz ähnlich wie beim Berichtsfuß könnte dort beispielsweise die Summe aller Buchungskosten pro Abteilung beziehungsweise pro Mitarbeiter stehen.

1. Öffnen Sie den Bericht *rptZweiteGruppierungsebene* in der Entwurfsansicht.
2. Blenden Sie das Fenster GRUPPIEREN, SORTIEREN UND SUMME ein, falls es noch nicht sichtbar ist.
3. Wählen Sie die Gruppierungsebene GRUPPIEREN NACH ABTEILUNGID aus. Der Eintrag wird orange hinterlegt.
4. Klicken Sie auf die Schaltfläche MEHR.
5. Access blendet jetzt die Eigenschaften zur Gruppierungsebene ein (die *Gruppeneigenschaften*). Unter anderem finden Sie dort den Eintrag OHNE FUSSZEILENBEREICH. Klicken Sie auf den Dropdown-Pfeil rechts davon, und wählen Sie den Eintrag MIT FUSSZEILENBEREICH aus.
6. In der Entwurfsansicht erscheint jetzt der leere Gruppenfuß für die Abteilung. Setzen Sie folgende Bereichseigenschaften:
   - ANDERE • NAME: `gftAbteilungID`
   - FORMAT • HINTERGRUNDFARBE: `#008AB6`
   - FORMAT • ALTERNATIVE HINTERGRUNDFARBE: `#008AB6`
7. Blenden Sie in entsprechender Weise den Gruppenfuß für den Mitarbeiter ein, und setzen Sie dort folgende Bereichseigenschaften:

- ANDERE • NAME: `gftMitarbeiterID`
- FORMAT • HINTERGRUNDFARBE: `#B1B0D7`
- FORMAT • ALTERNATIVE HINTERGRUNDFARBE: `#B1B0D7`

8. Wie üblich ist ein Bereich nur sinnvoll, wenn dort auch etwas zu sehen ist. Im Berichtsfuß habe ich bereits ein Textfeld für die Summe der Buchungskosten vorbereitet. Markieren Sie das Textfeld »txtKostenSumme«.
9. Drücken Sie `Strg` + `C`, um das Steuerelement in die Zwischenablage zu kopieren.
10. Wählen Sie den Gruppenfuß »gftAbteilungID« aus.
11. Erzeugen Sie mit `Strg` + `V` eine Kopie des Textfeldes im Gruppenfuß.
12. Erzeugen Sie eine weitere Kopie des Textfeldes im Gruppenfuß »gftMitarbeiterID«.
13. Speichern Sie den Bericht unter dem Namen *rptGruppenfusszeilen* ab.

In allen drei Textfeldern steht die gleiche Formel:

```
=Summe([Kosten])
```

Durch die Gruppierungsebenen weiß Access genau, über welche Datensätze die Buchungskosten summiert werden sollen – also entweder pro Mitarbeiter, pro Abteilung oder für den gesamten Bericht. Sie brauchen sich um nichts Weiteres zu kümmern!

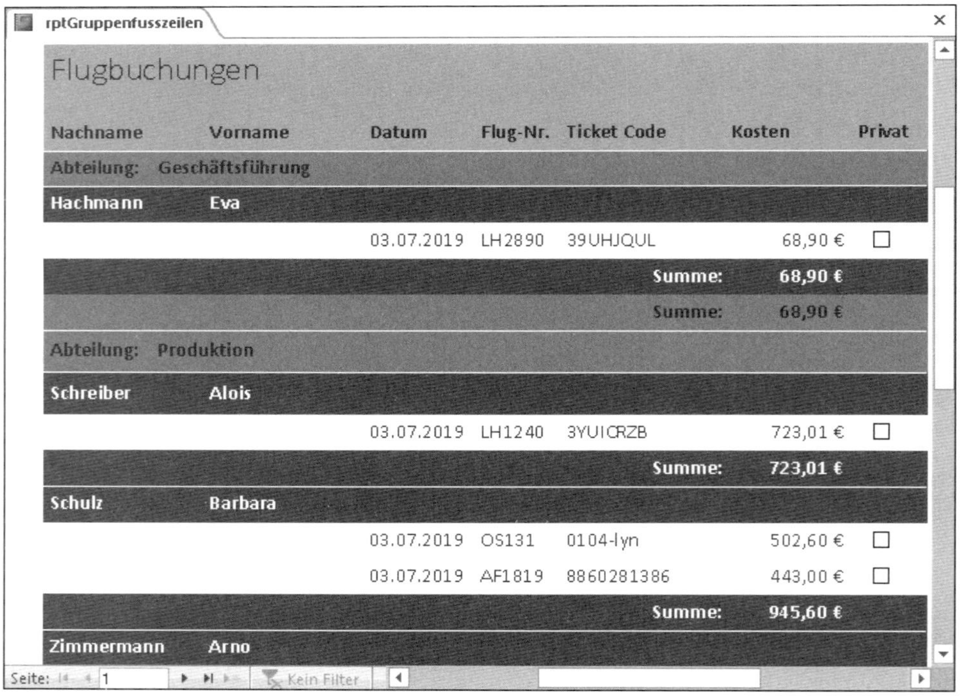

Abbildung 7.25 Optional verfügt jede Gruppierungsebene auch über eine Fußzeile. Wie in diesem Beispiel können Sie dort eine Summe anzeigen lassen.

Den fertigen Bericht *rptGruppenfusszeilen* finden Sie auch in den Materialien zum Buch in der Datenbank *07_Berichte\7.4.2_Gruppierung.accdb*. Ich empfehle Ihnen, sich das Ergebnis in Ruhe anzusehen. Versuchen Sie nachzuverfolgen, an welcher Stelle die einzelnen Gruppenköpfe und -füße erscheinen. Anhand der Hintergrundfarben finden Sie die Bereiche leichter wieder (Abbildung 7.26).

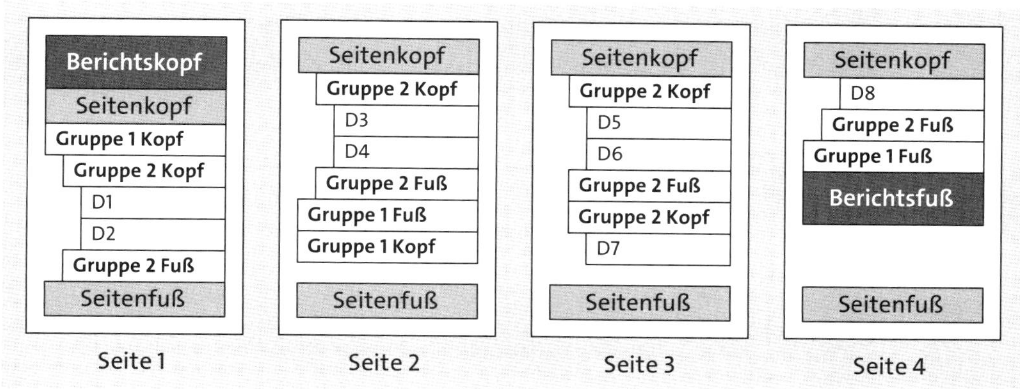

Abbildung 7.26 Dies ist ein Bericht mit acht Datensätzen. Für jeden Datensatz gibt es unverändert einen Detailbereich (D1 bis D8). Neu sind die Gruppenköpfe und -füße, die Access an passender Stelle zwischen den Detailbereichen einschiebt.

Die Bereiche eines Berichts übersichtlich gestalten

Selbstverständlich können Sie den Bericht so, wie er jetzt ist, nicht in der Praxis verwenden. Ich habe die Farben benutzt, um Ihnen das Prinzip zu vermitteln:

- Was bewirkt eine Gruppierung?
- Wo erscheinen Gruppenkopf und Gruppenfuß?

Das alles ist schon kompliziert genug. Die Kür bei gruppierten Berichten ist es, den Bericht auch visuell ansprechend zu gestalten.

Mit ein paar wenigen Änderungen wirkt der Bericht übersichtlicher. Ein Vorschlag ist der Bericht *rptFlugbuchungGruppiert* (Abbildung 7.27), den ich in den Materialien zum Buch in der Datenbank *07_Berichte\7.4.2_Gruppierung.accdb* abgelegt habe. Finden Sie die Gruppenköpfe und Gruppenfüße wieder?

Visuelle Gestaltung eines Berichts mit Gruppierung

Beim Design eines Berichts erstelle ich zuerst immer die Inhalte. Zuerst kommt die Abfrage, die als Datenquelle dient, dann fertige ich die Ebenen zur Gruppierung und Sortierung an und schließlich setze ich die Textfelder. Nicht selten verwende ich auffällige Hintergrundfarben (pink, türkis, etc.), um einen besseren Überblick zu bewahren. Erst wenn die richtigen Informationen an der richtigen Stelle stehen, kommt die eigentliche visuelle Gestaltung.

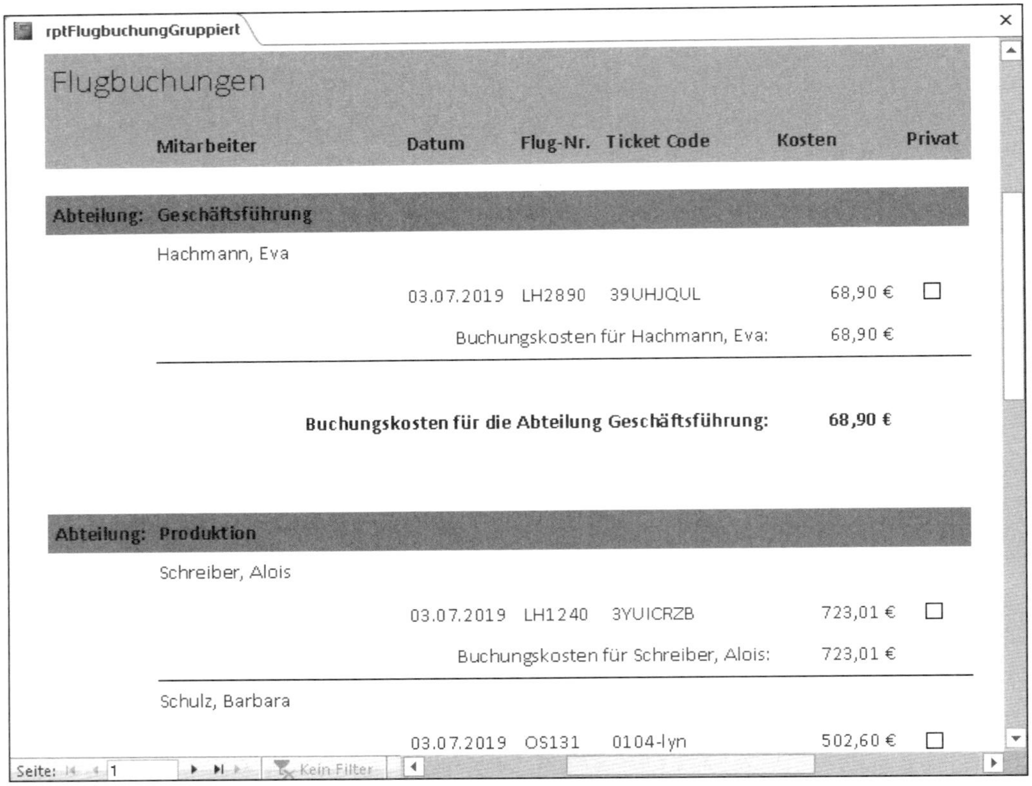

Abbildung 7.27 Letztendlich ist alles nur eine Frage des Designs. Dies ist nach wie vor die Liste der Flugbuchungen mit den zwei Gruppierungsebenen.

Gruppierung und OUTER-JOIN-Verknüpfung

Ich möchte gern noch ein zweites Beispiel zur Gruppierung vorstellen: eine Liste aller Flüge mit den Flugbuchungen. Das Ergebnis wird ganz ähnlich wie in Abschnitt 7.1.4, »Unterberichte«, sein (Abbildung 7.9), nur diesmal mit Gruppierung anstelle des Unterberichts.

Werfen wir einen Blick auf die Datensatzquelle. Nicht für jeden Flug gibt es Flugbuchungen. Folglich ist eine Abfrage mit OUTER-JOIN-Verknüpfung notwendig: alle Flüge mit den zugehörigen Informationen (*qryFlug*) und die passenden Datensätze aus der Tabelle *tblFlugbuchung*. Dies bewerkstelligt die Abfrage *qryFlugMitFlugbuchung*, die ich in den Materialien zum Buch in der Datenbank *07_Berichte\7.4.2_Gruppierung.accdb* abgespeichert habe.

Zum besseren Verständnis habe ich einen Teil des Abfrageergebnisses in Abbildung 7.28 dargestellt. Die Felder im linken Bereich sind Informationen zum Flug (Haupttabelle) und werden im Gruppenkopf erscheinen. Im rechten Bereich finden Sie die Felder zur Flugbuchung (Detailtabelle) wieder, die in den Detailbereich gehören.

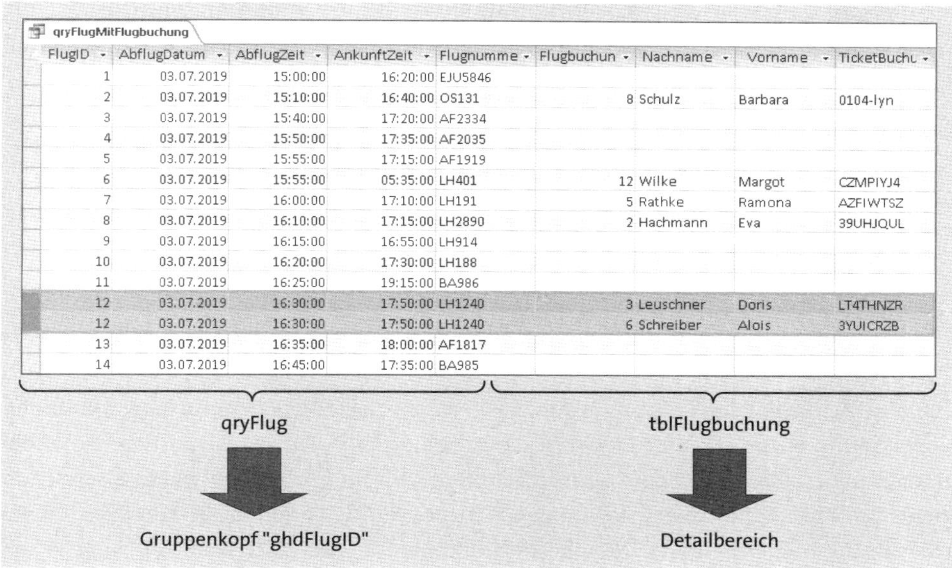

qryFlugMitFlugbuchung

FlugID	AbflugDatum	AbflugZeit	AnkunftZeit	Flugnumme	Flugbuchun	Nachname	Vorname	TicketBuchu
1	03.07.2019	15:00:00	16:20:00	EJU5846				
2	03.07.2019	15:10:00	16:40:00	OS131	8	Schulz	Barbara	0104-lyn
3	03.07.2019	15:40:00	17:20:00	AF2334				
4	03.07.2019	15:50:00	17:35:00	AF2035				
5	03.07.2019	15:55:00	17:15:00	AF1919				
6	03.07.2019	15:55:00	05:35:00	LH401	12	Wilke	Margot	CZMPIYJ4
7	03.07.2019	16:00:00	17:10:00	LH191	5	Rathke	Ramona	AZFIWTSZ
8	03.07.2019	16:10:00	17:15:00	LH2890	2	Hachmann	Eva	39UHJQUL
9	03.07.2019	16:15:00	16:55:00	LH914				
10	03.07.2019	16:20:00	17:30:00	LH188				
11	03.07.2019	16:25:00	19:15:00	BA986				
12	03.07.2019	16:30:00	17:50:00	LH1240	3	Leuschner	Doris	LT4THNZR
12	03.07.2019	16:30:00	17:50:00	LH1240	6	Schreiber	Alois	3YUICRZB
13	03.07.2019	16:35:00	18:00:00	AF1817				
14	03.07.2019	16:45:00	17:35:00	BA985				

Abbildung 7.28 Bei einer OUTER-JOIN-Verknüpfung können einige Felder leer bleiben und somit zu einem leeren Detailbereich führen.

Markiert habe ich den Flug LH1240, für den es mehrere Flugbuchungen gibt. Gruppieren Sie daher nach »FlugID«, so dass die Informationen zum Flug wirklich nur einmal im Gruppenkopf erscheinen. Hier die einzelnen Schritte:

1. Erstellen Sie einen neuen Bericht in der Entwurfsansicht.
2. Wählen Sie in den Berichtseigenschaften unter DATEN • DATENSATZQUELLE die Abfrage *qryFlugMitFlugbuchung* aus.
3. Blenden Sie das Fenster GRUPPIEREN, SORTIEREN UND SUMME ein, falls es nicht schon sichtbar ist.
4. Erstellen Sie nun die Sortierungen und die Gruppierung in dieser Reihenfolge:
   - SORTIEREN NACH ABFLUGDATUM
   - SORTIEREN NACH ABFLUGZEIT
   - SORTIEREN NACH FLUGNUMMER
   - GRUPPIEREN NACH FLUGID
5. Benennen Sie den Gruppenkopf in »ghdFlugID« um.
6. Erstellen Sie im Gruppenkopf alle notwendigen Steuerelemente, um Informationen zum Flug anzeigen zu lassen. In der Feldliste sind dies die Felder oberhalb von »FlugbuchungID«. Lassen Sie Ihrer Kreativität freien Lauf, und suchen Sie sich die passenden Felder aus.

Nun befassen wir uns mit den Flugbuchungen, die im Detailbereich erscheinen sollen. Dem Abfrageergebnis in Abbildung 7.28 können Sie entnehmen, dass es für viele Flüge gar keine

Flugbuchung gibt. Durch die OUTER-JOIN-Verknüpfung werden in diesem Fall alle Felder, die aus der Detailtabelle *tblFlugbuchung* stammen, den Wert NULL enthalten. Zunächst einmal ist das kein Problem; erstellen wir also die entsprechenden Textfelder im Detailbereich:

1. Ziehen Sie aus der Feldliste alle notwendigen Felder in den Detailbereich, um Informationen zur Flugbuchung anzeigen zu lassen. Das sind alle Felder unterhalb von »FlugbuchungID«. Auch hier möchte ich Ihrer Kreativität freien Lauf lassen.
2. Speichern Sie den Bericht ab, und schalten Sie in die Seitenansicht um.

Entspricht der Bericht so Ihren Vorstellungen? Wenn Sie Schwierigkeiten haben, die Bereiche in der Seitenansicht wiederzuerkennen, empfehle ich Ihnen, das bereits vorgestellte Farbenspiel zu verwenden (Hintergrundfarben für die Bereiche setzen).

Ich möchte noch einmal den Fall aufgreifen, dass es für einen Flug gar keine Flugbuchungen gibt. Wie erwähnt, enthalten die entsprechenden Felder den Wert NULL, und der Detailbereich erscheint leer. Sie werden aber trotzdem dargestellt und führen zu weißen Bereichen im Bericht, die manchmal unerwünscht sind. Dieses kleine Problem lässt sich beheben, indem Sie alle Steuerelemente im Detailbereich und den Detailbereich selbst auf verkleinerbar setzen. Als Beispiel zum Nachschauen habe ich den Bericht *rptFlugMitFlugbuchung* (Abbildung 7.29) in den Materialien zum Buch in der Datenbank *07_Berichte\7.4.2_Gruppierung.accdb* hinterlegt.

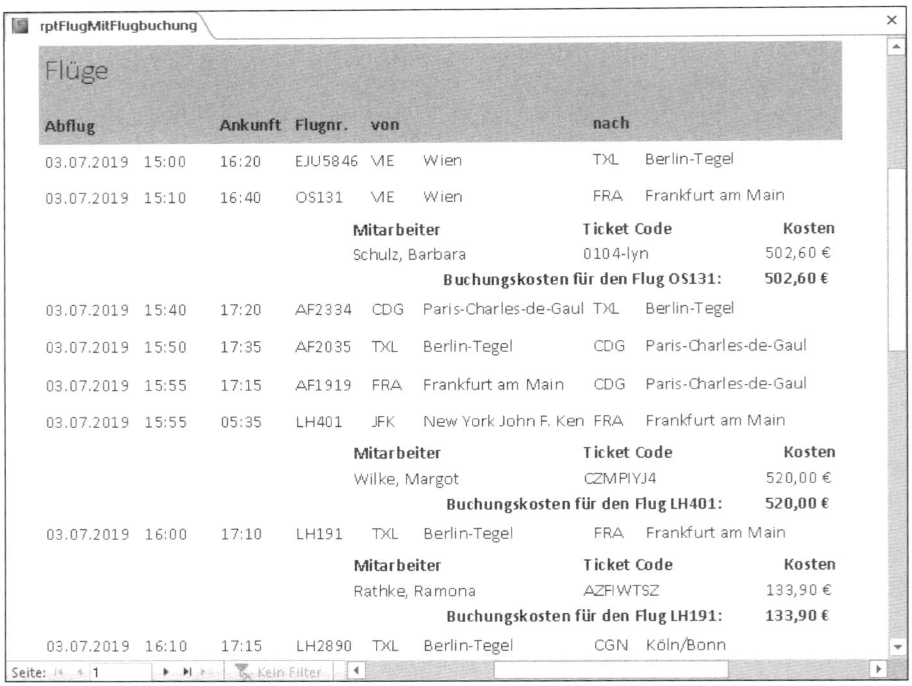

Abbildung 7.29 Eine Liste aller Flüge mit den Flugbuchungen. Ich habe dafür gesorgt, dass Access die leeren Detailbereiche verkleinern kann.

7.4.3 Seitenumbrüche setzen

Eines der schwierigsten Themen von Access haben Sie gerade gemeistert: die Gruppierung in einem Bericht. Es gibt noch ein paar Feinheiten zu den Seitenumbrüchen, die ich in diesem und im nächsten Abschnitt vorstellen werde. Bisher erscheinen die Datensätzen und Bereiche im Bericht hintereinander weg. Wenn die Liste zu lang wird, geht es auf der nächsten Seite weiter. Die Seitenumbrüche lassen sich jedoch auch exakt steuern.

Das Steuerelement Seitenumbruch

Mit Hilfe des Steuerelements *Seitenumbruch* können Sie an jeder beliebigen Stelle im Bericht einen Seitenumbruch erzwingen. In den meisten Fällen werden Sie aber ein besseres Ergebnis erzielen, wenn Sie die Seitenumbrüche in den Bereichseigenschaften konfigurieren.

Sehen Sie sich bitte noch einmal das Beispiel der Flugbuchungen pro Mitarbeiter und Abteilung an (Abbildung 7.27). Wie wäre es, wenn jede Abteilung auf einer neuen Seite erscheint? So könnten Sie den gedruckten Bericht besser an die Abteilungsleiter verteilen. Dies können Sie im Gruppenkopf »ghdAbteilungID« festlegen:

1. Öffnen Sie die Datenbank *07_Berichte\7.4.3_Seitenumbruch.accdb*.
2. Den Bericht *rptFlugbuchungGruppiert* habe ich mit den zugehörigen Abfragen in diese Datenbank kopiert. Öffnen Sie ihn in der Entwurfsansicht.
3. Markieren Sie den Gruppenkopf »ghdAbteilungID«.
4. Stellen Sie in den Bereichseigenschaften ein, dass Access den Gruppenkopf immer auf eine frische Seite platzieren soll:

   FORMAT • NEUE SEITE = VOR BEREICH

Den Bericht mit Seitenumbrüchen habe ich unter dem Namen *rptFlugbuchungSeitenumbruch* abgespeichert. Für jeden beliebigen Bereich können Sie festlegen, ob ein Seitenumbruch erscheinen soll. Beispielsweise könnten Sie für den Gruppenfuß »gftAbteilungID«bestimmen, dass *nach dem Bereich* ein Seitenumbruch erscheinen soll. Das Ergebnis wäre so gut wie identisch; nur der Berichtsfuß mit der Gesamtsumme aller Abteilungen steht dann auf einer separaten Seite. Das wäre vielleicht sogar noch besser, um den gedruckten Bericht (ohne die letzte Seite, auf der nur die Gesamtsumme steht) an die Abteilungsleiter zu verteilen.

Den Seitenumbruch im Gruppenkopf oder im Gruppenfuß festlegen?

Es ist reichlich egal, ob Sie vor dem Gruppenkopf oder nach dem Gruppenfuß einen Seitenumbruch einfügen. Selbstverständlich muss das Ergebnis Ihren Vorstellungen entsprechen. Vergessen Sie bitte nicht, dass Sie das richtige Ergebnis nur in der *Seitenansicht des Berichts* sehen, nicht in der Berichtsansicht!

Und noch etwas: Access wird nie zwei Seitenumbrüche hintereinander (= eine leere Seite) einfügen. Wenn beispielsweise sowohl vor dem Gruppenkopf als auch hinter dem Gruppenfuß eine neue Seite beginnen soll, dann ist das doppelt gemoppelt, passt aber trotzdem vom Ergebnis her.

7.4.4 Gruppen zusammenhalten und Abstände richtig setzen

Im letzten Abschnitt habe ich Ihnen gezeigt, wie Sie eine Gruppe immer auf eine neue Seite bringen. Eine andere Variante ist es, nur bei Bedarf einen Seitenumbruch einzufügen. Die Idee dahinter ist, dass alle Datensätze einer Gruppe auf einer Seite zusammengehalten werden sollen. Nehmen wir einmal an, dass Access bereits eine Gruppe auf der Seite platziert hat. Jetzt kommt die zweite Gruppe, die für den restlichen Platz auf der Seite zu groß ist (Abbildung 7.30).

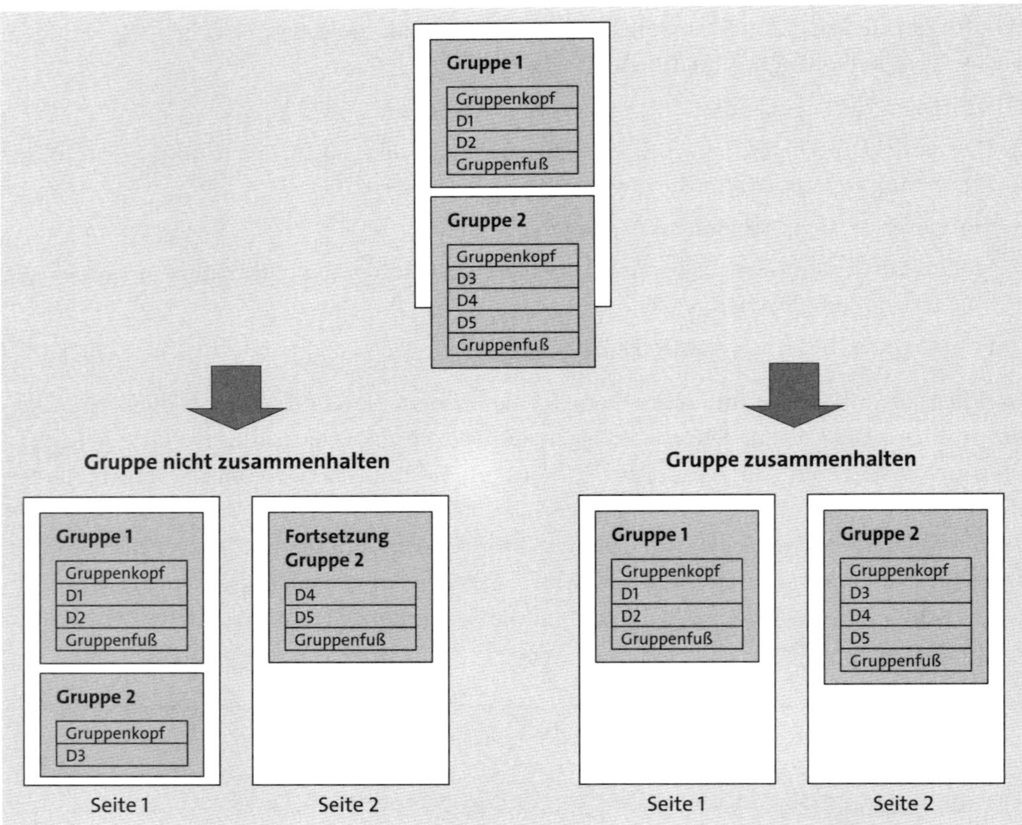

Abbildung 7.30 Standardmäßig hält Access eine Gruppe nicht zusammen. Reicht der Platz nicht aus, so wird die Gruppe über zwei Seiten verteilt (links). Beim Zusammenhalten sorgt Access dafür, dass die gesamte Gruppe nach Möglichkeit auf einer Seite zu sehen ist (rechts).

Standardmäßig teilt Access die Gruppe auf, so dass einige Datensätze auf der ersten und die restlichen Datensätze auf der zweiten Seite erscheinen werden. Die Gruppe wird folglich auseinandergerissen.

Ich zeige Ihnen jetzt, wie Sie eine Gruppe *zusammenhalten* können. Sollte der Platz auf der Seite nicht ausreichen, wird Access die gesamte Gruppe auf eine neue Seite verschieben. Der Seitenumbruch erscheint also nur bei Bedarf!

1. Öffnen Sie die Datenbank *07_Berichte\7.4.4_Zusammenhalten.accdb*.
2. Öffnen Sie den Bericht *rptFlugbuchungGruppiert* in der Seitenansicht. Am unteren Rand beginnt die Gruppe für die Abteilung »R&D«. Sie passt nicht mehr auf die Seite, so dass der zweite Teil auf Seite 2 zu finden ist.
3. Schalten Sie in die Entwurfsansicht um.
4. Blenden Sie das Fenster GRUPPIEREN, SORTIEREN UND SUMME ein, falls es noch nicht sichtbar ist.
5. Wählen Sie die Gruppierungsebene GRUPPIEREN NACH ABTEILUNGID aus. Der Eintrag wird orange hinterlegt.
6. Klicken Sie auf die Schaltfläche MEHR, um die Gruppeneigenschaften anzuzeigen.
7. Ändern Sie die Option GRUPPE NICHT AUF EINER SEITE ZUSAMMENHALTEN in GESAMTE GRUPPE AUF EINER SEITE ZUSAMMENHALTEN.

In der Seitenansicht erkennen Sie, dass Access die gesamte Abteilung »R&D« auf die zweite Seite verschoben hat. Diese Version des Berichts habe ich unter dem Namen *rptFlugbuchungZusammenhalten* abgespeichert.

Seitenumbrüche und Abstände innerhalb der Bereiche gemeinsam nutzen

Geschickt platzierte Seitenumbrüche sind eine Sache. Die andere Sache sind Abstände und leere Flächen im Bericht. Mit beiden Mitteln zusammen wird es Ihnen gelingen, sehr übersichtliche und visuell ansprechende Berichte zu erstellen. Und wie immer: Probieren geht über Studieren!

Soeben haben Sie festgelegt, dass Access die *Gruppe zusammenhalten* soll. Eine Gruppe umfasst mehrere Bereiche (Gruppenkopf, Detailbereiche für die einzelnen Datensätze, Gruppenfuß, in unserem Beispiel auch die untergeordneten Bereiche »ghdMitarbeiterID« und »gftMitarbeiterID«). Nun gibt es eine ähnliche Eigenschaft, mit der Sie den *Bereich zusammenhalten* (in den Bereichseigenschaften FORMAT • ZUSAMMENHALTEN). Hierüber wird gesteuert, ob Access einen Bereich an sich auseinanderreißen darf. Standardmäßig hält Access die einzelnen Bereiche zusammen, und nur in Ausnahmefällen werden Sie das nicht wollen.

Sehr große Gruppen werden niemals auf eine Seite passen

Eine Gruppe mit sehr vielen Datensätzen kann nicht zusammengehalten werden. Das Zusammenhalten bewirkt in diesem Fall lediglich, dass Access den Gruppenbeginn auf einer neuen Seite platziert. Trotzdem werden sich die Datensätze über mehrere Seiten erstrecken.

Wäre es nicht praktisch, wenn Access den Gruppenkopf auf jeder Seite wiederholt? Setzen Sie dazu die Bereichseigenschaft FORMAT • BEREICH WIEDERHOLEN auf JA. In den Materialien zum Buch habe ich in der Datenbank *07_Berichte\7.4.4_Zusammenhalten.accdb* als Beispiel den Bericht *rptFlugbuchungKopfzeileWiederholen* hinterlegt, in dem der Gruppenkopf wiederholt wird. Ein paar Tricks mit einem versteckten Textfeld, einer laufenden Summe und einer Formel bewirken, dass im wiederholten Gruppenkopf das Wort »Fortsetzung« erscheint (Abbildung 7.31).

Abbildung 7.31 Mit ein paar Tricks lässt sich in der wiederholten Kopfzeile das Wort »Fortsetzung« einblenden.

7.4.5 Wiederholende Einträge ausblenden

Zum Thema Gruppierung hatte ich gesagt, dass die Felder der Haupttabelle in den Gruppenkopf gehören. Bezogen auf das Beispiel mit den Flugbuchungen ist es so, dass der Name des Mitarbeiters im Gruppenkopf »ghdMitarbeiterID« steht.

Ich möchte diese Regel jetzt etwas aufweichen und Ihnen eine andere Variante vorstellen. Was passiert, wenn wir den Namen des Mitarbeiters im Detailbereich belassen?

1. Öffnen Sie die Datenbank *07_Berichte\7.4.5_Wiederholende_Eintraege.accdb*.
2. Öffnen Sie den Bericht *rptFlugbuchungGruppiert* in der Entwurfsansicht.
3. Verschieben Sie das Textfeld »txtMitarbeiter« aus dem Gruppenkopf in den Detailbereich.
4. Der Gruppenkopf »ghdMitarbeiterID« enthält jetzt keine Steuerelemente mehr. Setzen Sie die Höhe des Bereichs daher auf 0 cm.

   Schalten Sie in die Seitenansicht um. Vor jeder Flugbuchung erscheint jetzt der Name des Mitarbeiters. Und so können Sie festlegen, dass jeder Name nur ein einziges Mal erscheint:
5. Schalten Sie zurück in die Entwurfsansicht.
6. Wählen Sie das Textfeld »txtMitarbeiter« aus, und setzen Sie folgende Eigenschaft:

   FORMAT • DUPLIKATE AUSBLENDEN = JA

In der Seitenansicht ist jetzt jeder Name nur einmal zu sehen (Abbildung 7.32). Diesen Bericht finden Sie unter dem Namen *rptFlugbuchungWiederhEintr*. Genau genommen gibt es nur einen winzigen Unterschied zum ursprünglichen Bericht *rptFlugbuchungGruppiert*: Der Name steht jetzt nicht mehr im Gruppenkopf, sondern im Detailbereich. Im Ergebnis spart das etwas Platz auf dem Papier ein. Ungeachtet dessen brauchen Sie die Gruppierung nach wie vor, um die Summe der Buchungskosten im Gruppenfuß zu ermitteln.

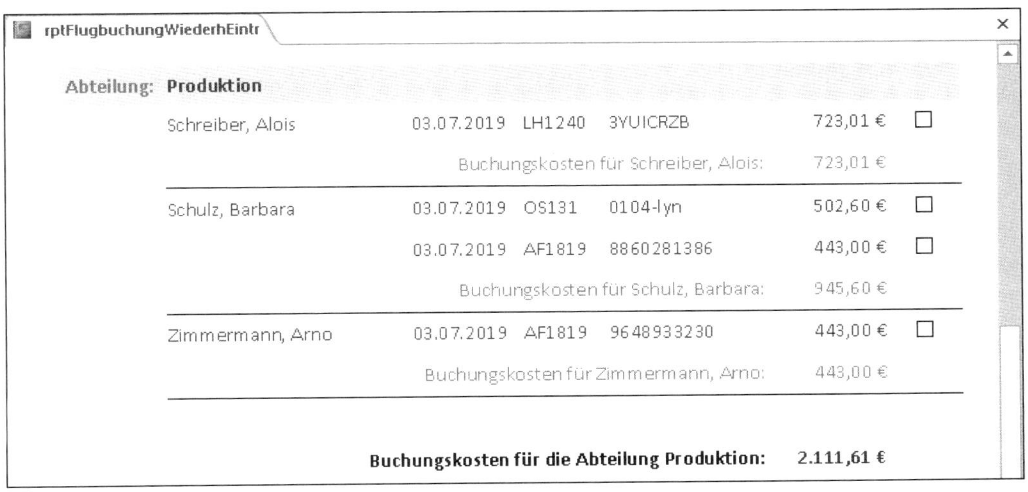

Abbildung 7.32 Frau Schulz hat zwei Flugbuchungen, aber ihr Name erscheint nur bei der ersten Buchung. Access hat das Duplikat (den Namen im zweiten Detailbereich) ausgeblendet.

7.4.6 Laufende Summen und Gesamtsummen

Wie eine Summe in einem Bericht berechnet wird, habe ich bereits gezeigt. Alles, was Sie dafür brauchen, ist ein Textfeld mit einer Formel ähnlich dieser hier:

```
=Summe([Kosten])
```

Die Gruppierungsebenen helfen Access dabei, über die richtigen Datensätze zu summieren, denn je nachdem, in welchem Bereich das Textfeld steht, wird eine andere Summe berechnet (Tabelle 7.4):

Summenformel im ...	Summierung über ...
Detailbereich	alle Datensätze (= Gesamtsumme)
Gruppenkopf oder Gruppenfuß	alle Datensätze der Gruppe
Berichtskopf oder Berichtsfuß	alle Datensätze (= Gesamtsumme)
Seitenkopf oder Seitenfuß	nicht möglich (Fehlermeldung)

Tabelle 7.4 Der Bereich legt fest, über welche Datensätze die Aggregatsfunktion summiert.

In der Formel erledigt die Aggregatsfunktion `Summe()` das Summieren der entsprechenden Datensätze.

Neben der Aggregatsfunktion können Sie in Access-Berichten eine zweite Möglichkeit nutzen, Summen zu berechnen: Das Feature heißt *laufende Summe* und steht für Textfelder nur in einem Bericht zur Verfügung (mit anderen Worten: In einem Formular gibt es keine laufende Summe). Am besten sehen wir uns die laufende Summe an einem Beispiel an:

1. Öffnen Sie die Datenbank *07_Berichte\7.4.6_Laufende_Summe.accdb*.
2. Öffnen Sie den Bericht *rptFlugbuchungGruppiert* in der Entwurfsansicht. Ich habe den Bericht diesmal etwas abgewandelt. Insbesondere habe ich ein weiteres Textfeld hinzugefügt, so dass die Buchungskosten zweimal erscheinen.
3. Markieren Sie das zweite Textfeld der Buchungskosten; es trägt den Namen »txtKostenLfd«.
4. Setzen Sie die Eigenschaft

   DATEN • LAUFENDE SUMME = ÜBER GRUPPE

   Damit wird die laufende Summe für das zweite Textfeld aktiviert.

In der Seitenansicht können Sie nun die laufende Summe für jeden Datensatz ablesen (Abbildung 7.33).

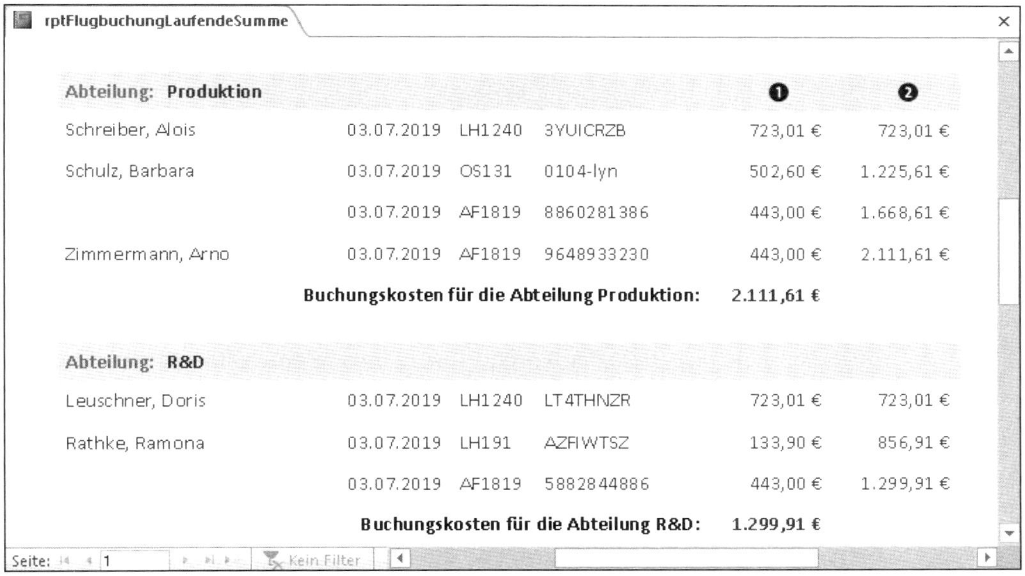

rptFlugbuchungLaufendeSumme

				❶	❷
Abteilung: Produktion					
Schreiber, Alois	03.07.2019	LH1240	3YUICRZB	723,01 €	723,01 €
Schulz, Barbara	03.07.2019	OS131	0104-lyn	502,60 €	1.225,61 €
	03.07.2019	AF1819	8860281386	443,00 €	1.668,61 €
Zimmermann, Arno	03.07.2019	AF1819	9648933230	443,00 €	2.111,61 €
	Buchungskosten für die Abteilung Produktion:			**2.111,61 €**	
Abteilung: R&D					
Leuschner, Doris	03.07.2019	LH1240	LT4THNZR	723,01 €	723,01 €
Rathke, Ramona	03.07.2019	LH191	AZFIWTSZ	133,90 €	856,91 €
	03.07.2019	AF1819	5882844886	443,00 €	1.299,91 €
	Buchungskosten für die Abteilung R&D:			**1.299,91 €**	

Seite: 1 Kein Filter

Abbildung 7.33 Die beiden Textfelder rechts (❶ und ❷) sind an das gleiche Feld, nämlich »Kosten«, gebunden. Für das Textfeld ganz rechts ❷ habe ich die laufende Summe über die Gruppe aktiviert.

Über die laufende Summe wird im Bericht die *Entwicklung der Kosten* transparent. Beispielsweise kann ich aus Abbildung 7.33 für die Abteilung »Produktion« sehr gut ablesen, wer teure Flüge gebucht hat:

- Die Liste beginnt mit 723,01 € für Herrn Schreiber. Ein stolzer Preis, Herr Schreiber!
- Danach kommt Frau Schulz mit 502,60 €. Auch das ist ein stolzer Preis, Frau Schulz! Jetzt sind wir schon bei 1.225,61 € Gesamtkosten. Hat eigentlich keiner meiner Mitarbeiter etwas von Frühbucherrabatt oder Billigfliegern gehört?
- Danach kommt noch eine Flugbuchung von Frau Schulz. Jetzt sind wir schon bei 1.668,61 €! Frau Schulz, wir müssen uns einmal über Ihre exorbitanten Buchungskosten unterhalten ...

Wenn Sie nicht an der Steigerung der Kosten interessiert sind, brauchen Sie die laufende Summe in aller Regel nicht. Dann reicht die Gesamtsumme aus, die mit Hilfe der Aggregatsfunktion `Summe()` berechnet werden kann.

Die Datensätze nummerieren

Mit einem kleinen Trick können Sie die laufende Summe zum Nummerieren der Datensätze verwenden. Erstellen Sie dazu ein Textfeld mit dem Steuerelementinhalt

```
=1
```

Aktivieren Sie LAUFENDE SUMME über alle Datensätze, und fertig ist die Nummerierung! Zum Nachschauen habe ich in den Materialien zum Buch den Bericht *rptFlugbuchungNummeriert* hinterlegt.

7.5 Berichte mit mehreren Spalten

In den meisten Fällen ist der Platz recht knapp – das betrifft Formulare und Berichte gleichermaßen. Der Wunsch ist häufig, mehr Informationen darzustellen, als möglich ist. Und mit dem Wort »möglich« meine ich, dass der Bericht sowohl übersichtlich als auch verständlich bleibt.

Hin und wieder gibt es aber auch den anderen Fall, also dass der Bericht nur sehr wenige Informationen darstellen soll. In aller Regel sind das Spezialfälle, beispielsweise:

- eine einfache Liste von Namen
- Namensschilder auf Etiketten

Jeder wird den Platz auf dem Papier möglichst effektiv nutzen und weiße Bereiche vermeiden wollen. Dafür gibt es in Access eine ganz einfache Lösung: mehrere Spalten in einem Bericht.

7.5.1 Etiketten mit dem Assistenten erstellen

Als erstes Beispiel greife ich die Namensschilder auf. Für Etiketten lohnt es sich ausnahmsweise, einen Blick in den Assistenten zu werfen. Der Grund ist ganz einfach: Im Assistenten sind die Maße einer ganze Reihe handelsüblicher Etiketten hinterlegt (Abbildung 7.34).

1. Öffnen Sie die Datenbank *07_Berichte\7.5.1_Etiketten.accdb*.
2. Wählen Sie im Navigationsbereich die Tabelle *tblMitarbeiter* aus.
3. Starten Sie den Assistenten, indem Sie auf ERSTELLEN • BERICHTE • ETIKETTEN klicken.
4. Wählen Sie die gewünschten Etiketten aus. Meine Lieblingsetiketten sind Zweckform 3481, was aber für unser Beispiel nicht wirklich relevant ist.
5. Klicken Sie auf WEITER.
6. Im zweiten Fenster können Sie die Schriftart und -größe festlegen, beispielsweise Arial 14 Punkt. Klicken Sie auf WEITER.
7. Im dritten Fenster sehen Sie die verfügbaren Felder aus der Tabelle *tblMitarbeiter*. Schieben Sie die Felder »Vorname« und »Nachname« in den Etikettenentwurf. Dort sollte jetzt diese Formel stehen:

   ```
   {Nachname} {Vorname}
   ```
8. Klicken Sie auf WEITER.

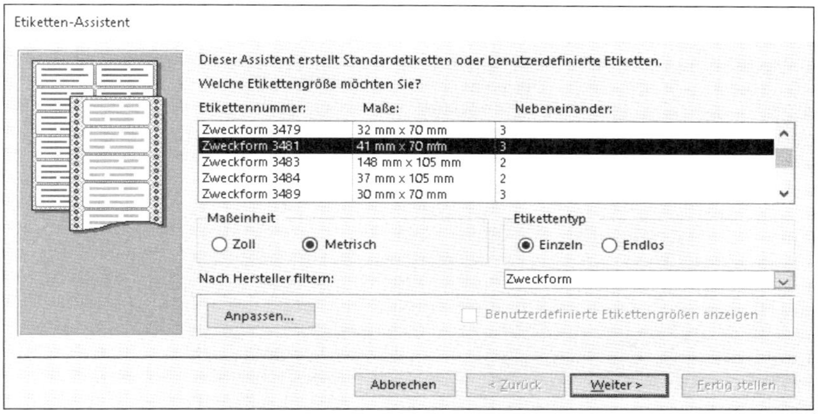

Abbildung 7.34 Der Etiketten-Assistent kennt die Maße gängiger Standardetiketten.

9. Legen Sie optional die Sortierung fest.
10. Auf der letzten Seite fragt der Assistent, unter welchem Namen der Bericht gespeichert werden soll.

In der Seitenansicht können Sie jetzt das fertige Werk betrachten.

Nur in der Seitenansicht erscheinen mehrspaltige Berichte korrekt

Zur Erinnerung: In der Berichtsansicht erscheinen die Datensätze untereinander. Nutzen Sie stattdessen lieber die Seitenansicht, denn nur hier stellt Access den mehrspaltigen Bericht korrekt dar.

Leider ist der Assistent nicht perfekt, so dass wir noch etwas Hand anlegen müssen. Beispielsweise hat er das Textfeld auf dem Etikett ganz nahe am Rand platziert. Verkleinern Sie das Textfeld etwas, und verschieben Sie es weg vom Rand. Wichtig ist nur, dass dabei sowohl die Höhe als auch die Breite des Berichts unverändert bleiben, denn nur so passt der Detailbereich auf das vorher ausgewählte Standardetikett.

7.5.2 Mehrere Spalten einrichten

Was der Etikettenassistent macht, ist keine Zauberei und beschränkt sich auf diese beiden Schritte:

1. Seite einrichten
2. Textfelder hinzufügen

Entscheidend für einen mehrspaltigen Bericht ist das Dialogfeld SEITE EINRICHTEN, das Sie über SEITE EINRICHTEN • SEITENLAYOUT • SPALTEN öffnen. Sie gelangen direkt zum Registerblatt für die Konfiguration mehrerer Spalten (Abbildung 7.35).

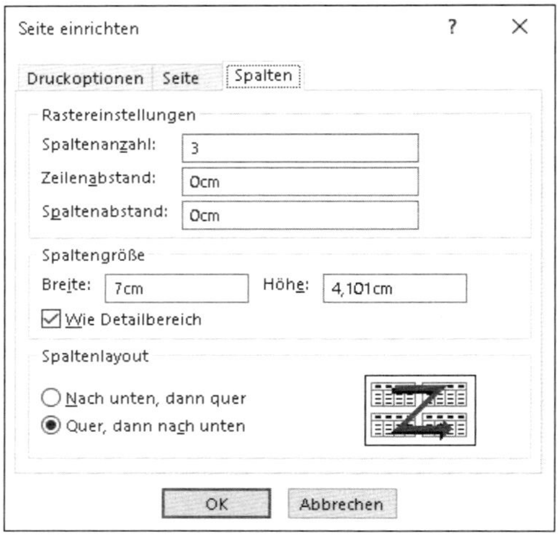

Abbildung 7.35 In diesem Dialogfeld können Sie alle Einstellungen vornehmen, die für mehrspaltige Berichte relevant sind.

Im oberen Bereich unter RASTEREINSTELLUNGEN legen Sie die Anzahl der Spalten und den Abstand zwischen den Zellen fest. Darunter, unter SPALTENGRÖSSE, steht die Größe einer einzelnen Zelle. Eine Sache fällt sofort auf: In einem Access-Bericht sind alle Spalten gleich breit; somit gibt es nur eine Spaltenbreite.

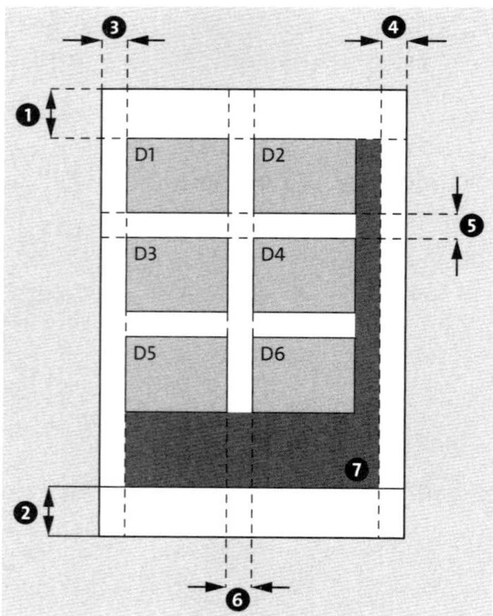

Abbildung 7.36 Hier finden Sie in einem Bericht mit zwei Spalten die Detailbereiche (D1 bis D6), die Seiteneinstellungen (Rand oben ❶, Rand unten ❷, Rand links ❸, Rand rechts ❹), den Zeilenabstand ❺ und den Spaltenabstand ❻ wieder. Wenn die Detailbereiche kleiner als das Blatt sind, bleiben weiße Bereiche übrig ❼.

Schauen wir uns zunächst einmal einen mehrspaltigen Bericht ohne Seitenkopf an. In diesem Fall können Sie das Häkchen WIE DETAILBEREICH angewählt lassen. Jetzt ist eine Zelle identisch mit dem Detailbereich, und Sie können die Größe über den Detailbereich festlegen.

Zurück zum Beispiel mit den Namensschildern. Um auch ohne Etiketten-Assistent auf Standardetiketten drucken zu können, benötigen wir zunächst die genauen Abmessungen. In der Regel stehen sie auf der Etiketten-Packung, und für die folgenden Schritte habe ich die Maße der Zweckform-3481-Etiketten verwendet.

1. Erstellen Sie einen neuen Bericht in der Entwurfsansicht.
2. Wählen Sie als Datensatzquelle *tblMitarbeiter* aus.
3. Wir benötigen keinen Seitenkopf und -fuß. Klicken Sie daher mit der rechten Maustaste auf den Seitenkopf, und deaktivieren Sie im Kontextmenü den Eintrag SEITENKOPF/-FUSS.
4. Jedes Etikett ist 7 cm breit und 4,1 cm hoch; übernehmen Sie diese Maße:
   - Berichtseigenschaften, FORMAT • BREITE = 7 CM
   - Eigenschaften des Detailbereichs, FORMAT • HÖHE = 4,1 CM
5. Auf einem Blatt Zweckform 3481 befinden sich nebeneinander drei Etiketten. Klicken Sie auf SEITE EINRICHTEN • SEITENLAYOUT • SPALTEN, und legen Sie diese Einstellungen fest:
   - SPALTENANZAHL = 3
   - ZEILENABSTAND = 0 CM
   - SPALTENABSTAND = 0 CM
6. Überprüfen Sie noch einmal: Unter SPALTENGRÖSSE muss das Häkchen WIE DETAILBEREICH gewählt sein, BREITE und HÖHE sollten bereits richtig sein.
7. Wechseln Sie zum Registerblatt DRUCKOPTIONEN.
8. Oben und unten auf dem Blatt der Zweckform-3481-Etiketten ist ein 0,5 cm hoher Rand:
   - RAND OBEN = 5 MM
   - RAND UNTEN = 5 MM
   - RAND LINKS = 0 MM
   - RAND RECHTS = 0 MM
9. Klicken Sie auf OK, um den Dialog SEITE EINRICHTEN zu schließen.
10. Passen Sie abschließend noch die Hintergrundfarbe des Detailbereichs an:
    - FORMAT • HINTERGRUNDFARBE = HINTERGRUND 1
    - FORMAT • ALTERNATIVE HINTERGRUNDFARBE = HINTERGRUND 1

Was Sie jetzt vor sich sehen, ist der leere Detailbereich des Berichts, der genau einem Etikett entspricht. Hier können Sie die gewünschten Textfelder platzieren. Achten Sie bitte darauf, die Höhe und Breite des Detailbereichs nicht zu verändern! Ein Beispiel, wie es letztendlich aussehen könnte, finden Sie in den Materialien zum Buch in der Datenbank *07_Berichte\7.5.2_Mehrere_Spalten.accdb* unter dem Namen *rptNamensschild*.

Viele Drucker kommen mit einem Seitenrand von 0 mm nicht zurecht

Wenn Sie noch einmal nachrechnen möchten, kommen Sie auf diese Abmessungen:

- Horizontal: drei Etiketten nebeneinander (3 * 7 cm)
- Vertikal: sieben Etiketten untereinander mit Rand oben und unten (0,5 cm + 7 * 4,1 cm + 0,5 cm).

Alles passt somit exakt auf eine DIN-A4-Seite (21 cm * 29,7 cm). So weit die Theorie.

Häufig sieht es in der Praxis – wie Sie vielleicht schon bemerkt haben – ganz anders aus. Probleme bereiten nämlich der Rand links und rechts, den wir auf 0 cm eingestellt haben. Die meisten Drucker können nicht das ganze Blatt bedrucken, sondern benötigen immer einen Rand. Access bekommt über die Windows-Einstellungen mit, welcher Drucker gerade gewählt ist und wie groß der Rand mindestens sein muss. Öffnen Sie noch einmal den Dialog SEITE EINRICHTEN. Auf meinem System erscheinen für den linken und den rechten Rand jeweils 4,23 mm, obwohl ich vorher 0 mm eingetragen habe. 4,23 mm ist der minimale Rand, den mein Drucker benötigt. Mit anderen Worten: *Es ist gar nicht so einfach, den Rand eines Berichts auf 0 mm zu setzen.* Ob Sie den Etiketten-Assistenten verwenden oder nicht, hat darauf gar keinen Einfluss.

Sind diese kleinen Abweichungen jetzt schlimm? Leider ja, denn dadurch kommen alle Abmessungen für die Etiketten durcheinander. Es gibt nur eine Strategie, die aus der Misere führt: *Berücksichtigen Sie den minimalen Rand, den Ihr Drucker benötigt.* Beispielsweise führen diese Einstellungen bei meinem Drucker zum Erfolg (in der Beispieldatenbank unter *rptNamensschild2*):

- Rand oben = 10 mm
- Rand unten = 10 mm
- Rand links = 5 mm
- Rand rechts = 4,9 mm
- Zeilenabstand = 1 cm
- Spaltenabstand = 1 cm
- Breite des Berichts = 6 cm
- Höhe des Detailbereichs = 3,1 cm

Jedes Etikett hat jetzt einen Rahmen von 0,5 cm; der Detailbereich entspricht dem Etikett ohne Rahmen.

7.5.3 Der Seitenkopf für mehrere Spalten

Etiketten sind nur eines der vielen Szenarien, die sich mit mehrspaltigen Berichten realisieren lassen. Selbstverständlich darf ein Bericht mit mehreren Spalten auch auf normales Papier gedruckt werden. Ein mögliches Beispiel: das Telefonbuch mit den Nummern aller Mitarbeiter.

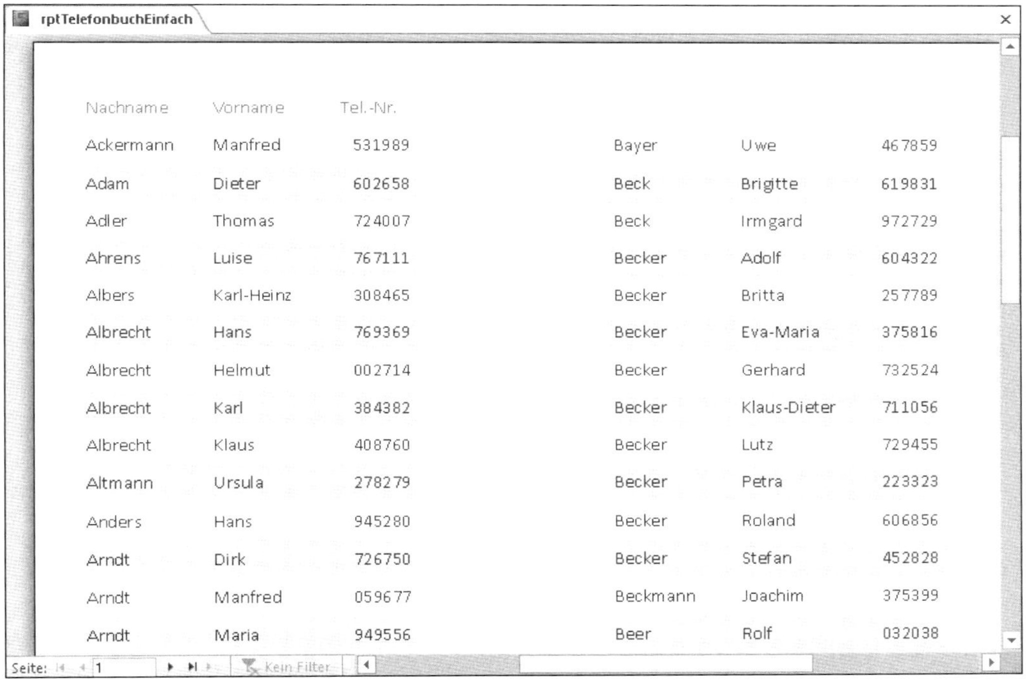

Nachname	Vorname	Tel.-Nr.			
Ackermann	Manfred	531989	Bayer	Uwe	467859
Adam	Dieter	602658	Beck	Brigitte	619831
Adler	Thomas	724007	Beck	Irmgard	972729
Ahrens	Luise	767111	Becker	Adolf	604322
Albers	Karl-Heinz	308465	Becker	Britta	257789
Albrecht	Hans	769369	Becker	Eva-Maria	375816
Albrecht	Helmut	002714	Becker	Gerhard	732524
Albrecht	Karl	384382	Becker	Klaus-Dieter	711056
Albrecht	Klaus	408760	Becker	Lutz	729455
Altmann	Ursula	278279	Becker	Petra	223323
Anders	Hans	945280	Becker	Roland	606856
Arndt	Dirk	726750	Becker	Stefan	452828
Arndt	Manfred	059677	Beckmann	Joachim	375399
Arndt	Maria	949556	Beer	Rolf	032038

Abbildung 7.37 Die einfache Telefonliste mit zwei Spalten. Noch unschön ist, dass die zweite Spalte keine Überschrift hat.

Bisher hatten wir in unserer Beispieldatenbank noch keine Telefonnummern. Ich habe das fehlende Feld in der Datenbank *07_Berichte\7.5.3_Telefonbuch.accdb* ergänzt, die Sie in den Materialien zum Buch finden. In der Tabelle *tblMitarbeiter* befinden sich 1.000 Datensätze mit zufälligen Telefonnummern. Das Telefonbuch als zweispaltiger Bericht könnte so aussehen (*rptTelefonbuchEinfach*) wie in Abbildung 7.37.

Zunächst ist das ein einfacher Bericht mit zwei Spalten. Gegenüber den Etiketten gibt es zwei Neuheiten:

1. Das Spaltenlayout habe ich in die Einstellung NACH UNTEN, DANN QUER geändert (Abbildung 7.38).
2. Der Bericht hat einen Seitenkopf und einen Seitenfuß.

Abbildung 7.38 Diese Einstellungen habe ich für die einfache Telefonliste gewählt.

Schauen Sie sich bitte einmal den Seitenkopf und den Seitenfuß genauer an. Beide befinden sich nur über beziehungsweise unter der ersten Spalte. Schöner wäre es, wenn die Beschriftung der Felder (Spaltenüberschrift) über beiden Spalten erscheint und wenn die Seitenzahl unten ganz rechts auf dem Papier steht.

Beides lässt sich über die Einstellung SPALTENGRÖSSE • WIE DETAILBEREICH bewirken. Standardmäßig ist das Häkchen gesetzt, und eine Spalte ist genauso breit wie der Detailbereich. Interessant wird es, wenn Sie das Häkchen entfernen! Dann behandelt Access einige der Bereiche besonders:

1. SPALTENGRÖSSE • BREITE legt fest, wie breit eine Zelle ist.
2. Die vier Bereiche Berichtskopf, Seitenkopf, Seitenfuß und Berichtsfuß dürfen breiter als eine Zelle sein (BERICHTSEIGENSCHAFTEN • BREITE).
3. Wenn Sie die Breite des Berichts in der Entwurfsansicht vergrößern, wird auch der Detailbereich breiter. Sie müssen selbst darauf achten, dass im Detailbereich die Fläche rechts von SPALTENGRÖSSE • BREITE frei bleibt!

Ich habe versucht, diese Regeln in Abbildung 7.39 darzustellen. Das Ergebnis ist aber ganz einfach: Seitenkopf und Seitenfuß sind breiter als eine Zelle und erstrecken sich über alle Spalten.

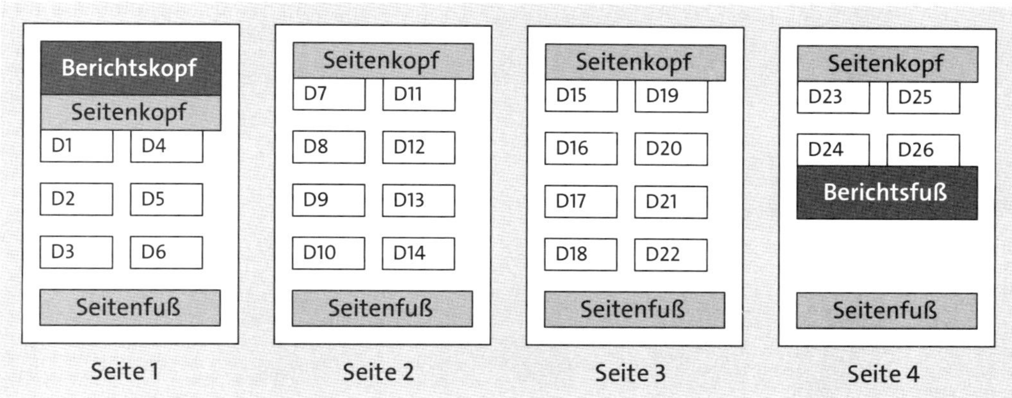

Abbildung 7.39 In einem mehrspaltigen Bericht können sich der Berichtskopf, der Seitenkopf, der Seitenfuß und der Berichtsfuß über die gesamte Seitenbreite erstrecken. Die Detailbereiche (D1 bis D26) bilden die Zellen.

Mit den folgenden Schritten lässt sich das Telefonbuch so anpassen, dass der Seitenkopf und der Seitenfuß über die ganze Breite reichen:

1. Öffnen Sie den Bericht *rptTelefonbuchEinfach* in der Entwurfsansicht.
2. Klicken Sie auf SEITE EINRICHTEN • SPALTEN.
3. Entfernen Sie das Häkchen bei SPALTENGRÖSSE • WIE DETAILBEREICH.
4. Tragen Sie unter RASTEREINSTELLUNGEN • SPALTENABSTAND `4 cm` ein.
5. Geben Sie bei SPALTENGRÖSSE • BREITE `7 cm` ein.
6. Klicken Sie auf OK.
7. Ändern Sie die Breite des Berichts in 17,8 cm (Berichtseigenschaften, FORMAT • BREITE).
8. Fügen Sie im Seitenkopf als Überschrift der zweiten Spalte drei weitere Beschriftungen hinzu.

Die Beschriftung der zweiten Spalte richtig platzieren

Im Seitenkopf müssen Sie die Beschriftungen für die zweite Spalte manuell erstellen – nicht jedoch im Detailbereich. Erstellen Sie die Textfelder im Detailbereich also nicht doppelt!

Und so können Sie berechnen, an welcher Stelle Access die zweite Spalte positionieren wird:

```
Spaltenbreite + Spaltenabstand = 4 cm + 3 cm = 7 cm
```

Im Seitenkopf sollten Sie die Beschriftung der zweiten Spalte genau dorthin schieben.

9. Schieben Sie im Seitenfuß das Textfeld für die Seitenzahl an den rechten Rand.

Das Ergebnis finden Sie unter dem Namen *rptTelefonbuch*. Ich habe noch eine weitere Variante mit einer Gruppierung nach Anfangsbuchstaben erstellt (*rptTelefonbuchNachBuchsta-*

ben). Wie Sie in Abbildung 7.40 erkennen, ist der Gruppenkopf nur so breit wie eine Zelle. Das Gleiche gilt für einen Gruppenfuß.

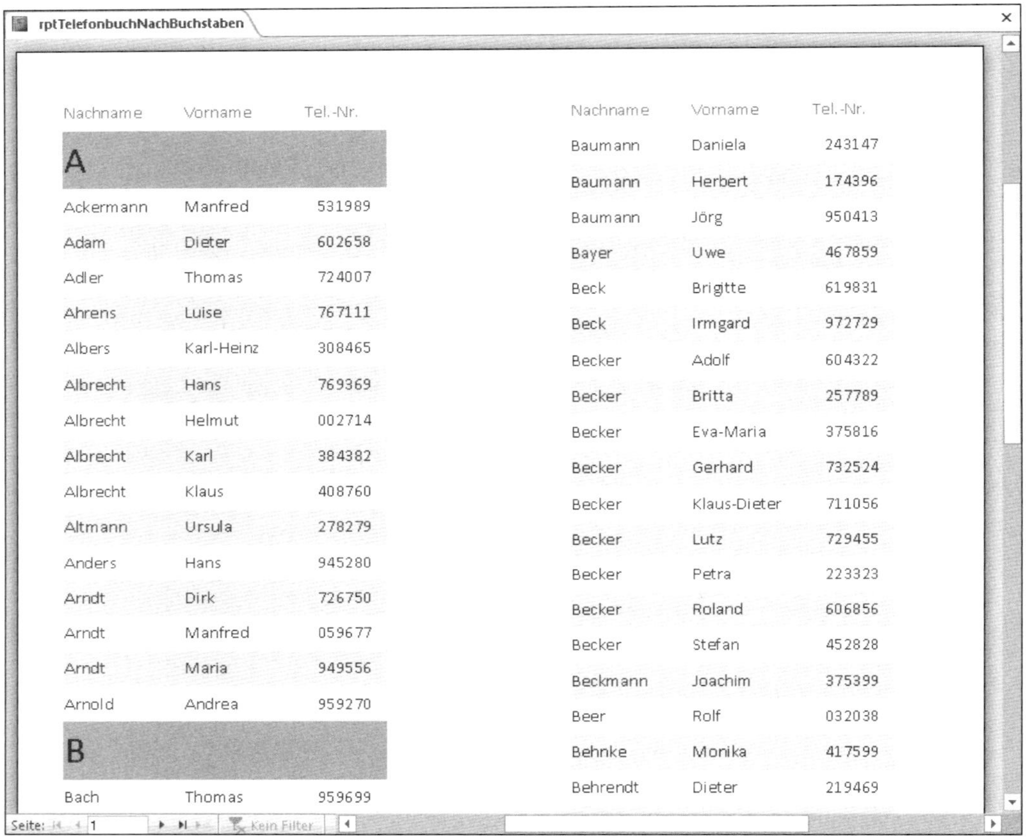

Abbildung 7.40 Das Telefonbuch mit Überschriften für beide Spalten. Zusätzlich habe ich einen Gruppenkopf für die Gruppierung nach Anfangsbuchstaben hinzugefügt.

7.6 Workshops zu Berichten

Mit den Berichten haben Sie eines der mächtigsten Werkzeuge von Access kennengelernt. Sie eignen sich ideal, um möglichst viele Informationen auf einen Blick (auf eine Seite Papier) zu bringen. In den folgenden drei Workshops möchte ich das Thema abrunden und Ihnen einen Ausblick über den Tellerrand mitgeben.

7.6.1 Workshop: Summen und Prozentsätze

Im ersten Workshop dreht sich alles um das vermeintlich schwierige Thema Prozentrechnung. Irgendwie haftet ihr etwas Magisches an, obwohl es doch gar nicht so schwer ist.

Wichtig bei der Prozentrechnung: Der Bezug (Grundwert)

Es gibt fantastische Formeln zur Berechnung von Prozentsätzen, die ich an dieser Stelle nicht wiederholen möchte. Aber damit wir die gleiche Sprache sprechen, habe ich aus der Literatur einige Begriffe übernommen: Die Zahl, die vor dem Prozentzeichen steht, nennt sich *Prozentfuß*. Wie Sie wissen, ist in Access die Darstellung mit Prozentzeichen nur ein besonderes *Zahlenformat*. Beispielsweise wird die Zahl 0,19 im Zahlenformat PROZENTZAHL als 19 % angezeigt. Die unformatierte Zahl 0,19, die äquivalent mit 19 % ist (dem Prozentfuß zusammen mit dem Prozentzeichen), wird üblicherweise *Prozentsatz* genannt.

Egal, ob Prozentfuß oder Prozentsatz, es ergibt sich immer die Frage: Prozent von was? Mit anderen Worten: Auf welche Gesamtzahl oder auf welchen *Grundwert* bezieht sich der Prozentsatz? In vielen Fällen kennen wir die Antwort sehr gut:

Prozentsatz	Grundwert	Beispiel
10 % der Kosten	Kosten bezogen auf die Gesamtkosten	7 € von 70 €
10 % Wachstum	Umsatz im aktuellen Jahr bezogen auf den Umsatz im Vorjahr	1.100 € bezogen auf 1.000 €
10 % Steigung	Höhendifferenz bezogen auf Distanz	10 m Zunahme der Höhe auf einer Distanz von 100 m

Tabelle 7.5 Bei diesen typischen Beispielen von Prozentsätzen kennen wir den Grundwert intuitiv.

In einer Datenbank ist der Bezug jedoch nicht ohne weiteres erkennbar. Schon bei wenigen Tabellen gibt es eine Fülle von Bezügen. Deshalb kommt es immer wieder vor, dass in einem Bericht nicht sofort ersichtlich wird, was der Prozentsatz exakt bedeutet. Im Idealfall steht die Bezugsgröße irgendwo (beispielsweise in der Beschriftung oder in der Fußzeile). In jedem Fall sollte der Entwickler aber genau wissen, was der Grundwert ist!

Buchungskosten bezogen auf die Gesamtkosten

Lassen Sie uns einen Bericht aufgreifen, den wir bereits in Abschnitt 7.4.2, »Ebenen zur Gruppierung«, erstellt haben: Die Kosten für Flugbuchungen pro Mitarbeiter. Der Einfachheit halber habe ich zunächst die Ebenen zur Gruppierung weggelassen. Welchen Anteil hat jeder einzelne Mitarbeiter nun an den Gesamtkosten? Dazu ergänzen wir ein Textfeld mit dem Prozentsatz:

1. Öffnen Sie die Datenbank *07_Berichte\7.6.1_Buchungskosten.accdb*.
2. Öffnen Sie den Bericht *rptFlugbuchung* in der Entwurfsansicht.
3. Im Detailbereich ist rechts neben dem Textfeld »txtKosten« noch etwas Platz. Erstellen Sie dort ein neues ungebundenes Textfeld.

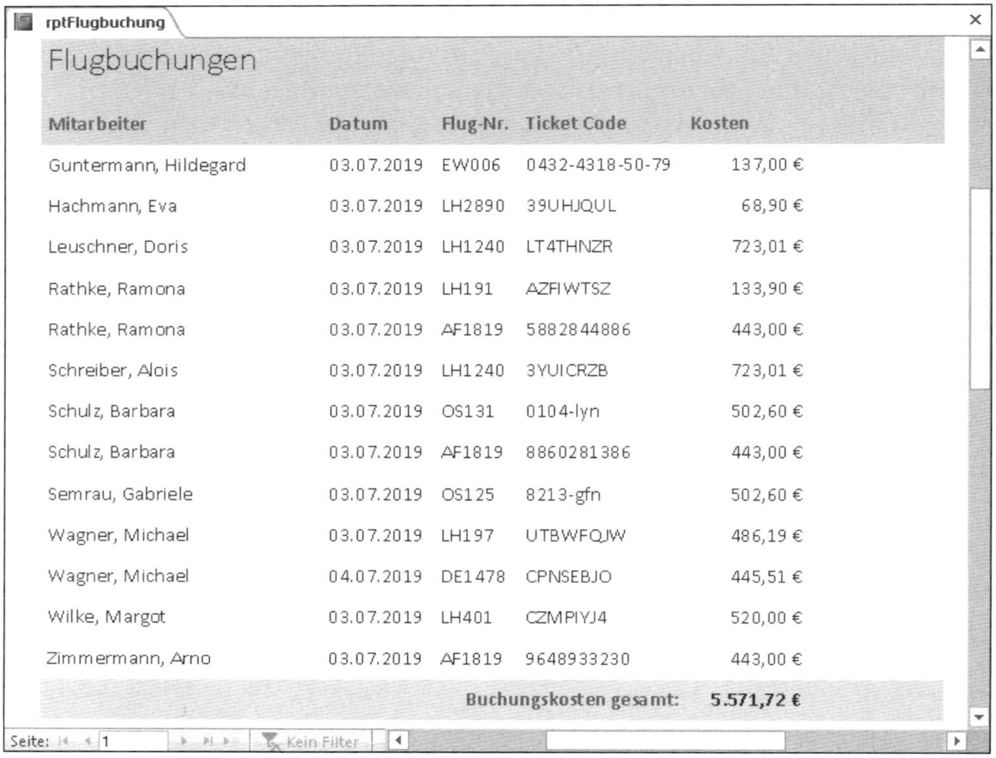

rptFlugbuchung

Flugbuchungen

Mitarbeiter	Datum	Flug-Nr.	Ticket Code	Kosten
Guntermann, Hildegard	03.07.2019	EW006	0432-4318-50-79	137,00 €
Hachmann, Eva	03.07.2019	LH2890	39UHJQUL	68,90 €
Leuschner, Doris	03.07.2019	LH1240	LT4THNZR	723,01 €
Rathke, Ramona	03.07.2019	LH191	AZFIWTSZ	133,90 €
Rathke, Ramona	03.07.2019	AF1819	5882844886	443,00 €
Schreiber, Alois	03.07.2019	LH1240	3YUICRZB	723,01 €
Schulz, Barbara	03.07.2019	OS131	0104-lyn	502,60 €
Schulz, Barbara	03.07.2019	AF1819	8860281386	443,00 €
Semrau, Gabriele	03.07.2019	OS125	8213-gfn	502,60 €
Wagner, Michael	03.07.2019	LH197	UTBWFQJW	486,19 €
Wagner, Michael	04.07.2019	DE1478	CPNSEBJO	445,51 €
Wilke, Margot	03.07.2019	LH401	CZMPIYJ4	520,00 €
Zimmermann, Arno	03.07.2019	AF1819	9648933230	443,00 €
			Buchungskosten gesamt:	5.571,72 €

Seite: 1 Kein Filter

Abbildung 7.41 Die Auswertung aller Buchungskosten in der einfachen Variante ohne Ebenen zur Gruppierung

4. Access soll den Prozentsatz bezogen auf die Gesamtkosten ermitteln. Tragen Sie dazu im EIGENSCHAFTENBLATT unter DATEN • STEUERELEMENTINHALT die Formel

   ```
   =[Kosten]/Summe([Kosten])
   ```

   ein.

Berechnung direkt aus der Datensatzquelle oder indirekt über Textfelder

In der Formel

```
=[Kosten]/Summe([Kosten])
```

greift Access direkt auf das Feld »Kosten« der Datensatzquelle zu.

Nun enthält unser Bericht zufällig schon Textfelder für die Kosten und die Gesamtkosten. Alternativ können Sie daher die folgende Formel nutzen:

```
=[txtKosten]/[txtKostenSumme]
```

In dieser Variante greift Access über die Textfelder indirekt auf die Datensatzquelle zu. Im Ergebnis kommt mit beiden Varianten der gleiche Prozentsatz heraus.

5. Benennen Sie das Textfeld in »txtKostenAnteilAnGesamtkosten« um. Dieser Name ist vielleicht etwas lang, aber die Bezugsgröße wird klar dokumentiert!
6. Wenn Sie jetzt in die Seitenansicht umschalten, sehen Sie die Prozentsätze. Schöner sieht die Formatierung mit dem Prozentzeichen aus:

   FORMAT • FORMAT = 0 %

Sie finden den fertigen Bericht (Abbildung 7.42) unter dem Namen *rptFlugbuchungProzentual* in den Materialien zum Buch.

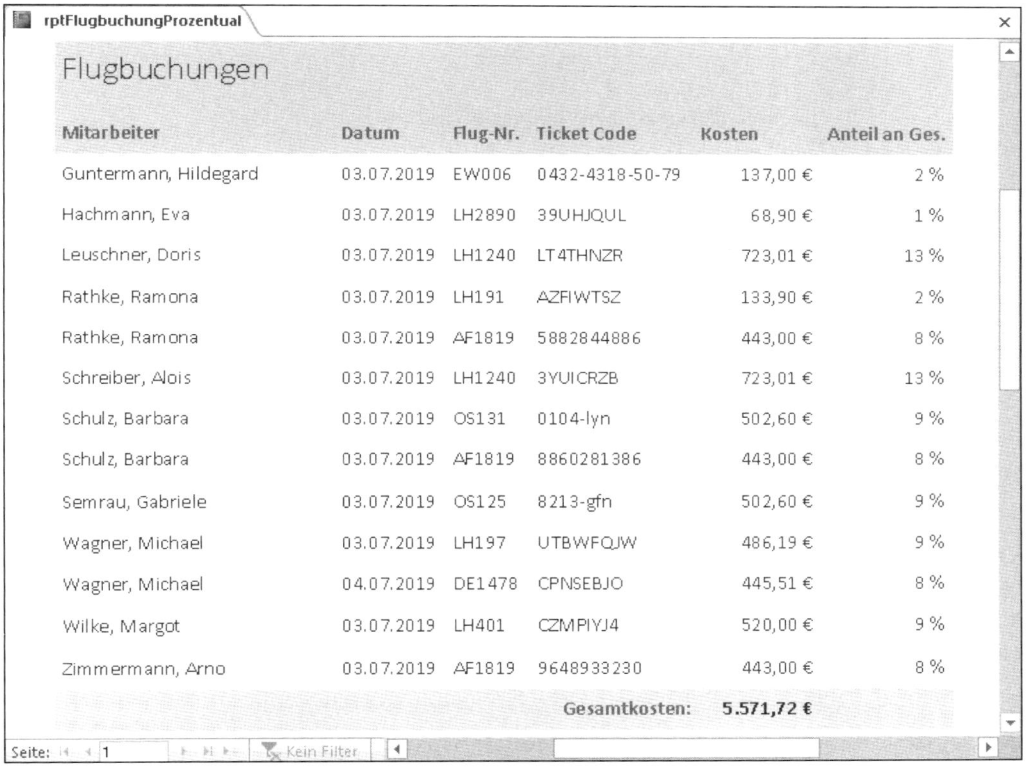

rptFlugbuchungProzentual

Flugbuchungen

Mitarbeiter	Datum	Flug-Nr.	Ticket Code	Kosten	Anteil an Ges.
Guntermann, Hildegard	03.07.2019	EW006	0432-4318-50-79	137,00 €	2 %
Hachmann, Eva	03.07.2019	LH2890	39UHJQUL	68,90 €	1 %
Leuschner, Doris	03.07.2019	LH1240	LT4THNZR	723,01 €	13 %
Rathke, Ramona	03.07.2019	LH191	AZFIWTSZ	133,90 €	2 %
Rathke, Ramona	03.07.2019	AF1819	5882844886	443,00 €	8 %
Schreiber, Alois	03.07.2019	LH1240	3YUICRZB	723,01 €	13 %
Schulz, Barbara	03.07.2019	OS131	0104-lyn	502,60 €	9 %
Schulz, Barbara	03.07.2019	AF1819	8860281386	443,00 €	8 %
Semrau, Gabriele	03.07.2019	OS125	8213-gfn	502,60 €	9 %
Wagner, Michael	03.07.2019	LH197	UTBWFQJW	486,19 €	9 %
Wagner, Michael	04.07.2019	DE1478	CPNSEBJO	445,51 €	8 %
Wilke, Margot	03.07.2019	LH401	CZMPIYJ4	520,00 €	9 %
Zimmermann, Arno	03.07.2019	AF1819	9648933230	443,00 €	8 %
			Gesamtkosten:	5.571,72 €	

Seite: 1 Kein Filter

Abbildung 7.42 Die Buchungskosten mit Prozentangabe bezogen auf die Gesamtkosten. Wenn Sie nachrechnen, werden Sie in der Summe nicht auf exakt 100 % kommen (Rundungsfehler).

Prozentsätze und Gruppierung

Schauen wir uns jetzt die ganze Angelegenheit mit Gruppierung an. In Abbildung 7.43 sehen Sie den Bericht der Buchungskosten mit zwei Gruppierungsebenen, nach »AbteilungID« und nach »MitarbeiterID«.

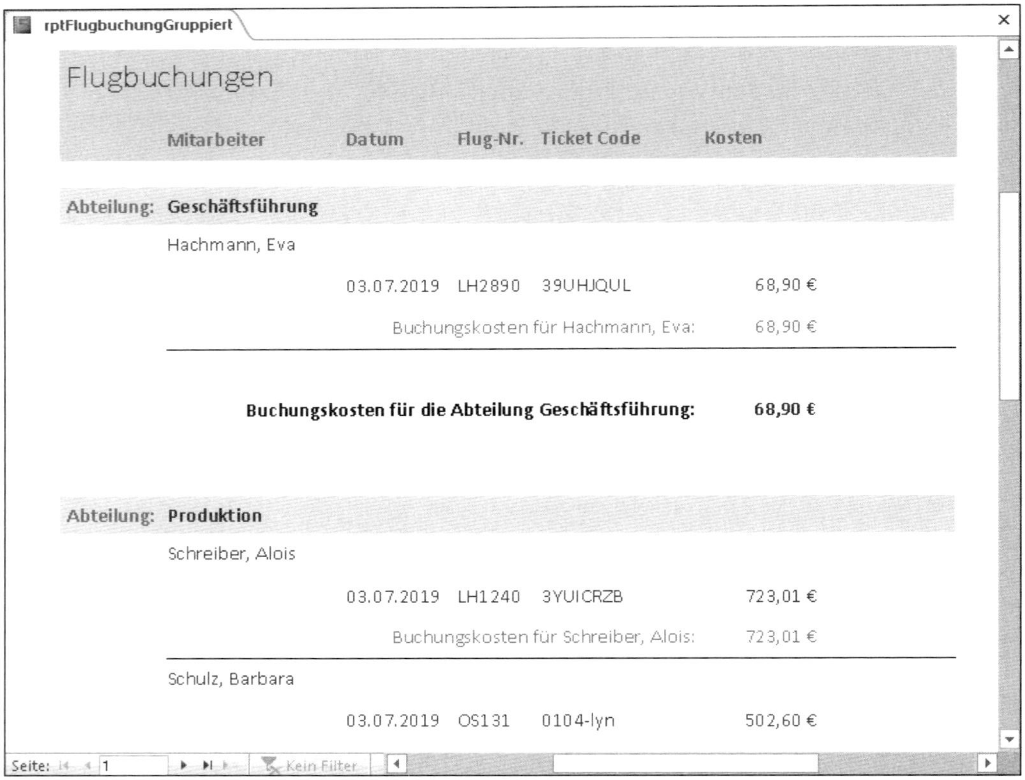

Abbildung 7.43 Diesmal die Auswertung der Buchungskosten mit zwei Ebenen zur Gruppierung (»MitarbeiterID«, »AbteilungID«)

Ergänzen wir zunächst die Prozentsätze für jede einzelne Buchung, so wie ich das eben gezeigt habe:

1. Öffnen Sie die Datenbank *07_Berichte\7.6.1_Buchungskosten.accdb*.
2. Öffnen Sie den Bericht *rptFlugbuchungGruppiert* in der Entwurfsansicht.
3. Erstellen Sie im Detailbereich rechts neben dem Textfeld »txtKosten« ein neues ungebundenes Textfeld.
4. Wie ich Ihnen gleich zeigen werde, ist diesmal die Formel mit der indirekten Berechnung des Prozentsatzes über Textfeld besser geeignet:

   ```
   =[txtKosten]/[txtKostenSumme]
   ```

   Das Feld »txtKostenSumme« befindet sich übrigens ganz am Ende des Berichts im Berichtsfuß. Es zeigt die Gesamtkosten über alle Datensätze an.
5. Benennen Sie das Textfeld in »txtKostenAnteilAnGesamtkosten« um.

6. Stellen Sie abschließend noch die Formatierung mit Prozentzeichen ein:

   FORMAT • FORMAT = 0 %

   Bisher gibt es keinen Unterschied zum Bericht ohne Gruppierung. Wenn Sie in die Seitenansicht umschalten, sollten Sie die gleichen Prozentsätze sehen.

   Nun wird es etwas schwieriger, denn es geht um die Gruppierungsebenen. Der Bericht hat zwei Gruppierungsebenen, und für beide gibt es einen Fußbereich. Im Fußbereich finden Sie jeweils ein Textfeld mit der Summe pro Mitarbeiter beziehungsweise pro Abteilung. Auch hier möchte ich gern Prozentsätze sehen. Welchen Anteil an den Gesamtkosten hat ein Mitarbeiter? Welchen Anteil hat jede Abteilung?
7. Erstellen Sie im Fußbereich »gftMitarbeiterID« rechts neben dem Textfeld »txtKostenSummeProMitarbeiterID« ein neues ungebundenes Textfeld.
8. Im Fußbereich muss die Formel die Summe pro Mitarbeiter berücksichtigen. Entsprechend sieht die Formel so aus:

   `=[txtKostenSummeProMitarbeiterID]/[txtKostenSumme]`

Die Gesamtkosten lassen sich nur im Berichtskopf oder Berichtsfuß berechnen

Die Berechnung funktioniert nur richtig, wenn Sie den Prozentsatz indirekt über die Textfelder berechnen. Wie sähe die Formel aus, wenn Sie direkt auf die Felder der Datensatzquelle zugreifen würden? Diese Formel würde auch noch zum richtigen Ergebnis führen:

`=Summe([Kosten])/[txtKostenSumme]`

Entscheidend ist: *Sie kommen im Gruppenfuß gar nicht so einfach an die Gesamtkosten über alle Datensätze.* Die Funktion `Summe()` summiert nur über die Datensätze der Gruppierungsebene. Um wirklich die Summe über alles zu erhalten, müssen Sie ein entsprechendes Textfeld im Berichtskopf oder Berichtsfuß verwenden.

9. Benennen Sie das Textfeld in »txtKostenSummeProMitarbeiterIDAnteilAnGesamtkosten« um. Auch hier dokumentiert der umständliche Name, auf welchen Grundwert sich der Prozentsatz bezieht.
10. Legen Sie Formatierung die Formatierung mit Prozentzeichen fest.

    FORMAT • FORMAT = 0 %
11. Wiederholen Sie die Schritte 7 bis 10, um im Fußbereich »gftAbteilungID« den Prozentsatz für die Abteilung zu ergänzen.

Letztendlich steht neben jeder Buchung und neben den Summen in den Fußbereichen ein Prozentsatz, der sich auf die Gesamtkosten bezieht (Abbildung 7.44). Den fertigen Bericht habe ich unter dem Namen *rptFlugbuchungGruppiertProzentual* abgespeichert.

Abteilung:	**Produktion**					
	Schreiber, Alois					
		03.07.2019	LH1240	3YUICRZB	723,01 €	13 %
				Buchungskosten für Schreiber, Alois:	723,01 €	13 %
	Schulz, Barbara					
		03.07.2019	OS131	0104-lyn	502,60 €	9 %
		03.07.2019	AF1819	8860281386	443,00 €	8 %
				Buchungskosten für Schulz, Barbara:	945,60 €	17 %
	Zimmermann, Arno					
		03.07.2019	AF1819	9648933230	443,00 €	8 %
				Buchungskosten für Zimmermann, Arno:	443,00 €	8 %
				Buchungskosten für die Abteilung Produktion:	**2.111,61 €**	**38 %**

Abbildung 7.44 Die Buchungskosten (Einzelpositionen und Summen) mit Prozentangabe bezogen auf die Gesamtkosten

Prozentsätze mit anderem Grundwert

Wo wir gerade in Schwung gekommen sind, könnten wir die Bezugswerte zur Berechnung der Prozentsätze einmal ändern. Bisher war der Grundwert immer die Summe über alle Datensätze. Nun könnte ich auf die Idee kommen, dass sich die Prozentsätze immer auf eine Ebene höher beziehen, also für die Einzelbuchungen bezogen auf die Gesamtkosten pro Mitarbeiter, für die Mitarbeiter bezogen auf die Gesamtkosten pro Abteilung und für die Abteilungen bezogen auf die Gesamtkosten über alle Datensätze. Das Ergebnis sehen Sie in Abbildung 7.45.

Abteilung:	**Produktion**					
	Schreiber, Alois					
		03.07.2019	LH1240	3YUICRZB	723,01 €	100 %
				Buchungskosten für Schreiber, Alois:	723,01 €	34 %
	Schulz, Barbara					
		03.07.2019	OS131	0104-lyn	502,60 €	53 %
		03.07.2019	AF1819	8860281386	443,00 €	47 %
				Buchungskosten für Schulz, Barbara:	945,60 €	45 %
	Zimmermann, Arno					
		03.07.2019	AF1819	9648933230	443,00 €	100 %
				Buchungskosten für Zimmermann, Arno:	443,00 €	21 %
				Buchungskosten für die Abteilung Produktion:	**2.111,61 €**	**38 %**

Abbildung 7.45 Hier beziehen sich die Prozentangaben auf die Summe der jeweiligen Ebene.

Alles, was sich geändert hat, sind die Grundwerte in den Formeln. Das können Sie recht leicht im Bericht *rptFlugbuchungProzentualProGruppe* nachvollziehen. Ich behaupte aber, dass die Prozentsätze in Abbildung 7.45 auf den ersten Blick nicht sofort verständlich sind! Die Prozentsätze sind wenig hilfreich, denn der Bezug (Grundwert) ist nicht klar oder sogar missverständlich.

Unfug mit Prozentsätzen

Abschließend möchte ich Ihnen ein letztes Negativbeispiel in Sachen Prozentwerte nicht vorenthalten, auf das ich einmal in einem Bericht stieß. Es handelte sich um eine Auswertung einer Produktionsanlage. Die Maschine stellte Metallplatten verschiedener Größe her. In der Datenbank gab es pro Plattentyp zwei Zahlen:

- produzierte Platten
- Anzahl der fehlerhaft produzierten Platten (Schrott)

Der Bericht sah in etwa so aus:

Plattentyp	Produziert	Schrott	Schrott (%)
10 cm * 30 cm	1.000	70	7 %
10 cm * 80 cm	300	10	3 %
50 cm * 50 cm	200	5	3 %
Summen:	**1.500**	**85**	**13 %**

Tabelle 7.6 Summierte Prozentsätze – so bitte nicht!

Im Berichtsfuß gab es für jede Spalte eine Summe. Nur leider ist es wenig aussagekräftig, Prozentsätze wie in diesem Beispiel zu summieren. Was sagen die 13 % aus? Man könnte annehmen, dass es der gesamte Anteil an Schrott wäre. Ist es aber nicht (richtig wäre: 85 / 1.500 = 6 %). Der Mittelwert der Prozentsätze wäre in diesem Beispiel ebenso wenig geeignet. Vorsicht also beim Summieren und Mitteln von Prozentsätzen!

7.6.2 Workshop: Filterformulare für Berichte

Tabellen mit sehr vielen Datensätzen sind ein grundsätzliches Problem für Berichte. Wer möchte schon Hunderte von Seiten ausdrucken? An einem Beispiel wird schnell klar, dass wir ohne Filtern nicht weiterkommen.

Filterformulare lassen sich mit VBA-Programmierung realisieren

In diesem Abschnitt werde ich auf die Programmierung mit VBA vorgreifen und Ihnen zeigen, wie Formulare, Berichte und Programmierung perfekt zusammenpassen. Lesen Sie bitte vorher Kapitel 9, »Visual Basic for Applications (VBA), die Programmiersprache für Microsoft-Office-Anwendungen«, um die Codezeilen im Detail verstehen zu können. Wenn Sie nicht an Programmierung interessiert sind, geht es ohne VBA in Abschnitt 7.6.3, »Workshop: Bericht in eine HTML-Datei exportieren« weiter.

1.000 Datensätze in der Mitarbeiterliste

In den Materialien zum Buch finden Sie in der Datenbank *07_Berichte\7.3.4_Filterformular.accdb* die Tabelle *tblMitarbeiter* mit 1.000 Datensätzen. Entsprechend lang ist unsere Mitarbeiterliste *rptMitarbeiter*. Bitte nicht vorschnell ausdrucken, es sind 34 Seiten.

Welchen Nutzen hat die Mitarbeiterliste? Zum einen lässt sie sich wirklich vollständig ausdrucken. In einigen Fällen ist das wirklich notwendig, beispielsweise für die Ablage im Archiv. Andererseits wären auch folgende Szenarien denkbar:

- Ein Benutzer möchte wissen, in welcher Abteilung eine bestimmte Person tätig ist.
- Benötigt wird die Mitarbeiterliste für eine Abteilung.
- Wer hat in diesem Monat Geburtstag?

Um diese Aufgaben zu lösen, können Sie in der bereits vorgestellten Berichtsansicht filtern.

Ich möchte Ihnen an dieser Stelle eine zweite Variante zeigen, die sich erfahrungsgemäß wunderbar an weniger versierte Access-Benutzer vermitteln lässt. Damit meine ich Benutzer Ihrer Datenbank, die mit den unterschiedlichen Ansichten eines Berichts nicht vertraut sind.

Intuitiv filtern mit dem Filterformular

Die Idee ist folgende: Der Benutzer öffnet ein sogenanntes *Filterformular*, das beispielsweise so aussehen könnte wie in Abbildung 7.46.

Abbildung 7.46 Ein Filterformular ist ein ungebundenes Formular. Wenn Sie beispielsweise die Abteilung »Verkauf« auswählen, erscheinen nur Verkäufer im Ausdruck. Entfernen Sie den Text im Filter, um wieder alle Mitarbeiter in der Liste zu haben.

Es handelt sich um ein ungebundenes Formular mit ungebundenen Textfeldern. Hinter der Schaltfläche DRUCKEN steckt ein VBA-Programm, das im Wesentlichen so aussieht:

```
Private Sub cmdDrucken_Click()
   Dim strSQLWhere As String
[…]
   DoCmd.OpenReport "rptMitarbeiter", acViewPreview, , strSQLWhere
End Sub
```

Listing 7.1 Mit Hilfe des Befehls »DoCmd.OpenReport« wird der Bericht »rptMitarbeiter« geöffnet.

Das wichtigste Element des Programms ist der VBA-Befehl `DoCmd.OpenReport`, mit dem Sie einen Bericht öffnen. Mit einem Filterformular öffnet der Anwender folglich den Bericht nicht mehr direkt per Doppelklick im Navigationsbereich, sondern indem er im Filterformular auf DRUCKEN klickt.

Der Bericht »rptMitarbeiter«

Die zweite Komponente ist der Bericht an sich, die Mitarbeiterliste *rptMitarbeiter*. Ich habe den Bericht aus Abschnitt 7.1.3, »Steuerelemente in Berichten«, übernommen. Am Bericht selbst sind keine Anpassungen notwendig. Somit kann der Bericht immer noch autark genutzt werden. Insbesondere gibt es im Bericht keinen Filter; standardmäßig zeigt er alle Mitarbeiter an und ist entsprechend lang.

Werfen wir noch einmal einen kurzen Blick auf Listing 7.1: Der Befehl `DoCmd.OpenReport` wird mit vier Parametern aufgerufen, die jeweils durch Komma getrennt sind. Die Parameter sind:

1. Der Name des Berichts, der geöffnet werden soll (hier: *rptMitarbeiter*), wird als erster Parameter angegeben.
2. In welcher Ansicht soll der Bericht geöffnet werden? `acViewPreview` bedeutet Seitenansicht. Wenn Sie direkt ohne Rückfrage drucken möchten (Vorsicht!), müssen Sie stattdessen `acViewNormal` eintragen.
3. Der dritte Parameter ist in diesem Beispiel leer und wird nicht genutzt. Hier könnten Sie einen benannten Filter festlegen.
4. Besser zum Filtern geeignet ist hingegen der vierte Parameter. Hier können Sie einen beliebig komplexen Filter als SQL-WHERE-Klausel übergeben. In Listing 7.1 steht hier die Variable `strSQLWhere`.

Standardmäßig enthält die String-Variable `strSQLWhere` eine leere Zeichenfolge. In Listing 7.1 habe ich bewusst nur einen Teil des Programms dargestellt. Wenn das Programm so bliebe, wäre der Filter immer leer, der Bericht würde mit allen Datensätzen geöffnet, und wir hätten nicht viel gewonnen.

Eine SQL-WHERE-Klausel per VBA-Programm zusammenbauen

Die dritte Komponente ist nämlich der Filter, den das VBA-Programm schrittweise aufbaut. In Listing 7.2 habe ich ein paar mehr Zeilen des Programms dargestellt.

```
01   Private Sub cmdDrucken_Click()
02      Dim strSQLWhere As String
03      Dim strNeuerFilter As String
[...]
04      'Filter Geschlecht
05      If Not IsNull(Me.cboGeschlechtFilter) Then
06         strNeuerFilter = "Geschlecht = '" _
07                        & Me.cboGeschlechtFilter _
08                        & "'"
09         FilterErgaenzen strSQLWhere, strNeuerFilter
10      End If
11
12      'Filter Abteilung
13      If IsNumeric(Me.cboAbteilungFilter) Then
14         strNeuerFilter = "AbteilungID = " _
15                        & CLng(Me.cboAbteilungFilter)
16         FilterErgaenzen strSQLWhere, strNeuerFilter
17      End If
18
19      'Bericht in der Seitenansicht oeffnen
20      DoCmd.OpenReport "rptMitarbeiter", acViewPreview, , strSQLWhere
21   End Sub
[...]
```

Listing 7.2 Hinter der Schaltfläche »Drucken« steht ein VBA-Programm, das zwei Aufgaben erfüllt: Filter aufbauen (»strSQLWhere«) und Bericht öffnen (Zeile 20).

Wie Sie sehen, werden die ungebundenen Felder im Filterformular nacheinander geprüft. Per Fallunterscheidung wird geprüft, ob im Feld etwas eingetragen ist (Zeile 05 und Zeile 13). Wenn ja, wird es interessant: Der Wert aus dem ungebundenen Feld wird in die SQL-WHERE-Klausel eingebaut. Ohne weiter auf die Details des Programms einzugehen, sind so alle Zeilen vor Zeile 20 dafür zuständig, dass der korrekte Filter zusammengebaut wird. Und genau das ist die Aufgabe des Filterformulars.

Per VBA-Programm lässt sich ein beliebig komplexer Filter generieren

Mit der VBA-Programmierung haben Sie die völlige Freiheit, wie der Filter generiert werden soll. Wichtig ist nur, dass die Variable `strSQLWhere` am Schluss entweder leer ist oder eine gültige SQL-WHERE-Klausel enthält. Vielleicht ergänzen Sie die folgende Zeile nach Zeile 18, solange Sie noch am Filterformular arbeiten:

```
Debug.Print strSQLWhere
```

Listing 7.3 Ergänzen Sie diese Zeile, um die SQL-WHERE-Klausel im Direktbereich auszugeben.

Mit dieser Ergänzung gibt das Programm die SQL-WHERE-Klausel im Direktbereich ([Strg] + [G]) aus, die beispielsweise so aussieht:

```
Nachname LIKE '*A*'
AND Vorname LIKE '*Michael*'
AND Geschlecht = 'M'
AND AbteilungID = 3
```

Letztendlich können Sie mit dem Filterformular sehr komplexe Filter generieren, ohne dass der Anwender dafür das Datenbankdesign kennen oder SQL beherrschen muss. Das vollständige Programm mit allen Komponenten finden Sie in den Materialien zum Buch in der Datenbank *07_Berichte\7.6.2_Filterformular.accdb*.

7.6.3 Workshop: Bericht in eine HTML-Datei exportieren

Den Export von Daten in eine HTML-Datei hatte ich bereits in Abschnitt 4.2.7, »Export in eine HTML-Datei«, vorgestellt. Im Fall eines Berichts gibt es noch ein paar schöne Überraschungen, so dass ich das Thema noch einmal an einem langen Bericht wie beispielsweise der Mitarbeiterliste mit 1.000 Datensätzen aufgreifen möchte.

Eine HTML-Datei pro Seite

Ein Bericht lässt sich in der Seitenansicht als HTML-Dateien exportieren:

1. Öffnen Sie die Datenbank *07_Berichte\7.6.3_Export_als_HTML.accdb*.
2. Öffnen Sie den Bericht *rptMitarbeiter* in der Seitenansicht.
3. Klicken Sie auf DATEN • WEITERE OPTIONEN • HTML-DOKUMENT.
4. Wählen Sie im Exportdialog den Dateinamen aus, und klicken Sie auf OK.
5. Klicken Sie im Dialog HTML-AUSGABEOPTIONEN auf OK.

Wenn der Bericht mehrere Seiten hat, generiert Access für jede Seite eine HTML-Datei (Abbildung 7.47). Im Falle der Mitarbeiterliste sind es insgesamt 34 Dateien. Ganz unten auf jeder Seite gibt es vier Hyperlinks, über die Sie zwischen den Seiten navigieren können.

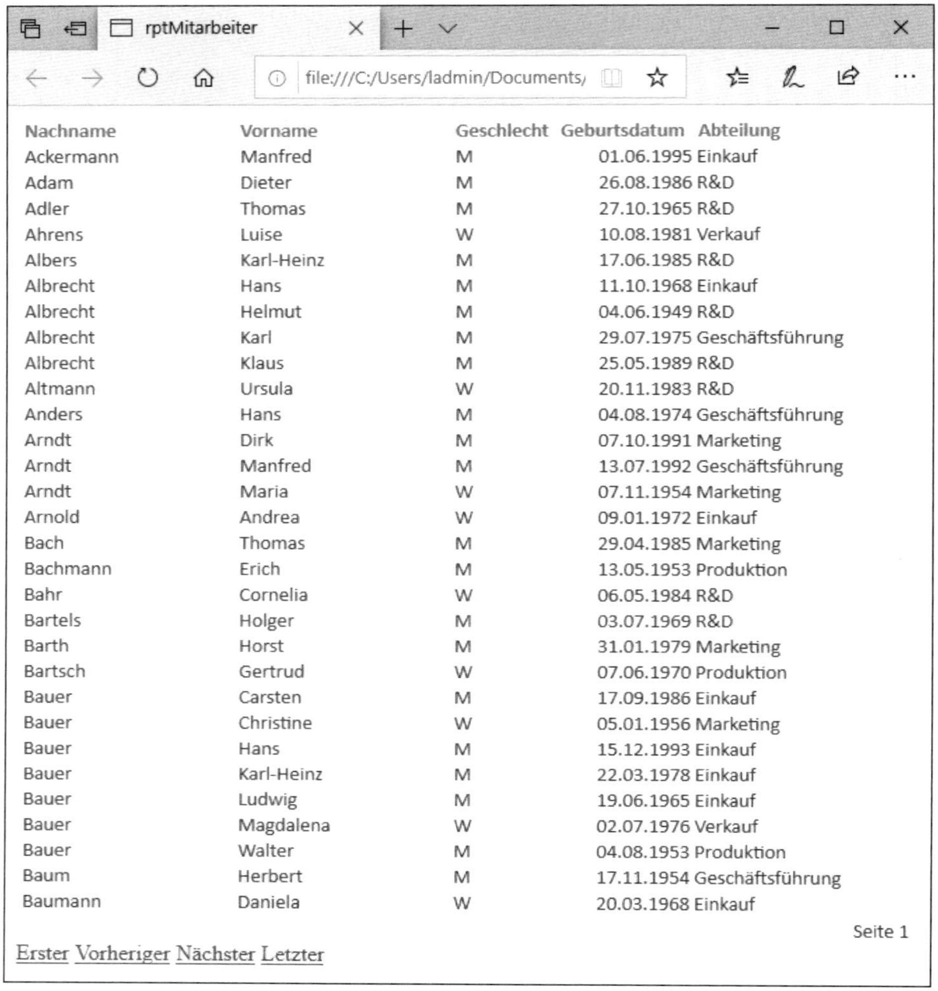

Nachname	Vorname	Geschlecht	Geburtsdatum	Abteilung
Ackermann	Manfred	M	01.06.1995	Einkauf
Adam	Dieter	M	26.08.1986	R&D
Adler	Thomas	M	27.10.1965	R&D
Ahrens	Luise	W	10.08.1981	Verkauf
Albers	Karl-Heinz	M	17.06.1985	R&D
Albrecht	Hans	M	11.10.1968	Einkauf
Albrecht	Helmut	M	04.06.1949	R&D
Albrecht	Karl	M	29.07.1975	Geschäftsführung
Albrecht	Klaus	M	25.05.1989	R&D
Altmann	Ursula	W	20.11.1983	R&D
Anders	Hans	M	04.08.1974	Geschäftsführung
Arndt	Dirk	M	07.10.1991	Marketing
Arndt	Manfred	M	13.07.1992	Geschäftsführung
Arndt	Maria	W	07.11.1954	Marketing
Arnold	Andrea	W	09.01.1972	Einkauf
Bach	Thomas	M	29.04.1985	Marketing
Bachmann	Erich	M	13.05.1953	Produktion
Bahr	Cornelia	W	06.05.1984	R&D
Bartels	Holger	M	03.07.1969	R&D
Barth	Horst	M	31.01.1979	Marketing
Bartsch	Gertrud	W	07.06.1970	Produktion
Bauer	Carsten	M	17.09.1986	Einkauf
Bauer	Christine	W	05.01.1956	Marketing
Bauer	Hans	M	15.12.1993	Einkauf
Bauer	Karl-Heinz	M	22.03.1978	Einkauf
Bauer	Ludwig	M	19.06.1965	Einkauf
Bauer	Magdalena	W	02.07.1976	Verkauf
Bauer	Walter	M	04.08.1953	Produktion
Baum	Herbert	M	17.11.1954	Geschäftsführung
Baumann	Daniela	W	20.03.1968	Einkauf

Seite 1

Erster Vorheriger Nächster Letzter

Abbildung 7.47 So sieht die erste Seite des exportierten Berichts aus.

Das Design mit einer HTML-Vorlage anpassen

Nichts spricht dagegen, die HTML-Dateien so zu belassen, wie sie sind, und beispielsweise auf eine Website zu stellen. Wie sieht es jedoch aus, wenn der Bericht in einem anderen Design erscheinen soll? Mit Hilfe einer sogenannten *HTML-Vorlagendatei* lässt sich das Ergebnis ein wenig beeinflussen. Genauer gesagt können Sie darin diese Elemente einer HTML-Datei konfigurieren:

- das Grundgerüst der HTML-Datei
- individueller Header
- Platzierung und Beschriftung der besagten vier Hyperlinks

Das ist nicht viel, aber immerhin etwas. Sie benötigen dazu die besagte HTML-Vorlagendatei.

```
<!DOCTYPE html>
<html lang="de">
   <head>
      <meta charset="utf-8">
      <title>Mitarbeiterliste</title>
   </head>
   <body>
      <header>
         <h1>Mitarbeiterliste</h1>
         <p>Datenbankobjekt: <!--AccessTemplate_Title--></p>
      </header>

      <article>
         <!--AccessTemplate_Body-->
      </article>

      <footer>
         <a href="<!--AccessTemplate_FirstPage-->">Erste Seite</a>
         <a href="<!--AccessTemplate_PreviousPage-->">Vorherige Seite</a>
         <a href="<!--AccessTemplate_NextPage-->">Nächste Seite</a>
         <a href="<!--AccessTemplate_LastPage-->">Letzte Seite</a>
      </footer>
   </body>
</html>
```

Listing 7.4 Eine HTML-Vorlagendatei ist eine HTML-Datei mit besonderen Platzhaltern.

In den Materialien zum Buch unter *07_Berichte\7.6.3_HTML-Vorlage.html* finden Sie das Beispiel einer HTML-Vorlagendatei aus Listing 7.4. Interessant sind die reservierten HTML-Kommentare, die ich fett markiert habe. An dieser Stelle fügt Access beim Export entsprechende Inhalte ein.

Platzhalter	Bedeutung
<!--AccessTemplate_Title-->	der Name des Berichts
<!--AccessTemplate_Body-->	der exportierte Inhalt an sich
<!--AccessTemplate_FirstPage-->	ein Hyperlink, der auf die erste Seite verweist (nur bei mehrseitigen Berichten)

Tabelle 7.7 Diese reservierten HTML-Kommentare können Sie in einer HTML-Vorlagendatei verwenden.

Platzhalter	Bedeutung
<!--AccessTemplate_PreviousPage-->	ein Hyperlink, der auf die vorherige Seite verweist (nur bei mehrseitigen Berichten)
<!--AccessTemplate_NextPage-->	ein Hyperlink, der auf die nächste Seite verweist (nur bei mehrseitigen Berichten)
<!--AccessTemplate_LastPage-->	ein Hyperlink, der auf die letzte Seite verweist (nur bei mehrseitigen Berichten)
<!--AccessTemplate_PageNumber-->	die aktuelle Seitenzahl (nur bei mehrseitigen Berichten)

Tabelle 7.7 Diese reservierten HTML-Kommentare können Sie in einer HTML-Vorlagendatei verwenden. (Forts.)

Cascading Style Sheets (CSS) lassen sich leider nicht verwenden

Unter richtigem Design verstehe ich bei HTML ehrlich gesagt etwas anderes. Ich denke da beispielsweise an Cascading Style Sheets (CSS). Leider gehen HTML-Vorlagen nicht weit genug in die Tiefe; aus <!--AccessTemplate_Body--> generiert Access einen Block, den wir nicht weiter beeinflussen können.

Einige Access-Programmierer haben sich bereits ausführlich diesem Problem gewidmet. Im Internet finden Sie eine ganze Reihe von Ansätzen, mit denen sich HTML-Dateien mit den mächtigen Features wie CSS exportieren lassen. In den meisten Fällen läuft es darauf hinaus, mit einem VBA-Programm den HTML-Code manuell zu generieren. Sehr schade, dass der HTML-Export von Haus aus so mager ist.

Kapitel 8
Einfache Programmierung mit Makros

Mit Hilfe von Makros lassen sich wiederkehrende Aufgaben auch ohne tiefgreifende Programmierkenntnisse automatisieren.

Vielleicht kennen Sie das: Immer wieder müssen Sie Daten nach demselben Schema eingeben, was nicht nur mühsam, sondern auf die Dauer langweilig und fehleranfällig ist. Sie möchten den stupiden Dateneingaben Abhilfe leisten? Kein Problem, mit *Programmierung* können Sie genau dies bewerkstelligen!

Eine Datenbank kommt auch ohne Programmierung aus

Ich möchte es gleich vorneweg sagen: Programmierung ist ein Werkzeug, das Sie in Access nutzen können, aber nicht nutzen müssen. Eine ganze Reihe wertvoller Access-Datenbanken sind mir schon begegnet, die vollständig ohne Programmierung auskommen. Mit der Makro-Programmierung beginnt sozusagen der zweite Teil des umfassenden Handbuchs zu Access mit den Themen für fortgeschrittene Anwender.

Hier ein paar Anregungen für Aufgaben, die sich durch einfache Programme automatisieren lassen:

- einen Ticket-Code oder eine Rechnungsnummer nach bestimmten Regeln generieren
- vor dem Abspeichern eines Datensatzes komplexe Regeln prüfen
- in einem Formular Text nach einem bestimmten Schema aus anderen Steuerelementen zusammensetzen

Ebenfalls in den Bereich der Programmierung fallen all diejenigen Aufgaben, die aus Ihrer Datenbank ein richtiges Anwendungsprogramm werden lassen, allen voran das automatische Öffnen von Formularen und Berichten.

8.1 Makros

Vereinfacht gesagt besteht ein *Programm* aus einer Abfolge von *Befehlen*. In Access stehen Ihnen zwei Wege der Programmierung offen:

1. **Makros**: Ein *Makro* entspricht einem Programm. Die einzelnen Befehle werden *Aktionen* genannt.
2. **Programmierung in Visual Basic for Applications (VBA)**: Eine *VBA-Prozedur* entspricht einem Programm. Jede Prozedur enthält mehrere *VBA-Befehle*. Dazu gehören auch sämtliche Makro-Aktionen, die über `DoCmd...` genutzt werden können. Mit VBA können Sie also so gut wie alles programmieren, was mit Makros machbar ist – und noch mehr.

Makros lassen sich intuitiv am Bildschirm zusammenstellen. Mit den letzten Versionen von Access haben Makros eine deutliche Aufwertung erfahren, weshalb ich gerne von einer Renaissance der Makros spreche. In diesem Kapitel dreht sich alles um die Programmierung mit Makros, Aktionen und Ereignissen.

8.1.1 Aktionen

Der einfachste Fall ist ein eigenständiges Makro. Mit »eigenständig« meine ich hier, dass es ein separates Datenbankobjekt ist und mit dem Makro-Symbol im Navigationsbereich erscheint. So erstellen Sie ein eigenständiges Makro:

1. Öffnen Sie die Datenbank *08_Makros\8.1.1_Fluege.accdb*.
2. Klicken Sie auf ERSTELLEN • MAKROS UND CODE • MAKRO. Access öffnet das Makro in der Entwurfsansicht (Abbildung 8.1).

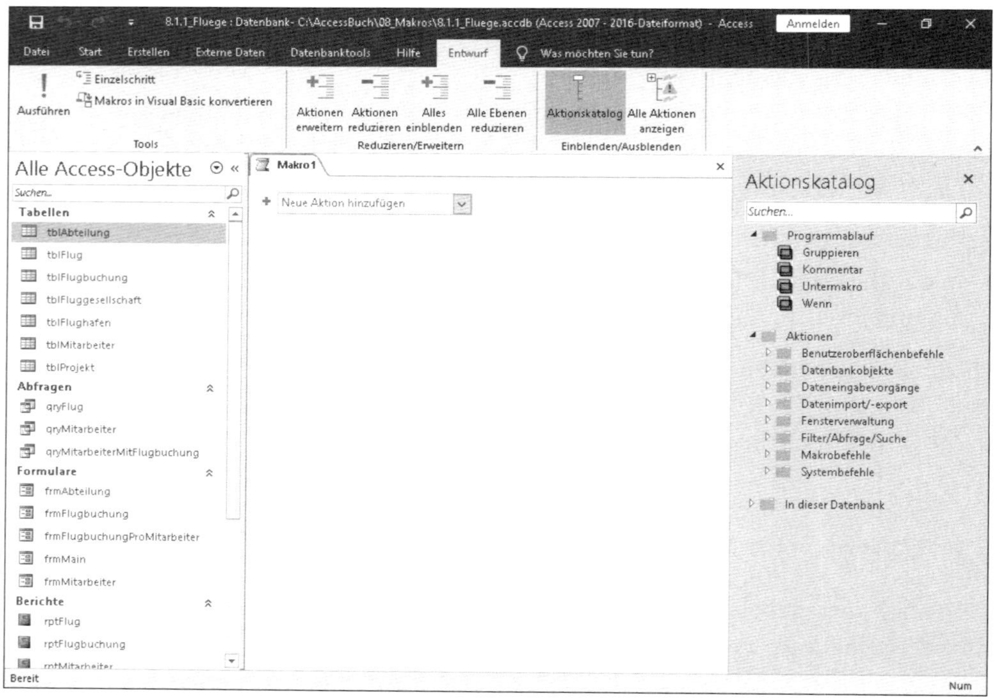

Abbildung 8.1 Ein leeres Makro in der Entwurfsansicht

3. Noch ist das Makro leer; Sie können es aber schon einmal abspeichern (Taste [F12]) und dabei einen Namen vergeben.

Nach dem Abspeichern erscheint das Makro im Navigationsbereich. Sie können es schließen und später wieder öffnen. Auch bei Makros gibt es verschiedene Ansichten, wie Sie es bereits von den Abfragen, Formularen und Berichten her kennen:

- Makro per Doppelklick öffnen = das Programm ausführen
- Rechte Maustaste, ENTWURFSANSICHT = das Makro zum Bearbeiten in der Entwurfsansicht öffnen

Solange das Makro noch keine Aktion enthält, wird beim Starten nichts passieren. Bereichern wir unser Makro also um einen Befehl:

1. Öffnen Sie das Makro in der Entwurfsansicht.
2. Im rechten Bereich zeigt Access den *Aktionskatalog* an, in dem alle verfügbaren Makro-Befehle aufgelistet sind. Klicken Sie auf MAKROTOOLS • ENTWURF • EINBLENDEN/AUSBLENDEN • AKTIONSKATALOG, falls Sie ihn noch nicht sehen.
3. Im Aktionskatalog sind die Makro-Befehle nach Kategorien sortiert. In alphabetischer Reihenfolge finden Sie die Aktionen wieder, wenn Sie das Kombinationsfeld NEUE AKTION HINZUFÜGEN aufklappen.
4. Erweitern Sie im Aktionskatalog die Kategorie DATENBANKOBJEKTE.
5. Wählen Sie die Aktion `ÖffnenFormular` aus, und ziehen Sie sie per Drag & Drop in das noch leere Makro.
6. Viele der Aktionen lassen sich durch Parameter genauer steuern. In unserem Beispiel mit der Aktion `ÖffnenFormular` wählen Sie beispielsweise über den Parameter FORMULARNAME das Formular aus, das geöffnet werden soll (Abbildung 8.2).

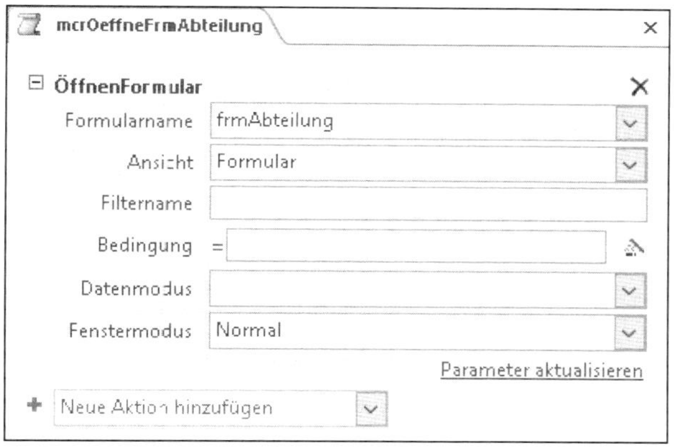

Abbildung 8.2 Das Makro mit der Aktion »ÖffnenFormular«. Je nach gewählter Aktion unterscheiden sich die Parameter, die zur Verfügung stehen. Einige der Parameter müssen Sie füllen, beispielsweise den Formularnamen bei »ÖffnenFormular«.

In der Beispieldatenbank habe ich mehrere Makros erstellt, mit denen sich die einzelnen Formulare und Berichte öffnen und schließen lassen. Probieren Sie einfach einmal einige der Aktionen aus, und verändern Sie die Parameter. Tabelle 8.1 enthält eine Übersicht häufig genutzter Aktionen.

Aufgabenbereich	Kategorie im Aktionskatalog	Aktion
Öffnen und Schließen von Datenbankobjekten	Datenbankobjekte	`ÖffnenTabelle`
	Filter/Abfrage/Suche	`ÖffnenAbfrage`
	Datenbankobjekte	`ÖffnenFormular`
	Datenbankobjekte	`ÖffnenBericht`
	Fensterverwaltung	`FensterSchließen`
Navigation zwischen Datensätzen	Datenbankobjekte	`GeheZuDatensatz`
	Filter/Abfrage/Suche	`SuchenDatensatz`
	Filter/Abfrage/Suche	`SuchenNächstenDatensatz`
Datensatz ändern und löschen	Filter/Abfrage/Suche	`AktualisierenDaten`
	Datenbankobjekte	`FestlegenEigenschaft`
	Dateneingabevorgänge	`DatensatzLöschen`
	Dateneingabevorgänge	`DatensatzSpeichern`
Filter und Sortierung	Filter/Abfrage/Suche	`AnwendenFilter` `FestlegenFilter`
	Filter/Abfrage/Suche	`FestlegenSortiertNach`
	Filter/Abfrage/Suche	`FilterSortierungEntfernen`
Interaktion mit dem Anwender	Datenbankobjekte	`GeheZuSteuerelement`
	Datenbankobjekte	`GeheZuSeite`
	Benutzeroberflächenbefehle	`Meldungsfeld`
	Systembefehle	`AnzeigenSanduhrzeiger`
	Systembefehle	`BeendenAccess`
	Systembefehle	`SchließenDatenbank`
	Systembefehle	`Signalton`

Tabelle 8.1 Eine Reihe von häufig genutzten Aktionen habe ich in Aufgabenbereiche aufgeteilt. Bitte beachten Sie, dass dies eine unvollständige Liste aller verfügbaren Makro-Aktionen ist.

In der Entwurfsansicht eines Makros können Sie die einzelnen Aktionen per Drag & Drop in die richtige Reihenfolge bringen. Ebenso können Sie überflüssige Schritte aus dem Makro entfernen oder über die Zwischenablage in ein anderes Makro übertragen.

Aktionen werden kodiert gespeichert

Je nach verwendeter Sprachversion von Access haben die Aktionen unterschiedliche Namen (beispielsweise `ÖffnenFormular` oder `OpenForm`). Intern speichert Access die Aktion kodiert ab, so dass es keine Probleme geben wird, wenn Sie eine Datenbank mit einer anderen Sprachversion öffnen. Beim Kopieren über die Zwischenablage können Sie die interne Kodierung im XML-Format einsehen (Aktion auswählen, per [Strg] + [C] in die Zwischenablage kopieren, Editor öffnen und per [Strg] + [V] einfügen):

```
<?xml version="1.0" encoding="UTF-16" standalone="no"?>
<UserInterfaceMacros xmlns="http://schemas.microsoft.com/office/accessservices/
2009/11/application">
   <UserInterfaceMacro MinimumClientDesignVersion="14.0.0000.0000">
      <Statements>
         <Action Name="OpenForm">
            <Argument Name="FormName">frmAbteilung</Argument>
         </Action>
      </Statements>
   </UserInterfaceMacro>
</UserInterfaceMacros>
```

Nachdem Sie das eigenständige Makro gespeichert haben, können Sie es per Doppelklick im Navigationsbereich starten. Ein Doppelklick auf mcrOeffneFrmAbteilung öffnet beispielsweise das Formular *frmAbteilung*.

Ein Makro manuell oder automatisch starten

Eigenständige Makros lassen sich wie soeben beschrieben manuell ausführen. Noch interessanter wird es, wenn Access das Makro als Reaktion auf ein *Ereignis* automatisch startet. In Abschnitt 8.2, »Auf Ereignisse reagieren«, werde ich die einzelnen Ereignisse vorstellen. An dieser Stelle möchte ich Ihnen jedoch schon einen kleinen Vorgeschmack mit dem Steuerelement Schaltfläche bieten: Im Eigenschaftenblatt unter Ereignis • Beim Klicken können Sie das Makro auswählen, das Access beim Anklicken automatisch starten soll. Ein paar Beispiele dazu finden Sie in der Beispieldatenbank im Formular *frmMain*.

8.1.2 Unsichere Aktionen und vertrauenswürdige Datenbanken

Mit einigen Aktionen lässt sich potentiell grober Unfug anstellen. Beispielsweise können Sie mit `AusführenAnwendung` eine beliebige *.exe*-Datei – also auch einen Virus oder eine andere Malware – starten. Solche Aktionen hat Microsoft als *unsichere Aktionen* eingestuft.

Standardmäßig blendet Access alle unsicheren Aktionen aus dem Aktionskatalog aus. Klicken Sie auf MAKROTOOLS • ENTWURF • EINBLENDEN/AUSBLENDEN • ALLE AKTIONEN ANZEIGEN, damit auch die unsicheren Aktionen im Aktionskatalog erscheinen. Access markiert sie mit einem gelben Warndreieck (Abbildung 8.3).

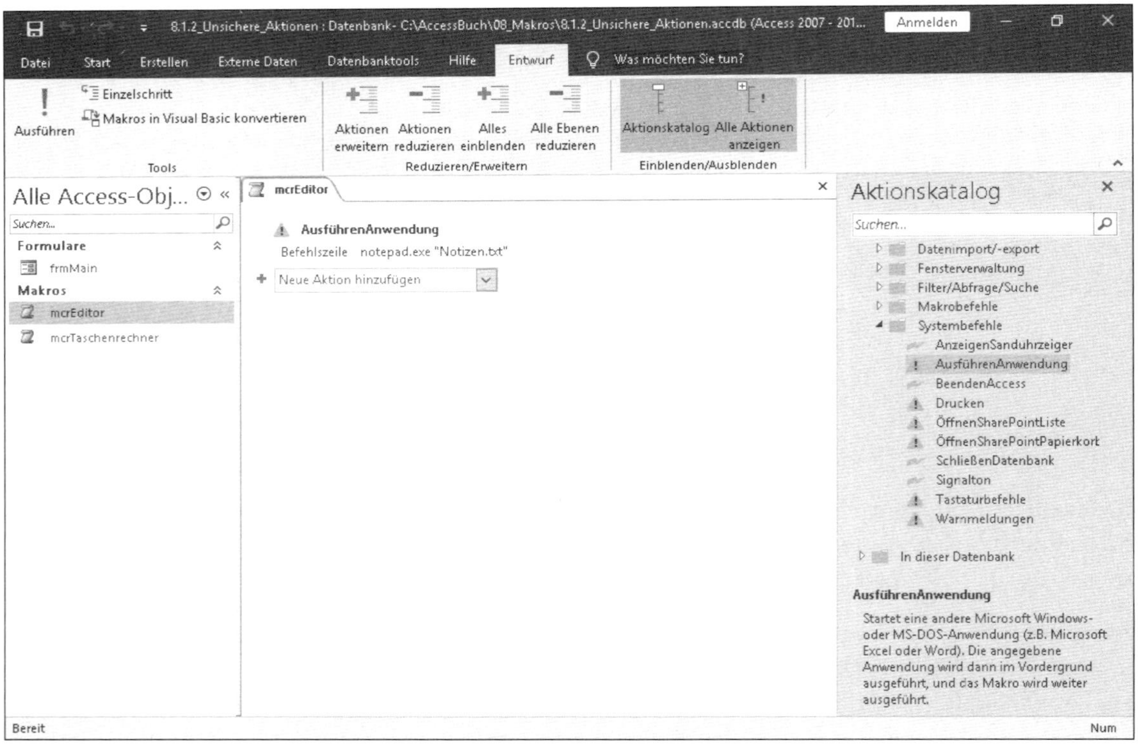

Abbildung 8.3 Unsichere Aktionen, die Sie schnell anhand des Warndreiecks erkennen, müssen Sie zuerst einblenden lassen.

In der Datenbank *08_Makros\8.1.2_Unsichere_Aktionen.accdb* habe ich zwei Makros mit der unsicheren Aktion `AusführenAnwendung` erstellt. Wenn Sie diese Datenbank öffnen, zeigt Access Ihnen üblicherweise einen gelben Balken mit einer Warnmeldung an (Abbildung 8.4). Bitte klicken Sie an dieser Stelle nicht voreilig auf INHALT AKTIVIEREN!

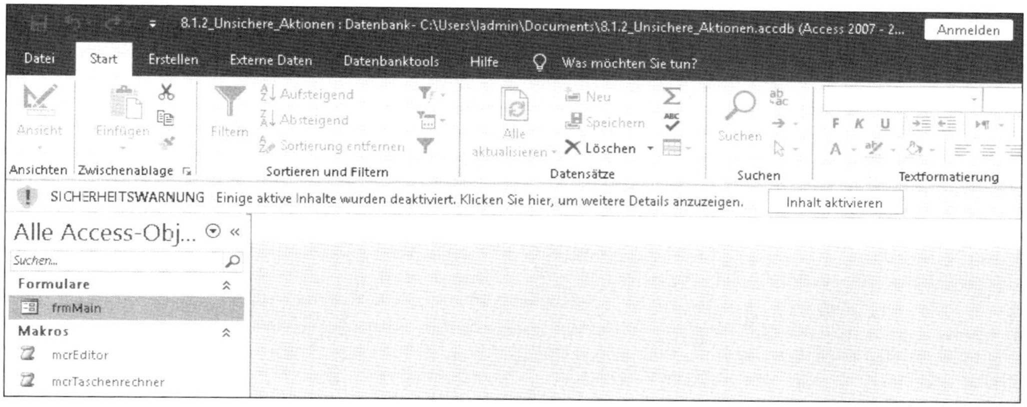

Abbildung 8.4 Eine gelbe Sicherheitswarnung zeigt an, dass die Datenbank als unsicher eingestuft ist.

VBA-Programme werden wie unsichere Aktionen eingestuft!

Jede Access-Datenbank kann VBA-Code enthalten. Bei VBA-Programmen unterscheidet Access grundsätzlich nicht zwischen sicheren und unsicheren Befehlen. Deshalb sehen Sie nach dem Öffnen einer Datenbank den gelben Balken mit der Warnmeldung (Abbildung 8.4). Selbst wenn Sie nicht mit Makros, sondern nur mit VBA programmieren möchten, könnte dieser Abschnitt für Sie interessant sein, denn ich werde Ihnen erläutern, was die Sicherheitswarnung bedeutet und wie Sie potentiell unsichere Aktionen (und VBA-Code) aktivieren können.

In einer Datenbank, in der einige aktive Inhalte blockiert sind, funktionieren Makros mit sicheren Aktionen tadellos. Lediglich beim Ausführen unsicherer Aktionen oder beim Starten von VBA-Programmen werden Sie eine Fehlermeldung ähnlich derjenigen in Abbildung 8.5 erhalten.

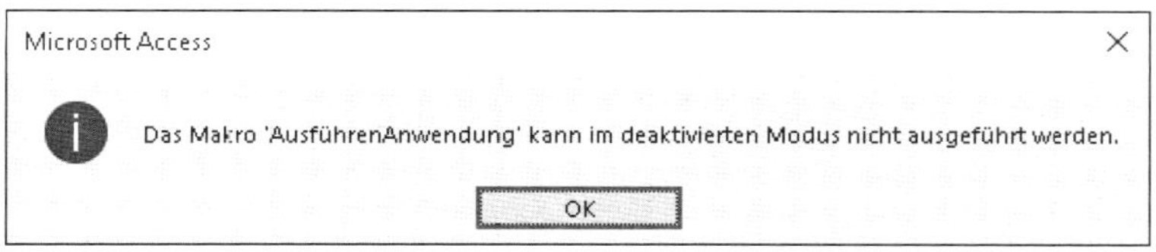

Abbildung 8.5 Unsichere Aktionen führen zu dieser Fehlermeldung, solange die Datenbank als unsicher eingestuft ist.

Ob eine Datenbank als unsicher (= gelbe Warnmeldung) oder sicher eingestuft ist, wird über das sogenannte *Trust Center* geregelt. So gelangen Sie zum Trust Center:

1. Klicken Sie auf DATEI • OPTIONEN • TRUST CENTER.
2. Klicken Sie auf die Schaltfläche EINSTELLUNGEN FÜR DAS TRUST CENTER ...

Im Trust Center können Sie einige grundsätzliche Einstellungen anpassen. Beispielsweise könnten Sie sämtliche Schutzmechanismen ausschalten, wovon ich Ihnen aber ausdrücklich abrate. Besser ist es, die standardmäßigen Einstellungen zur Makrosicherheit zu belassen und stattdessen *vertrauenswürdige Herausgeber*, *Speicherorte* und *Dokumente* festzulegen.

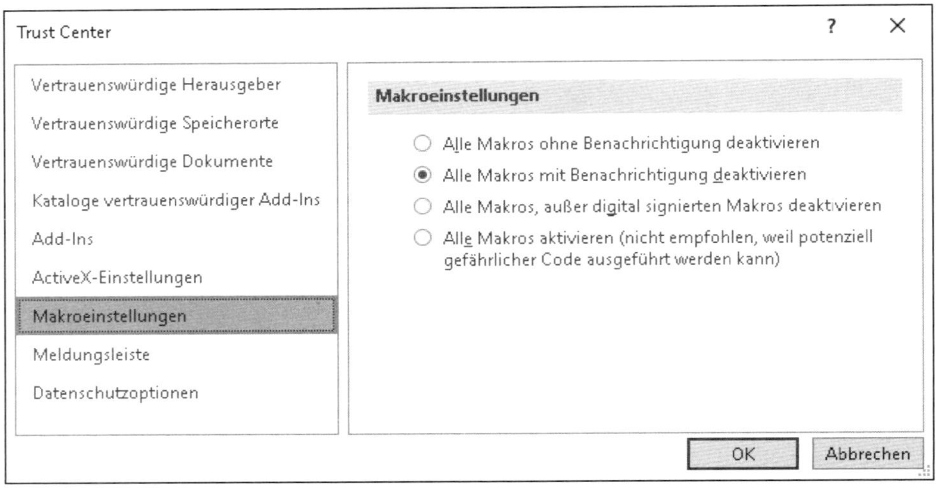

Abbildung 8.6 Über das Trust Center steuern Sie, ob eine Datenbank als unsicher oder sicher eingestuft wird.

Über diese drei Wege gelangen Sie zu einer Datenbank, in der potentiell gefährliche Aktionen (und VBA-Code) aktiviert sind:

1. **Vertrauenswürdige Herausgeber**
   Ein altes Verfahren, das mit den modernen *.accdb*-Dateien nicht mehr greift. In dieser Liste werden alle Zertifikate zur Codesignatur aufgeführt, die von einem vertrauenswürdigen Herausgeber stammen (Windows-Kommandozeile, `certmgr.msc`, VERTRAUENSWÜRDIGE HERAUSGEBER). Bei den älteren *.mdb*-Dateien konnte man die gesamte Datenbankdatei mit einer Codesignatur ausstatten – mehr dazu im Kasten »Zertifikate zur Codesignatur«. Wenn das zur Signatur eingesetzte Zertifikat in der Liste steht, sind in der *.mdb*-Datei alle Einschränkungen zur Makrosicherheit aufgehoben.

2. **Vertrauenswürdige Speicherorte**
   Tragen Sie hier die Speicherorte auf Ihrem Dateisystem ein, denen Sie vertrauen. Wenn sich eine *.accdb*-Datei an einem vertrauenswürdigen Speicherort befindet, sind auch die unsicheren Aktionen und VBA-Programme aktiviert. Ich empfehle Ihnen, *genau diese Option* zu nutzen. Wählen Sie sorgfältig ein oder zwei vertrauenswürdige Ablageorte für Datenbanken aus. Das Download-Verzeichnis sollte aber nicht dabei sein!

   Standardmäßig ist in der Liste bereits ein Ablageort für die Access-Assistenten eingetragen. Bitte entfernen Sie diesen Ablageort nicht.

3. **Vertrauenswürdige Dokumente**
   Hinter diesem Eintrag verbirgt sich eine Liste von Dateinamen. Wenn Sie im gelben Balken mit der Warnmeldung auf INHALT AKTIVIEREN klicken, kommt der Dateiname der aktuellen Datenbank mit auf die Liste. Sie können die Liste aber weder ansehen noch den Dateinamen wieder entfernen, sondern lediglich die gesamte Liste löschen. Wenn Sie mich fragen, ist dies das Quick-and-dirty-Verfahren, eine Datenbank sicher einzustufen.

Ähnlich wie bei einer *.exe*-Datei stehen Sie bei Datenbankdateien vor einem Dilemma: Kann ich dem Programmierer vertrauen und die Makros bzw. VBA-Programme aktivieren? In vielen Fällen wissen Sie nicht einmal, wer die Person ist, die die Datenbank programmiert hat. Genau hierfür gibt es *digitale Zertifikate zur Codesignatur*, die Ihnen wenigstens mehr über den Programmierer verraten.

Zertifikate zur Codesignatur

Es würde deutlich über den Umfang dieses Buches hinausgehen, im Detail auf *öffentliche Schlüssel* (englisch *public key*), *private Schlüssel* (englisch *private key*), *Public-Key-Zertifikate* und *Public-Key-Infrastruktur* (PKI) einzugehen. Das Entscheidende ist an dieser Stelle übrigens das Wort »Infrastruktur«. In einer Organisation sollte die IT-Abteilung die Infrastruktur bereitstellen, und genau dort können Sie ein digitales Zertifikat zur Codesignatur beantragen.

Für Testzwecke können Sie ohne eine solche Infrastruktur ein selbstsigniertes Zertifikat mit dem Programm `selfcert.exe` generieren. Je nach Office-Version liegt es an einer unterschiedlichen Stelle im *Programme*-Verzeichnis. Für Office 2019 würden Sie diesen Befehl in der Eingabeaufforderung eintippen:

```
"C:\Program Files (x86)\Microsoft Office\root\Office16\SELFCERT.EXE"
```

In einem Fenster fragt `selfcert.exe` nach dem Namen des Zertifikats. Ich habe hier meinen eigenen Namen eingetragen. Klicken Sie auf OK, um das Zertifikat zu erstellen. Das Zertifikat wird direkt im Zertifikatspeicher angelegt. Der Zertifikatspeicher ist über den Befehl `certmgr.msc` erreichbar. Unter EIGENE ZERTIFIKATE • ZERTIFIKATE finden Sie das soeben generierte, selbstsignierte Zertifikate zur Codesignatur (Abbildung 8.7).

Sie können das Zertifikat in eine Datei exportieren, indem Sie es im rechten Bereich mit der rechten Maustaste auswählen und im Kontextmenü den Eintrag ALLE AUFGABEN • EXPORTIEREN ... anklicken. Mein eigenes Zertifikat habe ich in den Materialien zum Buch unter *08_Makros\8.1.2_CodeSignatur-Zertifikat.cer* gespeichert. Der private Schlüssel wird allerdings von Windows geschützt und kann nicht exportiert werden! Der private Schlüssel lässt sich somit nicht auf einen anderen Computer übertragen (genauer gesagt: Nicht auf diesem Weg; innerhalb einer Windows-Domäne geht das mit Benutzerzertifikaten im Active Directory sehr wohl). Ohne den privaten Schlüssel können Sie mein Zertifikat in der *.cer*-Datei nicht selbst zum Signieren nutzen. Aber Sie haben ja Ihr eigenes Zertifikat, das Sie soeben mit `selfcert.exe` erstellt haben.

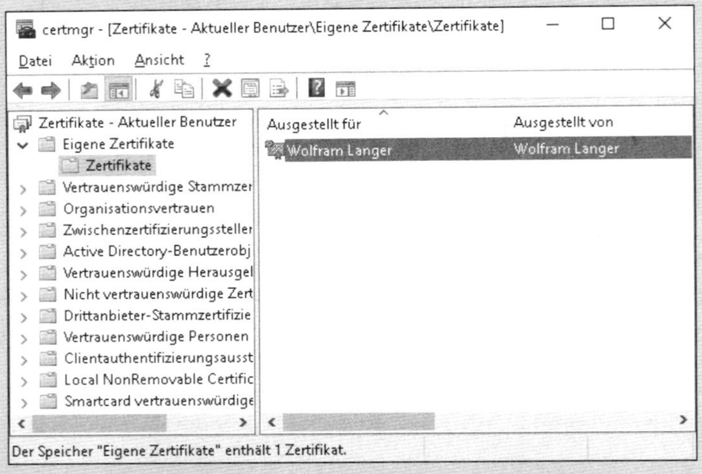

Abbildung 8.7 Das mit »selfcert.exe« erstellte Zertifikat finden Sie im Zertifikatspeicher.

Codesignatur früher (».mdb«-Datei)

Ich zeige Ihnen nun, wie man ein digitales Zertifikat zur Codesignatur in Access nutzt. Bei dem alten *.mdb*-Format war alles ganz einfach – fangen wir hiermit an.

1. Schalten Sie mit `Alt` + `F11` in die Entwicklungsumgebung von VBA um.
2. Klicken Sie dort den Menüpunkt EXTRAS • DIGITALE SIGNATUR ... an.
3. Wählen Sie anschließend das Zertifikat aus (Abbildung 8.8).

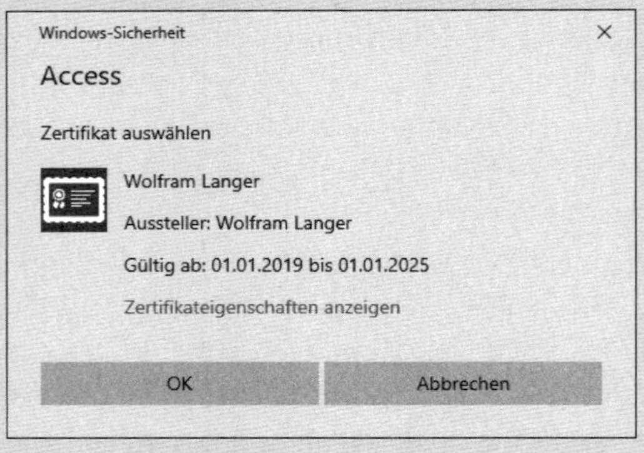

Abbildung 8.8 Wählen Sie das Zertifikat aus, mit dem Sie die ».mdb«-Datei signieren möchten.

Sobald Sie auf OK klicken, wird die gesamte Datenbank mit dem Zertifikat signiert. Dies lässt sich überprüfen, indem Sie noch einmal EXTRAS • DIGITALE SIGNATUR ... anklicken (Abbildung 8.9). Jede Änderung an einem Datenbankobjekt führt dazu, dass Access die Signatur automatisch entfernt. Also nicht vergessen: Nach einer Änderung erneut digital signieren!

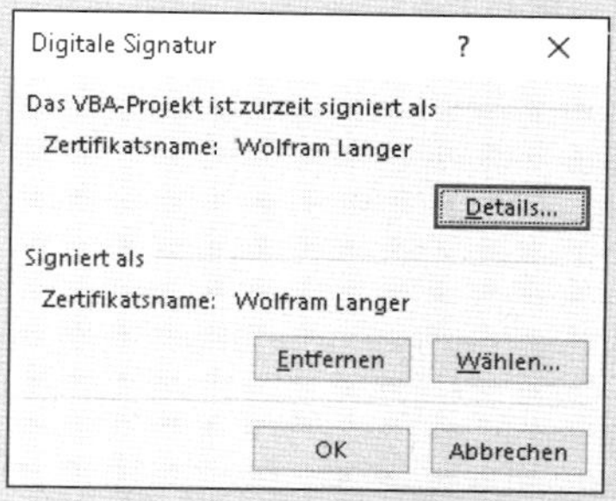

Abbildung 8.9 So sieht es aus, wenn die ».mdb«-Datei signiert ist.

Eine digital signierte ».mdb«-Datei öffnen

Was passiert nun, wenn ich eine digital signierte *.mdb*-Datei öffne? In den Materialien zum Buch finden Sie unter *08_Makros\8.1.2_Code_signatur.mdb* eine Datenbank mit unsicheren Makro-Aktionen, die ich digital signiert habe. Nach dem Öffnen kommt immer noch der gelbe Balken mit der Sicherheitswarnung. Immerhin können Sie das Zertifikat einsehen, wenn Sie auf DATEI • INFORMATIONEN • INHALT AKTIVIEREN • ERWEITERTE OPTIONEN klicken (Abbildung 8.10). Sie wissen jetzt, wer die Datenbank programmiert hat.

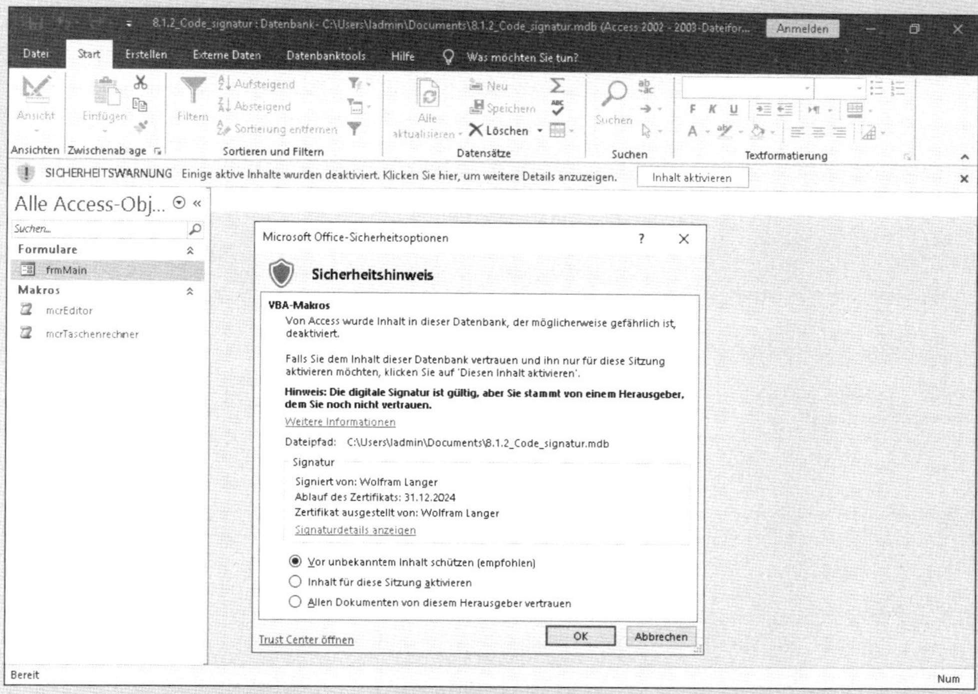

Abbildung 8.10 Wenn Sie eine ».mdb«-Datei mit Codesignatur öffnen, finden Sie das Zertifikat in der Signatur wieder.

Darüber hinaus ist das Zertifikat dafür geeignet, die Datenbank als vertrauenswürdig einzustufen, so dass keine Sicherheitswarnungen mehr erscheint. Dafür benötigen Sie mein Zertifikat in der Datei *08_Makros\8.1.2_CodeSignatur-Zertifikat.cer*, das Sie zweimal in Ihren Zertifikatspeicher importieren müssen:

1. Öffnen Sie die *.cer*-Datei per Doppelklick.
2. Klicken Sie auf ZERTIFIKAT INSTALLIEREN ..., Speicherort AKTUELLER BENUTZER, und legen Sie den Zertifikatspeicher selbst fest.
3. Beim ersten Import wählen Sie VERTRAUENSWÜRDIGE HERAUSGEBER aus.
4. Für den zweiten Import, der nur bei selbstsignierten Zertifikaten notwendig ist, wählen Sie VERTRAUENSWÜRDIGE STAMMZERTIFIZIERUNGSSTELLEN aus.

Das Zertifikat ist jetzt als vertrauenswürdiger Herausgeber installiert, und der Zertifizierungspfad stimmt. In der Folge aktiviert Access sämtliche Makros in der Datenbank.

Codesignatur heute (».accdb«- und ».accdc«-Dateien)

Mit den neuen *.accdb*-Dateien hat Microsoft das Signieren der Datenbank über Bord geworfen. Es gibt lediglich eine Funktion zum Verteilen der Datenbank als *.accdc-Datei*. Klicken Sie hierfür auf DATEI • SPEICHERN UNTER • DATENBANK SPEICHERN ALS • PACKEN UND SIGNIEREN, SPEICHERN und wählen das Zertifikat aus (Abbildung 8.8). Access erstellt daraufhin eine verpackte Version der Datenbank, die etwas kleiner und digital signiert ist. Ein Beispiel dazu finden Sie in den Materialien zum Buch unter *08_Makros\8.1.2_Unsichere_Aktionen.accdc*.

Wenn Sie eine *.accdc*-Datei öffnen, können Sie über die Warnmeldung (Abbildung 8.11) das Zertifikat einsehen. Die Warnmeldung können Sie übrigens unterdrücken, indem Sie das Zertifikat wie oben beschrieben zweimal importieren und dadurch als vertrauenswürdigen Herausgeber einstufen.

Abbildung 8.11 Beim Öffnen einer ».accdc«-Datei können Sie über »Signaturdetails anzeigen« das Zertifikat einsehen, mit dem die Datenbank signiert ist.

In jedem Fall öffnet Access die Datenbank nicht direkt, sondern erzeugt im nächsten Schritt eine *.accdb*-Datei. Dabei geht die Signatur allerdings wieder verloren! Infolgedessen ist die extrahierte *.accdb*-Datei per se nicht vertrauenswürdig. Unsichere Makros müssten Sie jetzt auf einem der anderen Wege reaktivieren, beispielsweise über einen vertrauenswürdigen Speicherort.

8.1.3 Kommentare im Makro

Im Aktionskatalog sehen Sie oberhalb der Aktionen die Rubrik PROGRAMMABLAUF. Hier sind vier Elemente einsortiert, die zur Strukturierung eines Makros beitragen:

- GRUPPIEREN: Zusammenfassen von mehreren Aktionen zu einer Gruppe
- KOMMENTAR: Erläuterungen und Notizen
- UNTERMAKRO: wie Gruppieren, aber von außen aufrufbar
- WENN: Fallunterscheidungen

Nutzen Sie Kommentare, um schwierige Aktionen zu erläutern. Dabei haben Sie völlige Freiheit, was Sie in den Kommentar schreiben möchten. Ein Beispiel finden Sie in den Materialien zum Buch unter *08_Makros\8.1.3_Kommentare.accdb* (Abbildung 8.12).

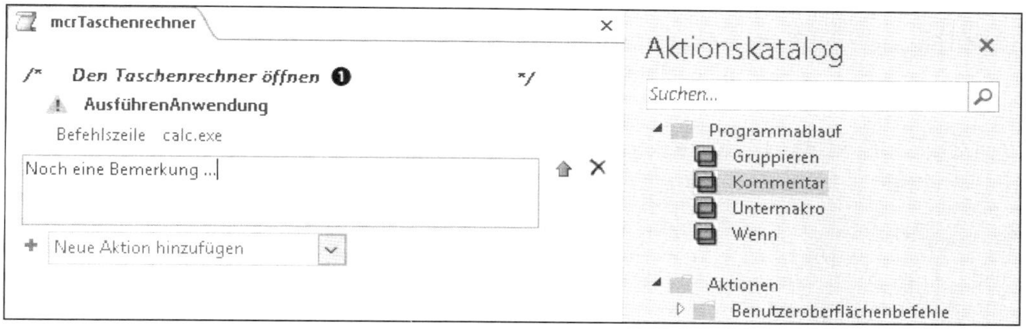

Abbildung 8.12 Vor der Aktion habe ich in einem Kommentar ❶ vermerkt, was »calc.exe« ist: der altbekannte Taschenrechner von Windows.

Bei umfangreicheren Makros wäre es angebracht, gleich vor die erste Aktion einen Kommentar zu setzen und dort zu erläutern, welche Aufgaben das Makro erfüllt.

8.1.4 Fallunterscheidungen

Mit einer Fallunterscheidung teilt sich der Ablauf des Makros in zwei Zweige auf (Abbildung 8.13).

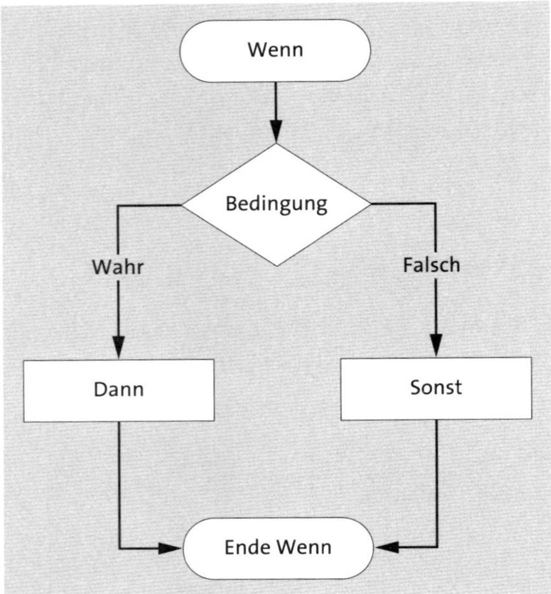

Abbildung 8.13 Je nachdem, ob die Bedingung erfüllt ist oder nicht, führt Access die Aktionen im »Dann-« oder im »Sonst«-Teil aus.

Ziehen Sie per Drag & Drop das Element `Wenn` in das Makro, um eine neue Fallunterscheidung zu erstellen. Wie in Abbildung 8.14 zu sehen, bekommt das Makro einen neuen Block mit dem *Dann-Teil*. Optional können Sie den *Sonst-Teil* hinzufügen, indem Sie auf SONST HINZUFÜGEN klicken. Verschachtelte oder gestaffelte Fallunterscheidungen (*Sonst-Wenn-Teil*) sind ebenfalls möglich.

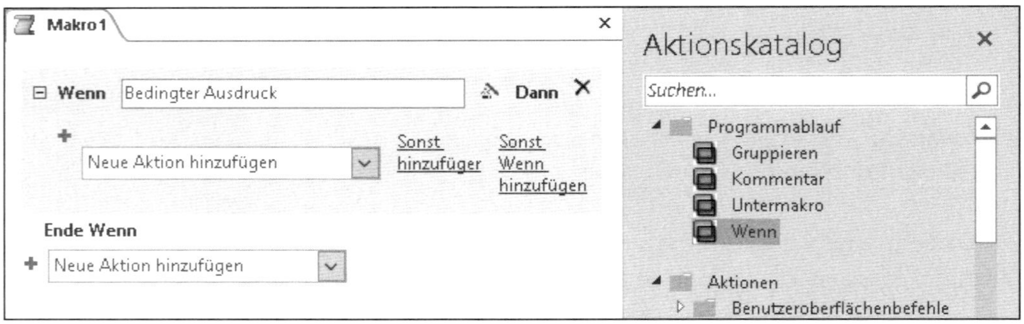

Abbildung 8.14 Eine neue Bedingung umfasst zunächst nur die beiden Teile »Wenn« und »Dann«.

Bei einer neuen Fallunterscheidung müssen Sie zunächst einmal die *Bedingung* eintragen (WENN). Bedingungen sind Ihnen bereits von den Gültigkeitsregeln in Tabellen und den Filtern in Abfragen her bekannt. Damit das Leben nicht unnötig kompliziert ist, hat Microsoft den Ausdrucks-Generator (Abbildung 8.15) entwickelt, mit dessen Hilfe eine Bedingung schnell zusammengestellt ist. Überall, wo Sie den Zauberstab sehen, können Sie den Ausdrucks-Generator aufrufen.

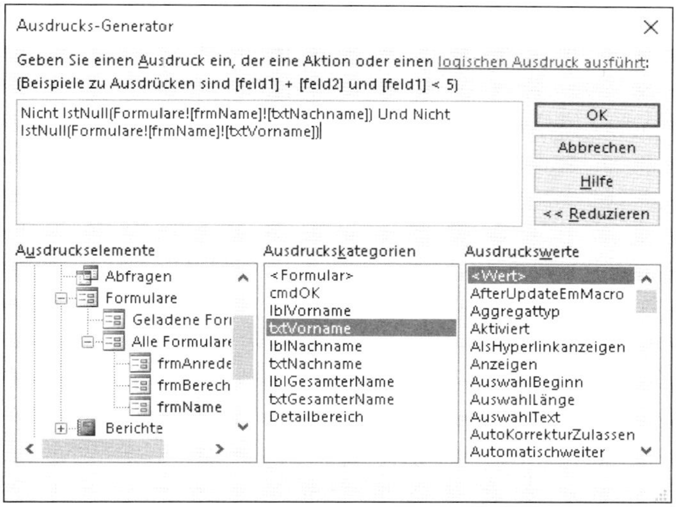

Abbildung 8.15 Im Ausdrucks-Generator können Sie auf Formulare und Steuerelemente zugreifen und dadurch die Bedingung schrittweise zusammenbauen.

In den Materialien zum Buch habe ich in der Datenbank *08_Makros\8.1.4_Fallunterscheidung.accdb* einige ungebundene Formulare mit einer Schaltfläche vorbereitet. Beispielsweise gibt es im Formular *frmName* je ein Textfeld für den Nachnamen und für den Vornamen (Abbildung 8.16). Mit Hilfe des Makros *mcrName* möchte ich nun den vollständigen Namen in das dritte Textfeld eintragen, beispielsweise »Guntermann, Hildegard«, allerdings nur dann, wenn sowohl der Vor- als auch der Nachname eingetragen sind. Das ist eine typische Aufgabe für ein Makro mit Fallunterscheidung!

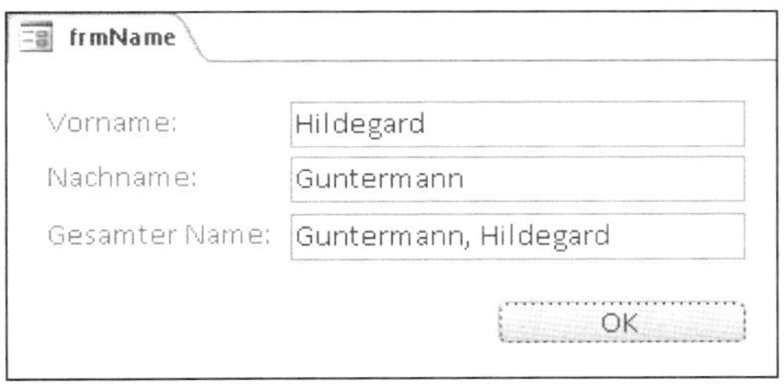

Abbildung 8.16 Das Makro soll den zusammengesetzten Namen im dritten Textfeld generieren.

Und so geht es:

1. Erstellen Sie ein neues Makro in der Entwurfsansicht.
2. Fügen Sie eine neue Fallunterschreidung hinzu, indem Sie das Element `Wenn` per Drag & Drop oder per Doppelklick in das Makro einfügen.

3. Die Bedingung können Sie entweder direkt eintippen oder mit Hilfe des Ausdrucks-Generators erstellen.

```
Nicht IstNull([txtNachname]) Und Nicht IstNull([txtVorname])
```

4. Diese Bedingung ist erfüllt, wenn in beiden Textfeldern etwas eingetragen ist. Damit sind wir beim DANN-Teil, in dem das Makro den vollständigen Namen generieren soll. Fügen Sie die Aktion `FestlegenEigenschaft` (zu finden in der Rubrik DATENBANKOBJEKTE) zum DANN-Teil hinzu, und tragen Sie die Parameter wie in Abbildung 8.17 ein.

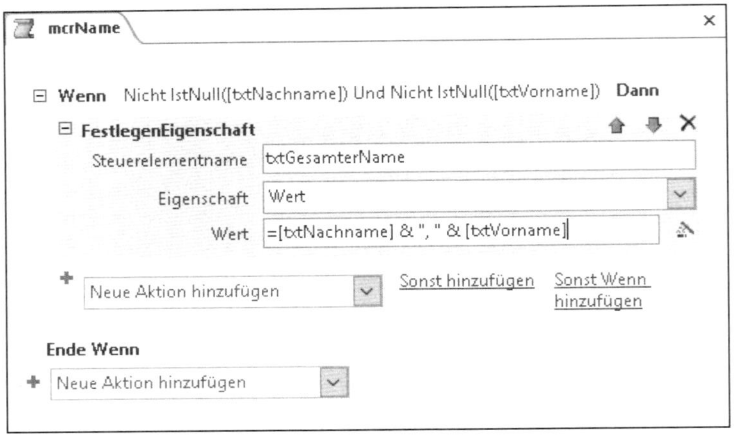

Abbildung 8.17 In den »Dann«-Teil kommt die »FestlegenEigenschaft«-Aktion mit der Formel, die den Namen zusammensetzt.

Bei »Wert« das Gleichheitszeichen nicht vergessen!

Die Eigenschaft `Wert` eines Steuerelements ist der Text, der eingetippt wurde. Mit `FestlegenEigenschaft` und der Eigenschaft `Wert` lässt sich der Text ganz einfach ändern.

Bitte vergessen Sie beim Parameter WERT am Anfang der Formel nicht das Gleichheitszeichen. Ohne würde Access den Ausdruck nicht als Formel auswerten.

5. Andererseits soll im Textfeld »txtGesamterName« nichts stehen, wenn die Eingabe unvollständig ist. Klicken Sie daher auf SONST HINZUFÜGEN, um den zweiten Zweig der Fallunterscheidung zu ergänzen.
6. Fügen Sie die Aktion `FestlegenEigenschaft` zum SONST-Teil hinzu, und tragen Sie die Parameter wie in Abbildung 8.18 ein.

Speichern Sie abschließend das Makro ab, und lassen Sie es über die Schaltfläche automatisch starten. Das Ergebnis finden Sie in der Beispieldatenbank.

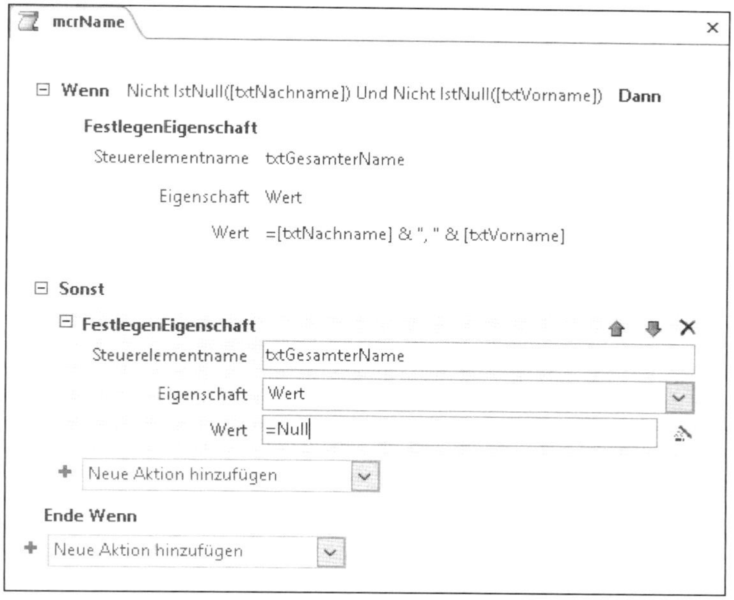

Abbildung 8.18 Im »Sonst«-Teil wird aufgeräumt und NULL eingetragen.

8

Der Kontext eines automatisch gestarteten Makros

In den Makros in der Beispieldatenbank habe ich alle Steuerelemente direkt in eckigen Klammern angegeben. Alternativ könnten Sie den voll qualifizierten Namen mit Angabe des Formulars nutzen:

```
Nicht IstNull([Formulare]![frmName]![txtNachname])
Und Nicht IstNull([Formulare]!
[frmName]![txtVorname])
```

Diese Schreibweise habe ich in Abbildung 8.15 verwendet. Nur mit der voll qualifizierten Schreibweise können Sie das Makro manuell starten. Das Formular *frmName* muss bereits geöffnet sein, sonst gibt es eine Fehlermeldung.

Wenn Sie ein Makro automatisch durch das Klick-Ereignis der Schaltfläche starten lassen, gibt es so etwas wie einen *Kontext*. Es läuft dann quasi mit Zugriff auf das Formular, von dem es aufgerufen wird. In Makros, die nur automatisch gestartet werden sollen, ist die voll qualifizierte Benennung von Steuerelementen nicht notwendig.

Ganz hilfreich finde ich, dass sich einzelne Aktionen oder Ebenen reduzieren lassen. Auf diese Weise behalten Sie gerade bei verschachtelten Fallunterscheidungen wie in *mcrAnrede* den Überblick (Abbildung 8.19).

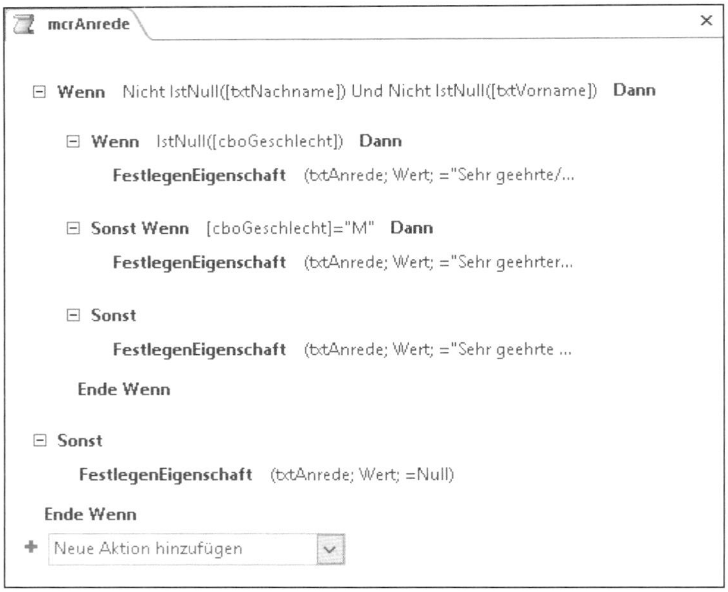

Abbildung 8.19 Dieses Beispiel enthält zwei verschachtelte Fallunterscheidungen, von denen die innere auch noch gestaffelt ist (Sonst-Wenn-Teil).

8.1.5 Gruppieren und Untermakros

Aktionen in Makros können zu Blöcken zusammengefasst werden. Dafür gibt es die beiden Elemente GRUPPIEREN und UNTERMAKROS, die sehr ähnlich sind und sich nur in einem Punkt unterscheiden.

- **Gruppieren**
  Eine *Gruppe in einem Makro* trägt dazu bei, dass sich die Lesbarkeit des Programms verbessert. Fassen Sie verwandte Aktionen in einer Gruppe zusammen, und vergeben Sie einen aussagekräftigen Namen für die Gruppe.
- **Untermakro**
  Ein *Untermakro* ist wie eine Gruppe und trägt einen Namen. Im Unterschied zur Gruppe entspricht es aber eher einem eigenständigen Programm. Sie können es an anderen Stellen wie beispielsweise von einem Ereignis aus oder mit den Aktionen `AusführenMakro` und `BeiFehler` aufrufen.

Ein Beispiel mit zwei Untermakros finden Sie in der Datenbank *08_Makros\8.1.5_Untermakros.accdb*, die sich in den Materialien zum Buch befindet. Beide Untermakros sind im Makro *mcrBerechnung* zu finden (Abbildung 8.20).

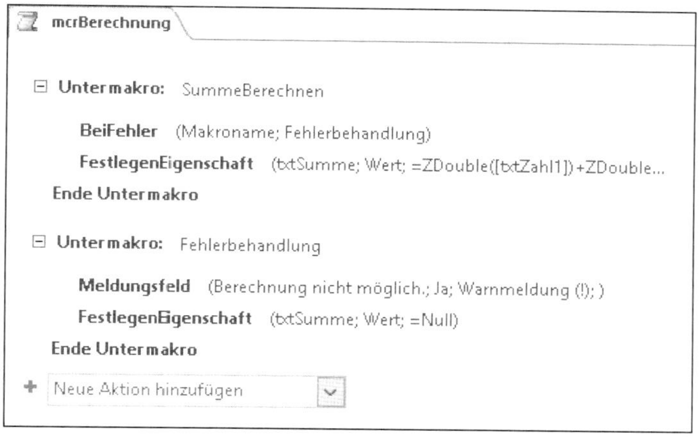

Abbildung 8.20 Das Makro »mcrBerechnung« enthält zwei Untermakros.

Konzentrieren wir uns zunächst auf das erste Untermakro, `SummeBerechnen`. Im Formular *frm-Berechnung* kann der Anwender in zwei Textfeldern eine Zahl eintragen. Per Mausklick auf die Schaltfläche soll die Summe beider Zahlen berechnet und im dritten Textfeld ausgegeben werden. Entsprechend nutze ich das Ereignis `Beim Klicken` der Schaltfläche, um das Untermakro automatisch zu starten. Für ein Untermakro muss ich dabei sowohl den Namen des Makros als auch den des Untermakros getrennt durch einen Punkt angeben:

```
<Makroname>.<Name des Untermakros>
```

Alleinstehende Aktionen und Untermakros

Bei allen Makros, die ich vor diesem Abschnitt vorgestellt habe, gab es lediglich *alleinstehende Aktionen*. Sämtliche Untermakros stehen hinter den alleinstehenden Aktionen, sofern es welche gibt.

Normalerweise werden die alleinstehenden Aktionen gestartet, wenn Sie ein Makro per Doppelklick starten. Sollte ein Makro nur Untermakros enthalten, wird beim Doppelklick das erste Untermakro gestartet.

Innerhalb des Untermakros `SummeBerechnen` steht die Aktion `FestlegenEigenschaft` mit einer Formel zum Addieren der beiden Zahlen. Dabei bediene ich mich der Funktion `ZDouble()`, um beide Zeichenfolgen in Zahlen umzuwandeln.

Sollte in einem der beiden Textfelder gar nichts oder etwas anderes als eine Zahl stehen, wird es zu einem Fehler kommen. Und hier kommt das zweite Untermakro `Fehlerbehandlung` ins Spiel. Über die Aktion `BeiFehler` kann ich steuern, wie sich Access bei einem Fehler verhalten soll:

- **Fehlgeschlagen**
  Dies ist das standardmäßige Verhalten. Access unterbricht das Makro und zeigt eine Fehlermeldung an.
- **Nächster**
  Access ignoriert den Fehler und führt die nächste Aktion aus.
- **Makroname**
  Access springt zur Behandlung des Fehlers in ein Untermakro.

Im Beispiel habe ich die letzte Option gewählt und den Namen des zweiten Untermakros eingetragen. Dort sorgen zwei Aktionen dafür, dass eine Fehlermeldung erscheint und als Summe NULL eingetragen wird.

8.2 Auf Ereignisse reagieren

Wie schon angedeutet, kann Access ein Makro oder VBA-Programm automatisch starten, wenn der Benutzer eine bestimmte Handlung unternimmt. Das einfachste Beispiel ist der Klick auf eine Schaltfläche.

Ich nenne die Handlung des Benutzers *Auslöser*, denn sie führt dazu, dass Access ein oder mehrere *Ereignisse* (englisch *events*) auslöst. In den nächsten Abschnitten werde ich Ihnen die wichtigsten Auslöser und Ereignisse vorstellen. Wenn Sie möchten, können Sie mit einem Programm auf ein Ereignis reagieren. Für die Programmierung mit Makros wählen Sie dazu den Namen des Makros in der *Ereignis-Eigenschaft* aus. Die einzelnen Schritte dazu sehen wir uns am einfachen Fall einer Schaltfläche an:

1. Öffnen Sie die Datenbank *08_Makros\8.2_Fluege.accdb* in den Materialien zum Buch.
2. Öffnen Sie das Formular *frmMain* in der Entwurfsansicht. Ich habe dort mehrere Schaltflächen vorbereitet.
3. Blenden Sie das EIGENSCHAFTENBLATT ein.
4. Wählen Sie die Schaltfläche »cmdAbteilung« aus.
5. Im EIGENSCHAFTENBLATT finden Sie unter dem Registerblatt EREIGNIS die Ereigniseigenschaften. Dort ist noch nichts eingetragen; folglich wird bisher auf keines der Ereignisse der Schaltfläche »cmdAbteilung« reagiert.
6. BEIM KLICKEN ist die Ereignis-Eigenschaft für das Ereignis `Click`. Wählen Sie dort das Makro *mcrOeffneFrmAbteilung* aus.

Fortan startet Access das Makro *mcrOeffneFrmAbteilung*, das wiederum das Formular *frmAbteilung* öffnet, automatisch beim Klick auf die Schaltfläche. Entsprechend können Sie mit den anderen Makros und den Ereignissen für die anderen Schaltflächen die Datenbank vollständig zum Leben erwecken.

So finden Sie das passende Ereignis

Access bietet Ihnen eine Fülle von Ereignissen an. Da ist es gar nicht so einfach, den Überblick zu behalten und das gerade passende Ereignis zu finden. In der Praxis versuche ich zuerst, den Auslöser zu benennen. Anschließend kommt die Suche nach den passenden Ereignissen. Dabei sollen Ihnen die Tabellen in den folgenden Abschnitten helfen.

Ich möchte Sie an dieser Stelle auch noch einmal auf die Workshops zu den Formularen (Abschnitt 6.8) und Berichten (Abschnitt 7.6) verweisen. Dort können Sie die Suche nach den passenden Ereignissen nachvollziehen.

8.2.1 Ereignisse von Formularen

Sehen wir uns zunächst die wichtigsten Ereignisse auf Ebene des Formulars an. Der Vollständigkeit halber berücksichtige ich dabei auch Ereignisse von Steuerelementen, denn schließlich lässt sich ein Datensatz ohne Steuerelemente gar nicht verändern. Soweit nichts anderes erwähnt ist, handelt es sich um Ereignisse des Formulars.

Position	Ereignis	englische Bezeichnung	Bemerkung
1	`Öffnen`	`Open`	Mit der Aktion `AbbrechenEreignis` (unter VBA: Parameter `Cancel`) lässt sich das Öffnen noch verhindern.
2	`Laden`	`Load`	
3	`Größenänderung`	`Resize`	bei jeder Größenänderung des Formularfensters
4	`Aktivierung`	`Activate`	Im Übrigen treten die Ereignisse `Aktivierung` und `Deaktivierung` auch beim Wechsel zwischen Formularen auf.
5	`Anzeigen`	`Current`	Unabhängig von dem hier beschriebenen Auslöser tritt das Ereignis `Anzeigen` auch beim Wechsel zu einem anderen Datensatz auf.
6	`Hingehen`	`Enter`	beides Ereignisse des ersten Steuerelements
7	`Fokuserhalt`	`GotFocus`	

Tabelle 8.2 Ereignisse für den Auslöser »Ein Formular wird geöffnet«

Position	Ereignis	englische Bezeichnung	Bemerkung
1	Verlassen	Exit	beides Ereignisse des aktiven Steuerelements
2	Fokusverlust	LostFocus	
3	Entladen	Unload	AbbrechenEreignis/Cancel verfügbar
4	Deaktivierung	Deactivate	Im Übrigen treten die Ereignisse Aktivierung und Deaktivierung auch beim Wechsel zwischen Formularen auf.
5	Schließen	Close	

Tabelle 8.3 Ereignisse für den Auslöser »Ein Formular wird geschlossen«

Position	Ereignis	englische Bezeichnung	Bemerkung
1	Geändert	Dirty	Ereignis des Formulars; AbbrechenEreignis/Cancel verfügbar
2	Geändert	Dirty	Ereignis des aktiven Steuerelements; AbbrechenEreignis/Cancel verfügbar
3	Änderung	Change	Ereignis des aktiven Steuerelements

Tabelle 8.4 Ereignisse für den Auslöser »Es wird begonnen, einen Datensatz zu ändern«

Position	Ereignis	englische Bezeichnung	Bemerkung
1	Rückgängig	Undo	Ereignis des aktiven Steuerelements, wenn dieses gerade geändert wird
2	Rückgängig	Undo	

Tabelle 8.5 Ereignisse für den Auslöser »Änderung eines Datensatzes wird abgebrochen« (Esc-Taste)

Position	Ereignis	englische Bezeichnung	Bemerkung
1	Vor Aktualisierung	BeforeUpdate	AbbrechenEreignis/Cancel verfügbar. Der Datensatz ist noch nicht gespeichert. Hierhin gehören Prüfungen des Datensatzes oder automatische Anpassungen einzelner Felder.
2	Nach Aktualisierung	AfterUpdate	Jetzt ist der Datensatz gespeichert und kann nicht mehr verändert werden. An diese Stelle gehören Trigger, also Änderungen in anderen Tabellen (mit der aktuellen Access-Version: Nutzen Sie besser Datenmakros).

Tabelle 8.6 Ereignisse für den Auslöser »Ein Datensatz im Editiermodus wird gespeichert«

Position	Ereignis	englische Bezeichnung	Bemerkung
1	Vor Eingabe	BeforeInsert	AbbrechenEreignis/Cancel verfügbar
2	Geändert	Dirty	Ereignis des Formulars; AbbrechenEreignis/Cancel verfügbar
3	Geändert	Dirty	Ereignis des aktiven Steuerelements; AbbrechenEreignis/Cancel verfügbar
4	Änderung	Change	Ereignis des aktiven Steuerelements

Tabelle 8.7 Ereignisse für den Auslöser »Es wird begonnen, einen neuen Datensatz einzufügen«

Position	Ereignis	englische Bezeichnung	Bemerkung
1	Vor Aktualisierung	BeforeUpdate	AbbrechenEreignis/Cancel verfügbar
2	Nach Aktualisierung	AfterUpdate	
3	Nach Einfügung	AfterInsert	

Tabelle 8.8 Ereignisse für den Auslöser »Ein neuer Datensatz im Editiermodus wird gespeichert«

Position	Ereignis	englische Bezeichnung	Bemerkung
1	`Löschen`	`Delete`	`AbbrechenEreignis/Cancel` verfügbar. Wenn mehrere Datensätze gleichzeitig gelöscht werden, tritt dieses Ereignis für jeden Datensatz nacheinander auf.
2	`Anzeigen`	`Current`	
3	`Vor Lösch-bestätigung`	`Before-DelConfirm`	`AbbrechenEreignis/Cancel` verfügbar
4	`Nach Lösch-bestätigung`	`After-DelConfirm`	Jetzt sind die Datensätze gelöscht. An diese Stelle gehören Trigger, insofern nicht durch Datenmakros realisiert.

Tabelle 8.9 Ereignisse für den Auslöser »Ein oder mehrere Datensätze werden gelöscht«

8.2.2 Ereignisse von Steuerelementen

Auf Ebene der Steuerelemente kennen Sie bereits den Klick auf eine Schaltfläche:

Position	Ereignis	englische Bezeichnung	Bemerkung
1	`Klicken`	`Click`	

Tabelle 8.10 Ereignisse für den Auslöser »Eine Schaltfläche wird angeklickt«

Solche Low-Level-Ereignisse zur Tastatur und Maus gibt es auch für das Formular und andere Steuerelemente. Ich werde sie hier jedoch nicht aufführen, da es in der Praxis keine Rolle spielt, ob der Benutzer beispielsweise eine Datenänderung per Tastendruck oder per Mausklick ausgelöst hat.

Position	Ereignis	englische Bezeichnung	Bemerkung
1	`Geändert`	`Dirty`	`AbbrechenEreignis/Cancel` verfügbar
2	`Änderung`	`Change`	Mit jeder neuen Eingabe eines Zeichens wird dieses Ereignis ausgelöst.

Tabelle 8.11 Ereignisse für den Auslöser »Es wird begonnen, ein Textfeld zu ändern«

Position	Ereignis	englische Bezeichnung	Bemerkung
1	Vor Aktualisierung	BeforeUpdate	AbbrechenEreignis/Cancel verfügbar. Vor der Aktualisierung kann das Steuerelement nur gelesen, nicht jedoch geändert werden.
2	Nach Aktualisierung	AfterUpdate	Falls notwendig, kann das Steuerelement jetzt geändert werden.
3	Verlassen	Exit	AbbrechenEreignis/Cancel verfügbar

Tabelle 8.12 Ereignisse für den Auslöser »Nach Änderung wird ein Textfeld verlassen«

Position	Ereignis	englische Bezeichnung	Bemerkung
1	Rückgängig	Undo	

Tabelle 8.13 Ereignisse für den Auslöser »Die Änderung an einem Textfeld wird abgebrochen« (Esc-Taste)

Bei Kombinationsfeldern kommen zwei weitere Auslöser in Frage:

Position	Ereignis	englische Bezeichnung	Bemerkung
1	Geändert	Dirty	AbbrechenEreignis/Cancel verfügbar
2	Vor Aktualisierung	BeforeUpdate	AbbrechenEreignis/Cancel verfügbar
3	Nach Aktualisierung	AfterUpdate	
4	Änderung	Change	

Tabelle 8.14 Ereignisse für den Auslöser »In einem Kombinationsfeld wird aus der Dropdown-Liste ein anderer Wert ausgewählt«

Position	Ereignis	englische Bezeichnung	Bemerkung
1	`Nicht in Liste`	`NotInList`	Fehlende Werte können ergänzt werden (Abschnitt 6.3.4, »Auswahl aus verschiedenen Optionen«).

Tabelle 8.15 Ereignisse für den Auslöser »In ein Kombinationsfeld wurde ein Text eingetippt, der keinem Listeneintrag entspricht«

8.2.3 Mit dem Zeitgeber arbeiten (Timer)

Wenn Sie den Zeitgeber aktivieren, erzeugt das Formular in regelmäßigen Abständen das Zeitgeber-Ereignis.

Position	Ereignis	englische Bezeichnung	Bemerkung
1	`Zeitgeber`	`Timer`	Wird wiederholt ausgelöst, im Abstand von EREIGNIS • ZEITGEBERINTERVALL (englisch `TimerInterval`; zeitlicher Abstand in Millisekunden).

Tabelle 8.16 Ereignisse für den Auslöser »Timer eingeschaltet«

Standardmäßig ist EREIGNIS • ZEITGEBERINTERVALL auf 0 ms gesetzt und der Zeitgeber damit deaktiviert. Tragen Sie beispielsweise »5000« ein, um alle 5 s das Zeitgeber-Ereignis auszulösen.

8.2.4 Ereignisse eines Berichts

Beim Öffnen und Schließen eines Berichts sind die Ereignisse recht ähnlich wie bei den Formularen.

Position	Ereignis	englische Bezeichnung	Bemerkung
1	`Öffnen`	`Open`	`AbbrechenEreignis/Cancel` verfügbar
2	`Ohne Daten`	`NoData`	`AbbrechenEreignis/Cancel` verfügbar. Wird nur ausgelöst, wenn die Datensatzquelle keine Datensätze liefert.

Tabelle 8.17 Ereignisse für den Auslöser »Ein Bericht wird geöffnet«

Position	Ereignis	englische Bezeichnung	Bemerkung
3	Laden	Load	
4	Größen-änderung	Resize	so wie bei jeder Größenänderung in der Berichtsansicht (nicht in der Seitenansicht)
5	Aktivierung	Activate	
6	Fokuserhalt	GotFocus	

Tabelle 8.17 Ereignisse für den Auslöser »Ein Bericht wird geöffnet« (Forts.)

Position	Ereignis	englische Bezeichnung	Bemerkung
1	Entladen	Unload	AbbrechenEreignis/Cancel verfügbar
2	Fokusverlust	LostFocus	
3	Deaktivierung	Deactivate	
4	Schließen	Close	

Tabelle 8.18 Ereignisse für den Auslöser »Ein Bericht wird geschlossen«

Das sind aber auch schon alle Gemeinsamkeiten zwischen Formularen und Berichten. Bei Berichten sind es die Ereignisse der Bereiche, die besonderes Augenmerk erfordern. Anhand dieser Ereignisse lässt sich schön verfolgen, dass Access beim Aufbauen eines Berichts richtig viel zu tun hat: Bereiche werden formatiert (Format-Ereignis), platziert (Drucken-Ereignis) und notfalls wieder zurückgenommen (Retreat-Ereignis), wenn der Platz auf dem Papier einmal nicht ausreicht. Es ist der Regelfall, dass Access die einzelnen Ereignisse eines Bereichs mehrfach aufrufen muss.

Position	Ereignis	Englische Bezeichnung	Bemerkung
1	Formatieren	Format	AbbrechenEreignis/Cancel verfügbar
2	Drucken	Print	AbbrechenEreignis/Cancel verfügbar. Dies ist in etwa das Äquivalent zum Anzeigen-Ereignis eines Formulars.

Tabelle 8.19 Ereignisse für den Auslöser »Ein Bereich eines Berichts wird in der Seitenansicht angezeigt oder an den Drucker gesendet«

Position	Ereignis	Englische Bezeichnung	Bemerkung
3	Rücknahme	Retreat	Wird nur ausgelöst, wenn ein Bereich nicht mehr auf eine Seite gepasst hat und auf die nächste Seite verschoben wird.

Tabelle 8.19 Ereignisse für den Auslöser »Ein Bereich eines Berichts wird in der Seitenansicht angezeigt oder an den Drucker gesendet« (Forts.)

Position	Ereignis	Englische Bezeichnung	Bemerkung
1	Format-übertragen	Paint	

Tabelle 8.20 Ereignisse für den Auslöser »Ein Bereich eines Berichts wird in der Berichtsansicht angezeigt«

8.2.5 Eingebettete Makros

Eigenständige Makros als Reaktion auf ein Ereignis zu nutzen, führt in der Praxis bedauerlicherweise zu einer sehr unübersichtlichen Datenbank. In Gedanken können Sie sich leicht ausmalen, wie viele Makros zusammenkommen, wenn in jedem Formular, sagen wir, zehn Ereignisse bedient werden. Noch schwieriger wird die Angelegenheit, wenn ein Makro von mehreren Formularen genutzt wird. Irgendwann blickt niemand mehr durch, welches Makro nun zu welchem Formular gehört oder ob es überhaupt noch genutzt wird. Und wenn einmal ein Makro irrtümlich gelöscht oder umbenannt wurde, zeigt die Datenbank lauter Fehlermeldungen an (Abbildung 8.21).

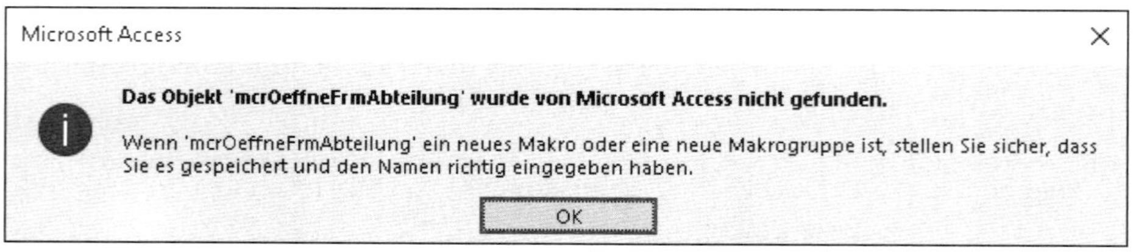

Abbildung 8.21 Bei eigenständigen Makros steht in der »Ereignis«-Eigenschaft nur der Name des Makros. Wurde es aus Versehen gelöscht oder umbenannt, erscheinen Fehlermeldungen dieser Art.

Mit *eingebetteten Makros* – einer Neuerung, die es seit Access 2007 gibt – hat sich die Problematik glücklicherweise entspannt. Ein Makro dieses Typs erscheint nicht als Datenbankobjekt im Navigationsbereich. Stattdessen ist das Makro samt Aktionen in der Ereignis-Eigenschaft und somit im Formular, Bericht oder Steuerelement enthalten.

In den Materialien zum Buch finden Sie in der Datenbank *08_Makros\8.2.5_Eingebettete_Makros.accdb* einige Beispiele mit eingebetteten Makros. In Abschnitt 6.3.9, »Andere Steuerelemente«, hatte ich auf den Befehlsschaltflächen-Assistenten hingewiesen. Er erzeugt ebenfalls eingebettete Makros.

Eigenständiges Makro vs. eingebettetes Makro

Als wesentlichen Vorteil eines eingebetteten Makros empfinde ich, dass es dort steht, wo es hingehört: nämlich in das Formular oder in den Bericht. Auf dieser Ebene lässt sich der Überblick über die Makros behalten. Erst durch diese Verlagerung ist in Access die Makro-Programmierung tragfähig geworden. Dies ist einer der wesentlichen Gründe, weshalb ich zum Anfang des Kapitels von einer Renaissance der Makros sprach.

8.3 Besondere Makros

Access kennt noch drei weitere Typen von Makros, von denen das Datenmakro einen ganz besonderen Stellenwert einnimmt.

8.3.1 Datenmakros (Trigger)

Ich hatte Ihnen gezeigt, dass Access beispielsweise beim Ändern eines Datensatzes in einem Formular Ereignisse auslöst, auf die Sie bei Bedarf mit Makros reagieren können. Für eine Tabelle gibt es hingegen keine Ereignisse, und folglich konnte bis vor wenigen Access-Versionen auch nichts ausgelöst werden, wenn der Benutzer einen Datensatz direkt in einer Tabelle einfügte, änderte oder löschte. Diese Lücke wurde mit den *Datenmakros* in Access 2010 endlich geschlossen. Ich sehe in ihnen den zweiten wichtigen Grund, der zur Renaissance der Makros geführt hat.

Position	Datenmakro	Englische Bezeichnung	Bemerkung
1	`Vor Änderung`	`Before Change`	`IsInserted = Falsch` Fehler (z. B. `AuslösenFehler`) führen zum Abbruch. Der Datensatz ist noch nicht gespeichert. Hierhin gehören Prüfungen des Datensatzes oder automatische Anpassungen einzelner Felder.

Tabelle 8.21 Datenmakros für den Auslöser »Ein geänderter Datensatz wird gespeichert«

Position	Datenmakro	Englische Bezeichnung	Bemerkung
2	Nach Aktualisierung	After Update	Jetzt ist der Datensatz gespeichert und sollte nicht mehr verändert werden. An diese Stelle gehören Änderungen in anderen Tabellen. Mit der Funktion `Updated("Feldname")` lässt sich prüfen, ob ein bestimmtes Feld von der Änderung betroffen ist. Der alte Wert ist mit `[Old].[Feldname]` immer noch erreichbar.

Tabelle 8.21 Datenmakros für den Auslöser »Ein geänderter Datensatz wird gespeichert« (Forts.)

Position	Datenmakro	Englische Bezeichnung	Bemerkung
1	Vor Änderung	Before Change	`IsInserted = Wahr` Fehler (z. B. `AuslösenFehler`) führen zum Abbruch.
2	Nach Einfügung	After Insert	Der neue Datensatz ist eingefügt und sollte nicht mehr verändert werden. An diese Stelle gehören Änderungen in anderen Tabellen.

Tabelle 8.22 Datenmakros für den Auslöser »Ein neuer Datensatz wird gespeichert«

Position	Datenmakro	Englische Bezeichnung	Bemerkung
1	Vor Löschung	Before Delete	Fehler (z. B. `AuslösenFehler`) führen zum Abbruch. Der Datensatz ist noch nicht gelöscht. Hierhin gehören Prüfungen, ob der Datensatz gelöscht werden darf.
2	Nach Löschung	After Delete	Der Datensatz ist jetzt gelöscht, aber die Felder sind über `[Old].[Feldname]` immer noch erreichbar. An diese Stelle gehören Änderungen in anderen Tabellen.

Tabelle 8.23 Datenmakros für den Auslöser »Ein Datensatz wird gelöscht«

Datenmakros und die Formularereignisse »BeforeUpdate« und »AfterUpdate«

Bevor es Datenmakros gab, mussten Prüfungen und Trigger über die Ereignisse `BeforeUpdate` und `AfterUpdate` in einem Formular umgesetzt werden. Da die Ereignisse an das Formular gebunden sind, werden sie nicht ausgeführt, falls der Benutzer einmal die Daten direkt in der Tabelle ändert. Datenmakros sind in dieser Hinsicht universeller: Es spielt keine Rolle, ob der Benutzer Änderungen über ein Formular oder direkt in der Tabelle vornimmt – *Datenmakros werden immer ausgeführt.*

Ähnlich wie eingebettete Makros erscheinen Datenmakros nicht im Navigationsbereich, sondern sind in der jeweiligen Tabelle enthalten. Aus dreierlei Sicht sind sie etwas exotisch:

- Sie verwenden eigene Befehle, die *Datenblöcke* und die *Datenaktionen*.
- Es gibt keine potentiell gefährlichen Datenaktionen; Datenmakros werden somit immer ausgeführt.
- Fehler führen nicht zu einer Meldung am Bildschirm, sondern werden in der Usertabelle *USysApplicationLog* protokolliert.

Datenmakros lassen sich hervorragend am *Muster der Änderungentabelle* ausprobieren. Zur Erinnerung: Bei diesem Muster ging es darum, dass sämtliche Datensatzänderungen an einer Tabelle in der sogenannten *Änderungentabelle* protokolliert werden (Abschnitt 2.7.6, »Typische Muster von Tabellenbeziehungen«).

1. Öffnen Sie die Datenbank *08_Makros\8.3.1_Aenderungentabelle.accdb*.

   Änderungen in der Tabelle *tblMitarbeiter* sollen protokolliert werden. Die zugehörige Änderungentabelle heißt *tblMitarbeiterAenderungen*.
2. Öffnen Sie die Tabelle *tblMitarbeiter* in der Entwurfsansicht.
3. Klicken Sie auf TABELLENTOOLS • ENTWURF • DATENMAKROS ERSTELLEN, und wählen Sie den Eintrag NACH EINFÜGUNG aus. Sie gelangen direkt in die Entwurfsansicht des Datenmakros `Nach Einfügung`.
4. Ziehen Sie den Datenblock `DatensatzErstellen` aus dem rechten Bereich per Drag & Drop in das Makro.
5. Tragen Sie unter DATENSATZ ERSTELLEN IN die Änderungentabelle ein, in der das Erstellen des neuen Datensatzes protokolliert werden soll:

   `tblMitarbeiterAenderungen`
6. Ziehen Sie die Datenaktion `FestlegenFeld` in den noch leeren Datenblock.
7. Tragen Sie ein, welches Feld beschrieben werden soll und woher die Daten kommen:
   - NAME: `MitarbeiterID`
   - WERT =: `[tblMitarbeiter].[MitarbeiterID]`

NAME steht hier für den Feldnamen der Tabelle *tblMitarbeiterAenderungen*. Geben Sie bei WERT deshalb bitte unbedingt den vollständigen Feldnamen, d. h. inklusive Name der Tabelle, an.

8. Ergänzen Sie jetzt für alle anderen Felder entsprechend eine Datenaktion `FestlegenFeld`.

Ich erspare mir an dieser Stelle die weiteren Schritte. Das fertige Datenmakro sollte so wie in Abbildung 8.22 aussehen.

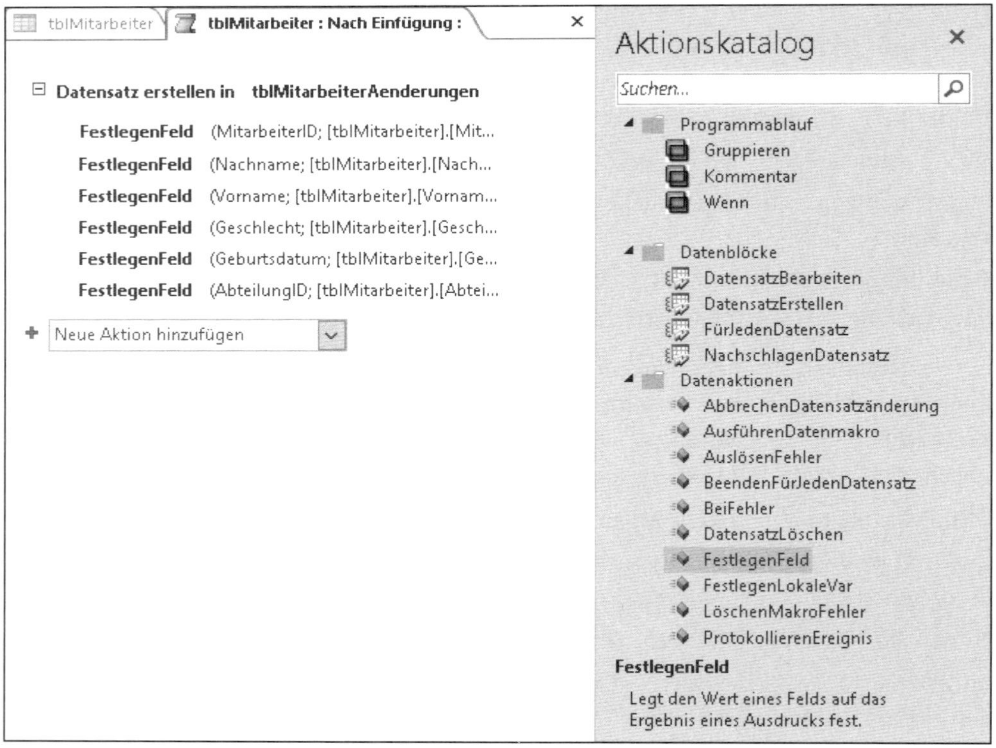

Abbildung 8.22 Im Datenblock »DatensatzErstellen« stehen sieben Datenaktionen »FestlegenFeld« – auf diese Weise wird eine Kopie des Datensatzes in der Änderungentabelle gespeichert.

Damit wäre das Einfügen eines neuen Datensatzes abgehandelt. In gleicher Weise würde man ein zweites Datenmakro, `Nach Aktualisierung`, erstellen, damit auch die Änderungen an bestehenden Datensätzen protokolliert werden. Das vollständige Ergebnis finden Sie in den Materialien zum Buch in der Datenbank *08_Makros\8.3.1_Datenmakro.accdb*.

Benannte Datenmakros

Etwas schade ist, dass wir beim Muster der Änderungentabelle das gleiche Programm in zwei Datenmakros eintragen mussten: In `Nach Einfügung` und in `Nach Aktualisierung`. Abhilfe schaffen *benannte Datenmakros*, die Sie unter TABELLENTOOLS • ENTWURF • BENANNTES

Makro erstellen und dann über den Eintrag Benanntes Makro erstellen anlegen können. Mit der Datenaktion `AusführenDatenmakro` lässt sich ein benanntes Datenmakro aufrufen. Sie finden die verbesserte Version der Änderungentabelle mit einem benannten Datenmakro in der Datenbank *08_Makros\8.3.1_Datenmakro_benannt.accdb*.

Parameter in benannten Datenmakros

Mit Hilfe von *Parametern* können Sie ein benanntes Datenmakro beim Aufruf genauer steuern und ihm Werte mitgeben. Achten Sie bitte darauf, dass sich der Name eines Parameters von denen der Felder oder Steuerelemente unterscheidet. Am besten nutzen Sie das Präfix `var`.

Wie im Beispiel gezeigt, können Datenmakros sogenannte *Datenblöcke* enthalten, die die Grobstruktur des Programms vorgeben. Es gibt vier unterschiedliche Datenblöcke:

1. **DatensatzBearbeiten (englisch »EditRecord«)**
   Hiermit lässt sich ein bestehender Datensatz in einer Tabelle verändern, ähnlich wie mit einer Aktualisierungsabfrage oder dem SQL-Befehl `UPDATE`.
2. **DatensatzErstellen (englisch »CreateRecord«)**
   Diesen Datenblock habe ich am Beispiel mit der Änderungentabelle genutzt. Er erzeugt einen neuen Datensatz in einer Tabelle und ist daher mit den Anfügeabfragen (dem SQL-Befehl `INSERT INTO`) verwandt.
3. **FürJedenDatensatz (englisch »ForEachRecord«)**
   Dem SQL-Befehl `SELECT` entspricht am ehesten dieser Datenblock. Dieser Datenblock iteriert durch alle Datensätze einer Tabelle oder Abfrage.
4. **NachschlagenDatensatz (englisch »LookupRecord«)**
   Bevor ein Datensatz mit dem Datenblock `DatensatzBearbeiten` verändert werden kann, muss er gefunden werden. Deshalb funktioniert `DatensatzBearbeiten` nicht allein, sondern muss in `NachschlagenDatensatz` verschachtelt werden.

Am besten sehen Sie sich die einzelnen Datenblöcke an einem Beispiel an. In der Datenbank *08_Makros\8.3.1_Abteilung_Anzahl_Mitarbeiter.accdb* gibt es in der Tabelle *tblMitarbeiter* ein benanntes Makro, mit dem das Feld »tblAbteilung.AnzahlMitarbeiter« stets auf dem aktuellen Stand gehalten wird.

Nicht alle Datenaktionen benötigen einen Datenblock

Einige Datenaktionen wie z. B. `FestlegenFeld` benötigen zwingend einen Datenblock. Auf der anderen Seite gibt es aber auch Datenaktionen wie beispielsweise `SendenEMail`, die allein stehen können. Ein Beispiel zum automatischen E-Mail-Versand per Outlook finden Sie in der Tabelle *tblAbteilung* in der Datenbank *08_Makros\8.3.1_Abteilung_Email.accdb*.

Ich habe mich bei den Datenmakros auf die beiden wichtigsten Fälle beschränkt: Datensätze automatisch erstellen oder ändern. Selbstverständlich haben Sie die völlige Freiheit und können Datenmakros auch für andere Zwecke nutzen. Behalten Sie dabei aber bitte zwei Punkte im Hinterkopf:

1. Datenmakros werden immer ausgeführt – auch wenn eine Aktionsabfrage in einem Rutsch sehr viele Datensätze verändert. Damit die Leistung Ihrer Datenbank nicht in den Keller rutscht, empfehle ich Ihnen, sparsam zu sein und nicht zu viele Aktionen in das Datenmakro zu packen.
2. Access zeigt Fehler in Datenmakros nicht unmittelbar an. Infolgedessen kann die Fehlersuche sehr mühsam sein. Als Trost kann ich Ihnen versichern, dass dies auch für die Programmierung von Triggern in Server-Datenbanken gilt.

Trigger sind halt eine feine Sache, haben aber ihre Grenzen und sind nicht ganz einfach zu programmieren.

8.3.2 »AutoExec« startet beim Öffnen der Datenbank

Beim Starten einer Datenbank schaut Access nach, ob es ein Makro mit dem reservierten Namen »AutoExec« gibt, und führt es aus. Neben der Option AKTUELLE DATENBANK • FORMULAR ANZEIGEN ist das der zweite Weg, automatisch beim Öffnen der Datenbank eine Aktion auszulösen. Ein Beispiel mit der Aktion `ÖffnenFormular` finden Sie in den Materialien zum Buch in der Datenbank *08_Makros\8.3.2_AutoExec.accdb*.

Automatisches Starten aufheben

Halten Sie beim Öffnen einer Datenbank die Taste [⇧] gedrückt, um das Startformular oder das »AutoExec«-Makro zu umgehen.

Shift-Taste beim Starten ignorieren

Das Verhalten der Taste [⇧] beim Öffnen lässt sich durch eine besondere DAO-Eigenschaft aufheben. So setzen Sie die Eigenschaft `AllowBypassKey` in der aktuellen Datenbank:

```
CurrentDb().Properties!AllowBypassKey = False
```

Standardmäßig gibt es diese Eigenschaft in einer Access-Datenbank nicht. Sollte also die Fehlermeldung Nr. 3270, EIGENSCHAFT NICHT GEFUNDEN, erscheinen, können Sie die DAO-Eigenschaft mit dieser Zeile erstellen:

```
CurrentDb().Properties.Append CurrentDb().CreateProperty("AllowBypassKey",
dbBoolean, False)
```

Um die Taste [⇧] wieder zu aktivieren, setzen Sie die Eigenschaft `AllowBypassKey` wieder auf `True`. Leider werden Sie dazu in vielen Fällen gar keine Gelegenheit haben, wenn Ihnen nach dem automatischen Starten der Zugriff auf den Direktbereich ([Strg] + [G]) verwehrt wird.

Aber keine Sorge, auch hierfür gibt es einen Ausweg. Öffnen Sie von einer leeren Datenbank aus die geschützte Datenbank per DAO:

```
DBEngine.OpenDatabase("<Pfad und Dateiname der accdb-Datei>").Properties!Allow-
BypassKey = True
```

8.3.3 Tastaturkürzel in »AutoKeys«

Das zweite Makro mit einem reservierten Namen heißt »AutoKeys« und steuert Tastenkürzel, die für die gesamte Datenbank gelten. Und zwar bekommt jedes Tastenkürzel ein eigenes Untermakro mit einem besonderen Namen, beispielsweise `{F1}` für die Funktionstaste [F1]. Als Beispiel habe ich in der Datenbank *08_Makros\8.3.3_AutoKeys.accdb* auf die Tasten [F1] bis [F4] die wichtigsten Formulare gelegt.

Name des Untermakros	Tastenkürzel
`{F1}`	Taste [F1]
`^{F1}`	[Strg] + [F1]
`+{F1}`	[⇧] + [F1]
`{INSERT}` `{INS}`	[Einfg]
`{DELETE}` `{DEL}`	[Entf]
`^V`	[Strg] + [V] Einfügen aus der Zwischenablage ist dann nicht mehr möglich (Ausnahme: über die Schaltfläche im Menüband)

Tabelle 8.24 Der Name des Untermakros in »AutoKeys« legt das Tastenkürzel fest.

Nicht alle Tasten sind jedoch zulässig. So kann beispielsweise weder eine normale Taste (beispielsweise [C], ohne die Taste [Strg]) noch die Taste [Esc] mit einem Makro belegt werden.

Kapitel 9

Visual Basic for Applications (VBA), die Programmiersprache für Microsoft-Office-Anwendungen

Mit einem VBA-Programm lässt sich so ziemlich alles in Access automatisieren.

Neben Makros bietet Access noch eine zweite Plattform für die Programmierung, die viel mächtiger ist und die ich bereits an mehreren Stellen in diesem Buch erwähnt habe: nämlich die Programmiersprache *Visual Basic for Applications* (VBA).

Zeilennummern in den Listings

Zur besseren Orientierung habe ich fast alle Listings mit Zeilennummern versehen. Bitte geben Sie in der integrierten Entwicklungsumgebung von VBA die Programme aber stets ohne Zeilennummern ein.

9.1 Warum VBA lernen?

Wie Sie im letzten Kapitel gesehen haben, lässt sich mit Makros und Datenmakros schon vieles automatisieren. Ab einer gewissen Größe werden Makros nach meinem Empfinden jedoch unübersichtlich. Diese drei Gründe sprechen für die Programmierung mit VBA:

- VBA-Programme sind übersichtlicher und lassen sich schneller bearbeiten.
- VBA ermöglicht eine exaktere Fehlerbehandlung.
- VBA ist viel mächtiger verglichen mit Makros.

Insbesondere der letzte Punkt dürfte der entscheidende sein. VBA bietet Möglichkeiten, die mit Makros ganz einfach unerreichbar sind, darunter beispielsweise Aktionen auf Recordset-Ebene, Ansteuerung anderer Office-Programme (Automation von Word, Excel ...), und der Aufruf von Betriebsystemfunktionen. Alle diese Themen werden in Kapitel 10, »Data-Access-Objects-(DAO-)Klassenbibliothek«, beschrieben.

Vielleicht sind die erwähnten Beispiele Herausforderungen, die nicht unbedingt ein Anfänger in Angriff nimmt. Wenn Makros für Ihre Zwecke ausreichend sind, können Sie sich dieses und das nächste Kapitel möglicherweise sparen. Für anspruchsvolle Datenverarbeitung und in Formularen, in denen viel zu automatisieren ist, werden Sie mit VBA jedoch viel mehr bewerkstelligen können als mit Makros.

VBA-Programme in den Workshops

In diesem Buch finden Sie einige Workshops, die umfangreichere Problemstellungen, wie sie in der Praxis vorkommen, behandeln. Das gesamte Potential der Programmiersprache VBA wird anhand solcher konkreter Aufgabenstellungen erkennbar. Aus diesem Grund habe ich mich entschieden, in einigen Workshops das volle Repertoire von VBA und DAO einzusetzen. Sie können die dort vorgestellten Lösungen sofort nutzen – auch, wenn Sie die jeweiligen VBA-Programme nicht oder nicht vollständig verstehen.

Dieses Kapitel und Kapitel 10 sind eine schrittweise Einführung in die Programmiersprache VBA bzw. in das Werkzeug DAO. *Nach* der Lektüre dieser beiden Kapitel werden Sie die VBA-Programme in den Workshops nachvollziehen können.

9.1.1 Voraussetzungen für dieses Kapitel

In so gut wie allen Fällen lassen sich Makros ohne Verluste in VBA-Code konvertieren.

1. Öffnen Sie das Makro in der Entwurfsansicht.
2. Klicken Sie auf Entwurf • Tools • Makros in Visual Basic konvertieren.
3. Klicken Sie auf Konvertieren.

In der Entwicklungsumgebung von VBA finden Sie nach der Konvertierung ein Modul mit dem Namen *Konvertiertes Makro-...*. Auf diese Weise können Sie schnell nachvollziehen, welche VBA-Befehle sich hinter den einzelnen Aktionen des Makros verbergen.

Wenn Sie also bereits Kapitel 8, »Einfache Programmierung mit Makros«, gelesen haben, können Sie dort Gelerntes direkt in die Welt von VBA übertragen. Identisch sind in beiden Fällen die Ereignisse, an denen der Programmcode hängt – egal, ob das nun ein Makro, ein eingebettetes Makro oder ein VBA-Programm ist. Aus diesem Grund empfehle ich Ihnen, sich mit Abschnitt 8.2, »Auf Ereignisse reagieren«, vertraut zu machen.

9.1.2 Die Zukunft von VBA

Gefühlt würde ich meinen, dass sich seit Ende der 90er Jahre an der VBA-Programmiersprache nichts oder nur wenig verändert hat. Ich erinnere mich noch gut an die Zeit der Jahrtausendwende, als Microsoft auf der CeBIT-Messe erstmals die neuen .NET-Programmiersprachen vorstellte. Seitdem hat Microsoft viel Aufwand in die Weiterentwicklung von .NET gesteckt – in Access ist davon jedoch so gut wie gar nichts angekommen.

Visual Basic for Applications ist somit seit fast 20 Jahren nahezu unverändert. Wohin wird der Weg mit VBA im Speziellen und mit Access im Allgemeinen gehen? Einige Fakten liegen bereits auf der Hand:

1. Makros haben eine Renaissance erfahren (eingebettete Makros, Datenmakros).
2. Der gesamte VBA-Code einer Datenbank, die das *Trust Center* als nicht vertrauenswürdig einstuft, wird deaktiviert.
3. In den 64-Bit-Versionen von Access werden ActiveX-Steuerelemente nicht mehr unterstützt.

Für mich deuten diese Punkte und vieles andere darauf hin, dass Microsoft mit den Access-Datenbanken vor einem Dilemma steht: Auf der einen Seite würde man VBA wohl am liebsten über Bord werfen. Andererseits gibt es in Access keine Alternative, die ähnlich leistungsfähig ist, und man möchte die riesige Zahl schon bestehender Access-Datenbanken weiterhin unterstützen. Ich bin gespannt, welchen Weg Microsoft in Sachen VBA einschlagen wird.

Mit der aktuellen Access-Version 2019 oder einer früheren Version sieht es jedenfalls so aus: Wenn Sie eine anspruchsvolle Benutzeroberfläche, vielleicht sogar mit automatisierter Datenverarbeitung, erstellen möchten, werden Sie um VBA nicht herumkommen.

9.2 Formulare bereichern

Fangen wir mit kleinen VBA-Programmen an, die viel bewirken und mit denen Sie ein Formular aufwerten können.

9.2.1 Auf Ereignisse reagieren

Wenn der Benutzer mit einem Formular und den Steuerelementen arbeitet, löst er dabei immer wieder neue Ereignisse aus. Ich habe Ihnen bereits bei den Makros gezeigt, welche Auslöser und Ereignisse es in Access gibt und wie Sie darauf per Makro reagieren können. Ich zeige Ihnen nun, wie Sie anstelle eines Makros eine *Ereignisprozedur* mit einem VBA-Programm einsetzen.

Ich habe ein einfaches, ungebundenes Formular mit drei Textfeldern und einer Schaltfläche vorbereitet (Abbildung 9.1). Sie kennen es bereits von den Makros und finden es in den Materialien zum Buch in der Datenbank *09_VBA\9.2.1_Mausklick.accdb*.

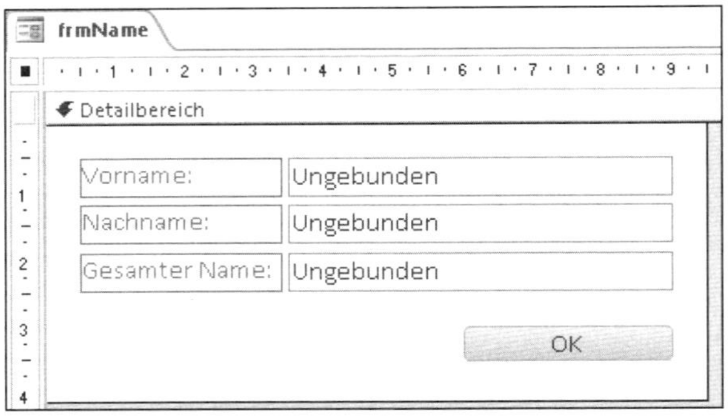

Abbildung 9.1 Das ungebundene Formular mit drei Textfeldern und einer Schaltfläche

Wenn der Benutzer auf die Schaltfläche »cmdOK« klickt, soll Access ein kleines VBA-Programm automatisch starten. Genau wie bei den Makros geht es im EIGENSCHAFTENBLATT los:

1. Öffnen Sie das Formular *frmName* in der Entwurfsansicht.
2. Markieren Sie die Schaltfläche »cmdOK«.
3. Blenden Sie das EIGENSCHAFTENBLATT ein (AUSWAHLTYP: BEFEHLSSCHALTFLÄCHE).
4. Gehen Sie zur Ereignis-Eigenschaft BEIM KLICKEN, und klicken Sie auf die Schaltfläche mit den drei Punkten. Access zeigt den Dialog GENERATOR AUSWÄHLEN an, den Sie bereits von den Makros her kennen.
5. Wählen Sie diesmal den Eintrag CODE-GENERATOR aus, und klicken Sie dann auf OK.

Das ist das Tor zu VBA! Access schaltet zur *integrierten Entwicklungsumgebung* (englisch *Integrated Development Environment, IDE*) um.

Die integrierte Entwicklungsumgebung ist ein separates Werkzeug, das in Access und den anderen Office-Programmen (Word, Excel usw.) enthalten ist. Auf die einzelnen Elemente werde ich ausführlich in Abschnitt 9.3, »Die integrierte Entwicklungsumgebung«, eingehen. An dieser Stelle begnüge ich mich mit zwei Erläuterungen:

1. Um aus der IDE wieder zurück zu Access zu gelangen, klicken Sie im Menü auf ANSICHT • MICROSOFT ACCESS (Alt + F11).
2. In der Ereignis-Eigenschaft BEIM KLICKEN hat Access [EREIGNISPROZEDUR] eingetragen. Dies ist der Hinweis dafür, dass auf das Ereignis per VBA-Programm reagiert wird. Klicken Sie auf die Schaltfläche mit den drei Punkten, um wieder zur IDE zu gelangen.

Immer per VBA-Programm auf Ereignisse reagieren

Eingefleischte VBA-Programmierer werden in den Access-Optionen unter OBJEKT-DESIGNER • ENTWURFSANSICHT FÜR FORMULARE/BERICHTE • IMMER EREIGNISPROZEDUREN VERWENDEN ein Häkchen setzen. Access zeigt dann den Dialog CODE-GENERATOR nicht mehr an, sondern wechselt direkt in die IDE.

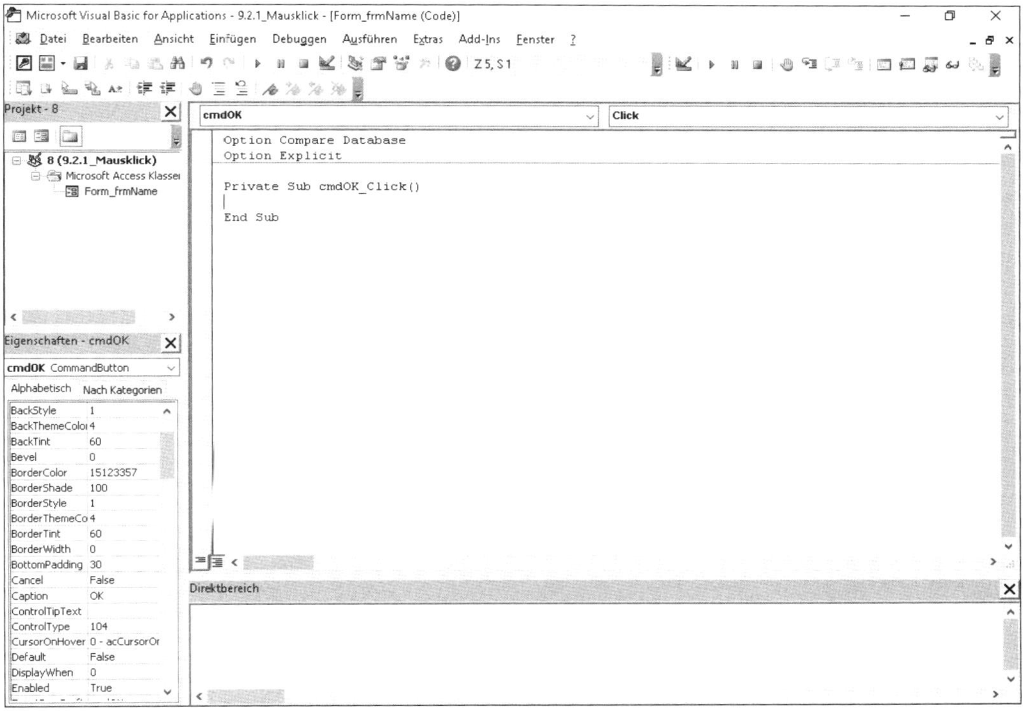

Abbildung 9.2 Die integrierte Entwicklungsumgebung für Visual Basic for Applications

Sehen Sie sich nun in der IDE das VBA-Programm an. Access hat eine leere Ereignisprozedur erstellt:

```
01  Private Sub cmdOK_Click()
02
03  End Sub
```

Listing 9.1 Eine leere Ereignisprozedur für das Ereignis »Click«

Die Ereignisprozedur (ab Zeile 02) enthält das eigentliche Programm. Bisher steht hier noch nichts, aber das wird sich gleich ändern.

Vorsicht beim Umbenennen eines Steuerelements

Fest vorgegeben ist der Name der Ereignisprozedur:

`<Steuerelement>_<Ereignis>`

Wenn Sie den Namen des Steuerelements ändern, müssen Sie die entsprechenden *Ereignisprozeduren ebenfalls umbenennen*! Achten Sie außerdem darauf, dass im EIGENSCHAFTENBLATT der Eintrag [EREIGNISPROZEDUR] gesetzt ist. Ohne diesen Eintrag ignoriert Access die Ereignisprozedur.

Eine Ereignisprozedur löschen

Mit zwei Schritten entfernen Sie eine nicht mehr benötigte Ereignisprozedur wieder:

- Löschen Sie in der IDE die gesamte Ereignisprozedur (Listing 9.1).
- Löschen Sie im EIGENSCHAFTENBLATT des Steuerelements den Eintrag [EREIGNISPROZEDUR], falls nicht automatisch geschehen.

9.2.2 Kommentare im Code

Innerhalb des VBA-Codes können Sie an jeder Stelle Kommentare hinterlegen.

```
'Dies ist ein Kommentar
REM Dies ist auch ein Kommentar (REM = remark)
```

Listing 9.2 Diese beiden Schreibweisen für Kommentare gibt es in VBA.
Die erstere mit dem einfachen Anführungszeichen ist die gebräuchlichere.

Jedes Programm sollte ausreichend kommentiert sein. Mit Notizen in dieser Form können Sie schnell überblicken, was Sie oder einer Ihrer Kollegen vor längerer Zeit programmiert haben. Am Anfang einer Ereignisprozedur sollte beispielsweise stehen, was der Sinn und Zweck des Programms ist.

Kommentare sind beim Programmieren im Team unabdingbar

Programmieren im Team funktioniert eigentlich überhaupt nicht ohne aussagekräftige Kommentare.

```
'Beim Klick auf die Schaltflaeche OK die Berechnung starten
'vgl. Requirements Pos. 2.5.3
'Umsetzung / 28.06.2019 / Wolfram Langer
'Bug-Fix, NULL-Werte wurden nicht beruecksichtigt. / 24.07.2019 / Mike Myers
```

Ohne Kommentare gelangen Sie schnell zu einem Codehaufen, in dem niemand mehr den Durchblick hat.

9.2.3 Berechnungen und Formeln

Jetzt aber zur eigentlichen VBA-Programmierung. Im Formular mit den drei Textfeldern soll der gesamte Name zusammengebaut werden. Die entsprechende *Formel* kommt in die Ereignisprozedur:

```
Private Sub cmdOK_Click()
    Me.txtGesamterName = Me.txtNachname & ", " & Me.txtVorname
End Sub
```

Listing 9.3 Diese Formel setzt Nachname und Vorname zusammen und schreibt das Ergebnis in das Textfeld »txtGesamterName«.

Das Schlüsselwort `Me` verweist auf das Formular, zu dem die Ereignisprozedur gehört. Die Formel würde auch ohne `Me` funktionieren, aber so ist es der exakte und bessere Weg: Sie legen damit explizit fest, dass das VBA-Programm ein Steuerelement oder eine Formulareigenschaft nutzen soll (und nicht eine Variable oder Ähnliches).

Speichern Sie das Formular ab, und öffnen Sie es in der Formularansicht. Ein Klick auf OK startet das VBA-Programm. Selbstverständlich können Sie auch auf andere Ereignisse reagieren; beispielsweise auf `Nach Aktualisierung` (`AfterUpdate`), so dass Access das Programm automatisch nach der Dateneingabe startet.

9.2.4 Fallunterscheidungen

Die Formel im VBA-Programm ist noch keine wirkliche Bereicherung, denn schließlich hätte ich sie auch direkt im Steuerelement eintragen können. Interessant wird die VBA-Programmierung unter anderem durch zwei Bausteine:

- *Verzweigungen* (dazu gehören unter anderem die *Fallunterscheidungen*)
- *Wiederholungen*

Beide dieser sogenannten *Kontrollstrukturen* werde ich systematisch in Abschnitt 9.5, »Kontrollstrukturen: Verzweigungen und Wiederholungen«, vorstellen. An dieser Stelle begnüge ich mich mit den Thema »Fallunterscheidungen«.

In unserem Beispiel könnte eine Fallunterscheidung beispielsweise folgendermaßen aussehen:

```
Private Sub cmdOK_Click()
    If Not IsNull(Me.txtNachname) And Not IsNull(Me.txtVorname) Then
        Me.txtGesamterName = Me.txtNachname & ", " & Me.txtVorname
    Else
        Me.txtGesamterName = Null
    End If
End Sub
```

Listing 9.4 Diese Fallunterscheidung prüft, ob in den ersten beiden Textfeldern etwas eingetragen ist.

Die Syntax einer Fallunterscheidung ist immer gleich:

```
If <Bedingung> Then
    'Wahr-Teil
Else
    'Falsch-Teil
End If
```

Listing 9.5 Die Syntax einer Fallunterscheidung mit »If ... Then ... Else ... End If«

In einem normalen Programmierhandbuch müsste ich jetzt ausführlich erläutern, was eine *Bedingung* (englisch *condition*) ist. Als Datenbankprogrammierer sind Ihnen Bedingungen jedoch schon bestens bekannt, nur unter dem Namen *Filterkriterien*. Jede SQL-WHERE-Klausel ist nämlich eine Bedingung. So gut wie alle Raffinessen, die Ihnen von SQL-WHERE-Klauseln bekannt sind, können Sie hinter das Schlüsselwort `If` schreiben.

Wie Sie vielleicht schon erahnen, führt Access nur einen Teil des Programms aus, und zwar je nachdem, ob die Bedingung erfüllt ist oder nicht, entweder den Wahr-Teil oder den Falsch-Teil.

Das Schlüsselwort »Else« ist optional

Wenn nicht benötigt, können Sie den Falsch-Teil und damit das Schlüsselwort `Else` weglassen. Ebenso möglich ist es, mehrere Bedingungen miteinander zu verknüpfen:

```
If <Bedingung 1> Then
   'Bedingung 1 ist erfuellt
ElseIf <Bedingung 2> Then
   'Bedingung 1 ist nicht erfuellt, Bedingung 2 ist erfuellt
Else
   'Bedingung 1 ist nicht erfuellt, Bedingung 2 ist nicht erfuellt
End If
```

Mit Bedingungen können Sie beliebig komplexe Abläufe und Berechnungen programmieren. Als Beispiel habe ich ein ungebundenes Kombinationsfeld zum Formular hinzugefügt (Abbildung 9.3).

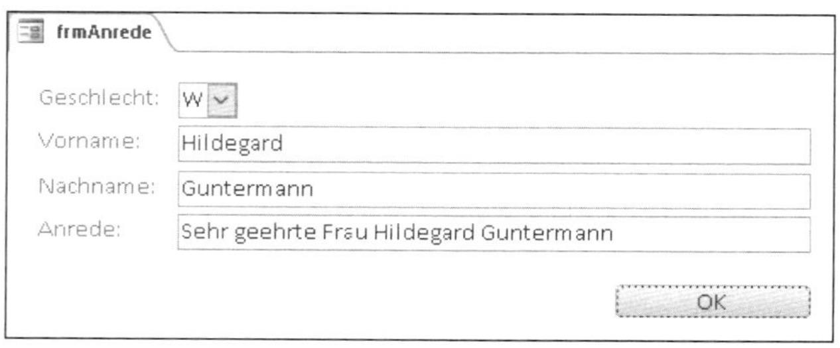

Abbildung 9.3 Das Formular »frmAnrede«, das Sie ebenfalls in der Beispieldatenbank finden

Mit Hilfe von verschachtelten Fallunterscheidungen überprüfe ich die einzelnen Steuerelemente und nutze jeweils unterschiedliche Formeln zur Berechnung:

```
Private Sub cmdOK_Click()
   If Not IsNull(Me.txtNachname) And Not IsNull(Me.txtVorname) Then
      If IsNull(Me.cboGeschlecht) Then
         Me.txtAnrede = "Sehr geehrte/r Herr/Frau " & Me.txtNachname
      ElseIf Me.cboGeschlecht = "M" Then
         Me.txtAnrede = "Sehr geehrter Herr " & Me.txtNachname
      Else
         Me.txtAnrede = "Sehr geehrte Frau " & Me.txtNachname
      End If
   Else
      Me.txtAnrede = Null
   End If
End Sub
```

Listing 9.6 Zwei verschachtelte Fallunterscheidungen mit unterschiedlichen Bedingungen

Einrückungen erhöhen die Lesbarkeit Ihres VBA-Programms

Nutzen Sie *Einrückungen*, damit Ihr VBA-Programm besser lesbar ist. Jeder *Block* (gemeint ist damit beispielsweise der Wahr- oder der Falsch-Teil) wird eingerückt. Wenn sich ein Block über mehrere Codezeilen erstreckt, sehen Sie auf diese Weise auf den ersten Blick, wo der Block beginnt und wo er endet. Insbesondere erkennen Sie bei verschachtelten Fallunterscheidungen, welches `End If` oder `Else` zu welchem `If` gehört (vergleiche Listing 9.6).

Üblicherweise rücke ich Blöcke immer mit der Taste [Tab] ein. So können Sie einen Block nachträglich einrücken beziehungsweise wieder zurückrücken:

1. Markieren Sie im Code-Editor den gewünschten Block mit der Maustaste.
2. Drücken Sie die Taste [Tab], um den Block einzurücken.
3. Drücken Sie [⇧] + [Tab], um den Block zurückzurücken.

Beim Einrücken fügt Access automatisch Leerzeichen ein. Wählen Sie in der IDE den Menüeintrag EXTRAS • OPTIONEN. Hier können Sie unter EDITOR • CODE-EINSTELLUNGEN • TAB-SCHRITTWEITE einstellen, wie viele Leerzeichen zum Einrücken verwendet werden sollen.

9.2.5 Meldungen am Bildschirm anzeigen: »MsgBox«

Mit den Fallunterscheidungen habe ich im letzten Abschnitt geprüft, ob der Anwender in den ungebundenen Textfeldern etwas eingetragen hat. Eine fehlende oder falsche Eingabe würde ohne diese Prüfung unter Umständen zu einer Fehlermeldung führen (Abbildung 9.4).

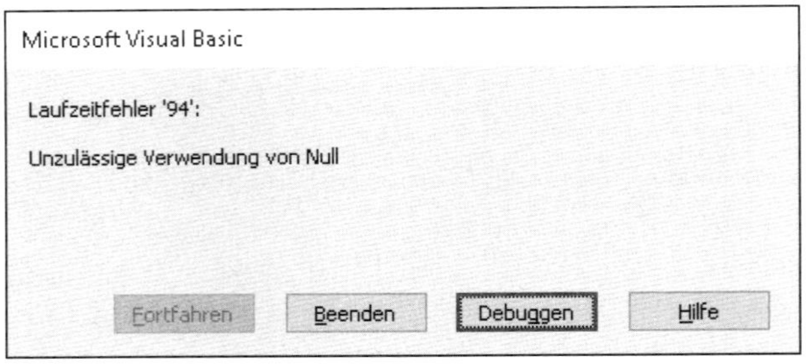

Abbildung 9.4 Falsche Werte in Textfeldern können zu Laufzeitfehlern in VBA führen.

Bei einer fehlenden oder falschen Eingabe ist es angebracht, eine kurze, aber aussagekräftige Meldung am Bildschirm anzuzeigen. Solche Meldungen können Sie in VBA ganz einfach mit dem Befehl `MsgBox` erzeugen.

Befehl	Ergebnis
`MsgBox "Dies ist eine einfache Meldung", _` `  vbOkOnly + vbInformation`	
`MsgBox "Eine Meldung mit Warnsymbol", _` `  vbOkOnly + vbExclamation`	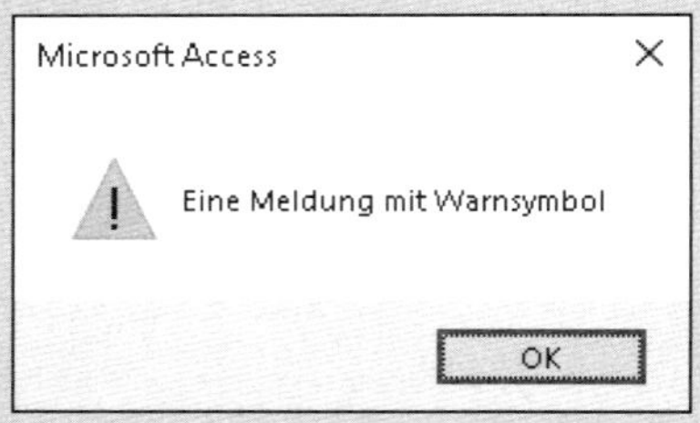
`MsgBox "Eine Meldung mit Fehlersymbol", _` `  vbOkOnly + vbCritical`	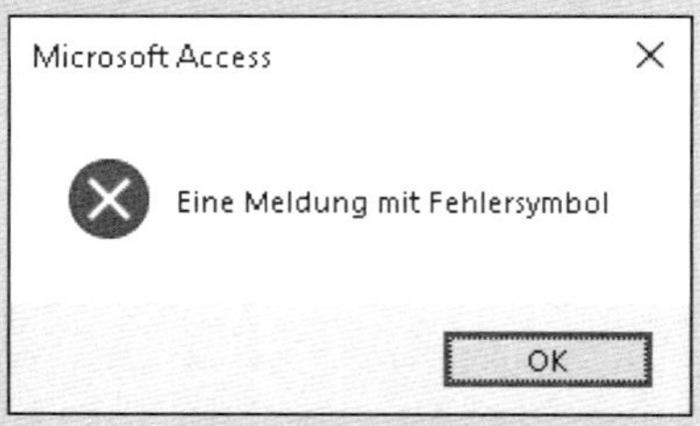

Tabelle 9.1 Über den zweiten Parameter des Befehls »MsgBox« lassen sich Optionen zur Meldung wie beispielsweise das Symbol auswählen.

Befehl	Ergebnis
`MsgBox "Eine Meldung mit Fragezeichen", _` `  vbOkOnly + vbQuestion`	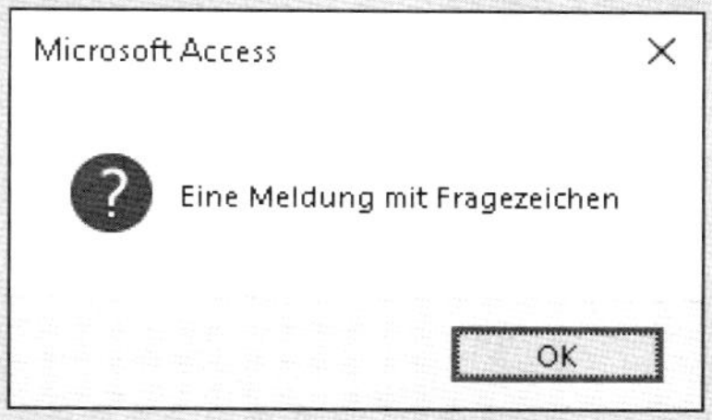
`MsgBox "Zwei Schaltflächen in der Meldung", _` `  vbOkCancel + vbInformation`	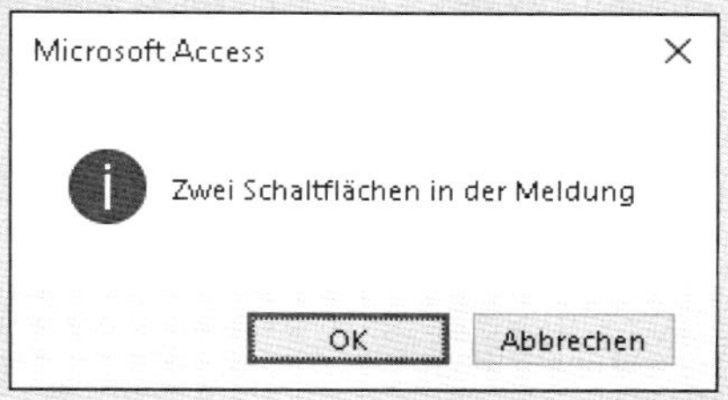

Tabelle 9.1 Über den zweiten Parameter des Befehls »MsgBox« lassen sich Optionen zur Meldung wie beispielsweise das Symbol auswählen. (Forts.)

Per Fallunterscheidung kann ich jetzt prüfen, ob die Eingabe des Benutzers gültig ist, und gegebenenfalls eine Fehlermeldung ausgeben:

```
Private Sub cmdOK_Click()
   If Not IsNull(Me.txtNachname) And Not IsNull(Me.txtVorname) Then
      If IsNull(Me.cboGeschlecht) Then
         MsgBox "Bitte M oder W auswählen!", vbExclamation + vbOKOnly
         Me.txtAnrede = Null
      ElseIf Me.cboGeschlecht = "M" Then
         Me.txtAnrede = "Sehr geehrter Herr " & Me.txtNachname
      Else
         Me.txtAnrede = "Sehr geehrte Frau " & Me.txtNachname
      End If
   Else
      MsgBox "Bitte Namen eintragen!", vbExclamation + vbOKOnly
      Me.txtAnrede = Null
   End If
End Sub
```

Listing 9.7 Mit Warnmeldungen erkennt der Anwender leichter, aus welchem Grund die Anrede nicht angezeigt wird.

Der Befehl `MsgBox` kennt noch ein paar weitere Parameter, um beispielsweise den Fenstertitel festzulegen:

```
MsgBox "Meldung", <Optionen>, ["Fenstertitel"]
```

Wie Sie in Tabelle 9.1 sehen, gibt es auch die Variante mit mehr als einer Schaltfläche. Rufen Sie in diesem Fall `MsgBox` mit runden Klammern auf, und reagieren Sie auf das Ergebnis per Fallunterscheidung. Das sieht beispielsweise so aus:

```
If MsgBox("M/W fehlt!", vbExclamation + vbOKCancel) = vbOK Then
   Me.txtAnrede = "Sehr geehrte/r Herr/Frau " & Me.txtNachname
Else
   Me.txtAnrede = Null
End If
```

Listing 9.8 Bei mehr als einer Schaltfläche den Befehl »MsgBox« als Funktion aufrufen und das Ergebnis per Fallunterscheidung auswerten

Einfache Fehlermeldungen mit »MsgBox« generieren

Die Funktion `MsgBox()` ist hervorragend dafür geeignet, einfache Fehlermeldungen auszugeben. Der Workshop »Eine individuelle Eingabe-Dialogbox« in Abschnitt 6.8.2 zeigt an mehreren Beispielen, wie der Befehl in Ereignisprozeduren verwendet wird.

Sollten die standardmäßigen Meldungen mit `MsgBox()` einmal nicht ausreichend sein, können Sie mit einem modalen Popup-Formular eine individuelle Meldung generieren. Die Anleitung dazu finden Sie ebenfalls im genannten Workshop.

9.2.6 Befehle, die über mehrere Zeilen reichen

Am Befehl `MsgBox` sehen Sie, dass eine Zeile im VBA-Code schnell sehr lang und unübersichtlich wird. Abhilfe schafft der Unterstrich (⇧ + -) am Zeilenende; damit weisen Sie VBA an, dass der Befehl in der nächsten Zeile weitergeht.

```
MsgBox "Der Nachname darf nicht leer sein!", _
       vbExclamation + vbOKOnly
```

Listing 9.9 Ein Unterstrich am Zeilenende bedeutet, dass der Befehl in der nächsten Zeile weitergeht.

Mit den Fallunterscheidungen und dem Befehl `MsgBox` kennen Sie jetzt sehr mächtige VBA-Werkzeuge, mit denen Sie Ihre Formulare wesentlich bereichern können. Probieren Sie einfach einmal aus, auf einige Ereignisse mit einem kleinen VBA-Programm zu reagieren!

9.3 Die integrierte Entwicklungsumgebung

Die integrierte Entwicklungsumgebung (englisch *Integrated Development Environment, IDE*) ist in allen Office-Programmen enthalten. Sie ist allerdings etwas versteckt angeordnet, um Normalanwender nicht zu verschrecken.

Office-Programm	Weg zur IDE
Outlook, Word, Excel, PowerPoint ...	1. Menüband anpassen und Hauptregisterkarte ENTWICKLERTOOLS einblenden 2. ENTWICKLERTOOLS • CODE • VISUAL BASIC (oder `Alt` + `F11`)
Access	DATENBANKTOOLS • MAKRO • VISUAL BASIC

Tabelle 9.2 So gelangen Sie in den Office-Programmen zur IDE von VBA.

Visual Basic for Applications (VBA) kann deshalb zu Recht als Programmiersprache aller Office-Programme bezeichnet werden. Die IDE ist genauso wie die Programmiersprache VBA selbst etwas antiquiert. Wer aber mit VBA programmieren möchte, kommt nicht um sie herum. In den folgenden Abschnitten werde ich Ihnen die Features der IDE vorstellen und Ihnen zeigen, wie Sie damit effektiv VBA-Programme erstellen können.

9.3.1 Ansicht im Codefenster

Im *Codefenster* sehen Sie den VBA-Code an sich; es ist somit das wichtigste Fenster der IDE.

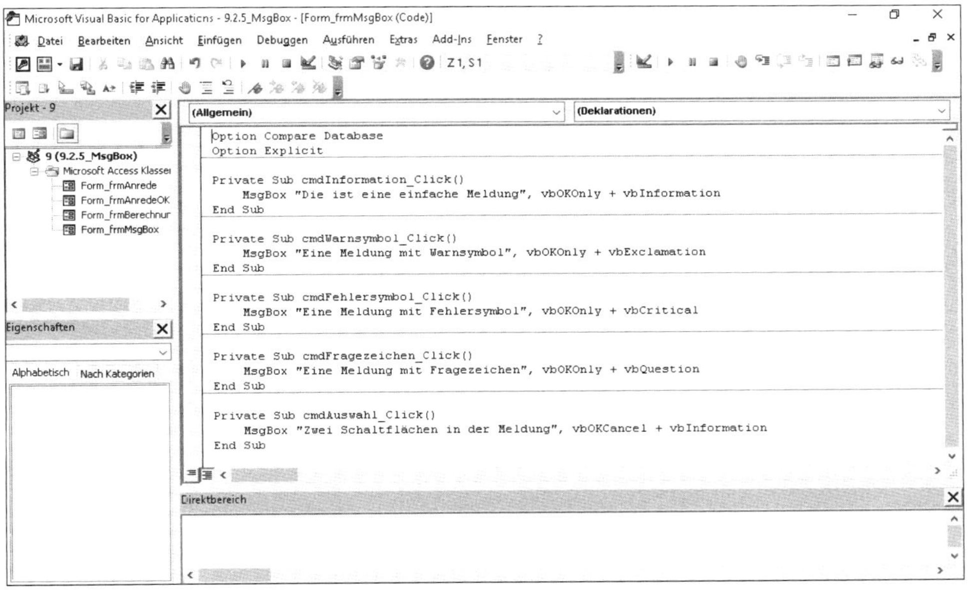

Abbildung 9.5 Ganz groß in der Mitte sehen Sie das Codefenster mit dem VBA-Code.

Ein Codefenster zeigt immer nur den VBA-Code für ein Modul an. Jedes Formular hat sein eigenes Klassenmodul und demzufolge sein eigenes Codefenster. Dies ist mitunter nicht sofort ersichtlich, denn standardmäßig sind die Codefenster maximiert. Klicken Sie beispielsweise auf FENSTER • NEBENEINANDER, um die einzelnen Codefenster zu sehen.

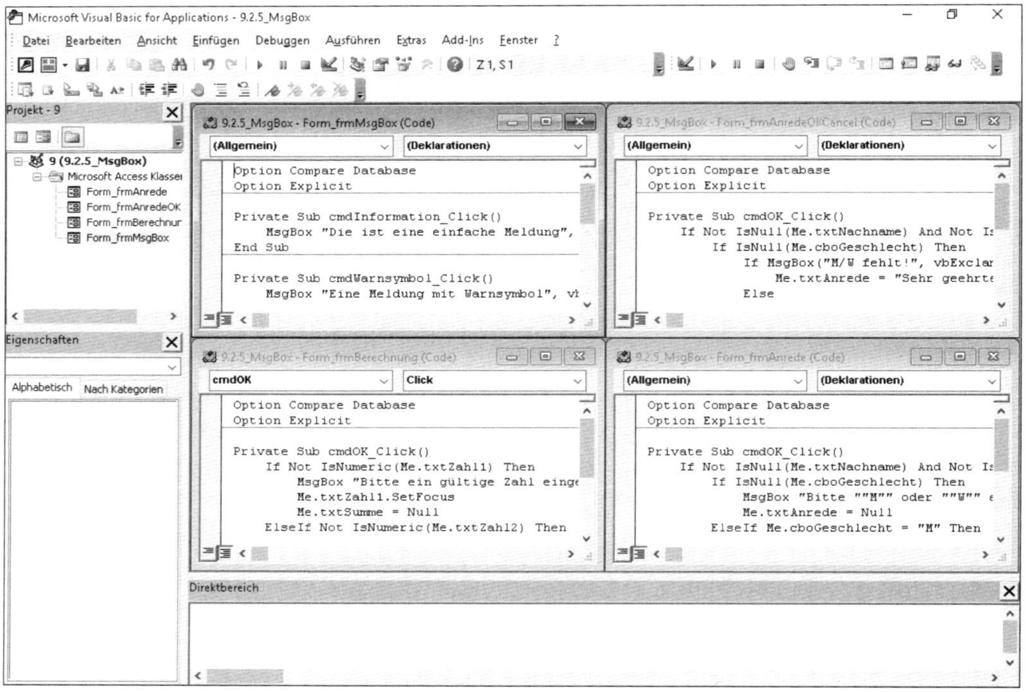

Abbildung 9.6 Mehrere Codefenster nebeneinander dargestellt

Jedes Modul in VBA ist gleich aufgebaut. Für das weitere Verständnis hilft es Ihnen, sich die Grundstruktur einzuprägen (Abbildung 9.7).

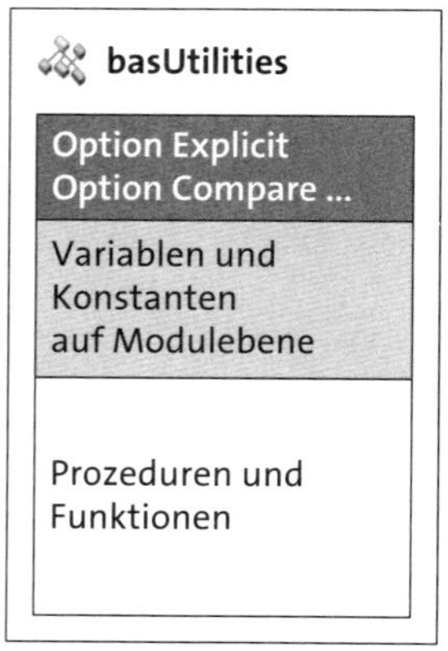

Abbildung 9.7 Jedes VBA-Modul besteht aus drei Bereichen in genau dieser Reihenfolge.

1. Ganz am Anfang stehen die Optionen:

   ```
   Option Compare Database
   Option Explicit
   ```

   Ich empfehle Ihnen, die Optionen erst einmal exakt so zu belassen (mehr dazu in Abschnitt 9.6.1, »Ein Modul erstellen und bearbeiten«).

2. Anschließend kommen *Deklarationen auf Modulebene*, insbesondere *Variablen auf Modulebene* (alle Details dazu werde ich in Abschnitt 9.6.6, »Variablen auf Modulebene und globale Variablen«, behandeln). Standardmäßig gibt es keine, so dass der Abschnitt leer ist.

3. Schließlich kommen hintereinander weg die einzelnen Prozeduren und Funktionen. Dazu gehören auch die Ereignisprozeduren, die Sie bereits kennengelernt haben.

Nun gibt es zwei Code-Ansichten, zwischen denen Sie im Codefenster unten links umschalten können (Abbildung 9.8). Die VOLLSTÄNDIGE MODULANSICHT zeigt Ihnen die gesamte Wahrheit; hier sehen Sie alle Codezeilen untereinander entsprechend der Grundstruktur.

Abbildung 9.8 Unten links schalten Sie zwischen der vollständigen Modulansicht und der Ansicht einzelner Prozeduren um.

Daneben gibt es die Ansicht EINZELNE PROZEDUR, in der immer nur ein Teil der Codezeilen zu sehen ist. Über die Kombinationsfelder oben können Sie zwischen den Prozeduren umschalten.

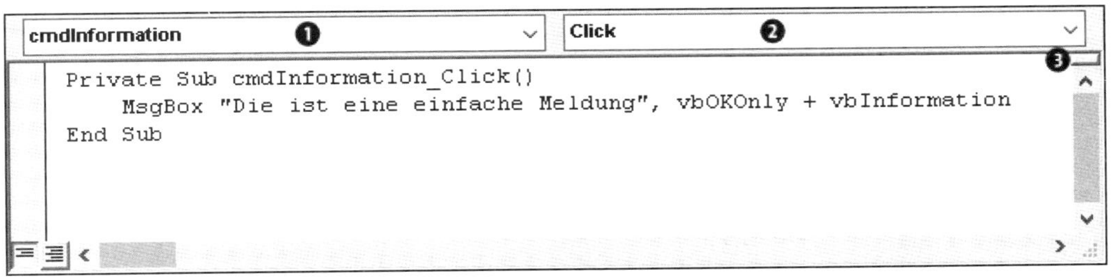

Abbildung 9.9 In der Ansicht »Einzelne Prozedur« können Sie über die Kombinationsfelder am oberen Fensterrand (❶ und ❷) zu einer anderen Prozedur springen.

Über die Kombinationsfelder im Code navigieren

Oben links am Rand des Codefensters befindet sich das Kombinationsfeld OBJEKT ❶ (Abbildung 9.9). Bei einer Ereignisprozedur erscheint hier der Name des Steuerelements. Wenn der Name einmal nicht zu sehen sein sollte, stimmt etwas nicht mit der Ereignisprozedur. Haben Sie vielleicht das Steuerelement nachträglich umbenannt? Überprüfen Sie in diesem Fall, ob der Name der Ereignisprozedur zum Namen des Steuerelements passt. Rechts sehen Sie das Kombinationsfeld PROZEDUR ❷. Hier zeigt Access bei einer Ereignisprozedur das Ereignis an. Bei allen anderen Prozeduren steht hier der Name der Prozedur oder Funktion.

Sehr hilfreich bei längeren Modulen: Das geteilte Codefenster

Etwas versteckt ist die Schaltfläche zum Teilen des Codefensters ❸ (Abbildung 9.9). Klicken Sie mit der Maustaste darauf, ziehen Sie nach unten, und schon sehen Sie dasselbe Modul zweimal untereinander.

9.3.2 Übersicht halten mit dem Objektkatalog und dem Projekt-Explorer

Programmierung ist keine Zauberei, auch wenn es auf den ersten Blick so erscheinen mag. Sehr viel Klarheit kann Ihnen der *Objektkatalog* vermitteln, den Sie innerhalb der IDE über die Funktionstaste F2 aufrufen können.

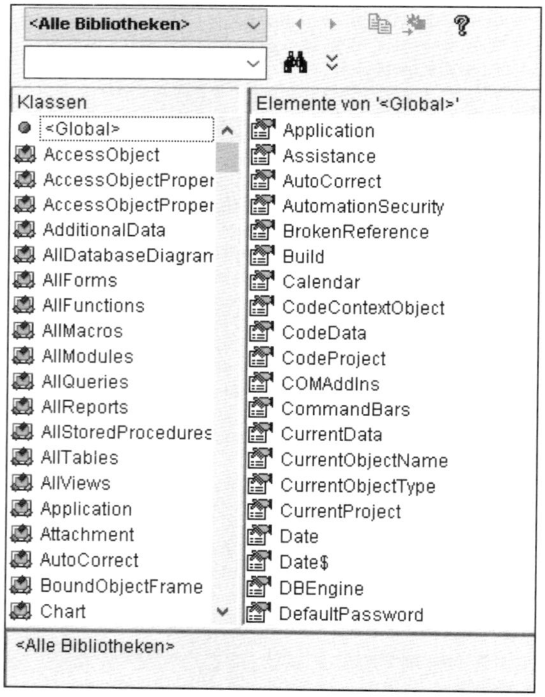

Abbildung 9.10 Der Objektkatalog listet alle Klassenbibliotheken mit ihren VBA-Objekten auf.

Der Objektkatalog bietet Ihnen eine Übersicht aller *Module, Klassenmodule, Prozeduren, Funktionen, Eigenschaften* und *Ereignisse*, die in VBA verwendet werden können. Sie sind logisch in mehrere *Klassenbibliotheken* aufgeteilt. Standardmäßig nutzt eine Access-Datenbank vier Klassenbibliotheken:

Bibliothek	Inhalt	Beispiele
`Access`	Access-spezifische Klassenmodule	▶ `Application`-Objekt ▶ `DoCmd`-Objekt ▶ die Auflistung `Forms`
`DAO`	Klassenmodule von DAO	▶ die Klasse `Recordset` ▶ die Auflistung `Workspaces`
`stdole`	Standard-OLE	die Klasse `IPictureDisp`
`VBA`	alle VBA-Befehle	▶ `MsgBox()` ▶ `IsNull()` ▶ `IsDate()`

Tabelle 9.3 Diese vier Klassenbibliotheken sind standardmäßig in jeder Access-Datenbank eingebunden.

Beispielsweise können Sie im Objektkatalog einsehen, welche VBA-Befehle es überhaupt gibt:

1. Wählen Sie als Klassenbibliothek `VBA` aus.
2. Im Bereich darunter erscheinen alle Module und Klassen der Klassenbibliothek `VBA`.
3. Klicken Sie mit der rechten Maustaste, und setzen Sie im Kontextmenü ein Häkchen bei ELEMENTE GRUPPIEREN. Damit werden die Einträge nach Typ sortiert, und die Liste wird etwas übersichtlicher.
4. Alle VBA-Befehle sind thematisch auf verschiedene Module aufgeteilt. Klicken Sie beispielsweise auf das Modul *Interaction*.
5. Im rechten Bereich erscheinen alle Prozeduren und Funktionen, die im weitesten Sinne mit Interaktion mit dem Benutzer zu tun haben. Unter anderem finden Sie dort den Befehl `MsgBox`, den Sie bereits kennen.
6. Wenn Sie `MsgBox` anwählen, bekommen Sie im unteren Bereich nähere Informationen zur Syntax. Diesen können Sie entnehmen, dass es sich um eine Funktion mit mehreren Parametern handelt.
7. Sie benötigen mehr Informationen zum Befehl `MsgBox`? Drücken Sie einfach [F1], und Access öffnet die passende Webseite der *MSDN Library*.

Alles, was Sie selbst programmieren, erscheint in einer eigenen Klassenbibliothek, die den Namen der Datenbank trägt.

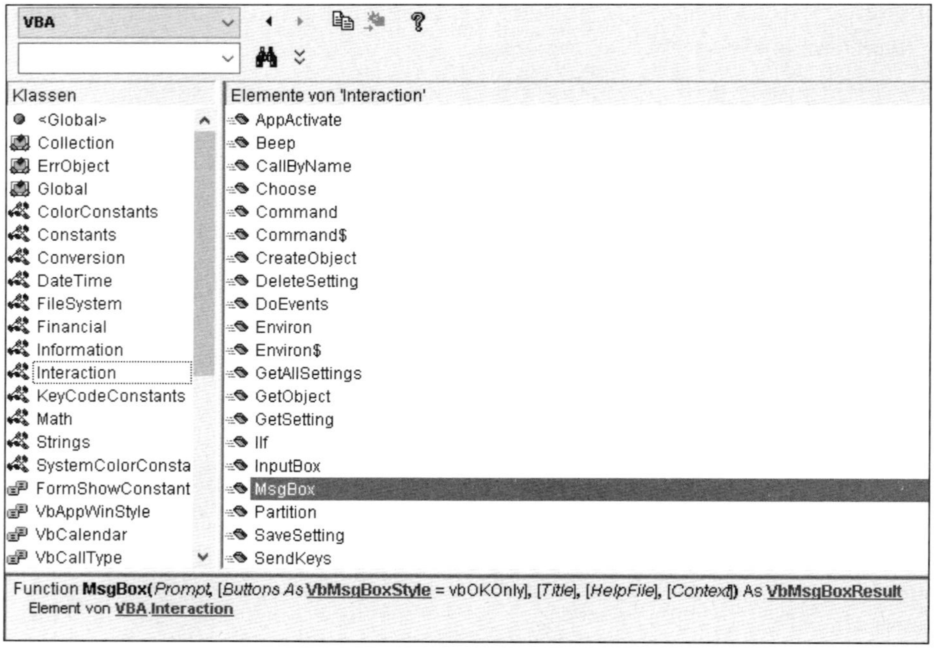

Abbildung 9.11 In der Klassenbibliothek »VBA« findet sich auch die Funktion »MsgBox« wieder.

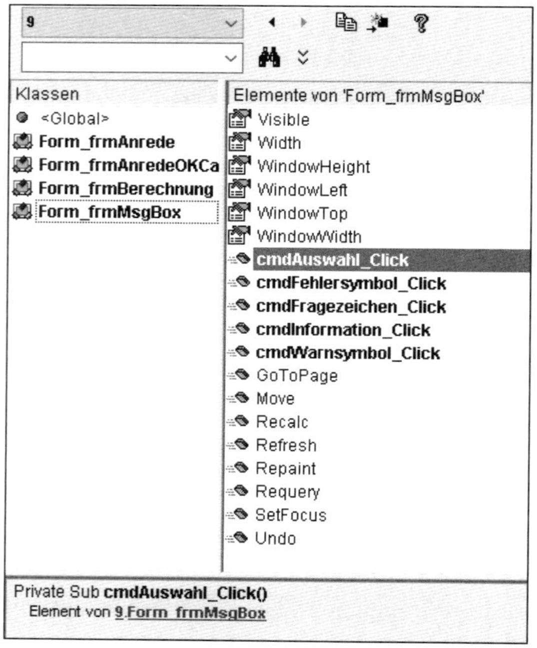

Abbildung 9.12 Ihre eigene Datenbank ist ebenfalls mit einer Klassenbibliothek vertreten.

Ändern Sie einmal die Auswahl in Ihre Datenbank, so dass Sie im unteren Bereich alle Formulare, Berichte und Module der aktuellen Datenbank sehen. Wenn Sie auf eines der Datenbankobjekte klicken, zeigt Ihnen der Objektkatalog noch mehr Informationen an: Steuerelemente und Eigenschaften, Ereignisse sowie Prozeduren und Funktionen.

Fett dargestellt ist das, was Sie selbst in VBA programmiert haben. Im Kontextmenü gibt es den Eintrag DEFINITION ANZEIGEN. Wenn Sie darauf klicken, springt die IDE genau zur richtigen Stelle im Code, ohne dass Sie lange suchen müssen.

Welche Datenbankobjekte haben VBA-Code?

Es gibt vier Stellen in einer Access-Datenbank, an denen VBA-Code stehen kann:

- in einem eigenständigen Modul
- in einem eigenständigen Klassenmodul
- in einem Formular (genauer gesagt: in einem Klassenmodul, das an einem Formular hängt)
- in einem Bericht (genauer gesagt: in einem Klassenmodul, das an einem Bericht hängt)

Von Haus aus hat ein Formular oder ein Bericht erst einmal keinen VBA-Code. Überprüfen können Sie das über die Formular- oder Berichtseigenschaft ANDERE • ENTHÄLT MODUL. Aber sobald Sie die erste Ereignisprozedur erstellen, erzeugt Access das leere Klassenmodul automatisch und setzt die Eigenschaft auf JA. Erst jetzt taucht das Formular oder der Bericht im Objektkatalog und im Projekt-Explorer auf.

Den *Projekt-Explorer* hatte ich bisher noch nicht erwähnt. Er ist standardmäßig in der IDE eingeblendet (Abbildung 9.13). Hier sehen Sie auf einen Blick, wo in Ihrer Datenbank VBA-Code hinterlegt ist. Per Doppelklick im Projekt-Explorer öffnen Sie das jeweilige Modul oder Klassenmodul.

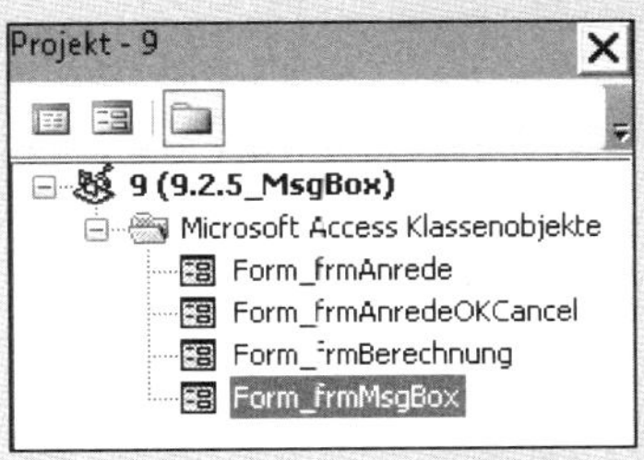

Abbildung 9.13 Der Projekt-Explorer listet alle Datenbankobjekte auf, die VBA-Code enthalten.

9.3.3 VBA-Code im Direktbereich ausführen

Im unteren Bereich des IDE befindet sich der *Direktbereich*, den Sie zum Testen und Probieren nutzen können. Ein VBA-Befehl, den Sie hier eintippen, wird direkt ausgeführt.

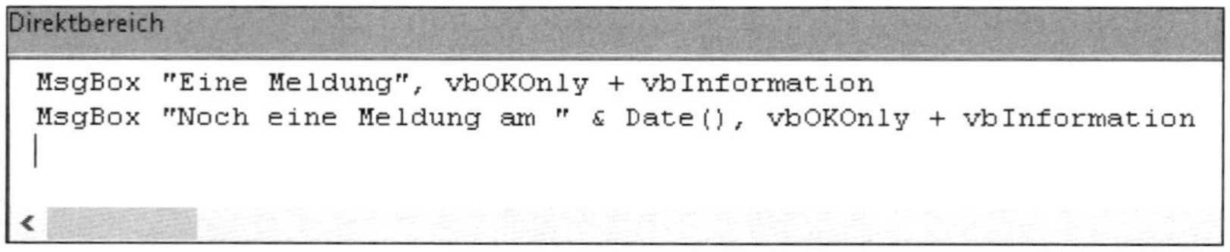

Abbildung 9.14 VBA-Befehle können Sie zum Ausprobieren im Direktbereich eintippen.

Außerdem erscheinen im Direktbereich alle Ausgaben des Befehls `Debug.Print`.

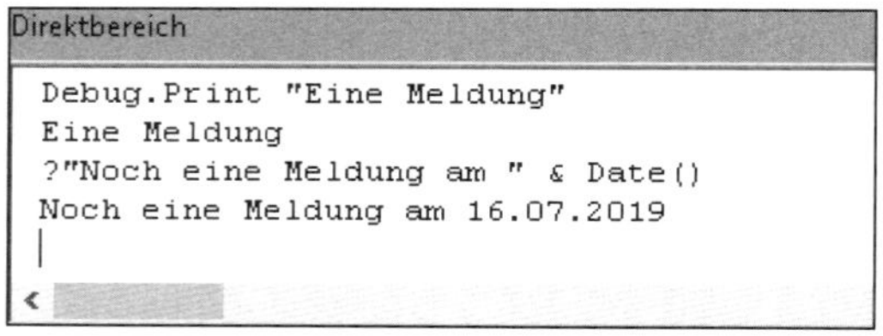

Abbildung 9.15 Mit »Debug.Print« einen Text im Direktbereich ausgeben. Und für alle C64-Freunde: Selbst das Fragezeichen als Abkürzung für den »Print«-Befehl gibt es noch!

9.3.4 Programme starten

Damit kennen Sie die wichtigsten Werkzeuge der IDE, mit denen Sie ein VBA-Programm erstellen können. Wie starten Sie nun ein Programm, nachdem Sie es geschrieben haben?

Auf diese Frage gibt es zwei Antworten. Erstens müssen Sie das Programm in vielen Fällen gar nicht selbst starten, denn Access erledigt das für Sie. Alle Ereignisprozeduren ruft Access automatisch auf, sobald das Ereignis eintritt.

Aus diesem Grund funktioniert die VBA-Programmierung in Access häufig nach diesem Schema:

1. Wählen Sie im Formular das Steuerelement und das Ereignis.
2. Programmieren Sie in der IDE die Ereignisprozedur.
3. Wählen Sie im Menü Debuggen • Kompilieren von ... aus. Access kann dadurch einige Fehler im Programm erkennen und anzeigen.
4. Speichern Sie die Änderungen (`Strg` + `S`).
5. Wechseln Sie zurück zu Access (`Alt` + `F11`).
6. Öffnen Sie das Formular in der Formularansicht, und probieren Sie es aus.

Wie erwähnt schulde ich Ihnen noch eine zweite Antwort. Sie können ein Programm auch manuell starten. Und zwar, indem Sie auf `F5` drücken oder den Namen der Prozedur oder Funktion im Direktbereich eingeben. Eine Ereignisprozedur können Sie auf diese Weise allerdings nicht aufrufen!

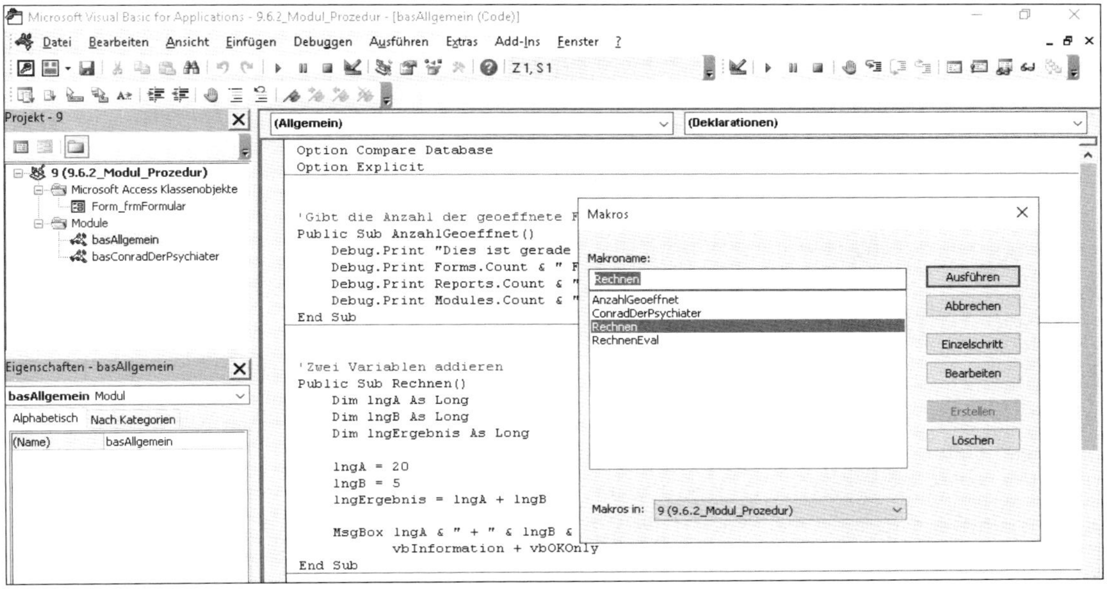

Abbildung 9.16 Prozeduren eines Moduls können Sie direkt starten.

9.3.5 Haltepunkte und Debug-Modus

Erfahrungsgemäß eher früher als später werden Sie bei der VBA-Programmierung damit konfrontiert sein, dass Ihr Programm nicht so funktioniert, wie es soll. Jetzt beginnt die Fehlersuche, die leider immer zum Programmieren dazugehört. Die IDE unterstützt Sie hierbei mit dem sogenannten *Debug-Modus*.

Probieren Sie einmal Folgendes aus:

1. Öffnen Sie die Datenbank *09_VBA\9.2.5_MsgBox.accdb* aus den Materialien zum Buch.
2. Öffnen Sie das Formular *frmAnrede* in der Entwurfsansicht.
3. Markieren Sie die Schaltfläche »cmdOK«.
4. Klicken Sie im EIGENSCHAFTENBLATT (AUSWAHLTYP: BEFEHLSSCHALTFLÄCHE) beim Ereignis BEIM KLICKEN auf die Schaltfläche mit den drei Punkten, um zur IDE zu gelangen.
5. Gehen Sie zur ersten Zeile der Ereignisprozedur, und klicken Sie mit der Maus in den grauen Bereich links (oder `F9`). Ein roter *Haltepunkt* (englisch *breakpoint*) erscheint (Abbildung 9.17).
6. Wechseln Sie nun zurück zu Access (`Alt` + `F11`), und schalten Sie das Formular in die Formularansicht um.
7. Klicken Sie auf die Schaltfläche BERECHNEN.

Sobald Access den Haltepunkt erreicht, hält die Verarbeitung an, und die IDE erscheint. Jetzt befinden Sie sich im Debug-Modus.

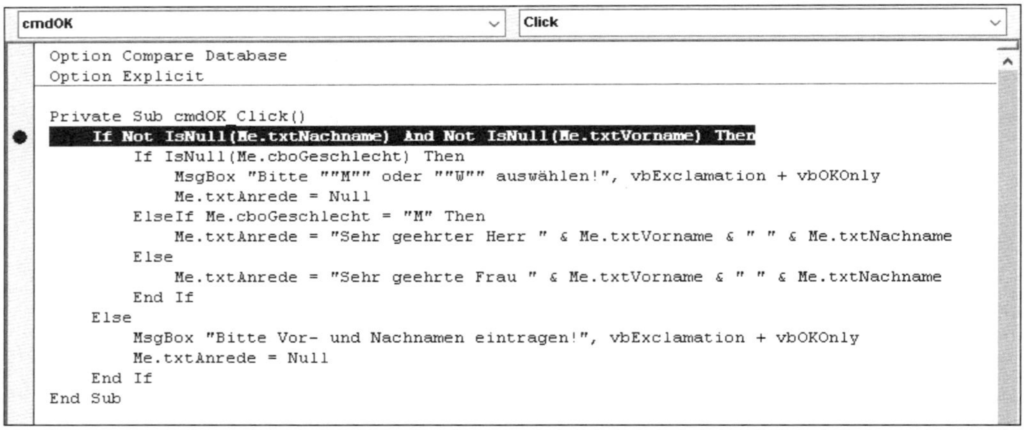


```
Option Compare Database
Option Explicit

Private Sub cmdOK_Click()
    If Not IsNull(Me.txtNachname) And Not IsNull(Me.txtVorname) Then
        If IsNull(Me.cboGeschlecht) Then
            MsgBox "Bitte ""M"" oder ""W"" auswählen!", vbExclamation + vbOKOnly
            Me.txtAnrede = Null
        ElseIf Me.cboGeschlecht = "M" Then
            Me.txtAnrede = "Sehr geehrter Herr " & Me.txtVorname & " " & Me.txtNachname
        Else
            Me.txtAnrede = "Sehr geehrte Frau " & Me.txtVorname & " " & Me.txtNachname
        End If
    Else
        MsgBox "Bitte Vor- und Nachnamen eintragen!", vbExclamation + vbOKOnly
        Me.txtAnrede = Null
    End If
End Sub
```

Abbildung 9.17 Im grauen Bereich links können Sie Haltepunkte setzen.

Der Befehl »Stop« = dauerhafter Haltepunkt

Haltepunkte gehen nach dem Schließen der Datenbank verloren. Verwenden Sie den Befehl `Stop`, um einen Haltepunkt dauerhaft im VBA-Code zu speichern.

Zunächst einmal ist ein Haltepunkt ein ganz praktisches Instrument, mit dem Sie feststellen können, wann Access ein Ereignis auslöst. Entweder setzen Sie nun die Verarbeitung mit [F5] fort und verlassen damit den Debug-Modus, oder Sie verfolgen das Programm weiter in *Einzelschritten*. Dafür bietet Access Ihnen folgende Befehle an, die es nur im Debug-Modus gibt:

Befehl	Beschreibung
FORTSETZEN ([F5])	Debug-Modus verlassen und Verarbeitung fortsetzen
ZURÜCKSETZEN	Debug-Modus verlassen und Verarbeitung abbrechen
EINZELSCHRITT ([F8])	aktuelle Zeile ausführen
PROZEDURSCHRITT ([⇧] + [F8])	Aktuelle Zeile ausführen. Bei einer Prozedur oder Funktion nicht in das Unterprogramm springen.
PROZEDUR ABSCHLIESSEN ([Strg] + [⇧] + [F8])	die aktuelle Prozedur abschließen und zurückspringen
AUSFÜHREN BIS CURSOR-POSITION ([Strg] + [F8])	alle Zeilen bis zum Cursor ausführen

Tabelle 9.4 Diese Werkzeuge hält die IDE nur im Debug-Modus bereit.

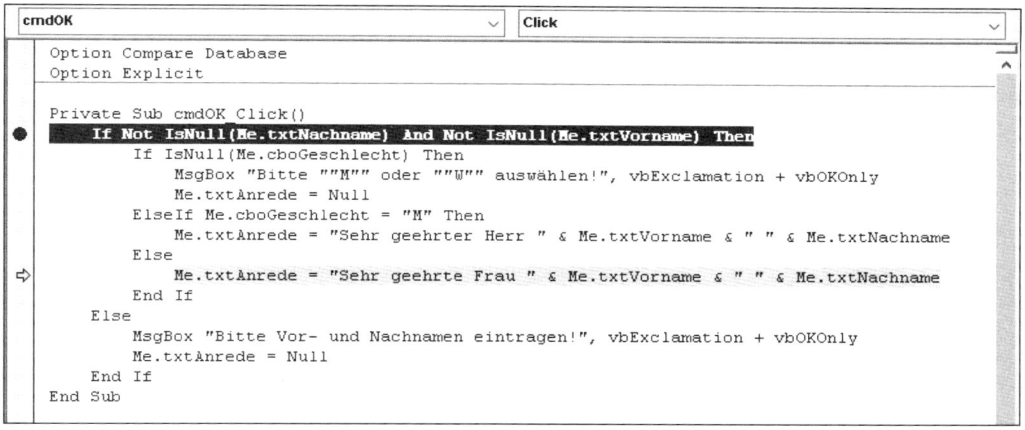

Abbildung 9.18 Im Debug-Modus ist die aktuelle Codezeile gelb markiert.

Wenn Sie zwei Monitore haben, ist die Verfolgung in Einzelschritten mit [F8] besonders hilfreich. Ziehen Sie das Formular auf den einen und die IDE auf den anderen Monitor. Jetzt können Sie den Ablauf des VBA-Programms und die Auswirkungen auf das Formular Zeile für Zeile verfolgen.

9.4 Daten im Speicher verarbeiten

Jedes ungebundene Textfeld in Access entspricht einem temporären Speicher für Daten. Dem gegenüber stehen gebundene Steuerelemente in einem gebundenen Formular, deren Inhalt in der Datenbank und somit auf der Festplatte gespeichert wird. Ich hatte Ihnen in Abschnitt 9.2.3, »Berechnungen und Formeln«, gezeigt, wie Sie mit Hilfe des Schlüsselworts `Me` auf Steuerelemente zugreifen.

Neben den Steuerelementen gibt es in VBA noch andere Wege, Daten im Speicher abzulegen. Dies sind *Variablen*, *Konstanten* und *Arrays*, die ich in den folgenden Abschnitten vorstellen werde.

9.4.1 Variablen

Über eine Variable können Sie einen Wert oder eine Zeichenfolge temporär im Speicher ablegen. Variablen gibt es in Access nur in VBA; das bedeutet, Sie können sie nur mit VBA erstellen (*definieren*) und nur dort nutzen. Wie ich später zeigen werde, sind einige Kontrollstrukturen auf Variablen angewiesen.

Deklaration einer Variablen mit »Dim«

Vor der ersten Verwendung muss jede Variable mit dem Schlüsselwort `Dim` deklariert werden. Bei der *Deklaration* reserviert Access den temporären Speicher. Die Variable ist ab diesem Zeitpunkt bekannt und kann genutzt werden.

```
Dim <Name der Variablen>
```

> **Deklaration und Definition einer Variablen**
>
> Genau genommen müsste ich von der *Definition* einer Variablen sprechen (VBA reserviert den Speicherbereich; anschließend ist die Variable bekannt und kann verwendet werden). Reine *Deklarationen einer Variablen* (ich gebe lediglich bekannt, dass sie an einer anderen Stelle definiert wird) gibt es in VBA nicht. In der Benutzeroberfläche der IDE und in der VBA-Dokumentation spricht Microsoft trotzdem von Deklarationen, und so werde ich mich ebenfalls an diesen Begriff halten.

Ich empfehle Ihnen, gleich am Anfang der Prozedur alle benötigten Variablen zu deklarieren. Anschließend können Sie die Variablen für Berechnungen und dergleichen benutzen – und zwar genau in der gleichen Weise, wie Sie das schon von den Berechnungen mit Steuerelementen (Abschnitt 9.2.3, »Berechnungen und Formeln«) her kennen, nur ohne das Schlüsselwort `Me`.

```
'Die Infofelder Check-in- und Boarding-Zeit aktualisieren.
Private Sub InfofelderAktualisieren()
   'Deklaration von drei Variablen
   Dim varAbflugZeit
   Dim varCheckIn
   Dim varBoarding

   'Abflugzeit aus dem Textfeld in eine Variable holen
   varAbflugZeit = Me.txtAbflugZeit

   'Ist die Abflugzeit gueltig?
   If IsDate(varAbflugZeit) Then
      'Die Abflugzeit ist gueltig.
      'Check-in- und Boarding-Zeiten berechnen

      'Check-in endet 45 min vor dem Abflug
      varCheckIn = DateAdd("n", -45, varAbflugZeit)
      'Boarding endet 20 min vor dem Abflug
      varBoarding = DateAdd("n", -20, varAbflugZeit)
   End If

```

```
22      'Check-in- und Boarding-Zeiten in die Textfelder schreiben.
23      Me.txtCheckIn = varCheckIn
24      Me.txtBoarding = varBoarding
25   End Sub
```

Listing 9.10 In den Zeilen 04 bis 06 habe ich drei Variablen für die Zeiten von Abflug, Check-in und Boarding deklariert. In diesem einfachen Beispiel berechne ich die Zeiten von Check-in und Boarding mit Hilfe der Funktion »DateAdd()«.

In der Datenbank *09_VBA\9.4.1_Variablen.accdb* finden Sie zwei Beispiele mit einfachen Berechnungen und Fallunterscheidungen. Der VBA-Code in Listing 9.10 ist Bestandteil des Formulars *frmFlug_Info* und sorgt dafür, dass die Zeiten für Check-in und Boarding berechnet werden. Im zweiten Beispiel *frmFlug_Warnfelder* prüfe ich zwei Variablen mit Fallunterscheidungen ab.

Variablendeklaration erzwingen

Ältere Sprachvarianten von BASIC kamen ohne die *explizite Deklaration* mit `Dim` aus. Diese *implizite Deklaration* von Variablen mag vielleicht angenehmer erscheinen, birgt aber eine große Gefahr bei Tippfehlern:

```
01  'Die Infofelder Check-in- und Boarding-Zeit aktualisieren.
02  Private Sub InfofelderAktualisieren()
03      'Keine explizite Deklaration von Variabeln!
04
05      'Hier die implizite Deklaration bei der ersten Verwendung
06      varAbflugZeit = Me.txtAbflugZeit
07
08      'Vorsicht Tippfehler: varAbflgZeit ist eine andere Variable!
09      If IsDate(varAbflgZeit) Then
[...]
```

Listing 9.11 Vorsicht in Zeile 09: Der Name »varAbflgZeit« ist nicht identisch mit »varAbflugZeit«. Für VBA sind es zwei unterschiedliche Variablen.

Fehler wie in Listing 9.11 sind sehr mühsam zu finden. Deshalb nutzt jeder vernünftige Programmierer die explizite Deklaration von Variablen mit `Dim`.

Explizite Deklaration von Variablen mit »Option Explicit« erzwingen

Im Gegensatz zu anderen Programmiersprachen haben Sie bei VBA die Wahl zwischen impliziter oder expliziter Variablendeklaration. Entscheidend ist diese Zeile am Anfang eines Moduls:

```
Option Explicit
```

Fehlt diese Zeile, so arbeitet VBA mit impliziter Deklaration. Wie erwähnt, treten dabei sehr leicht die ärgerlichen Tippfehler in den Namen auf; deshalb empfehle ich Ihnen, *stets mit expliziter Deklaration von Variablen zu arbeiten*. `Option Explicit` sollte also am Anfang eines jeden Moduls stehen.

Explizite Deklaration für alle Module aktivieren

Noch eines ist wichtig: `Option Explicit` schaltet auf explizite Deklaration um – aber nur für das aktuelle Modul. Deshalb muss `Option Explicit` wirklich in *jedem* Modul ganz oben stehen. Ich habe es mir angewöhnt, bei einer mir unbekannten Datenbank zuerst einmal zu prüfen, ob in allen Modulen `Option Explicit` steht. Auf diese Weise finde ich sofort die erwähnten Tippfehler.

In der integrierten Entwicklungsumgebung gibt es unter EXTRAS • OPTIONEN den Punkt VARIABLENDEKLARATION ERFORDERLICH (Abbildung 9.19). Wenn diese Option aktiviert ist, fügt Access bei einem neuen VBA-Modul `Option Explicit` automatisch ein. Standardmäßig ist diese Option nicht aktiv, Sie sollten den Haken unbedingt setzen. Allerdings wirkt sich die Einstellung wie erwähnt nur auf VBA-Module aus, die Sie neu erstellen. In allen bestehenden Modulen müssen Sie `Option Explicit` von Hand ergänzen!

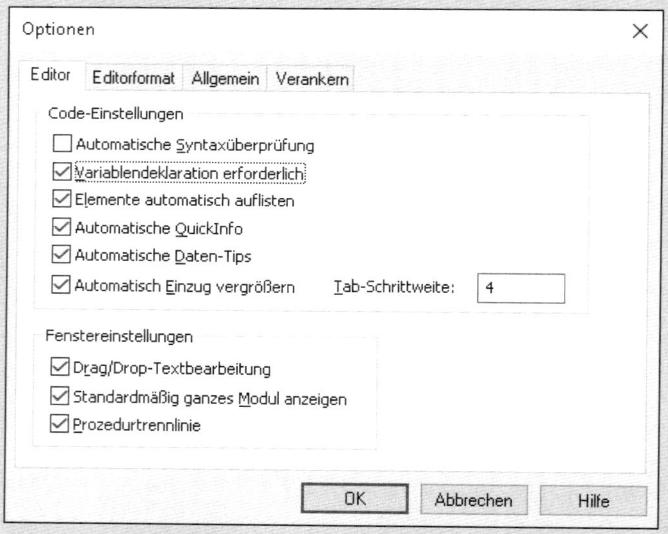

Abbildung 9.19 Die Einstellung »Variablendeklaration erforderlich« wirkt sich auf neue Module aus.

Der Datentyp einer Variablen und Namenskonventionen

Noch eleganter ist es, bei der Deklaration der Variablen den *Datentyp* festzulegen. Den wesentlichen Vorteil von Datentypen kennen Sie bereits aus den Tabellen: Beispielsweise darf im Datentyp ZAHL kein Text gespeichert werden. Inkonsistenzen werden auf diese Weise überhaupt erst feststellbar, und Access kann rechtzeitig eine Fehlermeldung anzeigen.

```
Dim <Variablenname> As <VBA-Datentyp>
```

Ohne Angabe des VBA-Datentyps ergänzt Access automatisch `As Variant`.

Vorsicht: Datentyp ist nicht gleich Felddatentyp!

Access kennt insgesamt drei verschiedene Datentypen:

- Felddatentyp in Tabellen
- SQL-Datentyp (wird bei `CREATE TABLE` ... genutzt)
- VBA-Datentyp

Im Zusammenhang mit Variablen oder anderen VBA-Themen ist immer der VBA-Datentyp gemeint. Zwischen allen drei Datentypen gibt es Ähnlichkeiten und Unterschiede. Genau diese zu beherzigen, ist für Sie als Access-Programmierer wichtig und anfangs sicherlich eine Herausforderung. Letztendlich werden Sie davon aber profitieren, weil Sie zwei Welten zusammenbringen können: einerseits die Welt der Datenbanken und andererseits die Welt der Programmierung.

In Tabelle 9.5 habe ich alle VBA-Datentypen zusammen mit LNC-Präfix und korrespondierendem Felddatentyp aufgeführt. Einige Datentypen gibt es allerdings nur in VBA (beispielsweise `LongLong`) oder nur als Felddatentyp (beispielsweise OLE-OBJEKT).

VBA-Datentyp	LNC-Prefix	Wertebereich	Speicherbedarf	Entspricht dem Felddatentyp
`Boolean`	`bln`	`True` oder `False`	2 Byte	JA/NEIN
`Byte`	`byt`	0 ... 255 &H0 ... &HFF	1 Byte	BYTE
`Integer`	`int`	–32768 ... +32767 –&H8000 ... +&H7FFF	2 Byte	INTEGER
`Long`	`lng`	–2147483648 ... +2147483647 –&H80000000 ... +&H7FFFFFFF	4 Byte	LONG INTEGER
`LongLong` (nur 64 Bit)	–	–9223372036854775808 ... +9223372036854775807 –&H8000000000000000 ... +&H7FFFFFFFFFFFFFFF	8 Byte	–

Tabelle 9.5 Diese VBA-Datentypen gibt es; für fast alle existiert ein entsprechender Felddatentyp.

VBA-Datentyp	LNC-Prefix	Wertebereich	Speicherbedarf	Entspricht dem Felddatentyp
`Single`	`sng`	−3,402823E38 ... −1,401298E−45 0 +1,401298E−45 ... +3,402823E38	4 Byte	SINGLE
`Double`	`dbl`	−1,79769313486232E308 ... −4,94065645841247E−324 0 +4,94065645841247E−324 ... +1,79769313486232E308	8 Byte	DOUBLE
`Decimal`	`dec`	−1E−28 ... +1E+28	14 Byte	DEZIMAL
`Date`	`dtm`	01.01.0100 ... 31.12.9999	8 Byte	DATUM/UHRZEIT
`Currency`	`cur`	−922337203685477,5808 ... 922337203685477,5807	8 Byte	WÄHRUNG
`String`	`str`	maximal 2 GB	Anzahl der Zeichen	je nach Länge: ▶ KURZER TEXT ▶ LANGER TEXT
`Variant`	`var`	–	mindestens 16 Byte	–
`Object`	`obj`	–	4 Byte	–

Tabelle 9.5 Diese VBA-Datentypen gibt es; für fast alle existiert ein entsprechender Felddatentyp. (Forts.)

Unter den VBA-Datentypen ist `Variant` der Allesfresser. Wenn Sie bei der Deklaration den Datentyp weglassen, wird automatisch eine Variable vom Datentyp `Variant` erstellt. Eine Variant-Variable kann jede Art von Daten enthalten (Zahlen, Zeichenfolgen, Datum/Uhrzeit usw.).

Der VBA-Datentyp `Object` ist ebenfalls eine Besonderheit und wird ausführlich in Abschnitt 9.7.2, »Objektvariablen«, vorgestellt. Alle anderen VBA-Datentypen sind auf bestimmte Daten beschränkt, wie Sie es Tabelle 9.5 entnehmen können.

Variant-Variablen erfordern mitunter mehr Sorgfalt

Bei einer Variant-Variablen weiß man nie, was man gerade vor sich hat. Die Programmierung ohne VBA-Datentyp mag zunächst einfacher erscheinen; in der Praxis zeigt sich aber schnell, dass der Umgang mit den anderen VBA-Datentypen einfacher ist und zu weniger Fehlern führt.

Wenn Sie mit Variant-Variablen arbeiten, sollten Sie einige Besonderheiten berücksichtigen:

- Jede Variable hat einen *Anfangswert*, nachdem sie deklariert wurde. Bei Zahlen ist das 0, bei String-Variablen die leere Zeichenfolge (`""`). Variant-Variablen haben den besonderen Anfangswert `Empty`.
- Je nachdem, ob `Empty` im Zusammenhang mit Zahlen oder im Kontext mit Zeichenfolgen auftritt, wird `Empty` als der Wert 0 oder die leere Zeichenfolge interpretiert.
- Mit Hilfe der Funktionen `TypeName()` oder `VarType()` können Sie herausfinden, welche Art von Daten gerade in einer Variant-Variablen gespeichert sind.

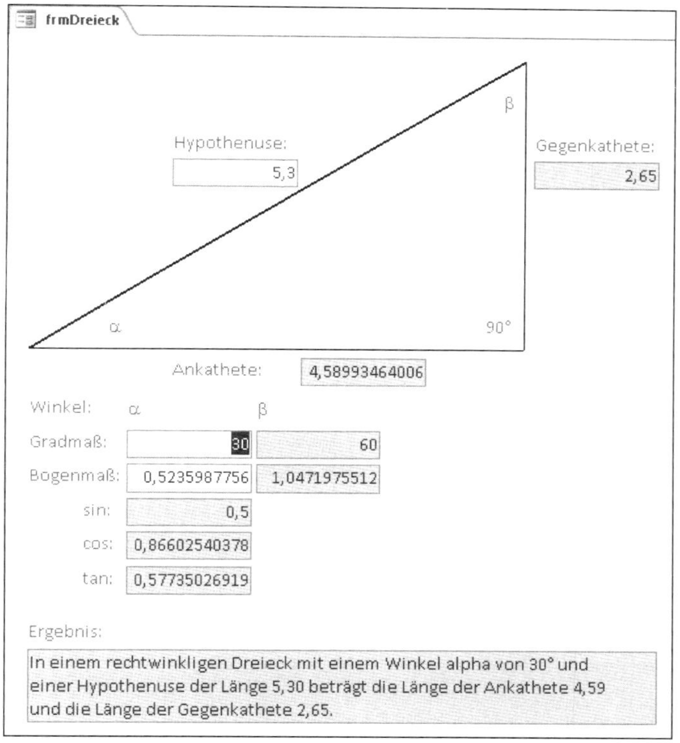

Abbildung 9.20 Dieses Beispiel mit Double- und String-Variablen finden Sie in den Materialien zum Buch in der Datenbank »09_VBA\9.4.1_Mathematik.accdb«.

Namenskonvention für Variablen

Technisch gibt es einige Einschränkungen bei der Benennung von Variablen:

- Maximal 255 Zeichen sind möglich.
- Das erste Zeichen muss ein Buchstabe sein.

- Leerzeichen, Punkt (`.`), Ausrufezeichen (`!`), Klammeraffe (`@`), kaufmännisches Und (`&`), Dollarzeichen (`$`) und Doppelkreuz (`#`) sind im Namen nicht erlaubt.
- VBA-Schlüsselwörter (beispielsweise `If`) sind ebenfalls verboten.

Damit haben Sie recht viele Freiheiten bei der Benennung. Ich empfehle Ihnen zusätzlich einige freiwillige Einschränkungen, ähnlich wie bei der Benennung von Feldern in einer Tabelle:

1. Vermeiden Sie Umlaute und Sonderzeichen.
2. Verwenden Sie bei zusammengesetzten Wörtern entweder den Unterstrich (`Abflug_Datum`) oder die sogenannte CamelCase-Schreibweise (`AbflugDatum`).
3. Übernehmen Sie je nach VBA-Datentyp ein Präfix nach der Leszynski Naming Convention (LNC). Das passende LNC-Präfix finden Sie in Tabelle 9.5, beispielsweise `dtm` für den VBA-Datentyp `Date`.

Entsprechend dieser Konventionen würde ich eine Variable für das Datum des Abflugs folgendermaßen deklarieren:

```
Dim dtmAbflugDatum As Date
```

Lokale Variablen und Gültigkeitsbereich

Bisher habe ich nur Variablen innerhalb einer Prozedur deklariert. Diese mit `Dim` deklarierten Variablen nennen sich *lokale Variablen*, die Sie nur innerhalb der Prozedur verwendet werden können. Nach Abschluss der Prozedur (`End Sub`) geht der Inhalt verloren. Neben den lokalen Variablen gibt es weitere Gültigkeitsbereiche (Tabelle 9.6), die ich in späteren Abschnitten ausführlich vorstellen werde.

Bezeichnung	Gültigkeitsbereich
lokale Variable	▸ nur innerhalb der Prozedur erreichbar ▸ Inhalt verfällt nach Verlassen der Prozedur
statische Variable	▸ nur innerhalb der Prozedur erreichbar ▸ Inhalt bleibt nach Verlassen der Prozedur erhalten
Variable auf Modulebene	nur innerhalb des Moduls erreichbar
globale Variable	erreichbar in der gesamten Access-Datenbank

Tabelle 9.6 VBA kennt vier verschiedene Typen von Variablen, die sich nach Gültigkeitsbereich unterscheiden.

Im Debug-Modus können Sie sich die Inhalte der Variablen auflisten lassen. Wählen Sie in der Entwicklungsumgebung im Menü ANSICHT • LOKAL-FENSTER, um das *Lokal-Fenster* einzublenden (Abbildung 9.21). Genauso hilfreich ist das *Überwachungsfenster*, das Sie ebenfalls im Menüpunkt ANSICHT auswählen können.

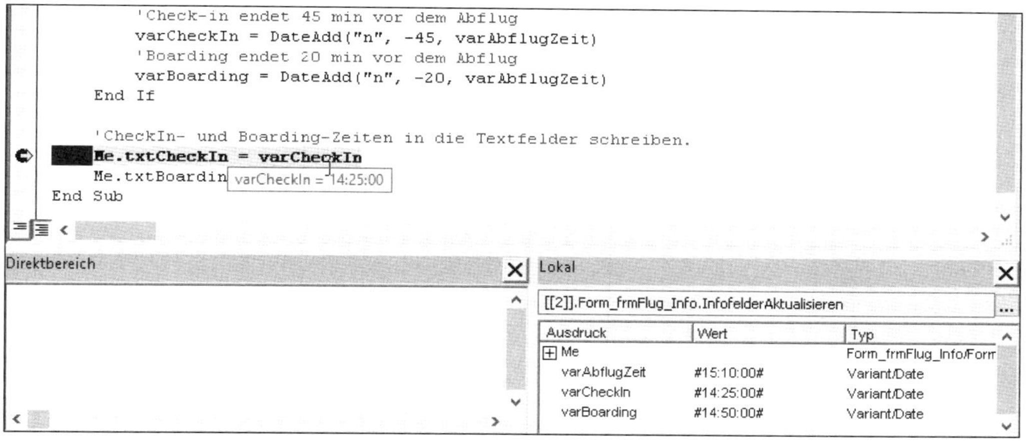

Abbildung 9.21 Im Debug-Modus können Sie den Inhalt der Variablen überprüfen. Blenden Sie dazu entweder das Lokal-Fenster ein, oder bewegen Sie die Maus auf die Variable, bis der Wert als Tip-Text erscheint.

9.4.2 Konstanten

Am Beispiel mit den Fluginformationen habe ich einige Zahlen, die unverändert bleiben, direkt im Programm verwendet. Besser ist es, in solchen Fällen eine Konstante zu definieren. Beispielsweise sind die beiden Konstanten in folgendem Programm fast selbsterklärend:

```
'Die Infofelder Check-in- und Boarding-Zeit aktualisieren.
Private Sub InfofelderAktualisieren()
   'Check-in und Boarding enden xxx Minuten vor dem Abflug.
   Const clngCheckInEndet As Long = 45
   Const clngBoardingEndet As Long = 20

   Dim dtmAbflugZeit As Date
   Dim dtmCheckIn As Date
   Dim dtmBoarding As Date

   If IsDate(Me.txtAbflugZeit) Then
      'Die Abflugzeit ist gueltig.
      dtmAbflugZeit = Me.txtAbflugZeit

      dtmCheckIn = DateAdd("n", -clngCheckInEndet, dtmAbflugZeit)
      dtmBoarding = DateAdd("n", -clngBoardingEndet, dtmAbflugZeit)

      Me.txtCheckIn = dtmCheckIn
      Me.txtBoarding = dtmBoarding
   Else
```

```
21          'Die Abflugzeit ist nicht gueltig.
22          Me.txtCheckIn = Null
23          Me.txtBoarding = Null
24      End If
25  End Sub
```

Listing 9.12 Die beiden Konstanten in den Zeilen 04 und 05 legen fest, wie Access die Zeiten für Check-in und Boarding berechnen soll. Falls sich die Zeitabstände einmal ändern sollten, müssen Sie nur die Werte der Konstanten ändern.

Das Beispiel finden Sie in den Materialien zum Buch in der Datenbank *09_VBA\9.4.2_Konstanten.accdb*. Wie Sie in Listing 9.12 nachvollziehen können, wird eine Konstante mit dem Schlüsselwort `Const` anstelle von `Dim` definiert.

```
Const <Konstantenname> As <VBA-Datentyp> = <Wert der Konstante>
```

Ohne explizite Angabe des VBA-Datentyps ermittelt Access den Datentyp aus dem Wert der Konstanten.

Nach der Leszynski Naming Convention (LNC) wird vor das LNC-Präfix des Datentyps bei einer Konstanten der Buchstabe »c« gesetzt. Dadurch erkennen Sie im Programmcode auf den ersten Blick: Alles, was ein »c« vor dem LNC-Präfix des Datentyps hat, ist keine Variable, sondern eine Konstante!

9.4.3 Eingaben vom Anwender abfragen: »InputBox()«

In Abschnitt 9.2.5, »Meldungen am Bildschirm anzeigen: ›MsgBox‹«, hatte ich Ihnen gezeigt, wie Sie mit Hilfe des Befehls `MsgBox` einfache Meldungen am Bildschirm ausgeben. Die Schwester von `MsgBox` ist die Funktion `InputBox()` zur Eingabe von Daten.

Als Beispiel greife ich wieder einmal das Mitarbeiterformular auf. Neu ist die Schaltfläche mit den drei Punkten, über die der Anwender den Nachnamen ändern kann (Abbildung 9.22).

Abbildung 9.22 Im Formular »frmMitarbeiter« habe ich eine Schaltfläche mit drei Punkten ergänzt.

Klar, der Anwender kann den neuen Nachnamen auch direkt im Formular eintragen. Aber mit `InputBox()` gibt es bei der Änderung eine schöne Meldung (Abbildung 9.23). In der Datenbank *09_VBA\9.4.3_InputBox.accdb* finden Sie das Formular zusammen mit der entsprechenden Ereignisprozedur für die Schaltfläche (Listing 9.13).

```
01 Private Sub cmdNachnameAendern_Click()
02    Dim strNachnameAlt As String
03    Dim strNachnameNeu As String
04
05    strNachnameAlt = Nz(Me.txtNachname)
06    strNachnameNeu = InputBox("Bitte den neuen Nachnamen eingeben:", _
07                              "Mitarbeiter umbenennen", _
08                              strNachnameAlt)
09    If strNachnameNeu = "" Then
10       'Der Anwender hat "Abbrechen" gewaehlt.
11       'Keine Aenderungen
12    Else
13       'Den neuen Nachnamen eintragen
14       Me.txtNachname = strNachnameNeu
15    End If
16 End Sub
```

Listing 9.13 In der Ereignisprozedur nutze ich die Funktion »InputBox()«, um den neuen Nachnamen abzufragen.

Sehen wir uns den Ablauf genauer an. In Zeile 05 hole ich zunächst den alten Nachnamen aus dem Textfeld. Dank der Funktion `Nz()` kommt es beim neuen Datensatz nicht zu einer Fehlermeldung. Anschließend zeigt die Funktion `InputBox()` in den Zeilen 06 bis 08 einen Eingabedialog an, wie er in Abbildung 9.23 zu sehen ist.

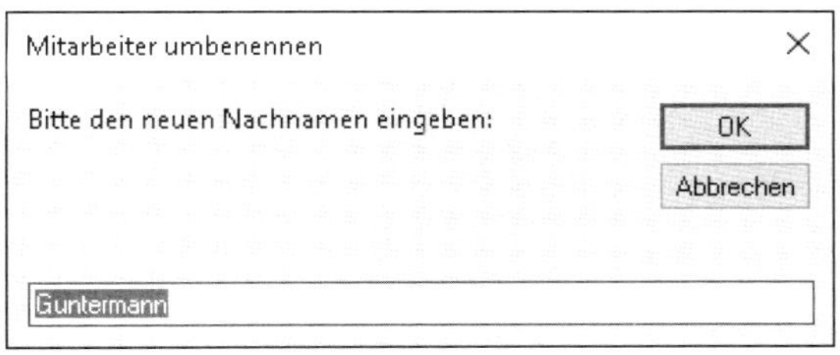

Abbildung 9.23 Ähnlich praktisch wie »MsgBox« ist »InputBox« zur Abfrage von Daten.

Vom Aussehen her lässt sich bei der `InputBox` nicht viel verändern. So etwas wie Symbole in der Art von `MsgBox` gibt es nicht. Dafür ist die Syntax sehr übersichtlich:

```
InputBox("Meldung", ["Fenstertitel"], ["Default-Wert"])
```

Zurück gibt `InputBox()` eine String-Variable mit der neuen Eingabe. Klicken auf ABBRECHEN führt zu einer leeren Zeichenfolge (""). Mit einer Fallunterscheidung ab Zeile 09 reagiere ich auf das Ergebnis.

Bei Zahlen oder »Datum/Uhrzeit« unbedingt die Eingabe überprüfen

`InputBox()` gibt eine String-Variable zurück, die Sie ohne Probleme in ein Textfeld (Felddatentyp KURZER TEXT oder LANGER TEXT) speichern können.

Aber Vorsicht bei anderen Felddatentypen: Früher oder später werden Sie die String-Variable beispielsweise in eine Zahl umwandeln müssen. Entweder explizit

```
lngWert = CLng(strEingabe)
```

oder implizit beim Übertragen in das gebundene Textfeld:

```
Me.txtIchBinAnFelddatentypZahlGebunden = strEingabe
```

In beiden Fällen kann es sein, dass `strEingabe` gar keine Zahl enthält! Das würde zu einer Fehlermeldung führen. Überprüfen Sie am besten vorher die Eingabe, und reagieren Sie mit einer aussagekräftigen Fehlermeldung.

```
If IsNumeric(strEingabe) Then
   lngWert = CLng(strEingabe)
[...]
Else
   MsgBox "Bitte eine Zahl eingeben!", _
          vbExclamation
End If
```

9.4.4 Statische Variablen

Während lokale Variablen nach dem Ende der Prozedur ihren Inhalt verlieren, bleiben *statische Variablen* bis zum nächsten Aufruf erhalten. In der Praxis kommen sie eher selten zum Einsatz. Beispielsweise könnte ich damit zählen, wie häufig eine Prozedur aufgerufen wurde:

```
Private Sub Form_Current()
   Static slngAnzahlAufrufe As Long

   slngAnzahlAufrufe = slngAnzahlAufrufe + 1
   Debug.Print "Form_Current(), " & slngAnzahlAufrufe & ". Aufruf."
End Sub

Private Sub Form_AfterUpdate()
   Static slngAnzahlAufrufe As Long

```

```
    slngAnzahlAufrufe = slngAnzahlAufrufe + 1
    Debug.Print "Form_AfterUpdate(), " & slngAnzahlAufrufe & ". Aufruf."
End Sub
```

Listing 9.14 Mit diesem VBA-Programm in der Datenbank »09_VBA\9.4.4_Statische_Variablen.accdb« lässt sich ermitteln, wie häufig ein Ereignis eingetreten ist.

Für eine statische Variable hat sich das LNC-Präfix `s` eingebürgert, das vor das LNC-Präfix für den Datentyp gesetzt wird.

Gültigkeitsbereich

Sowohl eine lokale als auch eine statische Variable sind nur innerhalb der Prozedur erreichbar. Sie können nicht in der einen Prozedur auf die Variablen einer anderen Prozedur zugreifen. Das Beispiel in Listing 9.14 verdeutlicht das recht gut: In beiden Ereignisprozeduren gibt es je eine statische Variable. Beide Variablen sind völlig isoliert voneinander, belegen eigenen Speicherplatz und haben unterschiedliche Werte. Dass die beiden Namen identisch sind (`slngAnzahlAufrufe`), spielt keine Rolle.

9.4.5 Arrays

Wenn ich eine Liste von beispielsweise zehn Namen benötige, kann ich dafür entweder zehn String-Variablen erstellen oder nur eine Variable, nämlich ein *Array* vom Datentyp `String` mit zehn *Elementen* (Listing 9.15).

```
Dim astrMitarbeiter(9) As String
```

Listing 9.15 Definition eines Arrays vom Datentyp String mit zehn Elementen

Nutzen Sie das LNC-Präfix `a`, um Arrays im VBA-Code leichter erkennen zu können. Mit dem *Index* in den runden Klammern lässt sich auf ein bestimmtes Element des Arrays zugreifen (Listing 9.16).

```
astrMitarbeiter(0) = "Guntermann"
astrMitarbeiter(1) = "Hachmann"
[...]
astrMitarbeiter(8) = "Wilke"
astrMitarbeiter(9) = "Zimmermann"
```

Listing 9.16 Die zehn Elemente sind von 0 bis 9 nummeriert.

Index eines Arrays

Üblicherweise werden die Elemente eines Arrays beginnend mit 0 nummeriert. Bei der Definition des Arrays (Listing 9.15) müssen Sie den oberen Index nennen – und nicht die Anzahl der Elemente, wie Sie es vielleicht in anderen Programmiersprachen schon einmal gesehen haben.

9.4.6 Dynamische Arrays

Arrays, die wie in Listing 9.15 mit einer festen Obergrenze definiert wurden, haben immer eine feste Anzahl an Elementen. Demgegenüber stehen dynamische Arrays, die Sie im Programm vergrößern oder verkleinern können. Zunächst wird das dynamische Array mit `Dim` und leeren Klammern definiert.

```
Dim astrMitarbeiter() As String
```

Listing 9.17 Definition eines dynamischen Arrays vom Datentyp String

Unmittelbar nach der Definition hat ein dynamisches Array gar keine Elemente. Mit dem Schlüsselwort `ReDim` müssen Sie vor der ersten Verwendung die gewünschte Obergrenze festlegen.

```
ReDim astrMitarbeiter(9)
astrMitarbeiter(0) = "Guntermann"
astrMitarbeiter(1) = "Hachmann"
astrMitarbeiter(2) = "Leuschner"
astrMitarbeiter(3) = "Rathke"
astrMitarbeiter(4) = "Schreiber"
[…]
astrMitarbeiter(8) = "Wilke"
astrMitarbeiter(9) = "Zimmermann"
```

Listing 9.18 Vor der ersten Verwendung müssen Sie die Obergrenze mit »ReDim« angeben.

Im Gegensatz zu einem normalen Array können Sie `ReDim` jederzeit nutzen, um eine neue Obergrenze festzulegen. Allerdings sollten Sie das Schlüsselwort `Preserve` nicht vergessen, denn ohne würde VBA alle Elemente beim Vergrößern oder Verkleinern löschen!

```
ReDim Preserve astrMitarbeiter(10)
astrMitarbeiter(10) = "Krüger"
```

Listing 9.19 Vergessen Sie beim Vergrößern oder Verkleinern eines dynamischen Arrays bitte nicht das Schlüsselwort »Preserve«!

Unter- und Obergrenze eines Arrays

Beim Umgang mit dynamischen Array werden Sie früher oder später vor der Frage stehen, wie viele Elemente Ihr Array gerade besitzt. Sie brauchen nicht mitzuzählen; VBA liefert Ihnen über zwei Funktionen genau die benötigten Antworten:

```
Debug.Print LBound(astrMitarbeiter) 'Untergrenze = lower bound, ueblicherweise 0
Debug.Print UBound(astrMitarbeiter) 'Obergrenze = upper bound
```

Mit der `UBound`-Funktion können Sie ein dynamisches Array ganz leicht um ein Element erweitern:

```
ReDim Preserve astrMitarbeiter(UBound(astrMitarbeiter) + 1)
astrMitarbeiter(UBound(astrMitarbeiter)) = "Weber"
```


Ein Beispiel zu dynamischen Arrays – selbstverständlich mit den Funktionen `LBound()` und `UBound()` – finden Sie in der Datenbank *09_VBA\9.4.6_Dynamische_Arrays.accdb*.

9.5 Kontrollstrukturen: Verzweigungen und Wiederholungen

Die *Kontrollstrukturen* (englisch *control structures*) sind sozusagen die Bausteine der Programmiersprache VBA. Eine vollständige Übersicht sehen Sie in Tabelle 9.7.

Typ	Kontrollstruktur	VBA-Befehl
Verzweigung	Bedingungen und Fallunterscheidungen	`If … Then … Else … End If`
		`IIf()`
		`Nz()`
	Fallauswahl	`Select Case … End Select`
	Sprungbefehle	`Exit Sub`
		`Exit Function`
		`Exit For`
		`Exit Do`
		`GoTo`
		`GoSub … Return`

Tabelle 9.7 In VBA gibt es fünf verschiedene Kontrollstrukturen.

Typ	Kontrollstruktur	VBA-Befehl
Wiederholung	Schleifen	`For … Next`
		`Do … Loop`
	Iteration	`For Each … In`

Tabelle 9.7 In VBA gibt es fünf verschiedene Kontrollstrukturen. (Forts.)

In den folgenden Abschnitten werde ich Ihnen zeigen, wie Sie mit diesen Bausteinen ein Programm zusammensetzen.

9.5.1 Bedingungen und Fallunterscheidungen

Fallunterscheidungen mit `If … Then … Else … End If` haben wir uns bereits ausführlich in Abschnitt 9.2.4, »Fallunterscheidungen«, angesehen. Zur Ergänzung möchte ich Sie darauf hinweisen, dass es daneben die einfachen Fallunterscheidungen mit `Nz()` und `IIf()` gibt. Beide Funktionen habe ich Ihnen bei den Abfragen in Abschnitt 3.2.8, »Einfache Fallunterscheidungen«, vorgestellt.

Befehl in einer Zeile	Gleichbedeutend mit …

`strNachname =`
`  Nz(Me.txtNachname, "Leer")`
	`If Not IsNull(Me.txtNachname) Then`
	`  strNachname = Me.txtNachname`
	`Else`
	`  strNachname = "Leer"`
	`End If`

`strMeldung =`
` IIf(Me.txtAbflugZeit < Me.txtAnkunft-`
`  Zeit, "Ankunft am selben Tag",`
`  "Ankunft am Folgetag")`
	`If Me.txtAbflugZeit < Me.txtAnkunftZeit`
	` Then`
	`  strMeldung = "Ankunft am selben Tag"`
	`Else`
	`  strMeldung = "Ankunft am Folgetag"`
	`End If`

Tabelle 9.8 Die Funktionen »Nz()« und »IIf()« lassen sich durch Fallunterscheidungen mit »If … Then … Else« ersetzen.

9.5.2 Fallauswahl

Wie sieht es aus, wenn Sie bestimmte Werte einer Variablen auswerten möchten? Ein solches Beispiel hatte ich Ihnen bereits mit den Anreden in Listing 9.6 gezeigt. Anstelle von zwei verschachtelten Fallunterscheidungen bietet sich die *Fallauswahl* an:

```
Private Sub cmdOK_Click()
   If Not IsNull(Me.txtNachname) And Not IsNull(Me.txtVorname) Then
      Select Case Me.cboGeschlecht
         Case "M"
            Me.txtAnrede = "Sehr geehrter Herr " & Me.txtNachname
         Case "W"
            Me.txtAnrede = "Sehr geehrte Frau " & Me.txtNachname
         Case Else
            Me.txtAnrede = "Sehr geehrte/r Herr/Frau " & Me.txtNachname
      End Select
   Else
      Me.txtAnrede = Null
   End If
End Sub
```

Listing 9.20 Diese Fallauswahl mit »Select ... Case« finden Sie in der Datenbank »09_VBA\9.5.2_Fallauswahl.accdb«.

Eine Fallauswahl ist vor allem dann vorzuziehen, wenn mehr als zwei Fälle unterschieden werden sollen. Verschachtelte Fallunterscheidungen mit `If ... Then` werden schnell unübersichtlich.

9.5.3 Schleifen

Gute Programmierer sind von Natur aus faul und sparen sich gerne Tipparbeit. Wenn ich einen Befehl mehrfach ausführen möchte, könnte ich ihn mehrmals hintereinander eintippen, was ab einer gewissen Anzahl an Wiederholungen nicht mehr praktikabel und vor allem fehleranfällig wäre. Eleganter ist es, mit einer *Schleife* (englisch *loop*) eine oder mehrere Programmzeilen erneut zu durchlaufen.

Bekannte Anzahl von Wiederholungen

Die *For-Next-Schleife* verwendet eine Variable zum Zählen der Durchläufe:

```
For lngZaehler = 1 To 10
   Debug.Print lngZaehler
Next
```

Listing 9.21 Diese einfache »For ... Next«-Schleife gibt die Zahlen 1 bis 10 aus.

Standardmäßig wird der Zähler bei jedem Durchlauf um 1 erhöht. Bei Bedarf können Sie über das Schlüsselwort `Step` eine andere Schrittweise festlegen:

```
For lngGeradeZahl = 2 To 10 Step 2
   Debug.Print lngGeradeZahl
Next
```

Listing 9.22 Alle geraden Zahlen von 2 bis 10 ausgeben

```
For lngZaehler = 10 To 1 Step -1
   Debug.Print lngZaehler
Next
```

Listing 9.23 Rückwärts zählen, der Countdown von 10 bis 1

In der Datenbank *09_VBA\9.5.3_Schleifen.accdb* habe ich im Formular *frmZahlen* einige Beispiele mit `For-Next`-Schleifen hinterlegt.

Mit einer »For ... Next«-Schleife durch Arrays und Auflistungen wandern

Zahlen zählen ist ja ganz schön, in einer Datenbank aber nicht wirklich spannend. Beim Umgang mit Arrays werden Schleifen hingegen recht häufig genutzt. Beispielsweise eine `For-Next`-Schleife, um alle Elemente eines Arrays auszugeben:

```
Private Sub cmdVorwaerts_Click()
   Dim lngIndex As Long
   Dim astrName(3) As String

   astrName(0) = "Guntermann, Hildegard"
   astrName(1) = "Hachmann, Eva"
   astrName(2) = "Leuschner, Doris"
   astrName(3) = "Rathke, Ramona"

   For lngIndex = LBound(astrName) To Ubound(astrName)
      Debug.Print astrName(lngIndex)
   Next
End Sub
```

Listing 9.24 Mit einer »For ... Next«-Schleife ein Array ausgeben. Hier frage ich die Unter- und Obergrenze des Arrays mit Hilfe der Funktionen »LBound()« und »UBound()« ab. In diesem Beispiel stehen die Ergebnisse fest (0 beziehungsweise 3); somit hätte ich genauso gut »For lngIndex = 0 To 3« schreiben können.

Noch interessanter finde ich die interne Struktur einer Datenbank, die Access freundlicherweise als *Auflistungen* (englisch *collections*) preisgibt. Eine Auflistung ist so etwas Ähnliches wie ein Array, wird aber von Access selbst verwaltet. Beispielsweise können Sie über die Auflistung `Controls` die Namen aller Steuerelemente eines Formulars ermitteln:

```
Private Sub cmdSteuerelementeAuflisten_OnClick()
   Dim lngZaehler as Long

   For lngZaehler = 0 To Me.Controls.Count - 1
      Debug.Print Me.Controls(lngZaehler).Name
   Next
End Sub
```

Listing 9.25 Wie jede Auflistung verfügt »Controls« über die Eigenschaft »Count«, in der die Anzahl der Steuerelemente steht. Innerhalb der Auflistung sind die Steuerelemente von »0« bis »Count – 1« nummeriert.

In Tabelle 9.9 habe ich Ihnen ein paar Auflistungen zusammengefasst, die in der Praxis häufig genutzt werden. In Abschnitt 9.7.5, »Auflistungen (Collections)«, werde ich Ihnen zeigen, wie Sie eine Auflistung für Ihre eigenen Zwecke selbst erstellen können.

Auflistung	enthalten in	Inhalt
`AllTables`	`CurrentData`-Objekt	alle Tabellen (Namen)
`AllQueries`	`CurrentData`-Objekt	alle Abfragen (Namen)
`AllForms`	`CurrentProject`-Objekt	alle Formulare (Namen)
`AllReports`	`CurrentProject`-Objekt	alle Berichte (Namen)
`AllMacros`	`CurrentProject`-Objekt	alle Makros (Namen)
`AllModules`	`CurrentProject`-Objekt	alle Module (Namen)
`Forms`	`Application`-Objekt	geöffnete Formulare
`Reports`	`Application`-Objekt	geöffnete Berichte
`Modules`	`Application`-Objekt	in der IDE von VBA geöffnete Module
`Controls`	Formular oder Bericht	alle Steuerelemente
`TableDefs`	`CurrentDb()` oder `Database`-Objekt	alle Tabellen (Namen und Struktur)
`QueryDefs`	`CurrentDb()` oder `Database`-Objekt	alle Abfragen (Namen und Struktur)
`Fields`	`TableDef`-, `QueryDef`-, `Index`- oder `Recordset`-Objekt	Felder einer Tabelle, einer Abfrage oder eines Indexes
`Indexes`	`TableDef`-Objekt	Indizes einer Tabelle
`Properties`	in fast allen Objekten	Auflistung aller Eigenschaften mit Werten

Tabelle 9.9 Wichtige Auflistungen, die es in jeder Access-Datenbank gibt

Alle Eigenschaften sind über die »Properties«-Auflistung erreichbar

Die meisten Objekte einer Access-Datenbank haben eine Auflistung mit dem Namen `Properties`. Damit lassen sich alle Eigenschaften und die zugehörigen Werte ermitteln:

```
Debug.Print Forms!frmZahlen.Properties.Count
249
Debug.Print Forms!frmZahlen.Properties(2).Name
PopUp
Debug.Print Forms!frmZahlen.Properties(2).Value
Falsch
```

Ein entsprechendes Beispiel finden Sie in den Materialien zum Buch im Formular *frmAuflistungen*.

Anzahl der Wiederholungen vorher unbekannt

Bei der `For-Next`-Schleife ist die Zahl der Durchläufe vorher schon bekannt. Etwas allgemeiner ist die *Do-Loop-Schleife*. Sie wird so lange durchlaufen, wie die Bedingung erfüllt ist.

```
Do While <Bedingung>
...
Loop
```

Listing 9.26 Die Syntax der »Do Loop«-Schleife mit einer Schleifenbedingung

Folglich eignet sich die `Do-Loop`-Schleife immer dann, wenn vorher nicht bekannt ist, wie viele Durchläufe zu erwarten sind.

Endlosschleifen

Versehentlich kann es passieren, dass die Schleifenbedingung in Listing 9.26 immer erfüllt ist. In diesem Fall nimmt die Schleife kein Ende, und das VBA-Programm ist in einer *Endlosschleife* gefangen. Mit Strg + Untbr können Sie eine Endlosschleife abbrechen und in den Debug-Modus gelangen.

Ein typisches Beispiel für eine `Do-Loop`-Schleife ist das Auflisten eines Verzeichnisses. Der Befehl `Dir()` kann mit oder ohne Parameter aufgerufen werden (Listing 9.27).

```
Private Sub cmdVerzeichnisAuflisten_OnClick()
   Dim strDateiname As String

```

```
04      strDateiname = Dir("C:\", vbNormal + vbDirectory)
05      Do While strDateiname <> ""
06         Debug.Print strDateiname
07         strDateiname = Dir()
08      Loop
09   End Sub
```

Listing 9.27 Mit der Funktion »Dir()«lässt sich der Inhalt eines Verzeichnisses auslesen.

Beim ersten Aufruf in Zeile 04 benötigt `Dir()` den Pfad des Verzeichnisses als Parameter. Als Rückgabewert kommt der erste Dateiname als String zurück. Für die weiteren Aufrufe merkt sich `Dir()` den Pfad, so dass ich die Funktion innerhalb der Schleife in Zeile 07 ohne Parameter aufgerufen habe. Gleichzeitig prüfe ich mit der Schleifenbedingung, ob bereits alle Dateinamen aufgelistet wurden. Sie finden das fertige Beispiel in den Materialien zum Buch in der Datenbank *09_VBA\9.5.3_Schleifen.accdb* im Formular *frmVerzeichnis*.

Do Until ... Loop

Mit Hilfe des Schlüsselwortes `Until` können Sie die Bedeutung der Bedingung umkehren. Die folgende Schleife wird so lange durchlaufen, wie die Bedingung nicht erfüllt ist:

```
Do Until strDateiname = ""
...
Loop
```

While ... Wend

Gelegentlich treffe ich noch auf diese alte Variante von `Do While ... Loop`:

```
While strDateiname <> ""
...
Wend
```

Diese Schreibweise gibt es nur aus Kompatibilität mit alten BASIC-Dialekten. Verwenden Sie stattdessen besser Schleifen des Typs `Do While ... Loop`.

Immer wieder wird Ihnen die `Do-Loop`-Schleife im Zusammenhang mit DAO begegnen. In Kombination mit `MoveNext` wird sie genutzt, um durch die Datensätze eines `Recordset`-Objekts gehen. Mehr dazu in Abschnitt 10.1.1, »Lesend auf eine Tabelle zugreifen«.

9.5.4 Iteration

Es gibt noch eine kürzere Schreibweise, um durch alle Elemente eines Arrays oder einer Auflistung zu wandern: Und zwar mit Hilfe einer *For-Each-Schleife*. Richtung und Schrittweite sind aber fest, nämlich nur vorwärts und von einem Element zum nächsten.

```
Private Sub cmdVorwaerts_Click()
   Dim astrName(3) As String
   Dim varName As Variant

   astrName(0) = "Guntermann, Hildegard"
   astrName(1) = "Hachmann, Eva"
   astrName(2) = "Leuschner, Doris"
   astrName(3) = "Rathke, Ramona"

   For Each varName In astrName
      Debug.Print varName
   Next
End Sub
```

Listing 9.28 Mit einer »For Each«-Schleife ein Array ausgeben. Für ein Array muss der VBA-Datentyp »Variant« gewählt werden.

In ähnlicher Weise wie in Listing 9.28 können Sie eine Auflistung durchlaufen. Weil dafür jedoch eine Objektvariable benötigt wird, werde ich diesen Fall noch einmal in Abschnitt 9.7.5, »Auflistungen (Collections)«, gesondert vorstellen. Beide Beispiele – Iteration durch ein Array und Iteration durch eine Auflistung – finden Sie in den Materialien zum Buch in der Datenbank *09_VBA\9.5.4_Iteration.accdb*.

9.5.5 Sprungbefehle und Sprungmarken

VBA kennt einige Sprungbefehle. Für völlig legitim halte ich es, die `Exit`-Befehle (`Exit Sub`, `Exit Function`, `Exit For`, `Exit Do`) zum vorzeitigen Verlassen einer Schleife, Prozedur oder Funktion einzusetzen.

```
'Maximal zehn Zahlen abfragen und die Summe berechnen.
Public Sub SchleifeAbbrechen()
   Dim adblZahlen(9) As Long
   Dim intIndex As Integer
   Dim strEingabe As String
[…]
   'Maximal zehn Zahlen abfragen
   For intIndex = 0 To 9
      'So lange in der Do-Loop-Schleife bleiben, bis eine gueltige Zahl
      '  eingegeben wurde.
      Do
         strEingabe = InputBox("Bitte die " & (intIndex + 1) _
                               & ". Zahl eingeben:")
         If strEingabe = "" Then
```

```
                'Der Benutzer hat "Abbrechen" gedrueckt, For-Schleife beenden
                Exit For
            End If
[...]
        Loop Until IsNumeric(strEingabe)

        'Eingabe war gueltig, abspeichern
        adblZahlen(intIndex) = CDbl(strEingabe)
    Next
[...]
End Sub
```


Listing 9.29 Mit »Exit For« wird die »For Next«-Schleife abgebrochen, falls der Anwender auf »Abbrechen« gedrückt hat.

Daneben gibt es die Befehle `GoTo` und `GoSub`, mit deren Hilfe Sie völlig frei hin und her springen können. Gesprungen wird zu *Sprungmarken*, die Sie in der Form `<Sprungmarke>:` festlegen können.

Spaghetticode

Mit vielen `GoTo`-Befehlen verkommt der Programmcode durch das ständige Springen schnell zu einem Durcheinander – ein Wirrwarr wie eine Portion Spaghetti. `GoTo` und `GoSub` sollten Sie deshalb niemals verwenden. Lediglich bei der Fehlerbehandlung sind `GoTo` und Sprungmarken vertretbar (Abschnitt 9.8, »Fehlerbehandlung«).

9.6 Module

Alle bisherigen Beispiele habe ich direkt in die Ereignisprozedur eingetragen. Der VBA-Code hängt somit am Formular, bzw. genauer gesagt am zugehörigen Klassenmodul. Dies ist nicht der einzige Ort in einer Access-Datenbank, an dem VBA-Code stehen kann. Allgemeine Programmteile, die von mehreren Formularen oder Berichten genutzt werden, sind besser in einem *Modul* aufgehoben. Ein Modul enthält eine Sammlung von Prozeduren, Funktionen, Variablen, Konstanten usw.

9.6.1 Ein Modul erstellen und bearbeiten

Ein leeres Modul lässt sich ganz unkompliziert erstellen:

1. Klicken Sie auf ERSTELLEN • MAKROS UND CODE • MODUL.
2. Access schaltet automatisch zur integrierten Entwicklungsumgebung um und zeigt das leere Modul an.

3. Am besten speichern Sie es gleich ab und vergeben dabei einen aussagekräftigen Namen, beispielsweise *basAllgemein*.
4. Nach dem Speichern erscheint das Modul als neues Datenbankobjekt im Navigationsbereich. Per Doppelklick können Sie es jederzeit öffnen.

Im leeren Modul sind zunächst nur die beiden bekannten Optionen vorhanden.

```
Option Compare Database
Option Explicit
```

Listing 9.30 Ein leeres Modul enthält zunächst lediglich diese beiden Zeilen mit den Optionen.

Wie Sie bereits wissen, wird über `Option Explicit` die explizite Deklaration von Variablen erzwungen. `Option Compare` legt für das Modul fest, wie Zeichenfolgen verglichen werden sollen.

Option	Vergleich	Ergebnis
`Option Compare Text`	`Debug.Print "Hauptstraße" = "hauptstrasse"`	`Wahr`
`Option Compare Binary`	`Debug.Print "Hauptstraße" = "hauptstrasse"`	`Falsch`
`Option Compare Database`	Ähnlich `Option Compare Text`, nur wird die Sortierung der Datenbank verwendet (Access-Optionen, ALLGEMEIN • DATENBANKEN ERSTELLEN • SORTIERREIHENFOLGE BEI NEUER DATENBANK).	

Tabelle 9.10 Es gibt drei verschiedene Optionen für den Vergleich von Zeichenfolgen.

Option Base 0 | 1

Daneben gibt es noch `Option Base`, mit der Sie den unteren Index eines Arrays festlegen (standardmäßig: 0).

9.6.2 Prozeduren

Jedes Programm gehört in eine *Prozedur*. Eine Prozedur ist somit die Verpackung eines VBA-Programms. Wie Sie der Syntax in Listing 9.31 entnehmen können, rahmen die Zeilen mit den Schlüsselwörtern `Sub` und dem `End Sub` das eigentliche Programm ein.

```
Public Sub <Name der Prozedur>()
   'Hier hinein kommt das Programm!
End Sub
```

Listing 9.31 Die Syntax einer Prozedur

Zum Schlüsselwort `Public` sage ich in Abschnitt 9.6.5, »Gültigkeitsbereiche«, mehr. Entweder tippen Sie die Prozedur direkt in das Modul ein, oder Sie verwenden dazu einen Assistenten (in der Entwicklungsumgebung unter EINFÜGEN • PROZEDUR anklicken, dann gelangen Sie zum Dialog in Abbildung 9.24).

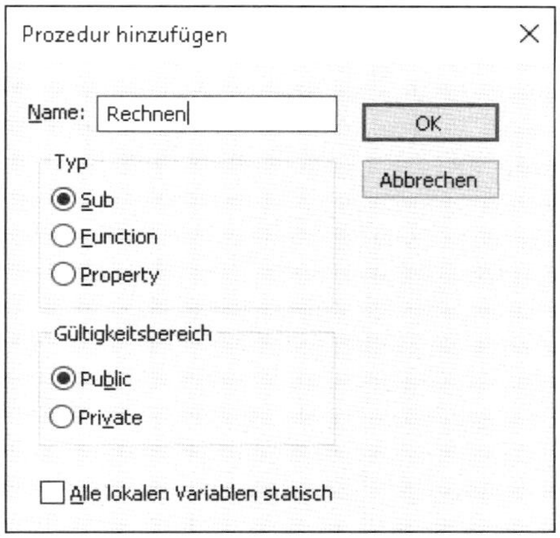

Abbildung 9.24 Der Prozedur-Assistent tippt für Sie die Wörter »Public Sub« und »End Sub« ein.

Der Nutzen des Prozedur-Assistenten sei einmal dahingestellt. Sie können das Programm auch gleich so eintippen, wie es in Listing 9.32 zu sehen ist (ohne die Zeilennummern):

```
'Zwei Variablen addieren
Public Sub Rechnen()
   Dim lngA As Long
   Dim lngB As Long
   Dim lngErgebnis As Long

   lngA = 20
   lngB = 5
   lngErgebnis = lngA + lngB

   Debug.Print lngA & " + " & lngB & " = " & lngErgebnis
End Sub
```

Listing 9.32 Eine kleine Rechenaufgabe in einem VBA-Programm, das von einer Prozedur eingerahmt ist

Es ist nicht verkehrt, oberhalb der Prozedur in einem kurzen Kommentar festzuhalten, was das Programm macht. Zu einem späteren Zeitpunkt und vor allem bei längeren Prozeduren ersparen Ihnen diese Informationen den Aufwand, sich erneut eindenken zu müssen.

Programmcode darf nur innerhalb einer Prozedur stehen

Jedes VBA-Programm muss innerhalb einer Prozedur (oder Funktion, vergleiche Abschnitt 9.6.3, »Funktionen«) stehen. Sie können die Befehle nicht direkt in einem Modul ohne Prozedur eintragen. Auf Modulebene dürfen lediglich diese Elemente stehen, und zwar genau in dieser Reihenfolge:

1. Optionen (`Option Compare`, `Option Explicit` usw.)
2. Variablen und Konstanten auf Modulebene (Abschnitt 9.6.6, »Variablen auf Modulebene und globale Variablen«)
3. Prozeduren und Funktionen

Nachdem das Programm fertig ist, können wir es starten. In Access kommen dafür drei Varianten in Frage:

1. **Aus dem Direktbereich**
   Tippen Sie den Namen der Prozedur im Direktbereich (`Strg` + `G`) ein:

   ```
   Rechnen
   ```

2. **Mit F5 in der Entwicklungsumgebung**
   Drücken Sie in der Entwicklungsumgebung die Taste `F5`. Wenn Sie mit dem Cursor bereits in der Prozedur stehen, weiß Access sofort, wohin die Reise gehen soll. Andernfalls wählen Sie im Dialog MAKROS die Prozedur aus, die Sie starten möchten.

3. **Von einer anderen Prozedur aus**
   Die beiden eben genannten Varianten eignen sich, wenn Sie eine Prozedur testen möchten. Im Regelfall soll Access die Prozedur aber selbst über ein Ereignis aufrufen. In Modulen gibt es keine Ereignisse. Die Ereignisse bleiben nach wie vor im Formular (oder Bericht), und genau dort muss auch die entsprechende Ereignisprozedur stehen.

   In der Beispieldatenbank *09_VBA\9.6.2_Modul_Prozedur.accdb* habe ich ein Formular mit zwei Schaltflächen erstellt. In die Ereignisprozedur schreibe ich lediglich den Namen der Prozedur (Listing 9.33).

   ```
   Private Sub cmdRechnen_Click()
       Rechnen
   End Sub
   ```

   Listing 9.33 So rufen Sie eine Prozedur von der Ereignisprozedur innerhalb eines Formulars aus auf.

Mit der letztgenannten Variante können Sie innerhalb einer Prozedur andere Prozeduren aufrufen.

Aufruf einer Prozedur mit dem Befehl »Call«

Beim Aufrufen können Sie vor den Namen der Prozedur den Befehl `Call` setzen.

```
Call Rechnen
```

Ich verwende diesen Befehl gelegentlich, um die Lesbarkeit meiner Programme zu erhöhen.

9.6.3 Funktionen

Das Beispiel im letzten Abschnitt ist relativ uninteressant für eine Datenbank, denn es ist ein isoliertes Programm, eine Insel-Lösung. Ein VBA-Programm wird in einer Datenbank erst dann interessant, wenn es mit den anderen Datenbankobjekten kommuniziert. Das einfachste Mittel zur Kommunikation in VBA ist eine *Funktion mit Rückgabewert*:

```
Public Function <Name der Funktion>() As <Datentyp>
   'Hier hinein kommt das Programm!
[...]
   'So den Rueckgabewert setzen:
   <Name der Funktion> = [...]
End Function
```

Listing 9.34 Die Syntax einer Funktion

Genauso wie eine Prozedur rahmt eine Funktion das VBA-Programm ein. Nur gibt es zusätzlich den Rückgabewert. Stellen Sie sich ganz einfach vor, dass dies eine Variable ist, die den gleichen Namen wie die Funktion hat. Die einzige Besonderheit ist, dass der Wert der Variablen an den Aufruf zurückgegeben wird.

Eine einfache Funktion erstellen

Mit dieser einfachen Funktion ermittele ich beispielsweise das aktuelle Jahr:

```
'Das aktuelle Jahr
Public Function AktuellesJahr() As Integer
   Dim dtmHeute As Date

   'Date liefert das aktuelle Datum
   dtmHeute = Date
   'Mit der Funktion Year() das Jahr ermitteln
   AktuellesJahr = Year(dtmHeute)
End Function
```

Listing 9.35 Mit zwei VBA-Funktionen gelange ich zum aktuellen Jahr.

Entscheidend für den Rückgabewert ist die Zeile 08. Hier nutze ich den Namen der Funktion wie eine Variable vom Typ `Integer`. Der Datentyp wird nicht mit `Dim`, sondern in Zeile 02 festgelegt.

Das Rad nicht neu erfinden: Die VBA-Funktionen sind sehr nützlich

In Listing 9.35 nutze ich mit `Date()` und `Year()` zwei Funktionen, die VBA schon von Haus aus bereitstellt. Sie kennen diese Funktionen bereits von den berechneten Feldern in Abfragen (in Abschnitt 3.2, »Auswerten von Daten eines Datensatzes: Berechnete Felder«). Alle dort beschriebenen Funktionen sind VBA-Funktionen, die Sie wiederum in Ihrem eigenen Programm nutzen können. Verwenden dazu bitte ausschließlich die englische Schreibweise.

Eine Funktion lässt sich genauso wie eine Prozedur aufrufen:

```
Call AktuellesJahr()
```

Bei dieser Schreibweise ignoriere ich den Rückgabewert. Üblicherweise ist der Rückgabewert aber genau das Interessante. Und so lässt er sich anzeigen:

```
Debug.Print AktuellesJahr()
 2019
```

Das aktuelle Jahr mit einer Codezeile ermitteln

Für die einfache Aufgabe aus Listing 9.35 reicht anstelle der Funktion `AktuellesJahr()` einer der folgenden beiden Befehle aus:

```
Debug.Print Year(Now())
Debug.Print Year(Date())
```

Den Ostersonntag berechnen

Unser Leben wird sehr vom Mond beeinflusst. Esoteriker und Astrologen werden diesbezüglich zustimmend mit dem Kopf nicken. Bevor ich größere Diskussionen auslöse, möchte ich mich auf die beweglichen Feiertage beschränken, denn aus religiösen und historischen Gründen ist der Ostersonntag immer der erste Sonntag nach dem ersten Vollmond im Frühling. Mit etwas Algebra lässt sich dieser Tag leicht berechnen.

```
'Ostersonntag, der erste Sonntag nach dem ersten Vollmond im Fruehling
Public Function Ostersonntag() As Date
   Const cbytMonat As Byte = 3
   Dim intAktuellesJahr As Integer
   Dim lngK As Long
   Dim lngM As Long
[...]
```

```
    intAktuellesJahr = AktuellesJahr()

    'Gausssche Osterformel, modifizierter Algorithmus nach Lichtenberg.
    'https://de.wikipedia.org/wiki/Gau%C3%9Fsche_Osterformel
    lngK = intAktuellesJahr / 100
    lngM = 15 + Int((3 * lngK + 3) / 4) - Int((8 * lngK + 13) / 25)
[...]
    lngOe = 7 - (lngOg - lngSz) Mod 7
    lngOs = lngOg + lngOe

    Ostersonntag = DateSerial(intAktuellesJahr, cbytMonat, lngOs)
End Function
```


Listing 9.36 Mathematiker haben einen Algorithmus entwickelt, mit dem sich der Ostersonntag eines jeden Jahres berechnen lässt.

Die Funktion, die in Listing 9.36 auszugsweise zu sehen ist, ermittelt den Ostersonntag des aktuellen Jahres:

```
Debug.Print Ostersonntag()
```

```
21.04.2019
```

Eine Reihe von Feiertagen mit religiösem Hintergrund hängen vom Ostersonntag ab. Da bietet es sich doch förmlich an, in einem Modul *basFeiertage* Funktionen für sämtliche Feiertage zu programmieren.

Regional unterschiedliche Feiertage

Der Einfachheit halber habe ich in der Datenbank *09_VBA\9.6.3_Feiertage.accdb* nur den minimalen Umfang an Feiertagen berücksichtigt. Bitte ergänzen Sie im Modul die entsprechenden Funktionen je nach Bundesland. Leser aus Österreich und der Schweiz mögen bitte den Nationalfeiertag bzw. Bundesfeiertag berücksichtigen.

Funktionen in Abfragen aufrufen und das Ergebnis verarbeiten

An jeder Stelle Ihrer Access-Datenbank, an der Sie eine Formel eintragen können, lässt sich eine Funktion aufrufen. Ein einfaches Beispiel ist eine Mitarbeiterliste mit einem berechneten Feld. Sie finden die entsprechende Auswahlabfrage mit dem Namen *qryMitarbeiter* in der Beispieldatenbank. Im berechneten Feld wird in der Formel die Funktion `Ostersonntag()` aufgerufen:

```
GeburtstagTageNachOstern: DatDiff("t";Ostersonntag();[GeburtstagDiesesJahr])
```

Auf diese Weise können Sie beliebig komplexe Berechnungen in Ihre Abfragen aufnehmen. Beachten Sie bitte, dass Access unter Umständen für jeden einzelnen Datensatz die Funktion aufrufen muss. Bei umfangreichen Tabellen kann dies sehr viel Rechenzeit benötigen!

qryMitarbeiter

Nachname	Vorname	GeburtstagDiesesJahr	GeburtstagTageNachOstern
Guntermann	Hildegard	12.10.2019	174
Hachmann	Eva	17.01.2019	-94
Leuschner	Doris	25.09.2019	157
Rathke	Ramona	04.09.2019	136
Schreiber	Alois	28.02.2019	-52
Schulz	Barbara	10.10.2019	172
Semrau	Gabriele	20.08.2019	121
Wagner	Michael	11.07.2019	81
Wilke	Margot	07.02.2019	-73
Zimmermann	Arno	26.03.2019	-26

Abbildung 9.25 Eine Auswahlabfrage mit einem berechneten Feld führt zur Mitarbeiterliste mit den Ergebnissen der Formel.

Wie sieht es aus, wenn ich an einer Liste aller Feiertage interessiert bin (Abbildung 9.26)?

qryAlleFeiertage

FeiertagName	FeiertagDatum
Neujahr	01.01.2019
Karfreitag	19.04.2019
Ostersonntag	21.04.2019
Ostermontag	22.04.2019
Tag der Arbeit	01.05.2019
Christi Himmelfahrt	30.05.2019
Pfingstsonntag	09.06.2019
Pfingstmontag	10.06.2019
Tag der Deutschen Einheit	03.10.2019
1. Weihnachtsfeiertag	25.12.2019
2. Weihnachtsfeiertag	26.12.2019

Abbildung 9.26 Eine nicht ganz triviale Aufgabe, die sich mit einer UNION-Abfrage bewerkstelligen lässt: alle Feiertage in einem Datenblatt

In Access kann ich leider keine Abfrage aus dem Nichts, sondern nur von einer Tabelle ausgehend erstellen. Für solche Fälle können Sie eine beliebige Tabelle missbrauchen, die mindestens einen Datensatz enthält:

```
SELECT TOP 1 Ostersonntag() as Ostersonntag
FROM <Tabelle>
```

Mit der Klausel `TOP 1` bekomme ich genau einen Datensatz. Mich interessiert nur, dass es überhaupt einen Datensatz gibt. Anstelle der Felder lasse ich lediglich das Ergebnis der Funktion anzeigen.

»MSysObjects« enthält immer Datensätze

Am besten nutzen Sie die Systemtabelle *MSysObjects*, denn sie enthält in jedem Fall Datensätze. Die Inhalte der Felder interessieren uns hier überhaupt nicht.

Über eine UNION-Abfrage lassen sich die einzelnen Funktionsergebnisse in einem Datenblatt zusammenfassen. Sie finden die vollständige UNION-Abfrage in der Beispieldatenbank unter dem Namen *qryAlleFeiertage*.


```
SELECT TOP 1
   "Neujahr" AS FeiertagName,
   Neujahr() AS FeiertagDatum
FROM MSysObjects
UNION ALL
SELECT TOP 1
   "Karfreitag",
   Karfreitag()
FROM MSysObjects
UNION ALL
[…]
SELECT TOP 1
   "2. Weihnachtsfeiertag",
   ZweiterWeihnachtsfeiertag()
FROM MSysObjects
ORDER BY FeiertagDatum
```

Listing 9.37 Jeder Teil der UNION-Abfrage ist für einen Feiertag zuständig.

Das Ergebnis einer Funktion in einem Formular anzeigen

Was in einer Abfrage geht, ist auch in einem Formular oder Bericht möglich. Um das Ergebnis einer Funktion zu sehen, tragen Sie die Formel ganz einfach in den Steuerelementinhalt eines Textfeldes ein:

```
=Ostersonntag()
```

In der Beispieldatenbank habe ich das ungebundene Formular *frmFeiertage* erstellt, das alle Feiertage darstellt (Abbildung 9.27).

Abbildung 9.27 Lauter Textfelder mit Formeln geben die einzelnen Feiertage wieder.

Interaktion innerhalb einer Funktion

Mit dem Wissen über Rückgabewerte können Sie eine Prozedur jetzt dahingehend erweitern, dass sie Ihre Datenbank bereichert. In der Beispieldatenbank mit den Flügen haben wir für jede Flugbuchung einen Buchungscode hinterlegt. Codes dieser Form (beispielsweise auch Kundennummern oder Rechnungsnummern) folgen häufig einem bestimmten Schema. Eine VBA-Funktion könnte dafür Sorge tragen, dass die Codes richtig generiert werden.

Die Logik zum Generieren der Codes kann beliebig komplex sein. Um nicht vom Thema abzuschweifen, wähle ich eine ganz einfache Logik:

1. einen Code vom Benutzer abfragen
2. überflüssige Leerzeichen am Anfang und am Ende abschneiden
3. alle Kleinbuchstaben in Großbuchstaben umwandeln
4. überprüfen, dass der eingegebene Code aus zwei Buchstaben und vier Zahlen besteht (z. B. »AB1234«)

Alle für das Beispiel notwendigen Datenbankobjekte finden Sie in der Datenbank *09_VBA\9.6.3_Buchungscode.accdb*. Die Funktion `BuchungsCodeAbfragen()` habe ich in das Modul *basBuchungsCode* geschrieben (Listing 9.38).

```
Option Compare Database
Option Explicit


```

```
05 'Fragt den Benutzer nach einem Buchungscode der Form "AB1234".
06 Public Function BuchungsCodeAbfragen() As String
07    Dim blnWeiterFragen As Boolean
08    Dim strEingabe As String
09
10    Do
11       'Abfrage des Buchungscodes
12       strEingabe = InputBox("Bitte den Buchungscode eingeben:" & vbCrLf _
13                            & "(z. B. AB1234)", _
14                            , _
15                            strEingabe)
16       If strEingabe <> "" Then
17          'Ueberfluessige Leerzeichen am Anfang und Ende abschneiden
18          strEingabe = Trim(strEingabe)
19          'Eingabe in Grossbuchstaben umwandeln
20          strEingabe = UCase(strEingabe)
21          'Textmustervergleich
22          If strEingabe Like "[A-Z][A-Z]####" Then
23             'Buchungscode ist gueltig, abspeichern
24             BuchungsCodeAbfragen = strEingabe
25             blnWeiterFragen = False
26          Else
27             'Warnung, dass der Buchungscode ungueltig ist
28             MsgBox "Ungültiger Buchungscode!" & vbCrLf _
29                   & "Bitte 2 Buchstaben und 4 Zahlen eingeben.", _
30                   vbExclamation + vbOKOnly
31             'Weiter fragen
32             blnWeiterFragen = True
33          End If
34       Else
35          'Der Benutzer hat auf "Abbrechen" geklickt
36          blnWeiterFragen = False
37       End If
38    Loop While blnWeiterFragen
39 End Function
```

Listing 9.38 In dieser Funktion steckt alles drin: Interaktion mit dem Benutzer, Anpassen der eingegebenen Zeichenfolge, Prüfung auf gültige Werte, Rückgabewert.

Schauen wir uns diese Funktion einmal im Detail an. Eine `Do-Loop`-Schleife rahmt alles ein und wird so lange durchlaufen, wie die Variable `blnWeiterFragen` auf `True` gesetzt ist. In Zeile 12 fordert das Programm den Benutzer per `InputBox()` dazu auf, einen neuen Code einzugeben. Anschließend wird geprüft, ob überhaupt etwas eingegeben wurde (bzw. ob ABBRE-

CHEN geklickt wurde, Zeile 16) und ob ein gültiger Code eingegeben wurde (Zeile 22). Falls das so ist, gelangt das Programm zu Zeile 24, in der der Rückgabewert der Funktion gesetzt wird. Andernfalls gibt es eine Fehlermeldung (Zeile 28), und nur dann wird die Variable `blnWeiterFragen` auf `True` gesetzt (Zeile 32), damit das Programm weiter in der `Do-Loop`-Schleife verbleibt.

Für Testzwecke lässt sich die Funktion vom Direktbereich aus (Strg + G) aufrufen:

```
Debug.Print BuchungsCodeAbfragen()
AB1234
```

Letztendlich soll der neu generierte Code in der Datenbank gespeichert werden. Dafür habe ich im Formular *frmFlugbuchung*, das Sie ebenfalls in der Beispielsdatenbank finden, eine Schaltfläche mit drei Punkten hinterlegt. Die Ereignisprozedur des Ereignisses `Click` ruft die Funktion auf, prüft den Rückgabewert und speichert das Ergebnis gegebenenfalls im Datensatz ab.

```
Private Sub cmdTicketBuchungsCode_Click()
   Dim strBuchungsCode As String

   'Den Buchungscode abfragen
   strBuchungsCode = BuchungsCodeAbfragen()

   'Das Ergebnis ggf. abspeichern
   If strBuchungsCode <> "" Then
      Me.txtTicketBuchungsCode = strBuchungsCode
   End If
End Sub
```

Listing 9.39 In der Ereignisprozedur rufe ich die Funktion auf und werte den Rückgabewert aus.

Best Practice zum Umgang mit Prozeduren und Funktionen

Ich habe das letzte Beispiel recht ausführlich vorgestellt, weil es ein sehr klassisches Beispiel für Programmierung in einer Datenbank ist. Damit können Sie nämlich die Formulare und Berichte Ihrer Access-Datenbank in Sachen Benutzerführung und Komplexität wesentlich aufwerten.

- Reagieren Sie im Formular (oder Bericht) auf Ereignisse (Ereignisprozedur).
- Kleine Programme kommen direkt in die Ereignisprozedur.
- Packen Sie größere oder mehrmals genutzte Programme in eine separate Prozedur.
- Nutzen Sie eine Funktion, wenn es einen Rückgabewert gibt.
- Werten Sie den Rückgabewert in der Ereignisprozedur aus.

9.6.4 Parameter

Wie der Name schon sagt, gibt ein Rückgabewert Informationen aus der Funktion zurück in das aufrufende Programm. *Parameter* (auch unter dem Namen *Argumente einer Funktion* bekannt) sind für die andere Richtung der Kommunikation zuständig: vom aufrufenden Programm in die Prozedur oder Funktion.

```
Public Sub <Name der Prozedur>(ByVal <Name des Parameters> As <Datentyp>)
   'Hier hinein kommt das Programm!
End Sub
```

Listing 9.40 Syntax einer Prozedur mit einem Parameter

Parameter können wie Variablen genutzt werden und haben dementsprechend auch einen Datentyp. Es gibt lediglich zwei Abweichungen zu lokalen Variablen:

1. Die Deklaration erfolgt nicht mit `Dim`, sondern in den runden Klammern.
2. Beim Aufruf der Prozedur oder Funktion wird der Wert gesetzt.

Feiertage für ein beliebiges Jahr berechnen

In unserem Beispiel mit den Feiertagen habe ich bisher immer nur das aktuelle Jahr berücksichtigt. Mit einem Parameter lässt sich festlegen, für welches Jahr der Ostersonntag berechnet werden soll.

```
'Ostersonntag, der erste Sonntag nach dem ersten Vollmond im Fruehling
Public Function Ostersonntag(ByVal vintJahr As Integer) As Date
   Const cbytMonat As Byte = 3
   Dim lngK As Long
   Dim lngM As Long
[...]
   'Gausssche Osterformel, modifizierter Algorithmus nach Lichtenberg.
   'https://de.wikipedia.org/wiki/Gau%C3%9Fsche_Osterformel
   lngK = vintJahr / 100
   lngM = 15 + Int((3 * lngK + 3) / 4) - Int((8 * lngK + 13) / 25)
[...]
   lngOe = 7 - (lngOg - lngSz) Mod 7
   lngOs = lngOg + lngOe

   Ostersonntag = DateSerial(vintJahr, cbytMonat, lngOs)
End Function
```

Listing 9.41 Die Ostersonntag-Funktion mit einem Parameter, der das Jahr bestimmt

Den Wert des Parameters geben Sie beim Aufruf in runden Klammern an:

```
Debug.Print Ostersonntag(2018)
```

```
01.04.2018
```

```
Debug.Print Ostersonntag(2019)
```

```
21.04.2019
```

Alle entsprechend angepassten Funktionen finden Sie in den Materialien zum Buch in der Datenbank *09_VBA\9.6.4_Feiertage.accdb*.

Mehr als einen Parameter nutzen

Ein Beispiel für eine Funktion mit mehreren Parametern ist `Feiertag()`. Der erste Parameter `vintJahr` ist ein `Integer`-Parameter und legt das Jahr fest. Über den zweiten Parameter `vstrName` vom Datentyp `String` übermittle ich, welchen Feiertag die Funktion berechnen soll (beispielsweise »Ostersonntag«).

```
'Das Datum fuer einen benannten Feiertag ermitteln
'vintJahr: Feiertag fuer das Jahr, z. B. 2019
'vstrName: Name des Feiertags, z. B. "Ostersonntag"
'Rueckgabewert: Der Feiertag als Date
Public Function Feiertag(ByVal vintJahr As Integer, _
                         ByVal vstrName As String) _
                         As Date
   Select Case vstrName
      Case "Neujahr"
         Feiertag = Neujahr(vintJahr)

      Case "Karfreitag"
         Feiertag = Karfreitag(vintJahr)

[...]
   End Select
End Function
```

Listing 9.42 Die Feiertagsfunktion mit zwei Parametern

Wie in Listing 9.42 dargestellt, können Sie beide Parameter genauso wie Variablen innerhalb der Funktion nutzen. Für den Aufruf eine Prozedur oder Funktion gibt es zwei Varianten:

1. **Aufruf der Parameter durch die Position**
   Das ist die übliche Form des Aufrufs. Geben Sie die Werte in der richtigen Reihenfolge an:
   ```
   Debug.Print Feiertag(2019, "Ostersonntag")
   ```
   ```
   21.04.2019
   ```

2. **Aufruf mit benannten Parametern**
   Bei dieser Variante ist die Reihenfolge nicht wichtig. Stattdessen geben Sie die Namen der Parameter gefolgt von := an:

   ```
   Debug.Print Feiertag(vstrName := "Ostersonntag", vintJahr := 2019)
   21.04.2019
   ```

Aufruf mit der Kopie einer Variablen (»ByVal«)

Ich bin bisher nicht auf das Schlüsselwort `ByVal` eingegangen, das vor dem Parameter steht. Das Schlüsselwort `ByVal` ist eine verkürzte Formulierung von »by value«, und ich werde in diesem Abschnitt erklären, was damit gemeint ist. In der Datenbank *09_VBA\9.6.4_Parameter.accdb* finden Sie im Modul *basUtilities* einige hilfreiche Prozeduren. Darunter ist `Warten()`, die ganz einfach dazu führt, dass Ihr Programm einige Sekunden pausiert.

Auch wenn die Funktion nicht kompliziert ist, möchte ich lediglich auf einen Sonderfall eingehen. Der Parameter vom Datentyp `Long` könnte nämlich negativ sein. Negative Sekunden sind nicht erlaubt, also setze ich den Parameter in diesem Fall auf 0 Sekunden:

```
'Die angegebene Zahl an Sekunden warten.
Public Sub Warten(ByVal vlngSekunden As Long)
   Dim dtmStart As Date

   'Negative Sekunden sind nicht erlaubt
   If vlngSekunden < 0 Then
      vlngSekunden = 0
   End If
[…]
End Sub
```

Listing 9.43 Gleich am Anfang der Prozedur »Warten« prüfe ich auf einen ungültigen Parameter und korrigiere notfalls auf 0.

Ich könnte `Warten()` mit einem festen Wert aufrufen. Diese Zeile würde für 3 Sekunden pausieren (der Cursor blinkt zwar, aber erst nach 3 Sekunden können Sie wieder tippen):

```
Warten 3
```

Ebenso könnte ich die Prozedur mit einer Variablen als Parameter aufrufen (Listing 9.44):

```
'Testroutine fuer die Funktion Warten()
Public Sub WartenAufrufen()
   Dim lngSekunden As Long

   lngSekunden = -5

```

```
    Debug.Print lngSekunden
    Debug.Print "Jetzt warten ..."
    Warten lngSekunden
    Debug.Print "... gewartet."
    Debug.Print lngSekunden
End Sub
```

Listing 9.44 Als Parameter für den Aufruf der Prozedur »Warten« habe ich eine Variable mit negativem Wert verwendet.

Jetzt wird es spannend: Was passiert mit meiner Variablen `lngSekunden`? Sie enthält eine negative Zahl. Innerhalb der Prozedur `Warten()` setze ich negative Zahlen auf 0 (Listing 9.43, Zeile 07). Wurde der Wert von `lngSekunden` ebenfalls in 0 geändert, nachdem `Warten()` abgeschlossen ist? Nachdem wir das Programm ausgeführt haben, wissen wir mehr:

```
WartenAufrufen
-5
Jetzt warten ...
... gewartet.
-5
```

Der Parameter `vlngSekunden` wurde zwar in 0 geändert, aber offensichtlich wurde die Variable `lngSekunden` im aufrufenden Programm nicht angerührt! `vlngSekunden` und `lngSekunden` sind also etwas Unterschiedliches.

Und genau das ist mit `ByVal` gemeint: Die Variable im aufrufenden Programm und der Parameter in der Prozedur sind zwei unterschiedliche Variablen. Der Aufruf einer Prozedur oder Funktion für *ByVal-Parameter* verläuft nach diesem Schema:

1. Reservieren Sie Speicherplatz für den `ByVal`-Parameter, und erstellen Sie eine neue *Parametervariable*.
2. Kopieren Sie den Wert aus der Variablen des aufrufenden Programms in die Parametervariable. Die Variable im aufrufenden Programm ist danach nicht mehr erreichbar!
3. Führen Sie die Prozedur oder Funktion aus.
4. Unter Umständen wird dabei die Parametervariable geändert. Die Variable im aufrufenden Programm bleibt unverändert, da sie quasi unerreichbar weit weg ist.
5. Nach dem Ende der Prozedur oder Funktion: Löschen Sie die Parametervariable, und geben Sie Speicherplatz wieder frei.
6. Die Kontrolle geht zurück an das aufrufende Programm. Der letzte Wert der Parametervariablen ist unbekannt, da die Parametervariable längst gelöscht ist.

Wie ich Ihnen gleich zeigen werde, gibt es auch den Aufruf ohne das Kopieren. Solche Parameter werden *Verweise* oder *Referenzparameter* genannt.

LNC-Präfixe für Parameter

Parameter bekommen vor dem LNC-Präfix für den Datentyp ein weiteres Präfix:

- `v`: `ByVal`-Parameter
- `r`: `ByRef`-Parameter

Parameter als Verweis (»ByRef«)

Die andere Variante sind Referenzparameter, die mit dem Schlüsselwort `ByRef` gekennzeichnet werden. Wenn Sie weder `ByVal` noch `ByRef` angeben, ergänzt VBA automatisch `ByRef`.

Bei einem Referenzparameter entfällt das Kopieren. Der Parameter ist eine Referenz auf die Variable im aufrufenden Programm. Beide belegen somit den gleichen Speicherplatz und haben demzufolge immer den gleichen Wert. Für `ByRef`-Parameter läuft der Prozedur- oder Funktionsaufruf etwas anders ab:

1. Die Variable des aufrufenden Programms und die Parametervariable verwenden den gleichen Speicherplatz.
2. Es erfolgt *kein Kopieren* des Wertes.
3. Prozedur oder Funktion ausführen.
4. Wird die Parametervariable geändert, ändert sich gleichzeitig die Variable im aufrufenden Programm.
5. Die Kontrolle geht zurück an das aufrufende Programm. Der letzte Wert der Parametervariablen ist weiterhin bekannt.

All dies lässt sich nachvollziehen, indem Sie in Listing 9.43 in der Zeile 02 das Schlüsselwort `ByRef` eintragen:

```
WartenAufrufen
-5
Jetzt warten ...
... gewartet.
 0
```

Die Variable `lngSekunden` im aufrufenden Programm wurde ebenfalls in 0 geändert.

Verwenden Sie »ByRef« nur, wenn wirklich notwendig

Ein ganz wesentlicher Vorteil von `ByVal` und dem Kopieren des Wertes ist es, dass die Funktion oder Prozedur gekapselt bleibt.

- Werte gehen als Parameter hinein.
- Der Rückgabewert kommt wieder heraus.

Variablen, die Sie als Parameter eingesetzt haben, bleiben geschützt und können nicht verändert werden. Verwenden Sie deshalb im Zweifelsfall immer ByVal-Parameter.

Wenn Sie wirklich möchten, dass eine Variable durch eine andere Prozedur oder Funktion verändert werden darf, verwenden Sie hingegen eine Referenzvariable mit dem Schlüsselwort ByRef. Dies ist übrigens der einzige Weg, mehr als einen Wert aus einer Funktion zurückzubekommen.

Leider hat das Kopieren auch seinen Preis (Zeit zum Kopieren, doppelter Speicherplatz), was aber nur bei großen String-Variablen oder Objektvariablen relevant ist. Dies wären Spezialfälle, in denen das Programm mit Referenzvariablen schneller läuft.

Optionale Parameter

Unter den kleinen Helferlein in *basUtilities* finden Sie die Prozedur Sanduhr(). In Access lässt sich der Mauszeiger mit diesem Befehl in die Sanduhr umschalten:

```
DoCmd.Hourglass True
```

Und so lässt er sich wieder in den normalen Mauszeiger zurückschalten:

```
DoCmd.Hourglass False
```

Warum also eine eigene Prozedur Sanduhr()? Ich habe darin die statische Variable slngZaehler hinterlegt, die die Aufrufe mitzählt.

```
'Sanduhr mit einem Zaehler fuer mehrfache Aufrufe
'vblnAnzeigen: TRUE = Sanduhr anzeigen
'              FALSE = Sanduhr ausblenden
Public Sub Sanduhr(ByVal vblnAnzeigen As Boolean)
   Static slngZaehler As Long

   'Je nach Wert des Parameters ...
   If vblnAnzeigen Then
      'Zaehler erhoehen ...
      slngZaehler = slngZaehler + 1
   ElseIf slngZaehler > 0 Then
      'oder erniedrigen (aber nicht kleiner 0).
      slngZaehler = slngZaehler - 1
   End If

   'Wenn der Zaehler groesser 0 ist, die Sanduhr anzeigen,
   '  sonst nicht.
   DoCmd.Hourglass (slngZaehler > 0)
End Sub
```

Listing 9.45 Eine statische Variable zählt verschachtelte Aufrufe und blendet die Sanduhr aus, wenn der Zähler 0 erreicht.

Damit lässt sich die Sanduhr auch in verschachtelten Prozeduren korrekt anzeigen. Ein Beispiel hierfür finden Sie im Modul *basBerechnen* (Listing 9.46):

1. Die Berechnung startet in Zeile 30, Funktion `Gegenkathete()`.
2. Zeile 36 blendet die Sanduhr ein und erhöht den Zähler von 0 auf 1.
3. Zeile 39 ruft die Funktion `WinkelBogenmass()` auf.
4. Zeile 13 erhöht den Zähler auf 2.
5. Nun wird der Winkel in das Bogenmaß umgerechnet.
6. Zeile 25 vermindert den Zähler auf 1; die Sanduhr wird noch nicht ausgeblendet.
7. Weiter geht es in Zeile 40.
8. Die Berechnung wird zu Ende geführt.
9. Zeile 48 vermindert den Zähler von 1 auf 0; jetzt wird die Sanduhr auch ausgeblendet.


```
01  Option Compare Database
02  Option Explicit
03
04
05  'Einen Winkel vom Gradmass in das Bogenmass umrechnen
06  Public Function WinkelBogenmass(ByVal vdblWinkelGradmass As Double) _
07                                  As Double
[…]
13     Sanduhr True
14
15     'Berechnen ...
[…]
25     Sanduhr False
26  End Function
27
28
29  'Laenge der Gegenkathete berechnen
30  Public Function Gegenkathete(ByVal vdblWinkelGradmass As Double, _
31                               ByVal vdblHypotenuse As Double) _
32                               As Double
33     Dim dblWinkelBogenmass As Double
34
35     'Sanduhr einschalten
36     Sanduhr True
37
38     'Winkel in das Bogenmass umrechnen
39     dblWinkelBogenmass = WinkelBogenmass(vdblWinkelGradmass)
40
```

```
    'Berechnen ...
[...]
    Sanduhr False
End Function
```

Listing 9.46 Im Modul »basBerechnen« finden Sie ein Beispiel mit einem verschachtelten Aufruf der Sanduhr.

Damit Sie die Sanduhr auch sehen können, habe ich ein passendes Formular vorbereitet (*frmBerechnen*, siehe Abbildung 9.28). So weit die Vorgeschichte, wie Sie bei verschachtelten Prozeduren und Funktionen die Sanduhr mitzählen und korrekt einblenden können.

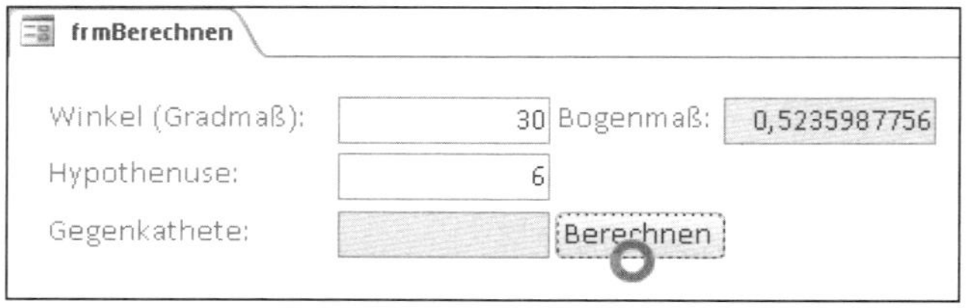

Abbildung 9.28 So sieht die Berechnung mit Sanduhr aus.

Einen kleinen Haken gibt es noch: Falls das Programm mit einem Fehler abbricht, falls im Debug-Modus unterbrochen wurde oder wenn schlichtweg eine Zeile mit `Sanduhr False` vergessen wurde, bleibt der Zähler oberhalb von 0 stehen, und Access schaltet nicht wieder auf den normalen Mauszeiger um. Jetzt wäre es schön, einen Reset-Schalter für die Sanduhr zu haben, der den Normalzustand (`slngZaehler = 0`) wiederherstellt. Nichts leichter als das! Alles, was wir brauchen, ist ein weiterer Parameter `nvblnReset`.

```
'Sanduhr mit einem Zaehler fuer mehrfache Aufrufe und Reset
'vblnAnzeigen: TRUE = Sanduhr anzeigen
'              FALSE = Sanduhr ausblenden
'nvblnReset: TRUE = Zaehler auf 0 zuruecksetzen
'            FALSE (default) = weiterzaehlen
Public Sub SanduhrMitReset(ByVal vblnAnzeigen As Boolean, _
                           Optional ByVal nvblnReset As Boolean = False)
   Static slngZaehler As Long

   'Vorweg pruefen, ob der Zaehler auf 0 zurueckgesetzt werden soll.
   If nvblnReset Then
      slngZaehler = 0
   End If
[...]
End Sub
```

Listing 9.47 Ein Reset-Schalter für die Sanduhr

Ich könnte den Reset-Parameter als ganz normalen Parameter einführen, müsste dann aber bei jedem Aufruf den Wert `False` angeben. Mit einem *optionalen Parameter* haben Sie weniger Schreibarbeit. In Zeile 07 von Listing 9.47 können Sie nachvollziehen, wie das geht:

1. Kennzeichnen Sie mit dem Schlüsselwort `Optional`, dass ein Parameter beim Aufruf weggelassen werden darf.
2. Optionale Parameter müssen hinter den obligatorischen Parametern stehen!
3. Der Name bekommt das LNC-Präfix »n« (für »named«, weil optionale Parameter häufig als benannte Parameter angegeben werden).
4. Falls gewünscht, geben Sie hinter dem Datentyp den *Standardwert* an, den der Parameter bekommen soll, falls beim Aufruf nicht ein anderer Wert genannt wird. Wenn Sie den Standardwert weglassen, würde Access den Anfangswert des Datentyps nehmen.

Jetzt lässt sich die Prozedur sowohl mit einem als auch mit zwei Parametern aufrufen:

```
SanduhrMitReset True
SanduhrMitReset True, True
SanduhrMitReset nvblnReset := True, vblnAnzeigen := False
```

Fehlende, optionale Parameter richtig mit »IsMissing()« ermitteln

Mit der VBA-Funktion `IsMissing()` lässt sich ermitteln, ob der optionale Parameter beim Aufruf weggelassen wurde. `IsMissing()` funktioniert aber nur mit Variant-Werten und ohne Standardwert richtig!

Mit einfachen Datentypen (z. B. `Long`) klappt es nicht, weil Access bei fehlendem Parameter den Standardwert des Datentyps nehmen würde (0 bei Zahlen). Nur Variant-Variablen haben ein besonderes `IsMissing`-Flag, das von der Funktion `IsMissing()` auswertet wird.

Sie kennen bereits weitere Beispiele von Funktionen mit optionalen Parametern: `Msg-Box()`und `InputBox()`! Die vollständige Syntax dieser beiden Funktionen sähe so aus:

```
Public Function MsgBox(ByVal Prompt As String, _
                       Optional ByVal Buttons As VbMsgBoxStyle = vbOKOnly, _
                       Optional ByVal Title As String, _
                       Optional ByVal HelpFile As String, _
                       Optional ByVal Context As Long) _
                       As VbMsgBoxResult
```

Listing 9.48 Wie viele andere VBA-Funktionen hat »MsgBox()« zahlreiche optionale Parameter.

```
Public Function InputBox(ByVal Prompt As String, _
                         Optional ByVal Title As String , _
                         Optional ByVal DefaultResponse As String, _
```

```
                         Optional ByVal Xpos As Integer = -1, _
                         Optional ByVal YPos As Integer = -1, _
                         Optional ByVal HelpFile As String, _
                         Optional ByVal Context As Long) _
                         As String
```

Listing 9.49 Ebenso bietet »InputBox()« optionale Parameter an.

Beliebig viele Parameter mit »ParamArray«

Sollen es einmal beliebig viele Parameter sein? Für diesen Zweck gibt es das Schlüsselwort `ParamArray`. Es packt alle Parameter in eine Array-Variable vom Datentyp `Variant`. Nur der letzte Parameter darf ein `ParamArray`-Parameter sein.

```
'Eine bliebige Anzahl von Zahlen addieren
Public Function Summe(ParamArray avarZahl() As Variant) As Long
   Dim lngIndex As Long

   For lngIndex = 0 To UBound(avarZahl)
      Summe = Summe + avarZahl(lngIndex)
   Next
End Function
```

Listing 9.50 »ParamArray« definiert ein Array vom Datentyp »Variant«.

Der Aufruf ist so ähnlich, wie Sie es beispielsweise von Excel her kennen:

```
Debug.Print Summe(4, 5, 6)
 15
```

Zusammenfassung

In diesem Abschnitt habe ich Ihnen gezeigt, dass neben den Rückgabewerten die Parameter ganz wesentlich zur Kommunikation zwischen Prozeduren und Funktionen beitragen. Zwar gibt es eine Vielzahl unterschiedlicher Parameter und Schlüsselwörter, mehrheitlich kommen in der Praxis jedoch die `ByVal`-Parameter zum Zug.

Best Practice für Parameter

- einfache Datentypen üblicherweise als Wert übergeben (`ByVal`)
- Parameter als Verweis übergeben, wenn Änderungen notwendig sind (`ByRef`)
- im Kommentar erläutern, wenn eine Prozedur oder Funktion einen Parameter verändert
- sehr lange Zeichenfolgen oder Binärdaten als Referenz übergeben (`ByRef`)

9.6.5 Gültigkeitsbereiche

Im Zusammenhang mit den `ByVal`-Parametern habe ich schon angedeutet, dass eine Funktion oder Prozedur für sich eine gekapselte Einheit bilden soll. Was ist damit gemeint, und warum führt dies zu besseren Programmen?

Kapselung führt zu losgelösten Komponenten, die sich einzeln testen und anpassen lassen

Sehen wir uns als Beispiel noch einmal die Funktion `Ostersonntag()` an (Listing 9.51). Der Algorithmus für die korrekte Berechnung ist zugegebenermaßen schwierig. Zu dem Zeitpunkt, als ich die Funktion programmierte, befasste ich mich mit dem Problem und fand eine Lösung. Seitdem sind ein paar Monate vergangen, und ich möchte gern die Datenbank an einer ganz anderen Stelle erweitern: Beispielsweise sollen Flugbuchungen an Feiertagen anders abgerechnet werden. Ich möchte also die Funktion `Ostersonntag()` aufrufen.

```
'Ostersonntag, der erste Sonntag nach dem ersten Vollmond im Fruehling
'vintJahr: Ostersonntag fuer dieses Jahr ermitteln, z. B. 2019
'Rueckgabewert: Der Ostersonntag als Date
Public Function Ostersonntag(ByVal vintJahr As Integer) As Date
[...]
End Function
```

Listing 9.51 Die Funktion »Ostersonntag()« ist eine gekapselte Einheit. Für den Aufruf reichen mir genau diese Informationen aus. Details, wie der Ostersonntag berechnet wird, sind dabei irrelevant.

Alles, was ich jetzt benötige, sind die Kommentare in Listing 9.51:

- Wie heißt die Funktion? → `Ostersonntag()`
- Was macht die Funktion? → den Ostersonntag berechnen
- Welche Parameter gehen hinein? → `vintJahr`, das Jahr, dessen Feiertag ich wissen möchte
- Was kommt als Rückgabewert wieder heraus? → der Ostersonntag als Datentyp `Date`

Diese Informationen reichen aus – das Wie spielt hingegen keine Rolle. Es ist völlig egal, wie der Ostersonntag berechnet wird, solange er nur richtig berechnet wird. Und genau das ist mit Kapselung gemeint: Die Details, wie etwas berechnet wird, spielen beim Aufruf keine Rolle und bleiben verborgen.

Unser Gedankenspiel können wir auch von der anderen Seite betrachten: Angenommen, es stellt sich heraus, dass die Funktion einen Fehler hat und der Ostersonntag nicht korrekt ermittelt wird. Alle Aufrufe und alle Kommentare aus Listing 9.51 können unverändert bleiben. Ich muss mir nur den gekapselten Inhalt der Funktion ansehen und den Fehler dort beheben.

Damit komme ich zu den Vorteilen gekapselter Prozeduren oder Funktionen. Sie erzeugen in einer Datenbank absichtliche Grenzen, die zu *losgelösten Einheiten oder Komponenten* führen. Jede der Komponenten kann für sich betrachtet, getestet und bei Bedarf verändert werden, ohne dass dabei jedes Mal sämtliche Datenbankobjekte überprüft werden müssen. Große Datenbankprojekte und gemeinsame Entwicklung in einem Team mehrerer Entwickler lassen sich durch das Konzept der Kapselung überhaupt erst verwirklichen.

Prozeduren und Funktionen kapseln

Ich habe Ihnen bereits in Abschnitt 9.6.4, »Parameter«, gezeigt, wie Sie Prozeduren und Funktionen als eigenständige Einheiten programmieren können:

- Dokumentieren Sie, was die Funktion macht.
- Daten gelangen über `ByVal`-Parameter in die Funktion.
- Über den Rückgabewert und `ByRef`-Parameter bekommen Sie Informationen wieder zurück.
- Wenn es nicht selbsterklärend ist, sollten Sie sowohl die Parameter als auch den Rückgabewert dokumentieren.

Formulare, Berichte und Module kapseln

Jetzt stellt sich abschließend die Frage, wo ich meine gekapselte Funktion platziere. In Access haben Sie die Auswahl zwischen dem Klassenmodul, das an einem Formular oder Bericht hängt, oder einem Modul.

Aufruf	Klassenmodul eines Formulars oder Berichts	Modul
Aufruf über eine Formel (Tabelle, Abfrage, Steuerelement)		•
Aufruf nur innerhalb des Formulars oder des Berichts	•	
Aufruf nur innerhalb des Moduls		•
Aufruf von einer Funktion/Prozedur in einem anderen Datenbankobjekt	•	•

Tabelle 9.11 Funktionen, die Sie von einer Formel aus aufrufen möchten, müssen in einem Modul stehen. In anderen Fällen können Sie die Prozedur oder Funktion auch im Klassenmodul des Formulars oder Berichts platzieren.

Eine Funktion oder Prozedur, die Sie nur innerhalb eines einzigen Formulars oder Berichts benötigen, können Sie ohne Bedenken direkt in das zugehörige Klassenmodul schreiben. Da sie nur von dort aus erreichbar sein soll, bekommt sie den Gültigkeitsbereich `Private`.

```
01 Option Compare Database
02 Option Explicit
03
04
05 Private Sub Form_BeforeUpdate(Cancel As Integer)
06    GeneriereTicketBuchungsCode
07 End Sub
08
09
10 'Wenn noch kein TicketBuchungsCode vergeben wurde, einen neuen generieren
11 Private Sub GeneriereTicketBuchungsCode()
12    If Nz(Me.txtTicketBuchungsCode) = "" Then
13       Me.txtTicketBuchungsCode = [...]
14    End If
15 End Sub
```

Listing 9.52 Unterprogramme, die Sie nur innerhalb eines Moduls benötigen, sollten Sie immer mit »Private« deklarieren.

Hier einige Beispiele für private Prozeduren oder Funktionen:

- eine Prozedur, die nur innerhalb eines einzigen Formulars oder Berichts aufgerufen wird (Listing 9.52, Zeile 11)
- ein Unterprogramm, das nur innerhalb eines einzigen Moduls genutzt wird
- sämtliche Ereignisprozeduren (Listing 9.52, Zeile 05)

Anders sieht es aus, wenn Sie eine Prozedur oder Funktion von außerhalb, also von einem anderen Datenbankobjekt aus, aufrufen möchten. Hierzu einige Beispiele:

- Funktionsaufruf innerhalb einer Abfrage (u. a. Listing 9.37)
- eine Prozedur, die von mehreren Formularen genutzt wird
- typische Utility-Prozeduren wie `Sanduhr()`, die von mehreren Formularen genutzt werden

Für den Aufruf über Datenbankobjekte hinweg muss die Prozedur oder Funktion mit dem Schlüsselwort `Public` deklariert sein.

Öffentliche Prozeduren eines Formulars oder Berichts aufrufen

Der Name des Moduls dient hauptsächlich dazu, verschiedene Funktionen thematisch zu sortieren. Beim Aufruf müssen Sie ihn nicht unbedingt angeben.

```
basUtilities.Sanduhr True
```

Wenn es zwei verschiedene Sanduhren geben sollte (in zwei unterschiedlichen Modulen), müssen Sie die Prozedur hingegen voll qualifiziert mit dem Namen des jeweiligen Moduls angeben.

Etwas anders sieht der Aufruf von Prozeduren und Funktionen in Klassenmodulen (Formularen, Berichten) aus. Diese können Sie nicht einfach so aufrufen. Zunächst einmal muss das Formular oder der Bericht geöffnet sein. Anschließend können Sie über die `Forms`- bzw. `Reports`-Auflistung den Aufruf starten:

```
Forms!frmFlugbuchung.BuchungsCodeAbfragen
```

```
Debug.Print Reports!rptFeiertag.Ostersonntag(2019)
```

Nebenbei bemerkt können Sie von außerhalb nicht mit dem Schlüsselwort `Me` auf Steuerelemente oder Eigenschaften zugreifen. Hierfür müssen Sie ebenfalls den Weg über die genannten Auflistungen gehen:

```
Debug.Print Forms!frmFlugbuchung.txtTicketBuchungsCode
```

Mit den Gültigkeitsbereichen erreichen Sie ebenfalls *Kapselung* – nur diesmal auf Ebene der Formulare, Berichte und Module. Sämtliche Ereignisprozeduren oder interne Funktionen eines Formulars bleiben `Private`. Das Formular wird dadurch zu einer Komponente, die getestet, weiterentwickelt und an verschiedenen Stellen der Datenbank geöffnet werden kann.

Standardmäßig ist alles »Public«

Ohne die Schlüsselwörter `Private` und `Public` ergänzt VBA automatisch `Public`, wodurch alles erst einmal offen ist und funktioniert. Ich empfehle Ihnen, den Gültigkeitsbereich stets anzugeben und rigoros von `Private` Gebrauch zu machen.

Zusammenfassung

Gültigkeitsbereiche sind ein interessantes Thema, sobald mehrere Datenbankobjekte im Spiel sind. Am besten gewinnen Sie einen Einblick, indem Sie die Beispiele in Abschnitt 6.8, »Workshops zu Formularen«, noch einmal aus der Sicht des VBA-Programmierers durchgehen.

Best Practice für Gültigkeitsbereiche

- Verwenden Sie, wann immer es möglich ist, `Private`.
- Prozeduren (oder Funktionen), die nur von einem einzigen Formular oder Bericht genutzt werden, kommen in das Klassenmodul des Formulars oder des Berichts.
- Greifen Sie auf Steuerelemente vorrangig nur innerhalb des Klassenmoduls mit `Me` zu.
- Prozeduren (oder Funktionen), die von mehreren Datenbankobjekten genutzt werden, gehören in ein eigenes Modul und müssen `Public` deklariert sein.
- Unterprozeduren (oder -funktionen) sind `Private` und bleiben im Modul.
- Teilen Sie Prozeduren und Module am besten thematisch auf unterschiedliche Module auf, und benennen Sie die Module entsprechend.

9.6.6 Variablen auf Modulebene und globale Variablen

Module (ebenso Klassenmodule) enthalten eine Sammlung von Prozeduren, Funktionen, Variablen und Konstanten. Die letzten beiden Punkte habe ich bisher noch nicht vorgestellt: *Variablen und Konstanten auf Ebene des Moduls.*

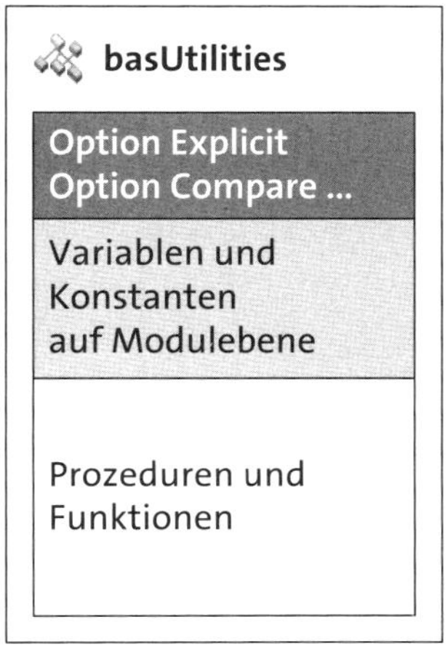

Abbildung 9.29 Exakt in dieser Reihenfolge erwartet VBA die Optionen, Variablen und Konstanten auf Modulebene und schließlich die Prozeduren und Funktionen.

Variablen und Konstanten auf Modulebene werden ganz oben im Modul nach den Optionen und vor allen Prozeduren und Funktionen deklariert (Abbildung 9.29):

```
Public Const gcstrDatenbankName As String = "Flüge und Flugbuchungen"
Public gvarCloseArgs As Variant
Private Const mclngJahrDefault As Long = 2019
Private mlngFarbe As Long
```

Listing 9.53 Deklaration von zwei Variablen und zwei Konstanten auf Modulebene. Das zusätzliche LNC-Präfix steht für den Gültigkeitsbereich.

Die Gültigkeitsbereiche sind exakt so, wie Sie es bei den Prozeduren und Funktion gelernt haben:

1. **Private Variablen und Konstanten**
   Sie befinden sich ausschließlich in Reichweite von Funktionen, die im gleichen Modul stehen. Variablen auf Modulebene sind immer statisch, das heißt, sie behalten ihren Wert bis zum nächsten Aufruf des Programms.
2. **Public Variablen und Konstanten**
   Sämtliche VBA-Programme in der Datenbank können darauf zugreifen.

Auf öffentliche Variablen und Konstanten eines Formulars oder Berichts zugreifen

Auch hier gibt es wieder den feinen Unterschied zwischen einem Modul und einem Klassenmodul (Formulare, Berichte). Variablen oder Konstanten in einem Modul sind wirklich von überall aus in der Datenbank (»global«) erreichbar:

```
Debug.Print gcstrDatenbankName
Flüge und Flugbuchungen
```

Werte in Variablen bleiben so lange erhalten, wie die Access-Datenbank geöffnet ist.

Für den Zugriff auf eine Variable oder eine Konstante in einem Klassenmodul muss zunächst das entsprechende Formular (oder Bericht) geöffnet sein. Anschließend können Sie sie von außerhalb indirekt über die Auflistung `Forms` (bzw. `Reports`) abrufen:

```
Debug.Print Forms!frmFlugbuchung.pstrLetzterBuchungsCode
AB1234
```

Sobald das Datenbankobjekt geschlossen wird, gehen die Werte der Variablen auf Klassenmodul-Ebene verloren. Solche Variablen sind also nicht ganz so global und beständig. Ich nehme an, dass sich vor diesem Hintergrund die verschiedenen LNC-Präfixe eingebürgert haben (Tabelle 9.12).

Gültigkeitsbereich	Klassenmodul eines Formulars oder Berichts	Modul
`Private`	`m`	`m`
`Public`	`p`	`g`

Tabelle 9.12 Ein zusätzliches LNC-Präfix kennzeichnet den Gültigkeitsbereich der Variablen oder Konstanten.

In der Praxis treten auf Modulebene am häufigsten die folgenden Elemente auf:

- Konstanten auf Modulebene (`Private` und `Public`): Modul- bzw. datenbankweite Einstellungen
- `gvarCloseArgs`: als Ersatz für die fehlenden `CloseArgs` von Formularen und Berichten (Schauen Sie sich hierzu auch Abschnitt 6.8.2, »Workshop: Eine individuelle Eingabe-Dialogbox«, an.)
- private Variablen auf Klassenmodulebene: speichern den Wert einer Eigenschaft (siehe Abschnitt 9.7.3, »Eigenschaften (Properties)«)

Globale Variablen (mit Ausnahme von `gvarCloseArgs`) sollten Sie nach Möglichkeit vermeiden. Erfahrungsgemäß führen sie zu schwer überschaubaren Abhängigkeiten (»Wo zum Teufel wird diese globale Variable denn überall genutzt?«).

Veraltete Schlüsselwörter auf Modulebene

Aus historischen Gründen unterstützt VBA auf Modulebene zwei weitere Schlüsselwörter für den Gültigkeitsbereich:

- `Dim` (= `Private`)
- `Global` (= `Public`)

Ich empfehle Ihnen, ausschließlich `Private` und `Public` zu nutzen.

9.7 Klassenmodule

Klassen (in Form von *Klassenmodulen*) und *Objekte* (in Form von *Objektvariablen*) bilden in VBA die Grundlage für die *objektorientierte Programmierung* (OOP). Hinter dem Konzept der OOP steht, ein Programm möglichst nahe an die Realität anzulehnen. Kommt Ihnen das bekannt vor? In Abschnitt 2.2, »Datenbankdesign«, habe ich Ähnliches in Bezug auf Tabellen vorgestellt. Bei der objektorientierten Programmierung gibt es vergleichbare Elemente:

Merkmal	Beispiel	relationale Datenbank	objektorientierte Programmierung
Kategorie	Mitarbeiter	Tabelle	Klasse
konkrete Person oder Gegenstand	Frau Hachmann	Datensatz	Objekt

Tabelle 9.13 Die beiden Konzepte »relationale Datenbank« und »objektorientierte Programmierung« im Vergleich

Da Sie mit relationalen Datenbanken vertraut sind, wird Ihnen der Einstieg in die objektorientierte Programmierung sehr leicht fallen. Sie müssen nur die Begriffe austauschen (Tabelle 9.13).

Warum gibt es zwei Konzepte: Relationale Datenbanken und objektorientierte Programmierung?

Plakativ gesagt kommen an dieser Stelle zwei Gruppen von Personen zusammen: einerseits Datenbankentwickler, die traditionell mit dem Konzept der relationalen Datenbanken vertraut sind, andererseits Programmierer. Zwar verarbeitet jedes Programm in irgendeiner Weise Daten, aber der Umfang kann doch recht unterschiedlich sein. In erster Linie dreht sich bei einem Programm alles erst einmal darum, dass etwas passiert, dass das Programm auf Ereignisse reagiert und dass es zu einem Ergebnis gelangt. Darin liegt der Schwerpunkt beim Konzept der objektorientierten Programmierung.

- relationale Datenbank: Daten in Tabellen konsistent speichern
- objektorientierte Programmierung: Daten in Objekten – Reaktionen auf Ereignisse und Verhalten der Software in Klassen

Objektorientierte Programmierung ist ein umfangreiches Thema, das weit über den Umfang dieses Buches hinausgeht. Und noch schwieriger ist es, beide Konzepte in Einklang zu bringen (*Objektrelationales Mapping, ORM*). Damit einher geht, dass man die Begriffe eigentlich nicht synonym verwenden sollte, so wie ich es in Tabelle 9.13 getan habe. Aber wir sind in der Welt von Access und VBA, und hier ist alles etwas lockerer:

- VBA unterstützt objektorientierte Programmierung nicht vollständig (Tabelle 9.14), was die Angelegenheit für den Einstieg aber leichter macht. Vereinfacht ausgedrückt: Mit VBA können Sie nur »OOP light« programmieren.
- Access greift direkt auf die Datenbankobjekte zu (beispielsweise gebundene Steuerelemente) und nimmt Ihnen damit schon eine ganze Menge Arbeit ab. Objektorientierte Programmierung können Sie als Bereicherung nutzen – aber es geht auch ohne.

Merkmal	von VBA unterstützt
Klassen und *Objekte*	ja
Vererbung	nein
Polymorphismus	nein

Tabelle 9.14 VBA unterstützt nur eines der drei wichtigsten Merkmale objektorientierter Programmierung. Deshalb spreche ich von »OOP light«.

Das Tor zur objektorientierten Programmierung in VBA sind *Klassenmodule*. Genau wie die standardmäßigen Module enthalten Klassenmodule Variablen auf Modulebene, Prozeduren und Funktionen. Zusätzlich unterstützen Klassenmodule *Eigenschaften* und erfordern vor der Nutzung eine sogenannte *Instanziierung* (Tabelle 9.15).

Merkmal	Modul	Klassenmodul
Öffentliche Prozeduren, Funktionen und Variablen können direkt (ohne Instanziierung) aufgerufen werden.	•	
Instanziierung		•
`Class_Initialize()`		•
`Class_Terminate()`		•
Eigenschaften		•

Tabelle 9.15 Klassenmodule erfordern Instanziierung und unterstützen Eigenschaften.

9.7.1 Ein eigenständiges Klassenmodul erstellen und bearbeiten

Sehen wir uns einfach einmal an, wie Sie objektorientierte Programmierung in Ihrer Datenbank nutzen können.

Ein leeres Klassenmodul erstellen und speichern

Im Menüband gibt es eine eigene Schaltfläche, mit der Sie ein *eigenständiges Klassenmodul* erstellen können:

ERSTELLEN • MAKROS UND CODE • KLASSENMODUL

Oder im Menü in der integrierten Entwicklungsumgebung:

EINFÜGEN • KLASSENMODUL

Ein eigenständiges Klassenmodul erscheint als Datenbankobjekt im Navigationsbereich und hat ein besonderes Symbol (Abbildung 9.30).

Abbildung 9.30 Im Navigationsbereich erscheinen eigenständige Klassenmodule (hier: »clsAbteilung« und »clsMitarbeiter«) mit einem besonderen Symbol.

Umwandeln ist nicht möglich
Es gibt keinen Weg, ein standardmäßiges Modul in ein Klassenmodul umzuwandeln oder umgekehrt. Wenn Sie sich einmal verklickt haben, hilft nur löschen und neu erstellen.

Als Beispiel erstelle ich eine Klasse für die Mitarbeiterdaten:

1. Klicken Sie auf ERSTELLEN • MAKROS UND CODE • KLASSENMODUL.
2. Access schaltet automatisch zur integrierten Entwicklungsumgebung um und zeigt das leere Klassenmodul an. Abgesehen vom Symbol unterscheidet es sich zunächst nicht von einem Standardmodul.
3. Klassenmodule tragen das LNC-Präfix *cls*. Speichern Sie das Klassenmodul unter einem aussagekräftigen Namen wie beispielsweise *clsMitarbeiter* ab.
4. Nach dem Speichern ist das Klassenmodul auch im Navigationsbereich von Access zu sehen. Per Doppelklick können Sie es jederzeit öffnen.

Ich empfehle Ihnen, in die allererste Zeile des Klassenmoduls einen kurzen Kommentar zu schreiben: Welche Daten werden in Objekten dieser Klasse gespeichert?

Variablen auf Modulebene als Nutzdaten

Die Nutzdaten einer Tabelle werden in den einzelnen Feldern abgelegt. Bei der Mitarbeiter-Tabelle waren das unter anderem der Nachname und der Vorname. In einem Klassenmodul benötigen wir für die Nutzdaten Variablen auf Modulebene. Deklarieren Sie für unser Beispiel drei Variablen wie in Listing 9.54 angegeben.

```
'Ein Mitarbeiter mit Name, Vorname und Personalnummer
Option Compare Database
Option Explicit


'Die Nutzdaten
Public plngPersonalNummer As Long
Public pstrNachname As String
Public pstrVorname As String
```

Listing 9.54 Auf den ersten Blick unterscheidet sich ein Klassenmodul nicht von einem standardmäßigen Modul.

Den Gültigkeitsbereich habe ich zunächst auf `Public` gesetzt. Bei einem standardmäßigen Modul würden diese Deklarationen zu drei globalen Variablen führen, die von überall in der Datenbank aus erreichbar wären.

Wir haben aber ein Klassenmodul vor uns, und hier sieht es anders aus! Sie können die drei Variablen nicht direkt nutzen, sondern müssten dazu zunächst ein Objekt der Klasse erzeugen (= die Klasse *instanziieren*). Wie das geht, zeige ich Ihnen gleich. Jedenfalls handelt es sich *nicht* um globale Variablen. Solche öffentlichen Variablen auf *Klassen*modulebene bekommen das LNC-Präfix `p`.

Zwei besondere Prozeduren: »Class_Initialize()« und »Class_Terminate()«

Klassenmodule haben zwei besondere Prozeduren, die Sie bei Bedarf hinzufügen können.

1. Falls nicht schon geschehen: Öffnen Sie das Klassenmodul `clsMitarbeiter` in der integrierten Entwicklungsumgebung:
2. Wählen Sie im Codefenster im Kombinationsfeld oben links den Eintrag CLASS aus.
3. Access erzeugt automatisch die Prozedur `Class_Initialize()`.
4. Wählen Sie Im Kombinationsfeld oben rechts den Eintrag TERMINATE aus. Jetzt haben Sie auch die zweite der besonderen Prozeduren, `Class_Terminate()`.

Beide spielen bei der Instanziierung der Klasse eine Rolle, und es gibt sie somit nur in Klassenmodulen. Beim Instanziieren einer Klasse wird ein neues Objekt erzeugt. Für dieses neue

Objekt führt VBA nun `Class_Initialize()` aus. Üblicherweise wird die Prozedur verwendet, um Standardwerte für die Variablen auf Klassenmodulebene zu vergeben. In unserem Beispiel generiere ich eine zufällige Personalnummer und gebe eine kurze Information mit `Debug.Print` aus (Listing 9.55). Analog ruft VBA die Funktion `Class_Terminate()` auf, kurz bevor das Objekt aus dem Speicher entfernt wird.

```
12 'Instanziierung: Zufaellige Peronalnummer vergeben
13 Private Sub Class_Initialize()
14    'Eine zufaellige Zahl als Personalnummer eintragen.
15    plngPersonalNummer = Int(Rnd() * 1000000)
16
17    Debug.Print "Klasse clsMitarbeiter wurde instanziiert."
18 End Sub
19
20
21 Private Sub Class_Terminate()
22    Debug.Print "Instanz der Klasse clsMitarbeiter wurde entfernt."
23 End Sub
```

Listing 9.55 Diese beiden besonderen Prozeduren gibt es nur in Klassenmodulen.

Jedes Objekt hat seine eigenen Variablen

Ich hatte gesagt, dass öffentliche Variablen auf Klassenmodulebene keine globalen Variablen sind. Nein, solche Variablen sind stets an das Objekt gebunden. In Zeile 15 von Listing 9.55 wird nur die Personalnummer des neu erstellten Objekts vergeben. Wenn es noch andere Mitarbeiter-Objekte gibt, haben sie ihre jeweils eigene Variable `plngPersonalNummer`, die unverändert bleibt. Letztendlich ist es so wie in einer Datenbank: Jeder Datensatz hat seine eigenen Feldinhalte.

Funktionen und Prozeduren bringen Leben in das Klassenmodul

Zwei Funktionen sollen unser Klassenmodul zum Leben erwecken. Beide verwenden die Nutzdaten in den Variablen auf Klassenmodulebene (Listing 9.56). Das fertige Klassenmodul finden Sie in den Materialien zum Buch in der Datenbank *09_VBA\9.7.1_Klassenmodule_Objektvariablen.accdb*.

```
'Gibt den vollstaendigen Namen des Mitarbeiters zurueck.
'Beispiel: "Guntermann, Hildegard"
Public Function VollstaendigerName() As String
   If pstrVorname = "" Then
      VollstaendigerName = pstrNachname
   Else
```

```
        VollstaendigerName = pstrNachname & ", " & pstrVorname
    End If
End Function
'Gibt den vollstaendigen Namen des Mitarbeiters
'  mit Personalnummer zurueck.
'Beispiel: "Guntermann, Hildegard (85857)"
Public Function NameMitPersonalnummer() As String
    NameMitPersonalnummer = VollstaendigerName() _
                            & " (" & plngPersonalNummer & ")"
End Function
```

Listing 9.56 Zwei Funktionen, die den vollständigen Namen des Mitarbeiters zusammensetzen

Klasse, Objekt und Instanziierung

Unsere eigene Klasse `clsMitarbeiter` ist damit fertig. Wie erwähnt, können Sie nicht direkt auf die Variablen und Funktionen zugreifen, denn Klassen erfordern Instanziierung. Analog zur Datenbank würde das heißen: Die Tabellenstruktur ist fertig. Jetzt fehlen noch die Datensätze.

Beim Instanziieren der Klasse `clsMitarbeiter` wird ein Mitarbeiter-Objekt erzeugt. Genau wie ein Datensatz benötigt ein Objekt Speicherplatz (allerdings im Arbeitsspeicher, nicht in der *.accdb*-Datei). Und genau dafür gibt es Objektvariablen.

9.7.2 Objektvariablen

Eine Objektvariable hat das LNC-Präfix `obj` und als *Datentyp den Namen des Klassenmoduls*. Nach der Deklaration mit `Dim` enthält jede Objektvariable den besonderen Wert `Nothing`; sie verweist also noch nicht auf ein Objekt.

Eine Klasse instanziieren

Die jetzt schon mehrfach angekündigte Instanziierung erfolgt in der zweiten Zeile von Listing 9.57 mit dem Schlüsselwort `New`. Hinter `New` steht immer der Name des Klassenmoduls, in unserem Beispiel `clsMitarbeiter`.

```
Dim obj As <Klasse>
Set obj = New <Klasse>
[…]
Set obj = Nothing
```

Listing 9.57 Syntax der Deklaration einer Objektvariablen und der Instanziierung einer Klasse

VBA führt die Instanziierung einer Klasse in zwei Schritten durch:

1. das neue Objekt erstellen und dabei Speicherplatz für alle Variablen auf Klassenmodulebene reservieren
2. falls vorhanden: die Prozedur `Class_Initialize()` aufrufen

Anschließend müssen Sie das neue Objekt mit dem Schlüsselwort `Set` Ihrer Objektvariablen zuweisen. Objektvariablen müssen übrigens stets mit `Set` zugewiesen werden, andernfalls zeigt VBA einen Fehler an (Abbildung 9.31). Vollständig sieht die Deklaration und Instanziierung so aus:


```
Dim objMitarbeiter1 As clsMitarbeiter
Set objMitarbeiter1 = New clsMitarbeiter
```

Listing 9.58 Deklaration der Objektvariablen mit »Dim«, Instanziierung der Klasse mit »New« und Objekt der Objektvariablen mit »Set« zuweisen

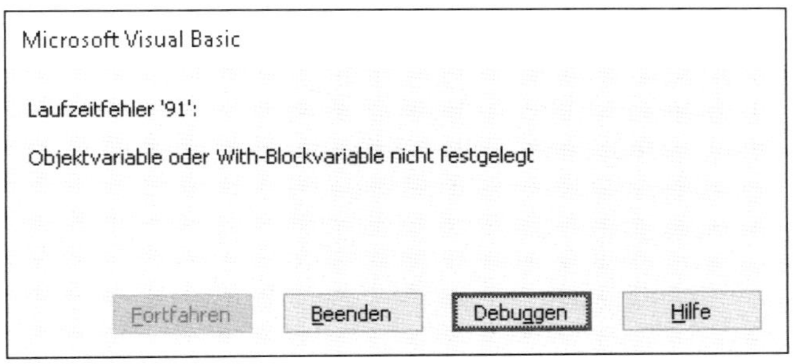

Abbildung 9.31 Wenn Sie das Schlüsselwort »Set« vergessen, zeigt VBA diese etwas kryptische Fehlermeldung an.

Mit der Objektvariablen auf das Objekt zugreifen

Nach dem Instanziieren können Sie über die Objektvariable auf die Variablen des Objekts zugreifen sowie die Prozeduren und Funktionen der Klasse aufrufen. Dabei müssen Sie aber immer die Objektvariable nennen: <Objektvariable>.<Variable, Prozedur, Funktion>

```
objMitarbeiter1.pstrNachname = "Guntermann"
objMitarbeiter1.pstrVorname = "Hildegard"
Debug.Print objMitarbeiter1.NameMitPersonalnummer()
```

Listing 9.59 Über die Objektvariable können Sie indirekt auf die Variablen, Prozeduren und Funktionen eines Objekts zugreifen.

»Object« ist der allgemeine Datentyp einer Objektvariablen

Bei der Deklaration einer Objektvariablen akzeptiert VBA auch den allgemeinen Datentyp `Object`:

```
Dim objMitarbeiter As Object
```

Besser ist es jedoch, den Namen der Klasse anzugeben. VBA kann damit einige Fehler besser erkennen.

```
Dim objMitarbeiter As clsMitarbeiter
```

Sobald Sie ein Objekt nicht mehr benötigen, sollten Sie dafür sorgen, dass es aus dem Speicher gelöscht wird. Setzen Sie dazu die Objektvariable auf `Nothing`.

```
Set objMitarbeiter1 = Nothing
```

Listing 9.60 Räumen Sie am Schluss auf, und setzen Sie alle Objektvariablen, die Sie nicht mehr benötigen, auf »Nothing«.

Jede Objektvariable ist ein Verweis auf ein Objekt

Beim Zugriff auf Variablen, Funktionen und Prozeduren sieht es so aus, als ob die Objektvariable und das Objekt ein und dasselbe wären. Genau genommen gibt es aber einen feinen Unterschied: Eine konkretes Objekt gibt es nur einmal im Arbeitsspeicher. Eine Objektvariable enthält hingegen einen *Verweis* auf das Objekt (oder `Nothing`). Aus diesem Grund können zwei oder mehr Objektvariablen auch auf das gleiche Objekt verweisen (Listing 9.61):

```
Dim objMitarbeiter1 As clsMitarbeiter
Dim objMitarbeiter2 As clsMitarbeiter
Set objMitarbeiter1 = New clsMitarbeiter
Set objMitarbeiter2 = objMitarbeiter1
objMitarbeiter1.pstrNachname = "Guntermann"
objMitarbeiter2.pstrVorname = "Hildegard"
Debug.Print objMitarbeiter1.NameMitPersonalnummer()
Debug.Print objMitarbeiter2.NameMitPersonalnummer()
```

Listing 9.61 Beide Objektvariablen verweisen auf dasselbe Objekt.

VBA prüft intern für jedes Objekt, ob es noch eine Objektvariable gibt, die darauf verweist. Erst wenn es keinen Verweis mehr gibt, wird `Class_Terminate()` aufgerufen, und das Objekt wird aus dem Speicher entfernt.

Ungewollte Verweise aufräumen

Mit dem Aufräumen vermeiden Sie, dass eine Objektvariable unbemerkt weiter auf ein Objekt verweist. Variablen auf Prozedurebene werden nach Abschluss der Prozedur zwar automatisch gelöscht, gleichwohl sind Sie auf der sicheren Seite, indem Sie die Objektvariable auf `Nothing` setzen: VBA kann das Objekt sofort löschen.

Eine Klasse mehrmals instanziieren

Ich kann die zweite Objektvariable auch dazu verwenden, die Klasse `clsMitarbeiter` ein weiteres Mal zu instanziieren (Listing 9.62).

```
'Das Klassenmodul "clsMitarbeiter" instanziieren und testen
Public Sub Test()
   'Die beiden Objektvariablen
   Dim objMitarbeiter1 As clsMitarbeiter
   Dim objMitarbeiter2 As clsMitarbeiter
[...]
   'Die Klasse clsMitarbeiter zweimal instanziieren
   Set objMitarbeiter1 = New clsMitarbeiter
   Set objMitarbeiter2 = New clsMitarbeiter
[...]
   'Beide Mitarbeiter-Objekte wieder entfernen
   Set objMitarbeiter1 = Nothing
   Set objMitarbeiter2 = Nothing
End Sub
```

Listing 9.62 Die Klasse »clsMitarbeiter« zweimal instanziieren und am Schluss nicht mehr gebrauchte Objekte aufräumen

Es gibt jetzt zwei unterschiedliche Objekte der Klasse `clsMitarbeiter`. Am Beispielprogramm können Sie nachvollziehen, dass jedes Objekt seine eigenen Variablen hat – analog zu einer Tabelle, in der jeder Datensatz seine eigenen Feldinhalte hat.

```
   'Erstes Mitarbeiter-Objekt bearbeiten
   objMitarbeiter1.pstrNachname = "Guntermann"
   objMitarbeiter1.pstrVorname = "Hildegard"

   'Zweites Mitarbeiter-Objekt bearbeiten
   objMitarbeiter2.pstrNachname = "Hachmann"
   objMitarbeiter2.pstrVorname = "Eva"

```

```
    'Eine Funktion in beiden Mitarbeiter-Objekten aufrufen
    Debug.Print objMitarbeiter1.NameMitPersonalnummer()
    Debug.Print objMitarbeiter2.NameMitPersonalnummer()
```

Listing 9.63 Mit Hilfe der Objektvariablen können Sie auf die Variablen der einzelnen Objekte und auf die Funktionen der Klasse zugreifen.

Das vollständige Programm aus Listing 9.62 und Listing 9.63 finden Sie im Modul *basTest* in der Datenbank *09_VBA\9.7.1_Klassenmodule_Objektvariablen.accdb*. Und so sieht die Ausgabe im Direktbereich aus, nachdem Sie das Programm ausgeführt haben:

```
Klasse clsMitarbeiter wurde instanziiert.
Klasse clsMitarbeiter wurde instanziiert.
Guntermann, Hildegard (863048)
Hachmann, Eva (842170)
Instanz der Klasse clsMitarbeiter wurde entfernt.
Instanz der Klasse clsMitarbeiter wurde entfernt.
```

Deklaration und Instanziierung in einer Zeile

Mitunter wird Ihnen die kürzere Schreibweise zur Deklaration einer Objektvariablen und gleichzeitigen Instanziierung des Klasse begegnen:

```
Dim objMitarbeiter1 As New clsMitarbeiter
```

Wenn Sie das Beispielprogramm entsprechend abwandeln, werden Sie feststellen, dass bei der Kurzschreibweise das Objekt nicht sofort erzeugt wird. Stattdessen erfolgt die Instanziierung beim ersten Zugriff.

Referenz auf ein Datenbankobjekt

Am Beispiel mit der Klasse `clsMitarbeiter` habe ich Ihnen gezeigt, wie Sie ein Klassenmodul selbst erstellen und instanziieren können. Access nutzt auch von Haus aus schon Klassenmodule, ohne dass wir es wahrgenommen haben: *Jedes Formularmodul und jedes Berichtsmodul ist nämlich ein Klassenmodul.*

Sobald Sie ein Formular oder Bericht öffnen, instanziiert Access die Klasse und erzeugt ein entsprechendes Formular- oder Berichtsobjekt. Angenehmerweise gibt es die Auflistungen `Forms` und `Reports`, aus denen Sie die Objekte abrufen und einer Objektvariable zuordnen können. Ein Beispiel dazu habe ich in *basReferenzAufFormular* hinterlegt (Listing 9.64).

```
'Alle Formulareigenschaften und Steuerelemente
'  des Formulars "frmMitarbeiter" ausgeben
Public Sub DumpFrmMitarbeiter()
    'Drei Objektvariablen fuer Verweise auf
    '  bereits bestehende Objekte
```

```
    Dim frmMitarbeiter As Form
    Dim prpEigenschaft As Property
    Dim ctlSteuerelement As Control

    'Verweis auf das Formular setzen
    'frmMitarbeiter muss geoeffnet (= instanziiert) sein!
    Set frmMitarbeiter = Forms!frmMitarbeiter
[...]
    'Verweise auf Objekt entfernen
    Set prpEigenschaft = Nothing
    Set ctlSteuerelement = Nothing
    Set frmMitarbeiter = Nothing
End Sub
```


Listing 9.64 Aus der Auflistung »Forms« hole ich das Objekt des geöffneten Formulars »frmMitarbeiter«.

Ausgehend von der Objektvariablen `frmMitarbeiter` kann ich mir das Formular genauer ansehen, indem ich durch die Auflistung `Properties` iteriere:

```
[...]
    'Ueber alle Formulareigenschaften iterieren
    Debug.Print "Eigenschaften des Formulars " _
            & """" & frmMitarbeiter.Name & """:"
    For Each prpEigenschaft In frmMitarbeiter.Properties
       'Name und Wert der Formulareigenschaft anzeigen
       Debug.Print prpEigenschaft.Name _
               & " = " _
               & prpEigenschaft.Value
    Next
[...]
```

Listing 9.65 Iterationen mit einer »For Each«-Schleife eignen sich hervorragend, um mit einer Objektvariablen eine Auflistung zu durchforsten.

Mit diesem kleinen Programm haben Sie jetzt ein Analysewerkzeug zur Hand, mit dem Sie alle Eigenschaften und Werte eines Formulars prüfen können. Die Ausgabe im Direktbereich sieht beispielsweise so aus:

```
Eigenschaften des Formulars "frmMitarbeiter":
RecordSource = tblMitarbeiter
Caption =
PopUp = Falsch
Modal = Falsch
[...]
```

Ein Formular mehrmals öffnen

Das letzte Beispiel setzt voraus, dass das Formular *frmMitarbeiter* bereits geöffnet ist. Ich habe Access also das Instanziieren der Klasse `frmMitarbeiter` überlassen. Um ein Formular im VBA-Code zu öffnen, gibt es den Befehl `DoCmd.OpenForm`:

```
DoCmd.OpenForm "frmMitarbeiter"
```

Aber es geht auch anders, indem Sie nämlich selbst instanziieren und Objektvariablen einsetzen (Listing 9.66). Sie müssen dabei nur die folgenden drei Punkte beachten:

- Benennen Sie beim Instanziieren des Formulars die Klasse richtig:

  Form_<Name des Formulars>

- Ein auf diese Weise geöffnetes Formular ist zunächst unsichtbar. Setzen Sie die Eigenschaft `Visible` auf `True`.
- Objektvariablen auf Prozedurebene sind zu kurzlebig. Das Formular würde sich kurz öffnen und mit `End Sub` sofort wieder schließen. Nutzen Sie stattdessen eine statische Variable oder eine Variable auf Modulebene.

Im Gegenzug für den Mehraufwand lässt sich damit eine tolle Sache verwirklichen: Wie Sie in Abbildung 9.32 sehen, lässt sich ein Formular tatsächlich mehr als einmal öffnen!

```
Option Compare Database
Option Explicit

'Objektvariablen fuer jedes zu oeffnende Formulare
Private mfrmMitarbeiter1 As Form
Private mfrmMitarbeiter2 As Form


'Das Formular "frmMitarbeiter" zweimal oeffnen
Public Sub FormulareMitarbeiterOeffnen()
   'Das Formular "frmMitarbeiter" zweimal instanziieren
   Set mfrmMitarbeiter1 = New Form_frmMitarbeiter
   Set mfrmMitarbeiter2 = New Form_frmMitarbeiter

   'Geoeffnete Formularobjekte sichtbar schalten
   mfrmMitarbeiter1.Visible = True
   mfrmMitarbeiter2.Visible = True
End Sub
```

```
'Das Formular "frmMitarbeiter" wieder schliessen
Public Sub FormulareMitarbeiterSchliessen()
   'Formularobjekte entfernen
   Set mfrmMitarbeiter1 = Nothing
   Set mfrmMitarbeiter2 = Nothing
End Sub
```

Listing 9.66 Im Modul »basDoppeltOeffnen« stehen die beiden Objektvariablen für die Formularobjekte.

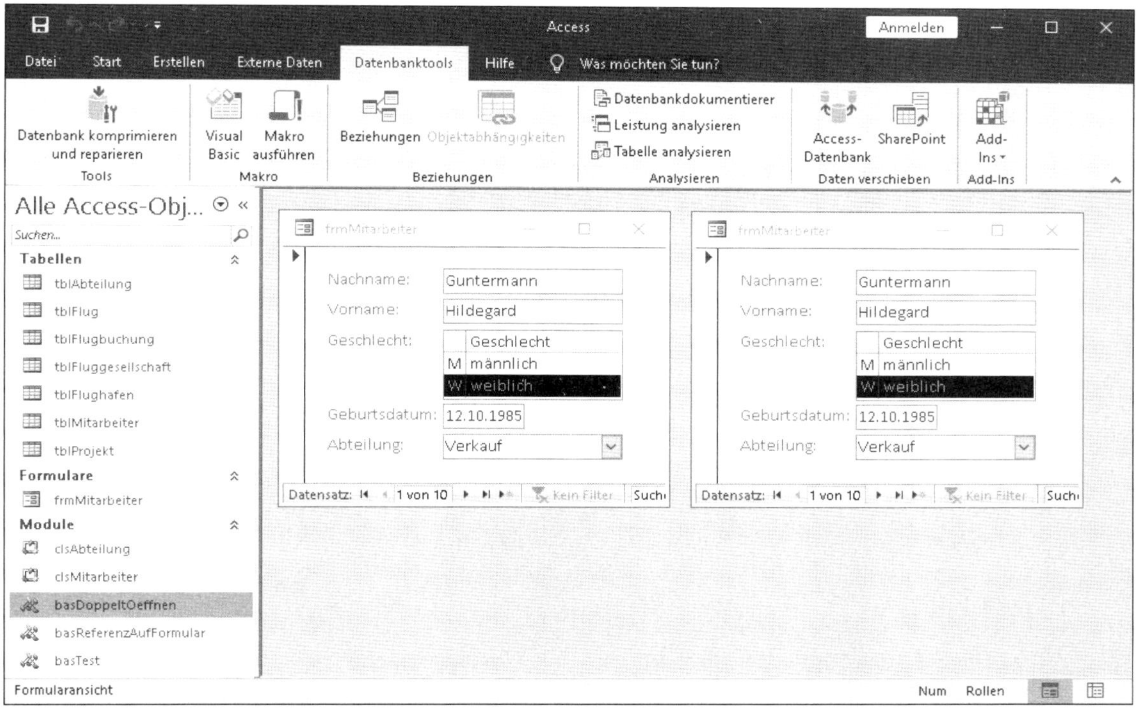

Abbildung 9.32 Das Ergebnis der Mühe ist, dass ein Formular gleichzeitig mehr als einmal geöffnet werden kann.

9.7.3 Eigenschaften (Properties)

Eine weitere Besonderheit, die es nur in Klassenmodulen gibt, sind *Eigenschaften* (englisch *properties*). Vom Ergebnis her sieht eine Eigenschaft genauso wie eine Variable auf Klassenmodulebene aus (Abbildung 9.33), und der Wert einer Eigenschaft wird genauso abgerufen, also ob die Eigenschaft eine Variable wäre.

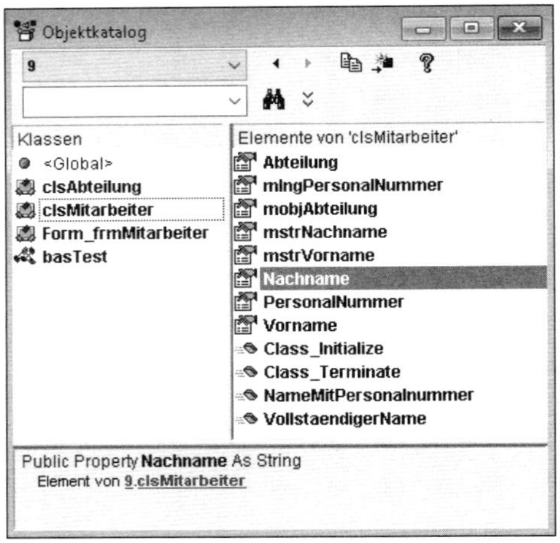

Abbildung 9.33 Im Objektkatalog sehen Eigenschaften wie Variablen aus. Nähere Angaben zum Datentyp finden Sie im unteren Bereich.

Hinter jeder Eigenschaft verbirgt sich ein Pärchen aus Funktion (`Property Get`) und Prozedur (`Property Let` bzw. bei Objektvariablen `Property Set`).

```
Property Get <Name der Eigenschaft>() As <Datentyp>
[...]
End Property
```

Listing 9.67 Die Syntax der »Property Get«-Funktion

```
Property Let <Name der Eigenschaft>(ByVal <Parameter> As <Datentyp>)
[...]
End Property
```

Listing 9.68 Die Syntax der »Property Let«-Prozedur, die immer einen Parameter hat

```
Property Set <Name der Eigenschaft>(ByVal <Parameter> As <Klasse>)
[...]
End Property
```

Listing 9.69 Wenn die Eigenschaft eine Klasse als Datentyp hat, kommt »Property Set« zum Einsatz.

Im Objektkatalog erscheinen alle Variablen, Eigenschaften, Prozeduren und Funktionen

Wenn Sie ein eigenes Klassenmodul entwickeln, können Sie alle Elemente im Objektkatalog noch einmal überprüfen. Schade finde ich nur, dass es für `Private` und `Public` keine unterschiedlichen Symbole gibt.

Eine benutzerdefinierte Eigenschaft für ein Formular

An einem Beispiel wird schnell deutlich, wie Sie in einem Klassenmodul eine neue Eigenschaften erstellen können. Sehen Sie sich bitte einmal in der Datenbank *09_VBA\9.7.3_Eigenschaften.accdb* das Formular *frmMitarbeiter* an. Wir erinnern uns, dass jedes Formularmodul ein Klassenmodul ist. Folglich kann ich `Property Get` und `Property Let` darin verwenden. Ich habe das Pärchen aus Prozedur und Funktion erstellt und mich an den gleichen Namen »Hintergrundfarbe« und an den gleichen Datentyp `Long` gehalten (Listing 9.70).

```
Option Compare Database
Option Explicit


'Die Hintergrundfarbe der Steuerelemente
Private mlngHintergrundfarbe As Long


Private Sub Form_Load()
   'Beim Oeffnen des Formulars die Hintergrundfarbe auslesen
   mlngHintergrundfarbe = Me.txtNachname.BackColor
End Sub


'Die Hintergrundfarbe zuweisen und alle Steuerelemente einfaerben
Public Property Let Hintergrundfarbe(ByVal vlngFarbe As Long)
   mlngHintergrundfarbe = vlngFarbe

   'Diese fuenf Steuerelemente bekommen die neue Farbe
   Me.txtNachname.BackColor = mlngHintergrundfarbe
   Me.txtVorname.BackColor = mlngHintergrundfarbe
   Me.lstGeschlecht.BackColor = mlngHintergrundfarbe
   Me.txtGeburtsdatum.BackColor = mlngHintergrundfarbe
   Me.cboAbteilungID.BackColor = mlngHintergrundfarbe
End Property


Public Property Get Hintergrundfarbe() As Long
   Hintergrundfarbe = mlngHintergrundfarbe
End Property
```

Listing 9.70 Dieser VBA-Code ergänzt in einem Formular die benutzerdefinierte Eigenschaft »Hintergrundfarbe«.

Das Pärchen zusammen bildet die neue Eigenschaft `Hintergrundfarbe`, die auch im Objektkatalog erscheint (Abbildung 9.34). Ohne Programmcode würde eine Eigenschaft erst einmal gar nichts bewirken. Eine übliche Herangehensweise ist es, den Wert in einer privaten Variablen auf Klassenmodulebene abzuspeichern (`mlngHintergrundfarbe`). `Form_Load()` entspricht bei Formularen der Prozedur `Class_Initialize()`.In Zeile 11 setze ich `mlngHintergrundfarbe` auf den Anfangswert. Innerhalb von `Property Let` weise ich einen neuen Wert zu (Zeile 17), beziehungsweise innerhalb von `Property Get` gebe ich den aktuellen Wert zurück (Zeile 29).

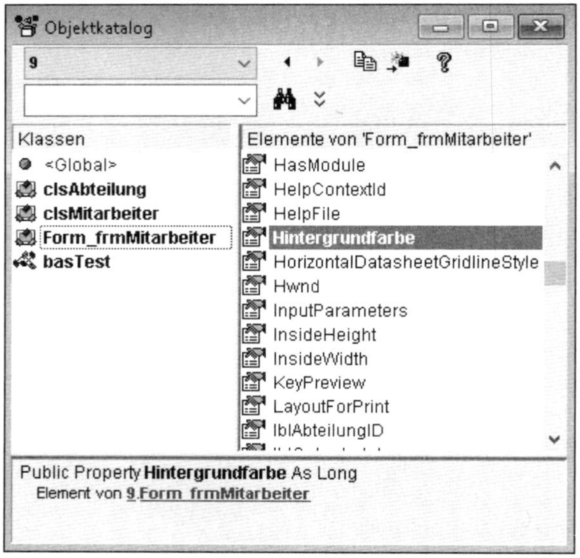

Abbildung 9.34 Die benutzerdefinierte Eigenschaft »Hintergrundfarbe« erscheint neben den anderen Formulareigenschaften im Objektkatalog.

Diese Struktur wäre das minimale Grundgerüst für eine Eigenschaft. Die Eigenschaft lässt sich jetzt nutzen, als ob sie eine Variable wäre:

```
Forms!frmMitarbeiter.Hintergrundfarbe = RGB(150, 202, 230)
Debug.Print Forms!frmMitarbeiter.Hintergrundfarbe
 15125142
```

Aber damit nicht genug, denn eine Eigenschaft kann mehr als Datenspeicher sein. Schauen Sie sich bitte noch einmal Listing 9.70 an: Beim Zuweisen eines neuen Wertes innerhalb von `Property Let` ändere ich die Hintergrundfarbe sämtlicher Steuerelemente. Auf diese Weise kommt Leben in das Formular. Das Ändern der Eigenschaft bewirkt nun eine Änderung am Formular!

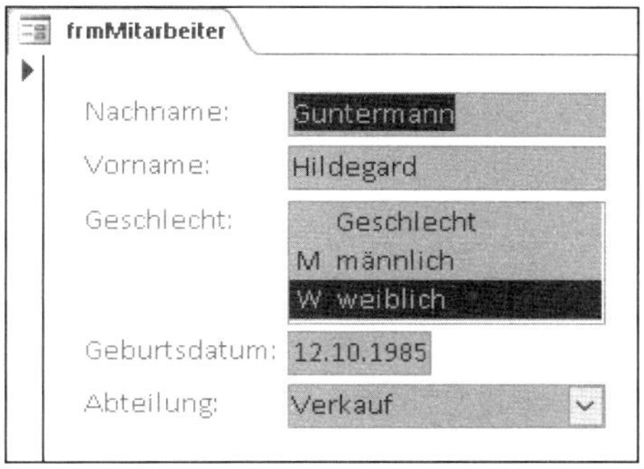

Abbildung 9.35 Der VBA-Code in »Property Let« führt dazu, dass beim Ändern der Eigenschaft alle Steuerelemente eine neue Hintergrundfarbe bekommen.

Eigenschaften in eigenständigen Klassenmodulen

Selbstverständlich können Sie eine Eigenschaft auch nur zum Speichern beziehungsweise zum Abrufen von Daten nutzen. Üblicherweise gehe ich so vor, dass ich für alle Nutzdaten private Variablen auf Klassenmodulebene hinterlege. Ein Beispiel dazu sehen im Klassenmodul `clsMitarbeiter` (Listing 9.71).

```
'Ein Mitarbeiter mit Name, Vorname, Personalnummer und Abteilung
Option Compare Database
Option Explicit


'Die Nutzdaten
Private mlngPersonalNummer As Long
Private mstrNachname As String
Private mstrVorname As String
Private mobjAbteilung As clsAbteilung
[...]
Private Sub Class_Terminate()
   Debug.Print "Instanz der Klasse clsMitarbeiter wurde entfernt."

   Set mobjAbteilung = Nothing
End Sub
[...]
```

Listing 9.71 Deklarieren Sie Nutzdaten in Klassenmodulen am besten als »Private«.

Anschließend erstelle ich `Property Get`- und `Property Let`-Anweisungen, um die Daten nach außen verfügbar zu machen.

```
[...]
'Die Personalnummer ist nur lesbar
Public Property Get PersonalNummer() As Long
   PersonalNummer = mlngPersonalNummer
End Property
Public Property Let Nachname(ByVal vstrNachname As String)
   mstrNachname = vstrNachname
End Property
Public Property Get Nachname() As String
   Nachname = mstrNachname
End Property
[...]
```

Listing 9.72 Schalten Sie die Nutzdaten über Eigenschaften nach außen. So können Sie später jederzeit VBA-Code in den »Property Let«- und »Property Get«-Blöcken ergänzen.

Schreibgeschützte Eigenschaften

Die Eigenschaft `PersonalNummer` soll von außen nicht veränderbar sein. Entsprechend lasse ich die Anweisung `Property Let` weg. Im Objektkatalog erscheint in diesem Fall SCHREIBGESCHÜTZT.

Nichts spricht dagegen, dass Objekte selbst wiederum Objektvariablen enthalten, beispielsweise die Abteilung, in der ein Mitarbeiter tätig ist: Hierfür benötige ich eine Objektvariable der Klasse `clsAbteilung` und entsprechende `Property Get`- und `Property Set`-Anweisungen.

```
[...]
Public Property Set Abteilung(ByVal vobjAbteilung As clsAbteilung)
   Set mobjAbteilung = vobjAbteilung
End Property
Public Property Get Abteilung() As clsAbteilung
   Set Abteilung = mobjAbteilung
End Property
[...]
```

Listing 9.73 Objektvariablen werden immer mit »Set« zugewiesen. Entsprechend gibt es einen »Property Set«-Block.

Objektorientierte Programmierung

Alles zusammen – mehrere Klassenmodule mit Eigenschaften, Prozeduren und Funktionen – bildet eine Datenstruktur im Speicher, die einem Datenbankdesign ähnlich sein kann. Bezogen auf unsere Beispieldatenbank mit den Tabellen *tblAbteilung* und *tblMitarbeiter* wären das die Klassenmodule `clsAbteilung` und `clsMitarbeiter`.

```
'Das Klassenmodule instanziieren und testen
Public Sub Test()
   Dim objAbteilung As clsAbteilung
   Dim objMitarbeiter1 As clsMitarbeiter
   Dim objMitarbeiter2 As clsMitarbeiter
[…]
   'Die Klasse clsAbteilung instanziieren
   Set objAbteilung = New clsAbteilung
   objAbteilung.Name = "Verkauf"

   'Die Klasse clsMitarbeiter zweimal instanziieren
   Set objMitarbeiter1 = New clsMitarbeiter
   Set objMitarbeiter2 = New clsMitarbeiter

   'Erstes Mitarbeiter-Objekt bearbeiten
   objMitarbeiter1.Nachname = "Guntermann"
   objMitarbeiter1.Vorname = "Hildegard"
   Set objMitarbeiter1.Abteilung = objAbteilung
[…]
   'Funktionen und Eigenschaften der beiden Mitarbeiter-
   '  Objekte abrufen
   Debug.Print objMitarbeiter1.NameMitPersonalnummer()
   Debug.Print objMitarbeiter1.Abteilung.Name
   Debug.Print objMitarbeiter2.NameMitPersonalnummer()
   Debug.Print objMitarbeiter2.Abteilung.Name

   'Alle Objektreferenzen wieder entfernen
   Set objMitarbeiter1 = Nothing
   Set objMitarbeiter2 = Nothing
   Set objAbteilung = Nothing
End Sub
```

Listing 9.74 Mit den vorbereiteten Klassenmodulen können Sie eine Datenstruktur im Speicher aufbauen.

Das zugehörige Testprogramm finden Sie im Modul *basTest*; Sie können es direkt aufrufen:

```
Test
Klasse clsAbteilung wurde instanziiert.
Klasse clsMitarbeiter wurde instanziiert.
Klasse clsMitarbeiter wurde instanziiert.
Guntermann, Hildegard (915722)
Verkauf
Hachmann, Eva (621650)
Verkauf
Instanz der Klasse clsMitarbeiter wurde entfernt.
Instanz der Klasse clsMitarbeiter wurde entfernt.
Instanz der Klasse clsAbteilung wurde entfernt.
```

Wann ist objektorientierte Programmierung sinnvoll?

Der an diesem Beispiel gezeigte Aufwand ist in Access nur gerechtfertigt, wenn Sie Ihre Daten umfangreich im Speicher verarbeiten möchten. Dazu könnten Sie in den Klassenmodulen Prozeduren zur Datenverarbeitung ergänzen, beispielsweise so etwas wie `clsMitarbeiter.BerechneGehalt(ByVal vdtmMonat As Date) As Money`. Für eine Abfrage wäre eine solche Berechnung unter Umständen zu kompliziert.

Ausblick: Wie bekomme ich meine Objekte in die Datenbank?

Mit den beiden Klassenmodulen `clsAbteilung` und `clsMitarbeiter` komme ich noch einmal zur Frage vom Anfang zurück: Wie lassen sich die Konzepte *relationale Datenbank* und *objektorientierte Programmierung* zusammenbringen? Oder anders gefragt: Wie bekomme ich die Daten aus den Tabellen in Objekte und wieder zurück?

Alle Lösungsvorschläge für diese Fragen werden unter dem Thema *objektrelationales Mapping* (ORM) zusammengefasst und würden wohl ein eigenes Buch füllen. Ich möchte Ihnen lediglich den Ausblick auf eine einfache Variante bestehend aus vier Prozeduren geben:

- `Query(vstrAbteilungsName)`: Datensatz anhand des Alternativschlüssels finden und als Objekt laden
- `Requery()`: Objekt aus der Datenbank aktualisieren
- `Update()`: Objekt in die Datenbank speichern
- `Delete()`: Objekt in der Datenbank löschen

Eine Umsetzung für die Klasse `clsAbteilung` finden Sie in der Datenbank *09_VBA\9.7.3_Klassenmodule_und_DAO.accdb*. Diese Datenbank ist gleichzeitig ein gutes Beispiel dafür, was mit der Klassenbibliothek *DAO* möglich ist (Kapitel 10, »Data-Access-Objects-(DAO-)Klassenbibliothek«).

9.7.4 Der Befehl »With«

In diesem Abschnitt werde ich demonstrieren, wie Sie mit einer Objektvariablen ein Formular per VBA-Code quasi fernsteuern können. Das Programm ist nicht besonders lang (Listing 9.75), und Sie finden es in den Materialien zum Buch in der Datenbank *09_VBA\9.7.4_Fernsteuerung_fuer_Formulare.accdb*:

1. Formular *frmMitarbeiter* öffnen (Zeile 09)
2. die Objektvariable `frmMitarbeiter` über die `Forms`-Auflistung setzen (Zeile 10)
3. zum Datensatz von Frau Hachmann gehen (Zeile 12 bis 15)
4. einen neuen Nachnamen eintragen (Zeile 17)
5. einen neuen Vornamen eintragen (Zeile 18)
6. Datensatz speichern (Zeile 20)


```
01 'Mitarbeiterformular per VBA oeffnen, Datensatz
02 'von Fr. Hachmann suchen, zwei Felder aendern
03 'und Datensatz abspeichern.
04 'Variante 1: Mit einer Objektvariablen, ohne With
05 Public Sub FormularFernsteuernMitObjektvariable()
06    Dim frmMitarbeiter As Form
07
08    'Formular oeffnen
09    DoCmd.OpenForm "frmMitarbeiter"
10    Set frmMitarbeiter = Forms!frmMitarbeiter
11    'Datensatz suchen
12    DoCmd.SearchForRecord acDataForm, _
13                          "frmMitarbeiter", _
14                          acFirst, _
15                          "Nachname = 'Hachmann'"
16    'Zwei Felder aendern
17    frmMitarbeiter!txtNachname = "Neuer Nachname"
18    frmMitarbeiter!txtVorname = "Neuer Vorname"
19    'Dirty auf FALSE setzen = Datensatz abspeichern
20    frmMitarbeiter.Dirty = False
21
22    Set frmMitarbeiter = Nothing
23 End Sub
```

Listing 9.75 Über die Objektvariable »frmMitarbeiter« steuere ich das geöffnete Formular fern.

Etwas Tipparbeit lässt sich mit einem sogenannten *With-Block* sparen. Unmittelbar hinter `With` steht die Objektvariable, auf deren Nennung innerhalb des `With`-Blocks verzichtet wird.

ohne With	mit With

`Set frmMitarbeiter = _`
`   Forms!frmMitarbeiter`
`frmMitarbeiter!txtNachname = […]`
`frmMitarbeiter!txtVorname = […]`
`frmMitarbeiter.Dirty = False`
	`Set frmMitarbeiter = _`
	`   Forms!frmMitarbeiter`
	`With frmMitarbeiter`
	`   !txtNachname = […]`
	`   !txtVorname = […]`
	`   .Dirty = False`
	`End With`

Tabelle 9.16 Ausrufezeichen (!) und Punkt (.) ohne etwas davor nutzen die Objektvariable des »With«-Blocks.

Im Jargon von Access-Programmierern habe ich einmal den Ausdruck »Objektvariable auf die Gabel nehmen« gehört. Diese Metapher beschreibt den Sachverhalt ziemlich gut: das Objekt nehmen und anschließend darauf herumkauen. Mit einem weiteren `With`-Block nehmen Sie sich bei Bedarf den nächsten Happen auf die Gabel.

`With`-Blöcke sparen aber nicht nur Tipparbeit, sondern auch Rechenzeit. Ich könnte unser Beispiel auch völlig ohne Objektvariable realisieren:

```
Forms!frmMitarbeiter!txtNachname = "Neuer Nachname"
Forms!frmMitarbeiter!txtVorname = "Neuer Vorname"
Forms!frmMitarbeiter.Dirty = False
```

Listing 9.76 Bei dieser Variante verzichte ich auf eine Objektvariable und ermittele das Formularobjekt in jeder Zeile neu.

Bezüglich der Laufzeit ist diese Variante im Nachteil. In jeder Zeile wird die Auflistung `Forms` aufgerufen, Access prüft, ob ein Formular mit dem Namen *frmMitarbeiter* geöffnet ist, und ruft das entsprechende Formularobjekt ab. Bei einer Objektvariablen werden diese Schritte nur ein einziges Mal (in Listing 9.75 ist es die in Zeile 10) ausgeführt.

```
With Forms!frmMitarbeiter
   !txtNachname = "Neuer Nachname"
   !txtVorname = "Neuer Vorname"
   .Dirty = False
End With
```

Listing 9.77 Diese Variante kommt ebenfalls ohne Objektvariable aus. Das Formularobjekt wird nur einmal für den »With«-Block ermittelt.

Verschachtelte »With«-Blöcke

Wie das folgende Beispiel zeigt, lassen sich With-Blöcke verschachteln:

```
With Forms!frmMitarbeiter
   'Datensatz suchen; diesmal per DAO anstatt DoCmd.SearchForRecord
   With .Recordset
      .FindFirst "Nachname = 'Hachmann'"
   End With
   !txtNachname = "Neuer Nachname"
   !txtVorname = "Neuer Vorname"
   .Dirty = False
End With
```

Nach meinem Empfinden führt so etwas leicht zu Verwirrungen: Welches Objekt habe ich denn gerade auf der Gabel?

9.7.5 Auflistungen (Collections)

Auflistungen habe ich bereits in Abschnitt 9.5.3, »Schleifen«, und an anderen Stellen erwähnt. Unter anderem gibt Access darüber den internen Aufbau einer Datenbank preis, beispielsweise über die Auflistung Forms, die alle geöffneten Formulare enthält. Nachdem wir Klassenmodule und Objektvariablen besser kennengelernt haben, werde ich das Thema »Auflistungen« in diesem Abschnitt noch einmal systematisch durchgehen. Außerdem werde ich Ihnen zeigen, wie Sie mit der Klasse Collection Ihre eigene Auflistung programmieren können.

Objekte aus einer Auflistung abrufen

Jede Auflistung unterstützt die beiden Eigenschaften Count und Item:

- Count: Anzahl der Elemente in der Auflistung
- Item: ein Element aus der Auflistung abrufen

Ein Objekt können Sie aus der Auflistung entweder über den *Index* (gezählt ab 0) oder per Namen abrufen:

```
Set frm = Forms.Item(0)
Set frm = Forms.Item("frmMitarbeiter")
```

»Item« ist das Standardelement einer Auflistung

Im Objektkatalog finden Sie bei einigen Klassenmodulen ein *Standardelement*. Es wird durch einen türkisfarbenen Kreis gekennzeichnet (Abbildung 9.36). Bei allen Auflistungen lautet das Standardelement `Item`. Wenn Sie beim Zugriff auf das Objekt (hier: die Auflistung) nichts anderes angeben, ergänzt VBA automatisch das Standardelement. Ausführlich formuliert sieht der Zugriff auf ein Formularobjekt so aus:

```
Set frm = Forms.Item(0)
Set frm = Forms.Item("frmMitarbeiter")
```

Da `Item` das Standardelement ist, können Sie es weglassen:

```
Set frm = Forms(0)
Set frm = Forms("frmMitarbeiter")
```

VBA ergänzt in diesen beiden Fällen `.Item` automatisch. Letztendlich ist die Kurzschreibweise mit dem Ausrufezeichen gleichbedeutend mit `.Item("<Name>")`:

```
Set frm = Forms!frmMitarbeiter
```

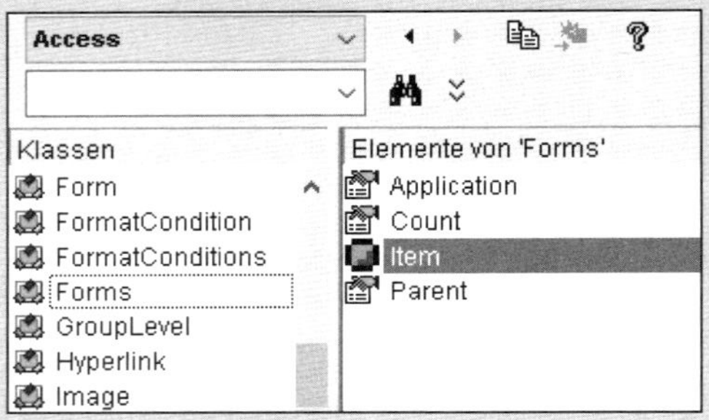

Abbildung 9.36 Einige Klassen haben ein Standardelement, das im Objektkatalog durch einen türkisfarbenen Kreis markiert wird.

Wichtige Auflistungen

In Tabelle 9.9 hatte ich bereits die wichtigsten Auflistungen von Access zusammengestellt. `Forms`, die Auflistung aller geöffneten Formulare, kennen Sie ja bereits. Über `AllForms` können Sie ermitteln, welche Formulare es in der Datenbank gibt und ob ein bestimmtes Formular geöffnet ist.

```
Public Sub FormularPruefen()
   With Application.CurrentProject.AllForms!frmMitarbeiter
      'Ist das Formular geoeffnet?
      If Not .IsLoaded Then
         DoCmd.OpenForm "frmMitarbeiter"
      End If
      'Ist es auch in der Formularansicht geoeffnet?
      If .CurrentView = acCurViewFormBrowse Then
[...]
```

```
    End If
  End With
End Sub
```

Listing 9.78 Mit einem Objekt der Klasse »AccessObject« können Sie beispielsweise prüfen, ob ein Formular geladen ist und in welcher Ansicht es geöffnet ist.

Viele der Access-Auflistungen – unter anderem `Forms`, `Reports` und `Modules` – sind Eigenschaften des Klassenmoduls `Application`. Es gibt immer nur ein `Application`-Objekt, nämlich die Access-Anwendung. Aus diesem Grund können Sie die Bezeichnung `Application` wie eine Objektvariable verwenden oder ganz weglassen, so wie ich es in den Beispielen bisher getan habe.


```
Set frm = Application.Forms.Item("frmMitarbeiter")
```

Anders sieht es bei `AllForms` usw. aus, die eine Eigenschaft von `Application.CurrentProject` oder `Application.CurrentData` sind. Um diese Auflistungen zu erreichen, müssen Sie `CurrentProject` bzw. `CurrentData` explizit nennen:

```
Debug.Print Application.CurrentData.AllTables.Count
19
Debug.Print Application.CurrentProject.AllForms.Count
1
```

`Controls` ist eine Auflistung, die in `Form`- und `Report`-Objekten zu finden ist. Über diese Auflistung können Sie alle Steuerelemente im jeweiligen Formular oder Bericht abrufen.

```
Set ctl = frm.Controls.Item("txtNachname")
```

Da `Controls` das Standardelement der Klasse `Form` (und `Report`) ist und `Item` wiederum Standardelement von `Controls` ist, lässt sich einiges an Schreibarbeit ersparen:

```
Set ctl = frm("txtNachname")
Set ctl = frm!txtNachname
```

Sehr aufschlussreich ist die Auflistung `Properties`, die unter anderem in jedem `Form`-, `Report`- und `Control`-Objekt enthalten ist. Damit erhalten Sie Zugriff auf die Formular- oder Berichtseigenschaften beziehungsweise auf alle Eigenschaften eines Steuerelements.

```
Public Sub AnzahlEigenschaften()
  Dim frm As Form
  Dim ctl As Control
  DoCmd.OpenForm "frmMitarbeiter"
  Set frm = Forms!frmMitarbeiter
  Set ctl = frm!txtNachname
  Debug.Print frm.Properties.Count
  Debug.Print frm.Properties(0).Name
```

```
   Debug.Print frm.Properties(0).Value
   Debug.Print ctl.Properties.Count
   Debug.Print ctl.Properties(0).Name
   Debug.Print ctl.Properties(0).Value
   Set ctl = Nothing
   Set frm = Nothing
End Sub
```

Listing 9.79 In der Auflistung »Properties« finden sich alle Eigenschaften eines Formulars, Berichts oder Steuerelements wieder.

Das kleine Testprogramm in Listing 9.79 zeigt uns als Ausgabe im Direktbereich, wie viele Eigenschaften ein Formular und ein Textfeld hat:

```
 252
RecordSource
tblMitarbeiter
 150
EventProcPrefix
txtNachname
```

Benutzerdefinierte Auflistungen

Neben den fertigen Auflistungen von Access steht Ihnen die Klasse `Collection` für Ihre eigenen Auflistungen zur Verfügung. Neben den Eigenschaften `Count` und `Item` unterstützt `Collection` zwei weitere Prozeduren:

- `Add`: Element zur Auflistung hinzufügen
- `Remove`: Element aus der Auflistung entfernen

In der Beispieldatenbank habe ich das Modul *basBenutzerdefAuflistung* erstellt, in dem sich alles um die Klasse `Collection` dreht. Fangen wir mit einer Auflistung von String-Variablen an (Listing 9.80).

```
'Eine Auflistung mit den Nachnamen aller Mitarbeiter
Public Sub AuflistungVonStrings()
   Dim colAlleMitarbeiter As Collection
   Dim varName As Variant

   'Eine leere Auflistung erstellen
   Set colAlleMitarbeiter = New Collection

   'Die Nachnamen eintragen
   With colAlleMitarbeiter
      .Add "Guntermann"
```

```
12          .Add "Hachmann"
13          .Add "Leuschner"
14          .Add "Rathke"
15          .Add "Schreiber"
16          .Add "Schulz"
17          .Add "Semrau"
18          .Add "Wagner"
19          .Add "Wilke"
20          .Add "Zimmermann"
21          Debug.Print "Anzahl der Namen: " & .Count
22
23          .Remove 1 'Fr. Guntermann entfernen
24          .Remove 2 'Fr. Leuschner entfernen
25          .Remove 8 'Hr. Zimmermann entfernen
26          Debug.Print "Anzahl der Namen nach dem Entfernen: " & .Count
27       End With
28
29       'Durch die Auflistung iterieren
30       For Each varName In colAlleMitarbeiter
31          Debug.Print varName
32       Next
33
34       Set colAlleMitarbeiter = Nothing
35    End Sub
```

Listing 9.80 In diesem Beispiel füge ich String-Variablen zu einer Auflistung hinzu.

Gerne wird vergessen, die Klasse `Collection` vor der Verwendung zu instanziieren (Zeile 07), was zu einem Laufzeitfehler führt. Nach der Instanziierung kann ich mit `Add` neue Elemente zur Auflistung hinzufügen (Zeilen 11 bis 20), die Anzahl der Elemente mit `Count` prüfen (Zeile 21) und einzelne Elemente mit `Remove` wieder aus der Auslistung entfernen (Zeilen 23 bis 25).

»Remove« ist etwas gewöhnungsbedürftig

Beim Entfernen muss ich die Nummer des Elements angeben, das gelöscht werden soll. Dabei gibt es gleich zwei Falltüren. Erstens werden die Elemente beginnend mit 1 gezählt, nicht wie bei Arrays oder bei den Access-Auflistungen mit 0! Die Zeile

```
colAlleMitarbeiter.Remove 1
```

entfernt also wirklich das erste Element. Die zweite Falltür beim Entfernen ist, dass die nachfolgenden Elemente dadurch nach vorn rücken. Was vorher die Nummer 3 war, ist jetzt die Nummer 2 usw. Daher wird in Zeile 24 mit

```
colAlleMitarbeiter.Remove 2
```

tatsächlich das ursprünglich dritte Element gelöscht. Zählen Sie also mit, oder löschen Sie alternativ von hinten nach vorn:

```
colAlleMitarbeiter.Remove 10
colAlleMitarbeiter.Remove 3
colAlleMitarbeiter.Remove 1
```

Letztendlich könnte ich mit `Item` ein einzelnes Element aus der Auflistung abrufen.

```
Debug.Print colAlleMitarbeiter.Item(4)
```

Oder ich lasse wie in Listing 9.80 eine `For-Each`-Schleife durch alle Elemente der Auflistung iterieren. Wie üblich bei einer `For-Each`-Schleife muss ich dazu eine Variant-Variable einsetzen.

```
For Each varName In colAlleMitarbeiter
   Debug.Print varName
Next
```

Was mit String-Variablen geht, funktioniert genauso gut mit Objektvariablen (Prozedur `AuflistungVonObjekten()` in der Beispieldatenbank). In der `For-Each`-Schleife gebe ich dann aber eine Objektvariable an:

```
For Each objMitarbeiter In colAlleMitarbeiter
   Debug.Print objMitarbeiter.NameMitPersonalnummer
Next
```

Eine Auflistung von Objekten kann als Speicherort für die Objekte dienen. Sie müssen lediglich dafür sorgen, dass die Objektvariable für die Auflistung (`colAlleMitarbeiter`) beständig bleibt. Objekte in der Auflistung werden erst dann aus dem Speicher entfernt, wenn sie entweder per `Remove` oder zusammen mit der Auflistung gelöscht werden (Zeile 34).

Eindeutige Elemente in einer Auflistung: Key

Es gibt viele Gemeinsamkeiten zwischen der Klasse `Collection` und einem dynamischen Array. Beide bilden eine geordnete Liste von Variablen oder Objekten. `Collection` kann aber noch einen Tick mehr. Beim Hinzufügen eines Elements können Sie optional einen Schlüssel festlegen:

```
colMitarbeiter.Add objMitarbeiter, "PN#605"
```

Der zweite Parameter muss eine String-Variable sein und kennzeichnet das Element eindeutig. Falls der Schlüssel bereits vergeben ist, bricht VBA mit einem Laufzeitfehler ab. Mit Hilfe des Schlüssels können Sie Elemente aus der Auflistung abrufen und löschen:

```
Set objMitarbeiter = colMitarbeiter.Item("PN#605")
colMitarbeiter.Remove "PN#605"
```

> Hierzu finden Sie ein komplettes Beispiel in der Prozedur AuflistungVonObjektenMitKey().
>
> Einen Wermutstropfen gibt es trotzdem: VBA bietet keine Möglichkeit, alle Schlüssel einer Collection zu ermitteln. So kann ich beim Hinzufügen auch nicht vorher prüfen, ob der Schlüssel bereits vergeben ist, sondern muss den Laufzeitfehler abfangen.

Access- und DAO-Auflistungen bearbeiten

Add und Remove gibt es nur für die Klasse Collection. Access-Auflistungen werden hingegen über spezielle Funktionen bearbeitet. Beispielsweise erstellt CreateForm() ein neues Formular und fügt damit ein Formularobjekt in die Forms-Auflistung ein. Wieder anders sieht es bei den DAO-Auflistungen aus. Hier gibt es die Funktionen Append und Delete (Tabelle 9.17).

Klassenbibliothek	Element hinzufügen	Element entfernen
VBA (Collection)	Add(<Objekt>)	Remove(<Index>)
Access	▶ Application.CreateForm(...) ▶ Application.CreateReport(...) ▶ Application.CreateControl(...) ▶ Application.CreateReport-Control(...)	▶ DoCmd.DeleteObject(...) ▶ Application.Delete-Control(...) ▶ Application.Delete-ReportControl(...)
DAO	Append(<Objekt>)	Delete(<strName>)

Tabelle 9.17 In jeder Klassenbibliothek unterscheiden sich die Prozeduren zum Hinzufügen und Löschen von Elementen in einer Auflistung.

9.8 Fehlerbehandlung

Bei der Programmierung werden Ihnen zwei Arten von Fehlern begegnen:

- Fehler beim Kompilieren (u. a. *Syntaxfehler*)
- *Laufzeitfehler*

Auf die erste Art von Fehlern prüft VBA, wenn Sie in der Entwicklungsumgebung den Menüpunkt DEBUGGEN • KOMPILIEREN VON ... anwählen.

Laufzeitfehler können nicht vorab ausgeschlossen werden. Wie der Name schon sagt, tritt der Fehler erst dann auf, wenn das Programm bereits läuft. Ein typisches Beispiel ist die Division durch 0. Laufzeitfehler können nur in wenigen Fällen völlig ausgeschlossen werden; vielmehr muss unser Programm entsprechend gewappnet sein und mit einer Fehlerbehandlung auf die Laufzeitfehler reagieren.

9.8.1 Auf Laufzeitfehler reagieren

Leider ist die Fehlerbehandlung in VBA verglichen mit anderen Programmiersprachen recht rudimentär. Sie haben drei Auswahlmöglichkeiten:

1. **Fehlermeldung anzeigen lassen**
   So geht VBA standardmäßig vor. Mit der Meldung wird der Anwender nicht viel anfangen können. Aber immerhin sieht er, dass etwas nicht stimmt. Mit der Zeile
   ```
   On Error Goto 0
   ```
   können Sie zurück zum Standardverhalten wechseln, wenn vorher in einen der beiden anderen Modi umgeschaltet war.
2. **Augen zu und durch**
   Alle Laufzeitfehler ignorieren und einfach in der nächsten Codezeile weitermachen:
   ```
   On Error Resume Next
   ```
   Fehlermeldungen werden nicht mehr angezeigt. Ob dadurch die Qualität der Datenbank steigt, sei dahingestellt.
3. **Sprung zur Fehlerbehandlung**
   ```
   On Error Goto <Sprungmarke>
   ```
   Bei dieser Variante gibt es meist am Ende der Prozedur einige Codezeilen, die nur für die Reaktion auf einen Laufzeitfehler zuständig sind. Wie es geht, zeige ich Ihnen in Abschnitt 9.8.2, »Die Behandlung von Fehlern«.

Debug-Modus als entschärfte Variante von »Augen zu und durch«

Wenigstens als Entwickler sollten Sie sofort mitbekommen, wenn etwas nicht stimmt. Sie könnten eine globale Konstante `gcblnIsDebugMode` zur Hilfe nehmen, um die Datenbank zwischen Debug- und Anwendermodus umzuschalten. `On Error Resume Next` wird nur im Anwendermodus aktiviert.

```
If Not gcblnIsDebugMode Then
   On Error Resume Next
Next
```

Diese Fallunterscheidung könnten Sie sogar in einer Zeile schreiben. In der Datenbank *09_VBA\9.8.1_Laufzeitfehler.accdb*, die Sie in den Materialien zum Buch finden, habe ich dieses Vorgehen einmal realisiert.

Was mache ich nun, wenn Laufzeitfehler denkbar sind und das Programm trotzdem weiterlaufen muss? Nehmen wir der Einfachheit halber die Berechnung des Kehrwerts:

```
01 Public Sub KehrwertBerechnen()
02    Dim dblZahl As Double
03    Dim dblKehrwert As Double
04
05    dblZahl = InputBox("Bitte eine Zahl eingeben:")
06    dblKehrwert = 1 / dblZahl
07    MsgBox "1 / " & dblZahl & " = " & dblKehrwert, _
08           vbInformation + vbOKOnly
09 End Sub
```

Listing 9.81 In diesem kleinen Programm kann viel schiefgehen.

Im Programm von Listing 9.81 können an mindestens zwei Stellen Laufzeitfehler auftreten:

1. **Der Anwender gibt keine Zahl ein**
   `InputBox()` gibt eine Variable vom Typ String zurück. In Zeile 05 wird die `String`-Variable in eine `Double`-Variable konvertiert. Falls das nicht klappt, gibt es den Laufzeitfehler Nr. 13, TYPEN UNVERTRÄGLICH (englisch TYPE MISMATCH).
2. **Division durch 0**
   Falls der Anwender 0 eingegeben hat, läuft das Programm in Zeile 06 auf den Laufzeitfehler Nr. 11, DIVISION DURCH NULL (englisch DIVISION BY ZERO).

In VBA gibt das Objekt `ErrObject`, das Sie jederzeit über die Funktionen `Err()` erreichen können, wichtige Informationen zum letzten Fehler:

- `Err.Number`: Nummer des letzten Laufzeitfehlers. (`0` = kein Fehler)
- `Err.Description`: die Fehlerbezeichnung, wie sie auch in der Standardmeldung zu sehen ist
- `Err.Source`: Wo trat der Fehler auf?

Eine Übersicht aller VBA-Fehlernummern finden Sie in der MSDN Library unter *https://msdn.microsoft.com/en-us/library/aa264975.aspx*. Die wichtigsten habe ich in Tabelle 9.18 zusammengefasst.

Fehlernummer	Name des Fehlers	Beschreibung
5	Ungültiger Prozeduraufruf oder ungültiges Argument	Der Wertebereich für einen Parameter wurde überschritten. `Debug.Print Sin(1E+19)`

Tabelle 9.18 Eine Auswahl wichtiger VBA-Laufzeitfehler

Fehlernummer	Name des Fehlers	Beschreibung

6	Überlauf	Das Ergebnis einer Rechenoperation ist zu groß.
		`Debug.Print &H7FFF +1`
		Jede Zahl wird standardmäßig als `Integer` behandelt. Explizite Deklaration als `Long` oder Konvertierung in `Long` hilft hier weiter:
		`Debug.Print CLng(&H7FFF) + 1`
		`Debug.Print 32767& + 1`

7	Nicht genügend Speicher	Der Arbeitsspeicher ist nicht ausreichend. Tritt bei heutigen Rechnern eher durch sekundäre Effekte auf, beispielsweise weil Segmentbegrenzungen oder intern zugewiesene Grenzen des Arbeitsspeichers überschritten wurden.

9	Index außerhalb des gültigen Bereichs	Beim Zugriff auf ein Array liegt der Index außerhalb des gültigen Bereichs.
		`Dim alngZahlen(4) As Long`
		`alngZahlen(5) = 1234`

11	Division durch Null	Division durch 0 `Debug.Print 1/0`
13	Typen unverträglich	Der Datentyp passt nicht. `Debug.Print 5 * "xyz"`
14	Nicht genügend Zeichenfolgenspeicher	Eine Zeichenfolge ist zu groß für den Arbeitsspeicher, der Access zur Verfügung steht. `Debug.Print Space(&HFFFFFFFF)`
16	Ausdruck zu komplex	Bei Berechnungen mit Gleitkommazahlen dürfen maximal acht verschachtelte Ausdrücke vorkommen. `Debug.Print 1 * (1 * (1 * (1 * (1 * (1 * (1 * (1 * 1.0)))))))`
28	Nicht genügend Stapelspeicher	Der Stapelspeicher ist nicht ausreichend, weil entweder zu viele lokale Variablen genutzt werden oder weil Prozeduren zu stark verschachtelt aufgerufen wurden.

Tabelle 9.18 Eine Auswahl wichtiger VBA-Laufzeitfehler (Forts.)

Fehlernummer	Name des Fehlers	Beschreibung
52 – 76		diverse Fehler beim Umgang mit Dateien `Debug.Print Dir("B:\")`

91	Objektvariable oder `With`-Blockvariable nicht festgelegt	Eine Objektvariable, die auf `Nothing` zeigt, wurde verwendet.
		`Dim frm As Form`
		`'Vergessen: Set frm = …`
		`Debug.Print frm.Name`

93	Invalid pattern string	Fehler in einem Textmuster
		`Debug.Print "Hachmann" Like`
		`  "*[a-z" 'Eckige Klammer zu fehlt`

94	Unzulässige Verwendung von Null	unzulässige Verwendung von NULL `Debug.Print Sin(Null)`
438	Objekt unterstützt diese Eigenschaft oder Methode nicht	Funktion, Prozedur oder Eigenschaft ist in einem Objekt nicht vorhanden. `Debug.Print Err.Test()`
457	Dieser Schlüssel ist bereits einem Element dieser Auflistung zugeordnet	Ein Element mit dem Schlüssel ist in der Auflistung bereits vorhanden.

Tabelle 9.18 Eine Auswahl wichtiger VBA-Laufzeitfehler (Forts.)

Um das `ErrObject` selbst auswerten zu können, muss ich die Anzeige von Fehlern mit `On Error Resume Next` ausschalten:

```
Public Sub KehrwertBerechnenAufFehlerReagieren()
   'Bewusst eingesetzt, denn Fehler werden geprueft
   On Error Resume Next

   Dim dblZahl As Double
   Dim dblKehrwert As Double

   'Eingabe des Benutzers
   dblZahl = InputBox("Bitte eine Zahl eingeben:")
   If Err.Number = 13 Then
```

```
    'Type mismatch abfangen
    MsgBox "Keine Zahl eingegeben!", _
         vbExclamation + vbOKOnly
    Exit Sub
  End If

  'Berechnung durchfuehren
  dblKehrwert = 1 / dblZahl
  If Err.Number = 11 Then
    'Division by zero abfangen
    MsgBox "Division durch 0 ist nicht erlaubt!", _
         vbExclamation + vbOKOnly
    Exit Sub
  End If

  'Ergebnis ausgeben
  MsgBox "1 / " & dblZahl & " = " & dblKehrwert, _
       vbInformation + vbOKOnly
End Sub
```

Listing 9.82 Die Strategie »trial and error«

Zwei unterschiedliche Strategien

Wenn ich einen bestimmten Laufzeitfehler erwarte, kann ich ihn abfangen oder vermeiden. Listing 9.82 zeigt die Strategie, die Fehler abzufangen (*trial and error*). Eine andere Strategie ist es, die Eingaben vorher zu prüfen und Fehler zu vermeiden (Listing 9.83). Trotzdem gibt es Laufzeitfehler, bei denen diese zweite Strategie nicht anwendbar ist. Beispielsweise kann beim Zugriff auf die Datenbank per DAO immer etwas schiefgehen.

```
Public Sub KehrwertBerechnenFehlerVermeiden()
[...]
  'Pruefen, ob die Zahl 0 eingegeben wurde, und Division by zero
  '  somit vermeiden
  If dblZahl = 0 Then
    MsgBox "Division durch 0 ist nicht erlaubt!", _
         vbExclamation + vbOKOnly
    Exit Sub
  End If
  'Berechnung durchfuehren
  dblKehrwert = 1 / dblZahl

```

```
    'Ergebnis ausgeben
    MsgBox "1 / " & dblZahl & " = " & dblKehrwert, _
            vbInformation + vbOKOnly
End Sub
```

Listing 9.83 Die zweite Strategie, bei der Fehler vor dem Auftreten abgefangen werden, ist unter anderem bei Datei- oder Datenbankoperationen nicht realisierbar.

Mit der Funktion `Err.Clear` lässt sich das `ErrObject` zurücksetzen, `Err.Number` ist danach `0`. Jede `On Error ...`-Anweisung setzt das `ErrObject` automatisch zurück.

9.8.2 Die Behandlung von Fehlern

Laufzeitfehler können Sie wie in Listing 9.82 direkt im Ablauf prüfen, indem Sie `On Error Resume Next` verwenden; längere Programme werden dadurch aber leicht unübersichtlich. Besser ist es, wenn es für die Fehlerbehandlung einen separaten Block gibt. Üblicherweise steht die Routine zur Fehlerbehandlung am Ende einer Prozedur oder Funktion. Mittels einer Sprungmarke springt das Programm dorthin, sobald ein Laufzeitfehler auftritt.

```
01 Public Sub <Prozedur>()
02    On Error GoTo ErrHandler
03
04    'Hier steht das eigentliche Programm
05
06 ExitProc:
07    'Falls notwendig aufraeumen
08    Set obj = Nothing
09    Exit Sub
10
11 ErrHandler:
12    'Hier steht die Fehlerbehandlung
13
14    GoTo ExitProc
15 End Sub
```

Listing 9.84 Für die Fehlerbehandlung in einer Prozedur oder Funktion gibt es eine eigene Sprungmarke.

Drei Elemente sind bei diesem Konstrukt besonders wichtig:

1. `On Error GoTo <Sprungmarke>`
2. Die Sprungmarke in Zeile 11. Hierhin springt das Programm, sobald ein Laufzeitfehler auftritt.

3. `Exit Sub` in Zeile 09. Ohne diesen Befehl würde das reguläre Programm am Ende ungewollt in die Fehlerbehandlung laufen.

Innerhalb der Fehlerbehandlung werte ich üblicherweise den Fehler aus und lasse das Programm je nach Schweregrad reagieren – entweder die fehlerhafte Zeile noch einmal ausführen (`Resume`), das Programm in der nächsten Zeile fortsetzen (`Resume Next`) oder die Prozedur verlassen (`GoTo ExitProc`). In den Materialien zum Buch in der Datenbank *09_VBA\9.8.2_Fehlerbehandlung.accdb* finden Sie Beispiele für eine Umsetzung mit Fehlerbehandlung.

Laufzeitfehler innerhalb der Fehlerbehandlung

Falls innerhalb einer Fehlerbehandlung ein weiterer Laufzeitfehler auftritt, wird nicht erneut zu `ErrHandler:` gesprungen. Vielmehr springt VBA zur Fehlerbehandlung der aufrufenden Prozedur oder zeigt die Fehlermeldung an, falls es keine aufrufende Prozedur gibt.

9.8.3 Eigene Laufzeitfehler auslösen

VBA erlaubt Ihnen, Laufzeitfehler für eigene Zwecke auszulösen. Dazu können Sie sich der Prozedur `Err.Raise()` bedienen. Ich habe in der Syntax in Listing 9.85 bewusst die englischen Bezeichnungen belassen, denn VBA kopiert die drei Parameter in die gleichnamigen Eigenschaften des Fehlerobjekts.

```
Err.Raise <Number>, <Source>, <Description>
```

Listing 9.85 Die Syntax zum Auslösen eines Fehlers

Alle Fehlernummern bis 512 sind für VBA reserviert. Nummern darüber können Sie für eigene Zwecke verwenden. Microsoft empfiehlt, die Konstante `vbObjectError` mit einem Offset einzusetzen. Im Klassenmodul `clsAbteilung` der Datenbank *09_VBA\9.8.2_Fehlerbehandlung.accdb* habe ich hierzu zwei Beispiele abgelegt.

```
Err.Raise vbObjectError + 1000, _
          "clsAbteilung", _
          "Abteilung nicht gefunden."
```

Listing 9.86 Verwenden Sie für eigene Fehler die Konstante »vbObjectError« mit einem Offset.

9.8.4 Zentrale Fehlerbehandlung

Mein Gefühl sagt mir, dass es die Idee einer zentralen Fehlerbehandlung schon so lange gibt, wie es Access und VBA gibt. Leider ist mir in der Praxis bisher noch nie eine abgeschlossene Umsetzung begegnet (die immer wieder gehörte Antwort der Projektleiter lautet: »Das machen wir später einmal.«). Immerhin gibt es eine Vorstellung davon, wie die zentrale Fehlerbehandlung aussehen könnte:

- Für den gesamten VBA-Code einer Datenbank gibt es eine Routine zur Fehlerbehandlung.
- Da GoTo nur innerhalb einer Prozedur oder Funktion springen kann, steht dort überall ein minimaler Code:

```
Sub <Prozedurname>()
   On Error GoTo ErrHandler
[…]
ExitProc:
   'Falls notwendig aufraeumen
   Set obj = Nothing
   Exit Sub
ErrHandler:
   If ZentraleFehlerbehandlung() Then Resume Next
   GoTo ExitProc
End Sub
```

- In der Prozedur der zentralen Fehlerbehandlung wird der Fehler ausgewertet, protokolliert und je nach Schweregrad der Rückgabewert gesetzt.

Und genau der letzte Punkt lässt sich noch beliebig ausweiten und verfeinern. Eine minimale Umsetzung als Fehlerprotokoll in einer Textdatei habe ich in den Materialien zum Buch in der Datenbank *09_VBA\9.8.4_Zentrale_Fehlerbehandlung.accdb* hinterlegt.

Kapitel 10
Data-Access-Objects-(DAO-) Klassenbibliothek

Direkter Zugriff auf Tabellen und Abfragen gelingt in einem VBA-Programm mit der DAO-Klassenbibliothek. Über andere Klassenbibliotheken ist es beispielsweise möglich, Word oder Excel von Access aus zu starten und zu steuern.

Daten in der Datenbank kann ich wunderbar in einem gebundenen Formular per Programmierung verändern. Aber wie sieht es aus, wenn ich in einem Formular Daten in einer ganz anderen Tabelle abrufen oder verändern möchte? Hier hilft die Klassenbibliothek *Data Access Objects* – kurz *DAO* genannt – weiter.

DAO funktioniert komplett unabhängig von gebundenen Steuerelementen, Formularen oder Berichten. Ich kann damit jede Tabelle oder Abfrage im Programm öffnen, darin Datensätze lesen, hinzufügen und löschen oder Aktionsabfragen ausführen.

Hier ein paar Beispiele, mit denen ich Ihnen den Nutzen von DAO vermitteln möchte:

- Datensätze in einer anderen Tabelle automatisch ergänzen (als Alternative zu Datenmakros)
- einen bestimmten Datensatz in einem Formular suchen und dorthin springen
- importierte Daten aufbereiten und normalisieren (Abschnitt 4.5.3, »Workshop: Import einer Tabelle mit fehlenden Daten«)
- Daten in einem ungebundenen Formular anzeigen (Abschnitt 6.8.3, »Workshop: Platzreservierung«; hier werden die belegten Sitzplätze per DAO abgefragt und markiert)

Mit *Klassenbibliotheken* lässt sich der Sprach- und Funktionsumfang von VBA beliebig erweitern. Neben DAO werde ich Ihnen zum Abschluss dieses Kapitels weitere Klassenbibliotheken vorstellen, mit denen Sie beispielsweise Word und Excel von Access aus ansteuern können. Mit »Ansteuern« ist gemeint, dass mit einem VBA-Programm Word, Excel oder ein anderes Office-Programm gestartet wird. Das ist aber noch nicht alles, denn VBA behält eine Verbindung zum anderen Programm, über die sich Befehle senden lassen.

10.1 Daten abfragen: »Recordset«-Objekte

Eines der wichtigsten DAO-Werkzeuge ist das *Recordset-Objekt*. Am besten lässt es sich als eine virtuelle Version der Datenblattansicht beschreiben, und entsprechend können Sie damit diese Aufgaben erledigen:

- von einem Datensatz zum nächsten gehen
- Feldinhalte lesen
- Daten suchen
- bestehende Datensätze ändern
- neue Datensätze hinzufügen
- Datensätze löschen

In den folgenden Abschnitten werde ich Ihnen zeigen, wie die VBA-Befehle für die einzelnen Aufgaben aussehen.

Wir werden mit einer Reihe verschiedener DAO-Klassen in Berührung kommen. Als Ergänzung habe ich die gängigen LNC-Präfixe für DAO-Objektvariablen in Tabelle 10.1 zusammengestellt.

Objekt der DAO-Klasse	LNC-Präfix
`Database`	`dbs`
`Field`	`fld`
`Parameter`	`prm`
`Property`	`prp`
`QueryDef`	`qdf`
`Recordset`	`rst`
`TableDef`	`tdf`
`Workspace`	`wrk`

Tabelle 10.1 Präfixe für DAO-Objekte nach der Leszynski Naming Convention (LNC)

10.1.1 Lesend auf eine Tabelle zugreifen

Sehen wir uns zunächst an, wie eine Tabelle oder Abfrage in DAO geöffnet wird. Dazu sind zwei Schritte notwendig:

1. das DAO *Database-Objekt* holen
2. mit der Funktion `OpenRecordset()` ein neues `Recordset`-Objekt öffnen

Praktischerweise stellt Access die aktuelle Datenbank über die Funktion CurrentDb() bereit:

```
Dim dbsCurrentDB As DAO.Database
Set dbsCurrentDB = CurrentDb()
```

Listing 10.1 »CurrentDb()« stellt das DAO-Database-Objekt der aktuellen Datenbank bereit.

»DBEngine« und die aktuelle Datenbank

Anstelle von CurrentDb() wird Ihnen möglicherweise die Schreibweise DBEngine(0)(0) begegnen, die ich kurz erläutern möchte. Oberste Ebene der DAO-Hierarchie ist die Jet-Datenbank-Engine, von der es nur ein Objekt gibt, das über DBEngine bzw. DAO.DBEngine abrufbar ist. Workspaces heißt die Standardauflistung des DBEngine-Objekts, und Databases ist wiederum die Standardauflistung eines Workspace-Objekts. Damit ist die Kurzschreibweise DBEngine(0)(0) gleichbedeutend mit

```
DAO.DBEngine.Workspaces(0).Databases(0)
```

Workspace-Objekte sind Arbeitsbereiche von DAO, in denen Datenbanken geöffnet werden können. In DAO-Auflistungen werden die Elemente beginnend mit 0 gezählt. Das erste Database-Objekt des ersten Workspace-Objekts entspricht immer der aktuell geöffneten Access-Datenbank.

Mit Hilfe der Funktion OpenDatabase können Sie in DAO weitere *.accdb*- oder *.mdb*-Dateien öffnen. Diese sind aber nur in DAO erreichbar und folglich auch nicht im Navigationsbereich von Access zu sehen. Ein Beispiel dazu finden Sie im Kasten »Shift-Taste beim Starten ignorieren« in Abschnitt 8.3.2, »›AutoExec‹ startet beim Öffnen der Datenbank«.

Ein »Recordset«-Objekt öffnen

Mit dem Database-Objekt in der Hand können wir uns nun dem zweiten Schritt zuwenden und das Recordset-Objekt mit OpenRecordset() öffnen. Der erste Parameter gibt dabei die *Datensatzquelle* an, die entweder der Name einer Tabelle, der Name einer Abfrage oder ein SQL-Befehl sein kann.

```
Dim rstMitarbeiter As DAO.Recordset
Set rstMitarbeiter = dbsCurrentDB.OpenRecordset("tblMitarbeiter", _
                                                dbOpenSnapshot, _
                                                dbReadOnly)
```

Listing 10.2 Das »Database«-Objekt wird im zweiten Schritt benötigt, um das begehrte »Recordset«-Objekt zu öffnen.

Wie Sie Listing 10.2 entnehmen können, kennt die Funktion OpenRecordset() weitere Parameter. Die vollständige Syntax ist:

```
<Datenbank-Objekt>.OpenRecordset(<Datensatzquelle>, <Recordset-Type>, <Recordset-
Optionen>, <Typ der Sperrung>)
```

Listing 10.3 Die Syntax der DAO-Funktion »OpenRecordset()«

Nicht alle Recordset-Typen und -Optionen werden beim Arbeiten mit DAO in Access benötigt. DAO ist eine Klassenbibliothek für den Datenzugriff auf unterschiedliche Datenbanksysteme. Einige der Optionen sind beim Verbinden mit Server-Datenbanken relevant, weshalb ich sie in diesem Buch ausspare. Eine vollständige Übersicht aller Optionen finden Sie unter *https://msdn.microsoft.com/de-de/library/office/ff820966.aspx*. Für den Umgang mit Access-Datenbanken habe ich die wichtigsten Informationen in den folgenden beiden Tabellen zusammengefasst.

Recordset-Typ	Beschreibung
dbOpenDynaset	Dynaset-Typ (lesen und schreiben)
dbOpenSnapshot	Snapshot-Typ (nur lesen)

Tabelle 10.2 Über den Recordset-Typ legen Sie fest, ob Daten nur gelesen oder auch geschrieben werden sollen.

Recordset-Option	Beschreibung
dbAppendOnly	nur Hinzufügen neuer Datensätze
dbForwardOnly	Bewegung nur in eine Richtung (MoveNext)
dbReadOnly	nur lesen; in Kombination mit dem Recordset-Typ dbOpenSnapshot angeben

Tabelle 10.3 Mit diesen Optionen lässt sich das Arbeiten mit dem »Recordset«-Objekt optimieren.

Datensätze lesen

In diesem Abschnitt werden wir in DAO zunächst nur lesend auf Daten zugreifen. Der Befehl in Listing 10.2 öffnet die Tabelle *tblMitarbeiter* für den Lesezugriff. In der Tabelle befinden sich zehn Datensätze. Das gerade frisch geöffnete Recordset-Objekt steht auf dem ersten Datensatz, und wir können die Feldinhalte auslesen:

```
Debug.Print rstMitarbeiter!Nachname
Debug.Print rstMitarbeiter!Vorname
Debug.Print IsNull(rstMitarbeiter!Geburtsdatum)
Debug.Print rstMitarbeiter!Geburtsdatum
```

Listing 10.4 So können Sie auf die Feldinhalte des aktuellen Datensatzes zugreifen.

Zu einem anderen Datensatz bewegen

Haben Sie im aktuellen Datensatz genug gelesen? Mit den `Move`-Befehlen bewegen Sie das `Recordset`-Objekt auf einen anderen Datensatz:

- zum ersten Datensatz: `MoveFirst`
- zum letzten Datensatz: `MoveLast`
- zum nächsten Datensatz: `MoveNext`
- zum vorherigen Datensatz: `MovePrevious`

Dabei können Sie mit Hilfe der Eigenschaft `EOF` (= *end of file*) prüfen, ob Sie schon über den letzten Datensatz hinausgeschossen sind. Entsprechend gibt es die Eigenschaft `BOF` (= *beginning of file*), die `True` zurückgibt, sobald Sie mit `MovePrevious` vor den ersten Datensatz wandern.

Alle Datensätze lesen

In der Datenbank *10_DAO\10.1.1_DAO_lesen.accdb* finden Sie zwei Beispiele für den lesenden Zugriff per DAO. Das erste Beispiel in der Prozedur `MitarbeiterLesen()` nutzt `MoveNext` und `MovePrevious` zur Bewegung zwischen den Datensätzen. In vielen Fällen müssen alle Datensätze ausgewertet werden. Dafür eignet sich eine `Do-Loop`-Schleife, die mit `MoveNext` durch alle Datensätze iteriert. Listing 10.5 zeigt den vollständigen VBA-Code für dieses Beispiel, wobei ich die Schleife fett hervorgehoben habe.

```
'Die Mitarbeiter-Tabelle per DAO oeffnen und nacheinander alle Mitarbeiter
'  ausgeben.
Public Sub AlleMitarbeiter()
   Dim dbsCurrentDB As DAO.Database
   Dim rstMitarbeiter As DAO.Recordset

   'Verweis auf die aktuelle Access-Datenbank
   Set dbsCurrentDB = CurrentDb()
   'Recordset-Objekt oeffnen: Tabelle, nur zum Lesen, nur vorwaerts
   '  iterieren
   Set rstMitarbeiter = _
      dbsCurrentDB.OpenRecordset("tblMitarbeiter", _
                                 dbOpenSnapshot, _
                                 dbReadOnly + dbForwardOnly)
   'Ueber alle Datensaetze iterieren
   Do Until rstMitarbeiter.EOF
      'Felder aus dem aktuellen Datensatz ausgeben
      Debug.Print rstMitarbeiter!MitarbeiterID
      Debug.Print rstMitarbeiter!Nachname
      Debug.Print rstMitarbeiter!Vorname
      Debug.Print
```

```

      'Zum naechsten Datensatz gehen
      rstMitarbeiter.MoveNext
   Loop

   'DAO-Objekte schliessen
   rstMitarbeiter.Close
   dbsCurrentDB.Close

ExitProc:
   'Aufraeumen
   Set rstMitarbeiter = Nothing
   Set dbsCurrentDB = Nothing
End Sub
```

Listing 10.5 Öffnen einer Tabelle per DAO und Ausgabe aller Datensätze

> **Datensätze richtig zählen**
> Falls Sie einmal die Position eines Datensatzes und die Anzahl der Datensätze benötigen, können Sie sich der Eigenschaften `AbsolutePosition` (gezählt ab 0) und `RecordCount` bedienen. `RecordCount` enthält die Anzahl der Datensätze, die bisher abgerufen wurden. Gehen Sie daher unbedingt erst mit `MoveLast` zum letzten Datensatz, um die Gesamtzahl an Datensätzen zu ermitteln. In der Beispieldatenbank finden Sie zu diesem Thema die Prozedur `MitarbeiterZaehlen()`.

DAO-Objekte schließen

Sobald Sie ein DAO-Objekt nicht mehr benötigen, sollten Sie es mit `Close` schließen.

```
rstMitarbeiter.Close
dbsCurrentDb.Close
Set rstMitarbeiter = Nothing
Set dbsCurrentDB = Nothing
```

Listing 10.6 Mit »Close« werden die DAO-Objekte geschlossen und Ressourcen freigegeben.

Es ist guter Stil, die Objektvariablen vor dem Verlassen der Prozedur auf `Nothing` zu setzen. So stellen Sie sicher, dass wirklich alle DAO-Zugriffe beendet werden.

10.1.2 Einen Datensatz suchen

Zum Suchen bietet `Recordset` vier Prozeduren, die als Parameter eine SQL-WHERE-Klausel erwarten:

- zum ersten Treffer gehen: `FindFirst`
- zum letzten Treffer gehen: `FindLast`
- zum nächsten Treffer gehen: `FindNext`
- zum vorherigen Treffer gehen: `FindPrevious`

Über die Eigenschaft `NoMatch` können Sie nach der Suche prüfen, ob es einen Treffer gab. Falls die Suche erfolglos war, ist `NoMatch` wahr, und das `Recordset`-Objekt befindet sich unverändert auf dem Datensatz vor Beginn der Suche. Zwei Beispiele zum Suchen finden Sie in der Datenbank *10_DAO\10.1.2_DAO_suchen.accdb*. Zum einen ist das die Suche nach einem bestimmten Namen:

```
MitarbeiterSuchen "Hachmann"
```

Des Weiteren habe ich einen Textmustervergleich mit einer `Do-Loop`-Schleife über alle Treffer programmiert:

```
MitarbeiterTextmustervergleich "S*"
```


Mit der »Bookmark«-Eigenschaft zu einem Datensatz zurückkehren

Nutzen Sie die Eigenschaft `Bookmark` des `Recordset`-Objekts, um einen bestimmten Datensatz zu markieren und ihn später wiederzufinden.

1. `Bookmark` einer Variant-Variablen zuweisen
2. mit einem der `Move`- oder `Find`-Befehle zu einem anderen Datensatz gehen
3. zurückkehren, indem Sie den gespeicherten Variant-Wert der Eigenschaft `Bookmark` zuweisen

In der Beispieldatenbank finden Sie diese Schritte in der Prozedur `MitarbeiterSuchenUndSpringen()` wieder.

Bitte beachten Sie, dass `Bookmark`-Werte nicht zwischen verschiedenen `Recordset`-Objekten ausgetauscht werden dürfen, selbst dann nicht, wenn bei `OpenRecordset` die gleiche Datensatzquelle und die gleichen Optionen angegeben wurden. Die einzige Ausnahme ist die Funktion `Clone()`, die eine Kopie des `Recordset`-Objekts mit kompatiblen `Bookmark`-Werten erzeugt.

DAO-Suche in einem Formular

In jedem gebundenen Formular können Sie über die Eigenschaft `RecordsetClone` auf das DAO-`Recordset`-Objekt der Datensatzquelle zugreifen. Insbesondere können Sie dort einen Datensatz suchen und über die Eigenschaft `Bookmark` das Formular zum Treffer springen lassen. Wie das Formular *frmMitarbeiter* in der Beispieldatenbank zeigt, sind dafür nur wenige Zeilen VBA-Code notwendig:

```
With Me.RecordsetClone
   'Im RecordsetClone-Objekt suchen
   .FindFirst "Nachname = 'Rathke'"
   'Formular zum gefundenen Datensatz bewegen
   Me.Bookmark = .Bookmark
End With
```

10.1.3 Domänenfunktionen – Datenabfrage in einer Zeile

Domänenfunktionen sind nicht Bestandteil der DAO-Klassenbibliothek, sondern gehören zur Klassenbibliothek `Access`. Aber thematisch passen sie ganz gut an diese Stelle: Mit einer Domänenfunktion können Sie nämlich Daten in einer Befehlszeile abrufen, wofür bei einem DAO-Zugriff ansonsten mehrere VBA-Zeilen benötigt würden.

Die Domänenfunktion `DLookup()` ermittelt den Inhalt eines Feldes, beispielsweise das Geburtsdatum eines Mitarbeiters. Den folgenden Befehl können Sie im Direktbereich (Strg + G) eintippen:

```
Debug.Print DLookup("Geburtsdatum", "tblMitarbeiter", "Nachname = 'Rathke'")
04.09.1993
```

Von der Syntax her sind alle Domänenfunktionen gleich aufgebaut:

```
DLookup(<Feldname oder Ausdruck>, <Datensatzquelle>, <Filter>)
```

Listing 10.7 Syntax einer Domänenfunktion am Beispiel von »DLookup()«

Die einzelnen Parameter lassen sich schnell erklären, wenn wir uns die SQL-Anweisung zum Ermitteln der Daten vor Augen halten. Wie Sie Listing 10.8 entnehmen können, entsprechen die Parameter den SQL-Klauseln:

```
SELECT <Feldname oder Ausdruck> FROM <Datensatzquelle> WHERE <Filter>
```

Listing 10.8 In einer SQL-Anweisung finden sich die Parameter einer Domänenfunktion wieder.

Neben `DLookup()` gibt es elf weitere Domänenfunktionen, die ich in Tabelle 10.4 zusammengefasst habe.

Domänenfunktion	englische Bezeichnung	Beschreibung
`DomWert()`	`DLookup()`	Wert aus dem ersten Datensatz
`DomErsterWert()`	`DFirst()`	Wert aus dem ersten Datensatz

Tabelle 10.4 Access kennt insgesamt 12 Domänenfunktionen, über die Sie schnell an Feldinhalte oder Statistiken aus den Tabellen gelangen.

Domänenfunktion	englische Bezeichnung	Beschreibung
`DomLetzterWert()`	`DLast()`	Wert aus dem letzten Datensatz
`DomMin()`	`DMin()`	kleinster Wert
`DomMax()`	`DMax()`	größter Wert
`DomAnzahl()`	`DCount()`	Anzahl der Datensätze
`DomSumme()`	`DSum()`	Summe
`DomMittelwert()`	`DAvg()`	Mittelwert (arithmetisches Mittel)
`DomVarianz()`	`DVar()`	Stichprobenvarianz
`DomVarianzG()`	`DVarP()`	Varianz
`DomStdAbw()`	`DStDev()`	Stichprobenstandardabweichung
`DomStdAbwG()`	`DStDevP()`	Standardabweichung

Tabelle 10.4 Access kennt insgesamt 12 Domänenfunktionen, über die Sie schnell an Feldinhalte oder Statistiken aus den Tabellen gelangen. (Forts.)

Der Nutzen von `DFirst()` und `DLast()` ist ehrlich gesagt fraglich, da sich die Reihenfolge von Datensätzen in einer Tabelle bekanntlich jederzeit ändern kann. `DMin()` und `DMax()` sind besser geeignet, wenn Sie verlässliche Ergebnisse benötigen. Bei den Statistikfunktionen werden NULL-Werte im Übrigen ignoriert.

Wie jede andere Funktion können Sie eine Domänenfunktion in einer Formel oder als Steuerelementinhalt in einem Formular verwenden. Zu beachten ist lediglich, dass Access die Parameter durch ein Semikolon getrennt haben möchte. Einige Beispiele finden Sie im Formular *frmInfo*, das ich in der Datenbank *10_DAO\10.1.3_Domaenenfunktionen.accdb* abgelegt habe.

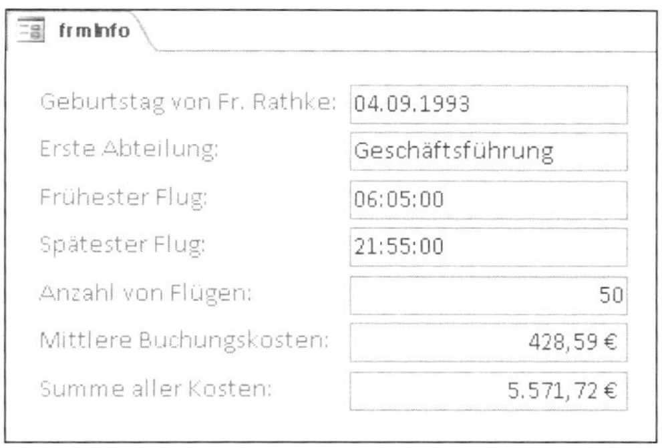

Abbildung 10.1 Im Steuerelementinhalt dieser Textfelder habe ich jeweils eine Domänenfunktion eingetragen.

10.1.4 Datensätze verändern

Kommen wir wieder zurück zu DAO und schauen uns an, wie Datensätze geändert, hinzugefügt und gelöscht werden. Auch hierfür wird wieder ein Recordset-Objekt benötigt, das allerdings vom Dynaset-Typ sein muss.

```
Dim dbsCurrentDB As DAO.Database
Dim rstMitarbeiter As DAO.Recordset
Set dbsCurrentDB = CurrentDb()
Set rstMitarbeiter = dbsCurrentDB.OpenRecordset("tblMitarbeiter", _
                                                  dbOpenDynaset)
```

Listing 10.9 Für den Schreibzugriff ist ein Recordset vom Dynaset-Typ notwendig.

Nach dem Öffnen des Recordset-Objekts können Sie wie gewohnt Feldinhalte lesen, zu einem anderen Datensatz wechseln oder Daten suchen. Zusätzlich unterstützt der Dynaset-Typ Schreiboperationen.

Einen bestehenden Datensatz verändern

Zum Ändern eines Datensatzes schalten Sie zunächst mit dem Befehl Edit in den Editiermodus um. Anschließend können Sie Feldinhalte zuweisen und schließlich mit dem Befehl Update den geänderten Datensatz abspeichern. Bitte vergessen Sie Edit und Update nicht, sonst gehen die Änderungen verloren!

```
With rstMitarbeiter
   .Edit
   !Nachname = "Neuer Nachname, 1. Datensatz"
   .Update
End With
```

Listing 10.10 Änderungen eines Datensatzes werden durch »Edit« eingeleitet und mit »Update« geschrieben.

Neue Datensätze hinzufügen

Das Hinzufügen eines neuen Datensatzes verläuft nach einem ähnlichen Schema, nur wird der Editiermodus mit AddNew eingeleitet. Auch hier den Update-Befehl bitte nicht vergessen!

```
With rstAbteilung
   .AddNew
   !AbteilungName = "Logistik"
   .Update
End With
```

Listing 10.11 Das Hinzufügen eines Datensatzes startet mit »AddNew« und endet mit »Update«.

Datensätze löschen

Zum Löschen eines Datensatzes reicht hingegen der Befehl `Delete` aus. Der Datensatz wird sofort gelöscht, und ein `Update` ist nicht notwendig.

```
With rstAbteilung
   .FindFirst "AbteilungName = 'Logistik'"
   .Delete
End With
```

Listing 10.12 Ein Datensatz wird mit »Delete« sofort gelöscht.

Ich habe Ihnen die vollständigen Beispiele in der Datenbank *10_DAO\10.1.4_DAO_schreiben.accdb* hinterlegt. Falls Sie die entsprechende Tabelle in der Datenblattansicht geöffnet haben, werden Sie feststellen, dass die Änderungen durch DAO nicht sofort sichtbar werden. Wie ich eingangs erwähnt habe, greift DAO direkt auf die Datenbank zu, und Access bekommt von den Änderungen erst einmal gar nichts mit. Sie können die Änderungen jedoch sichtbar machen, indem Sie in der Datenblattansicht alle Datensätze aktualisieren (START • DATENSÄTZE • AKTUALISIEREN oder [F5] drücken).

Weitere DAO-Beispiele

In vielen Workshops finden Sie weitere Beispiele zur DAO-Programmierung. Zum Lesen und Schreiben von Datensätzen per DAO werden Sie unter anderem in Abschnitt 4.5.3, »Workshop: Import einer Tabelle mit fehlenden Daten«, fündig.

10.1.5 Abfragen erstellen und als Datensatzquelle nutzen

In diesem Abschnitt werde ich zeigen, wie Sie mit DAO eine neue Abfrage erstellen und speichern können. Eine Abfrage entspricht in DAO einem *QueryDef-Objekt*. Zum Starten benötige ich wieder das `Database`-Objekt, um im zweiten Schritt mit der Funktion `CreateQueryDef()` die neue Abfrage zu erstellen.

```
Dim dbsCurrentDB As DAO.Database
Set dbsCurrentDB = CurrentDb()
Dim qdfAbfrage As DAO.QueryDef
Set qdfAbfrage = dbsCurrentDB.CreateQueryDef
```

Listing 10.13 Mit Hilfe des »Database«-Objekts können Sie ein neues »QueryDef«-Objekt erzeugen.

In Kapitel 5, »SQL – die Programmiersprache für Datenbanken«, hatte ich gezeigt, dass hinter jeder Abfrage ein SQL-Befehl steht. Bei einer bestehenden Abfrage können Sie ihn einsehen, indem Sie sie in der SQL-Ansicht öffnen. In der Welt von DAO kommt der SQL-Befehl in die

Eigenschaft `SQL` des `QueryDef`-Objekts. Nun noch einen Namen setzen, und fertig ist die neue Abfrage (Listing 10.14)!

```
With qdfAbfrage
    .SQL = "SELECT tblAbteilung.AbteilungName," & vbCrLf _
         & "   tblMitarbeiter.Nachname," & vbCrLf _
         & "   tblMitarbeiter.Vorname" & vbCrLf _
         & "FROM tblAbteilung" & vbCrLf _
         & "INNER JOIN tblMitarbeiter" & vbCrLf _
         & "ON tblAbteilung.AbteilungID" _
         & " = tblMitarbeiter.AbteilungID" & vbCrLf
    .Name = "qryAbteilungMitMitarbeiter"
End With
```

Listing 10.14 Das »QueryDef«-Objekt enthält die Definition der Abfrage, nämlich den SQL-Befehl und den Namen.

Bisher existiert das `QueryDef`-Objekt nur im Arbeitsspeicher. Um es dauerhaft in der Datenbank als Abfrage zu speichern, wird es an die *QueryDefs-Auflistung* angehängt.

```
With dbsCurrentDB.QueryDefs
    .Append qdfAbfrage
    .Refresh
End With
```

Listing 10.15 Speichern Sie die Abfrage permanent, indem Sie das »QueryDef«-Objekt zur »QueryDefs«-Auflistung hinzufügen. DAO-Auflistungen erfordern außerdem ein »Refresh«.

In der Datenbank *10_DAO\10.1.5_DAO_QueryDef.accdb* finden Sie das vollständige VBA-Programm in der Prozedur `AbfrageErstellen()`. Nach dem Ausführen dieser Prozedur und Aktualisieren des Navigationsbereichs (Taste F5) sollte die neu erstellte Abfrage sichtbar sein.

Ein gespeichertes QueryDef-Objekt zu einem späteren Zeitpunkt öffnen

Aus der DAO-Auflistung `QueryDefs`, die im Datenbankobjekt zu finden ist, können Sie eine gespeicherte Abfrage jederzeit abrufen:

```
Set qdfAbfrage = dbsCurrentDb.QueryDefs!qryAbteilungMitMitarbeiter
```

Nach dem Erstellen möchte ich die neue Abfrage auch ausführen und das Ergebnis, also die erhaltenen Datensätze, auswerten. Datensätze sind in DAO gleichbedeutend mit dem `Recordset`-Objekt, das Sie bereits kennen. Es gibt zwei Möglichkeiten, mit `OpenRecordset` die Abfrage auszuführen:

- **Variante 1: dbsDatenbank.OpenRecordset(...)**
  Genauso wie eine Tabelle können Sie eine Auswahlabfrage öffnen. Das entsprechende VBA-Programm habe ich in der Beispieldatenbank als Prozedur `AbfrageAusfuehren1()` gespeichert. Die Ähnlichkeiten zu Abschnitt 10.1.1, »Lesend auf eine Tabelle zugreifen«, werden Sie sofort erkennen.
- **Variante 2: qdfAbfrage.OpenRecordset(...)**
  Die erste Variante kommt ohne `QueryDef`-Objekt aus. Wenn ich das `QueryDef`-Objekt aber schon einmal habe, kann ich es auch direkt nutzen, um die Abfrage auszuführen. Dieses zweite Beispiel finden Sie in der Prozedur `AbfrageAusfuehren2()`.

Jetzt stellt sich sofort die Frage, warum ich mir den Aufwand mit der `QueryDef`-Variante überhaupt machen sollte. Interessant wird sie bei Abfragen mit Parametern.

Parameter in Abfragen eignen sich zum Filtern

In der Datenbank *10_DAO\10.1.5_DAO_QueryDef.accdb* habe ich die Abfrage *qryFlugAbflugZeit* mit einem Parameter hinterlegt. Der Parameter »AbflugSpaeterAlsUhrzeit« wird für den Filter nach Abflugzeit genutzt.

Klar, ich hätte den Filter auch in einen SQL-Befehl eintragen können:

```
strSQL = "SELECT *" & vbCrLf _
       & "FROM tblFlug" & vbCrLf _
       & "WHERE AbflugZeit > #7:00:00 PM#" & vbCrLf
Set rstFluege = dbsCurrentDb.OpenReordset(strSQL, dbOpenSnapshot, dbReadOnly)
```

Dieser Ansatz funktioniert einwandfrei, solange ich die Zeitangabe SQL-konform formatiert angebe – was nicht ganz trivial ist. Noch kritischer wird es beim Filtern nach einem Text, der selbst einfache Anführungszeichen enthält. Um Datensätze mit dem Nachnamen »O'Connor« zu filtern, müsste ich beispielsweise das einfache Anführungszeichen verdoppeln:

```
WHERE Nachname = 'O''Connor'
```

Diese Maskierung von Sonderzeichen dürfen Sie nicht vergessen, wenn Sie den SQL-Befehl selbst zusammensetzen. Ohne eine solche Vorkehrung können Sie sogar eine Sicherheitslücke in Ihrer Datenbankanwendung bekommen, die durch sogenannte *SQL-Injection-Angriffe* ausgenutzt werden kann.

Mit Parametern sind Sie hingegen auf der sicheren Seite, denn DAO übernimmt bei dieser Strategie das Umformatieren und Maskieren.

Eine Abfrage mit Parametern lässt sich in DAO nur über das `QueryDef`-Objekt erfolgreich ausführen. Gehen Sie dazu wie folgt vor:

1. `QueryDef`-Objekt aus der Auflistung `QueryDefs` abrufen
2. die einzelnen Parameter über die Auflistung `Parameters` setzen
3. mit `OpenRecordset` das `Recordset`-Objekt öffnen

Die entsprechenden Codezeilen am Beispiel der Abfrage *qryFlugAbflugZeit* sehen dann wie folgt aus:

```
Set qdfFlugAbflugZeit = dbsCurrentDB.QueryDefs!qryFlugAbflugZeit
qdfFlugAbflugZeit.Parameters!AbflugSpaeterAlsUhrzeit = #7:00:00 PM#
Set rstFluege = qdfFlugAbflugZeit.OpenRecordset(dbOpenSnapshot, _
                                    dbReadOnly + dbForwardOnly)
```

Listing 10.16 Der VBA-Code zum Öffnen einer Abfrage mit Parametern

Das vollständige VBA-Programm habe ich in der Beispieldatenbank in der Prozedur `AbfrageMitParameternAusfuehren()` hinterlegt.

Eine temporäre Abfrage erstellen und Datensätze abrufen

Im zuletzt gezeigten Beispiel habe ich eine Abfrage mit Parametern genutzt, die in der Datenbank gespeichert war. Mit `CreateQueryDef()` können Sie außerdem eine *temporäre Abfrage* mit Parametern erstellen und sofort ausführen, ohne dass die Abfrage permanent in der Datenbank gespeichert wird. Dafür sind zwei Anpassungen entscheidend:

- beim Erstellen des `QueryDef`-Objekts als Name die leere Zeichenfolge angeben: `dbsCurrentDb.CreateQueryDef("")`
- das `QueryDef`-Objekt nicht der Auflistung `QueryDefs` hinzufügen

Das vollständige Beispiel einer temporären Abfrage mit Parametern finden Sie in der Prozedur `TempAbfrageAusfuehren()`.

10.2 Aktionsabfragen ausführen

Änderungen einzelner Datensätze können Sie wie in Abschnitt 10.1.4, »Datensätze verändern«, beschrieben mit einem `Recordset`-Objekt durchführen. Für umfangreichere Änderungen ist eine Aktionsabfrage viel schneller. Ein typisches Beispiel ist das Löschen aller Datensätze aus einer Tabelle mit einer Löschabfrage (`DELETE FROM <Tabellenname>`).

10.2.1 Bestehende Aktionsabfragen aufrufen

Im Gegensatz zu Auswahlabfragen geben Aktionsabfragen keine Datensätze zurück, und es gibt folglich kein `Recordset`-Objekt. Eine Aktionsabfrage wird mit der Prozedur `Execute()` ausgeführt. Dazu sind bis zu vier Schritte notwendig:

1. das DAO-Database-Objekt holen
2. `QueryDef`-Objekt`()` aus der Auflistung `QueryDefs` abrufen

3. falls zutreffend: Parameter über die Auflistung `Parameters` setzen
4. mit `Execute(dbFailOnError)` die Aktionsabfrage ausführen

Vergessen Sie bitte die Option `dbFailOnError` nicht, denn ohne bekommen Sie gar nicht mit, wenn es Probleme gibt. Zu den möglichen Fehlern zählen Verstöße gegen Feld- oder Tabelleneinschränkungen, beispielsweise wenn Datensätze wegen referentieller Integrität nicht gelöscht werden können (Abbildung 3.71).

In der Beispieldatenbank *10_DAO\10.2.1_DAO_execute_Aktionsabfrage.accdb* habe ich mehrere Aktionsabfragen hinterlegt. Listing 10.17 zeigt, wie über eine Anfügeabfrage mit Parameter eine neue Abteilung eingetragen wird.


```
01 'Aktionsabfrage mit einem Parameter per DAO ausfuehren
02 Public Sub AktionsabfrageMitParameter()
03    Dim dbsCurrentDB As DAO.Database
04    Dim qdfAbtErstellen As DAO.QueryDef
05    Dim rstFluege As DAO.Recordset
06
07    'Verweis auf die aktuelle Access-Datenbank
08    Set dbsCurrentDB = CurrentDb()
09
10    'Bestehende Abfrage oeffnen
11    Set qdfAbtErstellen = dbsCurrentDB.QueryDefs!qryAbtErstellen
12
13    With qdfAbtErstellen
14       'Parameter setzen
15       .Parameters!NeueAbteilung = "Controlling"
16
17       'Aktionsabfrage ausfuehren
18       .Execute dbFailOnError
19
20       .Close
21    End With
22    dbsCurrentDB.Close
23
24 ExitProc:
25    'Aufraeumen
26    Set qdfAbtErstellen = Nothing
27    Set dbsCurrentDB = Nothing
28 End Sub
```

Listing 10.17 Die Anfügeabfrage »qryAbtErstellen« wird aus der »QueryDefs«-Auflistung abgerufen, die neue Abteilung als Parameter gesetzt und in Zeile 18 ausgeführt.

Aktionsabfragen in DAO werden ohne Bestätigung ausgeführt

Bei aktivierter Access-Einstellung CLIENTEINSTELLUNGEN • BESTÄTIGEN • AKTIONSABFRAGEN zeigt Access eine Warnmeldung an, bevor eine Aktionsabfrage ausgeführt wird. Das gilt aber nur für Abfragen, die der Benutzer auf herkömmlichem Weg in Access ausführt. In DAO wird `Execute()` hingegen stets ohne Rückfrage ausgeführt.

In Listing 10.17 habe ich gezeigt, wie Sie eine bestehende Abfrage aus der Auflistung `QueryDefs` abrufen können. Analog wie in Abschnitt 10.1.5, »Abfragen erstellen und als Datensatzquelle nutzen«, beschrieben können Sie eine neue Aktionsabfrage über ein `QueryDef`-Objekt erstellen und entweder abspeichern oder temporär nutzen (Prozedur `FluegeLoeschen()` in der Beispieldatenbank). Ob das neue `QueryDef`-Objekt eine Auswahl- oder eine Aktionsabfrage wird, entscheidet nur der SQL-Befehl.

10.2.2 SQL-Code direkt ausführen

Schließlich gibt es für einzelne SQL-Befehle noch die Prozedur `Execute()` des `Database`-Objekts. Dies ist die praktische Variante, wenn Sie eben mal schnell einen SQL-Befehl auslösen möchten:

```
dbsDatabase.Execute "DELETE FROM tblFlugbuchung", dbFailOnError
```

Listing 10.18 Einen beliebigen SQL-Befehl ohne »QueryDef«-Objekt ausführen

Dieses und ein weiteres Beispiel finden Sie in der Datenbank *10_DAO\10.2.2_DAO_execute_SQL.accdb*. Wollten Sie schon immer einmal einen SQL-Befehl im Direktbereich ([Strg] + [G]) eingeben? Mit DAO ist das kein Problem:

```
CurrentDb().Execute "DELETE FROM tblFlugbuchung", dbFailOnError
```

10.3 Transaktionen

Aus verschiedenen Gründen kann ein Schreibvorgang in einer Datenbank fehlschlagen, beispielsweise beim Verstoß gegen eine Feld- oder Tabelleneinschränkung. Es spielt keine Rolle, ob die Änderung über ein `Recordset`-Objekt oder durch die Prozedur `Execute()` eingeleitet wurde. Jeder Fehler würde zum Abbruch der Operation führen, und der Datensatz bliebe unverändert.

Aber wie sieht es aus, wenn mehrere Änderungen in einem Rutsch zu schreiben sind, der Fehler jedoch erst beim zweiten `Update` oder `Execute` auftritt? Nehmen wir als Beispiel eine Flugbuchung mit Zwischenstopp. Frau Semrau möchte von Berlin über Frankfurt nach Wien fliegen und hat sich die beiden passenden Flüge herausgesucht. Jetzt möchte sie beide Flüge buchen, was ihr für den ersten Flug nach Frankfurt auch gelingt. Leider klappt die zweite Buchung für den Flug nach Wien nicht, weil der Flug just in diesem Moment gestrichen wurde. Frau Semrau ist nicht begeistert, denn sie hat nur das erste Ticket in der Hand und hängt jetzt in Frankfurt fest.

Dieses Beispiel zeigt uns, dass Operationen mit mehreren Änderungen besser nach dem *Alles-oder-nichts-Prinzip* durchgeführt werden sollten. Dafür startet man vor der ersten Änderung eine *Transaktion*. Erst wenn alle Schreibvorgänge erfolgreich waren, werden die Änderungen endgültig (Bestätigen der Transaktion, englisch *commit*) und für andere Benutzer der Datenbank sichtbar. Sollte jedoch bei einer der Operationen ein Fehler auftreten, wird die Transaktion rückgängig gemacht (englisch *rollback*). Durch den Rollback werden auch die bereits erfolgreichen Änderungen zurückgenommen, und alle Datensätze sehen wie vorher aus.

Mit einer Transaktion wäre Frau Semrau geholfen:

1. Transaktion starten
2. Flug von Berlin nach Frankfurt buchen
3. Flug von Frankfurt nach Wien buchen
4. Falls ein Fehler auftritt: Rollback der Transaktion

Mit dem Rollback wird auch die erste, erfolgreiche Flugbuchung zurückgenommen. Frau Semrau ist jetzt vielleicht nicht glücklich, denn sie gelangt immer noch nicht bis nach Wien. Aber immerhin muss sie sich nicht um die Stornierung des ersten Flugs kümmern und kann nach Alternativen suchen.

Transaktionen gibt es nicht in der normalen Benutzeroberfläche von Access (Abfragen, Formulare). Dieses Konzept ist nur über die DAO-Klassenbibliothek erreichbar, und in den folgenden beiden Abschnitten werde ich zeigen, wie es geht.

10.3.1 Eine Transaktion starten und abschließen

Für die Steuerung einer Transaktion ist in DAO die Klasse `Workspace` zuständig. Zur aktuellen Datenbank gehört immer das erste `Workspace`-Objekt der Auflistung `Workspaces`.

```
Set wrkWorkspace = DAO.DBEngine.Workspaces(0)
```

Listing 10.19 Über das »DBEngine«-Objekt gelange ich an den Workspace der aktuellen Datenbank.

Diese drei Prozeduren des `Workspace`-Objekts steuern eine Transaktion:

- `BeginTrans`: Transaktion starten
- `CommitTrans`: die offene Transaktion schließen und Änderungen endgültig machen
- `RollbackTrans`: die offene Transaktion rückgängig machen

Zwischen `BeginTrans` und `CommitTrans` kommen alle Schreiboperationen. DAO arbeitet sie in der Transaktion nach dem Alles-oder-nichts-Prinzip ab. In der Datenbank *10_DAO\10.3.1_DAO_Transaktion.accdb* finden Sie dazu ein vollständiges Beispiel. Die wichtigsten Zeilen habe ich in Listing 10.20 aufgeführt.

```
[...]
'Transaktion starten
wrkWorkspace.BeginTrans
[...]
'Mitarbeiter auf beide Fluege buchen, jeweils zufaelliger Buchungscode
With rstFlugbuchung
    .AddNew
    !MitarbeiterID = lngMitarbeiterID
    !FlugID = lngFlugLH191ID
    !TicketBuchungsCode = Format(Int(Rnd() * 1000000), "000000")
    .Update

    .AddNew
    !MitarbeiterID = lngMitarbeiterID
    !FlugID = lngFlugOS132ID
    !TicketBuchungsCode = Format(Int(Rnd() * 1000000), "000000")
    .Update
End With

'Transaktion abschliessen
wrkWorkspace.CommitTrans
[...]
```

Listing 10.20 Innerhalb der Transaktion erstelle ich zwei neue Datensätze in der Tabelle »tblFlugbuchung«.

In diesem Beispiel erzeuge ich zwei Datensätze in einer Tabelle. Mit mehreren `Recordset`-Objekten könnte ich innerhalb der Transaktion auch Datensätze in unterschiedlichen Tabellen verändern. DAO bietet hier viele Freiheiten.

Best Practice für Transaktionen

Bitte behalten Sie vor Augen, dass offene Transaktionen zu *Sperrungen* führen. Geänderte Datensätze können von anderen Benutzern erst nach Abschluss der Transaktion, nachdem alle Sperrungen aufgehoben wurden, gelesen werden. Aus zwei Gründen sind Sperrungen für Transaktionen elementar wichtig:

- Halbfertige Änderungen bleiben für andere Benutzer verborgen.
- Im Falle eines Rollbacks müssen sämtliche Änderungen wieder rückgängig gemacht werden.

Damit die Sperrungen für andere Benutzer nicht spürbar werden, muss eine Transaktion möglichst schnell abgearbeitet werden.

- Packen Sie möglichst wenige Änderungen in eine Transaktion. Und zwar nur diejenigen, die in einem Rutsch nach dem Alles-oder-nichts-Prinzip abgearbeitet werden müssen.
- Vermeiden Sie lange Wartezeiten innerhalb einer Transaktion. Setzen Sie Befehle, die eine Antwort des Anwenders erwarten (`MsgBox`, `InputBox()`), *niemals* innerhalb einer Transaktion ein!

10.3.2 Änderungen doch nicht durchführen: Rollback

Das Beispiel im letzten Abschnitt war sehr optimistisch, denn was passiert eigentlich bei einem Fehler? Ich habe mich gar nicht um eine Fehlerbehandlung gekümmert, was dazu führt, dass VBA im Falle eines Fehlers die standardmäßige Fehlermeldung anzeigen würde.

Damit sind wir genau da angelangt, wovor ich im Kasten »Best Practice für Transaktionen« gewarnt habe: Die Transaktion ist offen, Datensätze sind gesperrt, und die Fehlermeldung wartet auf eine Antwort des Anwenders.

Zurücksetzen führt zum Rollback

Immerhin kommt es zum automatischen Rollback, wenn ich mich im Debug-Modus für Beenden oder Zurücksetzen entscheide. Die Frage ist nur, wie lange ich mir mit dieser Entscheidung Zeit lasse, denn so lange sind die Datensätze für alle anderen Benutzer gesperrt.

Übrigens meine ich damit alle Zugriffe auf die Datenbank neben DAO. Und dazu gehören auch Sie selbst, wenn Sie versuchen, mit Access Datensätze in der gesperrten Tabelle zu ändern (in der Datenblattansicht wohlgemerkt, nicht mit DAO). Bis zum Ende der Transaktion bleiben Sie ausgesperrt (Abbildung 10.2).

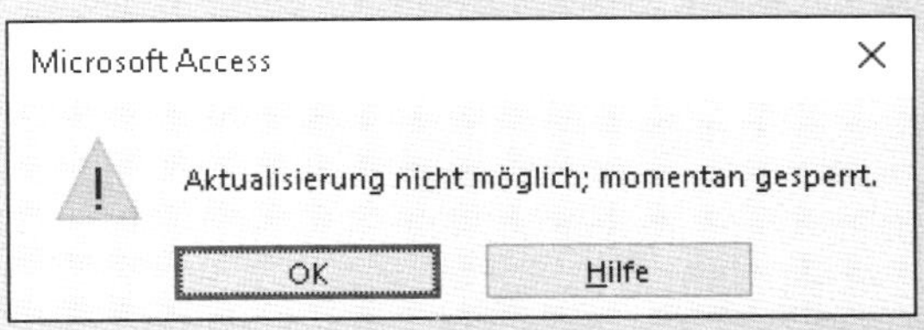

Abbildung 10.2 Diese Fehlermeldung zeigt Access an, wenn eine Tabelle durch eine offene Transaktion gesperrt ist.

Viel besser ist es, eventuelle Fehler mit einer Routine zur Fehlerbehandlung abzufangen, ein Rollback der Transaktion auszulösen und erst im Anschluss daran mit einer Fehlerbehandlung zu reagieren. Etwa in dieser Form:

```
[...]
    'Transaktion starten
    On Error GoTo ErrProc
    wksWorkspace.BeginTrans
[...]
ErrProc:
    'Fehlernummer speichern
    lngErrNumber = Err.Number
    strErrSource = Err.Source
    strErrDescription = Err.Description

    'Transaktion rueckgaengig machen
    wksWorkspace.Rollback

    'Fehler erneut ausloesen und anzeigen
    Err.Raise lngErrNumber, strErrSource, strErrDescription
[...]
```

Listing 10.21 Der »Rollback«-Befehl ist üblicherweise Bestandteil der Routine zur Fehlerbehandlung.

Das vollständige Beispiel finden Sie in der Datenbank *10_DAO\10.3.2_DAO_Rollback.accdb*. Beim Umgang mit Transaktionen hat die Behandlung von Laufzeitfehlern also eine ganz besondere Bedeutung.

10.4 Andere Klassenbibliotheken

Im Zusammenhang mit dem Objektkatalog in Abschnitt 9.3.2, »Übersicht halten mit dem Objektkatalog und dem Projekt-Explorer«, habe ich gezeigt, dass sämtliche Klassen, Funktionen und Prozeduren in *Klassenbibliotheken* angeordnet sind. Alles bisher Gezeigte ist in einer der vier Klassenbibliotheken zu finden, die standardmäßig in einer Access-Datenbank eingebunden sind. Dies sind:

Kurzbezeichnung	vollständiger Name
Access	Microsoft Access 16.0 Object Library
DAO	Microsoft Office 16.0 Access database engine Object Library

Tabelle 10.5 Diese vier Klassenbibliotheken sind standardmäßig in jeder Access-Datenbank eingebunden.

Kurzbezeichnung	vollständiger Name
`stdole`	OLE Automation
`VBA`	Visual Basic for Applications

Tabelle 10.5 Diese vier Klassenbibliotheken sind standardmäßig in jeder Access-Datenbank eingebunden. (Forts.)

Mit Kurzbezeichnung meine ich den Namen, den Sie im Objektkatalog sehen. Er darf sogar bei der Deklaration einer Variablen verwendet werden:

```
Dim frmMitarbeiter As Access.Form
```


Wie Sie an den bisherigen Beispielen nachvollziehen können, reichen diese vier Klassenbibliotheken für die VBA-Programmierung in Access aus.

Trotzdem ist VBA erweiterbar und kann noch mehr. Technisch gesehen gibt es zwei Möglichkeiten, den Funktionsumfang von VBA zu erweitern:

- **Weitere Klassenbibliotheken einbinden**
  Beispiel: die Microsoft Excel 16.0 Object Library einbinden, von Access aus Excel starten und dort Tabellen oder Diagramme erstellen, ändern usw.
- **Funktionen des Betriebssystems nutzen**
  Beispiel: den Namen des angemeldeten Benutzers ermitteln

Damit stehen Ihnen quasi unbegrenzte Möglichkeiten für Erweiterungen zur Verfügung. Ich werde in den nächsten Abschnitten versuchen, einen Ausblick zu vermitteln.

Dokumentation zu Klassenbibliotheken und zum Betriebssystem (Windows API)

Für eine umfassende Abhandlung einzelner Klassenbibliotheken oder der Funktionen des Betriebssystems würde der Platz in diesem Buch bei weitem nicht ausreichen. Sehr viele Beispiele, die in der Praxis der Access-Programmierung relevant sind, hat Bernd Held in seinem Buch »VBA mit Access« zusammengestellt, das ebenfalls im Rheinwerk Verlag erschienen ist. Außerdem gibt es die Referenz des Herstellers, die MSDN Library (*https://msdn.microsoft.com/de-de/library/*).

10.4.1 Referenzen definieren

In der Entwicklungsumgebung von VBA unter EXTRAS • VERWEISE ... können Sie einstellen, welche Klassenbibliotheken in der aktuellen Access-Datenbank zum Einsatz kommen sollen (Abbildung 10.3).

Die Liste der verfügbaren Klassenbibliotheken (sogenannte *Object Libraries* und *Type Libraries*) ist recht lang und variiert je nachdem, welche Windows-Version und Software auf dem Rechner installiert ist.

Um beispielsweise Word von Access aus anzusteuern, würden Sie das Häkchen bei MICROSOFT WORD 16.0 OBJECT LIBRARY setzen und dadurch eine *Referenz auf die Klassenbibliothek* erstellen. Die Versionsnummer weicht mitunter ab; 16.0 ist diejenige von Word 2016 und Word 2019. Ob die neue Klassenbibliothek verfügbar ist, können Sie anschließend im Objektkatalog (F2) überprüfen. Dort sollte ab sofort im Kombinationsfeld ganz oben die Klassenbibliothek WORD erscheinen.

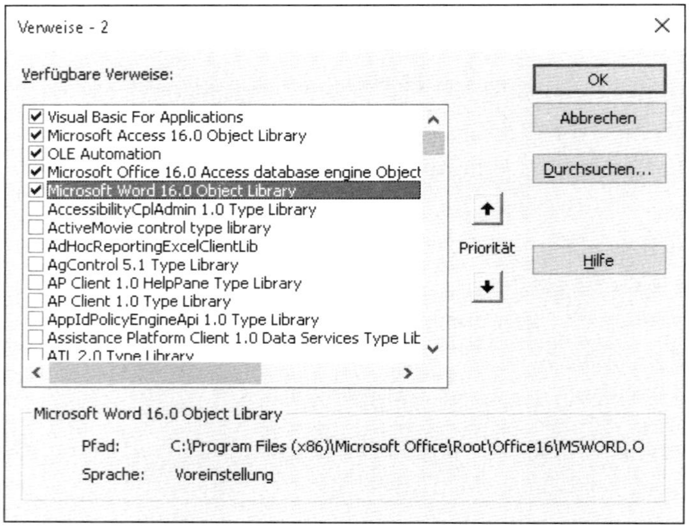

Abbildung 10.3 Im Dialog »Verweise« sehen Sie alle Klassenbibliotheken, die auf Ihrem Computer registriert sind. Setzen Sie das Häkchen, um die entsprechende Klassenbibliothek einzubinden und in VBA zu nutzen.

10.4.2 Word-Dokumente bearbeiten

Mit der neuen Klassenbibliothek steht Ihnen eine ganze Reihe neuer Klassen zur Verfügung, die zur Deklaration von Objektvariablen genutzt werden können. Zunächst einmal wäre die Klasse `Application` zu nennen, die für das Programm Word an sich steht.

Die Klassenbibliothek `Access` kennt ebenfalls die Klasse `Application`. Ich empfehle Ihnen, um Namenskonflikte zu vermeiden, den Namen der Klasse mit Angabe der Klassenbibliothek zu nennen: `Word.Application`. Wenn Sie diese Klasse mit `New` instanziieren, bedeutet das nichts anderes, als Word zu starten. Es gibt allerdings einen kleinen Unterschied beim Start von VBA aus: Das Fenster von Word bleibt verborgen, und um es zu sehen, müssen Sie es über die Eigenschaft `Visible` sichtbar schalten:

```
Dim objWord As Word.Application
Set objWord = New Word.Application
objWord.Visible = True
objWord.Activate
```

Listing 10.22 Mit diesen vier Zeilen starten Sie Word von Access aus.

Sollte Word nicht installiert oder die Klassenbibliothek nicht eingebunden sein, würden Sie spätestens an dieser Stelle eine Fehlermeldung erhalten.

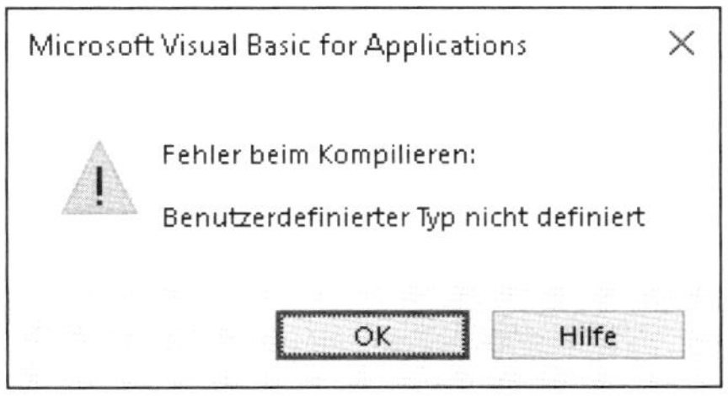

Abbildung 10.4 Dieser Kompilierfehler deutet auf eine unbekannte Klasse hin. Überprüfen Sie in diesem Fall, ob alle notwendigen Verweise gesetzt sind.

Early binding vs. late binding

Die beschriebene Herangehensweise mit zusätzlichen Klassenbibliotheken und Instanziierung über das Schlüsselwort `New` bezeichnet man als *early binding*. Dem gegenüber steht die Variante des *late bindings*, die ohne zusätzliche Referenzen auf Klassenbibliotheken auskommt. Ohne eine solche Referenz wäre `Word.Application` eine unbekannte Klasse. Deshalb finden beim *late binding* nur Objektvariablen vom Datentyp `Object` Verwendung.

```
Dim objWord As Object
Set objWord = CreateObject("Word.Application")
```

Danach geht es in der dritten Zeile von Listing 10.22 weiter. Objekte werden beim *late binding* über die Funktion `CreateObject()` erzeugt. Ohne eine Installation von Word gäbe es genau an dieser Stelle einen Laufzeitfehler (und nicht wie beim *early binding* einen Kompilierfehler).

In Word dürfen bekanntlich mehrere Dokumente gleichzeitig geöffnet sein. Entsprechend gibt es die Auflistung `Documents` mit Objekten der Klasse `Document`. Mit Hilfe dieser Auflistung können Sie ein neues Dokument erstellen (Listing 10.23).

```
Dim objDocument As Word.Document
Set objDocument = objWord.Documents.Add
```

Listing 10.23 Die Funktion »Add()« erzeugt in Word ein leeres Dokument. Optional können Sie als Parameter eine Vorlagendatei angeben.

Das `Document`-Objekt enthält wiederum Auflistungen, die die Struktur des Dokuments wiedergeben (`Paragraphs`, `Tables`, `Shapes` ...). Um den Text zu bearbeiten, brauchen wir diese Auflistungen aber nicht. Stattdessen nutze ich ein Objekt der Klasse `Range`, was in etwa einer unsichtbaren Auswahl von Text entspricht. Ich hole mir das `Range`-Objekt von Position 0 bis 0, um anschließend mit der Prozedur `InsertAfter` einen Text nach Word zu übertragen (Listing 10.24).

```
Dim objRange As Word.Range
Set objRange = objDocument.Range(0, 0)
objRange.InsertAfter "Dieser Text kommt in das Word-Dokument."
```

Listing 10.24 Über das »Range«-Objekt können Sie Texte in das Word-Dokument übertragen.

Durch `InsertAfter` wächst das `Range`-Objekt. Nachdem ich wie in Listing 10.24 einen Text von 39 Zeichen übertragen habe, erstreckt sich das `Range`-Objekt von Position 0 bis 39. Dies ist sehr praktisch, denn so kann ich `InsertAfter` mehrmals hintereinander aufrufen. Ein vollständiges Beispiel, das eine Liste alle Mitarbeiter in ein Word-Dokument überträgt, finden Sie in der Datenbank *10_DAO\10.4.2_Word-Automation.accdb.*

Ohne den Aufruf von »Quit()« bleibt Word nach dem Ende der Prozedur weiter geöffnet

Nach Abschluss einer Prozedur gehen alle lokalen Variablen verloren. Entsprechend würde mit der Objektvariablen `objWord` auch die Word-Applikation geschlossen. Hier gibt es jedoch eine Ausnahme: Word bleibt weiter geöffnet, ist nun aber losgelöst und von VBA aus nicht mehr erreichbar.

10.4.3 Daten aus einer Excel-Tabelle gezielt auslesen

Zum Arbeiten mit Excel benötigen wir zunächst die Klassenbibliothek `Excel` (»Microsoft Excel 16.0 Object Library«, wobei die Versionsnummer je nach installierter Version abweichen darf). Auch diese Klassenbibliothek kennt eine Klasse mit dem Namen `Application`, die Sie wie in Listing 10.25 gezeigt instanziieren können, um somit Excel zu starten.

```
Set objExcel = New Excel.Application
objExcel.Visible = True
```

Listing 10.25 Excel von Access aus starten und sichtbar schalten

Umgangssprachlich wird beim Arbeiten mit Excel von der »Excel-Tabelle« gesprochen, und gemeint ist damit ein Arbeitsblatt einer Arbeitsmappe. Um an das Arbeitsblatt zu gelangen, benötige ich somit die beiden Klassen `Workbook` und `Worksheet` sowie die entsprechenden Auflistungen. Die Codezeilen aus Listing 10.26 finden Sie in der Beispieldatenbank *10_DAO*

10.4.3_Excel-Automation.accdb wieder. Dort wird mit der Funktion `Open()` die bestehende Arbeitsmappe *10_DAO\10.4.3_NeueMitarbeiter.xlsx* geöffnet. Sie könnten aber genauso gut mit der Funktion `Add()` eine leere Arbeitsmappe erstellen.

```
Dim objWorkbook As Excel.Workbook
Set objWorkbook = objExcel.Workbooks.Open(strPfadDateiname)
Dim objWorksheet As Excel.Worksheet
Set objWorksheet = objWorkbook.Worksheets(1)
```

Listing 10.26 Eine bestehende Excel-Datei öffnen und auf das erste Arbeitsblatt zugreifen

In einem Arbeitsblatt können Sie mit der Funktion `Cells()` auf die einzelnen Zellen zugreifen und dort Werte auslesen und verändern:


```
strNachname = objWorksheet.Cells(2, 1)
strVorname = objWorksheet.Cells(2, 2)
strGeschlecht = objWorksheet.Cells(2, 3)
dtmGeburtsdatum = objWorksheet.Cells(2, 4)
strAbteilungName = objWorksheet.Cells(2, 5)
```

Listing 10.27 So greifen Sie auf die Zellen in der zweiten Zeile des Arbeitsblattes zu.

Ein vollständiges Beispiel finden Sie in der erwähnten Datenbank. Es holt die Namen und weitere Daten neuer Mitarbeiter aus der Excel-Tabelle und fügt sie per DAO in die Tabelle *tblMitarbeiter* ein. In der Überschrift dieses Abschnitts habe ich »gezielt auslesen« gesagt, denn anders als beim Import einer Excel-Tabelle können Sie mit dem VBA-Programm für jede Zeile individuell auf fehlende Daten und dergleichen reagieren.

10.4.4 ActiveX Data Objects (ADO)

Im Werdegang von Access spielt die Klassenbibliothek *ActiveX Data Objects (ADO)*, auf die im VBA-Code mit `ADODB` referenziert wird, eine besondere Rolle. Mit der Version Access 2000 tauchte sie in Access auf und wurde als der Nachfolger von DAO gehandelt. Später entschied sich Microsoft um, und DAO ist wieder die Nummer eins in Sachen Datenzugriff. ADO gibt es aber weiterhin, und seit Windows Vista ist diese Klassenbibliothek sogar Bestandteil des Windows-Systems.

Wenn Sie mit ADO programmieren möchten, müssen Sie eine der ADO-Klassenbibliotheken einbinden. Die Namen sind in der Form »Microsoft ActiveX Data Objects 6.1 Library«, wobei die Versionsnummer abweichen kann. Möchten Sie ADO in Ihrer Access-Datenbank unter unterschiedlichen Windows-Versionen nutzen? Dann wählen Sie bitte diejenige Version von ADO, die auf allen Plattformen bereitsteht. Ansonsten nehmen Sie einfach die neuste Version.

In vieler Hinsicht ähnelt die Programmierung mit ADO dem Datenzugriff mittels DAO. An die Stelle des Database-Objekts tritt die Connection, die Sie in Access über das CurrentProject-Objekt ermitteln können (Listing 10.28).

```
Dim cnnCurrentDB As ADODB.Connection
Set cnnCurrentDB = CurrentProject.Connection
```

Listing 10.28 Das wichtigstes Objekt in ADO ist das »Connection«-Objekt.

Über das Connection-Objekt können Sie direkt Aktionsabfragen, unter anderem in Form von SQL-Befehlen, auslösen:

```
cnnCurrentDB.Execute "DELETE FROM tblFlugbuchung"
```

Listing 10.29 SQL-Befehle können direkt über das »Connection«-Objekt ausgelöst werden.

Die Klasse Workspace gibt es in ADO nicht. Transaktionen werden ebenfalls über das Connection-Objekt gesteuert.

Und schließlich gibt es in ADO ebenfalls ein Recordset-Objekt. Wie in Listing 10.30 zu sehen, gibt es beim Öffnen ein paar Abweichungen:

- Das ADO-Recordset-Objekt wird zuerst mit New instanziiert.
- Rufen Sie anschließend die Prozedur Open() auf, und geben Sie dabei unter anderem das Connection-Objekt mit.
- Es gibt andere Optionen (die meiner Meinung nach besser verständlich als die von DAO sind).

```
Dim rstMitarbeiter As ADODB.Recordset
Set rstMitarbeiter = New ADODB.Recordset
rstMitarbeiter.Open "tblMitarbeiter", _
                    cnnCurrentDB, _
                    adOpenStatic, _
                    adLockReadOnly
```

Listing 10.30 Auch in ADO gibt es ein »Recordset«-Objekt, das sich von der Bedienung her aber unterscheidet.

Alles Weitere ähnelt doch sehr der DAO-Programmierung. In der Datenbank *10_DAO\10.4.4_ADO.accdb* habe ich einfach einmal die DAO-Beispiele nach ADO übersetzt. Die wenigen Besonderheiten habe ich als Kommentare im Code vermerkt.

10.4.5 Zugriff auf das Windows-Betriebssystem

Sämtliche Programme und Klassenbibliotheken greifen letztendlich auf Funktionen des Windows-Betriebssystems zurück. Es handelt sich um eine sehr lange Liste von Funktionen, die unter dem Begriff *Windows API* zusammengefasst werden.

Windows-API-Referenz

In der MSDN Library finden Sie die vollständige Dokumentation:

https://docs.microsoft.com/en-us/windows/desktop/apiindex/windows-api-list

In diesem Abschnitt zeige ich Ihnen, wie Sie von Access direkt auf das Betriebssystem zugreifen können. Vorher aber noch ein wichtiger Kasten:

Achtung beim Zugriff auf das Betriebssystem!

Alles, was ich bis zu dieser Stelle zur Programmierung gezeigt habe, ist sehr robust. Im schlimmsten Fall bekommen Sie eine Fehlermeldung, und das Programm bricht ab.

Mit der Entscheidung, direkt das Betriebssystem zu nutzen, ist damit Schluss! Sie können damit Access und andere Anwendungen richtig schön zum Absturz bringen. Ich möchte Ihnen keine Angst machen – Sie sollten nur wissen, was Sie tun. Ausprobieren kann jedenfalls gefährlich sein, und so empfehle ich Ihnen, *vor dem Testen wirklich alle Änderungen abzuspeichern* – und zwar sowohl in Access als auch in anderen Programmen.

Zum Üben können Sie Funktionen aus der Rubrik »Windows System Information« der Windows API nutzen (*https://docs.microsoft.com/en-us/windows/desktop/SysInfo/system-information-functions*). Es sind Funktionen zum Abfragen von Informationen, mit denen sich nicht allzu viel Schlimmes anstellen lässt. Beispielsweise diese beiden:

- `GetComputerNameA`: den Namen des Computers ermitteln
- `GetUserNameA`: den Namen des Anwenders ermitteln

Über das Schlüsselwort `Declare` machen Sie die Funktion des Betriebssystems, die Sie nutzen möchten, in VBA bekannt:

```
Private Declare PtrSafe Function GetComputerName _
   Lib "kernel32" _
   Alias "GetComputerNameA" _
   (ByVal vstrBuffer As String, _
   ByRef rlptSize As LongPtr) _
   As Long
```

Listing 10.31 Die »Declare«-Anweisung macht die Funktion der Windows API in VBA bekannt.

Mit etwas Verständnis der Programmiersprache C, in der die Windows API dokumentiert ist, lässt sich eine solche Declare-Anweisung selbst erstellen.

In älteren Versionen von Visual Studio gab es einmal ein Werkzeug mit dem Namen »API viewer«. Es nutzte eine kleine Datenbank mit wichtigen Windows-API-Funktionen, und man konnte sich damit Declare-Anweisungen generieren lassen. Das Werkzeug ist mittlerweile Geschichte, aber die Idee wird in Open-Source-Projekten weiterverfolgt.

»Declare« für 32 Bit und 64 Bit

Seit Office 2007 gibt es sowohl die 32-Bit- als auch die 64-Bit-Varianten der Office-Programme. In VBA merkt man davon gar nichts – mit Ausnahme bei den Declare-Anweisungen. Immer wenn auf Speicherstellen verwiesen wird, wurde früher (als es nur 32 Bit gab) eine Variable vom Datentyp Long verwendet. Für die 32-Bit-Version von Access funktionieren solche Declare-Anweisungen weiterhin tadellos. Nicht jedoch in der 64-Bit-Version, denn eine 64-Bit-Speicheradresse passt nicht in eine Variable vom Datentyp Long. Dafür gibt es den neuen Datentyp LongPtr, der immer der korrekten Adressgröße entspricht (32 Bit: Long; 64 Bit: LongLong, ebenfalls ein neuer Datentyp). Außerdem wurde das Schlüsselwort PtrSafe eingeführt. Es dient lediglich zur Kennzeichnung, dass bei einer Declare-Anweisung an 64 Bit gedacht wurde.

Wenn Sie die Declare-Anweisung fertig haben, können Sie die Funktion des Betriebssystems wie jede andere Funktion aufrufen. Dennoch gibt es auch beim Aufruf ein paar Eigenheiten zu beachten, die ich Ihnen am Beispiel GetComputerName zeigen möchte (Listing 10.32):

```
'Gibt den Namen des Computers zurueck
'Aufruf der Windows-API-Funktion GetComputerNameA()
Public Function ComputerName() As String
   Dim strBuffer As String
   Dim lptSize As LongPtr
   Dim lngResult As Long

   'Puffer fuer die Funktion der Windows API vorbereiten
   strBuffer = Space(255)
   lptSize = Len(strBuffer)

   'Funktion der Windows API aufrufen
   lngResult = GetComputerName(strBuffer, lptSize)
   If lngResult <> 0 Then
      'Aufruf war erfolgreich
      'Ergebnis aus dem Puffer kopieren
      ComputerName = Left(strBuffer, CLng(lptSize))
```

```
18      End If
19  End Function
```

Listing 10.32 Weitere Eigenheiten zum Aufruf der Windows API habe ich in dieser Hilfsfunktion gekapselt.

Ich möchte vom Betriebssystem eine Zeichenfolge (den Namen des Rechners) erhalten. Dazu muss ich vorher eine ausreichend lange String-Variable erstellen (Zeile 09). Beim Aufruf in Zeile 13 übergebe ich sowohl die String-Variable als auch die Länge der Zeichen, die ich reserviert habe. Beide Werte werden von `GetComputerName()` überschrieben.

Nach dem Aufruf teilt das Betriebssystem über den Rückgabewert mit, ob der Aufruf erfolgreich war. Ein Rückgabewert von `0` deutet auf einen Fehler hin (z. B. Puffer nicht ausreichend lang). In `strPuffer` steht bei Erfolg der Name des Computers gefolgt von den ganzen Leerzeichen, die ich in Zeile 09 gesetzt habe. In `lptSize` kommt die Länge des Namens zurück, so dass ich in Zeile 17 den Namen ohne Leerzeichen aus dem Puffer ausschneiden kann.

Mit der kleinen Hilfsfunktion in Listing 10.32 habe ich somit alle Eigenheiten beim Aufruf der Windows API gekapselt. Dieses und ein weiteres Beispiel namens `WindowsUserName()` finden Sie in der Datenbank *10_DAO\10.4.5_WindowsAPI.accdb*.

Kapitel 11

Anwendungsprogramme mit Access erstellen

Mit intuitiver Benutzerführung wird eine Access-Datenbank zu einem Anwendungsprogramm.

In den bisherigen Kapiteln habe ich Ihnen die einzelnen Bausteine von Access vorgestellt. Abschließend möchte ich der Frage nachgehen, wie man daraus eine runde Sache machen kann: Wie wird aus einer Access-Datenbank ein Anwendungsprogramm?

Bevor ich versuche, die Frage zu klären, sollten wir vorher eingrenzen, was ein *Anwendungsprogramm* bzw. eine *App* in Zusammenhang mit Access bedeutet. Unter dem Begriff *Anwendungsprogramm* wird üblicherweise eine (Software-)Lösung verstanden, mit der ein Endanwender eine oder mehrere Aufgaben erledigen kann. Speziell für Access möchte ich bei dieser Definition die Rolle des Endanwenders noch einmal der Rolle des Entwicklers gegenüberstellen:

- *Entwickler* sind für das Datenbankdesign zuständig und mit den verschiedenen Datenbankobjekten von Access vertraut (vor allem mit den Entwurfsansichten).
- Dem gegenüber steht die Rolle des *Endanwenders*. Er nutzt die fertige Datenbank, um Daten in Formularen zu bearbeiten und mit Berichten auszuwerten. Mit den Interna einer Access-Datenbank (Tabellen, Abfragen, Makros und Module) kommt er gar nicht in Berührung.

Ich gebe zu, dass die Trennung zwischen den beiden Rollen vielleicht etwas plakativ klingt und es in der Praxis Personen gibt, die sowohl Entwickler als auch Endanwender sind. Aber es gibt die Gruppe der reinen Endanwender ohne tiefgehendere Kenntnisse von Access, die eine fertige Datenbank nur zur Lösung einer Aufgabe nutzen möchten.

Somit möchte ich die Definition eines *Anwendungsprogramms* (Synonym: *App*) in Bezug auf Access verfeinern: Eine Access-Datenbank bezeichne ich dann als Anwendungsprogramm, wenn sie von einem Endanwender auch *ohne tiefgehendere Kenntnisse von Access* zur Lösung von Aufgaben genutzt werden kann.

Nicht jede Access-Datenbank muss ein Anwendungsprogramm werden

Halten Sie bitte an dieser Stelle kurz inne, und denken Sie an Ihr eigenes Datenbankprojekt. Für welche Zielgruppe ist die Datenbank gedacht? Vielleicht gibt es gar keine Gruppe von Endanwendern, und Sie können es sich ersparen, dieses Kapitel zu lesen. Das wäre beispielsweise der Fall, wenn Sie eine Datenbank nur allein nutzen möchten oder wenn alle Personen gleichzeitig Entwickler sind.

Damit eine Access-Datenbank ein Anwendungsprogramm wird, sind einige Maßnahmen notwendig:

- Das Anwendungsprogramm benötigt einen geordneten Start, der üblicherweise zum Hauptmenü führt.
- Mit einer ausgeklügelten Benutzerführung erscheinen zur richtigen Zeit die richtigen Formulare und Berichte.
- Interna der Access-Datenbank bleiben verborgen (Tabellen, Abfragen, Makros und Module; zu den Interna zählen aber auch der Navigationsbereich, sämtliche Entwurfsansichten und die integrierte Entwicklungsumgebung von VBA).
- Unter Umständen muss das Thema Sicherheit und Zugriffsberechtigungen beleuchtet werden.

Alle diese Maßnahmen werde ich in diesem Kapitel vorstellen. Anschließend werde ich Ihnen die kostenlose Access Runtime vorstellen, mit der ein Endanwender eine Datenbank auch ohne eine Softwarelizenz von Access nutzen kann.

11.1 Wichtige Elemente eines Anwendungsprogramms

Zur guten Benutzerführung trägt einerseits bei, wie ein Formular mit Steuerelementen und Unterformularen aufgebaut ist, und andererseits, wie die einzelnen Formulare und Berichte miteinander interagieren. Da beide Punkte wichtig sind, habe ich sie bereits an mehreren Stellen in diesem Buch aufgegriffen: Ausrichten von Steuerelementen, Layouts, Führungslinien, Arbeiten mit mehreren Formularen und schließlich Abschnitt 6.8.1, »Workshop: Formulare und Unterformulare im Zusammenspiel«.

In den nächsten Abschnitten werde ich mich auf den Start des Anwendungsprogramms und das Öffnen des ersten Formulars beschränken. Häufig ist dieses Formular das *Hauptmenü*, von dem aus weitere Formulare und Berichte erreichbar sind.

11.1.1 Start der Anwendung

Die bereits erwähnte Access Runtime ist eine kostenlose Version von Access, die aber eingeschränkt ist. Unter anderem sind das standardmäßige Menüband von Access und der Navigationsbereich ausgeblendet. Damit der Endanwender eine Access-Datenbank mit der Access Runtime nutzen kann, müssen Sie dafür Sorge tragen, dass beim Öffnen der Datenbank das erste Formular geöffnet wird. Dafür stehen in Access zwei Wege zur Verfügung:

1. **Startformular**
   In den Optionen können Sie unter AKTUELLE DATENBANK • ANWENDUNGSOPTIONEN • FORMULAR ANZEIGEN festlegen, dass beim Öffnen der Datenbank ein bestimmtes Formular automatisch geöffnet werden soll. Bei den beiden Desktop-Datenbanken in Kapitel 1, »Einleitung«, habe ich von dieser Möglichkeit Gebrauch gemacht (*01_Einleitung\1.2.1_Verein.accdb* und *01_Einleitung\1.2.2_Fluege.accdb*).
2. **»AutoExec«-Makro**
   Hierüber können Sie ganz beliebige Aktionen beim Öffnen der Datenbank automatisch auslösen (`ÖffnenFormular`, `AusführenCode` usw.). Ein Beispiel dazu finden Sie in der Datenbank *08_Makros\8.3.2_AutoExec.accdb*.

11

In beiden Fällen lässt sich das automatische Starten unterbinden, indem Sie die Taste ⇧ beim Öffnen der Datenbank gedrückt halten.

Wo ein Anfang ist, sollte es auch ein Ende geben

Das Schließen eines Formulars führt bekanntlich nicht dazu, dass Access beendet wird. Ohne Navigationsbereich wird der Endanwender in der Access Runtime ziemlich ratlos dastehen. Daher sollten Sie dafür Sorge tragen, dass mit dem letzten Formular gleichzeitig die Datenbank geschlossen und Access beendet wird.

```
Private Sub Form_Unload(Cancel As Integer)
   'Sicherheitsabfrage vor dem Schliessen des Formulars
   If MsgBox("Anwendung beenden?", _
             vbOKCancel + vbDefaultButton2) _
     = vbCancel Then
      Cancel = True
   End If
End Sub

Private Sub Form_Close()
   'Access beenden.
   Application.Quit
End Sub
```

Listing 11.1 Mit diesem VBA-Code im Hauptmenü wird die gesamte Datenbank geschlossen, sobald der Anwender das Formular schließt.

11.1.2 Formen des Hauptmenüs

Endanwender, die keine tiefgreifenden Kenntnisse von Access haben, sind möglicherweise von den vielen Datenbankobjekten im Navigationsbereich überfordert.

Den Navigationsbereich ausblenden

In der Access Runtime ist der Navigationsbereich ohnehin ausgeblendet. Das Gleiche lässt sich in der Vollversion von Access erreichen, indem Sie die folgenden beiden Optionen deaktivieren:

- Aktuelle Datenbank • Navigation • Navigationsbereich anzeigen
- Aktuelle Datenbank • Anwendungsoptionen • Access-Spezialtasten verwenden (verhindert unter anderem F11 zum Anzeigen des Navigationsbereichs)

In diesem Abschnitt unterbreite ich Ihnen einige Vorschläge, wie eine intuitive Benutzerführung, die zu den einzelnen Formularen oder Berichten führt, aussehen kann.

Variante 1: Ein Hauptformular mit Unterformularen

Als einfachste Herangehensweise reicht ein *Hauptformular* aus, in dem gegebenenfalls weitere Formulare als Unterformular angezeigt werden (Abbildung 11.1). Diese Variante habe ich in Kapitel 1 am Beispiel der Mitgliederversammlung eines Vereins realisiert (*01_Einleitung\1.2.1_Verein.accdb*).

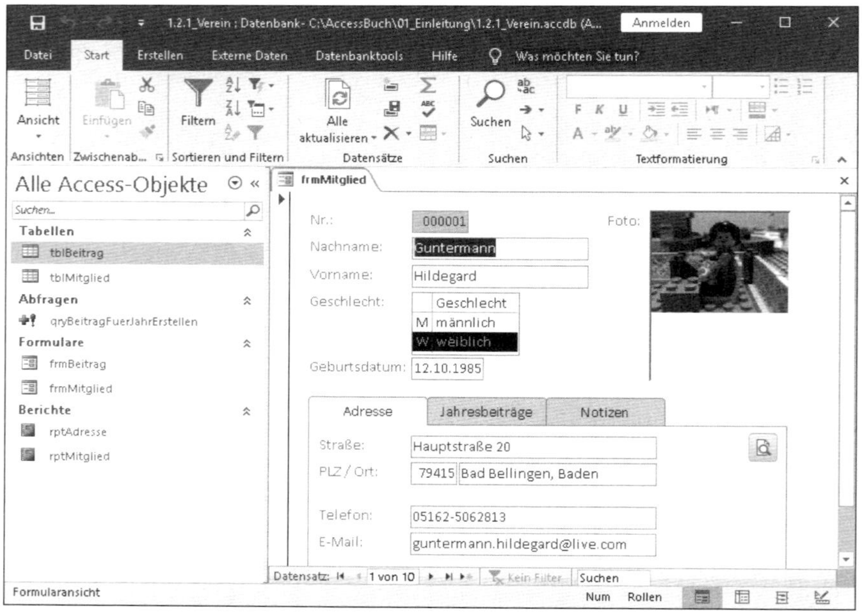

Abbildung 11.1 Vom Hauptformular der Mitgliederversammlung aus werden weitere Daten in Unterformularen dargestellt.

Variante 2: Hauptmenü mit Schaltflächen

Größere Datenbanken decken in der Regel verschiedene Themen ab. Um die jeweiligen Formulare und Berichte abzurufen, eignet sich ein Hauptmenü mit mehreren Schaltflächen (Abbildung 11.2).

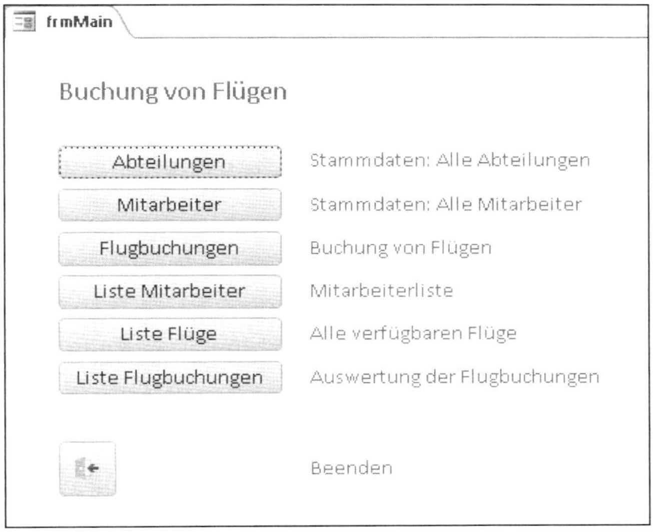

Abbildung 11.2 Die klassische Variante eines Hauptmenüs mit Schaltflächen

Ein ungebundenes Formular in dieser Form mit Schaltflächen bezeichne ich als die klassische Variante der Hauptmenüs, denn sie ist schon seit den ersten Versionen von Access geläufig. Für unsere Datenbank mit den Flugbuchungen habe ich das klassische Hauptmenü in der Datei *11_Anwendungsprogramme\11.1.2_Hauptmenue_klassisch.accdb* realisiert.

> **Anwendungstitel und -symbol festlegen**
>
> Der Vollständigkeit halber möchte ich an dieser Stelle darauf hinweisen, dass Sie in den Access-Optionen unter Aktuelle Datenbank • Anwendungsoptionen einen Titel und ein Symbol für die Datenbank hinterlegen können. Damit sieht das Ganze noch besser aus.

Variante 3: Navigationssteuerelement

Mit der Access-Version 2010 kam das Navigationssteuerelement hinzu, mit dem sich eine modernere Form des Hauptmenüs verwirklichen lässt (Abbildung 11.3). Die einzelnen Formulare werden als Unterformulare angezeigt. In Kapitel 1, »Einleitung«, habe ich diesen Ansatz für das zweite Beispiel bereits verfolgt, das Sie in der Datei *01_Einleitung\1.2.2_Fluege.accdb* finden.

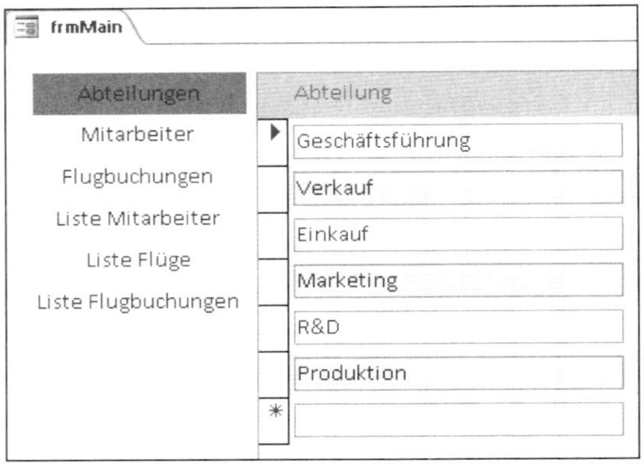

Abbildung 11.3 Die moderne Variante des Hauptmenüs, realisiert mit Hilfe des Navigationssteuerelements

Variante 4: Schaltflächen im Menüband

Anstelle eines Hauptmenüs könnte ich die Schaltflächen zum Aufrufen der Formulare auch in einem selbst erstellten Menüband platzieren. Selbst erstellte Menübänder sehen zwar toll aus, benötigen aber etwas mehr Aufwand und verdienen daher einen eigenen Abschnitt.

11.1.3 Menüband

Als auffällige Änderung wurde mit der Office-Version 2007 das *Menüband* (englisch *ribbon*) eingeführt, das die vorher üblichen Symbolleisten ersetzt. Über das *standardmäßige Menüband* bietet Access die vielfältigen Funktionen an. Das standardmäßige Menüband ist ebenso wie der Navigationsbereich in der Access Runtime nicht verfügbar.

Sie können ein eigenes Menüband erzeugen, das sogar in der Access Runtime sichtbar sein wird. Als Beispiel habe ich ein Hauptmenü als Menüband mit mehreren Schaltflächen nachempfunden (Abbildung 11.4).

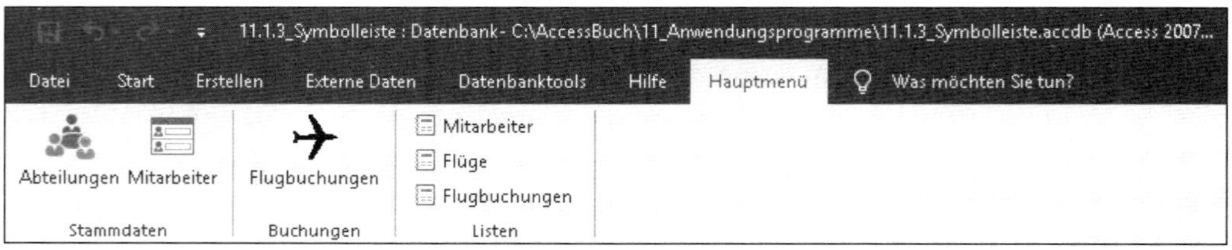

Abbildung 11.4 Ein selbst erstelltes Menüband für unsere Beispielsdatenbank mit den Flugbuchungen

Für unsere Datenbank mit den Flugbuchungen reicht das aus. Ich möchte nur der Vollständigkeit halber darauf hinweisen, dass Menübänder weit mehr Typen von Steuerelementen kennen (unter anderem Dropdown-Schaltflächen und Menüs).

Unser Hauptmenü in Abbildung 11.4 umfasst diese Elemente:

1. ein *Registerblatt* (tab) mit der Beschriftung Hauptmenü
2. drei *Gruppen* (group) mit den Beschriftungen Stammdaten, Buchungen und Listen
3. innerhalb der Gruppen: Schaltflächen (button) verschiedener Größe mit Beschriftung und Symbol.

   Die Symbole habe ich von Office übernommen – mit Ausnahme des Symbols für Flugbuchungen, das ich selbst erstellt habe (*11_Anwendungsprogramme\11.1.3_Flugzeug.bmp*).

Ich werde Ihnen schrittweise zeigen, wie Sie zunächst zum selbst erstellten Menüband gelangen und wie Sie anschließend mit einem VBA-Programm auf das Anklicken einer Schaltfläche reagieren können.

Menübänder werden in XML konfiguriert

Wie das Menüband mit den Registerblättern, Gruppen und Steuerelementen letztendlich aussehen soll, wird komplett über eine XML-Datei gesteuert. Das Beispiel in Abbildung 11.4 wird mit der Datei *11_Anwendungsprogramme\11.1.3_Symbolleiste.xml* erzeugt. Einige Programmierer haben sich die Mühe gemacht, Werkzeuge zum Design von Menübändern zu entwickeln. Ein besonders schönes Ergebnis ist der IDBE RibbonCreator 2019 von Gunter Avenius (*www.ribboncreator2019.de*). Mit einem solchen Werkzeug können Sie Menübänder am Bildschirm bequem zusammenklicken. Sie können die *.xml*-Datei aber auch mit jedem Texteditor erstellen, denn die einzelnen Elemente in der XML-Datei sind – wie ich Ihnen gleich zeigen werden – gut überschaubar. Zunächst einmal gibt es ein Grundgerüst mit den Elementen <customUI>, <ribbon> und <tabs> (Listing 11.2). Innerhalb von <tabs> können Sie ein oder mehrere Registerblätter <tab> anlegen. Was auf einem Registerblatt selbst erscheint, konfigurieren Sie innerhalb von <tab> – doch dazu gleich mehr.

```
<customUI xmlns="http://schemas.microsoft.com/office/2009/07/customui"
      loadImage="Ribbon_OnLoadImage">
   <ribbon startFromScratch="false">
      <tabs>
         <tab id="tabHauptmenu" label="Hauptmenü">
[...]
         </tab>
      </tabs>
   </ribbon>
</customUI>
```

Listing 11.2 In der XML-Datei können Sie ein oder mehrere Registerblätter angeben. Die Zeilennummern dienen nur der Orientierung und sind in der XML-Datei nicht enthalten.

Zwei Attribute des Elements `<tab>` sind so ähnlich wie Eigenschaften:

- `id`: Der Name des Registerblatts; er wird für interne Zwecke benötigt, ähnlich wie der Name eines Steuerelements.
- `label`: Repräsentiert die Beschriftung, wie sie später im Menüband erscheint.

> **Was bedeutet »startFromScratch«?**
>
> Im Element `<ribbon>` können Sie mit dem Attribut `startFromScratch` (dt. »ganz von vorn anfangen«) festlegen, ob das standardmäßige Menüband von Access angezeigt werden soll. `startFromScratch="true"` würde bewirken, dass in Abbildung 11.4 ausschließlich das Registerblatt HAUPTMENÜ zu sehen ist.
>
> Falls Sie einmal in die missliche Situation kommen sollten, in der das standardmäßige Menüband weggeblendet wurde und Sie trotzdem darauf zugreifen möchten, halten Sie beim Öffnen der Datenbank die Taste [⇧] gedrückt.

Elemente eines Registerblatts

Nun zum Registerblatt selbst, das dem Element `<tab>` entspricht. Zwischen den beiden Tags `<tab>` und `</tab>` können Sie Gruppen `<group>` und Steuerelemente (beispielsweise Schaltflächen `<button>`) platzieren. Hier die fehlenden Zeilen, die ich in Listing 11.2 ausgelassen habe:

```
[...]
      <group id="grpStammdaten" label="Stammdaten">
         <button id="cmdAbteilung" label="Abteilungen"
            size="large"
            imageMso="MeetingsWorkspace"
            onAction="Ribbon_cmdAbteilung_OnClick"
         />
         <button id="cmdMitarbeiter" label="Mitarbeiter"
            size="large"
            imageMso="CreateFormWithMultipleItems"
            onAction="Ribbon_cmdMitarbeiter_OnClick"
         />
      </group>
      <group id="grpBuchungen" label="Buchungen">
         <button id="cmdFlugbuchungen" label="Flugbuchungen"
            size="large"
            image="Flugzeug"
            onAction="Ribbon_cmdFlugbuchungen_OnClick"
         />
      </group>
      <group id="grpListen" label="Listen">
```

```
                <button id="cmdListeMitarbeiter" label="Mitarbeiter"
                   imageMso="CreateReport"
                   onAction="Ribbon_cmdListeMitarbeiter_OnClick"
                />
                <button id="cmdListeFlug" label="Flüge"
                   imageMso="CreateReport"
                   onAction="Ribbon_cmdListeFlug_OnClick"
                />
                 <button id="cmdListeFlugbuchung" label="Flugbuchungen"
                   imageMso="CreateReport"
                   onAction="Ribbon_cmdListeFlugbuchung_OnClick"
                />
            </group>
[...]
```

Listing 11.3 Dieser Teil der XML-Datei kommt zwischen die beiden Tags <tab> und </tab>.

Es sind drei Gruppen, eine mit zwei großen Schaltflächen, eine mit einer großen Schaltfläche und eine mit drei kleinen Schaltflächen. Sowohl für `<group>` als auch für `<button>` gibt es die erwähnten Attribute `id` und `label`. Eine Schaltfläche kennt noch ein paar Attribute mehr:

- `size`: Verwenden Sie `large` für große Schaltflächen, `small` (Standardwert) für kleine.
- `imageMso`: Dieses Attribut verweist auf ein Symbol, das aus der *Office System Icon Gallery* abgerufen wird. Um einen Überblick zu gewinnen, welche Symbole es gibt, suchen Sie einfach einmal im Internet nach dem Stichwort »imageMso«.
- `image`: Für ein benutzerdefiniertes Bild können Sie hier eine Kennung hinterlegen.
- `onAction`: Übergibt den Namen der Ereignisprozedur für das Anklicken.

Damit ist die XML-Datei fertig und unser eigenes Menüband zumindest vom Erscheinungsbild her vollständig.

Wohin mit der fertigen XML-Datei?

Jetzt müssen wir die fertige XML-Datei beziehungsweise ihren Inhalt in die Access-Datenbank übertragen. Für selbst erstellte Menübänder ist die Usertabelle *USysRibbons* zuständig, die Sie zunächst anlegen müssen:

1. Erstellen Sie eine neue Tabelle in der Entwurfsansicht.
2. Fügen Sie diese Felder hinzu:
   - »lngID« (AUTOWERT, LONG INTEGER, Primärschlüssel)
   - »RibbonName« (KURZER TEXT, Feldgröße 255 Zeichen)
   - »RibbonXml« (LANGER TEXT)
3. Speichern Sie die Tabelle unter dem Namen *USysRibbons* ab.

Usertabellen (»USys«) sind im Navigationsbereich standardmäßig ausgeblendet

Wenn Sie die neu erstellte Tabelle *USysRibbons* im Navigationsbereich nicht sehen, kann das daran liegen, dass Usertabellen üblicherweise ausgeblendet sind (Abbildung 11.5). In Abschnitt 2.10.1, »Versteckte Datenbankobjekte«, ist beschrieben, wie Sie System- und Usertabellen einblenden können.

4. Schalten Sie in die Datenblattansicht um.
5. Tragen Sie im Feld »RibbonName« einen beliebigen Namen ein, beispielsweise »usrRibbon«.
6. In das Feld »RibbonXml« kommt der gesamte Inhalt der XML-Datei.

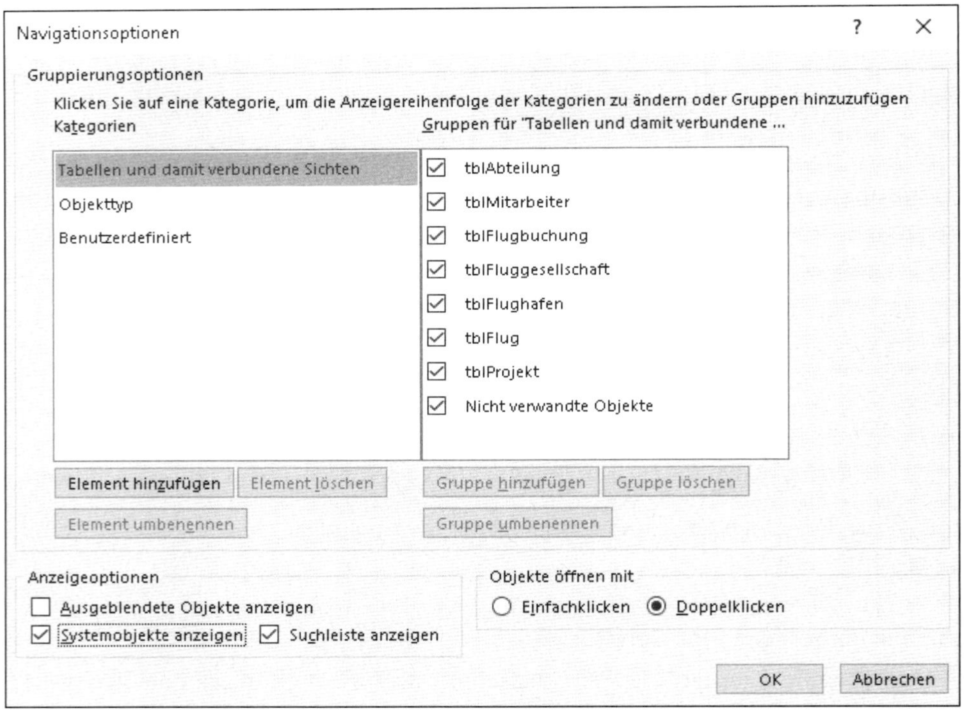

Abbildung 11.5 In den Navigationsoptionen können Sie Systemobjekte sichtbar schalten.

7. Öffnen Sie die Datei *11_Anwendungsprogramme\11.1.3_Symbolleiste.xml* in einem Texteditor, beispielsweise dem Editor von Windows.
8. Kopieren Sie den gesamten Inhalt in die Zwischenablage (im Windows Editor: Strg + A und Strg + C).

9. Wechseln Sie zu Access, und gehen Sie in das Feld »RibbonXml«. Drücken Sie [Alt] + [F2], [Strg] + [V], und speichern Sie den Datensatz letztendlich ab.
10. Schließen und öffnen Sie die Datenbank wieder.

    Vom neuen Menüband ist noch keine Spur zu sehen. Wir müssen Access noch anweisen, welcher Datensatz aus der Tabelle *USysRibbons* genommen werden soll:
11. Öffnen Sie die Access-Optionen.
12. Wählen Sie unter AKTUELLE DATENBANK • MENÜBAND- UND SYMBOLLEISTENOPTIONEN • NAME DES MENÜBANDS den Eintrag USRRIBBON aus.
13. Schließen und öffnen Sie die Datenbank wieder.

Das Ergebnis sollte jetzt als zusätzliches Registerblatt FLÜGE im Menüband sichtbar sein. Sie finden die fertige Datenbank in den Materialien zum Buch unter *11_Anwendungsprogramme\11.1.3_Symbolleiste.accdb*.

So sieht unser Menüband in der Access-Runtime-Umgebung aus

In der kostenlosen Access-Runtime-Umgebung sind die standardmäßigen Menübänder wie bereits erwähnt ausgeblendet. Um Ihnen einen Eindruck zu vermitteln, wie die Datenbank in der Access-Runtime-Umgebung aussehen wird, habe ich die Endung der Datenbankdatei in *.accdr* geändert (*11_Anwendungsprogramme\11.1.3_Symbolleiste.accdr*).

Menübänder für Formulare und Berichte

Mit zusätzlichen Datensätzen in der Tabelle *USysRibbons* können Sie einzelne Formulare oder Berichte mit einem separaten Menüband ausstatten (in den Formular- oder Berichtseigenschaften unter ANDERE • NAME DES MENÜBANDS auswählen).

Ereignisse eines Menübands

Wenn ein Benutzer auf eine Schaltfläche in einem Menüband klickt, wird ähnlich wie bei einem Steuerelement ein Ereignis ausgelöst. Technisch gesehen ist es kein richtiges Ereignis, sondern eine *Aktion* mit einer *Callback-Funktion* anstelle der Ereignisprozedur. Was vielleicht etwas kompliziert klingt, ist in der Praxis völlig unspektakulär. Im XML-Attribut `onAction` tragen Sie einen eindeutigen Namen für die Prozedur ein, beispielsweise `onAction="Ribbon_cmdAbteilung_OnClick"`.

```
Public Sub Ribbon_cmdAbteilung_OnClick(ByVal vctlRibbonControl As Object)
  DoCmd.OpenForm "frmAbteilung"
End Sub
```

Listing 11.4 Mit dieser Callback-Funktion reagiere ich auf einen Mausklick im Menüband.

Wichtig ist, diese Prozedur nicht in ein Klassenmodul, sondern in ein standardmäßiges Modul zu schreiben und sie als `Public` zu deklarieren. Andernfalls wäre die Prozedur nicht über den Callback-Mechanismus erreichbar. Auch wenn der Parameter mit der Objektvariablen in den meisten Fällen nicht verwendet wird, muss er trotzdem angegeben werden. In der Beispieldatenbank habe ich sämtliche Prozeduren für das Menüband in das Modul *basRibbonCallback* gepackt.

Eigene Symbole in das Menüband laden

Nachdem unsere Datenbank nun auf die Mausklicks reagiert, bleibt nur noch das benutzerdefinierte Symbol für die Flugbuchungen. Zum Anzeigen eigener Symbole müssen wir ebenfalls auf ein Ereignis reagieren, und zwar über das Attribut `loadImage`, das im obersten Element `<customUI>` zu finden ist (Listing 11.2, Zeile 02). Und so sieht die zugehörige Prozedur aus:

```
Public Sub Ribbon_OnLoadImage(ByVal vstrImageName As String, _
                              ByRef rvarImage As Variant)
   Dim strImageFileName As String

   strImageFileName = CurrentProject.Path & "\11.1.3_" & vstrImageName & ".bmp"
   Set rvarImage = LoadPicture(strImageFileName)
End Sub
```

Listing 11.5 Diese spezielle Callback-Funktion lädt das Symbol aus der ».bmp«-Datei in den Arbeitsspeicher.

Für jede Schaltfläche mit einem benutzerdefinierten Symbol wird diese Prozedur aufgerufen. Im ersten Parameter, `vstrImageName`, steht die Zeichenfolge aus dem Attribut `image` der Schaltfläche. Für die Schaltfläche der Flugbuchungen habe ich »Flugzeug« festgelegt (Listing 11.3, Zeile 21). Damit baue ich den vollständigen Pfad und Namen der Bilddatei zusammen (*...\11.1.3_Flugzeug.bmp*), lade anschließend das Bild mit der Funktion `LoadPicture()`in den Speicher und gebe es über die Referenzvariable `rvarImage` zurück an das Menüband.

Symbole mit »LoadPicture()« laden

`LoadPicture()` lädt ein Symbol aus einer Datei in den Speicher, wozu es den vollständigen Pfad mit Dateinamen benötigt. Der Rückgabewert ist ein Objekt der Klasse `IPictureDisp`. Ein solches Objekt erwartet das Menüband. Access selbst kann mit einem solchen Objekt leider nichts direkt anfangen; Anzeigen in einem Steuerelement eines Formulars wird also nicht funktionieren. Mitunter verhält sich `LoadPicture()` recht zickig, und oft hilft nur probieren. *.png*-Dateien werden beispielsweise gar nicht unterstützt, und bei anderen Dateiformaten werden die Bilder eventuell geladen, aber nicht richtig angezeigt.

11.2 Zugriffsberechtigungen

Dieses Thema ist nur relevant, wenn Ihre Anwender nicht alle Daten lesen oder verändern dürfen. Standardmäßig gilt in einer Access-Datenbank Vollzugriff für jeden. Wenn Sie dies nicht möchten, müssen Sie die Zugriffsberechtigungen einschränken.

11.2.1 Benutzer, Gruppen und Zugriffsberechtigungen in ».mdb«-Dateien

Bei Zugriffsberechtigungen stellt sich immer die Frage, wie sich ein Benutzer erkenntlich macht (*Benutzerauthentifizierung*) und welche Berechtigung erteilt wird (*Benutzerautorisierung*). Das ältere Datenbankformat von Access (*.mdb*-Dateien) deckt beide Punkte unabhängig vom Windows-Betriebssystem ab.

Was ist mit Benutzerberechtigungen in Access passiert?

Mit dem neueren *.accdb*-Format hat Microsoft diese Funktion ersatzlos über Bord geworfen. Wie bei vielen anderen Access-Entwicklern hat diese Neuerung auch bei mir zunächst Entsetzen ausgelöst; aber ich kann die Entwicklung nachvollziehen und sehe sie mittlerweile sogar sehr positiv.

Unter dem Strich kommt Folgendes heraus: Zugriffsberechtigungen lassen sich am besten realisieren, wenn die Tabellen mit den Daten – das *Backend* – in einer Server-Datenbank liegen. In Abschnitt 4.7.3, »Eine Tabelle über die ODBC-Schnittstelle verknüpfen«, hatte ich Ihnen gezeigt, wie Sie in einem solchen Szenario Access als *Frontend* einsetzen können.

Es ist nicht ganz einfach, Zugriffsberechtigungen in einer *.mdb*-Datei richtig umzusetzen. Ich werde in diesem Abschnitt die einzelnen Schritte zeigen und auf die leider zahlreichen Fallstricke hinweisen. Aber wie gesagt: Voraussetzung ist, dass Sie das alte *.mdb*-Format verwenden.

Die Arbeitsgruppen-Informationsdatei (».mdw«-Datei)

Access kennt eigene *Benutzer* und *Gruppen*, die völlig losgelöst von den Benutzern und Gruppen im Windows-System oder einer Domäne sind. Die Access-Benutzer samt Kennwörtern und Access-Gruppen werden in einer kleinen Datenbank, einer *Arbeitsgruppen-Informationsdatei* (*.mdw*-Datei), verwaltet.

Es gibt eine standardmäßige *.mdw*-Datei, die Access jederzeit neu erzeugen kann:

%APPDATA%\Microsoft\Access\System.mdw

Diese standardmäßige Arbeitsgruppen-Informationsdatei bietet keine Sicherheit, da sie jederzeit neu generiert werden kann.

Sicherheit Schritt 1: Eine eigene ».mdw«-Datei erstellen

Der Schlüssel zu wirklicher Sicherheit ist es, eine eigene *.mdw*-Datei mit einer geheimen und am besten zufällig generierten Zeichenfolge mit maximal 20 Zeichen, der *Arbeitsgruppen-ID*, zu erstellen. Aus der Arbeitsgruppen-ID werden interne Sicherheitsinformationen generiert. Jeder, der diese Zeichenfolge kennt, kann die *.mdw*-Datei (zumindest teilweise) nachbauen. Eine leere Arbeitsgruppen-ID führt übrigens zur standardmäßigen *.mdw*-Datei (leere Arbeitsgruppen-ID = keine Sicherheit).

Mit den neuen Access-Versionen ist es gar nicht so einfach, eine neue .mdw-Datei zu erzeugen, denn der dafür notwendige *Arbeitsgruppenadministrator* lässt sich nur noch per VBA aufrufen. Tippen Sie dazu die folgende Zeile im Direktbereich (Strg + G) ein:

```
DoCmd.RunCommand acCmdWorkgroupAdministrator
```

Damit gelangen Sie zum Arbeitsgruppenadministrator (Abbildung 11.6).

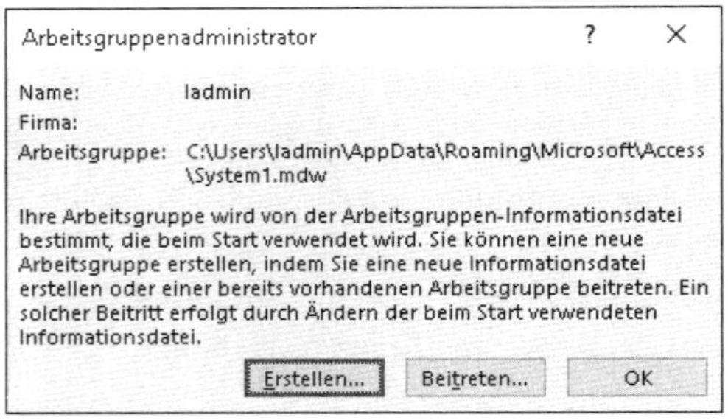

Abbildung 11.6 Mit dem Arbeitsgruppenadministrator lassen sich neue ».mdw«-Dateien erstellen.

Und so generieren Sie eine neue *.mdw*-Datei:

1. Klicken Sie im Arbeitsgruppenadministrator auf ERSTELLEN.
2. Tragen Sie NAME, FIRMA und ARBEITSGRUPPEN-ID ein. Letztere ist der Schlüssel zu aller Sicherheit und muss vertraulich bleiben!

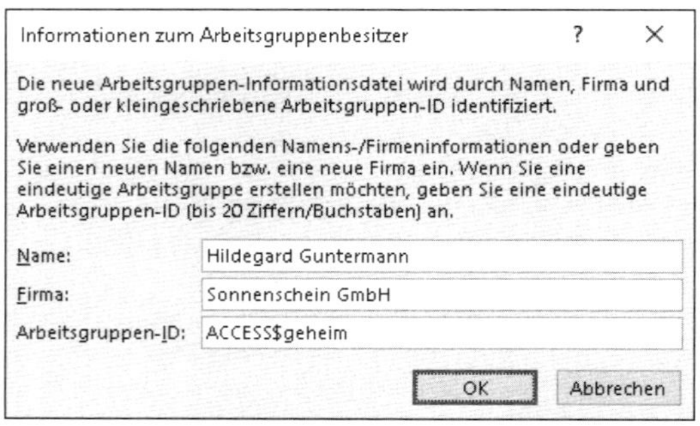

Abbildung 11.7 Verwenden Sie als Arbeitsgruppen-ID am besten eine zufällig generierte Zeichenfolge. Bitte auf keinen Fall leer lassen!

3. Klicken Sie auf OK.
4. Geben Sie den Dateinamen der *.mdw*-Datei ein, und klicken Sie auf OK.
5. Abschließend zeigt Access noch einmal alle wichtigen Informationen zum Erstellen der *.mdw*-Datei an (Abbildung 11.8). Es lohnt sich, diese vertraulichen Daten per Screenshot festzuhalten und ausgedruckt im Tresor der Firma zu hinterlegen.

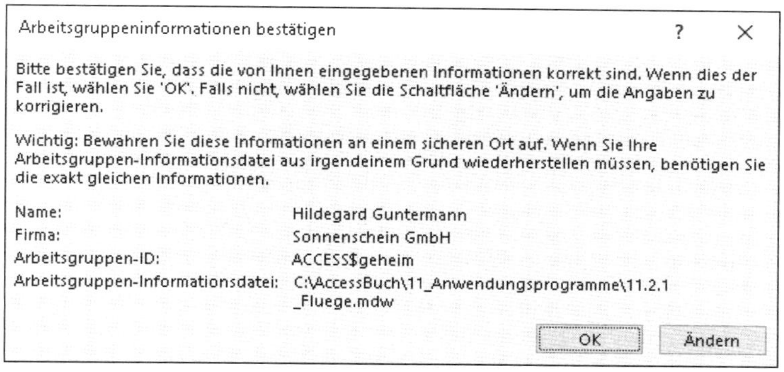

Abbildung 11.8 Verwahren Sie diese vertraulichen Informationen zu Ihrer ».mdw«-Datei an einem sicheren Ort auf.

6. Mit einem Klick auf OK wird die neue *.mdw*-Datei erzeugt.

Anschließend erscheint wieder der Arbeitsgruppenadministrator (Abbildung 11.6). Wenn Sie genau hinsehen, werden Sie feststellen, dass in der Zeile ARBEITSGRUPPE die neue *.mdw*-Datei erscheint.

Welche ».mdw«-Datei verwendet Access?

Beim Start ruft Access die Informationen über Benutzer und Gruppen aus derjenigen *.mdw*-Datei ab, der zuletzt *beigetreten* wurde. Beitreten bedeutet, dass der Pfad in der Registry abgespeichert wird, und zwar unter:

HKEY_CURRENT_USER\SOFTWARE\Microsoft\Office\16.0\Access\Access Connectivity Engine\Engines\SystemDB

Einer neu erstellten *.mdw*-Datei tritt Access, wie Sie gesehen haben, automatisch bei. Über die Schaltfläche BEITRETEN ... können Sie eine andere *.mdw*-Datei auswählen, beispielsweise die standardmäßige Arbeitsgruppen-Informationsdatei (*%APPDATA%\Microsoft\Access\System.mdw*).

Wenn Sie Zugriffsberechtigungen nutzen möchten, müssen Sie die Datenbank immer mit der passenden *.mdw*-Datei öffnen. Am besten erstellen Sie eine Batch-Datei zum Starten von Access, in der Sie über den Parameter `/wrkgrp` die gewünschte *.mdw*-Datei festlegen:

```
"%ProgramFiles(x86)%\Microsoft Office\root\Office16\MSACCESS.EXE" /wrkgrp "%CD%\
11.2.1_Fluege.mdw" "%CD%\11.2.1_Fluege_mit_Berechtigungen.mdb"
```

> Der korrekte Pfad zur Datei *MSACCESS.EXE* hängt davon ab, welche Access-Version auf Ihrem Computer installiert ist. Ein Beispiel einer solchen Batch-Datei finden Sie unter *11_Anwendungsprogramme\11.2.1_Fluege_mit_Berechtigungen.bat*.

Testhalber können Sie von der neuen Arbeitsgruppen-Informationsdatei eine Kopie erzeugen und die Dateiendung in *.mdb* ändern. Es handelt sich um eine ganz normale Datenbank. Das Herzstück einer *.mdw*-Datei sind zwei Systemtabellen:

- *MSysAccounts* (Abbildung 11.9)
  Hier stehen die Benutzer mit den Kennwörtern in verschlüsselter Form und die Gruppen. Ähnlich wie ein Primärschlüssel fungiert die *SID* (*security identifier*).
- *MSysGroups*
  Speichert die Mitgliedschaft von Benutzern in Gruppen (Zuordnung von Benutzer-SID zu Gruppen-SID).

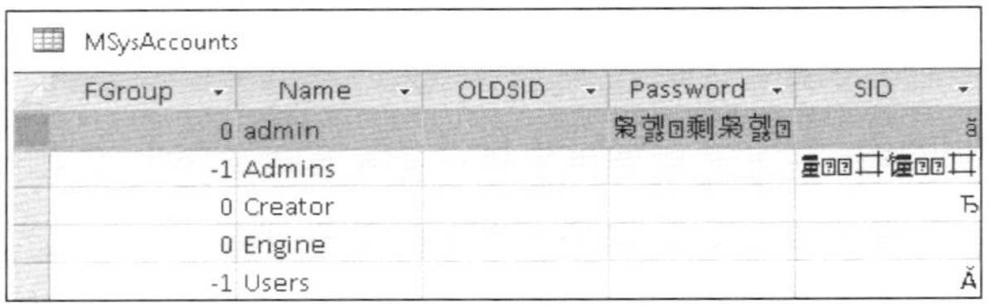
MSysAccounts

FGroup	Name	OLDSID	Password	SID
0	admin		[illegible]	[illegible]
-1	Admins			[illegible]
0	Creator			[illegible]
0	Engine			
-1	Users			Ă

Abbildung 11.9 Über die SIDs wird die Sicherheit hergestellt, denn jede SID wird automatisch generiert und lässt sich im Nachhinein nicht mehr verändern.

Eigene Benutzer und Gruppen erstellen

Nach Belieben können Sie neue Benutzer und Gruppen hinzufügen und die Zuordnung von Benutzern zu Gruppen festlegen. Gehen Sie dazu auf DATEI • BENUTZER UND BERECHTIGUNGEN (diese Schaltfläche erscheint nur, wenn eine *.mdb*-Datei geöffnet ist!), und wählen Sie im Menü den Eintrag BENUTZER- UND GRUPPENKONTEN ... aus.

Abbildung 11.10 Der Dialog »Benutzer- und Gruppenkonten« ändert die Daten in der ».mdw«-Datei.

Beim Erstellen eines Benutzers oder einer Gruppe fragt Access nach einer *PID* (*persönlichen ID*). Ebenso wie die Arbeitsgruppen-ID dient die PID dazu, einen Benutzer oder eine Gruppe später einmal neu zu erstellen. Ich empfehle Ihnen, für die PIDs zufällige Zeichenfolgen zu generieren und zusammen mit der Arbeitsgruppen-ID im Tresor zu hinterlegen.

Für den Administrator ein Kennwort setzen und dadurch das Anmeldefenster aktivieren

Klicken Sie im Dialog Benutzer- und Gruppenkonten auf das Registerblatt Anmeldungskennwort ändern. Unter Benutzername erscheint, unter welchem Benutzer Sie gerade angemeldet sind: »Administrator«. Ich möchte noch einmal daran erinnern, dass dies der Access-Benutzer ist. Er hat nichts mit dem Anmeldenamen von Windows zu tun!

Standardmäßig ist das Kennwort des Administrators leer. Sie können jetzt ein neues Kennwort festlegen, Access beenden und neu starten. Sobald für den Administrator ein Kennwort gesetzt ist, erscheint beim Öffnen einer Datenbank das *Anmeldefenster* (Abbildung 11.11).

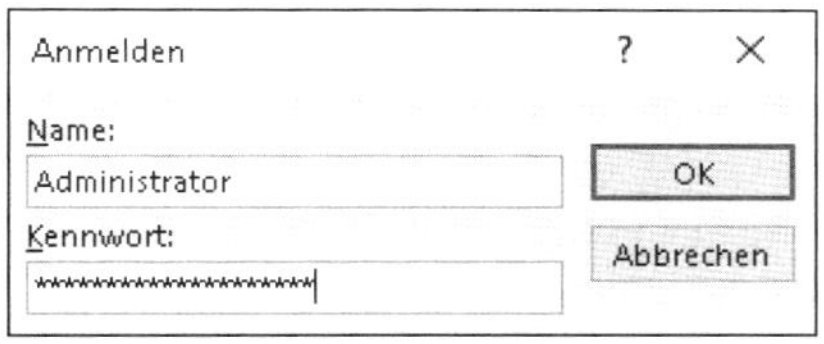

Abbildung 11.11 Das Anmeldefenster erscheint nur, wenn für den Administrator ein Kennwort gesetzt ist.

Über das Anmeldefenster können Sie sich als anderer Benutzer anmelden. Für alle selbst erstellten Benutzer sollten Sie nun ebenfalls Kennwörter einstellen.

> **Sicherheit Schritt 2: Für den Administrator ein Kennwort festlegen**
>
> Nur so haben Sie überhaupt eine Chance, zum Anmeldefenster zu gelangen und einen anderen Benutzernamen als »Administrator« einzutippen.

Schauen wir uns noch einmal die fünf Datensätze der Tabelle *MSysAccounts* in Abbildung 11.9 an, die es in jeder *.mdw*-Datei gibt. Über die beiden nur intern genutzten Benutzer »Creator« und »Engine« brauchen wir uns keine Gedanken zu machen, wohl aber um die anderen drei Einträge.

- **Die Gruppe »Admins«, die in der Benutzeroberfläche auch als »Administratoren« erscheint**
  Benutzer, die Mitglied dieser Gruppe sind, haben Vollzugriff auf die Datenbank.
- **Die Gruppe »Users« (jeder Benutzer)**
  Alle Benutzer sind Mitglieder der Gruppe »Users« und können nicht aus der Gruppe entfernt werden. Diese Gruppe ist eine ganz besondere, denn ihre SID ist in jeder *.mdw*-Datei identisch.

- **Der Benutzer »admin«, der in der Benutzeroberfläche auch als »Administrator« erscheint (anonymer Benutzer)**
  Ebenso besonders ist der Benutzer »Administrator«, denn er hat ebenfalls in allen *.mdw*-Dateien die gleiche SID. Standardmäßig ist der Benutzer »Administrator« Mitglied der Gruppe »Administratoren«.

Wenn eine SID in weltweit allen *.mdw*-Dateien identisch ist, hat das nichts mit Sicherheit zu tun. In der obigen Liste habe ich in Klammern zwei Bezeichnungen eingeführt, die ich für zutreffender finde: »jeder Benutzer« und »anonymer Benutzer«. Um wirklich Sicherheit einzuführen, müssen Sie den Administrator entmachten, indem Sie ihn aus der Gruppe »Administratoren« entfernen.

Sicherheit Schritt 3: Den Administrator entmachten

Dazu sind diese Schritte notwendig:

1. einen neuen Benutzer, der Ersatzadministrator werden soll, erstellen und der Gruppe »Administratoren« zuordnen
2. den Benutzer »Administrator« aus der Gruppe »Administratoren« entfernen

Damit haben wir das erste, wichtige Ziel in Richtung Sicherheit erreicht. Die Arbeitsgruppen-Informationsdatei ist vollständig. In ihr sind alle Benutzer und Gruppen samt Kennwort und SID hinterlegt. Des Weiteren ist der anonyme Benutzer »Administrator« entmachtet, und dank des Kennworts erscheint das Anmeldefenster beim Öffnen der Datenbank. Damit ist die Benutzerauthentifizierung fertiggestellt.

Zugriffsberechtigungen (Benutzerautorisierung)

Kommen wir jetzt zu den Berechtigungen, die einem Benutzer entweder direkt oder indirekt über Gruppen erteilt werden. Sämtliche Berechtigungen werden in der *.mdb*-Datei, also der Datenbank selbst, hinterlegt. Wählen Sie dazu unter DATEI • BENUTZER UND BERECHTIGUNGEN im Menü den Eintrag BENUTZER- UND GRUPPENBERECHTIGUNGEN ... aus. Im Registerblatt BERECHTIGUNGEN (Abbildung 11.12) können Sie zwischen den Typen von Datenbankobjekten umschalten und individuelle Berechtigungen pro Benutzer oder Gruppe festlegen.

Viele der Berechtigungen sind selbsterklärend, und ich möchte Sie ermutigen, verschiedene Einstellungen auszuprobieren. Erstellen Sie aber bitte vorher eine Sicherheitskopie Ihrer Datenbank, denn es ist schnell passiert, dass man sich versehentlich selbst ausgeschlossen hat.

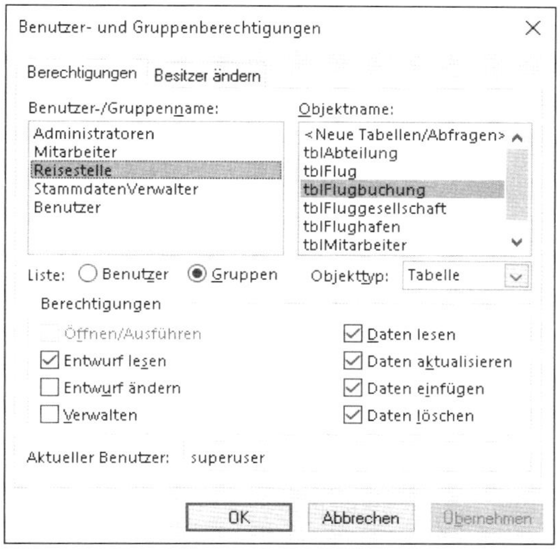

Abbildung 11.12 Die Verwaltung von Nutzerrechten gelingt einfacher, indem Sie Berechtigungen nur den Gruppen erteilen.

Sicherheit Schritt 4: Mit einer leeren ».mdb«-Datei neu starten

Leider gibt es noch das Registerblatt BESITZER ÄNDERN, das gern übersehen wird. Jedes Datenbankobjekt hat einen *Besitzer*. Sie können die Zugriffsberechtigungen dem Besitzer zwar entziehen – aber Besitzer zu sein bedeutet, sich selbst jederzeit wieder ermächtigen zu können. Folglich muss der Ersatzadministrator Besitzer aller Datenbankobjekte werden, was ich im Registerblatt BESITZER ÄNDERN theoretisch bewerkstelligen könnte.

Doch Vorsicht Falle: So einfach geht es leider nicht! Es gibt nämlich auch einen Besitzer der aktuellen Datenbank – und ausgerechnet dieser lässt sich nicht ändern (Abbildung 11.13).

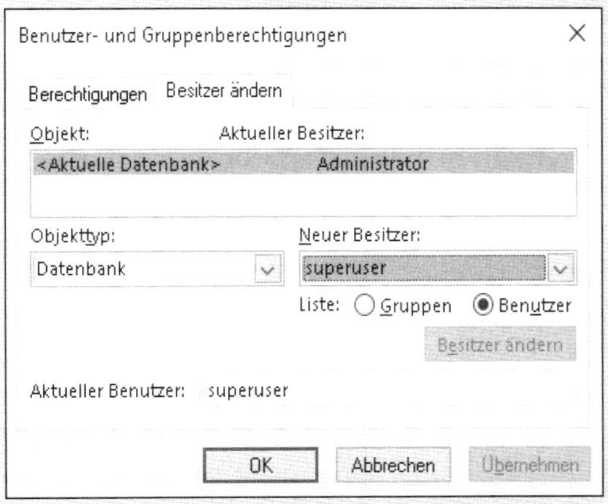

Abbildung 11.13 Der Besitzer einer Datenbank lässt sich grundsätzlich nicht ändern.

Besitzer der Datenbank ist immer derjenige Benutzer, der die *.mdb*-Datei erstellt hat. Wenn das der anonyme Benutzer (»admin« oder »Administrator«) war, werden wir ihn nicht vollständig entmachten können. Folglich müssen wir mit einer leeren *.mdb*-Datei neu beginnen:

1. als Ersatzadministrator anmelden
2. eine neue *.mdb*-Datei erstellen (dadurch wird der Ersatzadministrator Besitzer der Datenbank)
3. falls zutreffend, die Datenbankobjekte aus der anderen Datenbankdatei importieren
4. noch einmal überprüfen, dass sämtliche Datenbankobjekte im Besitz des Ersatzadministrators sind
5. dem anonymen Benutzer »Administrator« und der Gruppe »Benutzer« alle Berechtigungen entziehen (dabei alle Typen von Datenbankobjekten durchgehen!)
6. den selbst erstellen Gruppen Berechtigungen erteilen

Sowohl der Besitz von Datenbankobjekten als auch die Berechtigungen erteilt Access an SIDs und nicht an Benutzer- oder Gruppennamen. Deshalb muss eine *.mdb*-Datei immer mit der passenden Arbeitsgruppen-Informationsdatei geöffnet werden. Es reicht nicht aus, eine neue *.mdw*-Datei mit den gleichen Benutzer- und Gruppennamen zu erstellen. Vielmehr müssen die SIDs identisch sein, was nur jemand bewerkstelligen kann, der die vertraulichen Informationen aus dem Tresor kennt (Arbeitsgruppen-ID und PIDs).

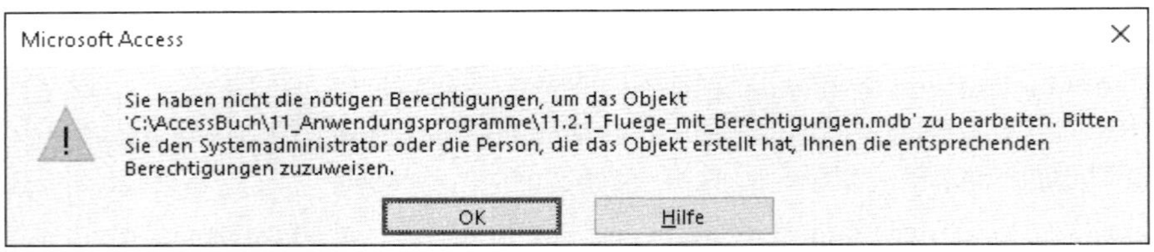

Abbildung 11.14 Diese Fehlermeldung erscheint, wenn die Berechtigung zum Öffnen der Datenbank fehlt (beispielsweise bei falscher ».mdw«-Datei).

Ein vollständiges Beispiel

Mit den beschriebenen Schritten habe ich von unserer Datenbank mit den Flugbuchungen eine Version mit Zugriffsberechtigungen erstellt. Unter *11_Anwendungsprogramme* finden Sie als Ergebnis die folgenden Dateien:

- *11.2.1_Fluege_ohne_Berechtigungen.mdb*
  Diese Datenbank ist der Ausgangspunkt (keine Zugriffsberechtigungen, Vollzugriff für alle).
- *11.2.1_Dokumentation_Benutzer_und_Gruppen.txt*
  In dieser Textdatei stehen alle vertraulichen Informationen, darunter die Kennwörter der Benutzer. Im produktiven Betrieb würde ich diese Datei ausdrucken und in den sicher verschlossenen Tresor legen.

- *11.2.1_Fluege_mit_Berechtigungen.mdb*
  Die Datenbank mit aktivierten Zugriffsberechtigungen. Für Vollzugriff bitte mit dem Benutzer »superuser« und Kennwort »SUPERUSER$geheim« anmelden.
- *11.2.1_Fluege.mdw*
  Dies ist die zugehörige Arbeitsgruppen-Informationsdatei.
- *11.2.1_Fluege_mit_Berechtigungen.bat*
  Über diese Batch-Datei lassen sich die *.mdb*- und *.mdw*-Datei bequem zusammen aufrufen. Je nach installierter Version von Access ist der Pfad zu *MSACCESS.EXE* anzupassen.

Best Practice zum Absichern einer ».mdb«-Datei

Abschließend hier noch einmal die Reihenfolge aller Schritte, mit denen Sie eine Access-Datenbank im *.mdb*-Format mit Sicherheit versehen:

1. eine eigene *.mdw*-Datei erstellen
2. zum Öffnen der Datenbank eine Batch-Datei erstellen und über den Parameter `/wrkgrp` die Arbeitsgruppen-Informationsdatei festlegen
3. für den anonymen Benutzer »Administrator« ein Kennwort festlegen
4. den Ersatzadministrator anlegen und der Gruppe »Administratoren« hinzufügen
5. eigene Benutzer und Gruppen erstellen
6. den anonymen Benutzer »Administrator« entmachten, indem er aus der Gruppe »Administratoren« entfernt wird
7. für den Ersatzadministrator und die anderen selbst erstellten Benutzer ein Kennwort festlegen
8. Access schließen und neu starten, Datenbank öffnen und als Ersatzadministrator anmelden
9. eine neue *.mdb*-Datei erstellen
10. sämtliche Datenbankobjekte aus der alten *.mdb*-Datei importieren
11. den Ersatzadministrator als Besitzer aller Datenbankobjekte festlegen
12. dem anonymen Benutzer »Administrator« und der Gruppe »Benutzer« alle Berechtigungen entziehen
13. den selbst erstellen Gruppen Berechtigungen erteilen

11.2.2 Verschlüsseln der Datenbank

Für Datenbanken im *.accdb*-Format gibt es eine einfache Variante, den Zugriff einzuschränken: die Datei mit einem Datenbankkennwort verschlüsseln. Hierzu öffnen Sie die Datenbank zunächst im exklusiven Modus:

1. Starten Sie Access.
2. Wählen Sie im Startbildschirm den Eintrag WEITERE DATEIEN ÖFFNEN gefolgt von ÖFFNEN • DURCHSUCHEN, um zum Dialog in Abbildung 11.15 zu gelangen.
3. Gehen Sie zur unverschlüsselten Datenbank, beispielsweise *11_Anwendungsprogramme\11.2.2_Fluege.accdb*.
4. Klicken Sie jedoch nicht auf ÖFFNEN, sondern erweitern Sie die Schaltfläche, und wählen Sie den Eintrag EXKLUSIV ÖFFNEN aus.

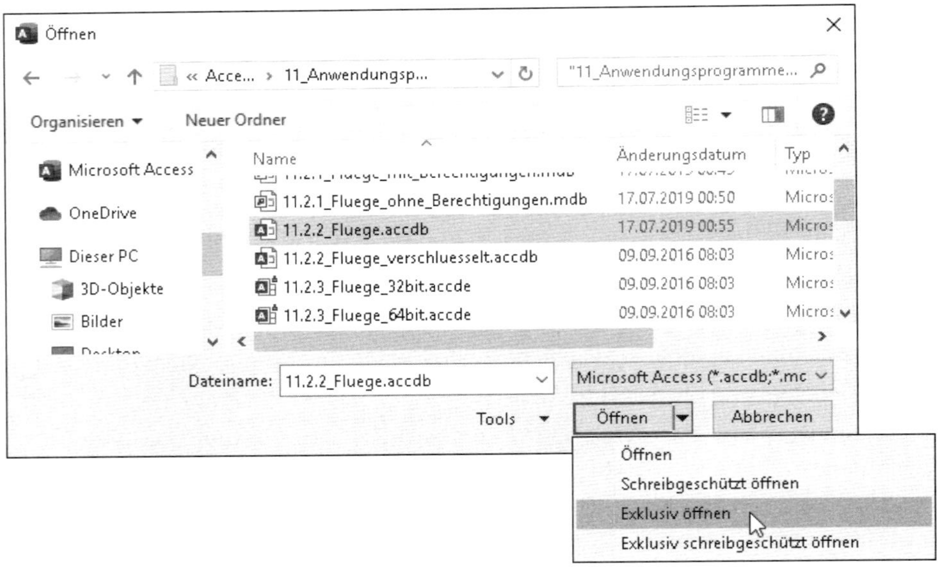

Abbildung 11.15 Zum Verschlüsseln muss die Datenbank exklusiv geöffnet werden.

5. Klicken Sie auf die Schaltfläche DATEI • MIT KENNWORT VERSCHLÜSSELN.
6. Geben Sie jetzt zweimal ein vertrauliches Kennwort ein, und klicken Sie auf OK. Für unser Beispiel habe ich

   ```
   ACCESS$geheim
   ```

   gesetzt.

Abbildung 11.16 Geben Sie das Kennwort zum Verschlüsseln der Datenbank zweimal ein.

Eine harmlose Fehlermeldung

Unter Umständen erhalten Sie an dieser Stelle eine Fehlermeldung (Abbildung 11.17). Diese Meldung tritt in Verbindung mit der Access-Option CLIENTEINSTELLUNGEN • ERWEITERT • DATENBANKEN MIT SPERRUNG AUF DATENSATZEBENE ÖFFNEN auf und kann ohne Probleme mit OK bestätigt werden.

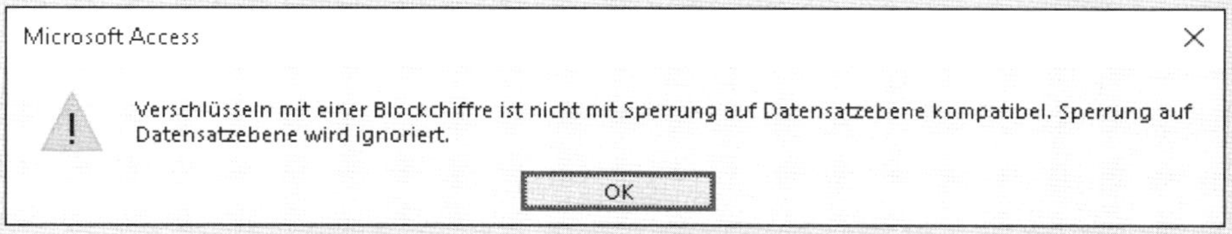

Abbildung 11.17 Die Fehlermeldung ist harmlos und kann ignoriert werden.

Jetzt ist die Datenbank verschlüsselt. Ich habe die verschlüsselte Datei in *11_Anwendungsprogramme\11.2.2_Fluege_verschluesselt.accdb* umbenannt, damit Ihnen sowohl die ursprüngliche als auch die verschlüsselte Version zur Verfügung steht. Fortan ist ein Kennwort erforderlich, um die Datenbank zu öffnen. Wer das Kennwort kennt, kann die Datenbank öffnen und hat Vollzugriff auf alle Datenbankobjekte.

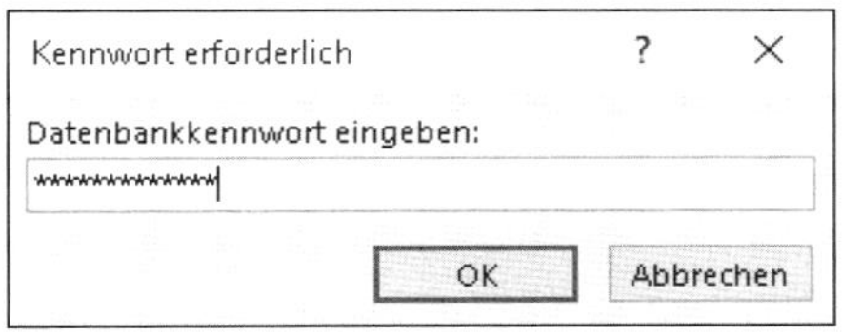

Abbildung 11.18 Eine verschlüsselte Datenbank kann nur mit dem richtigen Kennwort geöffnet werden.

11.2.3 Erstellen einer ».accde«-Datei

Eine fertige Datenbank lässt sich mit wenigen Mausklicks in eine kompilierte Datei überführen (eine *.accde*- bzw. *.mde*-Datei). Kompilierte Dateien sind etwas kleiner und werden dadurch schneller geladen. Das wichtigste Merkmal ist aber, dass weder die Entwurfsansichten noch der VBA-Code aufrufbar sind. Das Kompilieren lässt sich nicht rückgängig machen; folglich eignen sich *.accde*-Dateien, um geistiges Eigentum zu schützen.

So lässt sich aus einer *.accdb*-Datei eine *.accde*-Datei kompilieren:

1. Öffnen Sie die Datenbank *01_Einleitung\1.2.2_Fluege.accdb*.
2. Klicken Sie auf DATEI • SPEICHERN UNTER • DATENBANK SPEICHERN ALS.
3. Wählen Sie im rechten Bereich unter ERWEITERT den Eintrag ACCDE ERSTELLEN aus.
4. Klicken Sie auf SPEICHERN, und ändern Sie bei Bedarf den Namen der *.accde*-Datei ab.

Etwas schade ist es, dass eine *.accde*-Datei, die mit der 32-Bit-Version von Access kompiliert wurde, auch nur mit dieser Version und nicht mit der 64-Bit-Version geöffnet werden kann (Abbildung 11.19). Entsprechendes gilt für den umgekehrten Fall.

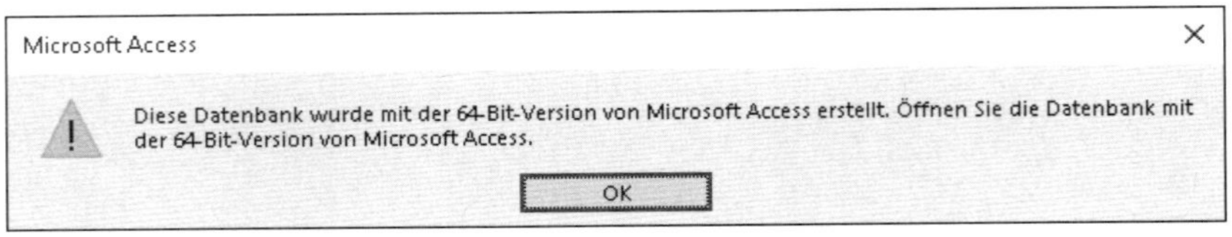

Abbildung 11.19 Eine ».accde«-Datei ist an die Plattform gebunden, unter der sie erstellt wurde.

Sie müssen daher zwei *.accde*-Dateien erstellen, eine für jede der beiden Zielplattformen:

- *11_Anwendungsprogramme\11.2.3_Fluege_32bit.accde*
- *11_Anwendungsprogramme\11.2.3_Fluege_64bit.accde*

Das bedeutet gleichzeitig, dass Sie zum Kompilieren sowohl eine 32-Bit- als auch eine 64-Bit-Installation von Access benötigen.

11.3 Ohne Access mit Datenbank-Dateien arbeiten: Die Access Runtime

Sie können völlig legal die Kosten für Softwarelizenzen einsparen, denn Anwender eines fertigen Anwendungsprogramms benötigen keine Vollversion von Access. Stattdessen reicht die kostenlose Access Runtime aus. Diese Version ist in vier Punkten gegenüber der Vollversion von Access eingeschränkt:

- Datenbankobjekte können nicht erstellt oder geändert werden (keine Entwurfsansichten).
- Das standardmäßige Menüband von Access ist ausgeblendet.
- Der Navigationsbereich ist ausgeblendet.
- Die Entwicklungsumgebung von VBA ist nicht enthalten.

Ich werde Ihnen zunächst zeigen, wie Sie die Access Runtime herunterladen und installieren können und welche Fallstricke es dabei gibt. Anschließend werden wir in zwei Workshops unsere Beispieldatenbank runtime-fähig machen, so dass ein Endanwender die Datenbank problemlos mit der Access Runtime bedienen kann.

11.3.1 Installation der Access Runtime

Um die Installationsdateien für die Access Runtime zu erhalten, gehen Sie auf die Website von Microsoft (*https://www.microsoft.com*) und suchen dort nach »Access Runtime«. Für die verschiedenen Versionen von Access gibt es jeweils eine entsprechende Access Runtime. Die aktuelle Version heißt aber nicht »Access 2019 Runtime«, sondern »Office 365 Access Runtime« (*https://support.office.com/de-de/article/Herunterladen-und-Installieren-von-Office-365-Access-Runtime-185c5a32-8ba9-491e-ac76-91cbe3ea09c9*). Nach der Installation erscheint sie unter den installierten Programmen als MICROSOFT ACCESS RUNTIME 2016 – DE-DE. Es ist aber die Version, die zu Access 2019 passt. Sie unterstützt auch die neuesten Features wie moderne Diagramme.

Ich möchte an dieser Stelle nicht verschweigen, dass einige Besonderheiten bei der Installation zu beachten sind und dass es – zumindest in der Vergangenheit – immer mal wieder Inkompatibilitäten gab. Diese Punkte müssen Sie beachten, wenn Sie die Access Runtime installieren möchten:

1. **Keine Vollversion von Access installiert**
   Sinnvollerweise sollten Sie die Access Runtime nur installieren, wenn auf dem Rechner *keine* Vollversion von Access installiert ist.
2. **Je nach Office-Installation 32 Bit oder 64 Bit wählen**
   Genauso wie Office selbst gibt es die Access Runtime als 32-Bit- und als 64-Bit-Variante. Wenn Sie die Access Runtime als Ergänzung zu einer der Office-Editionen ohne Access verwenden möchten (beispielsweise »Office Home & Business«), muss die Variante gleich sein. Setzen Sie also entweder Office 32 Bit und Access Runtime 32 Bit oder Office 64 Bit und Access Runtime 64 Bit ein.
3. **Je nach Office-Installation Click-to-Run oder MSI-basiert**
   Ab Office 2019 hat sich dieser Punkt vereinfacht: Es gibt nur noch die Installation als Click-to-Run-Variante, von Microsoft auch »Office Klick-und-Los« oder »Office Content Delivery Network (CDN)« genannt. Bis zur Version Office 2016 gab es noch Installationsdateien, die auf MSI-Paketen basierten, was regelmäßig zu Verwirrungen führte. Falls es Sie noch betreffen sollte, finden Sie mehr Information zu diesem kuriosen Thema im Kasten »Access Runtime 2016«.

Sobald die Installation der Access Runtime auf dem Computer abgeschlossen ist, sollte es möglich sein, *.accdb*-Dateien zu öffnen. Zum Überprüfen nehmen Sie am besten die beiden Beispieldatenbanken aus Kapitel 1, »Einleitung«:

- *01_Einleitung\1.2.1_Verein.accdb*
- *01_Einleitung\1.2.2_Fluege.accdb*

Beim Öffnen beider Datenbanken wird automatisch ein Formular geöffnet. Beide Datenbanken sind somit zumindest ansatzweise für die Access Runtime vorbereitet.

Access Runtime 2016

Microsoft favorisiert ganz klar die *Click-to-Run-Installation*. Dabei gibt es üblicherweise keine lokalen Installationsdateien, und die Installation erfolgt direkt aus der Cloud (aus dem bereits erwähnten *Office Content Delivery Network*).

Office 2016 war die letzte Version, die sowohl als Click-to-Run-Installation als auch *MSI-basiert* ausgeliefert wurde. Letzteres wird auch *Windows-Installer-basiert* genannt und verwendet Offline-Installationsdateien mit der Endung *.msi*, woher auch der Name »MSI-basiert« kommt. Für Office 2016 gab es die MSI-basierte Installation allerdings nur für Volumenlizenzen im Rahmen des Microsoft-Open-License-Programms, das sich insbesondere an Unternehmen und Organisationen richtet. Office-Lizenzen aus dem Einzelhandel, die üblicherweise von privaten Anwendern oder kleineren Unternehmen genutzt werden, sind bereits seit Office 2010 Click-to-Run-Installationen.

Falls Sie Office 2016 unter einer Volumenlizenz nutzen, wird die Installation einer Click-To-Run-Installation der Access Runtime scheitern (Abbildung 11.20). In diesem Fall benötigen Sie die MSI-basierte Installation der »Access Runtime 2016«, die Sie unter der Adresse *www.microsoft.com/de-DE/download/details.aspx?id=50040* herunterladen können. Beachten Sie aber bitte, dass dies in der Tat eine Runtime von Access 2016 ist und neue Features wie beispielsweise moderne Diagramme hiermit nicht genutzt werden können!

Abbildung 11.20 Eine Click-to-Run-Installation der Access Runtime lässt sich nicht zusammen mit einer MSI-basierten Installation von Office nutzen – und umgekehrt.

Leider ist die Benennung der beiden Varianten der Access Runtime auf der Homepage von Microsoft nicht sofort einleuchtend. Daher hier noch einmal die beiden derzeit relevanten Varianten:

- Office 365 Access Runtime = Click-to-Run
- Access Runtime 2016 = MSI-basiert, nur für Volumenlizenzen von Office 2016

Nutzen Sie also im Zweifelsfall die erste Variante. Abgesehen von der verwirrenden Benennung kam in der Vergangenheit hinzu, dass Microsoft es versäumt hatte, für Access 2016 eine Click-to-Run-Variante herauszugeben. Für Privatanwender gab es somit bis vor kurzem überhaupt keine aktuelle Access Runtime, was jetzt aber glücklicherweise behoben ist.

11.3.2 Workshop: Eine Datenbank runtime-fähig machen

Wie erwähnt gibt es in der Access Runtime einige Einschränkungen, weshalb die Runtime ja auch kostenlos ist. Ohne Anpassungen wäre eine Datenbank in so gut wie allen Fällen mit der Access Runtime nicht bedienbar. Wir starten in diesem Workshop mit unserer Beispieldatenbank, die Sie in den Materialien zum Buch in der Datei *11_Anwendungsprogramme\11.3.2_Fluege.accdb* finden. Ich habe für diese Datenbank – wie auch für die folgenden in diesem Workshop – eine Kopie mit der Dateiendung *.accdr* hinterlegt. Damit können Sie sofort einen Eindruck davon gewinnen, wie die Datenbank mit der Access Runtime aussähe.

Eine Datenbank in die Runtime-Ansicht umschalten

Möchten Sie erfahren, wie Ihre Datenbank mit der Access Runtime aussähe? Ändern Sie ganz einfach die Endung der Datenbankdatei von *.accdb* in *.accdr*. Schon verhält sich die Vollversion von Access wie die kostenlose Access Runtime.

Wenn Sie die Datei *11_Anwendungsprogramme\11.3.2_Fluege.accdr* öffnen, wird Ihnen lediglich ein leeres Fenster begegnen. In der Access Runtime gibt es den Navigationsbereich nicht, und der Anwender kann somit erst einmal gar nichts machen.

Hauptmenü konfigurieren

Das wollen wir ändern, indem wir ein intuitiv bedienbares Hauptmenü einsetzen. Wie Sie ein Hauptmenü erstellen, habe ich Ihnen in Abschnitt 11.1.2, »Formen des Hauptmenüs«, gezeigt. Eine moderne Variante mit dem Navigationssteuerelement habe ich im Formular *frmMain* bereits vorbereitet. Jetzt müssen wir es nur noch als Startformular auswählen.

1. Öffnen Sie die Datenbank *11_Anwendungsprogramme\11.3.2_Fluege.accdb*.
2. Gehen Sie zu den Optionen, indem Sie auf Datei • Optionen klicken.
3. Wählen Sie unter Aktuelle Datenbank • Anwendungsoptionen • Formular anzeigen das Formular *frmMain* aus.

Ebenso sollten Sie beim Schließen des Hauptmenüs dafür sorgen, dass die gesamte Datenbank geschlossen wird. Ansonsten wird der Anwender ein leeres Access-Fenster erhalten und recht ratlos sein. Der VBA-Code aus Listing 11.1 ist bereits im Formular enthalten. Das fertige Ergebnis finden Sie in den Materialien zum Buch in der Datenbank *11_Anwendungsprogramme\11.3.2_Fluege_Startformular.accdb*.

So lässt sich per VBA-Code ermitteln, mit welcher Access-Variante die Datenbank geöffnet wurde

Mitunter soll die Datenbank in der Access Runtime etwas anders funktionieren als in der Vollversion von Access. In unserem Beispiel habe ich den VBA-Code zum Schließen der Datenbank für die Access Runtime sehr restriktiv gehalten: entweder abbrechen oder Datenbank schließen.

Mit der folgenden Funktion lässt sich bestimmen, mit welcher Variante von Access die Datenbank geöffnet wurde:

```
SysCmd(acSysCmdRuntime)
```

Bei der Vollversion von Access ist der Rückgabewert »falsch«. Mit der Dateiendung *.accdr* oder der Access Runtime gibt die Funktion den Wert »wahr« zurück. In unserem Beispiel habe ich mit Hilfe dieser Funktion eine dritte Option eingeführt: Hauptmenü schließen und zurück zum Navigationsbereich.

Falls Sie anstelle eines Startformulars lieber ein Menüband mit Schaltflächen nutzen möchten, brauchen Sie gar nichts zu konfigurieren. Ein benutzerdefiniertes Menüband ist nämlich auch in der Access Runtime verfügbar. Einen Eindruck davon können Sie gewinnen, indem Sie die Datenbank *11_Anwendungsprogramme\11.1.3_Symbolleiste.accdr* öffnen.

Dokumentenregisterkarten

Etwas unschön wirkt noch, dass der Name des Formulars im Registerblatt angezeigt wird (Abbildung 11.21).

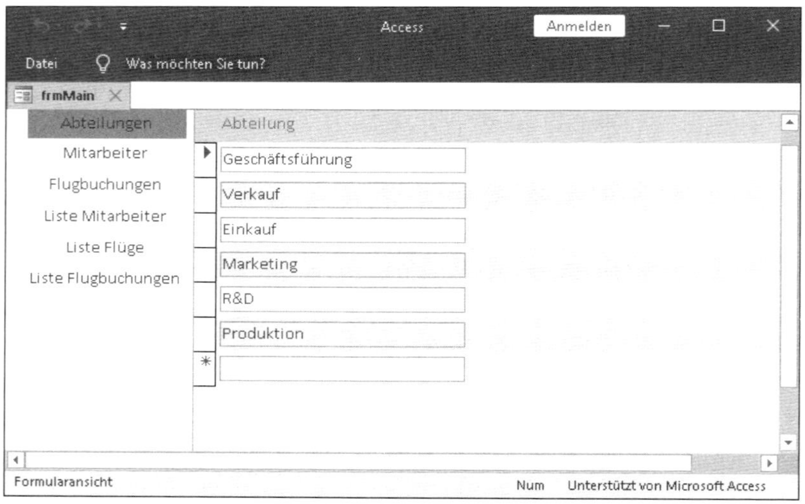

Abbildung 11.21 Wie in der Vollversion von Access erscheinen oberhalb des Formulars die Dokumentenregisterkarten. Hier fehlt noch die Beschriftung, so dass der Name des Formulars »frmMain« zu sehen ist.

Hierfür gibt es zwei schnelle Abhilfen: Entweder entfernen Sie in den Optionen das Häkchen unter AKTUELLE DATENBANK • ANWENDUNGSOPTIONEN • DOKUMENTENREGISTERKARTEN ANZEIGEN. Oder Sie vergeben für das Formular *frmMain* eine aussagekräftige Beschriftung.

Unter Umständen wäre noch ein dritter Ansatz mit VBA-Programmierung wie in Listing 11.6 denkbar. Allerdings greifen die geänderten Einstellungen erst beim nächsten Öffnen der Datenbank.

```
Private Sub Form_Open(Cancel As Integer)
[...]
  If SysCmd(acSysCmdRuntime) Then
    'In der Access Runtime die Dokumentenregisterkarten ausblenden
    CurrentDb().Properties("ShowDocumentTabs").Value = False
  Else
    'In der Vollversion von Access wieder einblenden
    CurrentDb().Properties("ShowDocumentTabs").Value = True
  End If
End Sub
```

Listing 11.6 Per VBA-Programmierung lassen sich die Optionen von Access verändern.

11

Berichte mit Filterformularen öffnen

Mit Hilfe des Hauptmenüs können die Anwender jetzt alle Formulare unserer Datenbank nutzen. Auch die Berichte können angezeigt werden, jedoch noch nicht in der Seitenansicht (Abbildung 11.22).

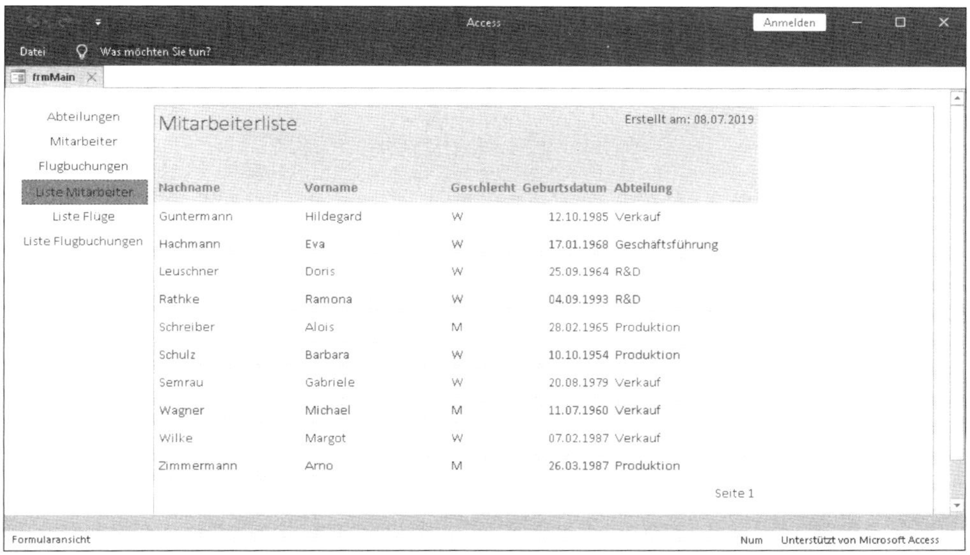

Abbildung 11.22 Standardmäßig erscheinen Berichte im Navigationssteuerelement als Unterbericht. Schöner wäre es, sie in der Seitenansicht zu sehen.

Eine passende Lösung für dieses Problem ist das *Filterformular*, das ich Ihnen im Workshop »Filterformulare für Berichte« in Abschnitt 7.6.2 vorgestellt habe. Zur Erinnerung: Beim Filterformular handelt es sich um ein ungebundenes Formular, mit dem der Anwender intuitiv einen Filter erstellen kann. Anschließend wird per VBA-Code der Bericht in der Seitenansicht geöffnet.

In den Materialien zum Buch finden Sie das Filterformular für die Mitarbeiterliste in der Datenbank *11_Anwendungsprogramme\11.3.2_Fluege_Filterformular.accdb*. Im Hauptmenü ist lediglich eine kleine Anpassung notwendig:

1. Öffnen Sie das Formular *frmMain* in der Entwurfsansicht.
2. Klicken Sie auf die Schaltfläche »btnListeMitarbeiter«.
3. Ändern Sie die Eigenschaft NAME DES NAVIGATIONSZIELS und wählen Sie das Filterformular *frmMitarbeiterFilter* aus.

Jetzt können Anwender mit der Access Runtime gefilterte Berichte erstellen und sogar auf die Seitenansicht mit all ihren Funktionen zugreifen (Abbildung 11.23).

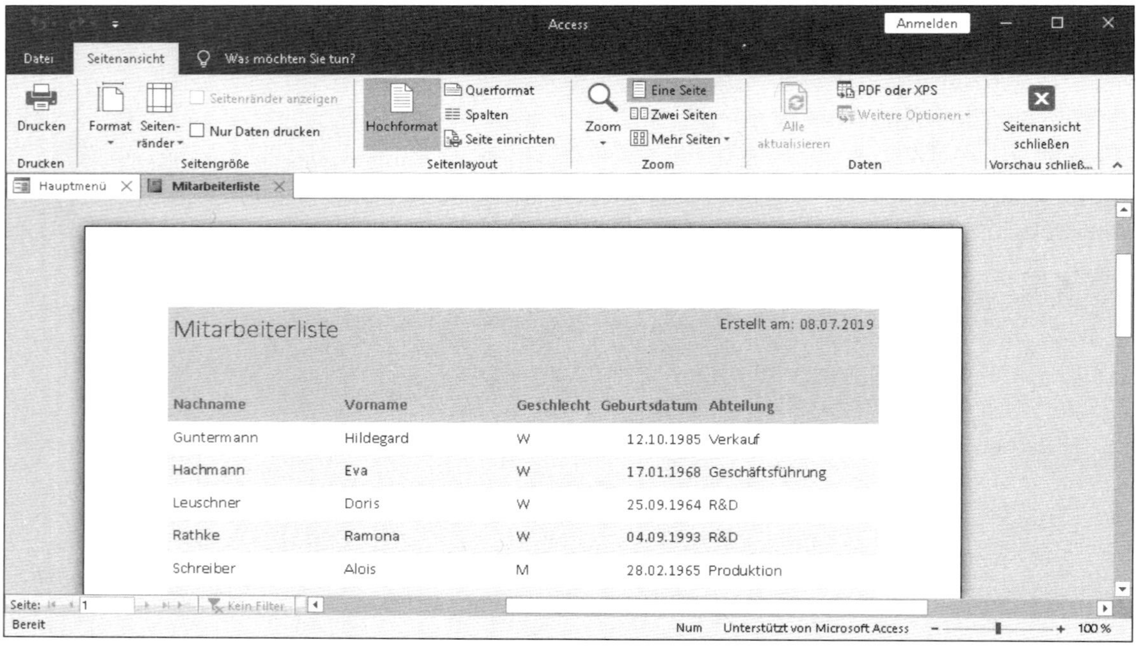

Abbildung 11.23 Über das Filterformular lässt sich der Bericht in der komfortablen Seitenansicht öffnen.

Arbeiten in der Datenblattansicht

Die Access Runtime unterstützt auch die Datenblattansicht von Tabellen, Abfragen und Formularen mit all ihren Funktionen zum Filtern und Sortieren. Um das zu demonstrieren, habe ich die Standardansicht des Mitarbeiterformulars *frmMitarbeiter* in DATENBLATT geändert (in den Materialien zum Buch in der Datenbank *11_Anwendungsprogramme\11.3.2_Fluege_Datenblattansicht.accdb*). Die standardmäßigen Menübänder sind in der Access Runtime allerdings nicht verfügbar, was bei der Datenblattansicht etwas gewöhnungsbedürftig ist (Abbildung 11.24).

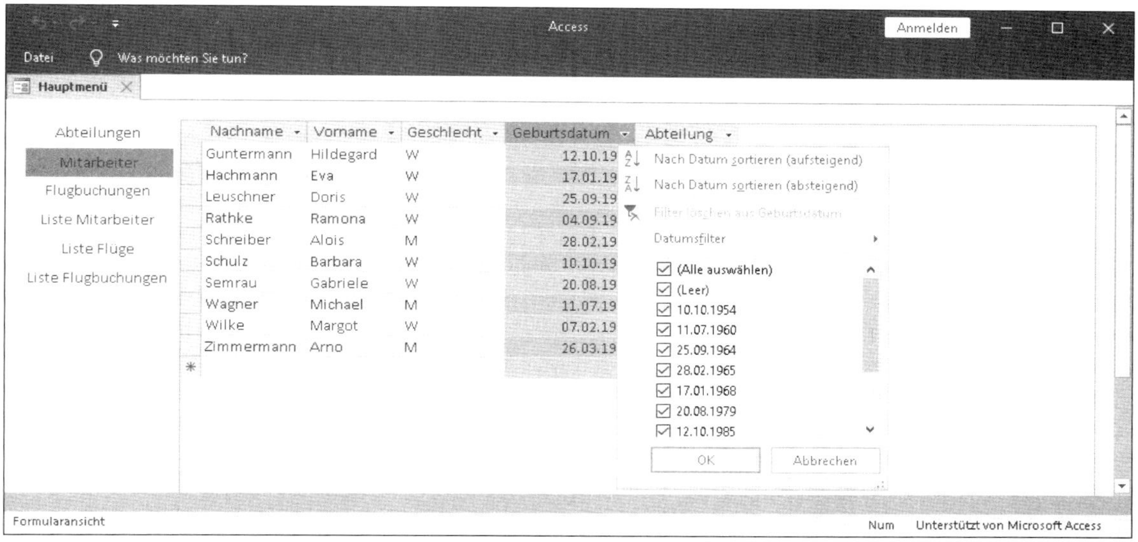

Abbildung 11.24 In der Datenblattansicht unterstützt die Access Runtime alle Features zum Filtern und Sortieren – nur das standardmäßige Menüband fehlt.

Um das gewohnte Erscheinungsbild von Access zu erhalten, bleibt uns nichts anderes übrig, als das standardmäßige Menüband nachzubauen. Wie das funktioniert, habe ich in Abschnitt 11.1.3, »Menüband«, beschrieben. Aber halt! Sie müssen nicht jede Schaltfläche einzeln definieren und VBA-Code hinterlegen. Praktischerweise können Sie in der XML-Datei für die Symbolleiste auf die standardmäßigen Gruppen von Office verweisen. Sie erhalten die entsprechende Dokumentation auf der Website von Microsoft unter *https://www.microsoft.com/en-us/download/details.aspx?id=6627*. Somit vereinfacht sich unsere XML-Datei für die Symbolleisten ganz erheblich:

```
<customUI xmlns="http://schemas.microsoft.com/office/2009/07/customui">
   <ribbon startFromScratch="false">
      <tabs>
         <tab id="tabDatensaetze" label="Datensätze">
            <group idMso="GroupClipboard" visible="true" />
            <group idMso="GroupSortAndFilter" visible="true" />
            <group idMso="GroupRecords" visible="true" />
            <group idMso="GroupFindAccess" visible="true" />
            <group idMso="GroupTextFormatting" visible="true" />
```

```
        </tab>
      </tabs>
    </ribbon>
</customUI>
```

Listing 11.7 Diese XML-Datei erzeugt das standardmäßige Menüband in der Access Runtime.

Folglich bleiben für uns noch die Schritte, das Menüband in der Beispieldatenbank verfügbar zu machen.

1. Erstellen Sie eine neue Tabelle in der Entwurfsansicht.
2. Fügen Sie diese Felder hinzu:
   - »lngID« (AUTOWERT, LONG INTEGER, Primärschlüssel)
   - »RibbonName« (KURZER TEXT, Feldgröße 255 Zeichen)
   - »RibbonXml« (LANGER TEXT)
3. Speichern Sie die Tabelle unter dem Namen *USysRibbons* ab.
4. Schalten Sie in die Datenblattansicht um.
5. Tragen Sie im Feld »RibbonName« einen beliebigen Namen ein, beispielsweise »usrRibbon«.
6. In das Feld »RibbonXml« kommt der gesamte Inhalt der XML-Datei (Listing 11.7 oder in den Materialien zum Buch die Datei *11_Anwendungsprogramme\11.3.2_Fluege_Symbolleiste.xml*).
7. Schließen und öffnen Sie die Datenbank wieder.
8. Öffnen Sie die Access-Optionen.
9. Wählen Sie unter AKTUELLE DATENBANK • MENÜBAND- UND SYMBOLLEISTENOPTIONEN • NAME DES MENÜBANDS den Eintrag USRRIBBON aus.
10. Schließen und öffnen Sie die Datenbank wieder.

Als Ergebnis sollte jetzt das zusätzliche Registerblatt DATENSÄTZE sichtbar sein. Es enthält die standardmäßigen Funktionen aus dem Registerblatt START, womit diese jetzt auch in der Access Runtime verfügbar sind (Abbildung 11.25). Sie finden die fertige Datenbank in den Materialien zum Buch unter *11_Anwendungsprogramme\11.3.2_Fluege_Symbolleiste.accdb*.

Zusammenfassung

Wie in diesem Workshop beschrieben können Sie eine Access-Datenbank so anpassen, dass sie ohne Probleme mit der Access Runtime genutzt werden kann. Gleichwohl bleiben einige Features von Access in der kostenlosen Access Runtime außen vor:

- alle Entwurfsansichten
- die Entwicklungsumgebung von VBA

Das sind genau die Features, die für die Entwickler vorgesehen sind. Man könnte auch sagen, die Vollversion von Access ist die Entwicklungsumgebung für Access-Datenbanken, während die Access Runtime – wie der Name schon sagt – die Laufzeitumgebung für Anwender ist.

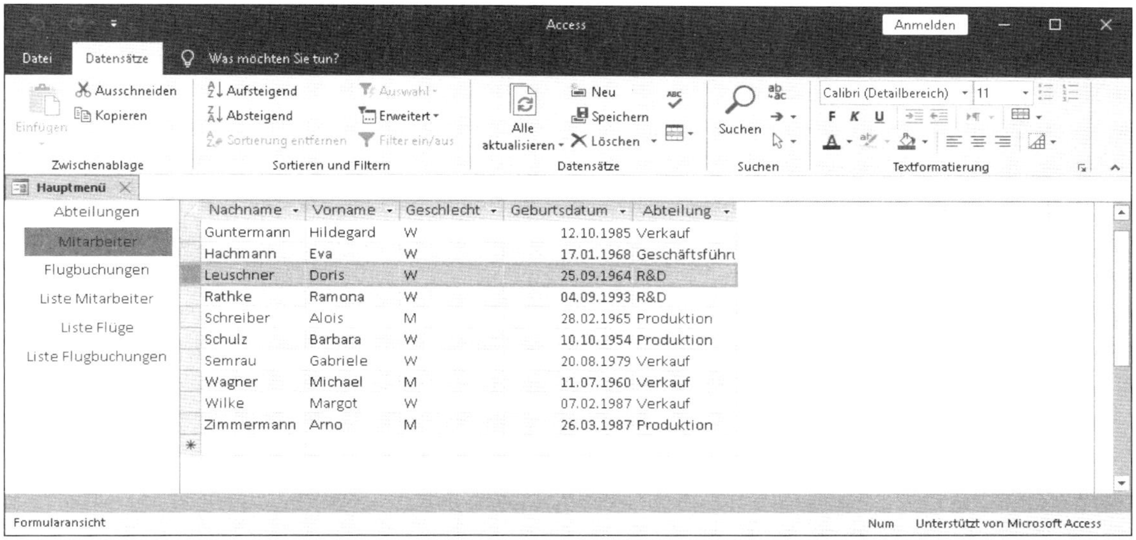

Abbildung 11.25 Unser selbst erstelltes Menüband in der Access Runtime nutzt die standardmäßigen Funktionen von Access.

11.3.3 Workshop: Anwendungsprogramm mit Backend-Datenbank

Möchten Sie die Trennung von Frontend und Backend nutzen, wie ich es in Abschnitt 4.6.2, »Trennung von Daten und Anwendung«, empfohlen habe? Beide Dateien habe ich in den Materialien zum Buch vorbereitet: *11_Anwendungsprogramme\11.3.3_Fluege_Backend.accdb* mit allen Tabellen sowie *11_Anwendungsprogramme\11.3.3_Fluege_Frontend.accdb* mit den verknüpften Tabellen und den restlichen Datenbankobjekten. Wenn sich der Pfad der Datenbank ändert, kommen Sie mit der Access Runtime ohne weitere Anpassungen nicht weiter, denn nur mit der Vollversion von Access könnten Sie problemlos die Tabellenverknüpfungen aktualisieren, wie es in Abschnitt 4.6.3, »Aktualisieren von Tabellenverknüpfungen«, beschrieben ist.

Backend auf dem SQL Server

Wenn Sie Tabellen in einer Datenbank auf einem SQL Server nutzen, wird die Verbindung zum Server im ODBC-Datenquellen-Administrator konfiguriert. Nähere Informationen dazu finden Sie in Abschnitt 4.7.3, »Eine Tabelle über die ODBC-Schnittstelle verknüpfen«. Da der ODBC-Datenquellen-Administrator völlig losgelöst von Access ist, gibt es in diesem Fall keinen Anpassungsbedarf mit der Access Runtime.

Die sicherlich einfachste Möglichkeit ist es, den Tabellenverknüpfungs-Manager in einer Symbolleiste erreichbar zu machen. Dazu wäre diese Ergänzung in der XML-Datei notwendig:

```
<group id="grpLink" label="Externe Daten">
  <button idMso="DatabaseLinedTableManager" />
</group>
```

Listing 11.8 Ergänzen Sie diese Gruppe in der XML-Datei für die Symbolleiste, um Zugriff auf den Tabellenverknüpfungs-Manager zu erhalten.

Aber ganz ehrlich halte ich es für schwierig, die Endanwender mit der Trennung von Frontend und Backend sowie mit der Bedienung des Tabellenverknüpfungs-Managers vertraut zu machen.

Die FirstAction()-Funktion

Eleganter finde ich es, den Pfad der verknüpften Tabellen beim Starten der Datenbank automatisch zu aktualisieren. Dazu müssen wir beim Öffnen der Datenbank zunächst ein VBA-Programm starten.

1. Öffnen Sie die Datenbank *11_Anwendungsprogramme\11.3.3_Fluege_Frontend.accdb*.
2. Gehen Sie zu den Optionen, indem Sie auf Datei • Optionen klicken.
3. Wählen Sie unter Aktuelle Datenbank • Anwendungsoptionen • Formular anzeigen den Eintrag (keines) aus. Das Startformular ist damit entfernt.
4. Erstellen Sie ein neues Makro in der Entwurfsansicht.
5. Wählen Sie als Makroaktion AusführenCode aus.
6. Tippen Sie unter Funktionsname

   ```
   FirstAction()
   ```

   ein.
7. Speichern Sie das Makro unter dem Namen *AutoExec* ab.
8. Erstellen Sie ein neues VBA-Modul, und speichern Sie es unter dem Namen *basFirstAction* ab.

In das neu erstellte VBA-Modul kommt jetzt die folgende Funktion, die bisher lediglich das Formular *frmMain* öffnet:

```
Option Compare Database
Option Explicit

'Diese Funktion wird vom AutoExec-Makro aufgerufen.
'Der Rueckgabewert ist irrelevant.
Public Function FirstAction() As Boolean
   Const cstrStartformular As String = "frmMain"
```

```
08
09      DoCmd.OpenForm cstrStartformular
10  End Function
```

Listing 11.9 Dies ist die erste Version der Funktion »FirstAction()«, die bisher nur das Formular »frmMain« öffnet.

Bitte achten Sie darauf, dass es sich um eine Funktion handelt – denn die Makroaktion AusführenCode kommt mit Prozeduren nicht zurecht. Außerdem muss der Gültigkeitsbereich `Public` sein.

In die Funktion `FirstAction()` können Sie jetzt alle Befehle packen, die beim Starten der Datenbank ausgeführt werden sollen. Idealerweise wäre das in Zeile 08 in Listing 11.9, nämlich noch *vor* dem Öffnen des Hauptformulars.

Die RelinkBackend()-Prozedur

Unsere eigentliche Aufgabe, nämlich das automatische Aktualisieren aller Tabellenverknüpfungen, packen wir am besten in eine eigene Prozedur: `RelinkBackend()`. Diese Prozedur kann den Gültigkeitsbereich `Private` bekommen, denn sie wird am Schluss lediglich in Zeile 08 in Listing 11.9 aufgerufen.

```
01  'Alle Tabellenverknüpfungen aktualisieren
02  Private Sub RelinkBackend()
[...]
07      Dim tdf As DAO.TableDef
[...]
15      'Durch alle Tabellen iterieren
16      For Each tdf In CurrentDb().TableDefs
17          With tdf
[...]
29          End With
30      Next
31
32  ExitProc:
33      Set tdf = Nothing
34      Exit Sub
[...]
41  End Sub
```

Listing 11.10 Die Prozedur »RelinkBackend()« aktualisiert alle Tabellenverknüpfungen der Datenbank.

Wir beginnen damit, durch alle `TableDef`-Objekte der Datenbank zu iterieren (Listing 11.10, Zeile 16). In der DAO-Auflistung `TableDefs` gibt es für jede Tabelle ein passendes `TableDef`-

Objekt. Interessant für uns ist die Eigenschaft Connect, die bei lokalen Tabellen leer ist und bei verknüpften Tabellen beispielsweise diesen Inhalt hat:

```
;DATABASE=C:\AccessBuch\11.3.3_Fluege_Backend.accdb
```

Zunächst ist es also wichtig, mit einer Fallunterscheidung die lokalen Tabellen, zu denen auch alle Systemtabellen gehören, unangetastet zu belassen. Für eine verknüpfte Tabelle können wir den passenden Wert für die Eigenschaft Connect vorbereiten. Ich habe ihn in der String-Variablen strConnect aus dem Pfad der aktuellen Datenbank und dem Dateinamen des Backends zusammengesetzt.

```
Const cstrBackendDateiname As String = "11.3.3_Fluege_Backend.accdb"
Dim strConnect As String
[…]
'Das Backend soll im aktuellen Pfad der Datenbank liegen.
strConnect = ";DATABASE=" _
           & CurrentProject().Path _
           & "\" _
           & cstrBackendDateiname
```

Listing 11.11 In diesem Beispiel erwarte ich die Backend-Datenbank im gleichen Verzeichnis wie die Frontend-Datenbank.

Innerhalb der For-Next-Schleife folgt eine zweite Fallunterscheidung, denn schließlich wollen wir richtig verknüpfte Tabellen ebenfalls unangetastet belassen.

```
For Each tdf In CurrentDb().TableDefs
   With tdf
      'Lokale Tabellen haben eine leere Connect-Eigenschaft
      '  und werden ignoriert
      If .Connect <> "" Then
         'Fuer verknuepfte Tabellen pruefen, ob die Connect-
         '  Eigenschaft aktuell ist
         If .Connect <> strConnect Then
            'Falls nicht, aktualisieren
            .Connect = strConnect
            .RefreshLink
         End If
      End If
   End With
Next
```

Listing 11.12 Wenn die »Connect«-Eigenschaft für eine verknüpfte Tabelle nicht stimmt, wird sie mit diesem VBA-Code auf den neuen Wert gebracht.

Das eigentliche Aktualisieren steht in Listing 11.12 in den Zeilen 25 und 26 und umfasst zwei Befehle:

1. `Connect`-Eigenschaft richtig setzen
2. `RefreshLink` ausführen (nicht vergessen!)

Und das ist auch schon das ganze Geheimnis beim automatischen Aktualisieren von Tabellenverknüpfungen per VBA.

Für den Produktivbetrieb mit Fehlerbehandlung

In der Praxis wird es vorkommen, dass das Verknüpfen aus irgendeinem Grund scheitert. Im einfachsten Fall ist die Backend-Datenbank nicht vorhanden. Mit einer Fehlerbehandlung sollten Sie solche gravierenden Fehler abfangen. Hier noch einmal abschließend die gesamte Prozedur `RelinkBackend()` mit einer einfachen Fehlerbehandlung:

```
01  'Alle verknuepften Tabellen aktualisieren
02  Private Sub RelinkBackend()
03     On Error GoTo ErrHandler
04
05     Const cstrBackendDateiname As String = "11.3.3_Fluege_Backend.accdb"
06     Dim strConnect As String
07     Dim tdf As DAO.TableDef
08
09     'Das Backend soll im aktuellen Pfad der Datenbank liegen.
10     strConnect = ";DATABASE=" _
11                & CurrentProject().Path _
12                & "\" _
13                & cstrBackendDateiname
14
15     'Durch alle Tabellen iterieren
16     For Each tdf In CurrentDb().TableDefs
17        With tdf
18           'Lokale Tabellen haben eine leere Connect-Eigenschaft
19           '  und werden ignoriert
20           If .Connect <> "" Then
21              'Fuer verknuepfte Tabellen pruefen, ob die Connect-
22              '  Eigenschaft aktuell ist
23              If .Connect <> strConnect Then
24                 'Falls nicht, aktualisieren
25                 .Connect = strConnect
26                 .RefreshLink
27              End If
28           End If
```

```
        End With
    Next

ExitProc:
    Set tdf = Nothing
    Exit Sub

ErrHandler:
    MsgBox "Fehler beim Anbinden des Backends!" & vbCrLf _
           & CurrentProject().Path & "\" & cstrBackendDateiname, _
           vbOKOnly + vbCritical
    GoTo ExitProc
End Sub
```

Listing 11.13 Die vollständige Prozedur »RelinkBackend()« mit Fehlerbehandlung.

In den Materialien zum Buch finden Sie in der Datenbank *11_Anwendungsprogramme\11.3.3_Fluege_Frontend_AutoRelink.accdb* das vollständige Beispiel mit dem VBA-Code.

11.4 Die Grenzen der Möglichkeiten in Access – Beyond the Limits

Ich habe dieses Buch geschrieben, um Ihnen die – wie ich finde – fantastische Welt der Datenbanken näherzubringen, und im Speziellen habe ich versucht, Access als universelles Werkzeug vorzustellen. An der einen oder anderen Stelle habe ich Ihnen einen Ausblick auf andere Technologien und Programme vermittelt, denn wie jedes Werkzeug hat auch Access seine Grenzen, oder es gibt elegantere Wege zum Ziel.

Aus meiner langjährigen Erfahrung würde ich unter anderem diese Bereiche als grenzwertig in Access einstufen:

- den Inhalt einer Binär- oder Multimediadatei normalisieren (z. B. Datensätze für die Pixel eines Bildes)
- umfangreiche Zugriffsberechtigungen und Replikation von Daten zwischen verschiedenen Standorten; für solche Szenarien sind Server-Datenbanken in jeder Hinsicht besser gewappnet
- automatisierter Abgleich von verteilten Datenquellen, wofür eigens die *SQL Server Integration Services* (SSIS) geschaffen wurden

Halten wir uns also immer vor Augen, in welchem Bereich Access richtig gut ist: Und zwar als Desktop-Datenbank, die ohne IT-Infrastruktur sofort einsatzbereit ist. Solche Lösungen sind gefragter denn je!

Anhang

Eine Anleitung zur Installation des Microsoft SQL Servers und Informationen zu den nicht mehr verfügbaren Access Web Apps in SharePoint finden Sie in diesem Kapitel.

Der Microsoft SQL Server ist ein eigenes Produkt; weil er eine echte Bereicherung für Access ist, hat er in diesem umfassenden Handbuch zu Access auch ein paar Abschnitte verdient.

A.1 Microsoft SQL Server

Bei der Anbindung externe Datenbanken in Access habe ich in Abschnitt 4.7, »Was sind Server-Datenbanken?«, Server-Datenbanken allgemein vorgestellt und den Microsoft SQL Server erwähnt. Access und der Microsoft SQL Server sind optimal aufeinander abgestimmt. Wenn Sie in die Datenbank-Entwicklung mit einer Server-Datenbank einsteigen wollen, empfehle ich Ihnen daher dieses Produkt.

Nicht nur für den Start, sondern für jede Datenbank bis 10 GB Größe eignet sich die kostenlose Express-Edition. In den nächsten Abschnitten werde ich Ihnen zeigen, wie Sie den SQL Server 2017 Express Edition installieren und konfigurieren können.

Weitere Literatur zum SQL Server

Wenn Sie mehr Informationen zum SQL Server benötigen, empfehle ich Ihnen das Buch »Schnelleinstieg SQL Server 2012« von Daniel Caesar und Michael R. Friebel, das ebenfalls im Rheinwerk Verlag erschienen ist. Es behandelt zwar eine ältere Version des SQL Servers, ist aber in vielen Punkten immer noch aktuell.

A.1.1 Installationsdateien herunterladen

Um die Installationsdateien für den Microsoft SQL Server 2017 Express Edition zu erhalten, gehen Sie auf die Website von Microsoft (*https://www.microsoft.com*) und suchen dort nach »SQL Server 2017 Express«. Über den einen oder anderen Umweg gelangen Sie zu einer ca. 5 MB großen Datei mit dem Namen *SQLServer2017-SSEI-Expr.exe*. Über dieses kleine Hilfsprogramm können Sie die eigentlichen Installationsdateien nachladen.

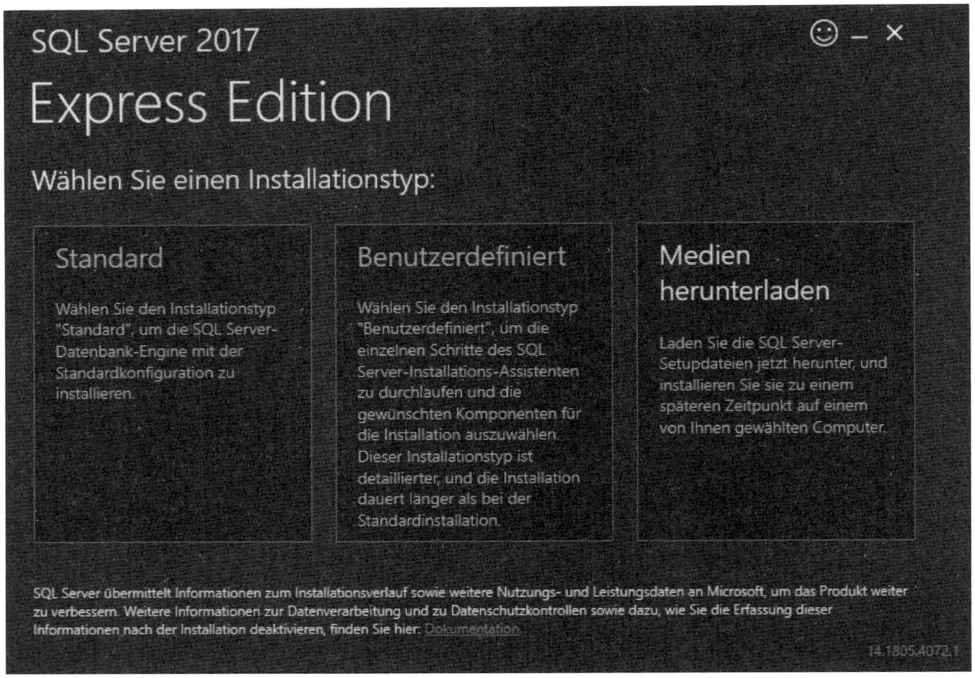

Abbildung A.1 Über das Hilfsprogramm können Sie entweder direkt mit der Installation beginnen oder die Setup-Dateien herunterladen.

Wenn Sie möchten, können Sie von Abbildung A.1 ausgehend sofort mit der Installation beginnen. Ich werde über die dritte Option, MEDIEN HERUNTERLADEN, gehen:

1. Herunterladen der eigentlichen Installationsdateien
2. Installation der SQL Server Express Edition

Zunächst können Sie auswählen, welche Sprache und welches Paket der SQL Server Express Edition heruntergeladen werden soll (Abbildung A.2). Wie Sie in der Paketbeschreibung sehen, enthält *Express Core* nur das SQL Server-Modul; genau dieses Modul ist der SQL Server, den Sie benötigen. Das Paket *Express Advanced* enthält zusätzlich zum SQL Server-Modul zwei weitere Dienste, nämlich den Dienst für die Volltextsuche und die Reporting Services. Für unsere Zwecke benötigen Sie beide Dienste nicht. Belassen Sie die Auswahl also bei EXPRESS CORE, und klicken Sie auf Download, um die 295 MB große Installationsdatei herunterzuladen.

Nachdem das Herunterladen abgeschlossen ist, finden Sie die Datei *SQLEXPR_x64_DEU.exe* in Ihrem Download-Verzeichnis. Führen Sie diese Datei aus; alle Installationsdateien werden zunächst in ein Installationsverzeichnis entpackt.

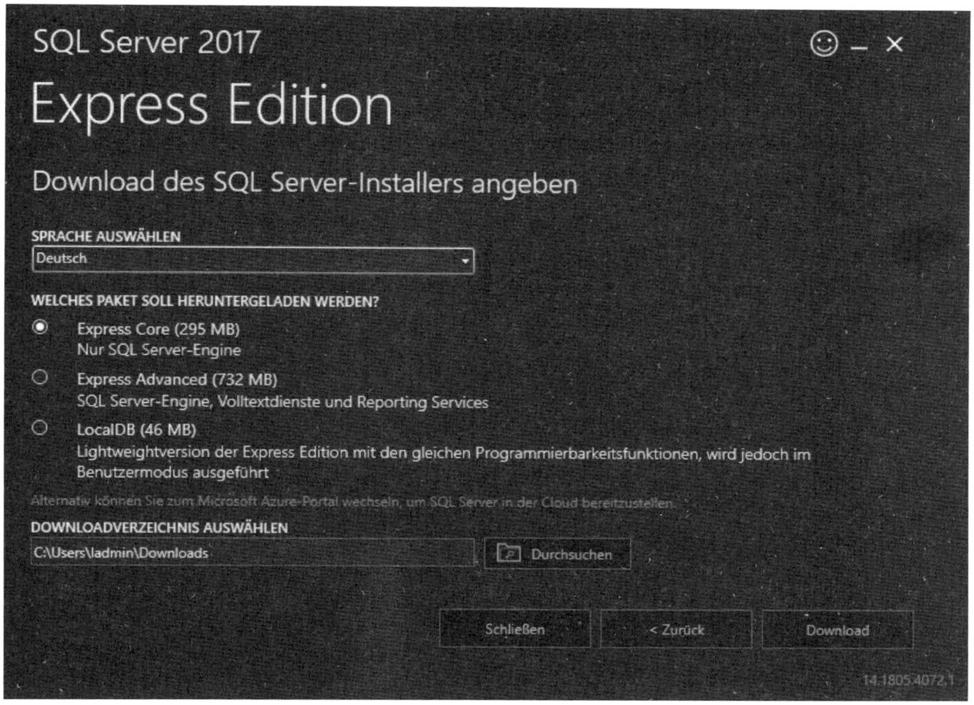

Abbildung A.2 Für die Installation des SQL Servers reicht das Paket »Express Core« aus. Das Paket »Express Advanced« enthält weitere Dienste und Hilfsprogramme, unter anderem den SQL Server-Import-/Export-Assistenten in der 32-Bit-Version.

Abbildung A.3 Die Installationsdateien werden zunächst entpackt.

Bitte merken Sie sich den Pfad des Installationsverzeichnisses. Dort finden Sie die Datei *setup.exe*, mit der das SQL Server-Installationscenter gestartet wird. Nach dem Abschluss der Installation können Sie dieses Verzeichnis (Gesamtgröße: ca. 350 MB) unbedenklich löschen.

Installation auf einem anderen Computer

Sie möchten den SQL Server auf einem anderen oder einem weiteren Computer installieren? Kopieren Sie dazu einfach das gesamte Installationsverzeichnis auf den Zielcomputer und starten dort die Datei *setup.exe*.

A.1.2 SQL Server Express Edition installieren

Die Installation des SQL Servers beginnt im sogenannten *SQL Server-Installationscenter*, in das Sie über die Daten *setup.exe* aus dem Installationsverzeichnis gelangen. Klicken Sie auf den Punkt Neue eigenständige SQL Server-Installation oder Hinzufügen von Funktionen zu einer vorhandenen Installation (Abbildung A.4).

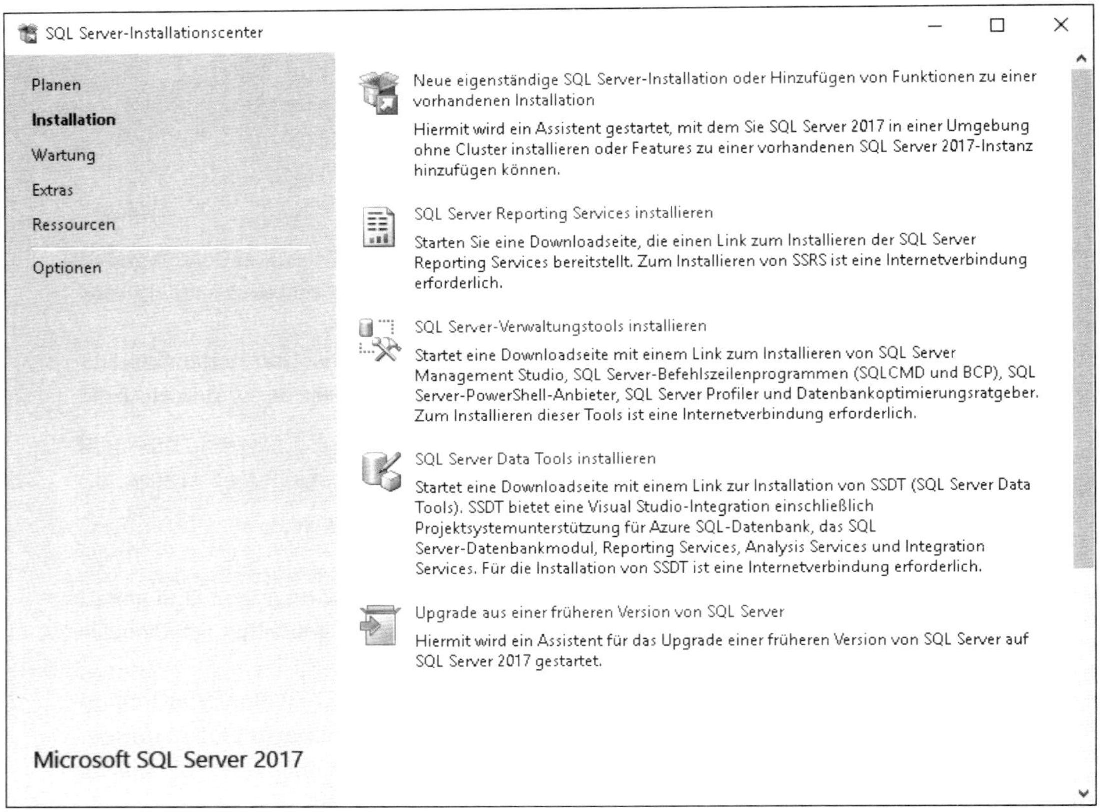

Abbildung A.4 Im SQL Server-Installationscenter beginnt die Installation des SQL Servers über den ersten Punkt.

Nach Bestätigen der Lizenzvereinbarung werden zunächst einige Voraussetzungen Ihres Computers geprüft, die *globale Regeln* genannt werden. Falls es hier eine Fehlermeldung geben sollte, brechen Sie bitte die Installation ab und beheben den Fehler. Das kann beispielsweise eine fehlende .NET-Laufzeitumgebung sein.

Im weiteren Verlauf werden noch weitere Regeln geprüft, die sogenannten *Installationsregeln*. So gut wie immer werden Sie hier eine Warnmeldung erhalten: Die Windows-Firewall muss angepasst werden. Auf diesen wichtigen Punkt werde ich nach Abschluss der Installation zurückkommen. Einstweilen können Sie die Warnung ignorieren und auf Weiter klicken.

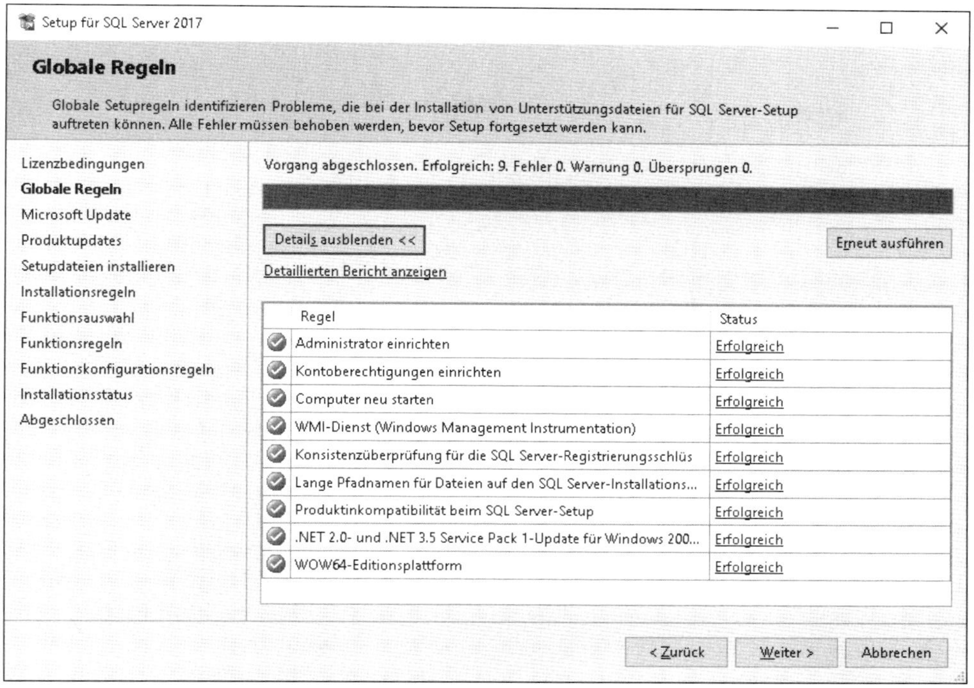

Abbildung A.5 Wenn bei den globalen Regeln kein Fehler vorliegt, überspringt der Installationsassistent die Seite automatisch.

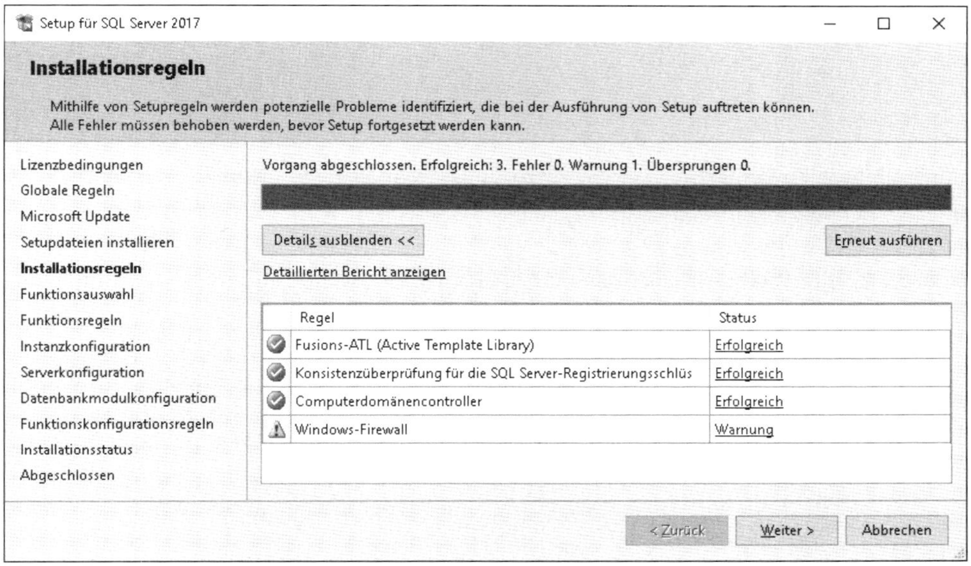

Abbildung A.6 Um die Warnung mit der Windows-Firewall kümmern wir uns nach Abschluss der Installation.

Ab dem Fenster FUNKTIONSAUSWAHL wird es interessant. Hier wird abgefragt, welche Features Sie installieren möchten. Die standardmäßige Auswahl (Abbildung A.7) können Sie belassen. Entscheidend ist, dass das Häkchen bei DATENBANKMODULDIENSTE gesetzt ist. Damit legen Sie fest, dass ein neuer SQL Server installiert werden soll.

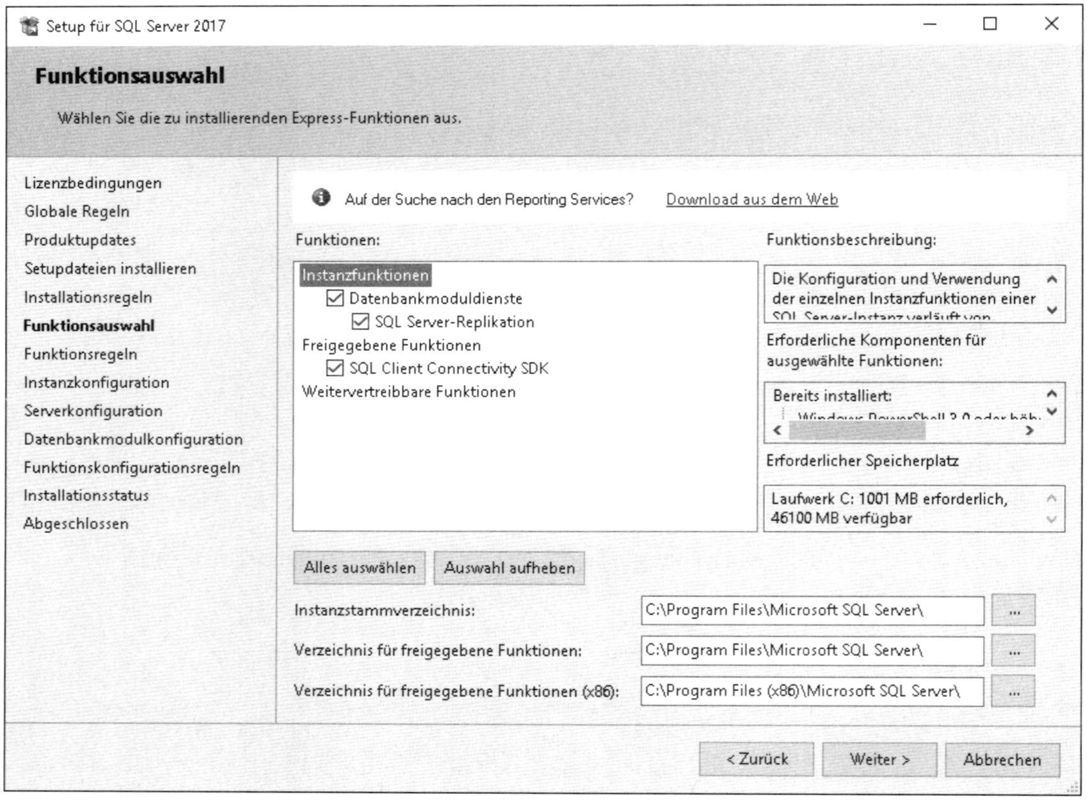

Abbildung A.7 Wählen Sie hier aus, welche Features des SQL Servers Sie installieren möchten. Freigegebene Funktionen sind übergreifend für alle Instanzen.

Als Nächstes konfigurieren Sie die *Instanz*. Sie können die standardmäßige Auswahl belassen (eine benannte Instanz mit dem Namen »SQLExpress«; siehe Abbildung A.8).

Was ist eine SQL Server-Instanz?

Im Gegensatz zu vielen anderen Microsoft-Produkten kann man den SQL Server mehrfach auf einem Computer installieren. Jede der eigenständigen Installationen wird *Instanz* genannt. Es gibt eine *Standardinstanz* ohne Namen. Alle anderen sind *benannte Instanzen* mit einem eindeutigen Namen. Jede Instanz bekommt ein eigenes Server-Verzeichnis; den Pfad sehen Sie in Abbildung A.8 in der Zeile SQL SERVER-VERZEICHNIS.

Technisch gesehen bekommt jede Instanz auf dem Server einen eigenen SQL Server-Dienst und läuft somit in einem separaten Prozess. Das wird noch einmal bei der Konfiguration der Windows-Firewall interessant, denn jeder Netzwerkport kann nur von einem Prozess bedient werden. Bei mehreren Instanzen müssen Sie also jede Instanz bzw. jeden Netzwerkport freischalten!

Bleibt noch die Frage: Warum mehrere Instanzen? Wirklich relevant sind Instanzen nur für Produktivumgebungen, bei denen mehrere Datenbanken über einen Server bereitgestellt werden. Normalerweise reicht dafür eine Instanz aus. Wenn aber eine Anwendung besondere Anforderungen hat und spezielle Einstellungen benötigt, ist dafür eine separate Instanz notwendig. Ein typisches Beispiel sind die Datenbanken eines SharePoint-Servers.

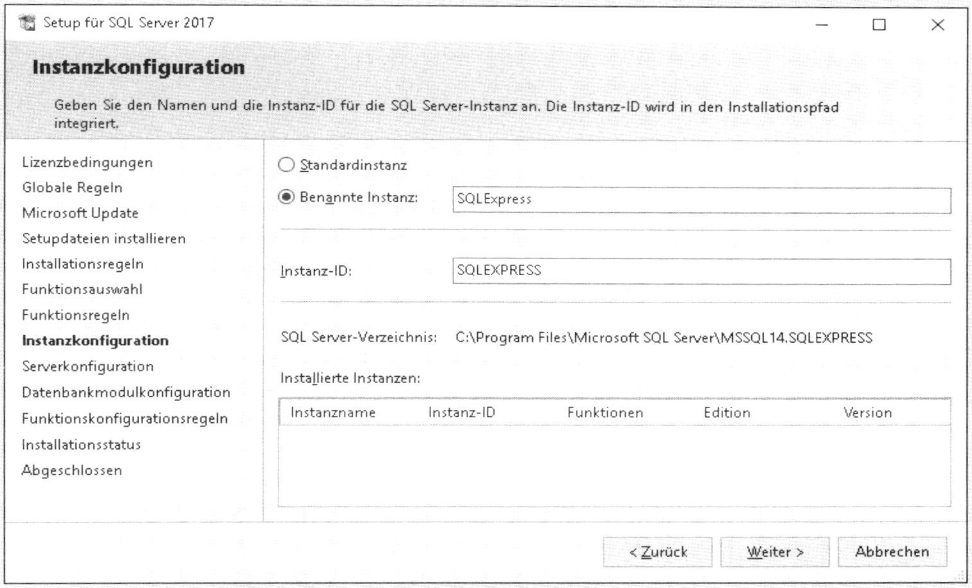

Abbildung A.8 In der Instanzkonfiguration legen Sie den Namen der benannten Instanz fest. Jede Instanz hat ein SQL Server-Verzeichnis, auf das Sie später immer mal wieder zugreifen müssen. Es lohnt sich, von dieser Konfigurationsseite einen Screenshot zu speichern!

Nachdem die Instanz festgelegt ist, gelangen Sie zur Server-Konfiguration. Hier sollten Sie den Starttyp beider Dienste – auch für den SQL Server-Browser – auf AUTOMATISCH setzen (Abbildung A.9).

Erfahrungsgemäß ist das Registerblatt SORTIERUNG sehr verlockend. Damit Ihre Server-Datenbank sich von der Sortierung und den Textvergleichen genauso wie Access verhält, empfehle ich Ihnen, die standardmäßige Einstellung LATIN1_GENERAL_CI_AS nicht zu verändern.

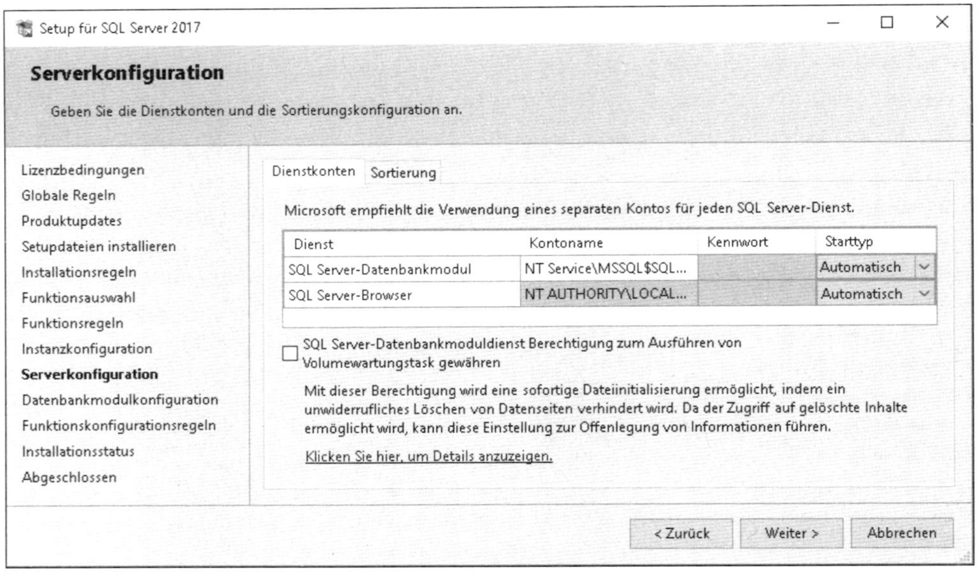

Abbildung A.9 Stellen Sie bitte auch für den SQL Server-Browser den Starttyp auf »Automatisch«.

Interessant ist das nächste Fenster, die Datenbankmodulkonfiguration. Auf dem ersten Registerblatt legen Sie fest, wer den Server verwalten darf. Der aktuelle Benutzer (auf meinem Computer: »ladmin«) ist bereits in der Liste der SQL Server-Administratoren aufgeführt. Wenn Sie später auch mit einem anderen Benutzer den Server *administrieren* möchten, fügen Sie bitte jetzt den oder die entsprechenden Benutzer oder Gruppen hinzu. Um Missverständnisse zu vermeiden: Tragen Sie bitte hier nur die Administratoren ein! Anwender, die den SQL Server lediglich nutzen möchten, werden später freigeschaltet.

Im gemischten Authentifizierungsmodus: Unbedingt ein »sa«-Kennwort setzen!

Auf den Authentifizierungsmodus werde ich in Abschnitt A.1.8, »Authentifizierung und Berechtigungen«, noch genauer eingehen. An dieser Stelle nur so viel: Außerhalb einer Firmenumgebung, genauer gesagt ohne Windows-Domäne, werden Sie den gemischten Modus benötigen. Und falls Sie ihn aktivieren, setzen Sie bitte unbedingt ein vertrauliches Kennwort für den Systemadministrator des SQL Servers (Anmeldename: »sa«)! Jede Person, die das »sa«-Kennwort kennt, hat Vollzugriff auf den SQL Server.

Werfen wir noch einen Blick auf die weiteren Registerblätter. Auf dem Registerblatt DATENVERZEICHNISSE können Sie festlegen, in welchem Verzeichnis die Datenbanken abgelegt werden. Für eine Test- oder Entwicklungsumgebung können Sie die standardmäßigen Einstellungen belassen. In einer Produktivumgebung sollten die Daten unbedingt auf ein separates Laufwerk ausgelagert werden. Einen Vorschlag dafür mit Laufwerk *D:* sehen Sie in Abbildung A.11.

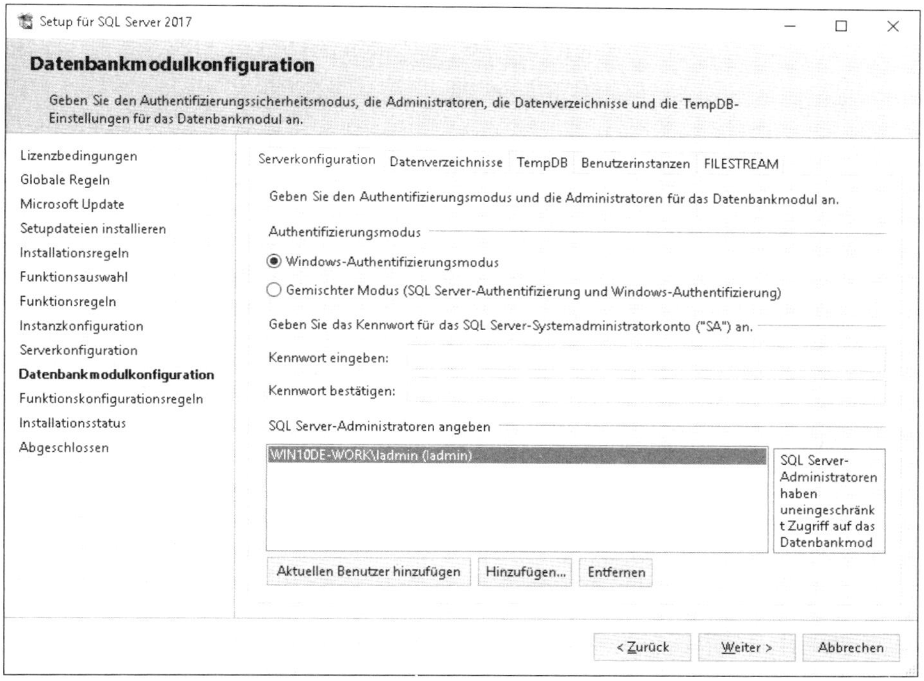

Abbildung A.10 In der Datenbankmodulkonfiguration legen Sie den Authentifizierungsmodus fest, der sich auch später noch ändern lässt. Achten Sie im unteren Bereich darauf, dass nur die Administratoren eingetragen sind!

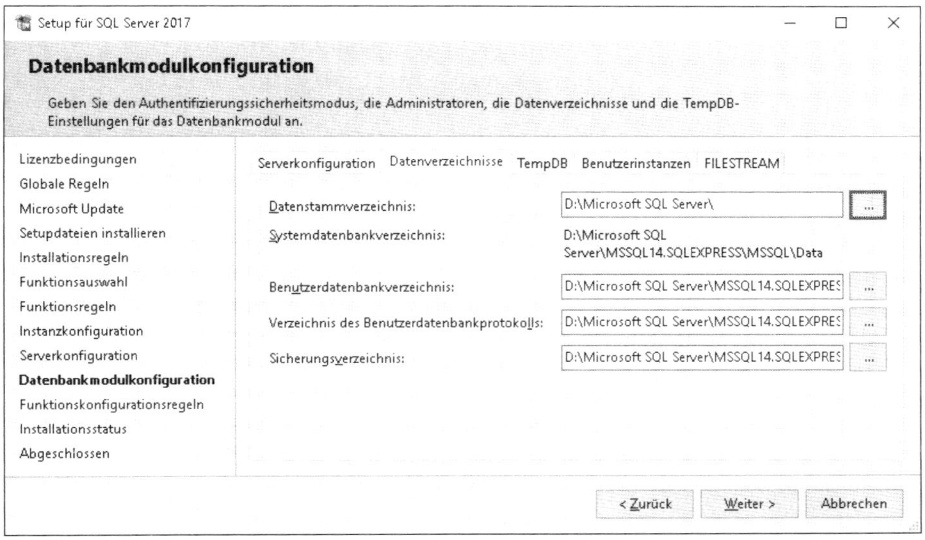

Abbildung A.11 In einer Produktivumgebung sollten alle Datenverzeichnisse auf einer separaten Festplatte liegen.

Wenn es notwendig oder gewünscht ist, lassen sich in Produktivumgebungen die Leistung und Stabilität des Servers weiter erhöhen:

- Verzeichnis des Benutzerdatenbankprotokolls auf eine dritte Festplatte
- *TempDB* auf eine vierte Festplatte (Registerblatt TEMPDB)

Unbedingt sollten Sie im Registerblatt BENUTZERINSTANZEN das Häkchen entfernen (Abbildung A.12). Für einen Server ist diese Funktion völliger Unfug; diese Option gibt es auch nur in der Express Edition des SQL Servers.

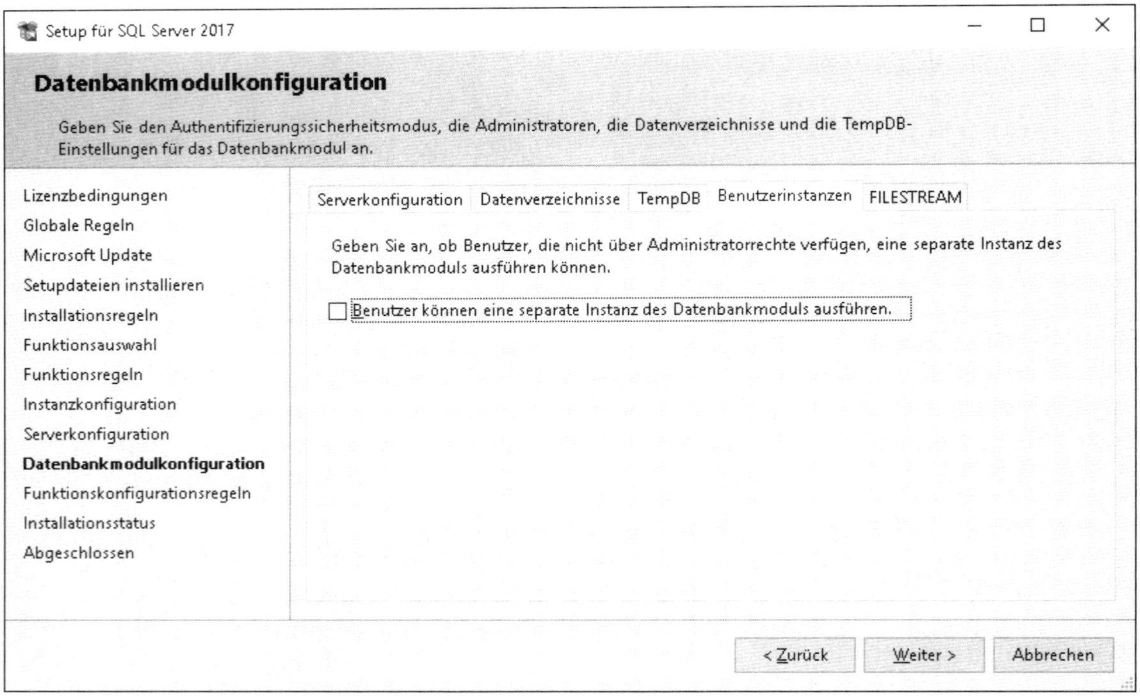

Abbildung A.12 Deaktivieren Sie die Benutzerinstanzen, die es nur in der Express Edition des SQL Servers gibt.

Filestreams im letzten Registerblatt können Sie getrost inaktiv belassen. Wenn Sie jetzt auf WEITER klicken, wird die neue SQL Server-Instanz installiert.

Nachdem die Installation erfolgreich durchgelaufen ist, werden Sie außer einer Abschlussmeldung des Assistenten (Abbildung A.13) nicht viel sehen. Schließlich handelt es sich um einen Server, der ohne grafische Benutzeroberfläche im Netzwerk bereitsteht.

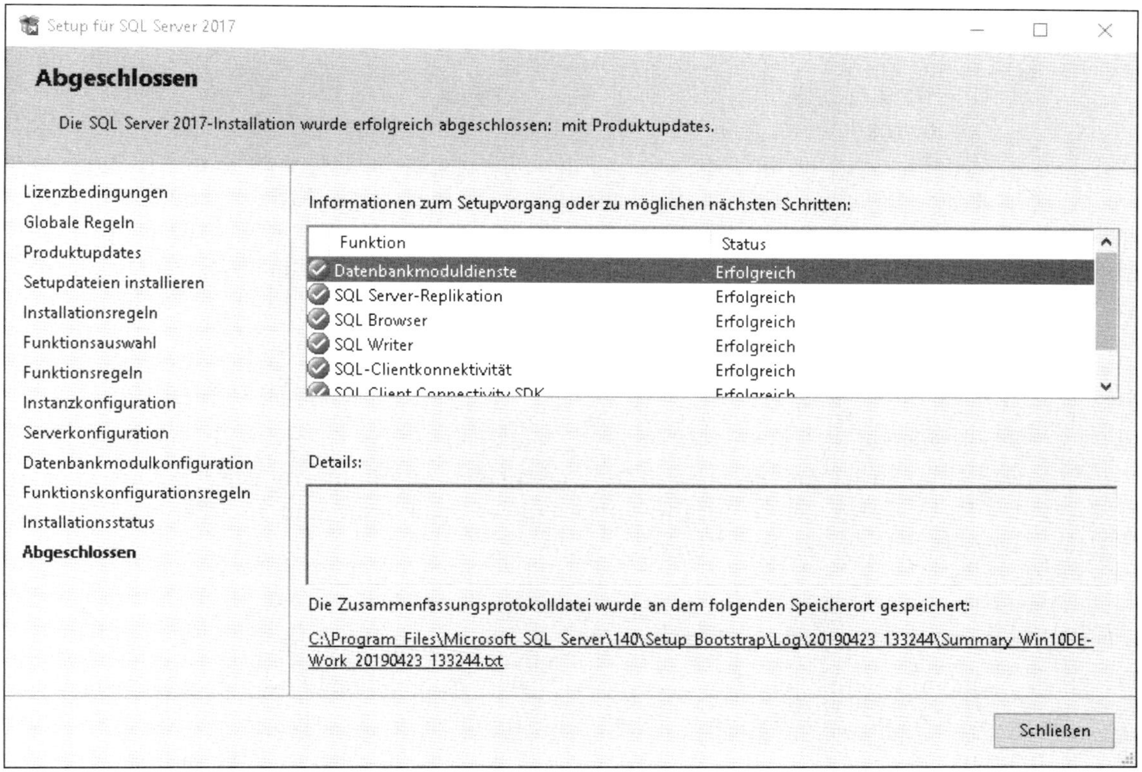

Abbildung A.13 Die Installation läuft anschließend bis zum Ende durch.

Obwohl auf den ersten Blick keine großen Neuerungen zu sehen sind, hat sich hinter den Kulissen dennoch einiges getan. Schauen wir uns das Ergebnis der Installation einmal an:

1. **Programmdateien (SQL Server-Verzeichnis)**
   Alle Programmdateien des SQL Servers wurden in das Verzeichnis installiert, das bei der Installation als SQL Server-Verzeichnis festgelegt wurde (Abbildung A.8). Standardmäßig ist es das folgende Verzeichnis:

   C:\Program Files\Microsoft SQL Server\MSSQL14.SQLEXPRESS

   Im Unterordner *MSSQL\Binn* befindet sich das Programm des SQL Servers (*sqlservr.exe*).

2. **Dienste**
   Üblicherweise starten Sie dieses Programm nicht manuell, sondern automatisch als Dienst. Sie finden die Dienste des SQL Servers in der Diensteverwaltung (in der Eingabeaufforderung `services.msc` eintippen); in der Liste beginnen sie mit SQL SERVER.

3. **Werkzeuge im Startmenü**
   Im Startmenü hat der Installationsassistent den Eintrag MICROSOFT SQL SERVER 2017 erstellt. Hier finden Sie unter anderem das Werkzeug SQL SERVER 2017-KONFIGURATIONS-

Manager, das ich Ihnen in Abschnitt A.1.3, »Arbeiten nach der Installation«, näher vorstellen werde. Über dieses Werkzeug können Sie ebenfalls auf die Dienste des SQL Servers zugreifen.

4. **Datenbankdateien**
   Irgendwo müssen die Daten einer Datenbank gespeichert werden. Beim SQL Server sind das die Datenbankdateien mit der Endung *.mdf* (oder *.ndf*). Zu jeder Datenbankdatei gehört ein *Transaktionsprotokoll* mit der Endung *.ldf*.

   Jede SQL Server-Instanz besitzt von Haus aus vier *Systemdatenbanken*. Hinzu kommen später die *Benutzerdatenbanken*. Wenn Sie die Einstellungen bei der Installation unverändert belassen haben, finden Sie die Datenbankdateien in diesem Verzeichnis wieder:

   C:\Program Files\Microsoft SQL Server\MSSQL14.SQLEXPRESS\MSSQL\DATA

Der SQL Server ist damit installiert. In regelmäßigen Abständen veröffentlicht Microsoft Updates für den SQL Server. Diese Updates erscheinen zusammen mit den Windows-Updates; am besten rufen Sie gleich einmal die Windows-Updates auf und installieren darüber das letzte Update für den SQL Server.

A.1.3 Arbeiten nach der Installation

Nachdem der SQL Server und das letzte Update installiert sind, werden wir drei wichtige Konfigurationen prüfen und wenn notwendig anpassen.

Automatischer Start des SQL Server-Browsers

Eines der wichtigsten Hilfsprogramme ist der *SQL Server-Konfigurations-Manager*. Sie finden ihn im Startmenü unter Microsoft SQL Server 2017 oder können ihn über die Kommandozeile aufrufen (`SQLServerManager14.msc`).

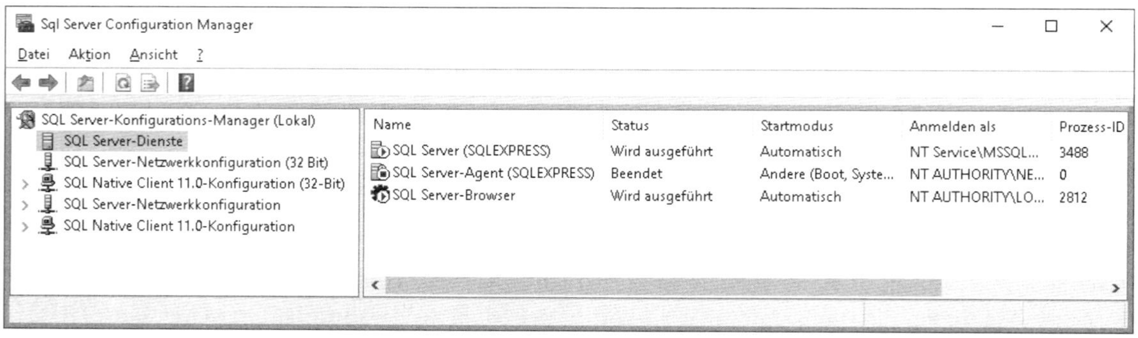

Abbildung A.14 Im SQL Server-Konfigurations-Manager erhalten Sie Zugriff auf die Dienste und auf die Netzwerkkonfiguration

Unter dem Eintrag SQL SERVER-DIENSTE sehen Sie die einzelnen Dienste, die zum SQL Server gehören.

1. **SQL Server (SQLEXPRESS)**
   Das ist zunächst einmal der SQL Server selbst; er trägt die Bezeichnung SQL SERVER und in Klammern den Namen der Instanz. Falls Sie mehrere Instanzen installiert haben, gibt es auch mehrere Dienste. Der Dienst des SQL Servers muss auf jeden Fall gestartet sein und sollte mit dem Startmodus AUTOMATISCH konfiguriert sein. Über das Kontextmenü können Sie Dienste starten oder beenden.
2. **SQL Server-Agent (SQLEXPRESS)**
   Den SQL Server-Agent gibt es nicht in der Express-Edition des SQL Servers, weshalb er sich gar nicht starten lässt. Bei den kostenpflichtigen Editionen ist er so etwas wie der Hausmeister des SQL Servers, dem man regelmäßige Wartungsarbeiten zuweisen kann.
3. **SQL Server-Browser**
   Und schließlich gibt es den Dienst SQL Server-Browser. Er ist dafür zuständig, Anfragen an benannte Instanzen richtig zuzuordnen, und sollte ebenfalls gestartet sein. Falls bei der Installation (Abbildung A.9) vergessen wurde, den Dienst zu aktivieren, holen Sie dies jetzt bitte nach:
   - Doppelklick auf den Dienst
   - das Registerblatt DIENST aufrufen
   - den Startmodus auf AUTOMATISCH setzen

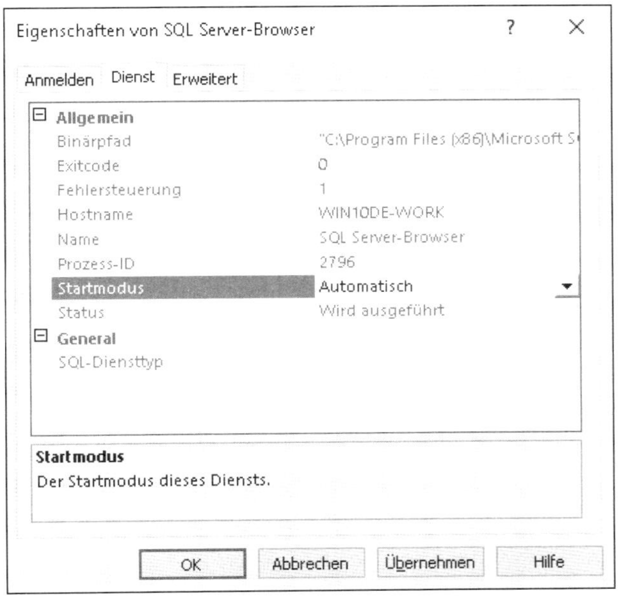

Abbildung A.15 Auch der SQL Server-Browser sollte aktiviert sein und automatisch starten.

Die Netzwerkkonfiguration des SQL Servers vervollständigen

Ebenfalls im SQL Server-Konfigurations-Manager lässt sich die Netzwerkkonfiguration einstellen. Über diese Option wird festgelegt, wie Daten über das Netzwerk zwischen Client-Rechner und SQL Server ausgetauscht werden dürfen. Als wichtigster Eintrag ist hier TCP/IP zu nennen, der standardmäßig deaktiviert ist – was nicht selten zu großer Frustration führt. Führen Sie diese Schritte aus, um den Datenaustausch über TCP/IP zu aktivieren:

1. Klappen Sie im SQL Server-Konfigurations-Manager im linken Bereich den Knoten SQL Server-Netzwerkkonfiguration auf.
2. Klicken Sie auf den Knoten Protokolle für ›SQLEXPRESS‹.
3. Führen Sie im rechten Bereich einen Doppelklick auf den Eintrag TCP/IP aus. Es öffnet sich das Eigenschaftenfenster. Ändern Sie hier unbedingt den Eintrag Aktiviert in Ja!
4. Stellen Sie sicher, dass der Eintrag Alle überwachen ebenfalls auf Ja steht. Damit ist gemeint, dass der SQL Server alle Netzwerkanschlüsse des Servers gleich behandelt.

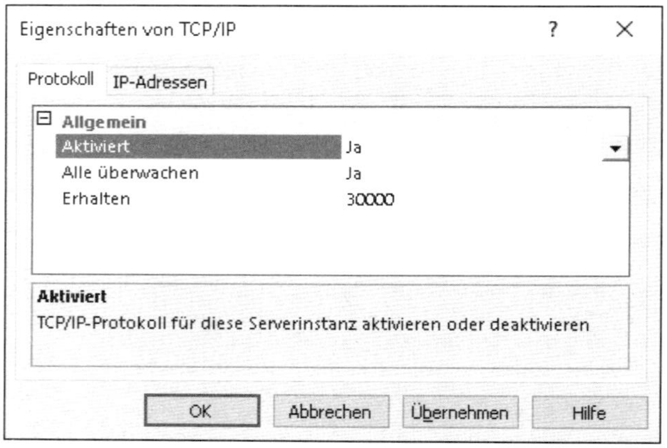

Abbildung A.16 Aktivieren Sie das TCP/IP-Protokoll, und lassen Sie alle Netzwerkanschlüsse des Servers überwachen.

5. Wechseln Sie zum Registerblatt IP-Adressen.
6. Wenn der soeben überprüfte Eintrag Alle überwachen auf Ja steht, sind nur die Optionen unter dem letzten Eintrag IPAll relevant; alle Einstellungen weiter oben werden ignoriert.
7. Im Feld Dynamische TCP-Ports darf nichts stehen. Entfernen Sie die 0, die dort vorgegeben ist.
8. Tragen Sie unter TCP-Port die Nummer des Ports ein, auf dem der SQL Server Daten empfangen soll; beispielsweise Port 1435.
9. Klicken Sie auf OK, um die Änderungen zu speichern.

Wechseln Sie anschließend zum Dienst des SQL Servers, und starten Sie ihn neu. Nur so greifen die neuen Einstellungen sofort.

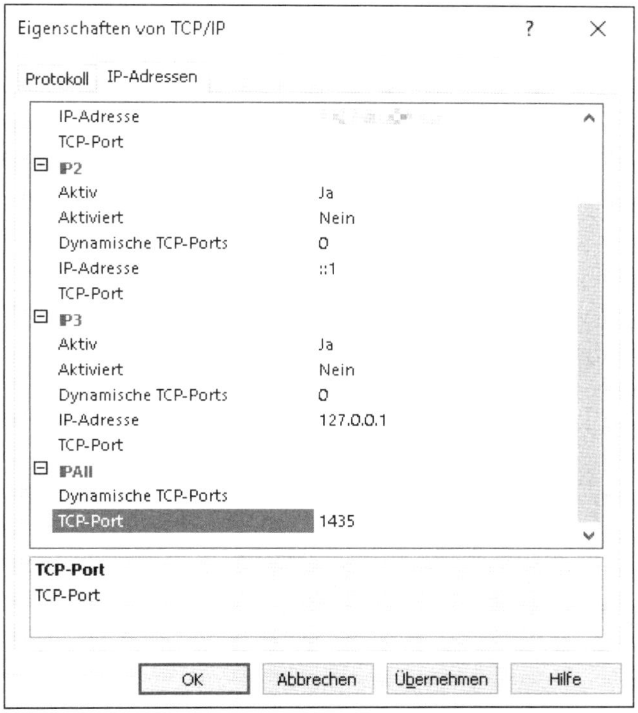

Abbildung A.17 Da alle Netzwerkanschlüsse gleich behandelt werden, greifen nur die Einstellungen unter »IPAll«.

Jede Instanz hat einen eigenen TCP-Port

Falls Sie mehr als eine Instanz des SQL Servers verwenden, wiederholen Sie die beschriebenen Schritte für jede Instanz. Wie ich im Kasten »Was ist eine SQL Server-Instanz?« erläutert habe, hat jede Instanz einen eigenen Dienst und Netzwerkport. Ein Port darf nie mehrfach verwendet werden. Oder mit anderen Worten: Tragen Sie bei TCP-PORT immer eine andere Nummer ein!

TCP-Port 1433 wird üblicherweise für die Standardinstanz eingesetzt. UDP-Port 1434 wird vom SQL Server-Browser genutzt. Am besten nutzen Sie für die benannten Instanzen 1435, 1436 usw. Ich möchte noch einmal in Erinnerung rufen, dass wir den SQL Server Express mit einer benannten Instanz installiert haben (Abbildung A.8). Entsprechend habe ich für die erste benannte Instanz TCP-Port 1435 gewählt.

> **Dynamische TCP-Ports**
>
> Mit den beschriebenen Schritten habe ich dynamische TCP-Ports deaktiviert und einen statischen TCP-Port festgelegt. Dies macht die Konfiguration von Firewall-Regeln deutlich einfacher. Bei dynamischer Vergabe des TCP-Ports schnappt sich der SQL Server-Dienst beim Starten den nächsten freien Port ab 1433. Damit der Client letztendlich den richtigen Port einer Instanz findet, gibt es den SQL Server-Browser.

Ports in der Windows-Firewall freigeben

Bei der Installation gab es noch eine Warnung zur Windows-Firewall. Standardmäßig sind Anfragen aus dem Netzwerk an den SQL Server nicht erlaubt. Wenn Sie den SQL Server nur auf dem Computer lokal betreiben möchten, ist es genau das, was Sie wollen, und Sie sind schon fertig.

Üblicherweise wird ein SQL Server jedoch Anfragen von Client-Rechnern im Netzwerk bekommen. Und genau dafür müssen wir Ausnahmen in der Windows-Firewall eintragen. Rufen Sie zunächst das Konfigurationsprogramm für die Windows Firewall auf:

1. In der Kommandozeile `wf.msc` eintippen und auf OK klicken. Das Programm zur Konfiguration der Windows Defender Firewall wird geöffnet (Abbildung A.18)
2. Klicken Sie im linken Bereich auf den Eintrag EINGEHENDE REGELN.

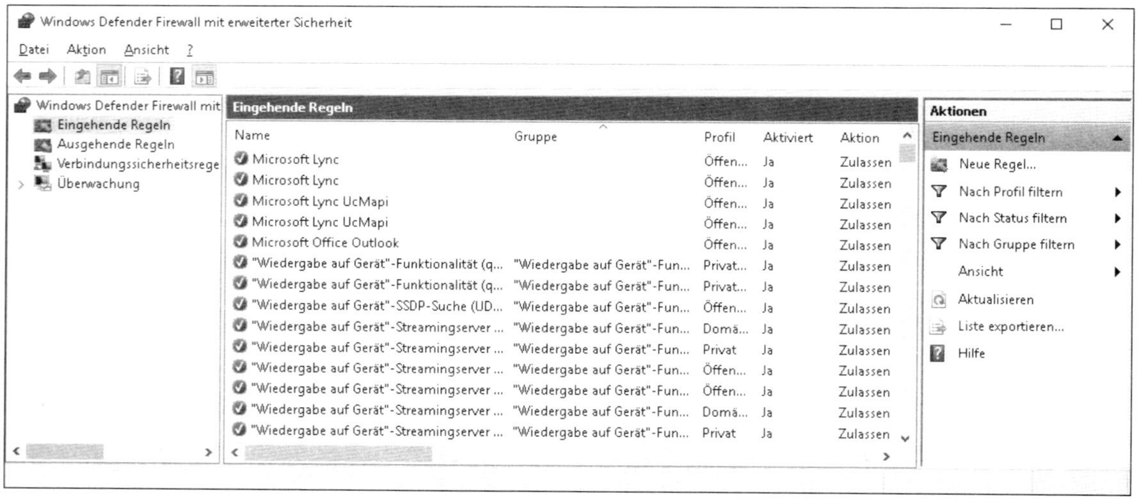

Abbildung A.18 Mit diesem Programm können Sie die eingebaute Windows Defender Firewall konfigurieren. Der SQL Server muss über eingehende Regeln freigeschaltet werden, wenn er vom Netzwerk aus erreichbar sein soll.

Zunächst erstellen wir eine Regel für den SQL Server-Browser, der Daten auf UDP-Port 1434 empfängt.

3. Wählen Sie rechts in den Aktionen den Punkt NEUE REGEL ... aus.
4. Wählen Sie als REGELTYP PORT aus, und klicken Sie auf WEITER.
5. Wählen Sie die Option UDP aus, und tragen Sie »1434« ein. Wenn der Dialog so wie in Abbildung A.19 aussieht, klicken Sie auf WEITER.

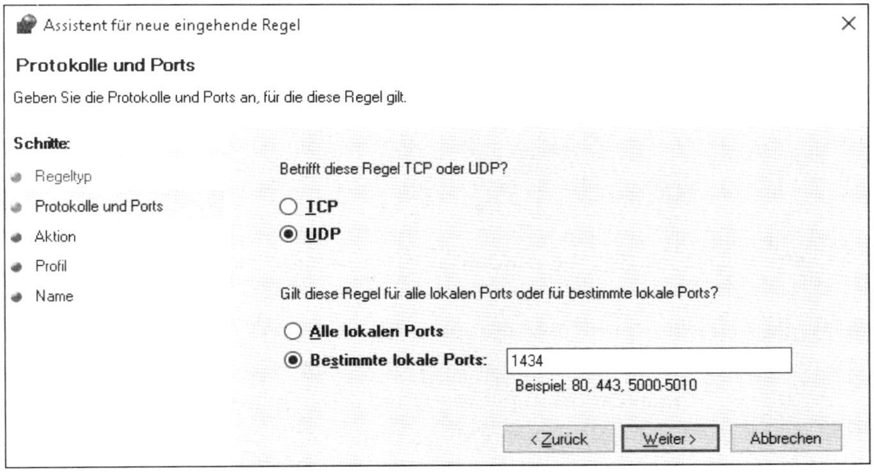

Abbildung A.19 Öffnen Sie Port UDP-1434, damit der SQL Server-Browser vom Netzwerk aus erreichbar ist.

6. Auf den folgenden Seiten des Assistenten lassen Sie die Einstellungen unverändert und klicken auf WEITER.
7. Vergeben Sie schließlich einen aussagekräftigen Namen (beispielsweise »SQLServerBrowser«), und klicken Sie auf FERTIG STELLEN.

In entsprechender Weise können Sie eine portbasierte Regel für den SQL Server selbst erstellen:

- REGELTYP: PORT
- TCP
- Portnummer 1435 (wie in Abbildung A.17 eingestellt)

Die Konfiguration sollte so wie in Abbildung A.20 aussehen.

Bei mehreren Instanzen des SQL Servers: Eine Firewall-Regel pro Instanz

Falls Sie mehr als eine Instanz des SQL Servers verwenden, wiederholen Sie diese Schritte für jede Instanz, die über das Netzwerk erreichbar sein soll. Am Schluss haben Sie eine Firewall-Regel für den SQL Server-Browser und je eine weitere Regel pro Instanz.

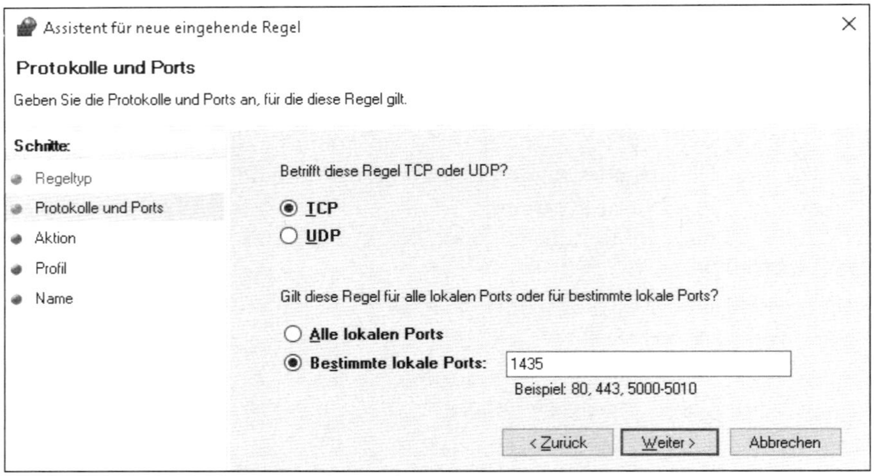

Abbildung A.20 Öffnen Sie den TCP-Port des SQL Servers, in unserem Beispiel TCP-1435.

Damit ist die Windows-Firewall freigeschaltet, und der SQL Server ist über das Netzwerk erreichbar. Ab jetzt sollte Ihnen auch bewusst sein, dass der SQL Server damit potentiell angreifbar wird. Außerhalb einer Laborumgebung sind die üblichen Sicherheitsmaßnahmen für IT-Systeme somit unabdingbar. Unter anderem sind das:

- sichere Kennwörter
- ein sicheres »sa«-Kennwort!
- regelmäßige Datensicherung
- die Server-Software durch Updates aktuell halten
- Schutz vor Schadsoftware

A.1.4 SQL Server Management Studio: Das universelle Werkzeug zur Verwaltung des SQL Servers

Ein wichtiges Werkzeug zur Verwaltung des SQL Servers haben Sie bereits kennengelernt: den *SQL Server-Konfigurations-Manager*. Leider lassen sich damit nur die Dienste und die Netzwerkkonfiguration anpassen. Für die Konfiguration innerhalb des SQL Servers – dazu zählt unter anderem, Datenbanken und Tabellen zu erstellen – benötigen wir ein weiteres Programm: das *SQL Server Management Studio (SSMS)*.

Das SQL Server Management Studio ist optional

In älteren Versionen des SQL Servers waren die Managementwerkzeuge noch als Option in der Server-Installation enthalten. Inzwischen ist das SQL Server Management Studio eine vollständig separate Anwendung – eine, wie ich finde, sinnvolle Trennung, denn das Programm wird wirklich nur zur komfortablen Verwaltung benötigt. Der SQL Server an sich ist ohne das SSMS voll funktionsfähig.

In einer Produktivumgebung wird man beide Teile separieren: Der SQL Server läuft auf einem leistungsfähigen Server, während das SSMS auf einem Wartungs-PC für die Administratoren installiert wird.

Installation des SSMS

Im SQL Server-Installationscenter (Abbildung A.4) gibt es den Eintrag SQL SERVER-VERWALTUNGSTOOLS INSTALLIEREN. Dieser führt Sie zu folgender Webseite, auf der Sie die aktuelle Version des SSMS herunterladen können:

https://go.microsoft.com/fwlink/?LinkId=531355

Nach dem Download erhalten Sie die Datei *SSMS-Setup-DEU.exe*, die Sie zum Starten der Installation ausführen. An der Größe von knapp 550 MB lässt sich schon erahnen, dass dieses Programm ziemlich umfangreich ist. Neben einem SQL Server lassen sich damit weitere Server-Dienste wie beispielsweise ein SQL Server in der Cloud (genannt *Azure SQL-Datenbank*), Analysis-, Reporting- oder Integration-Services verwalten. Ich werde diese Dienste in diesem Buch nicht thematisieren, weil sie allesamt sehr weit von Access entfernt sind.

Abbildung A.21 Bei der Installation des SSMS lässt sich lediglich der Speicherort konfigurieren.

Die Installation an sich verläuft recht unkompliziert. Von der Dauer kann sich die ganze Prozedur etwas hinziehen. Sobald die Installation abgeschlossen ist, finden Sie im Startmenü einige zusätzlichen Werkzeuge. Darunter befindet sich im Ordner Microsoft SQL Server Tools 18 das SQL Server Management Studio.

Verbinden mit SQL Server

Beim ersten Start des SSMS werden Sie gefragt, mit welchem SQL Server Sie sich verbinden möchten (Abbildung A.22). Falls der Dialog nicht erscheint oder Sie ihn versehentlich geschlossen haben, können Sie ihn über den Menüpunkt Datei • Objekt-Explorer verbinden ... wieder aufrufen.

Abbildung A.22 Geben Sie hier an, mit welchem Server und welcher Instanz Sie sich verbinden möchten. Anmeldename und -kennwort sind nur bei der SQL Server-Authentifizierung erforderlich.

Unter Servertyp sind die anderen Dienste, die ich bereits erwähnt habe und die ebenfalls mit dem SSMS verwaltet werden können, aufgeführt. Wir möchten uns mit dem SQL Server verbinden. Deshalb muss hier der Eintrag Datenbank-Engine ausgewählt sein.

Im Feld Servername tragen Sie den Namen des Servers und den Namen der Instanz getrennt durch den rückwärts gerichteten Schrägstrich (Alt Gr + ß) ein, beispielsweise so:

```
MeinServer\SQLEXPRESS
```

Ohne Name der Instanz wird mit der Standardinstanz verbunden.

```
MeinServer
```

Bevor Sie lange die Namen heraussuchen und tippen, können Sie das Kombinationsfeld aufklappen und den Eintrag <Suche fortsetzen...> auswählen. Im Dialog Nach Servern suchen (Abbildung A.23) finden Sie den richtigen Eintrag, nachdem Sie den Unterpunkt Datenbank-Engine erweitert haben.

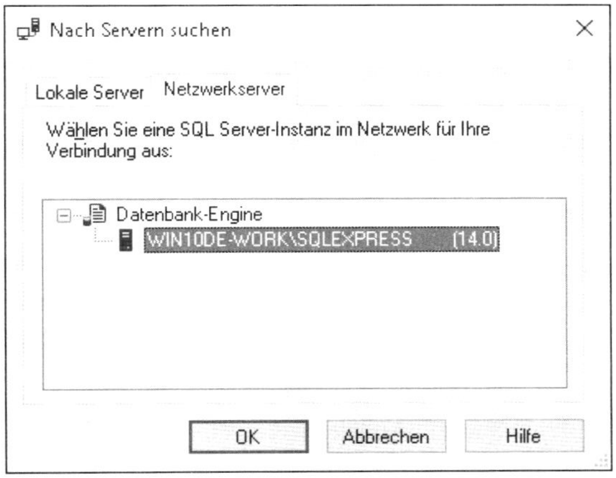

Abbildung A.23 Im Registerblatt »Netzwerkserver« werden automatisch gefundene Server angezeigt.

Als Authentifizierung ist standardmäßig WINDOWS-AUTHENTIFIZIERUNG ausgewählt. Mit einem Klick auf VERBINDEN wird die Anmeldung am SQL Server durchgeführt.

SQL Server-Authentifizierung mit dem »sa«-Kennwort

Fehlerhafte Authentifizierung oder fehlende Berechtigungen sind die häufigsten Ursachen für Probleme bei der Verbindung. Ich werde darauf noch in Abschnitt A.1.8, »Authentifizierung und Berechtigungen«, zu sprechen kommen.

Falls die Verbindung mit Windows-Authentifizierung nicht zustande kommt und Sie bei der Installation des SQL Servers den gemischten Modus gewählt hatten (Abbildung A.10), gibt es jetzt noch einen zweiten Weg: die *SQL Server-Authentifizierung*. Nur in diesem Fall müssen Anmeldename und Kennwort angegeben werden:

- AUTHENTIFIZIERUNG: SQL SERVER-AUTHENTIFIZIERUNG
- ANMELDENAME: sa
- unter KENNWORT das »sa«-Kennwort eintippen

Wenn die Verbindung erfolgreich zustande gekommen ist, wird im linken Bereich des SSMS der *Objekt-Explorer* mit Inhalten gefüllt. Falls Sie den Objekt-Explorer versehentlich geschlossen haben, können Sie ihn über ANSICHT • OBJEKT-EXPLORER (F8) wieder einblenden.

Ich empfehle Ihnen, den Objekt-Explorer auszukundschaften. Unter dem Eintrag DATENBANKEN werden Sie feststellen, dass der Server bisher keine Datenbanken hat. Es gibt lediglich vier *Systemdatenbanken*; diese sollten Sie nur anfassen, wenn Sie genau wissen, was Sie tun! Im nächsten Abschnitt – Abschnitt A.1.5, »Eine Datenbank im SQL Server erstellen« – werde ich Ihnen zeigen, wie Sie eine eigene Datenbank erstellen.

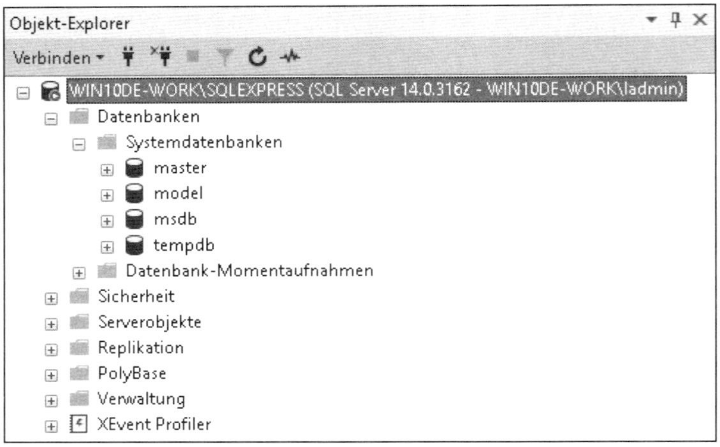

Abbildung A.24 Im Objekt-Explorer des SSMS erscheinen die Datenbankobjekte des Servers; unter anderem diese vier Systemdatenbanken, die es immer gibt.

Was tun, wenn die Verbindung nicht zustande kommt?

Zunächst aber noch ein paar Tipps, wie Sie vorgehen können, wenn die Verbindung nicht klappt. Folgende Voraussetzungen müssen erfüllt sein, damit der SQL Server erreichbar ist:

1. **Der Server ist eingeschaltet und erreichbar**
   Das lässt sich auf der Kommandozeile (`cmd.exe`) per *ICMP Echo*, langläufig unter dem Begriff *Ping* bekannt, prüfen:

   ```
   ping <Server-Name oder IP>
   ```

   Sollte der Ping nicht erfolgreich sein, könnte die Windows Firewall Pings blockieren. In diesem Fall prüfen Sie zunächst die Regel »Datei- und Druckerfreigabe (Echoanforderung – ICMPv4 eingehend)« und ändern, wenn notwendig, das Profil in ALLE und nehmen den Filter bei REMOTEADRESSE heraus. Wenn der Ping immer noch nicht funktioniert, deutet das auf einen Fehler in der Netzwerkverbindung oder -konfiguration hin.

2. **Alle Dienste des SQL Servers sind gestartet**
   Auf dem Server lässt sich das am einfachsten über den SQL Server-Konfigurations-Manager prüfen. Sowohl der SQL Server als auch der SQL Server-Browser sollten den Status WIRD AUSGEFÜHRT aufweisen (Abbildung A.14).

3. **Der TCP-Port des SQL Servers muss erreichbar sein**
   Das können Sie entweder auf der Kommandozeile des Servers oder von einem Client-Rechner aus mit dem `telnet`-Befehl prüfen:

   ```
   telnet <Server-Name oder IP> 1435
   ```

   Geben Sie hier die Portnummer ein, die Sie im SQL Server-Konfigurations-Manager festgelegt haben (Abschnitt A.1.3, »Arbeiten nach der Installation«).

Wenn Sie als Ergebnis des `telnet`-Befehls einen leeren Bildschirm mit blinkender Eingabeaufforderung sehen, ist alles in bester Ordnung (Ctrl + +, dann `quit` eingeben, und Sie gelangen wieder zurück zur Kommandozeile). Falls sich der Verbindungsaufbau jedoch zu lange hinzieht oder gar nicht zustande kommt, stimmen entweder der Server-Name oder die Portnummer nicht, oder es fehlt die entsprechende Regel in der Windows-Firewall.

Der UDP-Port des SQL Server-Browsers lässt sich mit dem `telnet`-Befehl leider nicht überprüfen.

Telnet ist standardmäßig nicht installiert

In vielen Fällen wird der `telnet`-Befehl unbekannt sein, und der Telnet-Client muss nachinstalliert werden. Öffnen Sie dazu die Systemsteuerung (`control.exe`), gehen Sie zu PROGRAMME • WINDOWS-FEATURES AKTIVIEREN ODER DEAKTIVIEREN, und setzen Sie das Häkchen bei TELNET-CLIENT.

Wenn der Test mit `telnet` erfolgreich war, funktioniert immerhin schon einmal die Netzwerkverbindung. Das SSMS sollte den SQL Server jetzt erreichen; zumindest im Dialog NACH SERVERN SUCHEN (Abbildung A.23) sollte die Instanz auftauchen. Falls die Verbindung von hier nicht aufgebaut werden kann, empfehle ich Ihnen folgende Schritte:

1. **Mit SQL Server-Authentifizierung anmelden**
   Wie erwähnt wird das nur funktionieren, wenn der SQL Server im gemischten Authentifizierungsmodus installiert wurde. Die Anmeldung mit »sa«-Kennwort funktioniert einwandfrei, aber die Windows-Authentifizierung verweigert ihren Dienst? Dann prüfen Sie bitte die Authentifizierung und die Berechtigungen wie in Abschnitt A.1.8, »Authentifizierung und Berechtigungen«, beschrieben.
2. **IP-Adresse und Port des Servers eintragen**
   Ermitteln Sie manuell die richtige IP-Adresse des Servers (auf dem Server `ipconfig` ausführen). Im Feld SERVERNAME können Sie sie zusammen mit der Portnummer getrennt durch ein Komma (,) eintippen. Ich sage es noch einmal ganz klar: Komma und *nicht* der Doppelpunkt! In meinem Testsystem sähe der Eintrag so aus:

   ```
   192.168.204.131,1435
   ```

   Falls das SSMS auf dem gleichen Computer wie der SQL Server installiert ist, funktionieren auch folgende Varianten:

   ```
   127.0.0.1,1435
   ```

   ```
   localhost,1435
   ```

   Wenigstens mit SQL Server-Authentifizierung sollten Sie jetzt eine Verbindung erhalten. Andernfalls ist der Fehler in der Netzwerkkonfiguration zu suchen (richtige IP-Adresse, Portnummer und Firewall-Einstellungen).

3. **Name des Servers mit Portnummer eintragen**
   Ersetzen Sie als Nächstes die IP-Adresse durch den Namen des Servers:
   ```
   MeinServer,1435
   ```
   Wenn die Verbindung über die IP-Adresse, nicht aber über den Namen zustande kommt, funktioniert die Namensauflösung nicht.
4. **Statt der Portnummer den Namen der Instanz eintragen**
   Das wäre wieder die ursprüngliche Einstellung: Server-Name und Name der Instanz getrennt durch den rückwärts gerichteten Schrägstrich (AltGr + ß).
   ```
   MeinServer\SQLEXPRESS
   ```
   Bei der Standardinstanz nur der Name des Servers:
   ```
   MeinServer
   ```
   Wenn die Verbindung erst bei diesem Schritt scheitert, deutet alles darauf hin, dass die Auflösung Instanzname zu TCP-Port-Nummer nicht erfolgreich war. Dafür ist der SQL Server-Browser zuständig; entweder wurde der Name der Instanz falsch eingetippt, oder der Dienst des SQL Server-Browsers ist nicht gestartet oder er ist nicht über das Netzwerk erreichbar.

Ich hoffe, dass Ihnen diese Schritte bei der Fehlersuche helfen konnten und Sie jetzt im SSMS mit dem SQL Server verbunden sind.

A.1.5 Eine Datenbank im SQL Server erstellen

Um auf dem SQL Server Tabellen und andere Datenbankobjekte zu erstellen, benötigen wir als Erstes eine Datenbank. Auf dem SQL Server können Sie mehrere Datenbanken erzeugen und auf diese Weise die Daten logisch und physikalisch trennen. Die Situation ist vergleichbar mit Access, wo es ebenfalls verschiedene Datenbanken (*.accdb*-Dateien) gibt. Nur werden die Datenbanken beim SQL Server von einem Dienst im Netzwerk zur Verfügung gestellt. Eine Übersicht der daraus resultierenden Vor- und Nachteile finden Sie in Tabelle 4.14. In Tabelle A.1 habe ich einige Merkmale von Access und SQL Server gegenübergestellt:

Merkmal	Microsoft Access	SQL Server
Speicherort	*.accdb*-Datei	Datenbankdateien (*.mdf*- und *.ndf*-Dateien)
Dateigruppen	–	•

Tabelle A.1 Eine Übersicht über die Datenbankobjekte und Features von Access und SQL Server

Merkmal	Microsoft Access	SQL Server
Transaktionsprotokoll	–	• (*.ldf*-Dateien)
maximale Größe	2 GB	unbegrenzt in der Standard-Edition und höher; Express Edition: 10 GB
Tabellen	•	•
Beziehungen	•	•
Indizes	•	•
Datenbankdiagramme	1	mehrere
Trigger auf Tabellen	• (Datenmakros)	•
Abfragen	•	• (Sichten)
Trigger auf Abfragen	–	•
SQL-Dialekt	Jet-SQL	Transact-SQL (TSQL)
Formulare	•	–
Berichte	•	– (dafür gibt es das separate Produkt »SQL Server Reporting Services«)
Makros	•	–
gespeicherte Prozeduren	–	•
gespeicherte Funktionen	–	•
Programmierung	• (VBA)	• (erweiterte gespeicherte Prozeduren sowie .NET-Programmierung)
Zugriffsberechtigungen	•	• (sehr umfassend)

Tabelle A.1 Eine Übersicht über die Datenbankobjekte und Features von Access und SQL Server (Forts.)

Erstellen einer neuen Datenbank im SQL Server

Zum Erstellen einer neuen Datenbank öffnen Sie zunächst das SSMS und verbinden sich mit dem SQL Server.

1. Gehen Sie im Objekt-Explorer zu DATENBANKEN.
2. Klicken Sie mit der rechten Maustaste, und wählen Sie im Kontextmenü den Eintrag NEUE DATENBANK ... aus. Es öffnet sich der Dialog NEUE DATENBANK (Abbildung A.25).

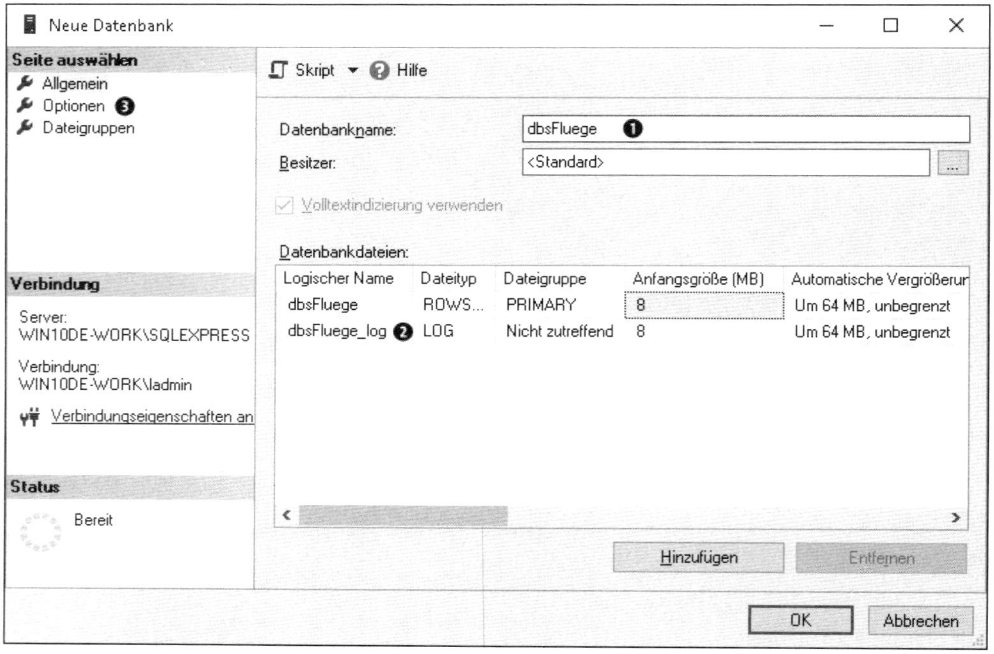

Abbildung A.25 Beim Erstellen einer neuen Datenbank werden der Name und die Datenbankdateien festgelegt.

3. Tippen Sie bei DATENBANKNAME ❶ den Namen der neuen Datenbank ein:

   dbsFluege

   Im unteren Bereich ❷ sehen Sie, dass der Assistent die Datenbankdatei und die Datei des Transaktionsprotokolls (Dateityp: LOG) automatisch benennt. Optional können Sie beide Dateien selbst benennen.
4. Wechseln Sie im linken Bereich zur Seite OPTIONEN ❸.
5. Hier müssen Sie eigentlich nichts ändern; klicken Sie auf OK, um die Datenbank zu erstellen.

Die neue Datenbank erscheint anschließend im Objekt-Explorer.

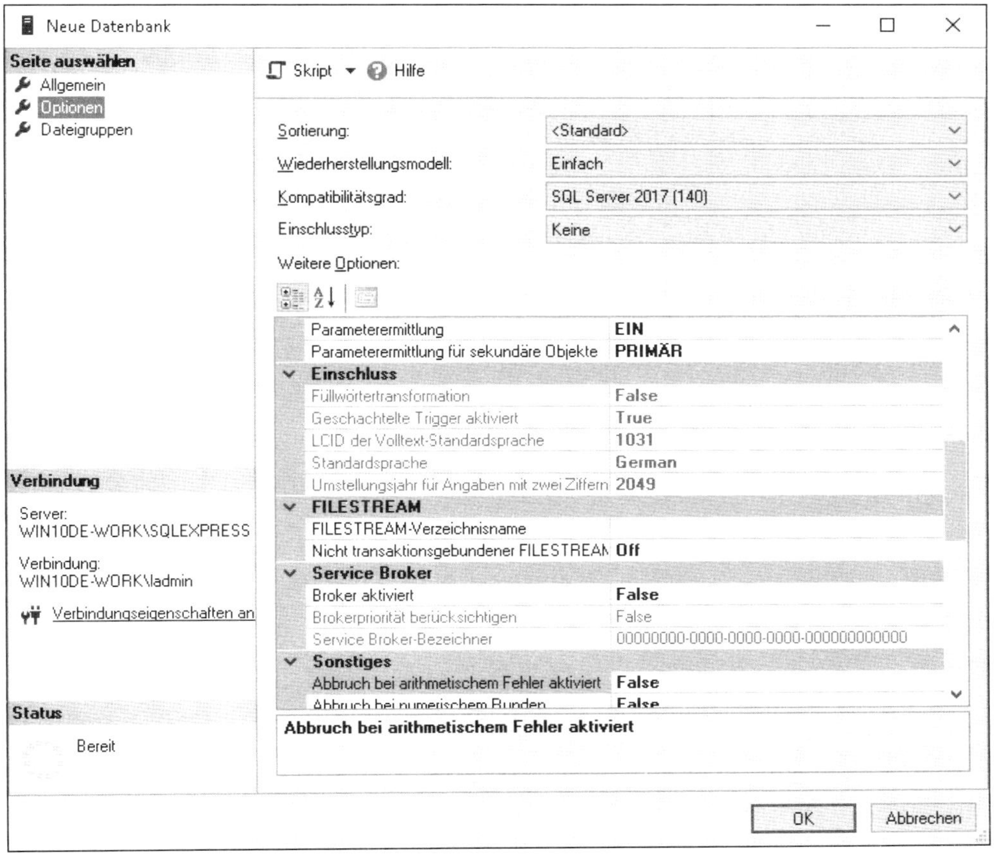

Abbildung A.26 In den Optionen der Datenbank lassen sich bei Bedarf viele Parameter konfigurieren.

Vorsicht Falle beim Wiederherstellungsmodell!

Ich habe Sie nicht ohne Grund auf die Seite mit den Option gehen lassen. Meiner Erfahrung nach schalten sowohl Neulinge am SQL Server als auch versierte Administratoren immer wieder unter Wiederherstellungsmodell auf den Eintrag Vollständig um. Dieses intuitive Verhalten kann ich durchaus nachvollziehen; gerade, wenn ich unsicher bin, nehme ich doch lieber vollständig als einfach. Doch Vorsicht, das ist der falsche Weg! **Die richtige Einstellung ist das einfache Wiederherstellungsmodell.**

Ohne zu sehr auf die Details einzugehen: Das Wiederherstellungsmodell ist relevant für die Datensicherungen im Onlinebetrieb. Mit dem *einfachen Wiederherstellungsmodell* ist eine Vollsicherung möglich (SQL-Befehl `backup database`). Nur für inkrementelle Sicherungen (SQL-Befehl `backup log`) ist das *vollständige Wiederherstellungsmodell* notwendig. Allerdings müssen Sie dann auch regelmäßig eine Vollsicherung durchführen!

Wenn ich mich nicht an diese Regel halte, kann das Transaktionsprotokoll unendlich groß werden. Beim einfachen Wiederherstellungsmodell wird das Transaktionsprotokoll nach jeder Transaktion abgeschnitten. Nicht jedoch beim vollständigen Wiederherstellungsmodell; hier wird erst nach einer Vollsicherung abgeschnitten. Falls Sie sich also einmal wundern, warum der SQL Server immer mehr Festplattenspeicher benötigt: Werfen Sie als Erstes einen Blick auf das Wiederherstellungsmodell (klicken Sie die Datenbank im Objekt-Explorer an, wählen Sie im Kontextmenü EIGENSCHAFTEN aus, und gehen Sie schließlich in den DATENBANKEIGENSCHAFTEN auf die Seite OPTIONEN).

Löschen einer Datenbank im SQL Server

Genauso einfach wie das Erstellen ist das Löschen einer Datenbank:

1. Klicken Sie im Objekt-Explorer auf die gewünschte Datenbank.
2. Klicken Sie mit der rechten Maustaste, und wählen Sie im Kontextmenü den Eintrag LÖSCHEN aus.
3. Bestätigen Sie den Dialog OBJEKT LÖSCHEN mit einem Klick auf die Schaltfläche OK.

Bei diesem Vorgang werden alle Datenbankdateien gelöscht. Der von der Datenbank belegte Speicherplatz auf der Festplatte wird somit wieder frei.

Erstellen und Löschen einer Datenbank per SQL

SQL ist die Programmiersprache für Datenbanken. Entsprechend können Sie alle gezeigten Schritte auch per SQL-Befehl ausführen.

1. Klicken Sie im SSMS in der Symbolleiste auf die Schaltfläche NEUE ABFRAGE (Strg + N).
2. Tippen Sie zum Erstellen der Datenbank den Befehl
   ```
   create database dbsFluege
   ```
   ein.
3. Klicken Sie in der Symbolleiste auf AUSFÜHREN (F5). Im unteren Bereich im Fenster Meldungen gibt der SQL Server aus, ob der Befehl erfolgreich war.
4. Klicken Sie im Objekt-Explorer mit der rechten Maustaste auf DATENBANKEN, und wählen Sie im Kontextmenü den Eintrag AKTUALISIEREN aus.

Die neu erstellte Datenbank sollte jetzt auch im Objekt-Explorer erscheinen. In analoger Weise können Sie die Datenbank mit folgenden Befehlen wieder löschen:

```
use master
drop database dbsFluege
```

Listing A.1 Löschen einer Datenbank per SQL löscht ohne Rückfrage!
Der Befehl »use« wechselt vorher in die Systemdatenbank »master«.

A.1.6 Datenbank trennen und wieder anfügen

Etwas weniger hart als das Löschen ist das Trennen einer Datenbank. Dabei wird die Datenbank aus dem SQL Server gelöscht, die Dateien auf dem Dateisystem bleiben jedoch erhalten.

Datenbankdateien und Speicherort ermitteln

Zunächst sollten wir uns darüber im Klaren sein, wo die Datenbankdateien auf dem Dateisystem liegen. Standardmäßig werden sie im Ordner

C:\Program Files\Microsoft SQL Server\MSSQL14.SQLEXPRESS\MSSQL\DATA

abgelegt. Allerdings kann dieser Ordner auch anders heißen, je nachdem, welche Einstellungen bei der Installation des SQL Servers gewählt wurden (Abbildung A.11). Auch beim Erstellen der Datenbank lässt sich ein anderer Ablageort auswählen. Schauen wir also zunächst nach, wo die Dateien der Datenbank zu finden sind und wie sie heißen.

1. Klicken Sie im Objekt-Explorer auf die gewünschte Datenbank.
2. Klicken Sie mit der rechten Maustaste, und wählen Sie im Kontextmenü den Eintrag EIGENSCHAFTEN aus.
3. Wechseln Sie im Dialog DATENBANKEIGENSCHAFTEN zur Seite DATEIEN.
4. In der unteren Liste müssen Sie unter Umständen etwas nach rechts scrollen. Dort finden Sie für jede Datenbankdatei den Pfad und den Dateinamen.

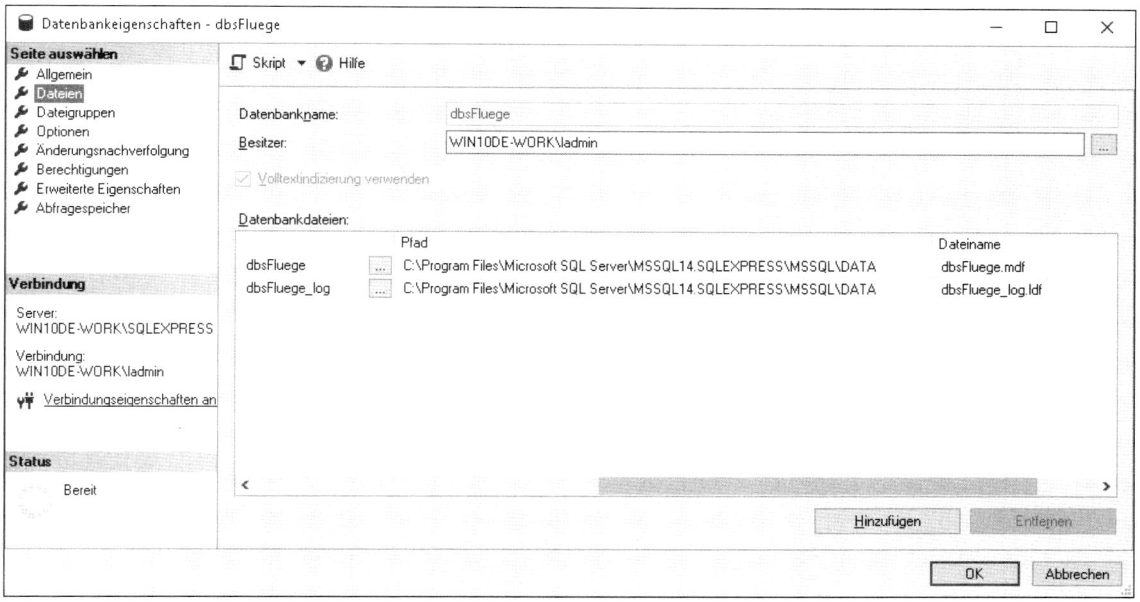

Abbildung A.27 In den Datenbankeigenschaften können Sie jederzeit nachsehen, wo die Datenbankdateien gespeichert sind.

Trennen einer Datenbank im SQL Server

Zum Trennen der Datenbank gehen Sie wie folgt vor:

1. Klicken Sie im Objekt-Explorer auf die gewünschte Datenbank.
2. Klicken Sie mit der rechten Maustaste, und wählen Sie im Kontextmenü den Eintrag TASKS • TRENNEN ... aus.
3. Bestätigen Sie den Dialog DATENBANK TRENNEN mit einem Klick auf die Schaltfläche OK.

Wie erwähnt werden bei diesem Vorgang die Datenbankdateien *nicht* gelöscht. Sie können diese anschließend zum Beispiel an einen neuen Speicherort oder auf einen neuen Server verschieben und die Datenbank dann wieder anfügen.

Anfügen einer Datenbank im SQL Server

Und so lässt sich eine Datenbank wieder anfügen:

1. Gehen Sie im Objekt-Explorer zu DATENBANKEN.
2. Klicken Sie mit der rechten Maustaste, und wählen Sie im Kontextmenü den Eintrag ANFÜGEN ... aus. Es öffnet sich der Dialog DATENBANKEN ANFÜGEN (Abbildung A.28).

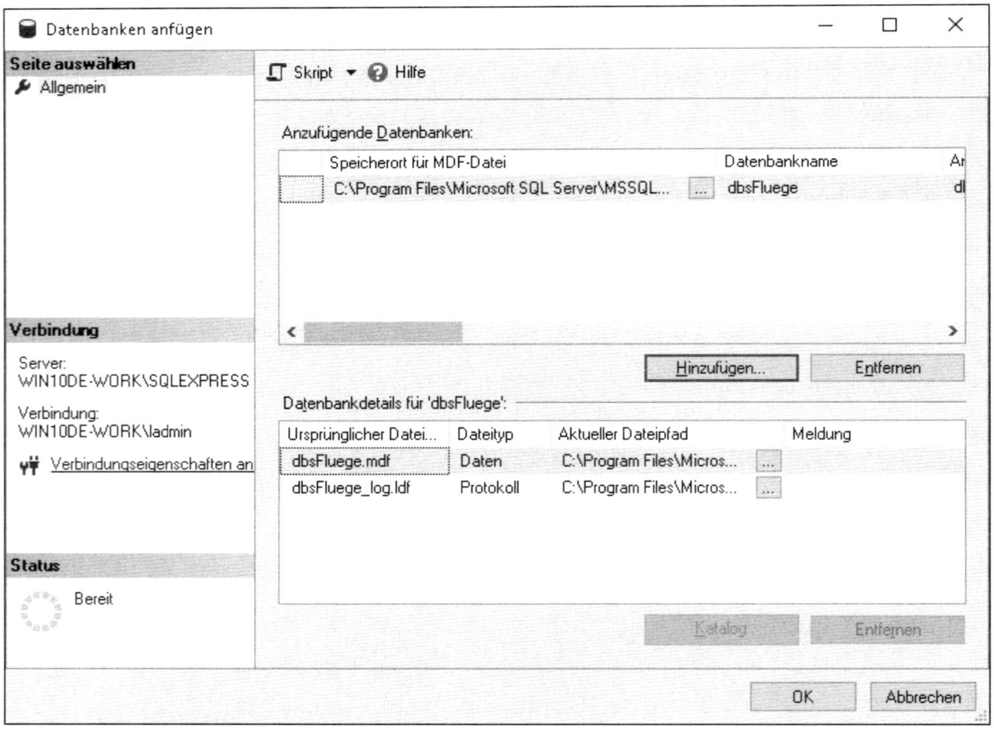

Abbildung A.28 Zum Anfügen einer Datenbank sollten Sie die ».mdf«- und ».ldf«-Datei zunächst in das Datenverzeichnis des SQL Servers kopieren und anschließend über diesen Dialog anfügen.

3. Klicken Sie auf die Schaltfläche HINZUFÜGEN ..., und wählen Sie die *.mdf*-Datei aus.
4. Bestätigen Sie den Dialog mit Klick auf die Schaltfläche OK.

Wenn Sie die Datenbankdateien auf einen neuen SQL Server verschoben haben, müssen Sie anschließend unter Umständen die Zuordnung der Benutzer überarbeiten (mehr dazu im Kasten »Mapping der Anmeldungen zu Benutzern auf Datenbank-Ebene«, den Sie in Abschnitt A.1.8, »Authentifizierung und Berechtigungen«, finden).

Trennen und Anfügen einer Datenbank per SQL

Selbstverständlich lassen sich alle gezeigten Funktionen auch per SQL bewerkstelligen. Ermitteln Sie zunächst die Pfade der Datenbankdateien:

```
use dbsFluege
select physical_name
from sys.database_files
```

Listing A.2 »sys.database_files« ist eine spezielle Sicht, eine System-Katalogsicht (englisch »system catalog view«). In dieser Sicht sind alle Datenbankdateien aufgeführt.

Tragen Sie hinter das Schlüsselwort `use` den Namen der gewünschten Datenbank ein. Das Trennen der Datenbank erfolgt über die gespeicherte Prozedur `sp_detach_db`:

```
use master
exec master.dbo.sp_detach_db @dbname = N'dbsFluege'
```

Listing A.3 Führen Sie die gespeicherte Prozedur »sp_detach_db« aus, um die Datenbank per SQL zu trennen.

Und schließlich das Anfügen der Datenbank über eine Variante des Befehls `create database`:

```
use master
create database dbsFluege
on
(
    filename = N'C:\Daten\dbsFluege.mdf'
)
log on
(
    filename = N'C:\Daten\dbsFluege_log.ldf'
)
for attach
```

Listing A.4 Tragen Sie zum Anfügen den Namen der Datenbank sowie die vollständigen Pfade der Dateien (Datenbankdatei und Transaktionsprotokoll) ein.

A.1.7 Datensicherung einer Datenbank des SQL Servers

Solange der SQL Server in Betrieb ist, sind die Datenbankdateien exklusiv geöffnet und lassen sich nicht kopieren. Für eine Datensicherung sind daher besondere Strategien notwendig – was auch gut so ist, denn schließlich ändern sich im laufenden Betrieb die Datenbankdateien fortwährend, wohingegen eine konsistente Datensicherung genau einem bestimmten Zeitpunkt entsprechen muss.

Für eine konsistente Datensicherung einer Datenbank auf dem SQL Server kommen diese Herangehensweisen in Frage:

- Dienst des SQL Servers stoppen, Datenbankdateien wegkopieren, Dienst wieder starten
- Datenbank offline nehmen, Datenbankdateien wegkopieren, Datenbank online nehmen
- Online-Datensicherung mit Hilfe des Dienstes SQL Server VSS Writer
- Online-Datensicherung innerhalb des SQL Servers (`backup database`)

Bei den ersten beiden Varianten ist die Datenbank vorübergehend nicht erreichbar. Professionelle Lösungen zur Datensicherung bedienen sich in der Regel den letzten beiden Varianten.

Variante 1: Stopp des SQL Servers

Diese Variante ist sehr hart, denn alle Datenbanken des SQL Servers gehen offline. Im einfachsten Fall können Sie den Dienst des SQL Servers über den SQL Server-Konfigurations-Manager starten und beenden (Abbildung A.14). Alternativ ist das auch über die Eingabeaufforderung mit erhöhten Rechten möglich:

```
net stop "SQL Server (SQLEXPRESS)"
copy C:\data\dbsFluege*.?df C:\backup\ /Y
net start "SQL Server (SQLEXPRESS)"
```

Listing A.5 Für diese Befehle auf der Eingabeaufforderung oder in einer Batch-Datei werden erhöhte Rechte benötigt. Andernfalls erscheint die Meldung »Zugriff verweigert«.

Variante 2: Datenbank offline nehmen

Etwas milder ist diese Variante, bei der nur eine Datenbank im SSMS vorübergehend offline geschaltet wird.

1. Klicken Sie im Objekt-Explorer auf die gewünschte Datenbank.
2. Klicken Sie mit der rechten Maustaste, und wählen Sie im Kontextmenü den Eintrag TASKS • OFFLINE SCHALTEN ... aus.
3. Bestätigen Sie den Dialog DATENBANK OFFLINE SCHALTEN mit einem Klick auf die Schaltfläche OK.

So lange die Datenbank offline ist, können Sie eine Kopie der Datenbankdateien erzeugen. Anschließend lässt sich die Datenbank über TASKS • ONLINE SCHALTEN ... wieder verfügbar machen. Beide Funktionen lassen sich wie üblich auch per SQL bewerkstelligen:

```
alter database dbsFluege set offline
alter database dbsFluege set online
```

Listing A.6 So lässt sich eine Datenbank per SQL offline und wieder online nehmen.

Variante 3: Datensicherung im Onlinebetrieb

Innerhalb des SQL Servers lässt sich eine Datenbank über TASKS • SICHERN ... im laufenden Betrieb sichern. Das sieht auf den ersten Blick vermeintlich simpel aus, erfordert in der Praxis aber noch weitere Konfigurationen (unter anderem die bereits erwähnte Option des Wiederherstellungsmodells). Das Thema »Online-Datensicherung« würde weit über den Umfang dieses Buches hinausgehen, und ich möchte Sie bei Interesse daher an entsprechende Fachbücher zum SQL Server verweisen.

A.1.8 Authentifizierung und Berechtigungen

Was die Administration des SQL Servers angeht, sind Benutzerauthentifizierung und Berechtigungen zwei der ganz großen Themen, die sogar noch umfangreicher als Online-Datensicherung sein dürften. Alle Details hierzu finden Sie in den einschlägigen Fachbüchern zur Administration des SQL Servers. Damit Sie mit dem SQL Server starten können, werde ich in diesem Buch ein paar Themen streifen.

Sicherheit im Netzwerk

Sobald Sie den Port des Servers in der Windows-Firewall freischalten, ist er aus dem Netzwerk erreichbar. Wie bereits erwähnt, sollten Sie sich darüber im Klaren sein, wer sich mit dem Server verbinden darf. Bei der Installation sollten nur die Administratoren eingetragen werden (Abbildung A.10). In diesem Abschnitt zeige ich Ihnen, wie Sie gewöhnlichen Benutzern Zugriff gewähren.

Windows-Authentifizierung

Der *Windows-Authentifizierungsmodus* ist immer aktiv. Damit ist gemeint, dass Sie für Windows-Benutzer oder -Gruppen den Zugriff auf den SQL Server freischalten können. Auch die Administratoren, die Sie bei der Installation des SQL Servers festgelegt haben, werden über diesen Modus authentifiziert.

In Firmenumgebungen mit einer Windows-Domäne ist der Windows-Authentifizierungsmodus perfekt geeignet. Genau genommen wird der Benutzer über die Windows-Anmeldung authentifiziert. Für die weitere Anmeldung am SQL Server müssen Benutzername und

Kennwort nicht noch einmal eingegeben werden. Ohne eine Windows-Domäne – was im privaten Bereich der Regelfall sein dürfte – ist das Vorhaben aber so gut wie immer zum Scheitern verurteilt.

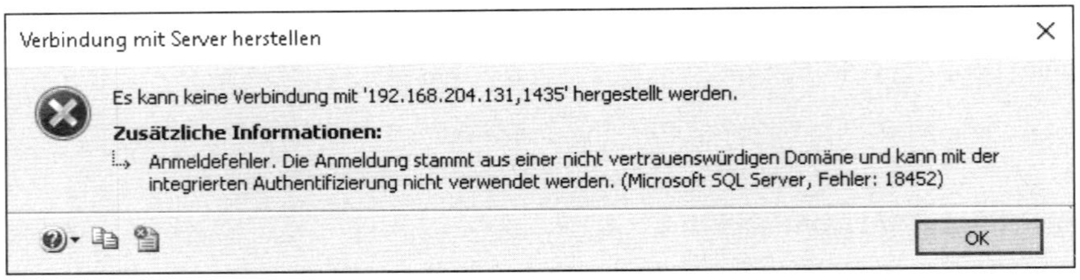

Abbildung A.29 Die Windows-Authentifizierung benötigt eine richtig konfigurierte Windows-Domäne.

SQL Server-Authentifizierung

Glücklicherweise stellt Microsoft für Szenarien ohne Windows-Domäne noch einen zweiten Authentifizierungsmodus bereit, die *SQL Server-Authentifizierung*. Allerdings ist dieser Modus standardmäßig nicht aktiviert.

Sie können ihn entweder bei der Installation des SQL Servers aktivieren, indem Sie die den Eintrag GEMISCHTEN MODUS für die Authentifizierung wählen (Abbildung A.10). Oder Sie aktivieren die SQL Server-Authentifizierung nachträglich.

1. Melden Sie sich dazu als Administrator auf dem Server an, und starten Sie das SSMS.
2. Verbinden Sie sich per Windows-Authentifizierung mit dem SQL Server (auf ein und demselben Computer sollte das auch ohne Windows-Domäne funktionieren).
3. Wählen Sie im Objekt-Explorer das oberste Element aus, nämlich den Server selbst.
4. Klicken Sie mit der rechten Maustaste, und wählen Sie im Kontextmenü den Eintrag EIGENSCHAFTEN aus.
5. Wechseln Sie im linken Bereich des Dialogs SERVEREIGENSCHAFTEN auf die Seite SICHERHEIT.
6. Wählen Sie die Option SQL SERVER- UND WINDOWS-AUTHENTIFIZIERUNGSMODUS aus, und klicken Sie auf OK.
7. Damit die neuen Einstellungen greifen, muss der Dienst des SQL Servers neu gestartet werden. Klicken Sie dazu im Objekt-Explorer mit der rechten Maustaste auf den Server, wählen Sie im Kontextmenü den Eintrag NEU STARTEN aus, und bestätigen Sie die Warnmeldung.
8. Gehen Sie im Objekt-Explorer in den Ordner SICHERHEIT • ANMELDUNGEN, und klicken Sie dort auf die Anmeldung SA. Standardmäßig ist die »sa«-Anmeldung inaktiv, weshalb auch ein rotes Kreuz zu sehen ist.
9. Klicken Sie mit der rechten Maustaste, und rufen Sie im Kontextmenü den Eintrag EIGENSCHAFTEN auf.

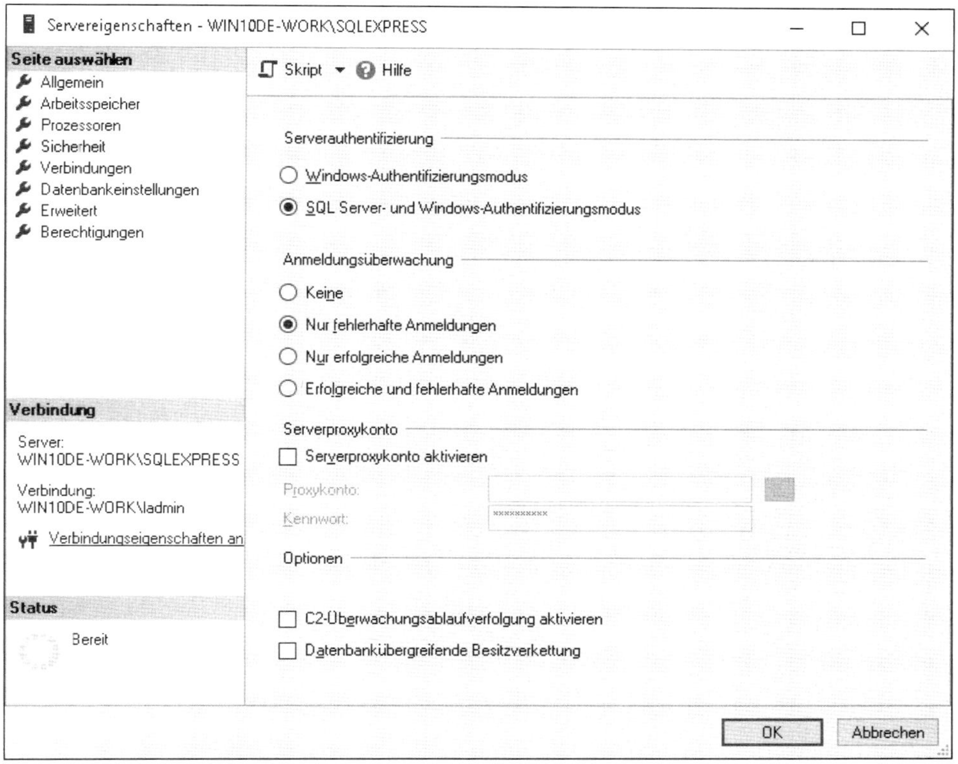

Abbildung A.30 In den »Servereigenschaften« lässt sich der Authentifizierungsmodus nachträglich anpassen.

10. Tragen Sie zuallererst ein sicheres Kennwort ein, und bestätigen Sie es.
11. Wechseln Sie anschließend zur Seite SERVERROLLEN. Hier sollte das Häkchen bei SYSADMIN gesetzt sein.
12. Rufen Sie schließlich die Seite STATUS auf, wählen Sie die Option AKTIVIERT aus, und klicken Sie auf OK.

Damit ist die SQL Server-Authentifizierung aktiviert, und Sie können sich mit dem Anmeldenamen »sa« und dem entsprechenden Kennwort verbinden.

Eine weitere Anmeldung hinzufügen

Im Objekt-Explorer unter SICHERHEIT • ANMELDUNGEN sehen Sie alle Benutzerkonten, die sich mit dem SQL Server verbinden dürfen. Das sind einerseits Anmeldungen mit Windows-Authentifizierung, bei denen der SQL Server die Benutzer- oder Gruppennamen vom Windows-System übernimmt. Andererseits werden hier auch Anmeldungen mit SQL Server-Authentifizierung aufgeführt, für die der SQL Server den Anmeldenamen und das Kennwort selbst verwaltet.

Bei SQL Server-Authentifizierung benötigt jeder Benutzer eine Anmeldung

Sofern Sie die SQL Server-Authentifizierung einsetzen, benötigt jeder Benutzer eine eigene Anmeldung. Etwas eleganter ist die Windows-Authentifizierung, wo Sie anstelle der einzelnen Benutzer eine Gruppe aus der Windows-Domäne übernehmen können.

Erstellen wir also eine neue Anmeldung für einen Benutzer unserer Datenbank, der nicht Administrator sein soll:

1. Klicken Sie mit der rechten Maustaste auf Anmeldungen, und wählen Sie im Kontextmenü den Eintrag Neue Anmeldung ... aus.
2. Wählen Sie die Option SQL Server-Authentifizierung aus.
3. Geben Sie unter Anmeldenamen einen eindeutigen Namen an.
4. Entfernen Sie das Häkchen bei Ablauf des Kennworts erzwingen, denn von Access aus lässt sich das Kennwort nicht ändern.
5. Klicken Sie auf OK, um die Anmeldung zu erstellen.

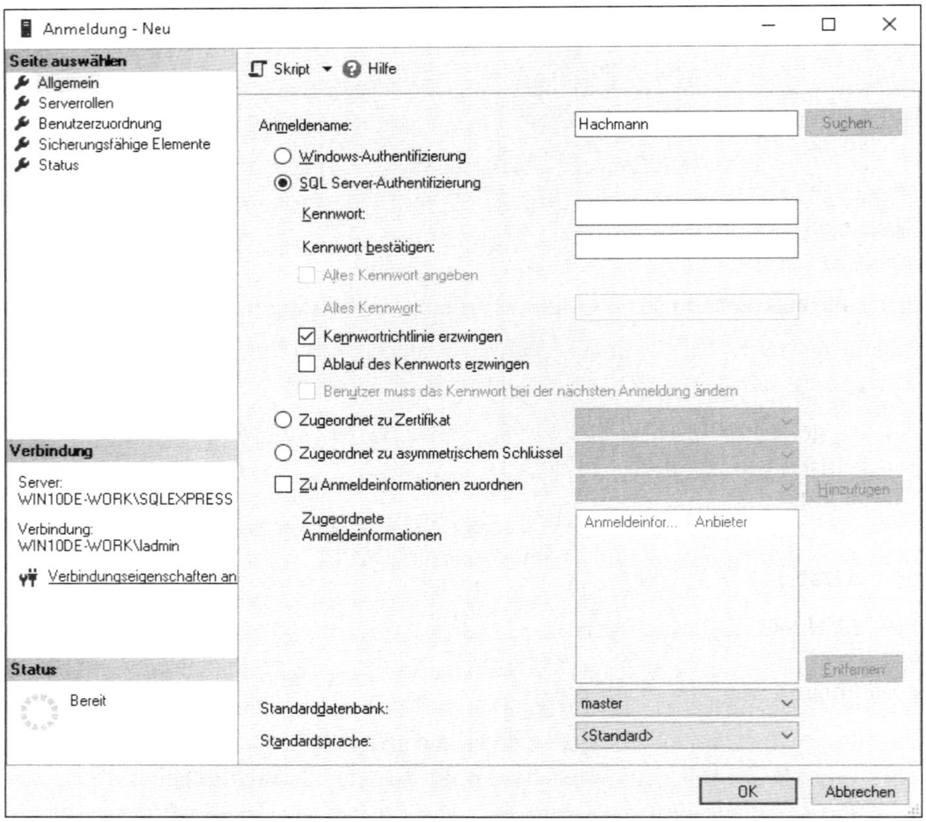

Abbildung A.31 Nur bei SQL Server-Authentifizierung wird ein Kennwort vergeben.

Auch hierfür gibt es die Variante per SQL, die gerade bei vielen Benutzern sehr angenehm ist:

```
use master
create login Hachmann with password = N'ACCESS$geheim'
create login Guntermann with password = N'noch geheimer'
create login Semrau with password = N'ziemlichGEHEIM'
[...]
```

Listing A.7 Mehrere Anmeldungen lassen sich schneller per SQL erzeugen.

Ich empfehle Ihnen, die neue Anmeldung mit dem SSMS gleich einmal auszuprobieren. Dabei werden Sie feststellen, dass dieser Benutzer über keinerlei Berechtigungen auf dem Server verfügt (er kann beispielsweise keine Datenbanken erstellen, und die Datenbank *dbsFluege* kann er nicht einmal öffnen).

Berechtigungen auf Server-Ebene

Unser neuer Benutzer kann sich zwar am Server anmelden; was aber fehlt sind die Berechtigungen. Da gibt es zunächst einmal die *Server-Rollen*. Verwenden Sie Server-Rollen bitte nicht für gewöhnliche Anwender, denn damit würden Sie zu viele Berechtigungen erteilen. Ich erwähne sie hier nur der Vollständigkeit halber. So können Sie prüfen, welchen Server-Rollen ein Benutzer zugewiesen ist:

1. Verbinden Sie sich im SSMS wieder als Administrator mit dem SQL Server.
2. Wählen Sie die neu erstellte Anmeldung unter SICHERHEIT • ANMELDUNGEN aus.
3. Klicken Sie mit der rechten Maustaste, und wählen Sie im Kontextmenü den Eintrag EIGENSCHAFTEN aus.
4. Wechseln Sie zur Seite SERVERROLLEN (siehe Abbildung A.32).

Hier sehen Sie eine Liste fest eingestellter Server-Rollen. Es sollte lediglich ein Häkchen bei PUBLIC gesetzt sein. Wenn Sie den Benutzer einer Server-Rolle zuordnen, bekommt er dadurch für den gesamten SQL Server und alle Datenbanken umfangreiche Berechtigungen. Besonders kritisch ist die Rolle »sysadmin«, die Vollzugriff gewährt. Nur Administratoren sollten dieser Rolle zugewiesen sein!

Benutzer auf Datenbank-Ebene

Für unsere Zwecke interessanter ist die Seite BENUTZERZUORDNUNGEN. Hier können Sie einen Benutzer für eine bestimmte Datenbank freischalten. Setzen Sie dazu das Häkchen vor unserer Datenbank, und klicken Sie auf OK.

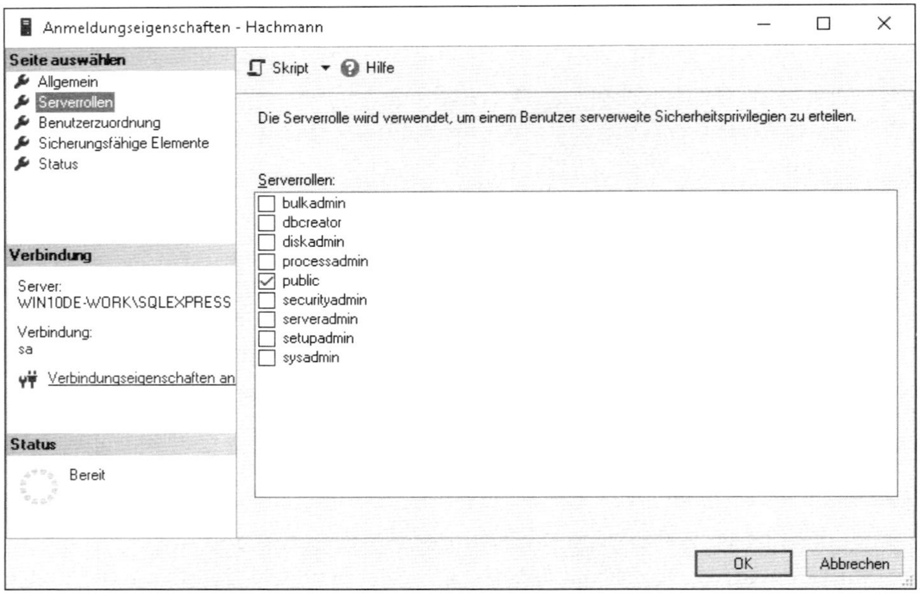

Abbildung A.32 Server-Rollen sollten nur für Administratoren genutzt werden.

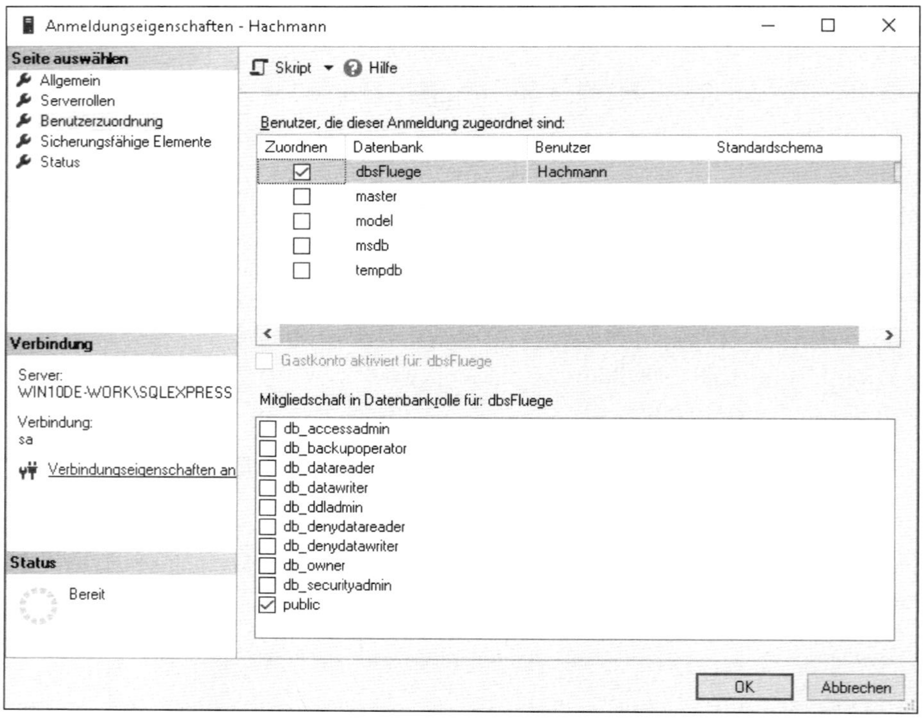

Abbildung A.33 In den Benutzerzuordnungen wird Zugriff auf eine Datenbank gewährt.

Der äquivalente SQL-Befehl deutet darauf hin, was dabei passiert:

```
use dbsFluege
create user Hachmann for login Hachmann
```

Listing A.8 Eine Anmeldung benötigt noch einen Datenbank-Benutzer, der mit diesem SQL-Befehl erzeugt wird.

Es gibt nämlich innerhalb einer jeden Datenbank auch noch einmal Benutzer, die *Datenbank-Benutzer*. Erweitern Sie im Objekt-Explorer die Datenbank, und gehen Sie zum Ordner SICHERHEIT • BENUTZER. Beim Erstellen der Zuordnung wurde hier der entsprechende Datenbank-Benutzer erstellt.

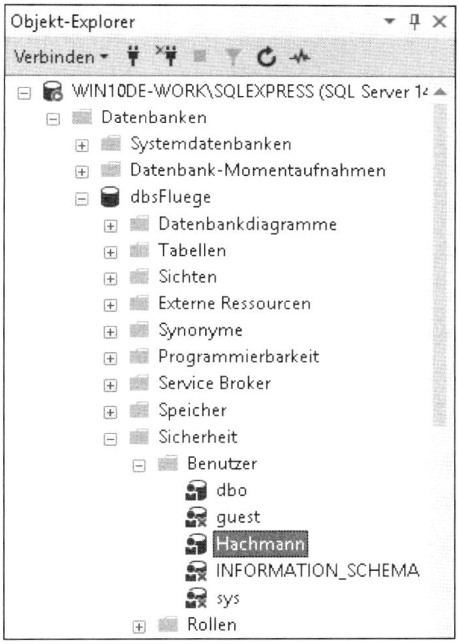

Abbildung A.34 In jeder Datenbank gibt es die Datenbank-Benutzer.

Damit gelangt der Benutzer immerhin schon einmal auf die Ebene der Datenbank – hat aber standardmäßig immer noch keine Berechtigungen in der Datenbank.

Mapping der Anmeldungen zu Benutzern auf Datenbank-Ebene

Ein Benutzer auf Datenbank-Ebene allein reicht nicht aus. Sowohl die Anmeldung (der Benutzer auf Server-Ebene) als auch der Benutzer auf Ebene der Datenbank müssen vorhanden sein und korrekt aufeinander verweisen (um exakt zu sein: die gleiche SID haben).

Beim Umzug einer Datenbank auf einen neuen Server (Abschnitt A.1.6, »Datenbank trennen und wieder anfügen«) werden die Anmeldungen nicht übertragen. Vielmehr müssen Sie alle

> Anmeldungen auf dem neuen Server manuell eintragen und anschließend die schon bestehenden Benutzer auf Datenbank-Ebene mit diesem SQL-Befehl neu zuordnen:
>
> ```
> use dbsFluege
> exec sp_change_users_login 'update_one', 'Hachmann', 'Hachmann'
> ```
>
> Das erste »Hachmann« ist der Name des schon bestehenden Benutzers auf Datenbank-Ebene, das zweite der Name des Benutzers auf Server-Ebene.

Berechtigungen auf Datenbank-Ebene

Dem Benutzer auf Datenbank-Ebene lassen sich schließlich die notwendigen Berechtigungen erteilen. Auf dem SQL Server gibt es zur Verwaltung von Berechtigungen unterschiedliche Strategien, von der detaillierten Rechtevergabe über Schemata bis hin zu Datenbankrollen. Ich kratze das Thema hier nur an der Oberfläche und stelle Ihnen die Rechtevergabe über die vordefinierten Datenbankrollen vor.

Datenbankrolle	Berechtigung
»db_owner«	Vollzugriff für die Datenbank
»db_datareader«	Lesezugriff auf alle Tabellen
»db_datawriter«	Schreibzugriff auf alle Tabellen

Tabelle A.2 Für eine einfache Vergabe von Rechten eignen sich diese Datenbankrollen.

So erteilen Sie einem Benutzer beispielsweise Lese- und Schreibberechtigung auf alle Tabellen in der Datenbank:

1. Erweitern Sie im Objekt-Explorer die Datenbank *dbsFluege*.
2. Gehen Sie in den Ordner SICHERHEIT • BENUTZER, und wählen Sie den Benutzer »Hachmann« aus.
3. Klicken Sie mit der rechten Maustaste, und wählen Sie im Kontextmenü den Eintrag EIGENSCHAFTEN aus. Es sollte der Dialog DATENBANKBENUTZER erscheinen. Achten Sie darauf, dass nicht der Dialog ANMELDUNGSEIGENSCHAFTEN zu sehen ist (dann wären Sie beim Benutzer auf Server-Ebene).
4. Wechseln Sie zur Seite MITGLIEDSCHAFT.
5. Setzen Sie ein Häkchen bei DB_DATAREADER.
6. Setzen Sie ein Häkchen bei DB_WRITER.
7. Klicken Sie auf OK.

Für viele Datenbank-Projekte dürften diese recht allgemein gehaltenen Berechtigungen ausreichen. Jetzt können Sie loslegen und Ihre SQL Server-Datenbank mit Tabellen füllen. Wie das geht, zeige ich Ihnen im Workshop »Tabellen im SQL Server erstellen und in Access nutzen« in Abschnitt 4.8.1.

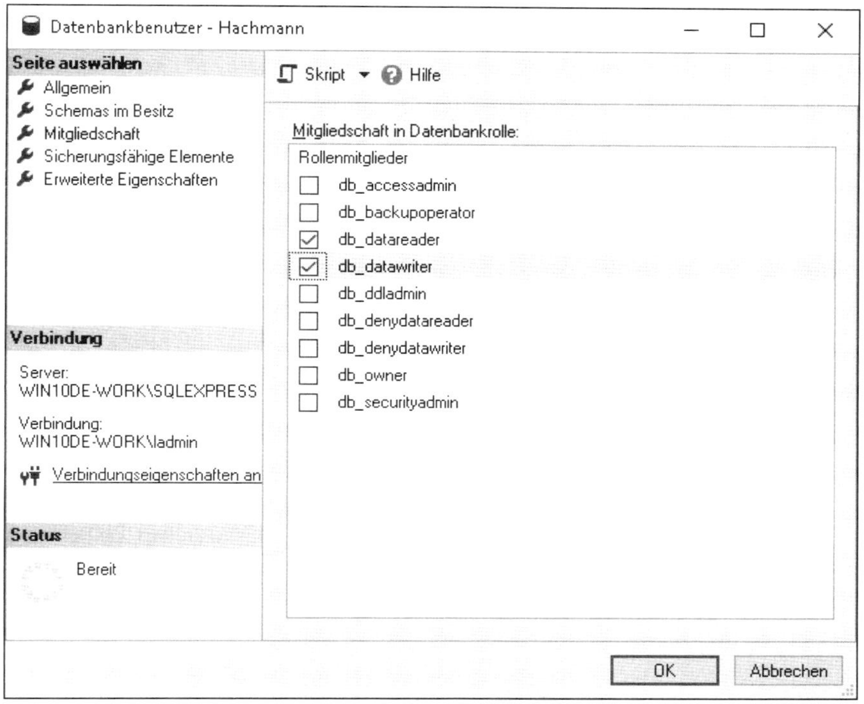

Abbildung A.35 Datenbankrollen sind ein guter Weg, einem Benutzer Lese- oder Schreibzugriff auf Tabellen zu gewähren.

A.2 Access Web Apps in Office 365 oder SharePoint speichern

Seit der Version Access 2010 bis Juni 2017 (Access Version 2016) gab es in Access neben den Desktop-Datenbanken einen weiteren Datenbanktyp, der »Webdatenbank«, »Access-Web-Datenbank« oder »Access Web App« genannt wurde. Für eine solche Datenbank benötigte man Microsoft SharePoint.

Nach den längst wieder verschwundenen Datenseiten und Access-Projekten waren *Access Web Apps* der dritte Versuch von Microsoft, aus Access mehr zu machen als eine Desktop-Datenbank. Von allen dreien war dies der Anlauf, der am weitesten fortentwickelt war, und ich sah hier tatsächlich Potential für eine Neuausrichtung. Leider ist auch dieser Versuch gescheitert, und Ende März 2017 kündigte Microsoft in einem Blog die Access Web Apps ab. Um es ganz klar zu sagen: Access-Desktop-Datenbanken (*.accdb*-Dateien) sind hiervon nicht betroffen!

In den nächsten Abschnitten zeige ich Ihnen in einer kurzen Abhandlung, was Access Web Apps waren. Unsere Beispieldatenbank hatte ich damals als Access Web App neu erstellt; wie alle Access Web Apps wurde sie inzwischen von Microsoft aus der Cloud gelöscht. Es besteht keine Möglichkeit mehr, an die Daten zu gelangen oder eine neue Access Web App zu erstellen. Glücklicherweise war es nur eine Beispieldatenbank, so dass kein wirklicher Datenverlust entstanden ist.

SharePoint Server (On-Premises)

Mit einer eigenen Installation des SharePoint Servers hat man besseren Einfluss darauf, welche Version im Einsatz ist. Eine solche Installation ist alles andere als trivial. Microsoft hat erwähnt, dass Access Web Apps von einem SharePoint Server *On-Premises* zunächst weiter unterstützt werden sollen. Irgendwann wird aber auch hier mit Ablauf des Produktlebenszyklus Schluss sein.

A.2.1 Access Web Apps benötigten eine SharePoint-Infrastruktur

In Web Apps gab es *Ansichten* anstelle der Formulare, die nicht ganz so mächtig, dafür aber an die Benutzerführung von SharePoint angelehnt waren. Berichte und VBA wurden nicht unterstützt. Tabelle A.3 fasst die Unterschiede zwischen Access-Desktop-Datenbank und Access Web App noch einmal zusammen.

Merkmal	Access-Desktop-Datenbank	Access Web App
erforderliches Werkzeug für Entwickler	Access	Access
erforderliches Werkzeug für Endanwender	▶ Access ▶ Access Runtime (kostenlos)	Webbrowser
SharePoint-Infrastruktur nötig	nein	ja
Speicherort	alles in einer Datei	in der SharePoint-Website

Tabelle A.3 Access-Desktop-Datenbanken und Access Web Apps sind etwas völlig Unterschiedliches.

Woher bekomme ich einen SharePoint-Server?

Nur größere Unternehmen dürften einen SharePoint-Server lokal betreiben, zumal die Installation alles andere als trivial ist. Falls Sie keinen SharePoint-Server in Ihrer Firma, Organisation oder zu Hause haben, gibt es noch einen zweiten Weg: SharePoint in der Cloud. Microsoft selbst dürfte der bekannteste Anbieter einer solchen Cloud-Lösung sein und bietet SharePoint Online entweder einzeln oder als Bestandteil vieler Office 365-Pläne an.

Nur leider hat man – wie bei jeder Cloud-Lösung – keinen Einfluss darauf, wann sich etwas ändert. Genau das ist das Dilemma mit den Access Web Apps, die von Microsoft im Laufe des Jahres 2018 aus SharePoint Online gelöscht wurden.

A.2.2 Beispiel einer Access Web App in SharePoint: Erfassung von Mitarbeitern und Flugbuchungen

Für die erste Auflage dieses Buches (»Access 2016 – das umfassende Handbuch«) hatte ich die Datenbank mit den Flugbuchungen in eine Access Web App unter SharePoint übertragen. Zwar ließ sich nicht jedes Formular 1 : 1 übertragen. Trotzdem hatte ich mich bemüht, die gleichen Funktionen in einer Web App zu verwirklichen.

So konnte man eine App zu einer SharePoint-Website hinzufügen

Von der SharePoint-Website ausgehend konnte man eine leere Access Web App neu erstellen oder aus einem Access-App-Paket wiederherstellen.

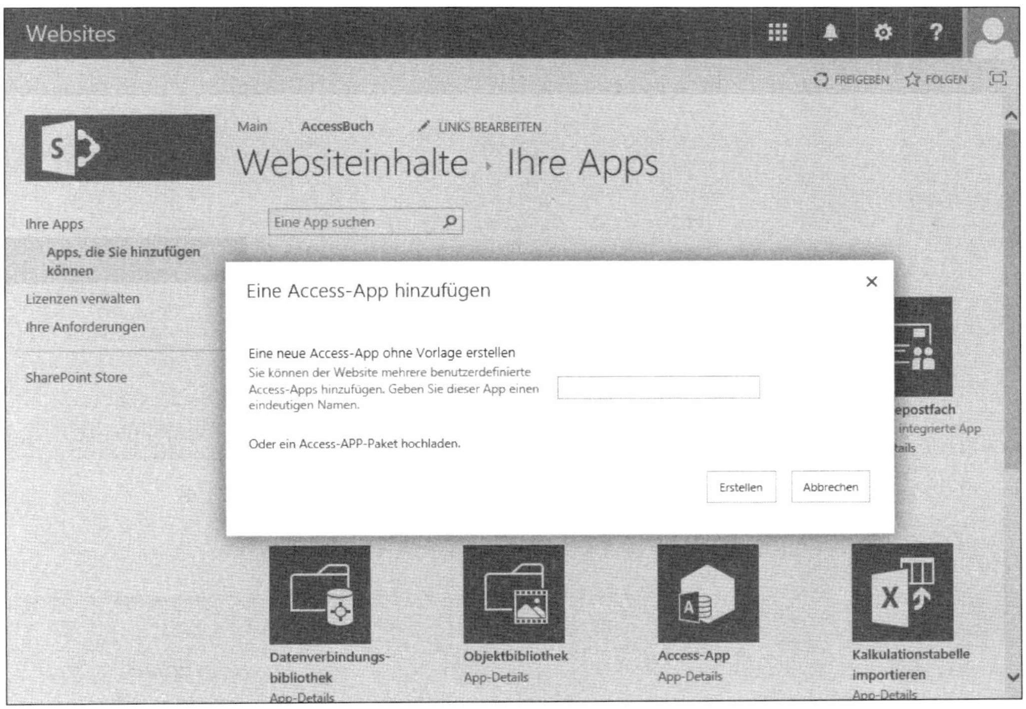

Abbildung A.36 Hier können Sie eine neue Access Web App erstellen oder eine ».app«-Datei hochladen.

Die jetzt fast wertlose *.app*-Datei finden Sie in den Materialien zum Buch unter *12_Anhang\12.2.2_Fluege.app*. Es handelt sich um eine ZIP-gepackte Datei. Wenn Sie die Endung in *.zip* umbenennen, können Sie auf die einzelnen Bestandteile zugreifen. Unter anderem auf die Datei *appdb.dacpac*, die wiederum eine ZIP-gepackte Datei ist und in der sich die Tabellen samt Datensätzen befinden. Wenn Sie von Ihrer alten Access Web App eine solche *.app*-Datei besitzen, ist dies der einzige Weg, jetzt noch an die Daten darin zu gelangen.

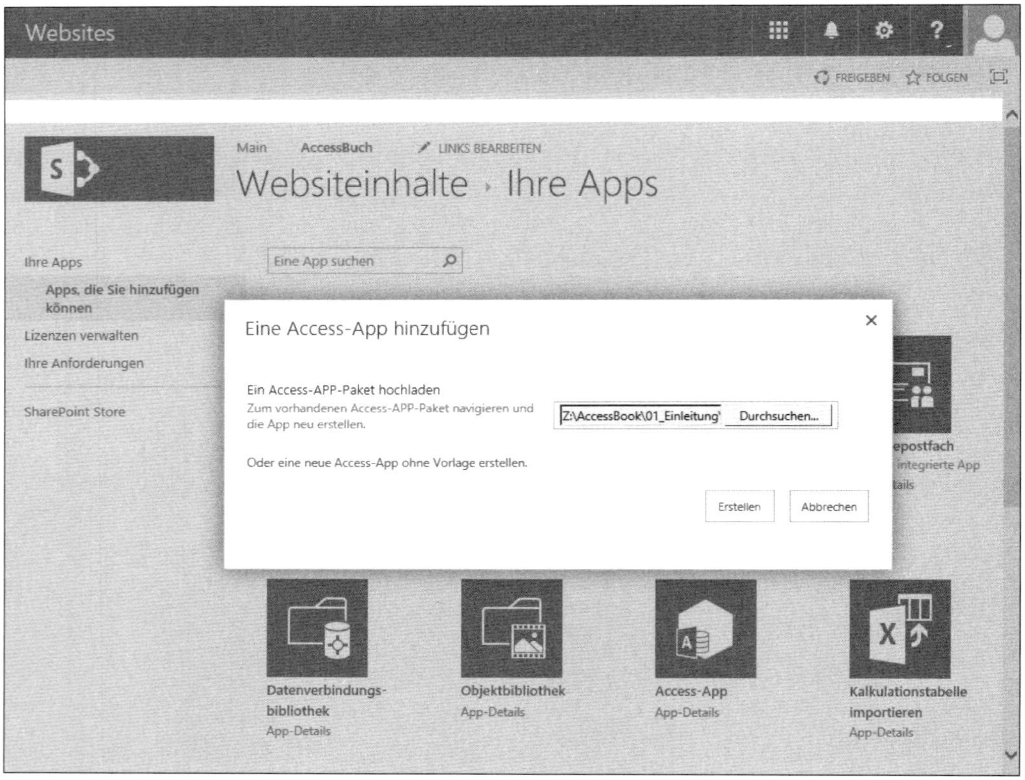

Abbildung A.37 Eine ».app«-Datei ist eine Offlinekopie Ihrer Access Web App.

Nach dem Import stand die Access Web App auf der SharePoint-Site zur Verfügung und konnte dort im Browser gestartet werden.

Abbildung A.38 Die ».app«-Datei wurde erfolgreich importiert.

Benutzer der Access Web App in SharePoint

Das Ergebnis sah so wie in Abbildung A.39 aus. Links befanden sich Schaltflächen, mit denen zwischen den einzelnen Ansichten gewechselt werden konnte.

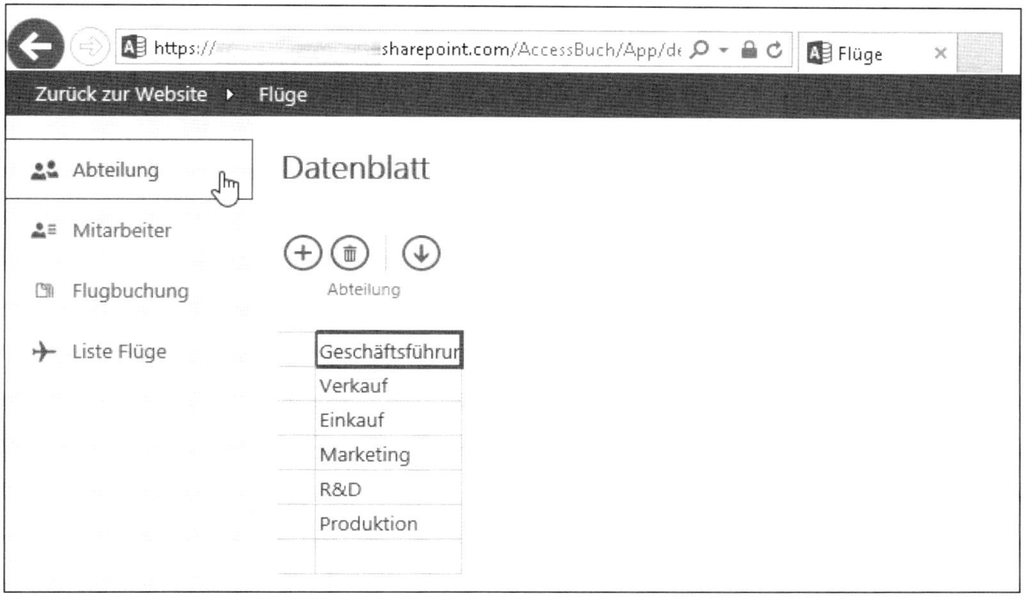

Abbildung A.39 Eine Ansicht vom Typ Datenblatt

Für die Abteilungen hatte ich eine *Ansicht* vom Typ Datenblatt erstellt. Sie ähnelte der Datenblattansicht einer Tabelle. Oberhalb der Datensätze befand sich die *Aktionsleiste* zum Bearbeiten der Datensätze.

Mehrere Ansichten für die Mitarbeiterdaten

Genauso, wie es in einer Desktop-Datenbank mehrere Formulare für eine Tabelle geben darf, konnte man in einer Access Web App mehrere Ansichten für die Daten erstellen. Beispielsweise hatte ich für die Tabelle der Mitarbeiter zwei Ansichten erstellt:

- Typ *Detailinformationen* (Abbildung A.40)
- Typ *Datenblatt* (Abbildung A.41)

Für den Typ Detailinformationen gab es ein besonderes Steuerelement, das sich *Verwandte-Elemente-Steuerelement* nannte. Ich hatte es genutzt, um die Flugbuchungen eines Mitarbeiters einzublenden.

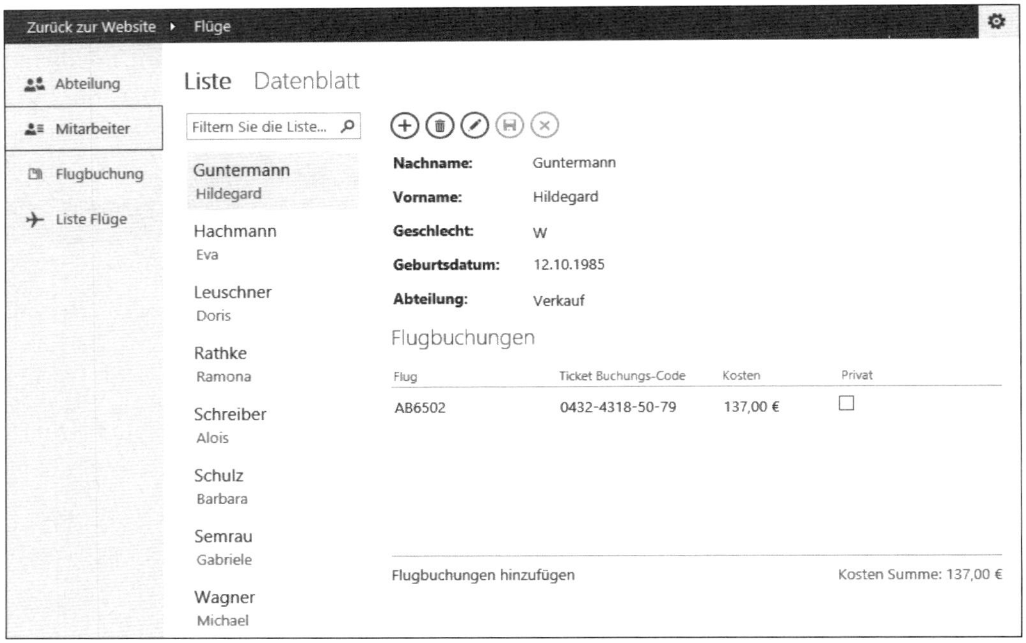

Abbildung A.40 Mitarbeiterdaten in einer Sicht vom Typ Detailinformationen

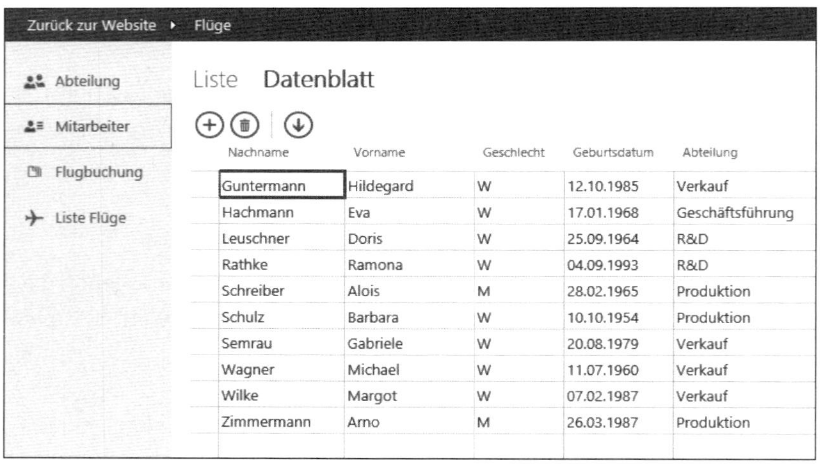

Abbildung A.41 Die gleichen Informationen in einer Ansicht vom Typ Datenblatt

Mitarbeiterdaten in SharePoint bearbeiten

Wenn Sie einen Datensatz in der Ansicht Detailinformationen bearbeiten wollten, mussten Sie zunächst in der Aktionsleiste auf den Stift klicken, um in den Editiermodus umzuschalten.

Abbildung A.42 In einer Ansicht vom Typ Detailinformationen musste man zunächst in den Editiermodus umschalten, um einen Datensatz zu bearbeiten.

Wenn Sie schon einmal mit SharePoint-Listen gearbeitet haben, wird Ihnen das Konzept mit den Detailinformationen und dem Datenblatt sehr vertraut vorkommen.

Diese Flüge sind verfügbar

Zusammenfassung nannte sich der dritte Typ einer Ansicht. Für die Tabelle mit den Flügen hatte ich diesen Typ genutzt. Dieser Ansatz erinnert mich entfernt an einen Bericht mit Gruppierung. Im linken Bereich erschienen jeweils die Flughäfen, nach denen ich gruppiert hatte, mit der Anzahl der Flüge. Rechts sah man die einzelnen Flüge mit dem anderen Flughafen (ZIEL, beziehungsweise bei der Gruppierung nach Abflug START).

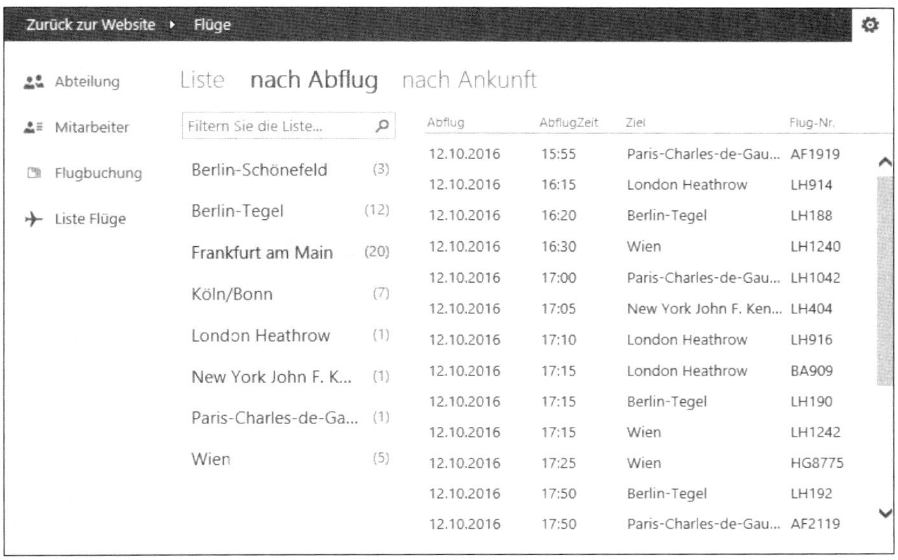

Abbildung A.43 Eine Ansicht vom Typ Zusammenfassung

In dieser Ansicht konnte man die Daten nur einsehen, nicht aber bearbeiten. Wenn man auf einen Flug klickte, erhielt man nähere Informationen in einer *Popup-Ansicht* (Abbildung A.44).

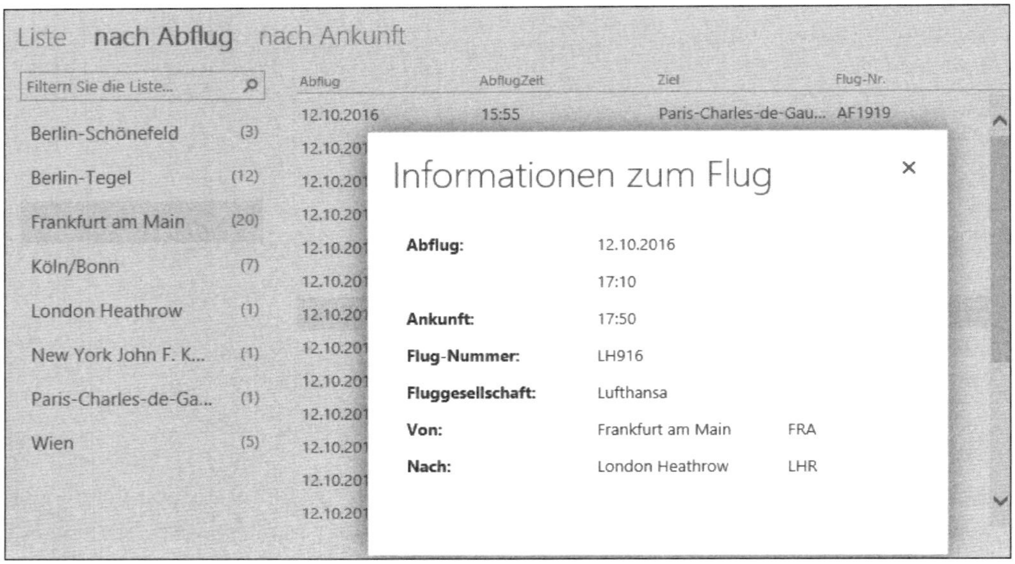

Abbildung A.44 Nähere Informationen über eine Popup-Ansicht

A.2.3 Alles SharePoint – und wo ist Access?

Was Sie bisher von der Access Web App gesehen haben, lief alles in SharePoint. Man benötigte lediglich einen Webbrowser, um die Datenbank zu füllen. Access war nur nötig, wenn man die Web App verändern wollte. Dazu konnte man in SharePoint eine *.accdw*-Datei generieren lassen, über die sich Access mit der Web App verbinden konnte.

Die Verbindung zu SharePoint

Eine *.accdw*-Datei war eine XML-Datei mit diesem Inhalt:

```
<?xml version="1.0" encoding="utf-8"?>
<ApplicationReference xmlns="http://schemas.microsoft.com/office/accessservices/
2011/accdw">
   <URL>https://xyz.sharepoint.com/AccessBuch/App</URL>
</ApplicationReference>
```

Wichtig ist die vorletzte Zeile mit der URL der SharePoint-Website.

Wenn man die *.accdw*-Datei öffnete, konnte man mit Access die Access Web App verändern. Alle Änderungen wurden direkt in SharePoint gespeichert, und dort wiederum konnte man sich das Ergebnis ansehen.

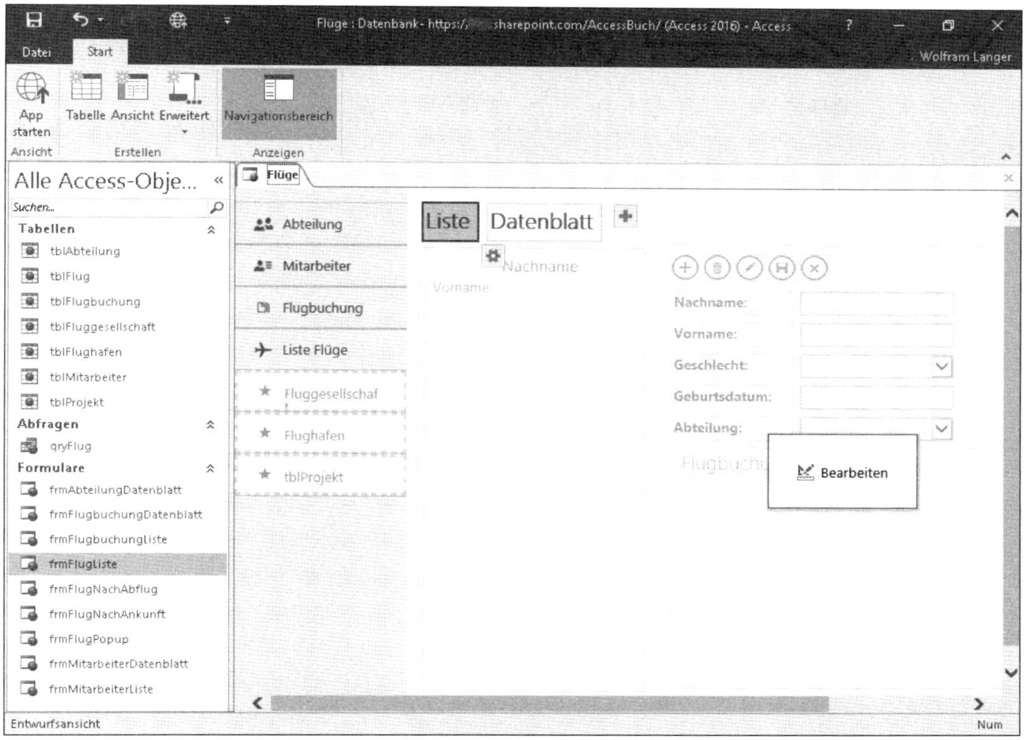

Abbildung A.45 In Access ließ sich die Web App verändern.

Es gab noch ein paar Features mehr, unter anderem Programmierung mit Makros; Visual Basic for Applications (VBA) gab es in Access Web Apps jedoch nie.

Große Erwartungen durfte man an die Access Web Apps jedoch nicht haben, denn letztendlich war das auch schon alles zu diesem Thema. Insbesondere konnten Access Web Apps zu keiner Zeit an die mächtigen Funktionen einer Access-Desktop-Datenbank heranreichen (Abfragen, Import- und Export von Daten, Berichte, Programmierung).

Index

A

E

F

L

M

N

O

P

Q

R

S

T

W